全 球 通 史

从公元前500万年至今天

全 球 通 史

从公元前500万年至今天

[美] 霍华德·斯波德克　著
（Howard Spodek）

陈德民等　译

上海社会科学院出版社

简　目

目　录

第1篇
人类的起源和人类文化
公元前500万年—公元前10000年

第1章　遗骨/化石会说话
公元前500万年—公元前10000年　　　　　　**5**

第2篇
定　居
公元前10000—公元1000年

第2章　从乡村社会到城邦国家
公元前10000—公元前750年

第3章　河谷文明
公元前7000—公元前750年

第8章　印度帝国
公元前1500—公元1100年

第4篇

世界各宗教的兴起

公元前2500—公元1500年

人活着不能仅靠面包：世界历史上的宗教　278

第9章　印度教和佛教

公元前1500—公元1200年

第10章　犹太教与基督教

公元前1700—公元1100年

第8篇
从过去到今天到未来
1979年至今 **844**

第23章　当代史
演变进化、定居点、政治及宗教 **847**

第24章　当代史
贸易、革命、技术和身份特征 **883**

地图目录

历史一览表

图表

图片出处

I-6 British Library, London

I-11 Novosti (London)

3 (top) © Jonathan Blair/Corbis

3 (bottom) © Jonathan Blair/Corbis

4 © Paul A. Souders/Corbis

9 © Museum of Fine Arts, Houston, Texas, USA/Bridgeman Art Library

10 By permission of the Syndics of Cambridge University Library (DAR140.4)

14 Science Photo Library/John Reader

15 Natural History Museum, London

16 © Sygma Collection/Corbis

17 Natural History Museum, London

19 Natural History Museum, London

25 Royal Geographic Society/Bridgeman Art Library

27 Musée National de Préhistoire, Les Eyzies de Tayac, France

28 (top) Natural History Museum, London

28 (bottom) Jean Vertut, Issy-les-Molineaux

30 (top) Yan, Toulouse

31 J. Clottes, Ministère de la Culture et la Communication–Direction du Patrimoine, sous Direction de l'Archéologie

36 Howard Spodek

37 (top) Musée Guimet, Paris, France/ Bridgeman Art Library

38 Photo courtesy of Science Museum of Minnesota

40–41 Bridgeman Art Library

42 © Dean Conger/Corbis

48 AKG Images/Erich Lessing

49 Hilprecht Collection, Friedrich-Schiller University, Jena

50 British Museum, London

53 (top) Hirmer Verlag, München

53 (bottom) University of Pennsylvania Museum

54 British Museum, London

55 British Museum, London

58 © Photo RMN

59 © Photo RMN

64 AKG Images

66 British Museum, London

68 British Museum, London

71 © Photo RMN

72 Egyptian Museum, Cairo

73 British Museum, London

74 AKG Images

78 Egyptian Museum, Cairo

82 (top) National Museum of India, New Delhi

82 (bottom) National Museum of Pakistan, Karachi

85 James Blair

90 Institute of Archaeology, Beijing

91 East Asian Library, Columbia University

93 Historical Museum, Beijing

95 Academia Sinica, Taipei

100 Museo Regional de Veracruz, Jalapa, Mexico

102 South American Pictures

103 British Museum, London

104 University of Pennsylvania Museum

110 South American Pictures

113 AKG Images

114 National Museum, Lagos, Nigeria

115 Private Collection

118 Museum of Anatolian Civilizations, Ankara, Turkey/Bridgeman Art Library

119 © Bettman/Corbis

120 Art Archive/Musée du Louvre, Paris

121 AKG Images

123 Stapleton Collection/Bridgeman Art Library

124 Art Archive/Dagli Orti

128 Photo Scala, Florence

131 British Museum, London

132 Robert Harding Picture Library

137 Giraudon/Bridgeman Art Library

141 National Archaeological Museum, Athens

144 (top) Staatliche Museen, Berlin

147 Alison Frantz, Princeton, N.J.

149 Acropolis Museum, Athens

151 British Museum, London

156 © Fotografica Foglia, Naples

158 Museo Capitolino, Rome

162 AKG Images

164 Museo Capitolino, Rome

169 (top) Photo Scala, Florence

169 (bottom) Art Archive

172 Photo Scala, Florence

174 Werner Forman Archive

176 Leonard von Matt

177 Alinari, Florence

179 Musei Vaticani, Rome

185 A.F. Kersting, London

186 Fototeca Unione, Rome

187 Alinari, Florence

193 Württembergisches Landesmuseum, Stuttgart

199 G.E. Kidder-Smith

204 Spectrum, London

206 Spectrum, London

215 Robert Harding Picture Library

219 British Library, London

221 British Museum, London

225 Werner Forman Archive

227 (top) Topham Picturepoint

227 (bottom) Idemitsu Museum of Arts, Tokyo

228 (top) Xinhua News Agency

228 (bottom) AKG Images/Jürgen Sorges

233 Werner Forman Archive

240 © Charles & Josette Lenars/CORBIS

245 Oriental & India Office, London

246 Oriental & India Office, London

249 Hulton Deutsch

250 (top) Boudot-Lamotte, Paris

250 (bottom) British Museum, London

251 (left) British Museum, London

252 British Museum, London

253 Robert Harding Picture Library

255 British Museum, London

258 Robert Harding Picture Library

259 Robert Harding Picture Library

264 AKG Images

265 Bridgeman Art Library

266 Mary Evans Picture Library

267 Alinari, Florence

269 AKG Images

270 AKG Images/Jean-Louis Nou

277 Hutchison Library/Nancy Durrell McKenna

280 © Lindsay Hebberd/Corbis

282 (left) Metropolitan Museum of Art, New York

282 (right) Boudot-Lamotte, Paris

283 Boudot-Lamotte, Paris

286 Archaeological Museum, Sarnath

288 Robert Harding Picture Library

289 Bridgeman Art Library

292 Anne and Bury Peerless

293 Nelson Atkins Museum of Art, Kansas City, Missouri. Purchase: Nelson Trust (34–10)

296 (top) British Library, London

296 (bottom) University of Pennsylvania Museum

306 © Domkapitel Aachen. Photo: Ann Münchow

311 Israel Museum, Jerusalem

313 Sonia Halliday Photographs

314 A.S.A.P. Tel Aviv

316 National Archaeological Museum, Damascus, Syria

318 AKG Images/Erich Lessing

319 Alinari, Florence

322 (right) Historiska Museet, Stockholm

331 AKG Images

334 Shimon Lev

338 (left) Musée des Antiquités, St.-Germain-en-Laye, France/Photo RMN

338 (right) © Photo RMN

340 © Angelo Hornak

344 Metropolitan Museum of Art, New York, 39.20

347 Bridgeman Art Library

348 Bibliothèque Nationale de France

353 Bibliothèque Nationale de France

356 Spectrum, London

358 Edinburgh University Library

736 © Bettmann/U.P.I.
737 © Bettmann/Corbis
738 Topham Picturepoint
740 Topham Picturepoint
741 © Nicolas Tikhomiroff/Magnum Photos
747 South American Pictures
748 Camera Press/Romuald Meigneux
753 © Bettmann/Corbis
757 Rex Features
766 © Bettmann/Corbis
771 David King Collection
773 Courtesy of Peabody Essex Museum, Salem
777 © Bettmann/Corbis
778 © Magnum Photos/Cartier-Bresson
779 © Associated Press
780 (top) The National Archives
780 (bottom) © Xinhua/Sovfoto
785 Hulton Getty
789 Popperfoto

791 Topham Picturepoint
793 © Bettmann/Corbis
802 (left) © Bettmann/Corbis
802 (right) © Stephanie Maze/Corbis
803 (top) © Neal Preston/Corbis
803 (bottom left) © Greg Martin/Corbis/ Sygma
803 (middle right) © Antoine Serra/In Visu/ Corbis
805 © Associated Press/Greg Baker
806 © Paul Lowe/Panos Pictures
811 © Peter Turnley/Corbis
812 © Associated Press/Ivan Sekretarev
813 © Corbis Sygma
816 © PA Photos
820 © Associated Press /Udo Weitz
823 Andes Press Agency/Carlos Reyes
825 © Wolfgang Hoyt/Esto
830 The Granger Collection, New York
834 © Associated Press/Scott Dalton

835 Associated Press, Chinatopix/Stringer
837 © Najlah Feanny/Corbis/Saba
838 © Jonathan Blair/Corbis
842 © Peter Turnley/Corbis
846 © Bettmann/Corbis
847 © PA Photos/EPA
848 © Bettmann/Reuters
851 Topham Picturepoint
852 (top) © Bettmann/Reuters
852 (bottom) © Bettmann/Reuters
853 Rex Features
855 Popperfoto/Reuters
859 © Corbis
861 © Reuters/Corbis
865 © PA Photos/EPA
871 © B Mathur/Reuters/Corbis
874 Rex Features
876 © Gyori Antoine/Corbis/Sygma

文献出处

我们已经多方努力以征询各位版权拥有者的允准，但在某些情况下仍未能如愿。出版者在此谨对未经准许而引用其著述的各位作者和此文献单中的任何失误或遗漏深表歉意，并愿在下一版次的印刷中予以更正。

Cambridge University Press: *The Journals of Captain James Cook on His Voyages of Discovery* by James Cook, edited by J. C. Beaglehole, 2 vols. (Cambridge University Press, for the Hakluyt Society, 1955, 1961).

Columbia University Press: *Sources of Indian Tradition: Volume 1*, edited by Ainslee Embree (Columbia University Press, 1988), © 1988 Columbia University Press; *Roman Civilization: Selected Readings: The Republic and the Augustan Age; Volume II: The Empire*, edited by Naphtali Lewis and Meyer Reinhold (Columbia University Press, 1990); *Sources of Chinese Tradition: Volume 1. Second Edition*, edited by William Theodore de Bary and Irene Bloom (Columbia University Press, 1999); *The Selected Poems of Du Fu*, translated by Burton Watson (Columbia University Press, 2002); *Poems of Love and War: From the Eight Anthologies and the Ten Long Poems of Classical Tamil*, translated by A. K. Ramanujan (Columbia University Press, 1985), © 1985 by Columbia University Press; *Introduction to Contemporary Civilization in the West*, 2 vols. (Columbia University Press, 1954); *Sources of Chinese Tradition: From 1600 Through The Twentieth Century*, vol. 2, edited by William Theodore de Bary and Richard Lufrano (Columbia University Press, 2000).

Faber & Faber Ltd.: 'The Waste Land', *Collected Poems 1909–1962* by T. S. Eliot (Harcourt Brace Jovanovich, 1936).

Farrar, Straus & Giroux: Homer's *Odyssey*, translated by Robert Fitzgerald (Farrar, Straus & Giroux, 1998).

Grove/Atlantic Inc.: *The Wonder That Was India* by A. L. Basham (Grove Press, 1954); *The Gandhi Reader*, edited by Homer Jack (Grove Press, 1956).

The Hakluyt Society: *Travels in Asia and Africa, 1325–1354* by Ibn Battuta, edited by H. A. R. Gibb (The Hakluyt Society, 1958), by permission of David Higham Associates.

Harcourt Brace Inc.: 'The Century's Decline', *View with a Grain of Sand* by Wislawa Szymborska (Harcourt Brace, 1995).

HarperCollins Publishers: *The Faith and Practice of al-Ghazalli*, translated by W. Montgomery Watt (George Allen & Unwin, 1953), by permission of the publisher; *A Forest of Kings: The Untold Story of the Ancient Maya* by Linda Schele and David Freidel (William Morrow, 1990), © 1990 by Linda Schele and David Freidel, by permission of the publisher; *Three Chinese Poets: Translations of Poems by Wang Wei, Li Bai, and Du Fu* by Vikram Seth (HarperCollins Publishers, 1993); *Capitalism and Material Life, 1400-1800* by Fernand Braudel, translated by Miriam Kochan (Harper & Row, 1973).

Hodder Murray Publishers: *Ibn Khaldun, An Arab Philosophy of History* by Ibn Khaldun, translated by Charles Issawi (John Murray, 1950).

Houghton Mifflin Company: *The Human Record: Sources of Global History*, vol. 2, edited by Alfred J. Andrea and James H. Overfield (Houghton Mifflin, 3rd edition, 1998).

Jawaharlal Nehru Memorial Fund: *Glimpses of World History* by Jawaharlal Nehru (Oxford University Press India, 1982); *Hind Swaraj or Indian Home Rule* by Mohandas Karamchand Gandhi (Navajivan Press, 1938).

The New Press: *Truth and Lies: Stories from the Truth and Reconciliation Commission in South Africa* by Jillian Edelstein (The New Press, 2001).

Oxford University Press Inc.: *Historian Records* by Sima Qian, translated by Raymond Dawson (Oxford University Press, 1994).

Oxford University Press India: *Asoka and the Decline of the Mauryas* by Romila Thapar (Oxford University Press India, 1963), by permission of the publisher.

Penguin Group (UK): *The Epic of Gilgamesh*, translated by N. K. Sandars (Penguin Classics, 1960, Third Edition 1972), © N. K. Sandars, 1960, 1964, 1972; *The History of the Peloponnesian War* by Thucydides, translated by Rex Warner (Penguin Classics, 1954), translation © Rex Warner, 1954; *Two Lives of Charlemagne* by Einhard and Notker the Stammerer, translated by Professor Lewis Thorpe (Penguin Classics, 1969), translation © Professor Lewis Thorpe, 1969; *The Travels of Marco Polo*, translated by Ronald Latham (Penguin Classics, 1958), all by permission of Penguin Books Ltd.

Princeton University Press: *Ancient Near Eastern Texts Relating to the Old Testament*, edited by James B. Pritchard (Princeton University Press, 1969); *The Collected Dialogues of Plato*, edited by Edith Hamilton and Huntington Cairns, translated by B. Jowett (Princeton University Press, 1975).

Random House Inc.: *Bhagavad-Gita*, translated by Barbara Stoler Miller (Bantam Books, 1986), © 1986 by Barbara Stoler Miller, by permission of Bantam Books, a Division of Random House, Inc.; *A Higher Kind of Loyalty* by Liu Binyan (Pantheon Books, 1990).

Simon & Schuster Inc.: *Popul Vuh*, translated by Dennis Tedlock (Pocket Books, 1985), © 1985 by Dennis Tedlock, by permission of Simon & Schuster Adult Publishing Group; *Virgil's Aeneid*, translated by Rolfe Humphries (Charles Scribner's Sons, 1951), © 1951 by Charles Scribner's Sons, by permission of Scribner, a Division of Simon & Schuster Adult Publishing Group; *Chinese Civilization: A Sourcebook*, Second Edition, edited by Patricia Buckley Ebrey (The Free Press, 1993), © 1993 by Patricia Buckley Ebrey, by permission of The Free Press, a Division of Simon & Schuster Adult Publishing Group.

Stanford University Press: *The Pattern of the Chinese Past* by Mark Elvin (Stanford University Press, 1973), © 1973 by Mark Elvin, by permission of the publisher.

University of California Press: *Canto General* by Pablo Neruda, translated by Jack Schmitt (University of California Press, 1991).

The University of Chicago Press: *The Islamic World*, edited by William H. McNeill and Marilyn Robinson Waldman (University of Chicago Press, 1983).

University of Texas Press: *Ancient Egyptian Literature: An Anthology*, translated by John L. Foster (University of Texas Press, 2001), © 2001 John L. Foster, by permission of the author and publisher.

A. P. Watt Ltd.: 'The White Man's Burden', *Rudyard Kipling: Selected Poems*, edited by Peter Keating (Penguin Twentieth-Century Classics, 1993); 'The Second Coming' by W. B. Yeats, cited in *Literature of the Western World*, edited by Brian Wilkie and James Hurt (Macmillan, 1984).

中译本序

华东师范大学历史系教授　余志森

今年春节过后没多久，一天中午，我接到上海交通大学陈德民教授来电，说他主持翻译了一本美国学者编撰的《全球通史》，足有百万余字，已出清样，嘱我为此书作一序。数月后，年逾花甲的他竟然推着装着沉甸甸书稿的小车送到我家，进门时，他的额上还沁着汗水。当我与他一起从小车布袋中取出厚厚译稿时，钦佩之情油然升起。次日，我翻开书稿，开始阅读，尽管因白内障视力不佳，还是被这本书深深吸引了，花了不少时间读毕全稿，掩卷冥思，欣然动笔，我想说的第一句话就是，陈教授及其合作者和上海社会科学院出版社为中国读者译介这本史料丰富、图文并茂、雅俗共赏、引人入胜的全球史教材"值得"！

说实话，对于一生在书海中荡漾的读书人来说，从小学读书开始，然后教书、编书、写书、译书，现已年近古稀，还敲打键盘在写书，阅读电子书……哪一件不与书搭界？在记忆中，读书时使用过的教材印象特别深，它可说是无涯书海中的最特殊的一种书本，因为它读者广，影响大，受众是正在探索真知的年轻人，大家对教材往往带着一种信任甚至是敬畏来拜读的，所以教材的好坏会影响一代学生未来的发展。

可是一说到教材，我们这些以历史学为终身专业的老师，就会油然想起历史教材，年幼求学时总会将历史教材与死记硬背联系起来，不少人对学习历史不感兴趣，把历史课与背诵年代与人名划上等号，原因何在？与教材大有关系。说怪也不怪，原本丰富多彩、妙不可言的悠悠人类历史在某些教材中却变成了干巴巴的几条筋，成了一长串的大事年表，读之无味，味同嚼蜡，谁还会有兴趣读下去呢？有多少人还敢花一生的时光去研究历史学？

值得庆幸的是，今天展现在我们眼前的美国史学家霍华德·斯波德克撰写的《全球通史》完全不同于我们年轻时读到的那种枯燥无味、意兴索然的历史课本，它内容丰富、图文并茂，启人心智，有较强的可读性，人们读着本书时，就似乎被导引进一个辉煌深邃的全球历史博物馆，神秘好奇，流连忘返。此书为何有如此的魅力？

首先，结构新颖是本书最大的特色。我以往读过的世界历史教材，不外乎以史前、古代、中世纪、现代早期（近代）、现代后期（现代）、当代历史构成一个整体，每一时代都包含经济、政治、文化、社会、国际关系等层面，可谓是一种"断代史"的叠加；或以文明为特征把历史分为农业文明、工业文明、后工业文明等；或如作者所描写的那些美国教材——"现在书店能见到的众多历史教科书研究的起点依然是从西欧开始，只是用零碎几个章节来介绍世界其他地区的历史"，等等，不一而足。

教材与学术专著相同，贵在创新。可惜，在史学界前有"剪刀加浆糊"，后有"复制加粘贴"的不乏其人，他们炮制了不少低水平重复的、雷同相似的所谓历史学教材。而眼前这一本《全球通史》不同于我们曾经读到过的那些教材，读后并无"似曾相识"之感，而是给人一种耳目一新的印象。她以时间为经，以八大主题和转折点为纬，"把年代学、历史主题和地理学研究联系在一起"，编织成一幅全球历史的精美画卷。本书吸收了传统教材与近年世界文明史研究的成果，独具匠心，根据全球历史发展的内容与内在联系设计了八大专题。"按照一条时间轴线把从早期人类的出现直到今天的演变过程按顺序一一介绍"，让学生自己来了解分析历史事件，从而达到对人类发展的历史过程有一个总体把握，对全球人文地理有一个总体理解。

翻开本书，第一篇主题"人类的起源和人类文化"将读者带入神秘的史前时代（公元前500万年—公元前10000年），开卷就向读者提出："我们究竟来自哪里？人类是怎么会栖居到这个地球上来的？"本篇含多幅当今考古学家最新发现的古人类头骨等文物照片，为读者解开人类起源之谜。

随着漫长的时间的推移，人类在发展道路上出现了一个转折点——"农业村庄"出现，读者就此进入了下一主题。第二篇主题"定居（公元前10000—公元1000年）"，向读者展现了一幅人类定居的画面，为满足社会演变进化的需要，地球上的人类从迁徙游牧到定居，其标志就是栖居地——早期的农业村庄出现形成，后来又发展成为城市。"城市定居点的建立在世界许多地区开启了一个新的时代。"

悠悠岁月又将人类引入新的转折点——"从城邦国家走向帝国"。第三篇主题"帝国和帝国主义（公元前2000—公元1100年）"，向读者展现人类的不同的文明地区出现了有文字记载的帝国，早期帝国开始形成；作者把读者引入地球上的古代帝国的荣辱盛衰，从亚述的萨尔贡到亚历山大大帝，中国的秦朝和汉朝，罗马共和国和罗马帝国，印度的孔雀帝国和笈多帝国。在介绍中国汉代时，人们可以发现有一个"我们是怎样知道的？"的栏目，用较大篇幅以"伟大史学家"为题介绍了中国史家司马迁，这在同类教材中是颇为罕见的。

新的转折点"政治和宗教"将读者带入新的主题。第四篇主题为"世界各宗教的兴起（公元前2500—公元1500年）"。读者在这一专题中可以领略到世界上的各大宗教犹太教、基督教、伊斯兰教、印度教和佛教的创立和传播。在"人活着不能仅靠面包：世界历史上的宗教"醒目提示下，丰富的描写与分析使读者认识到"人的精神情感被组织成强大的宗教体系，其中有的传播至世界范围"。

读者在经历了充满神秘色彩的各种宗教教义、内容、组织和影响的探讨后，进而被引入新的转折点——"从宗教到贸易"。第五篇主题"商品和人口的流动（1000—1776年）"，向读者展示全球范围内商品的运输交换和人类的迁徙活动，以及各大洲的交往连接，从而形成了全球性的网络结构。读者会被人类的商品贸易与人口大迁徙的壮丽画面所吸引，感受人类流动的宏大气势与沧桑巨变。最后通过"图片的对比"为转折点引入新主题。

第六篇主题"社会变革（1640—1914年）"。本主题的时间跨度不算长，但社会变化巨大而深刻，让读者进入体验全球性重大变革的历史进程：政治革命与工业革命。政治和经济体系的巨大、激烈的变革产生了新的社会价值观和社会体系，并且深刻影响着所有的个人、家庭和社会。接着"奥林匹克运动会和国际政治"成为发展进程中的一个新转折点。

第七篇主题"技术大爆炸（1914—1991年）"，向读者揭示了人类社会技术的变化和技术对人类的控制，指出新技术体系无论是简单的还是复杂的体系是如何形成的，及其同时对人类的生活起着一种"改善和威胁作用"。以往教材重在说明科技发展对于人类的正面效应，本篇则提醒人们，科技发展也会对人类带来种种负面的效应，两次世界大战中高科技现代武器的运用带来巨大的杀伤力就是明证。"技术除了激发人们的创造力之外也会带来灾难"，"在20世纪的前半叶，技术更多地被运用于战争而不是和平"，"造成毁灭性后果的技术继续同推动生产力提高的技术一起齐头并进"。本篇迎来我们人人都在经历之中的新转折点——"迈入新世纪"。

第八篇主题"演变中的身份特征（1979年至今）"。读者在这一主题中可以了解当代全球性的变化——新的身份的形成：包括全球的、国家民族的、地区的、文化的和个人的身份，联系越来越紧密的通信、贸易和权力的网络把不同的个人和群体连接起来，迫使他们不断地重新思考自己的身份。本书告诉我们："比起以前，近些年来身份的形成受到的影响越来越多样化、越来越强烈。交通运输、旅行、通信，特别是互联网，对我们个人和集体身份意识都有强大影响。"将读者引入政治身份、宗教文化身份、全球化——新的经济和文化身份、生态问题和公共身份的有趣探索。内容涉及甚广，有苏联解体、欧洲的身份、孤独的超级大国美国、中国经济增长的推动力、国大党统治后的印度、非洲、拉丁美洲、全球化的评价、互联网与万维网、生态问题等，发人思考。

作者成功地在人类历史演进过程中寻找出不同时代、不同历史阶段的主旋律，依据人类发展的内在逻辑联系，找出人类社会发展途程中"改变人类生活方式"的转折点，归纳成上述八大主题，将"历史年代的转折点和解释性的主题"交织在一起,立体地、全方位地展示全球历史在经济、政治、宗教、国际关系和科学技术方面的演进,展现全球人类如何一步一步从古至今的演化发展进步。

众所周知,以主题为纬梳理历史,难以避免一个时间或内容上的重复,因为每一人类社会的主题都有自己的来龙去脉,不会局限在某一个时代,不可能与某一时刻如刀切般地"割断";而每一个时代又一定会包含有若干"主题"而不可能仅此一个。

令人欣慰的是,作者在构想本书的新颖结构时就似乎已预见到这一问题,并且尽力在内容编写上避免此类缺陷,每篇的开端对该主题作出承上启下的历史性概括,如第五篇"商品和人口的流动",编者在开头就概括说:"我们一再注意到贸易对各个地区的经济和世界经济所起的重要作用。正如我们在第二篇中所看到的,贸易将古老的城市文明中心——美索不达米亚、印度河流域以及尼罗河流域联系了起来。在第三篇中我们看到各个帝国都在设法保护主要的交通路线……在第四篇里我们可以看到,世界上的几大宗教沿着同样的贸易路线传播开来,而且宗教往往是通过商人得到传播的……"

又如,第六篇(1640—1914年)开篇就指出:"13世纪时,前所未有的全球性探索、商业和移民活动开始出现了(见第五和第六篇)。到17世纪时,传统的政治、经济和社会思想、理论及组织变得日益过时了。在欧洲和美洲首先出现了社会体系的调整。"作者利用再版的机会总结前面几版的编写经验与得到的反馈意见,在本书的21世纪新版中"在继续围绕主题进行探讨的同时,把更多的注意力放在保持清晰明确的年代顺序上。读者会注意到我们为保持这一年代顺序作出的努力和重大改进,比起前面各版来,不至于需要经常在时间阶段顺序上前后查索了"。

编者还在每篇结束时精心设计了"转折点"一栏,让读者如跨过桥梁一般通过"转折点",自然进入下一主题。就这样,经编者的精心编写,再版的不断完善,特别是21世纪新版的修改,整篇全球史不仅结构新颖,

主题突出,且时间线索明晰,读来浑然一体,自成一格,达到作者预想之目的——"我们之所以选择在某一特定的历史时期突出某些特定的主题,是因为这样学生就会对这些主题有更深入全面的了解,进而学会把它们作为分析工具,并以此形成他们自己对我们的世界的认识。"总体而言,本书的专题设计符合历史事实,成一家之言。

本书的第二个特点是具有"全球视野"。如果说上述的八大主题是《全球通史》的构架与血肉,那么该书的视野犹如她的大脑一般全面深刻。本书作者特别指出:"本书以及书中每一个转折点和主题所涉及的范围,都是全球性的。"为何一本世界历史必须要有全球视野?著名史学家艾里克·霍布斯鲍姆说:"史学家尽管关注的是微观方面的事情,但他们必须放眼全世界,不是出于我们许多人仍然忠于的理想,而是因为它是理解人类历史,包括任何人类特殊部分历史的必要前提。"(《史学家——历史神话的终结者》,第321页)

纵观全书,我们可以发现全球视野贯穿于八大主题之中,一以贯之,无一例外。全书对人类的悠悠历史做鸟瞰式的描述与分析,例如谈到工业革命,本书从全球视野加以分析,诚如作者坦言,他对欧洲的工业革命的研究包括对它的资金提供的研究——这些资金至少是部分来自对新大陆的人民和土地的征服,夺取的黄金和银子,以及从非洲的奴隶劳工身上榨取的财富,这一切财富都投入到欧洲去了;工业革命的结果以帝国主义的形式在全球范围内延伸到亚洲、非洲、澳大利亚和拉丁美洲;殖民者和被殖民者在面临新的机会和挑战时形成了相互作用。

对全球人口迁徙问题,本书从全球视野出发叙述与研究了四个方面:一是欧洲人从欧洲散布到世界各地生活,在全球范围内形成了一个"新欧洲",与此同时欧洲人"在各地给常住居民带来灾难性的后果";二是奴隶贸易,把约一千万非洲人带到美洲;三是蒙古人和突厥人的长途迁徙,他们从中亚出发,入侵和占领了东至中国、西至俄罗斯和巴尔干半岛、南至印度的土地;四是在全球不同区域出现的人口从乡村到城市的

迁徙。

在宗教问题上，作者以其特有的全球视野对世界上的五大宗教——印度教、佛教、基督教、犹太教、伊斯兰教做了相当全面的分析与研究，这是以往偏重基督教的通史无可比拟的。本书明确指出，其重点在于对宗教在人类历史上的作用做更深层次的探讨。时间重点放在公元约300年到1200年左右，其间，印度教教义在印度整个范围内得到更充分的阐述和系统化；佛教在中国、日本和东南亚兴起并奠定重要地位；犹太教被驱逐出其发源地以色列，随着流亡者传播到西亚的大部分地区、地中海盆地和北欧；基督教成为欧洲的一大文化体制；伊斯兰教从非洲-亚欧大陆的中枢地带传到遥远的东半球。作者对宗教的关系作出如下的表述："这五大宗教时常彼此发生对抗，有时导致汇合调和，对各自的宗教思想和实践进行相互借鉴和适应性改变；有时则导致相互竞争；有时甚至导致直接冲突。"

一本具有全球视野的历史教材，必然具备多元文化的视角，因为地球上的人类由不同种族、民族、群体构成，人类的不同文明、不同文化、不同传统共存于一个星球上，真正的客观的全球历史势必会让读者置身全球，放眼世界，尽享多元文明与多元文化的成果。编者也清醒看到了这一点，即"世界历史作为研究世界各个地区之间的相互关系的一门学问，从世界各地不同民族的人们的不同视角来看，依然是一片有待开垦的处女地"。

"启发心智"，重在分析是本书的第三个特点。历史教材不仅给读者提供浩瀚无际的历史知识，更重要的是让学生爱上历史学，能帮助学生在探索人类历史的过程中获得快乐，并学到历史学特有的历史哲学、历史方法和历史视野。著名史学家柯林武德曾指出，"我认为，每一个历史学家都会同意：历史学是一种研究或探索。"（《历史的观念》，第9页）确实，历史学的灵魂是历史分析或历史哲学，也就是我们常说的"史识"。历史知识是"鱼"，分析研究历史的能力是"渔"，教材提供给学生的首先应该是"渔"，而不仅仅是"鱼"。评判一部历史教材的优劣、高下与否并非是看其提供的

历史知识的多寡，而是能否提高学生的分析与思维能力。按此标准，人们不难发现，世界上最差的教材也许算得上是专门为学生提供所谓"标准答案"的那一类了。

本书为了提高学生的历史思维能力，善于向学生提出各种问题并介绍同一问题的若干不同分析与观点，同时还推荐大量参考书，让学生阅读理解后自己去作出判断、选择，这种教学法真可谓可圈可点。如在"对于早期城市化的一些现代评论"中，编者在分析苏美尔城邦国家取得的文明成就与付出的代价时，介绍了美国最受尊重的城市历史现代评论家之一刘易斯·芒福德（Lewis Mumford）的观点——认为这种人类早期城市"权力、宗教和持续战争的结合，对城市生活来说是一种永久的祸根"；介绍了作为社会主义哲学家和历史学家的卡尔·马克思的观点——城市的兴起导致"人类划分为两大阶级"；介绍了女权主义学者格尔达·勒那（Gerda Lerner）的观点——在城邦发展到相互交战并产生等级制的阶级结构之前，妇女的地位是比较平等的。然后让学生思考如下问题：1. 刘易斯·芒福德从他的古代城市研究中得出了关于战争的哪些结论？这又是如何影响其现代战争观的？2. 卡尔·马克思从其对古代城市的研究中得出关于阶级关系的哪些结论？这又是如何影响他对现代（19世纪的）城市中的阶级关系的看法的？3. 格尔达·勒那从其对古代城市的研究中得出了关于性别关系的哪些结论？

本书在评估殖民主义遗产时认为，随着殖民时代的结束，历史学家们在评估殖民统治所带来的影响时产生了严重的分歧，指出："斯塔夫里阿诺斯（Leften Stavrianos）主要从经济角度，提出了马克思主义的批评意见。他认为殖民统治'在工业和商业方面使生产率达到了前所未有的高水平'，但支付给劳工的报酬和殖民地的财富均未得到相应的增长。"而研究西方文明史的西奥多·凡·劳（Theodore Von Laue）深受犹太教与基督教观点的影响，提出西方的价值观将引领其他价值观的假设；但蒂帕什·查克拉巴提（Dipesh Chakrabarty）对劳的观点提出质疑，认为西方统治者最

大的（自我）欺骗就是把欧洲的价值观宣扬成适用于全世界的价值观，并要求历史向这个目标靠拢。他对世界其他国家将等候在欧洲的"候车室"这一看法持否定态度。查克拉巴提的确欣赏欧洲启蒙价值观，但他认为欧洲的价值观并不是唯一符合人类发展的价值观，不应也不必成为全球的价值观。作者请学生思考"殖民统治带来的经济技术影响和文化影响中，哪个影响更重要"，并要求举例说明，让学生了解不同学派、不同学者的观点，在相互比较或争论中寻求真知提高学识。这是一个非常值得肯定的有效做法。回顾笔者自己的求学经历，若干次大学课堂讨论印象最深，至今不忘，即是同理。此外，本书每章结尾都为学生设计了若干复习题供他们思考，可见作者为提高学生分析能力的良苦用心。

当然，历史事实是历史学的基础，历史分析是建立在正确扎实的历史事实基地上的，没有历史事实的历史分析只能是空中楼阁。本书作者特别强调英国著名历史学家 E. H. 卡尔（E. H. Carr）的名言，历史"是一场在过去和现在之间的永无休止的对话"。其实这位历史学家的名著《历史是什么》曾在英美大学里作为教材红极一时，颇具影响，卡尔就是从历史研究的最基本的东西——历史事实阐述论点的。他认为"历史学家和历史事实是相互需要的。没有历史事实的历史学家是无根之木，是没有用处的；没有历史学家的历史事实则是一潭死水，毫无意义"。这本《全球通史》特别注意历史事实的可靠性，向学生读者强调第一手资料的重要性。全书突出"我们知道什么？""我们是怎样知道的？"以及"它的意义在哪里？"三个问题，强调第一手资料，每一章均提供诸如"原始资料""我们是怎样知道的？"等栏目，介绍原始资料的来源。如在谈到中国古代历史时，本书提出："有关古代中国城市和朝代的直接信息主要有三个渠道：书面文献，甲骨文和考古学家们挖掘出来的人工制品。"

本书上述三个特点的形成与作者的指导思想是分不开的。我很欣赏作者撰写本书的指导思想，他认为本书"通过它的主题内容、叙述方式和分析方法来吸引读者，把读者调动起来，甚至使他们产生强烈兴趣。它应该使得学习这门课程的学生打开眼界，开放心灵……本书有必要向他们介绍历史学家的研究方法和他们的'思维习惯'"。

他指出，是过去成就了今天的我们，而且继续影响着我们的未来。在这一意义上，过去并没有过去，就像我们自己认识的、那些影响着我们生命但已经远离我们而去的人并没有"故去"一样。本书重点突出"过去继续对今天和未来产生着巨大的影响的那些方式。它将帮助我们认识我们是怎样成为今天的我们的"。他认为，将军们对过去的战例进行研究，目的是为了理解现代的战争该怎么打；经济学家们研究过去的经济增长和衰退，是为了理解我们应该怎样促进经济增长，避免衰退。理解过去的家庭和人际关系起作用的方式，有助于我们寻找到使我们的家庭生活和人际关系更加美满的方式。"我们必须选择这样的策略，即在理解人类全部经验的前提下，我们怎样能最大限度提高理解我们今日生活的能力。"

他在前言中说得好："本入门教科书的编写目的就是帮助学生去理解和共享那些历史学家感到引人入胜的方面。它也会使历史学的教授们回想起，他们最初是怎样被历史所吸引的，此后他们才开始正式的专业学习，并走上后来的专业研究道路。不仅如此，它鼓励学生和教授一起共同探索这个世界的历史以及从事这一研究的意义。"

霍华德·斯波德克对历史学的理解颇有见地，且对多元文化有独到见解。这与他的学术经历有关。他与我是同龄人，我们都已是古稀老人了。1963年他毕业于哥伦比亚大学，获历史学学士学位，研究方向为"亚洲研究"。1966年他在芝加哥大学获历史学硕士学位，1972年获博士学位，研究方向为印度研究。1964—1966年，他作为美国富布赖特学者首访印度。他在印度从事研究和教学达七年之久。他不仅潜心书斋研读，也热衷"行万里路"，遍游美国、拉丁美洲、亚洲、非洲和欧洲等地。1972年他任职坦普尔大学，1984年任教授，1993年获"坦普尔大学优秀教师奖"。1988年，他开始专门从事世界史研究,承担科研项目,与费城学区的教师合作,从事提高教师们关于世界历史的知识基础,计划重新撰写一份供学区学校使用的世界历史教学规划。后又投入另一个项目——把大学教授和中学教师结合起来,对世界史教学进行重新思考和修正,1997年他出版了本书第一版,就是这几个项目的直接成果。他出版的学术著作主要关于印度,包括《地区发展中的城乡一体化》(1976)、《东南亚的城市形式及其意义》(与人合作),并发表多篇关于印度的城市化,以及妇女的发展问题等论文。在《历史教师》上发表过数篇关于世界历史教学的文章。在阅读本书时我曾疑惑霍华德·斯波德克编写的教材非欧部分占有相当篇幅,且叙述与分析相当到位,他是如何做到这一点的?他兼学东西方文化与历史,对亚洲特别是印度情有独钟的学术经历提供了答案。

把这样一本结构新颖、具有全球视野和重在启发心智的通史译成中文,给中国读者提供了一个观察全球历史的窗口。我们要感谢陈德民教授领衔的翻译团队为此付出的巨大劳动与心血。我与陈教授认识也因书缘而起,上世纪末,经华东师大余静娴副教授力荐,我们一起参与翻译英国著名历史学家J. M. 罗伯茨的10卷本《世界文明通史》,他负责第4和第5两卷的翻译。他是上海交通大学外国语学院英语系教授,上海翻译家协会会员(曾任理事)、上海外语口译考试委员会英语专家组成员,曾主持起草《上海英语高级口译考试考试大纲》,多年主持翻译出版的著作包括社会科学类、文学类、管理科学类等,计600余万字,主持编写英语教材数种。曾任《科技英语学习》杂志主编、《当代外语研究》学术期刊编辑部主任。曾获全国图书金钥匙奖、华东地区大学出版社优秀教材二等奖、上海市优秀教学成果一等奖、上海交通大学优秀教学成果一等奖等。在我有幸与陈教授一起切磋译稿的岁月中,他对译文一丝不苟的执著,对参加翻译的年轻教师和学生的严格认真的态度令我佩服,当年《世界文明通史》得以成功出版有他的一份贡献,此次作序给了我再次向他与余静娴副教授表达谢意的一个机会。

2016年初夏,写于上海广厦公寓

前 言

为什么学习历史?

专业的历史学家和刚参加一门普通历史课程学习的学生常常可以说是走在不同的道路上。对专业历史学家来说，没有什么比历史更为引人入胜的了。而对一个学生来说，特别是一个把历史作为必修课学习的学生来说，这整个学习过程常常会显得令人乏味。本入门教科书的编写目的就是帮助学生去理解和共享那些历史学家感到引人入胜的方面。它也会使历史学的教授们回想起，他们最初是怎么被历史所吸引的，此后他们才开始正式的专业学习，并走上后来的专业研究道路。不仅如此，它鼓励学生和教授一起共同探索这个世界的历史以及从事这一研究的意义。

专业历史学家热爱这一专业有许多原因。历史提供特别的视角和指导，帮助人们形成对人类发展的个人观点。它教会人们从多个角度看待各种事件的必要性。它探索人类社会各种事件的复杂性及相互之间的内在关系，使得我们对人类生活的方式和意义的探索成为可能。

历史学家们也喜欢卷入辩论。他们喜欢这样的挑战，即向人们显示，根据目前已有的证据和理论来看，自己对人类事件的形式和意义的解释是最为准确和最令人满意的。历史学家也热爱这一专业研究所带的"侦探"性质，这包括对陈旧档案的搜索研究、对新的信息来源的发现和使用，或是对久已被人忽略的信息来源的重新解释。比如说，近年来，历史学家们开始转向口述史、旧的教会记录、照片资料、岩洞壁画、零碎的人口调查记录，以及对神话的重新解释等。

但是，历史记录并不仅仅是一连串的人类事件。它们是历史学家用来对那些事件作出解释的手段。由于人们的解释各不相同，历史记录并非只有一种：在对事件的不同叙述中，每一种叙述都采用了不同的视角，因此，对历史的研究和对人的价值观、对历史上的人们的价值观的研究是紧密联系在一起的，历史学家们对此都有著述，而历史专业的学生则投入对相关方面的学习研究。

专业的历史学家认为，历史学是人文科学研究之王。在把从事经济学、政治学、人类学、社会学、地理学研究的社会科学工作者的观点理论进行综合的基础上，历史学家对人类的过去给出了一种更为整体的、更为全面的解释。与从事人文科学研究的同行一起，历史学家们很高兴倾听和叙说那些讲述英雄和枭雄、出身卑贱者和出身高贵者、充满智慧以及愚昧的往昔岁月的故事。这一对社会科学和人文科学的融合使得历史研究有了自身特有的深度、广度、深远的意义和盎然的趣味。训练历史性思维对我们理解昔日和今日历史的演变及连续性提供了一个极好的切入点。

为什么学习世界历史?

为什么专门讨论世界历史呢? 我们为什么要教授和学习世界历史,世界历史的课程应该包括哪些内容呢?

首先，世界历史对教授和学生来说同样是对一个新的领域开始研究的很好的起点。无论是它的内容还是教学方法都不是固定不变的。现在书店能见到的众多历史教科书研究的起点依然是从西欧开始，只是用零碎几个章节来介绍世界其他地区的历史。世界历史作为研究世界各个地区之间的相互关系的一门学问，从世界各地不同民族的人们的不同视角来看，依然是一片有待开垦的处女地。

其次，对诸如美国、加拿大、南非和印度这些由多文化、多种族组成的国家的公民来说，一门学习世界历史的课程给了人们一个了解各个种族的民族和文化起源的好机会，对正在朝着这个方向前进的诸如英国和澳大利亚等其他许多国家的人们来说同样如此。从这一点来说，世界历史的学习可以增强各民族人民之间的联系纽带。

再者，随着整个世界变成一个互相影响的整体，对世界历史的研究逐渐成为历史研究中的一个合适的题目。著名历史学家E·H·卡尔(E. H. Carr)解释说，历史"是一场在过去和现在之间的永无休止的对话"。在通信、商业、政治、宗教、文化和生态学等领域全球互动，这种新现实有助于世界历史新学术研究领域的形成发展。

结构和方法

本教程和其他为期一年的课程一样，用八个部分的篇幅把年代学、历史主题和地理学研究联系在一起。这八个部分按照一条时间轴线把从早期人类的出现直到今天的演变过程按顺序——介绍。每一篇突出一个主题——例如，城市化，宗教或贸易等——学生可以通过这八个主题来了解分析历史事件，对人类发展的历史过程有一个总体的把握。从地理角度来说，每一部分都包括对全球情况的介绍，不过在某些主题方面，介绍的重点则更着重于某几个地区。

本版修订

阅读过本书第一版和第二版的读者会发现，第三版在保留前二版优点的基础上，增加了一些新的材料和新的视点。全书的每一个部分都作了全面的修订增补。本教科书的一些教学特点都做了认真的检查考虑。我们增加了一些经过修正的、新的、更为实用的内容，包括复习题，主题介绍，附在教材课文边上的部分专业词语介绍，经过更新的、带有注解的参考书目，具有互动功能的地图，以及单列的"转折点"一节的文字，这部分通过图片和照片等图示资料帮助读者从某一篇的主题转向另一篇的新主题。全书的文字经过全面的改写，内容包括性别问题，贸易，技术和资本主义，伊斯兰世界及其影响，非洲和拉丁美洲。

组织结构和编排方面的变化

主题和年代顺序

本书编写的最主要的组织结构原则是，从一开始就突出对世界历史的主题性介绍。读者总的来说是欢迎这一做法的，但是也提醒我们，有时候这一做法会导致对年代顺序有所忽略。在第一版和第二版中，全书八个部分的每一部分各突出一个主题，各部分均按照世界历史中各个主要年代的顺序介绍，从人类早期的演变进化一直到21世纪初。在第三版中，我们在继续围绕主题进行探讨的同时，把更多的注意力放在保持清晰明确的年代顺序上。读者会注意到我们为保持这一年代顺序作出的努力和重大改进，比起前二版来，不至于需要经常在时间阶段顺序上前后查索了。

结构重组和新材料

熟悉前两个版本的读者会注意到我们在整本书中从头至尾作出的修正和重新组织。其中最为突出的方面是在最后一个部分。这一部分已经全部重新组织，分为单独两篇。前一篇探索的是从20世纪初一直到1980年的世界，基本上和原来的结构相近，依然采用了原来的主题"人类对技术的使用"。后面一篇则新增写了一章，主要对1980年以来发生的事件作出分析，讨论围绕的新主题是"身份"。基于我们认为的人的行为部分地是出于对我们是谁的看法，这一章探讨了宗教、民族、性别和时代身份的新问题。在每一种情况下，我们都提出，新的技术，尤其是通信技术，怎样影响了这些身份，而这些身份又反过来怎样影响了技术。最后一章将探讨在世界上几个不同的地区的这些新身份问题。另外一个大的改变是我们增加了新的第13章，该章的内容是关于1000年至1776年间的欧洲人的视野。这一章和第12章一起，成为连接前现代世界和现代世界的一座桥梁，也是平装本的第一卷和第二卷之间的桥梁。

史学研究方法

编写前两版教材时的一个基本原则是突出这样三个问题："我们知道什么？""我们是怎样知道的？"以及"它的意义在哪里？"大学层次的教师和学生，以及越来越多的高级分班课程的师生都同意对这三个史学研究问题的关注，但是他们常常发现，这几个问题在教材中显得较为分散。对诸多历史学家的研究和观点的讨论并不少，但是这方面的介绍显得前后不那么一致。在这一版中，对这三个方面我们提供了更为清晰明确的版面，以便于教师和学生有效地使用这些材料。总体来说，主要的叙述部分提供的是有关"我们知道什么？"

的材料。至于"我们是怎样知道的？"方面的材料——一般每一章提供两个版面——则以单独排列的、印有浅底色的方框标示，说明历史学家是怎样筛选有关材料并提出他们的解释的。"我们是怎样知道的？"栏目中列出的问题旨在鼓励学生理解历史学家们的研究，正是他们的工作提供了我们今天拥有的资料记录。每一章中其他用浅底色方框单列的内容提供了相关的资料以供进一步分析。最后，每一章末尾以"它的意义在哪里？：留给未来的遗产"的讨论结束。另一个新的特色是，每章的结尾给出了几个复习题，以方便学生对本章内容进行分析总结。

新的版面编排和设计

读者也会立即看到流畅简洁的、版面更为清晰的设计。比原来稍大一些的开本更具美感，而原来的版本中充斥的文字加框的形式则有所减少。更重要的是，原来的加框文字中的许多基本材料已结合到叙述的正文之中。现在的教材正文排为一栏，这样使得版面显得更为宽敞些。每一章开始的版面为横贯两页的版式，其中一面为一显示该章核心主题的插图或照片。

内容方面的变化

每一篇使用的材料都进行了更新、修正和增补。其中部分主要的改变和增补内容包括：对在乍得发现的早期人科动物化石的介绍说明；关于印度和非洲早期城市化的补充材料；对罗马帝国衰落的新的评价分析；对诺斯替教福音书及其对理解早期基督教的意义的讨论；从10至15世纪伊斯兰教在非洲帝国的同化吸收；第5篇，即关于1000年至1776年的世界贸易，第6篇，即关于1200年至1750年的迁徙和人口问题，被重新合成为讨论商品、思想和人口的流动的一个单元。对16、17和18世纪的科学革命给予了更多的篇幅。对工业革命的讨论被置于更大的背景之下，以揭示它怎样为从18世纪后期英国开始发生的事件搭建了舞台。如已提到的，我们给了20世纪更多的篇幅，把它分为两

个时间段，每一时期都设有专门的主题。在前两版结尾的几章中按照各个地区进行分析的方式被代之以对20世纪后期全球性问题的主题分析为主，这样一来，与全书其他各篇以主题为主的讨论分析相一致。在全书中我们对性别问题也给予了更多的关注。

在修订过程中，为了包容更多的近期发生的事件，我们增添了不少新材料以反映新的发展变化，例如：中国在世界贸易中日益增强的重要性，印度的宗教和文化方面的冲突，东南亚的经济复苏和拉丁美洲部分地区的经济衰退，全球经济问题，对艾滋病全球传播特别是在非洲传播的回应，克隆技术和基因研究应用方面的突破以及应予警惕的问题，2001年9月11日美国遭受的恐怖袭击和美国的反应，以及全世界对这一恐怖袭击及美国反应的回应，等等。

各章修订情况

第1章包括了最新的考古研究成果，以及在乍得发现的人科动物头盖骨的新信息，这一发现有可能把人科动物的进化时间前推250万年。

第2章包括经过修改的对苏美尔人以及他们对早期人类文明发展的贡献的介绍。

第3章对古埃及历史的各个方面的介绍作了较大幅度的重新组织，以与其他各章以主题为中心的做法保持一致。本章包括了对日常生活的新材料介绍以及对社会中性别作用的更具体的分析。原来在本章中包括的许多材料被安排到讨论帝国形成的第5章。

第4章经过修改以与本篇内各章的主题更好地连接起来。在考虑到更全面地介绍性别问题的总体设计的同时，对中国社会的妇女问题提供了更多的信息。本章对周朝情况的介绍也比原来更为丰富。

第5章经过重新改写，把埃及帝国包括在早期的帝国之内。关于亚历山大大帝这一部分，我们根据最新资料作了扩充。此外，关于性别问题的讨论也作了修改。

第6章为便于阅读对文字作了修改，同时对古代世界的性别问题作了更详细的讨论。本章也增加了关于罗马帝国衰败的新资料。

第7章作了重新改写，以更为清晰明确地介绍中国早期思想家。同时对性别问题的讨论也作了改动。

第8章包括对印度文化的更为清晰的讨论，同时增加了对不同帝国体系的比较思考。

第9章重点突出对印度教和佛教的起源，以及两个宗教之间的区别、相互关系和影响作用的研究，包括它们在世界各地的传播和对人类文明的作用。

第10章增加了关于有争议的诺斯替教福音书的新材料及其对基督教解释的意义的讨论。

第11章对早期哈里发的年代先后作了明确梳理，介绍了有关王位继承的争端。本章关于伊斯兰教的内容有所扩充，并进行了改写，更清晰地突出了伊斯兰教中的性别问题，并将此与其他宗教进行了比较。

第12章作了全面的修改。该章对国际贸易的网络及其意义，尤其是海上贸易网络的意义作了更为全面的介绍。

第13章我们作了全面的修改，对欧洲的海外扩张的背景给予了更充分的关注。关于欧洲中世纪史的内容被移到了本章，而且被置于全球历史的背景下，包括地中海贸易的衰退和大西洋探索的兴起。该章也讨论了欧洲中世纪贸易的复兴及其与文艺复兴思想的关系，以及新的世界观的形成。

第14章我们作了全面的改写，把更多的关注投入到民族国家问题，对"大分叉"问题进行了更为充分的讨论，分析了世界经济结构的重组，其中西欧迅速兴起，其地位超越了中国。

第15章在经过调整改写以后，对各种形式的人口流动，包括自由迁徙、奴役、定居和征服等，提供了更清晰的说明和比较。

第16章对科学革命给予了更为广泛的介绍，对当时发生的几个重大的政治革命给出了比较分析。

第17章扩展了对工业革命的历史背景的讨论，增加了有关仆役劳工的资料，对有关材料作了重新安排，目的是为了更清楚明了地显示经济、政治、社会关系之间的关联。

第18章作了重新组织和资料更新，对资本主义、工业革命、帝国主义以及对帝国扩张的反应之间的各种关系作了更为全面细致的思考。

第19章经过大幅的修改，包含对关于技术使用问题的争执的多方面思考。对第一次世界大战和全球经济萧条及其意义的讨论更为全面深刻。年代表述得更为清晰。

第20章经过广泛的修改，重点放在第二次世界大战参加者的意识形态、战争及其后果的介绍，包括冷战初期的对抗态势。

第21章经过全面的修改，内容包括冷战、殖民主义的终结、新兴独立国家的涌现，以及第三世界集团的形成。

第22章增加的内容包括毛泽东的计划、甘地在工业联盟方面的工作，以及技术带来的问题和风险。

第23章包括更新的有关大猩猩研究、基因改良物，以及由动物传给人类的传染病等材料。本章包括中国的人口迁移规划，即现在已开始实施的把千百万人口迁往政府为此规划建造的城市的行动。关于向城市移民的材料都作了更新改写，包括城市贫民区和联合国人类宜居地会议。关于恐怖主义和世界恐怖组织及恐怖活动的材料都经过了改写，其中有专门一节介绍尼日利亚的博科圣地。有关巴拉克·奥巴马当选美国总统一节的介绍内容有了扩展，同样内容有增加的还包括关于中国经济及其作为超级大国的兴起部分的介绍。关于世界贫困问题的讨论介绍了最新的研究成果。本章专门有一节介绍了2008年的经济危机和全球衰退问题。对"阿拉伯之春"作了分析，更新了相关的材料信息。宗教方面，有专门段落介绍以色列的世俗和宗教两方面的紧张内部态势，关于罗马天主教会和弗朗西斯一世教皇，以及关于福音派基督教和美国新移民的宗教的意义影响等。

第24章的内容作了大量的更新改写，包括人口问题的新数据，全球经济的价值意义，全球范围的货物运输，等等。新增的材料包括全球化和反对全球化的呼声，贫困和全球范围为消除贫困作出的努力，以及日渐扩大的收入差距问题。新增添的一节介绍了始于2008

年的金融危机和自2013年开始的经济复苏。本章包括了发生在从爱尔兰到西班牙、加拿大、比利时到多个非洲国家的民族主义和分离主义运动。关于"阿拉伯之春"，讨论了其带来的政治方面的后果，多少有别于第23章讨论的在宗教方面的影响后果。关于性别问题，尤其是变化着的家庭关系，内容有所扩充。关于印度的纳萨尔派起义的活动介绍有所更新，关于移民和难民问题几乎重新作了改写，增加了新的材料和数据。有关文化方面的内容新增加的包括基兰·阿卢瓦利亚和波诺。另外新增加了一个小节就布拉德利·曼宁、维基解密和爱德华·斯诺登等专题专门进行了讨论。关于生态技术以及对石油的过度依赖问题都更新扩充了相关的信息内容。

教学手段方面的改进

本版保留了前两版诸多方便教学的特色，包括提供历史资料的加框栏目和历史事件年表。我们另增加了好几个新的教学特色，包括在每一章的开始列出本章的主题表，每一章的结尾设有复习题，每章提供一至两幅交互式地图，一个在教材课文中用黑体标出的专业词汇表，词汇的解释排印在正文的页边并且集中作为一个附录附在书后，以及题为"转折点"的介绍，这部分置于每一篇的结尾，并通过附图资料以突出每一部分的主题。所有这些便于教学的特色设计，目的是为了使得本书更便于学生学习。总而言之，这些材料为世界史的学习提供了丰富多彩、全面完整，而且颇具挑战性的介绍，并介绍了历史学家们的研究方法和一些主要的阐释观点。

- 引言部分经过了大幅度的修改，介绍了本书的主题和历史学家从事其研究采用的方法。
- 对年表部分作了全面的重新设计，使得提供的信息更方便阅读，这部分现在更名为"历史一览表"。
- 新增添的"转折点"部分的文字结合图片显示某一篇和下一篇之间的联系。在某些情况下，该部分作专门的介绍，例如在介绍进入20世纪的过程中，采用了现代奥运会的资料作为实例，并介绍了随后发生的事件。
- "我们是怎样知道的？"这一部分与本书的正文部分分开，用彩色方框标示。这一专栏每章平均设两个。每个"我们是怎样知道的？"专栏旨在帮助学生了解第一手的相关资料，而且在结尾部分附有引导学生进一步思考的问题。
- 每一章的结尾部分是对留给未来的遗产的讨论："它的意义在哪里？"
- 本版教材继续突出强调第一手资料的使用，因为正是以这些资料为基础，人们就历史记载进行讨论、争辩。每章一般设有两个这样的专栏，以彩色的方框突出显示。
- 每一章的参考书目经全面改写和更新以反映最新的研究成果。此外，参考书目中的各个部分都有说明以便于指导学生阅读。
- 每一章开始列有一主题表以对该章的内容提供概要介绍。
- 每一章的结尾附有复习题以帮助学生回顾复习本章学习过的内容。这些问题也可用于课堂讨论或是作为课外作业的题目。
- 本书共分为八篇，每一篇的介绍包括对该篇各章主要内容的介绍。

地图和插图

为方便学生学习，本书提供了内容广泛、清晰和丰富的地图和图表。第三版又增加了多幅新地图，由此为文字内容从地理角度提供更清晰的说明。本版的一个新特色是在大多数章节中都有一幅具有交互功能的地图。本书附有多种类型的插图，其中大多数是彩色的，对教材的文字内容起了补充作用。在第三版中我们新增了130多幅插图。

在这新一版的写作过程中，没有改变的一点是我的脑海中对自己的孩子——当然他们比今天要年轻得多，而且今天他们在许多领域掌握的知识已超过了我——以及我的学生的形象。我是为他们而写作的。

本版致谢

普林蒂斯·霍尔出版公司在这一版教材出版的准备过程中起了积极的作用，包括编辑主任查利斯·琼斯-欧文的充满睿智的关心指导，发展编辑马蒂·格林和伊莱恩·西尔弗斯坦的文字编辑，加利福尼亚大学富勒顿分校历史教授南希·菲奇的内容编辑，以及执行编辑查尔斯·卡瓦利尔在各方面审读意见的基础上提供的建议等，这一切促成了对本书的诸多修改。伦敦的劳伦斯·金出版公司继续对本书文字的润饰和质量给予了充分保证，我对他们深表感激。美术学院主任李·里普利·格林菲尔德在高级编辑莱斯利·亨德森、高级执行编辑里查德·梅森、设计尼克·牛顿、图像设计埃玛·布朗的帮助下，保证了这一跨洋出版项目的顺利进展。没有他们的帮助，本书第三版的出版是不可能的，我对他们耐心执着的指导和睿智表示感激。许多老师和学生使用本书，并专门抽出时间给我写信提出建议，我对他们的善意深表感激之情。我感激他们，并希望他们能看到在这一版中凝聚的他们的经验和智慧。

我还要对以下阅读过本书并提供意见的诸位深表感激之情，他们是索尔兹伯里大学的韦恩·阿克森，伊利诺伊路易斯大学的埃瓦·培根，圣约翰大学的莫里斯·博雷罗，阿森普逊学院的斯图尔特·博希，阿巴拉契亚州立大学的肯尼思·M·查温，纽约州立大学布法罗分校的乔治·卡尼扎雷斯-埃斯吉拉，南德克萨斯大学的努帕·肖胡里，梅里狄恩社区学院的马克·冈恩，南密西西比大学的菲利斯·杰斯蒂思，查尔斯顿学院的弗兰克·卡皮尔，马歇尔大学的大卫·肯雷，麦克多诺学校的阿尼·林特维德特，韦克福里斯特大学的安格斯·洛克耶，艾伯塔大学的约翰·兰登，加利福尼亚海事研究院的路易斯·麦克德莫特，杰克逊州立大学的苏珊·曼尼克，以及夏威夷太平洋大学的迈克尔·帕甫考韦克。

作者介绍

霍华德·斯波德克在哥伦比亚大学获学士学位（1963），专业为历史学，研究方向为哥伦比亚大学新设立的"亚洲研究"项目。他在芝加哥大学获硕士学位（1966）和博士学位（1972），专业为历史学，研究方向为印度研究。他第一次访问印度是在1964—1966年，当时他获得富布赖特基金会的资助。他在印度度过了总计约12年的科研和教学生涯。他也曾在美国、拉丁美洲、亚洲、非洲和欧洲广泛游历访问。他自1972年起担任坦普尔大学教师，1984年任教授，1993年获"坦普尔大学优秀教师奖"。

霍华德·斯波德克

斯波德克从事世界史的研究始于1988年，当时他担任了一个综合性的、创新性研究项目的学术主任，其任务是和费城学区的教师合作，提高教师们关于世界历史的知识基础，并计划重新撰写一份供学区学校使用的世界历史教学规划。在这一项目完成以后，斯波德克立即投入另一个项目的调查研究，这一项目把大学教授和中学教师结合起来，对世界史教学进行重新思考和修正，而且在许多情况下，启动了费城大都市区多所学院和大学的世界史教学。这几个项目的直接成果就是本书第一版的写作（1997）。

霍华德·斯波德克出版的论著主要关于印度的城市化，包括《地区发展中的城乡一体化》（1976）、《东南亚的城市形式及其意义》（与多丽斯·斯林尼瓦珊共同担任编者，1993）、《艾哈迈达巴德：21世纪印度的激震型城市》（2011），并发表多篇不同主题的文章，包括对劳动妇女组织的分析研究。此外，他还撰写和制作了纪录片《艾哈迈达巴德》（1983），是纪录片《城市世界：印度艾哈迈达巴德贫民窟重新安置的个案研究》（2013）的执行出品人和主题研究专家。他组织并参与了一个三人团队将六卷本的《印度拉尔·雅格尼克自传》从古吉拉特语译成英语（2011）。他根据自己与大学和中学从事世界历史教学教师的交往，在《历史教师》（1992，1995）上发表过数篇文章。他在研究、写作、教学以及电影方面获得过富布赖特基金会、美国人文科学研究捐赠基金会、美国科学基金会、美国印度研究所、史密森学会和世界银行提供的基金资助。

引言：历史学家眼中的世界

主题和转折点

本书的大多数读者或许没有学过历史方面的众多课程。很少有人（到目前为止）会打算把历史作为专业来学习，更不用说成为职业历史学家了。因此许多人就以阅读这样一本历史教科书作为目标了。本书对世界历史的全面介绍有必要通过它的主题内容、叙述方式和分析方法来吸引读者，把读者调动起来，甚至使他们产生强烈兴趣。它应该使得学习这门课程的学生打开眼界，开放心灵，他们原来会以为历史只是关于过去的事件，学习历史只不过是记住那些人名、年代日期和事件地点等。本书有必要向他们介绍历史学家的研究方法和他们的"思维习惯"。它有必要显示，关于世界历史的内容和研究方法的知识——尤其是本书中牵涉的这一切——将会开拓他们的视野，而且会具有实用的价值。

"实用价值"这一说法并不总是和历史研究联系在一起的。的确，在我们平时说话中，"那是历史"的说法意味着某个事件已经不再有什么意义了。它可能曾经是重要的，但现在已经不是这样了。从这一观点来说，"历史"只是关于已故去的人物和已发生过的事件的记录而已。但是，对历史学家来说，实际情况正相反。是过去成就了今天的我们，而且继续影响着我们的未来。在这一意义上，过去并没有过去，就像我们自己认识的、那些影响着我们的生命的人并没有"故去"一样，尽管他们可能已经远离我们而去。本书将突出过去继续对今天和未来产生着巨大的影响的那些方式。它将帮助我们认识我们是怎样成为今天的我们的。

历史不会对今天我们面临的问题给出直接的回答，但是它确实会提供事例和个案来帮助我们改进我们的思维。将军们对过去的战例进行研究，目的是为了理解现代的战争该怎么打；经济学家们研究过去的经济增长和衰退，是为了理解我们应该怎样促进经济增长，避免衰退。理解过去的家庭和人际关系起作用的方式，有助于我们寻找到使我们的家庭生活和人际关系更加美满的方式。

世界历史提供给了我们可能的最广阔的领域，我们可以在此基础上从事这些研究。当然，我们不可能对发生过的一切都进行研究。我们必须选择哪些内容要包括在内，哪些内容要剔除。我们必须选择这样的策略，即在理解人类全部经验的前提下，我们怎样能最大限度提高理解我们今日生活的能力。

在本书中，我们挑选了两个基本的组织原则来作为世界历史研究和教学的框架。首先，我们选择了八个历史年代上的转折点，每个转折点都改变了人类的生活方式。其次，我们对每一个转折点的重大意义都作了解释——根据这些转折点引入人类经验的新主题。这两大因素——历史年代的转折点和解释性的主题——是交织在一起的。

本书是围绕这八大转折点和主题组织编排的。我们也有可能挑选出其他的转折点和主题来，但是，这些转折点代表了人类生活中最重大的转变。对这些转折点的主题分析有助于学生把握人类生活中最重要的八个主题的起源及其现状：使得人类成为我们今天这样一个特别物种的生物和文化特质；我们创造建立并在其中生活的栖居地；我们组织动员起来的，有时则对之进行反抗的政治权力；使得许许多多人在他们的个人生活和社区生活中找到意义的宗教体系；把世界各地的人们更紧密地联系在一起的贸易往来和人口迁徙，这有时是以合作的方式，有时则造成竞争，有时甚至是冲突；政治、工业和社会革命，尤其是发生在17至20世纪的这些革命；一直在改变着我们的世界的不断向前的技术发展；以及在我们这一时代到处呈现的对个人和社会群体身份的追求探询。

　　因为人类的实际生活并不和时间明确的历史时期完全合拍，因此在各个转折点中会有相当程度的重叠。读者或许会提出，这些历史主题也并不仅限于某一特定的历史时期。举例来说，政治制度、宗教体系，以及经济组织在历史上的各个时期都是存在的。这一说法当然是正确的："一切事物都是互相联系的"，事实上，每一个历史时期都会包括几大主题。但是，我们之所以选择在某一特定的历史时期突出某些特定的主题，是因为这样学生就会对这些主题有更深入全面的了解，进而学会把它们作为分析工具，并以此形成他们自己对我们的世界的认识。

历史上的重大转折点和各篇的主题

　　第1篇　转折点：最早的人类的出现。生物进化和早期的文化演变，公元前500万年至公元前10000年。

　　主题：历史学家和人类学家寻找古代的人工制品和记录，并试图搞清楚人是怎样成为人的。

　　第2篇　转折点：栖居地的出现，早期的农业村庄，以及后来出现的城市。公元前10000年至公元1000年。

　　主题：栖居地——村庄、城镇和城市——建立形成以满足社会的需要。

　　第3篇　转折点：早期帝国的形成，公元前2000年至公元1100年，从亚述的萨尔贡到亚历山大大帝，中国的秦朝和汉朝，罗马共和国和罗马帝国，印度的孔雀帝国和笈多帝国。

　　主题：帝国的政治权力的形成、增强、巩固，以及遭遇到的抵抗。

　　第4篇　转折点：世界宗教的创立和传播：犹太教、基督教、伊斯兰教、印度教，以及佛教。公元前2500年至公元1500年。

　　主题：人的精神情感被组织成强大的宗教体系，其中有的传播至世界范围。

　　第5篇　转折点：全球范围内商品的运输交换和人类的迁徙活动，以及各大洲的连接；1000年至1776年。

　　主题：商品的运输流动和人口的迁徙形成了全球的网络结构。

　　第6篇　转折点：政治和工业革命，1640年至1914年。

　　主题：政治和经济体系的巨大、激烈的变革产生了新的社会价值观和社会体系，这一切影响着所有的个人、家庭和社会。

第7篇　转折点: 技术的变化和技术对人类的控制; 1914年至1980年。

主题: 新的技术体系——无论是简单的还是复杂的体系——形成, 并对人类的生活起着改善和威胁作用。

第8篇　转折点: 新的身份的形成; 包括全球的, 国家民族的, 地区的, 文化的和个人的身份, 1979年至今。

主题: 联系越来越紧密的通信、贸易和权力的网络把不同的个人和群体连接起来, 迫使他们不断地重新思考自己的身份。

全球视角

本书以及书中每一个转折点和主题所涉及的范围, 都是全球性的。例如, 对欧洲的工业革命的研究包括对它的资金提供的研究——这些资金至少是部分来自对新大陆的人民和土地的征服, 夺取的黄金和银子, 以及从非洲的奴隶劳工身上榨取的财富, 这一切财富都投入到欧洲去了; 工业革命的结果以帝国主义的形式在全球范围内延伸到亚洲、非洲、澳大利亚和拉丁美洲; 殖民者和被殖民者在面临新的机会和挑战时的相互作用。

社会科学研究方法, 历史比较研究, 以及价值观研究

历史比较研究和社会科学的研究方法

本书采用的全球视角的、相互作用和相互比较的方法也等于提供了一种对社会科学研究方法的介绍。这样的研究方法就体现在本书的结构中。因为本书的每一篇都是基于对世界各个地区的比较之上, 读者会逐渐习惯于这样的做法, 即把假设置于普遍的原则基础上, 然后根据取自世界各地的资料进行比较和检验。

这一在一般的理论和具体的个案之间来回进行比照的方法, 就是社会科学的核心, 它检验的是在何种程度上一般理论和具体的数据是互相吻合的。例如, 在第2篇, 我们将探讨城市的一般特征, 然后我们将通过对世界各地的城市的个案研究检验这一概括在怎样的意义上是站得住脚的。在第3篇我们将在对中国、罗马和印度进行比较的基础上寻求关于帝国的兴衰的一般理论。在第4篇, 我们将通过对世界五大宗教的调查比较以寻找它们之间的共同点。在第8篇, 我们从对政治和文化身份的新问题的分析开始, 然后通过对世界不同地区的六个个案的初步探讨以考虑身份问题的意义。这些比较使得我们能更清楚地思考和理解城市、帝国和宗教的功能——不仅在过去, 而且在我们自己所处的时代和地方。

多重视角

本书强调了在研究和解释历史的过程中采用多重视角的重要性。我们得到的回答——我们撰写的叙述性的历史——是基于我们提出的问题之上的。书中的每一

篇都表明了，对研究中的历史事件我们可以提出多种问题，而在回答这些问题的过程中，有可能出现多种多样的解释。往往是这样，对随着时间发生的变化及其意义，可以有不止一种的"正确"答案。不同的问题可以导致很不相同的研究并得出很不相同的答案。例如，在第5篇，我们就西方的商业强国开始超越亚洲的商业强国的阶段和过程提出问题。提出这一问题的前提是，在更早的时候，亚洲在这方面要强大得多，然后就引出了另一个问题，即为什么亚洲在这方面衰退落后了，为什么欧洲赶了上去。在第7篇，我们提出了这样的问题，即工业革命对男女之间的性别关系产生了怎样的影响和变化；这一问题就会导致不同的研究，并对有些问题作出不同的叙述，例如，妇女在工业化过程中作出的贡献，这是一个很有意义的问题，但它是属于不同性质的问题。

以这种主题性的、比较性的框架对人类的过去进行系统研究，学生将会掌握用来理解他们在今日世界中自身位置的工具，并作出自己的努力。他们不仅会懂得世界各地的人民是怎样造就了今天我们所生活的世界，而且可以进一步思考为了新的目标我们走向新的方向的可能性。

对价值观的评估

这一形式的分析也引入了一种对价值观的研究。为了理解过去的人们作出的选择，我们必须设法去理解显示了他们的思想和行为的价值观。为了理解由后来的历史学家作出的解释，我们同样也需要理解历史学家们的价值观。这些价值观可能和我们的价值观相近，也可能存在差异。历史学家们在看待过去的历史时会带有他们自己的视角，而这样的个人视角对他们的解释会有所影响。最后，为了让读者形成他们自己对过去的理解，而且为了让这一理解在他们自己的生活中起更大的作用，他们同样必须看到，他们自己的价值观是怎样影响他们对过去事件的评价的。

在过去一个世纪的大部分时间里，社会科学家声称建立"不带价值观的"学科。今天，大多数的学者相信，这是不可能的。我们是不可能"不带价值观"的。相反，我们需要理解那些激励着历史演员、过去的历史学家，以及我们自己的各种价值观。取得对他人——那些对这些价值观作过研究的历史演员和历史学家——的价值观的理解，会有助于读者识别和形成他们自己的价值观，这是人文教育的一个关键方面。

历史和身份特征问题

历史学属于最富于激情，也是争论最激烈的一门学科，这是因为大多数人和群体把他们身份的一大部分和其历史联系在一起。美国人可能会对自己的民族感到自豪，例如，因为他们创造了一个已持续了200多年的有代表性的、在宪法指导下的民主制度（参见第7篇）。然而，他们可能会对存在了250年的奴隶制度，以及一直延续至今的种族关系的不平等现象（参见第6篇）感到悲哀、羞耻，或许愤怒。基督教徒可能会对两千年来他们对穷人和卑贱者表示的同情而感到自豪,然而他们也可能会对持续了同样长时间的宗教战争,以及对那些宗教信仰和他们不同的人的迫害(参见第4篇)感到悲哀、羞耻,或甚至是愤怒。

随着不同的种族、宗教、阶级和性别群体在公共的政治生活中的活动表现,他们不仅在寻求理解塑造今日之他们的历史,而且也在说服他人以同样的方式理解这一历史,由此而形成一种新的意识。例如,提倡女权的历史学家在对历史的解读中发现,父权制,即由男性建立并由男性控制的一种制度,使得妇女处于从属地位。根据已有的资料和他们对资料的解释,这些历史学家积极提出一种有说服力的观点以吸引其他人支持他们的立场。

但是有人不会因此而被说服。他们甚至不同意女人曾从属于男人的观点,而是提出,在整个历史上(参见第1篇和第7篇),男人和妇女遭受的大体是同样的苦难(以及享受同样的欢乐)。对性别关系的起源和演变的历史争论激起人们强烈的情感,因为人们的自我形象,对他们所属群体的形象,以及其他人对他们所抱的知觉形象都是带有一种任意性的。在这种情况下,潜在的风险可能是相当大的。

对历史记录的控制

从人类最早的时候开始,对历史记录的控制和解释就对控制人们的思想一直起着一种关键的作用。中国的第一个皇帝秦始皇(公元前221—公元前207年在位)提出了一个统一的中国的概念,而且这个统一的中国一直持续到今天,但就是他曾企图把过去的一切知识都彻底毁掉:

1-11

> 他于是废除了古代圣贤帝王的治理方法,把诸子百家的著述都付之一炬,其目的是让普通百姓都处于愚昧无知的状态。他把大都城的城墙尽数拆除,将贤者能人都处以死刑。(deBary, I: 229页)

秦以后的汉朝的诗人和政治家贾谊(公元前201—公元前168年?)就这样说过,秦始皇希望只有他自己对中国的过去的解释以及他在中国历史上的地位得以流传下去。后来的知识阶层都痛斥秦始皇的焚书坑儒——但是失去的文字记载再也无法复原了(参见第3篇)。

同样地,基督教会第一位伟大的历史学家凯撒利亚的尤西比乌斯(约260—339年)在他关于罗马帝国的早期基督徒的记述中,就精心挑选了那些他认为对他的传教使命"派用场"的要素,而那些他认为没有用处的就直接给剔除掉了。

> 现在我们还是别去描述他们的悲惨的苦难经历[遭受迫害]……就是说这不是我们的任务的一部分,即在遭受迫害之前他们之间的派别争斗,他们互相之

列宁在莫斯科斯维尔德洛夫广场向士兵发表演讲，1920年5月5日。在列宁1924年去世以后，他的副指挥员利昂·托洛茨基（照片中坐于左侧）在此后爆发的激烈的权力斗争中败在约瑟夫·斯大林手下。托洛茨基不仅被驱逐出苏联，连他在官方的正式档案中的形象都消失了（见下方经过修改的照片）。

1-12

间极为残暴的敌对行动。这就是为什么我们决定关于他们不再多说什么，我们只要为上帝的判决作证辩护就足够了……我们将在我们的全部叙述中继续仅讲述那些首先是对我们的时代派用场，然后是对以后其他时代派用场的内容。（MacMullen，第6页）

历史的修正

对历史事件的解释有时会变得极具争议，甚至可能在好几个世纪过去以后再予以修正。试图控制其臣服民族的殖民政府有时会这么提出：那些被征服的民族是如此落后，他们从这一征服中获得了收益。后来的历史学家则由于距离较远，而且抱着更为不偏不倚的态度，往往对这样的殖民者不那么宽容。1900多年以前，历史学家塔西佗在写到古代罗马对英国的征服时带着讽刺挖苦的口吻："抢劫，屠杀，强奸，说谎者称之为帝国；他们制造出了一片荒凉，把它称之为和平。"（《阿格里科拉传》，第30页）

在我们所处的这一时代，许多国家从殖民主义者的手中获得了自由后，他们对外国的统治者发出同样的怨愤，为了和他们新获得的政治自由保持一致，他们着手对历史的记录进行修正。贾瓦哈拉尔·尼赫鲁，印度独立后的第一任总理（1947—1964），1944年时因为领导争取国家的独立运动而被囚禁，在狱中他这样写道：

> 英国人对印度历史的叙述，尤其是对所谓的英国统治时期的叙述，是充满着愤恨不满的。历史几乎总是由那些胜利者和征服者随意改写的，体现的是他们的观点；或者，不管怎么说，突出的是胜利者的声音，由他们占据着地盘。（Nehru，第289页）

菲力普·柯廷是从事非洲和奴隶制研究的历史学家，他对欧洲殖民主义者对非洲历史的叙述抱着同样激烈的批评观点：

> 在1950年代以前，非洲的历史是被大大忽略的……非洲的殖民时期留下了一个需要跨越的知识遗产，这就像在世界其他地区一样……出现在19和20世纪初的留下殖民主义印记的历史知识反映的是一种虚假的看法，一种在欧洲人占据统治地位的时代被制造出来的体现欧洲中心论的世界历史……甚至在欧洲人从未统治过的地方，欧洲人的知识往往被当作现代的知识接受，包括欧洲中心论的史学研究。（Curtin，第54页）

相反地，柯廷继续指出，一种正确的史学研究必须：

> 从非洲人的观点反映非洲人的过去……对非洲人来说，了解他们自己社会的过去是一种形式的自我知识，这一自我知识对在一个多样化的、迅速变化的世界中的身份意识而言是至关重要的。非洲历史的恢复已成为近几十年来非洲发展的一个重要部分。（第54页）

宗教和种族群体也有可能寻求对历史记载加以控制。1542年，罗马天主教会提

印第安人给埃尔南·科特斯戴上束发带，选自迪戈·杜兰的《印第安人的历史》，1547年。这个满脸胡须的西班牙人一生只知征服和掠夺，他于1519年抵达墨西哥的大西洋海岸。他的军队将特诺奇蒂特兰古城洗劫一空，大肆屠杀阿兹特克人，把他们的首领蒙提祖马关进监狱，然后宣布阿兹特克帝国为"新西班牙"。作为鲜明的对比，这幅西班牙人画的水彩画显示的是当地的部落把这位侵略者作为神祇而敬奉；这位艺术家的画作完全不顾南美的殖民过程上演的残暴行径，实际上他是在"改写"历史。（马德里国立图书馆）

出了一个禁书目录单，试图禁止所有它认为是异教的著作。（颇具讽刺意味的是，西班牙的宗教法庭把许多历史记录隐匿了起来，后来的学者利用这些历史记录重新改写了西班牙宗教法庭的历史和那些受宗教法庭迫害者的历史。）不久以前，尽管面对大屠杀留下的所有这些证据，即在第二次世界大战期间德国的纳粹政府对600万犹太人的屠杀，少数人却声称，这一大屠杀从未发生过。他们否认这样的种族和宗教仇恨的存在，否认由此而引起的后果，而且对多数人口和少数人口之间的关系长期存在的问题视而不见。

哥伦布航行的意义曾在美国不加批评和怀疑地受到庆祝，既是为了向这位"海上元帅"致敬，也是为了向这些给美洲带来文明的欧洲探险家和早期的定居者的勇气和胆略致敬。但是，在南美洲，美洲印第安人数量更多，而拥有欧洲血统的人往往只占人口的一小部分，这里对这一事件的庆祝声音要低得多，更具矛盾心理，而且带着更多的沉思。

1992年，在哥伦布首次美洲航行500周年之际，甚至就在美国，在庆祝纪念仪式中也增添了新的、更为严肃认真思考的成分。哥伦布航行的负面后果以前曾为人们所忽略，今天则被重新翻出来，而且引起了人们的重视：在欧洲人到来后的一个世纪里，美洲印第安原住民有90%死亡；大西洋的奴隶贸易是从对印第安奴隶的贸易开始的；这个大陆的自然资源遭到过度开发，而在欧洲人到来之前，这些资源几乎未被人类触及。生态方面的后果只是在今天才开始得到更多的注意，不过也不完全是负面性的。这些后果包括两个半球之间的自然产品的有益交换。马、小麦和羊被引入美洲,土豆、番茄、玉米在非洲和欧亚大陆开始种植。令人遗憾的是,两个半球交流的结果之一是梅毒的传播;至于这一疾病是由谁传染给谁的,学者们仍然争论不休(参见第5篇)。

　　奸雄恶魔们有时会控制国家民族的历史。在乔治·奥韦尔的讽刺小说《动物农庄》(出版于1945年)中,讲的是这样一个寓言故事:猪们统治着一个农庄,在它们的许多统治行为中,猪们攫取并控制了农庄动物在平等方面的失败试验的历史记录,强加上他们自己的官方解释,而这一切都是为他们自己的上台统治辩护。在1917年至1989年间,苏联对历史的重新改写和对其他历史记录的掩盖,揭示了奥韦尔的讽刺后面的惨痛事实(参见第8篇)。

　　尽管美国人的体验有很大的不同,但是在美国,也有历史记录被压制掩盖的现象。学者们仍在努力用《信息自由法》来打开那些尘封已久的外交档案。(在某些敏感的记录公之于众之前,各地绝大多数的官方档案拥有20年、30年或40年的解密期。制定这样一些规则是为了保护活着的人,防止现行的政策受到过分的调查监督,这样的规则是普遍的。)

我们知道些什么? 我们是怎样知道的? 历史的意义在哪里?

　　因此,历史记录并不仅仅是一连串事件而已。它们是个人和群体用来提出他们对这些事件的解释的手段。所有人都会提出他们自己对过去的事件的解释,历史学家的解释具有专业性。因为人们的解释各不相同,因此并没有单一的历史记录,而是存在着对过去事件的各种不同叙述,每一种叙述体现的是一种不同的视角。因此对历史的研究是与对价值观的研究密切结合在一起的。

　　为了构建他们的解释,历史学家们对过去的人们的价值观——动机、愿望、欲望,和愿景——进行检验审视。在对这些价值观作出解释时,历史学家们一定会面对并利用他们自己的价值观,把他们的价值观和过去的人们的价值观加以比照。例如,他们会询问不同的人是怎样看待过去社会中的奴隶制度、童工、教育、艺术和音乐的。在他们的头脑里,他们会把这些古老的价值观和今天各色人等所拥有的价值观,尤其是他们自己个人的价值观进行对照、比较。他们会提出问题:随着时间的过去,价值观是怎样发生变化的,或是保持不变的? 其原因何在? 为什么我的价值观和过去人们的价值观会有不同? 这些不同体现在哪些方面? 通过学会提出这样的问题,学生们就会更有准备地去在不断变化的人类历史运动中发现和找到自己的位置。因此,本书自始至终一直在探讨三个基本问题:

　　　　我们知道些什么?
　　　　我们是怎样知道的?
　　　　它的意义在哪里?

尽管历史学家会对哪些事件是最为重要的持相同的观点，但他们在评价为什么这些事件是重要的这一点上意见分歧。某个历史学家对某些事件的解释或许和另一个历史学家的观点针锋相对。例如，几乎所有的历史学家都同意，第二次世界大战的意义的一部分在于毁灭的新政策和用于毁灭的技术：战斗中使用核武器和采用种族屠杀手段。至于对"二战"的解释，悲观主义者可能会强调这些恐怖手段会继续带来巨大的灾难，而乐观主义者则会提出，正是战争和大屠杀的暴力性质启动了寻求对核武器的限制手段和对少数种族的更为宽容的态度。随着对核武器的限制和对少数种族的宽容方面取得一步步成功，乐观主义者似乎更占据上风；随着核武器的扩散和每一场种族屠杀的发生，悲观主义者又似乎赢得了胜利。

因此历史研究既是对事实的调查，也是对其意义的解释。历史事件的意义是由其产生的后果决定的。有时候我们并不知道后果是什么，或者是后果并未按正常的方式出现，或者是我们对后果的评定有不同的看法。过去的事件和它们造成的当前后果之间的这种关系，恰如历史学家E·H·卡尔对历史的著名描述："一场在过去和现在之间永无休止的对话。"（Carr，第30页）

历史研究的工具

对历史的研究需要多种工具，本书提供了一些最基本的工具：

- 第一手资料来源，即在事件发生之时人们留下的记录。这些记录者是对发生的事件拥有直接知识的见证人。历史研究的核心是寻找第一手材料，一般是书面文件，但是也包括其他各种资料和人工制品——如信件、日记、报纸的报道、图片和艺术品等。本书的每一章都提供了有代表性的第一手资料。
- 本书的一大特点是图片资料，它们对文字部分是一个补充，提供了关于各个时代的非文字形式的"课本"教材。这些图片资料大多具有"画龙点睛"的作用。例如，在第9章介绍印度教和佛教在东南亚的影响时，书中提供的该地区的寺院建筑图片就是最好的说明。
- 有关地图标明了事件的地理位置和相互间的地理关系。
- 根据事件发生先后编制的年表示了相关事件的出现顺序。
- 简明的图表对一些主题，比如宗教、科学和贸易等，提供了总结以及上下文背景信息。

复习题

- 请回顾一下本引言中提到的八大主题和转折点。从你对世界历史的了解看，你认为这样的选择合理吗？你会挑选不同的主题和转折点吗？或是增加几个主题和转折点？如果是的话，你会选出哪些主题和转折点？为什么？

- 请你作一检查，你相信的某一个价值观是如何来自历史经验的——无论是你自己的经验还是你的亲戚、朋友的经验，或是你所属群体的经验。
- 在你向其他人讲述你自己时，你会突出强调关于你过去的哪些"记录"？哪些记录你会在你的故事中隐去不说，或者甚至遮盖起来？你是否有那些你想予以销毁的"记录"？你能把它们销毁么？听你叙说的听众会怎样影响你对你的"记录"的选择？

推荐阅读

BASIC, COMPREHENSIVE, INTRODUCTORY MATERIALS

Carr, E.H. *What Is History?* (Harmondsworth, Middlesex: Penguin Books, 1964). A classic introduction to the study of history and historiography from the point of view of a master.

Tosh, John. *The Pursuit of History: Aims, Methods, and New Directions in the Study of Modern History*, 2nd ed. (London: Longman, 1991). Excellent, comprehensive introduction to the study of history, with discussions of many different kinds of historical study, their methods and purposes.

MORE SPECIALIZED MATERIALS

Bennett, Judith M. "Medieval Women, Modern Women: Across the Great Divide," in David Aers, ed., *Culture and History, 1350–1600: Essays on English Communities, Identities, and Writing* (New York: Harvester Wheatsheaf, 1992), 147–75. Discusses continuity, in contrast to change, in women's history.

Curtin, Philip D. "Recent Trends in African Historiography and Their Contribution to History in General," in Joseph Ki-Zerbo, ed., *General History of Africa, Vol. I: Methodology and African Pre-History* (Berkeley: University of California Press, 1981), 54–71. An cxcellent introduction to this fine series commissioned by the United Nations.

deBary, William Theodore, et al., comps. *Sources of Chinese Tradition*. 2nd ed. 2 vols. (New York: Columbia University Press, 1999, 2000). THE anthology of materials on the subject.

Lerner, Gerda. *The Creation of Patriarchy* (New York: Oxford University Press, 1986). A controversial study of patriarchy in ancient Mesopotamia by a distinguished historian of the United States. Lerner re-tooled to study this fundamental feminist question.

MacMullen, Ramsay. *Christianizing the Roman Empire (A.D. 100–400)* (New Haven: Yale University Press, 1984). Excellent analysis of the factors leading to Christianity's success in the Roman Empire. Gives major role to government support.

Nehru, Jawaharlal. *The Discovery of India* (Delhi: Oxford University Press, 1989). A history of his country, written in jail during the freedom struggle by the man who became India's first prime minister.

Orwell, George. *Animal Farm* (New York: Harcourt, Brace, 1946). A classic satire on government by thugs; aimed at the USSR.

Tacitus, Cornelius. *Tacitus' Agricola, Germany, and Dialogue on Orators*, trans. Herbert W. Benario (Norman: University of Oklahoma Press, 1991). One of ancient Rome's great historians who understood the cruelty underlying the power of empire.

全 球 通 史

第 1 篇

人类的起源和人类文化

公元前500万年—公元前10000年

构建一个解释性框架：我们知道些什么？我们是怎样知道的？

历史学家们往往提出一些重大的问题。当然，作为一个专门在尘封已久的故纸堆中寻找有关具体细节的历史学家来说，他们的见解常常是正确的。细节和准确性确实很重要。然而，隐藏在这样的细节寻索后面的，是具有根本意义的重大问题。在本章，我们将讨论其中的几个大问题：人类是怎么产生的？我们人类在地球上的集体生活是怎样开始的？我们和其他的生命物种有什么相似之处？我们的独特性又在哪里？

许多历史学家会把这一类问题和人类的史前史联系起来，因为没有书面记录来回答这些问题。不过，我们选择把史前史包括在我们的研究范围之内，因为我们作为历史学家对研究方法采取兼容并蓄的态度；我们从关于人类的过去以及我们和过去的关系的问题开始，然后选择能帮助我们找到答案的任何方法。在这一章，我们发现，直到19世纪中叶之前，许多故事，有的常常以宗教叙述的方式，就人类起源的问题为我们提供了答案。然后，对宗教和叙述传统的重新评估要求我们在科学研究的基础上给出进一步的回答。与此同时，我们开发了新的考古技术来提供这样的回答。

作为人究竟意味着什么？这一意义重大的问题引导大多数的历史学家和史前史学家们转向对人类的创造性的研究。人即人类的一切行为的结果。我们行走四方，迁徙到世界各地，既是为了寻找食物和栖身之地，也常常是出于纯粹的好奇心。如我们将看到的，约在公元前15000年，人类的足迹就已遍及地球上除了南极洲以外的各个大陆——主要通过陆路旅行。我们还创造和发明了种种工具。我们的介绍从早至几百万年前的最简单的石器开始，一直到10000年前左右的陶器的发明和农业耕作。此外，我们人类还通过艺术、音乐、舞蹈、宗教仪式和文学来表达我们的情感和思想。在本章，我们将介绍20000年之前的雕塑和岩洞壁画，这是人类创造性的早期体现。

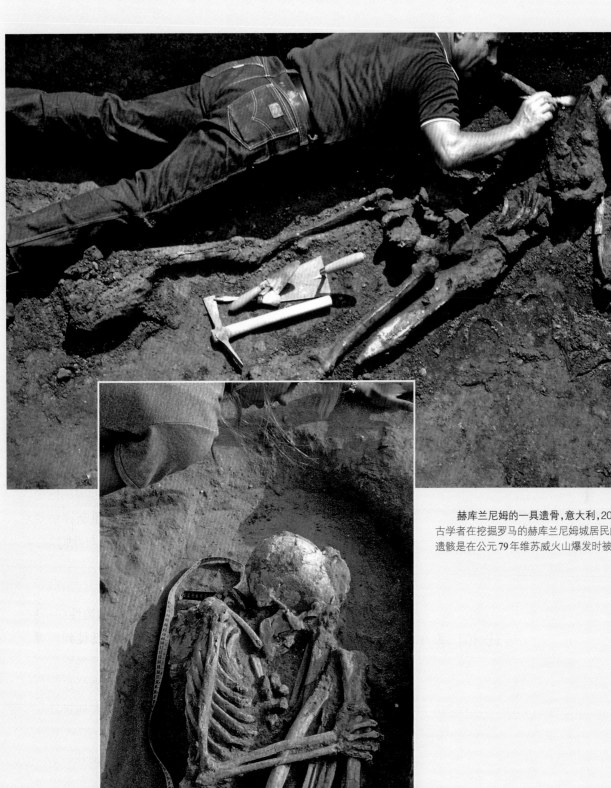

赫库兰尼姆的一具遗骨，意大利，2001年。一位考古学者在挖掘罗马的赫库兰尼姆城居民的一具遗骨，该遗骸是在公元79年维苏威火山爆发时被埋葬的。

4

遗骨/化石会说话

公元前500万年—公元前10000年

主题
- 人类的起源：神话和历史
- 化石和化石的搜寻者
- 人类创造文化

第 1 章

人类的起源：神话和历史

我们究竟来自哪里？人类是怎么会栖居到这个地球上来的？要回答这些问题很困难，因为最早的人类没有留下文字记录或是确凿的口头语言记载。在过去一个多世纪的时间里，我们一直在地球上寻找有关这些问题的答案，主要是在考古学家和**古人类学家**发现和给出解释的化石中寻找相关的记录。但是，在化石挖掘者给出他们的解释之前，世界上大多数地区的人类社会是用流传至今的传说故事来解释我们的起源的。作为代代相传的民间智慧，这些故事赋予了人类存在以意义。这些故事不仅告诉我们人类是怎样来到并居住在这个地球上的，还告诉了我们原因。其中有些故事，尤其是那些被收入到《圣经》等宗教文本中的故事，直至今天依然为世界各地的千千万万的人所相信，对他们的行为起着制约和引导的作用。

古人类学家（paleoanthropologist）对最早的人类及其生活环境进行研究的学者。

早期的神话

随着专业的历史学研究的发展，许多历史学家认识到，这些故事在人类历史研究中的价值是有限的，因而把它们称为**神话**，即无法被历史学家们一般采用的记录所证实的人们头脑想象的产物。但是，神话和历史是有着密切联系的，因此今天的历史学家和人类学家把神话视为重要的参考材料，它们有助于我们理解人类的各个社会是怎样解释人类世界的起源的。神话和历史有着一个共同的目标——试图解释人类世界是怎样成为今天这个样子的。尽管神话提供的证据有许多局限，但是它们常常提供了重要的信息，而且对今天的人们的价值观和行为仍然可能产生巨大的影响。人们共享的神话使得社会关系有了坚实的基础，并由此而促成一种共同的社会意识。

神话（myth）一种对人类的过去的解释性故事，无法由历史予以证实，但具有深刻的精神道德寓意。

数千年来，形形色色的创世传说向人们提供了解释：人在世界上所处的位置，人和神、和上帝的其他造物，以及和其他人的关系。这样的叙述既有不少相似之处，也有明显的差异。有的把人类描绘为最高等的造物，有的则视人类为经过改造的寄生虫；有的把人类描绘为神祇的合作者，有的则把人类视作神祇的仆人；有的认为所有人都是平等的，有的则把人分为不同的种姓、种族和性别等层次。当然，在某种意义上，人们讲述的离奇引人的故事只是为了消遣娱乐，但是这些故事也给了人们启示：人应该怎样理解并度过自己的生活。

已知的最早的故事中的一个是美索不达米亚的阿卡德人的史诗《埃努玛·埃利希》（*Enuma Elish*）。这一史诗的创作时间大约在公元前2000年。女神蒂亚玛特

前页 赫库兰尼姆的一具遗骨，意大利，2001年。一位考古学者在挖掘赫库兰尼姆城一个居民的遗骨。

6

（Tiamat）和她的配偶金古（Kingu）起而反抗当时的美索不达米亚诸神。诸神叫来了年轻力壮的神祇马杜克（Marduk），后者通过对反叛诸神的攻击、杀害和肢解来保卫旧秩序。

根据这一史诗的叙述，胜利的神祇用失败被杀的反叛者头领的鲜血造出了人。这些造出来的人把自己献身于为胜利者服务。在这一史诗创作之时，美索不达米亚城邦国家征战频繁，暴力不断，这一神话赋予了人类生命以意义和方向，同时确认了强大的僧侣阶级的权威。

印度土地辽阔，种族多样，拥有许多关于人类起源的故事。其中两个流传最广、影响最大的故事描绘了印度宗教传统的思想和行为的两个主要方面（见第9章）。印度古代史诗《梨俱吠陀》创作于约公元前1000年，重点叙述生命及其起源的神秘和不可知性：

> 有谁真的知道，有谁敢在此宣称，这一创造是从何时开始的、是如何降临世间的？
>
> 神祇比这一世界的造物晚来到。那么有谁知道它是从何时开始形成的？
>
> 他，这一创造的最原初者，无论是他造出了这一切抑或他未造出这一切，他的眼睛从高高的苍天控制着这个世界，他真的知道这一切，抑或他并不知道这一切。

这一观点对生命的创造既虔敬但又迷惑不解，与此相反，《梨俱吠陀》中最为著名的《原人歌》（Purusha-Sukta）则描绘了创世的另一种景象：通过神祇的牺牲和分割

历史一览表：早期的人类及其祖先

年 代	时 期	人 类 的 进 化	物 质 文 化
500万年前	■ 上新世	■ 在肯尼亚北部发现的人类残骸；可能是南方古猿	
375万年前	■ 更新世	■ 南方古猿，包括"露西"（非洲东部和南部） ■ 能人（非洲东部和南部） ■ 直立人（非洲） ■ 直立人，据认为从非洲迁徙至欧亚大陆	■ 工具 ■ 石器 ■ 火的使用
500 000年前		■ 智人（古典型） ■ 北京人遗存（中国猿人），在周口店发现	
130 000—80 000年前		■ 智人（非洲和亚洲西部）	■ 石器
100 000—33 000年前		■ 尼安德特人（欧洲和亚洲西部）	
40 000年前	■ 奥瑞纳文化		■ 工具，包括长石叶 ■ 首次从西伯利亚跨越至阿拉斯加
30 000年前	■ 格拉维特文化	■ 旧石器时代晚期人类遗存；智人（25000年前）在中国发现	■ 维纳斯像（25000—12000年前）
20 000年前	■ 梭鲁特文化		■ 肖维特洞窟，法国（18000年前）
17 000年前	■ 马格德林文化		■ 拉斯科洞窟（约15000年前） ■ 阿尔塔米拉洞窟壁画（约13550年前）

环节,而是有好几条进化的道路,最后一起导致人类的出现。我们的讨论现在就集中于寻找最终导致这一对进化模式的新的理解的失落的环节上。现在就想马上知道从这一研究形成的综合图的读者可以翻到本书16—17页的图表。

令人困惑的尼安德特人

1856年8月,在德国杜塞尔多夫附近的尼安德特河流域,一群矿工在一个岩洞里挖掘石灰石时发现了一个厚厚的头盖骨,额头斜倾,此外还有好几根四肢残骨。有人推测,这是一个畸形人的尸骨。还有人认为,这是在过去的某场战争中走失的一名士兵。附近还发现了一些类似的尸骨,但是人们对这一发现未能给出清晰的解释。

1863年,达尔文进化论的一位坚定支持者托马斯·亨利·赫胥黎(Thomas Henry Huxley, 1829—1895)提出,这个头盖骨是位于非人类的灵长目动物和智人,即我们这一物种之间的一个原始人的遗骨。他声称这就是那个"失落的环节"。1864年,学者们给这个化石取名为"尼安德特人"以代表处于这一中间阶段的原始人。

考古学家向他们自己提出的第一个问题就是:尼安德特人长的什么样子? 重现尼安德特人的外貌是一个困难的任务,因为所有的软组织——如毛发、皮肉和软骨等——不可能像化石一样保存下来。科学家们不得不运用他们的想象力。

人们最初复原出的尼安德特人的图像显示,他们走路像猿人,脊椎没有弧线,背驼,头部前倾越过身体脊柱。他肌肉发达,但是看上去较为笨拙,下额较厚较低,额头斜倾,这一切明确显示,尼安德特人野性未脱,智力程度较低。许多年来,这一解释,以及其他大体相近的解释占据了主流。博物馆就把这样的解释灌输给一般的参观者。但是,随着时间的推移,考古学家们对尼安德特人有了更多的发现——他们已经会制作工具,已有能力在恶劣的环境中生存。根据以上这些发现,今天的人类学家重新塑造的尼安德特人的形象少了那么点"原始"味,而与现代的人更为靠近。

除了这一对单个的遗骨的研究之外,今天,来自生物学、地质学和气候学等各学科的专家组一起合作,重新构建出人和人科动物发展的自然环境。随着从北欧到非洲,从直布罗陀到伊朗都发现了尼安德特人的遗骨,我们看到这些地方的自然环境有很大的差异。从直布罗陀附近的洞穴发现的遗存表明,生活在该地区的尼安德特人

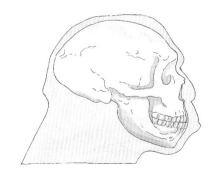
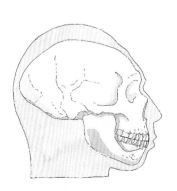

对尼安德特人头盖骨的不同复原方式。由于人体的软组织——毛发、肌肉和软骨等——无法像化石一样保存下来,因此考古学家在复原这些挖掘出来的头盖骨时不得不充分运用他们的想象力。

早期生命进化的里程碑		
年代（百万年）	地质期	生　命　形　式
2500	太古代	最早的生命
590	寒武纪	最早的化石
505	奥陶纪	最早的鱼类
438	志留纪	最早的陆地植物
408	泥盆纪	最早的两栖动物
360	石炭纪	最早的爬行动物
286	二叠纪	爬行动物大发展
248	三叠纪	最早的哺乳动物和恐龙
213	侏罗纪	最早的鸟类
144	白垩纪	恐龙发展的鼎盛期
65	白垩纪	哺乳动物大发展；恐龙灭绝
25	第三纪	最早的类人动物（猿和人类的祖先）
5	第三纪	最早的人科动物（人类的祖先）
0.01	第四纪	现代人类出现

已经形成了一种核心家庭的结构。其他地方发现的情况表明，许多尼安德特人仍生活在由20人至30人组成的较大的群体中。

不久前的一个发现显示，至少有部分尼安德特人是嗜食同类的。这一证据来自法国南部的一个洞穴。在这个洞穴里共发现78根人骨，包括至少两个成年人、两个十多岁的少年和两个约七岁的孩子。遗骨显示，躯体各部位的肉全部都被仔细地清除掉了，骨头都被用石头敲碎以获得骨中间的骨髓，而且头盖骨都被敲碎。尼安德特人的尸骨和鹿的骨头被堆成一堆，上面显示了同样的用石器敲打过的痕迹。另一方面，也有其他许多例子显示，尼安德特人把他们的死者隆重安葬，这表明了不同群体间的文化行为是不同的。

尽管尼安德特人看来是猿和人之间的一个环节，但此后的发掘显示，他们并不就是这唯一的环节。随着研究人员在世界各地不断发现更多的有关早期人科动物的证据，今天变得越来越清晰的是，这之间并不存在哪一个单独的环节。在猿向人的进化过程中，并没有什么直接的单一链条。相反地，人类学家今天相信，许多人科动物对某一个我们可以称之为各种人科动物的"丛林"的形成都有关系，这一"丛林"有着许多枝条。这些人科动物之间通过各种杂交，从而进化出了智人，即我们这一物种。其他同期形成的物种则消亡了，未再被发现在这个地球上行走。因此，看起来似乎可以说，先是有了猿，然后通过某一个直接的环节，人就出现了。但是在这两端之间出现的许多不同物种的化石表明，进化的道路并不是那么简单平直的。

直立人：世界范围的漫游者

下一步要挖掘的史前期的人科动物——分布最广泛、与现代人最为靠近的——就是直立人。直立人的化石在东半球的许多地方都有发现，最初是以发现他们的地方的名称命名的。后来，人类学家认识到他们之间有着许多相近的特征，因而把他们统称为"直立人"，而且追踪他们的迁徙过程——从他们最早在非洲的家园一直到亚洲的新的栖居地。

1891年，尤金·杜布瓦（Eugène Dubois，1858—1940），驻印度尼西亚爪哇的荷兰军队的一个医生，正在寻找化石。他动用荷兰监狱的囚犯作为劳工，沿着梭罗河岸，发现了一个脑容量为900立方厘米（现代人的脑容量一般为1 400立方厘米）的头颅、一颗臼齿和一段股骨。杜布瓦声称他发现了"猿人属"，即类人猿。这一发现后来被

直立人（Homo eretus）分布最为广泛，而且是与人类最为接近的史前人科动物。约在200万年前开始进化，在100000年前灭绝。

广泛称为"爪哇人",是在欧洲之外第一个发现的人科动物。杜布瓦发现的爪哇人迫使学者们对人类的进化理论进行更严肃的思考,而且把这一进化过程置于全球背景之下。

1929年,在距离北京约30英里的周口店山洞中,中国的考古学者发现了500 000年前的一个人类头盖骨。在这以后的几年里,在这个化石数量丰富的山洞,他们又发现了逾14个头盖骨化石,以及约40具遗骸,距今约600 000至200 000年。这个山洞可能是作为一群狩猎者的家园,他们住在一个附近有树林、有绿草,而且靠近河边的地方,他们吃的食物包括各种植物和动物,如野牛和鹿等。这些遗骨和灰烬表明,他们已经学会用火来照明和烧煮食物。北京人的脑容量在775—1 300立方厘米之间,身高可达5英尺6英寸,从解剖学的角度看,他们与爪哇人几乎已经没有什么差别。大约十年以后,在爪哇的进一步挖掘发现了一个几乎是完整的人科动物的头盖骨和约40具遗骸,他们生活的时间约在900 000至100 000年之前。人类学家不久后就发现了爪哇人和北京人拥有的共同特征,并把他们一起命名为"直立人"。爪哇发现的40具遗骨占到今天为止在全世界发现的直立人遗骨数量的三分之一。在周口店山洞发现的也占到三分之一。但是,我们发现的直立人最完整的遗骨是由理查德·利基(Richard Leakey)于1984年在非洲肯尼亚的图尔卡纳湖边发现的。这些化石后来被统称为直立人化石。主要的问题是,名称越来越多,但又没有理清它们各自之间的关系,而每个发现者都认为自己发现的是一个独立的物种。

探索转向非洲

1924年,南非的一个医学院学生引起了他的老师雷蒙·达特教授对陶恩附近采石场发现的化石的注意。达特经过调查研究,宣称在陶恩发现的头盖骨是"非洲南方古猿",是距今已有200万年的人类祖先。另一个医学博士罗伯特·布卢姆也发现了其他的人科动物化石,包括部分直立人的化石,它们和在爪哇和中国发现的化石很相近。在1945年至1955年间,达特和他的同事在人科动物的化石中发现了100万年前的骨器和最早有控制地使用火的证据。这些研究超越了考古学对个别的人科遗骨的研究而转向了古人类学的研究,即对这些人科动物所生活的整个环境的研究。比如,他们的生态分析就包括对在这些人科动物附近发现的数百个动物化石的分析研究。

考古学家路易斯·利基(Louis Leakey,1903—1972)是从1930年代开始在东非进行考古挖掘工作的,不过他的最伟大的发现是1959年以后和他妻子玛丽(Mary,1913—1996)共同

路易斯·利基和玛丽·利基在检查"东非人"头盖骨的腭部,1959年。这一夫妻档团队使我们对人类学的理解产生了革命性的变化。他们在东非的奥杜瓦伊峡谷的挖掘工作使得这一观点被普遍接受,即人科动物起源于非洲。

取得的,当时他们在穿过坦桑尼亚北部的东非大裂谷的奥杜瓦伊峡谷进行挖掘工作。

东非大裂谷从约旦河峡谷和死海向南穿越红海、埃塞俄比亚、肯尼亚、坦桑尼亚和莫桑比克。东非大裂谷是化石寻找者的首选地。从至少700万年前到大约100000年前,这里是一片土壤肥沃、人口稠密的地区;从地质角度看,它仍在移动过程中,因此随着时间的流逝,它既遮掩了同时也露出了这一带的许多沉积物。流经东非大裂谷的河流使更多的化石显露了出来,而这一带又是火山活跃区,火山爆发形成的熔岩和火山灰保护了这一带的化石,并提供了可以进行相对较为准确的年代测定的材料。

1959年,利基夫妇在奥杜瓦伊发现了一个人科动物的化石,他们给他取名为"鲍氏东非人"(Zinjanthropus boisei),后来昵称作"津齐人"(Zinj)。最初他们希望这个"东非人"可能是"人属"的一个早期样本,但是它的头盖骨太小,牙齿太大,手臂也过长了些,它的脸形和猿的脸很相近。这个"东非人"生活在175万年之前,是另一个南方古猿,这一人科动物和猿的关系比和现代人更近。因此,南方古猿家族有了延伸,包括一个新的支族即鲍氏南方古猿。南方古猿的家族树——或者叫"丛林"——现在有了好几个分支,尽管他们之间的关系以及他们和我们的关系并不总是十分清晰。第16页的图表体现了这些分支和他们之间的关系。

能人 利基夫妇在奥杜瓦伊的继续挖掘又找到了不少人科动物颅骨的残片,这些人科动物的脑容量为650立方厘米,介于南方古猿的脑容量400—500立方厘米和现代人的脑容量1 400立方厘米之间。利基夫妇把这一新的人科动物称之为"能人"(Homo habilis),因为他们已经会制作石器,并用它来觅食、狩猎和屠宰猎物。年代检测表明,能人和鲍氏南方古猿约生活在同一时期,也就是说,能人和南方古猿都生活在约200万年之前。

利基夫妇在奥杜瓦伊的发现在几个方向进一步推动了寻找现代人祖先的研究:他们把最早的人属的代表的时间推至150万—200万年前;他们指出了这些早期的人属动物的工具使用能力的大小;他们重现了250万—150万年前这一地区的生态环境,把生活在其中的能人定义为"狩猎者"和"食腐者"。和早期的发现一起,这些发现使得利基夫妇能够把非洲视为最早的人科动物的家园和最早的人属动物的活动区域。

在1970年代,路易斯和玛丽的儿子理查德·利基(Richard Leakey,1944—)在肯尼亚的图尔卡纳湖东边的库比福勒发现了更多的能人化石。这些发现进一步证实了能人的脑容量为650立方厘米左右;它的大拇指与其他手指对置,这使得能人能够有力地抓握并准确操纵物体,因而能制造工具;它直立、两脚行走,这从其大腿骨和腿骨的形状上便可以判断出来。

阿法南方古猿 1974年,在埃塞俄比亚靠近阿瓦什河的哈达尔,唐纳德·约翰逊(Donald Johanson,1943—)发现了"露西",这是已知最早的阿法南方古猿(Australopithecus afarensis),阿法南方古猿是根据当地的阿法部落的名称确定的。(露西这一名字则是取自披头士演唱的一首流行歌曲《露西戴着钻石在天空》(Lucy in the Sky with Diamonds),当时录音机正播放着这首歌曲,这时约翰森考古小组意识到了他们的发现的重大意义。）这一发现把已知的最早的人科动物的时间推至约320万年前。

露西的身高总长在3英尺6英寸至4英尺之间，约翰森和他的研究小组估计，她的体重为60磅左右。考古学家收集到了露西全部骨架的40%左右，露西由此成为当时最早的、最完整的人科动物骨架。她有和人很相似的手，但是尚无证据显示她制造或使用过工具，她结实、呈弯曲形的手臂与攀爬树木的动作是吻合的。此后在哈达尔的进一步挖掘，出土了更多的阿法南方古猿骨骼，其中包括约翰森在1992年发现的第一个完整的头盖骨。

露西和她的同类阿法南方古猿的脑容量仅为400立方厘米，对人属动物来说还是太小了些。她的骨盆也太小，不可能生育出一个头颅再大些的后代来，但是骨盆的形状和她的膝关节表明，露西已属于用两条腿行走的人科动物。露西已经能够直立行走。她是一个两足猿人，她的直立行走，表明她是现代人的祖先之一。

这些类猿生物直立行走，这方面的进一步证据是在坦桑尼亚的莱托里发现的。1978年，玛丽·利基发现了两个并排行走的阿法尔南方古猿的足印。在火山灰中，她发现了70个足印，行走的距离为80英尺。火山灰提供了确定足印年代的材料：它们距今已有350万年。这些踪迹表明，阿法南方古猿和现代人相比，行走的速度较慢，步伐有那么点儿摇摆不定，不过这些印迹明确显示是脚在走路。玛丽·利基认为，足印显示了一种微微转向一侧的动作，一种对走的方向的犹豫，据她的解释，这是人的行为犹疑不决的最早的证据。

1994年，一个新的属，始祖地猿（Ardipithecus ramidus）的17块化石在埃塞俄比亚的阿拉米斯，即在距发现露西的地点不远的阿瓦什河河床被发现。一个由考古学家组成的国际研究小组对它们作了分析。其中，十块化石是牙齿，两块是颅骨残片，其余则是左臂骨。后来，这个挖掘小组还发现了一个始祖地猿的约80%的骨架，把最早的类似猿的人科动物的年代前推了50万年。

然后，到了2001年，在法国古人类学家米歇尔·布吕内（Michel Brunet）的领导下，一个考古挖掘小组在非洲的乍得发现了一个600万至700万年前的头盖骨，他们给它取名为"图迈（Toumai）"，在戈兰语中的意思是"生命的希望"（见第21页）。图迈和其他所有已发现的人科动物的头盖骨相比，至少要早250万年，尤为突出的是，这个头盖骨几乎是完整的。在猿和人之间的主要区别方面，它的主要的人的特征体现在相对较厚的、连贯的眉骨，相对较为扁平的鼻子和脸，它的犬齿比起猩猩的犬齿要短一些，

人科动物的足印，坦桑尼亚北部莱托里。留在莱托里的火山灰中的足印证实了350万年前的人科动物已会直立行走。其足迹显示，阿法南方古猿比起现代人类来，步履比较缓慢，步伐有点摇晃，然而这些印迹明确显示是用脚在走路。玛丽·利基（见照片）第一个发现这些足印，她观察到这些足印微微向一侧倾斜，在方向上有些犹疑，这被她解释为人的行为犹豫不决的最早证据。

15

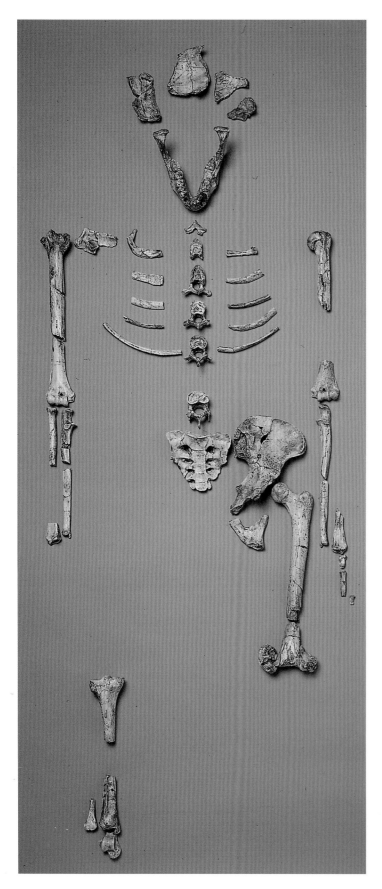

"露西"的骸骨，阿法南方古猿，发现于埃塞俄比亚的哈达尔。"露西"被认为生活在320万年前，在1974年发现时是现代人类已知的最早的人科动物祖先。她已有和现代人相近的手，能够直立行走；但是，尚无证据显示她制作或使用过工具，她的手臂呈弯曲状，强健有力，这和攀爬树枝的动作是吻合的。在1994年发现始祖地猿之前，露西是来自200万年前这个时期的最完整的人科动物骸骨化石。（伦敦自然历史博物馆）

而且牙齿表面的珐琅质也稍厚些。另一方面，它的脑容量和猩猩相近，为现代人脑容量的四分之一左右。目前还不能肯定图迈是否能直立行走，但是其脊柱与头颅连接的方式和直立行走是一致的。图迈和主要的进化理论是吻合的，在它所处的时间和进化过程中，人科动物和猩猩开始分化，它已经有了自己的明显的特征。它对大多数流行的看法提出了挑战，表明了人科动物的进化不仅发生在气候恶劣、干旱的东非大裂谷（所有的早期人科动物都是在那里发现的），而且也发生在600万年前乍得西部的环境更为适宜的葱翠森林中。

古人类学家把最早的人类祖先的有关记录搜集起来进行比较，他们还发现，骨骼化石年代越近，它们和我们的骨骼就越相近。从解剖学的角度看，已知的最早的现代智人的化石也是在非洲发现的。它是于1967—1968年在南非海岸近克拉西斯河口（Klasies River Mouth）的洞窟中发现的。这些已知最早的智人化石遗存时间在75000年到115000年前。化石包括下颌和上颌、头盖骨碎片、牙齿和肢体的骨片。除了这些化石以外，挖掘者们还发现了几千片石器工具，以及许许多多的陆地哺乳动物的化石，以及无数的贝类水生动物化石，这一切表明，他们的食物包括丰富的肉类和海洋食物。克拉西斯河口的考古发现提出了极具挑战性的问题：最早的智人是在哪里出现的？它们是怎样散布开来的？

关于人类从非洲起源的争论

今天，几乎所有的古人类学家和考古学家都同意，直立人首先是在非洲出现的，然后在100万年至200万年前散布到亚洲,而且或许还来到过欧洲。但是对此后的进化,学者们便分裂为两大阵营:"多地区主义论者"阵营和"走出非洲论者"阵营。

多地区主义论者提出,迁徙到各个地区的直立人都进化为智人。他们的这一观点常常被称为"大枝形烛台"论,因为该理论认为,进化过程的分枝很久以前就在世界不同地区展开了。

走出非洲论者则提出,直立人进化成智人的过程只发生过一次——那就是在非

16

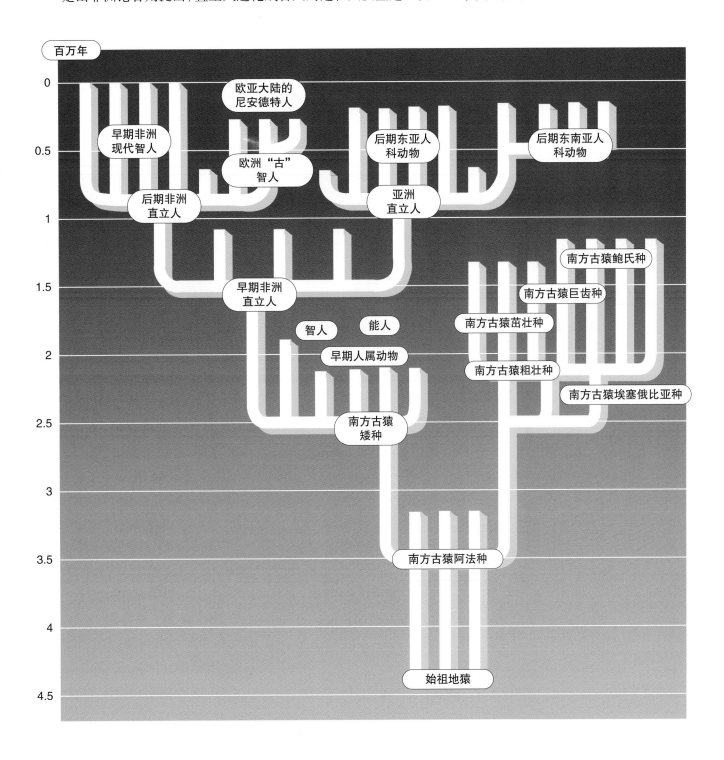

百万年

- 早期非洲现代智人
- 欧亚大陆的尼安德特人
- 后期东亚人科动物
- 后期东南亚人科动物
- 欧洲"古"智人
- 后期非洲直立人
- 亚洲直立人
- 南方古猿鲍氏种
- 南方古猿巨齿种
- 早期非洲直立人
- 南方古猿苗壮种
- 智人
- 能人
- 早期人属动物
- 南方古猿粗壮种
- 南方古猿埃塞俄比亚种
- 南方古猿矮种
- 南方古猿阿法种
- 始祖地猿

17　按年代顺序排列的现代人部分祖先的头盖骨化石。每一个头盖骨下标注的年代表示各个人种的前后相继时间，但是实际上某些较早的物种可能在一段时间里和较后的物种同时存在。但是，到公元前35 000年时，除了智人以外，其他均已灭绝。

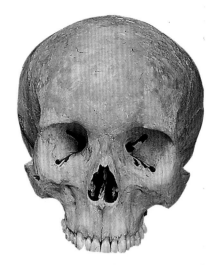

现代智人
当代

智人（尼安德特人）
50000年前

直立人
1400000年前

能人
1800000年前

南方古猿鲍氏种
1900000年前

前页　人类的"丛林"。人们一般的想法以为从猿到人类的发展过程是直线型的，但是人类学家们说的是人类的"丛林"，指的是有好几个物种相互发生关系、发生杂交现象，最后才产生了智人。大多数的人类学模型把始祖地猿和南方古猿阿法种认为是在约500万年前从猿分化到人类的最初几步。所有其他人科动物，包括和我们属于同一支脉的和其他支脉的，后来都走向了灭绝。

南方古猿非洲种
2700000年前

洲。然后，在约100000年前，这一新的人种开始从非洲迁徙到世界的其他地区。这一观点常常被称为"诺亚方舟"论，因为该理论认为，我们人类有一个较近的、来自非洲的共同祖先（见第18页图）。

这两派学者都同意，人种发展的多样化——身体特征上的差异，如肤色、毛发的特点、骨骼结构以及遗传基因的微小变异——是对不同的生态环境的反应。但是，他们的观点差别在于发展的时间和地点。如果从直立人到智人的进化过程是200万年前在世界不同地区开始的，那么人种之间的差异在很久之前就已经开始了。即便如此，不同的种群之间也不是完全分离独立的，随着时间的推移，不同地区的种群之间尽管相隔遥远，但仍有相当数量的杂交发生。没有哪个种族能保持完全的"纯粹"状态。如果根据该理论，所有的现代智人在十万年之前都拥有同一个祖先的话，并且从非洲迁徙到各地后才产生了种族上的差异，那么这样的差异是在较晚的时候才产生的，而且大多是相当表面的。

目前，"走出非洲说"的支持者占大多数。他们指出，更为普遍的情况是，某一物种的一个分支进化成另一个分支，并最终取代所有其他分支，而不是所有不同的分支同时处于进化过程中。他们把以肤色为基础的种族在生物学上的意义降到最低，认为这是在比较近代才发生的现象，并且只是"肤浅"的差异。"多地区主义说"和"走出非洲说"的提倡者都同意，在更深的层次上，诸如血型和杂交能力方面，种族是没有意义的。

对遗传记录的解读

30年前，在寻找智人起源的时间和地点的过程中，以遗传因素而不是化石研究、以实验室手段而不是现场挖掘为基础的研究揭开了另一种形式的发现。科学家们开始研究人类和动物基因的脱氧核糖核酸（DNA）成分。脱氧核糖核酸是细胞为蛋白质形成所必需的化学指令密码，而对脱氧核糖核酸的研究可以显示我们所研究的物种之间相似和差异的程度区别。

对今天的动物（包括人类）的蛋白质和脱氧核糖核酸的相似性和差别的研究显示了在他们走上不同的进化道路之前，他们可能拥有的共同祖先的时间。例如，在1970年，生物化学家第一次对猿和人类的蛋白质清蛋白和脱氧核糖核酸进行了分析，他们发现，从遗传角度看，现代人类和黑猩猩有97%的基因是相同的，与大猩猩则有96%的基因相同。这些数据表明，黑猩猩、大猩猩和人类在500万年—700万年前拥有的是一个共同的祖先，只是从那以后才走上了不同的进化道路。这一在基因分析上的年代确定和化石研究的发现是吻合的。

在这一分析方法的基础上，研究人员采用线粒体脱氧核糖核酸（在细胞核外发现的基因物质）来假设智人于100000年前在非洲出现。但是，对"走出非洲说"的肯定依然是有争议的——学者们的辩论仍在继续。《自然》杂志经常对这些不同的观点和争论进行报道。

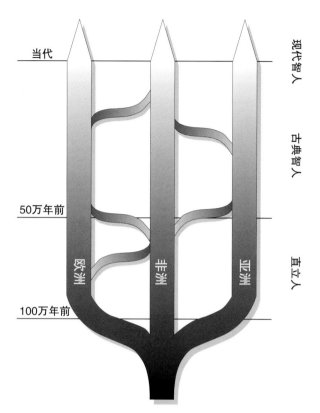

"大枝形烛台论"，或"多地区形成论"模型。这一观点认为，直立人从非洲迁徙到整个欧洲和亚洲，然后在这三个地区一起发展进化为智人。其中有部分发生杂交现象。

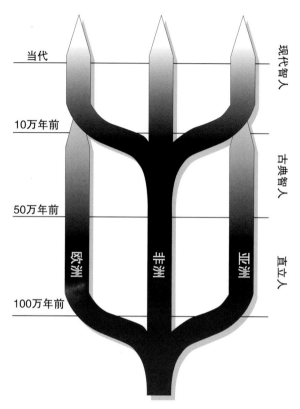

"诺亚方舟论"模型。这一观点认为，直立人确实是从非洲向外迁徙的，但是后来在其他地区都灭绝了。智人的进化只发生在留在非洲的人科动物中——他们要到后来才迁徙到欧洲和亚洲。

科学革命的理论

我们就最早的人类出现形成的不同解释给出了一个较为具体详细的介绍。有许多历史学家会选择尽快地进入到现代社会，不过，当然，我们花一章的篇幅就讲了这六百万年的历史已经是速度太快了！有的历史学家或许会更怡然自得地讨论"历史的"时代和地点——就是说，有文字记载的时代和地点——但是我们选择给出这样一个较为详细的介绍，一方面是出于我们自己的兴趣，另一方面也因为这有助于清晰地显示我们对"我们知道的历史"以及"我们是怎样知道的"这两方面的关注，因为我们相信，历史学家和古人类学家在社会科学研究方面拥有同样的传统。

古人类学家对他们的每一个发现和解释都采取一种热烈争辩的态度。他们提出自己的观点并将这些观点置于该领域的继续不断的争辩中。这一令人赞赏的做法对所有的历史研究应该有所启迪，它显示了所谓的历史记录是一个不断进行的寻索和争论的过程。现存的数据可能需要重新给出评价；新的数据可能会添加上去；原来的解释可能需要作出修正；新的问题可能会提出来。历史记录永远不可能是完整的。

但是，对历史记录的修正一般是对一个已广为人知的模式给出小范围的增添或是修改。托马斯·库恩（Thomas Kuhn）在他开创性的科学史研究的专著《科学革命的结构》中这样写道：

> 正常的科学（如历史）……是一种高度累积性的事业，其目的，即追求范围的稳步延伸和科学知识的精确，显然是成功的。正常的科学不追求事实和理论的出奇出新，在成功之时，也无新奇可言。（Kuhn，第52页）

人科动物进化的历史一般来说就是这样一种"正常的科学"。因此1994年发现的450万年前的始祖地猿和2001年发现的600万—700万年的图迈对古人类学家来说并没有什么惊奇。新发现的化石和期望中的从猿到人科动物的进化过程（尽管在乍得发现图迈的地质方位原先并没有预料到）的时间框架是如此吻合。这就是"正常的科学"，它用新的细节来填充已有的模型，或者说**范式**。

但是，有的时候，新的发现会对现存的范式提出挑战。开始时，新的发现会被作为规律之外的例外对待。但是随着例外数量的增加，科学家就开始寻找新的能给出解释的范式。达尔文的突破走的就是科学革命的这第二条道路。他在随"猎犬号"的航行途中的发现以及此后他对这些发现的分析，对流行的、以圣经的描述为基础的创世说发起了挑战。达尔文提出了一个关于进化机制的与原来大不相同的激进的科学解释，它取代了原来的圣经范式。但是，达尔文的科学分析和《圣经》中的"创世记"对在人类获得他们在宇宙中的地位和开始给其他物种命名之前，对充满了各种植物和动物的整个宇宙和世界的创造提出了各自的假设。

对历史记录的重大修正往往是沿着这样一个轨迹进行的。一个一般的解释先提出来，然后新的研究提出新问题，新的理论范式为所有能获得的数据和信息提供更为切合的解释。在这整本教程中，我们将会继续看到随着时间的推移而在历史解释方面发生的变化。"范式位移"可能会出现，它不仅是作为新数据发现的结果，也可能是新的解释与已有的数据更为吻合，或者是对原来未提出、而现在提出来的新问题的回应。历史记录，就像关于进化的科学记录一样，总是有可能接受重新评价的。

人类创造文化

生物进化和文化创造性

到现在为止，我们讨论的是生物方面的进化即"自然选择"。那些最有可能生存的物种确实生存了下来。但是，到能人出现时，人属这一生物种属开始学会制造简单

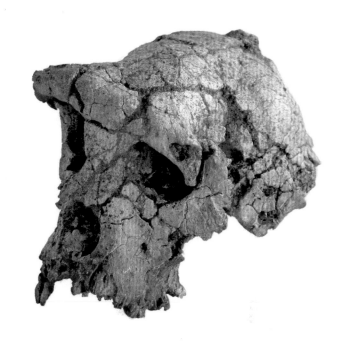

20

"图迈"最古老的前人类化石，非洲乍得，2001年。这一头盖骨是由一个国际古人类学家组成的小组在乍得发现的。它是目前为止发现的最早的前人类家族的成员之一，时间距今600万—700万年。"图迈"是乍得人给在近干旱季节出生的孩子的名字。

范式（paradigm） 代表某一种观点的现实模型。

两件奥瑞纳文化的石器,法国,中石器时代(约30000年前)。石器时代文化30000年前最早在西欧出现,而且在技术方面不断经历着变化——这意味着人类行为的逐渐进化。到奥瑞纳时代,刮器(左)已应用在处理兽皮、木工和雕刻像这样尖头状骨器(右)的人工制品上。(伦敦自然历史博物馆)

的工具,通过工具的使用,去改变自然以满足其需要。能人已经会用石头制造越来越复杂的工具。显然他们成群结队去狩猎动物,搜寻食物,共享获得的战利品。从那时起到今天的200万年里,人属动物在工具制作、艺术创造、仪式祭典、居住地、思想观念和语言方面,在培育植物和驯化动物方面——人类学家们称之为文化的基本要素——一直在不断地提高改进。到智人出现形成时,文化创造力取代了生物方面的进化,成为人类对付自然的主要方法。人类已不再满足于在自然中的生存。他们开始想方设法去控制自然。

文化上的进化看起来是受到生物进化的激励。随着人属动物的大脑的继续发展和大脑容量的变大,要求人属动物通过相对来说较为狭窄的出生道生育一个拥有头颅已充分发育的、头脑完全成形的婴儿已变得不可能了。人类婴儿的大脑的能力在出生以后的一段时间里必须继续发展。新生人类婴儿的大脑重约14盎司,经过约一年的时间增至35盎司,到六至七岁时达到成人大小的45盎司左右。因此,在人属动物当中,父母亲必须花相当的时间来抚育和教育他们的幼儿。此外,在女性智人身上,发情周期,即排卵和不排卵相互交替的时间从原来的每季度一次增加到每个月一次,这使得她们比其他灵长目动物有更多的机会生育婴儿。生育机会的增多也增加了她们抚育婴儿的时间和精力。由于加强了对婴儿抚育的重视和注意,因此文化生活就有可能繁荣起来了——而事实上也确是如此。

根据考古记录,已知的最早的智人自120000年前出现后,我们作为智人这一物种在身体结构上并没有发生大的变化。从克拉西斯河口挖掘的化石和我们的身体结构相比并没有很大的差异。

但是,在约100000年前,在智人的文化和社会生活中出现了一种新的创造性现象,其原因或许是由于大脑的内部结构的改变引起的。在这一发展之前的人们被称为"古典"智人,而那些具有新的文化能力的人被认为是一个新的亚物种即晚期智人。和他们的祖先不同,晚期智人发展了一种用符号表达的形式,其本质显然是精神的和文化的,包括埋葬仪式和有时候看上去极为漂亮和颇具创意的艺术品。

在本章后面这一部分,我们介绍标志晚期智人到来的七种创造性行为。首先,我们人类坚持了下来。我们是过去600万年中所有的人科动物中的仅存者。第二,我们人类以一波波的迁徙浪潮持续不断地向整个地球扩散,这一过程开始的时间还要早些。第三,我们建立了规模不大的、临时的定居点用作狩猎和采集食物的营地。第四,我们继续不断地制作出越来越复杂的工具。第五,在约公元前25000年时,我们人类开始在岩洞的洞壁上,用石块进行绘画和雕刻创作出辉

人类发展的主要阶段

450万年前	双足行走开始出现（最早出现的双足行走现象；乍得的图迈600万年前，显然已经开始用二足行走）。
200万年前	前肢结构的改变——二足行走趋于完善。大脑逐渐增大和结构重组。狩猎、搜寻食物和采集野果等行为促成了石器的制作。
500000年前	大脑迅速发育成长。
200000年前	最早的智人出现。最早的言语发展。开始使用火。
40000年前	间冰川期。现代人类开始出现，大脑和言语行为得到充分发展。工具由部件组装而成。
约25000年前	洞窟艺术和便携式艺术开始在欧洲出现。人类从亚洲迁徙至美洲。
公元前10000年	弓和箭发明。鹿和狗驯化（欧亚大陆的北部）。定点的作物生产。
公元前8000—公元前4000年	人口增长达到1500%。羊和山羊（近东）驯化。最早的陶器（日本）。农业传播至西欧。
公元前3000年	出现书写文字，金属。

放射性碳年代测定（radiocarbon dating） 通过测定放射性碳确定年代的方法。适用于形成在40000—70000年前的物质。

热发光（thermoluminescence） 通过测定燃烧过的燧石中的电子数确定年代的方法，时间范围在50000—300000年前，或是在过去10000年中陶器烧制的年代。

我们是怎样知道的？

确定考古发现的年代

年代确定技术的不断进步改变着我们对早期的智人之间，甚至早期的人科动物之间，以及他们与环境之间的关系的理解。其中最普通的技术是在1949年发现的，叫做**放射性碳年代测定**，有时被称为碳14确定方法。生命有机体吸入空气，因此他们身上拥有的放射性碳的原子数的百分比和地球大气中的含量是一样的。当一个有机体死亡以后，其身上的放射性碳的数量以一种稳定的速度分解。通过测定在一具骸骨化石中含有的放射性碳的数量，科学家便可以倒过来确定死亡的时间。由于在一个有机体上的放射性碳的总含量是很小的，在40000年过去以后，留存的放射性碳就很少了。因此对在70000年以上的化石进行测定的意义不大。

为了对更为久远的年代进行确定，科学家们使用了一种**热发光**的技术，这是在1987年开发的。这一技术用于对早期人类曾生活过的洞穴里发现的经过燃烧的燧石进行测定。自然中发生的放射现象在燧石和黏土中释放出电子，但是只有在对物质加热后，它们拥有的电子才会逃逸。当燧石最初被洞穴中的人们燃烧时，到那时为止的自由电子被释放出来。今天在实验室对燧石进行重新加热后会释放出第一次燃烧后存留在燧石中的电子。科学家通过测定这些电子的光来确定燧石第一次燃烧的时间。这一技术不仅可以测定在50000—300000年前燧石燃烧的时间，也可以测定黏土燃烧的时间，由此科学家能够确定过去10000年里陶器制作的时间。

为了对比上述时间更早的年代进行确定，例如早在600万年前的最早的人科动物的化石，科学家们对放射性元素钾40衰变为氩40所需的时间作出了测定，这一过程发生在火山岩和火山灰中。钾-氩衰变年代确定方法自20世纪50年代开始使用，它在测定奥杜维峡谷发现的石器和人科动物化石掩埋其中的土壤的年龄方面极为有用。这一年代测定方法为确定这些远古化石所处的具体年代提供了线索，并由此把对最早的人科动物的搜索转移到了非洲。

- 生物化学家和物理学家对我们理解最早的人类的进化和确定其生存年代方面作出了贡献。本书中提到的其他专业的学者作出了怎样的贡献？
- 放射性碳、热发光和钾-氩年代确定法有什么共同点？为什么每一种方法只限于一个特定的时期？
- 上述方法中，哪一种是直接测定化石年代的？哪一种是测定发现化石的地方的土壤的？用测定发现地方的土壤来确定化石的年代可能会有什么问题？

煌的艺术和有象征意义的作品。第六，我们发展了更为复杂的使用语言的形式。第七，到公元前10000—公元前15000年时，我们开始培育作物和驯化动物，开始了农业艺术和农业科学。

我们是怎么生存下来的？

从约120000年前起，我们人类第一次出现在考古记录中，一直到约35000年前，在好几个地方，现代的晚期智人可能和古典智人同时一起生活。对这些地方作过的最出色研究是在以色列海法附近的卡尔迈勒山地区的洞窟。在这些洞窟里发现了尼安德特人和现代人的化石和使用过的工具。在塔本、阿木德和凯巴拉洞窟发现的化石可能就是尼安德特人，而那些从斯库胡尔和卡夫兹洞窟发现的化石则更像现代人。

从塔本发现的最老的尼安德特人年代应在120000—100000年之前；在卡夫兹和斯库胡尔洞窟发现的两个晚期智人的化石年龄几乎一样，都在92000年之前；在凯巴拉和阿木德洞窟发现的两个尼安德特人化石年龄在60000—50000年之前。因此，我们得出的结论只能是，在今天的以色列地区，尼安德特人和现代人已经一起共同生活了好几万年。不仅如此，他们使用的工具也很相近。尼安德特人看上去使用的是稍小一些的、更为简单的穆斯特石器（根据法国西南部穆斯特村的名字命名，关于这里的文明有最清楚的文献记录）。而他们的现代人的邻居使用的则是较薄、较长、制作更为精细的属于奥瑞纳文化的工具（根据法国南部另一个狩猎采集点的名字命名）。两者的差别是明显的，但并不是那么显著。

那么，晚期智人最后是怎样取代了其他人科动物的呢？专家们提出了三种主要的解释，这当中还有多种形式的组合交叉。第一种解释是，现代人通过侵略、战争和屠杀的方式把所有其他的人科动物给打败了。这一观点认为最早的人类具有暴力倾向。第二种观点认为，不同物种之间的交配和繁殖的过程产生了新的人类。换言之，与我们最近的祖先是通过爱而不是通过战争生存下来的，我们都拥有一种尼安德特人的血缘传统。最后，有人提出，现代人是成功地适应了他们面临的生态环境，在面对眼前能够得到的资源面前，他们胜过了古智人。根据这第三种观点，现代人并不是直接和古智人对抗，而是取而代之——在某种意义上，把古智人赶出了家园。

环球大迁徙

晚期智人最晚于120000年前开始在非洲出现，他们是从直立人进化而来的。在30000年的时间里，这一物种在整个欧洲和亚洲开始出现。人类学家怀疑，早期人类的迁徙并不是毫无目的的到处游荡，而是有目的和有具体方向的。从最早的史前阶段开始，人类就在掂量自己的选择和机会，然后作出合适的行动。环球大迁徙只是最终的结果而已。

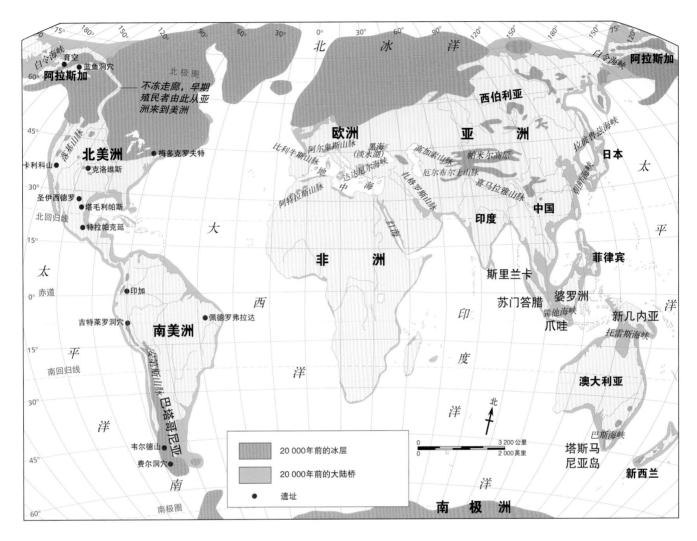

气候的变化可能是迁徙的主要原因之一。现在的撒哈拉沙漠就是一个例子。直到90000年以前，地球的气候还处于较为温暖湿润的阶段，撒哈拉地区是一片肥沃的土地，吸引着人类到这里生活居住。人类和动物从非洲的南部迁徙到这里。但是后来"冰川期"降临了，这是整个地球气候变冷的时期之一，在长达数百万年的时间里影响着地球的气候。地球上大部分的水都冻结为冰。整个撒哈拉地区变得极为干燥，土地变成了沙漠，人类和动物则不得不迁往他乡。有的可能回到了非洲的南部；有的可能迁徙到北非海岸；还有其他一些则可能沿着尼罗河流域的走廊去到西非。由此开始了一个环球大迁徙的浪潮。

为了去到最远的地方，如澳大利亚、太平洋上的岛屿和美洲等地，花上的时间需要成千上万年。这样的迁徙需要气候的变化，也需要晚期智人掌握一定的技术。在90000—10000年前是长年的冰川期，海洋中大部分的水都冻结成冰，由此降低了海平面，延长了大陆的海岸线，形成了连接中国和日本、东南亚和菲律宾以及印度尼西亚、西伯利亚和阿拉斯加的大陆桥。只要冰川期一直保持不变，海洋的水依然结成严冰，人类就有可能经过陆地的通道迁徙。

24

冰川期的早期人类。 在20000年前，当冰川覆盖着欧洲和加拿大的大部分地区时，事实上整个地球（除了波利尼西亚之外）都已有人类居住。早期的人类之所以能够散布到北方是因为水结成的厚冰大大降低了海平面，由此形成的大陆桥把各个地区连接了起来。气候极为寒冷，迁徙者的生存取决于他们把兽皮缝制成原始的衣服的能力、对火的使用控制能力，和捕猎大型哺乳动物的能力。

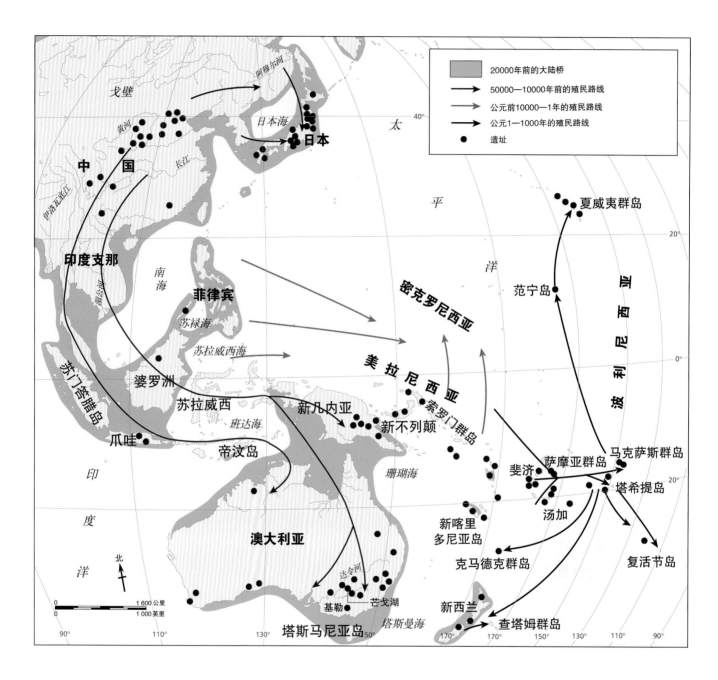

太平洋地区人类的分布。最后一个冰川时代形成的大陆桥使得早期的人类从中国向南散布到爪哇和婆罗洲。从班达海到新几内亚和澳大利亚需要一定的航海技术。其中最为辉煌的航行是由波利尼西亚人进行的，他们驾着独木舟在从未有人航行过的太平洋上行驶了千万英里路程，最后到达终点。

当然也有例外。叫做波利尼西亚的太平洋岛屿就没有通过大陆桥和其他地区连接在一起。其结果是，那里居住的人们的历史就比世界其他大多数地区要短得多。只是到公元前1000年，新几内亚人在掌握了用独木舟航行的卓越技巧后，才来到了波利尼西亚这座岛上。

人口的增长和新的栖居地

随着人口的增长，人类群体的数量和各个人类群体之间关系的密切度或"稠密度"也开始提高。这样的稠密度的提高和人口压力变成了人类历史的主题之一。其结果是，不同的群体之间为了争夺最肥沃的土地和丰富的资源而频繁发生冲突。有的群体选择为保卫自己的领土而战,有的则与新来者达成妥协,还有的群体则走上迁徙之途,其原因或是出于选择,或是因为战败而不得不远走他乡。这几种方式在千万年的历史中一再重复着,今天在这个世界上仍有2 000多万难民。

上述的人类群体规模究竟有多大?其人数必须确保能够提供防御和安全以及劳动中的合作需要,而且也要能够在有限的自然资源条件下维持生存,并能够解决对群体的团结和成员的安全带来威胁的成员之间的冲突摩擦。

根据今天的狩猎-食物采集者的经验,例如非洲卡拉哈里沙漠的科伊桑部落,以及群体的理论数理模型,较为理想的规模是由五个家庭组成,成员总数在25人左右。求偶和婚姻的规则往往是需要的,就像他们今天做的那样,必须从所属的群体以外寻找配偶。要使这样一种**族外婚**或是外部婚姻方式行得通,一个部落从理论上来说需要至少19个帮,每个帮的成员为25人,总数475人,这个数字和在今天的狩猎-食物采集者社会中发现的560人的部落规模是颇为接近的。

上述这样的帮需要多大的领地来维持他们的生存?人类学家经过计算认为,使用旧石器时代晚期(150000—12000年前)技术的一个人大致需要77平方英里的相对比较贫瘠的土地或是7—8平方英里的较为肥沃的土地来满足生存需要。如以这样的密度为准,美国的土地(阿拉斯加和夏威夷不算在内)可能最多供600 000人生存;而整个世界的话,最多供1 000万人生存,尽管实际的人口要少一些。随着人口的增长,每一个帮都用桩标出自己的领地范围,标示出边界。他们开始和附近区域的居住者形成和确立正式的关系。

各个群体开始建立小型的定居点。尼安德特人占据的是高地,但后来的克罗马农的晚期智人(根据法国的该地区名称命名,这一亚物种最初即在该地发现)向下迁移到那些对人更有价值的河谷和河床附近。他们有一半的定居点距离河流在1 100码以内,而且几乎所有的定居点都距离浅滩或水源地很近。这些定居点不仅易于穿

族外婚 exogamy 一个人从自己的部落或宗族以外寻找婚姻对象的做法,与此相反的是族内婚 endogamy,即从自己的部落内寻找婚姻对象。一般选择婚姻对象的外族部落是有所限制的。

26

查尔斯·亚历山大·莱苏尔,"在范迪门地区的航行",选自"发现澳大利亚土地的航行",1807年,雕刻。当欧洲人开始在现在叫做"塔斯马尼亚"的范迪门地区定居时,他们发现了40000年前就来到这里的人们,他们是从中国的东南部来到这里的。(伦敦英国皇家地理学会)

我们是怎样知道的？

男人是狩猎者？妇女是采集者？

1971年，人类学家萨莉·斯洛克姆（Sally Slocum）用"萨莉·林顿"的名字发表了最早的一篇女权主义批评文章，主题是当代人对人科动物进化的理解。她的文章是对1968年发表的一组题为"男人是狩猎者"（Man the Hunter）论文的回答。其中的一篇文章提出："把我们和猿区别开来的生物因素、心理因素和风俗习惯——我们把这一切都归功于过去的狩猎者。"斯洛克姆回答说，这一观点把过多的重点放在了攻击性行为上，放在了为狩猎所需要的工具和有组织的计划上，放在人科动物饮食中的肉类食物，以及一般的男性活动上。

在《妇女采集者：人类学研究中的男性偏见》一文中，斯洛克姆指出，野外食物采集对部落的营养供应比狩猎的贡献要大得多，这已由当代对"狩猎者-采集者"的研究所揭示。她还指出，一般与狩猎联系在一起的工具也可能用于采集，她呼吁人类学家对工具的整个观点应作重新审视：

骨器、棍棒和手斧可以被用于挖掘块茎等，或是把较坚硬的蔬菜捣碎以便于食用。但是，如果不是从工具和武器的角度，而是从文化发明创造的角度思考，那就会有一个新的视角，我认为，最早的而且是最重要的文化发明创造是盛装采集的果实的容器和某种可以装婴儿的背带或网兜。

不仅如此，斯洛克姆还指出，一般来说是妇女的任务的抚养幼儿的技巧需要更大的发明创造力，而且相比狩猎可能更有助于大脑的发展：

我认为，婴儿成长依赖期的延长，生育过程困难的增加，以及妊娠期的延长，也需要社会组织和交流沟通技术的提高——由此而形成了要求大脑增大的选择性压力，而不是通过狩猎去解释。在断奶期后组织喂食活动的需要，学习处理正在发展中的更加复杂的社会-情感纽带，围绕更为广泛的采集活动的新技术和文化发明创造——这一切都要求大脑的容量增大。人们对狩猎所需要的技术的关注

过多，而对采集食物和幼儿抚育所需要的技术的关注则是太少了。

斯洛克姆的结论是，人类学家需要对他们自己提出的男性统治的观点进行反省。如她所说，"任何学科的基础不是它给出的回答，而是它提出的问题。"

- 萨莉·斯洛克姆提出，历史研究是由我们提出的问题所决定的。关于古人类学的记录，你有没有到目前为止我们还没有讨论过的问题？对寻找这些问题的答案你有什么建议？
- 萨莉·斯洛克姆写了《人类学研究中的男性偏见》。你认为男人和女人的不同经验会影响他们在历史时代和史前时代提出的问题么？请举例说明。在阅读本书的过程中，把这一问题清单放在手边以确定你是否正确。
- 为回答这样一些问题——如石器与纤维和布的比较，狩猎用的工具和抚育幼儿用的工具的比较——所拥有的资源在怎样的意义上决定着学者研究的重点？

越，而且也是动物涉水的地点，因此也适合狩猎。工具在生产制作过程和形状的风格方面都具有当地的特点。这些具有地方色彩的特点使得每个群体和其近邻之间产生明显的差别。每个群体都有可能开始形成一种自己的语言或方言。

工具的变化

随着探索、迁徙和贸易的速度的加快，人类发展中最为明显的变化出现在我们使用的石器中。工具制造技术的稳步发展使得这一时期有了考古学上的名称。这整个时期叫做旧石器时代。工具的制作显示了一种从150000年前结束的旧石器时代早期到持续至约公元前10000年的旧石器时代晚期的缓慢的进步（关于中石器时代和新石器时代——它们分别处于公元前8000—公元前6000年和公元前6000—公元前3000年间——我们将在第2章讨论。）

从约250万年前一直到150000年前，直立人掌握的主要技术是用石头做的阿舍

利石斧和宽刃石器（根据法国北部的圣阿舍利命名，但实际上先是在非洲发展的，后来才在整个欧洲和亚洲被广泛使用）。

在约250000年以前，某些定居点出现了一种更为复杂的叫做"勒瓦卢瓦（Levallois）"（根据巴黎附近一个郊区的名称命名，最早的样本是在那里发现的）的技术。这种勒瓦卢瓦技术提供了更为精制的工具，包括刮刀和小刀，由更加一致的石片制成，成品形状和大小更为标准。这一技术标志着古智人的出现。

晚期智人的技术发展的速度要快得多。在约40000年前时，在今天的比利牛斯山脉的奥瑞纳村附近的一个洞窟里或洞窟附近，奥瑞纳工具开始在这里出现。这一工具包括很细窄的石叶以及用骨、象牙和鹿角制作的工具。然后出现的是格拉维特式的工具，时间在约30000—约20000年以前；然后是梭鲁特式的工具，时间在20000—17000年以前，包括已知的最早的缝纫针的制作。马格德林式的工具出现在17000—12000年前，包括用鹿角制作的有倒钩的鱼叉。最后，是公元前12000—公元前8000年的阿齐利式的工具，这是旧石器时代最后的工具。每一个地方和时代的工具都有各自的风格式样，而且每个时代都出现了品种越来越多的工具。

各个地区制作的工具的式样差别越来越大，这表明在规模较小的狩猎者-采集者帮中形成了新的社会结构，在各个群体之间分离和区别越发明显。

人类最早使用的工具

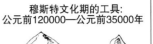

穆斯特文化期的工具：
公元前120000—公元前35000年

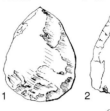

1. 凸面侧刮器
2. 勒瓦卢瓦尖石片
3. 双凸面侧刮器

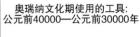

奥瑞纳文化期使用的工具：
公元前40000—公元前30000年

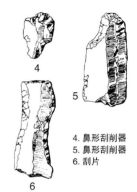

4. 鼻形刮削器
5. 鼻形刮削器
6. 刮片

梭鲁特文化期使用的工具：
公元前20000—公元前17000年

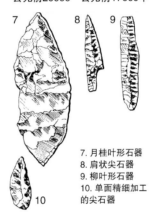

7. 月桂叶形石器
8. 肩状尖石器
9. 柳叶形石器
10. 单面精细加工的尖石器

马格德林文化期使用的工具：
公元前17000—公元前12000年

11. 一边有倒钩的鱼叉
12. 一边有倒钩的鱼叉
13. 两边有倒钩的鱼叉

28

早期人类制作的许多工具是对石块进行加工制成的，显示了技术的不断发展。这里展示的"成套工具"是根据四个不同的发现地点的名称命名的。开始时，人们只是对石块的边缘进行简单的削凿以形成锋利的边缘和尖头。到后来，他们开始对石块进行雕凿以满足各种不同的需要。石器的制作改进耗费了长达100000年时间。

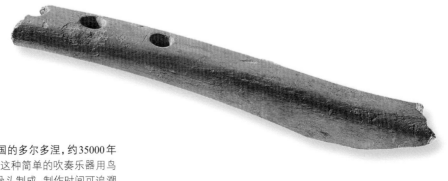

骨笛，发现于法国的多尔多涅，约35000年前。笛长约4½英寸，这种简单的吹奏乐器用鸟类、鹿和熊的中空的骨头制成，制作时间可追溯到35000年前。（法国塔雅克埃泽西国立史前博物馆）

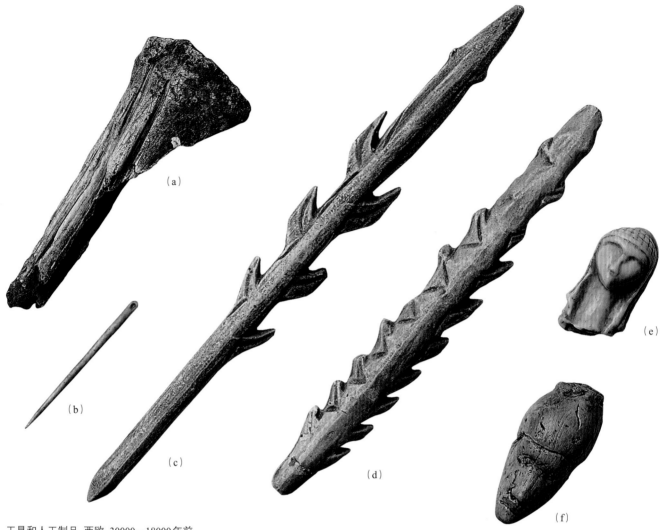

工具和人工制品,西欧,30000—18000年前
（a）用于制作针杯的骨头；
（b）骨针；
（c和d）用鹿角雕刻而成的鱼叉头和倒钩；
（e和f）用猛犸象牙雕刻的两个鱼叉头。
（自然历史博物馆,伦敦）

投掷器,法国蒙塔斯克,公元前12000年。早在14000年前,美已成为纯粹功能性制品制作中的一个必要成分。投掷器使得狩猎者能更准确地让他们抛出的投掷物击中目标,并起到杠杆作用,就像这流线形的强有力的腾跃之马所象征的那样。是这一骨头的形状使人想起这一动物,还是艺术家寻求一块骨头以符合他的事先构想呢?

并不是所有的工具都和食物生产直接相关的,也不一定都和劳动相关。早在35000年前,用飞鸟、驯鹿和熊的骨头制作的笛子就表明,制作乐器和演奏乐器已成为人类活动的一部分。美学欣赏和娱乐游戏已经开始发挥它们的作用。

我们发现的工具代表了早期的人类可能制作和使用的日常用品的一小部分。用石头制作的工具经久耐用,而用木材制作的工具就不一定了。当然,那些用天然纤维制作的制品等早就腐烂变坏,这意味着我们对衣服生产、篮筐编织或食物制作的情况知道得很少了。在大多数由狩猎-采集者组成的社会里,衣服的生产和食物的制作一般都是由妇女承担的。因此,由于我们大多把关注的重点放在石器上,很可能由妇女掌握的整整一大片技术领域长期以来遭到了忽略。

语言和交流

语言是一种无形的发明,在考古记录中是看不见的。它必须从更为直接的证据中去推断:环球范围的迁徙,固定的居住点,新的工具和新的材料,劳动产品的地区性差异,长距离的贸易,常常以个人装饰品和埋葬仪式为标志的社会等级,以及艺术和器乐曲的创作制作。这许许多多活动如果不通过某种形式的语言的话,即使不是不可能,至少也将是很困难的。

对于一种口头语言系统究竟是从什么时候开始形成的这一问题,人们一直有争议,主要是因为我们只能从间接的证据来推断出回答。古智人的颅骨和我们的颅骨一样大,甚至可能还要大些,而且颅骨中似乎有凹陷处这一点表明大脑中有影响言语能力的区域的存在。古智人可能拥有喉头,其在喉咙中的位置相当低,可以发出类似现代人类语言的声音来。

争论就在这里产生了。有的人类学家认为,有了这一生物条件,人类开始通过文化上的进化逐渐形成现代的语言和言语。其他学者,尤其是语言学家诺姆·乔姆斯基(Noam Chomsky),认为是大脑组织中发生的一个变化使得人类获得一种新的语言能力。乔姆斯基是从对世界上的语言的"深层结构"里的相似性的分析中得出这一结论的。这些普遍的相似性表明,人类语言的句法规则是嵌入在人的大脑中的。乔姆斯基提出,就像人生来就会走路一样,他们生来就会说话。就像用二足走路并不是一个习得的文化能力,而是生物进化的结果,因此说话也不是文化上的学习结果,而是生物进化的结果。当然,个别的某一语言的使用是以文化为基础的。

现代语言提供了以个体为基础的和他人进行交流沟通的能力。它也允许越来越复杂的社会结构的出现和人际关系益趋复杂性。它帮助我们仔细思考行为的伦理规则,以指导和规范这些关系。不仅如此,它还使得人能够进行越来越复杂的内省思考和反思。我们随着与他人交往的增多而形成了更趋内省的倾向。使我们成为人的复杂的心理和社会关系只有在语言发展的前提下才变得可能。

洞窟艺术和可携式艺术

岩洞绘画和便携式艺术的出现表明个人的创造性和群体的互相影响。它们可能代表了人们对信息、希望、和感情的共享,并作为一种把上述一切传给下一代人的手段。35000年前的艺术品的发现,如珠子、垂饰、经过雕刻的动物骨等,数量很少,颇具争议。岩洞绘画和雕塑出现的时间要晚些,而且在世界各地的许多地方都有发现。在坦桑尼亚的孔杜西(Kundusi),玛丽·利基(Mary Leakey)发现了或许是25000年前的人类的赭石画。在澳大利亚南部的沿海地区,在康纳达(Koonalda)洞窟,在一个至少20000年前的燧石矿里,一个抽象的手指十字交叉图被刻在较软的石灰石上。在澳大利亚东部,大约与此同时,人们在肯尼弗洞窟的岩壁上用模板刻印方式绘出了

30

用黏土制作的野牛，发现于法国阿列日的特欧杜贝尔，公元前15000年后。绝大多数的岩洞艺术之所以能存在至今，主要原因是石灰岩洞中形成的特殊的环境条件，在这样的洞穴中艺术品封存了数千年。其中只有很少一部分雕刻艺术品幸存了下来。此图显示的用深浮雕制作的一头雌性野牛受到一头雄性野牛的追逐。

一只手和烟斗的形象。在澳大利亚北部的卡卡杜，发现了一系列从20000年前就开始创作的岩石画。直到今天，当地人仍在继续创作新的岩石画。

在欧洲，早在30000年前就开始出现了艺术作品，以小雕像和壁画为主，在公元前17000—公元前12000年时达到了顶峰。欧洲发现的有绘画的洞窟超过200多座，经装饰的器件（可携式艺术品）超过10 000多件，其中的85%是在法国的南部和西班牙的北部发现的。马格德林文化期（公元前17000—公元前12000年）的许多工具，如我们前面提到的，制作得既实用又美观。许多小雕塑品都包括了雕刻精细的形象，如在法国的布拉塞姆波伊（Brassempouy）发现的22000年前的雕像上有清晰的脸部形象和毛发等，其高度仅为1½英寸（见第30页e图）。其他许多艺术品对脸部和人的特征描绘并不突出，但对性器官和臀部却给予夸张的表现，如在摩拉维亚的多尔尼韦斯顿尼斯发现的25000年前的小雕像。可携式艺术品显示了一种制作和欣赏美观的艺术品的欲望。在整个欧洲和亚洲西北部都有发现的形象夸张的女性"维纳斯"艺术品则表明了人类对生育繁殖的欲望。

首个洞窟艺术是到了1868年才在西班牙的阿尔特米拉被重新发现的。尽管该绘画已有14000年的历史，但直到1902年才被承认为史前艺术。到今天为止，在欧洲已发现的有艺术品装饰的洞窟已达200座，其中大多数在法国西南部的河谷、附近的比利牛斯山脉和西班牙北部的坎塔布连山。最近的发现是1991年的科斯克洞窟和1994年的肖维特洞窟，以其描绘的动物的多姿多彩和体现的艺术水准令人叹为观止。

绘画者采用的是天然颜料，如赭石等，可以产生各种红色、褐色和黄色，氧化锰可构成黑色和紫色。但是未发现有蓝色和绿色。欧洲的洞窟中很少发现人的形象。一般的绘画内容为大型的动物，如欧洲野牛、鹿和马等。有时会看到

"维纳斯"小雕像，发现于摩拉维亚的多尔尼维斯多尼斯，约23000年前。这里发现的女性的雕像有几百个，但是没有男性的雕像。这似乎支持了这一假设，即这些雕像的制作主要不是为了体现理想的女性美，而是为了显示繁殖生育的魔力——请注意对乳房、臀部和大腿的突现，而对个人的脸部特征则几乎不加修饰。

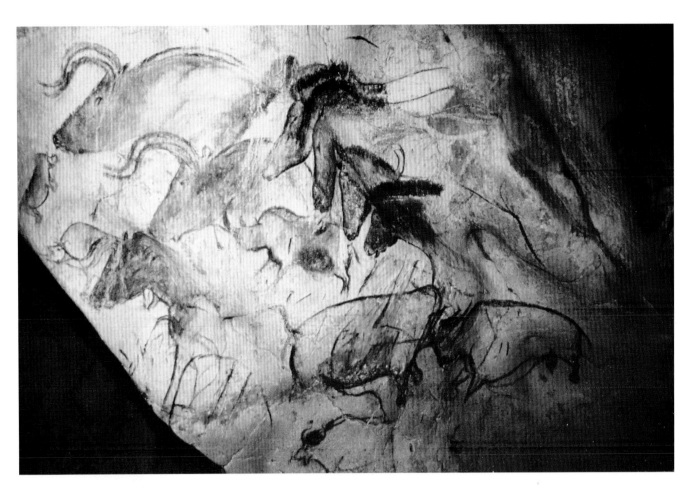

猛犸、狮子甚至鱼。那些想象中的动物,如独角兽等,也有发现。在诸如法国的特欧杜贝尔洞窟,曾发现用泥做的野牛雕塑。在许多洞窟中,人手的轮廓形象在洞壁上都能看到,其方法是在手的周围涂上颜料。

我们还不知道这些颜料是怎样使用的,但是最普通的推测是,它们先被嚼碎,然后直接吐到壁上或是用一根管子吹到洞壁上。

部分洞窟艺术是抽象的,有的描绘具体的东西,有的是绘制上去的,有的是浅浮雕。这一丰富的艺术传统在公元前12000年马格德林时期过去以后没有再继续下去。岩洞壁画的许多技巧,如透视和动感等,直到1400年的文艺复兴之后才在西方的艺术中重新出现。

自从洞窟艺术被重新发现以后,人们一直在思考它的作用和意义。得到广泛认同的第一个解释是,这些绘画代表了一种神奇的魔法,旨在给在洞壁上显示的动物的狩猎者带来好运。有人说,那些似乎有些抽象的几何图形可能代表狩猎用的工具,如陷阱、罗网和武器等。那些关于动物的壁画可能代表的是一种祈求多产的希望,这样狩猎者可以捕获更多的猎物。另一个解释是,这些洞窟是人们的聚会场所,邻近各个帮的人每年会回到这里来安排婚嫁事宜以及建立政治和社会联盟。每个洞窟体现的不同的绘画风格表明了各个不同的部落的艺术创作风格。

肖维岩洞,法国罗纳-阿尔卑斯地区,公元前18000年。在1994年的圣诞节,由让-马里·肖维(Jean-Marie Chauvet)率领的一队考古学家在阿尔代什(Ardèche)河谷发现了一个深达1 640英尺的洞穴。洞穴里的300多幅绘有马、牛和狮子的旧石器时代的壁画,是世界上发现的最早的绘画。

32

萨满教僧（Shaman） 在亚洲和美洲的一些部落社会的宗教信仰中，萨满教僧被认为是具有阴魂附身的能力和超自然的力量，能给人治病，找到丢失的或被偷窃的财产，对未来作出预测，保护当地社会免受恶灵的侵扰。萨满教僧可能会充当法官或统治者，作为神职人员，主持献祭仪式，并护送死者的灵魂到阴府世界去。

洞窟的壁画大多并不位于洞口，那是人们日常从营地可看得见的地方，而是位于洞窟的深处。为什么这么多图画——约占总数的三分之一——都绘在洞窟深处的方位？部分史前艺术专家的解释是，它们不仅仅是作装饰用的，而是与古代的灵魂相联系，通过萨满教的祭祀仪式，在洞窟暗黑的深处被人们唤起。在卡拉哈里沙漠的桑人中，**萨满教僧**被认为是通过使用幻药、气功练习、歌唱、舞蹈和有节奏的拍打的方式使得阴魂附身，然后和灵魂发生交流的。他们进入越来越强烈的催眠状态，在这过程中他们"看见"最早的几何图形，然后是自然中有的形象，最后是自然界中根本找不到的生物。有时他们会看到类似投射到洞壁上的各种形象。这一观点的支持者认为，旧石器时代晚期的洞窟壁画代表的是萨满教的幻觉或是阴魂附身状态下看到的东西。

25000—10000年前的洞窟艺术和可携式艺术开启了已知最早的人类艺术创造的记录。历史上第一次我们有了人类认为是美的东西的实例，它们因此是值得去创造和保存下来的。从此以后，创造和欣赏美的欲望成为人类故事的一部分。洞窟艺术的创造也使得我们得以窥探这些创作者对生命意义和目的的寻求。我们的艺术给了对我们自己在世界中的位置的理解以及我们对此最深切的感受的外部表现形式。在我们的艺术中，我们表达对自己、对亲人、对社会和对世界的恐惧和希望。通过我们的艺术，我们试图与世界中的更为巨大的力量连接起来，并互相交流。通过对这些古代艺术的形式和意义的研究，历史学家们试图理解这外在的美学意义和创造这些艺术的人们的内心世界。

农业：从狩猎-采集者转变为农民

有的狩猎-采集者开始在他们的临时宿营地停留更长的时间。他们已经注意到了采集的野生作物的生长周期和他们捕获的动物的迁徙行为。在中东和欧洲地区，他们开始试着把那些颗粒最大的、营养最丰富的谷物种子播种下去，在美洲是玉米，在东南亚则是块茎作物。除了继续抓捕那些动物之外，人们可能已经开始试着把这些动物的行动限制在某些专门的地方。抑或狩猎者可能在那些动物经常出没的地方建立他们的营宿地，根据动物的出没情况来调整人的行动时间。他们学会了驯化狗，而经驯化的狗可能伴随着最早的美洲人跨越白令海峡。在中东，羊是最早被驯化的动物，时间可能在约10000年前。

到公元前15000—公元前10000年时，人类已具备必要的生物和文化层面的能力来种植作物和饲养动物。但是开始时他们必须有这么做的动机。要不然为什么放弃狩猎和采集？为什么定居下来？或许这样的转变发生在那些自然资源特别丰富，而且特别容易获得的地方，如日本的绳纹文化部落的捕鱼场，或是位于今天的土耳其的恰塔尔许于克（Catal Huyuk）附近的采石场，这种黑曜石可用来制作锋利的切削石器。稳定的食物来源或是可供交易的物资可能已经胜过了随着季节转移、跟着驯化的动物迁徙的欲望。

或许是人口增长的压力使得人类别无选择。邻近部落的压力可能限制了活动的范围。在有限的土地上，狩猎－采集者发现，自己种植作物和自己饲养动物可能比狩猎和采集提供更多的食物。尽管有气候变化、动植物病虫害的风险，使得农业耕作和定居的方式有不安全因素，但是有的部落还是开始定居下来。10000年前，几乎所有的人类都是靠狩猎和采集为生。2000年前，人类的绝大多数已成为农民和牧民。这一转变不仅促成了农业村庄的形成，而且也产生了城市。城市发展起来成为中央行政、经济和宗教仪式的中心。一个新的时代降临了。这是下一章和第2篇的主题。

人类的史前故事及其意义

本章的资料基本上是以古人类学家的研究为基础的，我们由此而看到了了解历史的不同方法以及它们的不同的用处。这一切使得我们拥有一种开放的，但又是抱着怀疑的心态，比如，对于运用人类诞生的故事作为解释人类生命意义的一种方式。而且使我们注意到不同的神话故事鼓励不同的行为方式。被一个社会广泛接受的神话故事并不仅仅是离奇古怪的故事，它们提供了强有力的解释性信息，深刻反映了人类对世界的理解。

同样地，它们使我们以开放的，然而又带有怀疑的态度看待科学解释世界的力量，比如，我们注意到，进化的过程并不是一目了然的，只有等到科学家开始提出正确的问题后才显现出来；妇女在文化进化中的作用一直未受到重视，直到提倡女权主义的研究人员开始提出以前人们从未想到过的问题。非洲作为最早的人科动物和人类的发源地一直被忽略，直到种族偏见被撇清。科学探索在解开世界的神秘方面是极为有力的工具，但是它只对我们要求它处理的问题作出处理回答。

我们也学会了把"一般"的科学和革命性的科学区分开来，前者是以已经为人知晓和接受的东西为基础的，而后者则是对新的信息和异常现象，即那些和现有的模式不一致或不吻合的因素提出怀疑和问题，直到它可能形成"范式转移"，即产生新的理解世界的方式。

我们已经看到，从最早的时候开始，人类的行为就是以迁徙、工具的创造制作、规模越来越大的群体的组织形成（不过这显然会产生群体成员和"他者"群体之间的差别）、通过语言进行的交流、运用艺术形式进行自我表达，以及接受自然现实和试图控制自然以作为推进我们自身的手段之间的徘徊彷徨等为特征。这一切是早期的人科动物和早期人类留给我们的主要遗产，也是我们在通过史学研究和古人类学研究寻找更清晰地理解我们世界的方法方面取得的成就的记录。

复习题

● 大多数历史学家是以书面的文字材料为基础进行研究的，而古人类学家则是通过对不同的化石材料进行研究的。然而，他们在探索过去历史时关注的许多方面是相近的。这样的说法你同意么？为什么？

● 在《埃努玛·埃利希》《梨俱吠陀》和《创世记》中关于人类诞生形成的故事反映了怎样的人类形象？各个故事中人类在世界上的地位在何种程度上是相似的？在何种程度上是有区别的？

● 在怎样的意义上查尔斯·达尔文的研究使得古人类学家的研究工作成为可能？

● 你愿意参加在非洲进行的考古挖掘工作以发现早期人科动物的进一步证据吗？这一挖掘工作的哪些方面吸引着你？哪些方面对你来说没有吸引力？

● "一般的科学"和"革命性的科学"的区别在哪里？本章给出了哪些有关革命性科学的例子？

● 在怎样的意义上艺术的创造成为人类文化创造的重大一步？艺术创造的发现怎样帮助我们理解早期现代智人的生活？

34

推荐阅读

PRINCIPAL SOURCES

Bahn, Paul G., ed. *Archaeology* (Cambridge: Cambridge University Press, 1996).

Barber, Elizabeth Wayland. *Women's Work: The First 20,000 Years: Women, Cloth, and Society in Early Times* (New York: W.W. Norton & Co., 1994). Fascinating account of the earliest known production of cloth, and women's role in producing it.

Constable, George and the Editors of Time-Life Books. *The Neanderthals* (New York: Time-Life Books, 1973).

Darwin, Charles. *Darwin*, ed. Philip Appleman (New York: W.W. Norton & Co., 2nd ed., 1979). Excellent anthology of works by and about Darwin.

Fagan, Brian M. *People of the Earth* (Upper Saddle River, NJ: Prentice Hall: 10th ed., 2000). Outstanding textbook introduction to prehistoric human life around the globe.

Johanson, Donald, Lenora Johanson, and Blake Edgar. *Ancestors: In Search of Human Origins* (New York: Villard Books, 1994). One of the greatest paleoanthropologists tells of his work and its significance.

Leakey, Richard and Roger Lewin. *Origins Reconsidered* (New York: Doubleday, 1992). A great paleoanthropologist, continuing and expanding the accomplishments of his even more famous parents, presents his account of the fossil record of evolution.

Lewin, Roger. *The Origin of Modern Humans* (New York: Scientific American Library, 1993). Remarkably lucid presentation of the story of evolution and early humans.

Past Worlds: The (London) Times Atlas of Archaeology (London: Times Books Ltd., 1988). Text, maps, pictures are all superb on all aspects of archaeological understanding and accomplishment.

Scientific American, Special Edition, "New Look at Human Evolution," August 25, 2003.

ADDITIONAL SOURCES

Brown, Judith. "Note on the Division of Labor by Sex," *American Anthropologist* LXXII (1970), 1075–1076. Argues that historically women's work has been compatible with child-care responsibilities.

Chauvet, Jean-Marie, Eliette Brunel Deschamps, and Christian Hillaire. *Dawn of Art: The Chauvet Cave, the Oldest Known Paintings in the World* (New York: Abrams, 1996). Gorgeous presentation of this recently discovered cave art.

Clottes, Jean and Jean Courtin. *The Cave Beneath the Sea: Paleolithic Images at Cosquer* (New York: Abrams, 1996). Another prehistoric artistic treasure in a magnificent presentation.

Conkey, Margaret W. *Art and Design in the Old Stone Age* (San Francisco, CA: Freeman, 1982). Analysis and presentation of early portable art.

Darwin, Charles. *The Origin of Species by Means of Natural Selection or the Preservation of Favored Races in the Struggle for Life*, reprinted from the Sixth Edition, ed. Edmund B. Wilson (New York: Macmillan Company, 1927). The classic, revolutionary work.

Darwin, Charles. *The Works of Charles Darwin*, ed. Paul H. Barrett and R.B. Freeman, Vol. XV *On the Origin of Species* 1859 (New York: New York

University Press, 1988). The first edition, without mention of "the creator."

Defleur, Alban, Tim White *et al.* "Neanderthal Cannibalism at Moula-Guercy, Ardèche, France," *Science* (October 1, 1999), 286:128-131. Recent scientific finds concerning the Neanderthal diet.

Fagan, Brian M. *The Journey from Eden* (London: Thames and Hudson, 1990). A very readable, comprehensive account of biological and cultural evolution by an anthropologist with superb writing skills.

Fedigan, Linda. "The Changing Role of Women in Models of Human Evolution," *Annual Review of Anthropology* XV (1986), 22-66. Comprehensive introduction to feminist perspectives on evolution.

Gamble, Clive. *Timewalkers: The Prehistory of Global Colonization* (Cambridge, MA: Harvard University Press, 1994). Gamble ponders the migrations of humans from earliest times to all corners of the earth.

Gould, Stephen Jay. *Ever Since Darwin: Reflections in Natural History* (New York: W.W. Norton & Co., 1977). Lucid account of the Darwinian position and later amendments to it.

Gould, Stephen Jay. *The Structure of Evolutionary Theory* (Cambridge, MA: Harvard University Press, 2002). A comprehensive summary of all that we know of evolution today, by a master scholar-writer, published just months before his death.

Holm, Jean, with John Bowker, eds. *Myth and History* (London: Pinter Publishers, 1994). Analysis of the functions of myth and of history in human understanding.

Lewis-Williams, David. *The Mind in the Cave: Consciousness and the Origins of Art* (London: Thames and Hudson, 2002). Argues that in prehistoric caves "image-making," religion, and social discriminations were a "package deal," as humans realized a new capability for higher-order thought.

Linton, Sally (pseud. for Sally Slocum). "Woman the Gatherer: Male Bias in Anthropology," in Sue-Ellen Jacobs, ed. *Women in Perspective: A Guide for Cross-Cultural Studies* (Urbana: University of Illinois Press, 1971). Asking new questions from a feminist perspective, Linton demonstrates a much-enhanced role of women in early cultural evolution.

McNeill, William H. *Mythistory and Other Essays* (Chicago, IL: University of Chicago Press, 1986). A master historian discusses the difference between myth and the professional study of history, and how the two perspectives intersect in the public mind.

Mellars, Paul and Chris Stringer, eds. *The Human Revolution: Behavioural and Biological Perspectives on the Origins of Modern Humans* (Princeton, NJ: Princeton University Press, 1989). Papers of a 1987 multidisciplinary conference at Cambridge on human origins and early behavior patterns.

Morell, Virginia. *Ancestral Passions: The Leakey Family and the Quest for Humankind's Beginnings* (New York: Simon & Schuster, 1995). The internal dynamics of the Leakey family, as down-to-earth as their excavations.

Nature. Interdisciplinary scientific journal related to biological concerns. Volume 418 (2002) contained numerous articles on the discovery of Toumai, and reprinted several classic articles on earlier archaeological discoveries, from Dart's in 1925 to the present.

The New English Bible (New York: Oxford University Press, 1976). For clarity and simple, basic annotation, my favorite edition.

Pfeiffer, John. *The Creative Explosion* (Ithaca, NY: Cornell University Press, 1982). Argues for a dramatic leap in human intellectual and artistic capacities about 35,000 years ago in Europe. Very well written. Now more controversial than ever.

Scott, Joan W. "Gender: A Useful Category of Historical Analysis," *American Historical Review* XCI (1986), 1053-76. A classic article in helping to bring feminist perspectives into mainstream historical research.

White, Tim D., Berhane Asfaw, and Gen Suwa. "Ardipithecus ramidus, A Root Species for Australopithecus," in F. Facchini ed. *The First Humans and Their Cultural Manifestations* (Forli, Italy: A.B.A.C.O., 1996), 15-23. Early reports on the archaeological find.

Wood, Bernard. "The Oldest Hominid Yet," *Nature* Vol. 371 (Sept. 22, 1994), 280-81. Another early report on *Ardipithecus ramidus*, including evaluation of its significance.

35

农业村庄

从公元前5000年时墨西哥峡谷产量不高的野玉米到公元前1年产量大大提高、营养更丰富的玉米的进化过程显示了农业村庄建立的关键原因。（见里查德·麦克尼希（Richard MacNeish）的《新世界文明的起源》,《科学美国人》（Scientific American），1964年11月。）农业生产可以大大提高供应的食物的产量和质量。随着人口的增长，以狩猎和采集方式收获的食物已无法满足人口的需要。为获得食物，人们不得不跨越更长的距离，而这又带来了危险，因为这样就会使他们陷入和邻近部落的直接冲突——因为对方也在四处寻找尽可能多的食物以填饱肚子。农业生产是一个解决办法。增长的人口使得农业生产成为必须，而最近一次冰川期的结束使得农业生产成为可能。狩猎者和采集者对植物生长和动物迁徙习惯的认真观察为这一阶段的来临作了准备。

随着人类定居下来，他们不仅开始种植作物，还开始驯化动物，把它们当食物，或作为运送货物、拉犁耕地的劳力，用于获取乳品、羊毛、毛皮和皮革等。村

半坡遗址复原模型

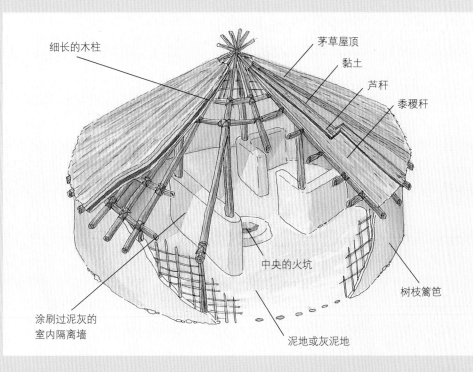

细长的木柱

茅草屋顶

黏土

芦秆

黍稷秆

中央的火坑

树枝篱笆

涂刷过泥灰的
室内隔离墙

泥地或灰泥地

庄里的居住者生产制作出越来越先进的工具，不仅使用方便，而且美观漂亮。有些工具是用有机材料做的，如动物的骨头和纤维材料，但其他许多还是用石块为材料。村庄里的定居者掌握了石器的磨制和抛光技术，因此这一时期被称为新石器时代。

定居农业是从新月沃地——即美索不达米亚，位于底格里斯河和幼发拉底河之间的峡谷——和尼罗河流域开始的，两者皆始于约12000年之前。但是这一类早期的村庄中保存至今最完好的是于1953年在中国西安附近发现的半坡遗址。那里的居民种植小米，驯养猪和狗。他们实行刀耕火种，花粉样品情况显示了明显的种植期和休耕期的交替。挖掘过程中发现的最早的土层可追溯到约公元前6000年，这使我们对早期的农业村庄的具体结构布局有了清晰的印象。

绳纹文化期的装饰
瓶，日本关东地区，陶器。
（巴黎吉梅博物馆）

38

就在离挖掘地点不远的地方，考古学家们重建了一个完整的史前期村庄的模型。它体现了半坡的三种房屋式样：方形的、圆形的和长方形的，呈错层结构，一部分在地面以下，一部分在地面以上。半坡村的村民把他们的粮食收藏在两百多个地窖里，这些地窖遍布整个村庄。围绕整个居住区域挖有一条深沟。

村庄的北边是一个生产制作陶器的工场，那里共有六个窑，而在附近就是一个公共墓地，这里一共挖掘出了大约250座坟墓。儿童的尸体被安放在瓮里，埋葬在主要的居住区域的地下。考古学家们共发现了76个这样的装有尸骨的瓮，目前还不清楚成人和儿童分开埋葬的原因。

在居住区域的中心是一个大的方形建筑。它是作什么用的？对整个村庄来说它可能具有重要的政治和社会功能。它会不会是统治者的宫殿？或者是祭司的神殿？

考古发掘现场的官方介绍将这一中

黑曜岩石叶，加泰土丘，公元前约3000年。

心建筑物定义为"半坡村民讨论公共事务的场所"。这一关于该村庄的政治活动的看法和考古学家们的普遍看法是一致的，即这样的村庄大体上是村民享有平等地位的场所。这一观点和马克思主义哲学尤其吻合，即实行相对平等制度的村庄先于实行等级制的城市出现。但是，事实上，我们对这一中心建筑的功能和村庄的总体政治结构还无法给出一个确切的看法。

尽管农业是绝大多数早期村庄的基础，但是也有例外。在日本的南部，绳纹部落的人们建立了村庄，但维持他们的生活的方法是捕鱼、用弓和箭猎鹿和野猪，以及把橡实、坚果和种子采集后收藏起来。有的绳纹人生活在岩洞里，但其他绳纹部落则建立了村庄，村里有一座座竖穴式房屋和位于中央的、公社式的建筑。他们可能也种植块茎类植物和谷类植物，但农业并不是最主要的。他们也制作石器，但最为出名的是他们的独具特色的陶器，其中就有世界最早的，而且极为美观漂亮的陶器，其制作时间可追溯到公元前10500年。其制作方法是，先把黏土搓成条状，然后用手把泥条围起来做成罐。最初只是把泥条晒干，而不是在窑中进行烧制。对以定居方式生活的人们来说，陶器是很有用的储藏器皿。但是，对绳纹部落来说，陶器常常也被视为自我表达的艺术品而受到重视。

绳纹文化在全日本传播开来，到公元前6500年时，已从南方的九州岛散布到北方的北海道。绳纹部落开始用木材建造设有火炉的房屋，而且开始从事农业生产。已知的绳纹文化总共有30 000个定居点，时间从公元前10500年一直到公元前300年，其中绝大多数都在本州岛上。

另一个非农业村庄是在安纳托利亚东部（今天的土耳其），靠近凡湖岸边。那里的火山黑曜岩石为村民提供了制作工具的材料，他们用它制作成极为锋利的石叶，除了自己使用以外，他们还把它用来和数百英里以外的地中海东岸和波斯湾的村庄进行交换。对安纳托利亚的大多数村庄来说，黑曜石贸易与农业生产是互补的。但是有一个村庄加泰土丘在黑曜岩石工具生产和贸易的基础上，发展为一个面积达32英亩的城镇。黑曜岩石工具的生产和贸易使得人们富裕了起来，也使那些用自己的农产品交换有用的工具的村民的生产能力有了提高。相比附近的村庄，加泰土丘成为一个新型的定居点，它把农业、工业以及贸易结合了起来。这是在早期城市发展过程中的一个过渡形式。

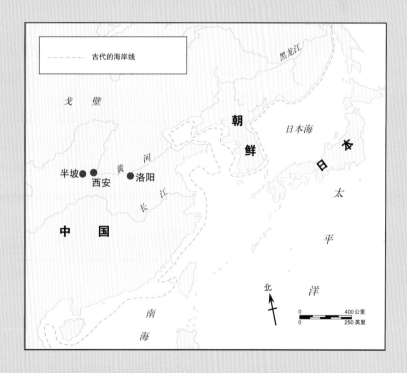

中国的农业。在东亚发现的最早的农业出现的证据位于黄河的中游沿岸，中国中北部干旱但是肥沃的地区。诸如半坡这样的村庄在这些冲积平原上发展起来，这里因冲积而形成富饶的黄土，可以种植抗旱的作物如粟等。

问题

1. 为什么农业的发展对城市的崛起来说是不可或缺的？

2. 村庄和城市的区别在哪里？

3. 定居下来和放弃游牧生活怎样改变了人们的生活？

第 **2** 篇

定 居
公元前 10000—公元 1000 年

最早的城市及其重要意义：
考古挖掘、文本及相关解释

城市定居点的建立在世界上许多地区开启了一个新的时代。新型城市的建造，包括那些辉煌的建筑和众多的居民，极为清晰地体现了转变过程，但是许多同样重要的，虽然不是一眼就能看得见的发展也对人类定居模式的变革有重大贡献。城市是商品和文化交换地区性网络中的结点，城市促进了复杂精致的艺术品的生产制作、劳动的分工和社会等级制度的形成。更重要的是，城市标志着一种国家组织的形成，这一组织对城市及其周边地区进行行政管理和指导。新的国家和新出现的城市携手，对武装力量进行领导、组织和实施正式的控制。它统治着城市里的人民，有时是经他们的同意准许，不过时常相反。国家加强并帮助造成了城市居民间的不平等现象。根据以上所有这些城市特点，古代的城市令我们联想起我们今天的城市来。

但是，和现代的城市不同，几乎所有早期的古代城市规模都很小。其中最大的或许拥有 100 000 人口，面积在 8 平方

英里左右，而大多数城市的人口仅在几千左右。在19世纪工业革命开始之前，几千人居住在面积100英亩的土地上就很有可能算得上是一座城市了，因为城市人口在当时各个地区人口中只占很小的比例。

在最早的城市出现的时候，世界人口的绝大多数是农民或狩猎者-采集者。我们今天看到的城市和城市居民人口迅速膨胀的现象是在工业革命推动下形成了新的城市工厂、交通枢纽和大量的劳动力之后才产生的。不仅如此，早期的许多城市尽管规模很小，但却是独立的城邦国家的中心；今天的绝大多数城市只是规模更大的国家和国际网络结构中的一个个结点而已。最后，最早的城市在世界的七大地区都有出现。在大多数情况下，在非洲和亚洲，它们都位于大河岸边，这表明了水、灌溉和农业对城市发展的重要性。世界最早的城市出现在今天的伊拉克的底格里斯河和幼发拉

金字形神塔的东北面正面，位于今天伊拉克的乌尔，约公元前2100年。乌尔的中心地区拥有宗教建筑和神庙，其中最著名的是这座三层楼高的金字形神塔。美索不达米亚的每一座大城市都建造了一座金字形神塔以纪念当地的神祇。乌尔的金字形神塔是献给月亮神南纳的（参见53页）。

底河之间。它们沿着埃及的尼罗河和在今天的巴基斯坦的印度河流域发展起来。在中国，最早的城市在黄河流域形成的冲击平原上繁荣发展。最后，早期的城市出现在西非靠近尼日尔河的河床边。美洲则稍稍有些不同，那些伟大的文明是在墨西哥的峡谷和丛林中以及安第斯山脉的山头上发展起来的。

这些早期的城市，有许多是为神祇建造的，是在原有的神庙中心基础上建立起来的。随着城市的扩大，那些神庙也随之扩大，给城市居民的生活带来更深刻的意义，把他们的平凡普通的存在和超自然的、超验的强大神力连接起来。

从乡村社会到城邦国家

民以食为天：农业村庄
公元前 10000—公元前 750 年

主题
- 农业村庄
- 最早的城市
- 苏美尔：城市的诞生
- 城邦国家的发展

第 **2** 章

直到约 12000 年前，人类一直随着动物的迁徙和农作物生长的季节轮回进行狩猎和采集食物。他们建造了临时的简陋活动营地，把山洞用作居家和聚会活动的场所，但是他们还没有开始建造固定的住所。他们开始对一些动物进行驯养，主要是狗和羊，但还没有开始系统的农业生产活动。后来，到约公元前 10000 年时，人们开始定居下来，建立了最早的农业村庄。

他们这样做的原因是什么？是通过农业生产劳动比狩猎和采集较容易获得食物吗？令人惊奇的是，答案似乎是否定的。研究表明，在当时的技术条件下，成年农民为了填饱肚子，每年必须劳动 1 000 到 1 300 个小时，而狩猎和采集食物者只需劳动 800 到 1 000 个小时即可满足对食物的需求。而且，农业生产劳动难度更大。

那他们为什么改变劳作方式呢？一个颇具吸引力的，但尚未得到证实的回答是：不断增加的人口压力，或许还有日益恶化的气候条件，迫使人们不得不采取产量要高一些的农业生产方式。据科学家们估计，即便是在草木茂盛的热带地区，通过狩猎和采集的方式，0.4 平方英里的土地也只能养活九个人；而采取有组织的、稳定的农业生产技术，面积同样大小的土地则可以养活 200 到 400 人。在最近一次冰川期的末期，即大约公元前 13000 年后，不断膨胀的人口向肥沃程度较低的亚热带地区和温带地区迁移，在那里通过狩猎和采集得到的食物数量更少。为了生存，在固定的土地上进行农业生产成为一种必需手段。

关于这一过渡时期的记忆至今仍保存在神话中。例如关于神农的神话就是如此。古代的中国人把神农尊奉为农业和木制工具（还有诗歌）的创始人。这一神话记录下了这一转变过程：

> 远古时代的人食用动物和鸟类的肉。但在神农时代，人口过多，以至于没有足够的牲畜和鸟类来满足他们的需要。因此，是神农教会了人们如何耕作土地。
> （Bairoch，第 6 页）

除了提高农业的产量以外，村庄也促进了各种各样的创造性活动。种植和养殖可能要比狩猎和采集食物花费更多的时间，但是定居下来的农民在确保了自己的食物供应后，并没有停止劳动。他们在村庄里继续进行生产活动，包括纺织品生产、陶器和金属制品制作、房屋建造、各种工具和精美的艺术品的制作，特别是雕塑和绘画

前页 苏美尔遗址，位于乌鲁克，即今天的伊拉克，公元前 2100 年。一个男人和孩子站在乌鲁克古城的废墟处。

44

历史一览表：乡村社会和城邦国家			
年　代	政　治	宗教和文化	社　会　发　展
公元前4500年	■ 美索不达米亚的乌拜人		
公元前3500年	■ 苏美尔人（前3300—前2350年） ■ 古亚述金字形神塔的建立	■ 楔形文字 ■ 苏美尔的万神殿	■ 美索不达米亚的城市化
公元前3000年	■ 世袭制国王出现		■ 车轮的发明 ■ 铸铜 ■ 苏美尔的城邦（前2800—前1850年）
公元前2500年	■ 乌尔第一王朝（前2500—前2350年） ■ 阿卡德王国（前2350—前2150年）；阿卡德的萨尔贡（前2334—前2279年） ■ 乌尔第三王朝（前2112—前2004年）	■ 苏美尔使用的阿卡德语 ■ 《吉尔伽美什史诗》（约前2113—前1991年）	■ 苏美尔的法律
公元前2000年	■ 闪米特人统治美索不达米亚 ■ 巴比伦第一王朝（约前1894—前1595年） ■ 汉谟拉比（前1792—前1750年） ■ 小亚细亚的赫梯人		■ 爱琴海上的迈锡尼商人（公元前1800—前1000年） ■ 汉谟拉比法典
公元前1500年	■ 赫梯帝国（约前1460—前1200年）	■ 乌加里特城的"黄金时代"	
公元前1000年	■ 亚述帝国（前900—前612年）	■ 用希伯来语记载的圣经	
公元前750年	■ 萨尔贡二世（前705年去世） ■ 辛那赫里布（亚述王）（约前705—前681年） ■ 亚述巴尼拔（亚述国王）（前627年去世） ■ 尼尼微的衰落（帝国首都）（前612年） ■ 尼布甲尼撒（前605—前562年）	■ 《吉尔伽美什史诗》（完整版） ■ 《荷马史诗》（活跃于前8世纪） ■ 赫西奥德：希腊诗人（活跃于前700年）	
公元前600年	■ 新巴比伦帝国	■ 尼尼微的图书馆	
公元前500年	■ 统治美索不达米亚的波斯帝国		

等。这些从事农业生产劳动的人们比起狩猎-采集食物的人来要辛苦得多，难道他们仅仅是为了在更大的人口压力下求得生存？还是他们渴望从付出的努力中得到额外的回报？或是二者兼而有之？这一点我们永远都无法确切知道。但是，农业村庄为经济、社会、政治和艺术方面的创造开辟了新的可能性——当然同时也终止了其他方面的创造机会。它永远地改变了人类对生活必需品和人的潜力的概念。

农业村庄

考古学家们发现的最早的农业村庄可以追溯到公元前10000年。它们坐落在"新月沃地"一带，即东部和南部从波斯湾和扎格罗斯山脉，即今天的伊拉克和伊朗边境处弯曲，向西北方一直延伸到安纳托利亚，即今天的土耳其境内，然后转向南部和西部穿过现代的地中海沿岸的叙利亚、黎巴嫩和以色列。在这一地区，野麦——即现代的小麦和大麦的祖先——成为主要的谷物，最初人们是从野外采集的，后来则成为农作物。到公元前8000年时，因其位于以色列北部的山谷而得名的纳图夫人，以及紧挨其南,住在邻近耶利哥的约旦河流域的居民种植已完全驯化的荞麦。后来又学会了种植豌豆、小扁豆和其他结荚类植物。生活在新月沃地的人们猎捕小羚羊和山羊。后来他们对山羊和绵羊进行了驯养。在土耳其,人们把猪也纳入了驯养的行列。而在地中海一带,则是牛。

在世界的其他地区,人们种植的农作物和驯养的动物种类各有不同。在西半球,尤其是在中美洲,人们种植的是玉米;而在南美洲,人们则种植块茎作物,如树薯和甘薯等。美洲印第安人驯养了美洲驼、天竺鼠和火鸡。在15000年前,驯养的狗可能伴随着它们迁徙的主人穿越白令海峡。随着狗在美洲的出现,驯养的过程可能又再一次重复开始。

在东南亚和热带非洲,野生块根和块茎,包括山药,是主要的农作物。在印度中部的温迪亚山脉地区,水稻是最早种植的作物之一,大约在公元前5000年。在东南亚和东亚,人类学家还不太确定水稻最早从什么时候开始种植,而不是仅仅从野外收获,但是可能同印度种植水稻的时间相差不会太远。从远古时代开始,就像今天一样,中国的南方似乎主要种植水稻,而北方则种植粟米。有的作物,包括棉花和葫芦,在全球许多地方都开始广泛种植。

随着考古发现记录的增加和修正,我们对早期农业的了解也不断深入。比如欧洲的农业,曾一度被认为是从近东地区引进的,而实际上,这可能是当地对不断变化的气候条件的一种反应。

农业村庄形成的时代通常被称为"**新石器时代**"。这是根据这一时期使用的工具,而不是种植的农作物来命名的。农业劳动需要的是一套与狩猎和采集食物不同的工具。村庄里的工匠们用石头制作新的工具以用于收割、碾磨、砍伐、穿刺和挖掘等。对新石器时代的村庄进行的考古挖掘中,出土了大量的刀片、刀子、镰刀、扁斧、弓箭、匕首、矛、鱼钩、鱼叉、杵和臼,还有简易的耕犁和锄头。

随着村庄的经济基础的扩大,这些石器经常成为有价值的交易物品。黑曜石——这是一种边缘锋利的火山熔岩石——从安纳托利亚地区运出,在从土耳其中部到叙利亚和约旦河谷地区进行的几百次考古挖掘中都有发现。在考古挖掘中通过外形还辨认出其他远离原产地的物品,如:贝壳、翡翠、绿宝石和陶器等。

尽管陶器偶尔也会出现在游牧民族中,但是黏土的重量和脆度使得陶器在本质上成为更稳定的新石器时代村庄的一种创造。作为贮藏用的器皿,陶器进一步反映了新的农业村庄生活固定居住的特点。装饰陶器的精美图案和色彩成为新石器时代的村庄最显著、最容易识别的特点。考古学家经常根据陶器的种类——例如,灰陶器、红釉陶器、绳纹陶器等来标明所属的时期、地点方位和人们所属的种族部落。

简单的陶器制作较为容易,因此人人都能用得起。但是专业工匠把陶器制作发展为一种艺术创作的媒介。用陶器制作的精致的珠宝、雕像,以及优美的小塑像,经常用于宗教

45

新石器时代(Neolithic)
石器时代的最后一个时期,略早于冶金术的发展,大约在公元前9000年到公元前5000年。这一时期的特点是不断增多的驯养动物和农作物的栽培种植,定居下来的农业社会及陶器和编织工艺的出现。

新月沃地(The Fertile Crescent)
在底格里斯河和幼发拉底河流域,已知最早的农业村庄于大约10000年前形成,已知最早的城市于大约5000年前出现。肥沃的土地一直延伸到地中海地区,而且与尼罗河流域保持着某些形式的联系。它的边界南至每年降雨量不足十英寸的干旱地区,北至高山和半干旱的高原。

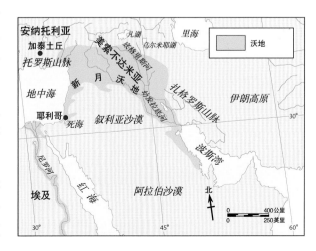

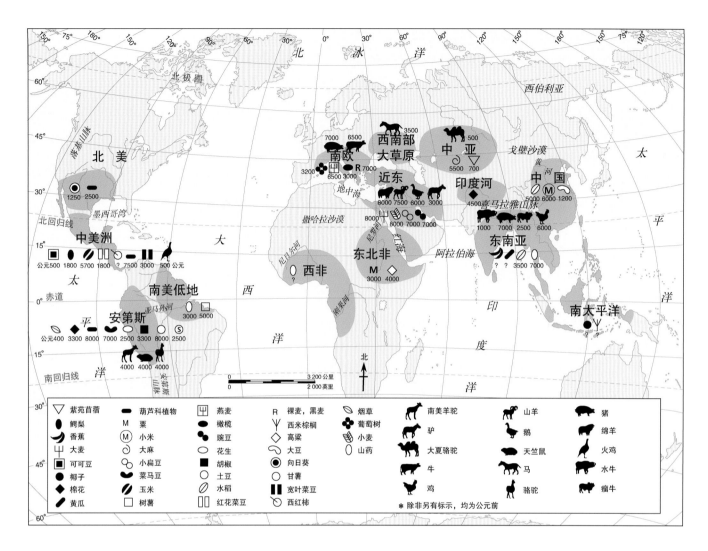

农业和驯养动物的起源。农业的发展和动物的驯养在世界上不同地区独立发生，但是近东、中美洲、东南亚和中国是最早且最为重要的地区。

仪式上。

然而，历史的变化并不是以相同的直线形式前进的。历史学家们不仅应注意一般的模式，还应洞察例外现象。有的村庄确实是建立在狩猎和采集食物的经济基础之上的。例如，在日本南部，一种非农业的村落社会出现在绳纹文化的部落中，并且还出现了一些最早的、极为漂亮的陶器——绳纹陶器。这种以独特的绳纹线条为标志的陶器可以追溯到公元前10500年，它是从南方的九州岛向北传播到本州岛，于公元前6500年到达北海道。日本新石器时代的村民们以打鱼、猎捕鹿和野猪、采集和贮存坚果为生。他们制作石器，住在山洞以及定居的村庄的竖穴式房屋内，村庄的中心有村社建筑物。又过了几千年之后，日本人才发展出农业耕种技术。

最早的城市

最早的城市建立在定居村庄农业社会的经济基础上。在对世界各地最早形成的城市进行发掘的过程中，考古学家们感到疑惑的是：哪些城市形态是由它们本土的居民自己创造出来的？哪些是借鉴前人的，抑或是外部世界强加于当地的农业人口的？从技术角度讲，这是一个**创新**对**扩散**的问题。到目前为止，绝大多数专家一致认为，具有创新性的早期城市化不是通过模仿或由外部世界强加的方式形成的，它们在世界的七个地方出现：东半球的五大河流域——美索不达米亚、尼罗河、印度河、黄河和尼日尔河，以及西半球的墨西哥和安第斯山脉。世界上最早的城市化在这上述七个地方出现的时间先后相差很大，其中美索不达米亚的最为古老，时间约为公元前3300年；而尼日尔河的距今最近，大约发生在公元400年左右。

城市改变着人类的生活。早期城市的具体形态就生动地体现了这一过程。直到今天，我们仍然能够在地球表面追踪到已有5500年历史的最早城市的设计遗迹，以及维持城市人口生命的灌溉系统。这些早期城市的断壁残垣仍然矗立在它们的遗址上。考古学家们从地下挖掘出一些史前的古器物，包括砖块、陶器、木制工具、骨器、石块、金属、珠宝以及平民和奴隶的遗骨。早期城市的技术发展包括新的交通工具；我们发现了有轮子的交通工具和帆船的残骸。早期的城市居民发展了冶金术，在考古挖掘中出土了体现他们当年的工艺水平的大量用铜、锡和合金制作的人工制品。作为对这些技术上的突破性成就的认可，我们通常把最早的城市所处的时期称为青铜时代。

但是城市并不仅仅体现在砖石、灰泥、金属器皿和人工制品上。它们需要机构制度来实施大规模的组织和行政管理。随着社会和经济变得越来越复杂，新的阶层等级出现了。专门的行政管理者、有技术的工匠、从事长途贸易的商人、当地的商贩、祭司和国王等，这些不同职业的人们构成了不断发展中的城市的多样化和复杂性。与其他城市保持外部关系需要有专门的谈判技巧，于是外交团应运而生。军队被组织动员起来以进行防卫和攻击。简而言之，随着城市的发展，拥有专门组织、集权统治和强大军队的早期国家也诞生了。

为了记录商业贸易事务和行政命令、统治者的公告和祭司的宗教仪式、关于诸神的传说和城市的历史，保存记录的新方法开始出现了。起初有记号、图画、印章、带有个人特征的标记等。在安第斯山脉地区，还有结绳语，即在绳子上根据一定的长度打上结。到了大约公元前3300年，在地理位置上相当于今天伊拉克南部的苏美尔，世界上最早的文字书写体系就已形成了，这是人类历史上最具革命性的发明之一。享有声望的书吏职业也应运而生，随后出现了学校的教师。

从人类最早的时代起，城市的居民和分析家就对第一次城市革命的意义予以理解和评论。今天，我们比以往任何时候都有更充分的理由对城市5000年的历史遗产予以重视和评估。因为在现代，我们正经历

创新（innovation） 在不同的人类群体中发现的，是独立发明出来的，而不是从一个群体传播到另外一个群体的相似的文化特征、技术或制品等。

扩散（diffusion） 从一种文化传播到另一种文化的思想观点、人工制品和相关特征等。

最早的城市定居点	
公元前3500年	位于美索不达米亚南部的苏美尔的兴起。
3100年	埃及国家的出现；其新的首都位于孟菲斯。
2500年	摩亨佐-达罗的发展，印度平原的城市文明。
2500年	美索不达米亚北部的城邦国家以及拥有豪华、庞大的宫殿群的黎凡特。
1800年	中国东北部商朝建立以后城市的发展。
1200年	中美洲的形成时期，标志是最早出现的神庙中心，尤其是奥尔梅克神庙。
约公元前400年	中美洲和南美洲的城邦国家。
公元400年	非洲撒哈拉沙漠以南尼日利亚的杰内—杰诺（Jenne-jeno）的城市化。

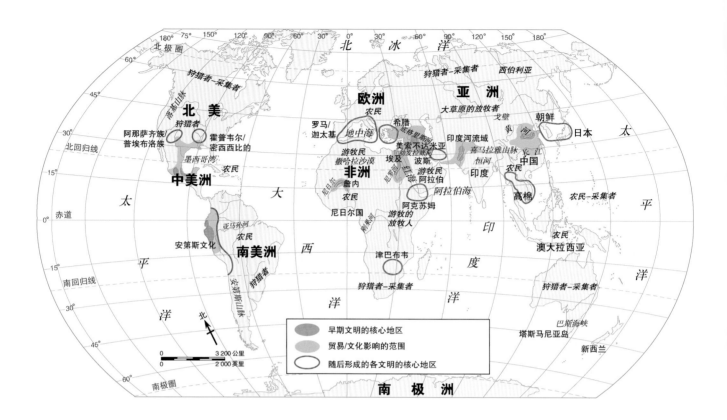

文明的传播 在独特的当地气候和土壤条件有利于稳定的农业生产的地方,最早的文明得到了发展,这些文明大多发生在主要的江河流域。随着富余农产品的增多,城市中心、贸易和人口也随之发展起来。相关的文明易于在邻近这些中心的地带或沿着这些区域之间的贸易路线发展起来。

着两次新的城市革命。到1800年时,工业革命开启了城市发展的新纪元,重塑了西欧和北美的城市。(见第17章)到了20世纪,千千万万的农民从乡村涌入巨大的城市,由此在全球范围内形成了庞大的、史无前例的城市环境(见第五篇)。因此,我们探寻人类关于城市最早的体验经历,不仅是为了理解我们的祖先,更是为了理解我们自己。

苏美尔:城市的诞生

位于美索不达米亚地区的一个被称为"苏美尔"的民族成为世界上第一次城市革命的先锋。美索不达米亚的字面意思是"两河之间"——即指位于底格里斯河和幼发拉底河之间的地区,大体相当于今天的伊拉克共和国。大约在公元前4000年,他们迁居到美索不达米亚的南部。或许他们来自里海地区,但这一点无人确知。他们面临的是捉摸不定的命运。尽管底格里斯河和幼发拉底河之间的地区因为农业产量高而成为新月沃地,但是高温天气和难以预测的洪灾经常威胁着苏美尔人的生活。为了在这个地区成功建立城市,人们不得不开挖灌溉用的沟渠和纵横交错的运河。

苏美尔人并不是最早居住在这片土地上的民族。考古发掘出土的陶器表明,约公元前4500年,讲闪语的欧贝德人就曾经在美索不达米亚地区生活过。他们排干沼泽,开挖了早期的灌溉系统。尽管苏美尔人使用的语言不是闪语,但他们对闪语构词形式和名称的使用表明,讲闪语的民族可能在他们之前生活于这一地区。

苏美尔人逐渐取代了讲闪语的民族,并开始统治这个地区。他们开挖更完善的运河以用于灌溉,改善道路,推动城市发展。从公元前3300年到公元前2350年的一千年间,苏美尔人居住在互相交战的城邦中——包括基什、乌鲁克、乌尔、尼普尔、拉格什、乌玛和几十个规模更小的城邦。所有这些城邦都包括一个带有神庙的中心城市和环绕城市的农业地区。城市控制并保护着粮食、果园和畜牧用地,而后者又为城市中不断增多的人口提供充足的食物。

随着城邦之间不断交战,城邦的统治者开始考虑征服别的城邦以建立大型的帝国。公元前约2350年,阿卡德城邦的国王萨尔贡征服了苏美尔人的一个个城市,使得讲闪语的阿卡德人取代了原来的苏美尔人。萨尔贡自称为"苏美尔和阿卡德的国王",他是第一个把各个城邦统一起来的集权统治者。在阿卡德统治约200年后,美索

49

石塔和石墙,耶利哥,约公元前8000年。苏美尔出现之前,位于巴勒斯坦约旦河谷耶利哥的一个新石器时代的农村社会最先培植出一种完全驯化的谷物。公元前8000年,这里的农民为了在干旱贫瘠的环境中确保其定居点的安全,建造了一座厚达10英尺的石墙,并在一处用一座高逾30英尺的环形石塔予以加固。这座墙是已知的最早的防御工事之一。

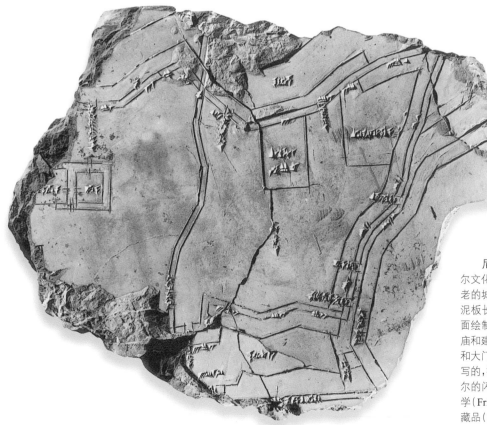

尼普尔地图,公元前1500年。这幅古代苏美尔文化中心——尼普尔的平面图,是现存的最古老的城市地图。它刻在一个保存完好的泥板上,泥板长8.25英寸,宽7英寸。这幅地图在比例方面绘制得相当准确,标出了城市中几座主要的神庙和建筑物、中央公园、河流和运河,特别是城墙和大门的位置。地图的文字大部分是用苏美尔语写的,掺杂着少数阿卡德词语,即最终征服了苏美尔的闪米特人的语言。[耶拿弗里德里希-席勒大学(Friederich-Schiller University)希尔普雷希特藏品(Hilprecht Collection)]

不达米亚的城邦国家在乌尔第三王朝时期（前2112—前2004年）重获独立，但他们又重新开始了城邦间的战事，削弱了各个城市的实力。最终，"古巴比伦"国王汉谟拉比（前1792—前1750年）发动了一系列军事侵略战争。他把他的统治范围扩大至美索不达米亚的大部分地区，包括苏美尔和阿卡德，苏美尔的影响从此衰落。战争使得各城邦精疲力竭，他们建立的城市因此衰败灭亡。一些外来的政权先后征服和统治过美索不达米亚地区，先是赫梯人、亚述人，然后又是巴比伦人，波斯的阿黑门尼德人和亚历山大大帝统治下的希腊人。然而，苏美尔的文化遗产流传了下来，融入其征服者的文学、哲学、宗教、法律和城市化模式中。

城邦国家的发展

　　美索不达米亚地区城市革命的特点是什么？这些城市同早期的农业村庄有什么区别？最明显的特征就是城邦的规模——它的面积、人口数和控制地域——都比原来的村庄要大得多。

　　新石器时代的村庄一般占地几英亩左右，人口在数十到数百之间。新石器时代最大的村庄的遗址位于近东地区安纳托利亚的加泰土丘，其形成时间约在公元前5500年，占地略超30英亩。这个村庄后来发展为一个城镇。相比较而言，美索不达米亚最早的城市规模是其十倍，居住的人口在5 000左右。

乌尔的旗帜，来自伊拉克。苏美尔，第二王朝早期，约前2800—前2400年。在苏美尔，随着势力强大的国王开始统治建有围墙的城市和周围的乡村，城邦国家得以形成。在乌尔王室墓地中发现的这幅情景展示了为祝国王健康而举办的宫廷宴饮。人们认为，这个箱形的"旗帜"在节日的游行队伍中被安置在一根长杆的顶上。（伦敦，大英博物馆）

50

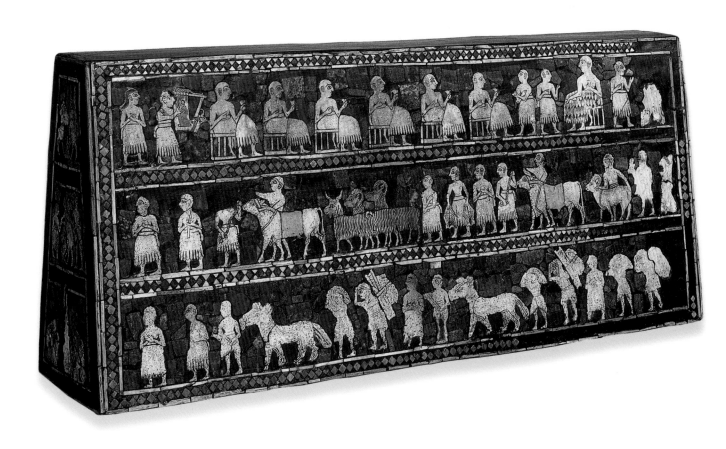

随着时间的推移，规模更大一些的城市的人口达到了35 000到40 000的规模，占地超过1 000英亩或1.5平方英里。主要的城市都有城墙环绕。乌鲁克（今天的瓦尔卡，《圣经》中的埃雷克），即半神英雄王吉尔伽美什之城，它的城墙周长达到6英里。到公元前2700年时，人口大约有50 000。到公元前2500年，苏美尔地区的人口达到500 000，其中五分之四居住在城市和村庄里！城市化在苏美尔成为一种生活方式。

为了养活不断增多的城市人口，苏美尔的城市对其周边农村以及农业和原材料资源的控制范围不断扩大。例如，作为苏美尔的主要城市之一，拉格什的控制范围可能超过1 200平方英里。由国王、祭司和自由民控制着这个地区的土地。

运河灌溉网络支撑着这一干旱地区的农业，加强了苏美尔人对这片土地及其生产力的控制。灌溉系统使得定居点得以向南部一直延伸到美索不达米亚中部，此处后来大约于公元前3300年，诞生了一批城市。运河的开挖和维护需要的劳动力远远多于仅仅建立在家庭和氏族基础上的劳动力队伍。忠诚原来只局限于有血缘关系的亲属之间，现在则超出了亲属关系，以市民身份为基础。在组织这些公用事业项目建设的过程中，基于地区而非亲属关系基础上的公民意识产生了。它被以法律规定的形式确定下来，使地理上的居住方位成为公民权的基础。这种新形式的忠诚和法律标志着城市生活的开始。

规划运河系统需要比领导村庄更强有力的领袖人物。起初，可能由贵族长老会来担任，这些人和宗教领袖密切合作。在危难时刻，尤其是在同其他城市交战时，长老会就会临时指定一名领袖。但是到约公元前2800年之后，这些人开始担任世袭的国王的职位，并同神庙里的祭司联合起来进行统治。政治权力和组织都被集权化和神圣化。如此国家得以诞生并得到巩固。

51

宗教：祭司和城市

在苏美尔，供奉众多神明的祭司拥有很大的权力，因为当地居民相信，他们能在古美索不达米亚的恶劣环境中生存，在一定程度上取决于神的旨意。在现代社会，人们普遍认为，乡村的宗教气氛比世俗的城市要强烈得多；而与之相反，古代神庙社会的权威赋予城市中的宗教机构以巨大的威望和权力。城市里举行的宗教仪式活动比乡村的更为盛大繁复。

为了巩固他们世俗的和超自然方面的影响，城市里的祭司修建了被称为**金字形神塔**的庞大神庙。它们遍布这一地区，这是一种建造在正方形或矩形平台上的梯级式的庙宇，建筑材料采用当地出产的靠太阳晒干的小砖块。晒干的砖块上面覆盖着上釉砖，这可能有某种宗教含义。一座小型的神殿坐落在高可达十层楼的神塔顶端。金字形神塔没有内室，朝拜者可能是通过外部的梯级到达神殿。墙体的厚度在七英尺以上，以支撑这座庞大建筑物的重量。（古亚述金字形神塔可能是《圣经》中巴别塔的原型，巴别塔被描述为是对上帝权力的挑战。）金字形神塔高耸

金字形神塔（ziggurat） 古美索不达米亚的一种庙塔，建造在方形或长方形的土台上，向上逐层缩小，通常顶端有一座用天蓝色珐琅砖建成的神殿。

于由祭司们支配、耕种、出租或转送给仆人和亲信的土地之上。随着权力的增大，祭司们把金字形神塔建造得更为庞大宏伟。他们身居这些庞大的神庙建筑群内，控制着人数众多的随从，包括工匠和行政官员，保留着大批的耕作工来耕种神庙的土地。神庙雇佣和养活许多人。例如，至公元前3000年，位于美索不达米亚地区拉格什城的一所主神庙为大约1 200人提供饮（麦芽酒）食。最主要的神庙实际上成为"城中城"。

宗教仪式，尤其是祭司和国王举行的仪式，进一步显示了宗教思想在苏美尔人心目中的重要性。在新年这天，苏美尔的乌尔国王登上城市里的主神塔顶，象征性地同主宰生育的女神伊南娜结婚。所有人都目睹了这一对国王神圣性的确认。

王室的墓地也彰显国王的神圣和权威。王室的坟墓建造得很精致讲究。坟墓的拱门、拱顶和圆屋顶用砖块和石头建造，显示了当时的建筑技术达到的新水平。许许多多的陪葬物品都是用金银制作的。如同在随后的章节中我们将会遇到的其他古代文明一样，一些王室成员死后，会有随从陪葬。这些随从或许是专门被作为牺牲陪葬，而且就被埋葬在附近。他们也佩戴着金银珠宝首饰。英国的考古学家伦纳德·伍利爵士（Sir Leonard Woolley）描述了他在20世纪20年代发掘的位于乌尔王室坟墓附近的墓穴：

> 六个携带刀斧的男仆靠着墙并排躺在入口处，他们前面有一个大铜盆，旁边是四具弹竖琴的女人的躯体，其中一人的手仍搁在琴弦上。墓穴的其余地方整齐地排列着64具宫廷侍女的躯体，所有躯体都身着盛装。这些人显然并非是地位低下的悲惨的奴隶，而是一些受人尊敬的有地位者。他们身着官袍，自愿来出席这样一个仪式，在他们看来，这个仪式只是从一个世界过渡到另外一个世界，从服侍人世间的神转向服侍另外一个世界里的同样的神。（第70—72页）

52

与这些奢华的王室葬礼形成鲜明对比的是，大多数平民死后都安葬在自家房屋地下室的小砖窑里，还有一些埋葬在城墙外的墓地里。

职业分工和阶级结构

祭司和政治—军事的统治者只是复杂的大城市里出现的新兴专门阶级中最有权势者。管理员、测量员、工匠、天文学家、酿酒工、武士、贸易商和书吏——所有这些人，再加上在自己的土地和在神庙或地主的土地上耕作的农民——使得城市形成了一种比乡村复杂得多的等级制阶级结构。

艺术和发明创造　创造力呈现一片繁荣景象。工匠们用赤陶土、铜、黏土制作出工艺品，这些工艺品在美观、色彩和技术水平上超越了乡村的水准。圆柱形的印章（雕刻着图案的小圆柱形石块用以压印泥板或密封坛罐）在苏美尔成为实用艺术的一种普遍形式，并且一直传播到安纳托利亚和希腊。天文学家们根据阴

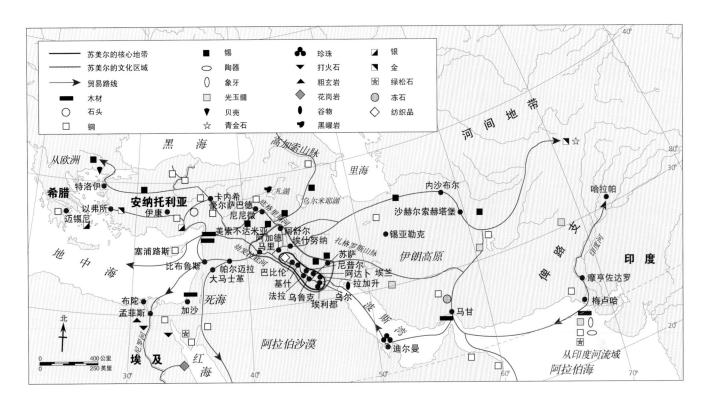

历的月份创建了一种精确的历法，使他们能够预测各个季节的开始，从而为每年的播种和收割做好充分的准备。乐师们发明和设计制作出七弦琴，创作和吟唱献给诸神的歌曲。设计师和建筑师监督大批工人的劳动，开挖乡村的运河和建造城市的纪念碑式建筑。

显然，苏美尔人发明了最早的轮子，包括陶工用来制陶的陶轮和运输马车的车轮。苏美尔人对耕犁作了重大改进，学会了如何把犁套在公牛身上犁地。冶金匠冶炼出新的铜锡合金，开创了青铜时代。他们用这种新的金属打造出犁尖，以及一系列新的工具，包括锄头、斧头、凿子、刀和锯等。苏美尔人把注意力转向了武器，他们制造出长矛尖和箭头、剑、匕首和鱼叉。他们还制造出青铜器皿和容器，以及钉子、扣针、戒指和镜子等小型物件。

贸易和市场：轮式马车和帆船 贸易是城市生活的核心。苏美尔商人用世界上最早的带轮马车、帆船还有毛驴篷车穿越陆地、河流和海洋运送货物。尽管苏美

美索不达米亚的贸易。美索不达米亚工匠使用的大量珍稀材料表明，苏美尔的贸易网络相当广泛复杂，经常利用来自2 000多英里以外的各种资源。埃及坟墓中的绘图展现了坐着驴拉大篷车的闪米特商人。而在苏美尔的泥板上也发现了一些记录贸易往来的最早的书面文字。

53

雕刻的圆柱形印章(左)和印记(右)。印章最早是在文字发明之前用来签名的，圆柱印出的连续图案是重复的，但印出的形象本身相当自然。

尔的农产品和艺术制品丰富繁多,但是原材料匮乏。因此他们同北部山区的居民进行交易,换取木材、石头和金属。为了寻找铜和锡,他们航海进入波斯湾。然后为了找寻象牙和陶器制品,他们继续沿着阿拉伯海岸向东航行,到达印度河流域。他们通过陆路向东行进,穿越扎格罗斯山脉的重重关口,从埃兰带回了玛瑙珠。在苏美尔地区发现的贝壳来自地中海海岸,这表明了苏美尔人或许也通过陆路向西贸易。

在城市的市场上,商人们出售当地生产的蔬菜、洋葱、小扁豆和大豆,还有从底格里斯河和幼发拉底河捕捞的50多种鱼类,以及牛奶、奶酪、黄油、酸奶、椰枣、肉——主要是羊肉——以及麦芽酒。女人们特地把收获的百分之四十的大麦和小麦酿成麦芽酒,贮藏在自家的大桶里,供家人饮用和出售。由于口味、效果和贮藏目的等原因,苏美尔人对麦芽酒的喜爱超过了谷物。(那时候还没有引进啤酒花来把麦芽酒加工成啤酒。)

这样,从国王和祭司到各种专职人员、工匠、手工艺人、农民和劳工,劳动的专业化和分工以及按等级划分的阶级结构,标志着城市的社会经济生活比规模小、生活简单的农业村庄时代复杂多了。

纪念碑式建筑和装饰

对于苏美尔人而言,他们城市的规模和纪念碑式建筑的宏伟美观是一种巨大的骄傲。对现存的伟大苏美尔史诗中的男主人公"吉尔伽美什"的最早介绍,颂扬了他作为城市缔造者的卓越:"在乌鲁克,他修筑了城墙,一座伟大的堡垒,并为天空神安努和爱情女神伊丝塔修建了伊安娜神庙。今天神庙仍然伫立在那里:飞檐穿过的外墙上闪耀着青铜的光辉,而至于内墙,它是无与伦比的。"

艺术品装饰着城市,尤其是在寺庙内。雕塑、壁画、马赛克画,尤其是浅浮石雕(见第59页),不仅给人以美观优雅的享受,而且用图画形式展现了城市及其统治者在历史上发生的重大事件。宏伟的纪念碑式建筑物和辉煌的艺术塑造了城市的形象,给市民以深刻印象,对敌人则是一种警告。

文字

苏美尔人发明了文字,由此改变了人类的历史。实际上,历史学家们把书面文字视为一种人类进行交流沟通和记录事件的手段予以高度重视,以至于他们通常把所

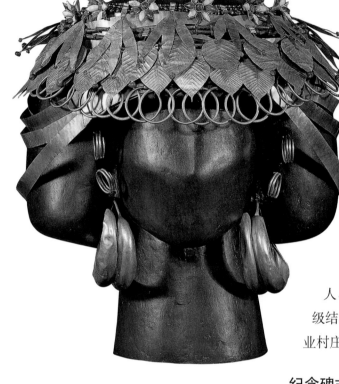

54

普阿姵王后(Lady Pu-abi)的头饰。20世纪20年代,乌尔的王室坟墓出土的这个金色饰品的华丽反映了美索不达米亚城市社会的富有、工匠的高超技术、其人民的等级制,以及对未来生活某种形式的期望。(宾夕法尼亚大学博物馆)

有发生在文字发明以前的事件称为"史前"。对这些历史学家来说，只有当事件用文字形式记录下来的时候，才能称作历史。因为，没有文字，我们就无法直接了解人们的想法和说法。

约从公元前3300年开始，最早的苏美尔书吏出于商业上的目的，开始使用书写文字来标记商品包裹的内容、主人的名字，并且把这些信息在单子上分类列出。他们用骨棒或中空的芦苇秆做笔，在泥板上刻画出**象形文字**（见第58页），用图画形式表现书写的内容。到公元前3000年，他们已能够用楔形的符号——就是我们所说的**楔形文字**，来表述图画内容的主要特征（见第58页）。有的楔形符号代表整个词语，但其他一些符号代表构成词语的单个语音。

随着楔形文字变得越来越成熟，记录的文字内容也变得越来越复杂。到公元前2400年时，苏美尔文字开始用于传播故事、颂扬政治和军事上的胜利、吟唱恋人的诗歌、赞美神祇的荣耀天福和哀悼城市的衰落。书面文学开始形成并逐渐繁荣。考古学家们已发掘出数万块苏美尔泥板，上面刻有文学作品和有关商业贸易的记载。这些泥板已被送到世界各地的研究机构供研究。

许多后来在这一地区居住的民族——埃兰人、巴比伦人、亚述人和阿卡德人——都用楔形文字来记录他们自己

公羊和开花的树。祭祀生育之神的祭品架。苏美尔，发现于乌尔，约公元前2500年。这个祭品架的制作既是为了巫术目的，又是为了一种实际的用途，即作为一种生育繁殖的符咒。山羊作为男性性欲的古老象征，正跳上一棵开花的树，后者象征着大自然的生育和繁殖力。（伦敦大英博物馆）

象形文字， 公元前3000年										
早期楔形文字， 公元前2400年										
后期亚述语， 公元前650年										
苏美尔文字 发音及意义	k 吃	musen 鸟	sag 头	gu 公牛	se 大麦	ud 日	su 手	ku 鱼	a 水	b 母牛

公元前4000年，出于记录商业贸易往来的需要，西亚地区发明了文字。从最初用中空的芦苇或尖笔压成的楔形标记，楔形文字逐渐发展。在这种象形文字中，特定的图画用来表示词语；每个象形文字代表一个音节，抽象的概念用意义相近的具体事物来表示（例如："张开的嘴"表示"吃"）。

的语言。然而，公元前4世纪亚历山大大帝的入侵，引入了字母文字——即阿拉米语字母——随后，楔形文字消失了。已知的最后一篇使用楔形文字的文章写于公元75年。

尽管一些居住在世界上其他地区的最早的城市居民——西非尼日尔河流域的居民、中美洲的奥尔梅克人和特奥蒂瓦坎人、南美洲安第斯山脉的查文人和印加人，没有使用任何形式的书写文字就建立了具有一定规模的城市，但是大多数早期城市的确都发明了某种形式的书写体系。就像在苏美尔一样，这些体系"从符号发展为泥板文字"——也就是说，从使用个人记法的特定符号，简单记录贸易往来和登记物主身份，发展到象形文字，再到**表意文字**，最终形成了表示语音的字母文字。

正如我们在第3章至第5章中将看到的一样，并非所有的文明都遵循这一顺序。例如，在中国，最早的文字似乎是刻在甲骨上的一些符号。它们似乎是用于占卜未来的。作为书面语言的汉语直到最近才被音译为一种语音字母，它的基本字体仍是表意文字。查文和印加发展出一种通过在绳子上打结来记录事件和年代的方式，称为结绳文字。但他们同尼日尔河流域的人一样都未发展形成一种独立的书写系统。

刻着楔形文字的泥板，杰姆代特奈斯尔，伊拉克，公元前3000年。来自美索不达米亚，是世界上现存最早的文字记录之一。

我们是怎样知道的?

破译苏美尔文字

　　苏美尔人没有留下任何关于他们成就的历史阐释性记录。但是,至少有五种书面材料可以帮助我们重建他们的过去。国王的列表不仅使我们了解许多大城市的主要国王的名字及其在位的时间,也使我们了解他们发动战争的年表。王室同官员之间的通信说明了同邻邦的关系;史诗传播苏美尔人的价值观和英雄观;挽歌讲述因为城邦之间的宗教战争而造成的持续的破坏;最后,法典体现了他们日常生活的道德标准和等级制度。

　　尽管苏美尔人取得了巨大的成就,但至少两千年来,史学家们一直无法了解苏美尔人和他们的文学。甚至连最伟大的历史遗迹所在的方位都从人们的记忆中消失了。然而,圣经的研究者们对这一地区继续保持着兴趣,努力寻找圣经中提到的那些地方。同英国东印度公司的前哨站一起抵达巴格达的英国官员则重振其风。他们开始研究巴比伦的废墟和史前古器物,并把包括写有文字的泥板在内的古器物运回伦敦。然而,仍没有人知道这些楔形符号的意义。

　　后来,在19世纪30年代和40年代,在靠近波斯的克尔曼沙阿的贝希斯顿(Behistun),一个英国军官开始复制刻在300多英尺高峭壁上的一块巨大的碑文。这块碑文宣告了大约公元前500年,波斯国王大流士一世的军事胜利。这个名叫罗林森的军官命人搭建了一个脚手架,以便他可以够得着这种古老的文字,但有时要用绳子悬吊在离地面300英尺高的空中。罗林森和其他学者发现,这块碑文实际上包含三种不同但又相互关联的文字即古波斯语、巴比伦语和埃兰语。古波斯语和埃兰语是用楔形文字写的,而巴比伦语用的是字母文字。这块碑石大概是被用于以三种波斯帝国主要的语言来宣扬大流士的胜利。这三种文字互为译文,使得已经会读字母文字的语言学家们能够破译楔形文字——尽管花了好几代人的时间才完成了这项任务。

　　后来,美索不达米亚的考古发掘出土了好几万块泥板和碎片,其中最为丰富的是来自尼尼微亚述国王亚述巴尼拔(前668—前627年在位)的皇家图书馆。通过对文本的研究和挖掘,学者们再现了苏美尔的经济、信仰体系和文化。大部分文字内容记载着每天实际的贸易交易和行政管理情况。还有一篇收录了苏美尔人非常喜欢喝的麦芽酒的制作方法。其他泥板记录了世界上最早的书面文学作品。

- 你认为苏美尔的古代语言和文学为什么像埃及的语言和文学一样,失传了两千多年?
- 书面的文字记录在被破译之后,能够对从出土文物中获得的考古记录起到怎样的补充作用?
- 在苏美尔文字中发现的五种记录同"历史阐释性记录"有什么区别?即便它们本身可能不是"历史阐释性记录",它们如何有助于我们理解历史?

　　书写促进了交流、商业贸易、行政管理和宗教仪式的发展,以及日后文学的记录和传播。它使社会得以扩大到一种空前的规模,也促使一种前所未有的自我意识和历史分析的产生。它创造了一种"知识工业",其通过正式的教育得以传播,并且以书吏为先锋。到公元前2500年时,苏美尔人显然已经建立了多所学校,在学校中学生可以学习掌握书写的技能。从某种意义上来说,本书的渊源可追溯至大约5 000多年前的苏美尔。

文学和法律方面的成就

　　我们对古代苏美尔人的想象力和世界观的了解大多都来自文学作品。《吉尔伽美什史诗》是现存的最著名的文学作品,讲述了关于主人公吉尔伽美什的一系列故事。它最完整的版本来自约公元前750年,在尼尼微(古代亚述的首都)图书馆中发现的各种短篇故事。但苏美尔出土的早期片段证实,其中核心故事的历史可以追溯到大约公元前2600年,即吉尔伽美什统治乌鲁克的时期。

浅浮雕(bas relief)　在雕刻中,浮雕指任何形象突出于背景之上的艺术作品。在浅浮雕中,图案略微突出于背景,轮廓不是从底部雕出。

象形文字(pictogram)　用一个图画符号或标记代表一个物体或概念。

楔形文字(cuneiform)　这是从大约公元前第四个千年末到公元前100年,古代近东地区使用的一种文字体系,最早的先例是苏美尔语。这种文字的名称来源于尖笔的斜面压入柔软的黏土所形成的楔形记号(拉丁语cuneus指楔子)。

表意文字(ideogram)　文字体系中的一个字符或图形表达事物的概念而非名称。例如汉语这样的语言使用表意文字。

原始资料

吉尔伽美什史诗

像所有的史诗一样，《吉尔伽美什史诗》讲述了一个具有传奇色彩的英雄的事迹。这部苏美尔史诗向世人介绍了书面文学里的第一个英雄：

> 我要向世人宣告吉尔伽美什的事迹。他是一个无所不知的人；他是一个熟悉世界上所有国家的国王。他英明无比，能看穿神秘事物，洞悉一切秘密……当诸神创造吉尔伽美什的时候，他们给他塑造了一个完美的身躯。太阳神赋予了他美貌，暴风雨之神阿达德赐予了他胆识，伟大的诸神令他完美无瑕，无与伦比。他像一头庞大的野公牛一样令人畏惧。诸神使他的躯体三分之二是神，三分之一是人。

阿鲁鲁——乌鲁克的女神，在创造出吉尔伽美什之后，又创造了一个住在森林里的人，名叫恩奇都，他后来成为吉尔伽美什的朋友，并在史诗中扮演了核心角色。吉尔伽美什史诗最精彩的部分讲述了关于恩奇都被城市里的一个妓女所勾引的发人深思的神话。她引诱他从荒野来到城市的肉欲享乐中，并诱使他同吉尔伽美什进行摔跤比赛。这个神话的含义是：在城市中，性行为体验的方式同在乡村中有很大不同——更加强烈，更加复杂。同样地，友谊也是如此：

> 妓女和设陷阱者面对面坐着，等待比赛开始……第三天，牧人们来了，他们下马饮酒。恩奇都和他们在一起……设陷阱者对妓女说："他来了。女人，现在厚颜无耻地把你的胸脯裸露出来，不要推辞而要接受他的爱。让他看到你的裸体，让他占有你的身体。当他走近的时候，你脱去衣服，跟他躺在一起；让这个野蛮人懂得你们女人的魅力。因为当他喃喃地向你诉说爱意时，在山林中陪伴他生活的那些野兽就会弃他而去。"妓女并不害怕诱惑他，她赤身裸体，满足了他的饥渴；当他躺在她身上，呢喃着对她的爱时，她让他懂得了女人的美妙。
>
> 他们在一起躺了六天七夜，恩奇都忘记了他在山林中的家；但是，当

他心满意足后，他回到了野兽当中。然而，小羚羊看到他就逃跑了。恩奇都本想追上去，但他的身体像被绳索捆住了一样。当他开始跑的时候，他的膝盖瘫软无力，他的敏捷迅速消失了。现在，野兽们全都逃跑了；恩奇都变得虚弱无力，因为他有了智慧，而且他的心里有了人类的思想。因此他回来了，坐在这个妓女脚下，专注地听她说话："恩奇都，你是明智的，现在你已变得像神一样。你为什么想同森林中的野兽一样野蛮呢？跟我来吧！我将带你到铜墙铁壁的乌鲁克，到伊丝塔和安努的神庙、到爱情和天堂的神庙去。强壮的吉尔伽美什住在那里，他像一头野公牛一样统治着人类。"当她说了这番话后，恩奇都很高兴；他渴望有一个能了解他内心的朋友。"来，女人，带我到那神庙去吧，到安努和伊丝塔的住处，到吉尔伽美什统治人民的地方去。我将勇敢地向他挑战。"

史诗中通过恩奇都同城市里的吉尔伽美什的第一次相遇，讲述了男性亲密关系形成的首例。这种关系通过体力竞赛建立。当吉尔伽美什同恩奇都初次见面时，他们进行了一场激烈的摔跤比赛：

> 他们折断了门柱，撼动了城墙，像两头公牛一样呼哧呼哧地喘着气揪扭在一起。他们撞碎了门柱，城墙也被推倒了。吉尔伽美什的脚紧扣住地面，他弯曲膝部，猛地一甩，恩奇都被摔倒了。接着他的怒气立刻消失了……两人互相拥抱，成为好友。

史诗也揭示了吉尔伽美什为自己和他的城市获得名誉和荣耀的强烈抱负，他勇敢地选择进入森林的守卫洪巴巴的堡垒，跟恩奇都一起同他决斗。

> 我将去雪松被砍伐的乡村。我将在已经镌刻了很多名人名字的地方树立自己的威名；而在还没有人名被镌刻的地方，我将为诸神树立一块纪念碑……我，吉尔伽美什，要去会会那些被人们谈论的家伙，还有名扬天下的人。我将在雪松林里打败他，

展示乌鲁克之子的威力，全世界的人都将知道。

冶金和金属的重要性，尤其是用来制造武器，在史诗中被突出强调。

> 他到铁匠铺里说："我将下令给武器制造者：他们将在我们的监督下为我们铸造武器。"因此他们下令给军械士们，工匠们坐在一起商讨了一下。他们去平原的小树林砍伐了柳木和黄杨木，为他们铸造了重达一百八十磅的斧头；他们铸造的巨剑的剑身重达一百二十磅，剑柄上的圆球和剑柄重达三十磅。他们为吉尔伽美什铸造的斧子称为"英雄的力量"，弓箭的名字为安尚，吉尔伽美什和恩奇都都全副武装，他们携带的武器重达六百磅。

吉尔伽美什和恩奇都战胜了洪巴巴，这可与城市居民对世界自然资源的大肆掠夺相提并论。他们把自然界的物产变成了贸易和商业物品，并且用它们来建造城市。

> 现在所有的山脉都被迁移了，因为森林的守护神被杀死了。他们袭击了雪松林，洪巴巴的七种光辉全被扑灭了。然后他们继续向森林前进……当吉尔伽美什砍倒森林里第一棵树的时候，恩奇都清除了它们远至幼发拉底河河岸的树根。

美索不达米亚下游没有石块、木材和金属，为了获取这些原材料，苏美尔人不得不派出一批批人，长途跋涉去寻觅、砍伐和挖掘，进行交换和征讨。诸神对洪巴巴被杀一事的不同反应暗示了苏美尔人对他们自身日益强大的力量怀有复杂的矛盾心理。

> 吉尔伽美什和恩奇都把洪巴巴的尸体放在诸神面前，放在恩利尔面前。他们亲吻了地面，然后扔下裹尸布，把头颅放在他面前。当恩利尔看到洪巴巴的头颅时，对他们大怒道，"你们为什么会做出这样的事情？从今以后，让火在你们脸上燃烧，让它吃掉你们的面包，喝干你们的水源。"

《吉尔伽美什史诗》展现了一个诸神的世界。在诸神面前，人类是被动的、恐惧的臣民。然而，吉尔伽美什既不顺从于人也不顺从于神。因他的密友恩奇都的死亡，吉尔伽美什受到巨大打击，他出发去阴间探寻永生的秘密。在途中，他遇到了苏美尔版的"诺亚"的原型。这个名叫乌特那匹什提的人告诉他，一场洪水夺走了所有人的生命，只有他和他的家人幸免于难。他得到神的启示，事先建造了一艘大船，从而获救。在这个亡魂阴冷的冥府里，吉尔伽美什得到了一株使人永葆青春的仙草，但是在归途中，一条蛇从水里窜出来并从他的手中夺走了仙草。吉尔伽美什悟出了一个根本的道理：痛苦和不幸在人类生活中是不可避免的。他放弃了追回仙草，回到乌鲁克。最后，他寿终正寝，受到同胞的尊敬和悼念。

苏美尔：重大事件和人物	
约公元前 3300 年	苏美尔人发明文字。
约公元前 3000 年	苏美尔人成为美索不达米亚南部的统治力量。
约前 2800—前 2340 年	苏美尔的城邦国家：在早期的王朝时期，美索不达米亚的文化传播到北部。
约公元前 2350 年	萨尔贡征服了苏美尔，在新的首都阿卡德建立了闪米特王朝。
约前 2112—前 2004 年	乌尔第三王朝。
约公元前 1900 年	巴比伦的亚摩利人。
前 1792—前 1750 年	汉谟拉比的统治；巴比伦是美索不达米亚的新首都。
约公元前 1600 年	赫梯人和加喜特人入侵，摧毁汉谟拉比的王朝。

58

鹫碑。在这座石灰石碑上，用浅浮雕描绘了约公元前 2450 年拉格什战胜乌玛的战役。大约 3 600 个敌人被拉格什国王安那吐姆和他的士兵杀死。浮雕上表现的是安那吐姆和他的士兵正长驱直入投入战斗。（巴黎卢浮宫）

原始资料

汉谟拉比法典

随着城邦的不断扩大，正式的、用文字形式记录的法典取代了农业村庄的风俗习惯。约在公元前1750年时，巴比伦的统治者汉谟拉比征服了美索不达米亚，把几个互相交战的城邦合并到他的统治下。为了加强统一，他宣布了一系列涉及日常生活和贸易经商等各方面均应遵循的法典。

法典为我们洞察当时城市生活中存在的问题和城市生活的性质提供了一个绝妙的角度。它也为财产权和城市犯罪以及社会分工和性别分工提供了详尽的信息。最终，它给予学生和学者们某种启示，使他们了解在汉谟拉比的世界中，正义是如何被诠释的。这部法典包括282条法律条款，这里仅列举其中的几条。在原著中，它们并未被特别分类，因此在这里我们进行了重新分类。

财产

财产法包括对房屋购买者、船只租赁者和劳务合同签订者进行消费者保护的法律条款。在一个法律案例中，对不完善的做工进行残酷的处罚，这表明，平民也被视为商品。父辈的罪过可能由子女代受惩罚。一些具体的法律条款包括：

- 如果（一栋房屋倒塌）砸死了屋主的儿子，他们将把造房者的儿子处死。
- 任何偷盗寺庙或宫廷财产的人都将被处死，而且连收受被盗财物的人也将被处死。

城市犯罪

许多法律条款都对抢劫和人身伤害提出了处罚措施。根据施害人和受害者所属的社会等级，人身伤害的处罚条例有所不同。

汉谟拉比石碑，在伊朗的苏萨出土，公元前约1760年。巴比伦伟大的国王汉谟拉比是已知的第一个制定详尽法典的统治者。其他社会中也有一些不知名的统治者奠定过比这还要早一些的法典。在这块厚厚的纪念碑上，表现的是汉谟拉比正从太阳神沙玛什手中接过巴比伦的法令。法令本身被刻在下方。（巴黎卢浮宫馆藏）

- 任何参与抢劫者，一旦被抓获，都将被处死。
- 如果一个自由民弄瞎了一个贵族成员的眼睛，他们将弄瞎他的眼睛。
- 如果一个自由民打断了另外一个自由民的骨头，他们将打断他的骨头。
- 如果一个自由民弄瞎了一个平民的眼睛或打断了他的骨头，他将赔偿一米纳白银。
- 如果一个自由民弄瞎了一个自由民的奴隶的眼睛，或打断了奴隶的骨头，他将按这个奴隶价格的一半赔偿。

古代巴比伦的性别问题

有许多法律条款对婚姻、新娘的价格、嫁妆、通奸和乱伦等方面进行规定和制约。尽管妇女对给予她们的嫁妆确实拥有所有权，但她们的所有权是受到限制的。婚姻在很大程度上是一笔商业交易。新郎的家人向新娘的父亲支付新娘的价格，而新娘的父亲则给她一笔嫁妆。没有子嗣被视为是离婚的合法依据，但丈夫必须退还妻子的嫁妆。对婚姻双方行为的限制是不平等的：如果丈夫"一直游荡在外，大大轻视了妻子"，那么妻子可以带走她的嫁妆离开；如果妻子是"一个游荡者，因而忽略了她的家，（而且）羞辱了她的丈夫"，那么丈夫可以把她溺死。

- 如果一个妇女同她的丈夫吵架说，"你不合我的意"，那她必须为她的偏见陈述理由。假如她是无辜的，女方并无过失，但丈夫离开且冷落了她，那么这个女人无罪，她可以携带嫁妆回到自己的父亲家。
- 如果她并不清白，却抛弃她的丈夫，毁掉她的家，冷落她的丈夫，那么这个女人应被扔到水里。

我们是怎样知道的？

对于早期城市化的一些现代评论

苏美尔的城邦国家取得了许多值得赞扬的成就，但是部分历史学家指出，他们的文明是以频繁的战争、日益加剧的社会不平等和对妇女的压迫为代价取得的。这些现代人的评论反映了研究过去以便更全面地理解现在的重要性。

从政治角度来说，苏美尔的每个主要城市都是一个国家，统治着邻近的农业地区而且经常同邻邦发生冲突。城邦国家的艺术作品经常描绘王室的军队、军事远征、征服他国，对战争普遍予以赞赏甚至颂扬。对抗似乎是频繁发生的，而且主要的参战者是那些规模最大的城邦国家。战斗中，有时是近身肉搏，也有时是坐着驴拉的战车搏斗。

战争的破坏性尤其严重因为国王和士兵认为他们是在维护神的荣耀。如果那些城市是圣城的话，他们之间的战斗就意味着一场圣战，战斗直至最后一刻。《乌尔哀歌》是献给埃库什纳戈尔寺庙的女神宁格尔的诗歌，该诗描述了约公元前1950年，在埃兰人洗劫了这座城市，驱逐了它的统治者并且捣毁了神庙之后，该城被彻底毁灭。

> 你的城市已化为废墟，你将如何生存！
>
> 你的房屋已遭到摧毁，不知你作何感想！
>
> 你的城市已变得陌生，你将如何生存！
>
> 你的房屋已浸满眼泪，不知你作何期盼！
>
> 你的城市已化为废墟，你不再是它的女主人！
>
> 你的正义已被人铲平，你再也无法留驻其中！
>
> 你的人民被敌寇杀戮，你不再是他们的女王！

（塞缪尔·诺亚·克莱默，《苏美尔人》，第142页）

刘易斯·芒福德（Lewis Mumford）作为最受尊敬的城市历史现代评论家之一，他认为这种早期的权力、宗教和持续战争的结合，对城市生活来说一种永久的祸根。他写道："即使当它被表面上现实的经济需求所掩饰，变成一种宗教活动时，也不过是一种大规模的宗教牺牲。"

早期的苏美尔城市形成了不同职业的劳动分工。我们已经提到过国王、祭司、地主、建筑师、书吏、远途贸易商、当地商贩、工匠、厨师、农民、士兵和劳工——这样全面的职业分工在农业村庄中是不存在的，但它却构成了复杂的城市经济和社会的支柱。祭司和国王拥有巨大的财富和权力，他们支配着大部分的生产工具，但是他们是否形成了一种专门与"穷人"相对立的"富人"阶层，这一点尚不清楚。阶层的范畴似乎比原来要广泛得多，包括较为庞大的中产阶级群体。但尽管如此，还是有很多证据表明，贵族阶级拥有很大的权力。

处在经济等级最底层的是奴隶，人们沦为奴隶有四种方式：有的是在战争中被俘虏，有的因为犯罪遭到处罚而被降为奴隶，有的因为贫穷或债务被迫出卖自己（或自己的家庭成员）成为奴隶，还有的则生来就是奴隶。我们没有关于苏美尔及它的城市中奴隶在总人口中所占的比例的记录。然而，法典中对于奴隶和奴隶身份有大量的规定，这表明奴隶是广泛存在的。

社会主义哲学家和历史学家卡尔·马克思认为，城市的兴起导致"人类划分为两大阶级"。马克思的分类过于简略，忽略了城市中阶级的广阔范畴，但他确实促使我们思考我们自身城市中的阶级结构，包括富人和穷人的关系，以及它对社会的健康的含义。

社会最终从乡村的、平等的、以血缘关系为基础的形态转变为城市的、等级制的、以领土和阶级关系为基础的状态，可能为研究女性的附属地位提供了一个途径。在苏美尔，有些妇女拥有很大的权力。在拥有大片土地的主要神庙中，若干妇女似乎担任着独立的、相当高的行政管理职务。普阿姬王后（Lady Pu-abi，约公元前2500年）的葬礼显示，她生前的社会地位相当高。她的尸体用金箔装饰，并且还有几具尸体陪葬，可能是仆人，这表明，她生前是个社会等级很高的妇女，可能是个女王。沙戈沙戈（Shagshag）是约公元前2300年乌鲁卡基纳国王的妻子，以她丈夫的名义拥有很大的权力。

苏美尔的妇女一般享有某些基本的权利，包括拥有财产权、参与贸易权及充当合法见证人的权利。然而，妇女的合法权利明显受到丈夫的制约。即便是那些很有权的妇女通常也只是充当男性权力斗争中的爪牙。

女权主义历史学家格尔达·勒纳（Gerda Lerner）认为，在城邦发展到相互交战并产生等级制的阶级结构之前，妇女的地位是比较平等的。氏族是社会的基本经济单位，女性在这些氏族中比在后来取代它们的城邦中有更大的权力。勒纳声称，男女不平等并非一成不变的生理差别的产物，这种不平等是由人类自己制造的——而且也能为人类所改变。

- 刘易斯·芒福德从他对古代城市的研究中得出了关于战争的哪些结论？这又是如何影响其现代战争观的？
- 卡尔·马克思从其对古代城市的研究中得出关于阶级关系的哪些结论？这又是如何影响他对现代（19世纪的）城市中的阶级关系的看法的？
- 格尔达·勒纳从其对古代城市的研究中得出了关于性别关系的哪些结论？

社会进化到一个更为复杂的阶段的标志是书面文本的第二种形式即法典。考古学家们在乌尔发现了一部法典的残片,这些残片可以追溯到公元前21世纪,可以肯定的是,法律体系在此之前就已经存在了。法律体系对美索不达米亚的各个城市社会一直是至关重要的。形成于约公元前1750年的巴比伦国王汉谟拉比的后苏美尔法典(但直到1901—1902年才被重新发现),似乎是根据比这更早的概念为基础制定的。

芒福德、马克思和勒纳这些现代人的评论提醒我们:过去以及我们对于过去的偏见——或是关于过去的虚构——已经大大地影响了我们的思想。他们敦促我们重新思考过去,以便把握未来的方向,避免重复某些可怕的错误——例如,把战争变为一种宗教责任、把城市与乡村隔离、建立压迫性的阶级差别和把父权制对妇女的压迫制度化。

然而,这些警告的背后又是另外一种虚构。人们普遍认为,城市出现之前的农业村庄是较为平等的,不那么尚武,与自然更趋融为一体。我们不知道这一点是否属实。城市之前的村民们未留下任何书面的文字记载,而且他们留下来的人工制品数量很少,容易引起解释上的分歧,学者们通过观察当今世界上一些与世隔绝的部落,例如大约三十年前生活在非洲喀拉哈里沙漠的昆族(Kung)人,来推断关于城市形成之前的人类生活。但即使是对于昆族人,人们也有不同的观察和解释。

最早的城市及其意义

我们确实知道,早期的城市促使人们取得了一些不论在过去还是现在都被认为是极其重要的成就:包括人口的增长(在今天的条件下,这是一项令人怀疑的成就,但在当时并非如此),经济的增长发展,日常事务的有效的组织,技术和艺术上的创造性突破,而可能最有意义的是文字和文学的创造,一部法规的颁布,以及一种有目的意识和人性意识的非血缘关系社会的形成。

然而,这一切并不总是成功的。城邦国家未能形成一套使他们能够和平生活的政府和法规体系。早期的城市既是强大的又是容易受到攻击的,在胜利的赞歌和失败的哀悼声中摇摆不定,它们似乎陷入了两难抉择:要么与别的国家交战,要么被强权的统治者征服。城邦国家的缺陷使其付出了惨重的代价。只要每个政治实体都独断专行——正如苏美尔的城邦国家、汉朝之前的中国、古代希腊、中世纪的欧洲以及印度大部分的历史时期——那么战争就是不可避免的结果。互相竞争的国家之间相互交战的问题一直持续到今天,但是战争的规模已经从城邦升级到了独立的民族国家之间。

综合性大城市的发展预示着一个能够承担组织管理责任的城邦国家的发展。在采取贵族制和君主制的苏美尔,大部分事务都取决于国王的部署。即使是传说中的吉尔伽美什，他作为国王，一生为人民献身并受到人民的尊敬，但刚开始时也并非如此。史诗告诉我们，吉尔伽美什年轻时，乌鲁克人民在家里抱怨他的缺点：

> 无论白天黑夜，他的傲慢自大无边无际。没有一个儿子留在父亲身边，因为吉尔伽美什把他们全都带走了，甚至连小孩都不放过……他强烈的欲望使得姑娘们——不论是武士的女儿还是贵族的妻子，都不能为爱人保持贞操。

他们意识到，事情原本不应该是这样——"国王应该是人民的保护神"——但他们显然不得不服从。他们唯一能做的就是在自己家里抱怨，祈祷诸神的保佑。

把国家合理地组织起来成为城市化的关键问题。吉尔伽美什统治的两千年后——距今两千年前，在古希腊的城邦国家，哲学家亚里士多德对这个问题作了总结：

62

> 当几个村庄统一为一个完整的、几乎或完全可以自给自足的社会时，城邦就形成了。起初纯粹是为了生活的需要，后来是为了更好地生活……男人天生是一种政治动物（一种城邦或城邦国家的动物）……有这种意识的人联合在一起，组成家庭或国家……正义使城邦中的男人联合起来以将其实施，即决定什么是正当的，这是政治社会中秩序的首要原则。

从苏美尔时代开始，政治问题，即如何组织和管理**城邦**或城邦国家以获得美好生活的问题，已成为城市化过程中的核心问题。在苏美尔，其答案取决于国王和祭司的法令。在后面的两章里，我们将看到这些问题及其答案是如何在世界其他主要城市和城邦中逐渐形成和解决的。

城邦（polis） 古希腊的城邦国家。它不仅包括通常由一个城堡（acropolis，古希腊城市的卫城）和一个市场（agora广场）围起来的城镇，而且包括周围的乡村。从理论上讲，城邦既包括住在城镇中的市民，也包括住在乡村中的居民。

复习题

- 人类为什么创建了最早的城市？请注意，人们通常给出的一些解释是有争议的，你认为其中哪一些最有说服力？为什么？
- 苏美尔为什么会成为城市最早出现的地方？为什么尼罗河流域和印度河流域紧随其后？
- 最早城市的建立和最早国家的建立之间有什么关系？
- 书面文字对于最早的城市的建立有什么重要意义？在回答时请考虑一下文字的各种用途。后面我们将提到那些没有发展形成文字体系的城市，同新月沃地地区有文字的城市相比，你认为它们会缺少些什么？

- 当古代的城市在战争中败北时，经常有挽歌被谱写出来以哀悼它们的战败，这种哀悼失败的本质是什么？
- 我们的现代城市同苏美尔的古代城市在哪些方面有相像之处？在哪些方面有不同之处？

推荐阅读

PRINCIPAL SOURCES

Fagan, Brian M. *People of the Earth: An Introduction to World Prehistory* (Upper Saddle River, NJ: Prentice Hall, 2000). Excellent general textbook introduction to prehistory.

Gilgamesh, The Epic of, trans. and ed. N.K. Sandars (Harmondsworth, Middlesex: Penguin Books, 1972). Very readable edition of the classic epic.

Kramer, Samuel Noah. *History Begins at Sumer: Thirty-Nine "Firsts" in Recorded History* (New York: Doubleday and Co., Inc., 1959). One of the greatest scholars in the field presents Sumer's pioneering accomplishments.

Kramer, Samuel Noah. *The Sumerians: Their History, Culture, and Character* (Chicago, IL: University of Chicago Press, 1963). A masterful, accessible summary by one of the greatest scholars in the field.

Lerner, Gerda. *The Creation of Patriarchy* (New York: Oxford University Press, 1986). Lerner brings a critical feminist perspective to studies of Sumer, although many scholars have criticized her scholarship here; her main field is American history.

Past Worlds: The Times Atlas of Archaeology (Maplewood, NJ: Hammond Inc., 1988). Excellent for its maps, pictures, time lines, brief discussions, and generally attractive presentation. Slightly dated.

Pritchard, James B., ed. *Ancient Near Eastern Texts Relating to the Old Testament* (Princeton, NJ: Princeton University Press, 3rd ed. with supplement, 1969). Excellent compendium of primary source materials. Presentation is very scholarly and painstaking.

Roaf, Michael. *Cultural Atlas of Mesopotamia and the Ancient Near East* (New York: Facts on File, 1996). Another in the excellent Facts on File series, copiously supplied with maps and pictures as well as readable, scholarly, introductory text materials.

ADDITIONAL SOURCES

Aristotle. *Basic Works*, trans. and ed. Richard McKeon. (New York: Random House, 1941). Aristotle's *Politics*, in particular, presents very early, very thoughtful concepts of urban governance.

Bairoch, Paul. *Cities and Economic Development: From the Dawn of History to the Present*, trans. Christopher Braider (Chicago, IL: University of Chicago Press, 1988). Comprehensive presentation of the importance of cities in economic history. Europe is the main focus.

Cohen, Mark. *The Food Crisis in Prehistory* (New Haven, CT: Yale University Press, 1977). Asks why people began to settle into farming and continue it.

Hudson, M. and B. Levine, *Privatization in the Ancient Near East and the Classical World* (Cambridge, MA: Peabody Museum of Archaeology and Ethnology, 1996).

Marx, Karl. *Capital: A Critique of Political Economy*, trans. Ben Foulkes (New York: Vintage Books, 1977). Writing at the height of the industrial revolution in Western Europe, Marx explores the history of urbanization as part of his larger work.

Marx, Karl and Friedrich Engels. T*he German Ideology* (New York: International Publishers, 1939). Includes a critical examination of the capitalist city.

Moore, Andrew M.T. "The Development of Neolithic Societies in the Near East," *Advances in World Archaeology*. Vol. 4., ed. Fred Wendorf and Angela E. Close (Orlando, FL: Academic Press, Inc., 1985). A fine, brief introduction.

Mumford, Lewis. *The City in History* (New York: Harcourt, Brace and World, Inc., 1961). The master examines the history of all cities, urging his readers to see the importance of social life and community as the key to the good city.

Oppenheim, A. Leo. *Ancient Mesopotamia. Portrait of a Dead Civilization* (Chicago, IL: University of Chicago Press, 1964). Scholarly articles covering a wide range of aspects of early Mesopotamian civilization, especially Babylonians and Assyrians.

Postgate, Nicholas. *The First Empires* (Oxford: Elsevier Phaidon, 1977). Comparative presentation of early city-states that preceded empires.

Redman, Charles L. *The Rise of Civilization: From Early Farmers to Urban Society in the Ancient*

Near East (San Francisco, CA: W.H. Freeman and Co., 1978). Anthropologist's analysis of the basis of early cities, stresses ecological conditions and irrigation.

Sjoberg, Gideon. "The Origin and Evolution of Cities," *Scientific American.* (September 1965), 19–27. A sociologist, Sjoberg stresses the differences in political life and technological sophistication between pre- and post-industrial cities in this general introduction.

Wheatley, Paul. *The Pivot of the Four Quarters* (Chicago, IL: Aldine Publishing Company, 1971). For this enormously learned geographer, early cities were primarily concerned with their relationship with the gods and the cosmos, as reflected in their structure and leadership.

Woolley, C. Leonard. *Excavations at Ur* (London: Ernest Benn, Ltd., 1954). One of the greatest of the excavators describes his expeditions and their results. Well illustrated and very accessible.

河谷文明

尼罗河与印度河流域
公元前7000—公元前750年

3

第 章

主题

● 埃及：尼罗河的馈赠
● 印度河流域文明及其未解之谜

美索不达米亚地区的两侧出现了另外两个城市文明，即西南方的尼罗河流域文明和东南方的印度河流域文明。至于这两种文化的城市和国家发展过程到底遵循的是美索不达米亚的模式，抑或是自己的独立创造，专家们对此意见分歧。无论这三个河谷流域民族的灵感源于何处，他们都创造了各自不同的城市化和政治生活的模式。

在美索不达米亚的底格里斯河–幼发拉底河流域，城市与国家制度的发展是密切相关的。在尼罗河流域，埃及国家的建立远比单个城市的发展有着更为重大的意义。在印度河流域，我们通过考古获得了大量城市发展的信息，但对于国家的形成则了解甚少。在学者们学会破译印度河文明的文本与语言之前，我们对其制度发展的了解仍然会是相当有限的。

埃及：尼罗河的馈赠

埃及常常被称为"尼罗河的馈赠"，这是因为，在这条大河的流域之外，整个地区是一片沙漠。尼罗河是一条巨大的、终年流淌不息的狭长水道，流经整个国家的南北，最终在注入地中海处形成一块特别的三角洲。尼罗河为两岸提供了天然的灌溉，同时人工建造的灌溉设施将河水引向东、西两面。与美索不达米亚变幻无常、难以预测的洪水不同，从史前时代一直到20世纪中期，每年的7、8、9三个月尼罗河流域都会出现洪水泛滥，这大体上是可以预知的。洪水不仅提供了天然的灌溉，还带来了营养丰富的泥沙肥沃土壤。（我们在第18章中将会看到，20世纪建造的水坝虽然大大控制了每年的洪水和水力发电能量，但同时也阻止了泥沙的涌入。）与此同时，邻近河床的沼泽地的聚居人口也逐渐增加。

这首四千年前的埃及古诗就描述了尼罗河的重要性：

> 他提供充足的食物，
> 是所有一切善行的创造者；
> 他是令人敬畏的主宰者，然而芳香却时刻围绕，
> 而且当他给予之时又是如此的心满意足！——
> 他为耕牛提供食草，
> 为每一个神灵准备了供品。
> 他居住在冥世，然而统治着天界与大地。

前页 **摩亨佐–达罗**，位于今天的巴基斯坦，公元前约2600—前1800年。摩亨佐–达罗兴盛之时大约有40 000居民，城市布局整齐，分区细致，几千年来一直吸引着人们的视线。城市消失后两千多年左右，人们建造圆形的窣堵波（佛塔），或坟墩，那成为佛教寺院的一部分，如今则是当时定居点的最好佐证。

历史一览表：古埃及

年　代	政　治	宗教与文化	社会发展
公元前4000—前3600年	■ 涅伽达一世		
公元前3500年		■ 象形文字开始使用	■ 尼罗河流域的村落
公元前3000年	■ 早王朝（约前3000—前2700年）	■ 埃及统治者被神化	■ 建筑中首次采用石材
公元前2500年	■ 古王国（约前2700—前2181年）	■ 塞加拉的阶梯形金字塔 ■ 吉萨金字塔，包括（胡夫）大金字塔	■ 尼罗河沿岸的灌溉系统
公元前2000年	■ 第一中间期（约前2200—前2050年） ■ 中王国（约前2050—前1750年） ■ 第二中间期（约前1750—前1550年）	■ 艺术与工艺品的黄金时期（前1991—前1786年）	■ 社会秩序混乱：几无纪念碑的建造（前2181—前1991年） ■ 国家分裂成各公国（前1786—前1567年）

象形文字（hieroglyphs）
一种使用图画或表意符号的文字体系。在古埃及，象形文字被广泛应用于碑铭雕刻。这些符号表示的是单词、音节和声音，用于描绘人、动物和各种物体等。

象牙和骨制小雕像，"涅伽达一世"时期，公元前约4000—前3600年。后来成为一个强大帝国的埃及是从尼罗河沿岸的一系列关系松散的村庄发展起来的。这尊双眼镶嵌着天青石的迷人小雕像出土于早期的前王朝时期墓穴。（伦敦大英博物馆）

他是土地之神，

他添满了谷仓，充实了库房，

他也向穷人馈赠礼物。（Foster，第113页）

尼罗河谷两侧的沙漠使得埃及免受来自东方和西方的外部侵略；位于河流上游、极为险峻且无法逾越的大瀑布，在南方提供了阻挡努比亚的天然屏障；地中海则成为埃及北部的防御边界。其结果是，在埃及有记载的5000年历史中，前2500年通常都是在本土王朝的统治之下。国王的统治大约始于公元前3100年，其间除了少数例外，持续了将近2600年，那是一段史无前例的有着政治和文化的连续性的时期。在宫殿建成以后的新王国时期（见第5章），这些国王被称为法老，这一名称逐渐成为对所有埃及国王的统称。

埃及北部即今天开罗附近的吉萨金字塔和狮身人面像、南部卡尔纳克和底比斯的神庙，以及帝王谷附近的法老墓穴等，诸如此类的不朽建筑都展示了古埃及曾经拥有的雄厚财富、先进技术及组织能力。然而比起美索不达米亚，我们对于埃及古代城市的具体结构布局，了解得要少一些。尼罗河冲毁了许多古代的建筑，侵蚀了建筑的地基。另一方面，比起其他所有国家来，我们对埃及国家的了解则可以说要多一些。自从破译了古埃及的书面文字，我们已获得了许多有关其国家制度方面的信息。

国王出现之前的早期埃及

与美索不达米亚一样，埃及的农业提供了城市生活基本的给养。到公元前12000年，努比亚和上埃及的居民用石磨将当地的野麦碾碎作为食物；到公元前8000年时，他们把野麦的种子磨成面粉。（上、下埃及或南、北埃及的命名均由尼罗河的流向而来。河水源出埃及的南部,曲折北流注入地中海。)到公元前6000年时,出现了最早的小麦、大麦、草本植物和谷物的种植以及绵羊和山羊的驯养。在埃及以西,撒哈拉沙漠更加干旱,一些居民可能开始迁徙到尼罗河流域,同时带去了他们更为先进的耕作技术。

到公元前3600年时,尼罗河两岸出现了一个个的村庄,村庄之间的距离相隔约20英里。乡村的经济以生产谷物的农业为主。各个村庄通过沿河的贸易联系起来,由于大多数村庄生产的是几乎一样的基本食物,因此贸易并未占据经济的核心位置。村庄里还没有明显的社会分层。这样的定居点体现了"涅伽达一世"时期(公元前约3500年)的主要特征。

随着人口的逐渐增加,村庄的面积也不断扩大,到公元前3300年时,最早的建有城墙的城镇出现在尼罗河上游的涅伽达和希拉孔波利斯。统治者与上层阶级的墓穴就建造在附近,这表明社会分层发展到了新的阶段。

文字记载

几乎与古美索不达米亚同时,早在公元前约3500年至3000年,埃及便出现了书面文字。或许埃及人是从美索不达米亚人那里汲取了有关文字的概念,但和楔形文字不同,他们在很小的图画符号的基础上创立了他们自己的被称为"**象形文字**"的书写体,该名称源于希腊语"神圣雕刻"一词。一些学者认为,埃及的象形文字完全独立于,甚至有可能先于美索不达米亚的楔形文字。

与美索不达米亚一样,在古埃及书吏也是极其受人尊重的重要职业,他们后来发明了两套象形文字简化体,先是僧侣体,而后则是更为简略的世俗体。他们在石板、石灰岩薄片、陶器及纸莎草纸上进行抄写,纸莎草纸是将纸莎草植物内部茎髓交叉放置并压成片状而制成的一种纸。

与美索不达米亚一样,一些最早的埃及文字也是用于记录商业贸易及行政管理的记号。在长达一千年的时间里,它逐渐发展成为含有丰富内容的文献记载,包括国王的朝代年表、宗教铭文、保护亡者的咒语、传记与自传、故事、教谕文学、爱情诗、圣歌、祈祷文以及数学、天文学和医学文献等。通过这些文献资料,学者们再现了埃及历史的全貌。

尼罗河两岸的土地。古埃及文明沿着尼罗河绵延1 000多英里,古埃及文化依托强有力的政府。埃及王国被划分为上埃及和下埃及,并进一步分成各个省(税区)。

67

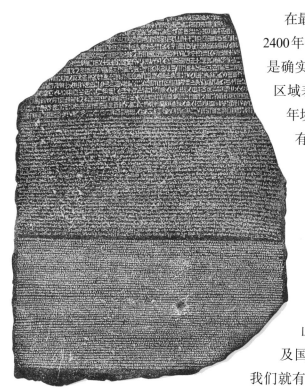

"罗塞塔石碑"，古埃及，公元前196年。石碑上的铭文用三种不同形式的文字体系雕刻而成：象形文字、世俗体文字（埃及象形文字后期的简化体）和希腊文字。通过对比，学者们便能破译古埃及的象形文字。（伦敦大英博物馆）

68

在最初的500到1000年间，截至公元前2400年书面的文字记录资料相当稀少。但是确实保留下来一张当时的省份或行政区域表，从中可以看出早在公元前2900年埃及国家的地区组织情况。另外还有一些早期埃及国王的名单。

公元前约2400年被刻在石头上、公元前约1200年写于纸莎草纸上以及公元前3世纪由希腊历史学家曼涅托所编纂的国王名单，囊括了从公元前约3100年埃及统一、到公元前525年波斯人的征服、再到公元前332年亚历山大大帝征服埃及期间所有的埃及国王的名字及其顺序。自此之后，我们就有了许多资料可以用来建构埃及政治史的基本年代表。

埃及的统一与国王的统治

国王的名单、上埃及省份（行政区域）的记录以及陶器上的铭文和图案等，都明确显示了埃及的民族生活与历史开始于公元前3100年左右王国统一之时。这一统一建立在埃及居民的民族多样性之上。来自沙漠以东的闪米特人、来自沿海地区的腓尼基人、来自努比亚和非洲中部的黑人以及跨越地中海来到这里的欧洲人，他们移居至此并联合成为一个共同的民族体。他们相互承认接受，而且在不同的民族或种族之间实行通婚。在古代埃及人的绘画作品中，他们的肤色有时被描绘成浅色，有时呈深色，而更常见的是红色，这或许也反映了他们混合的种族成分。许多历史学家认为，色调也可能与性别有关，女性由于主要从事繁重的家务劳动，地位低下，大多采用浅色调进行描绘；而男性则大多置身于家务之外，则多采用深色调描绘。

是谁最早统一了尼罗河的上游与下游，使之合并成一个统一的埃及王国呢？大多数的国王名单都提到了美尼斯，但也有一些列举的是纳尔迈。一些学者认为，这是同一个人的两个不同的名字而已。埃及的统一发生在公元前约3100年，但在阿比多斯发掘的国王的陵墓比这一时间早了约200年。或许他们仅仅是地方的统治者，抑或这一统一实际上是由美尼斯之前的一位"前王朝"的国王完成的，或者统一可能是一个漫长的过程而"美尼斯"仅仅是这整个过程的代名词而已。

随着埃及的统一，国王的势力逐渐变得强大，到后来甚至拥有了如神一般的地位，他们生于尘世，负责维持着整个王国的"ma'at"即公正与秩序。他们负责维持各种自然力量的平衡,以及祈求一年一度维系埃及农业生产的洪水。陵墓与陪葬品的增加也表明了阶级分层的加剧与财富分配的不均,这是国家形成的两个共同特点。此后,在陶器及建筑方面近乎一致的艺术风格反映了埃及政治上的统一。这一时期被称为"早王朝"时代,时间从公元前约3100年到公元前约2686年,共持续了400年左右。此时埃及向人们展示了与其早期文明有关的文化多样性,包括国家的宗教思想及其对政治管理,甚至艺术创造方面的集中控制。

众神、埃及的统一以及来世

69

　　在埃及的宗教神话中,国家在政治上的统一被置于显著的位置。埃及最重要的三大神灵——伊希斯、俄赛里斯及他们的儿子何露斯,战胜了混乱与邪恶,这从神话的角度反映了埃及统一的重要意义。俄赛里斯代表着秩序(ma'at)与美德;他的弟弟塞特则是混乱与邪恶的化身。塞特诱骗俄赛里斯躺入箱中,把箱子封住并把它投入尼罗河,使其溺死。俄赛里斯的妹妹兼妻子伊希斯找到箱子,并将俄赛里斯带回家中。但是塞特再次找到尸体,并将其剁成14块,扔到埃及和地中海东部各地。伊希

我们是怎样知道的?

文字记录与考古发掘

　　现代的埃及学者很少会有兴趣去复原他们国家的古代历史,这明显是因为那些法老文化和多神教信仰与他们今天信仰的伊斯兰教和基督教的一神教文化没有联系。然而欧洲的学者和研究人员在努力探究这个文明的早期历史。对其兴趣之大,以至于1798年拿破仑·波拿巴率领法国军队进攻埃及时,还带来了一支科学家、文学家和艺术家的队伍。

　　1799年,拿破仑手下一个在要塞工作的官员在尼罗河三角洲西部的罗塞塔镇发现了一块巨大的黑色玄武岩石板。这块"罗塞塔石碑"(Rosetta Stone,见第72页)上的铭文刻于公元前196年,由当时埃及的希腊统治者颁布,碑文用三种语言雕刻而成:上面是最古老的埃及文字——象形文字;中间是象形文字的简化体——世俗体文字;而下面是希腊文字。法国人将铭文的摹本送回欧洲,那里的学者们

致力于破译埃及的象形文字。在此之前,他们一直都没有获得成功,因为他们错误地以为,所有的象形文字都是表意文字,表意文字是一种图形文字体系,其中每个符号都表示一个词或概念。然而,这一次一位年轻的法国语言学者让-弗朗索瓦·商博良(Jean-François Champollion, 1790—1832)通过对比罗塞塔石碑上的古埃及文字和他所通晓的希腊文字,发现象形文字包括几种符号——意符、音节符号和字母符号。在发现这点之后,他便准备开始破译石碑上的文字。1822年,在经过从18岁开始的长达14年的研究之后,他发表了他的研究成果。

　　商博良本人只在1828年到1829年间去过一次埃及。他与一名意大利学生一起,首次通过埃及的历史遗迹和铭文全面研究了埃及的历史和地理。他被民间尊称为"埃及学之父",1831年法兰西学院设立了由他主持的埃及历史和考古学的讲座。

　　为了寻找有重大意义的历史古迹,

考古发掘始于1858年,尽管实际上偷盗坟墓和古代工艺品的事件从最初开始便从未间断过。从1880年开始,英国的埃及古物学家W.M.弗林德斯·皮特里(W. M. Flinders Petrie)每年进行一次考察,引入了对埃及和努比亚更为科学的考古方法并直接应用于南部研究。到大约1900年时,学者们已基本掌握了埃及从公元前3600年到当时的整个历史概况。通过研究文字记载和人工制品,他们得以编制极为丰富和详尽的历史记录。

- 为什么现代的埃及学者对他们自己国家的古代历史不再感兴趣?对此你是否感到意外?为什么?
- 已知的最早的拼音文字可追溯到公元前约1900年。它取代象形文字堪称一大变革,"可与其后印刷机的发明相提并论"。这是为什么?
- 为了让我们对古代文明有更为全面的了解,文字记载和留存下来的建筑是如何相辅相成、互为补充的?

斯历尽艰辛,终于找到了这些碎块并带回埃及重新拼接起来,使之起死回生。随后她便怀孕,生下一子,即何露斯。何露斯在争斗中击败塞特,并使俄赛里斯得以复活,成为冥府的国王和主神。在有的记载中何露斯和塞特最终达成和解,埃及由此成为一个国家。塞特代表的是涅伽达和底比斯周边的南部地区;至于何露斯虽然没有那么明确具体,但大致代表北方。

70

何露斯成为埃及国王的保护神,也是第一个全国敬奉的埃及神灵。在绘画和雕刻作品中,他常被刻画成一只隼的形象,有时栖息在国王的头顶或肩膀上,有时则在象征上、下埃及统一的双冠之上。国王们相信,只要他们生前品行良好,死后便能与俄赛里斯相结合。

这一对来世的信念导致将死者遗体制成木乃伊的做法日益盛行,至少对于那些担负得起费用的死者家族来说是这样,同时也促成了埃及最为壮观的建筑即金字塔的建造,那是已逝的国王在其灵魂与生命力出窍前往来世之前的最后安息之地。灵魂在经历了另一个世界的痛苦审判之后,也可能会重游这些复杂精巧的陵墓。

起初,来世被看成仅仅是国王享有的专利,随后显要官员也包括在内,再之后则为更大范围的人们所共享。相信来世的乌托邦生活,似乎使得大多数的埃及人都成为乐观主义者。就连那些不相信来世的人,也尽情地享受着今生今世,正如这首3100年前的歌中所唱:

世间所有血肉之躯,
最初便已历经尘世,并终将消逝;
　　而年轻的一代亦渐渐上升代之。
激动发颤的灵魂与欢快焕发的心灵,
那些另一个世界的人们
　　以及那些与猎户座共同在星空闪耀的人,
他们建造自己的房屋和坟墓——
　　所有的人都在坟墓里得以安息……
因此,要只争朝夕! 珍惜时光!
　　你与你自己的真爱,
　　　　要孜孜不倦,坚持不懈,并充满活力;
不要让你的心在世间短暂的逗留中有所困惑,
　　而应该抓住流逝的每一天! ……
无论面对什么,不要悲伤;
　　让愉悦的音乐萦绕在你心头;
面对上帝,回忆的不是那些不堪往事,
　　而净是欢乐,欢乐,欢乐,与愉悦!

（Foster,第181—182页）

埃及人信仰的神祇

埃赫那吞国王(Akhenaten, 公元前1353—前1335年在位)统治期间,埃及的首都由底比斯迁到了阿马纳,同时开始了一神崇拜(即信奉太阳神阿吞)。而在此以外的其他时期,埃及人信奉的还是多神崇拜,其主要信奉的诸神如下表所列:

阿蒙–拉神	埃及国神,生有公羊头
阿努比斯神	豺头人身的墓地之神,涅芙提斯和俄赛里斯之子。他在来世审判庭上主管称量心脏
哈托尔神	掌管爱情的女神,常被刻画成长着牛角的女人,或是顶着太阳圆盘的母牛形象
何露斯神	隼头人身的光明之神
伊希斯神	掌管巫术与生育的女神;俄赛里斯的妹妹兼妻子;作为何露斯的母亲,她也是整个埃及的母亲神
涅芙提斯神	伊希斯的妹妹,这位丧葬女神在审判中帮助死者
俄赛里斯神	冥府的统治者,并主持对死者的审判,俄赛里斯常被刻画成一具木乃伊,蓄着胡须,头戴上埃及王冠,手里拿着连枷和弯杖
卜塔神	巫师,也是各种艺术和工艺的守护神,后来也审判死者。常以木乃伊的形象出现,手持安可(顶端带圆环的十字架)
塞特神	罪恶之神,杀害俄赛里斯的凶手
透特神	至上的书吏,被刻画成鹮头人身或长着狗头的狒狒

亡者之城

墓地、神庙，而且有时甚至是整座城镇都是基于为那些最显贵的埃及人提供死后最终的安息之地而建。早在公元前3100年，国王和王室的成员被安葬在阿比多斯，它位于孟斐斯以南、航程约300英里上游处。他们的陵墓被叫做"马斯塔巴"（mastabas），是用烘干的泥砖建造的，并设计成平顶斜坡以利于永久的保存。在陵墓内备有食物、武器、工具和家具等，这些东西是国王在来世或许会需要的。国王的遗体被制成木乃伊，并埋葬于地下的墓室。阿比多斯后来成为俄赛里斯神的朝拜中心。

还有一些政府的高级官员被葬于埃及的北部、与孟斐斯和塞加拉毗邻的用泥砖建造的坟墓里。他们的陪葬品包括铜具和石器等。在长达几百年的时间里，一个一个墓地在其附近相继涌现，沿着尼罗河岸绵延达45英里左右。在第二王朝之初，即公元前2770年，作为坟冢之城的王陵就坐落于塞加拉。

出身高贵的女性通常被葬于结构较为简单的金字塔陵墓中，但最近人们在塞加拉发现并发掘了构造更为精致豪华的安海森佩皮二世（Ankhesenpepi II）的金字塔陵墓。她曾是两代埃及国王——佩皮一世（约前2289—约前2255在位）和他的侄子迈兰拉（约前2255—约前2246在位）的妻子，还是第三代国王佩皮二世（约前2246—约前2152在位）的母亲。尽管她的名字意为"为佩皮而生"，但她似乎也为自己争得了权力。她是已知的第一个墓壁上刻有神秘象形文字生平介绍的女性——这种形式经常在国王的陵墓中可以看到——这便于她死后更快地前往来世。

与这些墓地毗邻的是那些为国王及王公贵族建造越来越复杂精巧陵墓的工人们生活的城镇。人们已经发掘出了好几个这样的城镇，其中最为著名的是埃及南部的代尔麦地那，它位于王后谷附近，正对底比斯，尽管它属于以后的一个时代。木乃伊也是在这些城镇的作坊里完成的。

城市的发展

与美索不达米亚不同，埃及几乎没有留下关于独立的城邦国家的历史记载。在埃及，有着数千座规模很小、基本上自给自足的乡镇，它们似乎一直处于一国的君主的管辖之下，但是食物和基本生活用品一般就在当地生产和消费，仍然属于一种分散型的经济。乡村的经济以谷类农业生产为主，相互之间通过沿河的贸易联系起来，但是由于他们生产的基本上是同样的食物，因此这些村庄之间的贸易量很小。还没有出现明显的社会分层现象。这样的定居点体现了"涅伽达一世"（Nagada I，公元前约3500年）时期的显著特征。逐渐地，尼罗河沿岸的村庄中，一些规模较大的商业城

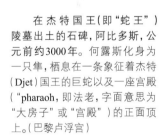

在杰特国王（即"蛇王"）陵墓出土的石碑，阿比多斯，公元前约3000年。何露斯化身为一只隼，栖息在一条象征着杰特（Djet）国王的巨蛇以及一座宫殿（"pharaoh，即法老，字面意思为"大房子"或"宫殿"）的正面顶上。（巴黎卢浮宫）

71

72

镇开始形成。由于管理、贸易经营和运输都需要一定程度的集中控制,部分村庄便开始承担这样的功能。这些被选定的村庄,在地域上彼此之间有意相隔一定的距离,继而发展成为规模较大的定居点,有的可能甚至发展成完整意义上的城市。

在埃及的早王朝时期,各省行政总部建造地的确定会大大促进其所在城镇的发展。有的定居点还担负起其他一些功能,包括灌溉的管理控制和宗教仪式的举行。村庄合并成为城镇,城镇又合并成为城市,这一过程标志着"涅伽达二世"文化(公元前约3300年)的开始,而上埃及尼罗河沿岸的希拉孔波利斯遗址的发展,正是这个过程的写照。希拉孔波利斯(古埃及语称"尼肯"),在尼罗河岸绵延三英里,虽然称不上是一座完全意义上的城市,但它发挥了多项城市的功能。

考古发掘表明,希拉孔波利斯的人口由公元前3800年的几百人增长到公元前3500年的10 500人。整座城市至少有两块墓地,一块是供平民用的,另一块则属于更为富有的贸易商人和势力更为强大的王室官员。

是什么促成了人口的增长、职业的分工和社会分层的出现呢? 其中一种可能是,当地领导人引进并使用了灌溉系统,这拯救了农业生产,甚至在面临严重的干旱时促进了农业的发展。这些变化加强了地区的经济,并导致了随后的发展与变化。确实,希拉孔波利斯可能曾经是美尼斯或纳尔迈国王统一埃及后建立的都城。在这儿发现了纳尔迈调色板,其上描绘了这一统一的过程。

纳尔迈调色板,公元约3200年。这块仪式使用的石板,显示了刚统一上埃及和下埃及的纳尔迈国王的权力。在顶部区域,纳尔迈(左)在检视敌人的尸体(右边);底部是公牛击毁一座城市的城墙,以此象征国王拥有的力量。(开罗埃及博物馆)

政治/行政管理的领导人继续沿着尼罗河建造灌溉系统。这样的工程始于埃及的古王国(约公元前2700—前2200年)。随着法尤姆湖区的发展和中王国(约公元前2050—前1750年)期间人口的迁入,灌溉系统工程得到进一步的扩展。新王国(约公元前1550—前1050年)期间出现了新的技术,桔槔灌溉开始得到应用,其工作原理是将吊桶固定于一个硕大机轮的一端,转动机轮使吊桶沉入河中,灌水后升起吊桶并将水注入人工建造的灌溉水渠。人们已基本可以对尼罗河平时的流量和每年的洪水泛滥作出预报,这意味着埃及的供水问题比美索不达米亚要小得多,但即便如此,水资源的控制也影响着城市和国家的结构。

与其他早期的文明一样,埃及的城市不仅有宗教建筑,还有政府的行政管理中心。拿希拉孔波利斯来说,那儿不仅有神庙和闻名遐迩的陵墓,也有统治者居住的宫殿。这座城市之所以如此繁荣,或许是因为神庙团体和朝拜大大吸引了周边的村庄。整座城市正是在灌溉、行政管理和宗教的朝圣综合的基础上形成的。

更早的考古报道似乎显示,自从埃及由一个国王统一全国之后,其城市大多并没有建造城墙。美索不达米亚的特征之一便是城邦间的内战频繁,相反,埃及的中央政府可能足以平定这样的内战,使得护城墙的建造没有必要。同时,尽管不时地外来袭击使得防护措施必不可少,但是尼罗河谷东、西两面的

沙漠足以成为埃及的天然屏障。

　　然而通过近期的发掘，人们开始对"开放的城市"这一说法提出了质疑。一些城市的城墙已经被发现，考古学家也开始怀疑其他城市的城墙或许已经被拆除，建筑城墙的材料也可能被人们挪作他用。在埃尔卡伯（El-Kab）从希拉孔波利斯横跨尼罗河之处，人们发掘出一座可追溯至公元前1788年至前1580年的古城，整座城市占地1 600平方英尺，且围有城墙。此城墙可能还把一座更为原始的城镇分隔了开来，该城镇的布局呈圆形或椭圆形，且四周有双层围墙环绕。

　　在沿尼罗河的各个城镇中，规模最大的可能要数那些政治首府了，起初是北方的孟斐斯，继而是南方的底比斯，期间偶尔转移至别处。就拿今天的底比斯来说，大部分宏伟的神庙与纪念性建筑只能追溯到第十八和十九王朝，即公元前1550年至前1196年。在这一时期，埃及的人口迅猛增长，从150万增加到250乃至500万。考古学家无法发掘埋藏在其下的更早城市，而且那座更为古老城市的住宅建筑很可能在今天的地下水位以下，这些都是无法复原的。

　　其他类型的城市使城市网络得以完善。贸易城市，尤其是那些位于尼罗河三角洲的贸易城市，把埃及国内和外部世界连接了起来。早在公元前3650年，地中海附近、尼罗河三角洲上的布陀城正是来自黎凡特（当今的叙利亚、黎巴嫩和以色列）和美索不达米亚的船只的停靠港。在三角洲上更南端的奥马里（El-Omari），人们发现了许多从地中海海岸进口的货物。在这些港口城市中，人们必须卸下货物，用小一些的船只或有篷的驴车转运到孟斐斯附近的迈阿迪。迈阿迪是三角洲和上埃及之间的贸易纽带。

古王国的不朽建筑：金字塔和城堡

　　与美索不达米亚一样，埃及国力的日益强盛带来了其建筑史上的"盛世"。第三王

74

朝（公元前2649—前2575年）时期,国王左塞的建筑师伊姆霍特普把原先结构较为简单的"马斯塔巴"进一步发展为用石块层层堆砌成阶梯形的建筑以安放国王死后的遗体。这种金字塔的前身显示了国王对劳动力、财政及建筑技术令人吃惊的绝对控制。政府的行政管理组织和国家的经济生产力持续发展,到这一王朝末期,埃及已将其对尼罗河流域南部的控制扩展至第一瀑布,那也是埃及传统意义上南部的边界。与此同时,埃及的艺术家们继续发展陵墓的雕塑艺术,文字体系亦日趋成熟。古王国完全成形,统治者花费巨大的财力用于修建金字塔陵墓,以便存放他们享受来世生活的木乃伊。

在半个世纪中,建筑师们认识到,把马斯塔巴的多层阶梯形结构填满,从而建造简洁、优雅且外形呈三角形的真正意义上的金字塔会更为美观。第四王朝（公元前2575—前2465年）的国王监督建造了埃及史上最大的金字塔。高达450英尺的胡夫（Khufu,希腊语作Cheops,公元前2551—前2528年在位）金字塔和海夫拉（Khefren,公元前2520—前2494年在位）金字塔,以及相对稍小一些的门卡乌拉（Menkaure,公元前2490—2472年在位）金字塔,都集中在狮身人面像周围,显示了埃及人创造性的想像力、完美的组织能力和对永生的无限希冀。在金字塔以及当时一些宫廷要员和达官显贵的坟墓里,有各种雕刻、浮雕、绘画和铭文,都显示了当时极高的艺术成就。依据死者生前掌握的权力大小和地位高低,王后及官员的陵墓与国王的金字塔分别保持相应的距离。(但是,盗墓现象极为猖獗,我们无法知道它们中的许多陵墓能在多长时间里保持完整。)和胡夫金字塔和海夫拉金字塔相比,门卡乌拉金字塔已相对较小,之后建造如此巨大建筑的现象大大减少,这可能显示了埃及国力的日趋衰落。

狮身人面像和海夫拉金字塔,吉萨。作为国王死后的陵墓,最大的几座金字塔位于今天开罗附近的吉萨,其时间可追溯到大约公元前2600年至前2500年。国王海夫拉在前2600年之后一度统治埃及,而狮身人面像——它是一只拥有狮子身体和人头的神话式怪物——的脸部,据称可能与国王海夫拉相仿。

左塞王阶梯形金字塔，埃及塞加拉，公元前约2700年。这座阶梯形金字塔是吉萨古代建筑杰作中的先驱，其前身是马斯塔巴墓。马斯塔巴外观低矮，形状类似长方形的方凳用以覆盖坟墓。这座早期金字塔，实际上就是一座200英尺高的顶部无庙的塔庙，其建筑目的是为了标明并保护地下90英尺深的墓室。

75

胡夫大金字塔的剖面图，吉萨。左塞王金字塔的长方形底座和阶梯状的外形，被逐渐改变为我们所熟悉的巨大的、外表光滑的纪念碑。它高约450英尺，基座呈正方形，占地13英亩，是通过强迫劳动得以建成的。

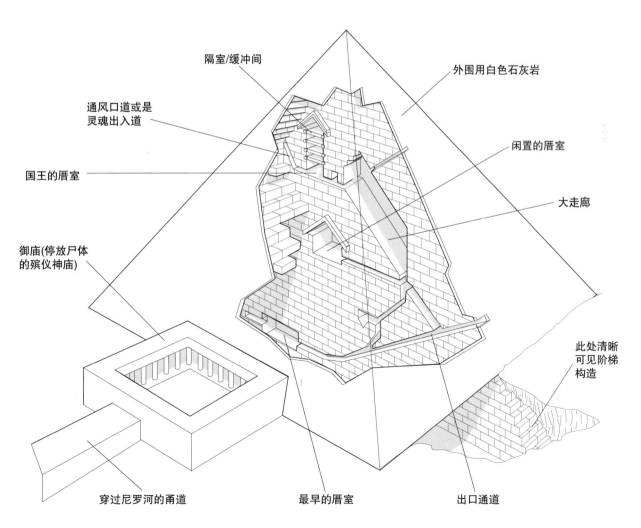

隔室/缓冲间

外围用白色石灰岩

通风口道或是灵魂出入道

闲置的厝室

国王的厝室

大走廊

御庙(停放尸体的殡仪神庙)

此处清晰可见阶梯构造

穿过尼罗河的甬道

最早的厝室

出口通道

76

在古王国的鼎盛时期，埃及的贸易、劫掠行动和采矿开始向南扩展到了位于尼罗河第一瀑布之上的努比亚。或许在大金字塔建造的同时，在第二瀑布附近也建造了布亨城堡，保护并巩固埃及的远征行动。公元前约2400年之后，布亨城堡似乎也已趋衰落，但是贸易和侵袭劫掠的远征行动却仍在继续进行。所有这些建筑上的、精神上的、政治和军事上的成就都可以上溯到如今我们称之为前王朝、早王朝和古王国的那个盛事年代。

古王国的解体

中央集权逐渐削弱，各省（nome）的行政区长官即省长纷纷起而争夺权力。他们把征来的税收留作己用，甚至备有私人军队进行地方统治。根据墓地的大小和相关记载，当时的人口死亡率似乎有所上升。饥荒到处可见。显然尼罗河没有达到理想的洪水水位以供农业灌溉，而无能的统治者又无法建造足够的人工灌溉系统来弥补水源的短缺。

古王国最终于公元前2181年解体。起初好几个省的省长各自为王。而后两大势力中心崛起，争夺权力，即北部的赫拉克利奥波利斯和南部的底比斯。这段被称为第一中间期的分裂时期持续了将近一个世纪。

原始资料

《埃及亡灵书》与"反面忏悔"

许多古代埃及的文献都描述了为确保死后能获得永生的快乐而作出的努力。现代的学者们节选了一些丧葬文书，并命名为《亡灵书》。这段文献的节选就表现了一位死者在来世审判庭上的"反面忏悔"以申明他不曾犯下那些错误或罪行：

我不曾危害人民。
我不曾虐待牛群。
我不曾在真理面前犯下罪孽。
我不曾试图了解凡人不该了解的东西。
我不曾亵渎神祇。
我不曾对穷人施以暴力。
我不曾干诸神憎恨之事。
我不曾中伤奴隶。
我不曾让人反感。
我不曾让人落泪。
我不曾杀生。
我不曾指使杀手杀人。
我不曾让人遭受痛苦。
我不曾削减圣殿的食物或收入。
我不曾弄坏诸神的食物。
我不曾拿走死者的任何东西。
我不曾与男孩发生性关系。
我不曾玷污自己。
我不曾增加或减小谷物容量。
我不曾减少土地面积。
我不曾伪造土地记录。
我不曾增加天平的砝码。
我不曾减少过秤砝的分量。

我不曾抢夺孩子口中的牛奶。
我不曾把牛群赶出牧场。
我不曾诱捕诸神之鸟。
我不曾在沼泽中捕鱼。
我不曾在干旱时断水。
我不曾修建水坝拦截流水。
我不曾在不适当的时候灭火。
我不曾忽视指定的时间和他们的祭肉。
我不曾把牛群赶出神明的领域。
我不曾阻挡神明。
我是纯洁的，我是纯洁的，我是纯洁的，我是纯洁的……
看看我吧——我来到你面前没有犯下罪过、没有做过坏事、没有行过恶行，没有对我不利的证据，没有我要提起诉讼之人。我以真理为生，为真理而活下去。我行人类应行之事，做诸神满意之事。我已满足神明的愿望。谁饿了我给他食物，谁渴了我给他水喝，谁身体赤裸我给他衣服，谁深陷困境时我拉他一把。我为神供奉供品，为死者献上祭品。所以，求求你，救救我吧；求求你，保护我吧。

（Pritchard，第34—36页）

原始资料

《辛努海的故事》以及对宫廷和都城的颂扬

在新国王登基之时，辛努海（Si-nuhe）这位高级官员和皇室随从，从埃及宫廷出逃。显然，他是担心他对新国王的忠诚受人猜疑，以为自己的生命安全受到了威胁。辛努海是一位经验丰富的勇士和管理者，即使他在自我流放中仍得到了好几个亚洲王国的要职。然而在辛努海年迈之时，埃及国王及其家人都请他回到埃及宫廷，这样他便能"在家"安度晚年，死后也能享有适当的丧葬仪式。

这个关于和解的故事基本上是基于事实写成的。它大力颂扬埃及胜过其他国家，歌颂城市胜过乡村，尤其是对皇室宫廷与都城的赞美都显示了埃及上层人士的信念。这种关于宫廷官员的职业和道德品性，以及在位国王的卓越的叙述，是古代埃及坟墓里所刻自传的杰出范例。辛努海的故事成为埃及文学最受欢迎的经典之一，其手稿于公元前约1800年首次出现，一直流传到公元前约1000年。一位现代学者称之为"埃及中王国文学王冠上的一颗灿烂明珠"。（Lichtheim，1，11）

辛努海后来回到首都，而后到法尤姆湖区附近的城市李什特（Lisht）。

> 因此我牵着王室子女的手，从内室当中向外走。随后我们来到大双门。我走进一个王子的房间，里面净是

奢华之物。屋内凉爽且视野开阔，放有国库价值连城的宝物。每间房里还有皇帝和他所宠信的贵族们的王室亚麻服装、没药和上等油。每位管家也忙于各司其职。时光从我身上流逝。我被梳洗干净，许多尘埃归于沙漠，衣服给了穿越沙地者（Sand-Crossers）。我穿着精致的亚麻服装，身上涂满了上等油。

我躺在床上。我把沙地让给那些在其上生活的人，让出桐油给涂满了它的人。我得到了一套带花园的房屋，那曾为一名朝臣所有。许多工匠共同建造这幢房屋，它所有的木建部分都得以翻修。除了王室子女外，每天宫廷里也会给我送三四次饭，从未间断。

在金字塔坟墓群中间，人们也为我建造了一座石制金字塔坟墓。凿出金字塔坟墓的石匠们接管了地基区域。轮廓绘图员在其内进行设计；首席雕刻者在其内进行雕刻；大墓地工程的监工们也将其纳入自身职责。所有必需的材料都由放置在坟墓通道上的全套用具制造而成。人们还给我配备了丧葬祭司。还为我建造了一座墓地花园，它的土地延伸至乡镇上，一名宫廷要员才会有如此的待遇。我的塑像被镀上了金子，裙子下摆更是上等黄金所镀。这是尊敬的陛下派人所造。从未有任何一个穷人会有如此的待遇。

（Pritchard，第18—22页）

中王国的兴衰

公元前约2050年，底比斯的门图荷太普国王终于打败了北方的竞争对手，重新统一了国家，由此开启了中王国时期（约公元前2050—前1750年）。贸易得以再次复兴，主要有两种模式：其一是当地的商队，负责横跨西奈沙漠北部，在尼罗河三角洲和巴勒斯坦之间进行香料、树脂和矿物的贸易；另一种则是贯穿整个地中海东部、以船运为交通方式的长途贸易，主要根据皇室家族的指令进口木材、树脂、天青石、铜和象牙，以用作官方建筑和装饰之用。

美术和文学开始繁荣发展。在中王国所有的文学瑰宝中，最为夺目的莫过于《辛努海的故事》，它讲述了一位宫廷高级官员的自我流放，直至年迈之时才重新被召回首都，并被赋予了很大的荣誉。这个故事不仅揭示了宫廷和皇室家族的钩心斗角、尔虞我诈，还将都城上层人士的生活和周围沙漠环境的恶劣与艰苦做了鲜明的对比。

最为重要的是，中王国的国家机构和综合国力都比以前大为增强。埃及国王有效地治理国家，并且比以前更富侵略性，将其势力范围延伸扩展至努比亚和中东地区。埃及开始壮大成为一个帝国，统治着更为遥远的异邦民族。从这时开始，埃及的命运与其帝国的命运息息相关。中王国之所以终结，部分原因在于努比亚人赶走了

78

埃及入侵者,但更为重要的是因为喜克索斯人,又称"异国的统治者"的入侵,他们操着闪米特语,可能来自西奈沙漠的东部和北部。新王国(约公元前1550—前1050年)再次作为一个帝国崛起,重新控制了努比亚和巴勒斯坦的大片区域,以及毗邻的叙利亚的部分领土。有关帝国的具体情况及其对埃及的重要性,我们将在第5章"帝国的形成"中进行介绍。但本章还是得提及新王国时期的一个引人注目的事件——埃赫塔吞城的建造和毁灭,因为它凸显了都城的象征性重要意义。

埃赫那吞砂岩雕像,阿马纳时期。埃赫那吞只信奉一个神,即日落神,以有翼的日盘为代表。(开罗埃及博物馆)

埃赫那吞国王的都城——埃赫塔吞

在尼罗河东岸的阿马纳挖掘出了一座古埃及都城的废墟,它的整个存在都和一位统治者——阿蒙霍特普四世,一般称之为埃赫那吞国王,与众不同的眼光联系在一起。

国王阿蒙霍特普四世(Amenhotep IV,公元前1353—前1335年在位)继位后的几年内,摒弃古埃及的秩序,奉行一种新的一神教。他废除埃及人信奉的诸神,只崇拜唯一的神——阿吞神(Aten),即日盘(太阳)神。阿蒙霍特普自命为国民与神之间的中保。颇具象征意义的是,他摒弃传承下来的皇室家族的名称,取名埃赫那吞(Akhenaten,意为"为阿吞服务者")。原来宗教崇拜的主神"阿蒙"二字被很快地从埃及所有的碑文中抹去,而在某些文献中的"众神"二字也是如此。

为了巩固新的秩序,摆脱敌对的神职人员的权力控制,埃赫那吞把他的都城北移两百英里,从原先的中心城市底比斯迁到沙漠边缘的蛮荒之地。他新建的都城被定名为埃赫塔吞(Akhetaten,意为"阿吞的地平线",即今天的阿马纳),就是在这里,埃赫那吞、国王之妻娜芙蒂蒂王后和他们的六个女儿尊奉这一新的宗教。

埃赫塔吞统治者的奇异怪诞在其城市的建筑、雕刻和壁画作品中都有所反映。作品中不再充斥关于永恒的生硬陈述,而是一种自由的表达,强调的是此时此地的现世。阿吞神被供奉于一座开放式的神庙中,受到阳光的照耀,而不是供奉在那通常专用于朝拜的幽暗素朴的圣所里。住宅建筑包括配备大花园和池塘的宽敞别墅,居住的都是富有的官员。在艺术表现上,由之前的严肃庄重转变为前所未有的栩栩如生和开拓创新。艺术家们刻画了皇室中父母与儿女嬉戏、逗弄坐在腿上的婴孩的场面。关于埃赫那吞低垂的下巴和畸形身躯的怪异描绘也表现了他的个性,这标志着与高度程式化的旧时法老形象的正式分离。

埃赫那吞在地理位置和思想上的孤立威胁着埃及帝国的稳定。当他死后,其继位者摒弃了埃赫塔吞,后又把它夷为平地。都城重新迁回底比斯,原来的宗教和政治秩序得以恢复。其后相继的法老都极为憎恨埃赫那吞所信奉的一神教,他们摧毁了整座城市,并把拆下来的建筑材料用于别处。

从以上丰富的考古和文献资料中,我们详细讨论了尼罗河流域周边各种类型的城市,接下来让我们东进大约2 500英里,去探索印度河流域早期的城市,关注它们的极不相同的结构和使用的材料。

印度河流域文明及其未解之谜

古代美索不达米亚和埃及的文明从未彻底消失过。希伯来语和希腊语的相关记载，以及诸如宏伟的金字塔等尚存的人工遗迹，都让其仍然活跃在人们的想象之中。不时发现的坟墓及偷盗的墓葬品都是最好的佐证。尽管如此，直到现代的19世纪中期才出现了系统的遗址发掘和对古代文献的解读。

印度河流域的文明曾经几乎完全消失，直到20世纪20年代才开始这方面的发掘工作，其文字迄今尚未得到破解，也就不足为奇了。20世纪中后期考古史上最大的事件之一便是这一曾长期存在且影响广泛的文明被偶然发现以及随之进行的系统挖掘。

印度河流域文明的源泉

1856年，英国驻印度的殖民统治者正在监督位于印度河流域沿岸的拉合尔和卡拉奇两座城市之间的铁路建造。期间，建筑工人在半荒漠地区发现了成千上万块被火烘烤过的陈年旧砖，于是就把它们用来铺设路基。在这些陈砖当中，工人们还发现了上面刻有艺术图案的滑石印玺。这些印章和砖头正是证明这片区域曾是一个古老未知文明发源地的第一个线索。其中的一些被上交给了印度考古局的官员们并做了记录，但直到1920年，系统的发掘工作才正式启动，当时印度考古局的局长约翰·马歇尔派人去勘查这片荒地之上的一个大土丘，那里正是发现滑石印玺之处。

不久人们就发掘出了一座有着4500年历史的城市。他们把它命名为"哈拉帕"，考古学家们也常常用这个名称指代整个印度河流域的文明。两年后，考古局的一位印度官员R·D·百那吉（R. D. Baneryi）发现并开始挖掘西南方向200英里处的另一个遗址，后来被称为"摩亨佐-达罗"，意即"死丘"。这两座城市有着许多相似的城市设计和建筑特点。城市的周长都为约3英里，城市规模之大足以容纳40 000人口。通过对这两个城市的发掘，一个已消失几千年的城市文明开始呈现在人们面前。

历史一览表：印度河流域			
年 代	政 治	宗教与文化	社 会 发 展
公元前7000年			■ 定居点的遗迹；与美索不达米亚通商
公元前3000年			■ 种植棉花
公元前2500年	■ 印度北部的哈拉帕文明的全盛时期（前2500—前2000年）		■ 哈拉帕与摩亨佐-达罗城
公元前2000年	■ 哈拉帕文明的衰落（前2000—前1900年）	■ 建筑水准明显下降	
公元前1500年	■ 雅利安人迁入印度（约公元前1250年）		
公元前1000年	■ 雅利安人到达恒河流域西部（约公元前1000年）并建造首批城市（约公元前750年）		■ 铁制工具被广泛应用于恒河流域的农业生产

在开始发掘这些遗址之前,学者们一直认为,印度的文明起源于恒河流域,始于约公元前1250年波斯和中亚的雅利安移民的到来,以及约公元前700年出现得最早的一批城市。哈拉帕城市遗址的发现将古代印度的文明史向前推进了1500年,并且将其置于完全不同的生态区域。

随着考古学家在印度河流域挖掘工作的进展,他们发现,那里的文明比人们所预想的开始得更早,持续得更为长久,而且传播得要更广泛。这一文明可能部分起源于一个名为梅赫尔格尔的定居点,它位于波伦山口的山麓小丘,那里出土了许多早期居民的人工制品,其时间可追溯至公元前7000年直到技艺渐趋成熟的公元前2500至前2000年间。在印度河文明的全盛时期,其主要的定居点分布西至通往伊朗的莫克兰海岸,东部和北部至旁遮普、甚或恒河流域的上游,南方和东方至喀奇的朵拉维那和讷尔默达河的河岸。

这一印度河流域的文明与美索不达米亚文明之间有着怎样的联系?起初,许多学者推测,印度河流域的人民沿袭了苏美尔人及美索不达米亚其他民族的城市建设技术。但随后也有学者争论说,哈拉帕绝非美索不达米亚的衍生产物,与之相反,它是独立发展形成的。我们可以想象的是,美索不达米亚文明与印度河文明有一个共同的祖先,他们曾居住在这两个地区之间的山脉丘陵上。

书面的文字记载是重新打开古美索不达米亚文明和古埃及文明的钥匙,但是关于印度河流域的记载却相当稀少。到目前为止,人们所发现的仅有的文字材料便是印玺铭文,其中提供的是相当有限的信息。此外,学者们尚未成功破译铭文,他们给出的译文解释大相径庭。因此我们对印度河文明的了解也十分有限。人文遗迹很好地表现了城市和定居点的外貌,但不能让我们了解其制度风俗习惯等。此外,我们可以从自身的角度,有根据地推测出其人工制品和城市构造的作用与意义,但是,我们还是无法听哈拉帕人亲口说出他们自身对印度河流域文明的理解。

布局合理的城市设计与建造

迄今为止的考古发掘揭示了一个城市文明,它始于公元前7000年的简易的定居点,如山间的梅赫尔格尔。在长达千余年的时间里,人们从山区移至平原地带和河谷流域。起初,他们或许只是在寒冷的冬季迁徙至河谷的森林地带,在那儿放牧牛羊,包括印度的瘤牛,在夏天就又回到山区。随着时间的流逝,他们可能已经打算耕种那片河谷中被河水灌溉的冲积平原。他们开始沿着印度河用船只进行贸易,甚至从印度河进入阿拉伯海,乃至更远的波斯湾,并沿着底格里斯河和幼发拉底河上溯至美索不达米亚。在美索不达米亚,我们发现了来自印度河流域的货物商品,反之亦然。

工艺与艺术　印度河流域的工艺包括制陶、染色、青铜加工和饰珠制作。饰珠的原材料包括来自喜马拉雅山脉的翡翠、阿富汗的天青石、波斯的绿松石、印度麦华的紫水晶以及当地的滑石。所有这一切都显示地区间的贸易频繁。用石头、赤陶土及青铜制成的小雕塑常以神职人员或政府官员、舞女,或者母亲神为人物原型。因为没

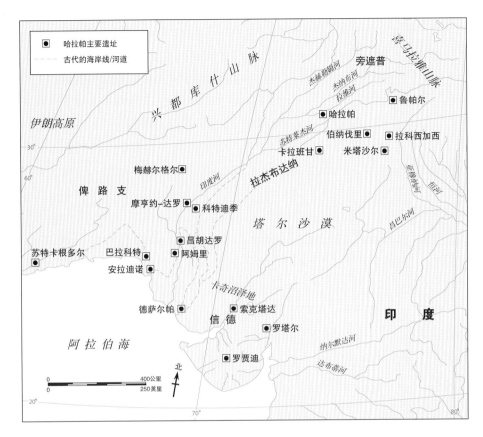

印度河周边的城市。印度河流域北部和西部以山脉为界,东部濒临沙漠,到公元前2500年,逐渐形成了成熟的城市文化,该文化以独立的有城墙的城市为基础,彼此的城市设计有着共同的模式。从地域角度看,印度河流域文明是当时世界上最大的文明。

规划合理的城市。摩亨佐-达罗,占地150英亩,拥有约40 000居民,是印度河边的一座繁华城市。人们挖掘出一片架高的城堡区域,包含礼堂和行政楼,以及一个居民住宅单元,位于45英尺宽、格栅状的大道中间,配有地下排水排污系统和一排砖造的住宅楼。

有附带文字说明来解释其确切身份,所以我们只能揣测一二。骰子和牛车小雕塑很可能是作为玩具和游戏用的。已知最早将棉线作为用于纺织的纤维便出现在印度河流域,向世人引介了印度乃至世界最为久远而重要的农作物和工艺之一。

规划合理的城市 到公元前约2500年时,已拥有1 000座已知的城市,日益兴盛的印度河文明到达其全盛时期,并持续了约500年。哈拉帕与摩亨佐-达罗是其中两个最大的定居点,其中心区域周长约三英里,而距摩亨佐-达罗约一英里处还有一片用于居住或工业的郊区。这两座城市都拥有约40 000居民。

两座城市在设计上有着相同的特点。北部建有架高的城堡,或高地;南部则是一个低矮的城镇。在摩亨佐—达罗,城堡长1 400英尺,宽450英尺,建在一个约高于平原45英尺的建筑平台上。顶部有一个大型的公共浴室,长29英尺,宽23英尺,深8英尺。两侧有许多小室,可能是单间的小型浴室。毗连着大浴室的是一片很大的空地,被用作粮仓,以保障在洪水季节食

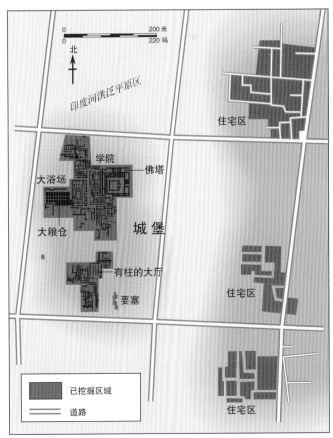

82

物的安全储存。其他空地可能用于公众聚会。东南方的角落有用于防御的城墙,而且似乎整个城堡四周都建有城墙。

地势较低的城市呈格栅状分布,其主要街道大约宽45英尺。这里都是私人的住房,几乎每间房屋都有各自的水井、浴室和建在下水道之上带有砖砌座位的厕所。砖砌成行的下水道用水将污水和废物冲入集液池,聚集之后用马车拉走,可能是用于肥沃附近的农田。城镇的规划井然有序。甚至连预制的经烘烤的砖块在大小和形状上都是一致的。其时统一的度量衡系统也已得到广泛应用。

目前对这两座最大的城市的挖掘工作碰到一些很棘手的问题。早在数千年以前,抑或是在铁路建造期间,哈拉帕城就已经遭到巨大的破坏,只留下很少的人工制品被发掘出来。摩亨佐－达罗坐落于很高的地下水位之上,过深的挖掘就有可能引发洪水把整个遗址淹没。要挖掘到这座城市的地基层是不可能的。

然而,对摩亨佐－达罗遗址的进一步挖掘不断提供惊人的发现。最近的勘查发现了距这座已知城市约一英里处它的一个边远部分。它是工业区或者住宅区的一部分么?对此我们无法确定。但是这个发现却证明了摩亨佐－达罗比哈拉帕城要大得多。或许它曾是印度河文明的都城。城市的布局与建造都井然有序,这显示了政府具有良好的组织能力和行政管理能力,但还没有发现真正的建筑遗迹能够清楚地显示宫殿或庙宇的存在,而且在城市规划或房屋建筑上也无法找出关于社会分层的任何迹象。被挖掘的坟墓也都很有规则,死者头部朝北,遗体旁都有一些陪葬品,如装食物和水的陶罐、少量的宝石、制作简单的镜子和一些化妆品等。这与埃及甚至美索不达米亚那些奢华的皇室陵墓完全不同。

近些年来,人们又发现并挖掘了更多的印度河流域城市,进而丰富了关于这个文明广阔地理范围的信息。总的说来,新的挖掘证实了人们更早发现的城市设计模式,但也添加了一些新的元素。例如,在印度卡奇的朵拉维

哈拉帕的碳岩舞者像,公元前约2300—前1750年。这个舞者像展示了人们对三维运动和生命力的掌握,这在早期的艺术作品中相当少见。与之相反,当时的美索不达米亚和埃及的人体塑像只是纯力量的象征,要么表现神性的永恒,要么表现半神的王权。事实上,这件哈拉帕艺术作品是如此的奇特以致一些学者们甚至怀疑它的制作年代。(新德里印度国家博物馆)

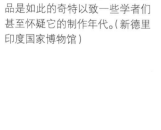

摩亨佐-达罗的碳岩半身雕塑像,公元前约2300—前1750年。这个半身像的眼睛是两条水平的狭长裂缝,嘴唇平厚,蓄着流苏般的胡须,由于他的长袍一边挂在左肩之上,所以人们认为他是一位牧师或萨满巫师。尽管外貌雄伟,但他身高仅七英寸。(卡拉奇巴基斯坦国家博物馆)

那的发掘始于20世纪80年代末，挖掘出了城市主要入口处一些规模宏大且装饰精致的大门，以及在上游和下游城市之间的运动场。朵拉维那并非位于河边，而是坐落在一小片架高区域的中心部分，在季风季节，当周围的水位达到最高点时，该片区域可能会形成一个岛屿。在这片异常干旱的地带，上游城市的岩石被凿成硕大的贮水箱以储存雨水。朵拉维那也显示了上、下游城市之间的一个明显不同，上游城市的街区相对来说比较宽阔，而下游城市的住宅则要简单小巧一些。然而在挖掘出的这两万件人工制品中，并没有出现如埃及和美索不达米亚那样极为明显的贫富差异。

诠释上的困难 对印度河流域出土的人工制品的诠释强调了该社会明显的无阶级性、平等、效率和公共便利设施。一些专家对此持负面评价，他们认为这一切体现的是政府的刻板僵化和生活的单调乏味。一些学者强调，哈拉帕人很显然生存并且昌盛过几百年，另一些学者争辩说，这些城市在很长的时间里几乎没有变化，缺乏美索不达米亚和埃及城市所拥有的活力。由于缺乏当时留下的文献的指引，对已发现的遗迹作出的解释往往取决于观察者自身的立场和价值观体系。

我们也不知道这个统一的、规划完善的文明是有一个都城，还是有几个区域性的都城，抑或是根本没有中央集权的政治体系。从城市结构中可以清晰地看到精心设计的布局规划，但不知道印度河流域文明是否发展形成了关于管理、贸易、宗教或朝圣等的城市制度，更不用说这些制度的特性了。埃及或许城市很少但却有一个国家体制，印度河流域虽城市众多，但却没有一个明确的国家。实际上，一些学者认为，印度河流域从未建立过国家结构。它究竟是和统一前还是统一后的埃及相类似呢？抑或是和美索不达米亚一样，众多城邦林立，共同参与一个普遍的文化的形成过程？人们对此已提出了三种推测。

直到哈拉帕语言被破译之前，它的文明对我们来说仍然是一个谜：它是怎样形成的？它为什么会解体？它是如何向东部发展的？它在哪些方面影响着其后继者——即恒河流域的雅利安文明？

哈拉帕文明的遗产

我们最初从雅利安人的文字记载中得知，哈拉帕居民与雅利安人侵者之间的交流形成了新的文化混合体。但颇具讽刺意味的是，这些文字记载几乎全是关于文学艺术方面的。对比哈拉帕模式，早期的雅利安人留下了许多文学瑰宝，但几乎没有留下什么建筑或人工制品。

哈拉帕的四大遗产令人瞩目。其一，雅利安入侵者是一个游牧部落，他们一定从已经定居的居民那里沿袭和吸

早期的科学和技术（公元前7000—前1000年）	
前7000—前6000年	中东陶器制作
约前5500年	美索不达米亚与埃及的铜、金和银制品制作
约前4000—前3500年	在亚洲和非洲，陶轮和窑炉发明；泥砖使用；发展用于纺纱的纺锤；开始制作篮子
约前3500—前3000年	发明犁和双轮车；在苏美尔青铜铸造技术和楔形文字开始出现
前3100年	埃及和亚述的芦苇船；埃及出现象形文字
前3000年	在印度河流域开始种植棉花
约前2500年	在埃及木船开始使用；墨水和纸莎草等书写材料开始得到应用
前2050年	美索不达米亚出现第一块玻璃
前1790年	在巴比伦数学和医学开始得到应用
前1740年	战车从波斯被引入美索不达米亚（以及之后的埃及）
前1370年	叙利亚西部开始使用字母文字体系
前1000年	在埃及和美索不达米亚铁被用于工业

我们是怎样知道的?

哈拉帕文明的衰落

到约公元前2000年,印度河文明的建筑技术开始衰落。新建筑的建造和对现存建筑的修缮忽视质量和细节。居民开始离开印度河附近的城市和城镇,重新定居在东北方向旁遮普的城镇,如卡利班甘,以及东南方向如古吉拉特上的罗塔尔城镇。与此同时,一些新来的移民——私自定居者——似乎已经迁入那些老城区。

同样,对于城市衰落和人口重新分布的原因也是众说不一。或许因为河流的流向发生改变或变得不稳定;抑或是由于土壤变得过于贫瘠;还可能是因为森林被过度砍伐,耕作层被腐蚀。

早先认为印度河文明的衰落是由于从印度西北部某处而来的雅利安民族的入侵,这种观点如今已日益不被人们赞同。这种观点原是基于哈拉帕建筑遗迹和雅利安文学作品。摩亨佐-达罗的几具尸骨表明了暴力致死的状况,而雅利安的宗教文本描述了入侵者焚烧并摧毁了现存的定居点。其中最早并最为重要的文献之一——《梨俱吠陀》就讲述了因陀罗神的毁灭性力量:

随着飞速向前的战车,啊
因陀罗,汝声名远扬,你压倒了
二十个身为国王的男人
还有那六万零九十九个随从……
汝赢得一场又一场战斗
勇敢无畏,摧毁一座又一座城堡
用你的无比力量。(i,53)
……用熊熊烈火烧毁他们所有的武器,
而他变得富裕,因俘获了牛、车和马匹。(ii,15)

雅利安的火神阿格尼则更为可怕:

因对你的恐惧邪恶的人们
逃走,不敢恋战,把一切所有
丢在后面,啊,当梵史梵那罗(Vaisvanara)
为普鲁燃得通红,毁灭了
座座城市,你真的如日照耀。(7.5.3)

然而,新发现的考古证据反映了印度河文明的衰落、反城市化和解体,这些都早于雅利安人的入侵。更有证据显示,雅利安人并非采取全力进攻席卷一方的远征策略,而是一系列小规模的移民浪潮。雅利安人的到来或许仅仅是完成了哈拉帕的衰落。

- 为什么新兴城市,如卡利班甘和罗塔尔的形成反映了印度河流域文明的衰落?
- 为什么曾有学者认为雅利安人的入侵摧毁了印度河流域文明?为什么如今他们质疑这种说法?
- 上面提到的可能的原因有哪些?为什么学者们无法肯定这些原因的准确性?

取了一些定居的技术和文化。其二,作为刚到印度这一生态区域的新来者,雅利安人也一定向哈拉帕人学习了农业和畜牧业的技术。然而,之后随着他们东迁至恒河流域,他们面对着一个全新的生态环境,以稻作农业和铁器的使用为基础。此时哈拉帕人的技术根本派不上用场。其三,经常出现在哈拉帕印章上的一个三头雕像与后来作为雅利安的湿婆神的形象颇为相似。或许后来的雅利安人也曾经接受早期的哈拉帕人信仰的神并在此基础上作了一些改变。

最后,雅利安人的种姓制度,即根据家庭从事的职业、肤色和宗教仪式上的纯洁性,将人们在出生时就划分为不同的等级,并且规定了人们可以进入的社会交际和婚姻范围,这或许反映了雅利安人需要规范哈拉帕人与他们之间的关系。为了凸显并维持他们自己的优越地位,雅利安人将早期种姓制度的社会结构作了详尽的规定,并在这样的规定之内将当地的居民永远置于最低的社会地位。

雅利安部落在东迁的过程中变得越来越强大,技术越来越娴熟先进。所知最早的、关于他们城市结构的建筑遗迹可追溯到大约公元前700年,位于恒河流域。在第8章介绍第一个印度帝国时我们会对此做更具体的介绍。

尼罗河与印度河的城市及其意义

印度河与尼罗河流域文明在多大程度上证实了或改变了我们关于城市重要性的看法呢？他们确实向我们展示了城市的形式与结构网络可以有巨大的差异。在美索不达米亚，它们似乎是互相交战的城邦国家。在尼罗河岸，它们属于一个最初于公元前3000年左右取得统一的单一国家，而且在接下来2500年的大部分时间里依然维持着统一。到公元前2000年时，面临外族的入侵，他们组成了一个帝国的核心部分。在印度河流域，我们并不知道城市是独立的城邦还是一个统一的国家的组成部分；但是从他们的设计和文化产品中，可以明显看出，他们都属于一种单一的文化。然后，在所有这三个地区，是城市造就了国家，而且给了其价值观体系有形的体现。

在发掘这些早期文明的过程中，我们还认识到对建筑与文献进行研究的意义。从某种程度上说，到19和20世纪被学者们挖掘出来之前，这一切已被尘封于历史中达数千年之久。在重建历史的过程中，书面的文字记载对理解这些城市的社会结构和价值观体系都是至关重要的。在美索不达米亚和尼罗河流域，出土文物和书面文字记载帮助我们清楚地看到了神圣宗教因素的存在、统治者与神职人员之间的联盟、巨大的庙宇建筑群，以及埃及的陵墓群，还有这两大文明中存在的广泛的劳动分工和社会分层。但在我们将这些特点归结为城市生活最早的普遍形态之前，我们面对印

摩亨佐-达罗城堡，约公元前2300年及其后。摩亨佐-达罗的城堡是用泥砖筑成的大堤，比下城高出43英尺，为考古学家达雅·拉姆·萨赫尼（Daya Ram Sahni）所发现，当时他正在调查从远处可以看见的公元2世纪的窣堵波（古坟）。城堡的顶部是一些巨大建筑的遗迹，最为著名的是常被称为大浴场的建筑（前景）。

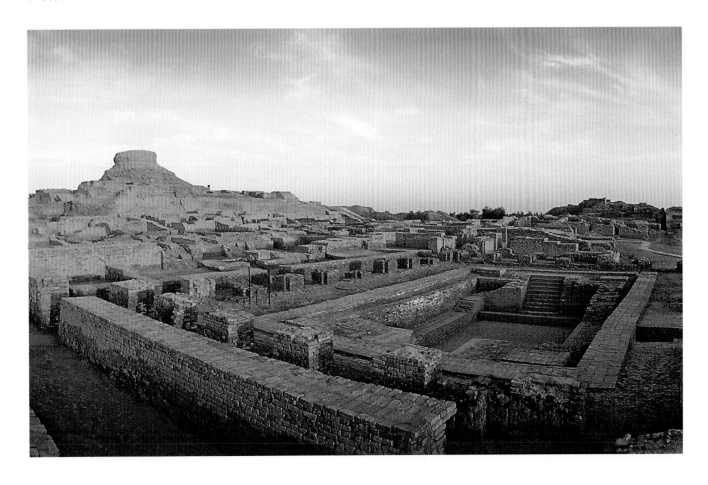

度河流域的出土文物不禁产生犹疑，因为这里找不到关于来世的记载。尽管最近在朵拉维那的出土文物展示了最为富裕的与最为贫困的居民区之间的显著差异，但我们并没有发现普遍的社会分工和截然分明的社会分层的相关记载。而关于美索不达米亚和埃及的艺术成就水平的证据也少之又少。当然，由于缺乏文献资料，我们也没有关于印度河流域的宗教、哲学、法律或行政体系的明确记载。

86

　　为了进一步了解关于城市和国家形成的世界性遗产，我们下面将开始研究另外四个地区土生土长的早期城市和国家形式，他们在地理位置上远离我们已介绍的这几个遗址，并且彼此之间也相距甚远：它们是中国的黄河流域、中美洲、南美洲和西非的尼日尔河流域。我们将有令人惊奇的发现。

复习题

- 为什么难以判定埃及人的哪些定居点是城市？尽管希拉孔波利斯往往被归为规模很大的定居点，为什么它有时还被世人称为城市呢？
- 埃及人关于来世的信念是怎样影响他们建立的城市的？
- 在辛努海关于他被流放的经历以及他重返都城李什特的自传记载中，我们可以了解到关于城市的哪些信息？
- 由于文字材料的稀少以及我们尚无能力破译，在印度河流域无法获得，而在埃及和美索不达米亚的书面记录中我们可以获得的信息有哪些？
- 我们发现印度河流域文明很可能起源于西部的山麓小丘，向北扩展到旁遮普，向南延伸到讷尔默达河，据此我们仍将之称为"印度河流域文明"是否合适？原因何在？如果不合适的话，你可能会给它取什么名称？
- 和尼罗河流域文明和美索不达米亚文明相比较，印度河流域的文明更强调平等，阶级区别也少一些，对此学者们给出了哪些证据？

推荐阅读

PRINCIPAL SOURCES

Baines, John and Jaromir Malek. *Atlas of Ancient Egypt* (New York: Facts on File Publications, 1980). Another comprehensive and excellent introduction from these publishers, with well-chosen and copious maps, pictures, and charts.

Fagan, Brian. *People of the Earth: An Introduction to World Prehistory* (Upper Saddle River, NJ: Prentice Hall, 10th ed., 2000). The best available textbook introduction to prehistory.

Foster, John L., trans. and ed. *Ancient Egyptian Literature* (Austin, TX: University of Texas Press, 2001). A fine anthology of varied forms of literature, culled from the translator/editors of many previous collections, plus a few new pieces.

Hawass, Z. *Silent Images: Women in Pharaonic Egypt* (New York: Harry N. Abrams, 2000).

Kuhrt, Amélie, The *Ancient Near East, c. 3000–330 B.C.*, 2 vols (New York: Routledge, 1995).

Lesko, Barbara, "Women of Egypt and the Ancient Near East," in *Becoming Visible: Women in European History*, 2nd ed., ed. Renata Bridenthal, Claudia Koonz, and Susan Stuard (Boston, MA: Houghton Mifflin, 1998).

Lesko, Barbara S., ed. *Women's Earliest Records: From Ancient Egypt and Western Asia* (Atlanta, GA: Scholar's Press, 1989).

Manley, Bill. *The Penguin Historical Atlas of Ancient Egypt* (New York: Penguin Books, 1996). Through maps and pictures, an excellent review of Egyptian history from pre-dynastic times through Alexander's conquest. Special sections include coverage of foreign relations and warfare, urbanization, and women. Special emphasis on trade.

Nashat, Guity. " Women in the ancient Middle East," in *Restoring Women to History* (Bloomington, IN: Indiana University Press, 1999).

Past Worlds: The (London) Times Atlas of Archaeology (Maplewood, NJ: Hammond, Inc., 1988). The best available introduction to the archaeological exploration of the world, with attractive and useful maps, pictures, diagrams.

Possehl, Gregory L., ed. *Harappan Civilization: A Recent Perspective* (New Delhi: Oxford University Press and IBH Publishing, 2nd ed., 1993). An comprehensive update of the research.

Spodek, Howard and Doris Meth Srinivasan, eds. *Urban Form and Meaning in South Asia: The Shaping of Cities from Prehistoric to Precolonial Times* (Washington: National Gallery of Art, 1993). The papers of an international conference by some of the leading archaeologists working in South Asian urbanization including Michael Janson, Jean-Francois Jarrige, Jim Shaffer, and others on the Indus valley civilization and its legacy.

ADDITIONAL SOURCES

Aldred, Cyril. *The Egyptians* (New York: Thames and Hudson, 1986). Useful general introduction, well illustrated.

Allchin, Bridget and Raymond. *The Birth of Indian Civilization: India and Pakistan before 500 B.C.* (Baltimore, MD: Penguin Books, 1968). Now dated, but clear and comprehensive introduction to what we know and how we know it by archaeologists who stress the archaeological record.

Fairservis, Walter. *The Roots of Ancient India* (Chicago, IL: University of Chicago Press, 2nd ed., 1975). An archaeologist's clear and accessible account of his own findings and those of his colleagues up to the date of publication.

Hassan, Fekri A. "The Predynastic of Egypt," *Journal of World Prehistory* II, No. 2 (June 1988), 135–85. Careful and comprehensive account of the research.

Kemp, Barry J. *Ancient Egypt: Anatomy of a Civilization* (London: Routledge, 1989). Stresses what we know about the social structures of ancient Egypt.

Lichtheim, Miriam. *Ancient Egyptian Literature: A Book of Readings* (Berkeley, CA: University of California Press, 3 vols., 1973). Wide-ranging, comprehensive account of 3000 years of literature.

Mumford, Lewis. *The City in History* (New York: Harcourt Brace, and World, 1961). Mumford looks only at cities of the western world, but he is thoughtful, opinionated, and persuasive on what makes a good city.

Noble Wilford, John. "Egypt Carvings Set Earlier Date for Alphabet," *New York Times* (November 14, 1999), A–1, 16. Records the discovery of the earliest alphabetic writing yet discovered.

Possehl, Gregory L., ed. *Ancient Cities of the Indus* (New Delhi: Vikas Publishing, 1979). Scholarly resume of what was known and debated among archaeologists up to the date of publication by an archaeologist practicing primarily in Gujarat.

Pritchard, James B., ed. *Ancient Near Eastern Texts Relating to the Old Testament* (Princeton, NJ: Princeton University Press, 3rd ed. 1969). The most comprehensive and accessible anthology of texts. Presented with full scholarly annotation.

Time-Life Books. *Time Frame 3000–1500: The Age of God-Kings* (Alexandria, VA: Time-Life Books, 1987). Beautifully illustrated, popular presentation of early civilizations including Mesopotamia, Nile valley, and Indus valley.

Wenke, Robert J. "The Evolution of Early Egyptian Civilization: Issues and Evidence," *Journal of World Prehistory* V, No. 1 (September 1991), 279–329. Historiographic study of what we know and how we know.

Wheatley, Paul. *Pivot of the Four Quarters* (Chicago, IL: Aldine Publishing Company, 1971). Very scholarly presentation of the argument that early cities were mostly cosmo-magical cities. Primary focus is China, but total range is global.

Wheeler, Mortimer. *Civilizations of the Indus Valley and Beyond* (London: Thames and Hudson, 1966). Head of the Archaeological Survey of India presents a clear view of its findings in layman's terms.

一个多中心的世界

东亚、美洲和西非的城市和国家
公元前 1700—公元 1000 年

主题
- 中国：夏朝、商朝和周朝
- 西半球：中美洲和南美洲
- 西非：尼日尔河流域

　　本章将完成对世界上较早进入城市化的七个地区的探讨。内容涉及的是时间上距今较近的四个区域：中国的黄河流域；西半球的两个地区——中美洲和紧靠安第斯山脉的南美太平洋沿岸平原；以及西非的尼日尔河流域。在这几个地区，最早的城市出现在公元前 1700 年的中国，而较晚的城市则在公元 400 年左右在尼日尔河流域形成。这些城市有的分布在一些大的河谷地区，有些则建立在非河谷地区。它们都表现出国家形成、远距离的贸易和宗教活动的迹象。但是，有的聚居点并没有书面语言和文字记录留下来，因此，我们只能完全依靠有关的考古资料来了解当时的情况。其中至少有一个地区，即西非，其定居的模式与其他地区的城市化定居模式截然不同，因而在评价它的意义时，要求我们改变原先对城市化的定义，并对我们的价值观体系提出疑问。

中国：夏朝、商朝和周朝

最早的村落

　　早在公元前 8000 年，新石器时代陶器上的图案就已显示了人类从狩猎和采集过渡到农耕文化和村庄生活。仰韶文化，第一次发掘是在 1921 年，是以其在中国河南省西部仰韶一带被发现而得名。仰韶文化出土了许多令人称奇的文物，其中包括在 1999 年出土的一套小长笛，这套小长笛制作于约 9000 年以前，用一只大鸟的翅骨雕刻而成。此前，为世人所知能吹奏的最古老的长笛是在苏美尔出土的。仰韶长笛比在苏美尔发现的长笛要早 3000 年，其中有一支现在依然可用来吹奏。

　　仰韶文化一直延续至公元前约 2700 年。当时的农民已开始种植粟、小麦和稻谷，驯养猪、狗、山羊，或许还有马匹。他们大多居住在河谷地区，村庄周围大多筑有土墙，以作防御用。半坡是出土仰韶文物最多的一个村落（参阅第 38 页"转折点"一节）。从半坡的考古发现来看，当时一个个的核心家庭居住在各自的屋子里。但是，在半坡也发现了一个规模较大的建筑，它可能是被用作召开氏族会议的。

　　此后不久，在仰韶稍稍偏东北处，出现了一个比仰韶更为先进的新石器时代文化，即龙山文化。龙山人用转轮制作陶器，而仰韶人还只会手工捏制陶罐。龙山人已开始驯养牛和绵羊，在仰韶人的居住地则尚未发现此种迹象。龙山人在自己居住的屋子底下挖土筑坟，而仰韶人则把死者埋在离村落较远的墓地里。有时候，龙山人把骨灰瓮砌在墙基里，这表明了他们对祖先的崇拜。

前页　武士耳饰（上），清理并复原的一号墓出土。蜘蛛珠（下），清理并复原的三号墓出土。秘鲁西潘地区的莫切王室陵墓（公元 1—6 世纪）。用蛛网捕获猎物，而后又吸取猎物精液的蜘蛛，武士以及其他人的、动物的和装饰陪葬品，这表明了由强大的武士祭司所统治的文化。

90

历史一览表：中国			
年　代	政　治	宗教和文化	社会发展
公元前8000年		■ 新石器时代彩陶	■ 原始的新石器时代社会建立
公元前5000年	■ 中国仰韶文化（公元前5000—前2700年）	■ 仰韶陶器上留下的可能是文字的符号	■ 刻划符号；村庄周围建造防御性工事
公元前3500年	■ 新石器时代后期的龙山文化	■ 精致的龙山陶器	■ 耕种和驯养动物
公元前2000年	■ 夏朝（公元前2205—前1766年） ■ 商朝（公元前1766—前1122年） ■ 郑州城（约公元前1700年） ■ 商朝贵族坟墓里发现青铜花瓶	■ 传说中的中国"贤君"；该地区首次出现文字的使用	■ 农业的进步 ■ 商朝国王统治下的城市（公元前1700年前）
公元前1100年	■ 周朝（公元前1100—前256年）	■ 周朝诗歌	■ 铸铁、钱币和成文法在周朝开始使用
公元前500年	■ 战国时期（公元前480—前222年） ■ 秦朝（公元前221—前206年）	■ 孔子（公元前479年去世） ■ 中国开始建造万里长城（公元前214年）以抵御匈奴	■ 发明弩（约公元前350年）
公元前100年		■ 司马迁（公元前85年去世）	

墓葬坑，河北省琉璃河出土，西周时期。古代中国文化中祭祀仪式的主要特点在这一墓葬坑中充分展现。墓葬坑中有马匹的遗骨和四轮马车的残遗。这些重要的统治工具被视为是祭献给神祇的珍贵的祭品，因此和其主人一起被埋葬。

在一或两个世纪以后，另一支龙山文化在黄河下游的山东境内发展起来，它位于原先的龙山文化区域以东，两地相距几百英里。山东的龙山陶器很特别，完全不同于河南黑色的龙山陶器，通常为独特的红棕或灰色。尽管仰韶文化的顶点、西龙山文化和东龙山文化在历史上是相继出现的，但它们在很大程度上是互相重叠的。

河南的龙山文化似乎可以说是相当残忍的。现场的发掘显示，受害者遭杀戮后被埋葬。有的头颅被砍了下来，并显示出死前挣扎过的迹象，这表明当时的村庄与村庄之间曾经爆发过战争。环绕着一些村落垒起来的防护土墙和青铜刀具的存在证实了这一假设。

国家形成的开始

在村落的争斗中，规模更大的政治实体开始出现。中国古代的历史文献记载了中国早期的三个朝代：夏朝、商朝和周朝。这三个朝代曾相继统治中国辽阔广大的区域。当时，中国的北方战乱不断，并存着许多独立的小王国。夏、商、周是其中几个最为强大的独立王国。这三个朝代主要是以中国北方的黄河流域为基础发展起来的。国家的形成可能始于夏朝（约公元前2205—前1766年），尽管历史记载所提供的资料很少，使重构夏朝的城市及其组织结构几乎不可能。然而关于商朝（约公元前1766—

前1122年）城市化的进展，考古资料给我们提供了不少线索，而且这些资料也较为可靠。周朝（约公元前1100—前256年）大大巩固了城市和国家的结构，给后人留下了大量的考古遗存和文字记载。这三个朝代都没能吞并所有的敌国，并建立起一个统一的帝国。这一过程要到后来才出现。

传统的编年史表明，这三个朝代是前后相继，后者在铲除前者以后才掌权的。但是，最新的证据显示，在相当长的一段时期内，这几个国家事实上很有可能是互相重叠的。在长达几百年的时间里，它们可能在毗邻的区域同时存在，先是其中的一个国家相对比较强大，更有威望，随后，另一个国家超过了它。

到了商朝，也有可能早在夏朝，人们就已在中国的北方建立起城市作为行政管理和祭祀仪式的中心场所。国家也在这段时间内逐渐成形，城市则作为国家的首都和行政管理的中心。一个城市的网络统领着整个王国。都城的位置经常发生变化，这表明新上台的统治者希望通过建立新的都城以使自己名垂史册，也有可能是因为和毗邻敌国的冲突迫使它们在战略上对都城进行重新部署，以加强进攻或防御能力。国王经常把各地的城市及行政管理委托给皇族亲戚去负责。看上去，统治者为其子民行使了有成效的经济职能，尤其是在水利建设方面。他们有能力组织大批人力挖河开渠，引水灌溉，控制洪涝，并由此巩固他们的地位和权力。其结果是，位居社会上层的家族拥有巨大的财富，生活奢华；而生活在社会底层的老百姓则缺衣少食，生活艰难。在中国早期王朝的国家里，阶级差异极为明显，甚至连死后下葬的墓地也是被分隔开来的。富人的墓地在城市内，而穷人的则在郊外，而且坟墓建造的质量也大不相同。

和世界上其他地方的古代城市一样，中国的城市同时也是宗教活动的中心。国王除掌管行政和指挥战争外，还主持各种祭祀仪式。实际上，战争成为一种必须，因为它提供了宗教仪式中的主要祭品，即人和动物。

书面文字的早期证据 早期的一项祭祀仪式给我们留下了中华文明向前发展至关重要的一步的证据——那就是文字的发明。人们在甲骨——如鸟类和动物的骨头，特别是龟壳等——上刻下符号和文字，以预测未来。甲骨被刻上文字符号后就被放在火上灼烤，接着人们用树枝轻轻拍打甲骨，直到其表面产生裂纹。随后，占卜师根据甲骨上显现的裂纹作出解读并对

中国的商朝。黄河沿着中国北方地区的山脉向下游流去，形成一片冲积平原。古代商朝人以这片土地为中心，耕种建城。公元前2500年左右出现的龙山文明农耕社会就是依靠这片富饶的冲积平原发展起来的。同时，地底下的矿藏也给龙山文明的形成提供了很大的帮助。到公元前1800年时，一个强大的、高度组织化的、城市化的、拥有金属加工文化的商朝开始发展了起来。

刻有符号和文字的甲骨，中国。商朝的国王通过献祭仪式与占卜术和他们的祖先交流。占卜师一边用一根烧红的火钳使动物骨头或龟壳裂开，一边提出问题——诸如有关健康、收成或政治的问题。随后根据动物骨或龟壳因烧烤受热而产生的裂纹对未来作出预测。（哥伦比亚大学东亚图书馆）

92

早期的中国文化

公元前5000年	水稻培植、编篮技艺、纺织、木制工具的使用、原始文字
公元前3000年	牛、羊和水牛的驯养
公元前2000年	人类墓穴供奉祭品
公元前1900年	金属制品、阶级制度、马的驯养
公元前1200年	战争中使用双轮马拉战车

未来作出预测。下面这首周朝后期的诗歌记录了当时的人们是如何利用甲骨来确定新的城市的位置的：

> 周原膴膴，
> 堇荼如饴。
> 爰始爰谋，
> 爰契我龟。
> 曰止曰时，
> 筑室于兹。《诗经·大雅·文王之什·绵》

我们是怎样知道的?

古代的中国

有关古代中国城市和朝代的直接信息主要来自三个渠道：书面文献，甲骨文和考古学家们挖掘出来的人工制品。(学者们有时也从文字资料里，如从以后朝代的诗歌里截取一些章节，从中推断出其中所蕴含的有关此前一些朝代的信息。我们将在后面对此另做介绍。)

文献

夏商两个朝代没有给我们留下任何文字方面的记载。有的学者认为，夏商两个朝代曾使用过文字，但此后的周朝把这一切都给毁了。很久以后，中国的圣人孔子(公元前551—前479年)所编的文献里曾提到过夏商两个朝代，但并没有详细介绍。再以后，汉朝的宫廷史学家司马迁(约公元前145—前85年)编撰了中国的第一部正式的历史年表。当时，司马迁有机会接触到许多现在已失传的文献。在书中，他花了整整一章的篇幅谈论商朝的王室。在该章中，司马迁首先提到契，他是传说中商朝的缔造者。契把他的首都定在一个叫做商的地方(现河南境内的东部)。契以后的统治者曾八次迁都。契的第14任继承者汤建立了世袭的商朝。但是，司马迁的信息来源有限，所以他在该章里只略述了统治者的家谱，叙述了在他们统治期间一些有关道德说教方面的故事，并简略提到了他们的都城。

甲骨

在19世纪90年代和20世纪初，一个新的信息来源出现了。当时，在中国的古董市场上出现了许多甲骨——很明显，有的被人们收藏了多年，有的则刚出土不久。在几十年的时间里，一万多块甲骨被发现，其中大部分是在华北平原的中部出土的。这些鸟骨、动物骨和龟壳先被刻上有象征意义的符号，然后放在火上灼烤，再用树枝轻拍，直至其表面出现裂纹为止。随后占卜师对甲骨上的符号和裂纹进行"解读"，以对未来作出预测。

部分甲骨上所刻印的内容证实了司马迁有关古代商朝统治者的叙述。甲骨被发现的方位以及甲骨上的文字内容激励着考古学家们在古代商朝首都安阳附近的地区继续搜寻更多的甲骨和其他人工制品。

考古学

20世纪20年代，考古活动在中国一时变得颇为盛行。北京人在周口店被发现。在这一过程中，中国的新一代考古学家在考古现场得到了锻炼。同时，在中国的史学界，出现了一个"疑古派"的新流派，开始质疑原来的年代划分，同时也对古代中国许多历史事件的真实性提出了挑战。为此，当时新成立的国立历史和文献研究所派遣年轻的考古学家董作宾去安阳考察。董建议发掘甲骨。主要由李济主持的发掘工作不仅出土了甲骨，而且发现了商朝的遗址。同时也发现了比商朝更早的人工制品。考古学家们认为，这些人工制品足以证明夏朝的存在。古代文献、青铜器、甲骨及其他出土文物相互佐证，使我们得以对古代中国的城市化和国家形成的过程进行重构。然而，始于1927年的中国内战以及1937年开始的抗日战争(参阅第20章)中断了这项发掘工作，直到1950年后才得以重新继续。不过，此后进行的一系列考古研究仍为我们提供了新的认识。

- 有什么历史证据使夏朝从传说中的王国变为目前公认的古代中国的第一个王朝?

- 政治、潮流和学术动机影响到考古学家能够实际从事的研究。从发掘古代中国的城市和朝代的遗址方面着手，谈谈你对上述观点的看法。

- 甲骨的"占卜师"需要掌握什么技术? 从事这一职业,怎样才算成功?

一些甲骨上留下的文字证实了夏商两个朝代统治者的姓名及其执政的大致年代，另一些则表明在甲骨上刻字的目的是为了要和神祇交流。甲骨发现的地点及甲骨上所刻文字的内容鼓舞考古学家们在华北的中部平原，靠近黄河流经的崇山峻岭地带，继续深入搜寻有关中国早期朝代的证据。

有关夏朝的历史证据　中国的传说早就提及这三个古朝代：夏朝、商朝和周朝。周朝留下了许多文字记载，但直到不久以前，历史学家们仍常常对此前的两个朝代是否存在过持怀疑态度。在河南省西部，洛阳以东的二里头，考古学家发现了一支古文化，其存在的地域就是古代文献中所描述的传说中的夏朝所在地。二里头陶器的形制大体介于早期的龙山陶器和后来的商朝陶器之间。尽管三者之间的联系还不能确定，但许多考古学家认为，从二里头出土的陶器代表了夏朝的工艺水平。

夏朝和此后的商朝和周朝一样，看来是由某些氏族统治的，每个氏族都有自己的君王。和其他许多文化一样，王权和血缘关系是紧密相连的。作为氏族和领土的首领，国王主持各项仪式，祈求神灵，供奉祖先，发动战争，开河挖渠，控制洪涝，掌管政务。国王是精神世界和世俗世界的调停者，他被视为是上天神祇的化身，控制着地上人类的健康、财富、农业和战争等。国王声称有权在任何特定地点主持献祭仪式，实际上是在宣称他拥有统治那片土地的权力。主持祭祀仪式的权力意味着拥有统治土地和人民的权力。

统治者的另一项重要使命是治理汹涌奔腾、给人类带来危险的黄河。黄河是世界上最变幻莫测的河流之一，中国早期的聚居点都避免直接建立在黄泛区内。黄河从流经的山上带下的淤泥年复一年地抬高了河床。从有记载的历史来看，黄河已26次大改道，对百姓的生活造成了极大的破坏。为了控制洪水，排水灌溉，早在龙山文化期间，人们就已开始筑坝开河。中国的传说把先人们首次成功治理黄河的功劳归于大禹。大禹生活在公元前23世纪，是古代传说中的英雄，也是传说中的夏朝的缔造者。关于大禹的传说反映了这样一个现实：一个王室能赢得王权，部分原因是它有能力组织大批的劳工建造一个治水系统。

夏朝进一步发展了建立人类群体组织的能力。夏朝还建立起军队，建造城市，雕刻玉石，把青铜铸造成武器和举行祭祀仪式时用的器皿，创造出后来发展为中国文字的象形文字，中国的第一部历法有可能也出自夏朝。

三个朝代的共同点　夏朝、商朝和周朝这三个最早的王朝都建立了筑有城墙的城镇。在中国文字里，"城"这个字既有"城市"，也有"城墙"的意思。很多时候，这些城镇互相之间保持着松散的联系，形成了一个统治和贸易的网络。在其他时候，当一个强大的国王统治着某个朝代时，某个都城就占据着主导地位。考古学家们发

93

商代四羊方尊，公元前14—前11世纪。上千件流传至今的商朝青铜器以其精湛的工艺和优美的造型令今天的我们依然叹为观止。这些青铜器足以证明，早期王朝的权贵们心甘情愿花费大量的宝贵资源用于各种献祭仪式。在战争时期，这些青铜器常常被熔化用来制作武器，可是一旦战争结束，和平恢复后，青铜制的武器又会被重新铸造成祭祀用品。（北京历史博物馆）

现,这三个朝代的城镇和政治结构之间有许多相似之处。

由于缺乏早期的文字记录,学者们有时不得不从以后朝代的文字记录中找出解释此前朝代的内容。举例来说,为了证明商朝的王室拥有至高无上的权力,学者们便从周朝的一首诗《北山》中寻找支持他们观点的证据:

> 溥天之下,
> 莫非王土;
> 率土之滨,
> 莫非王臣。(《诗经·小雅·北山》)

原始资料

有神秘色彩的城市

鲍尔·惠特利在他那本经典的、令人信服的《四方之极》一书中指出:中国古代的城市,和大多数其他的古代城市一样,先是作为祭典仪式的中心,而后再发展成城市。他把这类城市称为"有神秘色彩的城市"(cosmo-magical city)。考古发现和文献记载支持他对中国的解释。例如,下面这首诗出自周朝,描述了一个皇城的选择过程。首先以占卜龟壳上的甲骨文为定都的指南,最后通过献祭完成整个建造:

> 古公亶父,
> 来朝走马。
> 率西水浒,
> 至于岐下。
> 爰及姜女,
> 聿来胥宇。
>
> 周原膴膴,
> 堇荼如饴。
> 爰始爰谋,
> 爰契我龟,
> 曰止曰时,
> 筑室于兹。
>
> 乃慰乃止,

> 乃左乃右,
> 乃疆乃理,
> 乃宣乃亩。
> 自西徂东,
> 周爰执事。
>
> 乃召司空,
> 乃召司徒,
> 俾立室家。
> 其绳则直,
> 缩版以载,
> 作庙翼翼。
> 捄之陾陾,
> 度之薨薨,
> 筑之登登,
> 削屡冯冯。
> 百堵皆兴,
> 鼛鼓弗胜。
>
> 乃立皋门,
> 皋门有伉。
> 乃立应门,
> 应门将将。
> 乃立冢土,
> 戎丑攸行。

祭祀仪式看上去赐予了人间福祉,使潜在的敌人落荒而逃。该诗继续写道:

> 肆不殄厥愠,
> 亦不陨厥问。
> 柞棫拔矣,
> 行道兑矣。
> 混夷駾矣,
> 维其喙矣!
>
> (《诗经·大雅·绵》)

从甲骨文的记录上可以辨认出20多个官衔名称,这些官衔分为三类:诸侯、卿和大夫。"但是,据我们可以获得的数据来看,当时最重要的官员是占卜者……和预言家……饶宗颐罗列了从甲骨文中找到多达117个占卜者和预言家所从事的活动。陈梦家认出了120个。"(张光直,第192页)

除了占卜者,祭司也主持宗教仪式,包括用活人献祭。

为了保证上述各类祭典仪式的进行,军事力量是很重要的。如果祭典仪式需要用活人献祭,军队就提供战俘。甲骨文记录提到商朝有3 000人、5 000人,甚至13 000人的军队所参加的战役。在一场大规模的战役中,据称有多达30 000个战俘被捕获,其中有300人在一次祭献先祖的仪式中被杀死。考古学的发现显示:一栋建筑的落成需要献祭600个活人,而一座坟墓就有164个活人被杀死陪葬。

有证据表明,在最早的中国王朝里,妇女可能握有权力,但是很难说清楚古代中国在性别方面的差异。然而,到了商朝,所有的证据都表明当时的中国是一个宗法社会,妇女的选择自由比男人要少得多。

商朝和周朝时的城市和国家

到了商朝,统治者直接控制着一个逐渐扩大的城市网络。国王位居都城进行统治,把各地的城市指派给他所委任的官员去管理,而这些人一般来说是他的亲属。这些皇室的亲属接受国王所授土地的封号,分享土地的收成,拥有建造和控制地区首府的权力。作为交换,他们代表国王,效忠国王,并为国王谋取在该地区的利益。

商朝的领土一直以河南的中部和北部,以及山东的西南部为主要区域。在其全盛时期,商朝的疆域往南一直延伸到长江以南的吴城;东临太平洋,包含山东半岛;往北跨过河北,直达中国东北的南部;往西经过山西,一直到陕西的山区。在其领土最大时,商朝可能控制着面积达 40 000 平方英里的土地。在其边远地区,商朝的领土和其他统治者的领土互相交织在一起,因此各国之间的战争相当频繁。

早期的皇都　商朝的统治者屡次迁都,但都城的方位总是位于商朝城市化的核心区域内。最早的首都之一位于洛阳,此后,在数十年的时间里,位于郑州;最后,约公元前 1384 年,安阳成为都城。洛阳的发掘极为困难,因为其遗址直接位于一个现代都市的下面。郑州则得到广泛的发掘。郑州建于公元前 1700 年左右,它的中心区域面积大约有 1.25 平方英里,四周围着 4.5 英里长的城墙,有些围墙现在依然还在,高达 30 英尺。

王室成员、贵族和他们的随从居住在围墙之内。在这一宫殿兼祭祀中心以外是一片百姓的居住区;这里有制作骨制品、陶器和青铜制品的作坊,此外还有墓地等。整个区域的规划布局显示当时已有明显的社会阶级区分,尤其是郊区的布局更能说明问题:北边是有钱有势的富人的住所和坟地,坟坑里留有举行葬礼时使用的青铜器及陪葬者的骨骸。普通百姓则住在南边,他们死后的埋葬处就是垃圾坑。人们从事的职业在家族圈中一般是代代相传继承(比较第 8 章、第 9 章介绍的印度种姓制度)。许多家族和他们所在的职业群体是一致的。

安阳:商朝最后的首都　商朝最后一个、最为强大、也是最宏伟的都城位于安阳。商朝留下的文献提到他们的第 19 任国王盘庚,他把都城迁移到殷。从此以后直至 273 年后商朝灭亡,其都城一直在此。考古学家确认殷的地理位置即今天的安阳。此都城位于一个从西北到东南相距约 200 多英里的区域的中心。围绕安阳中心区域的发掘工作困难很大,成果也有限。该城曾毁于大火,此后 3000 年里,农民在这片土地上耕作,盗贼则频频光顾掠夺。残存的王室坟冢和那些看上去曾是王宫的建筑物暗示当年古城的辉煌,但却并没有昭示太多的秘密。不过,学者们还是在王室墓坑中找到了一些青铜珍宝。

商朝青铜器的制造工艺相当杰出。除了青铜炊具、举行仪式时用的青铜容器和青铜雕塑以外,还有青铜斧、刀、矛和箭头等。此外,他们还使用了马拉的战车,这作为牺牲的陪葬者的无头遗骸，第1001号坟墓出土，中国安阳。安阳出土的王室坟墓显示商朝统治者拥有巨大的财富和权力。众多的仆人和战俘，不管其自愿与否，都陪伴其主人葬入墓穴。图片中这些头颅被砍掉的遗骨被埋在坟墓里的其他方位。

可能是由迁徙到中国的印欧人引进的。能用青铜铸造武器，这使得当时的中国国王和士兵拥有战胜敌人的绝对优势。不过，大多数的青铜器还是为供祭祀仪式使用而制作的。

周朝　公元前1122年左右，商朝被周击败。但商朝并没有完全灭亡，就像商朝打败夏朝以后夏朝也没有完全覆灭一样。在遭受失败以后，这些王国继续存在，只不过其统治的领土和拥有的权力比原来小多了。在公元前221年秦朝统一中国之前，一个王朝被击败并不意味着它的彻底消亡。相反地，它只是沦落为诸多小王国中的一个，这些小王国在中国的北方为争权夺势而连年征战。

周朝延续了600多年，成为中国历史上持续时间最长的朝代之一。周朝对中国人在文化、政治和军事策略等方面的思想做出了许多重要贡献。不仅如此，随着大量的文字记载资料的出现，我们对周朝的了解要比对其他早期的中国朝代的了解都要多得多。

要了解周朝的政治思想，最重要的文字资料之一来自《尚书》，该书描述了周朝征服商朝的过程。和其他同类书籍一样，作者是从胜利者的角度下笔的。在此书中，周朝把自己的胜利描绘成是由英勇善战的士兵打败了由愚蠢的国王统率的不堪一击的军队。不过，书中也描绘了他们和以前国王之间的密切联系及友好关系，以此显示他们是合法的继承者。

对于为什么他们应该被视为这个地区的合法统治者，周朝提出了一种独特的解释，即"天命"说。《史记》认为，君王和上天之间有一种密切的联系。但是，君王只有在为子民谋利益时，才会得到来自上天的授权以统治国家。按这一理论，假如一个君王软弱无能，那么，其他人就有权按"天命"把他推翻。这一"天命"说在好几个世纪里一直影响着中国人的统治思想。

周朝的统治者在位期间，对中国文化做出了多项巨大的贡献。其中最杰出的成就之一是《诗经》，该书收集了许多中国早期的诗歌。其中有些出自更早的朝代，通过一代代口口相传，到这时才以文字形式记录下来。这些诗歌主要对君王和贵族歌功颂德，但是也给我们提供了了解古代中国人家庭生活和两性关系的资料。

举例来说，有一首诗描述了一个妇女的忧虑。她担忧自己已老得嫁不出去了。由此可见，当时在求爱过程中通行的做法是男人追求女人，而不是相反，结婚后妇女会离开娘家住到夫家去。其他一些诗歌则涉及对妇女从政表示不信任的主题，认为只有男人才可以进入公共领域，妇女应该待在家中。《诗经》里至少有一首诗，认为女人从政不是"天意"，将给国家带来混乱，挑战了"天命"说。另有一些诗的题材是有关男女间的引诱和婚外情等。

此外，周朝也改变了作战的形式。他们不再使用曾经被认为很有用的双轮马车而改用骑兵。士兵们在马背上用弓箭射杀对手以取得胜利。同时，他们也组织了步兵，步兵用弩作为武器可以有效地和骑兵对抗。

周朝的疆土向外大大扩展，建立了一个比商朝统治时要大得多的王国。他们认识到要统治这样一个大国有许多困难，因此采用了一种分封制的管理模式，给各地的地方诸侯更多的权力。到后来，分封制这一方式造成社会的不稳定，位居上层的周朝统治者只是名义上拥有最高权力，在整个中国，周朝统治者都得面对来自下面的竞争。社会的混乱动荡导致一个新时代的出现。以后的学者把始于公元前480年的诸侯混战时期称为"战国"。这段时间持续了两百多年，至公元前221年秦朝统一中国才宣告结束。（我们在第5章当中国进入帝国阶段时还将继续就此展开讨论。）

97

西半球：中美洲和南美洲

美洲最早的城市在好几个方面和东亚的古代城市很相似。开始时，它们以宗教神殿中心的形式出现，城市之间通过萨满教巫师联系起来。萨满教巫师具有特别的本领，他们代表世俗社会和神灵世界沟通。以后，这些城市发展成城邦国家，在政治上、贸易上和宗教上行使其重要职能。有的城邦国家甚至把整个帝国控制在自己的手中。个别城市，最突出的是特奥蒂瓦坎城，对散布在各地的，甚至是距离很远的聚居点都产生了强大的文化影响。

东西两个半球之间也存在着巨大的差异。从地理位置看，西半球的城市大多建在水边，一般靠近湖泊或小河，但是不在大河流域。从技术角度看，美洲早期的居民还没有使用金属制造工具。事实上，除了制作装饰品、首饰和艺术品之外，他们几乎根本不使用金属。在交通运输中，他们既没有使用车轮，也不用役畜，这或许是因为美洲人没有体型较大的、可驯化的动物可用来拉车。在西班牙人把马和牛引入美洲大陆之后，情况才有所改变。在南美洲的安第斯山脉，人们用美洲驼驮运少量的货物，大多数货物则是靠人力手拉肩扛搬运，或借助独木舟水运。因此，比起欧亚非大

历史一览表：古代美洲			
年　代	政　治	宗教和文化	社会发展
公元前6000年		■ 墨西哥的石器（公元前6700年）	
公元前5000年			■ 中美洲栽培的植物（包括玉米）
公元前3000年			■ 中美洲村庄的建立；种植葫芦和豆类作物
公元前2500年	■ 玛雅文化出现（公元前2000年）	■ 中美洲的陶器	
公元前1500年	■ 墨西哥湾的奥尔梅克人（约公元前1500—公元前400年） ■ 南墨西哥的萨波特克人（公元前1400—公元900年）	■ 圣洛伦索的奥尔梅克中心；陶器、镜子、瓷器	
公元前1000年	■ 秘鲁北部的查文（约公元前900—前200年） ■ 玻利维亚的蒂亚瓦纳科（约公元前800—公元1200年）		
公元前200年	■ 秘鲁北部海岸的莫切（公元前200—公元600年）	■ 墨西哥山谷地区最早的特奥蒂瓦坎建筑	
公元前100年	■ 秘鲁的纳兹卡（公元1—600年）		
公元500年	■ 玛雅文化（南墨西哥的危地马拉，伯利兹）达到顶峰（公元325—900年） ■ 秘鲁的瓦理（约公元650—800年）	■ 特奥蒂瓦坎人口达到100 000 ■ 密西西比河流域最早的发展成熟的城镇（约公元700年） ■ 特奥蒂瓦坎文化达到顶峰（公元500—650年）	
公元1000年	■ 托尔特克人（约公元900—1170年） ■ 秘鲁沿海地带西北的奇穆（约公元1000—1470年）		
公元1200年	■ 阿兹特克人（约公元1100—1521年） ■ 南美洲安第斯山脉的印加（约公元1200—1535年）	■ 阿兹特克石壁画和象形文字 ■ 阿兹特克的黄金、玉器、绿松石宝石、纺织业和雕塑	■ 阿兹特克通过朝贡体系，从首都特诺奇蒂特兰统领周围疆土

多数地区，美洲的建筑施工和运输所需的劳动密集型程度要高得多。最后，除了玛雅人，美洲的土著人并没有形成自己的文字系统。有些民族，像萨波特克人和托尔特克人，曾经使用过数量有限的象形符号和日历等，但是这些象形文字最终并没有发展成为完整的书面语言。在整个欧亚非地区，只有尼日尔河流域在从聚居点发展为城市的过程中，没有形成自己的文字系统。

西半球的城市在很多方面留下了石器时代的痕迹。在美洲，城市化的过程发展比较晚。手工磨制的石器在公元前6700年左右才首次在墨西哥中部出现；农作物的耕种始于公元前5000年；村庄在公元前3000年时建立；陶器于公元前2300年出现；到公元前500年时，人口才有了迅速的大幅增长。这些文明的发展进程比欧亚河谷地区的文明进展过程要缓慢得多，其原因或许是人类来到新大陆的时间要比到其他地区晚些。

起源：人口迁徙和农业

人类在15000年前左右跨过连接阿拉斯加和西伯利亚的白令海峡来到西半球，此后逐渐在整个北美洲和南美洲繁衍。公元前5000年时，他们除了采集野生植物、捕猎动物，也种植玉米，尽管规模并不大。到公元前约3000年时，他们还学会了种植豆类作物和葫芦。

考古学家和植物学家已通过文献证实，美洲人是在墨西哥城以南200英里的特瓦坎河谷地带开始培育玉米的。公元前5000年左右，那里的农民用野生玉米的种子播种，经过多年的努力，逐渐培育出颗粒更大、营养更为丰富的品种。到了大约2000年前，已培育出和今天的玉米形态相似的品种。后来从秘鲁出土的文物表明，玉米的种植在公元前4000年就已经在那里开始了，或许他们是从中美洲引进玉米的种植方法的。在这两个地区几乎同时出现了美洲的另外两种主食——大豆和南瓜。再往后，人们开始在安第斯山区种植土豆和块根作物。墨西哥的河谷地区和秘鲁的安第斯山高地成了早期美洲文明的发源地。农业革新、城市化和帝国的建立都起源于这些地区，然后再向外延伸拓展。

中美洲的城市化：早期阶段

公元前2000年，中美洲已具有了城市文明所必需的农业基础。农民们在今天的墨西哥和中美洲一带种植玉米、葫芦、大豆和其他粮食作物。他们不仅在干燥的土地上耕种，还借助有效的农耕法扩大生产：他们采用"刀耕火种"法进行土地的轮作，四处寻找新的耕地资源；"瓦瓮灌栽"法帮助他们解决了水资源不足的问题，只需把罐子浸入深井里，然后把水倒入田地；"开渠引水"是另一种寻找水源的方法；即便是低洼沼泽地也可以被开发用来耕种——他们把沼泽地里的淤泥和天然植被堆积成格子状的田畦，田畦之间的土沟就成了天然的灌溉渠道，这就是被称为"抬高的土地"（高地）或"悬园"（"奇南帕"）的水中田畦生产方式。1519年西班牙人来到中美洲时，他们估计，每英亩的"奇南帕"可供养四个人，但近代的考古学家则认为，根据当时的生产力，每英亩"奇南帕"可养活八个人。

墨西哥湾沿海地带的奥尔梅克文明 以上述的农耕法为基础，一些由当地部落首领领导，以宗教神殿为中心的小型聚居点开始出现，并逐渐发展成永久性的定居地。贸易、共享的文化和祭祀仪式活动是中美洲各个地理区域的一个共同特征。其中，奥尔梅克文明是墨西哥湾沿海地带最早出现的古代文明之一，形成时间约在公元前1500年左右。

奥尔梅克人在地势较低的林地上建造凸起的台地、定居点和神殿。我们知道的最早的定居点位于圣洛伦索，建于公元前1150年左右。劳工队伍集体开筑了"奇南帕"，该聚居点的人口可能达到2 500人。奥尔梅克的艺术品——呈动物形状的艺术品和神话形象的雕塑与浮雕——显示了当地社会拥有共同的宗教基础。他们也创造了简单的象形文字，但直到今天，还没有人能破译出这些象形文字。约在公元前900

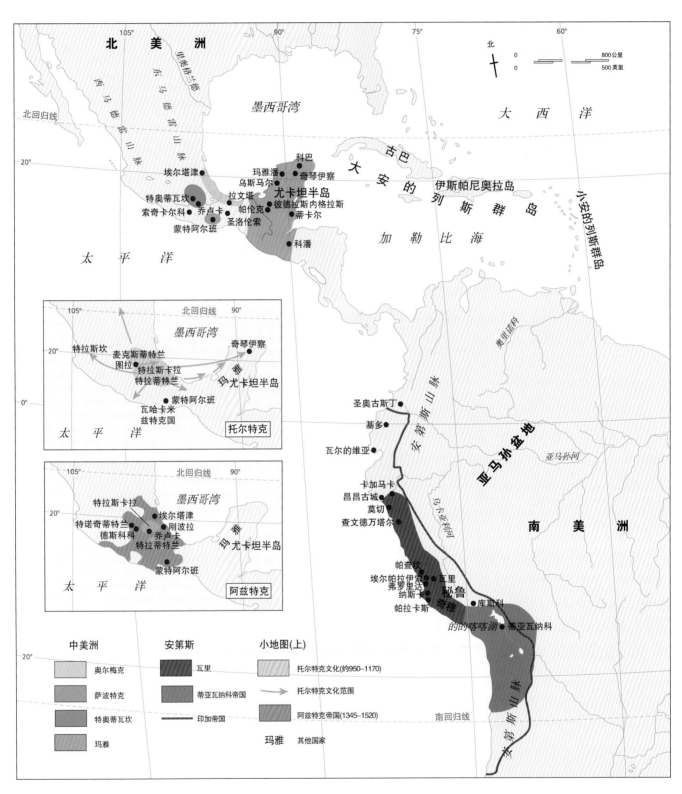

美洲的古典文化。先进的城市文化首先在美洲的两个热带地区发展起来：墨西哥南部的湿热地带以及安第斯山脉中部较为温和的山谷地带。两个地区都曾经有过一系列各具特色的文化和政治中心。公元250年，墨西哥尤卡坦的玛雅文明出现形成，成为中美洲一支突出的力量，安第斯山区的瓦里帝国则预示着印加文化的繁荣。在南美，城市文明既出现在太平洋沿海平原，也扎根于海拔6 500—12 000英尺的安第斯山脉。

年，圣洛伦索遭到毁灭，其艺术品也遭损毁。其原因迄今尚不清楚。

　　大约100年后，在圣洛伦索东北100多英里，与海湾距离更近的地方，拉文塔的奥尔梅克人在一块沼泽地中央建了一个小岛，并在上面建筑了一个个相当于半个足球场大小的高达100英尺的土墩。土墩顶上的建筑物可能是作为寺院。那儿有宏伟的石雕，包括一些巨大的石刻人头像，显示出奥尔梅克艺术的典型特征。有些石制品可能作祭坛用。这些建筑石料是从至少60英里外的地方运到这里，玉石则来自更远的地方。拉文塔的繁荣曾长达四个世纪。公元前400年左右也遭毁坏，历史遗迹同时遭到破坏。同样没人知道这一切发生的原因。

　　瓦哈卡峡谷的萨波特克文明　早在公元前1150年，奥尔梅克人的手工制品——陶器、祭祀用具、镜子和瓷器——就已出现在今天的瓦哈卡周围的高地上，同时发现的还有一些天然产品，诸如来自墨西哥湾附近的黑曜石和海贝壳。因此，开始时学者们认为，瓦哈卡峡谷的萨波特克文明是奥尔梅克文明的一个分支。然而，最近从圣约瑟莫哥特出土的一些公元前1400—前1150年间的文物证明，萨波特克人建立定居点的时间和奥尔梅克人一样早。这些进口的制品反映出当时两个部落之间的贸易关系。

　　萨波特克文明在阿尔班山脉的山坡上达到顶峰。公元前400年，萨波特克人举行祭祀仪式的建筑及公共建筑已散布在各个山顶上。在后来的几个世纪里，聚居点不断扩大，在公元200年后的几个世纪中达到顶峰，居民曾多达50 000人。萨波特克人的定居点并不集中在一个城市里，而是向外扩展，范围超过15平方英里。他们在山顶上建造了2 000多个平台，每个平台上有一到两幢房子，并建有各自的供水系统。从萨波特克人所建的寺院、金字塔、坟墓以及一系列的宗教塑像上，也可以发现象征主义在萨波特克人生活中的重要性。公元700年左右，蒙特阿尔班地区的人口和创造力都达到顶峰，此后开始渐趋衰落。

圣洛伦索的巨石头像，墨西哥韦拉克鲁斯，公元前400年前。这个巨大的人头雕像重约十吨，是在圣洛伦索发现的九个巨石头像中的一个。头像是用玄武岩制成的，用石制工具雕刻而成。在原来的位置上，九个石像成行排列，他们很有可能是奥尔梅克统治者的头像。所有的头像都展现出坚定饱满的嘴唇和宽阔扁平的鼻子。在拉文塔也发现相似的雕塑。（墨西哥哈拉帕的韦拉克鲁斯地区博物馆）

城市的扩张：特奥蒂瓦坎

　　与此同时，在墨西哥峡谷，另一支文明正在形成，控制着周边的地区，最终建立了一个规模宏大的帝国。特奥蒂瓦坎是帝国的中心，也是古代世界伟大的城市之一，它位于今天的墨西哥城东北40英里处。特奥蒂瓦坎代表了美洲大陆一种全新的定居模式，也标志着真正的城市革命的起步。公元550年左右，特奥蒂瓦坎达到了它的全盛时期，方圆约8平方英里的土地上，共有约十万居民在此生活。特奥蒂瓦坎文明没有创造自己的文字系统。所以，我们对特奥蒂瓦坎的了解仅限于挖掘过程中发现的文物和对

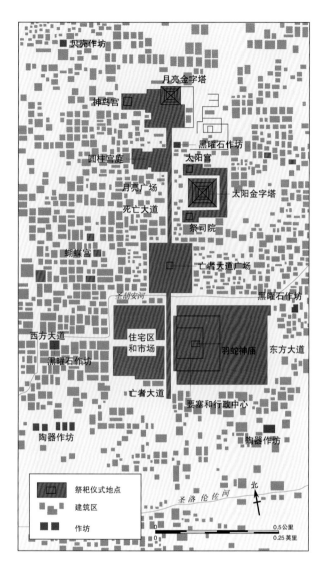

特奥蒂瓦坎。公元400年至公元750年，位于墨西哥峡谷的高地上。特奥蒂瓦坎是当时中美洲的头号强国，面积7.5平方英里，人口100 000。城市规划成有规则的网格状，连接供举行祭祀仪式的宏大综合建筑群的各个部分。城里的居民生活富庶，主要从事农业生产、手工艺品制作、陶瓷和本地采集的黑曜岩交易等各项活动。

这些人工制品的分析解释。

特奥蒂瓦坎最早的建筑出现在公元前200年左右。100年以后，那里的居民还只有600人左右。然而，到公元150年时，人口增长至20 000人，面积也扩大到5平方英里。此后，特奥蒂瓦坎的人口继续成倍地增长。同时，随着宗教、贸易、手工艺和行政管理功能的完善发展，城市迅速扩大。

特奥蒂瓦坎横跨在连接墨西哥峡谷和向东通往墨西哥湾的关口的交通主干道上，具有得天独厚的地理位置优势。墨西哥峡谷低地里的湖泊系统，尤其是附近的德斯科科湖，赋予了这座城市生命。湖泊给特奥蒂瓦坎峡谷的农田提供了充足的灌溉用水，以及盐、鱼和水禽。建筑用的玄武岩、石灰石、黑曜石以及制作陶器用的黏土在特奥蒂瓦坎到处都有。但是，其他原材料就不得不从外部地区运进来。值得注意的原材料有：制作工具和武器用的黑曜岩得从周边山区的帕丘卡和奥图巴运来；海洋贝壳和珂巴（一种制作香料的树脂）是从海湾地区进口的；大咬鹃的羽毛则来自东南方的玛雅地区。特奥蒂瓦坎的贸易前哨站曾出现在向南700英里外的玛雅地区。特奥蒂瓦坎的陶器也曾在远至南部的蒂卡尔地区出现过（参阅第108—111页上有关玛雅文明的介绍）。城市里有400多个作坊生产陶器、黑曜岩制品、海贝壳装饰品以及用玉石和缟玛瑙制作的艺术品和首饰等。

巨大的"太阳金字塔"在城市的景观中占据最重要的地位。金字塔的底座和雄伟的埃及胡夫金字塔一样大，但高度仅为胡夫金字塔的一半。太阳金字塔坐落在一个天然洞穴上，早期的居民把这个洞穴扩大成一个呈苜蓿叶状的居室。把金字塔和天然洞穴合二为一的做法向我们暗示，当地人很有可能认为这个洞穴就是"宇宙的中心"。就像宗教历史学家米尔西亚·埃利亚代（Mircea Eliade）曾经向我们证明的，认为所有的人，或至少是当地人的生命，都是通过某个"中心"，即地理上的某一特定的点来到地球的想法在古代世界的许多文明中广泛存在。（伊甸园的故事就是这种信仰后期经过改变的一种版本。）另外两座巨大的圣陵——毗邻太阳金字塔的那个稍小一些的月亮金字塔和供奉羽蛇神的中央神庙——也使该城的宗教活动场所的面积大大增加。在特奥蒂瓦坎存在期间，甚至在此后直到西班牙征服该地区的这段时间内，特奥蒂瓦坎曾经吸引过无数的朝圣者，其中最远的是从危地马拉一路来到这里朝圣的。

整座城市呈一个巨大的几何形的网格，中心是一条150英尺宽的构成城市南北轴线的"亡者大道"。沿着这条大道建造的神殿超过75座，包括太阳金字塔。而月亮金字塔则在大道的北端。该城的规划显得井然有序，表明当时执政的是一个强有力的政府，而且实际上，该政府拥有一个很大的行政管理总部即德拉城，它位于亡者大道东南方的终端。羽蛇神中央神庙位于德拉城这一点就说明了当时宗教和政府之间的密切关系。

特奥蒂瓦坎在公元500—650年之间的全盛时期，对其紧邻的外围地区行使着至高无上的权力，在精神、宗教、文化、经济以及军事上的影响力向外扩展达几百英里远，特别是在南方，特奥蒂瓦坎的影响力一直渗透至玛雅地区。然而，公元650年，该城被人烧毁。特奥蒂瓦坎由此开始日趋衰落，辉煌不再。至公元750年，其势力被彻底摧毁，该地的人口四散到附近规模较小的城镇和乡村地区。对此，研究人员提出了好几个解释：如该地区有可能干旱日趋严重，无法支撑如此多的人口；政府把很多农村的人口移入城市，导致该城的人口和人口密度的不断增加，这有可能引起内部的冲突和反抗；毗邻的城邦国家在特奥蒂瓦坎不断增强的军事压力之下，有可能被迫对该城发动攻击。然而，这些都只是人们作出的推测而已，在缺乏文字记载的情况下，没人能够确切知道事件的真相。

城市通过交流的网络互相产生着影响，所以，一个城市的兴衰往往会波及其他的城市。特奥蒂瓦坎和蒙特阿尔班同时在公元750年左右衰落。但是，这个地区一些规模较小的、非城市的中心仍然保留着特奥蒂瓦坎的政治、文化和宗教方面的遗产。（参阅第6章介绍的罗马帝国衰亡以后西欧经历的变化。）继特奥蒂瓦坎之后的三支文明——托尔特克文明、阿兹特克文明和玛雅文明——吸收并延续了特奥蒂瓦坎的影响。

墨西哥的特奥蒂瓦坎城，月亮金字塔（图中前景）通过亡者大道和太阳金字塔连接起来。公元前200年，在墨西哥峡谷，贸易交换频繁，宗教活动活跃，粮食供应充足。所有这一切促成了这一主要城市的建立。在随后的几个世纪里，特奥蒂瓦坎城在这一地区一直享有宗教、政治和经济上的统治地位。城市的面积最大曾达到8平方英里，人口达到100 000，但最终于公元650年被烧毁，原因不明。

墨西哥峡谷的后继国家

公元900年左右，当托尔特克人从北方南下来到墨西哥峡谷，并开始在图拉这个新的首都统治该地区时，他们显然是在特奥蒂瓦坎文明的基础上进行统治的。为了对羽蛇神表示敬意，他们建造了供奉羽蛇神的主要祭祀中心。然而，他们统治的时间很短。公元1170年左右，另一支新来的移民捣毁了托尔特克人建造的神殿，推翻了他们的政府。

图拉陷落后，阿兹特克人进入峡谷。他们在特斯科科湖的东南岸建立了自己的定居点，并在离早期特奥蒂瓦坎城遗址仅40英里的地方建立了首都特诺奇蒂特兰城。阿兹特克人建立了庞大的军事帝国，特诺奇蒂特兰城的人口增至200 000人。军国主义以及用活人祭奠神灵的需求使得阿兹特克人不断捕获俘虏以作牺牲用，因此，阿兹特克人一直和附近的邻国处于交战状态。当西班牙征服者于1519年到达这里时，邻国的居民帮助西班牙人推翻阿兹特克人的统治并摧毁了他们的帝国。西班牙人把特诺奇蒂特兰城夷为平地，并在它的废墟上建立起自己的首都墨西哥城（参见第12章）。

玛雅文明的兴起和衰落

特奥蒂瓦坎的第三份遗产留给了玛雅人。玛雅人居住在他们的后代今天仍然生活着的地方——墨西哥的尤卡坦半岛、危地马拉和伯利兹。玛雅人以奥尔梅克文化、特奥蒂瓦坎文化以及自己的习俗为基础创建了自己的文明。玛雅人于公元前2000年来到尤卡坦半岛和中美洲后，就开始建造自己的祭典中心。在公元前300年至公元300年期间，他们把这些祭典中心拓展为广场，在广场周围用石头建造起金字塔以及高耸的神殿和宫殿。在公元300—600年的古典时期，从发展成熟的城市、标志性建筑、神殿、大规模的祭祀以及复杂的葬礼中都可以看出，玛雅文明受到奥尔梅克文化和特奥蒂瓦坎文化的影响。玛雅文化在南部的低地繁荣兴盛，它的主要建筑遍布帕伦克、彼德拉斯内格拉斯、科潘、科巴和其他一些地区。

伟大的蒂卡尔城　蒂卡尔位于今天的危地马拉境内，是这些古代城市中面积最大、建造最为精致的一个，也是发掘最充分全面的一个。在蒂卡尔城中心，有5个在公元300年至公元800年间建造的神殿金字塔，高达200英尺。（其中的一个金字塔极为宏伟壮丽、富于异邦特色，电影摄制师乔治·卢卡斯因此把它选为影片《星球大战》的背景。）当最早的现代考古学家在热带雨林中披荆斩棘，发掘出这座神殿中心时，他们以为蒂卡尔是一个精神和宗教中心。后来，他们在神殿周围地区发掘出可供50 000人居

亚斯奇兰石灰岩过梁上雕刻的一个放血仪式，墨西哥（玛雅），约公元725年。作为萨满教僧的国王盾豹王手中挥舞着一支燃烧着的火把，照亮着即将展开的戏剧性场面。他的大太太即艾克索克夫人跪在边上，用布满刺的绳索穿过她的舌头，绳子往下落到一个编织的篮子里，里面盛着被鲜血浸透的纸布条。纸布条将被焚烧，并由此传送到神祇处。玛雅人制作的艺术品中很少有能够如此完美地以近乎神圣的风格体现了政治和宗教思想之间的联系。（在破译了玛雅历书的象形文字后，学者们认为，这一仪式发生在公元709年10月28日。）（伦敦大不列颠博物馆）

住的房屋及饮用的蓄水池。这一发现使得考古学家改变了对蒂卡尔的评价。他们不再认为蒂卡尔仅仅是一个纯粹的宗教圣地，而是把它看成是一个在地区政治和经济上具有相当重要性的大城市。在蒂卡尔的权力鼎盛时期，其管辖的统治范围几乎达到1 000平方英里，拥有人口360 000之多。

　　大多数的玛雅国家仅拥有30 000到50 000人。公元一世纪时，由国王们统治的国家大约有十多个，以后逐渐增多，到公元8世纪玛雅低地文明达到全盛时期时，该地区的国家数目已多达60个。

蒂卡尔城的一号神殿，危地马拉（玛雅），公元800年前。在其鼎盛时期，城邦国家蒂卡尔曾占地约1 000平方英里，360 000居民在此安居。权力的象征集中在这一圣陵上。图中这一颇为陡峭的阶梯形金字塔——其高度达230英尺——很有可能是作为向神祇献祭的自我放血和战俘献祭的场所。

原始资料

《波波尔·乌》

《波波尔·乌》是经过西班牙征服时代后幸免于难保存下来的现存最完整的神话创作集锦。原为玛雅象形文字写成，16世纪时被译成拉丁文，后在18世纪时又被一个多明我会神父翻译成西班牙语，下面摘录的片段使人联想到圣经故事中伊甸园里的那棵树，树上的果子是不准吃的。但是，《波波尔·乌》里的故事和圣经里的故事有很大差别。《波波尔·乌》里的那棵加拉巴木树上的果子也不能吃，因为洪阿赫鲁一世神的头骨被搁放在一个树杈上。当一个少女伸手去摘树上的果子时，头盖骨朝她吐唾沫，使她受孕，由此在人间留下神祇的血脉。

这个故事的具体内容是这样的，有一位少女。她是一个君王的女儿。他的父亲名叫"采血者"，这位少女的名字就叫"血女"。

当父亲听到关于那棵树果实的故事后，把故事讲给他的女儿听。女儿觉得不可思议。

"我不熟悉他们谈论的那棵树。'那树上的果实真的很甜！'他们这么说。""我听到了。"她说。

接着，她独自一个人径直往那棵树走去，来到树下。大树耸立在"蹴球献祭场"。

"哎呀！这棵树的果子是怎样的？这树该不会长出甜的东西吧？不该让果子烂掉，不该浪费这些果子。我可以摘一颗吗？"少女问。

这时，那个头骨说话了，它就在那棵树的树杈上：

"你为什么只想要一块头骨，想要树杈上的一个圆的东西呢？"洪阿赫鲁一世的头颅对少女说。"你并不想要它，"他对她说道。

"我真的想要，"少女答道。

"那好，把你的右手伸到这儿来，这样我就可以看得见它了，"头骨说。

"好的，"少女说。她伸出右手，往上伸到头骨前。

接着，头骨吐出一口唾液，正好吐在少女的手心里。

随后，少女朝自己的手心看去，她立即仔细察看上面有什么。可是，那头骨的唾液并不在她手心里。

"这是我的唾液，是我给你留下的记号。我的这个头上什么都没有——只有骨头，没有肉。这和伟大君王的头颅是一样的：他的头上有肉，所以他的脸看上去好看。然而，待他死后，人们看到他的骸骨时也会害怕的。在这以后，他的儿子——无论他是君王的儿子，工匠的儿子，还是雄辩家的儿子——就像他身体里的唾液，延续他的生命。这位父亲并没有消失，而是通过他的儿子延续下去。君王的脸，武士的脸，工匠的脸，雄辩家的脸都不会变得模糊，也不会被消灭。更确切地说，他会留下他的女儿和儿子。这就是我已经通过你做过的同样的事。现在，你往上走，回到地球上去，你不会死的。记住这些话。就这样吧，"洪阿赫鲁一世和洪阿赫鲁七世的头骨说——当他们这么做时，他们的想法是一致的。

这就是"飓风"，"新生雷电"，和"原始雷电"留下的话。通过同样的方式，少女回到家时也得到很多指示。很快，少女的腹部开始变大。来自唾液的种子在少女的肚子里生长。这就是洪阿赫鲁和什巴兰凯的下一代。

当少女回到家时，六个月已经过去了。少女是被她父亲找到的。她父亲的名字是"采血者"。(Tedlock，第106页)

玛雅人还编纂了一本内容详尽的历书，里面记载了三个互相关联的年表：上千年的宇宙时段内的年代和事件；在各个统治者一生及其国家存在的年代里发生的具有历史意义的事件；以及农业生产活动的年周期。玛雅人的宗教仪式弥漫着这样一种意识：一方面让人感觉生活在此时此地的现实世界中，另一方面又让人感觉生活在与神灵及其他世界相联系的精神王国中。他们的国王是萨满教僧，后者把现实和精神两个世界连接起来。

玛雅文明的衰落   公元900年，玛雅人在南部低地的伟大古典时代结束。其个中原因至今无人知晓。最常见的假设包括：人口的过度增长对自然资源、特别是对农业资源造成的压力；气候的改变超过了玛雅人的适应能力；频繁的战争使得百姓生灵涂炭、并摧毁了诸多国家。但是，无人确切知道真正的原因。

同样无人知道的是：为什么当玛雅文明在南部低地衰落的同时，新的玛雅城市

我们是怎样知道的?

伟大的美洲豹之爪: 蒂卡尔的玛雅王

琳达·谢尔(Linda Schele)和戴维·弗莱德尔(David Freidel)通过破译、释读蒂卡尔的石碑,重构了一段英雄岁月,再现了伟大的美洲豹之爪王一生中和他王国历史中的军事胜利。他们的释读主要是基于对以下石碑的解释并比较了后来发现的描述相同事件的石碑:

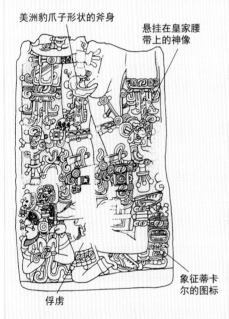

美洲豹爪子形状的斧身

悬挂在皇家腰带上的神像

俘虏

象征蒂卡尔的图标

尽管伟大的美洲豹之爪王是一个如此重要的国王,但是除了他发动的那场进攻瓦哈克通的辉煌战役以外,我们对他的生平知之甚少。他在位的统治时间肯定很长,但我们所掌握的有关他的经历仅限于他的最后三年。在这些具有历史意义的日期中,公元376年10月21日是其中之一,我们看到伟大的美洲豹之爪王正在结束第十七个卡盾(一种长达20年的仪式循环周期)……这块破损的石碑仅仅显示出他腰以下的身体部位,但仍可以看出他穿着和先祖们一样的礼服,腰带上悬挂着东方恰克神的配饰。脚踝处裤脚的翻卷上绣着日夜的标记,一个裤腿表示白天,另一个则是黑夜……他手握行刑者的斧子,燧石斧身被敲打成美洲豹爪子的形状。作为勇士和祭品的奉献者,他站立在从战场捕获来的俘虏身上。那位倒霉的被用来献祭的人是个蓄着络腮胡子的贵族,仍然穿着破烂的表示贵族身份的华服,此时,他正在胜利者的脚下挣扎,手腕被捆绑在胸前。很快他将被处死,以此结束蒂卡尔举行的神圣的卡盾仪式。

战争对玛雅人来说并不陌生。几个世纪来,他们不断从一个王国奔袭至另一个王国去搜捕俘虏,甚至在早期庆贺王权的建筑装饰画上都有描绘斩首场面的画面。捕掠活人作为祭品奉献给神灵,以及在战斗中考验个人的勇猛是众人所接受的一种社会风尚,国王和贵族则被要求在履行祭祀职责时奉献出他们所捕获的俘虏。就如同众神依靠国王的放血仪式维持生命,贵族俘虏的血液也滋养众神。从前古典时代,或更早的年代起,像这样的献祭牺牲者就被埋葬于地下,作为建筑物落成仪式上的祭品……

然而,蒂卡尔伟大的美洲豹之爪王发动的这场针对瓦哈克通的战争有别于以往的传统战争。它不仅仅是骄傲的贵族为了赢得自己的荣誉和捕获奉献给神的俘虏所进行的短兵相接的肉搏战。这是一场规模级别完全不同于以往的战争,所遵循的规则闻所未闻,所下的赌注也远远高于个人的名声和生命。在这场死亡与征服的新的战役里,战胜者将赢得战败者的王国。蒂卡尔在公元378年1月16日打赢了这场战争,获得战利品……

伟大的美洲豹之爪王和"吸烟之蛙"(他的总司令)对瓦哈克通的征服促成了这种新形式的战争和祭祀仪式。这场征服战的战况通过碑文的记载得以完整保存下来。蒂卡尔以后的统治者们为了追溯历史而把它刻在石碑上,显示出这场征服战所具有的历史重要性,同时也显示了这场战役对战胜者的后代所具有的宣传价值。(Schele 和 Freidel,第144—148页)

● 这块石碑上哪些形象代表了伟大的美洲豹之爪王的权力和力量?

● 蒂卡尔和瓦哈克通两国之间的战争在揭示国家权力的增强方面告诉了我们什么?

● 你认为谢尔和弗莱德尔所提及的纪念蒂卡尔征服瓦哈克通胜利的"宣传价值"指什么?

和国家却在尤卡坦半岛的北方高地发展成长起来了? 其中最值得注意的是乌斯马尔和奇琴伊察。这些城市后来也在公元1200年前先后衰落。玛雅人的最后一个都城是玛雅潘,它是在公元1263年至1283年间建造的。在玛雅潘,玛雅人改建了许多奇琴伊察的文化历史遗迹,但是,城里的人口仅增至10 000到20 000人。玛雅潘城的统治者似乎是穷兵黩武的,城市内忧外患不断,笼罩在残暴的统治氛围之下,大批的活人祭献就是有力的佐证。整座城市后来在15世纪中叶的内战中被摧毁。

当西班牙征服者于1517年来到中美洲时，只剩下了几个规模很小的玛雅城镇。玛雅权力鼎盛和辉煌的时代已告结束。托尔特克文明也同样走向没落。阿兹特克人夺取了统治权，但是西班牙人后来又把他们摧毁了。

南美洲的城市化

南美洲和中美洲之间的贸易联系并不多，但是这两个地区仍有许多相似之处。到公元前1500年左右，两个地区都建立了宗教神殿中心，主导着各自的文化根基。从公元前300年到公元前200年，两个地区都出现了小型的城邦国家，这些国家都显示了各自的地方文化的特征。公元500年至600年左右，两地都在整个重要地区形成了帝国的雏形，产生了规模很大的城市帝国——墨西哥峡谷的阿兹特克和安第斯山脉的印加——并且发展了其沿海地区和内陆山地核心地区之间的贸易关系。但是，在南美，沿海地带和内陆山地之间的差异更为显著。厄瓜多尔、秘鲁和智利靠太平洋

我们是怎样知道的？

神秘的玛雅文字

在好几个世纪里，今天的玛雅人——他们通常都过着贫困艰难的生活——和他们祖先在公元3世纪至10世纪的辉煌文明之间的联系已不复存在。然而，在1839年到1841年间，纽约的一个律师约翰·劳埃德·史蒂芬斯（John Lloyd Stephens）和苏格兰艺术家弗雷德里克·卡瑟伍德（Frederick Catherwood）在中美洲的雨林中找到了科潘和帕伦克古城的残迹，并在尤卡坦半岛发现了乌斯马尔和奇琴伊察的神殿。史蒂芬斯和卡瑟伍德不但记录而且画下了他们所目睹的古迹，并且把玛雅石碑和石墓碑板上的图案制成拓片。他们的研究成果于1841年公布于世，为现代的玛雅学术研究开辟了道路。与此同时，H·C·罗林森和其他一些人还发现了美索不达米亚的考古遗址并破译了它的语言。

当地发现的石碑和其他的碑文表明，玛雅人创造了自己的书面语言，但没有人能读懂它。西班牙人阻止玛雅人保留自己的语言（参阅第13章），

所以即使是玛雅人，也遗忘了自己的文字字母。玛雅人的历书系统晦涩复杂，学者们只能看懂其中的一部分，但是他们难以辨别记录成文的事件究竟是真实的历史事件还是神话故事，抑或两者兼而有之。

20世纪50年代和60年代，在哈佛大学，塔蒂亚娜·普洛斯克里亚科夫（Tatiana Proskouriakoff）开始撰文证明，玛雅石碑上所记载的事件是关于国王的统治及其取得的胜利，那些国王和他们统治的国家都是真实存在的。随后，俄国学者尤里·科诺罗佐夫（Yuri Knorozov）在激烈的反对声中证明，玛雅文字包括语音和完整的单词。到了20世纪70年代，新一代的语言学家们开始破译玛雅文字的句法结构。他们着力辨认出了代表名词和动词的符号，并找到了它们在叙述结构中的位置。揭示玛雅历史的真面目已为期不远，语言学家们对自己的发现惊讶不已。

考古学家琳达·谢尔和戴维·弗莱德尔最终掌握了帕伦克城人的象形文字和字母表。与人们以前对玛雅人的看法截然不同，琳达·谢尔和戴

维·弗莱德尔发现，玛雅人并非如其巨大的神殿所揭示的那样热爱和平和专注于来世。文字记载表明，当地的萨满国王之间以及有着浓厚宗教色彩的当地城邦国家之间战争连绵不断。玛雅王国为捕获俘虏而战，俘虏可以当奴隶使用，也可以作为活人祭品奉献给那些颇为苛求的神祇。那些神殿原来是人们举行献祭仪式的祭坛。谢尔和弗莱德尔还发现了帕伦克国王们的确切家系以及一幅上有象征国王的树木的画，因为玛雅人用成片的树林和国王的树林来代表他们的王室家庭的血脉传承关系。

- 为什么破译苏美尔人的楔形文字和埃及的象形文字比破译玛雅文字要容易些？
- 玛雅人为什么忘记了他们的书面语言？你对此感到意外吗？这是为什么？
- 在第111页上，你能看到一个玛雅文字的例子。对你来说，破译玛雅书面语言的困难在哪里？

的沿海地带大多是沙漠。主要的风并不是来自太平洋，而是来自东边的亚马孙盆地。所以，安第斯山脉西坡很少能接收到来自太平洋的雨水，但是它们拦截了大西洋带来的降雨，使得东部的山坡土地肥沃，而西部沿海则干旱少水。南美洲最引人注目的城市文明扎根于安第斯山脉10 000英尺高的山地高原及山坳通道里，而不是出现在山下干旱的太平洋沿岸地区。这和欧亚非的河流流域文明形成鲜明的对照。

沿海的定居点和定居网络

然而，太平洋沿海地带并不是不适合居住的。太平洋提供了大量的鱼类、海藻和盐。即便是今天，这些海产品仍被运往山城交易，以换回沿海地区居民所需的粮食。有些地区还可以种植棉花。公元前4500年左右，太平洋沿岸的秘鲁与印度河流域不相上下，成为最早进行棉纺织生产的地区。从秘鲁皮斯科附近的帕拉卡斯半岛上出土的半木乃伊化遗骸的裹尸布就清楚地显示了当时纺织品的质量以及丰富多彩的印染图案。

此外，尽管从气候角度来说是一片沙漠，但太平洋沿岸还是有几条由山上流下来的小河经过这一地区。人们组织劳动队伍挖河开渠，灌溉农田，或许在公元前2000年已开始在沿海地区建造供祭祀用的中心场所。这些祭祀中心中最古老的、也是最邻近太平洋的一个是埃尔帕拉伊索，它靠近今天的利马城，位于奇永河的河口。埃尔帕拉伊索是典型的呈U字形的建筑群，看上去它是由来自不同村落和不同氏族的人共同建造的。很少有人居住在埃尔帕拉伊索，但是很明显神庙供他们所有人使用，许多人把这里作为埋葬地。

最大的祭祀中心是谢琴欧图（Sechin Alto），它是一个高130英尺，长宽分别为1 000英尺和800英尺的土墩。土墩上是一个U字形的祭祀建筑群，四周建有一些房屋和平台。最古老的建筑可追溯至公元前1300年。至公元前400年时止，谢琴欧图一直在不断扩大之中。

哥伦布到达美洲前的中美洲文明兴盛时期			
奥尔梅克文明	约公元前1500—公元前400年。位于墨西哥湾。该地区第一个具有中央权威机构的多元化社会。因巨石头像和玉石动物雕刻而闻名。	特奥蒂瓦坎文明	约公元前300—公元750年。位于墨西哥峡谷。该城是主要的贸易和文化中心。鼎盛时期面积（8平方英里）超过罗马，人口100 000人。拥有哥伦布到达美洲前墨西哥最大的建筑即宏伟的太阳金字塔。
玛雅文明	约公元前2000—公元900年。位于南墨西哥、危地马拉和伯利兹。中美洲存在时间持续最久的文明。玛雅人在公元325年时已成为杰出的天文学家，建造了有阶梯的金字塔，熔化金属制作工具，并发展了象形文字。	托尔特克文明	约公元900—公元1170年。位于墨西哥中部。托尔特克人从图拉（墨西哥城的东北部）对全国的大部分地区和位于尤卡坦的奇琴伊察城实行统治。在图拉一带，人们信奉流血和战争。
萨波特克文明	约公元前1400—公元900年。位于南墨西哥。建造了阿尔班的祭祀中心，公元200年达到文明顶峰。	阿兹特克文明	约公元1100—公元1521年。位于墨西哥中部。祭司贵族引领着当地先进的文化，建造了首都特诺奇蒂特兰城。因建筑、纺织和一本经典神圣的历书而闻名。西班牙在1519—1521年间征服阿兹特克人。

莫切　在秘鲁北部太平洋沿岸的莫切峡谷,至公元前200年时已形成了多达2 000处分散的聚居点。从公元前200年至公元600年间,莫切人在这里和附近的峡谷建立了自己的国家。莫切人开挖灌溉系统,树立起宏伟的纪念碑,修建了许多重要的坟墓。20世纪80年代后期,在附近的西潘,考古学家发现了三座皇室的坟墓,从中可以看出当时的社会和政治分层。每个墓穴里躺着一位君主,身穿寿衣,佩戴珠宝首饰,有些首饰是金制的;周围是陪葬的仆人,或许还有家庭成员;以及各种动物——如美洲驼,至少一只狗和一条蛇——与死者一起埋葬。坟墓里的画和陶器上的图案显示出当时的祭司参与战争,并主持战俘的活人献祭仪式。莫切人在附近的河谷流域建立地区性的中心,很明显,他们统治着整个地区,开展贸易活动,并且引入了灌溉系统。

奇穆　公元600年左右,出于某些尚不完全清楚的原因,莫切人离开了该地区,由控制着12个沿海河流村庄的奇穆王国占据这里。奇穆人建造了灌溉系统和蓄水设备,建立了贸易网络,并缔造了一个沿秘鲁海岸绵延1 000多英里的强大国家。他们雄伟的首都昌昌古城建造在离原来的莫切不远的地方,四周用高达35英尺的土墙围起来,占地约4平方英里。城里有宫殿、寺庙、政府的办公楼和普通百姓居住的房屋。昌昌古城中包括十个皇家的住宅院落。显然,每一个国王都依次建造了自己的行政管理中心,其在位期间从这里管辖整个国家,死后也被葬在这里。

在国王统治的每一个地区,奇穆人都建造了多个附属的行政中心,由此组成一个行政网络,这一网络一直往南延伸至今天的利马城。奇穆帝国直到1470年才被印加人征服。具有讽刺意味的是,奇穆艺术品对南美西部的影响,在其被印加人征服以后反而大于征服之前,这主要得益于印加人建立起来的运输和通信网络。

安第斯山脉的城市化

尽管太平洋沿岸有上述定居点和居住区网络,但大多数学者认为,南美城市化的核心地区位于安第斯山脉。在整个南美地区,20 000英尺高的安第斯山脉和太平洋沿岸地带正好平行。从远古时候一直到今天,南美一直存在相当规模的“垂直贸易”,在人们交换不同生态条件下生产出来的不同产品时,沿海低地和高山地区就被紧密地联系了起来。同时,两地间的贸易也促成了文化、宗教和政治交流网络的形成。所以,有些考古学家提出,安第斯山脉的文明是从山下沿海地带早先的基础上发展起来的。

查文　查文是人们所知的最早的安第斯山脉文明,从公元前1200年至公元前200年曾盛行了约1000年。得名

南美的文明	
查文文明	约公元前1200年至公元前200年。位于秘鲁北部。农耕社会,由不同的地方部落组成。其主要城镇很可能是朝圣地。
莫切文明	公元前200年至公元600年。位于秘鲁北部沿海地带。现实风格的陶制动物模型。宗教和政治活动集中在月亮金字塔(人工筑土台)和太阳金字塔(有阶梯的金字塔)。
纳兹卡文明	公元1年(不确定)至600年。位于秘鲁。主要因一系列由卵石铺成的巨大图形而闻名。从天上俯视这些图形更为理想,最大的一个图形(一只蜂鸟)有900英尺长。
蒂亚瓦纳科文明	约公元200年至公元1200年。位于玻利维亚。因临近的的喀喀湖的古城蒂亚瓦纳科而获此名。先后有五个不同的文化占据此城,之后被遗弃。
瓦里文明	约公元650年至公元800年。位于秘鲁。帝国遗址遍及整个地区。建筑风格和人工制品与蒂亚瓦纳科相似。
奇穆文明	约公元600年至公元1470年。位于秘鲁西北部的海岸地带。大型城市文明(首都:昌昌古城)使精致的金饰品制作、档案保存及沟渠建设得以发展。后被印加人征服。
印加文明	约公元1476年至公元1534年。位于南美安第斯山脉。哥伦布到达美洲前最后、也是最辉煌的一支南美文明(首都:库斯科)。16世纪30年代被西班牙征服者毁灭。

109

于位于查文·德·万塔尔的最负盛名、也是最大的一个祭祀中心。从公元前900年至公元前200年左右，这一中心在秘鲁中部十分活跃。查文的神殿包括一个万神殿，里面的众神以图画和雕刻的形式表现出来，其中有蛇发虎身的人像，有老鹰、大鳄鱼和许多交织的形象以及半人半动物的形象，令人联想起在中国看到过的一些相似的图像。同埃尔帕拉伊索和沿海地带的神殿一样，查文似乎是由附近许多氏族和村落的人们共同努力建造起来的。在其鼎盛期，居住者不过2 000人，但是它的文化及其众神使附近地区形成了共同的宗教的形式，并使该宗教传播至整个安第斯山高地。

　　蒂亚瓦纳科、瓦里和纳斯卡　从查文往南约600英里，的的喀喀湖的南端，也就是今天的秘鲁和玻利维亚的交界处，在海拔12 000英尺的高地上，有安第斯山脉中最大的开放式可供耕作的平原。公元200年时，的的喀喀湖的最南端，邻近现代城市拉巴斯的蒂亚瓦纳科成为该地区的首都。蒂亚瓦纳科的统治者灌溉艾提波兰诺高原，这片地区可供养约20 000居民，并建造了拥有各种大型建筑物的祭祀中心，他们创立的宗教和信仰习俗渗透至整个安第斯山脉和太平洋沿海区域。当蒂亚瓦纳科由于历史上未记载的原因衰亡后，该地区之后出现的国家都保留了许多蒂亚瓦纳科的政府管理方式和宗教习惯，这在瓦里和纳斯卡一带尤为明显。

　　印加　以上提及的这五个国家——奇穆、查文、蒂亚瓦纳科、瓦里和纳兹卡——为印加人创立一个强大但历史短暂的帝国奠定了基础。公元1476年至公元1534年间，印加帝国南北绵延2 000英里，纵横向内陆延伸200英里。印加人吸纳了许多在他们之前的国家所信奉的神灵和宗教信仰、艺术品、陶器工艺以及纺织技术。他们在海拔10 000英尺的高地上建立了一个新的首都库斯科，并通过一个包括隧道、地道、吊桥、旅店、货栈等在内的长达25 000英里的道路系统，把库斯科和帝国所有的山地和沿海区域连接起来。这些道路有的路段宽阔平整，但大多比较狭窄，未经铺设，主要是因为印加人还没有使用有轮子的交通工具。为建造这些公共设施，他们从当地居民中强征"米他"（mit'a，意为季节）劳动力。

110

纳斯卡线条图画，秘鲁沙漠圣何塞大草原，约公元500年。紧随蒂亚瓦纳科之后的另一个国家——纳斯卡，在沙漠的表层用卵石铺成由线条构成的大图像。所有的图像——如图中所示的这只900英尺长的蜂鸟，只有从上空俯视才能看得清楚。但是，图像的作用和意义，像产生这些图像的文化一样，令人难以解释。

1438年,库西·尤潘基征服了一个毗邻的部落,并把原本分裂的各个小民族统一起来,形成了一个强大的国家,随后,他在那里被加冕为"印加",即皇帝。此后,整个国家即被称为印加。库西·尤潘基建立了一个世袭君主国,他的后代在他早期征服的土地上建立起一个庞大的帝国。他们采用"米他"制度,即要求帝国所有的成年人每年都必须花部分时间无偿为公用事业项目的建设服务。印加人没有创造书面语言,但他们通过在绳上系结的方法发展了一种类似算盘的数字记录法。这些"基普"(绳结)留下了帝国的行政管理记录。

在每一个被征服的地区,印加人都建立了行政管理中心。当地生产的农作物和诸如啤酒、纺织品等产品有三分之二被税收官征收。征收来的税收一半交给国家,另一半则奉献给众神和祭司们。他们建立由国家拥有的作坊,生产供官员和普通人消费的产品。另外,他们似乎鼓励生产标准化的产品,因为随着时光的流逝和地域的变化,他们生产的印加艺术品和手工艺品看上去一直没有很大的变化。显然,印加的宗教鼓励人们信奉不同的神灵。太阳神是主神,帝王们被认为是他的后裔;贵族崇拜战神维拉科查;普通百姓则继续信奉他们自己的本土神灵,并同时信奉主神太阳神。不过,我们将在第3篇展开对帝国组织的探讨以及对帝国的研究。

北美的农业城镇

公元后的最初几个世纪里,农业定居点在北美大陆的许多地方出现。有不少定居点发展成小型的城镇,这些城镇约于公元1000年至1400年间达到最大规模。有的学者注意到这些小城镇已有早期城市化的迹象。然而,这些小城镇并不包括在北美七个主要城市化的区域内,因为其人口规模很少能达到城市的标准。它们的经济基础也没有显示出明显的非农业经济的特征。这些城镇可能起源于比它们更早出现的南方的定居点。例如,美国西南部的居民——像霍霍坎人、莫戈隆人和阿那萨齐人——在他们的艺术品制作和建筑模式上,显示出来自墨西哥,甚至是南美的影响。

密西西比河流域最早的全面发展的城镇出现于公元700年左右。那里的居民建造了庙丘,并留下曾经在那里举行过复杂的葬礼仪式的证据,表明当时的社会和政治组织已形成等级划分。卡霍基亚是最大的拥有庙丘的城镇,占据了沿密西西比河直到今天的圣路易城以东几英里处的一大片土地。卡霍基亚城里拥有居民10 000人,12世纪和13世纪时,整个地区人口多达38 000。这样众多的居民当中可能有许多手工艺专家。在该城周围有100多个用作坟墓或精英人士房屋地基的土墩。这些土墩和墨西哥城市的土墩相似,表明两个地区之间曾经有过往来。有证据显示,当时有一个强有力的中央当局控制着该城。像北美几乎所有城镇的命运一样,卡霍基亚在16世纪初欧洲入侵者到达北美之前就已衰落,甚至无人居住了。个中原因仍不十分清楚。考古学家们还在继续积极研究北美的城镇、北美城镇的文化、北美城镇之间以及与其他地区之间的联系。

西非：尼日尔河流域

到20世纪70年代末，为考古学家所知的非洲撒哈拉沙漠以南的所有城市都是沿着外部引进的城市模式发展起来的。尼日尔上游的米诺和库斯采用了埃及的城市模式。位于现代埃塞俄比亚境内的阿克苏姆城既借鉴了尼罗河流域城市化的风格，又带有印度洋附近的一些贸易大国的特征。沿东非海岸的港口城市，如马林迪、基尔瓦和索法拉等，则是由跨过印度洋来到这里的商人们所建立的。在今天的津巴布韦和莫桑比克境内，专为地方皇家统治者所建造的，被称为"**津巴布韦**"的有围墙的石制围场则是当地人在与来自沿海岸地区的斯瓦希里商人接触后才出现的。

在西非，最先为人所知的一些城市，如沿着尼日尔的廷巴克图、杰内和莫普提，邻近热带雨林的约鲁巴平原南部深处的伊费和伊格博-尤克乌城，是作为交易中心建立起来的，以应来自北非的穆斯林商人贸易之需。他们于公元7世纪后跨过撒哈拉沙漠南行至该地区。考古学家们认为，非洲人和欧洲人一样，也是从外部获得有关城市建立的知识的。但是，这一观点今天已受到挑战。

津巴布韦（zimbabwes） 在非洲铁器时代，在今天的津巴布韦和莫桑比克境内建造的用石制围墙圈起来的围场或建筑群。这类建筑物是地方统治者的宫廷建筑。它们与对外贸易、综合农耕法、畜牧业和黄金的生产有关。

112

城市化之前的西非

西非城市化之前最重大的发展包括铁的冶炼技术，这显然是通过和北非人接触才学到的；新的艺术传统发展，特别是罗克人的艺术传统；以及由班图人传播的农业文明。铁的冶炼技术在公元前500年左右突然出现在西非的考古记录中。在西非大多数地方的石器制作直接跳跃至铁器制作，只有在少数几个地方，石器制作和铁器制作之间还存在铜器制作这个阶段。大多数考古学家认为，这种技术上的飞跃表明西非铁的冶炼技术是从外部引入的，很有可能是从北非沿海的腓尼基殖民地引进的。他们在撒哈拉沙漠的岩石艺术中发现了支持此观点的证据。沿着横跨撒哈拉沙漠的道路，可以看到从公元前1200年至公元前400年间留下的岩雕和岩画，其中描绘了双轮马拉战车，由此可见当时就已有了穿越撒哈拉沙漠的交通。

在尼日利亚北部，从公元前500年左右起，罗克人制作赤陶土雕塑，特别是赤陶

年　代	政　　　治	宗教和文化	社　会　发　展
历史一览表：早期的非洲			
公元前500年		■ 罗克人的赤陶土雕塑 ■ 班图人进入农业定居生活状态	■ 铸铁技术
公元前250年	■ 杰内-杰诺的建立	■ 尼日尔的铜和半宝石装饰品	
公元500年	■ 古代加纳		■ 阿拉伯游客记录下尼日尔河流域城市状况（400年）
公元1000年	■ 贝宁的建立（约公元1000年）		
公元1200年	■ 加纳灭亡；马里王国建立		

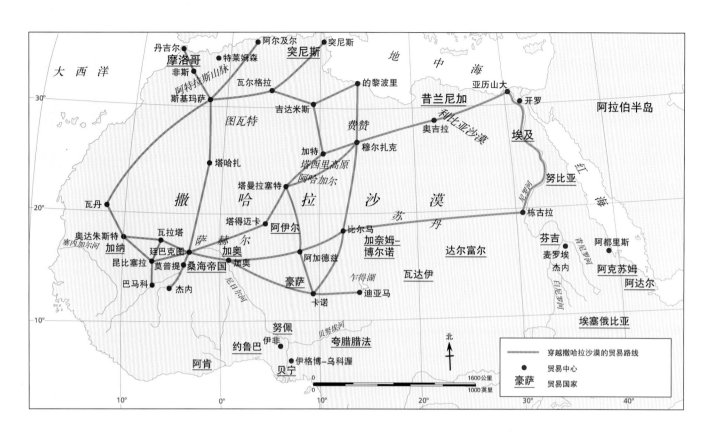

穿越撒哈拉沙漠的贸易。象牙、董金、硬木和奴隶吸引许多贸易商队往南穿越撒哈拉沙漠,他们一般是沿着在沙漠还没有形成前就有的路线前进。这些路线把地中海和西南亚的古典文化与以萨赫勒和苏丹为轴线的一系列富裕的贸易国家连接了起来。

土的人头像雕塑。罗克人生活在沿着尼日尔河,靠近今天的尼日利亚境内与贝努埃河交汇处的一些定居点里。他们也建造了炼铁炉,这些炉子可追溯到公元前500年至公元前450年。

与此同时,尽管许多班图人在很长一段时间内仍一直过着游牧生活,但他们中的有些人在尼日尔下游一带结束了到处飘荡的游牧生活,转向农业定居生活。他们开始了大规模的、速度缓慢的向南部和东部的迁徙,行程达数千英里,把他们的语言、有关铁器制作的知识技术和农业生产经验引入移居的地区。从公元前500年至公元500年的一千年中,班图人几乎把他们的语言、新的定居生活方式以及冶金技术带到了非洲的最南端。

杰内-杰诺:一种新的城市模式?

罗克人和班图人都没有建立城市,但尼日尔河流域的其他民族显然做到了这一点。从1977年起到今天,考古学家苏珊·麦金托什(Susan McIntosh)和罗德里克·麦金托什(Roderick McIntosh)一直在进行发掘杰内-杰诺的工作,终于向世人揭开了这座位于撒哈拉沙漠以南的第一个为人所知的非洲古代城市的面纱。杰内-杰诺定居点始于公元前250年左右。当时,该地只有一些圆形的土屋。从事放牧和捕鱼业的当地居民已经使用铁制工具。公元400年时,小村落发展至城市的规模;公元900年左右,达到其发展的顶峰。

杰内-杰诺城的形状不同于我们前面已经探讨过的其他六个定居中心。中心居住区的面积约80英亩,周围被宽10英尺、高13英尺、周长1英里的城墙围了起来。城墙外有40多个稍小一些的、但具有一定规模的居住点,紧靠着中心城区,组成一个由中心城区向外扩展,半径为2½英里的城市。到公元1000年时,整个定居区容纳的人数可能达到50 000左右。

多层次的发掘结果显示,杰内-杰诺人的食品有来自河里的鱼、从农田里收割来的稻米以及饲养畜群的牛肉。他们很有可能也喝牛奶。至少有些人佩戴由进口的铜和半宝石制作的首饰和装饰品。几十个出土的高3英尺的骨骸瓮里装着以胎儿的姿势摆放着的死人骨骸。这些骨骸瓮的年代可以追溯至公元300年到公元1400年。从它们被埋在家里或离家很近的地方这点,可以看出当地人对他们祖先的尊敬。从呈跪姿的小雕像被置放在墙里和地面之下,可以进一步推断出杰内-杰诺人崇拜祖先的可能性。

杰内-杰诺人的这一宗教和文化传统似乎一直延续至今。尽管建立杰内-杰诺城的主要目的并非仅仅是为了建设一个祭祀中心,但其所包含的宗教职能仍是城市活动中的重要组成部分,今天西非的城市也是如此。此外,1000年前杰内-杰诺城里的房屋布局和今天当地居民家庭住所的安排也有相似之处。无论是在古代还是今天,作为丈夫及父亲角色的男子,看来都住在中间的一个大屋里,而他的几个妻子则住在围着中央大屋建造的各个小屋里。

杰内-杰诺人肯定从事过贸易活动,因为即便在公元前250年,该地居民已经在使用至少得从30英里外的地方运来的铁器和石器。用来做磨石的砂岩至少得从60英里外的地方运来,而铜和盐则来自几百英里以外的地方。麦金托什夫妇在这里还发现了一个约在公元750年制作的金耳环,而离杰内-杰诺最近的金矿在500英里远以外的地方。或许,杰内-杰诺人用尼日尔河里的鱼以及从田里收割的稻谷换取了这些进口商品。有些杰内-杰诺人可能已经成为专职商人。

杰内人建筑理念的创新也有可能源于他们和外界的接触。公元900年左右,杰内-杰诺人的圆形房屋中出现了一些长方形的房子,很有可能是当地人在接触了北方的居民后才建造的。公元300年左右,随着引入作为穿

两个男人和一只巨角塔尔羊,撒哈拉沙漠塔西里山坦祖玛依塔克洞,岩石画,公元前7000—公元前6000年间。撒哈拉沙漠的岩石画艺术最初形象地表现了一些野生动物,如水牛、犀牛、河马、长颈鹿和大象等。到公元前6000年时,岩石画艺术开始描绘一些驯养的动物,如巨角塔尔羊或山羊、狗、马和骆驼,表明当地人的生活方式有了转变,从狩猎采集转变为放牧耕种。

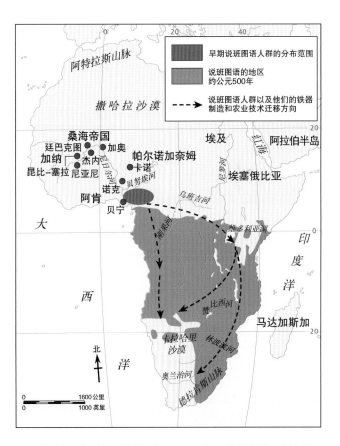

班图文化的传播。约公元前1500年时,一场特大的文化迁移开始改变非洲撒哈拉沙漠以南的地区。一群群说班图语的农民开始从他们原先在尼日尔河三角洲的家园往东往南迁移,沿途传播牛羊驯养、庄稼种植和铁器制造技术。到公元500年左右时,他们已移居至非洲的南部,原先靠狩猎采集生活的当地居民则被"边缘化"到更为遥远偏僻的地区,如卡拉哈里沙漠等。

杰马出土的头像，尼日利亚，约公元前400年。罗克人是一个没有文字的，以农耕为生的民族，在公元前第一个千年里定居在尼日利亚北部的乔斯高原上。他们制作的富有特色的雕塑——大象、蛇、猴子、人，甚至一个巨大的扁虱——都是在大胆地做成模型后再巧妙地烧制成赤陶雕塑。这个与真人一样大小的头像很有可能是一座全身塑像的一部分。(尼日利亚拉各斯国立博物馆)

越撒哈拉沙漠交通工具的骆驼，以及约公元700年时穆斯林阿拉伯人对北非的征服，杰内-杰诺人和外部世界的接触日益增多。特别是公元1200年后，穿越撒哈拉沙漠的商人把非洲南部的热带大草原和森林地带与地中海沿岸的城市连接了起来。大多数学者认为，可能正是这些与外部世界的接触和贸易才使得一系列新兴的城市变得越来越重要，如廷巴克图、杰内、尼亚尼、加奥、卡诺以及更往南的贝宁城。麦金托什夫妇则提出了一种相反的观点：这些城市比北方的城市出现得更早，实际上，这些城市的繁荣以及对贸易路线和更靠近南方的金矿的控制促使北方人派遣骆驼商队穿越撒哈拉沙漠。这一争论至今未有明确的结论。

至公元1100年时，杰内-杰诺城外围定居点里的人口开始减少。显然有些居民是搬到中心聚居点去生活了。此后的一个世纪里，杰内-杰诺的农业人口也开始下滑。至公元1400年，杰内-杰诺城以及它的卫星城已不复存在。为什么会发生这样的变化？这或许是因为战争和奴隶交易影响了当地社会的稳定。也有可能是因为土地权和家庭结构发生了变化，使得居民对该地区逐渐失去了兴趣。最后，也有可能是因为当地居民移居至尼日尔河沿岸其他地区生活，由此而导致杰内的逐渐衰败。究竟是什么原因，我们尚不得而知。

国家开始形成？

位于中尼日尔的杰内-杰诺定居点是否可以作为没有强大中央政府的早期城市化模式的例证？甚至是一种没有国家形式的城市例证？这是有可能的。杰内-杰诺的居民居住在互相毗邻的一个个建筑群里。在功能上，各个建筑群之间是互相依存的。这种居住模式与大多数最早建立的城市相比有天壤之别。那些城市通常具有一个庞大的建有大规模祭祀建筑的城市中心。杰内-杰诺的城市发展模式可以被看作为"一种超前的、本土化的、高度个性化的城市模式"。(R. McIntosh, 第203页)就杰内-杰诺的情况而言，它完全有可能是在贸易的基础上发展起来的，然后扩展成地理上相互毗邻、相互影响的各个定居点，但是，杰内-杰诺并不具备一个等级森严的社会结构，也没有一个强有力的中央权威机构。与我们已经探讨过的世界上所有其他地区的早期城市相反，杰内-杰诺人有可能经历了人与人之间相对较为平等及互相合作的生活，而不是像其他地区的人那样历经竞争、强权和压迫。

另一方面，通过对杰内-杰诺和奥尔梅克作一比较分析可以看出，杰内只发展到奥尔梅克定居点的阶段，并没有创造出以后在其他玛雅地区所出现的明显而又强有力的中央权力结构。假如杰内-杰诺的存在时间再长一些，城市发展得再快一些，或许，中央集权和社会分层也会在该地出现形成。事实上，中央定居点和围绕着它的一些规模较小的毗邻定居点共存的状况显示出某种等级制度已经出现。杰内-杰诺是不是代表了另一种城市化的模式？或者杰内-杰诺正处在向传统的全面城市化发展的过程之中？这些正是考古学家——和历史学家——喜欢辩论的比较问题。

最早的城市及其重要意义

115

随着城市的建立，人类开始体验许多种新的生活方式。大约5500年前，在中美洲和尼罗河流域出现的最早一批城市给人类带来的不仅仅是新的大规模密集定居模式，而且还有铜、锡和青铜等金属冶炼技术；颇具规模的建筑；社会、政治和经济生活中等级制的形成和职业的专门化。这些城市也作为商品交换和思想交流网络的中心而繁荣兴旺。在这些城市里产生的书面语言不但赋予文化创新以新的生命，而且给官僚、商人和学者们提供了文字记录的新方法。这些新兴的城市允许并要求结构复杂而又等级分明的政府行使职责，使城市正常运转。尽管我们通常把今天的城市看作世俗主义和异质多样化的发源地，但是这些早期的城市也富有宗教的色彩，这指的是它们通过其有形的祭祀场地和组织形式对某些神祇进行祭献活动。不同的气候条件和文化背景使得埃及的城市有别于中美洲的城市，但是它们之间仍有许多相似之处。我们对埃及的城市了解得比较少，因为尼罗河本身冲走了它的许多地基，但是，近期的一些考古活动在埃及和苏美尔都出土了城墙和住宅建筑，可以看出埃及和苏美尔也都需要保护他们的居民不受外来的侵犯。

苏美尔和埃及提供了学者们有时称之为"宏大叙事"的观点，这是一种传统的并被广泛接受的涉及历史转变的观点，认为历史过程在其他时间和地点会遵循类似的模式。我们在此书后面提供的每一个个案研究都突出了"宏大叙事"的某些方面，同时对其他方面提出挑战。

- 印度河流域的城市化过程表明，通常，一个前后延续的文明在地域上可以扩展至范围广阔的地区，在时间上可以跨越数千年。一些有特点的、规划有序的城市被作为首都，即使在这些城市的人口全部撤离后，范围广阔的城市网络里的其他一些城市仍使文明得以延续下去。此外，外来侵略者不仅采用和改良了印度河流域的农耕法，而且把其中一些农耕法从印度河流域移植至恒河流域。

- 甲骨上的记载和以几何图形为基础的城市规划方案给后人留下了有关中国早期城市化过程的历史记录，中国早期的城市建设格外强调宗教的重要性，尽管统治者们并没有忽略建立强大的军事力量。

- 在美洲，特奥蒂瓦坎和此后的一些玛雅城市再次揭示了宗教建筑的重要性，尽管以后的每一次发掘结果也向我们揭示了长途贸易的范围和人们日常的世俗生活状况。安第斯山脉的城市化表明，并不是所有早期的城市都需要以河床作为其发展的基础。城市的统治者可以在地势险峻的高山建立巨大的贸易、交通和军事调动的网络。他们能够以都城为中心，建立帝国。他们也

青铜跪姿像，马里杰内地区出土，约公元1100—1400年。上一世纪最后25年的考古活动向我们揭示了杰内–杰诺这座古代城市。"老杰内"城从公元前250年左右开始作为尼日尔河流域的商业中心。它的传统似乎持续了好几个世纪，并已融入"新杰内"城中去。今天的"新杰内"城就和"老杰内"城的遗址相邻。这一在杰内制作的小雕像很有可能是当地人在敬奉祖先时使用的。（私人收藏品）

有能力在尚未发明书面文字的情况下对城市甚至整个帝国进行统治管理。

- 在西非的尼日尔河流域，唯一的已被发掘出来的主要城市定居点对"宏大叙事"提出了挑战，它表明城市可以通过与其附近规模小一些的定居点之间建立相互间的联系而发展起来，而不一定非需要等级制度、中央集权、政府结构以及书面文字不可。不过，对迄今所获的资料也可以做出不同的解释。或许，杰内-杰诺的那块中央高地事实上是代表了某种形式的等级结构。或者，杰内-杰诺只是一系列毗邻的村落而并非一个城市中心。对杰内-杰诺的解释，将部分取决于我们对城市及其功能的定义到底可以——并应该——放宽至何种程度。对杰内-杰诺的继续发掘和解释将有助于判定有关早期城市化的"宏大叙事"观点在何种程度上是站得住脚的，同时也有助于判定我们能将城市化在人类历史上所起作用的较不机械呆板的新观点延伸拓展至何种程度。

复习题

- 研究中美洲和埃及早期城市的考古学家们声称，一个真正的城市必须拥有书面文字。根据在美洲和杰内-杰诺的发现，你是否同意这些考古学家的观点，即认为这些地区中的定居点并非城市？或者，你认为它们是城市？那么，关于城市的定义应该有怎样的变化？
- 古代文字的发现和破译是怎么帮助我们理解古代中国和中美洲的城市生活的？
- 人类学家杰里德·戴蒙德（Jared Diamond）认为，和世界上其他地区相比，美索不达米亚和埃及具有技术和社会发展的优势，因为它们享有生态上丰富的动物和植物资源。在你对中国、美洲和杰内-杰诺的早期城市发展做出比较后，你是否赞同戴蒙德的观点？为什么？
- 我们发现，在早期的七个城市定居点里，至少有六个存在用活人献祭的现象，或有杀死统治者的部分同伴陪葬的习俗。这些做法为何后来又停止了呢？
- 本章所论述的四个城市中心中，哪一个中心的统治者具有最强的权势？你能引用什么证据来支持你的观点？
- 麦金托什夫妇认为，杰内-杰诺是一个不寻常的城市实例，挑战了我们对早期城市化的理解。你认为他们的论点是否有说服力？为什么？

推荐阅读

PRINCIPAL SOURCES

Blunden, Caroline and Mark Elvin. *Cultural Atlas of China* (New Haven, CT: Facts on File, 1983). One in the excellent series by this publisher, prepared by an historian and an archaeologist, with text, maps, pictures.

Coe, Michael, Dean Snow, and Elizabeth Benson. *Atlas of Ancient America* (New York: Facts on File, 1986). One in the excellent series by this publisher, prepared by experts, with text, maps, pictures.

Fagan, Brian. *People of the Earth: An Introduction*

to World Prehistory (Upper Saddle River, NJ: Prentice Hall, 2000). Outstanding anthropological textbook on prehistory.

McIntosh, Roderick James. The Peoples of the Middle Niger: the Island of Gold (Oxford: Blackwell, 1998). Most recent book publication on Jenne-Jeno by one of the two principal archaeologists.

Murray, Jocelyn, ed. Cultural Atlas of Africa (New York: Facts on File, 1982). One in the excellent series by this publisher, prepared by an expert with text, maps, pictures, time lines.

Schele, Linda and David Freidel. A Forest of Kings: The Untold Story of the Ancient Maya (New York: William Morrow, 1990). Tells how the Mayan language was deciphered, by those who did it.

Times (London). Past Worlds (Maplewood, NJ: Hammond Inc., 1988). Excellent, comprehensive, scholarly introduction to archaeological prehistory, lavishly illustrated with maps and pictures.

ADDITIONAL SOURCES

Alva, Walter and Christopher Donnan. The Royal Tombs of Sipan (Los Angeles, CA: Fowler Museum of Cultural History, University of California, Los Angeles, 1993). Lavishly illustrated account of the excavation.

Chang, Kwang-chih. The Archaeology of Ancient China (New Haven, CT: Yale University Press, 3rd ed., 1977). THE expert's account, somewhat dated, but still the standard.

Chang, Kwang-chih. Shang Civilization (New Haven, CT: Yale University Press, 1980). Comprehensive account by an archaeologist who participated in some of the most significant excavations.

Connah, Graham. African Civilizations (Cambridge: Cambridge University Press, 1987). Excellent, comprehensive textbook on prehistoric Africa. Covers the entire continent.

Curtin, Philip, Steven Feierman, Leonard Thompson, and Jan Vansina. African History from Earliest Times to Independence (New York: Longman, 2nd ed., 1995). A standard textbook by four distinguished experts.

deBary, William Theodore, et al., comp., Sources of Chinese Tradition. Vol. 1. (New York: Columbia University Press, 1998). The best available anthology of classic writings. Good section on oracle bones.

Demarest, Arthur and Geoffrey Conrad, eds. Ideology and Pre-Columbian Civilizations (Santa Fe, NM: School of American Research Press, 1992). Scholarly argument on the importance of ideas, both cosmo-magical and political, in the construction of pre-Columbian civilizations.

Eliade, Mircea. The Sacred and the Profane (New York: Harper and Row, 1959). The classic argument for the importance of sacred spaces in city development, by a pre-eminent historian of religion.

Keightly, David N., ed. The Origins of Chinese Civilization (Berkeley, CA: University of California Press, 1983). An excellent account.

MacNeish, Richard S. "The Origins of New World Civilization," Scientific American (November 1964). Reprinted in Scientific American, Cities: Their Origin, Growth, and Human Impact (San Francisco, CA: W.H. Freeman and Company, 1973), 63–71. Brief introduction, especially interesting on domestication of crops and animals.

McIntosh, Susan and Roderick McIntosh. "Finding West Africa's Oldest City," National Geographic CLXII No. 3 (September 1982), 396–418. Popular introduction based on early archaeological expeditions.

McIntosh, Susan Keech, ed. Excavations at Jenné-Jeno, Hambarketolo, and Kaniana (Inland Niger Delta, Mali), the 1981 Season (Berkeley, CA: University of California Press, 1995). Comprehensive, scholarly documentation on the excavations.

Millon, René. "Teotihuacan," Scientific American (June 1967). Reprinted in Scientific American, Cities: Their Origin, Growth, and Human Impact, 82–91. Basic introduction to the early professional excavations of Mesoamerica's largest prehistoric metropolis.

Moseley, Michael E. The Maritime Foundations of Andean Civilization (Menlo Park, CA: Cummings, 1975). Argues that the Andean cities were founded on the basis of the Pacific coastal developments.

Scientific American, ed. Cities: Their Origin, Growth, and Human Impact (San Francisco, CA: W.H. Freeman and Company, 1973). Anthology of articles on urbanization culled from Scientific American articles. Still useful.

Tedlock, D., trans. Popol Vuh (New York: Simon & Schuster, 1985). The definitive edition of the Mayan Book of the Dawn of Life and the Glories of Gods and Kings.

Time-Life Books. Time Frame 3000–1500 BC: The Age of God-Kings (Alexandria, VA: Time-Life Books, 1987). Popular but authentic, engaging, introduction to many areas of early urbanization: Mesopotamia, the Nile valley, the Indus valley, and the Yellow River valley.

Waley, Arthur, trans. The Book of Songs (New York: Grove Press, 1996). Marvelous translation of poetry from the age of Confucius.

117

从城邦国家走向帝国

118

发展军事力量是把城邦国家转变为帝国的关键。城邦国家已经具备进攻和防御的力量：城墙、壕沟、士兵和军队，对那些距水域很近的城邦国家来说，还包括舰船和水手。美索不达米亚、成为帝国之前的中国、古代希腊以及中美洲玛雅的文学作品中有许多篇幅描绘城邦国家间互相争战的场面。从吉尔伽美什开始，城邦国家的统治者们既主持城墙的建造，又负责统帅武装力量。他们在军事上英勇善战，又有强大的手腕统治着国家。他们投入一场又一场连绵不断的战争之中。

是军事力量把这些城邦国家转变为帝国。大约在4000多年前，阿卡德的萨尔贡（约公元前2330年至2280年）就是一个最早的例子。公元前2250年左右，在美索不达米亚各个城邦国家的相互争战中，萨尔贡获得了胜利，建立了有史记载的第一个帝国。

萨尔贡的军队配备的显然是那个时代常见的武器：射程约为150英尺左右的带有石制或骨制锐利尖头的木矛；射程超过300英尺的制作简单的弓和箭；用最大力量可以猛掷石块至600英尺外的皮制投石器；以及战车——装有硬木车轮的粗制四轮车，它是用驴子拉动的——战车里装着投矛器及装满箭的箭筒。我们没有关于萨尔贡军队的直观证据，但却有被他打败的苏美尔人的资料。乌尔的军旗不仅描绘了步兵、战车和胜利者的武器，而且还包括被打败的敌军士兵：有的已战死，有的正在等待着死亡的命运。萨尔贡的军队在装备上或许和乌尔的军队并没有巨大的差别，但他们的人数要多得多，武艺更高强，组织更严密，而且更有活力。

萨尔贡接着又去征服位于幼发拉底河中上游的城市，并一直进入到安纳托利亚南部。随后，他转而东进，征服并继而统治伊朗西部的苏萨——埃兰人的都城。萨尔贡的帝国仅维持了约一个世纪，但从此以后，美索不达米亚通常处于一个又一个的帝国统治之下，这些帝国大多像萨尔贡的帝国一样，由外来的侵略势力所建立，但有时也会由从帝国内

逐鹿浮雕，赫梯，公元前9世纪，石雕。（土耳其安卡拉安纳托利亚文明博物馆）

119

部形成的革命军事力量所统治。城邦国家的结构从此不再重现。

埃及也很早就建立了帝国。埃及人从尼罗河上的第一瀑布（尼罗河上好几个难以逾越的湍滩之一）往南来到以蕴藏金矿而著称的努比亚。早在公元前2500年，埃及人就已经在位于第二瀑布下游的布亨建立了一个城市。当时，在该地区居住的人口并不多，埃及人在几个世纪里一直把这里作为开矿和贸易的基地，直到后来被努比亚人占领。然而，在第十二王朝期间（公元前1991年至1786年），埃及人又回到了该地区。埃及人通过开挖一条运河并在沙漠里开筑一条与运河平行的陆路来保证船只可以绕过第一瀑布而通行无阻。在布亨，埃及的工程师主持建造了古代历史上最伟大的要塞之一。此要塞的低矮的外墙和高耸的内墙都有壕

沟起保护作用。墙的顶端被筑成锯齿状，墙上开有狭长的小孔，供弓箭手、抛矛手和抛石手作战时使用。要塞里设有兵营，均用围墙围起来；此外还有一个市场、政府的办事处和住所；后来还建造了一个供奉何露斯神的神殿。布亨是埃及在努比亚进行军事活动、行政管理及商业活动的主要前哨基地。公元前1600年左右，埃及被可能是穿过西奈沙漠来到这里的希克索斯入侵者打败，布亨再次被努比亚人征服。

与此同时，由或许来自东北山区的新移民把新的武器引入了新月沃地。其中最重要的是一种新型的两轮战车。这种由马拉的战车轻便，跑得快，而且很容易操纵。战车由身穿青铜盔甲的弓箭手驾驭，从车上射出带有青铜箭头的箭。在长达一千年的时间里，这种战车成为中东地

120

亚述的军队和音乐家,选自亚述巴尼拔宫殿的石灰石浮雕,尼尼微,公元前7世纪。(巴黎卢浮宫)

全副武装的步兵密集方阵来保护自己;古罗马的步兵军团装备没有那么沉重,队形也稍小些,以便于军队的移动;而古代中国的步兵人数也达数千之多。中国的历史文献提供了丰富的有关军队和战争的资料,但考古学家对1974年出土的7 000个与真人真马一样大小的兵马俑(参阅第218页)仍感到震惊。这些兵马俑按军事布阵排列,配带用青铜制作的武器、长矛、长弓和石弩(中国的创造发明)。1976年的第二次发掘出土了一队骑兵,被分成四个军事方阵,骑在战马和马车上的士兵共有1 400人。次年,又发现了一个稍小一些的土坑,里面有一队看上去是由赤陶土制作的军官。这几千个兵马俑并不是通过大规模生产方式制造出来的,每一个俑都是单独制模,分别上色,其制作之精细甚至连头发的式样都分得很清楚,因为不同的发式代表着不同的军衔。显然,这些人物形象代表了帝国军队的精华。他们被制作成俑是为中国的第一个帝王——秦始皇(公元前221年至前210年在位)陪葬,陪伴他度过死后的生活。

战争既在陆地上,也在海上发生。公元前5世纪,在地中海东部,波斯人和希腊人都使用三层战船(参阅第153页)作为他们争夺霸权的主要战舰。大约170名桨手被大致平均地安排在三层甲板的两侧。船的航行速度可达每小时9海里。在没有必要达到这一速度时,战船就升起有横帆装置的船帆,借着风势前行。

三层船的船体由轻质木料制成,希腊船一般比波斯的战船要轻一些。重量较轻的战船能提高船的航行速度,但也容易损坏。当时的战船配备有外裹青铜的撞

区军队主要的作战用交通工具。约公元前1500年,位于美索不达米亚北部的米坦尼王国首先成功地使用了这种战车。随后,赫梯人接替了米坦尼人成为该地区的主宰。从公元前1650年左右至公元前1200年左右,赫梯人以安纳托利亚东部的哈图沙(今土耳其安卡拉的勃尕卡尔)为都城。尤其突出的是,赫梯人还发展了铁,甚至是钢在武器上的使用——包括防御用的盔甲和攻击用的矛、箭和刺刀——也使用在提高农业生产力的农业工具上。

尽管早期的军队使用战车、战马和驴子,但多数军队的主力仍是步兵:希腊的重甲步兵用沉重的青铜盔甲和一排排

锤，作为攻击武器，它们很容易撞坏船身较单薄的轻型船只。最初，战船上配备有桨手，还配有长矛抛手和弓箭手。至公元前4世纪末，战船的结构发生了变化，船上安装了甲板以便安置携带武器的士兵，这样，多层桨手替代了原来单层桨手的安排。

心理武器在古代的战争中也占有一席之地。最早和最常用的心理战术是利用某些声音和乐器来激励自己的军队——并为他们提供联络方式——同时恐吓和迷惑敌人。古代文献也曾提及在战争中同时使用喇叭和其他乐器。《圣经》提到希伯来人在大规模撤离埃及穿越沙漠时使用了喇叭和其他乐器。当他们最终到达他们期望中的应许之地时，他们的领袖约书亚开始攻击耶利哥城，号手们吹响羊角号，竟使该城城墙倒塌（根据《圣经·士师记》的说法）。

公元10世纪时的诗人菲尔多西很多年后在伊朗民族史诗《列王纪》（"Shah-nameh"）中记载了波斯帝国创建的传奇故事。这一史诗很受读者欢迎。菲尔多西在书中描绘了波斯帝国传奇的创始人之一拉斯特姆是如何打败他的主要敌人图拉尼赢得胜利的。史诗同样也描述了战斗中使用的乐器发出的声音。

事实上，所有有关帝国征服战争的文字记载里都充斥着有关死亡、毁灭和俘虏的描述。有一个关于一场战争结束的情节描写了美索不达米亚战争后留在战场上的尸体。美索不达米亚是最早的帝国争霸、战火

不断的地区。关于乌尔第三座城市（乌尔第三王朝）毁灭的哀歌是有史以来最早的记载，写于公元前2000年至公元前1500年间。它使我们看到，帝国是建立在多少生命丧失的基础之上的。

哦！先祖南娜！
那座城市成为废墟，
人们在痛苦呻吟。
……
那城墙已被攻破，
人们在痛苦呻吟。
那高高的城门啊，

曾是人们信步的好去处，
而如今，死尸遍布。
那宽宽的林荫道，
曾是庆典的好地方，
而如今，人们陈尸于其上。
在所有人曾闲庭信步的大街小巷，
死尸遍地皆是；
在所有曾举行过盛宴的地方，
死尸都如山堆积。
……
像骄阳下的肥油，
死尸在那里消融、消融……

（Pritchard，第459页）

亚述王亚述巴尼拔和埃兰王之间的蒂尔图巴战役，选自亚述巴尼拔宫殿，石制浮雕，公元前645年。（伦敦英国国家博物馆）

问题

1. 战争和屠杀在帝国建立的过程中有着怎样的重要性？

2. 你认为新式战争武器的发展和新帝国的建立有着怎样的密切联系？

3. 除了军事技巧和力量以外，在帝国的建立过程中有什么技术和能力是必需的？

帝国和帝国主义

公元前2000—公元1100年

什么是帝国？帝国的重要意义在哪里？

最早的帝国出现在我们在第2篇中讨论过的世界文明地区——美索不达米亚、尼罗河流域和黄河流域。约公元前2350年繁荣发展起来的萨尔贡的阿卡德帝国是有文字记载的最早的帝国，继之而起的是由巴比伦人在美索不达米亚同一地区统治的帝国以及后来由亚述人统治的帝国。在这一个个帝国的形成过程中，我们发现了一个相似的模式，即一个强有力的统治者建立起一支大规模的强大军队，然后走向衰落，起因是受到外来者的挑战，旧帝国被推翻，新的帝国出现。

第5章首先讨论帝国成立中最早的例子阿卡德帝国。第二个实例是埃及，然后我们转向波斯帝国。在波斯人于公元前5世纪对希腊人的战争中，我们看到了在君主制和民主制度之间，帝国和城邦国家之间的根本性的冲突。地方性的、规模很小的城邦国家的联盟阻止了世界上最强大的帝国的征服行动。但是，到最后，希腊的体制解体并演变为内战，在亚历山大大大帝登基之后，我们看到了历史的一个巨大讽刺。这些早先为自己的独立，为战胜当时最大的帝国而骄傲不已的城市后来却失去了独立，落入亚历山大之手，成为其帝国的一部分。

第6章将更为具体地讨论罗马帝国，第7章的重点是中国，同时也对日本作一简要介绍。第8章介绍印度，同时涉及东南亚。这三大帝国体系控制着广大的地区，对千千万万人有着巨大深远的影响，直至今天我们依然能感受到这一切。它们代表了大多数人类的历史转折点。

罗马、中国和印度取得了如此巨大的成功，这几个帝国的意识形态——他们对其统治合法性的解释——多少个世纪以来一直产生着影响。实际上，罗马帝国存罗马士兵围攻一座城池，选自《万国通史》。凹版蚀刻画，A·南尼（A. Nani）作。罗马一系列军事装备——包括攻城槌，攀登城墙的装置，弩炮和马拉的战车蓄势待发——大大帮助了其"新智慧"政策的实施，即通过耐心充分的准备，展示其强大的军事实力以不战而屈人之兵。（私人藏品）

在了将近一千年，从公元前5世纪一直到公元5世纪，如果我们把位于君士坦丁堡的东罗马帝国也算在内的话，那么，罗马帝国的存在就超过2000年了。更有甚者，罗马形成的帝国形象在后来欧洲所谓的神圣罗马帝国中得到了体现。在19世纪和20世纪初，有许多评论家把大英帝国和罗马帝国相比较，而在20世纪后期和21世纪初，有许多人则在美国和罗马帝国之间画上了一个等号。成立于公元前221年的中华帝国，其历史几乎绵延不断，直至公元1911年，有人认为它甚至持续至今天，只不过披上了新的、共产主义的外衣。统治几乎包括整个印度次大陆在内的广大地区的第一个皇帝，孔雀王朝的阿育王（约公元前273—公元前232年在位）在今天印度的每一张卢比纸币上依然印有其相关形象以资纪念。在这几个章节中，我们也会谈到把这三大帝国连接在一起的贸易路线。

123

帝国的黎明

北非、西亚和地中海地区帝国的建立
公元前2000—公元前300年

5
第 章

主题
- 帝国的定义
- 早期的帝国
- 波斯帝国
- 希腊城邦国家
- 亚历山大大帝的帝国

帝国的定义

　　纽约州自豪地把自己称为"帝国州"；克莱斯勒公司为其克莱斯勒帝国系列豪华轿车大做广告；直到不久前，英国还一直把"帝国加仑"作为一种容量单位。但是今天，"帝国主义"一词却通常隐含着贬义。上一代人见证了众多帝国的崩溃，最近的一个例子就是苏联的解体。这些帝国的垮台得到了全世界一致的欢呼。为什么帝国的概念会引发出人们如此截然不同的态度？帝国究竟意味着什么？

　　帝国是通过一个民族对另一个民族的征服而形成的——事实上，帝国的定义之一就是一个民族把自己的政治统治强加到其他不同的民族身上。就如同人们想要控制他人及其资源的欲望一样，帝国在人类的历史中是一种自然的现象。并且，帝国的出现颇为频繁，只要那些统治者能够建立起帮助他们达到上述目的的军事组织，帝国就会出现。

　　"帝国"一词在我们大多数人的心中会引起不同的印象和情感。我们会想到宏伟的宫殿建筑，帝国的皇帝以及领导官员建立的统治机构。在我们的想象中，我们会见到那些用最出色的艺术品装饰起来的宏伟建筑。我们会想象皇帝和帝国的统治者穿着最漂亮的服饰，吃着最精美的食物，享用着最珍贵精致的奢侈品，支持并掌握着最强有力的技术。他们常常鼓励艺术和学术研究方面的巨大创新。然而，我们有时候却见到那些统治者滥用权力，用残酷无情、傲慢无礼、不负责任和低俗至极的行为对待他人。

　　我们也见到庞大的市场，或许可能还有港口和码头等，那里正在处理着来自帝国遥远角落的货物商品，因为建立帝国的目的之一就是把各种自然资源送到宗主国来。交通和运输线路，如海路航线，以及最重要的陆路通道，都通向帝国的都城，把它和帝国最边远的地区连接了起来。这里有许多具体的例子。其中最著名的要数公元7世纪时中国隋朝的大运河，大运河把南方富饶的农业地区和北方的都城连接了起来。还有一个相近的例子，即习语说的"条条大路通罗马"，罗马是一个和隋朝力量相当的帝国的首都。这个说法可能有点夸张，但是它所要表达的主要观点是正确的。帝国把来自各地的不同的产品和各不相同的民族置于同一个统治者之下。操着不同的

前页 阿帕达纳宫（Apadana），主会见厅，伊朗波斯波利斯，公元前521—公元前486年。波斯波利斯毁于亚历山大大帝之手。从图中可以看见大流士一世时代的阿帕达纳宫殿的立柱。

语言、持有不同的宗教信仰、来自不同的民族和种族、拥有不同的文化和技术水平的人都被置于一个单一的、中央集权的统治之下。

为了要组织并维持帝国各个部分之间的交流和贸易，必须建立起一个管理体系。政府的管理者和统治者还必须根据帝国的实际需要来控制和决定被征服者的命运。其中的部分人会得到完全的市民资格，其余大多数人得到的权利和特权则要少得多，而那些生活在最底层的人，尤其是那些战俘，很可能沦为奴隶。还有少数人——那些对帝国的统治者来说特别危险或者给帝国带来巨大损失的人——则可能会被处死，以起到杀一儆百的作用。

统治者必须保证要么把帝国各个地区不同的货币统一为一种单一体系的货币，要么就把各种货币的兑换方法早早准备好。为了和帝国各地说不同语言的人交流，可以采用和推行一种统一的官方语言，这样帝国的命令和文书就能在全国畅通无阻。统治者必须建立起至少具有一定统一度的法律体系。实际上统治者必须在语言、货币、度量衡制和法律体系等各个方面做到足够的统一，这样才能保证整个帝国如同一个单一的政治机构那样正常运转。在所有的行政管理工作中，最重要的可能就是从纳税人那里收取税赋，从被征服者那里收取贡品。这些税收将保证帝国统治者能够长久获得经济方面的收益。

20世纪的学者强调帝国的两种统治模式：**霸权主义**和**独裁主义**。对帝国的统治者而言，他们比较倾向霸权主义这一形式。这是由于只要能够说服被统治者，这一切都是出于对他们最大利益的考虑，他们就会愿意接受这一切。被统治者可以从帝国为他们带来的稳定与和平、帝国引进的先进技术、帝国发展并向他们开放的更为广泛的贸易网络和由此带来的利润，帝国展示给他们并和他们一起分享的文化，或作为帝国的成员之一而取得的新的进步机会中大大获益。如果人们普遍认为作为帝国的一员能得到这些好处，那么他们就会乐意，甚至有时候会热切地接受这一身份。他们可能会接受帝国统治者的意识形态，其对法律体系的解释和由对外统治带来的实利。总之，霸权主义可以被定义为受到被统治者广泛接受的一种外来统治模式。

然而，一旦帝国的意识形态不为人们所接受，统治者就会通过独裁的形式来实现他们的统治，即赤裸裸地动用其权力。在这种情况下，军事力量和威胁使用武力成了维系帝国存在的关键。因此，国家把大把的金钱花费在征兵、训练和装备其军队上。军队在帝国面积广大的土地上进行部署调动，且使用的就是平时用于商业贸易的道路。

对帝国统治的反抗就像帝国本身的存在一样平常。帝国的统治者通常是独裁者，因为他们享有比被统治者多得多的权力。通常，关于统治者权力的秘密有意或无意地在被统治的人们中间流传着，丰富了他们的茶余饭后的谈资。被统治者学习征服者介绍引入的各种技术，包括武器的使用、各种材料、军队的组织、农业生产方法、行政管理组织或生产技术等。帝国开始时使用各类特权进行统治，最终使被他们征服的民众发生了变化。那些被统治的人民本来可能对帝国带来的恩惠充满感激之情，但是到后来可能会产生不满、变得难以控制，甚至举行抗议发动叛乱。比如，高卢

126

霸权主义（hegemony） 在一个群体组织中一个单位对其他单位的支配统治，例如，联盟中的某个国家。也可用于指帝国对其从属国实行的统治，其中外国政府的权力行使均须得到帝国的允准。

独裁主义（dominance） 以武力强制推行外来政府的统治，与霸权主义相对。

人不再愿意臣服于罗马人,蒙古人也不再愿意臣服于中国人,如我们将在第6章和第7章看到的那样。帝国不是静止不变的,帝国的历史就是一个盛衰存亡的过程。具有讽刺意味的是,帝国的主人常常被迫和曾经被他们统治的人调换位置。

造成帝国衰败和崩溃的原因有以下这些:

- 领导的失误——帝国未能造就或挑选出能够维持其帝国结构的统治者;
- 政府的管理体系过度臃肿——帝国的统治者在应付国内重大问题的同时,未能维持庞大帝国的开支;
- 经济的崩溃——帝国领土的过度扩张,使得用于征服和管理的支出大于获取的收入;
- 对其意识形态的怀疑——当心存不满的殖民地人民抛弃他们的殖民体系,或饱受挫折的殖民地人民举行起义时,抑或两者皆有时,人们对帝国的公正和其带来好处的信念也就走到了尽头;
- 军事上的失败——外部的敌人和被殖民者联合起来发动起义。

早期的帝国

美索不达米亚及新月沃地

美索不达米亚地区最早的权力中心是相互间无法达成和解的独立城邦国家。他们为了土地、灌溉权和威望影响征战不止;正如我们从公元前3000年苏美尔人的浮雕作品中看到的那样,那些艺术作品上充满战争的场面。考古学家们从这些艺术作品和楔形文字记录中复原出两个主要的对抗者:美索不达米亚的拉格什(Lagash)和乌玛(Umma)。他们和各自联盟的军队一起,主宰了当时的战场。然而,其中任何一方的胜利,或是任何一个城邦对另一个城邦取得的胜利,常常会激起下一代人的复仇行动。

阿卡德的萨尔贡　从地理角度来说,美索不达米亚地区的城邦国家也容易受到穿越其领土、挑战其权力的移民部落的侵犯。约在公元前2350年,萨尔贡(Sargon,约公元前2334—前2279年在位)领导了一支来自阿拉伯半岛的闪米特人组成的移民队伍,进入了苏美尔地区。新来者在苏美尔北部及周围的地区定居了下来,并将这一地区称为“阿卡德”(Akkad)。萨尔贡带领阿卡德人取得了对苏美尔主要城邦国家的胜利,在东方战胜了埃兰人(Elamites),征服了美索不达米亚北部,和连接美索不达米亚与地中海的一片狭长地区。他在阿卡德(Agade)建立了都城。该城市的确切位置至今未能确定。

尽管有关的历史记录匮乏,但是在现有的记载中,仍存在证据支持我们对帝国主要特点的评价。第一,阿卡德人征服了广大的区域。阿卡德王朝的行政管理泥板文书最远在苏萨被发现,该城位于波斯境内、阿卡德以东几百英里处。这说明了阿卡德帝国的政府统治着一个广大的区域。第二,在摧毁了乌尔(Ur)、拉格什、乌萨尔贡帝国。在公元前第三个千年中，萨尔贡确立了对美索不达米亚南部各城邦国家的控制，建立了世界上最早的帝国。他把国都建在阿卡德，开创了阿卡德王朝；该王朝统治的区域从波斯湾一直到地中海的新月沃地，时间长达一个世纪。

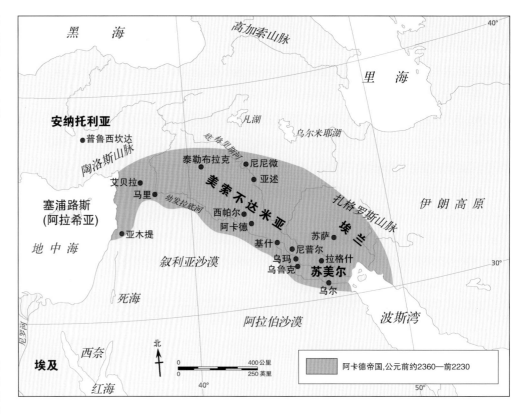

一位阿卡德统治者的铜制头像（萨尔贡一世？），约公元前2250年。这个接近于真人大小的头像散发着王者的自信，刻画的很可能就是阿卡德王朝的创立者萨尔贡一世。在半个多世纪的时间里，萨尔贡占领了一个又一个城邦，直到他征服了美索不达米亚的大部分地区。他死后，他的继任者把他当作神祇膜拜。

玛等主要城市的城墙后，萨尔贡用他的行政官员取代了原来由当地人担任的各级官员，这些官员被称为"阿卡德之子"（Sons of Akkad）。第三，阿卡德语被用于苏美尔地区的官方政府文件。第四，长度、面积、固体的体积和液体的容积，很可能还包括重量在内的度量衡单位在整个帝国内得到统一。实际上，这一地区的人们使用阿卡德计量单位的时间超过1000年，远远长于帝国存在的时间。最后，萨尔贡把他自己的形象和帝国的意识形态强制予以推行宣扬。各类文件都从阿卡德王国建立之日起算，法律誓言都以这位阿卡德国王的名义起誓，萨尔贡还把他的女儿安置在乌尔，作为月神南纳（moon-god Nanna）的高级祭祀。

萨尔贡的帝国延续了大约100年，后被其他的外来者古蒂人（Gutian）所取代，再后来则是在乌尔那木（Ur-Nammu，公元前2112—2095年在位）的领导下，苏美尔内部势力复兴，并取代古蒂人。就文化而言，苏美尔十分先进，甚至影响了其征服者，包括阿卡德人、古蒂人以及其他的后来者。然而，阿卡德语却在公元前2000年左右取代了苏美尔语。

如潮的入侵者：巴比伦人和赫梯人　这一时期，一波又一波的移民不断地涌入新月沃地。这些外来者可能是被其周边的空旷土地所吸引，也可能是被中心地带那些可被他们掠夺的已定居者吸引。历史学家还不能确定每一波外来移民群的源头，但是有两个族群的来源却是十分清晰的，他们就是闪米特人（Semite）和印欧人种(Indo-European)。这是根据各自所说的语言和之后使用的书面文字确定的,使用一种共同的语言很可能也暗示了某种程度的内部族裔关系。

在闪米特人中有一个部族称为阿莫里特人(Amorites),这个部族在大约公元前1900年入侵并征服苏美尔地区,他们在巴比伦略靠北部的地方建立了自己的新王朝。最初他们采用苏美尔的文化和统治形式,然而过了一段时间之后,他们就创立了自己的新体系。阿莫里特人的第6代统治者汉默拉比(Hammurabi,公元前1792—前1750年在位)因其制定的法典而最为著名,同时他还是一位杰出的军事领导者。他征服了之前在苏美尔地区一直保持着独立的城邦国家。他一手创建了巴比伦帝国,建立了一套从波斯湾到叙利亚的统治网络结构,持续时间长达250年之久,这个帝国直到公元前1500年才被另一群新的侵略者即赫梯人所击败。

闪米特的阿莫里特人显然是从南方迁徙到这里来的,而赫梯人是随着印欧人的大规模迁徙而来到这里的,这些印欧人极可能来自北方,看来是来自高加索的山区。这些人操着"印欧语系"的语言,随着他们在各地的迁徙和定居,从西北的不列颠到东南的波斯和印度,这一语系在这些地方发展出多种主要的语言。

在印欧人的迁徙过程中,他们还发明了一种在那个时代具有决定性意义的武器即双轮战车。这种双轮战车由一匹马拉动,马负担战车的一部分重量,这种新型战争机器的轮子由轮毂和辐条组成,所以比较轻,能负载三个士兵。在作战过程中,一辆战车上至少有一个士兵可以用他那强有力的手臂张开木弓进行连续射击。和四轮战车不同,印欧人的这一新设计的战车行进移动相当方便。

赫梯人也对这一发明作出了贡献。当他们在安纳托利亚(Anatolia)这一有着丰富铁矿资源的地方定居下来以后,他们协助引进了另一种新的技术即制铁技术。赫梯人在公元前第二个千年之初建都于哈图萨斯(Hattushash,即今天土耳其的勃尕卡尔),把势力范围扩展到了安那托利亚的大部和叙利亚的北部。我们现在对他们的了解大部分来源于在那个地方发现的约25 000块楔形文字石板。在公元前1590年时,赫梯人入侵并征服了巴比伦。此后在公元前1400到前1200年间,即埃及的新王国时期,赫梯人统治的国家是中东地区最强大的国家之一。公元前约1274年,在中东规模最大战争之一的一场大战中,他们与埃及的军队在叙利亚的卡迭石(Qadesh)对垒。双方军队各有大约20 000士兵,赫梯人则拥有2 500辆双轮战车,最终双方不分胜负。这两个大国几年之后订立了和平与共同防御条约,这一条约还由双方皇族之间的联姻而得以进一步巩固。

可能是由于外来入侵者的猛攻,赫梯帝国在公元前约1193年突然崩溃。这些外来者是经地中海而来的"海洋民族"(the Sea Peoples)。赫梯人的城邦和边远城镇在此之后仍继续存在,直到公元前约710年被亚述人击败并吞并。

亚述人 亚述人是阿卡德人的后裔,是后来加入美索不达米亚地区连年征战的主要力量。在公元前20世纪,他们建立了一个独立的国家,通过与个体商人的贸易,这个国家取得了相当程度的繁荣。后来,他们被米坦尼(Mitanni)征服,在公元前13

129

亚述和它的对手。亚洲的西南部分政治版图多变,在公元前850年至前650年,这里为强大而且尚武的亚述人所统治,亚述人甚至征服过埃及。安纳托利亚分裂为几个小国。在北方,强大的米底部落联盟成为亚述越来越大的威胁。公元前614年,米底人和巴比伦人结成联盟,一起摧毁了亚述帝国。

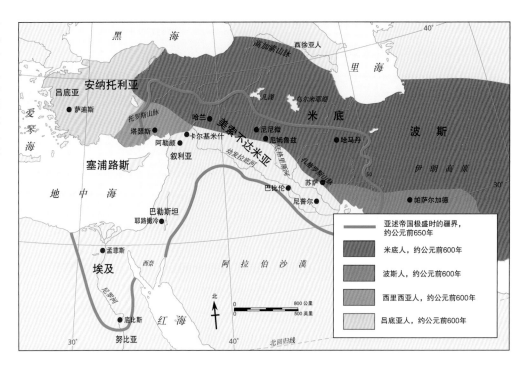

世纪重新获得独立,在公元前约1000年再次被阿拉姆人征服。

在公元前900年左右,新亚述王国发动了一系列的征讨,横扫一大片区域,向西到达地中海沿岸,向北到叙利亚和巴勒斯坦,向东南至巴比伦。他们以步兵为主要力量,弓箭手乘在战车上带领队伍进攻,用攻城车和攻城塔架攻击固定的目标。

比绝大多数的古代帝国有过之而无不及的是,亚述人通过恐怖政策和强制移民的手段来控制被征服的民族。亚述人拷打折磨那些被他们捕获的人,以达到恐吓威慑的目的。他们还强制一些民族离开自己的家园,把他们流放到远方,其中就包括了以色列的十个部落。其结果是,这些部落后来就"迷失"了——即他们失去了自己的民族意识和宗教身份意识,并很可能因此而停止对亚述人的反抗,而这正是征服者们希望见到的结果。在其他地区,亚述人则把本民族成员移居到被他们击败的民族中去,以确保对被征服者的控制。

在公元前671年,亚述国王以撒哈顿(Esarhaddon,公元前680—669年在位)征服埃及,从而使得亚述王国成为当时最强大的国家。以撒哈顿的继任者控制着整个埃及行省,把努比亚人(Nubian)赶出南部地区,对反叛的势力实施镇压。然而,亚述人不是被埃及人击败,而是败于帝国内部的宫廷斗争,败于巴比伦人、阿拉姆人和伊朗的米底人的联合军队,以及西徐亚人(Scythian)入侵者的攻击,他们向亚述人位于美索不达米亚的心脏地区发动了进攻。亚述人最后撤出了埃及。公元前612年,亚述人的首都尼尼微(Nineveh)沦陷。

据称,新亚述的国王中,只有最后一位国王亚述巴尼拔(Ashurbanipal,公元前668—前627年在位)比较博学,他在首都尼尼微建造了一座大型的图书馆。这座图书馆今天依然保存着大约20 000份文字石板,包括最早的完整版《吉尔伽美什史诗》。

　　美索不达米亚的城邦国家组织结构，以及地理上的平坦开阔，使得这个地区易于受到外界的入侵。就在这些城邦国家之间互相残杀战争不断之时，他们也不断地受到强大帝国的进攻并被征服。其中有几个帝国位于美索布达米亚地区之外，有几个则是在该地区内发展形成或是通过迁徙移入而发展起来的。面对来自外部强国的挑战的不断升级，美索不达米亚人不得不把他们的资源用在军事技术和军事组织的开发上。

埃及和其征服世界的历程

　　埃及成为帝国的过程和美索不达米亚的那些帝国很不相同。从很早的时候开始，埃及就是一个统一的国家。由于地理的原因，埃及成为一个单一的行政管理单位，包括从第一瀑布向北一直到地中海的整个尼罗河流域地区。从公元前3000年至今，埃及基本上都保持着这样一个单一的政治单位；因此，我们把埃及看作是由一个单一的政府管辖着一种单一文明的王国，而不是由一个民族统治着其他民族的帝国。

　　不过，埃及人的军队并没有一直待在本国的边界内。在公元前约2000年至前1650年的中王国时期（the Middle Kingdom），埃及人征服了努比亚，埃及的国土向南方大大拓展，从尼罗河上的第一瀑布，即现在的埃及城市阿斯旺（Aswan）扩展至今日的苏丹首都喀土穆（Khartoum），绵延长达900多英里。起先，埃及帝国的征服仅限于下努比亚，后来努比亚人成功地把埃及征服者赶了出去。这是造成埃及中王国终结的原因之一。

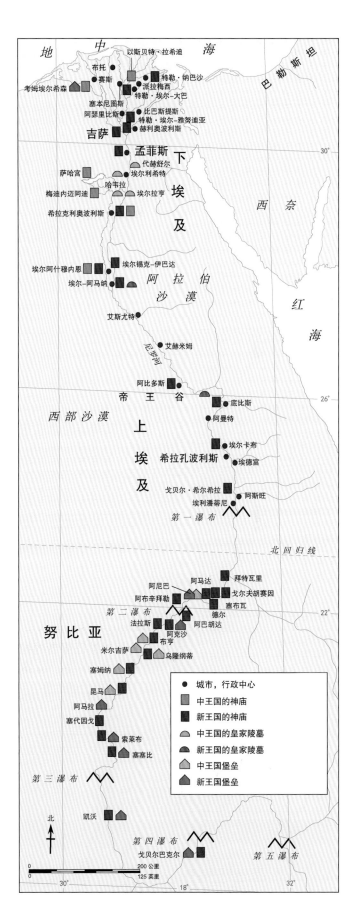

　　埃及中王国和新王国。公元前2040年，埃及正处于走向统一的中央集权军事化国家的进程中。埃及的等级社会把主要精力投注于祭祀和王朝的继任者、半神式的统治者法老王身上。埃及王国权力的巩固反映在皇家建造项目的大小和规模上，皇家的建筑包括军事堡垒、新城市、庙宇和巨大的陵墓等；另外还反映在对努比亚的征服上。

在第二中间期（the second intermediate period，公元前1650—前1550年），埃及处在前后两个统一时期之间的分裂阶段，从外迁徙而来的闪米特人，即埃及文献中提到的希克索人（Hyksos）人，统治着下埃及（Lower Egypt）。最初希克索人究竟是作为商人还是游牧者来到这里的还不得而知，但是当埃及王国分崩离析之时，希克索人来到这里并统治了埃及的一部分。尽管后来的埃及统治者鄙视他们，但希克索人建立的国家仍被认作是合法的埃及第十六王朝。希克索人属于闪米特种族，他们为埃及引进了制作青铜技术、马和战车。

当埃及再次取得统一后（约公元前1550—前1070年），新王国时期（the New Kingdom）具有决定意义的事件是驱逐希克索人。在埃及人将希克索人驱逐到巴勒斯坦（那里他们显然拥有同盟者）的过程中，埃及人开始积极地直接介入中东的事务，由此使得埃及帝国在今后的几个世纪中成为当地的一支强大势力。图特摩斯一世（Thutmosis I，公元前1504—前1492年在位）不仅把埃及的控制范围第一次延伸至努比亚，还把东北方的疆界一直推进到幼发拉底河，由此形成埃及历史上领土范围最广的帝国。叙利亚和巴勒斯坦等小国仍保持着自治，但是埃及在当地派有驻军和政府官员，并征收税收。与实行帝国的统治管理相比较，埃及更感兴趣的似乎是获得税收、原材料和得到贸易机会。

宫殿和神庙的建筑艺术　新王国的殖民地使得埃及变得富裕起来，造就了埃及历史上一段富庶繁荣和充满创造力的时代。由于法老王经常到全国各地巡游，埃及人就在尼罗河沿岸的各处建造一座座漂亮豪华的宫殿，这些宫殿沿着尼罗河三角洲，一直蜿蜒至努比亚的北部边界。埃及的国教和国家的行政管理有着密切的联系，因此那些神庙建筑群和围着庙宇建筑发展起来的城镇都是作为重要的权力、信仰和行政管理中心而建造起来的。由法老拉姆西斯二世（Pharaoh Ramses II，约公元前1279—前1213年在位）建于阿布辛拜勒（Abu Simbel）的庙宇是这些神庙当中规模最

132

岩石神殿（the temple of Beit el-Wali）上的浮雕，下努比亚，约公元前2000—前1850年。这些种类极其丰富的贡品是献给拉姆西斯二世的，当时他完成了对下努比亚的征服——一袋袋的黄金、乳香、象牙、乌木、鸵鸟蛋、弓、盾牌、扇子和野生动物——似乎反映了壁画上民族的多样性。白色、棕色和黑色皮肤的各个种族的人在埃及和努比亚共同生活。（伦敦英国国家博物馆）

麦罗埃（Meroe）的皇家金字塔和附近堆积成山的铁矿渣，苏丹，约公元前600年。麦罗埃和埃及的统治者有着许多相同的艺术传统，但是两地常常有他们各自独特的表现方式，这一点可以从他们建造的金字塔和宫殿中看出来。

大者之一，该庙宇紧靠第一瀑布的北边，是献给埃及新王国那些最伟大的神灵和拉姆西斯二世自己的。在20世纪70年代，由于要修建阿斯旺水坝，将会完全淹没该处遗址，因此该庙宇被搬迁到另一个新址，使该建筑群及其上的雕塑艺术品等幸免于难。埃及的艺术内容丰富极具特色。建筑主体的各个部分都按一定的比例建造，一般都有固定的样式和外形。

　　除了拉姆西斯二世以外，至少还有另外两位法老王值得我们特别注意。四位女法老之一的哈特谢普苏特女王（Hatshepsut，约公元前1473—前1458年在位）原先是一位法老的遗孀，在她的继子继承王位后，她作为摄政辅佐。然而在以后的15年中，直到孩子长大成年和她去世，哈特谢普苏特一直宣称自己为"国王"，因为当时的埃及法律上对女性统治者并没有正式的认可和称谓。她要求那些艺术家把她描绘成男性形象，让她身穿男性服饰，脸上长着男性国王的胡须。她在底比斯（Thebes）附近的帝王谷（Deir el-Bahri）修建了庙宇。这一庙宇是献给埃及人一直崇拜的阿蒙神（Amon）的，同时她也希望这一神庙能够在她去世之后使她得以超度为神。

　　与埃及人的传统不同，阿蒙霍特普四世（Amenhotep IV，公元前1352—前1336年在位）在他统治的第五年，更名为"埃赫那吞（Akhenaten）"，意为太阳神的仆从。他向古代埃及的社会秩序和观念发起了挑战，采用了一种新的神教。与之前埃及人信仰众多神灵不同，他自己只崇拜太阳，并宣布自己为太阳神和他的子民之间的使者。他把当时宗教中的主神"阿蒙"的名字从埃及各地的铭文中删除，同时还删除了一些文献中的"众神"一词。

　　为了建立起新的秩序，并避开对自己充满敌对情绪的僧侣阶层的势力范围，阿蒙霍特普四世把原来位于底比斯的帝国首都北迁200英里至一处人迹罕至的荒漠地带。他把这个新的城市命名为"埃赫塔吞（Akhetaten）"，意为"阿吞的地平线"（horizon of Aten），即今天的阿马纳（Amarna）。在这里，阿蒙霍特普四世和他的王后娜芙蒂蒂及六个女儿践行他们的新宗教，但是他们的这一宗教改革却未能持续下去。由于他在地理位置和文化方面与人民的双重割裂，埃及帝国的稳定受到了威胁。在阿蒙霍特普四世死后，他的继任者放弃了这一城市，把它夷为平地。他们回到底比斯，原来的宗教和政治秩序得到了恢复。

　　埃及帝国的终结　埃及帝国对地处边远的各个民族的控制遭到了新月沃地各

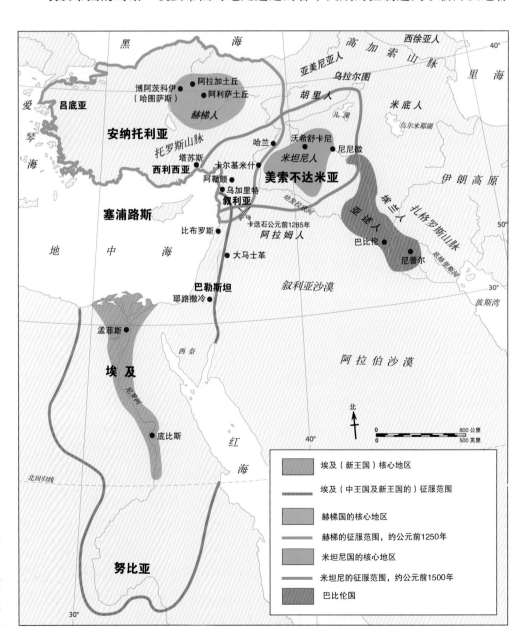

西南亚洲的帝国。在公元前第二个千年末期，有三个帝国在争夺对新月沃地的控制权。它们是埃及人、北部美索不达米亚的米坦尼人，以及安纳托利亚的赫梯人，三方进行了直接的对抗。三个帝国都建立在对各自核心地区的牢固控制上，为了从其他两个帝国手中夺取更多的领土，各国都派出了拥有最新式武器的强大军队。

个地方势力的抵抗。赫梯人、巴比伦人,特别是米坦尼人,多次发动起义。(埃及法老拉姆西斯二世把在卡迭石与赫梯人进行的一场大规模的、但并没有取得决定性意义的战争称为"辉煌的胜利",一个政府把一场本没有打赢的战争谎称为军事上的荣誉战绩,这既不是第一次也不是最后一次。)埃及人对这一地区的控制到公元前1200年时告终,尽管此后埃及在贸易往来和政治经济方面的影响仍持续了几个世纪。

134

当埃及人在黎凡特(Levant)被击败后,他们退回至原来占据的尼罗河地区,但是又再次把努比亚包括在内。在新王国的初期,埃及又一次征服了中努比亚的心脏地带,这一地带是一个组织完善的、独立国家的核心,拥有大量的黄金、矿藏、木材资源,而且可向埃及的军队和警察提供人员补充。埃及帝国长期保持着对这一南部殖民地区的统治,直到公元前约1050年该殖民地挣脱束缚。帝国的失败,包括失去这里的黄金、资源供给和其提供的大量奴隶,直接导致了埃及统一的新王国的终结。埃及由此而进入第三中间期(the third intermediate period)的分裂统治阶段(约公元前1069—前747年)。

三个世纪之后,努比亚人向北进军占领埃及,颠覆了之前的殖民和被殖民的关系。在长达半个世纪的时间里,即公元前712—前657年,努比亚人统治着自己的帝国,其领土包括埃及的全部。其后努比亚保持着自己的强势,先后定都于纳帕塔(Napata)和麦罗埃(Meroe),与此同时埃及陷入衰败。

公元前671年,在努比亚人控制着南部埃及的同时,亚述人征服并控制着埃及的北部。公元前525年,埃及被波斯帝国征服,此后的埃及则数易其主。两个世纪之后,在公元前332年,亚历山大大帝从波斯出发再次占领埃及。在公元前30年,埃及又被另一个地中海的帝国罗马统治。其中的几次征服历程将在后面介绍。

波斯帝国

米底人(Medes)和波斯人在大约公元前1300年开始出现于美索不达米亚的东部地区,他们带来了铸铁使用技术。公元前9世纪中期的楔形文字记录与考古发现相互印证,证明他们曾来到过这里。开始时,米底人人数众多,而且实力强大,但之后波斯人来到这里并占据统治地位。如同赫梯人一样,米底人和波斯人都是印欧人种——这意味着在语言和文化上,他们与那些居住于欧洲和北部印度的主要种族有着某种形式的联系。

米底的基亚克萨里斯(Cyaxares,公元前625—前585年在位)建立起了一支军队,打败了这一地区的另一支移民民族西徐亚人;又通过他的孙女和巴比伦统治者儿子间的联姻建立起了与巴比伦人的同盟关系,并与巴比伦人一起攻陷亚述人的首都尼尼微。他们摧毁了亚述帝国的主要军事力量,使西亚的埃及人、米底人、巴比伦人和吕底亚人之间出现了一种新的**均势**。

均势(balance of power) 这是一种国际关系政策,目的是通过阻止任何一个国家或国家联盟占据主导,来保证和平。一些国家为了能够建立起一个和潜在敌人的军队相当或者更强大的军队,常组成政治同盟。

波斯的扩张

然而,波斯大帝居鲁士二世(Cyrus II,公元前558—前529年在位)打破了这一平衡。他击败了西亚的其他三个王国并把它们并入自己的帝国。他先是在公元前550年征服了米底,然后在公元前546年打败了吕底亚及其极为富有的国王克罗伊斯(Croesus),最终巴比伦在公元前539年遭吞并。在居鲁士的统率下,阿契美尼德王朝(Achaemenids,为纪念他们的充满传奇色彩的先祖阿契美尼斯而取此名)统治着从波斯到地中海的整个西亚地区。

居鲁士最大的征服行动是占领巴比伦城,这也是他一生中取得的最为辉煌的成就。居鲁士的传说变得如此神奇,据称巴比伦人竟然未经过任何武力抵抗就欢迎他这样一个外国人做他们的国王。他还亲自主持了巴比伦新年节的重大仪式,向巴比伦主神之王玛迪克的塑像致敬。希罗多德(Herodotus)关于居鲁士之死的说法也是充满着传奇的色彩。在征服玛萨革泰游牧部落(Massagetai nomads)的过程中,居鲁士杀死了他们那位女性统领的儿子——那个年轻人自杀了。这位母亲发誓要为此复仇,并最终杀死了居鲁士。但是这一传说与居鲁士死于战场的更显光彩的故事并不一致。根据后一种说法,公元前529年,为了保卫自己的帝国,居鲁士在与来自北方的、由女王托米丽司(Tomyris)率领的西徐亚游牧部落作战时阵亡。

居鲁士的长子冈比希斯二世(Cambyses II,公元前529—前522年在位)继续扩大居鲁士的征服范围。他越过西奈沙漠,占领了埃及的首都孟菲斯(Memphis),擒获埃

阿契美尼德王朝时的波斯。在公元前550年,在居鲁士大帝的统治下,米底人和波斯人联合了起来,形成了波斯帝国的阿契美尼德王朝。居鲁士和他的继任者,主要是大流士和薛西斯,把帝国向东延伸到了印度河,向西延伸到了埃及和利比亚,并两次入侵希腊。

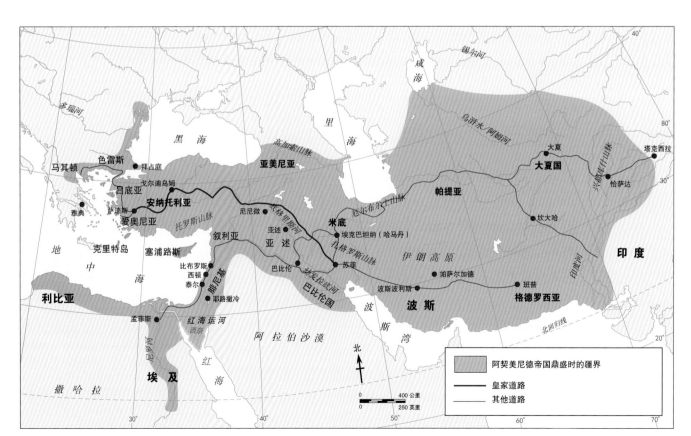

及的法老并带到苏萨(Susa)囚禁,从而完成了对曾影响中东地区的各主要强国的征服。在埃及经常爆发起义,因此需要一支警备部队以牢牢控制住埃及,于是大流士一世(Darius I,公元前522—前486年在位)统治下的阿契美尼德王朝修建了一条横贯沙漠、连接尼罗河和红海的运河。这就是最早的"苏伊士运河",先是被埃及人视为一条贸易路线,后来则被波斯人用来运送军队以达到控制埃及的目的。

大流士还把波斯帝国的领土深入到了印度次大陆,最远一直到印度河。现在,阿契美尼德王朝控制着一部分亚洲最重要的贸易路线;波斯帝国每年三分之一的收入来自印度**行省**,而且印度人还在阿契美尼德王朝的军队中服役。从此以后,印度和波斯两大强国就经常在今天的阿富汗和巴基斯坦的边境线上相互对峙。与此同时,在西部,大流士的势力一直扩展到靠近欧洲的地方,占领了色雷斯和马其顿,从而把波斯帝国的疆域扩展到了极限。

波斯帝国期望得到进一步拓展的愿望却受到了阻碍。在西方和北方,西徐亚人打起了一种类似游击战的战争,这令波斯人的大部队无所适从;而在西方和南方,希腊人击败了入侵的波斯军队。在这一章的后面你会看到,一个由很多规模较小的、实行民主制的希腊城邦国家组成的联盟成功地抵挡住了强大的波斯帝国的进犯。由希罗多德在公元前5世纪写就的《历史》一书就是从希腊人的视角来叙述这一事件的,该书是保存至今的最早的关于这场战争的世俗历史文献。

行省/总督辖地(satrapy)
阿契美尼德王朝或波斯帝国内,由总督或省长统治的省份或者殖民地。大流士一世完成了对帝国省份的划分,并建立了20多个每年进贡的行省。这个词还可以用来指某个辖地的统治时期。

136

帝国的政策

波斯帝国的统治和行政管理模式在三代帝王之间都有变化,这三代帝王是帝国的奠基者居鲁士二世、居鲁士之子及继任者冈比希斯二世,以及帝国最强大的皇帝大流士一世。在如何使得中央政府统治者的权力和各地被征服人民的自治意愿之间达成一定的平衡方面,这三位皇帝各自所采用的政策的差异尤为明显。在居鲁士和大流士的统治下,即使在国家不断扩张之时,波斯仍然尊重当地的风俗习惯和传统;而冈比希斯则更为独裁,因此他的统治也就早早走到了尽头。

居鲁士二世　居鲁士(公元前558—前529年在位)是一个尊重自己对手的人。在他征服米底后,他允许其国王离开逃命。他利用原先米底的政府机关和军队来管理他新取得的这片土地,允许米底的官员保留其原来的职位,当然这一切都在波斯的统治之下。在征服吕底亚之后,居鲁士宽恕了他们的国王克罗伊斯,还请他担任顾问一职。当居鲁士夺取爱奥尼亚城邦(Ionian Cities)后,居鲁士招用了愿意服从波斯的当地的官员。对于他最强大的对手巴比伦,居鲁士在获胜之后表示愿意以巴比伦的神祇马尔杜克(Marduk)的名义统治巴比伦,并每天去神庙供奉,以此来取得僧侣阶层的支持。居鲁士继续聘用本土的官员,保护并保证为帝国带来财富的贸易道路的安全通畅,由此而取得商人阶层对他的忠诚。

或许最令人感到惊奇的是,居鲁士让那些原先被巴比伦人关押或放逐的人回家。例如,他允许被巴比伦驱逐的犹太人返回他们犹地亚(Judaea)故乡,并且为他们在耶狮子咬死一头公牛，浮雕，伊朗波斯波利斯，公元前550—前330年。波斯波利斯的大宫殿群由许多较小的宫殿组成，宫殿建筑群是大流士帝国中央权力的象征。宫殿群的建造开始于公元前518年，经过约70年才完成。如图中浮雕所表现的狮子杀牛的图像似乎是来自阿契美尼德的神话，可以理解为黄道星座的狮子座紧随金牛座，是年末岁初辞旧迎新的意思。

137

路撒冷重建庙宇。他还归还了那些从前被人从庙里夺走的金银财宝。跋涉1 000多英里回到犹地亚的40 000多名犹太流放者称颂居鲁士是他们政治上的救世主，并向波斯帝国表达了永远的忠诚。

冈比希斯二世　冈比希斯二世（公元前529—前522年在位）与他的父亲不同，他似乎完全不知道需要对自己帝国领土的扩张和国家的行政管理加以约束。在征服埃及和亲自统治埃及的使用人材方面，冈比希斯仿效了他父亲的方式，但此后他把触角延伸得太广。由于他自己军队中的迦太基水手拒绝参战，冈比希斯策划的与遥远北非迦太基（Carthage）的腓尼基城（Phoenician）作战的计划以失败告终。他还往南派遣了一支军队，从埃及出发到努比亚，想占领传说中的金矿，这次行动也归于失败，部队未能到达目的地，反而狼狈地逃了回来。冈比希斯很可能是一个情绪不稳定的人，传闻他曾踢死过他那已有身孕的妻子/妹妹。他是在回波斯扑灭一场起义的路上死去的。更有传闻说他是自杀的。冈比希斯的七年统治令波斯帝国付出了巨大的代价。

大流士一世　大流士（公元前522—前486年在位）既是波斯军队中的将军，又是阿契美尼德王朝的王子。冈比希斯死后，巴尔迪亚（Bardiya）统治了波斯短短一段时间；大流士派人刺杀了巴尔迪亚之后继承王位。大流士在位35年，是一位比冈比希斯更谨慎、更有条理、更有才能的统治者，并且作为一名皇帝，他比自己的前任们更富有。与居鲁士一样，他在各地的政府中使用当地的人才。大流士致力于建立起规模较小但效率更高的政府机构，主要方法就是增加行政区划，或称总督辖区（satrapy，又译"行省"）的数目，这一速度比帝国的扩张都要快。一些地方行政官员，或称为总督（satrap）者都是当地的精英分子；其他一些则为波斯人。在每个总督辖区内，由波斯驻军来保证这个地区对帝国的忠诚并直接对国王负责。另有一名书记员同时监督当地总督的行动并把有关情况直接向国王报告。

　　大流士命人设计最早的波斯语书面文字。他创立了一项传统，即波斯的皇家铭文均使用三种语言——古波斯语、巴比伦语和埃兰语（Elamite）。在这些铭文当中就有贝希斯敦（Behistun）的石刻铭文，其内容是关于大流士登上皇位的通告，这一铭文在2300年之后成了解读楔形文字的钥匙。在帝国各地使用的多种语言当中，这三种语言是统治阶层使用的官方语言。但是，在民间使用最广泛的口头公共语言是阿拉米语（Aramaic），这一在地中海东部大部分地区使用的普通人的语言大大影响了正式的波斯语的发展。

　　波斯的法律在各个总督辖区有所不同，从而反映了各地的情况差异。波斯的统治者定期把这些法律记录下来编成法典。他们把税法变得更为合理。他们对农田的面积和生产能力进行评估、丈量和记录，据此把税率定为约20%。在每一个总督辖区内都有一名波斯人负责征收各种税收——包括工业税、矿业税、港口税、用水税、商业税和销售税。辖区的总督把大部分的收入上缴给波斯帝国，但是也会留下一部分作为当地行政管理和发展所用的支出。

　　大流士建立起了一个纵贯帝国的公路系统，并保证系统的正常运转和安全。其中最有名的要数一条长达1 700英里的皇家公路，这条公路从首都苏萨穿过安纳托利亚一直延伸到萨迪斯（但并未到达地中海）。沿着这些公路，大流士为旅行者设立了客栈和供皇家信使用的驿站，这样的驿站每隔15英里就有一个。他还完成了尼罗河—红海运河的建造，这一运河原先已被埃及人自己废弃。

　　向大流士致敬，浮雕，伊朗波斯波利斯，公元前550—前330年。在新年的第一天，波斯的二十多个总督辖区的大使都会来到位于波斯波利斯的皇宫大厅，向皇帝贺喜。大流士则佩戴珠宝，穿上紫色和金色相间的皇帝长袍接见他们。

为了提高农业产量,大流士改进了美索不达米亚的灌溉系统,并鼓励帝国各地区新谷物的互相引进。他统一了帝国的金币,只允许帝国的铸币厂生产正式的官方金币,该金币以他的名字命名,称为"达利克金币"。商业和农业由此开始繁荣了起来,这种繁荣不仅仅是为富人提供了便利。技工和工匠生产出越来越多的日用品——皮靴、价格低廉的布匹、铁制工具和器皿,还有陶器等。

繁荣的波斯帝国从庞大的财富中拿出大笔资金用于建造四个大都城。其中最为宏伟和豪华,并有着波斯建筑风格的是由大流士下令建造的帕萨(Parsa),意为波斯的城市。希腊人后来把这座城市叫做"波斯波利斯(Persepolis)",意即"波斯人的城市"。

权力的象征

尽管古代波斯的文献记录中曾提到绘画是其艺术形式之一,但很少有这方面的作品被人发现。人们了解最多的波斯艺术形式来自帝国的建筑和设计,尤其是在波斯波利斯的那些建筑。位于该首都杰出的宏伟建筑之一是一座坚固的大城堡,其中建有供祭祀仪式用和政府办公用的建筑物。就在这个城堡下边是供居住用的宫殿建筑群,很可能是供皇室家眷居住用的。

亚历山大大帝和他之后的征服者劫掠并焚毁了这座城市。今天在这里最醒目的遗迹是一片高达60英尺的石柱林,这些留存下来的石柱告诉我们,这座城市在其鼎盛期曾有过怎样的宏伟气魄。在宫殿遗址中保存下来的最大最高的遗迹是大流士的会见厅。这个建筑的正面雕刻着各种动物——如狮子、公牛和狮鹫等——用以突出皇帝的权力并对觐见者产生一种威慑作用。这些觐见者大多来自波斯统治的各个地方,他们作为当地的代表,在皇帝面前列队依次表达自己的崇敬之情。在建筑物的正面和阶梯墙上的浮雕中,仍可见到这些觐见者的形象。浮雕上的画面显示波斯握有的整个帝国的权力,不过似乎仍为每个来此臣服的代表留有一席荣誉之位。

与在波斯帝国发展形成的政治理论一致,皇帝在法律上拥有整个帝国的所有财富,并且握有决定他的子民的生死大权。但是,大流士并没有选择成为神。他很可能是导师查拉图斯特拉(Zarathustra),即希腊人所称的琐罗亚斯德(Zoroaster)所创立的宗教的信奉者。有关琐罗亚斯德的碑文显示,他大约生活在公元前600年,然而当代的学者却认为,他生活的时间大约比这还要早1000年。在一系列被称为《迦泰》(Gathas)的宗教颂歌中,琐罗亚斯德描述了亚胡拉玛兹达(善之神,Ahuramazda)和阿里曼(恶之神,Ahriman)之间的冲突。亚胡拉玛兹达是正义和光明之神,而阿里曼象征的则是邪恶和黑暗的力量。每一个人必须在两者之间作出选择,之后会在最后的审判日根据他们的选择给予奖励或惩罚。《阿维斯陀》(Avesta)是后来出现的一本比较完备的琐罗亚斯德经文,书中进一步阐述了死后的生活以及轮回的概念。尽管像居鲁士那样,大流士并没有强迫被征服的人民接受他自己的宗教信仰,但是琐罗亚斯德教派早已在波斯扎下了根,并在大流士的统治之下确实得到了广泛的传播。大流士还努力通过维持保留当地的传统，以及在他的政府中招募当地的精英分子来缓和帝国统治和征税等强制措施造成的影响。大流士像居鲁士那样成功地在帝国的统治和当地的自治之间形成了一种平衡。但是，在他的帝国的西部的尽头，作为他的邻居和对手的希腊人对他企图统治希腊的举动进行了反击。

希腊城邦国家

希腊城邦国家有着自己悠久的历史根源。早在波斯帝国建立之前，希腊半岛、半岛周围的各个岛屿和东地中海的克里特岛就见证了文明的兴起和衰落。考古挖掘表明，希腊辉煌的城市文明繁盛了500年左右，而在克里特岛则持续了整整1000年。

早期爱琴海地区的城邦国家

米诺斯人　外来的移民大约在公元前6000年就开始定居于克里特岛。到公元前3000年，他们就已建立起了村落；在公元前2000年时，在克诺索斯建造了宫殿建筑群，这个宫殿群是岛上至少四个主要宫殿群中最早且最大的一个。这座宫殿群拥有三项功能：它们既是精心装饰的皇室住宅，又是宗教和祭祀仪式的中心，还是管理克里特经济的总部。克里特的工匠制造出了铜制的工具、宝石和极为精致的如鸡蛋壳一样薄的陶制器皿，他们把这些东西出口到整个地中海东部地区。作为一个位于多条贸易路线交叉点的岛屿王国，克里特的商业尤为发达。象形文字至少在公元前2000年就已出现，音节文字在大约公元前1700年即被引入。人们把这种文字体系称为"线性A（Linear A）"文字，到目前为止还未能解读。

140

我们是怎样知道的？

特洛伊和迈锡尼的发现

在19世纪70年代之前，研究古希腊的学者们一直认为，希腊城邦国家是在历经了几个世纪的政治和军事动乱之后才开始缓慢发展形成的。很自然，这些学者知道荷马所写的关于特洛伊战争的伟大史诗《伊利亚特》和《奥德赛》，这些史诗中描写了迈锡尼的国王在公元前1400年左右领导希腊城邦国家与特洛伊交战，不过学者们却认为，这些早期的传说只是没有事实根据的神话故事。

然而，到了19世纪70年代，作为古典学者和业余考古爱好者的海因里希·施利曼（Heinrich Schliemann）发现了可追溯至公元前1600至前1450年的古代城市王国特洛伊和迈锡尼存在的证据。施利曼普及了考古学，并开始使这一学科的研究方法标准化。他试图买下克里特岛上克诺索斯的遗址，不过他付不起奥斯曼帝国所开的价格。在克里特岛独立之后，另一位考古学家阿瑟·埃文斯（Arthur Evans）得以买下这个遗址。在1900年开始挖掘后，埃文斯发现了一个庞大的宫殿

建筑群，证实了神话中的国王米诺斯可能真的存在过。由此，考古学家发现了两个古代王国，它们相互间存在贸易联系，证实了脍炙人口的民间传说，并将希腊文明的源头一再向上追溯了一千年。

- 有的语言和文明在历史的长河中失落消亡了。它们是怎么失落的？
- 19世纪和20世纪的考古学者发现了一些失落的语言和文明。除了特洛伊和迈锡尼，你还能举出其他的例子么？

在公元前约1450年时,由于某个目前还未知的灾难的降临,使得主要宫殿中的三个完全被毁灭。(曾有一段时间学者们认为,很可能是希拉火山的爆发造成这一灾难;但是深海发掘表明,这次火山爆发的时间要早得多,时间大约在公元前1625年,并且火山爆发的地点也相距很远,因此不可能造成这么巨大的破坏。)在这个时期,克里特似乎已被深深地卷入希腊本土的事务中。一种新的文字,被称为"线性B(Linear B)"的文字已被发明出来用于记录希腊文,这表明希腊文已经成为克里特的通用语言。在公元前1370年,在克诺索斯的宫殿也遭毁灭,克里特人处于希腊大陆主要的城邦国家迈锡尼的统治之下。最后,克诺索斯的辉煌消失了,仅在传说中流传几千年,直至今天。

历史一览表:古希腊及其邻国			
年　代	政　治	宗教和文化	社　会　发　展
公元前600年	■ 米底的基亚克萨雷斯(前625—前585年在位) ■ 希腊僭主时代(前657—前570年)	■ 琐罗亚斯德(前630—前553年)	■ 希腊城邦
公元前550年	■ 居鲁士二世(前558—前529年在位),米底、吕底亚、巴比伦的败北 ■ 庇西特拉斯(前527年去世)控制雅典 ■ 冈比希斯二世(前529—前522年在位)征服埃及	■ 帕萨尔加德和苏萨的发展	■ 尼罗河—红海运河
公元前500年	■ 大流士一世(前522—前486年在位):波斯帝国拓展至印度河;与希腊城邦开战 ■ 爱奥尼亚叛乱(前499年) ■ 马拉松战役(前490年) ■ 薛西斯一世(前486—前465年在位) ■ 雅典和斯巴达的战争:第一次伯罗奔尼撒战争(前461—前451年)	■ 毕达哥拉斯(约前500年去世) ■ 比雷埃夫斯成为希腊的一个港口 ■ 波斯波利斯落成	■ 雅典达到权力的顶峰 ■ 雅典卫城建成(约前460年),建筑学、城邦民主、政治哲学繁荣
公元前450年	■ 伯里克利(前429年去世)和提洛同盟 ■ 第二次伯罗奔尼撒战争(前431—前404年)和雅典政权的结束	■ 波斯书面文字 ■ 雅典的"黄金时代" ■ 埃斯库罗斯(前456年去世) ■ 希罗多德(约前420年去世) ■ 索福克勒斯(前406年去世) ■ 欧里庇得斯(前406年去世) ■ 修昔底德(约前401年去世)	■ 波斯帝国:编成地方法典,修建道路、中央集权、扩大灌溉系统
公元前400年		■ 苏格拉底(前399年去世)	
公元前350年	■ 菲利普二世(前359—前336年在位)和亚历山大大帝(前336—前323年在位)拓展马其顿帝国 ■ 雅典和底比斯被击败(前338年),结束了希腊的独立 ■ 亚历山大征服小亚细亚(前334年)和埃及(前332年),并到达印度(前326年)	■ 阿里斯托芬(约前351年去世) ■ 柏拉图(前348年去世) ■ 亚里士多德(前322年去世) ■ 德摩斯梯尼(前322年去世) ■ 亚历山大港落成(前331年) ■ 波斯波利斯被焚毁(前331年)	■ 希腊文化的传播
公元前300年	■ 托勒密在埃及 ■ 亚洲的塞琉古帝国		

迈锡尼人　荷马把迈锡尼人描绘成勇敢无畏的斗士、活跃的水手和贸易商人。他们和克里特人保持着广泛的贸易和文化交流，包括共同使用线性B文字。在公元前1450年之后，克里特的几个主要城镇被毁灭，迈锡尼人在双方的关系中占据了主导地位。

迈锡尼由几个小的王国组成，每个王国都有自己的宫殿或城堡，以及蜂窝形墓地。其中最大的城邦要数迈锡尼，它是充满传奇色彩的国王阿伽门农（Agamemnon）的都城。作为整个地区的行政管理中心，迈锡尼城的周围围绕着一圈厚达25英尺的高大城墙。位于入口处巨大的城门之上的是大石狮，石狮俯瞰着所有进出来往的人们。有很多证据表明这里曾发生过战争：武器、盔甲、画着武士的图画，以及在几英里外远处海边的战船。至少，有几位国王是相当富有的：有一位国王陪葬

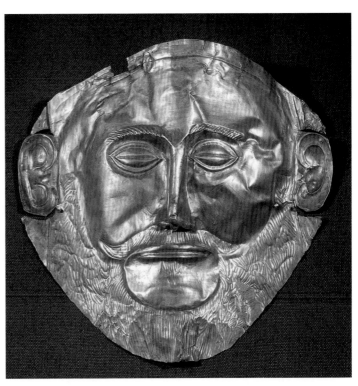

用的金饰品就达11磅重，葬礼使用的"阿伽门农的面具"是一个用黄金制作成的精致艺术品。学者目前还没有发现迈锡尼文明衰落的原因；抑或是由于外族的入侵，抑或是由于国家内部的战争导致内乱。到公元前12世纪结束时，迈锡尼的所有宫殿和城镇都已被摧毁或遗弃。

迈锡尼的衰败开启了希腊的"黑暗世纪"，在这一时期几乎整个地中海东部地区都发生了剧变。希腊人甚至忘却了如何书写文字。很显然，一波接一波的游牧民族从北方来到了希腊。到公元前约850年时，希腊人开始从黑暗时代中走了出来，他们再次定居下来，建立城镇，进行海外贸易，接受大量外来的移民，当地的人口由此而增加，重新恢复他们的书面文化。

死亡面具（"阿伽门农面具"），公元前16世纪，金制。19世纪后半叶，当考古学家在这个居于统领地位的古希腊城邦内发现这个精致的死亡面具的时候，他们想当然地认为这个面具表现的就是迈锡尼的国王阿伽门农。他领导希腊的军队与特洛伊交战。此后人们的看法改变了，因为这个面具制作的时间要早得多。（雅典希腊国家考古博物馆）

希腊城邦共同体：虚幻和现实

在波斯皇帝大流士一世开始征服安纳托利亚西部（即今日的土耳其）的希腊城邦时，希腊人就已经发展出一种与波斯帝国结构极为不同的政治组织。希腊城邦，或称城邦共同体，是一种小型的、本地化的政府，它有一个单一的中心城市，城市周围拥有足够的土地来满足城市对农产品的需求。大多数的城邦拥有数千人口，其中只有那些最大的城邦的人口超过40 000人。

地理和地势方面的原因大大限制了希腊城邦的规模大小。在希腊半岛和周围地区，山脉、河流以及海洋使得当地人的聚居地面积狭小，而且往往互相分散隔离。（在北方，农田面积要大得多，比如在马其顿，在集中的城市首都中就会形成面积大得多的城邦国家。）当一个地区无法继续满足不断增长的人口的生存需要时，一部分人就不得不

原始资料

荷马和早期希腊人的价值观体系

　　历史神话故事从迈锡尼时代开始流传，历经整个中世纪。这些神话故事很可能从公元前12世纪开始就是口头流传的，诗人荷马（约公元前8世纪）用这些故事写成了两部伟大的史诗《伊利亚特》和《奥德赛》。伊利亚特讲述了特洛伊战争。荷马写道，由于斯巴达国王的妻子海伦被特洛伊王子帕里斯勾引，作为报复，希腊城邦的联合军向特洛伊发起了战争。就像这场战争是由于个人恩怨引起的，出于个人原因而不是政治原因，战争中发生的争执也打破了希腊人自身的同盟关系。斯巴达国王的兄弟、迈锡尼的国王阿伽门农与希腊最勇猛的战士阿喀琉斯之间发生激烈争执，大大削弱了希腊联军的力量，构成了伊利亚特的故事主线。《奥德赛》则讲述了一个战后的个人故事，奥德赛通过十年的斗争终于回到了在伊萨卡的家，和他的妻子和孩子团圆。

　　尽管一些文学评论认为，所谓的"荷马"其实不止一位作家，但今天大多数人相信这两部史诗是由一人完成的。荷马所描绘的故事，也许对于他那个时代的希腊人是再熟悉不过的。荷马长久的盛名是来自他用高超的技艺把这些故事糅合为一部和谐的叙事诗。还有，通过把故事重点放在个人故事上，荷马创造了杰出的个人英雄的形象，激励着时至今日的人们。他用同样杰出的技艺来描写战争和爱情。

　　在战场上，英勇是一项重要的品德。在《伊利亚特》中，荷马写道，特洛伊最强大的战士赫克托尔祈求他的儿子能够继承他的力量，甚至能超过他。孩子的母亲很支持这一想法：

　　"宙斯，各位神祇，答应让这个孩子，我的儿郎，
　　以后出落得像我一样，在特洛伊人中出类拔萃，
　　如我一样刚健，强有力地统治伊利昂。
　　将来，人们会说：'此君远比他父亲高强。'
　　当他从战场凯旋，让他带着沾血的战礼，
　　掠自被他杀倒的敌人，欢悦母亲的心房！"

　　　　　　　　　（《伊利亚特》第6卷：476—481行）

　　荷马赞扬了奥德赛和忒勒马科斯在战场中的杰出表现，以及他们的追随者，像猛禽一样凶猛，朝他们的猎物猛冲而去：

　　然而追杀的一方，酷似利爪尖嘴的兀鹫，
　　从山上袭扫而下，扑击较小的羽鸟杀生，
　　后者惊呼，疾飞在平原之上、云层底下颠腾，
　　秃鹫猛扑，逮住，咬碎它们，小鸟无力

　　抵抗，逃脱不成，人们目击追捕，振奋。
　　就像这样，他们穷追厅堂，到处
　　击杀求婚的人们，后者头脑破碎，
　　厉声地尖叫吓人，地上血水流淌，溢横。

　　　　　　　　　（《奥德赛》第22卷：310—319行）

　　荷马对于爱情的赞美也同样生动，而且更为甜美和强烈。在《奥德赛》的结尾处，男女主人公奥德赛斯和佩内洛普在被战争分离了20年之后，终于团圆了：

　　她言罢，在奥德修斯心里激起更强的激情嚎哭，
　　搂住心地贤良的爱妻，悲恸咽呜。
　　像落海飘游的水手喜见岸陆，
　　被波塞冬砸碎制作坚固的船艘，
　　在茫茫的海途，掀起狂风和巨浪猛击，
　　只有寥寥数人余生灰蓝色的海洋，
　　游至岸边逃出，身上紧箍厚厚的盐斑，
　　庆幸于避离邪灾，双脚踏上岸土。
　　就像这样，她喜迎男人回归，视注，
　　不肯松开雪白的臂膀，将丈夫的颈脖抱住。

　　　　　　　　　（《奥德赛》第23卷：234—244行）

　　她把二位导入寝房，回返，夫妻俩
　　高兴，走向床铺，以往栖身的地方。
　　这时，忒勒马科斯和牧猪及牧羊的工仆
　　停缀舞步，同时也让女仆们作罢，
　　然后走去睡觉，在幽暗的宫房。
　　享受过性爱的愉悦，夫妻俩开始
　　领略交谈的欢畅，道说各自的既往。
　　她，女人中的姣杰，讲述在宫中忍受的全部恶事，
　　目睹那些求婚者，败毁的人儿成帮，
　　借口追求，宰杀许多活牛
　　肥羊，空饮一坛坛浆酒，大量。
　　神育的奥德修斯讲述了带给别人的所有苦痛，
　　回顾了自己的不幸，他所历经的全部艰辛备偿。
　　妻子听着，高兴，直到丈夫讲完一切，睡眠方始降临，
　　把她的眼睑合上。

　　　　　　　　　（《奥德赛》第23卷：298—313行）

　　战争和爱情，战场上的英雄主义和温暖的家庭生活——荷马都用形象化的方式来阐述，直到今天都激励着广大的读者和听众。

离开,去新的地方开垦荒地。安纳托利亚的绝大多数希腊城邦似乎都源于希腊本土的城市,可以说是这些城市的殖民地。这些城邦是一系列广泛分布于地中海沿岸的希腊城邦中的一部分,一直向西绵延到今日法国的马赛和西班牙的加泰罗尼亚。尽管这些城市互相分离并且在政治上保持独立,但是人们都使用希腊语,其历史源头都以诗人荷马所创作的《伊利亚特》和《奥德赛》中描写的神话故事为中心,并在公元前776年后,每4年共同举行一次诸如奥运会的喜庆活动,因此,这些城邦在文化上是统一的。

希腊城邦共同体的布局结构表明了其渊源、功能和理念。很多城市建立在山脚,一方面是出于防御的原因,还有一方面则是由于希腊多山的地理环境。随着城市的崛起和城市等级的不断提升,城市的功能进一步增强了,建筑也显得更宏大辉煌。城市的基部是平民住宅,用当地的石头和泥土等简易材料建造而成,几乎很少考虑到建筑的其他作用。私人住所大多相当简单朴实,精良的艺术作品和建筑式样则可在公共建筑中见到。

在山上高一些的地方有着**市集广场**,或称为市民市场中心,那里有着成排的房屋,用来进行各种商品的交易,观点思想的交流以及政治宣传。这些公共建筑外观要漂亮得多,设计的目的是为了让人感到更舒适,以及作展示用。旁边还有竞技场供人们进行锻炼和竞技用。市集广场和运动场反映了希腊人对公共生活、身体强健以及纪律的重视。再往下走,在山脚处建有圆形的露天剧场,这里定期有各种戏剧上演,表演的内容大多反映希腊神话历史中的场面,并告诉人们这些神话故事对于理解当时各类道德问题的重要意义。在山顶的雅典城,坐落着雅典卫城(Acropolis),它由一堵围墙所包围,是这座城市最主要的神庙群,特别是女神雅典娜的神庙。雅典娜被认为是雅典的神圣守护神。

市集广场(agora) 古希腊城镇布局的一个重要特征。它的主要功能是作为城镇的市场,但是它也是举行社会和政治活动的主要聚会场所。市集广场通常和卫城一起,它拥有城镇最重要的建筑。之后,罗马的城镇广场取代了这一功能。

雅典和民主的发展

每一个城邦共同体都有着自己的政府形式。贵族院统治着其中的一些城市,而其他一些城市则由独掌大权的个人统治。我们特别指出雅典城的命运是由于3个原因:雅典在众希腊城邦中处于领导位置;雅典诞生了现代政治的民主理念;雅典还留给了我们最多的历史记录。在希腊所有的主要城市中——比如斯巴达(Sparta)、科林斯(Corinth)、底比斯(Thebes)和锡拉库萨(Syracuse)——希腊似乎离由一个国王或一小群寡头统治国家的政治模式最远,而距由人民治理国家,即民主的方向较近。

在公元前600年,梭伦(Solon,公元前约630—前560年)作为一个将军兼诗人进入了上层管理层,结束了由雅典的世袭贵族占据政府机构的垄断统治。他让所有自由人都能够参与,并在制定决策的公共集会中有权投票,尽管只有那些收入达到一定水平者才有可能被选入政府机构。"四百人议会(the Council of Four Hundred)"也是由梭伦创立的,代表的是富人和少数贵族的利益,但同时议会又让平民能够发出他们的声音,以此而取得某种程度的平衡。或许更重要的是,梭伦取消了所有的公共和个人的债务,并且废除了奴役他人以偿还债务的做法。

一个红陶彩绘杯的两边,画家杜里斯(Douris)的作品,公元前5世纪。图中人像描绘了一个年轻人受教育的四个情景:学习演奏竖琴和风笛,学习阅读和书写,所有这些都是在一位教师的督促下进行的。

在梭伦离开统治位置之后,他的改革也随之破灭了。富人与穷人,以及不同的社会阶层之间长达数十年的斗争由此开始,一直持续到公元前550年,当时庞西特拉图(Peisistratus)作为一位"僭主(tyrant)"控制了政府,希腊语中此词指的是独裁统治者。庞西特拉图(公元前527年去世)通过向小户农民提供贷款,采用促进外贸的政策,修建道路,建设公用事业,包括用于美化雅典城和雅典卫城的大型建筑工程,促进了希腊的经济增长。在庞西特拉图死后,雅典城邦又再次陷入内乱,甚至发生了内战。在公元前510年,已经成为雅典最大对手的斯巴达,在一小部分雅典贵族的内应之下,入侵雅典,并包围了雅典卫城,还罢免了庞西特拉图的后裔。

经历了一场场冲突和战争后，梭伦倡导的思想和理念幸存了下来。新的独裁统治者克里斯提尼（Cleisthenes，约公元前570—约前508年）上台，对雅典城和周围的乡村采取了大刀阔斧的重组措施。他根据个人在城市中的居住区域，即希腊人所称的"选举小区"，确定每一个雅典人的公民身份；这一方法摒弃了以贵族家庭为权力中心的传统。采用同样的方式，克里斯梯尼还重组了阿提卡（Attica）的选区以及雅典周边的选区，将其分为十个次级选举区，以此形成新的政治身份和人们对城邦的忠诚。集会大约每隔十天举行一次，所有的男性公民都被要求参加；法定人数必须有6 000人。在集会之上，并为集会设定议程的是五百人议会（Council of Five Hundred），这个议会甚至比梭伦开创的四百人议会还要民主，议会的成员由每个选举小区或街坊选举产生，选举以投票的方式每年一次，而且每一名议会成员的任期最多不超过2届。雅典人按照选举小区把人民组织起来，他们按照各自在城里的居住区域来获得自己的政治身份，而不是根据官职继承或亲属血缘关系，也不是以阶层或财富为基础。

这一公民身份的新概念使得雅典城能够欢迎新的居民和他们所带来的新思想，而不考虑这些新市民来自何处。这一新的理念允许不同民族的人，甚至属于敌对民族的人能够进入城市，尽管这些人没有资格得到完全的公民权；完全的公民权只给予那些在各个选举小区出生的自由人。在这个小小的希腊城邦里，人与人之间的相互交流培育了其人民的智慧。在城邦共同体里生活的人经常参加一种定期举行的公共讨论会。如同公元前5世纪时雅典的大哲学家苏格拉底（Socrates，公元前约470—前399年）所言："我喜爱学习，树木和空旷的乡间不会教我任何东西，不过城中的人们却能教会我很多。"

选举小区/自治区（deme） 指古希腊的一个乡村地区或村镇，或指该地区的组成人员或住民。选举小区是城邦的组成部分，不过有一定的自治权和自己的警备力量，并有它们自己的宗教信仰、官员和财产。

145

希腊三层桨座船（Greek trireme）。希腊人发展出三层桨座船（每侧有三排桨），作为战船，并把这些船打造得极为坚实，这样它们就可以用来撞击其他船只。三层桨座船的速度比波斯战船要慢，而且也欠灵活。作为弥补手段，希腊人在船上安排了士兵，并且在战斗中主要依赖近身格斗，比如在萨拉米斯（Salamis）的战役中即是如此。

当大流士一世的波斯帝国向希腊各城邦国家发起挑战的时候,雅典人带头组织了对抗波斯的联盟。双方的对比十分鲜明:城邦对帝国、地方分治对帝国集权、形成中的且权力分散的民主对已建成的中央集权的帝国统治。波斯是一个巨大的、中央集权化的帝国;而希腊城邦国家是各自独立的,尽管有许多城邦为了互相支持和贸易加入了地区性的联盟和组织。一个独自为整个帝国制定法律的皇帝领导着波斯;一个由来自社会各方面的成年自由男性市民组成的大会管理着各个希腊城邦。这些大会审定通过法律、判决刑事和民事案件、起到行政和司法的作用、当危险来临时组织起军事防御。希腊的城邦国家在当时正朝着民主的制度前进;他们把法律制度看作自己的创造和责任,而不是由上帝恩赐给他们的或是由来自异邦的皇帝强加给他们的。

和波斯的战争

一些位于安纳托利亚的希腊城邦国家早就被并入了大流士的帝国。尽管这些国家在向波斯交纳税赋的前提下能够保留它们自己的政府,但是其中的部分城邦国家仍然揭竿起义并向位于希腊半岛的希腊城邦寻求支援。雅典人尝试过派遣战船和士兵来帮助它在海外的"亲戚",然而他们并没有全力以赴,也没有真正取得什么成功。根据希罗多德的记载,大流士对这种干涉非常恼火。他要求他的一个仆人每天在他吃饭时提醒他:"主人,请记住雅典人。"在公元前490年,由于雅典加入了安纳托利亚的起义,大流士一世派遣了一支海军远征队,直接跨越爱琴海去惩罚雅典人。

与波斯人之间的战争考验了希腊政治组织的基本模式。弱小的希腊城邦是如何抵挡住大流士的帝国军团,并使得他们初期的民主制度继续存在下去的? 首先,他们有本土作战的巨大优势,非常了解当地的地理及各种环境条件。其次,最大的城邦,特别是雅典和斯巴达,选择联合起来抗击共同敌人。

公元前490年,一支由600艘战舰组成的波斯舰队承载着48 000名士兵,在马拉松登陆,他们面对的是一支由约10 000名希腊人组成的**重装步兵**,另外还有1 000名来自普拉蒂亚(Plataea)的士兵和1 000名奴隶加入的军队。希腊人的重装步兵排成方阵,一排排的士兵都紧紧挨着,每个人的左臂和盾牌都紧靠另一个人的右肩。如果前一排中有人倒下,后一排相应位置的人就上来顶替倒下士兵的位置。(在这样的方阵中,每个士兵对于整支队伍都十分重要。很多分析家都认为,这一基于平等的军事形式包含着雅典政治民主的理论基础。)

雅典人以严明的纪律击败了波斯人。在公元前490年的马拉松战役中,波斯方面损失了6 400人,而雅典一方只损失了192人。雅典的将军派遣了跑步最快的菲迪皮德斯(Pheidippides)跑回雅典,把马拉松战役胜利的喜讯带回给人民,以振奋人心和加快准备对抗残余的波斯军队。菲迪皮德斯在传达这一消息之后,由于过度劳累,当场去世。(今日的马拉松赛跑就是为了纪念菲迪皮德斯那次长达26英里的长跑。)

大流士的儿子薛西斯一世(公元前486—前465年)继承了皇位,并于公元前480

重装步兵(hoplite) 古希腊身披坚实厚重装甲的步兵,这类兵种在战斗中排成紧密的阵形,通常是一队8人。每个士兵都携有一面铜盾,一柄铁制短剑和一把用来戳刺的长矛。

年从陆路和海路对希腊本土发起了新一轮的猛烈进攻。由于斯巴达的将军莱奥尼达斯（Leonidas）和他的军队英勇作战，奋力抵抗，在温泉关（Thermopylae）以全军官兵的牺牲为代价，赢得了雅典居民撤出城市和重组防御力量的宝贵时间。薛西斯继续向雅典方向挺进，沿途不断捕捉平民，焚烧、掠夺城市和卫城，所幸雅典的士兵已经撤到了附近的庇里犹斯（Piraeus）港和萨拉米（Salamis）湾。在萨拉米，一支由约 1 000 艘战舰组成的波斯舰队遇到了一支比他们弱小得多的、只有 300 多艘战船组成的希腊三层桨座战船舰队，这种希腊战船以其三层结构而得名，船上大约有 170 名桨手。薛西斯最信任的海军顾问之一 ——哈利卡那索斯（Halicarnassus）的女王阿尔特米西亚（Artemisia），她同时也是一艘波斯战舰的舰长，建议薛西斯静观其变。然而薛西斯却跟着大部队驶入了战区。雅典人巧妙地引诱波斯人进入到了萨拉米海峡的一处瓶颈口位置，以自己一方仅损失 40 艘战船的代价，摧毁了 200 艘波斯战舰。薛西斯乘船逃回波斯，从此波斯再也没有从海上对希腊发起攻击。

但是，波斯在陆路上却依然继续对希腊的进攻。公元前 479 年，波斯与其在马其顿的附庸国和部分北方的希腊人结盟，纠集起一支约 100 000 人规模的军队，部署在向南通往雅典和伯罗奔尼撒（Peloponnese）的广阔平原处。斯巴达和雅典也和其他一些城邦国家组成了同盟，并组织起了一支约 40 000 人的抵抗军队。尽管开始时在配合方面出了不少麻烦，但斯巴达和雅典的联合军队仍然摧毁了波斯人的军队和他们的营地，消灭了对方的精英卫队，并杀死了波斯的将军主帅。在几乎同一时间，希腊的舰队在安纳托利亚爱奥尼亚海岸的米卡雷湾击败了波斯的残余舰队。

面对这些失败，以及本土领导力的削弱，波斯离开了欧洲，此后再也没有发起过同样规模的进攻。由原本敌对的雅典和斯巴达领导的弱小的希腊城邦，展示了面对共同的敌人时互相联合的能力。他们也证明了规模较小的、本地化社会结构的优点，以及亲民的、民主型政府的适应能力。相反，波斯人却暴露了帝国最大的缺点之一：易于滥用其权力。

雅典：从城邦到微型帝国

具有讽刺意味的是，雅典城邦曾经领导希腊人抗击波斯帝国，但之后却开始建造起自己的帝国来。出于战争的目的，雅典之前曾联合起它主要的盟友组成了提洛同盟（Delian League），其议会和财产都位于提洛岛（Delos）。起先，各个成员都是自愿加入这个联盟的，但是不久之后，雅典便禁止其他会员国撤出同盟。当纳克索斯（Naxos）在公元前 470 年退出同盟后，雅典人便向该城发动进攻，强迫它返回同盟并终结了其独立国家的地位。其他同盟国也相继爆发起义，主要是由于他们无法满足希腊索要大量贡品和船只的需求。修昔底德曾提到，当雅典人一次次镇压这些起义的时候，"作为统治者的雅典人，他们不再像过去那样受人欢迎了。"

公元前 461 年，许多希腊城邦国家转投斯巴达，希望斯巴达能帮助他们抵抗雅典的强权。在公元前 461 至前 451 年的 10 年中，雅典和它的同盟国与斯巴达及其同盟帕台农神庙，雅典，公元前447—前432年。矗立于雅典卫城的帕台农神庙是一座献给女神雅典娜的神庙，雅典娜是雅典的守护女神。神庙是在伯里克利的授意下建造的，作为雅典城的地位和重要性日渐上升的象征；在建筑学方面，也代表了古希腊的最高成就。

148

国进行了一系列时断时续的战争，这一系列的战争有时被称为"第一次伯罗奔尼撒战争（the First Peloponnesian War）"。在这些战争中，雅典对其盟国进行剥削压榨。公元前454年，雅典人把提洛同盟的财富转移到了雅典，并将资金挪用于在城市中建造一个壮观而华丽的文化中心。这一种自私的行为使得盟友都背弃了雅典，也激化了与斯巴达之间的战争。我们在下文中先介绍雅典辉煌的一个世纪，再述说此后战争带来的痛苦和失败。

雅典文化的黄金时期

伯里克利（Pericles，公元前约495—前429年）作为雅典军事兼民政的领导人，使雅典人对自己的城邦国家、民主哲学和艺术创造产生了无比巨大的自豪感。在与波斯战争的那几年中，波斯军队破坏和烧毁了雅典城的大部分。当胜局已定之后，雅典人开始重新建设他们的城市。

雅典城起于一片平原之上，随着地势的上升，城市的功能和建筑规模逐步升级，雅典城也变得越来越宏伟庄严。处于城市最下层的是平民的房屋，用当地简易的材料如石头和泥土建造而成，几乎不考虑建筑的其他作用。往山上走就是市集广场，或称为市民市场中心，那里有着成排的房屋，用于进行各种商品的交易，思想观点以及政治决策的交流沟通等。这些公共建筑外观漂亮，设计的目的是为了让人感到更为舒适和供展示用。在这广大的市场中，雅典人向人们展示了他们崇尚公共生活、勇气和纪律的价值观。附近还有供锻炼和竞技的体育馆。用于定期上演戏剧的剧院建于一处山脚边。位于山顶并被围墙围绕的雅典卫城（意即"顶端城市"）里，有城市的主要庙宇，特别是供奉着雅典城的神圣保护神、女神雅典娜的圣坛。建筑师兼城市规划师伊克蒂诺(Ictinus)和卡利克拉特(Callicrates)设计了新的雅典卫城并建造了帕台农神庙(Parthenon),同时雕塑家菲迪亚斯(Phidias)完成了帕台农神庙横梁上的雕刻,还在神庙内建造了一尊高达40英尺的城市守护女神——雅典娜的塑像。

随着建筑项目的不断扩大,伯里克利在意大利南部建立了一处殖民地,并往黑海派遣了一支舰队。更重要的是,他鼓励海军战船对抗斯巴达和柯林斯(Corinth),以及波斯,以此来推行他在本国实行的激进的平等主义式民主。桨手一般来说不如重甲步兵有钱,但是他们有着固定的收入,还能从对外战争和帝国的统治中得到战利品等收益。到后来,伯里克利认识到自己的战略是有缺陷的,而他庞大的帝国野心也威胁到了自己倡导的雅典式民主。

历史学家　雅典城的历史学家在当时已经开始思考城市的起源、成就和它所面对的挑战等问题。实际上,现代历史学研究以系统性的一系列方式来理解过去的经验如何影响今天,这一理念最早即始于雅典。公元前5世纪,两位最伟大的历史学家为我们提供了雅典城的历史和其与周边城市的关系。希罗多德(公元前约420年去世)撰写了《历史》一书,他从一种希腊人的角度,以描述性的语言,再现了整个东部地中海,并向东直到波斯和印度这一广大地区的大致历史、轶事。修昔底德(Thucydides,公元前约401年去世)做得更有条理、更仔细,之后他写下了《伯罗奔尼撒战争史》,这是一场发生在雅典和斯巴达之间的战争,从公元前431年一直打到公元前404年。

哲学家　苏格拉底和他的学生柏拉图等哲学家引入了提问、分析与教授的方法和对生命目的意义的讨论,这些研究以其深度和广度一直吸引着世人的注意。柏拉图的得意门生是亚里士多德,他后来曾这样写道,人是一种"政治动物",是城邦国家的产物,他留下了许多有关希腊历史、戏曲和哲学的伟大著作,探讨了城邦国家本身是如何运行的以及个人和城邦之间的关系。

对于哲学家苏格拉底(公元前约470—前399年)而言,雅典国就是他的父母;苏格拉底把他的自我意识和目的意识归之于国家给予他的教育,他经常在公众或私人场合与其他市民辩论。苏格拉底提出,城邦国家高于个人。由于公民得到国家给予他的种种利益,所以他有责任为国家承担各项义务,但无权利与国家的权力对抗。

苏格拉底用严肃的态度对待哲学并把它作为自己个人的追求。他反对当时的**诡辩派哲学家**并采取一种讽刺态度,这些哲学家通过培养政客来获取报酬,教他们如何根据需要而站在任何一边为自己辩护而不必作出或坚守任何个人的承诺。苏格拉底通过不断提问的方式,教会了他的学生全面而客观地看待他人的和自己的观点,并在

雅典卫城的布局。雅典卫城(希腊语意为"顶端城市")是公元前约460年,在伯里克利的领导下建造的,象征着雅典黄金时期的开始。图中所示的是卫城的部分重要建筑——1. 帕台农神庙,2. 厄瑞克忒翁神庙,3. 雅典卫城山门,4. 雅典娜胜利女神庙。

古希腊诡辩派哲学家(sophist)　指古希腊受过高等教育的,到处巡游的学者,他们通过授课收取学费。这些哲学家教授的科目包括演讲、语法、伦理、数学和文学,这些科目都具有实用目的,帮助学生以后走上成功的事业道路。

帕台农雅典娜塑像,建于公元前438年,公元2世纪的大理石复制品。菲迪亚斯创作的高达40英尺的雅典娜——雅典的神圣守护者——塑像,位于帕台农神庙中央厢房的中心位置。原来的塑像已毁坏,这是罗马人制作的微缩复制品。这个塑像已难以表现出原来恢宏壮观,用黄金和象牙铸就,代表着女神和她的城市雅典城力量的神像。(雅典卫城博物馆)

得出自己的结论后,即使面对死亡也要坚持自己的真理,就像苏格拉底自己所做的那样。

柏拉图(公元前约428—前348年)是苏格拉底的大弟子,是学园的创立者,学园在以后的几个世纪中一直是雅典的主要哲学学校。柏拉图的哲学研究涉及很多主题,包括爱、正义、勇气和国家的本质。柏拉图构想的是一些理想的情形,无论其是否现实。根据他的观点,理想的国家应该由一位身为哲学家的国王来管理,这位国王具有良好的品德,受过全面的教育,他会知道并去做那些对一国的所有公民最有利的事。同时,柏拉图把爱情视为从对个人的情感和性欲激情到对普遍理式的思考的一种升华。

亚里士多德(公元前384—前322年)是柏拉图最优秀的学生,他对专业领域研究的广泛令人吃惊——包括逻辑、物理学、天文学、形而上学、宗教、修辞、文学批评和自然科学——不过,他的一些最重要的著述的主题也是围绕伦理和政治的。在《政治学》一书中,他分析了立宪制政府的主要形式,直到今日,这本书依然是该领域一本很有价值的入门类著作。亚里士多德后来还做过马其顿亚历山大大帝(Alexander the Great of Macedon)的老师,虽然这位世界的征服者似乎完全反对他的老师提出的观点,即应该建立像城邦国家那样的小型政府。亚里士多德是这样说的:

> 如果一个国家的公民要按照好坏来评价和区分政府的话,那么他们必须知道各个政府的特点;在他们缺乏这方面的了解时,政府的选举或法庭案件的审理都将出错。当国家的人口十分庞大的时候,人们受到的对待显然会是随意混乱的,这显然是不应该出现的。(*Politics* Ⅶ:4;第326页)

剧作家   戏剧在雅典城的剧院中发展繁荣。对于正义、道德和公正的追求是其核心主题。雅典的剧作家发明了喜剧和悲剧这两种戏剧形式,雅典的大多数重大戏剧作品都包括了与城市和其制度发展相关的主题。

埃斯库罗斯(Aeschylus,公元前525—前456年)创作的《俄瑞斯忒亚》(*Oresteia*)三部曲叙述了阿特柔斯皇族三代人的恩仇故事,故事中一次次的复仇谋杀又引起了下一起谋杀,直到最后,在雅典的审判上,雅典城的守护女神雅典娜宣布俄瑞斯忒斯无罪,主张让人性的正义取代不断的复仇,谋杀的循环应到此结束。

《俄狄浦斯王》(*Oedipus Rex*)由索福克勒斯(Sophocles,公元前约496—前406年)写成,可能是古希腊最著名的一部戏剧。这出戏剧围绕着俄狄浦斯弑父娶母这一

原始资料

苏格拉底对国家所具有的高于个人的权利的看法

由于受到败坏年轻人的政治道德和亵渎雅典的神这些莫须有罪名的指控，苏格拉底被判处死刑，面对能够逃脱死罪并在其他城邦国家继续生活的机会，苏格拉底却予以拒绝。他认为国家行使了一个正常的法律程序，并有权处决他。而他则有义务接受这一判决。

你们是否因为太聪明而未能看到你们的国家比起你们的父亲和母亲，以及你们所有的祖先来，更有价值，更值得尊敬，更为神圣，在神祇和所有理智的人中拥有更高的威望？你们应该尊敬它，向它拜倒，在你发怒之时，比起对你的父亲来应对之抱着更为谦卑的态度。做任何它命你去做之事，或者是说服它对你给予原谅；在它命令你接受鞭笞或监禁之时默默服从，若

它送你上战场受伤或是战死呢？这是正确的。你不能放弃或退缩，更不能离开你的岗位。在战争中，或是在法庭上，无论在哪里，无论你的国家，你的祖国叫你做什么，你必须坚决服从，或者你必须说服他们，他们的命令是不公正的。但是用暴力来反抗你的父亲或母亲是不孝之举；而用暴力来反抗你的国家则是更大的不孝之举了。

（Plato, Crito XII: 51: b）

家庭悲剧展开。（俄狄浦斯在还是一个婴儿的时候被遗弃，并由牧羊人领养长大，而他自己也不知道他杀死的是自己的父亲，所娶的是自己的母亲。）戏剧的开场是底比斯人民围聚在俄狄浦斯国王身边，请求他帮助消除正在这座城市肆虐的瘟疫，此时他的悲剧还未暴露。正是俄狄浦斯的道德堕落招致了瘟疫降临该城，尽管这在后来才得以浮现。索福克勒斯的另一部作品《安提戈涅》（*Antigone*）描写了对家庭和对城邦国家的忠诚之间的冲突，安提戈涅毅然选择把她的兄弟波利尼克斯（Polynices）入土埋葬，不顾皇家法令规定禁止任何人为国家的敌人收尸。

欧里庇得斯（Euripides，公元前480—前406年）更清楚地察觉到雅典朝着帝国主义的方向发展，并在《特洛伊的女人》（*The Trojan Women*）中对此提出了批评。阿里斯托芬（Aristophanes，约公元前450—前385年）的《吕西斯忒拉忒》（*Lysistrata*）是一部充满狂欢氛围和露骨性描写的戏剧。该剧描绘了雅典和斯巴达的妇女要求本国的男子停止伯罗奔尼撒战争，否则就在性行为上采取冷漠态度。只要男人们投入战争，妇女们就不会和他们做爱！雅典最杰出的戏剧家们直接探讨了雅典城所面临的政治和社会等各类问题。

城邦民主的局限性

苏格拉底对国家的辩护表明，即使是在最民主的希腊城邦，政府也可以要求得到国民对政府的尊重和服务，不过相反公民却很少有向政府索取的权利。国民有权利、也有义务参加国家的各项活动并为国家服务，却不是由国家来为公民服务。

对于妇女来说，甚至连参加社会活动的权利也没有。父母均为雅典人的女性被视为是雅典的公民，享有一定的法律保护，并有义务参加对国家具有重大意义的某些宗教仪式。然而，对奴隶而言，他们不能参加任何公众集会，不能担任政府部门的公职，不能担任陪审官，不能单独提起诉讼，不能在自己名下拥有任何财产。在法官和陪审员面前必须有人代他们发言。古希腊把妇女排斥于公众生活之外，这使得人们

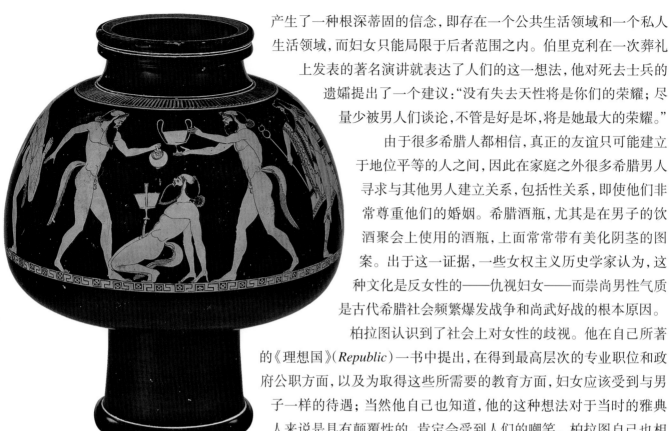

凉钵（凉酒器），轻浮的饮酒者形象，多里斯绘，公元前500—前490年。女权主义历史学者伊娃·柯尔斯（Eva Keuls）认为，把雅典比作文明的摇篮是无稽之谈；相反，雅典社会极其热爱战争，仇恨女性。她在当时希腊男性酒会上使用的瓶子上就找到了许多证据。（英国国家博物馆，伦敦）

产生了一种根深蒂固的信念，即存在一个公共生活领域和一个私人生活领域，而妇女只能局限于后者范围之内。伯里克利在一次葬礼上发表的著名演讲就表达了人们的这一想法，他对死去士兵的遗孀提出了一个建议："没有失去天性将是你们的荣耀；尽量少被男人们谈论，不管是好是坏，将是她最大的荣耀。"

由于很多希腊人都相信，真正的友谊只可能建立于地位平等的人之间，因此在家庭之外很多希腊男人寻求与其他男人建立关系，包括性关系，即使他们非常尊重他们的婚姻。希腊酒瓶，尤其是在男子的饮酒聚会上使用的酒瓶，上面常常带有美化阴茎的图案。出于这一证据，一些女权主义历史学家认为，这种文化是反女性的——仇视妇女——而崇尚男性气质是古代希腊社会频繁爆发战争和尚武好战的根本原因。

柏拉图认识到了社会上对女性的歧视。他在自己所著的《理想国》（*Republic*）一书中提出，在得到最高层次的专业职位和政府公职方面，以及为取得这些所需要的教育方面，妇女应该受到与男子一样的待遇；当然他自己也知道，他的这种想法对于当时的雅典人来说是具有颠覆性的，肯定会受到人们的嘲笑。柏拉图自己也相信，一般来说男性比女性更有天赋，不过他提出，男女应该得到平等的参政机会。在性别平等这个问题上，他似乎始终如一地坚持着他的基本哲学思想：政府应该鼓励每一个男女公民通过教育发挥自己的潜质，引导那些最具才华者参与到政府的事务中。柏拉图写道：

在社会事务的管理中，没有什么专属于男性或者女性的职务。无论是在男性还是在女性身上都可以发现天赋；并且就他们的天资本性而言，每一个职位对于双方都是开放的，尽管妇女相对说来稍稍弱些……现在，出于培养一位适于担任卫士的女性的目的，我们不应让男子接受一种教育，让女子接受另一种教育……如果我们要求女性完成和男性同样的任务，那我们就必须教她们相同的东西。她们必须在身心两方面接受上述这两块的同样的训练，也要教她们战争的艺术，并且她们必须受到同样平等的对待。

亚里士多德承认柏拉图所忧虑的问题，却并不像柏拉图那么乐观，也不同意后者认为的男女能力水平平等的看法。亚里士多德是这样描写妇女的："一个男人和一个女人的气质，或者说一个男人和一个女人的勇气或者正义感，并不像苏格拉底坚持认为的那样，是一样的；男人的勇气体现在指挥上，而女人的勇气则体现在服从上。"他颇为赞许地引用了一个当时流行的观点即"女人沉默是金"。实际中，雅典人就是按照亚里士多德的而不是柏拉图的观点来看待女性在公共生活中所扮演的角色。

即便在男子当中，也只有那些父母双方都是雅典人的才能取得公民权；在战争中俘获的奴隶，甚至是盟国人都不能取得雅典的公民身份。古代雅典人口最多的时候曾达到250 000，而当时平均六个成年雅典人中仅有一个有资格获得公民身份。雅典的民主在这些方面的限制加剧了国内社会的紧张状态。

具有讽刺意味的是，雅典城邦，曾经领导各希腊城邦对抗波斯帝国，在此后却开始建立起自己的帝国。在取得希波战争的一系列重大胜利后，雅典把它的主要盟友都召集到提洛联盟中，同盟的议会和财富都置于提洛岛（Delos）。起先，会员都是自愿加入的，但不久之后，雅典禁止其他城邦退出同盟。不过仍有一些城邦退出了提洛同盟，大多是由于无法满足雅典提出的进贡要求。其中最困难的是无法提供三层桨座船，因为这些城邦国家没有雅典那样大规模的船厂。雅典人因此就可能向他们宣战。结果，如同修昔底德所说的那样："作为统治者的雅典人不再像过去那样受人欢迎了。"

到公元前461年，希腊的很多城邦国家都投向了斯巴达，请求斯巴达帮助他们抵制雅典人的讹诈恐吓。从公元前461到前451年，雅典及其同盟和斯巴达及其同盟进行了长达十年的断断续续的战争。在这些战争中，雅典压榨了它的盟友。公元前454年，伯里克利把提洛同盟的财富都转移到了雅典，并私自挪用了这些基金，准备在雅典建造一个宏伟的权力及统治中心，特别是建造帕台农神庙并扩充其舰队。

古典希腊。多山和靠海的地形使得希腊难以建立大型居住地，并且希腊哲学家们也强调了地方社会的重要性。当人口增长过多时，市民们便鼓励那些年轻人去建立新的、他们自己的城邦。定居地的不断拓展，使得希腊文明影响了从西西里到安纳托利亚的广大地区。

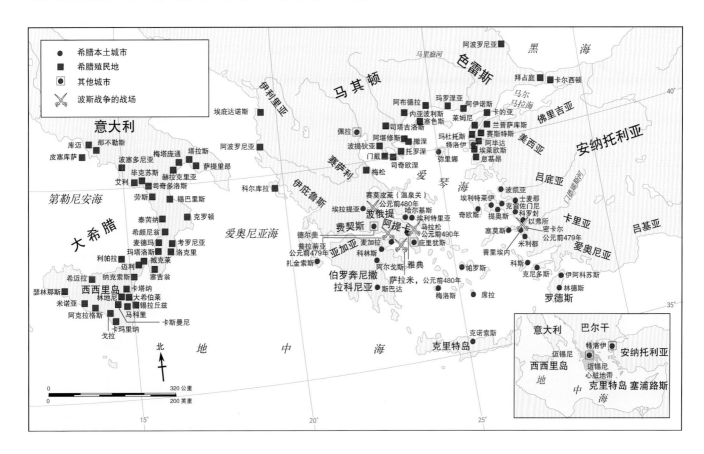

雅典在国内维持的是一个民主政体,但对外很快变成了一个力图驾驭邻国命运的强权帝国。

伯罗奔尼撒战争

雅典和其邻国的关系也在恶化之中。伯里克利的帝国政策侵犯了雅典自己的盟国和斯巴达盟国的利益。由于害怕雅典会动用强大的海军摧毁斯巴达对自己盟友体系的控制,即对伯罗奔尼撒同盟的控制,斯巴达决心消灭雅典的军事力量。公元前432年,斯巴达向雅典发起了进攻,伯罗奔尼撒战争由此正式展开。这次战争争夺的是统治权,而不是为了什么高尚的理想。

修昔底德是一位专门研究这场战争的历史学家,他笔下的雅典人越来越直接地用"现实政治"(权力政治)的口吻来提出自己的要求。修昔底德写道,傲慢的雅典人发出了最后通牒,要求米洛斯岛的人民服从雅典的统治:

现实政治(realpolitik) 这是一个德语词汇。指由实利而不是由道德或者意识形态决定的一种政策形式。

> 我们对于神的看法和我们对于人的认识使我们得出结论,统治一切我们能够征服者是一种普遍的、也是必要的自然法则。(V:105;第404页)

原始资料

伯里克利在葬礼上的演讲

作为公元前460—前429年雅典的政治和军事领袖,伯里克利在军队士兵的葬礼上发表了这一篇颂辞,这场葬礼是为在伯罗奔尼撒战争开始几年的战斗中死去的士兵举行的。如修昔底德所记载的,这是关于雅典城邦国家的公民、美学、道德和个人美德的著名宣言之一:

我们的政府体系并没有照搬我们邻国的组织结构。与其说我们是在模仿他人,不如说我们已成为他人的榜样。我们的政治制度之所以被称为民主政治,是因为权力不是掌握在少数人的手中而是在全体人民的手中。在遇到需要解决个人间的争端时,每个人在法律面前都是平等的;当牵涉到优先录用某人担任公职时,重要的不是一个人是否属于某一特殊阶级,而是这个人实际拥有的能力。任何人,只要他在心目中怀抱为国家服务的信念,他就不会因为贫困而在政治上默默无闻……

我们[服从]那些由我们推举而位居权威位置上的人们,我们服从法律本身,尤其是那些保护受压迫者的法律,以及那些我们公认违反它们是一种耻辱的不成文法……

在我们的工作结束后,我们有权享受各种各样有益身心的娱乐活动……享受来自世界各地的所有美好的事物,因此对我们来说,享受外国的商品就像享受国内本地的产品一样自然……

我们对美的热爱并不是无度和无节制的;我们对心灵事物的热爱并没有使我们变得软弱。我们把财富视为是应该合理使用的东西,而不是用来到处吹嘘宣扬的本钱。至于贫困,没有人需要因为承认贫困而感到羞愧:真正的羞愧在于不采取实际行动去克服贫困。每个人的兴趣不仅仅在于个人自己的事务,而且同样体现在对国家事务的关心上:即便是那些为经营自己的生意忙碌得不可开交的人们对一般的公共政治也了如指掌——这是我们所独有的——我们不说一个对政治不感兴趣的人是一个只关心自己事务的人;我们说这样的人在这里根本就没有什么事务。我们雅典人,亲自就政策作出决定或是把它们递交讨论:因为我们不认为语言和行动之间有什么不相容之处;最糟糕的是在没有经过恰当的讨论,就贸然行动……

我断言,我们的城邦是全希腊的学校,我断言,在我看来,我们的每一个公民,在生活的各个方面,都能够独立自主,不仅如此,而且在表现独立自主之时,显示了无比的温文尔雅和多才多艺。(Book II:37—41;第145—148页)

尽管米洛斯比雅典弱小得多，但它仍然选择了抵抗。当雅典最终于公元前415年征服米洛斯人时，他们杀死了抓获的所有达到从军年龄的男子，并把妇女和儿童卖为奴隶。在整个希腊范围内，人们对雅典的情感从仰慕转变成了憎恶。

到了公元前404年，在波斯人提供的资金的帮助下，斯巴达击败了雅典，并攻占雅典城。发生在雅典和斯巴达双方之间的伯罗奔尼撒战争持续了整整一代人的时间。双方都因这场战争而精疲力竭。然而，随着底比斯和科林斯也加入到主要争夺者的行列，战火又在希腊各城邦间燃起。各个大城邦国家都力图利用自己的优势战胜对方，随着战争的延续，国力较强的城邦强迫国力较弱的城邦成为自己的附庸国。

154

亚历山大大帝的帝国

在希腊主要城邦国家以北，是较为原始的、城市化水平较低的马其顿。马其顿幅员辽阔，南部与希腊为邻，东部与斯拉夫地区接壤。马其顿人的主要语言是希腊语，主要的文化是希腊文化；不过，其他的语言和文化也同时存在。公元前359年，在马其顿的首都佩拉（Pella），菲利浦二世（Philip II，公元前359—336年在位）说服马其顿军队，拥立他为马其顿国王，以继承他那位在战争中死亡的兄弟。

菲利浦的征服历程

巩固了自己在马其顿的权力之后，菲利浦宣布要实现两个目标。第一个是平息纷争，统一希腊；第二个是解放在波斯统治之下的、位于小亚细亚的各希腊城邦。作

亚历山大的帝国。在公元前338年，希腊众城邦被马其顿的菲利浦所击败。他的儿子亚历山大把希腊文化的影响延伸到离地中海本土非常遥远的地方。在公元前334年和前323年之间，经过一系列旋风式的战役，亚历山大控制了叙利亚和埃及，并摧毁了波斯的军队。他指挥大军向东挺进到印度河，向北抵达中亚，但是他在33岁时死于巴比伦。

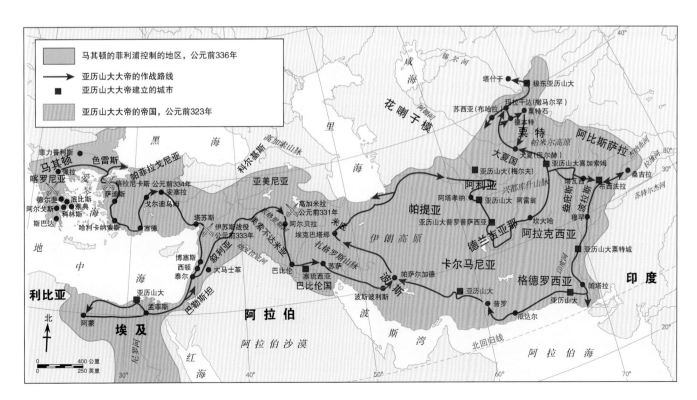

为外交家,菲利浦成熟老练;在自己统治的地区,他精心引入一套经济改革措施。不过,他认识到,能使他达成目标的关键还是他的军队。他建立起军队方阵,其中的士兵都配备长达15英尺的长矛,又在步兵队中配置强大灵活的骑兵。菲利浦亲自率领着这支军队,在激烈的战斗中多次身负重伤。

公元前354年到公元前339年之间,菲利浦征服了从多瑙河到爱琴海、从亚德里亚海到黑海的整个巴尔干地区。为了安抚和管理这一地区,他建立了一些新城镇,城镇的人口由马其顿人和当地人组成。如同前人一样,他也雇佣许多当地人进入他的政府部门。在希腊地区,菲利浦更是取得了多方面的成就。他赢得了不少盟友,比如色萨利(Thessaly);击败了几个城邦国家的军队;在激战的两个希腊城邦的对立阵营之间居间调停,结束了一场战争。他在公元前346年被选为在德尔斐举办的皮提亚运动会的主席。然而,希腊人和底比斯人却激烈反对他在希腊取得更大统治权力的宏图。

演说家狄摩西尼(Demosthenes,公元前384—前322年)发表了三次"斐利比克斯演说",这三次公众演说号召雅典人用战争对抗马其顿国王,并预言,如果菲利浦击败雅典,雅典的民主就会走向终结。面对希腊人的反抗,菲利浦与雅典及雅典的盟国开战,并于公元前338年在喀罗尼亚(Chaeronea)击败了他们。此时,菲利浦致力于建立一个自治的希腊城邦联盟,来完成他的第一个目标;再联合马其顿和该城邦联盟以对抗波斯,以完成他的第二个目标。但是,菲利浦却在公元前336年遭到暗杀。菲利浦21岁的儿子亚历山大继续他父亲未完成的事业。

亚历山大大帝的统治

亚历山大并非战争的门外汉,早在两年前其父亲在喀罗尼亚战役中打败希腊之时,他就已随父征战。由于受到军队的拥戴,亚历山大的继位没有遭到反对,并继续他父亲未完成的征服事业。在此后的12年中,亚历山大纪律严明的军队行军约22 000多英里,征服了西起埃及、东至印度河的大片土地。亚历山大帝国成为当时人们所知的最大帝国,他在公元前324年宣称自己为神。

像他的父亲菲利浦以及波斯皇帝居鲁士二世和大流士一世那样,亚历山大大帝(公元前336—前323年在位)在位的大部分时间里采用了较为仁慈的专制统治政策。不过和他们相同的是,亚历山大在他的权威充分确立之后才实行这些政策。底比斯不幸成为亚历山大早期确立权威的舞台。在继承皇位后不久,亚历山大即率军向北进发,来到多瑙河边镇压在色雷斯爆发的起义。底比斯人误认为亚历山大已经死于战争,于是奋起和他的地方军队对抗。亚历山大迅速向底比斯杀了一个回马枪,占领了这座叛变的城市,杀死了6 000个当地居民,把幸存下来的20 000人变卖为奴隶。

公元前334年,亚历山大准备入侵亚洲,他先是在格拉尼库斯(Granicus)取得胜利。他从这里继续南进,把波斯人赶出了与爱奥尼亚海岸相连的希腊城市。为了确保波斯人不再进犯,亚历山大率领一支35 000人的希腊军队向东进发。穿过安纳托利亚,于公元前333年在伊苏斯(Issus)击溃了波斯皇帝大流士三世率领的300 000人

"亚 历 山 大 马 赛 克 画"("Alexander Mosaic"),原画创作于公元前1世纪,由菲洛克塞诺斯创作,这是来自庞贝的马赛克复制品。这幅马赛克绘画描绘了伊苏斯战争(公元前333年),这场战争是亚历山大大帝和波斯皇帝大流士三世之间的对决。图中,大流士(右)正在他的战车上,转身准备逃跑;而年轻的亚历山大(左)披散着头发,没有佩戴头盔,正向他冲锋。(那不勒斯国立考古博物馆)

的军队,迫使大流士本人落荒而逃。

亚历山大继续沿着东地中海朝南挺进。在泰尔,他遇到了顽强的抵抗,这一抵抗持续了7个月时间。破城之后,亚历山大再一次展示了自己的权威,残忍地杀死了7 000名男子,并把30 000人(其中大部分为妇女和孩子),卖为奴隶。不过在其他地方,亚历山大显示出了他宽容的一面,他尊重当地的宗教,允许当地的官员参与治理,并保持当地的税赋不变。为了把波斯赶出地中海盆地、建立起自己的统治,亚历山大继续向南,之后又向西进兵,征服了埃及。他受到埃及人的欢迎,认为他是把埃及从波斯人手中拯救出来的解放者,阿蒙神的祭司们在他造访阿蒙神庙时更是如同对待神一般对待他,在尼罗河三角洲的西岸,亚历山大建造了一座后来屹立了好几个世纪、地中海沿岸最为迷人的文化名城——亚历山大港。

亚历山大的胃口越来越大,就像其他的帝国缔造者一样,一旦开始了他们的争霸事业就无法停顿下来,他继续向着之前并未纳入计划的目标前进。他开始着手征服波斯帝国,把它变成自己统治下的一部分。他向北跨过新月沃地,穿过美索不达米亚地区。公元前331年,他在高加米拉(Gaugamela)再一次面对波斯皇帝大流士三世,并又一次挫败了他。曾经的都城巴比伦、苏萨、波斯波利斯、帕萨尔加德(Pasargadae)都向亚历山大敞开了大门。他几乎完全摧毁了大流士的首都波斯波利斯。然后,在夺取了波斯帝国的心脏地区之后,他再次启程,征服了波斯的东部地区;并最终向东到达并控制了印度河流域,向西北穿过奥克苏斯河(the Oxus River,即阿姆河),拿下粟特(Sogdiana)。

尽管亚历山大打算继续向印度挺进,直到恒河(Ganges),但是他的军队发生了叛乱。士兵们拒绝继续前行。当他从新的前线返回的时候,亚历山大得了高热。由于长年征战和大量酗酒,亚历山大于公元前323年死于巴比伦,年仅33岁。关于他的死因

157

我们是怎样知道的？

对亚历山大大帝的评价

亚历山大长期以来一直是个有争议的人物。他的名声来自为了夺取权力而杀戮成千上万的百姓，不过崇拜他的人却把他看作是一个极具创造力的将领，致力于创立了一个统一的希腊—波斯文化体系，该文化体系一直延伸至中亚。有人称他为亚历山大大帝，有人称其为"恶魔伊斯坎德（Iskander the Accursed）"。后世的许多历史学家和其他学者都不能确定他到底是一个纯粹的多文化主义者，还是一个帝国怪兽。不过似乎可以肯定的是，他相信自己是个圣人，但是关于这个年轻人的其他方面，人们依然了解得不多。

但是，在亚历山大死后，几乎很少有人为他哀悼。彼得·格林（Peter Green）是一位历史学者，他编纂了各个时代亚历山大名声变化的史料，发现这位征服者的形象在不同时代有相当大的变化。

现存最早的关于亚历山大生平的记录可以追溯到公元前1世纪，至少在他死后200年，而现存最可靠、最全面关于亚历山大的传记在公元2世纪写成，作者是阿利安·弗拉维奥斯·阿利安那（Arrian Flavius Arrianus）。在大多数情况下，历史学者们都是以这些同样的记载为基础进行研究，不过他们所得出的评价却反映了他们自己时代的问题和情况。

阿利安生活在罗马帝国的鼎盛时期，并对该时代持推崇态度，他对亚历山大的征服行动大加赞赏。亚历山大就像是罗马的凯撒。在离我们更近的时代，即18世纪后期和19世纪，正当美国和法国大革命的民主时期，亦即希腊独立战争时期（见第15章），对亚历山大的历史观点转变为否定态度。乔治·格罗特（George Grote）的《希腊历史》把菲利浦和亚历山大都描写为"残暴的冒险家，完全是为了权力、财富和领土扩张而发起战争，两者的心中都充满了征服的贪欲"。

另一方面，积极提倡建立一个统一强大德国（见第17章）的约翰·古斯塔夫·德罗伊森（Johann Gustav Droysen）则把亚历山大视为一个楷模。他的学术性传记《亚历山大大帝》对亚历山大把希腊文化引入到亚洲的各个地区给予高度评价。

随着大英帝国在19世纪和20世纪初的扩张，许多英国的学者都对亚历山大给予肯定。在威廉·塔恩（William Tarn）的两卷本的人物传记里，认为亚历山大的征服行动有利于传播"四海皆兄弟"的社会哲学，把希腊人和波斯人融合了起来，使得征服者和被征服者融合了起来。即使我们后帝国时代的今日，剑桥大学的学者N·G·L·哈蒙（N. G. L. Hammond）也同意这一观点，他引用了传记作家普鲁塔克（Plutarch，公元约46—126年）的短评：

他利用了所有资源以达到一个目标，他将它们混合在一起如同置于一只大银酒杯中，其中有人们的生活风俗、婚姻、习惯。他要求他们所有人把占据的土地看成自己的祖国，把他的军队看作他们的堡垒和防卫者。

然而，格林采取的却是批评的态度，他坚持认为，他自己的评价和亚历山大去世时人们对他的看法最接近：

在亚历山大短暂而匆忙的一生中，他全身心投入的是战争和征服。掩饰这一事实是毫无用处的，更用不着假想他梦想越过鲜血和暴力的河流，通过洗劫整个大陆而达到人类大团结。亚历山大用其一生传奇般的胜利，追求个人的荣耀和千古留名；这曾经被认为是一个非常值得赞赏的目标，但是到了近世人们不再这么看了。他建立的帝国在他死后不久就崩溃了，他作为一个征服者来到世间，他所做的一切就是毁灭。（第488页）

● 格林对亚历山大大帝一生的阐释以何为基础？

● 你认为亚历山大大帝是一位英雄还是一个恶棍？

● 考虑到美国不断增强其海外影响，你认为学者们对亚历山大大帝的诠释可能会有怎样的变化？

有几个说法，有的说他是被人毒死的，有的称主谋是他从前的老师亚里士多德。据说，在亚历山大将死时，他躺在床榻上还宣称："让我的事业走向极致。"在继承皇位的斗争中，亚历山大手下的将军杀死了他的妻子罗克珊娜（Roxane）和他们13岁的儿子。

亚历山大建立的帝国在未超过两代人的时间内就灭亡了。在东部，印度和阿富汗的当地统治者重新夺回了统治权；在西部，希腊人再次陷入内战，最后又分裂为一个个的城邦国家、王国和联盟。马其顿仍然成为一个独立的王国，并一再卷入希腊的各项事务中。

　　有两大王国在亚历山大的帝国崩溃之后崛起：一个是埃及的托勒密（Ptolemy）王朝，在希腊和马其顿精英的统治下，一直持续到罗马人的入侵征服；还有一个是塞琉古一世（Seleucus I Nicator，公元前281年去世）——亚历山大帝国分裂时他是巴比伦的总督——建立的帝国，他把伊朗、阿富汗和安纳托利亚纳入自己的领土。不过塞琉古帝国最后也陷于分裂。安息人（Parthian）在东部再次取得了波斯的统治权，安纳托利亚则分裂为众多的小国。到公元前200年，塞琉古帝国的统治范围仅限于叙利亚周围。

亚历山大的遗产：希腊文化圈

　　亚历山大建立的帝国留给后人什么遗产呢？他使得希腊的语言和文化在从地中海起，东至印度、阿富汗及俄罗斯边界，南至埃及的广大地域内，在位居统治地位的知识和商界精英中，占据着主导地位。希腊的一种普通方言，即柯因内语（Koine），广泛传播，成为当时西方世界有教养者的通用语言。

　　一批又一批的希腊官员、商人和军人随着亚历山大的征服行动来到各地，起到了传播希腊文化的作用。与此同时，各地的风俗，特别是波斯帝国的祭祀活动形式，也融入到了希腊文化中，把早期简洁的希腊文化转变为复杂、精致的世界性的希腊化文化，这一文化的繁盛从亚历山大统治时期开始一直延续到公元前30年埃及的最后一位马其顿王后克利奥帕特拉（Cleopatra）去世。在印度，希腊文化和本土文化的融合出现了一个令人惊叹的例子：在亚历山大征服印度之后，出土于现今印度/巴基斯坦的一些最早表现佛陀形象的雕塑，都穿着古罗马式的长袍

濒死的高卢人，罗马人制作的大理石复制品，原作为公元前约230—前220年的一座铜像。帕加马（Pergamum）的阿塔罗斯一世（Attalas I）击败了敌对的高卢军队后，铸造了一系列雕塑以表现死亡或濒死的侵略者。这个表情痛苦的塑像体现了雕塑艺术在各方面的发展，成为希腊化时代的缩影：特别强调对痛苦的描绘，这主要通过面部的表情传达；更加广泛的表现主题（不仅有男人还有女人的裸体）；身体扭曲的姿势；以及一种可以让人从各个角度观赏作品的设计。（罗马首都博物馆）

158

（参见第263页）。

　　为了促进交通和贸易，加强统治和管理，亚历山大修建了许多道路、运河，建造了一座座新城市，包括帝国全境内至少16个亚历山大城。修建这些建筑和城市的资金来源于从波斯夺来的金银财宝。在亚历山大建立的这些城市中，最著名、最恢宏的要数位于埃及的亚历山大港，它是当时首屈一指的城市。拥有宫殿、政府的行政办公中心、剧院、学院、最大的希腊文化图书馆，其中藏有700 000份手稿，还有亚历山大自己的陵墓。

　　在帝国的东端，即今日的乌兹别克斯坦的奥克苏斯河，希腊人在波斯人的基础上修建了一座小型的、戒备森严的、以一座宫殿为中心的城市艾卡努姆（Ai Khanoum）。直到20世纪60年代，人们才再次发现这个城市并进行了挖掘。考古学家认为，这个城市可能就是亚历山大大帝时代建造的、后来失落的城市亚历山大奥克夏纳（Alexandria Oxiana）。

文化圈（Hellenistic ecumene）
这是一个希腊词汇，指有人类定居的地区，特指一个具有鲜明历史文化特征的社会。

　　在埃及的亚历山大港和中亚的艾卡努姆之间，有着几十座城市和小城镇，这些都是在整个帝国范围内传播希腊文化的种子。亚历山大帝国及其继任者建立起一个希腊**文化圈**——即一种统一的城市文化，幅员辽阔并包含多个种族。在这一范畴中，有的城市有着自己悠久的、独立的希腊文化传统，保留了在亚历山大之前的一些文化要素，甚至保留他们的自治传统。这些城市位于希腊的心脏地带，比如雅典、斯巴达、底比斯、科林斯和德尔斐；帝国的另外一些城市是由亚历山大和他的继任者建立的，有的是新造的，有的是在原有的小城市基础上建立的。这些城市作为新的地区首府，管理着新的帝国疆土，拓展着它的经济并传播帝国的文化。

　　亚历山大和他的继任者还通过原已存在的当地城市框架管理着他们的帝国，只不过增添了一些具有希腊文化特点的核心机构和建筑等：常建于卫城的供奉希腊神灵的神庙、剧院、市集广场、议会和市政大厅等政府办公建筑、体育馆以及露天运动场。苏萨、大马士革、提尔、坎大哈和梅尔夫（Merv）都是这类在新征服地区建设的希腊式城市的典型例子。这些各不相同的城市的居民或许会发现，自己既是当地的市民，又是这个半世界性文化圈中的一员，尽管这两种感觉之间的平衡在不同的地方，不同的时间可能有所不同。城市和乡村地区之间产生了严重的分化，城市的上层文化在整个帝国极大地受到了希腊文化的影响；而在农村地区，人们则继续保持着原来的生活方式而没有发生什么很大的变化。

　　亚历山大帝国鼓励多方面的贸易和文化交流。据发现，希腊的船只最远航行至西方的不列颠群岛，往东一直到印度洋。欧洲、非洲和亚洲的贸易路线在塔克西拉（Taxila）、艾卡努姆、贝格拉姆（Begram）和梅尔夫交会。波斯人很早就开始建立起一个亚洲—非洲—欧洲共同圈；亚历山大使得这一进程走得更远、更为深入。在亚历山大大帝的时代就开始崛起的罗马，在不久之后将会扩大相似的帝国使命，其帝国疆域在西部和北部将包括欧洲的大部分，尽管罗马并未控制东方，这一切我们将在第6章介绍。

帝国建立的意义及其影响

美索不达米亚人、埃及人、波斯人、希腊人和马其顿人都在完全不同的背景下展示各自的帝国宏图。美索不达米亚人和希腊人的帝国是从城邦发展起来的，而埃及人和波斯人的帝国始于一个统一的国家。在希腊各城邦间激烈混战之时，马其顿在一对雄心勃勃、才识非凡的父子的统治下，从原来的一个小城邦发展成一个大帝国。尽管我们的考察不尽翔实，但我们仍然能够看到，每一个帝国都建立了自己的首都；管理着一个建立在首都、能够控制各个省的中央政府；在全国范围内规定了一种统一的语言、货币体系和法律系统；建造了一套道路运输和通讯的网络；制定了一个帝国的意识形态，以赢得属下公民和臣民的忠诚；并创造出杰出的艺术和建筑，让所有的盟友和敌手都对帝国拥有的权力印象深刻。每一个这样的帝国都拥有强大的兵力，在需要时即采取胁迫和高压的统治手段。

最后，这些帝国的野心总会受到阻挡，其进一步的扩张也会受到限制。有时，是帝国的征服和统治能力达到了极限；有时则是因为在战争中被对方击败；而通常是这两方面的共同因素作用的结果。

亚历山大大帝的军队拒绝新的征途，即跨越印度河向更为遥远的地方前进。所以他不得不把军队撤回国内。具有讽刺意味的是，亚历山大求学时的老师是哲学家亚里士多德，亚里士多德早就这样写过："所有国家的疆域范围都是有限的。"他最理想的政治形式是希腊的城邦国家，因为这一形式通过市民大量广泛的政治和社会互动，给予每个人最大的参与民主政府的机会。

在选择建立怎样一种帝国的时候，亚历山大既不是第一个也不是最后一个不遵从导师教诲的学生。（亚历山大希望让希腊城邦成为自治国家，却不想让其他地区拥有这样的权力。）亚里士多德也同样不是第一个或最后一个对小型的、本地化的民主政府和大型的、中央集权的政府这两者作出孰优孰劣评判的哲学家。类似的讨论即便在今天仍然在继续着。对于帝国的功用、局限和合法性的讨论也都是古代罗马、中国和印度的政治思想的核心，这三个大帝国分别是第6、第7和第8章讨论的重点。

复习题

- 给"帝国"下一个定义，并讨论帝国所具有的主要特征。
- 从本章选择一个帝国，讨论这个帝国在怎样的程度上具有上述特征。
- 举例说明一种文化是怎样通过征服一个已存在的帝国而成为帝国的。举例说明人们是怎样建立起他们自己的帝国的。
- 除了使用军事武力以外，那些成功的帝国采用怎样的政策以建立和保持对他们所征服的人民的统治?

● 帝国的衰落和崩溃的原因是什么?

● 修昔底德写道:"我们对于神祇的看法和我们对于人的认识使我们得出结论,统治我们能够征服的一切是一种普遍的、也是必要的自然法则。"你是否同意此观点? 为什么? 请使用本章的材料来解释并支持你的观点。

推荐阅读

PRINCIPAL SOURCES

Baines, John and Jaromir Malek. *Atlas of Ancient Egypt* (New York: Facts on File Publications, 1980). Two noted experts continue the excellent books in this series with fine text, maps, pictures, time lines, and breadth of coverage.

Green, Peter. *Alexander of Macedon* (Berkeley, CA: University of California Press, 1991). An excellent, thoughtful, up-to-date biography with good historiographical coverage as well.

Green, Peter. *The Greco-Persian Wars* (Berkeley, CA: University of California Press, 1996). A revision of an older classic on the wars.

Hanson, Victor Davis. *The Wars of the Ancient Greeks* (London: Cassell & Co, 1999). A readable volume that incorporates recent scholarship on Greek warfare.

Kagan, Donald. The Peloponnesian War (New York: Viking, 2003). Distills the great scholarship, and increases the readability, of his earlier four-volume work. Based largely on Thucydides, but includes considerable additional scholarship and new perspectives.

Levi, Peter. *Atlas of the Greek World* (New York: Facts on File Publications, 1982). The series continues its excellent, broad coverage with outstanding text, maps, pictures, time lines.

Past Worlds: The (London) Times Atlas of Archaeology (Maplewood, NJ: Hammond, Inc., 1988). Beautifully produced, superbly researched atlas with fine text and excellent pictures as well.

Postgate, J.N. *Early Mesopotamia* (London: Routledge, 1992). Scholarly analysis and clear presentation.

Thucydides. *History of the Peloponnesian War*, trans. Rex Warner (Harmondsworth: Penguin Books, 1972). The definitive primary source, cynically philosophical about political motives, the product of bitter and cynical events.

Wycherley, R.E. *How the Greeks Built Cities* (Garden City, NY: Anchor Books, 1969). Excellent introduction to the urban plans of the Greek cities, with good attention to the significance of the buildings and designs, and to the variety of city-states.

ADDITIONAL SOURCES

Aristotle. *Basic Works*, ed. and trans. Richard McKeon (New York: Random House, 1941). Direct introduction to the work of the philosopher, whose works continued authoritative for at least two thousand years.

Bernal, Martin. *Black Athena: The Afroasiatic Roots of Classical Civilization* (New Brunswick, NJ: Rutgers University Press, 1987). Bernal demonstrates the influence of Egyptian culture on ancient Greece. Because of the title the book became involved in racial debates, but the text does not concentrate on race.

Hamilton, J.R. *Alexander the Great* (London: Hutchison University Library, 1973). A standard biography.

Hammond, Mason. *The City in the Ancient World* (Cambridge, MA: Harvard University Press, 1972). A kind of history of the ancient western world through an analysis of its cities.

Hammond, N.G.L. *The Genius of Alexander the Great* (Chapel Hill, NC: The University of North Carolina Press, 1997). A standard biography.

Herodotus. *The Persian Wars, trans.* George Rawlinson (New York: Modern Library, 1942). Some consider this the first secular book of history. Mixes myth with history in recreating the great clash of civilizations between the Greeks and the Persians.

Homer. *Iliad*, trans. Richmond Lattimore (Chicago, IL: University of Chicago Press, 1951). The story that inspired the ancient Greeks in warfare, and gave us insight into their world.

Homer. *Odyssey*, trans. Robert Fitzgerald (New York: Doubleday & Co., 1961). The great story of the odyssey of Odysseus through one trial after another from the Trojan war back to his home in Greece.

Hornblower, Simon. *The Greek World 479–323* BC

(London: Methuen, 1983). A standard historical survey.

Keuls, Eva C. *The Reign of the Phallus: Sexual Politics in Ancient Athens* (New York: Harper and Row, 1985). Opinionated, belligerent, engaging feminist critique of ancient Athens; evidence based on painting on drinking vessels.

Mumford, Lewis. *The City in History* (New York: Harcourt, Brace and World, 1961). Classic history with a strong argument for small, manageable cities with strong sense of community.

O'Brien, John Maxwell. *Alexander the Great: The Invisible Enemy* (London: Routledge, 1992). Critical biography.

Plato. *The Collected Dialogues of Plato*, ed. Edith Hamilton and Huntington Cairns (New York: Bollingen Foundation [distributed by Pantheon Books], 1961). The complete works of the classic philosopher of ideal types.

Plutarch. *The Lives of the Noble Grecians and Romans*, trans. John Dryden, revised by Arthur Hugh Clough (New York: Modern Library, n.d.). Writing from the height of the Roman Empire, this Greek historian preserves many materials that have otherwise been lost as he assesses the accomplishments of many of the Greek and Roman greats.

Robinson, Eric W., ed. *Ancient Greek Democracy: Readings and Sources* (Malden, MA: Blackwell, 2004). Very useful selection of primary documents on the functioning and limits of ancient Greek democracy.

Saggs, H.W.F. *The Might that Was Assyria* (London: Sidgwick & Jackson, 1984). Fine general survey.

Sophocles. *Oedipus Rex and Oedipus at Colonus*, trans. Robert Fitzgerald in The Oedipus Cycle (San Diego: Harcourt Brace Jovanovich, 1969). Two of the most famous plays from ancient Greece.

Tacitus. *The Annals of Imperial Rome,* trans. Michael Grant (Baltimore, MD: Penguin Books, 1959). Primary source by this government official and historian of Rome, often very critical of the growth of empire.

Tarn, W.W. *Alexander the Great.* 2 Vols. (Cambridge: Cambridge University Press, 1948). Laudatory biography.

罗马与蛮族

帝国的兴衰
公元前 750—公元 500 年

第 **6** 章

主题

● 从山城到帝国
● 蛮族与罗马帝国的衰落

从陆地、从海洋，条条大路都通向罗马，这个持续时间最久、影响最为深远的帝国的首都。罗马位于台伯河畔，离海不远，是整个意大利半岛的交通和贸易中心。罗马人将其周边的海域命名为"地中海"，意即地球的中心，因为就他们所知，这个海洋被三片大陆所环绕：即南欧、北非和西亚。后来，随着罗马的军队征服并统治了一个包含这些地方以及许多更为遥远的领土的帝国，他们开始把地中海称之为"*Mare Nostrum*（"我们的海"）"。

公元 2 世纪，在罗马帝国幅员最为辽阔之时，它统治的人口达到 7 千万至 1 亿之多，他们有着不同的民族、种族、宗教和文化根源。从地理上来说，罗马帝国东西横跨 2 700 多英里，南北相距 2 500 英里，从苏格兰一直延伸到波斯湾。从公元前 27 年到公元 180 年间，在帝国鼎盛时期，罗马实现了"*Pax Romana*"，即"**罗马帝国统治下的和平**"，它在广阔的地区取得了稳定和相对安宁的统治。

从一开始，这个帝国就受到毁誉不一的评价。拉丁诗人维吉尔（Virgil，公元前 70—前 19 年）谱写了规模宏大的颂歌，他把罗马形容为上天赐予的礼物，并且赞扬罗马公民成功完成了他们的使命："记住罗马人 / 以法律的名义统治人民，建立 / 通往和平之路。"维吉尔称颂的是帝国疆域的辽阔，及其道路、城邦、贸易和纪念碑式的建筑。不过最重要的是，他赞颂的是罗马通过法治而取得的和平与繁荣，即"罗马的和平"，这种和平由军队强制执行。

历史学家塔西佗（公元约 56—约 120 年）却对这种对和平与繁荣的赞颂嗤之以鼻："他们把抢劫、屠杀和掠夺称为'帝国'。他们造出了一片沙漠，然后把它称之为'和平'。"在维吉尔之后的一个世纪，塔西佗以一个战败的凯尔特人首领的视角审视罗马帝国，把"罗马的和平"描绘成一种实行残忍的军事征服和毁灭的政策。本章将探讨促成这两种对立观点的历史条件。

从山城到帝国

罗马共和国的建立

根据传说，罗马城建于公元前 753 年，尽管这个说法或许不那么准确，不过大致上是可以接受的。根据这一传说，受罗马人喜爱的战神的两个儿子，即罗穆卢斯和雷穆斯，被一只正处于哺乳期的母狼从台伯河救起并哺育长大，而后他们即在此建立了罗马。（参见附图伊特鲁里亚的母狼雕像（见第 174 页）；两个吸奶的孩子是两千年以

罗马帝国统治下的和平（Pax Romana） 指的是在奥古斯都执政（公元前 27—公元 14 年）到马可·奥勒留执政（Marcus Aurelius，公元 161—180 年）期间，在罗马人的统治和军队控制之下，罗马帝国境内相对来说较为安定的局面。

前页 罗马士兵手持盾牌与达契亚人对峙交战，图拉真记功柱上的雕塑局部，罗马，公元约 113 年。图拉真记功柱原为大理石，此为石膏拓印。罗马人将希腊方阵改编成更易指挥调动但形式紧凑的步兵队列，士兵们手持盾、矛和短剑。胜利纪念碑，如图拉真记功柱等颂扬了战斗中取得的胜利。（罗马文明博物馆）

164　**共和国（republic）** 一个不是由世袭制领袖（君主政体），而是由宪法任命的一人或几人执政的国家。

百夫队（centuries） 罗马军队的最小单位，每个单位约由100名步兵组成，由一名百夫长指挥。60个百夫队组成一个军团，罗马公民的政治组织也以百人团为组织形式。

朱庇特的母狼，公元前约500年。根据传说，战神的双胞胎儿子罗穆卢斯和雷穆斯被一只母狼从台伯河救起并哺育长大，而后即在此建立了罗马。母狼和双胞胎一起被认为是罗马的象征，尽管这座雕像里的小孩是在约2000年后的文艺复兴时期加上去的。（罗马卡比托利诺博物馆）

后加上去的，以象征罗穆卢斯和雷穆斯的传说。）

在长达两个半世纪的时间里，位于罗马以北的邻国伊特鲁里亚（Etruria）的国王一直统治着这个城市。罗马人从伊特鲁里亚人那里学到了很多东西，包括城市的建设、艺术、宗教、神话，甚至还包括语言。随着罗马加入了伊特鲁里亚的地中海贸易网络，商人和手工艺人纷纷移居到这里。伊特鲁里亚国王塞尔维乌斯·图利乌斯（Servius Tullius，公元前578—前534年）对军队进行改革，建立了"百人会议"，即一个由上百人（"百夫队"）组成的参与议事的统治委员会，他们代表着罗马的士兵。这种罗马公民的集会形式加强了罗马军队与政府之间的联系，持续时间长达几个世纪，直到伊特鲁里亚的统治终结。

公元前约509年，富裕而有权势的罗马公民——所有那些服役过的老兵——把伊特鲁里亚国王驱逐了出去。他们宣告罗马成立**共和国**，罗马政府的权力掌握在由公民组成的机构手中，并由公民选举出来的代表所组成。虽然他们推翻了君主政体，但是新的寡头政治执政者——少数的精英统治者群体——保留了许多其他政治机构。他们的军队仍然是权力的中心。因为士兵的武器是由他们自己提供的，只有那些拥有一定财产者才可能发号施令并获得晋升。他们根据所提供武器的质量和费用，分成不同的等级。然后组成被称为"**百夫队**"的军事单位，即以一百人为一个单

位,这和在伊特鲁里亚统治下的军队相仿。然后**百夫队**的头领在集会中选出地方长官并且决定和平与战争等问题。

地方长官、行政和司法官员共同管理着罗马共和国。处于最下一层的**刑事推事**仅拥有一些有限的财政权力。在最高层,**执政官**掌握的权力扩展到罗马统治的所有地区。当地方长官结束他们一年(可延期)的任期后,就自动进入罗马元老院,这是政府最高的立法和协商机构。

在每一层次上并列设置两个官员,那样他们就不得不相互商议,两人都无法拥有过多的权力。比如,在目前的相互制约的新体系里,从前的国王的权力就被分配给了两个执政官。(在特殊的紧急情况下,其中一个执政官可以被授权独裁执政,期限为6个月。)

征服意大利

罗马共和国与位于意大利中西部的邻邦国家结成联盟,并开始向伊特鲁里亚人发起挑战。公元前396年,离罗马城只有12英里的伊特鲁里亚的主要城市维艾(Veii)在被包围6年以后,终于被罗马人占领。入侵者凯尔特人却在公元前390年洗劫了罗马(见第205页),但是挫折是暂时的,罗马的扩张依然在继续。

罗马军队重新进行了整编,在此之前,他们一直是依照希腊的模式(见第154页),以方阵形式作战。位于军队最前列的是较年轻、缺乏经验的小型灵活部队,装备有剑和投掷标枪,替代了原来的矛;他们的后面是受过战争考验的部队;作为王牌部队,英勇善战的老兵被置于最后。如果前面的队伍坚持不住,退到后方,那么向前行进的、又过于自信的敌人就会突然面对一个人数巨大、训练有素的大部队。到公元前264年,罗马军队控制了波河流域以南的整个意大利。

随着罗马的扩张,它常常迫使对手选择要么与其结盟,要么遭受被征服的命运。罗马随后便在整个意大利授予居民各种级别的公民身份,这是为了使其居民支持罗马,并加入他们的军队。

罗马成了一个时刻准备好投入战争的社会。罗马的军队,连同一支为了和地中海的对手作战而创建的新式海军一起,不断地扩大着罗马的统治。接下来的140年里,它的军队几乎一直处于战争状态。其中最为惨烈、最具决定性的战争是和迦太基的三次布匿战争。

征服迦太基和西地中海

越过地中海中部的狭窄部分,是距离意大利仅130英里的迦太基,这时它已经发展成为腓尼基航海家的主要贸易前哨。罗马统治着意大利,而迦太基人则控制着非洲中北部的海岸和地中海西部。他们的贸易网络之一聚焦于西班牙的矿产资源,尤其是银矿。为了保护这条线路,迦太基在西西里和撒丁岛建立了港口和城市。它甚至控制了位于伊特鲁里亚的意大利大陆上的贸易前哨。迦太基和罗马间的冲突在所难免。

刑事推事(quaestor) 古罗马的下级官员。最初每年选出两名,但是随着帝国的扩张,任命的刑事推事也增多。他们大多数是财政官员。

执政官(consuls) 罗马共和国掌有最高民事权力和军事权力的两名长官之一。由元老院提名并由公民在百人议会(民众集会)上选出,每位执政官任期一年并且享有对另一名执政官的否决权。

历史一览表：罗马帝国

年　　代	政 治 事 件	宗 教 和 文 化	社 会 发 展
公元前500年	■ 从伊特鲁里亚独立（前509年）；共和国建立		
公元前450年	■ 高卢人洗劫罗马（前390年）		■ 十二铜表法颁布
公元前350年	■ 罗马扩张到意大利波河以南（前327—前304年）		
公元前300年	■ 第一次布匿战争（前264—前241年）		■ 罗马最早的货币制度（前280—前75年）
公元前250年	■ 第二次布匿战争（前218—前201年） ■ 汉尼拔入侵意大利 ■ 罗马征服阿尔卑斯山南侧的高卢（前202—前191年）	■ 斯多葛学派－芝诺	
公元前200年	■ 罗马吞并西班牙（前197年） ■ 征服马其顿（前167年）	■ 波利比乌斯（前200—前118年）	
公元前150年	■ 第三次布匿战争（前149—前146年） ■ 提比略·格拉古任护民官（前133年） ■ 盖乌斯·格拉古任护民官（前123和前122年） ■ 那旁－高卢成为罗马行省	■ 迦太基灭亡 ■ 科林斯灭亡	■ 罗马帝国统治下的和平使得贸易遍布于整个帝国；修建道路
公元前100年	■ 苏拉征服希腊 ■ 罗马城内战（前83—前82年） ■ 征服叙利亚（前66年） ■ 前三头同盟（前60年）		■ 斯巴达克思奴隶起义（前73—前71年）
公元前50年	■ 内战（前49年） ■ 凯撒独裁者（前47—前44年） ■ 后三头同盟（前43年） ■ 吞并埃及（前30年） ■ 奥古斯都·凯撒（公元14年去世）	■ 西塞罗（前43年去世） ■ 维吉尔（前19年去世） ■ 奥古斯都死后被尊奉为神 ■ 罗马议事广场 ■ 李维（公元17年去世）	

　　罗马和迦太基之间爆发的三次战争被称为布匿战争，这是根据罗马对腓尼基人的称呼 "Punici" 一词而来的。战争于公元前264年在西西里爆发。到公元前241年第一次布匿战争结束时，罗马在海洋和陆地上都取得了胜利。罗马控制了西西里并在岛上开征税收。4年以后，罗马利用迦太基军队在撒丁岛上的内部叛变占领了撒丁岛和科西嘉岛。公元前227年，罗马吞并了这些岛屿。罗马第一次拥有了意大利半岛以外的行省。

　　然而，迦太基重建了军队，尤其是在西班牙。当西班牙城市萨贡托向罗马求助时，罗马人便介入进来，威胁着迦太基的西班牙殖民地。公元前219年，迦太基年仅27岁的杰出统帅汉尼拔（公元前247—前183年）挫败了罗马军队。第二次布匿战争开始，这场战争持续了将近20年。

　　汉尼拔出人意料地采取陆路进攻方式，率领成千上万的部队和37头大象沿着法国的海岸线，越过阿尔卑斯山，行军1 000英里进入波河流域，向罗马进军。在两个月的时间里，汉尼拔侵占了意大利北部的大部分地区，摧毁了派来对付他的部队。但是他无法削弱罗马的军事力量。罗马的大多数盟国忠心耿耿，且罗马也组建了新的军队。罗马夺回了那些先前被汉尼拔占领的城市,包括卡普阿、叙拉古和塔林敦。汉尼拔确实在意大利南部的坎尼歼灭过一支罗马军队,但最终,他在那里还是陷入了孤立无援的境地。在此期间,尤其是在普布利乌斯·科尔内利乌斯·西庇阿将军的率领下,罗马于公元前211—前206年在西班牙取得了胜利。公元前204年,西庇阿入侵了非洲。汉尼拔返回非洲保卫自己的国土,但是西庇阿(后来因取得的胜利而被称作"非洲征服者")在扎马战役(公元前202年)中把他击败。战争就此结束,迦太基成了罗马的属国。

在应对罗马南部城市卡普阿及周围坎帕尼亚地区的叛乱的时候,罗马人显示了一种对待敌人的残忍的暴力政策,后人称之为"新智慧"。罗马首领处决了70名元老院议员,囚禁了300名坎帕尼亚贵族,并把其他人交给拉丁盟国监禁。虽然他们允许常驻的外国人、自由民、小商品贸易商和工匠们继续工作,但他们还是把众多坎帕尼亚公民卖做奴隶。

167

半个世纪以后,罗马又一次以残忍的武力回应了迦太基对自己非洲盟国努米底亚国王马西尼萨的进攻。罗马无视迦太基提出的领土遭受侵犯这一合法声明,与其盟国站在一线,挑起了第三次布匿战争(公元前149—前146年)。监察官老加图召集

历史一览表:罗马帝国(续)			
年 代	政 治	宗教和文化	社 会 发 展
公元25年	■ 基督教传入罗马 ■ 入侵不列颠(43年)		
公元50年	■ 图拉真(98—117年)	■ 塞内加(65年去世) ■ 破坏耶路撒冷的神殿(70年) ■ 维苏威火山爆发湮没庞贝城和赫库兰尼姆城(79年)	■ 犹太人起义(66—73年) ■ 罗马妇女获得新的权利
公元100年	■ 图拉真征服大夏 ■ 哈德良(117—138年)	■ 塔西佗(120年去世) ■ 图拉真记功柱和广场(112—113年) ■ 罗马万神殿 ■ 哈德良长城	
公元150年	■ 马可·奥勒留(161—180年)	■ 阿普列乌斯(170年去世) ■ 盖伦(199年去世)	
公元200年	■ 卡拉卡拉(212—217年) ■ 德西乌斯(249—251年)	■ 卡拉卡拉浴池	■ 所有男性获得罗马公民权
公元250年	■ 加里恩努斯(253—268年)	■ 对基督教徒的迫害	
公元300年	■ 康斯坦丁(306—337年在位)	■ 米兰诏书(313年) ■ 君士坦丁堡建立(330年)	
公元350年		■ 圣奥古斯丁(354—430年) ■ 政府终止对异教的支持(394年)	
公元400年	■ 罗马沦陷(410年)		
公元450年	■ 西罗马帝国灭亡(476年)		
公元550年			■ 查士丁尼编纂罗马法典

罗马元老院商讨彻底毁灭迦太基,后罗马将其夷为平地,幸存者都被卖作奴隶,并把盐散到土地里,以让迦太基永无再度繁荣之日。罗马人把整个迦太基并入其在非洲的行省。罗马成了地中海的主人。

罗马将野蛮动用武力视为对潜在敌人的警告。罗马的将领并不急于取得迅速而辉煌的胜利,而是经过深思熟虑的耐心准备后,一举击溃敌人。如其所愿,罗马军队对敌人的震慑使他们永远不敢再与之对立。

随后的扩张

随着第二次布匿战争的结束,罗马消除了来自迦太基人的威胁,公元前202—前191年,罗马转而征服意大利北部的高卢人,并且吞并了他们的领土。公元前197年,罗马吞并了西班牙,但是由于其在该行省的统治极为残暴,起义频频爆发,直到公元前133年,才最终被平息。随后,罗马将其武力转而投向高卢,即今天的法国。在高卢南部,盟国马塞利亚(马塞)请求罗马帮忙对抗高卢部落,到公元前121年,罗马兼并了这个地区的大部分土地。

北部高卢似乎是由各支高卢部落逐渐分治的,直到赫尔维西亚人和凯尔特人被驱逐出瑞士,他们开始入侵罗马。作为回应,北意大利和南高卢的罗马将领尤里乌

罗马帝国。罗马通过军事扩张建立自己的帝国,它先是在意大利击退了邻国;接着击败迦太基人,跨过地中海;然后把西北方向的国界扩张到高卢和不列颠,北部至多瑙河。罗马向被它征服的民族提供许多好处,但其权力最终还是落入军队之手。

168

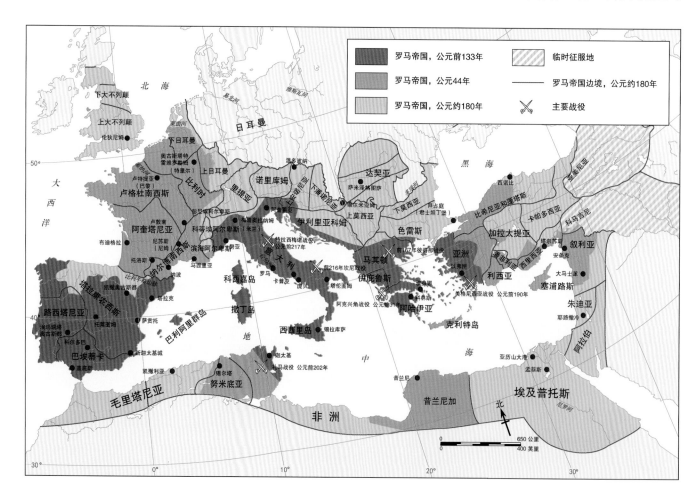

原始资料

遗迹遗物

罗马遗留下了丰富的遗迹和遗物。罗马帝国的许多基础设施——道路、沟渠、体育场、公共浴场、广场、庙宇和凯旋门——还有许多它建造的军营和城市大部分仍保存完好。罗马铸币和雕像随处可见。

公元79年，总人口约为20 000的庞贝城和赫库兰尼姆城被掩埋在了维苏威火山爆发的尘埃和灰烬中。18世纪后期，考古学家发掘出这些将近被遗忘了2000年的遗迹，使人能够以一种全新的视角审视这两座城镇的结构和设施。这些古城就像被保存在密封的时间容器里，向我们展现它们的城市设计、建筑物、家具和日常物品。

庞贝城四周筑墙，共有7扇大门、一个广场、议会所、地方长官办公室、供奉太阳神阿波罗和朱庇特的庙宇、集市建筑、一个家畜交易所、法庭、剧院、会堂、一个为角斗比赛和狩猎而建造的圆形竞技场、三个土耳其式浴场、工场、商店、妓院和住宅。被火热岩浆封闭保存的碳化了的食物表明，当时至少一部分居民吃得不错。墙壁按其高度完全保存了下来，住宅和商铺里的壁画完好如初，惟妙惟肖。至少有一些庞贝城人已经形成了审美意识。在七个妓院里的一些艺术品也显示了他们对情色作品有那么一种兴趣。

在乡间，考古学家还成功地把大庄园重新复原，这是由富人控制的郊区地产，他们把家庭农场作为种植园经营。沿海搜寻找到了在意大利地中海地区沉没的船只，展现了罗马的贸易活动和船舶装载的货物。

考古发掘还揭示了多个民族的历史：哥特人、凯尔特人，以及其他迁徙而来的民族。他们起先居住在帝国边境，后来定居在帝国领土范围内，并最终趁帝国瓦解的时候在那片土地上建立起自己的国家。他们的居住地、坟场、工具和艺术品揭示出关于他们生活情况的重要信息，尽管在向罗马人学习之前，他们还没有自己的书写体系。

有了如此广泛的遗迹遗物来补足丰富的文献记录，学者得以重新构建起罗马帝国的兴衰以及它与相邻民族的关系。相对充足的资料还提供了探究一些新话题的原始资料，这些新话题包括：古罗马奴隶制度的范围、妇女的待遇，以及健康与疾病的模式。

年轻的赫丘利与一条蛇搏斗，壁画，庞贝城韦蒂宅邸

被维苏威火山喷发出的火山灰掩埋的石化的男子遗体，庞贝，公元79年

斯·凯撒（Julius Caesar，公元前100—前44年）率军进入高卢中部和北部。凯撒的《高卢战记》记载了公元前58—前52年间他的征服行动。到公元前49年，凯撒领导的战役全部结束的时候，整个高卢归附罗马。

罗马人是机会主义者，他们只要看到可乘之机，就会强占土地。甚至在征服西部领土的同时，他们还在向东扩张。在东地中海，罗马人遭遇亚历山大大帝高傲的后代马其顿人和希腊人，他们仍然统治着那些被亚历山大大帝征服的、已经希腊化的地区。罗马于公元前200年第一次在希腊国土上发动战争，随后开始了对东地中海地区政治力量的彻底重组。

公元前323年，亚历山大大帝去世后，他的帝国分裂成三个地区性的王国。公元前203—前202年，处于塞琉古王朝统治下的其中两个王国即马其顿和叙利亚联合起来威胁第三个王国，即托勒密家族统治的埃及。相邻的希腊城邦国家鼓励罗马利用这种分裂在该地区建立自己的政治均势。罗马接受建议，警告马其顿不要干涉希腊的事务。马其顿国王菲利普五世（Philip V of Macedon，公元前211—179年在位）无视这一警告，罗马人发动进攻并且击败了马其顿。在取得胜利之后，罗马人宣布东地中海的希腊城邦国家"自由"，给予他们名义上的独立，但事实上是将他们置于罗马的控制下。

罗马以同样的方式警告叙利亚的安条克三世大帝（Antiochus III，公元前223—前187年在位）不要插手欧洲和埃及。当安条克无视该警告时，罗马军队将其击败并把他赶回叙利亚，强迫他支付巨额赔款。

在此后一代人的时间里，罗马于公元前168年干脆利落地打败了菲利普五世的儿子珀尔修斯（Perseus，公元前179—前168年在位），结束了马其顿的君主统治。同年，罗马再次保护埃及不受塞琉古的侵袭，确保自己在东地中海的控制地位。

在这里，罗马也实施了残忍的"新智慧"策略。公元前148年，希腊城邦国家科林斯和它的盟友对罗马的意愿表示蔑视，甚至攻击了罗马的特使，罗马于是把科林斯夷为平地，将所有幸存的居民卖做奴隶，并把其艺术品带回罗马。小亚细亚帕加马的国王意识到罗马的强大，在公元前133年去世后，将自己的领土全部遗赠给罗马。至此，罗马成为整个地中海地区的霸主。

在东部，庞培将军（公元前106—前48年）将叙利亚和小亚细亚的大部并入罗马帝国。公元前63年，庞培占领了犹太首都耶路撒冷，允许一名犹太国王以代理国王的身份执政。在整个东部，格奈乌斯·庞培·马格努斯（大庞培）则选择通过当地统治者实行这种间接统治。这种成熟的政治结构在该地已经存在了好几个世纪。他还建立了40多座城市作为罗马政治势力的中心。

帝国的组织机构

帝国归根到底是通过军事力量来维持的，但是成功的帝国也必须至少从其征服的民族中赢得一定程度的支持。从最早的胜利开始，罗马就经常通过政治、文化、经济和精神思想政策等赢得这样的支持,而最重要的还是通过授予公民权的方式。

政治方面,罗马对被征服的民族施与恩惠,尤其是公民权的恩惠。罗马所有的自由人都自动成为公民;然而,其余的意大利人则不然。公元前381年,离罗马大约15英里,被罗马领土所环绕的小镇塔斯库伦似乎随时准备要反抗罗马。罗马人通过承诺将其合并入罗马并赋予完全公民权的方式拉拢塔斯库伦人。公元前338年,罗马又授予了另外4个拉丁城市完全的公民权;其他地方的人则获得部分公民权,他们没有投票权,但是有财产权、契约权以及与罗马公民结婚的权利。他们也被免除了财产税。罗马公民权也保护了受益者免受肆意的逮捕和暴力。

公元前91年,小玛尔库斯·李维·德鲁苏斯被选为**护民官**,这是古罗马权力最大的官职之一。德鲁苏斯提议将公民权和投票权的范围扩大到所有的意大利盟国,但是罗马元老院驳回了这一提议。德鲁苏斯后来被暗杀,使得意大利人极度受挫,十分愤怒。于是,"同盟者战争"爆发了。然而两年以后,罗马还是向那些依然表示效忠甚至同意放下武器的意大利人授予完全公民权。它授予完全公民权的区域向北一直延伸至波河流域,授予部分公民权的区域向上一直到阿尔卑斯山脉。因此,虽然不情愿,他们仍通过提供公民权来引诱人们效忠罗马。在一些新吞并的土地上,那些通常被罗马赋予权利和义务的贵族们甚至觉得部分公民权也是很有吸引力的。

> **护民官(tribune)**　在古罗马由平民选举出来的政府官员,负责保护平民的生命和财产安全,享有对元老院立法提案的否决权。

保护人与受保护人

在这个共和政体里,罗马人的生活——包括私人生活和公共生活——处处体现出不对称的权力关系。最早出现在罗马且存在了很长时间的社会结构是保护人与受保护人的关系。有权有势者充当着弱者的保护人,而反过来,受保护人对这些有权势者唯命是从,依照要求为他们提供服务。

在平民生活中,保护人通常是贵族,会为他们的受保护人出面并提供法律保护,而受保护人常常是**平民**,他们在国内没有悠久的世袭关系,一般都没有财产。作为交换,受保护人需帮助偿还其保护人被征收的罚款和公共费用,还要在保护人的女儿结婚时,帮助提供嫁妆。受保护人为了体现这种关系,会定期出现在保护人的住所或是办公室,保护人就会在那时候给他一些小礼物。保护人与被保护人的关系超越了主人和奴隶的关系,时常表现出一种温柔热情,尤其是在自由是由主人赠予而非由奴隶自己赎买的情况下。这种关系一般会持续几代人。后来,在罗马所征服的地区,这种强者与弱者之间建立的保护人—受保护人关系成为一大特色。

> **平民(plebeian)**　不属于特权贵族阶级的古罗马公民。在共和国的后期,该词暗示低下的社会等级。

罗马家族　保护人—受保护人关系也是家族结构的标志。一个家族的父亲即**家长**,在他有生之年,掌有自己孩子的生死权。事实上,大多数父亲都不是暴君,在行使自己在孩子选择职业和配偶方面的权力,控制他们的经济财产权的时候,他们通常会尽量考虑儿女的需求和愿望。不过,按照法律规定,父亲有合法的权力行使自己的意愿:即使在婚后,女儿的经济生活仍然受制于父亲,因为这些权利并不转给她们的丈夫。在"家长权(patria potestas)"的相关法律中记载有这些权利,即作为一家之主的

> **家长(paterfamilias)**　在罗马法中,指一个家庭或家族的头领——通常为男性——他是唯一享有全部法律权利的成员。家长对家族拥有绝对的控制权,包括所有成员的生死权。

171

我们是怎样知道的?

当代史学家点评罗马史

共和国后期,史学家开始有意识地编写罗马史。他们的记载常常充斥着矛盾,一方面,对帝国的征服和取得的成就充满自豪;另一方面,对摒弃早期共和国的理念持怀疑甚至敌视的态度;这两种情绪交织在一起。最著名的早期史学家波里比阿(Polybius,公元前约200—前118年)是被作为政治俘虏带到罗马的希腊人。他对当时的重大事件,即罗马通过战胜迦太基、马其顿和西班牙,征服一个帝国惊叹不已:

绝没有人像他那样不屑一顾而又无动于衷地表达自己的观点,即自己无意探寻罗马人以何种方式,何种政治体系,在不到三年的时间里成功统治了几乎整个世界——这一人类历史上空前绝后的伟大成就。(The Histories 1:1;第443页,引自Finley)

李维(Livy,公元前59—公元17年)称颂罗马帝国扩张的荣耀,却诋毁随之产生的罗马贵族及其平民之间的阶级冲突,这一阶级冲突粉碎了罗马政府自我管理的、经选举产生的共和国形式。

塔西佗(Tacitus,公元约56—公元约120年)继续述说了罗马帝国达到鼎盛时期的故事。他称赞罗马征服者的英雄主义精神,但是也表达了被征服民族遭受的疾苦和愤怒。在《阿古利可拉传》一书中,塔西佗认为凯尔特的首领卡尔加克斯(Calgacus)对当时的帝国主义持强烈的批判态度。在塔西佗的叙述中,卡尔加克斯这样谴责:

罗马人,任何屈服都没法逃脱他们的暴政。这些强盗贪得无厌地掠夺土地,然后再洗劫海域。对富足的敌人,他们垂涎财富;对贫穷的敌人,他们垂涎权力。不管是东罗马还是西罗马都没能满足他们的贪欲。在迄今为止的人类历史上,他们独一无二,因为他们对穷人和富人持有同样的觊觎。他们称抢劫、屠杀和掠夺为"帝国"。他们打造了一片荒漠,称之为"和平"。(1:129,引自Andrea和Overfield)

随着罗马开始走向衰落,主流史学家提出了更多的批判观点。在狄奥·卡西乌斯(Dio Cassius,公元约150—235年)的追忆中,奥古斯都执政时期即是罗马帝国的黄金时期,同时他哀悼了罗马帝国"从原来遍地黄金的君主国"衰退到后来的一个"锈迹斑斑"的国家。像塔西佗一样,他提及征战勇士的挫败和愤怒,并表示了同情,比如,公元61年领导军队反抗罗马的凯尔特人勇士女王布迪卡(Boudicca):

我们遭到轻视并被人踩在脚底下践踏,他们除了抢夺财产对其他则一无所知。(Lewis和Reinhold,II:334)

其他史学家从帝国的边缘地区而不是从帝国的中心来描述帝国,他们也经常对帝国对其从属国的影响抱有批判态度。犹太史学家——如亚历山大的斐洛(Philo of Alexandria,公元前约13—公元约45年)和约瑟夫斯(Josephus,约公元37—100年)和基督教神学家——如德尔图良(Tertullian,约公元155—约225年)和圣·奥古斯汀(公元354—430年),他俩都是北非柏柏尔人主教,认为罗马帝国不是关注的中心,而是不可避免的现实存在。这些史学家、哲学家和神学家在自己的教学、著述和行动中都不得不顾及罗马权势的影响。他们通常会从其所处的边缘地位来劝说罗马政府采取现实的调整适应态度。

除了这些正史,罗马帝国的领袖还留下了反映帝国时代的重要文献。伟大的雄辩家和政治家西塞罗(Cicero,公元前106—前43年)留下了很多信件、57篇公共演讲稿以及众多政治事件的书面材料。尤里乌斯·凯撒在对高卢战争的记载中描述了他的军事组织和战略,其军队拥有的罗马人的英勇顽强,以及他所征服的土地和人民。这是迄今犹存的唯一一部由参战者编写的罗马战争史。实际上,凯撒编写的是一篇宣传文,为他后来确定自己在罗马的权力铺平了道路。

他的记载中充斥着关于残杀的描述。例如,他写道,公元前58年,军队屠杀了226 000名赫尔维西亚人,只有约110 000人幸存。同年,他称自己把近120 000人组成的日耳曼军队全部歼灭,第二年,一支60 000人的贝尔盖人军队几乎全被杀害。他强占了法国北部的那慕尔周遭地区,并将53 000居民卖为奴隶。公元前56年,他屠杀了两支日耳曼民族,杀害近460 000人,其中包括妇女和儿童。高卢9年战争结束时,凯撒称杀死敌人的总数为1 192 000人,另俘获100万人。

- 哪位罗马作者和史学家将罗马帝国的扩张视为罗马人民的不幸?原因是什么?你同意吗?为什么?
- 列举那些著有作品反映罗马帝国的犹太人和基督教徒。他们提出了哪些有助于理解罗马帝国的观点?
- 如果你加入研究罗马遗址的考古学家队伍中,你会选择发掘哪个地点?为什么?

权利。

根据罗马人的风俗和习惯,妇女的地位是从属于男子的。法律规定,一个女性在其父亲在世期间受他的控制。在父亲死后,就要遵从自己的丈夫,或是在所有的法律事务或商业交易中听从合法监护人的意见。然而,实际操作要灵活自由得多。如果这个女性已经成人,一般她和自己的兄弟一样,在父亲去世以后就能够获得独立。至少早在公元前5世纪,《十二铜表法》就提到,妇女每年可以通过接连三天离开丈夫的家来限制他的合法权利。

新娘和新郎的婚礼由其家族安排。做母亲被视为女人一生中最重要的大事。自由人出身的女性在生育三个孩子以后就可被豁免监护人的监督,生育四个孩子以后妇女就可成为完全自由身。

人们尊重那些恪守妇道,并且或多或少心甘情愿地遵从结婚、生子、专心家务这一准则的妇女。理想的女性形象是忠诚、忠贞的"一夫制"(univira),即"只有一个男人的女人。"女人要是被抓到通奸,就会被赶出家门,也有可能被处死;男人被抓到通奸则不会受罚。女人被发现喝酒也会受罚;男人则不会。当然,这些行为准则只有对贵族阶层才完全适用。底层的自由妇女要离家工作,奴隶几乎很少能控制把握自己的生命。随处可见的妓院卖淫进一步表明了罗马的理想妇女形象可适用的范围是有限的。

阶级与阶级冲突　尽管有着保护人—受保护人的关系构架,阶级冲突仍是罗马历史上的一个主旋律。早期共和国的政府体系仅仅包括了总人口的7%到10%,他们是有钱者、有权者和一些与罗马有世袭关系的人。这些人是贵族(源自拉丁语"Pater",意为"父亲")。绝大多数人,如平民,与国家并没有长久的世袭关系,而且通常又没有财产,他们不能在军队里担任军官,因而也就和奴隶、妇女一样,被排除在政府机构之外。

贵族和平民这两个阶级在伊特鲁里亚统治时期愈加趋于两极分化。贵族禁止与平民通婚,并且垄断了地方行政长官、元老院议员,甚至是国家的宗教官员的职位。其结果就是平民寻求伊特鲁里亚国王作为他们的庇护者。公元前约509年君主政体的衰落也使得平民的地位进一步降低。

不同等级之间的斗争　贵族与平民的第一次冲突发生在共和国的初期,从公元前494年到440年持续了半个多世纪。平民依靠的是他们的最基本的力量:他们的身体和人数。他们是罗马的步兵,他们会不时撤退到阿文丁山里使罗

尼普顿和安菲特里忒的马赛克镶嵌画(局部),赫库兰尼姆,公元79年之前。在古罗马,艺术有时似乎与有关性别的法律条文相抵触。负责制作海神尼普顿及其妻子安菲特里忒马赛克画的艺术家赋予该夫妇明显的平等权。

马城面临威胁,以此抵制贵族。公元前451年,为解决这一冲突,一个由十名贵族组成的委员会将罗马现有的管理准则编制成《十二铜表法》。

贵族对他们的这项法律成就和表面看似慷慨公允的规定很满意,但是当平民们意识到法典加诸他们的强制力时,他们惊恐万分。比如,债务人在度过30天的体面日子后,就会遭逮捕,被诉诸法律,用镣铐、足枷和手枷锁起来,60天以后,他们就会被卖为奴隶或处死。打伤或者弄断一个自由民骨头的赔偿是同样弄伤一个奴隶的两倍。到他人地里放牧或者晚上偷偷到别人田里收割庄稼的处罚是绞刑。对自由民偷盗行为的惩罚是鞭打,并作出某种形式的偿还;奴隶偷盗则要遭鞭打,还要把他从罗马的卡比托利山的塔迫岩上推下处死。另一方面,保护人欺骗受保护人要受处决,后则减刑为流放和没收财产(Lewis 和 Reinhold, I:第109—113页)。

贵族迫于压力,逐渐让出了部分权力,公元前360年,首位平民执政官上任。虽然负债不还在整个罗马史上一直是一大问题,但是一系列减轻债务的法律还是给了平民不少帮助。

帝国的扩张加剧了罗马境内的阶级冲突。征战带来的利益大多都落到了富人的手里,而供给军队的自耕农往往因为战争而破产。在军队服役数年后回家,他们会发现其不在时,妻子和孩子早就无法维持家里的农场,甚至可能把土地卖给了大农场(称为latifundia,即大庄园)主,穷困潦倒地去了城里。

城市的华丽与肮脏 首都的阶级划分最为醒目。罗马城自身的发展似乎毫无计划性与限制性。随着罗马开始统治意大利,后来是整个地中海,罗马城内的人口成倍增加,大约到公元1世纪时,人口已将近100万。

一些新到这里的人有钱有势,他们在先前的伊特鲁里亚建筑样式上增添了希腊风格建筑和城市设计的新样板,把城市装点一新。他们用混凝土和精心打磨的石头代替原来的木头、泥土和当地的火山岩。奥古斯都自己吹嘘说,他之前的罗马是用砖块堆砌的,而他之后留下的则是一座用大理石垒起的城市。一位当代城市历史学家将富裕贵族的私人住宅形容成舒适宜居的典范:

> 贵族的房间宽敞、通风、干净,配备浴室和盥洗室。冬天靠火炕供暖,通过地板间的隔层传送热气,这可能是20世纪前为了让室内温度适宜所设计建造的房间中最宽敞、舒服的;这是室内建筑的成功典范。(Mumford,第220页)

穷人也涌入城里,他们来自破产的家庭农场。对他们来说,罗马就是一场梦魇。贫富的对比是令人震惊的。

> 这些楼房不仅无取暖设施,没有排污水沟和厕所,没办法煮饭;而且有着数目过多而又空气不流通的房间,拥挤不堪:所有的设施都破旧得没办法像样地维持日常生活,房子还造得又破又高,时常发生火灾但又没有安全的出口。即使

房客逃离了伤寒、斑疹、火灾，他们还是很容易在整幢建筑倒塌时死在里面。这样的事故简直太频繁了……

　　城市的主要人口来自被征服的世界各地。他们居住的街区狭窄拥挤、喧闹混乱、密不通风、臭气熏天，疾病滋生，他们向无慈悲心的房东支付令人瞠目的房租，侮辱和恐吓成为家常便饭，他们变得粗俗、残忍，反过来作为补偿，他们会找机会宣泄。（第220—221页）

卡诺普，哈德良的别墅，蒂沃利，约公元135年。罗马富裕强势的精英阶层拥有的私人奢侈品令普通的罗马人难以想象。哈德良皇帝的别墅由多幢建筑、花园和湖泊组成——图中显示的是一条著名的埃及运河——它位于蒂沃利的一座山腰上。整个设计旨在为乡村风光带来更为愉悦雅致的城市生活。

改革的尝试　试图为罗马的贫困公民寻求公正平等的领袖典范是致力于改革的格拉古兄弟，即提比略·森普罗尼乌斯·格拉古（Tiberius Sempronius Gracchus，公元前163—前133年）和盖约·森普罗尼乌斯·格拉古（Gaius Sempronius Gracchus，公元前153—前121年）。公元前133年，在担任护民官的时候，提比略建立了专门的办公处来保护平民的利益，提比略提议将一些公共地分配给穷人，特别是穷困的士兵。因害怕格拉古试图为自己获取过多的政治权力，一部分元老院议员反对这项慷慨的提议，他们在自己的被保护人的支持下，把提比略和他的300名支持者用棍棒打死。这是罗马在近400年的时间里第一次因为一个公共政策问题而引起的政治谋杀。尽管发生了这一谋杀案，但公共土地确实由此而得以重新分配。

　　公元前123年，盖约·森普罗尼乌斯·格拉古被选为护民官。他扩展了兄长重新分配土地的计划，在布匿战争征服的地区（包括迦太基），为罗马的部分穷人建立新的殖民地以供他们定居。他还提出向罗马的穷人实行补贴谷物出售，后来扩大到发放免费救济面包。盖约主张，所有其他社区群体中的拉丁人以及地方市政官员都应被授予公民权。

175

　　然而,他未对非意大利人的问题予以同样的关注,他通过立法授权罗马骑士担任"收税员"或者包税人的职位以剥削行省。包税人与国家达成协议,从他们的地区移交出固定数目的税收,同时保留为他们自己留有结余而尽可能多收税的权利。国家通过税款包收,不经过监控就能收到税款;这让税款包收人变得很富裕,而将那些被征税的人置于得不到任何保护的境地。盖约将在亚洲的税务征收权进行拍卖。这就使得那些上层分子获利,同时帮助他自己保住了这部分人的忠心,同时使得罗马在亚洲地区行省的居民一贫如洗。许多元老院议员对盖约·森普罗尼乌斯·格拉古的敌意与日俱增,公元前121年,他和他的同僚护民官弗拉克斯(Flaccus)也被暗杀。大约3 000多名他的支持者也遭处决。

　　格拉古兄弟的改革似乎受到了阻碍,但事实上,他们为导致一个世纪以后罗马共和国的灭亡奠定了基础。他们挑战元老院的权威,将穷人、退伍军人的问题曝光天下;而他们的仇敌为了阻止改革和实施公共政策,却不惜动用暴力、谋杀和暗杀作为手段。尤里乌斯·凯撒和奥古斯都·凯撒这两位将共和国最终推向军事独裁帝国的主谋,吸取了格拉古兄弟的教训,通过求得下层阶级的支持,继续利用罗马的阶级差别。他们促成了皇帝与城市穷人之间的一种联盟。

　　"面包和竞技场"　应付阶级冲突的新方法应运而生,这就是"面包和竞技场"。罗马用免费发放的救济面包来收买穷人,其中许多都是原来参加征服战争的军队老兵。每天大约有200 000人得到救济。这样的施舍让他们在公众的宗教节日、赛跑、剧院和极其残酷的角斗赛上消磨时光,上万人目睹着人和人、人和兽被放入竞技场内角斗的壮观场面。罗马的公共竞技场包括了罗马最大的跑道和运动场,能容纳罗马人约一半的成年人口。在角斗赛那天,多达5 000多只动物,包括大象和水牛,被屠杀。单单一天之内就会有几百人被杀。这种血腥场面和免费食物的供应使得城市的无业游民服帖顺从。

　　后来的皇帝继续使用这种政策来安抚平民,但事实上并没有解决平民的失业和丧失尊严的问题。直到最终瓦解之时,罗马帝国都一直受到动荡和起义造反的威胁,后来基督教在罗马普及的原因之一就是它传达着对穷人和被践踏者的同情和救赎。

奴隶和奴隶起义

　　随着富裕的罗马人聚敛了大片土地,以及罗马军队掠夺了颇有价值的地下矿产资源,他们需要从事耕种和开采的劳动力。于是,他们逐步转向获取奴隶。罗马通过军事征服、强行截取和突袭异国地区等手段俘获了可能多达数百万的奴隶。如在马其顿(公元前197年)和伊利里亚(公元前177年)的短期战争期间,就俘获了数千的奴隶;而在对条顿人和辛布里人(公元前102—前101年)的持续时间更长的战争里,俘获的奴隶多达数十万人。奥古斯都·凯撒在高卢的九年里可能抓获了将近50万奴隶。罗马农业劳动力人口的约四分之一都是由奴隶充当的。

　　"我们拥有的每一个奴隶都是我们藏匿的敌人,"这是奥古斯都·凯撒时期一句很具讽刺意味的谚语（Lewis and Reinhold, I: 245）。这位帝王在他的墓志铭上声称，在成功对抗海盗的战役中，"我把将近30 000个拿起武器对抗国家的逃亡奴隶转交给他们的主人受罚"（Lewis and Reinhold, I: 569）。三次大规模的奴隶起义变成了战争。在西西里的奴隶战争（公元前134—前131年）期间，70 000名奴隶诉诸武力反抗。公元前104—前100年，第二次起义在西西里爆发，当时日耳曼部落似乎准备入侵意大利并使帝国的部队一直留在北部。最后，斯巴达克思率领角斗士们于公元前73—前71年举行起义，后遭罗马人镇压。大约100 000名奴隶在战斗中被杀，6 000名被俘获的奴隶被钉死在通往罗马路边的十字架上。

在罗马帝国的几个世纪里，奴隶制度一直是一种巨大的威胁。阿拉里克（Alaric）在公元410年率领一支哥特部队将罗马包围，"一天又一天，罗马城里几乎所有的奴隶都涌了出来，加入到这支由蛮族人组成的队伍中，其总人数有4万左右"（Zosimus, *New History,* 引自Lewis和Reinhold, II: 第626页）。

军事力量

从一开始，罗马就是一个军事国家。根据一则传说，它的建立者双胞胎兄弟罗穆卢斯和雷穆斯是战神的儿子。维吉尔的《埃涅阿斯纪》里记载着另一则传说，说他们母亲这一裔来自埃涅阿斯（一名来自陷落的特洛伊城的忠实、虔诚的战争英雄）。

罗马军队是罗马社会生活的重心，在组织和技术方面都很杰出。必要时，罗马军队会采取创新的改革措施。虽然开始时，罗马人在军队的部署方面照搬希腊的重装步兵方阵（见第5章），后来他们的军队结构改组为规模较小的、更为灵活的机动部队，从较缺乏经验的士兵到最有经验的士兵依次排列成作战队列，这样敌人就不得不遭遇一排又一排的、更英勇善战的士兵。面对入侵的哥特人，他们动用了新的机动骑兵部队，使传统的规模为3 000至6 000人的步兵团变得更为灵活。

虽然以前从未拥有过海军，但是罗马却建立了这样一支队伍并征服了当时海上最强大的国家迦太基。罗马人通过对从迦太基俘获的一艘舰船进行仿制，学会了建造精

图拉真记功柱，罗马，立于公元113年。罗马人建造高大的纪念圆柱来颂扬罗马拥有的权力和军事力量。图拉真记功柱的表面被一圈连续的雕刻图所覆盖，描绘了图拉真皇帝在多瑙河一线战胜蛮族的故事。

177

图拉真拱门，贝内文托，公元114—117年。凯旋门是罗马人用来颂扬统治者及其帝国权力的另一种特别方式。图拉真建造的拱门矗立在通往东海岸的港口布林迪西的道路与罗马战略交通网络的首条要道阿庇安古道的分叉口。

密复杂的战舰。面对东方围墙高筑的城镇，罗马人发明了前所未有的器械来攻打城墙，将火力弹发射到墙上，然后将城墙摧毁。罗马人采取聚集强大兵力的做法以及通过围攻作战以使时机对他们有利的做法，使得他们以最小的伤亡代价获得了许许多多的胜利。

要成为自由人就意味着要去军队服役。在意大利境内，被占领的城邦必须为军队提供人员，而不是黄金和税赋。在尤里乌斯·凯撒统治时期，每个意大利男子平均要在军队服役7年。奥古斯都大帝统治下的士兵变得更加职业化：征募入伍的男子年龄在16—25岁之间，并且定期支付军饷。在意大利境外的被征服的民族也向罗马军队提供兵员。那些入侵帝国的蛮族常常会被鼓励留在罗马的土地上并应征加入罗马的军队。结果是帝国螺旋式地向外扩张。随着罗马的扩张，其军事力量也得到了扩充；随后便开始进一步的扩张，部分原因是通过掠夺财富以支付军队的巨大开支；这样的扩张，反过来，又一次扩充了帝国的军队。

战场上，士兵们构筑好了自己的支援体系：包括军事营地、政府驻地的城镇、沿着边境的一系列要塞瞭望塔、道路，还有沟渠等。罗马的工程技艺震惊了当时的世界，而且到今天仍然令我们惊讶不已。许多后来的城镇和城市都是从拥有围墙的军事营地发展起来的，这是罗马最突出的贡献之一。这些城市的前哨将罗马的军队和行政管理统治建立在偏僻的乡村地区的中部。在奥古斯都统治时期，这些节点由50 000英里长的一级公路和200 000英里长的次级公路所连接。这些道路为商业和通讯提供了便利，但是当初建造这些公路的基本目的是使得军队能在整个帝国内迅速转移调动。

政坛上的将军

在这个军事帝国中，将军握有大权。开始时，罗马的军事领袖还受到贵族元老院和罗马公民大会的约束。后来，将军们开始发号施令。盖尤斯·马略将军于公元前107年通过竞选成为执政官。他打破了通常只征募拥有财产者进入军队的惯例，接纳士兵为其提供生活保障使他们心存感激。从公元前107至前100年间，他六次担任执政官，其间，马略重建军队以提高他们的效率。他拿出了一大片土地，分配给从北非、高卢、西西里、希腊和马其顿战场上归来的退伍军人，这一举措暂时解决了罗马的最大问题之一：如何安置长期驻外归来的士兵。军队现在依靠的是马略提供的福利而不是国家。

将军们为了争夺权力开始互相竞争。在最高层，卢西乌斯·苏拉和盖尤斯·马略将军的争斗加速了罗马内战的降临。为了对抗本都国王米特里拉达梯六世（Mithridates，公元前120—前63年在位），元老院命令苏拉指挥战斗。但是，马略将权力转移到了自己的手中。作为回应，苏拉号召效忠于他的士兵入侵罗马，由此而发动了第一次内战（公元前83—前82年）。他宣布马略是逃犯，带领自己的军队在希腊击败了米特里拉达梯。同时，马略与另外一名将军卢西乌斯·科尔内留斯·辛纳联手攻占罗马并将苏拉驱逐了出去。苏拉率领自己的军队打回意大利和罗马，宣布自己为独裁者，在位两年时间，然后退位。

20年后，公元前60年，两位大将军尤里乌斯·凯撒和庞培，以及由一名富有的生意人转变为军队指挥官的马库斯·李锡尼·克拉苏，结成**三头同盟**，一种由三人统治的联盟。三人之间竞争不已，直到凯撒战胜其余两人。凯撒从公元前47年到前44年执行独裁统治，直到后来对手们觉得他篡夺了过多的权力，动手将其暗杀。

大约公元前100年，凯撒出生于罗马的一个贵族家庭。凯撒年轻时，曾在军事独裁者苏拉旗下，当时苏拉要求他和他的妻子科妮莉亚，即辛纳的女儿离婚，因为辛纳是苏拉最大的对手之一。凯撒表示拒绝。传记作者们不能确定这是由于凯撒对科妮莉亚的爱还是强烈的个人自尊心；从长远看来，估计是因为与辛纳党派的联盟对自

三头同盟（triumvirate） 尤里乌斯·凯撒、庞培和克拉苏之间于公元前60年结成的非正式联盟。公元前44年凯撒被暗杀之后，由他的继承人屋大维（即后来的奥古斯都）、马克·安东尼以及马尔库斯·雷必达构成的后三头同盟被指定负责维持公共秩序。

178

179

执政官(praetor) 在古罗马,这一名称最初用于指作为罗马军队首领的执政官。公元前366年,又另外推选出一名执政官专门负责罗马的司法管理,并拥有军事指挥的权力。执政官后被指派负责管理越来越多的行省。

普里马角(Prima Porta)的奥古斯都,公元1世纪初。奥古斯都将罗马转变为自己统治之下的君主政体帝国,这使得对在将军统领之下的内战感到厌倦的罗马议员感激不尽。(罗马梵蒂冈博物馆)

己有利。无论如何,凯撒的拒绝在这个贵族婚姻——以及离婚——通常为了政治目的而缔结的世界里是不寻常的。(例如,凯撒后来将自己17岁的女儿嫁给了47岁的庞培。)没有其他人,甚至是庞培,会抗拒苏拉的命令。这和凯撒自己的性格也是不相符的,他已经开始因为婚姻的不忠,包括一些有关他的同性恋行为的谣言而变得越来越出名。(格兰特,《尤里乌斯·凯撒》,第23—24、33—39页)。

为了摆脱苏拉的控制,凯撒背井离乡逃到希腊的小岛上钻研哲学和讲演术,直到他被赦免,回到罗马。公元前65年,他被选为地方官,负责主持公共狩猎。他把自己的钱、公共的和借来的资金全部投入到分派的任务中,由此赢得了广泛的称赞。当他于公元前63年被选为罗马帝国大祭司后,他的名声更大了,这个职位相比其宗教意义而言,具有更高的声望和更大的任免权。凯撒的政治力量正在达到顶峰,公元前60年,他被选为地方长官,翌年又被选为**执政官**——这是罗马最高的职位。这个曾经让自己的同僚执政官都遭受袭击殴打的军人,有时候会动用武力胁迫元老院。

在罗马,军事力量至高无上。公元前58年,凯撒率领自己的军队完成了统治高卢(现在的法国)的使命并且保护其不受外敌入侵。这一行动也让他在执政官任期结束之时逃离罗马,免受因在位期间暴力行为所要遭受的法律起诉。凯撒的《高卢战记》讲述了他在九年里将整个高卢收归罗马的各个军事战役。凯撒还曾经跨越莱茵河,以此表明只要愿意,罗马是有能力侵占日耳曼领土的。他还两次侵略英国,虽然为时不长。凯撒是罗马最成功的将军,也是最优秀的演说家之一。

克拉苏寻求将罗马帝国向东部扩张,在土耳其作战时被杀,三头同盟由此瓦解。庞培将凯撒视为自己的直接对手,随之罗马卷入内战。庞培屡战屡败,最终在埃及寻求避难时被杀害。凯撒由此独揽罗马统治大权,但是时间很短。元老院的议员们对于他非凡的才能既嫉妒又恐惧,公元前44年3月15日,他们在布鲁图和卡修斯的带领下将凯撒刺死。

在凯撒作为独裁者的三年里,他修改了罗马历法,而他修订的儒略历此后沿用了整整1500年;他重组了罗马的市政府;将公民权推广至许多被征服的行省的百姓;他继续推行提供免费面包和竞技场的政策;还将公共职务任命给许多自己的对立者,以试图取得和解。他解决了罗马公民最棘手的问题之一,即内战期间所累积欠下的债务。他强迫债权人以战前的价格接受土地和财产的偿还,并且取消所有自战争开始以来应付的利息。凯撒挑选自己的姐姐朱丽叶的孙子盖乌斯·屋大维(Gaius Octavius,公元前63—公元14年),后来被称为屋大维,作为自己的继承人。凯撒被暗杀后,这个养子杀死了300名元老院议员和2 000名骑士为他报仇;他战胜了雷必达和马克·安东尼这两位曾经在后三头同盟时共事过的对手;成了罗马帝国将近半个世纪的时间里未受争议的统治者。

为了防止内战,屋大维于公元前40年,将自己的妹妹屋大维亚作为外交和政治工具,嫁给了自己的对手安东尼(Antony,公元前83—前30年)。公元前36年,虽然已经娶了屋大维亚,但安东尼又公开迎娶魅力迷人的埃及女王克利奥帕特拉(Cleopatra,公元前51—前30年在位),并把自己的都城建在东方最富饶的国家埃及。因与克利奥帕特拉共同执政,安东尼背弃了罗马帝国的政策。最终,他抛弃了屋大维亚,和她离婚,这使得屋大维蒙羞,更在政治上激怒了他。两人间的战争变得格外惨烈。最终,屋大维在决定性的亚克兴角海战(公元前31年)中战胜了安东尼和克利奥帕特拉,正式吞并埃及,并夺取埃及的宝藏归为己有。屋大维现在拥有的财富比罗马整个国家还多。

到公元前30年时,经过连续14年的内战,屋大维已经成为重新统一的罗马帝国的主人。充满感激的元老院厌倦了似乎永无休止的内战,把荣誉都归到了他头上,包括在公元前27年授予他"奥古斯都"的头衔,意思是"神圣者"或"至尊者"。他的伟大业绩使其在死后被罗马人尊奉为神。

奥古斯都以各种名义统治罗马长达56年,直到他于公元14年去世。他的征战稳

原始资料

奥古斯都·凯撒的墓志铭和遗产

关于奥古斯都一生的原始资料极其有限,并且关于他的所有传记几乎都已失传。因此,《奥古斯都神的功业》(Res Gestae Divi Augusti)成为至关重要的文本。这篇文章是奥古斯都在临终之前为罗马人撰写的,镌刻于帝国全境多家神庙,该文本记录了帝王希望以何种方式被后人铭记的自我陈述。文本的35个段落分为三部分:授予他的官衔与荣誉;为公共事业所作的个人捐赠;以及在战争与和平时期取得的成就:

1. 19岁时,我独自发动,而且依靠自己的资金,组建了一支军队,通过它解放了共和国……人们推选我为执政官以及联邦的三巨头之一……

2. 我在整个世界范围内发动了很多海上的和陆上的战争……取得胜利时,我赦免了所有祈求饶恕者……大约500 000罗马公民在军事上效忠于我。

15. 根据父亲尤里乌斯·凯撒的遗嘱,给每个罗马平民发放300塞斯特斯;在我第五次担任执政官职位(公元前29年)时,以我个人的名义从战利品中给予每人400塞斯特斯,人数从未少于250 000……在担任护民官的第十八年以及第十二次担任执政官期间(公元前29年),我给驻扎在殖民地的每个士兵发放1 000塞斯特斯的战利品……约120 000人受益……在第十三次担任执政官期间(公元前2年),我给予当时接受公共粮食的平民每人60迪纳厄斯……人数多于200 000。

19. 我建造了元老院以及……阿波罗神庙……

22. 我以自己的名义举办了三次角斗士表演,以我儿子和孙子的名义举办了五次;这些表演中约有10 000人参加角斗……我向人们提供了26次在马戏团、罗马广场以及圆形剧场中观看非洲野生动物狩猎表演的机会……

23. 我把近30 000名逃离自己主人并用武力对抗国家的奴隶交给他们的主人接受惩罚。

28. 我在阿非利加、西西里、马其顿,在西班牙行省,在亚该亚行省、亚细亚、叙利亚、纳博讷高卢以及皮西迪亚建立了军事殖民地。另外,我还在意大利建立了28个殖民地,它们在我有生之年变得强大繁荣……

31. 我多次接待由印度派来的皇家大使,这在以前的罗马将领中从未出现过。

(Lewis 和 Reinhold, I: 第561—572页)

固了帝国的边境,同时确保了整个地中海地区的和平稳定,并为贸易、商业和经济的增长铺平了道路。他重新构建的帝国行政管理结构持续了将近两个世纪。他开创的公共事业美化了罗马,为劳动者提供了工作保障。他安抚了罗马民众并使得贵族归顺。他出资扶持艺术和文学发展,使其达到了一个全盛的"黄金时代"。他在整个帝国的范围内建造了许多新的道路和城市。

对于宗教和家庭生活,奥古斯都制定了保守的政策。城市生活的发展,尤其是在公元前1世纪的罗马,为一些上层阶级的妇女提供了获得教育,甚至是参与公共生活的新机会,虽然这一切往往是悄悄进行的。新的婚姻法让她们能和自己的丈夫一样平等地生活,还给了她们离婚和不必征得法定监护人同意而自主行动的权利。她们可以以自己的名义拥有和控制财富。虽然女性无法获得职业或者进入政府机关,但是也有几名妇女对他们的丈夫、兄弟和儿子产生了重大影响。

奥古斯都试图重建早期的家庭秩序。他把通奸作为一种犯罪行为,以流放、没收财产甚至是处决作为惩罚。事实上,奥古斯都把自己唯一的孩子、女儿茱莉亚流放,因为这个聪明、迷人的女人一再冒出的、传遍市井的风流韵事触怒了他。奥古斯都鼓励结婚生子,惩罚单身生活。这些法律受到普遍的反对和违抗,但是它们展现了奥古斯都头脑里一个秩序井然的家庭与一个秩序井然的帝国之间的联系,这种联系在历史的长河中,不断再现于许多帝国的官方政策之中。(可参见第7和第8章的中国与印度,第16章的英国,第17章的日本和第18章的德国。)此外,尽管罗马的上层阶级对宗教普遍持怀疑和漠不关心的态度,但是奥古斯都重建了庙宇,鼓励敬拜先祖神明,并将其作为国家道德的基础。

共和国的终结

在奥古斯都的统治下,罗马成为一个由单一军事指挥官,即统帅(imperator,emperor一词即由此转变而来)及其军队统治的君主政体帝国,领土、政治和经济大权都由统帅一人把持。将军们多年来一直想得到这种集中的权力。现在,元老院充满感激,心甘情愿地将它转交给了奥古斯都。奥古斯都拒绝了君主的头衔,他喜欢被称作元首princeps,或首席公民。这种谦卑的姿态蒙骗不了谁。在他的统治下,虽然元老院、执政官和其他的地方长官的职位得以保存,但政府仍然开始采用帝国的形式进行管理。奥古斯都之后,罗马政府的实权都握在皇帝的手里。

随着帝国进一步通过军事征服继续向外扩张,罗马的将军要求,并且也被准许获得越来越多的权力,直到他们与奥古斯都一起,用一个以军事总司令为首的政府取代了原来共和的、文职政府。然而,在分析这种政治转变的意义之前,先让我们梳理一下帝国继续进行之中的地理扩张过程。

公元前16—前15年,奥古斯都吞并了现在的瑞士和诺里库姆(Noricum)(今天的奥地利和巴伐利亚),在多瑙河畔建立了历史上罗马在欧洲中部的边界。在公元9年试图征服中部的日耳曼失败后,莱茵河成了东北部的边界。

公元40年代，罗马人征服了今天的英格兰和威尔士，将其变成罗马在英国的行省。大约向东2 000英里外，皇帝图拉真（Trajan，公元98—117年在位）征服达契亚（Dacia，现在的罗马尼亚），并且轻而易举地将亚美尼亚和安息（美索不达米亚）吞并。

图拉真的继承人哈德良（公元117—138年）巩固了罗马的胜利果实。他将罗马军队从美索不达米亚永久撤回到幼发拉底河；从西到东筑起一堵墙，横跨英国北部的狭窄地带，25年以后，他的接班人安东尼·庇护（Antoninus Pius，公元138—161年在位）在更靠北的50英里外筑起了另一道墙，至此，罗马帝国的版图疆域达到了顶峰。

随着罗马的扩张，用授予公民权来巩固帝国的政策在有限的基础上继续着。公元14年，奥古斯都·凯撒宣布帝国拥有公民4 937 000人，其中大约200万人在各行省。当时，帝国的总人口在7 000万到1亿之间。公元212年，卡拉卡拉大帝（Caracalla，212—217年在位）正式宣布帝国的所有自由男性都拥有公民权，尽管模棱两可的法律限制其生效。行省居民可以担任帝国最高的职位，包括元老院议员、执政官甚至是皇帝。皇帝图拉真来自西班牙，塞普蒂米乌斯·塞维鲁（Septimius Severus，193—211年在位）来自北非，戴克里先（Diocletian，284—305年在位）来自达尔马提亚（今天的克罗地亚）。

国际法，即《万民法》（jus gentium）的制定有助于整个帝国的统一和平息内部的纷争。自公元前241年第一次布匿战争胜利后，罗马频繁地与外国人以及没有罗马

我们是怎样知道的？

罗马法：理论和实践

当代史学家通常对罗马初期的国际法律体系予以称赞：

这是罗马人首创的最具潜力、最有效的理念之一……它表明，一种法律体系可以建立在社会、经济和政治发展处于各个阶段的不同民族和种族均可接受的基础之上；因此相比其他任何已有的法律而言，这一理念使得罗马法更接近于普遍的适用性。（Grant，第104—105页）

但是在古罗马，法律理论和实践并不同步（正如它们今天也不总是同步一样）。穷人不能像富人一样获取相同的保护和利益，士兵滥用权力，法律的执行也并非始终如一。讽刺作家尤维纳利斯（Juvenal，约55—约127年）嘲讽罗马法律体系不能控制罗马士兵随意动用暴力：

你的牙碎了吗？脸部红肿，带有黑色的鞭痕？你知道医生对剩下的那只眼睛不会抱太大的乐观态度。但是你若跑去法庭起诉，那对你绝半点好处。如果你被士兵殴打，最好默不作声。（引自Boardman等，第575页）

实践中，法律也并不能总是像其宣称的那样一致，对帝国有挑战性的那些法律不可能损害它的利益。比如，犹太民族主义作家将罗马法的虚伪比作一群肮脏而含糊不清的猪的联盟：

正如一头猪躺下，伸出它的猪蹄，似乎在说"瞧，我多干净"［因为它们是偶蹄］，所以邪恶的帝国一边抢劫压迫，

一边假装公正行事。（引自Boardman等，第582页）

从公元2世纪起，对富人和有权有势者的特殊优待公然写入法律，由此加深了阶级对立，并削弱了帝国。

- 在对罗马法律体系性质的评价中，史学家们的不同观点是以什么为基础的？
- 当代史学家迈克尔·格兰特（Michael Grant）描述罗马的国际法体系，而讽刺作家尤维纳利斯生活在古罗马，评论罗马当地的刑法。两位作者的观点是怎样为所处时代和专业知识所影响的？
- 你认为当法律体系对某一群体（而不是另一个群体）给予特殊的款待时，它将对社会产生怎样的影响？

公民权的臣民们交往。为了解决罗马人与外族人的法律诉讼案，还任命了一个新的外事官员。国际法就是根据他的审理情况逐步形成的。随着时间的推移，这些法律先是由哈德良，后来，又由东罗马帝国查士丁尼大帝（Justinian，527—565年在位）下令编成法典。

帝国的经济政策

帝国给统治者带来了巨大的利益，有时候对被统治者来说也同样如此。帝国的统治和帝国市场的开放为被征服行省的经济发展和利润带来了机遇，虽然大部分都落到了当地富裕的、拥有并利用这些资本和技术的精英阶层手里。总体上，罗马统治者关注的是行省的上层阶级，这既出于双方共同的阶级立场，也因为他们相信，这些精英分子的忠诚对维护罗马帝国的霸权至关重要。

但是成为帝国的代价也可能是沉重的，最终变得难以忍受。罗马征收贡品、税收和租金，向被征服的各个民族征募新兵。他们把自己的士兵驻扎在抢夺来的土地上，把这些土地变成罗马的地产，奴役上百万人为他们而劳动。他们充分利用手中的政治权力为本国的商人、军事和政府官员提供经济上的便利。

随着帝国的不断扩大和财富的增加，许多罗马人感到，他们已经征服了整个世界，与此同时却失去了自己的灵魂。他们谈及的不是胜利而是损失。在奥古斯都时代的鼎盛时期，史学家李维这样哀悼纯真年代的逝去：

> 随着纪律的日渐松散，似乎道德首先开始垮掉，然后愈加沉沦，最终开始急速堕落，将我们带到了当前这个既无法忍受自己的恶习，又不愿进行补救的时代。（引自 Lewis 和 Reinhold, I：第8页）。

183　　李维赞颂了早先朴素的黄金年代这一被普遍接受的神话，同时也哀悼了神话的不再：

> 从来没有一个国家是如此的强大；也找不到一个更公正或者更富有的国家；更没有一个地方，社会秩序中的贪婪和奢侈是来得如此晚，谦逊的处世方式和节俭受到如此高的评价并作为一种荣誉保留得如此之久。的确，一个人的财富越少，他的贪欲也就越少。后来，财富带来了贪婪和渴望通过挥霍而获得的过度享受，并最终导致自我堕落和整体毁灭。（引自 Lewis 和 Reinhold, I：第8页）。

这种怀旧之情有两种相关联的但是又有所不同的表现方式。一种是以想象伊特鲁里亚国王出现之前的简单的乡村式平等生活为例。它谴责了自从伊特鲁里亚统治以来，贵族对平民和奴隶的虐待，在共和国时期更为变本加厉。另一种则是希望在元老院将权力转交给将军前，重新再现寡头执政的贵族共和国时代。

图例：
- 丝绸之路
- 其他贸易路线

比例尺：0 — 1600公里 / 0 — 1000英里

北

北极圈

斯堪的纳维亚

西伯利亚

俄罗斯

亚 洲

乌拉山脉

贝加尔湖

北海

不列颠群岛
科尔切斯特
特里尔
霍米彻勒
大西洋
马西利亚
阿尔卑斯山脉
罗马
乌克兰
刻赤
巴尔干半岛
拜占庭
黑海
高加索山脉
多瑙河
里海
阿东泰山脉
戈壁
固尔扎
吐鲁番
黄河
日本海
日本
朝鲜

伊比利亚半岛
盖底斯
丁吉斯
迦太基
地中海
雅典
安纳托利亚
安提俄克
大马士革
美索不达米亚
杜拉欧普斯
泰西封
浩罕汗国
撒马尔罕
巴克特拉
贝格拉姆
喀什噶尔
石塔
赫卡通皮洛斯
梅尔夫
大夏
兴都库什山脉
塔克拉玛干沙漠
和阗
敦煌
安西
武威
长安
洛阳
中国
杭州
宁波

列普提斯马格那
昔兰尼
提尔
亚历山大港
波斯
阿波罗戈斯
阿富汗
印度河
塔克西拉
喜马拉雅山脉

撒哈拉沙漠
北回归线
非洲
埃及
底比斯
迈沃斯霍尔木斯
阿思本
贝勒奈西
红海
阿拉伯半岛
马图拉
华氏城
恒河
印度
德姆卢克
福州
泉州
广州
珠江
南海
印度支那

阿杜里斯港
阿克苏姆
亚丁
阿罗马顿恩波利翁
阿拉伯海
曼达哥拉
马苏利帕特南
孟加拉湾
喀律宾
马来亚半岛

撒拉比昂
穆吉里斯
科尔基
锡兰
苏门答腊
婆罗洲
西里伯斯岛

赤道
刚果河
桑给巴尔
印 度 洋
爪哇

罗马的商品供应 罗马在奥古斯都时期人口就达到大约100万,供应这样一个城市的需求,就要在整个帝国内调动大量的资源。最重要的需求就是粮食,由罗马人从西西里、埃及和北非沿岸、西班牙,以及黑海周围地区进口。

商人们从帝国的各个地区进口各种特产:橄榄油和葡萄酒来自意大利、西班牙或是地中海沿岸,陶器和玻璃来自莱茵兰,皮革来自法国南部,大理石来自小亚细亚,羊毛纺织品来自英国、法国北部、比利时和荷兰,奴隶则来自许多地方。出于罗马斗兽场的角斗比赛以及罗马城里一般展示的需要,狮子来自非洲和亚洲,熊来自苏格兰,马来自西班牙,鳄鱼和骆驼来自埃及,豹和犀牛来自非洲西北部。大宗日用品的运输,尤其是在帝国范围内,通常是以海路为主的。

城市的建设 其他一些规模特别大的城市,如亚历山大城,同样需要大量进口以满足他们的几十万居民,但是帝国的大部分地区能够做到自给自足。在这个前工业

欧亚贸易。古代联结世界各地的贸易纽带既广泛又复杂。自给自足的个体网络——如撒哈拉沙漠的商队,来往于印度洋的阿拉伯单桅帆船,沿东亚海岸的中国舢板上的商船队以及著名的横跨中亚的丝绸之路——在主要的贸易中心相互联结,如海路上的亚历山大港和喔哒(Oc Eo),陆路上的泰西封和喀什噶尔,由此而形成一个真正意义上的洲际贸易体系。

184

罗马的皇帝

	奥古斯都（公元前27—公元24年）
朱利亚–克劳狄王朝	提庇留（14—37年） 卡利古拉（37—41年） 克劳狄一世（41—54年） 尼禄（54—68年）
弗拉维王朝	韦斯巴芗（69—79年） 提图斯（79—81年） 图密善（81—96年）
安东尼王朝	涅尔瓦（96—98年） 图拉真（98—117年） 哈德良（117—138年） 安东尼·庇护（138—161年） 马可·奥勒留（161—180年） 康茂德（180—193年）
塞维鲁王朝	塞普蒂穆斯·塞维鲁（193—211年） 卡拉卡拉（212—217年） 埃拉加巴卢斯（218—222年） 塞维鲁·亚历山大（222—235年）
帝国后期	阿拉伯菲利普（244—249年） 德西乌斯（249—251年） 加卢斯（251—253年） 瓦勒良（253—260年） 加里恩努斯（253—268年） 克劳狄二世（268—270年） 奥勒良（270—275年） 塔西佗（275—276年） 弗洛里安（276年） 普罗布斯（276—282年） 卡鲁斯（282—283年） 努梅里安尼斯（283—284年）以及卡里努斯（283—285年） 戴克里先（284—305年）

时代，大多数人从事的是农业劳动，大部分产品都是农产品，人们购买的大多数农产品都离生产地很近，特别是在新近征服并定居下来的西欧地区。

为了将这些地区合并到帝国里，罗马人建造了新的城市，并把它们发展成行政、军事和金融中心。其中包括今天的伦敦、巴黎、里昂、特里尔、尼姆、布鲁日、巴塞罗那、科隆、布达佩斯，还有许多其他欧洲城市。罗马这个依靠农耕的帝国，奠定了规模虽小但却是强有力的、具统领作用的城市文明。

在权力鼎盛时期，帝国拥有5 000多个公民团体。雄辩家马库斯·西塞罗认为，大约从公元前118年开始，纳博讷就是罗马在南部高卢的行政首都，它是"一个罗马公民的殖民地，一个罗马人民的瞭望塔，一个抵抗野蛮的高卢部落的壁垒"（引自Mumford，第209页）。罗马的统治尤其吸引了所征服地区的城市上层阶级并使其获益，并且帮助一些新移民来的日耳曼定居者中的领袖成为城市居民。

奢侈品贸易　那些拥有财富和权势的人可以获得高档的商品。为了满足他们的要求，由此产生了规模不大但却不可或缺的洲际间长途奢侈品的贸易运输渠道。为了使这种商业能繁荣起来，贸易路线必须得到保护，保证其安全可靠。罗马帝国统治下的和平时期确保了红海路线的安全，乳香、没药，还有其他来自阿拉伯半岛和非洲之角的香料以及来自印度的香料和纺织品都从这里进口，其中一部分是从中国转运而来的。到公元1世纪时，海员们已发现，从埃及出发，乘着夏天的季风航行四个月就可以到达印度。然后他们可以随着冬天的季风回来，一年之内完成往返航行。

罗马在这种交易中用于支付的多数是贵金属。在印度南部就发现了大量来自罗马的金币，中国、东南亚和非洲东部也发现了罗马金币，只是数量少些。史学家老普林尼（Pliny the Elder，23—79年）抱怨这种贸易耗尽了意大利的贵金属，但是赚回来的利润是难以估量的："印度每年从我国吸纳的财富超过50 000 000塞斯特斯，这些商品运回国后，出售的价格是原始成本的100倍。"（引自Lewis 和 Reinhold，II：120）。

陆路通道同样重要。在罗马的奥古斯都时代、美索不达米亚的安息时代、印度的贵霜时代以及中国的汉朝这四个横贯丝绸之路的帝国处于鼎盛时期之时，丝绸贸易兴旺发达，显然需要安全的环境和保护。来自中国洛阳和西安的货物跨越亚洲中部的山脉，最终到达贝格拉姆（Begram）、巴克特拉或梅尔夫这些商贸中心之一。它们从那里继续向前运达地中海。

185

　　塞哥维亚的罗马水渠，西班牙，公元1世纪或2世纪早期。罗马人不像希腊人因艺术被后人铭记，它凭借的是高超的制造技艺。随着城市人口的增加，改善水资源供应的需求也随之增长。盛行的公共浴场更增强了这一需求。罗马人研究出一种大规模的沟渠网络，跨过不平坦的地形将水导入城市。

186

提姆加德，北非。在阿尔及利亚，提姆加德作为一个军事和行政堡垒建于公元100年左右，并设计成一个街道经过平面规划的完美广场。尽管当地的地形差别很大，但是罗马人倾向于坚持城建的标准样式，提姆加德就是完好保存下来的例子之一，它按照行省总部的样式规划。

质地轻柔、价格昂贵的丝绸是出口西方的主要商品，但是商队也运送漆器、青铜以及其他宝物。1938年在贝格拉姆发现了一个仓库，该地位于中国、印度、波斯和地中海的汇聚点，揭示了这种洲际贸易中的一些主要奢侈商品：其中有来自中国的漆器；来自印度的象牙塑像和雕刻品；来自地中海的雪花石膏、青铜器和玻璃制品。令人惊讶的是，这些宝藏的许多运送者似乎是中亚大草原的游牧民，匈奴人和其他"蛮族"，他们曾一度攻击并洗劫这些帝国，现在却在做跨国贸易。

表面上，罗马的上层阶级对贸易嗤之以鼻，认为有损于他们的身份。私底下，他们常常与自由民和他们以前拥有的奴隶签订合约，为他们的商业企业做掩护。贸易利润很高，贵族们不想错失利润。他们比较青睐的谋生方法是从土地所有权、包税、军事征服中获得利润。但是，就算是尤里乌斯·凯撒这样的将军都要通过贩卖战争中俘获的奴隶来谋取利益。

罗马商人剥削成性。尤其是在罗马的行省任职期间，他们常常激起人们极大的憎恨。当安纳托利亚北部的本都国王米特里达梯六世于公元前88年入侵罗马在亚洲的行省时，他鼓动亚洲的债务人杀死他们的罗马债权人。据称，有8万意大利和意大利-希腊商人被杀害（Grant，第184页）。

公元2世纪末，内部起义和日耳曼民族的外部攻击结束了罗马帝国统治下的和

187

平时期,并给贸易带来了很大阻碍。道路和市场不再安全,只有那些能被当地人消费的产品才值得生产。比如,在北欧,制造商大大削减了对玻璃、金属和纺织品的生产。对罗马和其他城市的供给变得更加艰难。城市人口迅速下降,如同他们的消费水平一样,所能提供的保护也降低了。他们提供的赚钱机会减少,对生产者的激励也减弱。贸易和生产力步履蹒跚。随着罗马帝国统治下的和平在政治上和军事上开始崩溃,贸易趋于衰退,且越来越局限于当地。

帝国的文化政策

希腊–罗马文化 为了赢得并确保同盟的忠诚,罗马不仅授予公民权、编纂万民法,修建了诸如城镇和道路这样的基础设施,将帝国连为一体,而且还发展出一种文化,并将其带给他们所征服的人民。罗马的文化成就要远远落后于希腊,但征服希腊城邦之后,罗马便开始吸收它所征服地方的文化。罗马的贵族阶级沿用希腊的语言和文学,以及希腊的建筑、雕塑和绘画传统。就像先前从伊特鲁里亚人那里得到借鉴一样,现在罗马人也从希腊人身上得到借鉴。

罗马将它的多元语言文化向外传播至它在欧洲和亚洲的征服地区。其在行省内的学校向哥特人和高卢人部落传播希腊语和拉丁语。希腊语是属于高雅文化的语言。而拉丁语则变成了政府行政的官方用语。罗马军队到了哪里都会建造圆形剧

188

罗马斗兽场,罗马,公元约72年到80年。为50 000人提供壮观的娱乐(诸如模拟海战和角斗格斗等)场所而建的罗马斗兽场将希腊的装饰传统和罗马设计的独创性相结合,是将混凝土作为建筑材料的先进建筑方法的典范。

场、露天大型运动场和浴室,而罗马人发明的混凝土则使得这一切变得切实可行。在这样的背景下,罗马的统治者依照罗马城的建筑模式,建造了剧院和宏伟的建筑。

　　毫无疑问,罗马拥有的优越感激励着它对其他看上去低人一等的民族的征服,而征服行动的成功反过来又激发了这一优越感。罗马最伟大的诗史《埃涅阿斯纪》是由维吉尔在奥古斯都统治时期创作的,歌唱了皇帝对罗马的至高无上发出的赞美和颂扬:

> ……看,那罗马人,
> 就是你自己。这就是伊乌卢斯的孩子们,
> 即将到来的种族。有一个承诺
> 你已再三听说:就将在此履行,
> 神的儿子,奥古斯都·凯撒,
> 一个新的黄金时代的建立者,
> 在农神长久统治的土地上;
> 他即将把自己的帝国扩大
> 覆盖了印度群岛,
> 超越了时间和星座的范围,
> 那是巨人阿特拉斯的双肩揹起的
> 星罗棋布的世界。

　　与此同时,维吉尔赞同"位高责重"(noblesse oblige)的观念,即地位高者有帮助地位低下者的义务:

> ……记住罗马人,
> 以法律统治人民,
> 确立和平的路线,
> 打倒目空一切者,
> 饶恕温顺谦恭者。
> 我们精湛的艺术,永存。
> (《埃涅阿斯纪》,VI:第822—831页,第893—896页)

　　在《埃涅阿斯纪》中,维吉尔融入了很多早期希腊诗史的形式,尤其是荷马的《奥德赛》,但是显然,他加上了自己的帝国主义必胜的强烈信念。

　　斯多葛学派　罗马向希腊人借鉴的不仅是哲学,还有文学思想。公元前300年,希腊的芝诺创立了斯多葛学派,吸引了许多富有思想的罗马人。斯多葛学派的名字来源于雅典的柱廊,即有屋顶覆盖的走道,芝诺曾在那里教过书。芝诺以"世界是一个理性的、有序的、连贯的体系"这一宏大的学说作为开端。因此,无论快乐或是悲

痛,人们应该摆脱情感,理性地接受这个世界所发生的一切。三个世纪以后,罗马的斯多葛派学者卢西乌斯·塞内加(Lucius Annaeus Seneca,公元前约4—公元65年)作出进一步阐述:

> 什么是最重要的东西?一颗心……无论善恶都能够不屈不挠、心无旁骛地勇往直前,不为自己的心烦意乱和别人的魅惑所麻痹。(塞内加,《自然问题》,引自Lewis和Reinhold,II:第165—166页)

芝诺的道德哲学的必然推论就是人们应该以礼相待,因为我们都是兄弟姐妹。罗马最伟大的雄辩家、评论家和政治家马库斯·图利乌斯·西塞罗(Marcus Tullius Cicero,公元前106—前43年),受斯多葛学派信条影响极大,他这样写道:

> 在人际交往中,一个人首先应该与他的公民朋友公正、平等地友好相处,既不卑躬屈膝,也不盛气凌人。(西塞罗,《论责任》,引自Lewis和Reinhold,I:第273页)

那么斯多葛学派对罗马的奴隶制度又持怎样的观点呢?虽然斯多葛学者并没有提倡终结奴隶制度,但是他们确实提出了更具人性化的处理方式。塞内加提出了一种黄金法则:

> 要像在你之上的人对待你那样对待在你之下的人。(塞内加,《道德书札》,引自Lewis和Reinhold,II:第180页)

然而在这一点上,塔西佗对作为罗马最富有的公民之一的塞内加的虚伪提出了指责:"是凭着什么样的聪明才智、什么样的哲学思想让他在四年里得到300 000 000塞斯特斯的来自皇帝尼禄的皇家恩惠?在罗马,没有子嗣和遗嘱的人落入了他的圈套;意大利和各行省被他的巨额高利贷消耗殆尽"(《编年史》XIII:xlii,引

希腊和罗马神

公元前2世纪,希腊被罗马兼并。在这一过程中,罗马吸收并改编了许多希腊神话,将自己的各种神与希腊神话和神祇结合在一起。

希腊	罗马	
阿佛洛狄忒	维纳斯	爱与美的女神
阿波罗,福玻斯	阿波罗,福玻斯	希腊太阳神,及音乐、诗歌和预言之神
阿瑞斯	马尔斯	战争之神
阿尔忒弥斯	狄安娜	月亮和狩猎女神
阿斯克勒庇俄斯	埃斯库拉庇乌斯	医药之神
雅典娜(帕拉斯)	密涅瓦	智慧和艺术女神
克罗诺斯	萨杜恩	主神宙斯或朱庇特的父亲
得墨忒耳	刻瑞斯	农神
狄俄尼索斯	巴克斯	酒神,丰饶之神
厄洛斯	丘比特	爱神
哈德斯	普路托,狄斯	冥神
赫菲斯托斯	伍尔坎	火与锻冶之神
赫拉	朱诺	最主要的女神,宙斯或朱庇特的妻子,主司婚姻和妇女的安康
赫尔墨斯	墨丘利	各路神灵的信使,其本身是商业、旅行及盗窃的守护神
赫斯提亚	维斯塔	灶神
许门	许门	婚姻之神
艾琳	帕克斯	和平女神
潘	福纳斯	自然和丰收之神
珀尔塞福涅	普罗塞庇娜	作物和春之女神,死亡女神
宙斯	朱庇特,朱威	希腊神话中的主神,天堂的统治者,正义和命运的预言者

189

自Lewis 和 Reinhold,II：第165—166页,第58行)。

随着马可·奥勒留(公元161—180年在位)当选为皇帝,斯多葛学派在罗马的影响力达到顶峰。在马可·奥勒留统治的20年里,战争不断、经济剧烈波动、内部频发叛乱和瘟疫。自始至终,他都坚定不移地相信斯多葛学派。在他的《沉思录》里记载着他的思想,这是迄今为止,最能反映一个权力至高者的哲学著作：

> 让你自己保持单纯、善良、纯粹、认真,没有矫揉造作,成为正义的朋友,上帝虔诚的信徒,乐于助人。生命是如此短暂。宇宙既是一种混沌,一种事物交织缠绕,一种弥散;或者说它是统一、秩序和天意……如果是［后者］,那么我会尊崇有加并且坚定不移地信任那位统治者。(VI：30,10)

帝国的宗教　罗马官方欢庆的宗教仪式是以敬奉皇帝–神祇为中心的。奥古斯都死后被奉作神明,官方祭司向他献上动物祭品,后来,对他的继承人同样献祭,另外,按照传统对主要的非基督教神明,尤其是对丘比特、朱诺和密涅瓦进行献祭。人们每年就像庆祝节假日一样庆祝皇帝的寿辰和忌日。

不过,除了这些仪式以外,罗马的宗教政策具有相当大的弹性。在大多数情况下,只要人们敬奉皇帝,不质疑政府的合法性,罗马皇帝就允许各种宗教仪式的流行。密特拉教是一种将波斯太阳神密特拉神信奉为神和人之间中介的宗教,强调纪律和忠诚。这种宗教在军队中,尤其是日耳曼和东部的军队中备受青睐,它一面强调与内心的激情相抗衡,一面强调与外部军事上的敌手相对抗。

早期罗马帝国流行的另外两种宗教以女神为中心,尤其对女性有很大吸引力。就像密特拉教一样,两者都属秘教——也就是说,外人无法知晓,也无法理解他们的入教仪式。这可能包括纵酒狂欢和洗礼。其中的一种信仰库柏勒,她是小亚细亚人的地母神。另一种宗教敬奉埃及女神伊希斯,相信她每年允诺的新生,整年必须遵守许多极富戏剧性的仪式。

但是罗马不容许哪一个教派挑战帝国或者是皇帝的权威。例如,公元前186年,政府由于害怕教派下层人员会与之敌对,镇压了对酒神巴克斯的敬拜。同样,为对抗东地中海犹太地区的潜在叛乱,使罗马卷入到与犹太人的冲突中。

在从塞琉古王朝的亚历山大大帝的继承人手里征服了东地中海之后,罗马人将注意力转向朱迪亚。该地区分裂时间至少长达一个世纪,并且常常爆发公开的战争,参战者包括塞琉古王朝,异教徒,以及拥有各种不同信仰和政治目标的犹太人。在第10章,我们将看到犹太人如何从其在公元前17世纪的根源发展出一种以道德化一神论和强烈民族主义为依据的宗教。这里,我们只关注这两种特质如何在罗马统治者当中激起了强烈的抵触。多数犹太人对一神论的狂热不容许将罗马皇帝作为神来崇拜,而民族主义则意味着对罗马权势的反抗情绪时刻都有可能爆发。自从公元前63年罗马征服犹太地区,将之作为隶属国以来,战争就频繁爆发,不仅在犹太人和罗马人之间,还在那些对罗马征服者和彼此持不同态度的犹太政治和宗教派别之间爆发。在镇压犹太人的三次主要起义——分别在公元66—73年、公元115—117年和公元132—135年——过程中,罗马人摧毁了耶路撒冷及其主要的犹太庙宇,在其遗址上建立了罗马的殖民地埃利亚卡皮托利纳(Aelia Capitolina),把犹太人的王国消灭,并把犹太人从那里驱逐出去,其影响长达好几个世纪。

在朱迪亚的犹太人当中兴起的宗教派别之一尊奉的就是传教士、驱魔人和奇迹创造者拿撒勒的耶稣(公元前约4—公元约30年)。他的许多追随者相信他是神圣的,后来把他称为基督,或者是弥赛亚(救世主)。关于他的神职身份和与犹太教的渊源我们将在第10章关于宗教的单元中讨论。这里我们先讨论罗马政府与早期的基督徒即耶稣追随者的冲突,这和其与犹太教的冲突一样,冲突的根源在于后者的一神论思想、对皇帝崇拜的抵制,及其有可能成为政治革命的力量这几个方面。在基督教形成之后的最初三个世纪里,许多罗马人视基督教为无神论者的宗教,因为它拒绝承认皇帝的神圣。在一些罗马人看来,新出现的基督教是叛逆的和叛国的,因为它所称的天国与早期的罗马世俗帝国截然不同。最终,罗马的犹太行省执政官,本丢·彼拉多(Pontius Pilate)对耶稣进行审判,并把他钉死在十字架上,部分原因是他是殖民地宗教和政治稳定的一个威胁。

基督教的胜利 然而,到了马可·奥勒留时代,基督教对罗马人的思想产生了巨大的影响。斯多葛派哲学同强调秩序和社会福利的基督教理念相距并不很远。对这些信条来说,基督教增加了对一个积极介入人间事务的神的信仰,具体来说,即关于耶稣的诞生、生平、奇迹和复活的教旨。这种信仰的结合吸引了越来越多的罗马人,尽管几位皇帝——包括尼禄(54—68年在位)、马可·奥勒留(161—180年在位)、马克西米努斯一世(235—238年在位)、德西乌斯(249—251年在位)、瓦勒良(253—260年在位)和戴克里先(284—305年在位)——在长达三个世纪的时间里,不断地残酷迫害基督教徒,但它还是在罗马被逐渐接受而且得到了发展。开始时,它吸引的是穷人,他们为耶稣对被践踏者的关心所感动,但是后来,更有权力的阶级被基督教的组织,及其所传达的信息所吸引,也加入了进来。这个新的宗教提倡妇女应该拥有更多的自由,其中一些妇女得到了像女执事和女修道院院长这样的显要职位。它开始融合希腊哲学的诡辩论来吸引新的知识阶层。313年,当康斯坦丁大帝允许基督教合法存在的时候,据估计,罗马帝国有十分之一的居民都成了基督教徒(Lewis 和 Reinhold, II: 553)。

313年,康斯坦丁和李锡尼联合发布了"米兰敕令",承认基督教为正当的信仰,与多神教并存。324年以后,康斯坦丁独立执政时,他把基督教视为一个为他个人和他的帝国带来奇迹福祉的宗教,并给予其官方的正式认可和合法地位。自此之后,基督教在欧洲西北部被征服的地区和民族中自由传播开来。道路和城镇的网络在促成了便捷的行政管理的同时,也为基督教讯息的传递提供了服务,神职人员频繁地在信仰基督的罗马和那些"蛮族"信奉的宗教仪式之间搭建起桥梁。在取得正式的国教地位以后,基督教于394年成功地获得了政府对终止多神教派的支持。即使是效忠于皇帝的、流传最为广泛的密特拉教也销声匿迹。基督教获得了胜利。(关于早期基督教及其与罗马帝国关系的更为详尽的讨论,参见第10章。)

蛮族与罗马帝国的衰落

蛮族的到来。随着日耳曼人开始接二连三地移民罗马帝国,并开拓帝国外缘领域,罗马对北欧和西欧的控制在公元4世纪走向衰落。当匈奴人开始从中亚向西部挺进时,他们驱赶了他们前面的哥特人,哥特人又加重了对罗马的压力。另一些匈奴人向南推进到印度,向东进入中国。

罗马将许多位于其辽阔边界上的邻国人视为野蛮人,其中包括欧洲中部的凯尔特人、欧洲北部和东部的各个日耳曼部族,以及亚洲中部的草原游牧民族。这些人操着他们不懂的异族语言。他们没有城市、没有书面语言、没有正式的政府结构、没有明确的地理边界、没有成文法典或者劳动分工。一些像凯尔特人和日耳曼人这样的民族,定居在乡村里从事农业劳动。在遥远的亚洲中部,游牧的草原部落则一生都生活在马背上,从事放牧,互相之间经常发生争战。罗马人肯定已经想到了,这些民族

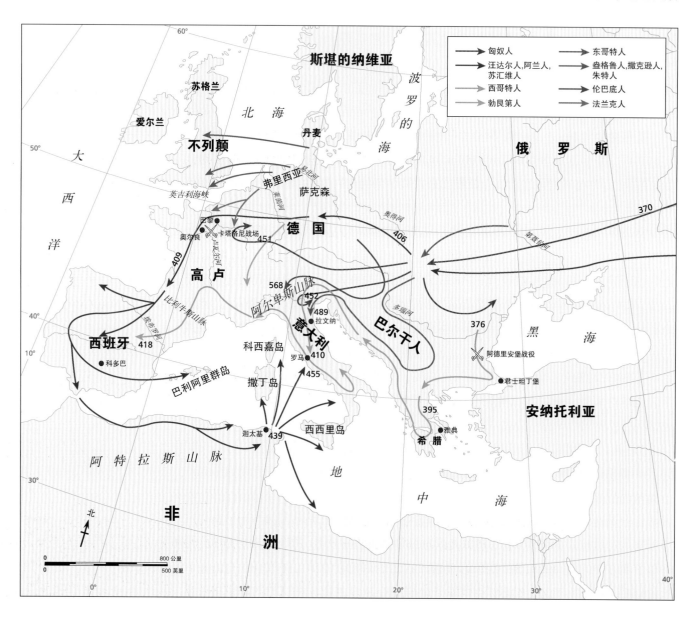

可以从帝国的文明影响中受益。也许，维吉尔在创作《埃涅阿斯纪》的时候头脑里就有了这样的想法。

家门口的入侵者

早在公元前2000年，凯尔特人就已抵达中欧。当地的墓葬表明，他们尊重骑马作战的勇士，武器和工具的铸铁技术缓慢发展起来。早期铁器时代，奥地利的哈尔施塔特墓地显示，到公元前8世纪，他们对铁制品的使用更多了，坟墓中还包括希腊人制造的产品。在拉坦诺（La Tene），即今天的瑞士境内的一处墓地表明，从公元前5世纪到公元1世纪，希腊和后来的罗马对他们的影响一直没有间断。

截至公元前400年，凯尔特人一直在扩大他们的领土。公元前390年，他们洗劫了罗马，到公元前200年，凯尔特部落已占据了欧洲中部，并继续向西班牙、不列颠岛、巴尔干半岛和安纳托利亚半岛推进。他们以希腊和罗马为榜样，在领土各处修建设防城镇，其中面积最大的超过半平方英里。凯尔特妇女比罗马妇女享有更多的自由，这引起了一些罗马作家的蔑视。塔西佗似乎很欣赏公元83—84年的卡尔加库斯起义，相比之下，他对公元61年在不列颠，由妇女领袖布狄卡领导的凯尔特起义的失败持批评态度。最终，罗马还是征服了凯尔特人。他们被杀害，或者同化，或是逃往爱尔兰、苏格兰和威尔士，在那里，凯尔特语和文化一定程度上一直保留至今。

哥特人——日耳曼人的一支（主要是西哥特和东哥特人），因其对日耳曼语的使用及定居地（即后来的德国）而区别于其他民族——最初定居在凯尔特和罗马要塞以外的欧洲北部。实际上我们对这段较早时期的了解多来自现在的德国北部和丹麦境内沼泽地带的墓地。到公元前600年，这些日耳曼人已经建立了小村庄，到公元前约500年时，他们已经开始使用铁制工具劳动。随着更为丰富的铁矿的发现及希腊和罗马技术的应用，哥特人发明制造出更加精密的工具和武器。

自从尤里乌斯·凯撒征服高卢以来，罗马人和日耳曼人就一直沿着莱茵河处于对峙状态，奥古斯都确定边境后，他们又隔着多瑙河互相对峙。他们之间发生过小冲

192

193

德国斯图加特附近埃伯丁根－霍赫多夫（Eberdingen-Hochdorf）哈尔施塔特王子坟墓中发现的青铜长凳，公元前约530年。该长凳揭示出早期凯尔特艺术的精湛。它被埋在公元前6世纪的古墓中。墓中是日耳曼地区的凯尔特首领，和其他反映了死者生前拥有的财富和重要地位的物品。（斯图加特符腾堡州立博物馆）

突，也做过生意，有时还进入对方的领土。最近考古发掘发现的文物显示，日耳曼首领接受了很多来自征服者罗马人的工具、武器和奢侈品。罗马的商品和一些贵重品，通过仿制和武力抢夺等方式散布开来。

公元370年，草原游牧民族从亚洲中部穿越几千英里发动入侵，给整个欧洲带来了巨大的压力。为压力所迫，哥特人开始向西迁移，更加猛烈地进攻罗马边境。日耳曼人的这种大规模入侵打破了存在于罗马和哥特人之间军事力量的大致平衡，威胁到帝国的稳定。最终，哥特人在这片帝国的领域内建立了自己的国家。由于德国北部和丹麦地区爆发洪灾，公元500年出现了第二波日耳曼移民。在这些迁移的日耳曼部落中，撒克逊人航行穿越北海和英吉利海峡，到达不列颠，在那里他们形成了一个颇具规模的民族。

罗马人将公元370年从亚洲中部入侵到欧洲的各个游牧民族都称为"匈奴"。但事实上，匈奴只是居住在俄罗斯欧洲部分到中国东北间平坦草原上的许多牧民部落之一。实际上他们是马背民族，放牛、放羊、牧马和狩猎为生。随着居所的辗转迁移，尤其是每年冬夏季节，他们住的是帐篷，并用四轮马车运输货物。

虽然住的是帐篷营地，但是匈奴人的生活安排和政治结构并不是随意无序的。许多部落设有酋长，甚至是行政机构，首领住在制作最精致的帐篷里。在匈奴人入侵欧洲时，罗马人观察到不同民族的使者进入匈奴王阿提拉的帐篷进行政治谈判。

194

我们是怎样知道的?

蛮族

中国史料

来自草原的民族没有书面语言，他们的游牧生活方式没有留下任何考古遗迹。我们对他们的了解一部分是通过古墓，尤其是西徐亚人的古墓，他们生活在俄罗斯南部和蒙古的阿尔泰山。不过我们主要是通过那些土地遭到草原民族入侵的民族的记载来了解他们，其中包括罗马人、希腊人、中国人和印度人。这些记载将其描述为凶猛的、移动的、动作迅速且令人畏惧的武士，他们骑马，以威力强大的弓、剑和矛武装自己。在较为平和的时期，匈奴人通过中亚的陆上丝绸之路运送货物。

拉丁人的历史中没有提及匈奴，直到阿末阿努斯·马尔切努斯(Ammianus Marcellinus，公元330—395年)才作了这样的描述：

他们没有住所，没有炉灶，没有法律，也没有固定的生活方式，他们像难民一样，带着赖以生存的马车，不停地辗转游离；马车上，他们的妻子编织衣服，与丈夫住在一起，生儿育女并将其抚养成人……

这个民族的男人桀骜不驯，无忧无虑，掠夺财富的欲望无休无止，在抢劫屠杀邻近民族的过程中，方式极为残暴，直到[顿河边上的]奄蔡(Halani)：
(引自 Lewis 和 Reinhold, II：第623页)

在此五百年前，中国史学家司马迁将他们描述为粗鲁的战士。

张骞，汉中人，建元(公元前140—前134年)中为郎，是时天子问匈奴降者，皆言匈奴破月氏王，以其头为饮器，月氏遁逃而常怨仇匈奴，无与共击之。(《史记》卷一百二十三，《大宛列传》第六十三)(司马迁，第274页)

司马迁进一步详尽描述了几个游牧部落，他们之间频繁发生的战争，有时还直接入侵中国。司马迁和阿末阿努斯·马尔切利努斯的描绘反映了相似的畏惧，定居的帝国势力对强大游牧对手的看法。

- 阿末阿努斯·马尔切利努斯引用了哪些蛮族的例子？它们是如何与司马迁引用的中国资料相比较的？
- 在对抗罗马和中国强大力量的过程中，装备有弓、剑、矛的骑马武士有哪些优势？
- 如果我们有"蛮族"对于其所侵占的"文明"民族的记载，你认为他们将如何描述？

在奥古斯都统治罗马时期，草原的游牧民族部落忙于战争，最终推翻了中国汉朝的统治。他们也发动对印度的进攻，使得其中的两支部落成了印度北部的统治者：公元150—300年的贵霜人（Kushanas），和公元500—550年的匈奴人（Hunas）。匈奴人于公元370年到达欧洲，击败并取代了阿兰人、东哥特和西哥特人，并把他们朝罗马方向驱赶。

这一最终摧毁罗马帝国的"多米诺效应"开始了。

罗马帝国的衰落与解体

面对入侵者，罗马显得不堪一击，尤其是因为公元165—180年时，某些地区多达四分之一的人口死于瘟疫。史学家就这一瘟疫的严重性和带来的影响争执不休，但是它确实减少了帝国的人口，削弱了罗马人的自信心。在马可·奥勒留（公元161—180年在位）统治期间，一支来自波希米亚的日耳曼部落马科曼尼人开始入侵多瑙河盆地。其中的一部分一直深入到希腊，跨越阿尔卑斯山，进入了意大利。"蛮族"入侵持续了几百年，最终导致了罗马帝国的分裂。

从168年到175年的七年里，马可·奥勒留一直与入侵者作战，但是他也认识到，将他们纳入到帝国中来是对双方有利的。马科曼尼人想要建立定居地，他便在帝国的境内提供给他们土地，让他们可以务农；他还在罗马人的军队中为马科曼尼人士兵提供职位。

一些哥特部落也被纳入到了帝国之内。有些部落只是抱着抢劫以后就撤退的简单想法。另外一些则想在夺取帝国的部分领土以后定居下来。

三世纪危机　入侵者再三突破以多瑙河和莱茵河为界的边界。248年，皇帝德西乌斯（Decius，249—251年在位）在巴尔干半岛击退了哥特人的入侵，但自己却被另一支哥特部落所杀。哥特人继续进攻巴尔干半岛，进而入侵小亚细亚。他们开始来到海上，并对黑海的商业贸易发动攻击，逐步切断罗马的粮食供应。同时，在

罗马的继任者。东哥特人于公元455年洗劫罗马，从此全新的欧洲格局出现了。罗马的权力基石向东转到君士坦丁堡，形成拜占庭帝国。极力效法罗马的游牧入侵者在意大利、非洲和利比亚建立了新的政权，与此同时，日耳曼人正竭力在北部建立新的均势。

195

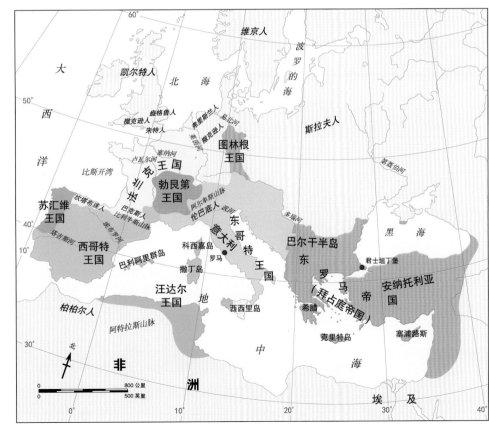

更西面,法兰克人和汪达尔人横扫莱茵河,抵达高卢和西班牙,向南直达北非。

帝国予以反击。皇帝加里恩努斯(Gallienus,253—268年在位)建立了一支机动骑兵队,并将帝国军队的司令部从罗马迁往北部的米兰,以更有利于应对进入意大利的入侵者。罗马军队在一系列的战役里为帝国保住了意大利。奥勒良(Aurelian,270—275年在位)这位更卓越、积极的将军在加里恩努斯死于瘟疫后,继承了他的皇位。虽然放弃了达契亚,并退回到多瑙河,但是奥勒良在一系列的战役里保住了罗马的西北边疆。

同样是在东部,罗马挫败了叛乱。最大的挑战来了,新的、幅员辽阔的波斯萨珊王朝在亚美尼亚和叙利亚与罗马直接对抗。公元260年,罗马皇帝瓦勒良(Valerian,253—260年在位)被俘,并在屈辱中在监狱度过余生。(传说死后他的尸体经处理和填塞,被保存在波斯的庙里。)不过,罗马重新占领了它的东部地区,部分原因是萨珊人对待这些地区的居民太过残暴以至于激起了他们的反抗。半独立的巴尔米拉首领之遗孀芝诺比阿发动了对罗马的另一次叛乱,宣布叙利亚和美索不达米亚独立,并吞并了埃及。这场叛乱仅仅持续了几年,在273年,她被奥勒良打败,戴上镣铐并被带回罗马,披金戴银后示众。

政权的分裂　不断的战事迫使罗马的军事力量从首都分散到了边远地区行省的各个战场,从罗马城里元老院文职官员的掌握转移至战场上的将军手中。高卢、不列颠和西班牙的士兵把他们的将军波斯图穆斯(Postumus,公元259—268年在位)拥戴为统治这些地区的独立皇帝,但是奥勒良在公元274年挫败了他们的兵变。军事上,帝国上演着一场不同寻常的复辟。

坚信壮观、威严的气氛有助于维持中央的控制,皇帝戴克里先(Diocletion,公元284—305年在位)声称自己具有罗马前所未有的神圣和辉煌。他的战争开支和华丽的宫廷使得帝国破产,还将痛苦带给了它的居民。为了应付遥远的边境遭受的袭击,皇帝建立了地区首府,公元330年,康斯坦丁建立了君士坦丁堡,作为第二个首都统治整个东部地区。公元395年以后,罗马皇帝和君士坦丁堡皇帝正式将帝国划分为东罗马和西罗马两个帝国。

"蛮族"部落不断突破帝国的边界和防御。瓦伦提尼安一世(Valentinian I,364—375年在位)是最后一位在蛮族的进攻面前还有力量给予还击的皇帝。自此以后,在匈奴人入侵的逼迫下,日耳曼人越来越多地突破罗马人的防线。378年,瓦伦提尼安一世的弟弟,东罗马皇帝瓦伦斯(Valens,364—378年在位),在阿德里安堡对抗东哥特人的战役中丧生并损失了三分之二的军队。瓦伦斯的继承人,狄奥多西一世(Theodosius,379—395年在位),让东哥特人定居在帝国内,要求他们为帝国的军队和土地提供士兵和农民。随着越来越多的哥特人、法兰克人、阿兰人以及汪达尔人在帝国的边境内定居下来,哥特人和其他"蛮族"的这一"联盟"地位变成一种普遍的模式。罗马帝国只是名义上还存在,但是就其人口、军队和领导阶级而言,它其实已经成了一个混合型的"企业"。皇帝们越来越趋向于避开罗马,而选择居住到像米兰和特里尔这样的城市去。

阿拉里克(约370—410年),是西哥特人,于401年入侵意大利,随之,皇帝洪诺留（Honorius，395—423年在位）将首都从米兰迁往意大利东海岸一座防御更好的城市拉文纳。407年，阿拉里克再次侵袭意大利，并于410年洗劫了罗马。406年底，哥特人、汪达尔人、苏维汇人、阿兰人以及勃艮第人军队联合穿过莱茵河进入高卢，并转移至西班牙。一开始，他们洗劫、掠夺并纵火，但是几年之内，他们就建立了自己的定居地和地区性王国，取代或者兼并了罗马的地主。汪达尔国王盖泽雷克（Geiseric，428—477年在位），穿过罗马进入北非，夺取迦太基并占领了它适于农作的肥沃腹地。他控制了一支舰队，向罗马在地中海的统治地位发起挑战。罗马人无法打败他。

匈奴在欧洲中部建立起自己的帝国联盟。强有力的首领阿提拉（约406—453年），从434到453年一直指挥着军队。他的领土从波罗的海一直延伸到多瑙河。451年，阿提拉入侵意大利，直接威胁着罗马，直到教皇利奥一世加以干涉才撤退。阿提拉死后，他的军队解散，实力不再。476年，日耳曼将军奥多亚塞免去最后一位西罗马皇帝的皇位。奥多亚塞（Odoacer，476—493年在位）成为意大利第一位蛮族国王，至此，存在了五个世纪的罗马帝国灭亡。

在西面，罗马的帝国体系仍然持续了至少两个世纪，但是它的统治阶级和它的军团则受控于日耳曼人和其他入侵的部落。这些部落将帝国划分为几个不同的地区，没有了中央政府。罗马不再是一个帝国的首都。

衰亡的原因

结构问题一直困扰着罗马帝国，甚至在它的鼎盛时期也是如此。在内部，在不同的名义下，上层阶级和广大群众的冲突不断，贯穿着整个共和国和帝国的历史。通过军事力量维持整个国家使得帝国经济负担过重，中层阶级和余下的农民阶层陷入贫困。最初帮助建立起罗马共和国的自耕农阶级被消灭了。虽然富人们仍然依靠他们在意大利和其他地方的地产生活，元老院阶层仍然维持得还不错，但是他们对帝国理想的普遍支持消失了。在早期，不断扩大的边境为支持整个帝国带来了新的经济资源，但是到了二世纪，这种扩张就停止了。帝国扩张已经大大过头了。

此外，帝国的性质取决于其皇帝的才能，但是罗马没有切实可行的继承体系。在马可·奥勒留和戴克里先之间的一个世纪里，共有80多人作为皇帝发号施令，其中有许多先后遭暗杀。公元3世纪，随着在边境地区的战争分散了帝国的力量，相互竞争的军队为了让自己的将军能当上皇帝而战。其结果对帝国的经济、行政管理和整个帝国的士气带来了毁灭性的打击的。

罗马再也无法赢得对抗入侵者的边境战争，而且它也未能继续将哥特人和其他民族作为臣民同化吸收到自己的军队和定居地。罗马帝国的军队和辽阔的领土逐渐日耳曼化，当所有哥特部落开始在哥特指挥者领导的部队里服役时，军队对帝国是否忠心的问题随之产生。罗马人和日耳曼人将对方视为"他者"和异己，罗马人甚至禁止双方通婚。随着日耳曼人开始接手统治，帝国事实上不再属于罗马人了。

作为帝国的主要宗教和哲学的基督教的兴起（参阅第10章），也暗示着罗马对世俗

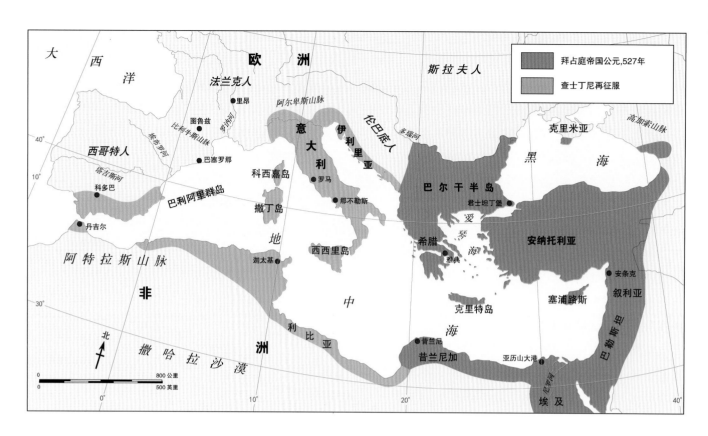

拜占庭帝国。尽管到公元457年时，位于欧洲西部的罗马帝国瓦解，但东罗马帝国或称拜占庭帝国靠着种种运气又延续了一千年——虽然他们说希腊语，而且是东正教徒——直到1453年。以君士坦丁堡为中心，其心脏地带横跨欧亚交汇点。只是在东罗马帝国皇帝查士丁尼（483—565年）的统治下，它才暂时恢复了对西地中海的控制权。

政治权力的渴望正在蒸发。起初，基督教被穷人所接受，他们将它作为表达自己对凯撒们不满的一种方式。然而，后来康斯坦丁在313年宣布基督教合法，再于324年宣布其为正式的国教，罗马更多的主流人士开始改变信仰。基督教为人类的精神活动提供了另一个关注点。18世纪的英国历史学家爱德华·吉本在他的经典著作《罗马帝国衰亡史》中认为，基督教使人们对尘世间的吸引和权力持反对态度。后来，史学家们认为，这种说法言过其实。他们指出，越来越多的帝国行政官员改信基督教，这就是新的宗教和罗马帝国能够相容的证据。基督教确实宣扬永恒的救赎要比为帝国而战更为重要，并且它将人的精力转到更为精神的、更为人道的目标上，以及与其他宗教团体的竞争中。

最近，有学者提出，是气候变化降低了农业生产力，并削弱了经济。还有人特别提出，在公元165到180年间在帝国的一些中心城市爆发，并在公元251到266年间再次爆发的流行病，夺走了多达四分之一的人口。这些疾病渐渐消耗了帝国的人力，使它面对攻击更加脆弱。这些生物学和生态学的论点补充了对罗马衰亡的更多的传统解释过度扩张；财政和军事的精疲力竭；领导阶层的失败；新的、可供选择的价值体系的兴起；日耳曼人的渗透，将帝国分裂成新的、各自独立的国家，并且再也不愿从属于罗马。

东罗马帝国

公元330年5月11日，皇帝康斯坦丁为"新罗马君士坦丁堡"奠基，将其作为联合首都，与罗马分享对庞大帝国的治理权。一开始，这个新的城市就以三种互补的组成元素而独具特色：希腊的语言和文化，罗马的法律和管理，以及基督教的信仰和组织。帝国的西半部只残存了一个半世纪，而东部的帝国则独自维持了一千年，直到1453年。它凭借自身的权力成为一个帝国，后被称为拜占庭，是因君士坦丁堡所在的希腊城市的名字而得名。

查士丁尼统治下的复兴　和西部一样，东罗马帝国也不得不抵挡来自外部的军事攻击。日耳曼部落跨越多瑙河，却发现君士坦丁堡在东罗马帝国皇帝狄奥多西二世（Theodosius II，408—450年在位）所建巨大的城墙的防卫下，坚不可摧。利用日耳曼人雇佣军，东罗马帝国皇帝查士丁尼一世（Justinian I，527—565年在位）夺回了许多西部地区，包括北非、西班牙南部、西西里、意大利，甚至是罗马本身，但是人力和财力上付出的代价也削弱了帝国的战斗力。在他死后，大多数被征服的西部地区又丧失了，而波斯人还时不时地与东罗马帝国的残余势力作战。

查士丁尼在法律、行政管理和建筑方面的创造革新产生了更为长久的影响。他将罗马法的民法编纂为四册，统称为查士丁尼法典，因而使得一种强有力的行政管理方式能长久存在下去。随着时间的推移，该法典成为现今许多欧洲法律的基础。他建造了数不清的建筑将君士坦丁堡装点一新，其代表为圣索菲亚大教堂又被冠以圣智大教堂的称号。他在整个帝国内兴建教堂、堡垒和公共设施。

在东罗马帝国，神学与政治息息相关。仅与神学有关的争辩似乎屡屡会产生政治后果，在这方面，查士丁尼似乎干涉过分。许多叙利亚和埃及的基督教徒宣布，他们是**基督一性论者**，认为耶稣的本质只有神性，而非人性，查士丁尼以遵从神学和帝国权威的名义镇压了他们。在他的宗教狂热下，他所激起的敌对愤恨情绪郁积了几个世纪，并导致这些地区在7世纪时失陷于穆斯林。

宗教斗争　632年以后，阿拉伯军队在伊斯兰教（第11章）宗教热情的激励下，冲出阿拉伯地区发动侵略。皇帝希拉克略（Heraclius，610—641年在位）击败了波斯帝国，但是他与自己的继承人无法阻止这些新的入侵者。阿拉伯人占领了东罗马帝国的大部分土地，包括由心怀不满的基督一性论者所占据的叙利亚和埃及。

至此，罗马和君士坦丁堡的关系变化如此之大，以至于东罗马帝国有了自己作为拜占庭帝国的身份。几个世纪来，聚居于巴尔干半岛和小亚细亚的基督教拜占庭帝国，在军事上和宗教上都与伊斯兰相对抗。拜占庭帝国将它的军队编为**军区**，行政区和军队单位，农民在其中服役，以获得农田作为报偿。这些军区和君士坦丁堡坚不可摧的防御是帝国对抗阿拉伯军队的堡垒。

圣像破坏之争，即在基督徒做礼拜时，是否可以使用神像或是圣像，这一惨烈斗争开始于726年，这多半是对阿拉伯入侵的一个回应。伊斯兰教极力排斥宗教肖像，它的军队取得了巨大的成功。一些东罗马帝国的神职人员认为，这两件事之间可能是有联系的。于是他们成了反圣像派，主张基督教应该加强圣经中禁止崇拜偶像的戒律，禁止对圣像的敬拜，他们发起运动破坏和丢弃宗教肖像，在位的拜占庭皇帝对此给予支持。这一运动持续了一个世纪，直到它被废除，这个决定使教会分裂，产生

基督一性论者（Monophysites）一种早期基督教教义的拥护者，他们认为，人形化的基督具有单一的完全的神性本性。他们反对传统观念中认为基督具有神性和人性的双重本性，并不惜贬损其体验人实际苦难的能力来强调其神性。

199

军区（themes）　其本义指驻扎在拜占庭帝国某一行省的军事组织，后来适用于大的军事基地，在最易受穆斯林入侵的地区形成缓冲地带。

反对崇拜圣像者（iconoclast）圣像破坏者，或拒绝崇敬圣像的人，以这种行为属于偶像崇拜为由。

200

了后来的东正教,并将其主流置于与西方罗马教会对立的立场上,也加剧了拜占庭帝国和罗马天主教之间政教关系的紧张。

拜占庭帝国的伟大领袖都以他们杰出的军事才能和宗教领导能力相结合而闻名。例如,巴西尔一世(Basil I, 867—886年在位)保持了对巴尔干的控制并镇压了保加利亚入侵者;开启了一个从阿拉伯人那里收复克里特岛、叙利亚、南部意大利和巴勒斯坦大部分地区的王朝;并且一度修复了与罗马的宗教裂痕。

但是,最终,从公元11世纪后期开始,宗教和政治两方面的对抗导致了拜占庭帝国的衰落。在入侵的诺曼底人和斯拉夫人在北部对其发动连续猛攻后,拜占庭人转向罗马教皇求助以对抗伊斯兰塞尔柱王朝的突厥人,这些突厥人已经在东方蹂躏了小亚细亚(第11和第14章)。作为回应,教皇鼓动十字军东征,但是,1204年,十字军士兵——他们违抗教皇的明确指示——征服并洗劫了君士坦丁堡,破坏了东正教和天主教的关系,流毒几世纪。拜占庭人于1261年收复该城市,但是他们的帝国已不可挽回地衰弱了,最终于1453年臣服于土耳其人。

千年拜占庭 拜占庭帝国在罗马衰亡之后何以持续长达1000年之久?拜占庭的行政体系名至实归,正如一位当代的历史学家解释道:

圣索菲亚大教堂,君士坦丁堡,532—537年。查士丁尼皇帝建立的圣索菲亚大教堂(神圣智慧教堂),是东罗马帝国权力的有形象征。15世纪,奥斯曼土耳其人占领君士坦丁堡,教堂改为清真寺,四面增添了光塔。

由一群主要在大学,或者君士坦丁堡的"高等学府"受过高等教育培养的官员组成行政部门,文职人员被纳入等级体系,甚至以今天的标准来看都是极其复杂的。定期收税,管理公正,招募军队并派往战场,政府职能总体来说能够非常充分地得以运行。据说在它权力鼎盛时期(公元330—约1050年),撇开所有的缺点不谈(对排场和外交礼仪的过分偏爱,官僚政治倾向,以及频繁的贪污受贿),拜占庭政府运行得更为有效,并且,比历史上任何其他的政治机构持续的时间都长。(Geanakoplos,第3页)

拜占庭的统治阶层从来都没有像西罗马帝国那样,为普通民众所孤立和疏远。地理上,东罗马帝国也同样没有过于扩张。即使在它丢失较偏远的领土时,仍能保卫住心脏地区。它的财富和军力来源于色雷斯和安纳托利亚,地理上靠近位于君士坦丁堡的政治权力中心,维持了近1000年坚不可摧。在这些定居地,拜占庭帝国比西罗马有着更古老而强大的城市传统,在西部的大多数城市几乎都消亡了之后,它的城市仍然是商贸中心。最凶猛的日耳曼入侵部落离开这些更加稳定的地区,转而向西面更为开阔的罗马帝国的耕地进军。东罗马与西罗马存在诸多不同,所以才能作为一个帝国继续存在了千年之久。

罗马帝国的遗产及其意义

罗马帝国在语言、法律、城市和地区的发展以及宗教组织方面打下的基础一直延续到今天。罗马的语言拉丁语是帝国的官方语言,并且作为所有欧洲有教养的人精通的两种语言之一(另一种是希腊语),一直沿用到17世纪。它作为罗马天主教仪式祈祷用的语言幸存下来,直到20世纪中期。拉丁语成为罗曼斯语(意大利语、西班牙语、加泰罗尼亚语、葡萄牙语、法语及罗马尼亚语)的基础,对英语也具有相当大的贡献。

罗马法历经几个世纪的发展和修订,促使其转变为许多欧洲国家的现代成文法。它是拿破仑法典的源头,19世纪早期欧洲的这位法国将军和皇帝在其统治地区颁布这部法典并使其制度化(见第15章)。

作为行政管理和军事中心,罗马在整个帝国范围内建立和发展起来的上百个城镇,成为许多当代欧洲和非洲北部的城市发展的核心。长达50 000英里、铺砌平整的道路将帝国各地的城市连接了起来,也为现代欧洲的陆路交通模式打下了基础。

甚至在它于约476年衰亡之后,罗马帝国仍然继续塑造着数亿人的想象力和管理模式。330年,皇帝康斯坦丁举行典礼将君士坦丁堡作为罗马帝国在东部的姊妹首都,而这个城市在后来的一千年里统治着地中海东部的大部分地区,直到1453年。

与此同时,在欧洲的西部,在长达一千年的时间里,罗马天主教将罗马帝国行政机构据为己有。它的基本组织一直持续到今天。当皇帝康斯坦丁给予基督教在整个帝国内的合法地位,并将它选为自己信仰的宗教时,他为基督教的空前发展打开了大门。从大约800年开始,有个帝国统治了欧洲中部许多地区达900年之久,即后人所称的神圣罗马帝国,虽然它也将自己命名为罗马,但是两者之间相差甚远。

罗马帝国的形象即使在我们的时代仍然是强有力的。大英帝国从18世纪到20世纪中期一直控制着整个世界。他们骄傲地形容自己再现并扩大了罗马帝国特有的军事力量、行政管理、法律体系和技术优势。就像早期的罗马人一样,英国人号称跌入了自己帝国的财富中,而不是积极地追求财富(见第16章)。

英国人将自己的政治管理称为"Pax Britannica",即大英帝国统治下的和平。最近,许多政治分析家还将美国的政治和军事力量在全球的实施称为"Pax Americana",即美国统治下的和平。

复习题

- 罗马为什么选择将城邦扩张为帝国?这一扩张分为几个阶段?
- 罗马军事策略中的"新智慧政策"是什么?举例说明其实施情况。你认为这一政策合理有效吗?罗马在战胜敌人的过程中,采取过另外哪些政策?
- 整个罗马史中,社会等级在政治社会生活中至关重要。举例说明社会等级在家庭生活到公民生活再到帝国生活方面的重要影响。
- 什么是"面包和竞技场"政策?其发展过程是怎样的?你认为它的影响是什么?
- 罗马皇帝最引以为荣的成就是什么?在本文中,奥古斯都的例子最为详尽,但是也提到了其他的皇帝。
- 罗马帝国和基督教中发生了什么变化使得基督教成为最重要的宗教?请指明其发展阶段。
- 史学家为什么说罗马帝国是"解体",而不是"灭亡"?
- 东部的拜占庭帝国在罗马帝国终结后,继续存在了1000年的原因是什么?

推荐阅读

PRINCIPAL SOURCES

Boardman, John, Jasper Griffin, and Oswyn Murray, eds. *The Oxford History of the Classical World* (New York: Oxford University Press, 1986). Very useful array of expert articles on Greece and the Roman Empire.

Cornell, Tim and John Matthews. *Atlas of the Roman World* (New York: Facts on File, 1983). The series of atlases in the *Facts on File* series are encyclopedic in their coverage, and extremely accessible as well.

Grant, Michael. *History of Rome* (New York: Scribner's, 1978). Grant is an excellent scholar-writer who leads the reader through the heart of his subject matter. An outstanding introduction to

the field. His many other books are also extremely useful. See for example *Julius Caesar* (New York: McGraw-Hill, 1969).

Lewis, Naphtali and Meyer Reinhold, eds. *Roman Civilization: Selected Readings: Vol I: The Republic and the Augustan Age; Vol II: The Empire* (New York: Columbia University Press, 1990). *The* documentary collection. Indispensable.

MacMullen, Ramsay. *Romanization in the Time of Augustus* (New Haven, CT: Yale University Press, 2000). Argues that Roman ways of life were eagerly sought by conquered peoples, especially their leaders, and spread through imitation more than by force. Several of MacMullen's other very readable books illuminate class and religious relationships in imperial and post-imperial Rome. See especially *Roman Social Relations, 50 B.C. to A.D. 284* (New Haven, CT: Yale University Press, 1981).

Time-Life Books. *Time Frame 400 B.C.–200 A.D.: Empires Ascendant* (Alexandria, VA: Time-Life Books, 1988) and *Time Frame A.D. 200–600: Empires Besieged* (Alexandria, VA: Time-Life Books, 1988). These books are more at the advanced high school level than college, but all the books in this series are backed by excellent scholarship, clear and effective prose, and lavish, superb illustrations. These two volumes contain important chapters on Rome.

ADDITIONAL SOURCES

Antoninus, Marcus Aurelius. *Meditations*, trans. by H. G. Long in Whitney J. Oates, ed., *The Stoic and Epicurean Philosophers* (New York: Modern Library, 1940). The classic statement of Stoicism by an emperor of Rome known also for his ruthless military conquests.

Aries, Philippe and Georges Duby, eds. *A History of Private Life: Vol. I: From Pagan Rome to Byzantium* (Cambridge, MA: Harvard University Press, 1987). Life cycle, marriage, family, slavery, the household, architecture, the private attitudes of public officials, work and leisure, wealth, public opinion, pleasure, religion, and community are the subjects of three of the fascinating, lengthy essays in this book.

Bradley, K.R. *Slavery and Society at Rome* (Cambridge: Cambridge University Press, 1994). A comprehensive, accessible, up-to-date review.

Brown, Peter. *The World of Late Antiquity, A.D. 150–750* (New York: Harcourt Brace Jovanovich, 1971) and *The Rise of Western Christendom* (Malden, MA: Blackwell, 1996). Brown's scholarship and clarity of presentation on the world of the late Roman Empire and the rise of Christianity make these excellent introductions.

Carcopino, Jerome. *Daily Life in Ancient Rome* (New Haven, CT: Yale University Press, 1940). Although dated and generalized, Carcopino's introduction to the way in which people actually lived is most useful.

Clark, Gillian. *Women in Late Antiquity: Pagan and Christian Life Styles* (Oxford: Oxford University Press, 1993). Sketchy analysis of gender relations accompanying the introduction of early Christianity.

Fantham, Elaine, *et al. Women in the Classical World* (New York: Oxford University Press, 1994). A collection of essays on gender relations through texts and art work.

Finley, M.I., ed. *The Portable Greek Historians* (New York: Viking Press, 1959).

Frank, Andre Gunder and Barry K. Gillis, eds. *The World System: Five Hundred Years or Five Thousand* (New York: Routledge, 1993). Many new explorations of trade in the ancient world, and new ways of understanding trade as the context of political as well as economic system building, make this a fascinating interpretive study.

Geanakoplos, Deno John. *Byzantium: Church, Society, and Civilization Seen Through Contemporary Eyes* (Chicago, IL: University of Chicago Press, 1984). An excellent analysis of the strengths of the Byzantine empire, stressing its bureaucratic organization.

Gibbon, Edward. *The History of the Decline and Fall of the Roman Empire* (New York: Modern Library, 3 Vols. 1932). Available in several abridgements. This classic, two-century-old, study includes important analyses of the Germanic nations, the Huns, the confrontation with early Islam, and the origins of early modern Europe as well as the fall of Rome. Fascinating for its perspective from the age of the European enlightenment.

Johns, Catherine. *Sex or Symbol? Erotic Images of Greece and Rome* (London: British Museum Press, 1989). An outstanding presentation of selections from the special collections of the British Museum on Greece and Rome introducing an analysis of the function of sexual art in religious rituals, drama, and erotic titillation.

Jones, A.H.M. *Augustus* (New York: W.W. Norton & Co., 1970). The basic introduction to this pivotal emperor and his accomplishments. Jones is another classical master scholar-writer. Among his many other books, note *The Later Roman Empire, 284–602: A Social, Economic, and Administrative Survey*, 2 Vols. (Oxford: Basil Blackwell, 1990).

Luttwak, Edward N. *The Grand Strategy of the Roman Empire* (Baltimore, MD: Johns Hopkins University Press, 1976). A fascinating analysis of Rome's military strategy, stressing "The New Wisdom" of application of overwhelming strength.

Mumford, Lewis. *The City in History* (New York: Harcourt, Brace, and World, 1961). Mumford's classic, moralistic analysis of historic urbanization sees Rome, both city and empire, as a catastrophe of the exploitation of the poor and vulnerable by the rich and powerful.

Ramage, Nancy and Andrew Ramage. *Roman Art: Romulus to Constantine* (Englewood Cliffs, NJ: Prentice Hall, 1991). Useful, accessible, basic introductory text. Richly illustrated.

Runciman, Steven. *Byzantine Civilization* (Cleveland, OH: World Publishing Co., 1933). Even after seventy years, Runciman is still a fascinating and readable introduction.

Virgil. *Aeneid*, trans. Rolphe Humphries (New York: Charles Scribner's Sons, 1951). Many translations available. Writing in the age of Augustus, Virgil gives the classic, idealized statement of Rome's mission.

Wells, Peter. *The Barbarians Speak: How the Conquered Peoples Shaped Roman Europe* (Princeton, NJ: Princeton University Press, 1999). Reviews and extends studies of the relationships between Romans and "Barbarians" based on recent archaeological findings.

中　国

分裂和统一：秦、汉、隋和唐朝
公元前200—公元900年

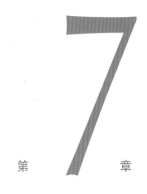

主题
- 秦朝
- 汉朝
- 分裂和重新统一
- 中华帝国

第　　章

在第4章介绍华北平原时我们提到了周朝（公元前1100—前256年）的衰败。随着周朝开始没落，各个独立的、有实力的诸侯国之间进入了长期持久的混战，中国的历史学家把约公元前481年至公元前221年这一时期称为战国时期。经过数百年的混战，最终，秦国于公元前221年打败了其他各诸侯国，统一了中国北方，建立起了第一个统一的中华帝国。

本章的内容涵盖了中华帝国从公元前221年至公元907年这1100年的历史。在这期间，中国形成了自己的政治和文化形态，这一切又延续了一个千年，而且就像我们将在第21章看到的，或许一直延续至今天。

本章将详细介绍中国的帝王统治者取得的主要功绩——征服、建立和巩固帝国——以及拓展疆域至"外中国"，即由非中国族裔人居住的遥远的被征服地区。我们还将探讨中国与后来纳入中国版图的南部及西南地区的关系，中国与深受中国文化影响的朝鲜和日本的关系。本章最后将对中华帝国和罗马帝国做一比较。

秦朝

秦朝凭借位于黄河与渭水交汇处的地缘政治基地进行扩张，控制了整个华北地区和南方的部分地区。秦朝的征服行动结束了战国时期中国北方自周朝衰败以来持续了几个世纪的混战局面。秦朝打败其他地区的诸国用了将近一百年的时间，直到公元前221年，他们才有权声称建立了中国历史上第一个统一的帝国。尽管在成功建立帝国之后，这个朝代本身仅仅延续了十几年的时间，但是新成立的帝国却延续至今，鲜有中断。

军事实力和人口动员

在秦朝的征服统一的过程中，军事力量至关重要。收录自周朝初年起的诗歌总集《诗经》就对中国早年绵延不绝的战争多有反映：

> 何草不黄？
>
> 何日不行？
>
> 何人不将？

前页　中国的长城。始建于公元前214年，后经多次重建。一位17世纪的欧洲观察家对中国古代伟大的文化遗产长城这样评价道："世界七大奇迹都无法与之媲美。"长城用方砖和石块砌成，平均高度和宽度为25英尺，总长1 500英里，其间分布着烽火台，作为敌人入侵时发出信号的预警台。

206

经营四方。

何草不玄？
何人不矜？
哀我征夫，
独为匪民。

匪兕匪虎，
率彼旷野。
哀我征夫，
朝夕不暇。(《诗经·小雅》)

秦朝不但征服了华北地区，还击败了居于中国本土北部和西部边境的匈奴部族（可能就是罗马人所称的匈族人）。秦朝控制了朝鲜的北部，打败了南方的一些越人部落。秦朝统一后的第一位皇帝是秦始皇（公元前221—前210年在位），"秦朝的始皇帝"这个头衔与屋大维自诩的"罗马的凯撒奥古斯都"倒颇有几分相似。

除了军事方面的行动之外，秦朝还招募了成千上万的平民进行大型公共项目的建设。征服华北地区各国以后，为了阻止匈奴入侵中国的领土，秦始皇组织了百万民工，历时七年，在原来各地统治者所筑的防御城墙的基础上，加以修补连接，建成了绵延达1 500英里的长城。长城上每隔几百米就筑有一个40英尺高的烽火台，一旦有

秦始皇陵兵马俑，秦朝，公元前210年。庞大的兵马俑群包括数千件真人大小的陶俑，俑坑尚未完全发掘，它们位于秦始皇陵旁边，充分显示出秦朝盛极一时的强大兵力以及始皇帝对身后之事的精心安排。

外敌入侵,就可以在第一时间发出报警信号。

此外,秦始皇还动用了700 000劳工为其修建可容纳40 000人的庞大宫殿。然而相形之下,更令人叹为观止的还是他的陵墓。1974年,考古学家在他的陵墓旁发现了巨大的兵马俑坑,出土了约7 000件真人大小的陶俑及车马,以军事编队排列,配有青铜制的兵器,矛、长弓、弩(中国的发明之一),与实物大小相近,栩栩如生。1976年,考古学家再次发掘出另外1 400件战车和骑兵,分列在4支队伍中。其后一年,考古学家又发现了一个较小的赤陶文官俑坑。这些成千上万的兵马俑并非是批量制成的,而是工匠们逐个精心烧绘,甚至连显示不同兵种的发型样式也毫不马虎。这些陶俑人物显然代表着帝国军队的精英,他们陪伴皇帝进入他的坟墓,直至来世。

早期武器发展	
3000年 (公元前)	战车发明。美索不达米亚地区和欧洲东南部出现了最早的金属制剑和盾牌(青铜制)。
2000年	美索不达米亚地区出现了最早的青铜鳞盔甲。
约700年	腓尼基人和埃及人发明桨帆船——以桨做动力的战舰。
500年	希腊人和迦太基人开始使用巨弩和投石机。
200年	中国人开始使用手持弩。
300年(公元)	中国人开始使用镫具。
950年	中国人把火药用于信号发射装置和烟火。
1250—1300年	中国人可能开始使用铜制和铁制火炮,欧洲关于火炮使用的最早记载是1326年。

207

经济实力

秦国进行了多次规模巨大的公共项目建设以提高帝国的经济生产力。在积聚国力的头几百年里,秦分别在北方的渭水流域及位于中国中西部四川地区的岷江流域修建了运河及引水工程。四川成都的周边地区得到了良好的灌溉,成了国家的粮仓。在北方陕西建造的引水灌溉工程大大提高了陕西的灌溉力和农业生产力,也使秦朝能够以此为基础牢牢地控制整个华北地区。同时,随着冶铁业在中国军事和经济实力的增长过程中具有越来越重要的地位,秦朝控制了好几处储量丰富的铁矿资源和当时中国最好的两个铸铁基地,这些是铸造工具和武器所必需的极为重要的资源。

行政权力

在行政管理方面,秦始皇实行的是一种官僚政治。它废除了效忠个人的制度,原来在这种制度下,官员的任用主要是依据他们个人,尤其是其家庭与皇室的亲缘关系,因此任用的官员效忠的是皇帝个人而不是作为国家机构的帝国。在代之而起的制度中,皇帝根据个人的能力对官员进行选拔,用系统的、正规化的成文条例明确规范官员的职责,并根据他们的工作业绩和效忠程度进行奖励和惩罚。秦朝时将整个帝国分成40多个被称为"郡"的行政单位,每个郡设三个主要的官员,他们代表皇帝行使民政、兵事和监察的职能,这三个官员互相牵制,职权相当,因此三人中不至于有哪一个会因权力过大而威胁到皇帝的统治。

秦朝在进行中央集权的同时也实行标准化。秦朝统一了度量衡、货币、车轴的尺寸和道路的宽度,并统一了法典。或许最为重要的是,秦始皇统一了汉字的书写形式,这称得上是中国历史上的政治和文化统一进程中最为重要的举措。直至今天,尽管中国各地所说的方言差别很大,但使用的书面的汉字一如秦朝时确立的那样,全国统一。

年　代	政　治	宗教和文化	社　会　发　展
公元前500年	■ 战国时期（前481—前221年）	■ 孔子（前551—前479年）	
公元前250年	■ 周朝灭亡（前256年） ■ 秦始皇建立秦朝（前221—前206年） ■ 反秦起义（前207年）	■ 韩非子（逝于前233年） ■ 道家 ■ 法家 ■ 长城	
公元前200年	■ 刘邦（前206—前195年），汉朝第一位皇帝		
公元前150年	■ 汉武帝（前141—前87年）	■ 设立太学（前124年）	■ 张骞出使
公元前100年	■ 王莽篡权（公元9—23年）	■ 司马迁（前145—前85年） ■ 纸的发明	
公元50年		■ 佛教首次出现在中国文献中	
公元200年	■ 汉朝灭亡（220年） ■ 分裂时期（221—331年） ■ 三国时期（220—280年）		
公元300年	■ 晋朝（265—316年） ■ 北魏（386—534年）	■ 佛教的壮大 ■ 顾恺之（334—406年）	
公元600年	■ 隋朝（581—618年） ■ 唐朝（618—907年）	■ 雕版印刷术的发明 ■ 大运河竣工（610年） ■ 佛教石窟艺术	■ 帝国的疆域拓展至蒙古、突厥斯坦、阿富汗、巴基斯坦和伊朗 ■ 唐朝一度控制了朝鲜北部和越南
公元650年	■ 女皇武则天（625—705年）		■ 第一部药典
公元700年	■ 怛罗斯河之战（751年） ■ 安禄山叛乱（755—763年）	■ 王维（701—762年） ■ 李白（701—761年） ■ 杜甫（712—770年） ■ 制瓷	
公元800年		■ 压制佛教	
公元900年	■ 唐朝灭亡，导致分裂（907—960年） ■ 宋朝（960—1279年）		

历史一览表：中国

帝国百家争鸣的思想意识形态

在公开的场合，中国的帝王都强调统治哲学在建立、维持和领导帝国过程中的重要性。除此之外，撰写中国历史的官方史学家们也是一批精通哲学的学者。因此，中国的历史折射出对帝国各种哲学和意识形态之间矛盾冲突的巨大关注。这些哲学和意识形态出现在周朝末年和历史学家们所谓的战国时期（公元前约418—前221年）。时局的动荡混乱使得一些人或寻求解决政治和社会问题的途径，或寻找远离社会和政治的安宁之地。产生在这一时期的三大思想流派——儒家学说、道家学说和法家学说——深深地影响了秦朝以后寻求治世之道的中华帝国的各个朝代。

儒家思想　孔子（公元前551—前479年），拉丁语作Confucius，是来自小国鲁国即今天山东的一位思想家、政治游说家。孔子致力于通过重新定义中国的政治、道德观念进而对国家实行改革。孔子最初是一位学者,他精通"礼、乐、射、御、书、数"六艺,而后开始了他的教师生涯。在诸侯割据连年混战的历史背景下,孔子形成了一套自己的思想主张,希望能够给当时的人们、至少是有识之士带去和平、满足、尊严和个人文化发展。尽管孔子在当时寻求各国采纳这些主张时屡屡受挫,但是他的弟子继承了他的思想,这些思想得以渗透到后世中国人的思想里,而且常常体现在政府的各项政策中。

孔子认为,好的政府机构需要依靠好的官员,即有人道、善良、美德和文化的"仁"者。尽管孔子并不过多关注超自然的事物,但是,他的确相信有一个道德法则贯穿宇宙,并且是能够为人所知的。孔子认为,与他所处时代的混乱局面相比,周朝初年是一个安定有序、充满智慧和美德的黄金时代,那时候的治国之士深知社会中等级、礼仪、音乐和艺术的重要性。正是由于忽视了人道和理性,又缺乏能够教化新统治者的思想学说,才导致了中国政局的一片混乱。

孔子和他的弟子把中国早期历史上的五本典籍作为儒家学派的代表文献,它们体现了孔子在历史、音乐、艺术及礼仪方面的思想和主张:

- 《尚书》,记载了早期历史上皇帝与诸臣的言辞;
- 《易经》,详细介绍了用占筮预测未来的方法;
- 《诗经》,包含了305首诗歌,其中约一半与平民百姓的日常生活相关,另一半与宫廷政治和祭祀仪式相关;
- 《春秋》,是孔子的家乡鲁国的编年体简史;
- 《礼记》(共有三礼,合而为一),结合了思想和礼制。

除了上述五本著作之外,孔子的弟子还记录了孔子本人的学说,编成《论语》(见222页)一书。其中有许多是孔子对上述五本典籍的诠释和评论。

孔子相信人性本善及人的可塑性,他相信人们能够重拾过去的美德。他相信"君子"的主导作用,认为君子是道德领袖,具有领导社会向"和"与"美"发展的远大眼光,这样的君子可以,而且应当被赋予政治上的领导权和适当的权力。然而对孔子来说,君子并不是天生的,而是通过后天的教育培养塑造的。孔子认为,重要的是人的性格而不是其出身,因此无论是谁,只要向他虚心求教他都会给予潜心教诲。但是因为孔子所处的时代太过混乱,所以他的主张并未立即得到采纳。

秦朝并不欢迎孔子的"仁"的主张,但随后的汉朝却大不相同。孔子关于道德和施政的思想不仅主宰了当时的文化并成为有识之士的主流思想,影响中国长达2000年,同时也影响到韩国、日本乃至东南亚地区的政治思想。

除此之外,因为孔子用颇为概括的形式表达了他的思想,所以后来的弟子们可以根据具体情况适当发挥以解决问题。因此,儒家学说得以发展进化,并常常演变为新的形式,这些新的形式有时保留、有时则改变了儒家学说的某些核心价值观。例如,

210 **原始资料**

孔子和《论语》

根据史料,孔子的学说并不是他自己记录下来的。《论语》是对被认为属于孔子的思想观点的收集,据说由孔子的再传弟子记录、编辑而成。全书分二十篇,共有497章,文笔简练、结构松散、未详尽解释,且以表意形式记录。它们的确切含义有时并不那么清晰,然而也正是这些特征提高了读者的参与性,促进了他们对文本的解释。《论语》成为很多世纪以来中国学生在校教育的一部分,这种教育至少持续到1949年的共产党革命。这里节选的内容代表了孔子的几种典型的思想主张,其中包括:正式的、人文主义的教育在塑造人的良好品性方面的重要性;通过范例进行教与学;把注意力放在"此地"与"此时";尊敬他人,尤其是尊敬父母和兄长。

> 子曰:"弟子入则孝,出则弟,谨而信,泛爱众而亲仁。行有余力,则以学文。"

> 子曰:"道之以政,齐之以刑,民免而无耻;道之以德,齐之以礼,有耻且格。"

> 子曰:"有教无类。"

> 子曰:"由!诲汝知之乎?知之为知之,不知为不知,是知也。"

> 子曰:"君子喻于义,小人喻于利。"

> 子曰:"我非生而之知者,好古,敏以求之者也。"

> 子曰:"三军可夺帅也,匹夫不可夺志也。"

> 子曰:"知者不惑;仁者不忧;勇者不惧。"

> 子曰:"未能事人,焉能事鬼?",问"敢问死?",曰:"未知生,焉知死?"

> 子曰:"非礼勿视,非礼勿听,非礼勿言,非礼勿动。"

> 子贡曰:"我不欲人之加诸我也,吾亦欲无加诸人。"

> 子贡问政。子曰:"足食、足兵、民信之矣。"子贡曰:"必不得已而去,于斯三者何先?"曰:"去兵。"子贡曰:"必不得已而去,于斯二者何先?"曰:"去食。"自古皆有死,民无信不立。

纵观整个中国历史,一些群体也曾反抗过孔子的伦理道德观。在长达许多世纪的时间里频频爆发的农民起义就反对孔子主张的"秩序"与"和谐"。19世纪末和20世纪,中国开始在技术和军事上落后于西方国家,儒家传统学说也在这个时候受到了新起势力的挑战(见第18章和第21章)。评论界认为,儒家思想违背了平等、科学教育、青年的反抗精神,以及体力劳动的尊严、农民和妇女的平等权利。1949年以后,中国共产党成为中国的执政党,共产党在文化大革命中的1973至1974年间曾对孔子进行了极其猛烈的抨击,认为孔子是当时奴隶主贵族统治阶级的代言人。随着共产主义在当代中国被赋予了更新的形式和内涵,对儒家思想的学习又重新回到了中国的校园。

孟子(公元前约371—前约289年)对人性持一种乐观的态度,他相信教育可以发掘出人最好的一面。他鼓励政府的领导人尊崇儒家思想的原则,倡导和谐,以实现人民和社会利益的最大化。孔子的另一位弟子荀子(公元前312—前235年)却对人的本性持较为消极的看法。荀子为官多年,他侧重强调儒学的不同方面,更为重要的是,荀子认为人性本恶,只有通过后天的教育并参与到一定的礼仪当中,人们才会学着把社会的需要置于个人的欲望之上。与孟子不同,荀子认为教育应当侧重于培养对人的行为的控制力。

211 **法家思想(legalism)** 中国的哲学流派之一。自战国开始受到广泛的关注。法家思想对秦朝的施政产生了巨大的影响。法家学者对人性持悲观的态度,他们认为社会的和谐只能通过强权政府、实行酷法和严格执法才能实现。

法家思想 秦朝反对儒家思想,推崇名为"法家"的施政思想。这种施政思想以严格的法律法规和严厉的实施办法为其主要特征,对于遵纪守法者给予奖励,对于违法乱纪者施以迅速且相称的惩罚。秦始皇在位期间,在全国各地刻石立碑宣扬他的价值观和政策。例如,在平定了远在东北发生的叛乱后,他下令在城墙上写道:

遂兴师旅,诛戮无道,为逆灭息。(发动军队,诛伐无道,反逆息灭。)

武殄暴逆,文复无罪,庶心咸服。(武功奋威,暴逆灰飞,用文德保护无辜,天

下民心归服)

　　惠论功劳,赏及牛马,恩肥土域。(评比功勋,普施恩惠,连牛马也蒙受赏赐,土地都肥沃起来。)

　　皇帝奋威,德并诸侯,初一泰平。(皇帝奋起神威,凭借至德,兼并诸侯,初成一统,天下安宁。)

　　堕坏城郭,决通川防,夷去险阳。(拆除城郭,挖通河渠。铲去险阻。)

　　地势既定,黎庶无繇,天下咸抚。(地势已平,百姓再无徭役之苦,国家安定。)

　　男乐其畴,女修其业,事各有序。(男人们快快乐乐在田里耕作,妇女专心操劳家务,各项事宜依常序进行。)

　　惠被诸产,久并来田,莫不安所。(各行各业,蒙受惠泽,远人来归,无不安居乐业。)

在另一篇碑文中他写道:

　　秦圣临国,始定刑名,显陈旧章。(圣明的皇帝君临天下,始奠定刑法制度,公布既定的规章。)

　　初平法式,审别职任,以立恒常。(初整法制,审定百官的职司,建立历久不变的纲纪。)

秦始皇还规定了一部关于两性行为的法典:

　　夫为寄豭,杀之无罪,男秉义程。(男子与别人的妻子通奸,杀死他也没有罪,这样男人就能行为端正。)

　　妻为逃嫁,子不得母,咸化廉清。(妻子逃走另嫁他人,那么做儿子的就可以不认这个母亲。民风便能廉洁清明。)

秦始皇在执政期间广泛采纳了思想家韩非子(公元前233年去世)的施政思想。韩非子是儒家学者荀子的弟子,他自称法家学者,相信严格的立法和执法是国家稳定祥和的重要保证。他对法律的力量概括如下:

　　故以法治国,举措而已矣……矫上之失,诘下之邪,治乱决缪,绌羡齐非,一民之轨,莫如法。

　　明主之所道制其臣者,二柄而已矣。二柄者,刑德也。

道家思想　道家学说以"无为"的态度对待自然和宇宙,有玄学性质,通常并不直接应用于施政,但对于平民的个人生活尤其是归隐后的生活常起着相当大的安抚作用。道家学说常被视为艺术家的灵感来源,同时因为道学宣扬对自然的重视,因此也常常被视为自然科学家灵感的来源。

　　道家学说的创始人相传是老子(公元前约604—约前517年),老子也被认为是道家学说的经典著作《道德经》的作者,但道家学派和《道德经》一书更有可能追溯至公元前3或4世纪。道家学说的教义往往隐于悖论和难懂的言语中:

> 道可道,非常道;
> 名可名,非常名。

儒家学派注重后天的学习和教育,而与此相反,道家的学者却相信,未经教化的简朴归真更加强大。

> 绝圣弃智,民利百倍;
> 绝仁弃义,民复孝慈;
> 绝巧弃利,盗贼无有。
> 此三者以为文不足,
> 故令有所属:
> 见素抱朴,
> 少私寡欲,
> 绝学无忧。
>
> 天下之至柔,
> 驰骋天下之至坚。
> 无有入无间:
> 吾是以知无为之有益。
> 不言之教,无为之益,天下希及之。

道学家们信奉自然的法则和秩序,即"道",他们认为政府应当让人民自由发展。

> 夫天下多忌讳,
> 而民弥贫;
> 民多利器,
> 而邦家滋昏;
> 民多智慧,
> 而邪事滋起。
> 法令滋彰,

而盗贼多有。

是以圣人之言曰：

我无为，

而民自化。

道家关于"简"的观点削弱了对政府的需要。道家主张"小国寡民"，认为连出门旅行都是没有必要的，因为美丽、安宁和快乐都可以从家中获得：

邻国相望，

鸡犬之声相闻，

民至老死，不相往来。

道学可以被视为是对儒家学说的拒绝，但是很多中国人却都同时拥护这两种思想，他们运用儒学指导他们的公众生活，而在个人生活方面，却可以从道学中得到很多宽慰。同时，道学允许个体寻求各自的生活方式，所以道学又逐渐容纳了很多当时流行的思想，炼金术、神学和巫术等通过各式各样的仪式得以加强。最终道学可能促使中国人接受大乘佛教，因为二者都强调超越物质世界之外的思想。

法家和儒家之间的斗争 在秦朝，法家和儒家的思想存在着激烈的矛盾冲突。与儒家推崇过去的主张截然不同，丞相李斯（公元前约280—前208 年）认为，秦朝的行政机构比以往任何一个统治机构都要先进得多，秦王朝的成功在于它采用了一整套系统有序的法规和"任人唯贤"的官员任用制度进行行政管理，而不是通过个人的非常设机构进行管理，而这些都是与法家的思想相一致的。

李斯进谏请皇帝收集并焚烧儒家的经典书籍，认为这样一来，现时实行的政策便成为不二选择。公元前213年，秦朝进行"焚书"。随后，由于儒生继续反对秦始皇，始皇又将460名儒生活埋。汉朝的史官、儒学家司马迁记录下了这一史实，正是这场反文化的残忍罪行给秦朝留下了千古骂名。围绕皇位进行的阴谋和争斗加速了秦朝的灭亡，也印证了这一观点。

天意 中华帝国的政治理论中传承已久的哲学观念之一便是天意。天——不是某一位神灵，而是宇宙的力量——它保佑仁君，惩治暴君，万能的"天"运用天意或天力进行主宰，使道义的一方得势，使不义的一方灭亡。各个朝代都要为他们的行为负责，而且他们不可能期望永远统治下去。如果哪个朝代失去了天意，则不仅会通过羸弱的统治机构在政治和经济方面的矛盾反映出来，同时也会以洪涝、干旱等自然灾害的形式反映出来。纵观中国的历史，反对皇帝的起义军大多会宣扬当朝皇帝已经失去"天意"的种种表现，而拥戴新统治者的人也常常宣称他们拥有"天意"。

214

秦朝的灭亡

秦始皇死于公元前210年,被安葬在他下令建造的巨大墓穴中,随葬的还有规模庞大的兵马俑。仅仅过了4年时间,这个看似强盛、权力高度集中、拥有强大生产力、社会井然有序的帝国便走向了灭亡。秦朝看似强大,但秦朝的压迫已使国家和人民到了崩溃的边缘:占人口90%的农民既要负担苛捐杂税,又要服兵役劳役,妻子们则在家中劳作予以支撑。秦朝派出成千上万的农民前往长城的北方和西北两边攻打匈奴的行动最终成为秦朝灭亡的导火索。后来的《汉书》对此也有所记载:

> 至于始皇,遂并天下,内兴功作,外攘夷狄,收泰半之赋,发闾左之戍。男子力耕不足粮饷,女子纺绩不足衣服。竭天下之资财以奉其政,犹未足以澹其欲也。海内愁怨,遂用溃畔。

除了这些全局性的问题,秦始皇之后的皇位继承权争夺也促使秦朝走向了灭亡。秦始皇死后,皇权争夺战在秦始皇的儿子、宰相李斯和另一位朝廷官员宦官赵高之间展开了。在这场战争中,秦王的儿子在李斯的建议下杀害了大批他父皇的拥戴者,至此,惶恐和不忠充斥朝廷,人人都只是专注于保护自己的性命以及自身权势的扩张。尽管在全国上下,秦始皇实行官僚政治以代替个人统治,但个人统治仍然主导着朝廷。最后,赵高逼秦始皇的儿子自尽,但随后赵高也遇刺身亡。在朝廷内部斗争激烈、动荡不安之时,起义军攻破了秦朝的都城咸阳,推翻了秦朝。此后,战火连绵不断,直到公元前206年,起义军的首领刘邦获得了胜利,建立了汉朝。

虽然汉朝史学家宣称秦朝的统治已经尽失天意,但是,秦朝却给中国带来了政治发展的新局面:秦朝最早建立了帝国,建立了有效的官僚行政制度,同时还为有识之士提供了施展才华的舞台,所有这些革新举措都以不同的形式影响中国达两千年之久。

汉朝

刘邦(公元前206—前195年在位)在推翻秦王朝的战争中获得了胜利,中华帝国仍然原封不动,只不过是一个统治家族消亡了,而另一个家族代之而起进行统治,但帝国本身却是在一个帝王统治之下的统一体。指导秦朝的主要法家学派大臣们也都随之被取代,但官僚行政制度却一直延续了下来。

窦绾公主墓中的玉衣,西汉,公元前2世纪末。玉石是石头中非常坚硬的一种,因此被认为具有有效的防腐功能。公主窦绾是汉景帝的儿媳,她死后身上穿的这件玉衣由2160块玉石用金线串起制成。

215

儒家的官僚制度

新朝代的统治方式也有了改变。刘邦本来只是一介平民,出身士卒,甚或目不识丁,他常年东征西战,最终于公元前195年战死沙场。但是刘邦却注重选拔有学识的儒士担任朝廷大臣。由此一来,一种新的社会政治等级制度逐渐形成了:学者的地位最高,其次是农民,手工业者,最后是商人。那一时期,法家思想仍然影响着当时的行政管理制度,重视自然和情感的道家思想依然颇具吸引力,但是儒家学派的道德教化却尤其受到了朝廷的推崇。

儒家学说的影响力表现在以下四个方面:第一,历史受到前所未有的重视。司马谈及其子司马迁被任命为史官,由此开创了官修史书的传统(见第229页)。儒家学说重视传统、重视传承的思想,取代了漠视过去的法家思想。

第二,公元前124年,汉朝统治者中最强大、寿命最长的汉武帝(公元前141—前87年在位)设立太学,精心选拔学者官员入学学习儒家思想的精髓及儒道治国。皇帝还规定,对儒家学说典籍的了解和掌握是官员们获得职位提升的基础。太学最初只有50人,但后来规模逐渐壮大,至东汉时已达30 000人。尽管在汉朝,官员大多数仍然是由有田产的贵族充任,但是到唐朝时(公元618—907年),一项新的官员任用和升职制度终于得以确立,即官员的任用和升职不再以出身为基础,而是根据对儒家经典学说的考试成绩确定。

第三,公元前51年,当时的皇帝将儒家学者召集到宫廷,编纂并就此确立了应用判例法的原则,这项举措确立和巩固了此后数世纪的中国法制体系。

原始资料

汉代社会妇女的行为规范

汉朝时,不少文人记录下了当时社会中妇女的地位。但遗憾的是这些记录大多反映的是贵族女性,对于农家妇女则反映较少。汉朝有名的宫廷史官班固的妹妹班昭(公元45—116)就曾撰写了一部有名的关于贵族妇女德行的建议书《女诫》,全书被分为卑弱、夫妇、敬慎、妇行、专心、曲从和叔妹七部分。班昭的阐释如下:

> "卑弱第一。古者生女三日,卧之床下,弄之瓦砖,而斋告焉。卧之床下,明其卑弱,主下人也。弄之瓦砖,明其习劳,主执勤也。斋告先君,明当主继祭祀也。三者盖女人

之常道,礼法之典教矣。"这三种旧俗体现出中国古代的传统,也暗示了古代女性无法改变的生活道路。

> "谦让恭敬,先人后己,有善莫名,有恶莫辞,忍辱含垢,常若畏惧,是谓卑弱下人也。"

> "晚寝早作,勿惮夙夜,执务私事,不辞剧易,所作必成,手迹整理,是谓执勤也。正色端操,以事夫主,清静自守,无好戏笑,洁齐酒食,以供祖宗,是谓继祭祀也。"

刘向(公元前79—前8年)所著的传记《烈女传》与之相似,也着重强调妇女的自我牺牲精神,书中以历史上的125位女性为例,尤其对儒家大学者孟子的母亲给予了高度评价。刘向引述了

孟子的母亲在教导孟子时关于妇女担负责任的一番见解:

> 孟母曰:"夫妇人之礼,精五饭,酒浆,养舅姑,缝衣裳而已矣。故有闺内之修,而无境外之志。易曰:'在中馈,无攸遂。'诗曰:'无非无仪,惟酒食是议。'以言妇人无擅制之义,而有三从之道也。故年少则从乎父母,出嫁则从乎子,礼也。"

盛行的儒家思想强调等级制度。顺从观念渗透到上述这些对妇女行为的规定中。但在整个汉朝(汉朝之后情况有所不同),女子可以继承遗产,与丈夫离婚,离婚或丧夫后可再婚。更有身居高位的女子反抗儒家思想。

216

第四，儒家的男女学者们制定了妇女的行为准则。孔子把人类社会的五种关系概括为：君臣关系，父子关系，夫妇关系，兄弟关系和朋友关系。前四种属于上下级关系。但在这当中，妇女的作用他却几乎没有提及。汉朝时，曾有几个儒家学者提到了这个问题，他们倡导妇女对他人应当有自我牺牲的精神，尤其对于她们生活中的男性，包括父亲、兄长、丈夫和儿子。这些思想主要来源于汉朝宫廷史官班固的妹妹班昭，以及《烈女传》的作者刘向。

军事力量和外交

汉朝皇帝的好战和黩武倾向丝毫不亚于秦朝。强调"仁"的儒家思想在学者和文官中影响力极大，但朝廷既没有摒弃正式的法制体系，也没有停止领土的扩张和自

我们是怎样知道的？

伟大的史学家

中国人珍视历史，一方面是出于历史本身，另一方面是由于中国人相信历史对于人性的教化作用。中国因此保留了世界上所有古代帝国中最为完整、最为丰富的史料。基于丰富的历史文献，汉武帝（公元前141—前87年在位）设立了一个新的职位即朝廷史官，其责任是详实地记录中国汉朝以前的全部历史。

第一位担任此职的史官是司马谈（公元前110年去世），之后，司马谈的儿子司马迁，这位历史上最伟大的史学家之一，继承了他父亲的史官职位。这对父子使史官的职责由编纂各个朝代的编年史转为对政府和统治者进行评价，开创了从政治和道德两方面评述中国历史的先河。

司马迁撰写了一部伟大的史书《史记》，全书共有130篇，记录了自远古中国神话时代起至司马迁所在的汉朝期间的全部历史。书的最后还附有司马迁的简要自传：

迁生龙门，耕牧河山之阳。年十岁则诵古文。二十而南游江、淮，上会稽，探禹穴，窥九疑，浮于沅、湘；北涉汶、泗，讲业齐、鲁之都，观孔子之遗风，乡

射邹、峄；厄困鄱、薛、彭城，过梁、楚以归。于是迁仕为郎中，奉使西征巴、蜀以南，南略邛、筰、昆明，还报命。

由此可见，司马迁涉猎过很多领域，例如农耕、文学、游历、探险、箭术和人类学研究，除此之外，他还担任过朝廷的官员，参加过战争。只有当历史学家们个人的生活和阅历丰富时，他们才能更深刻地了解他们所要研究的人的生活状况，在这方面，司马迁无疑有一个好的开端。

司马迁撰写历史的可贵之处在于他通过纪传体这种传统的中国文学体裁来记录历史。他以纪传体为载体，不仅对过去，还对他所处时代的国家的政治和道德政策进行评论。司马迁的评论有时相当尖锐，有时甚至为自己惹祸上身。司马迁的朋友，大将军李陵曾在朝中甚不得宠，司马迁就因支持李陵而被处以宫刑。之后，司马迁对汉武帝的父亲汉景帝的评述惹恼了汉武帝，武帝下令删去这一章。但是最终，帝国对他的态度缓和了下来，司马迁被誉为早期中国史学传统中最伟大的史学家。

司马迁记录了至公元前约100年为止的历史，随后，另一位历史学家

班彪（公元3—54年）又撰写了《史记后传》数十篇，班彪的儿子班固（公元32—92年）写成了《汉书》（汉朝的历史），记述内容至公元22年止，由此开创了断代史的写作传统，《后汉书》（东汉的历史）也是按照这种形式写成的，这种按照朝代编写史书的传统一直延续到二十世纪。

由于官方的历史记录大多受到儒家思想的影响，观点保守有所偏颇，且内容几乎只关注中央政府以及朝廷内部，所以来自各省各地的非官方史料就显得尤为重要了，他们提供了不同的观察角度。从墓地和墓穴中出土的文献、铭文和碑刻中，常有反映死者生前行为活动的浮雕；墓穴中出土的陪葬物通常是模仿死者生前的房屋、器具、车船、田地等制成的缩微模型和各种其他物品，通常包括陶土制成的小人儿以及绘有歌女、乐士、奴仆等的彩绘壁画，这些都丰富了我们对死者生前生活的了解。

- 每个朝代都修纂官方的宫廷历史的原因是什么？
- 司马迁的地位起起落落、后又名垂史册的原因是什么？
- 你如何看待司马迁作为一位历史学家所经历的磨砺？

卫战事。汉朝的常备军总人数达到 300 000 至 1 000 000,年龄在 20 至 56 岁之间,身体健全的男子都被征兵入伍,进行一年的军训后,在都城或前线战场上服役一年。一旦战争爆发,他们可以被迅速召集起来。

汉朝时,中国与长城周边的匈奴及其他一些部落战争不断。事实上,就像我们接下来要提到的那样,汉朝努力开辟了一条途经甘肃通往新疆方向的走廊,其中的一个原因就是要打开西部的丝绸市场,波斯的商人沿着这条商道运输货物,远至罗马,同时中国还可以从大夏获取军队作战所需的战马。随着中华帝国的扩张,统治者们找到了与邻国,包括诸如匈奴等游牧部落外交事务正常化的新途径,创立了"朝贡制",即,周边的进贡部落承认中国的统治并向中国的皇帝纳贡,作为礼尚往来,中国的帝王也要向各进贡部落首领赠送礼物。在北部和西部的边疆,汉朝与蒙古、羌及夷狄常有战火燃起,各方通过交战对对方的强项和弱点也都有所了解。中国的优势在于弓弩,而蒙古、羌等部落则以骑兵见长,他们拥有强壮而奔驰迅捷的战马。为了能够在军事上与之抗衡,汉朝的统治者们苦苦寻找,终于在中亚找到了同样的优良马种供应源,而河西走廊则是到达中亚的要道,汉武帝遂派 700 000 大军驻守在中亚。竹简上的官方记录较为详细地记载了这些屯田兵的移民生活。

人口和人口的迁徙

在南方和北方的边境地区,汉朝建立了军事—农业基地,用来进行军事防御并发展经济。汉朝试图使当地的居民接受中国文化。他们常常能够取得成功,但有时也不一定,在边境和东南地区,他们就遇到了反抗,并在公元前 86 年、前 83 年及前 28—前 25 年爆发了反抗中国移居者的战争。

汉朝后期,北方的人口急剧下降,而南方的人口则不断增长,主要原因可能是大量北方人口的南迁以及南方人口的自然增长。世界上现存的最早的一次人口普查记录是于公元 2 年在中国进行的人口普查,结果显示,那时中国的中心很显然在北方,

中国的人口增长。汉朝时期的人口普查记录显示,中国大规模的人口迁徙始于公元后的头两个世纪。来自北部边疆的匈奴和羌人不断进犯、强占土地,终于使得人口从密集的东北地区向其他地区迁移。那时南方长江流域一带气候温暖潮湿,水稻种植技术也有了一定程度的提高,于是在长江流域地区,人口得到了迅速的增长。

217

218

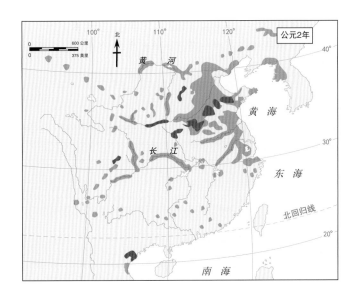

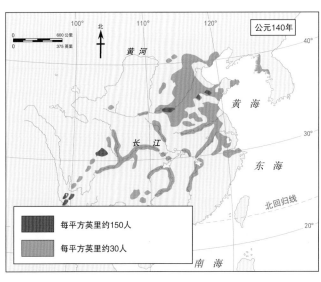

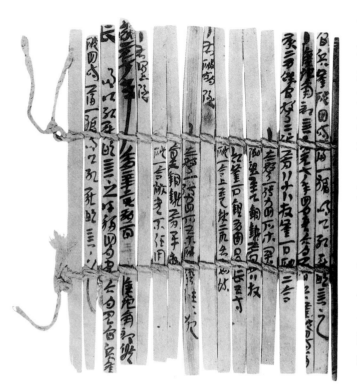

219

竹简,公元95年。汉朝时政府的经济、军事实力都增强了,出现了大批刻在竹条或木片(竹简木椟)上的文件资料。上图所示的清单列举了两支步兵队伍的武器装备。(伦敦大英图书馆)

南方地区人口稀少,多数聚居在河流沿岸。现存的第二次人口普查记录,即于138年以后的公元140年进行的人口普查结果显示,中国人口整体锐减1 000万:由5 800万下降至4 800万。地域分布也由原来北方的76%、南方24%,变为北方54%、南方46%。确切地讲,实际上南方人口增长超过了50%,即由原来的1 400万增至2 200万,而整个北方的人口却从4 400万降至2 600万。

沿北部和西部边境的匈奴和羌人的大屠杀带来了人口的下降,除此之外,黄河决堤以及分别于公元4年和公元11年黄河的两次改道引发的洪水也成为人口下降的重要原因。战争和自然灾害导致中国国内人口不断减少。与此同时,朝廷政府却拨出越来越多的资源以支持军队、进行领土扩张和用于位于都城长安的宫廷的开销。

总体上讲,南方本地的居民较少,因此对于汉人的增加并没有出现太大的反抗和敌意。当地的越人部落主要忙于相互之间的争战,尽管在公元40年发生过一次暴动,此后在公元100—184年间还发生过至少7次暴力冲突。也许,南方在此后几年间日渐增多的抵抗是由北方人口的大量南迁所引发的。

经济力量

汉朝的统治者鼓励扩大冶铁规模。工匠改进了冶铁工艺,先将铁溶化,倒入模具中制成铸铁,再后来又制成钢。尽管北方的人口下降,但对长江沿岸,四川和南方地区新能源的开发却增强了汉朝的经济实力。新的采矿技术(包括盐矿开采)、造纸、指南针、套马的挽具、改良的犁、灌溉技术及天然气的导出都提高了汉朝的经济实力和生产力。

经甘肃的河西走廊至新疆的通道拓宽了汉人对远方地域的了解,开拓了新的贸易机会。公元前138年,汉武帝派张骞出使西域,旨在联络匈奴的敌人共同打击匈奴。十二年后张骞回到汉朝,虽未成功缔结同盟,但却为汉朝带来了远至大夏(今阿富汗北部)的许多宝贵信息。新的贸易机会出现了,不仅包括马匹,而且也包括丝绸。安息国的贸易商人成为中国和罗马帝国之间的中间商。公元前57年,中国的丝绸抵达罗马,第一条丝绸之路从此打开了。地理学和制图学的研究随之繁荣起来,地名词典也开始编纂出版了。

但是军队的远征和驻兵的开支以及庞大的宫廷支出已使国库出现亏空。自汉初大规模降低土地税收以来,此时汉朝的皇帝开始重新提高税收。汉朝还将私人作坊纳入国家的控制之下。但是这样做并不是为了提高生产的效率或诚信度,而是为了增加朝廷的财政收入。尽管从理论上讲,儒家学派人士并不重商,但是汉朝的商业却一片繁荣。司马迁这样赞赏道:

> 千金之家比一都之君,巨万者乃与王者同乐。岂所谓"素封"者邪? 非也?

220

汉武帝将获得的这些财富的一部分用来补充军费和朝廷的开支。他对货币进行改制,没收贵族的土地,把官位和头衔出售,以此增加税收。在铸铁、制盐和酿酒业上实行国家垄断并控制部分粮食贸易,声称这是为了稳定粮食价格,但实际上是为了保证朝廷和边疆作战军队的粮食供应。汉武帝死后,继位者汉昭帝令支持盐铁专卖的宰相与一批不同意这么做的儒家学者展开讨论,各陈利弊。宰相对皇帝的政策表示拥护并作出如下解释:

> 先帝哀边人之久患,苦为虏所系获也,故修障塞,饬烽燧,屯戍以备之。边用度不足,故兴盐、铁,设酒榷,置均输,蓄货长财,以佐助边费。今议者欲罢之……使备塞乘城之士饥寒于边,将何以赡之?(《盐铁论·本议第一》)

耕牛图,画像石浮雕,发现于陕西省米脂。汉朝时农业技术持续发展,用牲畜拉的犁的出现使可供耕作的土地面积大大增加了。

儒家学者则反对耗费财力的军队扩张政策,也反对朝廷为了维持庞大的军费开支监管上述行业,他们认为:

> 窃闻治人之道,防淫佚之原,广道德之端,抑末利而开仁义,毋示以利,然后教化可兴,而风俗可移也。今郡国有盐铁、酒榷,均输,与民争利。散敦厚之朴,成贪鄙之化。

儒家学者还认为,商人大都奸诈腐败、唯利是图,他们担心由朝廷控制的商业经营会助长腐败之势。新的皇帝逐渐认同了儒家的观点,因此至少在一段时间里放弃了一些由朝廷垄断控制的行业。

政府的权力飘摇不定

汉朝初始,局势稳定,儒家学说的采纳缓和了法家学派法令的严酷无情。除此之外,当年秦朝为确立中国的疆域进行的多次战争使得汉朝在这方面的投入多少显得不那么必要了。最终促使秦朝灭亡的皇位继承问题，虽然也曾显得激烈尖锐，但在汉朝的两百年历史中，这个问题大体通过协商的方式得到有效的解决。然而汉朝仍然没有建立明确的皇位继承制度，公元9年时，因为没有明确的皇位继承人，使得皇权一时旁落。

空位期　公元前1年，8岁的平帝继承了皇位。摄政王王莽在平帝年幼时受命辅佐平帝管理朝政。公元9年平帝死，王莽成为实际统治者，自称为新朝代的开国之君。然而他实行的许多政策都不合民意。他下令攻打匈奴，把大庄园毁坏，禁止土地买卖，规定商品价格，终止汉朝的贵族制度，把贵族降为庶民，降低官吏俸禄，用国家的铜换取平民手中的金子。这些措施不仅引来富人、贵族和城市人的强烈不满，也招来穷人、平民和农村老百姓的愤怒。

除此之外，在王莽摄政之初，淤积不堪的黄河再次决堤，五年内两次改道，致使人民的生命和财产都遭到了极大的损失。与此同时，北方的匈奴不断进犯，汉朝的贵族在都城附近也常发动暴乱，公元18年，在黄河泛滥受灾最严重的山东半岛崛起了一支赤眉军反抗王莽新朝。在内外交困之中，公元23年，王莽倒台，汉朝得以重新立国。

汉朝的衰落　东汉从公元23年至220年，此时已没有了与西汉一样的实力。为了对付夷狄的不断进犯，东汉干脆与其结成联盟，让他们定居在长城以内，并招募他们入军，甚至允许他们与汉族通婚。这些在边疆地区实行的举措与古罗马的举措颇为相近。尽管这种做法显露了中国中央政府的衰弱，但它却在语言、文化及行政方式上促进了夷狄部落的**中国化**。与过去汉朝强大时受人朝贡的情形不同的是，东汉主动将丝绸送给边疆的少数民族以求他们不再进犯。东汉的皇帝也把都城从长安东迁至离他们更远的洛阳。

人口的南迁总的来说提高了当时帝国的经济实力，但这些财富大多落入地主和商人的手中。农民仍然受朝廷和地主的双重剥削和压迫。随着朝廷赋税的日益加重，农民们不得不出售他们自己的土地，受雇于地方上的地主并成为地主的佃户，以此来躲避政府的赋税和兵役。

地主们自身也面临着两难的境地。作为统治阶层的一员，他们本应向佃农收缴地税上交中央政府，也应该命佃农应募入伍，但是，作为地主和地方的统治者，扣留税收和佃农的劳动力又对他们有利。强有力的中央政府有能力要求百姓忠诚并上缴税收，然而东汉却往往未能做到这一点。农民们纷纷逃离，政府的税收减少，劳动力大大减少，各省的豪强地主纷纷发展壮大自己的势力，农民起义在中国的大部分地区越来越频繁地爆发了。

农民起义和汉朝的灭亡　汉朝灭亡的开端要追溯到公元184年爆发的成千上万农民的起义。起义的发起者张角是一位信仰道家的医师，他宣称汉朝即将灭亡，新的时代即将来临。起义军称"黄巾军"，因头戴黄巾而得名。起义遍及中国的南部、东部和东北，三十六方，一时俱起，虽然后来遭到镇压，但是黄巾起义却引发了此后的一

中国化（sinicization）　中国的语言、风俗和文化被外族采纳、吸收的过程。

系列起义。

朝廷内部至少有四方面的力量进行权力争斗——第一方面的力量来自公元189年灵帝死后继位的小皇帝;第二方面的力量来自官员、大臣、宫廷侍卫以及小皇帝的辅政大臣;第三方面的力量来自朝廷宦官,朝廷宦官是一群人数多达2 000的阉人,他们最初被选入宫廷是为了直接效忠于皇帝和皇帝的嫔妃;最后一方面的力量来自宫廷的嫔妃和她们的家庭即外戚。每位皇帝都有很多嫔妃,嫔妃们既为了保全她们自己,也为了使她们的儿子在宫廷里得到认可,竞争非常激烈,尤其是在选择皇位继承人的问题上,她们之间的竞争就更为激烈。皇帝死后,嫔妃和皇帝的母亲常常继续卷入宫廷政治以此保全自己和家人的地位。

在汉朝统治的最后几十年(公元189—220年)朝廷内外交困,四分五裂。例如,公元189年9月25日,朝廷大将处死了数百名宦官以消除他们的影响。截至220年汉朝的最后一位皇帝献帝退位时,朝廷已经权力尽失,帝国的土地被众多的割据势力瓜分。

顾恺之,《女史箴图》,描绘两个姜女在一面镜子前的场景,4世纪。汉朝衰败后,艺术家们开始悲叹人们对儒学行为准则的漠视。诗人张华(约232—300年)曾在诗中写道:"人咸知修其容,莫知饰其性。"宫廷画师顾恺之(334—406年)以此为题,创作了"女史箴图"。

分裂和重新统一

汉朝的灭亡导致了三国鼎立局面的形成。但是建立一个统一中国的理想仍然是众望所归。帝国经历了50年(265—316年)的统一后,又重新陷入了长达273年的分裂,直至公元589年新朝代的确立才又带来了长达三个多世纪的统一。即使是在中国的分裂时期,统一的因素也仍然存在,因为中国有着根深蒂固的、强大的、共同的文化传统;同样,在强大帝国的统治时期,中国地方的分裂因素也没有消失,因为中国毕竟是一个土地辽阔的大国,拥有复杂的多样性。

生态和文化

汉朝灭亡后,中国出现了三国鼎立的局面,它们分别是:北方的魏国,有2 900多万人口;南方的吴国,有1 100多万人口;以及西南的蜀国,有700多万人口。公元265—316年间,晋朝曾短暂地统一了中国。随后,自316至589年的273年间,中国以位于北方的黄河和南方的长江之间的淮河流域为界,陷入长期的南北分裂局面。

这种南北划分有一系列的地理特征:北方的土地表面覆盖的是一层细黄沙,叫做"黄土",由西风从长安以北250英里的地方带来,那里缺少灌溉,农业以种植抗旱

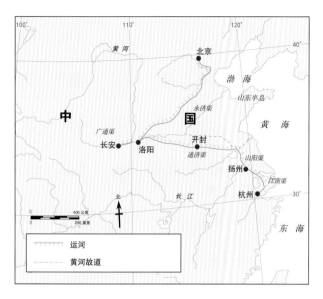

中国的技术。中国古代的行政管理制度先进,科学技术相当发达。中国古人精于外交、行政、航海、建筑、化学、机械、天文、印刷,尤其是水利。通过修筑梯田,兴修密集的水利系统和绵延数千英里的运河,中国东部原来难以预测的河流得到了控制,使商业得以进入内陆地区的城市。

作物为主,没有庞大的灌溉系统,主要依靠挑水灌溉。农作物主要有小麦、粟、大豆和芜菁。冬季气候极为寒冷。相反,南方河流水道多,灌溉和航运都很便利。南方的气候较为温暖,最南方属于亚热带气候,可以种植水稻和茶叶,这两种作物或许都是汉朝末年从东南亚引进的。这一带是典型的地主–佃农的租种形式。

在中国分裂的这几百年里,曾先后有6个朝代统治过南方,而北方则由一批非中国裔的少数民族建立的朝代进行统治。北方的战争和自然灾害导致人口逐渐减少,随着人口的南迁,这一时期,人口的分布是南多北少。在这方面,中华帝国和罗马帝国颇有相似之处,它们似乎都失去了对帝国最初发源地的控制,并被永远地分隔了。

虽然中国在政治上是分裂的,但是文化和道德观念却延续了下来,保持着统一的传统。尤其是在南方,艺术、绘画、书法和诗歌得到繁荣发展,主题常常是在混乱的政治中寻求精神的解脱。汉语也继续作为交流的工具,把所有能够读书识字的中国人连接了起来。

在北方,中国对于这种新的社会和民族融合采取更为开放的态度。中国人已经将外来的胡人融入他们日常的文化生活中,还通过通婚把外来的胡人融入中国人的基因里,达到血缘上的融合。当今天的学者谈到中国人口的同质性,称有"95%为汉人"时,他们更多的是指文化的同质性,而并非民族同质性。与此同时,他们也是在肯定中国的开放,肯定中国接受并同化那些认可汉族文化的周边各民族。中国人自己也认同这一共同文化的重要性,他们把有着这种共同文化的人称作"汉人"。在东汉皇帝的允准下,定居在北方边境和长城以内的游牧民族已经开始吸收汉文化。当他们实力增强,征服了中国的北方以后,他们往往需要吸纳汉族的官员帮助他们治理国家。在很多地方,被新的统治者任用的官员常常是汉朝官员家族的后代。因此,在外族统治的表面下,强大的中国精英阶层仍然保留着他们原来的官位。

游牧民族统治者中,最为强大、统治时间最长、同化程度最高的是北魏(386—534年),也以建立北魏王朝的部族命名,称拓跋魏。他们统治的时间越长,同化的程度也就越高。公元493—494年间,北魏把都城从遥远的西部迁至西汉原来的都城之一洛阳,借此巩固对东北地区的统治。但是在洛阳,他们穿汉服、起汉名,很多人还与汉人通婚。拓跋对于中国的行政管理实践也做出了贡献:他们在洛阳建立起了新的城镇布局模式。随后的多个朝代还将这种布局模式应用于都城长安。就连在此之后日本的宫廷设计者们也效仿中国,在奈良采用了这种布局模式。同样地,拓跋为了阻止北方农业人口的南迁,下令由国家收回全部的土地所有权,重新采取"均田制",每一代耕农死后,土地由下一代人继承。根据均田制,所有家庭都有地可耕,只需缴纳一些粮食作物或付出一定的劳力即可。

这一由汉族和拓跋通婚联姻而发展起来的新兴贵族与驻守边疆、未受汉族同化的拓跋部落渐行渐远。最终,他们发动起义并在公元534年消灭了北魏政府,由此而开始了隋朝,一个汉族与外族(胡人)联姻的家族重新统一了中国。

佛教传入中国

正当中国处于这一朝代更替的混乱中时,一种新的宗教开始在中国传播开来。早在汉朝时,佛教就从它的发源地印度进入了中国。公元后1世纪时,佛教首次在中国的历史记载中被提及。

悉达多·乔达摩(Siddhartha Gautama),后被称为佛陀,意为"觉悟者"(公元前约563—前483年),带来了一种面对痛苦的世界时主张同情和怜悯的宗教。我们在第9章将会对佛教作一详细介绍。本节主要探讨这样一个问题:即在面对儒家学者和政府官员普遍抵制的情况下,在道教已经取得稳固地位的环境下,佛教为什么在其发源地印度逐渐消亡,却能够在地处遥远的中国扎下根来?这一宗教是怎样传播开来的呢?

一段时间以来,或许正是佛教来自异域这一特点促进了它的传播。汉朝以后的游牧部落统治者对于这种像他们自己一样来自异域的宗教可能更易于接受,甚至愿意支持并且宣扬这种宗教。

其次,佛教之所以在印度兴起,在很大程度上是因为作为一个反教会性质的宗教而受到当地商人阶层的拥护。这些商人捐资修建了印度至中国丝绸之路沿线的很多寺庙僧院和石窟庙宇,有的至今仍令人叹为观止。所以当佛教被来往于丝绸之路的商人带入中国时,中国的商人对它已经不陌生了。佛教也变得更加兼容并包,而不是彻头彻尾的印度式宗教。

佛教在中国传播开来,受到了一些地方势力的保护,赢得了数百万信徒的信仰,并且最终成为中国文化中的统一元素之一。最后它与儒学、道教相结合,掀起了新的精神、思想、文化和中国礼仪方面的变革(见第9章)。

隋唐时期的重新统一

虽然帝国经历了将近400年的分裂,但是中国统一的许多潜在因素却都已具备了:语言、思想、文化、地方一级的行政管理、根深蒂固的贵族家庭、足够的帝国威望和就连中国的征服者们都采纳的行政管理专门知识。统一中华帝国需要恢复军事力量和经济生产能力,恢复行政的一体化。而这三点,隋朝(公元581—618年)都已具备了。

短命的隋朝统治 隋朝由隋文帝(杨坚,581—604年在位)建立。他原是中国北方的一名地方将领,在地方上篡夺权力之后又成功地征服并统一了整个中国的内陆地区。军事上,隋文帝提高官兵们的地位,把他们安置在各自家乡并给予他们一定的权力,由此创建了一支训练有素、忠于职守的农民常备军。强大的弓弩、防身盔甲,以及不断的训练、经常的实战演习使得这批军队获得了令人闻风丧胆的战斗力。

在思想上,隋朝的开国皇帝隋文帝和随后继位的隋文帝的儿子隋炀帝(杨广,公元604—615年在位)综合运用了儒学、道教和佛教以赢得民众的忠诚;政治上,隋朝采用中央集权制,罢免了一批地方官员,委派新的官员,每三年调换一次,以防他们建立地方割据势力。隋朝还编纂了一部新的中央法典,但是法典仍然认可各地的风俗习惯;经济上,隋朝修建了从中部洛阳开始,向南到达杭州的大运河,连接了长江黄河两大水系。运河的延伸水道后来又先后与重建的都城长安和今天的北京相连。那时,南方发展很快,物产丰富,北方是政治军事中心,大运河成为南方农产品北运的交通要道。

隋朝军队和官员频繁调动导致的巨大开支迅速削弱了隋朝的财力。大运河的修建带来经济收益的同时也耗费了巨大的人力。运河的修建历时七年,动用了550万劳工,有些河段修建时甚至动用了上至五十五岁的老者下至十五岁的少年,仅督工就达50 000人之多。工人们稍有怠慢,督工们就会鞭打痛笞。除此之外,每五户人家中要有一人专门负责供应和准备伙食。除了这些大型的公共设施以外,隋朝在朝鲜和中亚地区进行的三次战争也损失惨重,财力大损,军心尽失。最终,隋朝的一位大将

与大运河苏州段相连的护城河上的一座桥。隋朝兴修的大型工程为帝国的统一作出了巨大贡献。修建大运河以及在北方平原筑路有效地保证了各地间的沟通交流,开辟了新的商道。

225

领兵造反,于公元618年建立唐朝,称唐高祖。

军事和经济上的过度扩张使得隋朝走向了灭亡,而唐朝(公元618—907年)继续甚至加强了这些帝国的特性。此外,隋朝和唐朝时期中国的疆域拓展达到真正的帝国规模——超出中国本土,拓展至"外中国",即蒙古、突厥和中亚,远至今天的阿富汗、巴基斯坦和伊朗边境。此外,尽管唐朝在政治上没有直接控制西藏,但在文化上却对西藏有很大影响。尽管"外中国"的人口只占大约百分之五,但在面积上却比整个中国的内陆都要大。此外,唐朝还曾经征服过越南北部并短暂地控制过朝鲜北部。这一时期中国的文化深深地影响了日本。

唐朝的艺术和技术　唐朝的政策制度建立在隋朝的基础之上,并在必要的地方进行巩固和改进。唐朝空前重视用考试制度选拔官员,754年,唐朝皇帝还建立了一个新的皇家机构翰林院(意为"笔之林")。

艺术和科技往往相互推动。唐朝时期,这二者都达到了空前的繁荣。在唐朝,佛教这一宗教实体逐渐变得强大,就在此时,世界上最早的雕版印刷术出现了,其原因之一就是为了满足佛教信徒传播佛经的需要。石窟雕塑和石窟绘画也对佛教的宗教艺术作了进一步的展现。在新的制陶工艺下产生了第一件真正意义上的瓷器,既美观大方又坚固耐用。几百年间,只有中国才掌握这种制瓷技术。除此之外,工匠们还改进了机械工具和齿轮,将直线运动和回转运动的能量转换为功能,由此促进了水磨和风磨的进一步发展。659年,唐朝还编纂了世界上的第一部药典,书中列出了所有已知药物的成分和用途。

唐朝诗歌繁荣,主题常常是个人冥想、自然、政治、命运、苦难。它们别具特色,其永恒的生命力甚至吸引着今天的中外读者。人们通常认为唐朝的三位著名诗人分别与不同的文化传统相连:王维(701—762年)具有佛教的倾向,李白(701—761年)具有道教的倾向,而杜甫(712—770年)则具有儒家的倾向,尽管他们都同时受到这三种传统的影响。杜甫的《秋兴》就反映了当时朝廷内部争名逐利、互相倾轧的现实,表现了他想要回归自然,寻求和平安宁的理想:

226

> 闻道长安似弈棋,百年世事不胜悲。
> 王侯第宅皆新主,文武衣冠异昔时。
> 直北关山金鼓震,征西车马羽书驰。
> 鱼龙寂寞秋江冷,故国平居有所思。

三个世纪的隋唐统治巩固了帝国的统治理论和实践,其影响持续至今(尽管现在的中国已经没有皇帝)。自公元581年以后,中国只在公元1127年至1175年出现过一次两个政权同时并存的情况;也只在公元907年至959年和公元1916年至1949年两次陷入分裂局面,而这三次加起来总共也只有133年,除此之外,中国的统一局面维持了1400多年。

227

上　千佛山,济南,唐朝。层出不穷的佛教石窟绘画和石窟雕塑反映了佛教在唐朝不断扩大的影响力。商人和传教僧沿着丝绸之路把佛教带入中国,同时也带来了佛教寺院的图解和佛陀的形象。

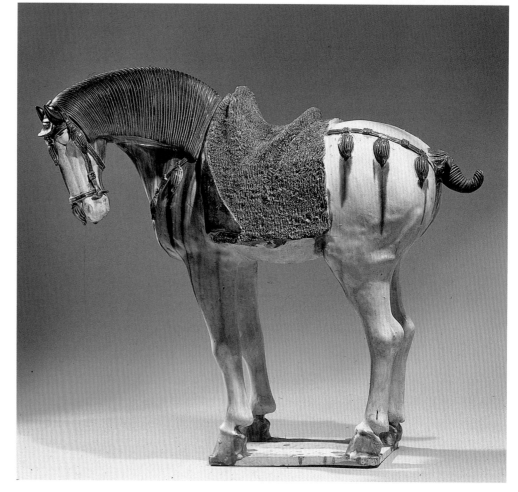

从墓穴中出土的陶制大宛马,唐朝(公元618—907年)。唐朝开通了大运河,刺激了贸易的增长,拓展了帝国的疆域。这些都需要调动军队,而长途跋涉的军队又要依靠盛名远扬的大宛马,这种马在文学作品中被称为不朽的"汗血宝马"。(东京出光艺术博物馆)

唐三彩骆驼载乐俑，唐朝（公元618—907年），出土于西安近郊的一个陵墓中。从人物的胡须式样，面部五官以及服饰打扮上可以推断：这批乐士来自中亚。这类陶制品在唐朝上流阶层的墓穴中十分常见，由此可见，丝绸之路不仅带来了西部的商品，同时也带来了中亚的音乐。

228

驿站，吉尔吉斯斯坦，唐朝（公元618—907年）。往返于丝绸之路的商人们，途中要经过几百英里无人居住的地带，例如中亚的这段荒芜多山的吉尔吉斯斯坦地区。下图是唐朝的商队驿站，是现存最古老的、保存最完整的驿站，这些驿站帮助了商人躲避恶劣天气和强盗匪帮的抢劫。

229

我们是怎样知道的?

作为史料的诗歌

杜甫的《兵车行》通过对军队的描写,刻画出似乎永无休止的战争和死亡,强调了战争给人民带来的巨大痛苦。

车辚辚,马萧萧,行人弓箭各在腰。
耶娘妻子走相送,尘埃不见咸阳桥。
牵衣顿足拦道哭,哭声直上干云霄。
道旁过者问行人,行人但云点行频。
或从十五北防河,便至四十西营田;
去时里正与裹头,归来头白还戍边。
边庭流血成海水,武皇开边意未已。
君不闻汉家山东二百州,千村万落生荆杞。
纵有健妇把锄犁,禾生陇亩无东西。
况复秦兵耐苦战,被驱不异犬与鸡。
长者虽有问,役夫敢申恨?
且如今年冬,未休关西卒。
县官急索租,租税从何出?
信知生男恶,反是生女好;
生女犹得嫁比邻,生男埋没随百草!
君不见青海头,古来白骨无人收。

新鬼烦冤旧鬼哭,天阴雨湿声啾啾!

杜甫可能是在朝廷采取了两场决定性、灾难性的军事行动之后,写下了这首反映人们的精疲力竭和愤恨不满的诗。首先是怛罗斯河之战。怛罗斯河地处中国西部边疆最远的地区之一,距长安2 000英里,751年阿拉伯人在此打败了中国军队。中国也由此失去了这片中亚地区的控制权,丝绸之路的开放带来了伊斯兰教文化的影响,伊斯兰教取代了儒学和佛教。四年后,唐朝具有突厥血统的边关大将安禄山起兵造反。虽然唐朝最终在公元763年镇压了安禄山的叛变,但战争带来的巨大开销,以及它所暴露出的帝国弱点致使唐朝百年里一蹶不振,并在某种程度上导致了唐朝后来的灭亡。

唐朝时期的疆域空前辽阔。除了一千年以后的清朝(满族,1644—1912年)的疆域超过了唐朝,此外再也没有其他的朝代能与唐朝相比。唐朝的疆域曾一度到达中亚,与丝绸之

路相连,在保护丝绸之路的同时也带来了更多的财富机遇。但是最终,唐朝在这些地方的经济和军事收益要远远小于它在这些地方的投入,唐朝边疆的一些少数民族如突厥、回鹘、契丹等,不再服从唐朝的统治且时常在边疆挑起事端。最后,唐朝只得放弃中亚。那时,中国本土的农业和商业持续发展,然而朝廷中央已无力掌控,因此地方权力不断壮大。终于在公元907年,唐朝灭亡。中国随之分裂成十个小国。但是,帝国的理想和格局却仍然延续着。公元960年,宋朝建立。宋朝对整个中国的统治持续至1127年,对南方的统治到1279年才结束。

- 诗中的哪些地方体现出杜甫受到儒家思想的影响?
- 诗中的叙事者是谁? 他对战争有着怎样的感受?
- 在帮助我们理解战争失败之后人民的痛苦方面,这首诗起到了怎样的作用?

中华帝国

这一篇主要讲述帝国。在这一篇的开始我们首先指出,帝国这个词代表着一个民族对另一个民族的统治。让我们联系中国来探讨这个概念。首先,在中国的疆域

230

同化　不同的少数民族在与社会主流文化接触的过程中,逐渐失去了自身的文化特色,被主流文化吸收和融合的过程。

内,"帝国"这个词常常意味着对其他民族的**同化**(assimilation)。在中国的北方,许多部落时常挑衅中国,中国的统治者为此修建了长城,对这些部落进行防御,然而最终,这些部落却被招募入中国的军队,在中国定居,受到中华帝国文化的**同化**,并接收了中国的语言和文字,与中国人通婚。

不论是中国的本土民族还是外来的"蛮夷"都认为,同化这一过程对双方都有利。而双方也都了解它的危险:"蛮夷"或许会因此丧失他们的文化,甚至卷入与本民族内部反对同化者的战争;而中国人也有可能被他们的新盟友所征服。事实上,这两种情况都常有发生,这种相互影响也改变了"蛮夷"和中国人的文化。

西部和西北

中国疆域的向外扩张以向西部和西北的开拓为最远。汉武帝时向甘肃以及边远地带的扩张在汉朝早期即以失败告终；与之相似的是，隋朝和唐朝深入至中亚地区的扩张也因怛罗斯河之战和安禄山叛变而终止。但是，中国对这些地区在文化和精神方面的相关影响却一直延续着，甚至直到中国在这些地区的政治、军事和直接的经济势力消失以后，这种影响还依然存在着。（17世纪清朝统治时期，中国又重新统治了这些地方，直至今日。详见第14章。）

南部和西南

同化进程也同样出现在中国南方，但对它们的记载却要少得多。作为一个民族、文化和政治实体，中国最初发源于北方的黄河流域，但是随着中国的人口迁移至长江以南，他们便遇到了其他的族群。随着中国人的到来，原来生活在南方的民族都向南迁徙至更远的地方以继续保留他们的民族特性。越南人就是这方面最典型的例子。南方的其他部落仍然作为独立的部落群体，通常留在偏远的甚至难以涉足的地区。这些民族偶尔也会反抗中国人的进入和接管他们的土地，苗族人就是这方面的典型。但是，他们中的绝大多数还是被同化了，这其中也包括部分越南人和苗族人，但历史上并没有明确突出的记载。

越南

中国对安南（越南北部）进行殖民统治长达1000年之久。公元前111年汉朝征服安南并把这个地区划归为中国的一个省，此后这个地区一直是中国的一部分，直到公元939年唐朝灭亡不久，越南人吴权起义称王，建立了独立的王国大越。

在被中国殖民期间以及在此之后，越南人对中国的文化和政治始终怀有一种爱恨交加的感情。中国的学者和官员大多为了政治避难来到越南，他们到来的同时，也带来了中国的表意文字、儒家的伦理准则和儒学典籍。越南人则悉数予以接受。

佛教也由中国传入越南。东南亚和其他国家从印度吸收了小乘佛教，而越南约于公元5世纪后吸收了已经在中国取得发展的大乘佛教。这些文化变革首先吸引了越南的上层贵族。在实用技术方面，中国也把一些宝贵的农业技术革新介绍到越南：修建大型蓄水及灌溉工程，以防止每年雨季时河流泛滥成灾；利用人粪做肥料；园艺及精细的养猪技术。

中国的帝制王朝

下表列举了自秦朝起中国所有的帝制王朝，包括帝制统治之前的两个朝代。表中时间顺序的跳跃代表着在此期间有两个或多个政权同时存在。

商	公元前约1600—前1100年
周	公元前约1100—前256年
秦朝	公元前221—前206年
汉朝	公元前202—公元220年
三国（蜀汉、魏、吴）	220—265年
南北朝 西晋 东晋 北魏	265—589年 265—317年 317—419年 386—534年
隋朝	581—618年
唐朝	618—907年
宋朝	960—1279年
元朝	1279—1368年
明朝	1368—1644年
清朝	1644—1912年

231

尽管越南人接受了很多中国人的技术和风俗习惯,但他们仍然抵制这个来自北方的外族霸权。例如,公元39年,征侧、征二姐妹发动军事起义,成功地驱逐了中国人,她们联合统治越南两年后,因被汉朝军队打败而自杀。但直至今日,她们在越南仍然受到尊敬。此后,反对中国统治的起义爆发过多次,虽然规模较小,但起义的领袖都被视为民族英雄。越南不断反抗中国的统治,然而颇为戏剧性的是,越南却在公元15世纪独立时大量借鉴了中国的行政制度进行改革。早期中国的直接统治,加上后来越南独立后中国的实力和毗邻的影响,使得越南成为采用儒道治国的国家,设有考试制度,拥有多少有些远离大众的行政机构。他们强烈渴望摆脱中国。

朝鲜

中国统治朝鲜的时间很短,但中国的文化霸权却深深地影响了朝鲜半岛。公元前109—前108年汉武帝首次征服了朝鲜北部以及满洲地区,并在那里设立军事驻地,确立了中国的统治和影响。

朝鲜和越南一样,大量借鉴史前中国的技术,其中包括很多商代的技术,以及后来的铸铁、造纸、印刷、漆器制作和制瓷技术(尽管朝鲜采用二次烧制,烧出的瓷器略泛灰绿色,却别有一番美感)。朝鲜还从中国学到了小麦和水稻的种植方法以及表意文字。公元1446年,朝鲜人由国王发起,创造了一种以读音为基础的书写体系"谚文",并自豪地称之为世界上所有文字中最为科学的一种。但是到了第二次世界大战以后,朝鲜的当权者限制使用简单的谚文,他们选择了更负盛名、更加先进、也更为复杂的中国象形文字。

公元220年汉朝灭亡以后,尽管朝鲜仍是中国的一个属国,但是却脱离了中国的直接统治。中国在朝鲜的一些殖民地保持不变,但是没有军事武装。隋朝曾三次派兵远征朝鲜,但均大败而归。疆域辽阔的唐朝也曾在公元7世纪时试图重新控制朝鲜,并在668—676年间成功地占领了朝鲜半岛的大部分地区,但是最终朝鲜重新获得并保持了独立,尽管它仍需常常被迫接受属国的地位,承认中国对该地区的统治权。

中国对朝鲜的影响力最主要反映在文化霸权方面,而不是政治军事统治方面。儒学、法典、官僚行政制度、文学、艺术和大乘佛教,摆脱了政府的压力,从中国进入朝鲜人民的生活。公元935年唐朝灭亡之后,朝鲜的新罗王朝也灭亡了,高丽王朝取而代之,并效仿唐朝都城长安的布局,在今韩国首都首尔以北的开城建立了新的都城。中国和朝鲜两国有着兄弟般的情谊。

日本

中国从未征服过日本,但日本却确确实实地接受了中国的文化霸权。实际上,在整个7世纪和8世纪期间,日本都积极地、热情地在国家制度、宗教、技术、艺术和语言方面效仿中国。而朝鲜半岛正好位于中国大陆和日本四岛之间，因此，很多重要的中国模式都是经过朝鲜传入日本的。

移民和文化影响 虽然考古资料显示，至少在公元前10000年时日本的沿海地带就有绳纹人居住，但是水稻的种植似乎却是从公元前300年才开始，由中国南方传入日本。青铜工具和武器约于公元前1世纪传入日本，200年后日本才有了制造铁制工具的技术。

在约公元前200年至约公元500年间，来自朝鲜和中国的移民浪潮涌入日本。到公元500年时，日本已有1/3的贵族声称其是朝鲜或中国的后裔，日本的大批技工和铁匠都来自朝鲜。但是，朝日之间却并不和睦友好，各方都不断发起侵略和暴乱。在这一时期，中国人民用意为"矮子"（倭）的文字代表日本，象征着它的从属地位。

公元405年，朝鲜一位名叫和迩吉师的书吏来到日本传授中国的汉字，日本也因此有了最早的书面语言。日本有文字记载的历史于公元后8世纪才开始，我们对于在此之前日本历史的大多数了解要么来源于日本的考古记录，要么来源于中国和朝鲜文献中的相关记载。从这些考古记录和文献资料中可以看出：公元3世纪时，日本还处于一片蒙昧状态。本州岛中部的大和平原由一支膜拜太阳女神的部族统治着，日本皇室还宣称他们是这一部落的后裔。日本人使用中国的汉字，并接受儒家思想和佛教思想，以此丰富了日本本土的多神信仰实践，即神道教并神化天皇。

中国在隋唐时期再次成为强盛的帝国，日本统治者曾多次派使团前往中国，学习和借鉴中国的模式，且每一批使团的人数都多达几百人。中国的历

亚洲的帝国都城。唐朝的都城长安被规划成一个巨大的矩形，呈网格状，占地超过5平方英里，它的重心在皇城区域，皇城内能容纳约100万人口。新近采用中央集权制的日本也效仿长安建立了奈良城。奈良城呈网格状设计，内有东大寺。

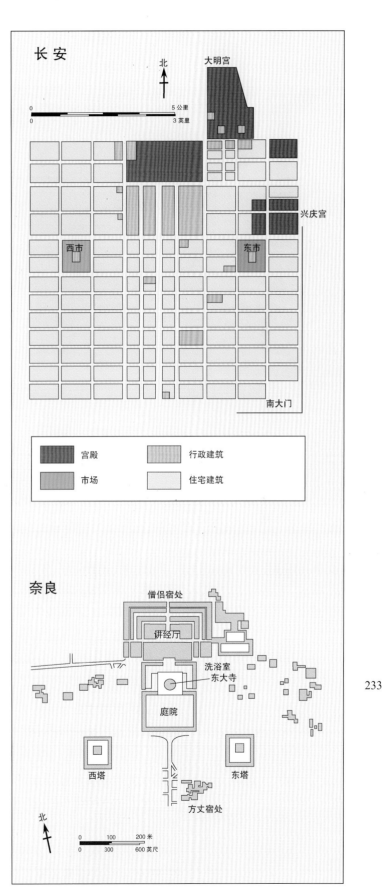

长安

北

0 ————— 5公里
0 ————— 3英里

大明宫

兴庆宫

西市　东市

南大门

宫殿	行政建筑
市场	住宅建筑

奈良

僧侣宿处

讲经历

洗浴室
东大寺

庭院

西塔　东塔

方丈宿处

北

0 ——— 100　200米
0 ——— 300　600英尺

南大门，即东大寺的"大南门"（公元745—752年）。是第一个效仿中国佛教寺院建立的日本佛教寺院群，为世界上现存最古老的木质建筑之一。它们保存完好、坚固耐久、历经沧桑，是该时期中国建筑艺术的典范。

法和很多统治方法都被介绍到日本。公元604年，日本效仿中国，引入了新的"宪法"十七条。十七条宪法规定，尊崇儒家思想和佛教、尊敬日本皇权，同时还在更大的程度上确立了政府实施税收的垄断地位。

从官方正式的立场来说，日本的精英人士承认天皇是一国之首。但实际上，天皇只不过是名义上的首脑而已，真正的权力由隐于皇帝宝座后面的人操纵着。公元645年，血腥的宫廷权力斗争最终把中臣镰足推向了权力宝座。中臣镰足后被赐姓藤原，他的家族统治日本长达几个世纪之久（1937—1939、1940—1941年间，藤原家族的后裔近卫文麿世子担任日本首相）。藤原借鉴了中国的文化、宗教和行政制度，以此进行中央集权并统一日本，确立了他的统治。公元646年，藤原推行了大化（大的变革）改新，巩固了省一级的统治，并广泛兴修道路运输系统。维新还废除了土地私有制，对每一代人都重新进行土地分配。

公元710年颁布的两项法案进一步巩固了日本的中央集权统治。第一项，效仿中国长安建立新的都城奈良。第二项，日本统治者宣称他们通过天意进行统治，尽管与中国的"天意"不同，其神力永远不会被废除。（日本至今仍由同一个家族占据着皇位，尽管第二次世界大战以后它的神力已经被官方否决了；见第19章。）大约与此同时,日本再次仿效中国,首次用汉字记录日本的历史,写成《日本书纪》,并且用汉字和日文记录日本的神话传说,写成《古事纪》。

天皇是日本神道教的最高祭司。因为神道教膜拜自然神,如河流、树木和岩石,所以祭拜可以在任何地方进行。而与此相反,佛教有僧庙和寺院,因此有着更集中的组织形式。在奈良,日本效仿中国,建造了许多新的佛教寺庙来集中供奉祭拜。从这一时期起,佛教和神道教在日本共存,数以百万计的日本人都同时是这两种信仰的忠实信徒。

几个世纪过去了,日本自身的政治组织和文化特性都趋于稳定,对中国模式的依赖也逐渐减少。但是,在其基本文化和政治特性形成的几个世纪中,日本积极主动、细致充分地效仿中国的霸权模式,并未受到任何形式的强迫。

留给未来的遗产及其意义

无论是统治时间、人口规模、地域范围和影响力,中华帝国和罗马帝国都属于历史上最伟大的帝国。对两者的比较,不但有助于我们明确这两个帝国的特点和各自的意义,而且对我们认识其他时代,乃至我们自己时代的帝国都有一定的指导作用。

不同点

相距如此之远的两个庞大帝国,有着显著的差异不足为奇。

地域政治 从地理上和文化上讲,中国的中心地带比罗马的中心地带要广阔,联系也更为紧密。罗马帝国的中心地带只限于意大利中部,即使在罗马征服意大利以后,罗马帝国的中心也仍仅限于被阿尔卑斯山和地中海包围的意大利半岛。罗马的奥古斯都时期和中国的汉朝时期,人口都达到 6 000 万,但是在罗马,这么多人中只有一小部分居住在意大利;而在中国,这些人口基本上全部集中在内陆,其中有 90% 的人居住在北方的中原地区。

意识形态 尽管尊奉儒教的中国据传曾有一段人人平等,人与人、人与自然和谐共处的神话般的黄金时代,但实际上,儒家学者们却认为,最好的政府应当实行有序的帝制。与此相反,在罗马帝国,许多哲学家和文学家却认为,历史上的共和制时代是一段黄金时代,而罗马的帝国扩张和等级制度常被认为与早期的共和制理想背道而驰。

长久的生命力和韧性 罗马帝国兴起、衰落、而后走向灭亡,尽管它作为一种概念仍然存在。而相反,中华帝国延续了两千多年,虽然不断地改朝换代,帝国曾经分裂过,也曾被“蛮夷”统治过,但是最终帝国却作为一个独立的政治实体存在下来。今天,尽管中国已经没有了皇帝,但是中国的地缘政治统一性却延续至今。

同化政策和同化力 中国在南北侵略和征服的过程中同化了大批的少数民族。

235

非中国裔的民族从文化和血缘上都被吸纳融合。今天95%以上被称作"汉人"的中国人,祖先其实并非汉人。在中国,儒家思想和佛教思想维系着帝国的统一,并受到皇权和军队的保护。罗马帝国的统一靠的是法律和军队的力量。按照法律,选出的非罗马裔人可以获得公民权,但从种族和文化上讲,被征服的种族仍然属于"外族",与非罗马公民通婚通常也是被禁止的。罗马人远不像中国人那样进行同化和融合,他们始终保持着自己的和那些被征服者之间的文化差异。

语言政策　即使到今天,汉语仍然跨越时间和地域联结着中国,而拉丁语之于罗马却远非如此。汉语在历史上从未依附于另一种语言或从属于另一种文化,而拉丁语在很多地方,很多年来都从属于希腊语。除此之外,汉语从未受到其他方言的挑战,而拉丁语却绝非如此。事实上,汉语甚至把中国的邻国如越南、朝鲜和日本统一在一个总的文化单元内。

思想和文化传承　中国的儒家行政管理成为整个帝国几千年来的核心文化身份。中国的其他政治文化思想,如道家思想、法家思想以及后来的佛教思想,通常(但并不总是)也只被作为儒家思想的补充。而在罗马,人民对皇帝的膜拜的确巩固了罗马的统一,但是罗马的一些主要的哲学思想,如多神论思想、禁欲主义和后来的基督教,在加强罗马帝国的统治方面并没有起到显著的作用。禁欲主义和基督教甚至还削弱了国民对帝国的普遍忠诚。后来罗马帝国在东部以拜占庭帝国的形式存在时情况有所不同。

对邻国的影响　罗马帝国影响着被它征服的地区,但对罗马帝国国界以外的周边地区影响并不大。而中国对那些即使没有被它征服过的邻国,如日本,或只是短暂统治过的地区,如朝鲜,也产生了持久深入的影响。这些影响有相当一部分涉及宗教、文化以及政治、经济和行政管理制度。

相同点

中华帝国和罗马帝国的诸多相似之处揭示了一些帝国的本质。

与蛮夷部落的关系　两个帝国都面临过来自中亚的游牧部落对两国边界的威胁和进犯。事实上,进犯欧洲的匈族和侵犯中国的匈奴可能属于同一个族群。两个帝国都把"蛮夷"安置在他们的边界附近,并招募入帝国的军队。"蛮夷"在这两国的情况相同,都曾掌握了巨大的权力,但是最终,罗马帝国被匈族分割了,而中国却融合了匈奴。

宗教政策　两个帝国都培育了外来的宗教,尤其是在帝国处于无序混乱的时候。在中国,佛教被融合进儒家的思想和道教,在政局混乱时帮助保持了国家的文化。但是在罗马,基督教并没有挽救帝国。事实上,通过挑战尘世权力的至上性,基督教甚至加速了罗马帝国的衰落。

帝王的角色　两个帝国都赋予了皇帝神的特性。在确立王位继承制度的问题上,两者也都频繁地遇到难题。罗马人往往倾向于选择他们最出众的将军,而中国则往往选择能够控制皇室家族和朝廷的人员。两个帝国都认为,没有哪一个皇室家族可以永远地统治下去。中国人相信,天意最终会从一个王朝转移至另一个王朝。

性别关系和家庭 对于两个帝国来说,家庭都极为重要。在这两个帝国里,女人在人生的任何阶段都从属于男人。两个帝国都认为,在一个经营妥善的家庭和一个运营良好的国家中,等级制度和忠诚是相似的。两个帝国都把"联姻"作为巩固与外来势力政治联盟的手段。两个帝国都不时地认识到,过分关注性关系将会分散治国的精力,也都在性道德方面制订了严格的法典。

帝国军队的重要作用 在面对外来的敌人时,两个帝国的军队在创立和维持政治架构方面都起了至关重要的作用。罗马帝国是由将军建立和统治的,而中国的秦朝、汉朝、隋朝和唐朝也是如此。两个帝国都不时遇到将领们篡夺权力的情况。军队的花费,尤其是毫无利益可言的远征,常常使两个帝国的政府耗尽财力,使得民众纷纷躲避赋税和兵役,甚至奋起反抗。两个帝国都派士兵建立殖民地,驻守并开拓偏远地区,但同时对士兵提供补偿和退役优待。

过度扩张 领土的过度扩张为两个帝国带来了压力,而由扩张导致的巨大开支又引发了国内的频频暴动,这使得两个帝国都承受着巨大的挑战。在罗马,这个双重问题与蛮族的入侵一起,最终加速了西罗马帝国的灭亡。在中国,它们导致了"天意"的丧失和朝代的衰亡。例如,东汉时,中国对外与边境部落女真族(金)的战争,连同内部的黄巾军起义一并导致了东汉的灭亡;再如,唐朝时,远方怛罗斯河之战的失利与内部的安禄山叛变,逐渐耗尽了唐朝的国力。

公共设施项目 在整个帝国统治时期,罗马修建了道路、水道、公共纪念性建筑物、行政和军事市镇,以及宏伟的都城罗马和君士坦丁堡。中国则修建了长城、大运河、陆路和水路的运输系统、公共纪念性建筑物、遍及帝国的行政和军事市镇,及相继的一些都城,尤其是长安和洛阳。

财富的集中 在两个帝国里,财富利润都倾向于流向中央和都城的精英阶层和官员手中。两国的都城也都达到了空前的规模:长安和罗马都拥有一百万以上的人口。

支持和反对人员流动的政策 为了能在应对变化时保持权力和社会的稳定,两个帝国都把农民束缚在土地上,并规定士兵的儿子需继承父辈的职业;两个帝国都遇到这些政策难以实施的问题;两个帝国也都允许士兵服役期间进行人员流动。除此之外,中国的考试制度提供了在官场上升迁的机会。

起义暴动 两个帝国都经历了频繁的、反抗皇帝及其政策的起义暴动。罗马有大量的奴隶,因此一些暴动是由奴隶们领导的。而在中国,暴动则通常由农民发动。罗马试图通过"面包和竞技场"的策略来阻止都城和其他大城市的民众暴动。两个帝国也都不断地面临那些来自国土之外边境地区的部族的挑衅。

农民逃荒 两个帝国在社会动乱之时,农民为了躲避赋税和兵役大都成为大地主的佃农以避难。一旦帝国政府衰弱,最大的地主就会挑衅中央政府的权力。

早期中华帝国的影响持续至今,其范围不仅仅在中国本土,还扩展至东亚、东南亚和中亚。这些地区在语言、文化、地缘政治组成、国际关系方面的一致性都有待于进一步发现。罗马曾直接统治过的西欧和南欧、地中海和北非一带,情况也是如此。从广义上讲,罗马的影响甚至扩展到了东欧以及欧洲人在美洲、澳大利亚和新西兰的殖民地。中华帝国和罗马帝国的帝国理想使许多人为之着迷,也使许多人极度抗拒。在我们即将学习研究古代印度的帝国时,这些模式将有助于指导我们的思考。

复习题

- 随着中华帝国的建立和巩固,出现了各种形式的标准化。这些标准化的形式有哪些?你认为哪一项是最重要的?
- 中华帝国最突出的三大哲学思想是什么?它们似乎应用于不同的历史背景下。你认为每一种思想在哪种环境下最适用?为什么?
- 儒家思想对妇女在社会中的地位持何种观点?这些观点与中国其他哲学及古罗马哲学在这方面的观点有怎样的差别?
- 把唐朝和汉朝的政策作一对比,可以从这两个朝代的疆域范围、行政管理手段、政府的执政哲学和外交关系上加以思考。
- 为什么越南、朝鲜和日本文化通常被认为是中华文明的产物?
- 中国在外交关系和同化方面是如何对待边境地区的"蛮夷"的?中国的这些政策和罗马对待"蛮夷"的政策相比有怎样的差别?

238

推荐阅读

PRINCIPAL SOURCES

Blunden, Caroline and Mark Elvin. *Cultural Atlas of China* (New York: Facts on File, 1983). Excellent introductory coverage to history and culture, lavishly illustrated with maps, pictures. Excellent as both narrative and reference.

deBary, William Theodore and Irene Bloom, eds., *Sources of Chinese Tradition*, Vol. I: *From Earliest Times to 1600* (New York: Columbia University Press, 2nd ed., 1999). The premier primary source reference to the thought of the elites of ancient China.

Ebrey, Patricia Buckley, ed. *Chinese Civilization: A Sourcebook* (New York: The Free Press, 2nd ed., 1993). This primary sourcebook covers social and economic materials of everyday life of common people.

Elvin, Mark. *The Pattern of the Chinese Past* (Stanford, CA: Stanford University Press, 1973).

Most Chinese history has been written dynasty-by-dynasty. Elvin seeks deeper patterns of change in the economy and social life. Introduces new approaches.

Twitchett, Denis and Michael Lowe, eds. *The Cambridge History of China*, Vol. I: *The Ch'in and Han Empires, 221 B.C.–A.D. 220* (Cambridge: Cambridge University Press, 1986). Comprehensive, standard compendium of analysis and narrative.

Twitchett, Denis, ed. *The Cambridge History of China*, Vol. III: *Sui and T'ang China, 589–906*, Part I (Cambridge: Cambridge University Press, 1979). Comprehensive, standard compendium of analysis and narrative.

Waley, Arthur, trans. *The Book of Songs* (New York: Grove Press, 1996). Marvellous collection by master translator.

Watson, Burton, trans. *The Selected Poems of Du Fu*

(New York: Columbia University Press, 2002). An excellent selection and translation.

ADDITIONAL SOURCES

Andrea, Alfred and James H. Overfield, eds. *The Human Record:* Vol I (Boston, MA: Houghton Mifflin Co., 3rd ed., 1998). Excellent array of primary sources, arranged and cross-referenced to provide its comprehensive course of study.

Creel, H.G. *Confucius: The Man and the Myth* (Westport, CT: Greenwood Press, reprinted 1972 from 1949 ed.). Little is known about Confucius the man. This classic study tells us what we know and how it has been represented and interpreted.

Fairbank, John K., Edwin O. Reischauer, and Albert M. Craig. *East Asia: Tradition and Transformation* (Boston, MA: Houghton Mifflin, rev. ed., 1989). This is the standard history of the subject, updated from time to time.

Friedman, Edward. "Reconstructing China's National Identity: A Southern Alternative to Mao-Era Anti-Imperialist Nationalism," *Journal of Asian Studies* LIII, No. 1 (February 1994), 67–91. An analysis of continuing differences between China's southern, coastal, commercial regions, and its more bureaucratic and politically oriented interior and north.

Han Fei Tzu. *The Complete Works of Han Fei Tzu*, 2 vols. trans. W.K. Liao (London: Arthur Probsthain, 1959). The basis of the Legalist tradition.

Hughes, Sarah Shaver and Brady Hughes, ed. *Women in World History*, Vol. I (Armonk, NY: M.E. Sharpe, 1995). A reader with materials drawn from all over the world.

Lattimore, Owen. *Inner Asian Frontiers of China* (London: Oxford University Press, 1940). Classic statement of the relationship between China proper and the areas north and west of the Great Wall.

Lockard, Craig A. "Integrating Southeast Asia into the Framework of World History: The Period Before 1500," *The History Teacher* XXIX, No. 1 (November 1995), 7–35. Establishes a point-of-view for understanding southeast Asia as a part of the world. Designed for teaching, but widely useful for its range of subjects and their context.

Murphey, Rhoads. *East Asia: A New History* (Boston, MA: Addison-Wesley, 2nd ed., 2000). Standard textbook history.

Needham, Joseph. *The Shorter Science and Civilization in China*, Vol. I, abridged by Colin A. Ronan (Cambridge: Cambridge University Press, 1978). First volume in Needham's monumental work opening up the scientific accomplishments to an English-reading audience.

Past Worlds: The (London) Times Atlas of Archaeology (Maplewood, NJ: Hammond, 1988). Excellent introduction to the entire subject, including archaeology of ancient China. Lavishly illustrated with maps, pictures, charts.

SarDesai, D.R. *Southeast Asia: Past and Present* (Boulder, CO: Westview Press, 4th ed., 1997).

Schirokauer, Conrad. *A Brief History of Chinese and Japanese Civilizations* (Fort Worth: Harcourt Brace Jovanovich, 2nd ed., 1989).

Schwartz, Benjamin I. *The World of Thought in Ancient China* (Cambridge, MA: Harvard University Press, 1985). Fine analysis of philosophies and policies in ancient Chinese thought and politics.

Seth, Vikram. *Three Chinese Poets: Translations of Poems by Wang Wei, Li Bai, and Du Fu* (New York: HarperCollins, 1993). Translations of classical poetry of classical poets. The insistence on rhyme is sometimes monotonous.

Sima Qian. *Historical Records*, trans. Raymond Dawson (New York: Oxford University Press, 1994). Translation from the works of China's pre-eminent dynastic historian. Clear, readable with introduction to and evaluation of the historian's life and work.

Sima Qian. *Records of the Historian: Chapters from the Shih Chi of Ssu-ma Ch'ien*, trans. Burton Watson (New York: Columbia University Press, 1969). Translation from the works of China's pre-eminent dynastic historian. Places the work in the context of Chinese history and literature.

Sullivan, Michael. *The Arts of China* (Berkeley, CA: University of California Press, 4th ed., rev. 2000). Well illustrated introduction to classical Chinese painting, sculpture, and fine arts.

Sun Tzu [Sunzi]. *The Art of War*, trans. Thomas Cleary (Boston, MA: Shambhala, 1988). Accessible translation of the classic treatise on fighting a war, often through not fighting. A Zen approach. Consulted by Chinese strategists, including Mao.

Waley, Arthur, trans. *Chinese Poems* (New York: Dover, 2000). Marvellous collection by a master translator.

印度帝国

分裂的次大陆的文化凝聚力
公元前 1500—公元 1100 年

主题
- 南亚新来客
- 印度的帝国
- 外来入侵终结帝国时代
- 印度、中国和罗马：帝国与过渡机构

　　这里所说的"印度"指什么呢？本章我们讨论的是整个南亚次大陆。这个地区不仅包括今天的印度，还有其邻国，包括巴基斯坦、孟加拉国、尼泊尔和不丹。地理学家将这整个地区称为次大陆的原因不仅在于其地域的辽阔，而且还在于它有着明确的天然分界线。它的整个南部边界是个被海洋环绕的半岛：西面是阿拉伯海，东面是孟加拉湾。它的北面是世界上最高的山脉喜马拉雅山脉，它形成了一个几乎横亘大陆的屏障。在喜马拉雅山脉的东西两端，崎岖的支脉形成一个环形的边界，支脉的高度较低，也便于通行。诸如开伯尔山口等山口打开了穿越西北山脉之门，沿着西部的莫克兰海岸穿越沙漠的路线也是其中之一。

　　关于公元前 3000 年来到印度的民族，我们没有任何书面的历史记载，他们看来是通过各种途径到达这里的。也许其中有的是从非洲、东南亚和太平洋上的一些岛屿经海路来到这里的。自公元前 3000 年以来，主要的移民都来自西北方。近代的英国商人及统治者也是经海路而来（见第 13 章和第 16 章）。他们对次大陆产生了重大的影响，但是他们并没有在这里定居下来。

　　次大陆的地理面积相当于欧洲面积的四分之一。19 世纪及 20 世纪初，在英国的统治下，整个地区被合并为一个统一的帝国，这是历史上唯一的一次统一。孔雀王朝阿育王（Asoka Maurya，公元前约 265—238 年在位）是第一个几乎要达到这个目标的人，但他从未夺取过远方的南部地区。像今天一样，当年次大陆的各个区域通常由多个统治者所控制。印度帝国持续的时间不超过几百年，这并不令人惊讶。但是，不同于罗马的是，几千年来，印度一直是一个稳定的文化统一体，这和中国更为相近。在这一章，我们将探讨为什么印度在政治上会分裂为多个独立的国家，在第 9 章我们将探讨使次大陆成为一个松散统一体的宗教及文化因素。我们还将探讨印度是怎样在文化内聚力以及政治及军事统一的基础上成为一个帝国的。

南亚新来客

　　第 3 章我们介绍了印度河流域的文明，它始于公元前 2500 年在南亚出现得最早的城市。哈拉帕文明从约公元前 1500 年开始衰落，其原因我们至今尚未完全了解。或许是与此同时，或许是稍后一些时候，一股新的"雅利安人"移民潮抵达了这里。

前页 乔达摩王子，阿旃陀石窟 1 号洞穴，印度马哈拉施特拉，公元约 450—500 年。王子盘膝坐于一个经装饰的帷帐下。侍者正朝他身上洒圣水。

242

雅利安人定居地的扩展

这些新的来客并不是以他们的种族命名的，而是以梵文及另一些他们使用的相关的**印度–雅利安**语言来命名的。考古学家尚未能确定这些新来者究竟来自何方，有的认为他们来自亚洲的中部，有的认为是来自伊朗高原，而少数人则认为他们来自欧洲。在持续不断的移民浪潮中，游牧的雅利安人跨着中亚的牧马，驾着轻便的辐条车轮战车，同当地的土著居民混杂在一起，缓缓往东迁移，在公元前1000年时到达了恒河河谷。

书面文本

有关雅利安人的迁移、定居以及帝国情况的最主要资料来源于那些保存了早期口头传说的文字记载。一群专职的吟游诗人和年代史编撰者收集和编写了这些资料，但他们并没有打算构建一份像希腊、罗马或中国那样，直接按时间顺序叙述并附有解释的记录。

《吠陀》《梨俱吠陀》是现存的最早资料，它是四卷本的《吠陀》中的一卷，包含了在约公元前1500—前1200年，雅利安人移居到次大陆时，用梵语写成的1 028首赞美诗。与其说《吠陀》是历史的记载，不如说它是从宗教角度作出的思考，但它们在某种程度上仍然反映了创作《吠陀》的雅利安民族的生活，因此这样的记载或许是较为可信的。《吠陀》确实提及了雅利安人在向东及向南方的迁移时征服其他民族的过程。《吠陀》的其他三卷——《娑摩吠陀》、《耶柔吠陀》和《阿闼婆吠陀》则创作于几个世纪以后。与《吠陀》创作于同一时期（公元前1500—前500年）的其他宗教文学编写于约公元前700年及以后，包括指导宗教仪式和献祭的《梵书》及记载神秘主义冥思的《奥义书》。

我们是怎样知道的?

陶器和语文学

关于雅利安人在恒河河谷的生活，考古研究告诉我们的并不多。恒河河谷是一个潮湿的亚热带地区，远古的定居者无法忍受雨季里的大量降水。而且这里人口密集，使得考古挖掘十分困难。因此我们对雅利安人在恒河流域定居地的了解比早期印度西北部河谷的更少，那里属于沙漠地带，人口稀少，相对来说较为容易挖掘。

陶器的产生——着色的灰陶器可追溯至公元前500年，北方的黑色抛光陶器则在此之后——这有助于我们确定和追踪雅利安人迁徙入恒河河谷的移民潮。后来发现的在恒河谷西部的赭色陶器，以及偏东方向发现的黑陶和红陶也说明了在雅利安人到达以前，土著居民就已经在这里定居了。自20世纪70年代末期以来，考古发掘已经在整个恒河河谷发现了一些公元前1000—前600年前的、小型的定居地遗址。但是，如果不进一步对其他许多城市或小城镇进行挖掘的话，就很难对早期雅利安文明的传播及其特性作深入的了解。

语文学有助于通过追踪印度雅利安人语言的传播来确定其民族的分布。目前所知现存最早的恒河河谷的文字是公元前3世纪，阿育王时代用梵文镌刻的石柱铭文。为了研究比这早几个世纪的口头语言的类型，考古学家们还研究了较晚时期记录的载有这些早期口语的书面文字，然后将这两者与现代口语的分布和演变进行比较。

- 为什么关于印度河流域的考古证物比恒河流域的要多?
- 是什么证明了当地的土著居民先于雅利安人生活在恒河河谷?
- 在对恒河河谷早期定居者的研究分析中，有关陶器和文字学的研究是怎样互为补充的?

　　古印度的神话经典《往世书》，最远古时代的传奇故事及民间传说，是在公元前500年前至公元500年间被人最终收集整理并定稿下来的。其中包含了从人类诞生以前至有史时期的统治者的家谱列表，杂糅了史实与神话，人类与神祇，而且并未对它们作出明确的区分。《往世书》的神话传说将雅利安人崇拜的神带到民众的想象中。

　　《摩诃婆罗多》与《罗摩衍那》　印度的两大史诗《摩诃婆罗多》与《罗摩衍那》详细叙述了公元前1000年到前700年发生的事件，虽然这些文本将事件发生的时间置于更早的神话时代。这两大史诗都不是确凿的历史记载，但都提供了有关编写者所处年代的社会结构、生活方式及当时流行的价值观等珍贵的资料。

　　《摩诃婆罗多》是世界上最长的史诗，比《圣经》约长10倍。它的主要情节是关于发生在一个家族的两个分支之间的一场大内战。交织在故事、次要情节及旁白中

历史一览表：印度

年　代	政　治	宗教和文化	社　会　发　展
公元前600年	■ 大邦（Janapadas）建立		
公元前500年	■ 波斯控制犍陀罗和信德（约公元前518年） ■ 十六大国建立（前500—前400年）	■ 佛陀悉达多·乔达摩（公元前约563—前483年） ■《往世书》完成（公元前约500—公元500年） ■ 吠陀时代结束（前1500—前500年）	
公元前400年	■ 摩揭陀的难陀王朝（公元前约364—前324年）		
公元前300年	■ 亚历山大大帝占领南亚（约前327—前325年） ■ 旃陀罗笈多·孔雀（公元前约321—约前297年）在摩揭陀建立孔雀王朝（前324—前185年） ■ 考底利耶著《政事论》（公元前约300年）	■《摩诃婆罗多》与《罗摩衍那》（公元前约300—公元300年）	
公元前250年	■ 宾头婆罗（公元前约297—约前272年）在位 ■ 阿育王（公元前约265—前238年）在位	■ 阿育王的石刻诏书 ■ 阿育王推动佛教的传播 ■ 阿育王狮像石柱（见第262页）	■ 孔雀帝国从阿富汗扩张至孟加拉湾，一直到德干
公元前200年	■ 巽伽王朝（前185—前173年）随着印度统一的瓦解，孔雀帝国分裂（前185年）	■ 耆那教的影响扩大	
公元前150年	■ 印度-希腊王国国王米南德（弥兰陀王）（公元前约160—前135年在位）	■ 桑吉佛塔（第301页）	■ 与东南亚有贸易往来
公元前100年	■ 印度西部第一位恰卡人国王即位（公元约94年）	■ 泰米尔文化中的桑伽姆诗歌	
公元50年	■ 迦腻色伽王（公元约78—约103年）领导下贵霜发展至鼎盛期	■《薄伽梵歌》	
公元100年		■ 犍陀罗佛像（第263页） ■ 大乘佛教的兴起	■ 印度与中亚的贸易路线日渐繁忙
公元200年		■ 印度教与佛教开始对东南亚产生影响	

（续表）

244

历史一览表：印度（续）			
年　　代	政　　治	宗教和文化	社 会 发 展
公元300年	■ 旃陀罗·笈多（320—约330年）建立笈多王朝（约320—540年）	■ 梵语作为官方的贸易用语使用 ■ 印度教的影响超越佛教	■ 印度与扶南的喔呋开始贸易往来（300—600年）
公元350年	■ 沙摩陀罗·笈多（约330—约380年）向北部扩张王国，并进入南部		
公元400年	■ 旃陀罗·笈多二世（约380—约415年）帝国扩张至最大 ■ 鸠摩罗·笈多即位（约415—455年）	■ 文化的"黄金时代" ■ 梵语语法学家帕尼尼（生活于公元400年左右） ■ 佛教僧人法显朝圣 ■ 阿旃陀石窟（约5世纪—8世纪）（第265，302页）	
公元450年	■ 塞犍陀·笈多（455—467年）击退来自中亚的哒人的入侵（约460年） ■ 佛陀·笈多（467—497年）	■ 迦梨陀娑创作《云使》和《沙恭达罗》	■ 东南亚流行梵语；印度神；佛教
公元500年	■ 哒人控制印度北部	■ 古典的城市文化走向衰落	
公元600年	■ 在摩哂陀跋摩（约600—约611年在位）统治下巴勒法崛起于甘吉布勒姆 ■ 戒日王（606—647年在位）定都曲女城，统治印度北部 ■ 补罗稽舍二世在巴达米的统治（608—642年），遮娄其王朝控制印度中部	■ 佛教僧人玄奘朝圣	
公元700年	■ 阿拉伯人征服信德（712年）	■ 埃洛拉神庙建筑（第296页）（757—790年） ■ 爪哇婆罗浮屠（第270页）（778—824年） ■ 克久拉霍神庙建筑（第295页）（1025—1050年） ■ 吠檀多哲学兴起 ■ 柬埔寨吴哥窟（第271页）	
公元1100年	■ 朱罗人击败苏门答腊的室利佛逝帝国		

　　的是神话、想象、民间传说、道德教导及政治见解，这些都反映了活生生的印度文化的主要方面。生命、死亡、战争、责任及权力这些宏大主题的交织糅合给予了《摩诃婆罗多》恒久的魅力。其中最著名的一个部分被称为《薄伽梵歌》或"神之歌"，它是深奥的宗教冥想和教诲。颂歌形式上是对一个面临战争的武士给予的忠告，但实际上还包括了对于生、死及再生的精辟见解。

　　相比之下，《罗摩衍那》则要短一些，涉及的是较晚的年代，而且它有多个版本。目前所知的最早的梵语版本是蚁垤在约公元前700年创作的。其主要故事是关于神秘的"神王"罗摩战胜绑架了他的妻子悉多的椤枷魔王罗波那。《罗摩衍那》的多个版本反映了其流传之广以及各种不同的用途。有的版本侧重于描述南北之间的战争，这或许可以作为雅利安人在约公元前800年第一次入侵的证明。然而，一些南方的版本趋向于为罗波那辩解，认为他是保护南方免受罗摩从北方的侵略。悉多这个角色也有多种演绎。男人们总是不停赞美她对罗摩的崇拜，为了不使他的名誉受损，她宁愿断绝与罗摩的关系。然而女人们则总是谴责罗摩，起初似乎是为悉多作了所谓的辩解，然后又质疑她在斯里兰卡被俘期间的忠诚，最后终于屈服于公众对她的猜疑，将她逐出宫廷。

印度的水手、商人和僧侣把他们的文化传播到东南亚，因而《罗摩衍那》成为该地区好几个国家，尤其是泰国与印度尼西亚共同的民族史诗。在这两个国家，《罗摩衍那》常被改编为戏剧，由真人或木偶演绎。在印度，这一故事在每年庆祝正义战胜邪恶的"十胜节"里都被浓墨重彩地一再传颂演出。1980 年代中期，印度国家电视台用了将近一年的时间每周一集播出《摩诃婆罗多》与《罗摩衍那》的连续剧，吸引了千百万的观众。正是以这种方式，现代科技使得印度的古代文学在千百万翘首以盼该剧的家庭中得以维持其生命力。这些史诗故事也在西方流传开来。1985 年，英国戏剧家彼得·布鲁克推出了一个长达九小时的用英语和法语演出的《摩诃婆罗多》。

虽然这些文学作品为重大的政治和社会变革提供了间接的证明，但是印度历史上这几个颇为关键的世纪却没有留下真正的书面历史记录。不过，其他相关的记录开始出现，情况有所改观。法典和治国艺术——例如成书于约公元前 300 年的《政事论》和约半个世纪后阿育王的碑石铭文揭示了当时的政治及帝国的意识形态。有关这一类的法典此后出现得更多，与之同时出现的还有通常附有编年史和注疏的佛教及耆那教的经文。

外来的访问者也为印度的历史留下了"快照"式的记录。其中包括约公元前 350 年被派遣到旃陀罗·笈多王朝的希腊使者、历史学家麦加斯梯尼（Megasthenes，公元前约 350—约前 290 年）、后来成为佛教徒的印度西北部的希腊国王米南德（弥兰陀，Milinda；约公元前 160—前 135 年）。后来，约在公元 400—700 年间，从中国赴印朝圣的佛教徒法显（约公元 399—414 年）及玄奘（公元 602—664 年）等都留下了他们的观察记载。旅行者的看法反映了他们自己的社会地位和兴

艾哈迈德·克什米尔，莫卧儿画派，《摩诃婆罗多》场景之一，公元 1598 年。在这幅手稿上，一位穆斯林画家描绘了这一伟大的印度史诗中的一幕。火神阿耆尼正纵火制造出烟雾来协助他的岳父，而阿多诺则用神箭射出水柱来灭火。（伦敦，东方与印度事务部）

245

印度画派,《罗摩衍那》场景之一,公元1713年。这是一幅精美华丽的水彩画。画中的人物有罗摩、他忠诚的妻子悉多、忠心的兄弟拉克斯曼,以及随他迎战楞枷之王罗波那的猴子大军。(伦敦,东方与印度事务部)

246

大邦(janapada) 印度的面积较大的政治区,始于约公元前700年。

趣,但总体上他们描绘了一个繁荣的国度。作为四位来访者中最早的一位,麦加斯梯尼似乎对印度的地理及历史最感兴趣,他的记录中既有各种神话,又有亚力山大大帝及印度军事力量取得的实际成就。他也对印度的种姓制度深为着迷,他认为这一制度共包括七个等级。如所有的旅行者一样,印度政府对外国人的尊重也给他留下了深刻的印象。法显来访的时间则要晚得多,他最感兴趣的是参观访问与佛陀生平事迹相关的地方。他发现,印度是一个有着富饶且繁荣城市的国家,这个国家和平有序,富人帮助穷人及弱者。

国家的建立

考古发现和文字材料都显示,当雅利安人在印度定居下来的时候,他们即开始建立一个新的城市文明和新的国家。到公元前700至前600年间,众多被称为"**大邦**"(人口稠密的领地)的政治群体组织开始出现了。这些领地上的领导权以某个家族为中心,随着其家族规模的逐渐扩大,他们开垦更多的林地以扩大其控制的领土范围,大邦开始形成国家的政治形式,它们既拥有都城,又建立了行政管理组织。其中有的采取共和体制,有的则为君主制。到了公元前500—前400年,在大流士的波斯军队到达印度河时,在印度的北方已经形成了16个大国。

至公元前300年时,有四个这样的大国已经控制着其他各国,其中的一个即摩揭陀王国更是凌驾其他各国,初现帝国雏形。如我们在第5章所看到的,亚历山大于公元前326年抵达印度河,而且还打算继续东进,横跨次大陆到达海洋,他认为那里就将是世界的尽头。然而,他的军队发生了兵变,拒绝再继续前进,从而迫使亚历山大不得不撤军。不久之后,摩揭陀的统治者旃陀罗笈多·孔雀率领军队从摩揭陀出征进入印度的西北部,以填补权力的真空。随着这一胜利,孔雀王朝开创了印度的第一个帝国。

印度的帝国

247

随后的15个世纪里,统治时间相对较为短暂但影响力并不小的帝国与长时期的地方分权、常常是软弱无力的统治相交替。然而印度保持了强烈的文化统一意识,它在很大程度上以家庭、社会、经济及宗教制度习俗为基础,这一切把古代的印度与现代的印度连接在了一起。

接下来,我们不仅要分析古代印度的两个主要的帝国即孔雀王朝和笈多王朝,还要分析对个人与国家关系起调节作用的更为稳定持久的社会习惯制度。印度教的宗教哲学及社会习俗奠定了统治者的有关治国之术,这里我们作一简要探讨,在后面的第9章将作更详细的讨论。我们将会看到,印度教不是一套特定的教条和仪式,而是印度各民族的宗教信仰及习俗——除了那些支持另一宗教而明确摈弃印度教的人以外——的综合。把政治和宗教行为分开讨论,这多少有些人为的因素,但是这样做可以使我们认识到每个体系的重要性,同时也可以了解它们之间的相互作用。

孔雀王朝

孔雀家族王朝于公元前324年登上了摩揭陀国的王位。其建立者旃陀罗笈多·孔雀(Chandragupta Maurya,公元前约321—前297在位)也许最初曾设想过有可能与亚历山大大帝会面,建立一个包括整个印度在内的帝国。他在公元前321至前297年间征服了印度北方的大部分地区。他的儿子宾头娑罗(Bindusara,约公元前297—前272年在位)将他父亲创建的帝国疆域扩张至更远。宾头娑罗的儿子阿育王(公元前约265—前238年在位)将孔雀王朝扩展至最广的疆域,统治范围从西北方今天的阿富汗一直到东部的孟加拉湾,而且深入到南方的德干半岛。到此时印度的人口可能已达到100 000 000。

孔雀王朝统治下的政府 孔雀王朝建立了一个帝国政府,这个政府控制或者说取代了早期主要建立在家族血统基础上的政治体系。世袭制的家族血统并没有失去它的重要性——毕竟,帝国统治的王朝本身也是一个世系。《摩诃婆罗多》讲述的是一个大家族的同族之间为了争夺继承权而陷入的家族内战。但到了孔雀王朝时期,一个新的国家

印度孔雀世系。与亚历山大大帝同一时代的旃陀罗笈多·孔雀控制了摩揭陀王国,并吞并了西部的地区。到公元前300年时,最终控制了恒河河谷与印度河盆地的战略贸易通道。至公元前250年,他的孙子阿育王将帝国向西扩展至波斯的塞琉古,向南通过富裕的羯陵伽帝国控制德干。

机器在职能和权力上已超越了个别的家族或世系。

这个新帝国的政治理论体现在《政事论》即关于政治和经济的手册一书中,该书由旃陀罗笈多·孔雀的一位大臣考底利耶编写。(写作的日期无法确定,也许实际上成书的时间可能还要晚些,但其所包含的思想在孔雀王朝即已流行。《政事论》一书的文本曾一度散佚,直到1909年才被重新发现。)这个文本提到的一种统治理论称为"丹达尼提",翻译过来的话就是"铁腕政策"或"大棒政策",有煽动和挑衅的意味。这一政策对国家之间的竞争持一种残酷的观点。甚至早在大邦(规模较小的政治群体)时代,印度的政治思潮就已经显露出"大鱼吃小鱼的正义"的观点了——大国吞并小国。《政事论》提出这样的假设,即每个国家都必须对其毗邻的所有国家保持警惕,因为它们都是潜在的敌人。该书提出,强大的国家之间通过签订条约来相互防御,由此形成一种权力的均衡,与此同时,进攻并征服弱小的国家。《政事论》将毗邻的各国看作潜在的敌人,但却把在周边不直接相邻的国家看作是潜在的朋友,这与"敌之敌乃吾之友"之说正是一脉相承的。考底利耶的构想还包括收取税收和鼓励贸易。他还醉心于使用间谍。在这个战事连连、充满竞争的世界里,国家开始形成了。

国家也有许多内部的调节功能。首先,国家必须能提供给人们一个强大的、能实现人生目标的环境,这些目标是和印度教的哲学思想相一致的:即artha(财富),kama(感官的欢愉),dharma(完成社会及宗教的义务),及moksha(如能实现的话,在死亡一刻挣脱世俗存在的束缚,和宇宙无限之力交融,即解脱)。

国家还有助于强制对男女之间的行为进行规范。这一关系规定男人驾驭妇女,也要保护妇女。女人则必须根据男人的要求操持家务,并能满足使他们愉悦的要求。正如考底利耶所解释的那样,"任何一个女孩,或年轻女子,甚至年长的妇人,任何事情都不得擅自作主,即便是在她们自己的居所里"。妇女的财产权总是十分有限的,在某些时期,她们几乎一无所有。另一方面,某些行业,特别是编织业,向妇女开放。在第269页我们将简要讨论印度教中关于妇女的适当角色和行为的观点。

国家还根据种姓制度的规定来规范臣民的行为。根据印度教的信仰,每个人自出生之时起,就承袭父母的社会、经济和宗教地位。虽然在实际生活中,社会地位可能会有所变化,但理论上它伴随一个人的一生,而且是代代相传的。种姓的等级地位不仅决定了一个人的行为,还使人们在同一法律下处于不同的而且不平等的地位。(作为印度宗教信仰的一部分,种姓等级制度的起源、基本理论和功能将在第269—270页详细讨论。)加强社会等级划分是政府的任务之一,尤其是在法律诉讼中它们不同的等级、义务和权利的划分。

政府还负责对宗教机构进行规范。由于虔诚的信徒,尤其是那些富有的地主、商人和国王捐赠的土地和财富等资源,规模较大的印度教和佛教庙宇拥有相当的经济和政治权力。它们甚至对那些虔诚的教徒作出的各种个人和公共决策都有很大的影响,因此国家试图对这方面财富和权力的运用进行调节。

政府还加强对印度**行会**的规范,行会即商人和生产者组成的联盟。这些城市中

行会(**Guild**) 为了某些共同的目标,通常是经济目标而结盟的组织。在中世纪欧洲的城镇,为了保护及提高成员所在行业的利益和成员之间的互助,出现了手工业者或商人的行会。

原始资料

阿育王,信仰佛教的印度皇帝

公元前265年到前238年,阿育王控制了印度次大陆的大部分地区。然而直到一百多年前,我们对他仍然所知甚少。阿育王命人以石柱铭文来传播他的名号和思想,直到现代这些铭文才被破解,这使得阿育王的身份和教义首次为人所知。

阿育王命人竖立至少7根法令石柱,还命人在至少14块大岩石及许多小岩石上镌刻了诏书。它们在印度许多地区被发现和发掘出来。大部分铭文用印度现存最古老的文字——梵文镌刻。这种文字是早期梵语的一种变体,曾失落达几百年之久。直到1837年,一位名叫詹姆士·普林塞普的英国官员重新将它破译。他还研究了至他那个时代为止所知的石柱铭文及早期锡兰(如今的斯里兰卡)编年史中有关阿育王的一些资料,分析这两者的共同意义。

阿育王皈依佛教享有盛名,这是他一生中的一个重大转折,在第13块岩石铭文上对此有记载。羯陵伽战事中导致的杀戮和伤亡使阿育王深切自责。为了赎罪,他宣布放弃武力,皈依宣扬怜悯之心、宽容及诚信的佛教。

> 15万人遭到驱逐,10万人被杀戮,更多的人死去。自此以后,羯陵

19世纪雕刻呈现的阿育王像。

> 伽被吞并,仁爱的神[阿育王]忠诚信仰佛教,传播佛教。(Thapar, Asoka,第255页)

然而他并没有放弃征服与吞并羯陵伽,尽管他立下誓言把放弃武力作为一条基本原则,但同时,又将此作为国家政策的保留措施,尤其在对付山地的部族时。

> 阿育王对帝国中山地各部族之间的关系进行调停,但也提出警

告,尽管他已作了忏悔,但他依然大权在握。他要求族人作出忏悔,否则就将被处死。(Thapar, Asoka,第255页)

为了传播教义以及推行对佛教的普遍信仰,阿育王向整个帝国,甚至帝国之外派遣使者。他还亲自到乡间农村实践达摩,帮助人们减轻苦难。第六块主要的岩石诏书铭文宣扬阿育王对于大众福祉所做的贡献:

> 吾认为吾须造福世人,尽心佛教,遣派使者乃必经之径。世间万业,唯此独高。丰功伟绩,乃是偿债。(Thapar, Asoka,第255页)

阿育王实施诸多项目以改善公众福利,其中包括建立医院,种植药材和树木,修筑约84 000多座佛塔(佛教墓地)及寺院。为了建设一个更为宽容的社会,阿育王承认佛教以外宗教的合法性及信仰自由。与此同时,还鼓励尊重其他宗教的信仰及习俗。禁止用动物做献祭品。

阿育王对佛教传播的积极贡献带来了长久的影响。他的铭文给我们提供了确凿的证据:总的来说,佛教不仅对他个人的一生,而且对印度人的生活和思想都带来了重大的影响。

的群体大都和"贾提",即次种姓紧密联系,共同制定行规、价格、度量衡标准,以及加强质量的把关。行会是独立于政府的,但可以呼吁政府强制实行他们认可的行业规定。

有些专门研究印度社会结构的学生曾提出这样的问题,即为什么印度的商业行会似乎从未试图如中世纪欧洲的商人那样直接控制政府。确切的答案还不完全清楚,但种姓之间的差别决定了有的人在政府部门和军队中任职,有的人从事商业,这使得通过军事武装控制政府的可能性与只是通过拥有的财富来施加其影响相互分隔开来。在欧洲,商人不仅自己拥有武装,还专门雇佣军队;然而在印度,看来商人们并未采用这两种方式,他们选择对武士阶级施加影响,而不是拿起武器来与他们对抗。

250

阿育王建于鹿野苑的狮首柱，孔雀王朝，公元前约250年。阿育王命人在各地竖立雕刻精致的砂岩柱。这些柱顶高达7英尺的石柱具有特别的意义，建于与佛陀生平事件相关的地点，或用作通往圣地朝圣路线的指引。是孔雀帝国时代遗留下来的最佳的、极富象征意义的艺术品。例如，佛陀有时被传教者称为"狮子"。他的传教活动遍及世界各地，恰如狮子在丛林中的怒吼响彻四野，树立其权威。

政府承担着如此众多的责任，如在国内调节互相对抗的群体之间的利益，对外则对强大的邻国始终保持警惕。旃陀罗笈多与其子宾头娑罗试图通过一群高薪供养的大臣、官僚、一支强大的军队，以及散布于整个王国的有效的间谍组织建立起一个高度集权的政权。

信仰佛教的印度皇帝阿育王　起初，阿育王沿用一贯的政策，他尤其善于运用军事力量扩展疆土。在他执政的第9年，他突然改变了执政的路线。公元前260年，阿育王击败了羯陵伽（今天的奥里萨邦），将这个东部的王国并入他的疆土。获取胜利必然引起的杀戮和骚乱已使他感到厌倦，他决定改变自己，做个与众不同的执政者。他皈依了佛教，这是一个坚持和主张非暴力的宗教。他开始派遣使者到帝国的各地，以及疆土之外的印度南部的一些地方，甚至还到达叙利亚、希腊、埃及，而且还有可能到过东南亚。有一次，他派遣自己的儿子出使斯里兰卡，此后这个岛国就永远皈依了佛教。

在羯陵伽战役30年以后，在阿育王的统治下，印度呈现一片和平景象，游牧民族也逐渐安定下来，过上了安定的农业和城市生活，也使得一种新的道德规范变得更加普及。佛教削弱了婆罗门种姓在社会上享有的特权，因此对商人种姓和行会尤其具有吸引力。显然，阿育王的赞助保护对商业发展来说是有益的。

后代各邦分裂帝国　公元前238年阿育王去世之后，没有一个皇帝有实力维持中央集权，孔雀帝国陷入了将近半个世纪的衰败没落。公元前184年，一个军事将领谋杀了孔雀王朝的末代皇帝。孔雀王朝就此终结，与此同时印度的统一也告结束。此后，印度次大陆被好几个地区的统治者割据瓜分，其中有几个攫取并控制了大面积的土地。

孔雀王朝一直以来依靠世袭的家族血统之力作为统治的核心，但此后再未出现过像旃陀罗笈多、宾头娑罗和阿育王这样握有大权和拥有领袖魅力的国王。孔雀王朝的血统世系并没有使得国家永久成形。印度再次陷入割据的局面。

公元前185—前173年，巽伽王朝统治着摩揭陀遗留下来的核心区域。印度政府已是风雨飘摇，亚历山大帝国的继承者、驻扎于阿富汗和大夏的印度–希腊人于公元前182年入侵，并攫取了西南部古吉拉特沿海城市以南的所有道路。他们同被征服的印度人共同形成了一种混杂的文化。弥兰陀王（Menander，约公元前160—前135年在世）为印度–希腊人，与佛教僧侣那先比丘进行了一次深入的会谈，后者把佛教

印度–希腊铸币（正面与反面），中亚。印度次大陆通过横贯阿富汗和贵霜帝国并继续通向西方的贸易路线与丝绸之路相连。这些经济上的联系解释了大量的印度–希腊铸币在这里被发现的原因。钱币上显示的是马其顿国王德米特里一世（公元前约337—前283年）。（伦敦英国国家博物馆）

马兰特圣骨匣，犍陀罗，公元 1 世纪。中间为佛陀像，两侧是印度教神明因陀罗和梵天。宗教形象的混杂说明了位于今天巴基斯坦与阿富汗边界的犍陀罗地区文化交叉的现象。

251

大奇迹佛，犍陀罗，公元 3 至 4 世纪。佛陀身上的希腊风格的服装再次显示了犍陀罗地区文化交叉混杂的现象。佛陀的右手呈"无畏印"，是表示定心的手势。他的手掌上有佛陀点化之轮的印记。

介绍给国王。这次谈话被编为《弥兰陀王问难经》，人们至今还在对此进行研究。综合吸收希腊和印度成果的犍陀罗艺术在这个时期繁荣起来，同样呈现繁荣景象的还有西北部的重要贸易、文化及教育中心塔克西拉。后来出土的大量印度-希腊的铸币说明了通往西北部的贸易路线和与印度相接的中亚丝绸之路的重要作用。

新的入侵者征服了这里，赶走了原来的统治者。在第 7 章我们了解了在中国边境的东亚地区发生的部落战争，它迫使蒙古人向西朝罗马进军。这些部落之一的恰卡人入侵以后统治了印度的西北部和西部将近一个世纪，从公元前约 94 年一直到公元约 20 年。继而，他们又被另一个来自东亚的、更大的游牧部落所取代，这个部落在印度被称为贵霜。贵霜统治的地理范围不是很明确，可能包括今天的阿富汗、巴基斯坦、克什米尔，以及印度南部至古吉拉特及其港口的区域。最杰出的贵霜国王迦腻色伽（Kanishka，公元约 78—约 103 年在位）推动了佛教的发展，而且他自己也皈依了佛教。在所有疆土归于一位统治者的情况下，次大陆与中亚丝绸之路之间的贸易繁荣起来。

笈多王朝

公元 320 年，一个新的王朝崛起。这表面看来是从一桩婚姻开始的。王朝的建立者来自一个无任何历史名望的王室，但他娶了势力强大的离车毗族（Licchavi）的一位公主。他有意以孔雀王朝的建立者之名为自己命名，号称旃陀罗·笈多一世（Chandra Gupta Ⅰ，约 320—约 330 年在位）。这反映了他强烈的历史意识和取得正统

印度笈多王朝。公元4世纪时,来自本土的笈多王朝控制了恒河流域的中部,迅速建立起从信德到恒河三角洲横跨次大陆的帝国,并通过与邻国签订条约和组织纳贡而逐渐壮大起来。这个印度古代文明的古典时代在公元5世纪时为从中亚入侵的民族所摧毁。

地位的欲望。他的儿子沙摩陀罗·笈多(Samudra Gupta,公元约330—约380年在位)被誉为印度最伟大的军事征服家。有关他领导战役的记载被镌刻在阿育王时代即已存在的安拉阿巴德的一根石柱上。他领导的战役范围遍及整个印度,包括遥远的南方,东至孟加拉,甚至包括阿萨姆邦,北至尼泊尔及中印度的一些由于地势险峻仍保持独立的山地国家。

沙摩陀罗的儿子及继承者游陀罗·笈多二世(公元约380—约415年在位)在五个世纪以来头一次征服了恰卡人,吞并了印度西部,包括繁华的古吉拉特及其阿拉伯海港口。他还把女儿嫁给伐迦陀迦家族的首领,以此巩固与这一印度中部王国的联盟。通过与德干地区强大的世系家族之间的联姻他还建立了其他联盟。第四代笈多皇帝鸠摩罗·笈多(Kumara Gupta,公元约415—455年在位)统辖着一个处于和平状态的帝国。

笈多的统治通常是以间接方式进行的。在获得了多次远方的军事胜利之后,笈多的皇帝放弃了统治管理的任务转而采取退隐的做法,只要求部族定期进贡。在和其他王国及世系家族的联盟中也未要求采取直接统治。在恒河河谷的中心地区,笈多皇帝亲自任命省一级的甚至地区级的行政官员。大部分乡镇一级的官员则由当地的政府任命,允许他们在相当大的程度上实行自治。笈多帝国直接控制管理的区域比孔雀帝国要小得多。笈多统治下的两个世纪及其产生的影响被认为是印度历史上的"黄金时代",其文化上的辉煌成就大大超过了政治方面的影响。

学术的黄金时代　梵语文学和印度教哲学的繁荣复兴出现在笈多王朝时期。伟大的剧作家迦梨陀娑(公元5世纪)创作了两部史诗,即抒情诗《云使》和著名的戏剧《沙恭达罗》。这部最早的梵语戏剧已被翻译为现代的西方语言。大部分重要的文学作品过去都是通过口头流传的,到这时已通过文字形式记载了下来,其中包括载有传奇和神话的印度史诗。对《摩诃婆罗多》和《罗摩衍那》这样

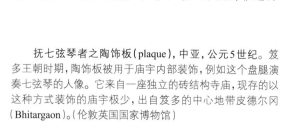

抚七弦琴者之陶饰板(plaque),中亚,公元5世纪。笈多王朝时期,陶饰板被用于庙宇内部装饰,例如这个盘膝演奏七弦琴的人像。它来自一座独立的砖结构寺庙,现存的以这种方式装饰的庙宇极少,出自笈多的中心地带皮德尔冈(Bhitargaon)。(伦敦英国国家博物馆)

253

伟大的史诗，也作了进一步的修订。

笈多帝国开始在官方的信函中使用梵语。伟大的语法学家帕尼尼（Panini，约公元前400年在世）在其著作《八篇书》中将梵语的语法要素确定了下来（可能是所有语言中最为系统的语法）。其实孔雀王朝及其他大多数更早一些时候的统治者曾使用过普拉克利特语，即梵语的一种变体，它更贴近于人们在日常生活中使用的语言。到这时候用梵语表述的法典，如《摩奴法典》，还有治国手册，如考底利耶的《政事论》，都已被人研究和修订过，进而编订成法典。许多有权势的当地官员成为学者、人文主义者及艺术家的赞助者和保护人。重要的佛教文化学术中心在西北部的塔克西拉和恒河河谷的那烂陀繁荣起来。中国的佛教学者访问了这些学术机构并对此作了记述，尽管这些关于印度教机构的记载未能保存至今。

印度教的复兴 这是一个印度的宗教权力机构复兴及印度哲学的主要体系成形的时期。其中最具影响力的是《吠檀多》（吠陀经的巅峰之作，也是其最终版本），其思想在《奥义书》的基础上有了进一步发展。吠檀多哲学体系成为佛教之外的另一种新的、强有力的思想体系。印度教的地位也开始重新超越佛教。

昆湿凡陀罗本生壁画，第17号洞窟，阿旃陀石窟。笈多时代，公元5世纪。德干西北部用岩石开凿而成的阿旃陀石窟被废弃了好几个世纪，直到1817年，一些英国士兵在狩猎老虎的时候才被重新发现。29个洞窟里保存了印度现存最早的绘画，展现了佛教在印度教重新崛起之前最后的辉煌。这幅描绘情色场面的壁画出自一个民间故事，表现了昆湿凡陀罗王子告知他的王妃他已被驱逐出父亲的王国的一幕。

种姓制度被进一步细化并被付诸具体的实施。统治者、高层政府官员以及富有的地主都以捐赠土地和宫廷职务的形式来赞助婆罗门。婆罗门祭司也在宗教仪式上行使他们的职责。原来通过早期帝国的赞助保护和商业阶级的支持而繁荣起来的佛教开始走向衰落，把许多自己在宗教仪式上的行使权让给了婆罗门。

虽然在军事和文化上取得了许多成就，但是到公元15世纪末时，笈多王朝的政权还是开始走向衰败。印度次大陆在政治上再次陷入割据的局面，被一批又一批的入侵者所统治。内部的割据分裂与外来者侵略征服的局面一直持续到1947年现代印度以及1971年孟加拉国的独立。

外来入侵终结帝国时代

5世纪时，新的征服者穿越西北关口，推翻了笈多帝国，在阿富汗的巴米扬建立了首府。这些入侵者是匈奴的一个分支，他们被称为嚈哒人。匈奴是蒙古的游牧部落，长期游荡在中国长城以北的区域，并时常发动侵略。我们在第6章曾讨论过，在先前的扩张时期，他们将别的部族往西驱逐，甚至一直远至罗马帝国。如多米诺骨牌效应那样，这些部族一支将另一支往西驱逐。随后到约公元前94年时，恰卡人入侵印度。接下来一个世纪以后，则是贵霜人。现在嚈哒人带着武装力量来到了这里。在罗马帝国，这些出于同一种族的民族被称为"匈人"，他们在阿提拉的带领下于公元454年入侵罗马。

嚈哒人及其留下的遗产

在约公元460年，塞犍陀·笈多（Skanda Gupta，公元455—467年在位）击退了嚈哒人的第一次入侵。但嚈哒人在印度西北边境的长期骚扰干扰了国际贸易，也使笈多的财富遭到损失。很显然，塞犍陀的继承者未能保住帝国的统一，地方上的势力开始宣布独立。随着中央控制权力的削弱，嚈哒人的军队在约公元500年时再次入侵，在接下来的半个世纪里他们控制了印度的北方和中部的大部分地区。

嚈哒人以阿富汗的巴米扬为首府，将印度的部分地区作为自己帝国下面的省份进行统治。就像在罗马一样，他们以残暴著称，不仅是印度人，甚至访问过这一地区的来自中国及希腊的旅行者对此都有记载。然而，嚈哒人统治的时间却很短。公元528年时，印度的地方诸侯把他们往西北驱逐，最远至克什米尔。经过约一代人以后，由突厥人及波斯人组成的军队在大夏击败了嚈哒人的主要力量，清除了其在印度的势力。

虽然嚈哒人统治的时间不长，但是却对印度产生了很大的影响。他们的入侵进一步削弱了笈多帝国，地方上的势力乘机将其瓦解，并纷纷宣布独立。除了北印度曲女城地区国王曷利沙伐弹那，或称戒日王（Harshavardhana或Harsa，公元606—647年在位）的短时期统治以外，直到20世纪之前，在次大陆内部并没有人出来真正为进一步的统一做出过努力。（在第14及第16章我们讨论的莫卧儿帝国与大英帝国都属于外来入侵势力，虽然莫卧儿人后来在次大陆定居了下来。）

印度北方的城市文化渐渐失却其光芒。被哑哒人集中力量攻占的佛教寺院再也没有被修复。另一方面，随着入侵路线的开拓，哑哒人间接地使印度的人口总量有所增长。

瞿折罗人和拉其普特人几乎是与哑哒人同时进入印度西部，并在那里永久定居下来。现代印度的古吉拉特邦和拉贾斯坦邦就是以他们及其后裔的名称命名的。

哑哒人给印度留下的是笈多帝国的毁灭与解体，地区间贸易的减少，文化的衰败，以及新的游牧部落在帝国的土地上定居下来——与他们在罗马帝国的匈人兄弟的影响相似。甚至在时间上也是相似的，都是同一股中亚向外移民潮的产物。在古代世界的众多伟大帝国里，中国是唯一能够击败或同化这些侵略者并保持其自身连贯延续性和身份的国家。

地区的多样性和权力

人们在撰写印度次大陆的历史时总是倾向于把恒河流域作为政治权力和影响的中心。(在第3章我们就已讨论过，在中部印度河流域定居的现象并未持久，如今这个地区是一片荒漠。)雅利安人在恒河地区建立了他们的城市；孔雀王朝沿袭了这种模式；笈多王朝亦然；后来，莫卧儿人在那里建立了都城；最后，英国人继莫卧儿人之后也将其首府设在德里；今天独立的印度政府同样如此。但是印度的其他地区也一直具有重要的地位。甚至在印度全国得到统一以后，不时还有地方的势力向位于恒河流域中心地带的最高权力中心发起挑战。某些时期，例如从公元500年到公元1500年这一千年间，在印度没有中央帝国时，处于边远的地区便自立为独立的国家。

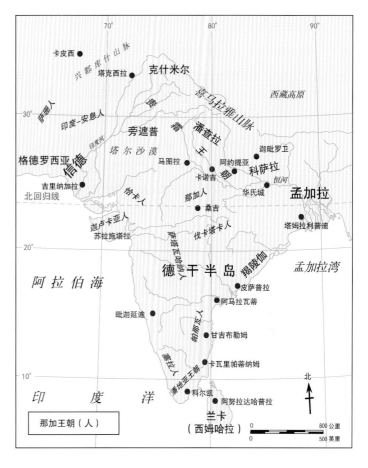

古代的南亚。随着一个个王国的兴衰沉浮，印度在将近一千年的时间里没有出现一个中央集权的帝国。地方势力纷纷崛起，他们往往使用不同的语言，他们的城市拥有不同的种族特色。势力较强的占据了最为富饶的土地，而势力弱小的则被迫进入山区。现代印度各个邦相互独立的根源即在于这些早期由不同种族组成的王国。

陶制雕塑，尼尔吉里丘陵，印度南部，公元初。印度南部的泰米尔文化不仅形成了一种专门的语言和一种颇具表达力的文学传统，而且还产生了独具特色的艺术品。尼尔吉里丘陵最大的部落托达人中有对公牛的崇拜，这一独具特色的雕像即显示了这种崇拜，它是用于装饰骨灰瓮的盖子。(伦敦英国国家博物馆)

印度各大地区所使用的语言各不相同，虽然帝国的统治者不时为地区之间的交流引入具有纽带作用的统一语言：阿育王时推行的是普拉克利特语，笈多王朝时代为梵语，莫卧儿时期则是波斯语，在英国统治时期则为英语。如今，印度使用的两种官方语言为印地语和英语。巴基斯坦使用乌尔都语和英语，孟加拉国则使用孟加拉语。

不同地区的民族在不同的时期、从不同的地方迁徙至次大陆，有的在雅利安人之前，有的则在他们之后。在由雅利安人控制的地区，许多非雅利安人（那些操其他语言者）在雅利安人组成的社会体系里找到了一个自己的位置。等级森严的雅利安社会——该社会以种姓等级制度和"次种姓"为特征——能通过在等级制度范围内建立新的等级类别来吸纳其他各个种族。在这些种族未被结合到规模更大的帝国中时，他们就建立了自己的政治文化的管理机构。甚至当他们被来自北方的征服者所统治，或当后者的统治崩溃、他们取得独立以后，西部的古吉拉特邦民族及东部的孟加拉和奥里萨邦的民族都自认为是与其他种族不同的民族。地区性的王朝兴衰盛

原始资料

印度东南部的泰米尔文化

泰米尔语是东南部的主要语言，它发展出一种极富表现力的文学。南部泰米尔语的诗歌，被称为桑伽姆（Sangam）诗歌，创作于公元前100至公元250年间。诗歌中插入旋律，歌唱苦乐参半的爱情，反对战争和冲突。直至19世纪最后数十年，学者们才重新发现这种诗歌。尤其在 A·K·拉马努詹晚年的努力下，它引起英语世界的关注。

国王的双重性格

他的军队热衷杀戮，
他喜爱战争，

而礼物
从他这里源源不断地送出。

来吧，亲爱的歌者，
让我们去那拉姆看看他

　　田野里，庄稼苗壮，
　　还有斧子砍不倒的大树
　　树上果实成熟了，长成卵形，不曾被
　　成群的蜜蜂所伤
　　等待着疲惫的旅人来采摘
　　武士们纹丝不动，跨弓而立，弦上的
　　箭从不颤抖
　　海风伴着发亮的云，还有飞溅的海
　　泡石。

他就在那里，
在那拉姆城，
在温柔的女子当中更显温柔。

战争的收获

伟大的国王，
您保护您的人民免于毁灭，

因此，您的胜利和伟大之处，
都成为格言。

战车的车轮，
散落在战场各处
还有那雄象
又长又白的獠牙。

成群的雄鹰
携着伴侣
共食腐肉。

无头的尸首
在倒地之前
东晃西摇
如舞蹈一般。

血光遍野，
如夜幕降临前的天空，
在战场的正中
血流遍地。

那儿群魔起舞。
而您的王国
在胜利的战争中
不断地收获。

（A. K. Ramanujan 译，第131、115页）

我们是怎样知道的？

钱币和出土文物

约公元 50 年时，一位希腊商人在他写的印度洋贸易概况——《红海航行记》中提到了罗马与印度西南岸马拉巴尔的贸易：

他们派遣大型船只到有集市的城镇去，因为那里有大量的辣椒和肉桂出售。进口到这里的主要有大量铸币；少量的黄玉、薄布料；还有少量华丽的亚麻服饰、锑、珊瑚、毛坯玻璃、铜、锡、铅、酒，不多，但与在婆卢羯车 [繁荣的港口古吉拉特偏北] 的数量相当……附近的一个地区大量生产辣椒出口到这些集市……除此之外，恒河谷一带还出口大批精美的珍珠、象牙、丝绸、甘松香、出自内陆的 [肉桂]、种类繁多晶莹剔透的宝石、钻石、蓝宝石、龟壳。（引自 Kulke 和 Rothermund，第 106 页）

在整个印度南部的考古过程中发现的大量罗马金币为罗马与印度之间的贸易提供了证据。1945 年，英国考古学家莫蒂默·惠勒爵士（Sir Mortimer Wheeler）在与金奈（原名马德拉斯）相邻的一个渔村——阿里卡梅杜发现了罗马贸易站的残迹。他挖掘出大厅与露台的砖结构基础、蓄水池、防御工事，以及在公元前 30 年至公元 35 年间产于意大利的陶器。这个村落说明了是外国商人——阿拉伯人、犹太人和罗马人，而不是印度人渡过阿拉伯海将货物运到这里的。罗马历史学家普林尼感叹罗马每年花费将近 50 000 000 的塞斯特斯从印度购买奢侈品，尽管他也注意到，在罗马出售这些奢侈品的价格是这个数字的 100 倍。

- 欧洲主要通过出口什么以购买印度的商品？
- 罗马人普林尼为什么对这种出口模式感到不安？
- 印度与罗马之间的进出口贸易看来并不是由印度人，而是由阿拉伯人、犹太人和罗马人从事的，你对此感到奇怪吗？为什么？

亡，前后更替。

在有史记载之前迁移至此的本土部落民族如今被称为 "adivasis" ——即 "原住民"，或是 "部族" ——他们大多居住在交通不便的地区，通常是在耕作颇为不易的山区。他们曾试图通过维持这种交通的不便以保持独立，不受外来的剥削压迫。

最具自己的特点，而且与外部隔绝的地区是南部边远地区。在这里，几个世系和族群为维护自己的独立而战：他们包括东南部最边远地区的潘地亚人，沿海岸稍靠北的巴勒法人，随后是朱罗人和遮娄其人。提鲁马拉和塞拉家族控制着西南沿海一带。他们的发源地及迁入的时间无法确定，但他们的语言形成了一个被称作德拉维达语的语系，与北方语言的梵语语系并无联系。

部族（tribals）　印度次大陆的土著居民，处于种姓体系之外，和社会的其他群体基本上分开居住，大多住在较为偏远的地方。

海上贸易和文化影响：从罗马到东南亚

建立在内陆的恒河流域甚至更靠西北的帝国政府意图通过控制富饶地区和途经山脉关口与丝绸之路相连的贸易来增强经济实力。另一方面，许多沿海地区的地方势力通过海上进行贸易。这拓宽了他们与外部世界的联系，其范围从西面的罗马帝国一直延伸到东面的东南亚。

在罗马皇帝凯撒·奥古斯都（Caesar Augustus，公元前 27 年—公元 14 年在位）的统治下，罗马吞并了埃及，由此开辟了途经红海通向东方的贸易路线。罗马拥有了巨大的财富，由此使得罗马对来自亚洲的商品产生了巨大的需求。罗马商人从阿拉伯人那里学会了借西南季风从红海到达印度的西岸；约 6 个月以后，他们就可以借助东北向的季风归航。

东南亚:"大印度"

　　从东南亚运往罗马的精美昂贵物品先被运至印度,印度的水手几乎到过所有现代东南亚的沿海各国:缅甸、泰国、柬埔寨、越南、马来西亚和印度尼西亚。为使这样的贸易能长期继续下去,他们就在港口城市建立定居地,比如扶南国的喔呋,即今天越南的最南部。婆罗门传教者与佛教僧侣和那些从事贸易者一起留了下来,为印度侨民服务并向当地人中的皈依者传教。

　　远在这些贸易之前,在公元前3世纪时,阿育王就曾派遣传教士到斯里兰卡与缅甸,使得这些国家开始走上皈依佛教的道路。当地的神话传说和中国的历史记载(很不一致)中都提到过一个名为憍陈如的婆罗门教士到来的故事。由于他的活动,扶南国采用了梵语作为宫廷用语,并且鼓励印度教的传播。

　　扶南继续作为一个独立的国家存在,而不是印度的一个省份。实际上,在公元3世纪,扶南即以首府毗耶陀补罗城为中心,将势力范围扩张到越南的南方、柬埔寨、泰国的中部、马来西亚北部,以及缅甸的南部,即今天的金边附近。扶南在进行扩张的同时也鼓励对印度文化的吸收。

258　婆罗浮屠,爪哇,8世纪后期。这一建筑是佛教艺术在东南亚和印度尼西亚最为辉煌的例子之一,它是一个奇异的微缩宇宙,反映了佛教神学中大乘教当时所理解和想象的宇宙世界。其中的浮雕作品连起来可长达十英里多,代表的是业、生和复生的轮回、精进以及生命法轮的解脱等教义。

具有讽刺意味的是，后来扶南还在它征服过的民族当中宣传和灌输印度文化。当占婆向南扩张进入扶南境内的时候，占婆国王开始采用当时通行于印度南部的巴勒法文化、语言及建筑风格。占婆的一位国王婆陀罗跋摩为印度教神明湿婆建造了第一座庙宇。

在扶南的霸权统治下，又有两个区域后来都建立了具有浓郁的印度教及佛教文化色彩的独立国家，即赛伦德拉家族统治下的爪哇及苏门答腊岛的室利佛逝帝国。赛伦德拉人于778—824年间在爪哇的婆罗浮屠建立了一座气派豪华的佛教庙宇。在赛伦德拉进攻位于今天的柬埔寨的高棉人时，高棉人在国王贾耶跋摩二世（Jayavarman II，公元790—850年在位）的带领下共同抵御。他还在吴哥建立了一个新的都城，并在这整个地区内兴建印度教的庙宇，提倡印度教哲学。后来，贾耶跋摩七世（公元1181—1219年在位）把这里建成印度教规模最宏大庙宇的所在地。

印度宗教及文化的传播在整个东南亚地区持续了好几个世纪。这一过程大体是在和平的环境中通过僧侣和商人进行的，但是有少数几个例外的情况。帕那瓦国王南迪跋摩三世（Nandivarman III，公元约844—866年在位）在暹罗地峡派驻军队以保护在当地生活和工作的来自印度南部的商人。朱罗国王罗金陀罗一世（Rajendra I，公元1014—1047年在位）派遣了一支舰队到达苏门答腊岛和马来西亚，击败了室利佛逝帝国。他的目标是保持贸易路线的畅通,并为印度船主在海上航线的竞争提供援助,但他并不主动攫取领土。在1068—1069年间,显然,朱罗介入了一场争夺马来亚统治权的战争,它征服了该地区的大部分,但随后将其交给当地的贸易客户。

印度、中国和罗马:帝国与过渡机构

第7章的结尾是对罗马帝国与中华帝国所做的比较,这两个帝国历史悠久,疆域广阔。接下来这一讨论将扩展到印度帝国。通过对比可以使我们认识到,研究帝国不仅要从中央政权自上而下的角度进行分析,还要从基础的地方区域及机构作自下而上的分析。

资料

将印度、中国和罗马作对比并不是那么简单的。一方面,印度缺乏详细的可供在细节上进行比较的政治、军事、经济、行政及人物方面的记载,而罗马和中国由官方编纂的历史及种类众多的个人记载则被保存至今。另一方面,我们必须经常借助外国来访者的观察来获得对印度的最佳诠释。甚至被誉为印度最伟大国王阿育王的生平、著作及政策都从历史意识中消失了好几个世纪,直到19世纪,他的石柱诏书铭文才被解读。

行政

其次,罗马和中国都建立了制度化的官僚机构及行政体制,在罗马持续了好几个世纪,在中国更是延续了几千年。相比之下,印度的邦和帝国总体来说似乎就是家族世系的延展。甚至古印度最强大的孔雀王朝和笈多王朝都是基于家族基础上建立起来的。尽管考底利耶的《政事论》提倡严于执政,但在他的孙辈阿育王去世以后,孔雀王朝开始逐渐走向衰落。在印度,权力仍然归个人所掌握,而未形成制度性的结构。

国际关系

《政事论》以"鱼类法则"刻画了邦国之间的关系,即大的吞并小的:"当一个国王弱于他人,他应该和对方维持和平。如果他强于他人,他应该向对方发起战争。"虽然阿育王放弃了滥用武力,但遍布印度境内的诸多王国和小型帝国的沉浮盛衰都表明了考底利耶的观点是带有普遍性的。我们没有关于印度境内的反抗邦国和帝国的内部动乱的记载。相反地,资料显示,持不同政见者会潜逃到邻近的一国去,在那里他们会觉得生活更自由些,或许他们可能会加入政府的军队以与原来的统治者相对抗。

哎哒人的入侵

印度帝国的扩张并未越过次大陆的边界。一方面,印度在东南亚的通商使节在出口货物的同时,还带去了文化和宗教方面的新观念,但是他们并无意在那里建立政治统治。另一方面,外来者一再地入侵印度次大陆。

值得注意的是,印度、罗马及中华帝国在政治上有着相近的经历,那就是都遭受过外族的入侵,而且至少在局部范围内曾被哌哒人(匈人、匈奴人)和被他们取代的民族征服过。确实,最后三章都显示了哌哒人/匈人在世界历史,尤其是从3世纪到6世纪中的重要作用。历史记载不仅包括了帝国的建造者和维持者,也包括了那些来自游牧民族的挑战者。(我们将在第12和第14章进一步讨论这个与蒙古民族相关的问题。)

地方机构和国家

在罗马和中国,政府通过税收、征兵、服役及活跃的官僚制度来直接控制人民。国家对一国人民生活的各个领域来说都是最根本的。在印度,国家控制着一系列原来就已存在的社会体制,而且这一切随着时间的推移而越来越根深蒂固。这些体制包括家族血统,对家族历史的自我意识和自豪感;种姓群体,每一个种姓都和一定的职业、宗教仪式及种族地位等密切相连;商业行会,负责经济生产和分配等的监督;地方政府机构,负责乡和镇一级的政府管理;以及宗教组织机构,它们给教徒一种归属感、身份意识及目标意识。国家在监督所有这些群体的活动上起着重要的作用,但国家的存在是以所有这一切的存在为前提的。国家和帝国盛衰兴亡,更替频繁,但是这些各异的社会组织和风俗习惯则以其自身固有的规律生存发展下去。在印度,政治权力机构和家族的、文化的及宗教的权力密切相连,有时则附属于后者。在下面有关世界历史上的宗教的章节中,尤其是关于印度教和佛教的第9章,我们将探讨这些方面的联系。

印度帝国及其意义

古代印度的帝国对印度后来的历史以及各帝国的结构提供了一种启示和借鉴。现代的印度直接自古代的帝国演变而来,其多样性、多种语言和多民族共同存在,这一切融合为一个可以称为“多样性的统一性”的整体。哲学、政治及史诗的古代文本为当今的大多数印度人提供了一个普遍的文化形象,且其影响遍及东南亚的大部分地区。政治实践者们对有关道德伦理准则的答案各不相同,如阿育王,政治顾问、《政事论》的作者考底利耶等,关于准则的争议今天仍在继续。更有甚者,帝国的下一层结构——地区、种姓、行会、乡村组织——在现代印度及近邻南亚各国依然保持着重要地位。

中心区与边缘区域,中央政权与地区利益集团之间的紧张关系几乎在所有帝国都有一定程度的显现,而在今天的印度尤为显著。中国及罗马将重点放在建立帝国的中央机构,并对臣民施加影响上,而印度在帝国的结构上汲取了更多的经验教训,整合与制衡已经存在的地方组织形式。与其说这是治国观念上的根本性差异,不如说仅仅是程度上的差异。即便阿育王在信仰佛教以后,他依然打算使用残酷的武力击退并征服帝国的敌人。在对帝国的统治不构成危险的前提下，罗马和中国则倾向于对地方的利益集团采取容忍的态度。然而，相比罗马或中国，印度提供给我们一个实例，即帝国整合各个组成部分，而不是击败他们或完全把它们同化。

由于在整个历史进程中和全世界范围内，这样的模式不断在帝国重现，对罗马、中国和印度的早期探索能使我们掌握一些工具，以分析直至今日的帝国结构的成败。

262

复习题

- 印度几乎总是被描述为具有"多样化"的特征。这是为什么？其多样性的基础是什么？
- 现代历史学家时常感叹人们对雅利安人的关注太多，而对早期印度的其他种族群体关注不够。其他种族群体有哪些？你认为是出于什么原因他们没有受到足够的关注？
- 阿育王享有或许是印度所有的皇帝中"最伟大皇帝"的美名。你认为这样评价判断的基础是什么？
- 哦哒人成功入侵印度后产生的最重要的结果是什么？
- 讨论从阿育王时代到约公元1000年这段时间里印度对外部世界的影响。
- 比较印度的孔雀王朝和笈多王朝帝国掌握的权力，以及罗马帝国与秦朝和汉朝的中华帝国掌握的权力之间的差异。

推荐阅读

PRINCIPAL SOURCES

Basham, A.L. *The Wonder That Was India* (New York: Grove Press, 1954). Graceful, comprehensive, standard introduction to early Indian history. Dated on Indus valley, but still valid on imperial India.

Embree, Ainslee, ed. and rev. *Sources of Indian Tradition*, Vol. I: *From the Beginning to 1800* (New York: Columbia University Press, 2nd ed., 1988). The principal source for materials on ancient India, especially on high culture, philosophy, and politics.

Kulke, Hersmann and Dietmar Rothermund. *A History of India* (Totowa, NJ: Barnes and Noble Books, 1986). Brief, accessible, excellent introductory history. Kulke brings his considerable expertise on ancient India to the section on empires.

Thapar, Romila. *Ancient Indian Social History* (New Delhi: Orient Longman, 1978). Principal introduction to the institutions of ancient India.

Thapar, Romila. *Asoka and the Decline of the Mauryas* (Delhi: Oxford University Press, 1963). Principal introduction to the empire of the Mauryas.

Thapar, Romila. *A History of India*, Vol. I (Baltimore, MD: Penguin Books, 1966). Principal general introduction to ancient Indian history.

Thapar, Romila. *Early India: From the Origins to A.D. 1300* (Berkeley, CA: University of California Press, 2003).

Thapar, Romila. *Interpreting Early India* (New York: Oxford University Press, 1992). Philosophy of studying ancient India, opposing the use of history to advance political programs.

ADDITIONAL SOURCES

Allchin, F.R., *et al. The Archaeology of Early Historic South Asia: The Emergence of Cities and States* (Cambridge: Cambridge University Press, 1995). Somewhat dated, but very accessible, wide ranging introduction for a non-specialist.

Craven, Roy C. *A Concise History of Indian Art* (New York: Oxford University Press, n.d.).

Green, Peter. *Alexander of Macedon, 356–323 B.C.* (Berkeley, CA: University of California Press, 1991). For Alexander at the threshold of India.

Hughes, Sarah Shaver and Brady Hughes, eds. *Women in World History*, Vol. I: *Readings from Prehistory to 1500* (Armonk, NY: M.E. Sharpe, 1995). Good readings on India.

Lockhard, Craig A. "Integrating Southeast Asia into the Framework of World History: The Period Before 1500," *The History Teacher* XXIX, No. 1 (November 1995), 7–35. Designed for preparing syllabi, with good conceptual scheme for understanding southeast Asia.

Hammond Atlas of World History (Maplewood, NJ: Hammond, 5th ed., 1999). Indispensable world history atlas.

Past Worlds: The (London) Times Atlas of Archaeology (Maplewood, NJ: Hammond, 1988). Fascinating introduction to history through archaeological finds. Lavishly illustrated with maps, pictures, charts.

Ramanujan, A.K., ed. and trans. *Poems of Love and War: From the Eight Anthologies and the Ten Long Poems of Classical Tamil* (New York: Columbia University Press, 1985). An outstanding modern poet and scholar translating classical Tamil poetry.

Richman, Paula, ed. *Many Ramayanas: The Diversity of a Narrative Tradition in South Asia* (Berkeley, CA: University of California Press, 1991). The Ramayana has many interpretations and uses. Richman provides an astonishing, scholarly array of them.

Rowland, Benjamin. *The Art and Architecture of India: Buddhist/Hindu/Jain* (New York: Penguin Books, 1977). Still a useful introduction.

SarDesai, D.R. *Southeast Asia: Past and Present* (Boulder, CO: Westview Press, 1994). A standard introduction to an understudied field.

Schwartzberg, Joseph E., ed. *A Historical Atlas of South Asia* (Chicago, IL: University of Chicago Press, 1978). A scholarly, encyclopedic coverage of history through geography. Superb research tool.

Spodek, Howard and Doris Srinivasan, eds. *Urban Form and Meaning in South Asia: The Shaping of Cities from Prehistoric to Precolonial Times* (Washington D.C.: National Gallery of Art, 1993). Papers from an outstanding international scholarly seminar.

Thapar, Romila. *Cultural Pasts: Essays in Early Indian History* (New Delhi: Oxford University Press, 2000). Principal introduction to the institutions of ancient India.

Tharu, Susie and K. Lalita, eds. *Women Writing in India 600 B.C. to the Present*, Vol. I (New York: The Feminist Press, 1991). Beginning of the movement to include women's materials in the history of ancient India. Wide-ranging subjects.

264

政治和宗教

宗教是我们下一个单元的主题，它至少有两张"面孔"：个人的和公众的。作为一种个人体验，宗教是对每个人的生活意义和目的的一种探求。然而，当整个社会都在寻求意义和目的时，就可能导致宗教和政治的结合。这样的结合存在于人类历史上的绝大多数时候。宗教与政治的分离——教会与国家的分离——如我们在美国及其他现代国家所看到的那样，标志着世界历史的一个转折点。从最早的时候开始，宗教的传教士和政治统治者通常致力于共同的事业。往往同一个人身兼高级神职人员和作为统治者的国王两职。我们已经看到过这些先例：美索不达米亚的吉尔伽美什国王、古埃及的法老，还有那些继奥古斯都·凯撒之后至少是名义上的罗马皇帝。统治者与神职者的权威和权力起着互为强化的作用。

甚至在远古世界，也时而有宗教领袖向政治统治者发起挑战并与之对抗的情况，谴责他们触犯了神的旨意。最显著的一个例子是我们将在第10章里看到的，希伯来的犹太先知以此反抗他们的国王。

宗教巩固了法律和政府管理部门的权力与权威。约公元前1750年，汉谟拉比以巴比伦之神的名义编纂了已知最早的法典。法典被镌刻在石碑上，石碑的顶端是正义之神太阳神沙玛什的浮雕。他授权汉谟拉比记录下他的法典。碑铭的开始如下：

> ……安努那克之王，至大之安努，
> （与）决定国运之天地主宰恩利尔……
> 命令我

汉谟拉比法典，约公元前1700年。闪长岩石柱。（巴黎卢浮宫）

为人类福祉计，

我，汉谟拉比，虔诚而畏神的君主，

发扬正义于世，

灭除不法邪恶之人，

使强不凌弱。

（Pritchard，第164页）

石碑本身是从巴比伦运到苏萨的，显然，这是约公元前1200年爆发的一场战争的胜利品。1901—1902年冬天，法国的考古学家把它运到巴黎。

随后的许多法典也被称为神的旨意，或是神的亲自显现，或是以超自然的方式显现传达。比如，在犹太教义中，摩西登上西奈山接受上帝刻在石头上的十诫，以及其余用口头传授的犹太法典。正如圣经的《出埃及记》所描述的那样，摩西成为犹太人的民族和精神领袖，掌管立法、执法及司法，这在很大程度上是通过他与上帝的频繁接触。摩西的兄长亚伦担任大祭司，主持国家宗教庆典。

米开朗琪罗的著名的雕刻——摩西手持刻着十诫之匾走下西奈山，抓住了这一宗教与政治权威合一的意识。这些戒律本身就是教规——如"不得在吾面前拜其他神"和民法——"不得谋杀，不得偷窃"的混合。但是有几条戒律似乎处于这两者之间，比如"庆祝安息日。尊敬父母。不得贪婪"。

米开朗琪罗·波纳罗蒂，摩西，教皇尤里乌斯二世之墓，罗马，1513年，大理石制。（罗马温科里圣彼得罗教堂）

随着罗马帝国皇帝康斯坦丁皈依基督教，基督教由原来经常受迫害、被压制的宗教转变为在罗马占据统治地位的宗教。耶稣主要面向平民、弱者、贫苦人布道，谴责富人的强权，宣扬宗教与政治权力的分离。圣保罗在传播这一新信仰的过程中，常与罗马当局的权力机构发生冲突。好几位皇帝发起过对早期基督徒的战争。但在公元313年，康斯坦丁接受了基督教，并在临

266

黑天教导阿周那，印度，公元10世纪。

终前正式皈依，之后罗马政府逐渐中止了对非基督教团体的支持，转为资助基督教会。在帝国的支持下，基督教逐渐战胜了其他各个宗教，赢得了社会的认可和广大信徒，成为欧洲势力最大的宗教，随后发展成为世界规模最大的宗教组织。

伊斯兰教则在更大的程度上将政治及宗教势力融合在一起。穆罕默德既是神的信使，也是乌玛这一世界性的穆斯林团体的政治领袖。实际上，只有当他担负起麦地那城邦的政治领导权时，穆罕默德的教义才被认为具有了真正的权威。直到此时之前，那些冷漠无情的墨守成规者看着他走入山边的岩洞，手携真理而归——这些真理最终记录于《古兰经》中——认为穆罕默德多少有些精神错乱。直到穆罕默德将在麦地那的宗教宏图和成功的政治领导权相结合，并作为这个城市的征服者返回麦加之后，他才被广泛认可为真主的最终信使。自穆罕默德开始，伊斯兰教的宗教法律和政治权力集于哈里发一人，并成为制度。直到20世纪，这种宗教与政治的结合才受到激烈的攻击。

印度教有众多神祇，并有许多关于神介入人的政治和军事活动的记载。最著名而且是最受欢迎的印度教史诗《摩诃婆罗多》就讲述了一个出自同一家族的两个分支之间的内战故事。黑天神为般度族的领袖，阿周那王子驾驶战车，还是他的军事和精神向导。阿周那对于这场家族成员之间不是你死就是我亡的战争感到绝望，黑天神教导他更深刻地理解生与死的意义。

在更为世俗的层面上，人世间的印度教国王不仅控制着所辖王国的世俗管理权，还掌管着数额可能颇为巨大、至为富庶的寺庙财产。这样就可以确保包括种姓等级制度在内的社会秩序规则的实施。其结果意味着，虽然婆罗门在理论上是占据领导地位的种姓阶层，但实际上只有国王的支持才能保障他们的实际权力。为了获得皇室的支持，婆罗门被要求拥戴国王的权威。

佛陀是一位王子，他离开父亲的皇宫去寻求关于生命及苦难的真理。通过冥想，他走上了另一条道路，与他年轻时信仰的印度教和家族尚武的理想背道而驰。他由此而成为众多僧侣信徒的伟大的、充满怜悯心的师长。仅在他去世后三个世纪，他的教义就成为一个大宗教的理论基础，被印度的统治者阿育王所采纳。在阿育王领悟到统治意味着战争、杀戮和苦难时，他在佛陀对一切众生怜悯关爱的训诫中找到了慰藉。他尝试亲自实施这条教义，使之在最大限度上与政府的要求一致并在全国传播这一教义。他还根据传统做法，派人到整个东亚传播佛教的道德教诲，将儿子送往斯里兰卡传播佛教教义。在印度境内，他将法令镌刻在许许多多的石柱和石碑上，明确提到佛陀的训诫对于他治理国家的影响。后世的许多国王——以及富商王孙，遵循阿育王的榜样也接受了佛教。也许打动他们的不仅是其关于怜悯的教义，还有其强调的社会各种姓阶层的平等。这样的平等削弱了婆罗门的特权，提升了他们自身的地位。

下一部分我们将讨论世界的宗教在其教义、组织、文化成就及对个人影响方面的发展演变。我们还将指出，在政府与宗教的演变过程中，两者之间关系的重要性。

康斯坦丁大帝大理石头像，罗马音乐厅，公元313年。

问题

1. 宗教在多大程度上对精神和道德起指导作用？

2. 宗教在多大程度上对人类文化及艺术作出了贡献？

3. 宗教在多大程度上是与政治和经济制度相联系的？

第4篇

世界各宗教的兴起

公元前2500—公元1500年

人活着不能仅靠面包：
世界历史上的宗教

宗教是对人类与神圣的、自然以及超自然力量的关系的一种意识。

在整个历史过程中，人们已经体会到需要建立与各种力量的联系，他们相信这样的力量可以保护和支持他们，可以使其认识到人生更有意义并提供在死后以某种形式继续存在的可能性。有人认为这些力量是抽象的，遥不可及的；而另一些人却认为，它们像神明一样具有人格特点。当然，还有一些人对于它们的存在根本不相信，或是采取怀疑的态度。

米尔恰·伊利亚德（Mircea Eliade, 1907—1986年）可以称得上是20世纪中期和后期的一个著名宗教史学家。他这样写道：

> 在文化最为古老的阶段，"像一个人那样活着"本身就是一种宗教行为，因为饮食、性行为及劳动都具有一种神圣的价值。对神圣的体验是人在世上存在的模式中与生俱来的。
>
> 当我们想到神圣时，我们不能把它局限于神圣的形象上。神圣并不一定意味着是对上帝、对众神或神灵的信仰……它其实更是对现实的一种体验，是存在于世之意识的来源……神圣是不可能"从外界"感知接受的。它是通过人的内省体验产生的，每一个个人在作为基督徒或一个"原始"人的宗教活动中体会和接受它。（Eliade, *Ordeal by Labyrinth*，第154页）

在有关人类的最早记载中，我们就发现这一类的对宗教的需求。远在100000多年前，尼安德特人把死者埋葬，他们期待的是死者可以由此而踏上通往来世的旅程。考古学家还在西伯利亚的泰锡克塔什发现尼安德特人的埋葬地内有燧石、食物及煮熟的肉等；在伊拉克境内扎格罗斯山脉的沙尼达尔洞穴，他们发现埋葬着一个右臂伤残的男子；在法国及中欧，坟墓常用红赭粉覆盖，包括一些群葬墓也是这样。在进化到现代人的过程中，出现了更为豪华奢侈的葬礼。然而最为特别的、上面没有覆盖物的墓葬位于俄罗斯莫斯科以东约100英里的孙吉尔（Sungir），那里发现的五具骸骨距今已有32000年，其中一个显然还是少年，随葬物有约5 000颗珠子、250枚狐狸犬齿、象牙雕塑以及垂饰品。另一个则是个少女，随葬的有5 274颗珠子和其他一些陪葬品。

巨石阵，英国索尔兹伯里平原，新石器时代。巨石阵曾被认为是德鲁伊人或罗马人的神庙，但是即使是它第三期建造的时间，即约公元前2000年，也早于在英国的这些建筑群。

葬礼是对人之必死的正式承认，它说明最早的人类已经开始思索生命的意义。他们希望，即使在死后，人的生命还能以某种形式继续存在。他们还把部分精力投入到传播自己死后仍能继续存在下去的价值观，并通过建立一定的社会制度机构使这一切不朽。

在第2篇中我们了解到许多早期的城市和国家供奉不同的神祇或女神，有时甚至以神的名字给城市或国家命名。美索不达米亚乌鲁克城（Uruk）的建造者吉尔伽美什就是具有三分之二的神祇血统并曾寻求永生之法。在巴比伦，汉谟拉比以太阳神沙玛什的名义来推行他的法典。埃及的赞美诗中宣称法老具有神性。中国的商代使用甲骨来占卜天意。雅典的名字来自女神雅典娜。

我们在第3篇中讨论过的帝国都积极寻求得到宗教领袖的认可，并以对宗教组织给予经济和政治上的支持来作为交换。罗马和中国的帝王还担任其民众的最高祭司。罗马皇帝康斯坦丁相信自己奇迹般地得到耶稣的帮助，他从原来的笃信异教转而对处境艰难的基督教会效忠。印度教及其种姓制度使得印度拥有统一和连续性的意识。亚洲南部和东南亚的几个国家都要求佛教的神职人员接受和承认统治者的权威。在第7章讨论过的儒教作为中华帝国体制的主要支柱，对人的道德伦理关系提出了一种深刻的理论。但是，和上面提到的这些宗教不同，儒家思想很少关注来世的问题。

本篇的重点在于对宗教在人类历史上的作用做更深层次上的探讨。从年代顺序来看，这一部分的时间跨度从最早的人类直到约公元1500年。不过重点是在公元约300年到公元约1200年这一阶段。在这一期间，印度教义在整个印度范围内得到更充分的阐释和系统化；佛教在中国、日本和东南亚兴起并取得重要地位；犹太教被驱逐出其发源地以色列，随着流亡者传播至西亚的大部分地区、地中海盆地和北欧；基督教成为欧洲的一大文化体制；伊斯兰教从非洲－亚欧大陆的中枢地带传到遥远的东半球。这五大宗教时常彼此发生对抗，有时导致汇合调和，对各自的宗教思想和实践进行相互借鉴和适应性改变；有时导致相互竞争；有时导致直接的冲突。

印度教和佛教

神圣的次大陆：宗教在印度及印度以外地区的传播
公元前 1500—公元 1200 年

第 9 章

主题
● 宗教信仰
● 印度教
● 佛教
● 印度教和佛教的意义及其影响

我们在本章首先讨论宗教的定义，并对早期的宗教活动作一描述。然后我们将对现存的几大宗教中最为古老的早期印度教的历史作一简要介绍，同时对它作为印度次大陆重要文化体系的演变发展进行分析。佛教产生于印度的印度教，后来传播到整个中亚地区、东亚地区和东南亚地区，它对这片广大地区人们的文化和宗教生活产生了重大的影响。本章的最后将介绍佛教的发展历史。

宗教信仰

有组织的宗教团体一般是在其创始人和早期的传教者所宣讲的宗教体验上建立起来的。我们在这一篇所讨论研究的五大宗教都是在这样的宗教体验上形成产生的。这些体验中有许多被称为奇迹——因为它们同人们日常的生活体验相反，因而我们无法证明它们是真还是假。例如，大多数印度教的信徒认为，神祇经常介入凡人的生活中。据说毗湿奴曾介入俱卢之战中。并且他们大多相信所有的生灵，包括神都会转世再生。佛教徒相信乔达摩·悉达多（佛陀）在印度北部菩提伽耶的菩提树下得到的"四圣谛"和"八正道"的启示。他们也大都认为，悉达多是一个更早的佛陀灵魂再生而成，而且他还会再生。绝大多数的犹太人认为，亚伯拉罕和他子孙的一生中有神的干预，相信上帝与犹太民族定有圣约，同时相信西奈山上上帝授予的十诫。大多数基督徒相信耶稣作为上帝之子投胎到人间和他死后复活的奇迹。绝大多数的穆斯林认为，神通过天使加百列把教义传授给穆罕默德。

然而，历史学家是不可能对神话奇迹本身进行研究的。历史研究需要寻找事件发生的证据，而这样的证据神话奇迹一般是不可能提供的。就其本质来说，相信奇迹是一个信念上的问题，而并非是否存在确凿证据的问题。另外，历史研究的是一段时间内变化的一般过程，而神话奇迹本质上只是一次性事件。它们游离于一般的变化过程之外，甚至与之相悖。

我们所能研究的是宗教信仰在人行为上的体现和它对人行为的作用。宗教神话奇迹的虔诚信仰者根据这些神话奇迹重新构建他们的生活，创立或参加各种宗教组织，来传播这些神话奇迹以及他们自己对这些奇迹的体验。这些新成立的组织规定了成员应遵守的规章，它们通过建立神圣的时刻、神圣的地域、神圣的祭拜仪式以及

前页 **湿婆与女神萨蒂之尸身像，印度南部，17世纪，青铜。** 湿婆是印度教的诸神中最受尊崇者。他一般被描绘成令人畏惧的形象，因为他是毁灭之神。然而这种毁灭为之后的再生和再造提供了条件。（特里凡德琅，政府博物馆）

神圣的经文和文化等方式,把这样的信仰融入人们的日常生活中去。历史上,当宗教身份和政治权力结合起来以后,宗教团体之间的界限区分变得格外重要,把属于该团体的和该团体之外的分别开来,把"我们"和"他们"区别开来,这样做有时甚至会导致激烈的冲突。历史学家研究的是宗教信仰的表现和作用:

- **时间的神圣化**　每一个宗教都会建立自己神圣的历法,通过每年纪念宗教历史上及其信众生活中的重大日子,把现在和过去连接起来。特殊的仪式、庆典、斋戒以及信众聚会的日子都会被记录在历法上。除了信众公共的历法,宗教团体的成员同时建立了自己的和家族的历法,用来记录生命历程中的仪式——如生命周期中人的出生、青春期、婚姻、死亡——这样,每个事件的进行都有各自的仪式。特别是婚姻方面,各个宗教都制定了一系列的规则,从而试图使原始的、强有力的、神秘的,并且常常又是不加选择的年轻人的性行为服从于该宗教团体的常规准则。

- **地域的神圣化**　每一个宗教都建立了各自的神圣地域。它们在据称是神话奇迹出现的地方,在圣人出生、成长或去世的地方,或者在存放圣人遗骨及遗物供人祭拜的地方建造神庙。其中最为神圣的地方成为朝觐胜地。正如我们在前几章中所看到的那样,圣地所在的整座城市,尤其是其中某些神圣的地点是专门奉献给某个神或女神的,并被认为受到该神的专门庇佑。

- **语言和文学的神圣化**　每个宗教都有自己的语言、文学和艺术意象。希伯来的《圣经》、希腊的《新约全书》、阿拉伯的《古兰经》、梵文经典《吠陀》及其史诗,以及佛教的《三藏》(经、律、论)在几千年的历史中成为语言和文学的经典。而经文的翻译则为新语言的发展成熟注入了新的元素。例如,圣·耶柔米(St. Jerome,约347—419年)、威廉·廷德尔(William Tyndale,约1494—1536年)和马丁·路德(Martin Luther,1483—1546年)三人各自翻译的《圣经》都大大丰富了拉丁语、英语和德语。杜尔西达斯(Tulsidas,约1543—1623年)用印地语再次讲述了印度史诗《罗摩衍那》,这确立了印地语成为印度北方的现代语言的重要地位。而《罗摩衍那》中描述的宗教礼拜仪式的核心内容,使得礼拜仪式成为人们日常表达他们信仰的方式。我们在第4篇中广泛引用了各种宗教经典著作,因为它们在世界的语言、文化和意象中处于中心地位。

- **艺术和文化创造的神圣化**　宗教情感常常激发人们特殊的创作热诚,而且宗教团体也常常鼓励信众从事艺术和音乐作品的创作以更好地表达并传播他们的宗教思想。

- **家族和祖先的神圣化**　很多宗教不仅庆祝纪念人生命周期中发生的重大事件,它们同时也把活着的一代人同逝去的先人联系起来。通过祈祷以及祭扫坟墓、祭拜神庙等定期举行的仪式,让生者知道,尽管先人已逝,但他们仍旧值得并且需要得到后人的崇敬。祭拜先人使生者的生活有了更深刻的历史意义,使得人们的人生观更倾向于保守。

- **宗教组织的创立** 随着宗教从个人的体验发展到集体成员参加的活动,宗教组织就形成了。宗教组织的形式有两个极端。一个极端以罗马天主教为代表,它等级分明,在组织结构的顶端是唯一的一个领袖,接着是一系列行政和精神的等级直到最底层的地方等级。另一个极端以印度教为代表,它也许没有正式的组织结构和正式的教规制度,但它通过共同的信念和社会结构把地方团体松散地联系到一起。

印度教

273

印度教产生于文字记录出现之前。世界上其他各大宗教声称它们的产生是由于

历史一览表:印度教与佛教		
年　代	**政治/社会事件**	**文学/哲学事件**
公元前1500年	■ 种姓制度	■《梨俱吠陀》(公元前1500—前1200年)
公元前900年		■ 梵书(公元前900—前500年)
公元前800年		■ 奥义书(公元前800—前500年)
公元前500年	■ 悉达多·乔达摩(佛陀)(公元前约563—前483年) ■ 筏驮摩那(生于540年),耆那教创始人	佛陀说法四正谛和八正道
公元前300年		■《摩诃婆罗多》(约公元前300—公元300年) ■《罗摩衍那》(约公元前300—公元300年)
公元前200年	■ 佛教在印度比印度教传播得更广(公元200年之前);并在斯里兰卡传播 ■ 大乘佛教信众人数增长	
公元10年	■ 佛教第四次结集整理修订小乘佛教教义 ■ 佛教传到中国	■ 龙树(约公元50—150年),大乘佛教论师
公元300年	■ 印度教传入东南亚地区	
公元400年	■ 印度教神庙的建设 ■ 佛教在印度衰落	■ 往世书(公元400—1000年) ■ 法显赴印度取经求法 ■ 梵文;印度教诸神、庙宇、僧侣在东南亚出现;佛教在东南亚得到传播
公元500年	■ 奉爱(Bhakti)开始在印度南部出现 ■ 佛教僧侣来到日本	
公元600年	■ 佛教僧侣至东南亚地区 ■ 佛教在中国唐朝兴盛发展(公元618—公元907年)	■ 玄奘赴印度取经求法
公元700年	■ 印度教庙宇和神龛开始在印度出现 ■ 佛教开始在中国衰落 ■ 佛教在日本植根	■ 印度教哲人商羯罗(公元788—820年) ■ 最澄(公元767—822年),日本佛教高僧 ■ 空海(公元774—835年),日本佛教高僧
公元800年	■ 印度教僧侣至东南亚 ■ 唐武宗灭佛	■ 世界上最早的印刷书——《金刚经》(公元868年)
公元1000年	■ 穆斯林入侵印度(公元1000—1200年) ■ 佛教机构在印度被关闭	■ 印度教哲人罗摩奴阇(公元约1017—1137年)

得到了某一人物或事件的启示——比如亚伯拉罕的立约,佛陀的觉悟得道,耶稣的出世,穆罕默德的神启——然而印度教是由印度各种不同的古老宗教传统相交织而形成的,其中一些宗教传统出现在有文字记录之前。印度教是在印度人民的体验的基础上形成的。

印度教的起源

由于印度教保存了大量用梵文撰写的宗教经典,而梵文是公元前1700—前1200年入侵印度的雅利安人的语言,一些学者直到不久前还认为,印度教是那一次入侵的产物。尽管摩亨佐·达罗(Mohenjo-daro)和哈拉帕(Harappa)的考古发现证明了印度在雅利安人入侵以前已有文明存在(见第3章),但最初并未能改变这些学者的观点。不过随着考古和分析工作的继续,许多学者已开始相信,印度教的主要神明和宗教仪式也许是受到了印度河流域文明的影响。考古发掘出来的一些雕像有的看上去像印度教的主神湿婆(Shiva)(见282页)和他的坐骑牛南迪(Nandi),有的像一个正在修炼瑜伽的男子,有的像一棵圣树,还有的像一位地母神。考古学家开始更多地认为,雅利安入侵者到达印度以后,从印度河流域以及其他已在印度定居的族群那里吸收了宗教信仰和修行方式,以及非宗教的世俗文化。

印度教被认为是宗教信仰和宗教修行相结合的产物,现代的人类学研究支持这一观点。这方面的解说突出了印度教具有强大的吸收和同化部落民族以及他们的神的能力。目前,约有一亿人口(占印度人口的十分之一)被正式认定为"部族"。这些民族在雅利安人入侵之前就已经生活在印度,而且他们曾为了躲避雅利安人的统治而大规模隐居到遥远的山区和森林,在那里他们得以保留自己的社会体系。然而,印度教信徒追踪这些部落民族,在他们的领地内及其周围建造寺庙。这些寺庙认同当地部族的神祇,同时把他们的神并入主流神的范围内,以试图说服部族接受印度教的模式。印度教最主要的神之一——黑天(蓝/黑神),很明显就是一个被全印度所接受的部族的神。

随着印度民族的逐渐多样化,其宗教体系也开始趋于多样化。"印度教"作为一个统一宗教的概念来自印度国外。希腊人和波斯人第一次来到印度时把印度人的宗教信仰和修行体系称为"印度教",指印度河另一边民族的生活方式。当穆斯林从8世纪开始陆续来到印度时,他们沿用了这个名称。

274

信仰印度教的南亚地区。尽管印度教的地理范围只限于南亚地区,但却是世界上主要宗教之中最古老的一个。在南亚地区,印度教影响深远,诸多的印度教圣地即是明证;与印度教神话相关的河流、山脉以及有关地区都具有重要的意义,而朝圣中心以及庙宇等也为文化上的统一提供了条件。

神圣地域和朝圣

印度教与印度这片特殊的土地紧紧地联系在一起。几乎所有的印度教徒都生活在印度，或者是印度人的后裔。在印度境内便形成了一片神圣的地域，神祇和圣人光临过的地方以及一些自然的神圣地点都成了圣地和朝圣的目的地。朝圣者沿着朝圣路线游历这些圣地，促进了整合国家/宗教的地理环境的形成。同时随着现代交通工具的出现，如火车、汽车和飞机都方便朝圣者在全印度朝圣。一些重要的圣地处在印度的边缘地区，如位于印度西海岸的索姆纳特（Somnath）神庙，位于印度北部恒河上游旁的圣城哈里瓦（Haridwar）和瑞诗凯诗（Rishikesh），位于东海岸的布里（Puri）和位于印度最南端的根尼亚古马里（科摩林角）（Kanya Kumari）神庙。到所有这些圣地朝圣不仅可以使朝圣者获得一种"印度认知"（Bharat Darshan），即对整个印度的地理风貌有一个整体的了解。这样的朝圣路线促进了印度和印度教的统一。

印度的每个城市和村庄中都设有神龛，从最简单的供祈祷用的壁龛（其中置有在印度最贫寒的家庭中都可以见到的那类神祇的图片和雕像）到居民区中的神龛（也许是位于一棵特殊的圣树树干里），再到地方上和各地区的寺庙。这些神龛把城市和村庄中的每个地方都联系在了一起。

印度教的中心信仰

275

印度教不像世界上大多数超脱世俗的宗教那样拥有固定的教义。在"印度教"这个宽泛的名称下，有着众多各式各样的信仰和变通形式。尽管如此，印度教神圣的

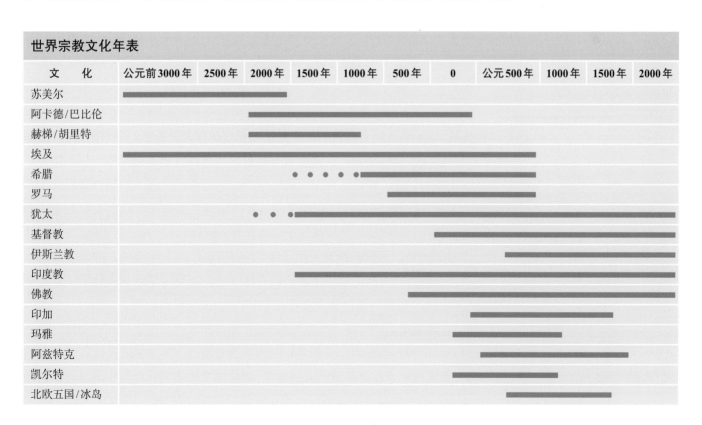

世界宗教文化年表

文　　化	公元前3000年	2500年	2000年	1500年	1000年	500年	0	公元500年	1000年	1500年	2000年
苏美尔											
阿卡德/巴比伦											
赫梯/胡里特											
埃及											
希腊											
罗马											
犹太											
基督教											
伊斯兰教											
印度教											
佛教											
印加											
玛雅											
阿兹特克											
凯尔特											
北欧五国/冰岛											

经文中的确记录了一系列得到广泛认同的关于生命的信仰和观点。随着时间的推移,新的经文引入印度教中,这标志着印度教的演变,体现出它是一个生机勃勃的、不断变化的信仰和修行体系。

《梨俱吠陀》 公元前约1500年至前1200年间,雅利安游牧民族的婆罗门僧侣来到印度,创作了一首长达1 028行的梵文诗——《梨俱吠陀》,这是印度圣典《吠陀》四部中最为古老的和最受尊崇的一部。长诗中包括了向很多早期神祇的祈祷,这些神包括火神阿耆尼、雷霆神因陀罗、太阳神苏利耶以及维持宇宙秩序与法则的伐楼那。诗中也提及了作为祭拜方式的音乐、舞蹈和表演,同时,《吠陀》中记载的祭拜也采用在祭坛上供奉牛羊祭品的方式。《梨俱吠陀》思索了世界的创始和生命在这个世界上的意义,但是它没有试图给出问题的最终答案:

> 有谁真的知道?是谁能在这里宣称他知道?万物从何而来,世界又从何而来?世界的创造是否是有意的——在高高的天庭上注视着我们的神灵一定知道答案。又或者他也不知道……?(X:12P,Embree,第21页)

种姓 种姓制度是印度教信徒生活中最独特的特征之一。《梨俱吠陀》也介绍了种姓制度的神秘起源和基本原则。《梨俱吠陀》中提到,种姓制度起源于对原人(Purusha)的分割,原人被分为四个部分,每一部分代表种姓制度中的一个等级:

> 当他们分割原人时,把他分成了几个部分?他的嘴变成了什么?他的双臂变成了什么?他的两腿和双脚又变成了什么?他的嘴变成了婆罗门(僧侣阶层),他的双臂成了刹帝利(武士阶层),他的腿变成了吠舍(商人、农民或地主),从他的两足生出首陀罗(社会底层的劳动阶层)。(X:90 Embree,第18—19页)

很显然,雅利安入侵者甚至想出了这个按照职业把人分为不同等级的方法,并通过宗教信仰实行这样的划分。在印度发展形成的种姓制度也许是世界上最不公平和最具世袭性质的制度。种姓地位由父母传给刚出生的子女。每一个种姓都服从于不同的地方法律,地位较高的种姓比地位低的种姓获得更慷慨的赏赐而受到的处罚则要轻得多。只有上层种姓才允许接受正规的教育,不同种姓的人之间不允许通婚,甚至不允许一同进餐。不同种姓的人的体液是有区别的,一个等级的人的血液和精液是不能和其他等级的人的血液和精液相混合的。适合于某一等级的食物不一定适合于其他等级的人:婆罗门僧侣是素食者,但刹帝利的武士可以吃肉。

历史上,评论家们一直在寻找建立在社会、经济和政治基础上的种姓制度的其他根源。很多人把种姓制度看作是维系印度多民族社会中,多个移民群体之间关系的一种方法,即巩固处于较高等级的人的地位,同时把其他人归入社会中地位较低的等级。另外有人把种姓制度看作是一种固化的经济体系的产物。在这样的体系中,父

278

婆奴达塔著《味花簇》中的树胶水彩画插图，1685。毗湿奴的第八个化身——黑天通常被描绘成具有蓝色或黑色的皮肤，并且因其在战斗和爱情上的力量而著名。这幅图表现的正是他恋爱冒险中的一幕，一个女子正阻止一个伐木人砍倒一棵树，因她已安排与黑天在那棵树下约会。

母尽他们所能保证子女能够至少维持家庭现有的职业地位，他们为了保证家族不落入更低的等级而牺牲了进入更高等级的可能性。

很多人认为，通过僧侣阶层和武士阶层强有力的联合，这一等级制度被强加于整个社会。这样的统治联盟在世界历史上是很常见的，只是在印度这一联盟比起其他社会来要牢固得多。

历史学家试图用人类学家的视角去理解种姓制度的历史起源和基础。通过人类学的观察发现，吠陀中的四个种姓并没有等同于今天社会中的那些等级。相反地，印度今天拥有数以万计地方化的种姓——称为贾提（次等种姓），而仅婆罗门就有几千个不同的团体。现实生活中，种姓制度体现在印度的 750 000 个村庄、城镇和城市中不同的地方团体采用的习俗风俗上。从习惯法到进餐方式、再到婚礼的安排，种姓关系都是由各地决定的，全国范围内并没有一个主导的宗教体系去制定和执行相关的规则等。例如，在某一个村庄中会存在约 20 至 30 个种姓，其中包括各个行业的工匠和手工艺人。或许会有不止一个种姓称他们拥有婆罗门的地位，或是刹帝利、吠舍或首陀罗的地位。因此，人类学家根据实际存在的种姓差别和做法，把吠陀等级中具有神话性质的四个瓦尔那等级同几千个次等级区分开来。历史学家和人类学家都相信，现在存在的大量种姓在过去同样存在。到后来，"被剥夺种姓者"或是"贱民"出

祈祷室和神祠，印度。几乎每个信仰印度教的家庭都设有一个神祠，内供奉神的画像或小雕像。许多家庭还设有专门的祈祷室供礼拜祈祷用。印度教徒每日进行"法会"（puja），也即礼拜，并强调仪式时人体须保持纯洁。在早晨或晚上沐浴后方可向神献祭。

世界主要宗教，2002年

宗　　教	信徒人数	占世界总人口的百分比
基督教徒	2 019 052 000	32.9
罗马天主教徒	1 067 053 000	17.4
新教徒	345 855 000	5.6
东正教徒	216 314 000	3.5
英国国教教徒	80 644 000	1.3
独立教教徒	391 856 000	6.4
未入教会的基督教徒	111 689 000	1.8
穆斯林	1 207 148 000	19.7
印度教徒	819 689 000	13.4
无宗教信仰者	771 345 000	12.6
中国民间宗教信徒	387 167 000	6.3
佛教徒	361 985 000	5.9
民族宗教教徒	230 026 000	3.8
无神论者	150 252 000	2.5
新宗教教徒	102 801 000	1.7
印度锡克教徒	23 538 000	0.4
犹太教徒	14 484 000	0.2
巴哈伊教徒	7 254 000	0.1
儒教徒	6 313 000	0.1
耆那教徒	4 281 000	0.1
神道教徒	2 732 000	0.0
琐罗亚斯德教教徒	2 601 000	0.0

《大不列颠百科全书2002年年鉴》

现了，他们被排斥在种姓制度以外，因为他们做"不洁"的事，其中包括处理动物或人的尸体等。

　　在整个印度历史上，曾出现过多次对种姓制度的反抗。从20世纪至今，印度政府一直在努力消除种姓制度带来的历史偏见，关于这一点我们将在第20章作一介绍。尽管如此，在长达几千年的时间里，种姓制度对绝大多数人生活状况的影响力一直大于政府的影响力。个人的身份和对团体的忠诚度更多地由地方上的种姓制度所形成和决定，政府在这些方面的作用则要小得多。

　　《梵书》和《奥义书》　《梵书》的写作时间在公元前约900—前500年间，是第二部梵文宗教经典合集，它针对婆罗门制定了一些规则，其中包括祭品和祭祀的程序，并探讨了各种仪式的起源和关于永生的神的神话故事。

《奥义书》的写作时间在公元前 800—前 500 年间。它的主要内容是关于神秘的冥想推测,并宣称个人和宇宙是同一的。宇宙的神圣存在——梵,与每个人内在的灵魂——阿特曼(atman,即"我")最终是同一种物质,正如一个个火花和一团火属于同一种物质一样。在一定的时候,每个阿特曼就会同宇宙普遍的梵达到统一。为了实现这样的统一,每一个灵魂都要经历多次的轮回(samsara),直到他从凡尘俗世中解脱出来,并达到纯粹的精神性状态。于是,在这一最后的肉体死亡后,阿特曼得到解脱,与梵结为一体。

《奥义书》中还介绍了印度教各个教派中一些基本的概念。"法"(dharma)是宇宙中的每一个生命体都要遵从的一系列的宗教和道德义务。然而,对每一个生命体来说,这些义务也是各不相同的。"业"(karma)是每个生命体的活动以及这些活动对阿特曼的影响。生命体的每一个行为都会影响阿特曼,遵从"法"的行动会净化阿特曼,而违背"法"的活动则会玷污阿特曼。"好的业",即遵从"法"的行为,所带来的正面影响会最终使阿特曼从轮回中得到"解脱"(moksha),摆脱世间的痛苦烦恼,与梵达到统一。因此,印度教认为奖励和惩罚是自然的结果,遵从"法"的行为会给阿特曼带来奖励,而违背"法"的行为会给阿特曼带来负面后果。今生今世的活动不是带来好的业就是带来坏的业。

《奥义书》也引入了生命轮回的概念,一个人在每个不同的阶段都会承担不同的责任。第一阶段:梵行期(brahmacharya),即学习和独身的年轻时代;第二阶段:家住期(gruhasta),即负担家庭责任的一家之主阶段;第三阶段:林栖期(vanaprastha),字面意思是在森林中漫步,这里指于尘世生活欲望之外反思的阶段。第四阶段:遁世期(sannyasin),即完全沉浸在冥想中,迎接死亡到来的阶段,或在理想中迎接解脱到来的阶段。

这些早期的经典著作中提到了组成印度教信仰中心的一组要素原则:种姓、法、业、人生四阶段、轮回、解脱(与梵的统一),以及梵。它们体现了宇宙和个人生活中的理性秩序体系。他们教授法的活动在现实世界中的重要性,由此而达到超越现实的解脱。这一切通过上师(guru)传授给弟子(shishya)。为了使僧侣的地位制度化,同时为了宣扬印度教的核心信仰,适用于各个种姓的专门的行为准则有许多都被编成法典,即《摩奴法典》。这一法典成文于公元前 1 至 2 世纪,其内容几乎反映了早期所有的宗教修行和行为准则,规定了社会各阶层之间以及男性与女性之间应该保持的适当的关系。

印度教的主神和女神

在每个虔诚信仰印度教的家庭中,都能见到一个神祠,以供奉印度教神庙中上千个神之中的一个或多个神。受到膜拜最多的可能就是湿婆和他的妻子帕尔瓦蒂,以及毗湿奴和他的妻子拉克希米和萨拉斯瓦蒂。但大多数印度教徒对不止一位神进行某种形式的献祭。

梵天	创造之神,有着四头四臂,分别代表四吠陀(经文)、四种姓和四界。
格涅沙	象头神,能为人们带来好运。
迦梨	湿婆之妻,性情暴戾,是毁灭之神。她的形象被刻画成一个可怕的四臂女子,肤色黝黑,嗜血成性。
黑天	毗湿奴的第八化身,被刻画成具黑或蓝肤色的神。他英勇善战,又是情场高手,备受信徒尊崇。他的妻子是拉达。
罗摩	象征武士精神、美德和真理。他的妻子是悉多,她因她的忠诚受到信徒的尊敬。
湿婆	毁灭之神,他在火环中间跳舞,象征着创造和毁灭永恒的轮回。
湿陀罗	母亲们常常向这位女神祈祷,保佑孩子远离疾病。
毗湿奴	保护之神,是一位和善的神,保佑那些向他祈祷的人,能驱走厄运,使人恢复健康。他的妻子拉克希米是财富之神,萨拉斯瓦蒂是智慧和艺术之神。

279

印度教的经典文献	
吠陀	印度教经文中最为神圣者,吠陀的含义是"神圣的知识"。吠陀为雅利安人所编纂,由四部组成:《梨俱吠陀》(赞美诗和颂歌)、《耶柔吠陀》(祈祷和祭祀法则)、《娑摩吠陀》(曲调和圣歌)、《阿闼婆吠陀》(祭官使用的吠陀)。
奥义书	带哲学性质的著述,主要围绕"梵"的教义思想。
净行书	关于仪式和献祭的指导说明。
罗摩衍那	史诗,讲述了罗摩(毗湿奴的第七化身)及其皈依者——猴神哈奴曼如何解救罗摩的妻子悉多。悉多为魔王罗波那所绑架。
摩诃婆罗多	("伟大的婆罗多王后裔")。它包括《薄伽梵歌》("神之歌")。它由18部书组成,共含90 000节。主要讲述了婆罗多国的内战,以及许多小故事,强调为尽一个人的职责所做出的努力。

尽管印度教尊崇婆罗门僧侣的地位(并不与婆罗门的宇宙精神相混淆),但它从根本来说是向每个人开放的,甚至包括处于最低种姓阶层的人。尽管种姓制度等级森严,但印度教给了每一个人巨大的精神空间。印度教没有人人首肯的核心教义,每一个印度教徒都可以拥有各自独一无二的精神性感悟。《吠陀》、《梵书》和《奥义书》都是婆罗门僧侣的精神家园,同这三种文学形式形成鲜明对比的是后来出现的三种文学形式,后者清楚地表明了印度教被广泛接受,并成为一种民间艺术瑰宝。

印度伟大史诗　在上一章,我们讨论过两篇伟大的印度史诗——《罗摩衍那》(Ramayana)和《摩诃婆罗多》(Mahabharata)。《摩诃婆罗多》的主要故事围绕着婆罗多(Bharatas)(印度在印度语中称"Bharat",正是由此而来)家族的两个分支之间的战争展开,展现了道德冲突、作出选择时的两难境地以及果断行动的必要性。史诗的中心部分是《薄伽梵歌》(神之歌),诗歌从哲学角度阐述了责任和生与死的意义。

《薄伽梵歌》以婆罗多家族的两个分支在俱卢决战之前的情形开始。阿周那是其中一个分支的领袖,他对他将要做出的选择感到绝望:如果他选择战斗,那么他将杀死他的堂兄弟;而如果他放弃战斗,那么他将死去。他向他的战车骑师黑天求助。黑天的回答融入了很多印度教的基本思想。首先,黑天提及了阿周那作为刹帝利种姓一员的责任——战斗,按照法的规定,对一个刹帝利来说,战斗是至高无上的。每个人都有自己独特的法,而法很大程度上由种姓决定。以这样的观点来看,改变个人的职业责任是不道德的:

> 遵循自己的法,即使不能够完美实现,也好过去遵循他人的更易实现的法。遵循自己的法,即使牺牲生命也比遵循他人的法好。遵循他人的法是危险的。
> (III:第35页)

《薄伽梵歌》概括了很多印度教的重要教义。黑天承诺去帮助那些承担各自责任的人,并向他们指明通往精神成就的道路。文中还体现了印度教中巨大的吸收同化能力。例如,黑天是一个呈深肤色的神,它通常以蓝黑的肤色出现。他看似来自印度的南方,原本并非是吠陀或雅利安部落的神。他在这一最受尊崇的梵文经书中的中心地位体现了雅利安人同印度当地人之间不断调和这个事实。印度教始终强调"奉爱"(bhakti),即对神的秘密奉献,《薄伽梵歌》为之提供了基础。"奉献于我的所有人都不会迷失……守我于心,奉献于我,崇敬于我,服从于我,最后你可以到达我的身边"(IX:第31、34页)——这段话是《薄伽梵歌》中诸多提倡奉献的陈述中的一段。奉爱

280

281

罗摩衍那节上的演员，1996年。该演员穿着古典的日惹式样的服装，扮演罗摩的敌人罗波那，这是一个关于正义与邪恶较量的故事。

是印度教内部对宗教的形式化、对等级制度，以及对婆罗门僧侣特权的一种反抗。奉爱今天依然存在于普通百姓创作的赞歌和诗作中，以及印度各地许多虔诚的祈祷会中。

与先前的梵文经文相比，这两部史诗更多地反映了女性的影响力。在《罗摩衍那》中，悉多是罗摩的妻子，她以传统的顺从形象出现。但是她对尊严和责任的忠贞甚于她的丈夫，即使罗摩没能保卫她的尊严，她依然坚持捍卫罗摩的荣誉。她比罗摩

原始资料

《薄伽梵歌》,选自《摩诃婆罗多》

黑天劝告阿周那在指挥一场内战的战斗中承担起他的责任,尽管勇士不打算让他的亲属去流血捐躯。黑天继续提出他的劝诫——他指出作出适当的行动本身的重要性,而不必去考虑人们给予的称赞或谴责,他谈到了轮回转世,他说到了黑天对那些跟从他的人们的宽恕恩典——他的许多忠告被当时和今天的许多印度教徒接受并尊为生活的主要准则。

黑天劝告阿周那采取行动。他指出有三种瑜伽,或者说教规,给人们带来精神上的解放:知识的瑜伽,献身的瑜伽,还有行动的瑜伽(今天在西方广为人知的具体的行为戒律和沉思的瑜伽则是另一种形式)。黑天据此告诉阿周那,现在需要行动的瑜伽:

> 做分配给你的工作,因为行动比不作为要高贵。即便是你躯体的构成,通过不作为是不可能完成的。(III:第8页)

但是,关键是采取行动,因为这样做是正确的,而不要考虑其结果或回报。

> 只有行动本身是你要关注的,而不是它的结果。勿让行动的结果成为你的动机,也不要让你沉迷于不作为……在正确的精神态度中寻求慰藉。可怜的是那些把行动的结果当作目的的人。(II:第49页)

理想的做法是采取中庸之道:

> 一个对任何事物都是不偏不倚的人;一个遭遇各种各样的好事或坏事者,他既不为之欢欣也不为之憎恶——他的智慧是不变的。(II:第59页)
>
> 一个对仇敌和朋友一视同仁者;一个宠辱不惊者;一个无论遭遇冰冷和炎热、幸福和痛苦都是心情平和的人;一个摆脱了偏倚态度的人;一个面对赞扬和责难抱着同样镇静沉着心态的人;一个对任何

事物都保持沉默和满足心绪的人;一个居无定所,但是意志坚定,而且充满献身精神者——这样的人对我来说是宝贵的(XII:第18—19页)

在回答阿周那称对杀死他堂兄表示的不安焦虑时,黑天提醒阿周那轮回的要义:

> 正如一个人脱掉破旧的衣服穿上新的衣服一样,一个已经自我游离者丢弃其旧的躯壳进入新的躯体。
>
> 对于任何一个生者来说,死是必定的;而对于任何一个死者来说,生又是必定的。因为这样的轮回不可避免,你不必为此悲伤!(II:第22、27页)

黑天告诉阿周那,他会永远守护阿周那,神力也会帮助阿周那:"只要你心中想着我,我会用神力助你超越一切危险"(XVII:第58页)。阿周那真的投入了战斗,并且赢得了胜利,最终那些在战争中死去的所有士兵都获得了再生。

具有更多的英雄气概,尽管她的英雄气概局限于她作为一个尽职妻子的角色。文中以隐晦方式谴责了罗摩,因他未能保护悉多使她不受罗波那的伤害,以及他自己的臣民闲言闲语的伤害。在一些版本中,这种谴责被直接地表现出来。在《摩诃婆罗多》中,黑公主是五个贵族兄弟的妻子,她在他们的战斗中保护、捍卫和鼓励他们,她的行为远远超越了绝大多数雅利安文学中妇女所扮演的顺从男性的角色。在这两部史诗中,女性的力量——性力(shakti),得到了认可。

《往世书》 《往世书》是古代故事的集合,印度教最为人熟知的两个神——毗湿奴和湿婆都出现在该书中。同时,《往世书》中也出现了女神,她们通常是那些主神的配偶,如毗湿奴的妻子拉克希米和萨拉斯瓦蒂,湿婆的妻子雪山神女、难近母和迦梨。这些女性的出现对早期雅利安文学作品中关于女性受压迫地位的描写而言起了一种平衡作用。

庙宇与圣祠

到公元7世纪时,印度的祭祀形式发生了根本性的变化。个人祈祷者通常向神的塑像和画像祭拜,从而代替了献祭的做法。印度教信众建造了美轮美奂的庙宇。

印度西部的埃洛拉石窟在8世纪时被塑造成庙宇的式样，这反映了石窟在印度早期祭祀中的重要性。而石窟庙宇中的塑像和绘画则体现了宗教祭祀中艺术方面的发展。

　　南部的坎奇和马哈巴利普拉姆的庙宇同样是在8世纪建造的。庙宇中的浮雕和美术作品至今仍使游客惊叹不已。雄伟的庙宇在印度，尤其是在印度大陆的南部各地大量涌现。在印度北部克久拉霍地区的庙宇中，建于约公元1000年的雕塑以祭祀崇拜形式表现了情欲以及男女之间的性交，以象征方式表示对神的热爱和与神的结合。

283

毗湿奴的青铜雕塑，朱罗王朝早期，10世纪前半叶。毗湿奴作为和蔼仁慈之神受到信徒的爱戴，他是保护之神，作为印度教三大主神中的第二位，他对创造之神梵天和毁灭之神湿婆而言是一个对立的平衡。据说他每隔一段时间就化身下凡，变成各种模样，帮助人类渡过危机。（纽约大都会艺术博物馆）

昌德拉的坎达里亚·摩诃提婆神庙，克久拉霍，约1025—1050年。坎达里亚·摩诃提婆神庙是克久拉霍现存的20个庙宇之一，尽管受到岁月的侵蚀，依然是中世纪印度北部建筑和雕塑艺术的最佳代表之一。在高耸的塔楼上，有着层层叠叠的雕塑，生动地描绘人类或神灵活动的戏剧性场面。雕塑所描绘的性爱场景，使19世纪欧洲的旅行者们感到反感，而这正是印度教中密教的一部分，在昌德拉地区属普遍流行的现象。

凯拉撒那神庙,位于罗湿陀罗拘陀的埃洛拉,约757—790年。埃洛拉石窟的33个神庙都是依着火山石的峭壁刻出来的,许多世纪以来一直是印度教、佛教和耆那教的圣地。前景中供奉湿婆的庙宇里,有单根的石杆状雕塑,高达60英尺,原先是用来支撑湿婆的三叉戟标志的。

宗教和统治

　　富有的地主和统治者为了通过婆罗门僧侣的威望使得他们的权力和统治合法化,经常资助庙宇的修建和维护。在各个宗教中,统治者支持僧侣或教士,同时僧侣或教士拥护并且肯定统治者的统治权。这在印度的南部表现得尤为突出。早在公元8世纪,新的统治者在占领了曾经属于当地部落民族的土地后,为了说服部落民族接受国王的统治,他们常常会请来婆罗门僧侣,用僧侣们的学识、虔诚和宗教仪式来威慑部落民族。同时,为了安抚当地的部落民族,他们所信奉的神会被列入婆罗门僧侣的庙宇中,部落民族因此也开始信仰印度教的主神。人类学家把这形容为"大"的民族传统和"小"的地区传统的交融。随着疆域的不断拓展,以及部落民族被说服接受新的统治联盟,那些庙宇变得越来越大,而且也越来越富有。

　　国王们为了回报僧侣的支持,把土地、宫廷俸禄和庙宇奖赏给他们。在印度南部地区,随着庙宇开始发挥储蓄和借贷等重要经济作用,婆罗门僧侣和泰米尔的统治者因此而共同富裕起来。庙宇的周围出现了印度教的学堂、供朝圣者休息的旅舍、行政管理中心。甚至城市也在某些庙宇的周围发展形成。

印度教在东南亚

　　印度教通常不在印度以外的地方吸引或寻求人们来信仰它，或改变人们本来的信仰并使其皈依印度教，但东南亚地区是一个例外。在东南亚，正如在印度南部地区一样，人们皈依印度教的动机来源于政治目的。从公元3世纪直到公元14世纪，东南亚的统治者们为了巩固其王室的统治权，把印度庙宇和婆罗门僧侣引入自己的国家。

　　印度和东南亚之间的贸易往来至少可以追溯到公元前150年。印度航海者在缅甸、马六甲海峡、扶南王国（位于现在的柬埔寨和越南）以及爪哇岛（今天的印度尼西亚）之间从事货物的运输。到了公元3世纪，扶南王国已经接受了印度文化、宗教和政治实践方面许多的元素。中国使者回国后报告说扶南王国是一个繁荣的国度，在

亚洲贸易。多个世纪以来，印度河、恒河流域的港口一直为阿拉伯海运贸易提供方便，并且连接着东南亚的国家以及中国的南海。在印度北部，道路沿着山谷、河流，穿越高耸的喜马拉雅山脉以及印度克什米尔地区，分别与中国和丝绸之路相连接。

285

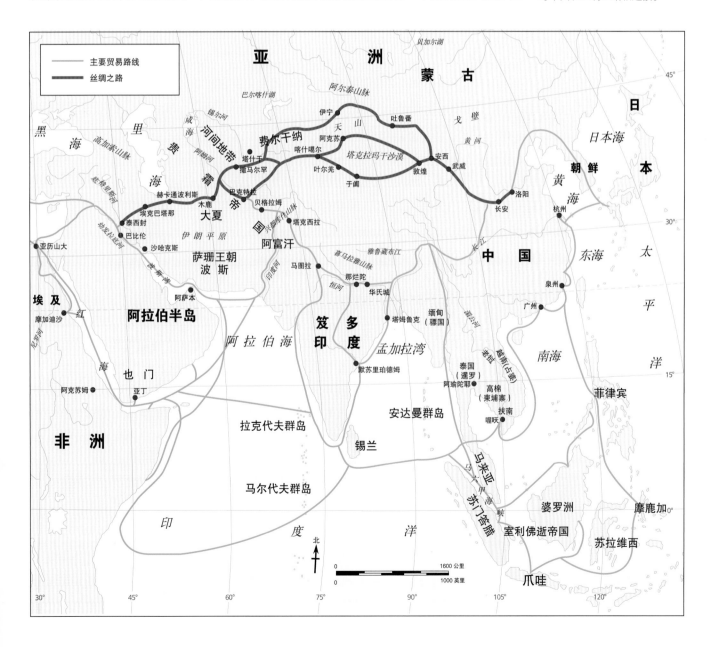

我们是怎样知道的?

印度教在东南亚地区

印度教对东南亚地区具有影响力的证据很多,且来源各不相同。即便是在今天,印度教的历史印记依然在东南亚地区以城市名称的形式被保留了下来。例如泰国的阿瑜陀耶(Ayuthia)的名称就源自印度北部的阿逾陀(Ayodhya)。梵文对东南亚地区的好几种语言也产生了影响。《罗摩衍那》和其他印度文学作品普遍存在于东南亚当地的民间故事和戏剧中。此外,印度教的庙宇依旧矗立于东南亚地区,其中最为壮观的是柬埔寨的吴哥窟。

印度教对东南亚的影响还体现在早期中国来访者的行记中、考古发现的遗迹中,以及碑文上(镌刻在金属和石头上的文字)。但这些记录仍是相当零散稀见的。婆罗门的僧侣直至公元800年才在东南亚的记载中出现。因此很难得知从3世纪到14世纪,是什么把印度教的力量和声望带到了东南亚地区。

学者们提出了三种理论以解释印度对于东南亚地区的影响。第一种理论称是印度人首先与东南亚人联系,并且试图把他们的宗教和文化介绍到东南亚。这一理论强调的是武力的使用,

已经不再为人们接受。正如在第8章提到的那样,印度在东南亚地区几乎没有发动任何战事,也不存在入侵东南亚的意愿。第二种理论认为,是印度贸易商将印度文化带到了东南亚。接受这种观点的人更多些,但是这种理论同样受到了强烈的反对。印度和东南亚地区的贸易往来很多,且由来已久,关系密切。一些文化和宗教的影响必然伴随这些贸易往来到达东南亚,但是有贸易往来的地区大都出现在沿海一带,而印度教对东南亚产生的影响大多是在内陆地区发现的。

第三种理论认为,地方上的统治阶层邀请来自印度的婆罗门僧侣到东南亚来建造庙宇,并让他们在特别赐予他们的土地上发展农业,通过印度教的神来使统治阶层的统治合法化,并使当地人相信他们的统治乃是神的旨意。一位历史学家评论说,这些婆罗门僧侣充当了"发展规划者"的角色,他们带来了印度政治、宗教、管理、艺术和建筑等方面的原理。通过婆罗门僧侣,东南亚统治者们推进这些宗教和政治上的实践,效法南印度帕拉瓦王朝和朱罗王朝的政策。但是印度教并没有在东南亚地区保留下来,它先后为佛教和伊斯兰教取代。

除了印度教的僧侣,东南亚地区的国王和统治阶级也邀请佛教僧侣来帮助他们建立或稳固政权。他们发现,佛教僧侣和印度教婆罗门僧侣一样有用,因为佛教僧侣也能行使同样的政治和管理上的职能,只是在佛教的名义下。例如,印度群岛的室利佛逝王朝在7世纪后期请来1 000位佛教僧侣。12世纪末高棉王国的佛教统治者——加亚华尔曼七世,将佛教形象增添到著名的庙宇吴哥窟。而吴高窟本是一个世纪前为印度教神毗湿奴建造的神庙。

到约14世纪时,印度教已经基本在东南亚销声匿迹,而取而代之的佛教则开始兴盛起来。事实上,佛教成了亚洲劝使信徒改教最成功的宗教。另一方面,在印度,佛教走向衰退萎缩,印度教则得到繁荣发展。

- 在所有解释印度教在东南亚地区传播的理论中,为什么认为印度教僧侣充当"发展规划者"的理论最令人信服?
- 在东南亚,有什么证据显示印度教和佛教曾经共存过一段时间?
- 在东南亚,僧侣和统治者之间的职能关系是怎样的?

那里有着城墙围绕的城市、宫殿和房屋。梵文以及印度的灌溉和农业技术开始被东南亚的人们使用。到了公元5世纪,梵文已得到了传播,人们使用印度的年历标记日期,信奉印度的神(包括毗湿奴和湿婆),同时也信佛(见下一节),印度教庙宇和从事教务的婆罗门僧侣也开始出现。

佛教

佛教起源于印度,它是在印度教文化的基础上形成的,然后沿着自己的路线向前发展。和印度教相近的是,佛教也对尘世的现实性提出质疑,推测有其他世界的存在。不同于印度教的是,佛教有自己的创立者,有一套初始的经文,同时对僧侣也有

一套戒律。和印度教截然相反的是,佛教反对世袭的种姓制度,不赞成婆罗门僧侣拥有至高无上的权威。佛教后来传播到东南亚一带,在缅甸、泰国、柬埔寨、老挝和越南,佛教至今仍是最主要的宗教。同时,在其他国家和地区,佛教也赢得了大量的信徒,包括斯里兰卡、中国西藏地区、中国、朝鲜和日本。然而在印度,佛教却在和印度教及其僧侣的竞争中败下阵来。到了公元约12世纪时,佛教在这个南亚次大陆上几乎消失了。

佛教的起源

我们所了解的佛祖释迦牟尼的生平及教义都来源于其弟子的口述,许多都经过了后者的润色和加工。关于佛祖的各个方面几乎都存有很多的疑点,这里是目前我们所知的关于他的故事。

佛陀的生平　悉达多·乔达摩于公元前约563年出生于喜马拉雅山脚下,即今天的尼泊尔境内。其父亲是刹帝利种姓的一个国王。他曾获得一个预言,说他的儿子悉达多今后不是成为一位伟大的君主,就是成为一位伟大的法师。国王希望儿子能够子承父业,尽可能给儿子一个生活的保护伞,让他免受痛苦,也不要有什么觉醒。

悉达多29岁时,对王宫之外、父亲限制他出去的世界开始感到好奇。悉达多离开了自己的妻子耶输陀罗和儿子罗睺罗。他要求车夫带他进城,在路上他遇到一个虚弱的老人。悉达多过去从没见过老年人,他觉得非常困惑。随从解释说,衰老是人生不可避免的痛苦。悉达多在宫殿外继续四处游访。他发现,生老病死的痛苦在生命中可谓无处不在,因此他开始寻求一种解脱世间痛苦的良方。

在悉达多第四次、也是他最后一次出游时,遇到了一个出家游道的圣人。这个圣者一直以来避免踩入财富和物质的陷阱。悉达多决定起而仿效。在和家人作最后一次告别后,他骑上马,开始去寻找解脱之法。

整整六年,悉达多苦行修道,游历四方。然而,在饿得奄奄一息时,他放弃了苦行,决心求得正觉。他坐在位于今天印度巴特那城附近的菩提伽耶的一棵菩提树下,开始了静思禅定。欲界的魔罗对他威逼利诱,考验其专心和决心。悉达多把手放在地面上,做了一个手势,又称为手印(mudra)。这一形象在后来的佛陀雕塑中常常可以见到。他知道这些诱惑其实都是幻觉。在坐禅到第四十九天的时候,他终得正觉,修道成佛,找到了解脱痛苦和受难的良方。接着,他继续前行,来到波罗奈附近的鹿野苑。在这里,他进行了第一次说法。他的说法从"四谛"说开始。悉达多在宣讲佛法时解释"四谛"来自个人的欲望和情感:

　　四谛之一为苦谛,包括有生、老、病、死、怨憎会、爱别离、求不得,以及五阴炽盛苦。之二为集谛,源自饥渴,通向重生,带来喜悦和激情,到处寻求快乐,包括对性的渴望,对延续生命的渴望,

佛陀说法,印度笈多王朝时期,鹿野苑。公元前5世纪悉达多·乔达摩努力理解人类痛苦的根源和解决痛苦的良方。在经过了多次尝试后,他最终在七七四十九天的禅定后悟到了答案。作为佛陀及第一悟道者,他开始传授他的新教义。这里,他做的手印,表现他正在宣讲佛法。(鹿野苑考古博物馆)

原始资料

《佛说善生经》: 佛教显现于日常生活中

佛陀关于道德和伦理的教诲大多是直接授予僧伽们的。然而，在《佛说善生经》中，他的教诲是直接传授给普通信徒善生的。佛陀在《善生经》中宣讲了关于人与人之间的关系以及人对别人所担负的责任问题。这本经书包括对夫妻、朋友、雇主、雇工的一些很实际的建议。

善生，夫之敬妻，亦有五事。云何为五？一者相待以礼，二者威严不阙，三者衣食随时，四者庄严以时，五者委付家内。善生，夫以此五事敬待于妻。妻复以五事恭敬于夫。云何为五？一者先起，二者后坐，三者和言，四者敬顺，五者先意承旨。善生，是为夫之于妻敬待，如是则彼方安隐，无有忧畏。

善生，夫为人者，当以五事亲敬亲族。云何为五？一者给施，二者善言，三者利益，四者同利，五者不欺。善生，是为五事亲敬亲族。亲族亦以五事亲敬于人。云何为五？一者护放逸，二者护放逸失财，三者护恐怖，四者屏相教诫，五者常相称叹。善生，如是敬亲亲族，则彼方安隐，无有忧畏。

善生，主于僮使，以五事教授。云何为五？一者随能使役，二者饮食随时，三者赐劳随时，四者病与医药，五者纵其休暇。善生，是为五事教授僮使。僮使复以五事奉事其主。云何为五？一者早起，二者为事周密，三者不与不取，四者作务以次，五者称扬主名。是为主待僮使，则彼方安隐，无有忧畏。（《长阿含经》）

对权力的渴望。(Basham，第269页)

摆脱如上的痛苦，要遵循灭谛和道谛：

四谛之三为灭谛。它要求彻底根除欲望，这样，没有感情的残存，抛开一切，获得解脱与释放，不留余地。四谛之四为道谛，即八正道：正见、正思惟、正语、正业、正命、正精进、正念、正定。

通过训练思维和遵守人际关系的道德训诫，就可能修得新的觉悟。面对不断地再生进入生命的苦海，佛陀教导人们正当地做人可以摆脱死亡和痛苦的循环，进入涅槃，即一种无所有处的极乐境界。在形而上学的层面上，佛陀认为宇宙万物都是转瞬即逝的；无所谓"存在"。不朽的灵魂或者神都是不存在的。同样，印度教所主张的生命本源和所谓的婆罗门也是不存在的。佛陀对生命的幻象，对重生和解脱的主张和印度教中的空幻境界、轮回和解脱是一致的。但是佛陀不承认神的存在，这一点使得他站在了印度教思想的边缘。佛陀不赞成世袭的种姓制度，反对由婆罗门僧侣作为宗教真理的最终诠释者。这样，佛陀在获得强大的盟友的同时，也招来了强大的敌人的反对。

尽管许多印度教僧侣反对佛陀的教义，但摩揭陀国和拘萨罗国的国王都和他交好，并支持他和他身边的那些信徒。这两个国家的领土几乎覆盖了整个恒河平原的海拔较低的地区。佛陀平和地传授他的教义。直到公元前483年，佛陀在一批忠实的僧侣（最早的僧伽）和信徒的陪伴下，圆寂归天，享年八十。所有虔诚的佛教徒所遵奉的信条因此成为："皈依佛陀，修持达摩，托庇僧伽。"

僧伽　来自各个种姓的人都可以成为僧伽。这一点引起了婆罗门的反对。尽管仍有一部分婆罗门加入进来。曾有一段时间，女性可以在特别的监管下组织成立自己的寺院。今天，尼姑只有在中国西藏地区可以看到。

僧侣们身着藏红色的长袍，剃度、禁欲和戒酒的要求均严格遵守。当然，没有规定必须要通过发誓的方式来遵守这些戒律。僧侣们在思想和精神上是自由的。他们通过小组讨论的方式来做出决定。这一点沿袭了印度北方山区早期国家的一些模式。僧侣们平时在寺院里学习经文，通过坐禅磨炼精神意志，同时也从事寺院的一些修缮工作。起先，他们游走四方，以乞讨为生，只有在雨季除外。但当寺院依靠捐献的钱款和土地而开始变得富有时，僧侣们逐渐放弃乞讨，开始定居下来。从某种意义上说，这也削弱了他们和普通百姓之间的接触。

大乘佛教的形成

佛教界通过一系列结集开始讨论并整理佛教教义和戒律，以及一些新出现的佛教团体的有关经文。释迦牟尼圆寂以后不久，就进行了第一次这样的结集。约一个世纪后，第二次结集开始就佛教的基本意义进行辩论。第三次结集在阿育王的首府华氏城举行。就佛陀究竟是人还是神的问题，产生了巨大的分歧，最终导致了佛教的分裂。

288

桑奇窣堵波（大佛塔），公元前3世纪至公元1世纪。相传阿育王在孔雀王朝时期共修建了84 000多座佛塔。桑奇佛塔是其中现存最为宏伟的。它由四座雕刻精美的巨门和一个富丽堂皇的中央半球体组成。人们称它为"世界之山"，它的四个门朝向的正是宇宙的四个角。作为朝圣者虔诚祈祷的重要地点，大佛塔如今已经是佛教的一个神圣遗址。它的顶部是一个三层伞形华盖，象征着佛教的三宝：佛、法、僧。

289

坐佛像，二号洞窟，阿旃陀，印度马哈拉施特拉邦，公元5世纪。小乘佛教视佛为已悟道之人。但是，佛教后来的一些派别，特别是大乘佛教，宣扬说过去已经有佛生活在不同的时代，并且将继续生活在不同的天界中，其他的佛将继之。

佛教的经典文献

三藏	三藏分别为：律藏，论述佛教徒合适的行为规范；经藏，佛所做的口头论述；论藏，补充的教旨。用古印度巴利语写成。
大乘	（大乘即梵语的"大的交通工具"之意。）经文的主体与分布在中国西藏地区、蒙古、中国、韩国和日本的佛教流派有密切的关联。它包括了著作《妙法莲华经》，一本讲述浪子回头的佛教寓言作品。
弥兰陀王问难经	希腊国王弥兰陀和佛教高僧那先关于佛教哲学的对话。
佛陀的四圣谛	苦难是人生不可避免的；欲望是受苦的根源；在涅槃（绝对的和平和极乐世界）中可以不再受苦；通往涅槃的八正道。

当时，大批佛教的神龛与寺院，即圣地，如雨后春笋般发展起来。除寺院外，佛塔或其他佛教纪念遗址在巴尔胡特、桑奇和阿摩罗婆提开始兴建。公元前200年到公元200年之间，在印度，佛教神龛的数量超过了印度教。这段时间里，关于佛理的探讨异常活跃。其中，主要集中在关于慈悲心；不杀生；佛法，即正确的行为（由于佛教不主张世袭阶级，因此这与社会等级无关）；以及不排斥其他宗教等方面。

第四次结集于公元1世纪在克什米尔举行。结集系统整理了佛教自创立以来的所有重要教义，即佛教的分支小乘佛教（意为"年长者的教义"）的教理，我们在前面已予以说明。小乘佛教如今已经是斯里兰卡以及除越南以外所有东南亚国家最盛行的佛教派别。

但是，到此时为止另一个佛教分支即大乘佛教已经发展了大约两个世纪，并已经对小乘佛教构成了严峻的挑战。大乘意为"大的交通工具"。大乘佛教的拥护者声称大乘佛教可以超度更多信徒进入涅槃世界，因为他们有菩萨的保佑。菩萨具有智慧，几乎已经可以求得涅槃，但是为了普度众生，决定推迟进入涅槃，而选择留在凡间或者投胎转世，帮助尘世间的生灵。

此外，大乘佛教在说教中提出，通过行善而取得的佛教功德可以从一个人身上转到另一个人身上。它还对涅槃的极乐世界进行了更为详细的描述：有一方大乘净土，由一个叫阿弥陀佛的佛陀掌管。阿弥陀佛生活在凡间，并已成为天界之父。之后，大乘教派还发展了净土的概念。在他们看来，不同的净土由不同的佛陀掌管。他们还进一步刻画了弥勒佛的形象。他受尽苦难来到尘世间，希望救赎人类。

在一些神学家看来，弥勒佛的一些理念和基督教里的弥赛亚有相似的地方。一些人甚至认为,佛教徒从弥赛亚中借鉴了一些观念。同时,他们也提出,基督教可能引用了佛是生于贞女的故事,以及佛一心求得正觉的描述,并把这些应用到了耶稣基督身上。这在耶稣和释迦牟尼各自半人半神的故事和传记中可见一斑。此外,大乘教派谈论的佛包括三个方面:阿弥陀佛,西方净土的教主;释迦牟尼佛,尘世间的、历史中存在的佛陀;以及菩萨中最受人敬畏的,自由来去尘世的观世音菩萨。神学家们提出这样的疑问:佛教和基督教的发展时代几乎是同时的,那么这三位佛的形象与基督教中圣父圣子圣灵的形象有什么联系吗?印度次大陆和地中海沿岸国家之间相互借鉴的程度有多少?究竟是谁在借鉴谁呢?

在印度国内,比起小乘佛教,大乘佛教开始更加强势地向印度教发起挑战。为了能争夺上层世袭阶级和上流社会的拥护者,大乘佛教的信徒摒弃了小乘佛教偏好的口语化的古印度巴利语,而开始使用当时只有精英阶层才使用的梵语来记录佛理。大乘佛教最著名的宗教研究者龙树(Nagarjuna,约50—150年在世)详细阐述了佛教的哲理,并且直接和婆罗门僧侣进行辩论。佛教寺院中还修建了一些重要的教育设施,尤其是在释迦牟尼度过大半生的那烂陀寺所在的比哈尔地区,以及北方旁遮普对外通商的塔克西拉(又译“呾叉始罗”)地区。

佛教在印度的衰落

最初在印度,佛教最能吸引的就是刹帝利统治阶级和吠舍商人阶级,因为他们都认为婆罗门僧侣并不尊重自己。佛陀本人就是从刹帝利家庭走出来的,并且他最初和刹帝利的摩揭陀国和拘萨罗国国王的友谊也保证了佛教的发展。之后,国王和商人们也投下了大笔金钱帮助佛教僧侣,并且修建了许多寺院和庙宇。来自等级更低的种姓中的许多人受不了来自其他种姓的重压和傲慢。他们也纷纷加入了这一新兴的宗教。尤其吸引他们的是,佛教选择的是白话的巴利语和摩揭陀语,而不是梵语。同时,与印度教婆罗门僧侣常常搜刮民脂民膏不同,佛教在经济上对信徒没有提出要求。

随着孔雀王朝的衰落(约320—550),佛教也开始失去了其在印度地区的强势地位。地方的执政官开始抛弃佛教,而选择印度教。他们和婆罗门僧侣们交好,开始疏远佛教僧侣。而来自等级较低的种姓的人们——他们发现佛教反对种姓的思想确实很具吸引力——还是选择回归更为传统的印度教,显然在政治变革剧烈的时期这样做要安全一些。同时,由于失去了王室的支持,商人们在印度的收入也减少了,这进而限制了他们对佛教寺院的捐献。到公元5世纪,来自中国的朝圣僧侣法显注意到了佛教在印度的影响日趋减弱的情形。

在大乘佛教中,许多如神一般的佛和菩萨都居住在广阔的净土极乐世界中。这一点与印度教是非常相似的,这也表明许多佛教徒并没有和印度教划出一个明确的界限。最终,佛教僧侣在印度历史的各个时期都是依靠印度教婆罗门僧侣来完成人一生中从呱呱坠地到婚丧嫁娶的各种祭祀礼仪。因此,婆罗门僧侣们可以声称,在要

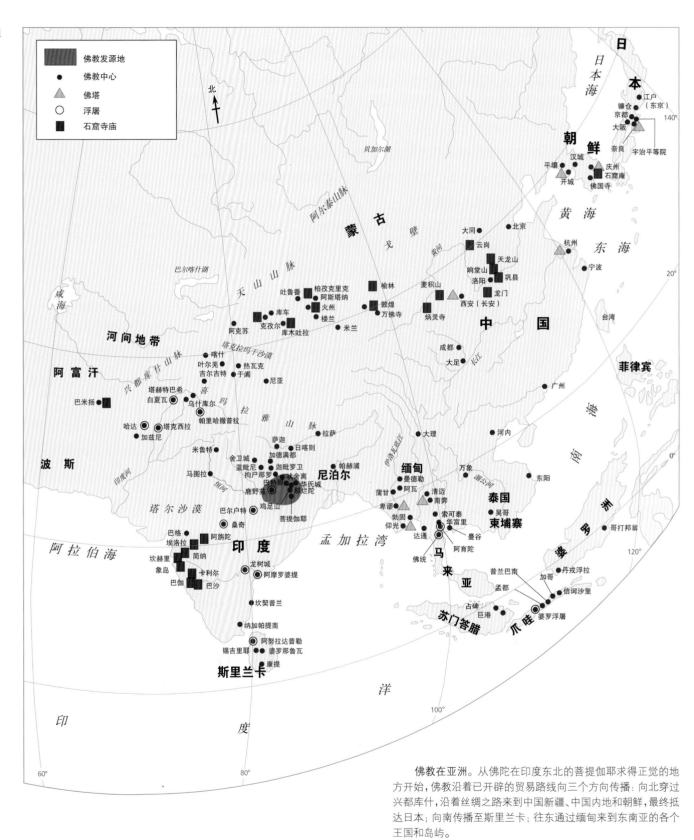

291

佛教在亚洲。从佛陀在印度东北的菩提伽耶求得正觉的地方开始，佛教沿着已开辟的贸易路线向三个方向传播：向北穿过兴都库什，沿着丝绸之路来到中国新疆、中国内地和朝鲜，最终抵达日本；向南传播至斯里兰卡；往东通过缅甸来到东南亚的各个王国和岛屿。

求佛教徒的效忠方面他们一直拥有巨大的发言权。

对声称信徒抱有不贰忠诚的一神教较为熟悉的读者在这里会看到一种极为不同的情形。许多宗教,尤其是信奉多神教的宗教,期望信徒个人会把不同宗教的不同元素融入他们个人的宗教思想和仪式中去。我们在讨论佛教在中国和儒教的关系,以及佛教在日本与儒教和神道教的关系时,会看到更多这种个人对多种宗教的融合和忠诚。

随着印度教的发展,它对佛教徒有了越来越大的吸引力。佛教哲学家商羯罗查尔雅(Shankaracharya,公元788—820年)和罗摩奴阇(Ramanuja,约1017—1137年)以普通百姓熟悉的早期梵语即吠陀语所著的经典文献为基础,发展了佛教理论。为了推广他们的思想,他们还修建了许多寺院和学校。同时,印度教继续了其融合不同宗教的传统。他们将佛陀合并到自己多神的理论世界中,把他刻画为印度教主神之一毗湿奴。最后一点,无论是佛教还是印度教,都没有在其庙宇、学校和寺院中给女性保留多少地位。然而对于印度教来说,比起公共的祭祀场所来,家的作用更为重要,而在家里进行的拜神和其他宗教仪式上,女性确实发挥了主要的作用。而佛教更仰仗自己的寺院和僧侣。相比之下,在佛教中,女性的作用是缺失的。同时,佛教对于家庭生活的相对忽视也抑制了它的进一步发展。

当穆斯林商人控制了通往中亚的丝绸之路的时候,佛教在印度开始走向衰落。在公元1000年至1200年间,穆斯林入侵印度的头两个世纪中给了佛教沉重一击。在穆斯林眼中,佛教不像印度教,佛教竭力劝人改变宗教信仰,他们视佛教为竞争对手,不愿与之共存。当时,佛教的势力相对较弱,相对来说主要集中在自己的寺院和佛学院中。穆斯林通过攻击这些公共场所就达到了摧毁佛教残余势力的目的。佛教僧侣或是遭到杀害,或是被迫从印度逃往东南亚、尼泊尔和中国的西藏。印度教更多地以家庭和社团为根基,它在印度文化中的扎根更为稳固,因而躲过了这场来自伊斯兰教的挑战。

20世纪50年代,大约是佛教在印度地区消亡1000年以后,大约500万流落他乡的佛教信徒在印度复兴了佛教。他们反对不公平的种姓制度,声明自己对这个既旧又新的宗教的忠诚。事实上,这些"新佛教徒"就是如今能在印度看到的仅有的佛教信徒了(见第20章)。

耆那教

耆那教是印度的另一个宗教。它与早期的佛教有很多相似的地方。约在释迦牟尼在世时,大雄尊者笩驮摩那(Mahavir,公元前约540年),作为第24代耆那教祖师,把耆那教改造成为现代的形式。他们把大雄的称呼"耆那"(意为胜者)作为宗教的名称。与小乘佛教相同,耆那教也反对种姓制度和婆罗门僧侣至上的权威。他们宣扬世界上没有神,但是人类确实有自己的灵魂。人们可以通过约束自己平时的行为,尤其是用非暴力的形式净化灵魂。耆那教徒相信,如果禁欲苦修,致力于完成森严苛

耆那教女尼去祈祷的途中。虽然大部分耆那教徒为俗家弟子，但重要庙宇里住有出家僧尼。这些女尼戴着遮口布，以防吸入昆虫对昆虫造成伤害。

刻的宗教祭祀仪式,就可求得脱离业报轮回,达到涅槃境界,而不是求得来生的补偿。

　　耆那教极为强调非暴力和莫杀生。耆那教徒一般都不务农,以免伤害土地里的各种生命。在一个以农业生产为主国家,耆那教徒一般都生活在城市里,而且常常靠经商来维持生计。耆那教并没有传播到印度以外。今天,信仰该教的400万教徒大多生活在印度。像早期的佛教一样,耆那教在举行一些与人生周期有关的重大祭祀活动时都要靠婆罗门僧侣来主持祭祀仪式,同时耆那教徒可以和印度教的吠舍种姓的一些次种姓成员自由通婚,所以有人把耆那教看成是印度教的一个分支。当然,他们一般不把自己看成印度教徒。耆那教在印度的主要势力分布在西古吉拉特邦,也就是圣雄甘地成长的地方(见第20章)。圣雄承认自己的非暴力思想受耆那教的影响很大。

佛教在中国

　　由于其分散性以及在地理范围上的广泛传播,佛教在不同的地方、不同的时代、不同的国家呈现不同的形式。在它刚来到一个新的地方时,呈现一种陌生的外来的宗教形式,但是随着时间的推移,每个地区的文化都会在佛教上留下自己的印记。因此,我们必须通过研究那些传播佛教信仰的僧侣、传教者、诗人、建筑师和雕塑家的作品,分别审视各地的佛教信仰和具体的宗教活动。

　　通过丝绸之路来到中国　朝圣者和传教者通过一条漫长而狭窄的交流通道把有关佛陀的信息从印度传播到中国甚至更远的地方,这就是丝绸之路。也正是通过丝绸之路,中国和印度之间的奢侈品得以交易,并进而运送到西方。中国有记载的第一位传教僧侣出现在公元约65年。第一座佛教寺院则坐落在洛阳。几个世纪以后,中国国内许多地区以及丝绸之路沿线都修建了众多的佛教寺院。

　　中国的朝圣者则沿着与传教者相反的方向,沿着丝绸之路访问佛陀的故乡,同时学习佛教知识。其中一些人留下了非常重要的观察史录。其中最著名的是法显,他在公元399年到414年间在印度学习佛教。当时有数以千计的人们在呾叉始罗和那烂陀地区学习佛教。

一些走过这些路线的朝圣者,尤其是公元5世纪初年的法显,公元7世纪初年的玄奘,把佛教经文和重要的一手资料从印度以及丝绸之路沿线地区带回了中国。从印度的北部通过喀什噶尔,再往东,经过于阗、吐鲁番、敦煌,最后来到当时的中国首都长安,佛教的朝圣者们改进了这条商道,一路上建有客栈和寺庙寺院,其中有的则建造在洞穴中。

佛教和道教及儒教的关系　尽管佛教最初是在汉朝处于鼎盛时期的公元1世纪传到中国的,但是佛教真正在中国扎根是在汉朝灭亡之后。儒家思想是当时中国最具统治力的哲学思想。儒家思想和帝国政府的命运息息相关。因此,只有当这一中央的政治结构瓦解之时,大乘佛教才得以找到自己的位置。大乘佛教的神秘性特别引起了道教道士的注意。从某种程度上说,这两种信仰是相互竞争的。但是,某些竞争最终却使对方的地位更加稳固。比如说,一些道士就声称,佛祖在游历印度的途程之中,他所显现的形象实际上就是老子。而许多佛教人士,则相反地,把老子、孔子与菩萨的形象联系在一起。这样,在某些时候,竞争变成了互相承认。

作为一种外来的宗教,在公元3世纪到公元6世纪,佛教对同为外来者的中国北方统治者来说特别具有吸引力。北魏时期(386—534年)鲜卑族拓跋氏的统治者虽然有时把佛教视为对国家的一个威胁,因而对佛教徒加以迫害,但是在绝大多数时候,他们感到自己和这个外来的宗教有着密不可分的血缘关系。他们资助佛教徒修建神龛和寺院,同时也规范佛教徒的行为。

在中国南方有许许多多来自北方朝廷的流亡者。在这里,由于和朝廷的联系被切断,儒家思想的影响被削弱了。相反,新兴的佛教宣扬系统而具有美感的理论,能使人们摆脱半流放生活带来的痛苦。因此,佛教赢得了众多的拥护者。在南方,诗画和书法等佛教艺术颇为繁荣,而寺院也成了许多人的避难所,他们有些曾经是在北方朝廷执掌大权的贵族统治阶级。在南方的梁国,梁武帝(502—549年在位)宣布佛教为国教。他修建寺院,资助佛教

观音,佛教中的神祇,中国北宋时期,公元约1200年。已求得开悟却仍留在凡间,为解脱人们苦难者,被称为菩萨。观音就是其中一位。她在中国的艺术领域中广受欢迎:这座木胎漆塑像就十分精致,美感十足。佛教中的神祇往往被赋予了两种性别都具有的精神气质。如今,人们更加强调其女性形象。(密苏里堪萨斯城纳尔逊-阿特金斯艺术博物馆)

人士举办法会,并亲自著述了许多佛教解义。

从教义上来说,佛教和儒教有着很大的区别。但是,两者的世界观却似乎达到了一种共存的境界。例如,儒教提倡家庭力量的凝聚以及对祖先的崇拜,而佛教僧人则要求禁欲独身;但是,信仰佛教的普通百姓同样珍视家庭的价值,而僧侣们也把佛陀和菩萨作为自己精神上的祖宗。但是,这两种信仰体系和组织之间的紧张关系并没有完全得到驱散。儒教人士考虑的是朝廷的秩序和控制,而佛教徒则趋向于通过分散的方式进行祭祀活动,教义结构相对来说比较宽松。在中国的许多地方,佛教寺院因为得到了当地富商和地主的捐赠而变得很富有,这使得以儒教思想为主导的朝廷开始对他们的权力加以约束。

佛教的朝圣者和僧侣的网络遍布整个中国地区,有助于整个国家的统一。尽管自汉朝灭亡(公元220年)到隋朝建立(581年)的不到400年间,中国一直未能统一。但是,佛教却在中国的北方和南方继续发展。实际上,隋朝的开国皇帝就是一个佛教信徒,他同时也资助儒教和道教的发展。他认为这些信仰是朝廷统治合法化的重要保障,之后的唐朝也延续了同样的做法。

唐朝时期的佛教　在唐朝(618—907年)的大多数时间里,佛教在思想、精神和艺术层面上都处于繁荣发展阶段。当时形成了八大主要的宗派,他们对佛祖口谕的解释,对教规、仪式、坐禅、学识、戒律和对佛祖的虔诚都有各自不同的解释。净土宗是其中规模较大的、地位较重要的教派。其信徒认为,凭着对净土主佛阿弥陀佛的崇拜,人人都可以在死后到达净土的天堂世界。这一教派的成员反复念诵阿弥陀佛的名字来表达自己的信仰。他们也会在心中默默念诵大慈大悲观音菩萨的名字(见307页图)。

另一个宗派就是禅宗,其注重的是专念禅坐。一些信徒相信,通过长时间的禅坐可以渐悟求得正觉。其他一些人则坚信顿悟的智慧闪现能使他们最终得道开悟。净土宗和禅宗都被日本所吸收。在那里,禅宗沉思打坐的做法亦被称为

原始资料

生命的短暂:唐朝一位妇女的观点

这是一首在敦煌石窟发现的唐朝时期的匿名诗歌。这首诗让我们看到了一位颇具地位的妇女是如何以佛教的观点看待生命的倏忽短暂的。

百岁篇

一十花枝两斯兼。优柔婀娜复婴鬞。
父娘怜似瑶台月。寻常不许出朱帘。

二十笄年花蕊春。父娘婷许事功勋。
香车暮逐随夫婿。如同萧史晓从云。

三十朱颜美少年。纱窗揽镜整花钿。
牡丹时节邀歌伴。拨棹乘船采碧莲。

四十当家主计深。三男五女恼人心。
秦筝不理贪机织。只恐阳乌昏复沉。

五十连夫怕被嫌。强相迎接事婴鬞。
寻思二八多轻薄。不愁姑嫂阿家严。

六十面皱发如丝。行步龙钟少语词。
愁儿未得婚新妇。忧女随夫别异居。

七十衰羸争奈何。纵饶闻法岂能多。
明晨若有微风至。筋骨相牵似打罗。

八十眼暗耳偏聋。出门唤北却呼东。
梦中常见亲情鬼。劝妾归来逐逝风。

九十余光似电流。人间万事一时休。
寂然卧枕高床上。残叶凋零待暮秋。

百岁山崖风似额。如今身化作尘埃。
四时祭拜儿孙在。明月长年照土堆。

录自《敦煌歌辞总编》,第1315—1316页

《金刚经》，公元868年。这是一幅华丽的《金刚经》卷首插画。它表现的是佛祖在对一位年长的弟子进行告诫。《金刚经》原著为梵文，通过丝绸之路传到中国，并在5世纪被译成中文。采用木刻版印刷，体现了极高的技术和艺术成就。这卷长达17英尺的佛经是世界上最古老的印刷书籍。（伦敦英国国家图书馆）

"禅（Zen）"。

据称是佛教徒发明了用木刻版印刷的方法，他们用这一方法印制佛教的经文。已知最早的木刻版印刷本是附有插图的《金刚经》，它是在敦煌石窟被发现的，印制时间为公元868年。唐代的大多数佛教艺术和建筑，都没能躲过日后迫害、没收和战争所造成的破坏。而这些艺术的代表作在今天的日本仍可以找到。日本在当时吸收了许多中国佛教的内容，并根据本国的情况做了修正（见第310—314页）。

历史上唯一一位曾经统治中国的女皇帝是武则天（625—705年），她自己就笃信佛教。起初，当她还是高宗（死于683年）的妃子时，就间接地在幕后控制统治大权。高宗死后，她通过两个皇子，在公元690年改国号为周（与第3章介绍的周朝是不同的概念），并宣布成为这一新王朝的女皇帝。她通过资助佛教来巩固自己的统治，她宣布自己就是弥勒佛，未来救赎之佛的化身。在中国的每个省，女皇武则天铸浮屠，立庙塔。在705年退位之前，她发动的战争扩大了唐朝的疆土，把新疆和西藏都包括在内。

中国敦煌石窟，第428号洞窟，即将圆寂的释迦牟尼，公元6世纪初。敦煌的佛教寺院是丝绸之路沿线最重要的寺院。该地460个洞窟中的壁画非常壮观宏伟。图中，菩萨们围在即将圆寂的佛祖身边。和第310页中的场景相比较，这幅图给人以更明显的苦行修道之感，迷幻而抽象。

佛教在中国的衰落　在唐朝的晚期，政治和军事的失利使得佛教开始走向衰落。751年，在遥远的中亚地区，中国军队在决定性的怛罗斯河战役中被穆斯林军队打败。四年后，安禄山叛变，在中国的东北地区起兵，动乱持续八年之久。在中亚地区，中国的统治被打破了，随之而来的是佛教在这些地区影响的消

亡。伊斯兰教逐渐成为中亚地区的世界性宗教（见第11章）。在这片广袤的地区，只有西藏的佛教依然保持着其势力，并且仍旧得到国家政权的支持。那里的佛教大约是在公元8世纪从印度东部传过去的，表现为一种新的形式，即"金刚乘"佛教，意为"雷电之乘"，又称"密教"，因为其经文是宣扬宗教仪式的超自然力。密教不仅仅崇拜佛陀、菩萨和其他神祇，还把他们的妻子或女性相关者当作崇拜的对象。密教的宗教仪式非常隐秘，一般不外传。有时候，新加入者还需要接受肉体上的洗礼才算正式入教。

大约一个世纪后，唐武宗（公元840—846年在位）开始对佛教和佛教寺院发动打击。武宗信奉道教，反对佛教。他担心佛教拥有的强大势力和积聚的财富会构成威胁，特别是随着外族的入侵和内部的叛乱，唐朝的地位已受到极大削弱，各地的佛教寺院的影响是巨大的。武宗没收了佛教寺院的土地和财富，僧侣和尼姑被强制要求离开寺院。武宗声称僧尼还俗达260 500人。他还下令销毁佛经、雕像和神龛，在整个中国仅留下了49座寺院和800名僧人。之后的统治者有的反对武宗的政策，而有的则重复实施武宗的措施。今天，虽然佛教还在中国继续存在，但是它再也无法恢复过去曾经有过的辉煌。

佛教在日本

在佛教传入日本之前的很长时间内，日本的百姓信奉的是"神之道"，即后来的神道教。神灵是大自然固有的力量与精神。他们遍布各处，在人们需要时，可以随时被召唤来给予帮助。为神灵所建的神龛遍布日本，里面一般都安放有一面供奉太阳女神的镜子，一把剑和一颗宝石。

关于神灵的叙述出现在日本最早的文献《古事纪》（公元712年）和《日本书纪》（公元720年）中。这些半虚构的叙述记录了日本早期的一些基本历史。但是像所有佛教中圣人的故事一样，这些叙述在真实的历史中掺杂了神话，所以阅读时必须仔细鉴别。按照《古事纪》和《日本书纪》的记载，神灵中间最有地位的是太阳神天照大神，以及她性格暴躁的兄弟素盏鸣尊。天照的孙子，琼琼杵尊降生到人间，并开始征服日本。660年，他尊自己为日本的第一位天皇。之后的

297

佛陀圆寂，日本卷轴，公元17至18世纪。在这幅图中，佛祖被佛教信徒、菩萨、悲伤的众生和异界的代表簇拥着，在天河的对岸，另一位信徒正领着佛祖的母亲和她的随从们从天堂下凡，参加佛祖的最后一次说法。

每一位天皇都是这位神话般的始皇帝的世袭子孙。

随后，佛教传入日本，神灵继续保持了其重要而神圣的地位，他们被尊为地位稍低的佛或者是菩萨。与此相反，佛陀和菩萨则被供奉为法力无边的尊贵的神灵，能救人于水火逆境。日本皇室得知印度的阿育王已信奉佛教之后，他们也仿效了他的做法。

佛教传入日本 最初，佛教是于552年从中国经朝鲜西南的百济王国传到日本的。在《日本书纪》中，讲述了百济王国的国王把佛教经文和雕像赠送给日本，并且请求日本出兵抵御另一个朝鲜王国新罗。

佛教从一开始就具有政治和宗教的双重色彩。跟日本天皇接近的氏族对接受这一外来宗教则产生了分歧。那些接受佛教的氏族把佛教当作创造奇迹的一种力量，

法隆寺，日本奈良，公元670年。在公元7世纪和8世纪，日本宫廷满腔热情地接受中国的政治和艺术形式（见第7章）。法隆寺是日本现存最早的佛教建筑实例，它一并采用了中国的书法、绘画，以及雕刻艺术。它成为全日本中央寺院。

298

尤其是在治病救人方面,许多佛教僧侣都精通医术。但是,也有一小部分人认为这个新的宗教应当被禁。

半个世纪后,在圣德太子的统治下,佛教在日本终于得到了政治上的承认。圣德太子(573—621年)当时是日本西部大和平原统治者的辅政者。圣德自己也是一个热忱的佛教信徒,他建造了许多佛教寺院,包括奈良城内的法隆寺。太子潜心研究佛教理论,他从高丽国请来佛教士,同时他还先后派遣了四支使团前往中国的隋朝求取经论。除宗教上的考虑以外,也因为他希望佛教能更好地帮助他推行中央集权的统治。当时的中国是东亚地区最具实力的国家,而佛教则被认为是其政治力量中不可或缺的要素之一。公元604年,圣德太子引入了一种新的宪法来实行中央集权统治,巩固政府的地位。在该宪法的17条条款中,第一条是推广儒家关于社会组织的思想,第二条则要求日本民众应当"真诚地敬畏三宝:佛、法、僧"。

佛教在日本统一中所起的作用　一个世纪后,在710年,日本占统治地位的氏族迁都奈良,改其名为平城京。他们仍然视中国为榜样,效法了许多中国的政府结构和管理方式。他们借用中国的文字作为书面语言。此外,日本还采用了中国的官僚制度、课税、建筑和土地改革模式。他们按照长安城的城市布局建造了一个规模稍小一些的首都奈良。

在奈良城内,日本的统治者建造了许多佛教庙宇,其中包括几座具有全国性影响的寺院。他们鼓励在全国范围内建立一个庙宇和尼姑庵的系统。其中以圣武天皇(715—749年在位)时期建造的东大寺最为著名。寺内保存有数千件珍品,堪称世界上最伟大的艺术宝库之一,包括绘画、雕塑、书法、织品、陶瓷、翡翠、金器、漆器、戏剧面具和乐器等,可追溯到8世纪。

佛教在日本的民族统一和政府的行政管理中起了很重要的作用。佛教并没有取代日本本土的神道教,特别是那些对自然之神的崇拜。相反,佛教对本土的神道教体系是一种补充。日本天皇同时采用神道教和佛教的方式来举行官方的祭祀仪式。

佛教引介了一种中央集权的做法,而神道教采用的是相对比较松散的信仰和祭祀方式,它遍布全日本各地,因此没有必要建一座核心庙宇作为祭祀的圣地。佛教则不同,奈良城附近的法隆寺成为整个日本的中央寺院。741年,天皇下令各地都必须修建一座佛寺和佛塔。佛教和神道教共存的局面一直延续到了今天。

和中国的情况相似,日本的佛教寺院,尤其是奈良城内的寺院拥有的权力和财富,使得朝廷的一些官员开始警惕起来。为了削弱佛教僧侣的权力,同时为了增强自己世系家族的力量,桓武天皇(Kammu,781—806年在位)决定再次迁都。他把都城从长冈京移到了平安京(即今天的京都)。这一迁都之举标志着日本历史上兴旺发达的平安时代的开始,与中国唐朝走向衰落处于同时。日本朝廷最后一次派遣官方使节到中国是在838年。随着中国的衰落和日本的繁荣,靠着充足的皇室资助,佛教在日本开始沿着自己的道路发展。天皇自己就资助了两位年轻的日本僧人,他们各自创立了佛教的天台宗和真言宗。这两派成为日本的佛教运动中最有势力、持续时间

日本佛教发展出新的形式 佛教逐渐不再依赖来自中国大陆的佛僧，而是更多地启用本土的僧侣。此外，他们还更加深入地介入政治领域。僧人最澄（Saicho，767—822年）在中国研究了天台宗，并把它引入了日本。以《妙法莲华经》为理论基础的天台宗相信，通过真诚地信奉佛教，每个人都可以达到正觉。在京都东北的比睿山上，最澄修建了延历寺。这座寺院迅速成为日本佛教最具影响的寺院之一。

最澄曾希望他的寺院能够远离政治，所以他把延历寺建在了离首都奈良较远的地方。然而具有讽刺意味的是，当天皇迁都到京都后，延历寺反而离国家的政治中心更近了。最澄鼓励他的僧侣们多参加说法，并投身社会事务，在尽自己的宗教责任义务的同时为国家服务。他融合了儒家和佛教的价值观体系。他的寺院扩展到拥有3 000多座院房，共可容纳数万名僧人。到11世纪时，日本的政治出现了严重的分裂。许多神道教和佛教的寺院供养常备军来保护寺院和寺院拥有的广袤土地以及下属的寺庙。比睿山寺院供养的军队开始进军首都，要求分得更多的土地。这种做法违背了最澄的初衷。此后，佛教僧人开始更多地卷入日本的政治之中。

日本的另一个入唐求法的僧人空海（Kukai，774—835年）回国后传播一种新的佛教宗派。他成为京都东寺的主持。在那里，他引入了真言宗。真言宗强调不断地重复**咒语**；对着令人惊异的、呈几何图形的彩色**曼荼罗**宗教绘画坐禅。这些图画

平等院（凤凰堂）日本宇治，11世纪。平等院凤凰堂的屋角向上翘起。从这一点可以看出，随着时代的变迁，日本佛教艺术是如何发展出自己独特的风格并摆脱中国的影响的（对比第297页图）。

咒语（mantra） 印度教和佛教一套使用话语和发音程式，被认为包含精神力量。

曼荼罗（mandala） 一种由复杂的几何图案组成的象征性循环图解，印度教和佛教用其指导坐禅或施行神圣的仪式。

大多描绘的是佛陀和菩萨在净土中的情形。此外，真言宗还强调复杂的祭祀仪式，音乐和神秘的舞蹈。因为这些修行方式的传授是被真言宗的信徒严密保护起来的，真言宗亦被称为密宗。为了创立更多易于接受的祭祀形式，空海引入了简朴而优雅的茶道，在沏茶和饮茶这一正式的仪式中完成静思。同时，空海还创造了**假名表**，这是一种不同于**表意文字**的日文语音字母系统。这些创新，加上神秘的仪式，草药的使用，以及真言宗本身给人们的壮观和华丽感，使得空海的寺院获得了巨大的声望和权力。

假名表（syllabary） 一套书写符号，每个代表一个音节（对比表意文字）。

表意文字（ideogram） （又称象形文字）书写系统中的一个文字或图形，表达事物的概念而非名称。

另一个源自中国、深深影响日本佛教的是对阿弥陀佛的崇拜。阿弥陀佛即无量光佛。在10世纪，僧侣空也（Kuya，903—972年）和源信（Genshin，942—1017年）普及了这一宗派的法门，即强调念诵咒语"阿弥陀佛"。之后的几代僧侣，包括良忍（Ryonin，1072—1132年），通过众多僧人的组织能力帮助净土宗发展壮大。良忍教授人们在念诵阿弥陀佛的时候数念佛珠，这种形式最后被几乎所有的日本佛教宗派所吸纳。12世纪末期，净土宗从其他各个教派中脱颖而出，最终凭借自己简明朴素的思想和简便易行的救赎方式，赢得了大量的信徒。

禅宗于7世纪出现在日本，但直到12世纪以后才得以兴盛起来。禅宗的普及主要得益于荣西禅师的教导。荣西相信除了坐禅以外，兴禅可以保卫国家。对武术的强调使得禅宗尤其受到日益强盛的武士阶级的青睐。之后，禅宗给日本文化带来了深刻的影响，直至今天依然保持了其在日本的重要地位。

301

佛教对日本社会的深远影响 还有三个因素使得佛教在日本人的生活中取得了显赫而重要的地位，并且一直延续到今天。第一，日本佛教发展形成了一种特别纯粹的审美维度，这一点我们可以从佛陀和菩萨的表现方式以及日本佛教寺院的建筑和艺术中看出来。对艺术创造的欣赏清晰地体现在日本正规的园林、绘画、书法以及呈现一切事物的艺术中，从自我到礼品、茶道、食品。第二，佛教认为所有的生命都是短暂的，这一点激发了许多日本最伟大的文学作品的产生，从日本女作家紫式部（Lady Murasaki，约978—约1015年）一千年前在宫廷完成的《源氏物语》，到在完成最后一部作品后便剖腹自杀的日本作家三岛由纪夫（Mishima Yukio，1925—1970年）所创作的多部小说。第三，佛教长期以来已和日本本土的神道教共存，甚至在一定程度上融合了神道教的祭拜和信仰。

到了12世纪，日本进入了佛教时代。虽然佛教偶尔也会被看作是外来的宗教，或是被视为一个极为富裕且握有强权的组织而受到打击，但是佛教一直保持着作为日本两大国教之一的地位。绝大多数的日本人继续在他们的审美和精神生活层面，以及在他们的祭祀仪式中将佛教和神道教结合在一起。

印度教和佛教的比较

在数千年的历史上，印度教和佛教都经历了巨大的转型。从地理上来说，印度教在雅利安人入侵印度河流域和印度北部的时候，便从发源地传播到了印度次大陆。它甚至在一段时间里传播到了东南亚地区（如今在印度尼西亚的巴厘岛上仍有一个信奉印度教的边远村庄）。佛教从佛陀的家乡喜马拉雅山脚下传播到了整个印度，随后在印度销声匿迹，而在东亚和东南亚地区则长盛不衰。佛教的众多寺院庙宇和佛祖家乡是主要的佛教朝圣地。

这两种宗教都制定了各自的圣历，并对信徒生命周期中的重大事件加以宗教控制。在这一点上，印度教的僧侣占据了统治的地位，佛教徒（以及耆那教徒）也要请他们去主持仪式。印度境内，婆罗门僧侣的这一地位帮助他们最终吸收同化了佛教。而在印度以外的地区，由于当时没有其他占据统治地位的宗教存在，佛教僧侣独立主持完成宗教仪式，并最终使佛教占据了统治的地位。

两大宗教都发展形成了自己的宗教语言。佛教徒认为，梵语仅限于在印度教僧侣阶层中使用，因此使用巴利语，后者与当地的方言更贴近些。随着时间推移，当普通民众用他们自己的语言表达自己的宗教感受时，这两大宗教的首领也开始使用同样的方言。这两大宗教都激发了大量文学作品的涌现，这样的作品包括了教义哲理、神秘主义诗歌、戏剧，以及民间传说等。两大宗教也在绘画、雕刻和寺院建筑方面发展形成了各自的艺术传统。

从组织结构上说，佛教，特别是在其初期的小乘佛教阶段，被认为是佛教僧侣的宗教。许多普通百姓从佛教哲学中找到了安慰和目标。但是在需要举办宗教祭祀的时候，他们最终又转向了婆罗门僧侣。而印度教则把所有的阶级种姓和职业归为简单的关系结构，即由婆罗门、刹帝利以及某些时候由吠舍占据统治地位。后来的大乘佛教凭借众佛、菩萨和净土，从宗教仪式和精神情感上吸引了更多的百姓。

印度教和佛教的演变展现了世界性宗教的灵活应变性。对一个规模很小的教派而言，它可能会给自己限定一个范围，宣扬一套须严格遵守的核心理论和修行方式。因人数有限，这种教派可能只对信徒产生强大的吸引力，而对于一个要发展群众基础的宗教而言，必须公开其组织、教义和宗教仪式，使之迎合不同人不同的精神、心理和社会需求。就如同我们在第3章讨论的那样，一个世界性的宗教必须能够适应、满足和吸纳来自不同语言、地区和社会阶层的人们，无论他们过去信仰的是什么。世界性的宗教要扩展自己的理论和实践来吸纳更多的信徒，直到它到达适应性的极限。

最后，宗教和政府历来就是相互依存的。佛教能够兴盛，离不开佛祖释迦牟尼的王室同盟的支持以及之后阿育王的坚强后盾。当佛教进入东南亚和日本，帝王们予以支持以换取其合法化。在中国，随着儒家思想统治的王朝衰落，人们寻求新的信仰和领袖，佛教于是找到了自己的契机。印度教则依靠与印度帝王和婆罗门僧侣的协定而在印度繁荣起来。相反，当政府开始转而反对某些宗教群体时，他们就可能摧毁这个宗教。而当有足够规模的宗教团体不再支持一个统治者的时候,他们也能大大削弱其势力。关于教会和政府两者相互对抗的情形,我们在下面几章中会看到更多的实例。

印度教和佛教的意义及其影响

印度教一直是多神论的忠实拥护者。尽管有很多印度教教徒认为,在诸神的背后有一位主宰世界一切的神,但是其他教徒则会争辩说,影响世界及其众生的确实有许许多多不同的神。这些多神论的支持者在生命形式和生命体验的多样化以及神的多重存在性之间找到了一致性。

印度教在艺术和文学,错综复杂的哲学体系,以世袭的种姓制度为基础的社会、经济和政治秩序等方面,在南亚地区留下了广泛而深刻的文化印记。今天的世界主张人人平等,而印度的政府和人民却要背负历史带给他们的这份“遗产”。其结果是,世袭的阶级地位和现代人主张平等的思想之间产生的政治和宗教问题便摆在了印度的面前。关于印度未来的发展方向问题,我们将在第20章进行讨论介绍。

佛教迄今为止也仍然是数亿民众的文化和宗教基础,主要分布在东亚和东南亚地区。佛教产生了多种不同的形式,从相对朴素的斯里兰卡小乘佛教,到东南亚地区更多地注重精神层面的大乘佛教以及更为神秘和孤立的藏传佛教。在许多地方,人们可以自由地举行佛教仪式,且经常和其他宗教并行不悖,在日本就是如此。为了理解历史上的宗教,我们必须全面地考虑各个宗教所处的政治、社会和经济的环境。

在下面几章我们将讨论的是另外三个宗教——犹太教、基督教和伊斯兰教。这些宗教都狂热地支持一神论。其中,除犹太教的信徒人数相对较少以外,基督教和伊斯兰教都一直在积极地争取新的追随者和信徒,现在这两个宗教已成为世界上规模最大的宗教,分别拥有20亿和12亿的信徒。他们和所在地区政府的关系是复杂多样的。而他们对人类的精神、文化、社会和审美的人生观所产生的影响也是极为巨大的。

复习题

- 研究一门宗教的教义和研究一门宗教的历史之间有什么区别？这种区别同神学家的研究和历史学家的研究之间的区别相比又如何？
- 印度教和印度大陆是如何相关联的？
- 佛教是从早期婆罗门的信仰和实践中发展出来的,那么佛教演变过程中主要的转折点在哪里？
- 描述一下印度教和佛教之间的竞争主要在哪些方面,包括主要信仰、僧侣职能、家庭地位、社会等级以及政府支持。

- 印度教和佛教的地理位置是怎样分布的？这样的分布是怎样随着时间的变化而变化的？原因是什么？
- 在中国，佛教和儒家思想的关系是怎样的？在日本又是怎样的？

推荐阅读

PRINCIPAL SOURCES

Basham, A.L. *The Wonder That Was India* (New York: Grove Press, 1954). Graceful, comprehensive, standard introduction to early Indian history. Dated on Indus valley, but still valid on imperial India.

Bhagavad Gita, trans. Barbara Stoler Miller (New York: Bantam Books, 1986). A fine, readable, clear translation of one of the greatest classics of Hinduism.

deBary, William Theodore and Irene Bloom, eds., *Sources of Chinese Tradition*, Vol. I: *From Earliest Times to 1600* (New York: Columbia University Press, 2nd ed., 1999). The best available repository of primary sources from the literature.

Ebrey, Patricia Buckley, ed. *Chinese Civilization: A Sourcebook* (New York: The Free Press, 2nd ed., 1993). An excellent sourcebook, drawn much more from the lives of common people.

Embree, Ainslee, ed. and rev. *Sources of Indian Tradition*, Vol. I: *From the Beginning to 1800* (New York: Columbia University Press, 2nd ed., 1988). The best available repository of primary sources from the literature.

Tsunoda, Ryusaku, William Theodore deBary, and Donald Keene, comps. *Sources of Japanese Tradition* (New York: Columbia University Press, 1958). The best available repository of primary sources from the literature.

ADDITIONAL SOURCES

Allchin, F.R., *et al. The Archaeology of Early Historic South Asia: The Emergence of Cities and States* (Cambridge: Cambridge University Press, 1995). Accessible, wide-ranging introduction, for non-specialists.

Andrea, Alfred and James Overfield, eds. *The Human Record*, Vol. I (Boston, MA: Houghton Mifflin Company, 3rd ed., 1998). Excellent collection of primary sources on world history.

Appadurai, Arjun. *Worship and Conflict under Colonial Rule* (Cambridge: Cambridge University Press, 1981). Demonstrates the interweaving of the major temples with the politics, economics, and social structures of their region.

Berger, Peter L. *The Sacred Canopy* (New York: Anchor Books, 1967). A classic introduction to the importance of religion and religious organizations in society.

Blunden, Caroline and Mark Elvin. *Cultural Atlas of China* (New York: Facts on File, 1983). Superb introduction to China, with fine interpretive essays, maps, pictures. Especially strong on geography and its implications.

Bodde, Derk. *Essays on Chinese Civilization*, ed. Charles Le Blanc and Dorothy Borei (Princeton, NJ: Princeton University Press, 1981). A classic set of essays on the significance of Chinese civilization.

Britannica Book of the Year 2002 (Chicago, IL: Encyclopedia Britannica, Inc., 2001) Updates a great deal of basic information, especially quantitative information on societies around the world.

Conze, Edward. *Buddhist Scriptures* (New York: Penguin Books, 1959). Basic source readings.

Craven, Roy C. *A Concise History of Indian Art* (New York: Oxford University Press, n.d.). Excellent introduction to Indian art, especially of the classical period.

The Dhammapada, trans. by Juan Mascaro (New York: Penguin Books, 1973). Fine translation and introduction to this Buddhist literary and religious classic.

Dimmitt, Cornelia and J.A.B. van Buitenen, ed. and trans. *Classical Hindu Mythology* (Philadelphia, PA: Temple University Press, 1978). An exposition of Indian mythology and texts by masters of the field.

Eberhard, Wolfram. *China's Minorities: Yesterday and Today* (Belmont, CA: Wadsworth Publishing, 1982). Fills in the picture for non-Han Chinese, a subject often overlooked.

Eliade, Mircea. *Ordeal by Labyrinth* (Chicago, IL: University of Chicago Press, 1982). Elegant exposition of the role of religion in society.

Eliade, Mircea. *The Sacred and the Profane* (New York: Harper Torchbooks, 1959). Thought provoking introduction to the way in which religion moves people and encourages them to create institutions.

Eliade, Mircea. *Yoga: Immortality and Freedom* (Princeton, NJ: Princeton University Press, 1969). The philosophy of yoga presented clearly and profoundly.

Elvin, Mark. *The Pattern of the Chinese Past* (Stanford, CA: Stanford University Press, 1973). Elvin explores especially the economy of China, its highs and lows.

Hall, Kenneth R. *Maritime Trade and State Development in Early Southeast Asia* (Honolulu: University of Hawaii, 1985). Especially good on the relationships between India and southeast Asia in trade and in political evolution.

Hall, Kenneth R. and John K. Whitmore, eds. *Explorations in Early Southeast Asian History: The Origins of Southeast Asian Statecraft* (Ann Arbor, MI: Center for South and Southeast Asian Studies, University of Michigan, 1976). Set of outstanding seminar papers.

Hammond Atlas of World History (Maplewood, NJ: Hammond, 5th ed., 1999). Indispensable world history atlas.

Hughes, Sarah Shaver and Brady Hughes, eds. *Women in World History*, Vol. I: *Readings from Prehistory to 1500* (Armonk, NY: M.E. Sharpe, 1995). Includes short, but interesting sections on husbands and wives, Sita and Rama, and Buddhist nuns.

Kulke, Hermann and Dietmar Rothermund. *A History of India* (Totowa, NJ: Barnes and Noble Books, 1986). Brief, accessible, excellent introductory history.

Lewis-Williams, David. *The Mind in the Cave: Consciousness in the Origins of Art* (London: Thames and Hudson, 2002). Exploration of meaning in earliest art includes religious speculations.

Lockard, Craig A. "Integrating Southeast Asia into the Framework of World History: The Period Before 1500," *The History Teacher* XXIX, No. 1 (November 1995), 7–35. Concern with pedagogy leads also to good conceptual scheme for understanding southeast Asia.

Martin, Rafe. *The Hungry Tigress: Buddhist Legends and Jataka Tales* (Berkeley, CA: Parallax Press, 1990). Classic legends and tales as means of transmitting the essential moral lessons of Buddhism.

Murphey, Rhoads. *A Brief History of Asia* (New York: HarperCollins, 1992). Useful especially for its cross-regional explorations.

Needham, Joseph. *The Shorter Science and Civilization in China*, Vol. I, abridged by Colin A. Ronan (Cambridge: Cambridge University Press, 1978). The classic study of Chinese science, demonstrating its methods, findings, and significance.

Nelson, Lynn and Patrick Peebles, eds. *Classics of Eastern Thought* (San Diego, CA: Harcourt Brace Jovanovich, 1991). Fine collection of basic texts.

Past Worlds: The (London) Times Atlas of Archaeology (Maplewood, NJ: Hammond, 1988). Fascinating introduction to history through archaeological finds. Lavishly illustrated with maps, pictures, charts.

Ramanujan, A.K., ed. and trans. *Poems of Love and War: From the Eight Anthologies and the Ten Long Poems of Classical Tamil* (New York: Columbia University Press, 1985). An outstanding modern poet and scholar translating classical Tamil poetry.

Ramanujan, A.K., trans. *Speaking of Śiva* (Harmondsworth, England: Penguin Books, 1973). Further translations specifically on the Lord Shiva in the imagination of India.

Richman, Paula, ed. *Many Ramayanas: The Diversity of a Narrative Tradition in South Asia* (Berkeley, CA: University of California Press, 1991). The Ramayana has many interpretations and uses. Richman provides an astonishing, scholarly array of them.

Rowland, Benjamin. *The Art and Architecture of India: Buddhist/Hindu/Jain* (New York: Penguin Books, 1977). Indian religion can be understood only with reference to its art and architecture. A fine introduction.

SarDesai, D.R. *Southeast Asia: Past and Present* (Boulder, CO: Westview Press, 3rd ed., 1994). Good on the context of the spread of Buddhism.

Schwartzberg, Joseph E., ed. *A Historical Atlas of South Asia* (Chicago, IL: University of Chicago Press, 1978). A scholarly, encyclopedic coverage of history through geography. Superb research tool.

Smart, Ninian. *The World's Religions* (Cambridge: Cambridge University Press , 1989). Fine, comprehensive introduction to the major religions.

Stein, Burton. *Peasant State and Society in Medieval South India* (New Delhi: Oxford University Press, 1980). Provides context for understanding religion and religious institutions in the life of the society.

Thapar, Romila. *Ancient Indian Social History* (New Delhi: Orient Longman, 1978). Thapar's works are the most accessible, clear, comprehensive introduction to ancient India, its politics, institutions, leaders, economy, social groups, and religions.

——. *Asoka and the Decline of the Mauryas* (New Delhi: Oxford University Press, 1963).

——. *A History of India*, Vol. I (Baltimore, MD: Penguin Books, 1966).

——. *Early India: From the Origins to AD 300* (Berkeley, CA: University of California Press, 2003).

305

——. *Interpreting Early India* (New York: Oxford University Press, 1992).

Tharu, Susie and K. Lalita, eds. *Women Writing in India 600 B.C. to the Present*, Vol. I (New York: The Feminist Press, 1991). Includes writings from various regions of India, and puts them into context.

Twitchett, Denis and Michael Lowe, eds. *The Cambridge History of China*, Vol. I: *The Ch'in and Han Empires, 221 B.C.–A.D. 220* (Cambridge: Cambridge University Press, 1986).

Comprehensive, scholarly, helps understand early Buddhism in China.

Twitchett, Denis, ed. *The Cambridge History of China*, Vol. III: *Sui and T'ang China, 589–906*, Part I (Cambridge: Cambridge University Press, 1979). Comprehensive, scholarly, follows Buddhism through its flourishing in China.

Zimmer, Heinrich. *Philosophies of India* (New York: Meridian Books, 1956). Classic introduction to the texts and concepts.

犹太教与基督教

《圣经》中的人物：上帝形象在西亚与欧洲的演变
公元前1700—公元1100年

主题
- 犹太教
- 基督教
- 帝国之后的基督教

在一个人们信奉众多神灵，诸神之间经常相互争斗而且动辄就对人类生活进行干预的世界里，希伯来人创立了对一位严明而公正神明的一神论信仰，并将这种信仰长期延续了下来。多神教信奉的是诸多性情和判断标准各不相同的神祇，与之相反，新的一神教信仰则给人们提供了一个更为明确的判断是非的标准。与此同时，这一信仰要求信徒在其信仰和行为方面有更强的一致性，要求整个社会群体遵守由他们唯一的神所宣布的一系列严格的道德准则。希伯来人的一神教并不是简单地将多个神减少到一个。他们的神代表的是一个新的宗教范畴内的超越自然而且不受外力强迫及命运束缚的神。然而，只信仰一个神也使他们陷入了一个所有一神教信仰者都无法避免的基本的神学困境：假如只有一个神，而这个神又是无所不能且怜恤子民的话，那么为什么尘世间人类的生活又是如此的艰辛和充满了不公正？

希伯来人早期的家园建立在中东地区，那个地区的其他民族有时也表达了类似的宗教观念。比如在埃及，埃赫那吞也宣称自己只信仰一个神。然而他的信仰比起希伯来人晚了几百年。更重要的是，他的新信仰在他去世以后并没有延续下去，并且也没有对他的国家产生长远的影响。后世的法老都拒绝埃赫那吞的信仰以及他所提倡的崇拜方式。公元前1750年，在美索不达米亚平原，巴比伦的国王汉谟拉比以他的神沙玛什（太阳神）的名义颁布了一部法典，直到500年后，希伯来的经文中才记录了上帝耶和华通过他们的领袖摩西向希伯来人传授的一系列相似的法典。然而随着岁月的流逝，汉谟拉比法典在美索不达米亚平原逐渐被人们遗忘，但是，希伯来人在他们转变为犹太民族的过程中则依然保存了他们的法典。

传说中早期"希伯来人"的祖先是具有传奇色彩的亚伯拉罕，他来自"希伯"（eber），意思是指幼发拉底河的"另一边"。后来，希伯来人为了纪念他们的"犹太"支族以及在犹太大地的新领土，即今天的以色列和巴勒斯坦，遂把自己改称为"犹太人"。

今天在世界各地的犹太人人口总数仅为1 400万左右，然而他们在历史上所起的作用与他们的人口数形成了鲜明的对比。他们的许多主要的信仰都已经融入基督教和伊斯兰教，这是两大占了当今世界人口一半的一神教信仰。犹太教本身为了适应时间和地理位置的变化而不断发生着改变，但是它仍然坚持保留身为独立宗教的核心信仰、传统及独特的身份。在这一章，我们将首先对犹太教作一研究探讨，然后再研究起源于犹太教但最终对犹太教形成挑战的基督教。在下一章，我们将探讨伊斯兰教，以及这三种紧密相连然而却又经常互相敌对的一神教之间的相互作用。

前页 《查理曼福音书》里的四福音传道者，9世纪早期。除十字架以外，早期基督教最有名的标志都与四部福音书有关。根据《启示录》(4：7)里面的一章记载，马太是一个人的形象，马可是一头狮子的形象，路加为一头长翅膀的牛的形象，约翰则为一只鹰的形象。(德国亚琛大教堂博物馆)

308

历史一览表：基督教和犹太教

年　代	政治/社会事件	文学/哲学事件
公元前1700年	■ 亚伯拉罕从美索不达米亚平原到达以色列（公元前约1750年）	
公元前1600年	■ 希伯来人在埃及受奴役	
公元前1200年	■ 摩西出世（约公元前1300—约前1200年） ■ 希伯来人出埃及；制定法典；回到巴勒斯坦；建立以士师为首的部落政府	
公元前1000年	■ 从扫罗、大卫和所罗门开始的列王时期 ■ 在耶路撒冷建立第一座圣殿	
公元前900年	■ 犹太王国分裂为以色列和犹大两个王国	
公元前800年	■ 先知警告犹太民族（公元前800—前500年） ■ 亚述人征服以色列，驱逐犹太人	■《民数记》（公元前850—前650年） ■《创世记》（公元前5世纪—前8世纪之间） ■ 先知以赛亚、阿摩司和弥迦。
公元前700年		■ 约书亚开始记录摩西五经（公元前640年） ■《申命记》（公元前7世纪中期） ■《利未记》（公元前7世纪中期） ■《耶利米书》
公元前600年	■ 巴比伦征服犹大王国，驱逐犹太人，毁灭第一座圣殿（公元前586年） ■ 犹太人被允许回到犹大地，并重建圣殿（公元前538年）	■《约伯记》（公元前600年）
公元前300年		■ 编辑《摩西五经》并将其奉为经典
公元前100年	■ 耶稣的诞生和去世（约公元前4—约公元30年）	
公元10年	■ 罗马占领耶路撒冷（63年） ■ 基督教从犹太教中产生 ■ 圣保罗，即大数的扫罗，组建早期的基督教（约67年去世） ■ 罗马毁掉第二座圣殿（70年）	■《福音书》（70—100年） ■《使徒行传》（70—80年） ■《保罗书信》（50—120年）
公元100年	■ 罗马将犹大地的犹太人放逐；犹太人散居各地，从地中海盆地一直到西亚（135年） ■ 建立拉比的传统（从1世纪到4世纪）	
公元200年	■ 基督徒在塞维鲁、德西乌斯和戴克里先统治下遭受迫害	■ 巴比伦和耶路撒冷分别编辑出版《塔木德》（200—500年）
公元300年	■ 基督教合法化（313年），被宣布为罗马帝国的官方宗教（392年） ■ 尼西亚会议（公元325年） ■ 格鲁吉亚和亚美尼亚皈依基督教（约330年）	■ 奥古斯丁的《上帝之城》和《忏悔录》
公元400年	■ 迦克墩会议（451年）	
公元500年	■ 欧洲的修道制度建立 ■ 克洛维皈依基督教 ■ 圣本笃建立卡西诺山修道院	
公元600年	■ 英格兰皈依基督教	■ 英国历史学家和神学家圣比德写成《英吉利教会史》
公元700年	■ 关于是否保留耶稣肖像的争议	

（续表）

年　代	政治/社会事件	文学/哲学事件
公元800年	■ 查理曼加冕（800年） ■ 圣西里尔和圣梅笃丢斯在俄罗斯传教，翻译《圣经》，创造西里尔字母。	■ 传记作家艾因哈德著《查理曼生平》
公元900年	■ 传教士深入维京人传教	
公元1000年	■ 基督徒从穆斯林手中夺取托莱多并掀起"收复失地运动"（1085年） ■ 基督教的大分裂：东正教和天主教（1054年） ■ 第一次十字军东征（1095—1099年）	
公元1100年	■ 第二次十字军东征（1147—1149年） ■ 第三次十字军东征（1189—1192年）	
公元1200年	■ 第四次十字军东征（1202—1204年） ■ 儿童十字军（公元1212年） ■ 十字军攻占君士坦丁堡（1204—1261年） ■ 第五至第八次十字军东征（1218—1291年）	
公元1300年	■ 修士制度建立	
公元1400年	■ 基督徒占领西班牙的格拉纳达，完成"收复失地运动"（1492年），驱逐犹太人和穆斯林。	

犹太教

309

根据希伯来圣经的记载，犹太人的历史始于3800年前，当时有一人得以目睹创造万物的唯一的、独一无二的上帝。根据《圣经》记载，上帝与亚伯拉罕立约：亚伯拉罕的子孙要永远敬畏上帝，而上帝则永远眷顾和保护他们。从那时开始到现在，犹太教就一直是一个规模相对较小、以家族为单位的宗教。犹太教的分支虽然遍布全世界，但主要集中在以色列，犹太人认为，这是上帝允诺给亚伯拉罕的土地。

神圣经文

我们关于早期犹太教的知识都来源于一本叫作《塔纳赫》的经文合集，其中包括《摩西五经》、《先知书》和《文集》（包括历史、诗歌以及哲学作品）三个部分。基督教徒将《摩西五经》全部并入自己的《圣经》，并将那些经文统称为《旧约》。因为新约是用希腊文写成的，而旧约则是用希伯来文写成的，所以旧约通常也被称为"希伯来圣经"。

犹太教《圣经》中的《摩西五经》充满了上帝在不断干预犹太人历史的过程中创造的奇迹。《摩西五经》从上帝创造世界以及上帝与亚伯拉罕立约开始。据《摩西五经》记载，在接下来的好几代里，以色列（当时被称作迦南）这块上帝允诺给亚伯拉罕的乐土遭受了饥荒。亚伯拉罕的孙子和他的家人为了寻找食物而流浪至埃及的尼罗河谷。他们开始时受到埃及法老的邀请作为常住居民留下，但到后来却沦为奴隶。

《塔纳赫》（TaNaKh） 是一个希伯来语名称，指用希伯来语所写的《圣经》。这个词是由希伯来圣经的三个组成部分《摩西五经》（Torah，《圣经》的前五卷，传统上被认为由摩西写就），《先知书》（Nevi'im，先知的经文），和《诗文写作》（Ketuvim，附加的历史、诗歌以及哲学作品）的首字母组合而成。

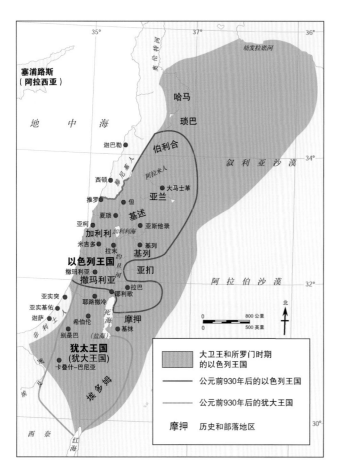

310

以色列王国。大约在公元前980年，在大卫王的领导下于巴勒斯坦建立了第一个统一的犹太人国家。在强大的邻国如埃及和赫梯渐趋衰落时，大卫王统一了以色列的各个部落。在他的儿子所罗门去世之后（公元前926年），由于部落之间的纷争，王国最终分裂为犹大和以色列两个王国，但是文化统一性的意识仍得以存续。

经过400年的奴役生活之后，大约在公元前1200年，犹太人在摩西的带领下，通过上帝奇迹般的帮助终于逃离埃及，获得自由。在穿越荒凉的西奈沙漠回到以色列的途中，这群原本受奴役、争强好胜的人逐渐成为了一支规模不大但却尚武的民族。《摩西五经》记载了上帝在西奈山上所行的一个大奇迹：上帝授予犹太人一系列的宗教及民事法律令其遵守。

数百年以来，犹太人和基督徒都相信《圣经》中前几卷描绘创世纪和犹太人早期历史的经文是上帝逐字亲授的。在过去的两个世纪中，很多学者对这些作品的历史地位重新作了评价。一个困扰今日历史学家的难题就是：希伯来语的《圣经》是在何时何地形成的？它们作为历史文献的可信度有多大？

19世纪初，对犹太教《圣经》即《塔纳赫》的现代学术研究在德国已经成为一个颇为突出的学术领域。"《圣经》批判学"的创立者们也注意到了《圣经》文本中的某些不连贯性。例如，《圣经·创世记》第一章中记载上帝同时创造了男人和女人，"他创造了男人和女人"，而在第二章却又写道，上帝先创造男人，而后又用他的一根肋骨创造了女人。评论家还发现，在犹太教的《圣经》中，上帝有不同的名字——其中最突出的两个分别是耶和华（YHWH）和耶洛因（Elohim）——他们猜测，不同的名字体现了不同作者各自的风格。评论家还注意到，这一地区其他民族的文学和犹太教《圣经》的故事及律法有相通之处。他们猜想犹太教的《圣经》文本借鉴并融合了一些其他民族的故事。通过严谨的分析，研究犹太教《圣经》的学者令人信服地提出：犹太人的犹大国国王约西亚（公元前640—前609年在位）最先决定根据代代口头相传的故事开始编纂和记录一个确定的《圣经》文本。

《圣经·列王记下》中的第20—21章中讲述了约西亚的统治。面对强大的亚述王国的威胁，约西亚为了王国的生存急切想要提高国家与宗教的凝聚力。他在耶路撒冷建立了民族圣殿，统一犹太人的信仰，搜集和抄录了犹太人最重要的文本资料。约西亚认为，遵守在这些经文中规定的法律对于维护犹太教信仰，保护犹太民族，以及巩固他自己的王国是至关重要的。他命令人们根据现存的零散材料、民间传说，以及口头相传的历史，编撰了《申命记》，即犹太教《圣经》的第五卷。人们很快又根据其他一些材料，撰写出了《创世记》《出埃及记》《利未记》以及《民数记》。它们和《申命记》一起组成了《摩西五经》，也被称为《托拉》。

随着时间的流逝，当初誊写在羊皮纸上的希伯来文的《摩西五经》旧抄本渐渐失传，继而出现了新的抄本。现存最早的整部《摩西五经》可以追溯到公元前200

年。那些藏在以色列死海附近山洞里的经文，即《死海古卷》直到1947年才被发现。另外一个非常古老的版本是由希伯来文翻译成的希腊文本，是专门为那些公元前3到前2世纪在埃及讲希腊语的人准备的。这一版本保存至今，而且与现在的希伯来文的《圣经》颇为一致。总之，《摩西五经》的书面文本保存了至少2600年，而文字的忠实度依然相当高。而书面文本所依据的口头传说则可以追溯到更为遥远的年代。

《摩西五经》是现存最伟大的神话与历史相结合的例子之一。尽管人们不一定要把里面的故事看作是真实的历史纪录，但其中对事件的叙述显示了犹太民族对自己的看法，有助于对犹太民族的民族性格和宗教信仰作出定义。《摩西五经》表明，犹太人民特别是其中受过教育的领导阶层，对自己的起源与使命是相当重视的。他们也塑造了上帝的形象，几千年以来极大影响了犹太人、基督徒以及穆斯林的思想行为。

早期希伯来圣经中犹太教的核心信仰

311

《摩西五经》规定了犹太教的许多基本信仰和原则：

● 唯一的仁慈的上帝，要求无条件服从，奖惩分明，一切按照既定的法律行事。

　　以色列啊，你要听！耶和华我们的神是唯一的主。你要尽心，尽兴，尽力爱耶和华你的神。(《申命记》6：4—5)

　　所以你要知道耶和华你的神，他是神，是信实的神，向爱他，守他诚命的人守约，施慈爱直到千代；向恨他的人当面报应他们，将他们灭绝。(《申命记》7：9—10)

● 一个塑造历史的神，掌握的权力影响着个人与民族的命运。

　　我是耶和华你的神，曾将你从埃及地为奴之家领出来。(《出埃及记》20：2—3)

《死海古卷》，《以赛亚》卷，IQ，Is。9节，58.6—63.4。组成《死海古卷》的大约500份文稿写于公元前250年到公元70年之间。《死海古卷》曾经一度是犹太人群体的图书馆的必藏之书。《死海古卷》为希伯来语《圣经》的准确性提供了证据，并且同时也提供了关于犹太人社会本身的生活信息。(耶路撒冷以色列博物馆)

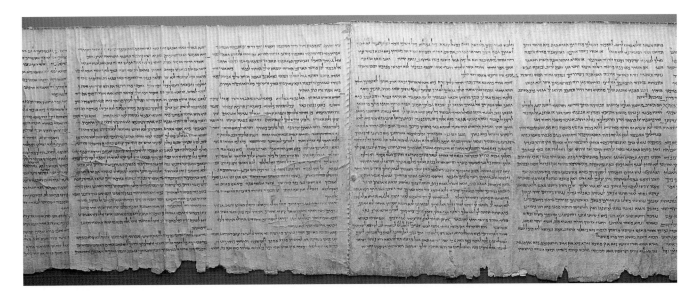

312 **原始资料**

十诫

《摩西五经》包含规范生活各方面的法规，包括有关婚姻、离婚还有遗产继承的法律；约束商业行为与责任的民法；关于罪证与惩罚的刑法；对无助者、外乡人、孤儿和寡妇给予道德和慈善帮助的法律；还有关于祈祷、献祭、食物、仪式及牧师行为的法律。其中居于中心地位的是十诫。据《摩西五经》记载，在西奈山上，上帝在电闪雷鸣，乌云密布，嘹亮的号角声中将十诫直接授予摩西。这些戒律约束着人们对上帝、父母及人类兄弟的行为。此外十诫还宣称每周遵循安息日的重要性。

我是耶和华你的神，曾将你从埃及地为奴之家领出来。

除了我以外，你不可有别的神。

不可为自己雕刻偶像；也不可做什么形象仿佛上天、下地和地底下、水中的百物。不可跪拜那些像；也不可侍奉它，因为我耶和华你的神，是忌邪的神。恨我的，我必追讨他的罪，自父及子，直到三四代；爱我、守我诫命的，我必向他们发慈爱，直到千代。

不可妄称耶和华你神的名；因为妄称耶和华名的，耶和华必不以他为无罪。

当记念安息日，守为圣日。六日要劳碌作你一切的工，但第七日是向耶和华你神当守的安息日。这一日你和你的儿女、奴婢、牲畜，并你城里寄居的客旅，无论何工都不可作，因为六日之内，耶和华造天、地、海和其中的万物，第七日便安息，所以耶和华赐福与安息日，定为圣日。

当孝敬父母，使你的日子在耶和华你神所赐你的地上得以长久。

不可杀人。

不可奸淫。

不可偷盗。

不可作假见证陷害人。

不可贪恋人的房屋；也不可贪恋人的妻子、奴婢、牛驴，并他一切所有的。

（《出埃及记》20：2—17，也见《申命记》5）

● 一个源自被上帝选中的家族和民族的群体社会。

耶和华对亚伯兰说："你要离开本地，本族，父家，往我所要指示你的地去。我必叫你成为大国。我必赐福给你，叫你的名为大，你也要叫别人得福。"（《创世记》12：1—2）

● 一个特定的、由上帝"允诺的"地理意义上的家园。

当亚伯拉罕到达迦南地时，耶和华对亚伯拉罕说："从你所在的地方，你举目向东西南北观看，凡你所看见的一切地，我都要赐给你和你的后裔，直到永远。"（《创世记》13：14—15）

● 一个规范和约束人们行为的法律体系：涉及宗教、家族、性、商业、民政、道德以及祭祀仪式。引介这些准则的是《十诫》，是摩西在西奈山所受启示的核心所在。

● 一个神圣历法：犹太教的宗教领袖把早期多神教庆祝自然节日的历法变成了庆祝民族宗教节日的历法。春神降临节被改为逾越节以纪念犹太人逃离埃及；初夏的收获节被归入七七节以庆祝西奈山上的领受十诫；初秋的收获节成了住棚节的一部分，是为了纪念犹太人在沙漠中的流亡岁月。如果有可能的话，人们在所有这些节日都要到耶路撒冷的圣殿去朝圣。因此，对自然、历史和民族身份的庆祝被融合在了一起。

为了使这些神秘的信仰有所依据，并且把犹太民族变成一个"祭司的国度和神圣的国家"，犹太人以上帝的名义颁布了一系列的法律法规：禁止异族通婚；禁止食用非分蹄且不反刍的动物，及无鳞和鳍的鱼（见《圣经·申命记》14和《圣经·利未记》11）；在祭司贵族的统治下统一信仰。犹太教要求向上帝献燔祭，但只有世袭的牧师才能主持，并且只能在耶路撒冷唯一的民族圣殿中进行。

希伯来圣经的后几部作品

希伯来圣经的后几卷，即《先知书》和《圣录》，记述了犹太人从公元前1200年到公元前500年的历史。在这个时期，上帝继续不断出现在犹太人的生活中，但干预不那么公开了，干预的次数也越来越少。这些后来的记录可与这个地区的考古发现和周边民族的历史联系起来对照比较，总的来说还是比较一致的。

313

摩西，意大利拉文纳圣维塔教堂的马赛克画，公元6世纪。在上帝行使奇迹将红海劈开从而使得受奴役的以色列人逃离埃及之后，摩西登上西奈山。他从上帝的手里领受了《摩西五经》，以刻有十诫的两块石版开头，或称神圣经文。他带领他那争论不休的民众穿越西奈沙漠，最终却未能进入上帝所允诺的乐土，死在边界上。

亨利希·本廷（Heinrich Bunting）绘制的世界地图，1585年。很多民族都认为他们国家的都城是宇宙的中心所在。这幅地图，像一片苜蓿叶，将耶路撒冷置于中心，把非洲、亚洲和欧洲连接了起来。

《圣经·约书亚书》记述了从公元前1200年，即当犹太人回到上帝允诺赐予的迦南，或称以色列，并在此定居起开始的历史。这部分《圣经》的叙述记录了入侵的犹太人和定居在此的迦南民族之间持续不断的政治斗争与宗教战争。不过，现代的学者认为，犹太人重新进入以色列这片土地是一个渐进的过程，其间发生的战争比传说的要少得多，而且多限于狭小的范围，在这个地区内更多的则是各个民族之间文化上的交流和借鉴。

士师与国王的统治   到达迦南后，犹太人首先组成了一个由士师领导的松散的部落联邦。这些士师在危急时刻，尤其是在战争期间，担负起领导责任。后来尽管有警告说，君主专制会导致连年征战，当权者会暴虐成性，滥征苛捐杂税，以及强征年轻男女为皇室服务，但犹太人最终还是推举了一个国王。据称，在长达三代（公元前约1020—前950年）的时间里，强大的国王即扫罗、大卫和所罗门统治着这片土地，并且扩大了版图。他们在耶路撒冷建立了国家中心。在这里他们通过建造宫殿和圣殿，把政治与宗教力量结合起来，以此提高国王与祭司的地位。然而早期对于皇室铺张浪费的警告后来被证明是正确的。因为未能维持所罗门传奇般的奢华生活（据说他

314

有 700 个妻子,很多都是外国的公主,以及 300 个嫔妃),王国最终一分为二,即犹大王国和以色列王国。

先知的训导:道德与希望　国王持续的暴虐和富人的贪婪最终导致这两个王国四分五裂。这时出现了一群要求改革的先知。这些人慷慨陈词,呼吁公正、道德和同情的再现。他们以上帝和人民的名义强烈抨击政治和宗教权力的虚伪和滥用。

公元前 8 世纪时,先知以赛亚首先发出呼声:

> 你们举手祷告,我必遮眼不看;就是你们多多地祈祷,我也不听。你们的手都满了杀人的血。你们要洗濯、自洁,从我眼前除掉你们的恶行;要止住作恶,学习行善,寻求公平,解救受欺压的,给孤儿申冤,为寡妇辨屈。(《以赛亚书》1:15—17)

一个世纪以后,耶利米继续以同样的愤懑指责南部犹大王国的统治者和人民:

> 你们不要倚靠虚谎的话,说:"这些是耶和华的殿,是耶和华的殿,是耶和华的殿。你们若实在改正行动作为,在人和邻舍之间诚然施行公平,不欺压寄居的和孤儿寡妇,在这地方不流无辜人的血,也不随从别神陷害自己,我就使你们在这地方仍然居住,就是我古时所赐给你们列祖的地,直到永远。"(《耶利米书》7:4—6)

因此就是在以色列和犹大王国的强盛时期,先知们仍然不会忘记当初以色列人被奴役的历史。他们的一个极为重要的使命就是拯救那些被蹂躏的人们。当毁灭来临之时,先知们给出的解释是,这不是上帝发脾气失控干的事情,就像早期的人们所常做的那样,而是上帝理性的选择。一个堕落民族的毁灭并不说明上帝的软弱,而是表明了上帝在道德上的一贯原则。

最后,先知不但通过训斥、责备和谴责,还通过对未来的描绘以激励他们的听众。他们看到上帝在改变人类的历史,上帝既给予奖赏,也给予惩罚,上帝还给予希望。公元前 800 年先知弥迦的预言是最令人称道的预言之一,且带有一丝乌托邦的意味:

> 他必在多国的民中施行审判,为远方强盛的国断定是非。他们要将刀打成犁头。把枪打成镰刀。这国不举刀攻击那国,他们也不再学习战事。人人都要坐在自己葡萄树下和无花果树下,无人惊吓。这是万军之耶和华亲口说的。(《弥迦书》4:1—4)

弥迦最后预言了伟大的犹太人的宗教献身精神,也表示出对其他宗教的理解和宽容,以示公平:

万民各奉己神的名而行,我们却永永远远奉耶和华我们神的名而行。(《弥迦书》4:5)

上帝形象的演变

《摩西五经》把上帝描绘成一种与人类进行对话的不断进化的道德力量。在上帝与人类的早期接触中,他的性情仍然是有可塑性的。他厌恶人类的反抗,几乎用一场大洪水毁灭了整个人类,但接着又发誓说,以后不再作出这样的具毁灭性的行为,并且显现出一道彩虹作为与人类立约的见证(见《创世记》6—8)。但上帝仍然惧怕人类强大的集体力量,在巴别塔即将建成之时,他混淆人类的语言从而使他们无法进行相互之间的交流(见《创世记》II)。在决定毁灭罪恶之城所多玛和俄摩拉时,上帝听从了亚伯拉罕的请求:"将义人与恶人同杀,将义人与恶人一样看待,这断不是你所行的。审判全地的主岂不行公义吗?"(见《创世记》18—19)上帝及时制止了亚伯拉罕杀死自己的儿子以撒,很显然他是禁止用儿童献祭的。(穆斯林的《古兰经》中记载的是亚伯拉罕要献祭的是他的儿子以实玛利。)

当摩西询问上帝的名字的时候,上帝带着神秘的口吻有力地回答说:"我是自有永有的"(《出埃及记》3:14)。希伯来文中上帝的名字是YHWH,意即自有永有,英语读者一般将其译成Jehovah(耶和华)或Yahweh(雅赫维)。

在犹太教的神学中,上帝是万能的,但每个人仍可以通过祈祷甚至对话与其直接接触。确实,人与上帝是在不断争论的过程中彼此了解对方的,当代犹太拉比亚

316

穿越红海,约公元245年,叙利亚杜拉欧罗普斯犹太教堂的壁画。《旧约》记述了上帝通过行奇迹帮助摩西和以色列人民逃离在埃及所受的奴役。法老派士兵紧紧追赶他们,当到达红海岸边时,摩西看到两边的海浪后退以便让犹太人通过。而当埃及人试图追上他们时,大海将他们吞没,埃及人都被淹死。(叙利亚大马士革国家考古博物馆)

瑟·瓦斯科（Arthur Waskow）将这个过程称作"与上帝摔跤"。如果犹太人要成为上帝的选民并且服从他的意志，那么反过来，犹太人也期望上帝是一个富有同情心而且体恤人民的统治者。

这个观点挑战了多神教中对诸多刚愎自用神祇的信仰。但这让犹太教无法对宇宙中永恒之恶的问题提供一个有说服力的答案：如果只有一个上帝，而他又是善的，那么为什么恶人经常得志而正义的人却常遭受磨难？在《约伯记》（约公元前600年）中上帝对这个问题作出了一个回应。面对无辜受罪的约伯所提出的一系列诘问，上帝以他的权威最终给了他一个强有力的回答：

> 谁用无知的言语使我的旨意暧昧不明？你要如勇士束腰；我问你，你可以指示我。我立大地根基的时候，你在哪里呢？你若有聪明，只管说吧！你若晓得就说，是谁定地的尺度？是谁把准绳拉在其上？
>
> 强辩的岂可与全能者争论吗？与神辩驳的，可以回答这些吧！（《约伯记》38：2—5；40：2）

但是当上帝教训约伯竟敢质疑他的权威和力量时，他也明白约伯因为世界的不公而感到的痛苦，并且因他提出这些问题的诚实而最终赐予了约伯健康，一个复得的家庭，以及大量的财富。

父系社会和两性关系

317

《摩西五经》赋予男子比妇女更多的权利（和责任）。根据传统的解释，妇女的责任是哺育和抚养孩子，以及其他没有时间限制的任务。因此她们也得以免除了许多在特定时间必须履行的仪式，比如每天固定时间的祈祷。

和其他大多数宗教一样，对性行为的约束是《圣经》中的一个基本问题。妇女在行经及分娩时被认为是不洁净的。男人如果遗精或患性病也可能被认为是不洁净的（《利未记》15），但这种情况发生较少。婚姻被看作是一种行为准则，着重点是在养育孩子。同性恋行为是不可接受的。（然而，今天很多犹太教的分支修改了这方面的规定，废弃了对同性恋行为的禁止。）

犹太教的《圣经》也描绘了几个巾帼英雄角色。亚伯拉罕的妻子撒拉强迫他选择她的儿子做继承人，且得到上帝的认可（见《创世记》16）。

犹太教节日和斋戒日		
希伯来日期	格列高利历日期（公历）	节 日 名 称
提斯利月 1—2 号	9 月至 10 月	犹太新年
提斯利月 10 号	9 月至 10 月	赎罪节
提斯利月 15—21 号	9 月至 10 月	住棚节（棚屋宴会）
提斯利月 22 号	9 月至 10 月	圣会节（第八天的集会）
提斯利月 23 号	9 月至 10 月	西赫托拉节（欢庆圣法）
基斯流月 25 号—提别月 2—3 号	11 月至 12 月	光明节（奉献宴会）
亚达月 14—15 号	2 月至 3 月	普林节（抽签节）
尼散月 14—20 号	3 月至 4 月	逾越节
以珥月 5 号	4 月至 5 月	独立日（以色列建国日）
西湾月 6—7 号	5 月至 6 月	七七节
阿布月 9 号	7 月至 8 月	禁食日节

底波拉在征服以色列国土的过程中领导以色列人度过战争与和平时期。皈依者路得向外部世界表明开放与宽容的重要性；她成了大卫王的祖先，因此在基督教信仰中也是耶稣的祖先（见《路得记》）。以斯帖嫁给了波斯王，然后利用她的地位阻止了一个大臣想屠戮波斯帝国犹太人的企图（见《以斯帖记》）。尽管这些故事都无从考证，它们却表现了个性鲜明非凡的妇女在犹太历史转折时期中所发挥的作用以及犹太民族开明的思想。

失败、流放和重新定义

犹太人既代表一个民族团体，又代表着一个统一的宗教。这种双重身份在外国侵略者把部分犹太人从以色列驱逐出去作为鼓励他们的同化和把以色列土地向外国移民开放计划的一部分时变得尤为明显。犹太人分散至异族统治的各地被称作**大流散**。

> **大流散（diaspora）** 一般指的是各个民族流散各地。大部分情况下用来特指犹太人分散于各地的非犹太人之中。这个过程开始于公元前6世纪巴比伦之囚时期。

首先，公元前721年时，亚述王国的辛那赫里布驱逐了北部以色列王国的犹太人，这些流亡者逐渐被同化，后来被称作"以色列失踪的十个支族"。公元前586年，巴比伦征服者毁掉了耶路撒冷的圣殿，把南部犹大王国数以千计的犹太人流放到巴比伦。但这些犹太人保持了自己作为一个独立民族的独特身份，永远铭记自己的故乡：

> 我们曾在巴比伦的河边坐下，一追想锡安就哭了……
>
> 掳掠我们的要我们唱歌；抢夺我们的要我们作乐，说："给我们唱一首锡安歌罢！"
>
> 我们怎能在外邦唱耶和华的歌呢？
>
> 耶路撒冷啊，我若忘记你，情愿我的右手忘记技巧。
>
> 我若不纪念你，若不看耶路撒冷过于我所最喜乐的，情愿我的舌头贴于上膛。（《诗篇》137）

大约60年后，当国王居鲁士允许犹太人回到犹大地时，很多人离开了巴比伦，回到犹大地，重建圣殿，重新构筑犹太人的民族生活。但也有很多人没有回到故乡。不过那些留下来的犹太人也没有被巴比伦的文化同化。相反，他们重组了他们的宗教，用私下或在会堂中举行的冥想和祈祷仪式代替了圣殿的献祭仪式。他们用老师和拉比，即通过学习和虔诚获得的职位代替了世袭的牧师。拉比们在邻近巴比伦的苏拉和庞拜狄撒的学院中继续对《摩西五经》（Torah）的研究。他们阐释和编辑犹太律法，丰富了那些常常表达了犹太人道德原则的犹太神话和故事。多卷本的巴比伦犹太法典《塔木德》（Talmud）于公元500年完成，详细记述了他们的会议记录。巴比伦的犹太学术是如此辉煌，以至于巴比伦犹太法典《塔木德》被认为无论是在其涵盖范围还是学术价值方面都超出了耶路撒冷的犹太法典《塔木德》。后者约在同一时间

第二（希律王时期）圣殿（模型），公元前20年。耶路撒冷的圣殿最初由所罗门建于公元前10世纪，是民族统一的象征和宗教朝圣中心。公元前586年被巴比伦侵略者劫掠。60年后圣殿再次重建。公元70年罗马侵略者为了镇压犹太人的反抗将圣殿彻底摧毁。

内由以色列学者写就。

　　在以色列和世界各犹太人流散地都居住着人数众多的犹太人。很多人即使在被允许回到犹大地之后，仍然选择留在巴比伦。另一些犹太人则通过贸易与文化交流网络自由流动到各地。这种贸易与文化的交流网络在公元前6世纪即由波斯人建立，在公元前4世纪时由亚历山大大帝进一步巩固加强，而最终到罗马帝国时得到进一步的延伸。

　　公元48年，克劳狄乌斯皇帝在位时对罗马帝国进行的一次人口普查表明，犹太人口总共为5 984 072人。由这个数字可以推断出，当时全球的犹太人大约在800万左右。同期，罗马帝国的人口约为6 000万。而非洲和欧亚人口总共为1.7亿。大多数在以色列以外的犹太人继续把耶路撒冷看作他们的精神中心，捐赠大量的资金来支持圣殿的维护。

　　犹大地从一个征服者手中落到另一个征服者的手中，从波斯人到亚历山大大帝和他的继任者，然后到公元前63年的罗马帝国。如我们在第6章中提到的那样，在罗马的统治下，不只是罗马人与犹太人之间，还有犹太民族自己内部的政治和宗教派别之间，矛盾和斗争持续不断。最终爆发了3次大规模的暴动，罗马当局于是出动了大批军队来镇压叛乱。公元70年，罗马军队毁坏了耶路撒冷的犹太圣殿，把在耶路撒冷的所有犹太人流放，把耶路撒冷变成了他们的地区首府。公元135年，他们摧毁了犹大国家的政治结构，几乎将所有的犹太人都从犹大地中驱逐了出去。

　　和早期的流放不同，这一次罗马帝国的流放从根本上永久改变了犹太人的生存

319

扛着烛台的行进队伍，罗马提图斯拱门，约公元81年。公元70年，罗马人镇压了犹太人的反抗，重新占领了耶路撒冷，摧毁圣殿，掠走了圣殿内的圣物。这幅浅浮雕表现了罗马士兵肩扛圣殿有七个分支的枝状大烛台，走过罗马皇帝提图斯的胜利大拱门，而这个烛台在今天是以色列国的官方象征。

状况。到20世纪为止，除了少数犹太人以外，几乎所有的犹太人都被从以色列地区驱逐了出去。最终的这次流放决定了以后犹太人流散形式的主要特征：作为一支少数民族流落在世界各民族之间；拥有着独特的宗教和社会习惯；一致遵从由拉比学者所阐释的犹太教神圣经文及其教导；经常依附于和遵从他们所处地区民族的不同政策；有时被迫在皈依异教、移民与死亡之间作出选择。犹太人通过对犹太教经文权威和对其研究学习重要性的认可，以及即使流散在世界各地也把他们自己看作一个大家庭的执著保持了他们的凝聚力。

犹太人流散地的少数民族—多数民族关系

一般说来，无论犹太人到哪里，他们在社会与宗教上都会保持自己的独立性。这种身份的确定一方面是来自外界的压力，另一方面则是来自群体内部的纪律与忠诚，及其传统与法律。犹太人的历史也成为世界各地多数民族对少数民族既宽容又排挤的个案之一。

在流散的过程中，犹太人在有的文明中生存了下来，甚至还得到了繁荣发展。比如，西班牙的拉比本杰明于1160—1170年间访问穆斯林统治下的巴格达时曾写道，"在巴格达大约有40 000犹太人，他们在哈里发的统治下生活安定富庶，受到尊重，而且在他们中间有伟大的智者。他们是学院的领导，从事法律方面的研究。在这个城市中共有10个学院，以及28个犹太教堂"（Andrea 和 Overfield，第1卷，第248—249页）。

然而也有相反的例子。《以斯帖记》中记述了公元前638—前333年在波斯流散地犹太人作为少数民族而存在的脆弱无助和经常受到攻击的情形。一个大臣看到了晋升和发财的机会，他对国王进言说：

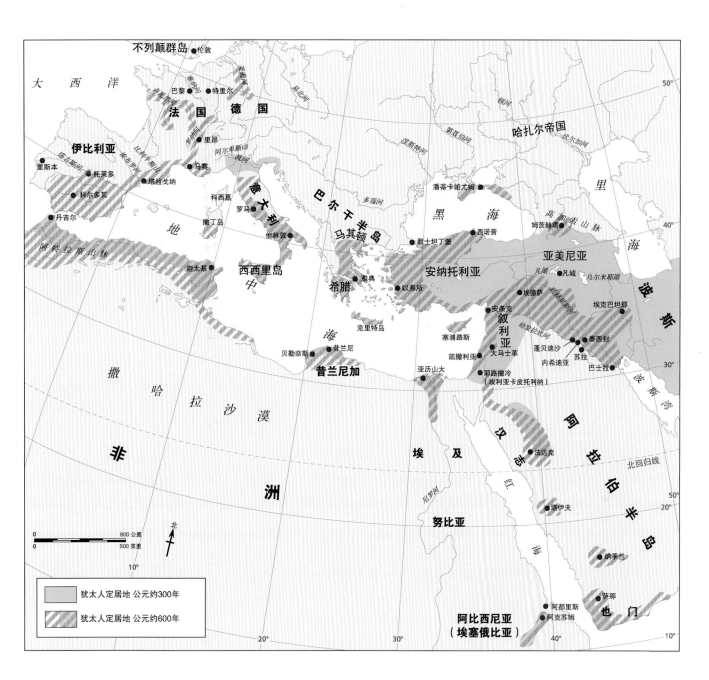

"有一种民，散居在王国各省的民中，他们的律例与万民的律例不同，也不守王的律例，所以容留他们与王无益。王若以为美，请下旨意灭绝他们，我就捐一万他连得银子，交给掌管国币的人，纳入王的府库。"（《以斯帖记》3：8—9）

国王同意说："这银子仍赐给你，这民也交给你，你可以随意待他们。"（《以斯帖记》3：11）在这种危机情况下，根据犹太传统记载，以斯帖拯救犹太人免于毁灭。但《圣经》的描绘表现了一种害怕异邦的情绪和贪婪。这在犹太历史上是屡见不鲜的。当然，很多少数民族的历史都是如此。

犹太人流散世界各地。公元66年犹太人爆发起义，罗马帝国于公元70年毁灭圣殿，公元135年罗马又镇压巴尔科赫巴起义，之后罗马政府将犹太人驱逐出犹大王国。这些移民将犹太教往北一直传播到美索不达米亚平原和安纳托利亚，沿着贸易路线穿过地中海和红海，最终犹太人在远至西北欧和埃塞俄比亚都建立了自己的居住区。

基督教

由犹太教衍生而来的基督教

在罗马帝国统治犹大地的全盛时期,出现了一个以拿撒勒的耶稣和他的教导为中心的从犹太人内部分裂出来的组织。外部历史表明,这是一个混乱而且艰难的时期。作为罗马帝国的殖民地,犹大地赋税繁重;在经济和政治上受到压迫。罗马人还要求一个虔诚的忠于一神教的民族崇拜他们的皇帝。宗教和政治上的敌对情绪相互交织,一触即发。旧约中的犹太先知曾允诺这样的磨难最终将会结束。很多耶稣的追随者相信耶稣就是先知所允诺的将要带领他们走向一个更加光明未来的上帝的"仆人"。

在罗马的殖民统治下,犹太人至少分裂成四大相互冲突的团体。其中最大的一派即法利塞教派与广大犹太人民一起反对罗马帝国的占领,但是他们找不到任何现实的出路,便从坚持和重新阐释犹太宗教的传统中寻找慰藉。属于精英阶层的撒都该教派,即那些圣坛牧师以及他们的同盟,成了罗马帝国的仆人,宣扬犹太人应该服从和顺应罗马的统治。另外一派规模较小但好战的"狂热派"则幻想通过武力方式将罗马人赶出去。人数最少的一派即艾赛尼派则在死海岸边过着一种祈祷式的生活,远离政治,向人们宣扬他们所谓的即将到来的世界末日。

大约公元前4年,在耶路撒冷西南大约10英里的伯利恒,耶稣出生在这个变化无常而且动荡混乱的世界上。他的母亲马利亚是木匠约瑟夫的未婚妻。(耶稣出生的年份没有准确记录。基督教日历把它定为公元元年,但实际上肯定不会晚于公元前4年,因为耶稣出生时在位的国王希律王卒于公元前4年。)《圣经》中关于他早年的生活记录很少,除了12岁那年他的父母带他到耶路撒冷参加逾越节,他在那里与圣坛的牧师辩论宗教而让旁观者和父母大吃一惊。下一次对耶稣生活的记录大约是在他三十岁的时候,那时他已经是一个善辩的牧师,他的布道充满了预言和哲理(关于道德训导和对未来的预测),吸引了众多的听众。

耶稣呼吁迅速而彻底的宗教改革,从而与更为保守的法利塞教派成了对手,他一再称对方是伪君子。像艾赛尼派一样,他经常谈到即将来临的神对整个世界的审判。他允诺那些在犹大地中被踩踏的穷苦犹太人永生和幸福,前提是他们忠于对上帝的信仰。几个世纪以前犹太先知就经常宣扬类似的预言,而耶稣则强调上帝的国度的到来,这与早期先知的预言和艾赛尼派的主张相呼应。然而,耶稣宣扬的不是尘世的美好的未来,而是人们死后的天堂。在这一点上,他与同时期的犹太教信仰背道而驰。据《圣经》的记载,耶稣除了布道,还行驱巫术,创造奇迹,给大批人提供食物,治愈他的追随者中的瞎子和跛子,甚至使人起死回生。他在美丽而富饶的犹大地北部地区加利利进行他非正统的对真理的探索。那个地区是不久才刚皈依犹太教的。在那里他继续布道,这既惹怒了把他当作异教分子的维护犹太教义的犹太人,也惹怒了罗马当局,因为罗马政府害怕他会煽动暴民,导致

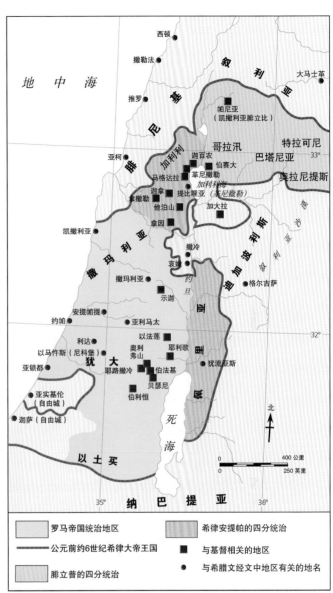

比尔卡发现的银质十字架，瑞典，公元约900年。代表耶稣被钉死的十字架早在2世纪就被基督教徒用来作为他们的信仰标志。基督教徒认为"十字架"足以抵制和驱逐邪恶。在以后的几个世纪里，据说当圣战士兵出发进行圣战（Crusade一词本身即来源于拉丁语的Crux一词）时都要"佩戴十字架"。（瑞典斯德哥尔摩历史博物馆）

革命爆发。

　　然而耶稣的追随者——大部分是平民百姓——敬畏他，把他看作是受到上帝特殊赐福"受膏"的选民（希伯来语是"弥赛亚"，希腊语是"基督"）。他们认为耶稣是通往永生之门，把他看作是奇迹创造者和上帝的儿子。根据《圣经》记载，他们相信耶稣的出生是一个奇迹，他是上帝的圣灵使处女马利亚孕育的儿子。

　　耶稣说他来"不是为了废除犹太法律，而是为了实现犹太法律"。他的追随者接受犹太教的大部分道德准则，但是拒绝接受大部分的法律和主张分裂的契约。从地中海东岸的几个小镇开始，耶稣的追随者建立了一个全新的组织机构来维持和传播他们对上帝派来的代表即他们所称的救世主的信仰。

　　随着耶稣的声誉迅速传开，犹太宗教权力机构和罗马当局的恐惧也与日俱增。为了阻止任何可能发生的叛变，罗马当局在他33岁再次回到耶路撒冷传教和庆祝逾越节时逮捕了他，并把他钉死在十字架上。但是死亡并没有阻止耶稣教义的传播。他的追随者们相信他奇迹般地复活并且征服了死亡，而后又升入天堂与他的天

耶稣时代的巴勒斯坦。当罗马帝国对巴勒斯坦的控制日益增强的时候，基督教一开始是作为犹太教内部的一个分支而出现的。在耶稣出生前不久，罗马已经册封希律王为犹大王国的委托统治者。公元前4年希律王去世时，王国被其儿子瓜分，犹大王国在罗马的直接军事统治之下。

323

父会合。信徒们钦佩赞赏耶稣关于同情心与拯救的福音以及他行奇迹的能力。耶稣的弟子带着他关于同情、拯救和永生的福音来到了罗马。高傲的罗马上层社会一开始对此嗤之以鼻，但越来越多简单朴实的人们开始相信这种宗教。尽管在早期受尽迫害，但基督教的影响日益增大。到4世纪时，基督教已经成为罗马帝国的官方宗教。

基督教堂遍布罗马帝国，形成了一个网络结构，最终成为罗马帝国灭亡后欧洲最重要的组织力量。基督教福音和教会组织传遍了全世界。今天，全世界1/3的人口，大概有20亿人，分属于各地的教堂及分支机构。他们都是犹大地的传教士耶稣的追随者。

我们是怎样知道的?

寻找历史上的耶稣

关于耶稣生平的仅有记录是《圣经·新约》的前4卷福音书。福音书根据作者名字命名——马太福音、马可福音、路加福音和约翰福音——这四卷福音书并不是没有倾向的，而且也不是和耶稣同时代的作品。马可福音可能是4卷中最早的一卷，大概写于公元70年，即耶稣死后40年。像印度教、佛教和犹太教的早期作品一样，福音书是口头传说的书面记录。他们把耶稣弟子之间传诵的关于耶稣生平的点滴收集起来。尽管各自拥有不同的作者名，但事实上的作者是无从得知的。比如马可，这是罗马帝国时期最普通的一个名字。不仅如此，并且它们好像是针对不同的听众所写的，因此所讲的都有些不同。比如说，马可对在罗马受迫害的基督徒宣扬他对来世的信仰。

被学者们称为《诺斯替教派福音书》的另外52卷于1945年在上埃及的拿哈玛地被发现，此后一直受到关注和研究。学者认为，这些文本与《圣经》的福音书写就于大约同一时间。但里面的许多描述与耶稣的教导不一致，因此被教会禁止并被藏匿起来。

根据其中最重要的福音书《多玛秘传福音》记载，耶稣教导人们不需要借助对耶稣的信仰，每个人都可以在自己的心灵深处找到上帝之光。"王国就在你的心里，也在你的身外。当你认识自己时，你就会意识到你就是万能之父的儿子。"对于意义的寻求是最重要的。"耶稣说：'让寻求的人继续寻求直到找到。当他找到了，他就会苦恼。当他苦恼，他就会惊奇，然后他就会克服一切。'"

在寻求宗教真理的过程中，《诺斯替教派福音书》给了妇女较高的地位。他们认为，耶稣与玛丽·马格达伦，一个他带回到体面社会的妓女，发生过某种形式的肉体关系。在2世纪末教会内部开始出现宗教斗争时，这些神秘的福音书因传达了耶稣性欲的信息而被视为异端。《圣经》中的4卷福音书也给历史分析带来了困难。它们都以耶稣的奇迹般的降生开始。耶稣是上帝之子，为与约瑟夫，加利利拿撒勒的一个木匠订婚的处女马利亚所生。相信的人自然会接受这一说法，但这却不符合历史事实。尽管福音书上说耶稣有众多的追随者并有着政治和宗教方面的影响，但当时罗马当局和犹太人的记录中都没有提到他的生平和

讲道。塔西佗（罗马帝国时期著名的历史学家）虽然蔑视早期的基督徒，但却记录下了耶稣的死亡。

现代试图重建耶稣生平的学者对他的基本性格有着不同的结论。他们把耶稣描绘成政治革命家、魔术师、有魅力的领导人、拉比、世界末日的预言者、驱巫者、奇迹创造者和边缘犹太人。然而所有这些研究，不论有怎样的学术性和创新性，都没有得出一个明确的结论。这4卷福音书尽管传递了丰富的宗教教义，但作为宗教文本仍有很大的缺陷。它们的历史真实性也因官方的压迫而变得扑朔迷离。

● 福音书作为历史文本对于理解耶稣生平而言缺点是什么？优点又有哪些？

● 试图定义耶稣生平性格特点的历史学家们得出了许多截然不同的结论。你认为他们利用了什么样的资料？

● 如果《诺斯替教派福音书》没有遭到神学家强有力的镇压，你认为教会会以不同的方式发展吗？如果是的话，那会发展成什么样子？如果没有，又是为什么？

324

耶稣的生平、传教和弟子

不管与耶稣相关的奇迹究竟是否确有其事，很显然，一个新的宗教，即基督教，从早先的犹太教的土壤中萌芽了。在这个过程中，产生了一系列的改变和创新。

仪式的改变以适应新的目的　正如我们所看到的，新出现的宗教总会借用业已存在的宗教仪式和思想并加以改编。比如，佛教就从印度教借用了达摩（dharma）的概念。这种借用和改变会吸引现有宗教的教徒加入新教，因为他们感到自己的精神信仰方面的习惯能够得到维系和延续。同时，一种新的阐释则给了宗教仪式一种新的意义。耶稣祈祷的形式和大部分布道都与犹太教的传统相吻合。当他接受施洗者约翰的洗礼时，耶稣改变了现存的仪式，赋予它新的意义。在犹太教中不起眼的洗礼，后来就变成所有基督徒都必须参加的一个重要**圣事**。

另外一个例子是耶稣的"最后的晚餐"，原来是犹太教中逾越节的聚餐。耶稣吃作为在埃及受奴役的象征的无酵饼，喝在所有犹太节日作为象征欢乐的酒。然后他把酒和面包递给他的弟子们说："这是我的身体……这是我的血。"这样他把逾越节聚餐用的食物变成了基督教的**圣餐**，即另一个重要圣事。基督教徒相信，通过领受圣餐这个神秘的仪式与看不见的基督进行了交流。

推翻旧秩序　耶稣在其教导中也曾提到过社会和政治方面的问题，表明他自己在当时不同的、互相对立的思想派别之间常常处于模糊的立场。当耶稣追随施洗者约翰时说"忏悔吧；天国已经临近了"（《马太福音》4：17），他对天国和天国降临日期的描述并不明确。但他用隐喻和寓言表明，我们所知的尘世的生活不久将发生根本改变，甚至走到终点。

当他不停地重复宣扬一切都将改变的"天国"时，穷人肯定会欢迎耶稣这种令人欢欣鼓舞的预言：

圣事（sacrament）　在基督教神学中，象征由基督通过教会牧师传达给信仰者的精神恩惠的一种外在仪式。

圣餐（eucharist）　来源于希腊语 eucharistia，意即感恩。这是基督教教会的一种重大圣事和礼拜行为，其高潮是圣餐礼。

原始资料

山顶的福音

耶稣的训诫——铿锵有力，或慷慨陈辞，或运用比喻，或利用寓言——表明他对穷苦人和受压迫者的同情，对罗马当局的蔑视，以及对他那个时代的犹太宗教领袖的讽刺。他听起来很像一个后世呼吁他的人民进行改革的犹太先知。耶稣在加利利的一座山顶上向人们传播他的福音，这是一系列上帝对朴实虔诚的信徒给予回报的允诺，是《圣经·新约》中记载的耶稣许多伟大布道的第一个。

虚心的人有福了，因为天国是他们的。
哀恸的人有福了，因为他们必得安慰。
温柔的人有福了，因为他们必承受地土。
饥渴慕义的人有福了，因为他们必得饱足。
怜恤人的人有福了，因为他们必蒙怜恤。
清心的人有福了，因为他们必得见神。
使人和睦的人有福了，因为他们必称为神的儿子。
为义受逼迫的人有福了，因为天国是他们的。（《马太福音》5：3—10）

325

> 我实在告诉你们,财主进诸天的国是难的。我又告诉你们,骆驼穿过针的眼,比财主进神的国还容易。(《马太福音》19:23—24)

耶稣宣称最重要的是"全身心地爱你的主",其次是"爱邻如爱己"。实际上他把这些信条更推进一步"爱你的敌人,为压迫你的人祈福"(《马太福音》5:44),两者都是直接从《塔纳赫》中引用的(《申命记》6:7和《利未记》19:18)。但他也警告世界末日的到来将会非常惨烈:

> 你们不要想我来,是叫地上太平。我来并不是叫地上太平,乃是叫地上动刀兵。(《马太福音》10:34)

耶稣和犹太教律法　福音书里关于耶稣对犹太律法的态度是模棱两可的,但又是带有优越感的。关于他与犹太宗教领袖的关系是对立的。他蔑视犹太的进食法:"入口的不能污秽人,出口的乃能污秽人。"(《马太福音》15:11)他不断挑战安息日的限制"安息日是为人设立的,人不是为安息日设立的"(《马可福音》2:27)。他限制离婚,宣称:"凡休妻的,若不是为淫乱的缘故,就是叫她做淫妇了。人若娶这休的妇人,也是犯奸淫了。"(《马太福音》5:32)他的很多教导反映了他恢复原来对信心与神灵的信仰的愿望,以及他对存在于天国而非人世的未来的坚信。

奇迹与复活　福音书把耶稣的布道生涯描绘成充满了奇迹——他治愈病人,使盲人恢复视力,用几个面包和鱼喂饱几千人,在水上行走,平息风暴,甚至使人起死回生。这些关于奇迹的传闻,或许比他的道德训导更有吸引力,使众多的追随者趋之若鹜。福音书中对耶稣在他生命的最后时刻在十字架上受难的描述呈现了一个神人合一的形象,最终他从坟墓中复活,向他的弟子显现,并最终升入天国,达到了他一生的奇迹与伟大的顶点,体现了他对那些对他心存信仰的人所作的关于永生的承诺。

耶稣的生平、死亡、传教及奇迹构成了基督教——一个最初隶属于犹太教的宗教——的基础。尽管不同的追随者对于他的神性和行奇迹的能力看法有所分歧,但都把他看作一个新的具有改革精神的教师。很多人把他当作人们久久盼望的"救世主",一个由上帝指派的使者与拯救者。他的弟子,尤其是大数的保罗(公元67年去世),把耶稣的教导进行重新收集整理,将基督教建成一个新的强大的宗教。使徒们的传教,创建教会的工作,以及写给迅速发展中的各个基督教会的信件构成了新约的大部分内容。

早期教会的发展

开始时,耶稣的追随者是作为犹太教内部的一个分支而进行活动的,仍然把自己看作是犹太人并在犹太会堂集会。福音书里提到的耶稣所选择的领导者彼得是第一个把基督教福音传播到犹太社会以外的人(《使徒行传》10)。他宣布割礼并

326

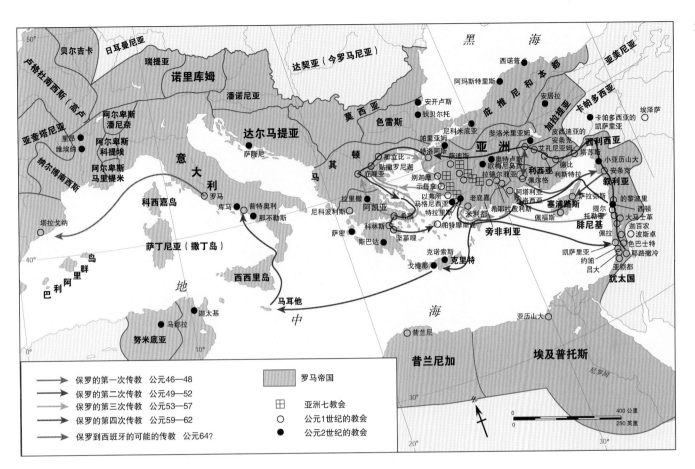

保罗的第一次传教　公元46—48
保罗的第二次传教　公元49—52
保罗的第三次传教　公元53—57
保罗的第四次传教　公元59—62
保罗到西班牙的可能的传教　公元64？

罗马帝国
亚洲七教会
公元1世纪的教会
公元2世纪的教会

不是成为教徒的一个必备条件，认为成员不必有什么限制。他欢迎非犹太人加入教会中来。耶稣的兄弟、耶路撒冷教会的领袖雅各为了基督教而放弃了大多数的犹太教进餐礼仪（《使徒行传》15）。这些弟子相信，犹太教严格的仪式阻碍了其道德寓意的传播。相反，他们选择突出耶稣及其追随者的神奇力量。他们很少明确说出耶稣对即将到来的世界末日的观点，只是强调耶稣关于爱与救赎重要性的表述。

保罗组建早期教会　作为主流的犹太教领袖与早期基督徒之间的矛盾持续发酵。新教派最激烈的反对者之一是出生于安纳托利亚小镇大数的扫罗。他在去往大马士革对抗基督教团体的路上遇到了耶稣神奇的化身，并被击倒在地。扫罗于是改变了自己的立场，转而相信耶稣就是上帝的神子。信仰犹太教时他喜欢用自己的希伯来名字扫罗。现在当他向犹太人传教时就改用他的罗马名字保罗。保罗是犹太人并在早期信仰犹太教，同时是罗马公民，又受到希腊文化的熏陶，保罗是提炼与阐述耶稣福音的理想人选。他成为基督教会的第二个创立人，毕生都致力于把基督教建立成一个独立的、有组织的宗教。

为了使蓬勃发展却相互独立的各个基督教派联合起来，保罗曾三次到达地中海东部地区传教，并且保存下来一系列的信件，即《圣经·新约》中的"保罗书信"。他建议在每个地方教会组织中都建立领导系统：教会牧师，或称长老；居于其上的教会

保罗的传教历程。公元29年耶稣受到审判并被钉上十字架之后，他的门徒们，其中最有名的是皈依的罗马人保罗，开始了向非犹太人传教的历程。保罗的足迹遍布希腊罗马东地中海地区，并向外延伸。保罗的旅程和所写的信件开始将斗争中的基督教团体组织成为一个全新的宗教组织即基督教会。保罗死于罗马，很显然是被当时的皇帝尼禄所杀，成了一个殉难者。

327

执事；以及地位最高的主教。他许诺那些信仰基督的人以永生。他宣称犹太教的仪式信条是灵魂进步一大障碍(《加拉太书》5：2—6)。在这个新的宗教信仰中，教徒不必是被上帝选中的犹太家族的一员，也不必遵循那些繁文缛节。保罗宣扬基督教的一种新的平等精神：

> 并不分犹太人、希利尼人、自主的、为奴的，或男或女，因为你们在基督耶稣里都成为一了。(《加拉太书》3：28)

保罗提出了一种新的"原罪"说以及从中得到救赎的概念。犹太人已经接受了《创世记》中的说法，即亚当与夏娃因为触犯上帝的意志而被逐出伊甸园，从而使人类陷入永恒的苦难之中：分娩的痛苦，维持生计的艰辛，野兽的侵袭，还有最重要的，即人不能获得永生。保罗则宣称，亚当和夏娃的"原罪"是可以被宽恕的。在某种意义上，人是可以重回天堂并获得永生的。耶稣被钉死在十字架上从而为人的原罪赎罪。根据保罗的说法，那些相信基督并且加入基督教会的人将被上帝所原谅从而获得"拯救"。尽管他们无法躲避死亡，但在尘世生活结束之后将升入天堂，并且以后甚至还会复活(《罗马人书》5—6)。

圣诞节(Christmas) 基督教庆祝耶稣基督诞生的盛宴。

复活节(Easter) 基督教的主要节日，庆祝基督的复活。

圣灵降临节(Pentecost) 这个节日是纪念圣灵向基督的使徒显现，以及使徒们在耶稣于复活节复活后第五天开始传教。

基督教的历法 像其他宗教一样，基督教也有自己的圣历。早在很久以前，人们就庆祝冬至，在4世纪时，基督教徒把它定为耶稣的生日，即**圣诞节**，尽管没有人知道耶稣的确切出生日期。在耶稣受难日，大约与逾越节同时，人们哀悼基督被钉死在十字架上。三天以后，人们在快乐的**复活节**庆祝耶稣的复活。与犹太教的七七节相对应，逾越节之后50天是接受十诫的日子，在基督教中也被称为**圣灵降临节**，是为了纪念《使徒行传》中曾提到的在这一天圣灵，即三位一体中除了圣父、圣子的第三体，充满了耶稣的各个门徒，然后"他们就都被圣灵充满，按着圣灵所赐的口才说起别国的话来"。(现代基督教圣灵降临节，信徒们"说方言"，祷告并入神地赞美主，通过祈祷和抚头顶祝福礼获得治愈，并谈论对精神奇迹的体验。)随着时间的推移，出现了很多纪念那些帮助传播新宗教的使徒生平与死亡的圣徒节日。基督教的新历已成为世界上应用最广的历法，把耶稣出生的大致年份定为公元元年。犹太人的安息日是休息与反思的日子，在基督教中则由星期六改到了星期天。

两性关系 耶稣吸引了很多女性追随者，妇女领导组建了几个早期的教会。保罗非常热情地接待了她们，而且开始时对她们十分尊敬。但随着耶稣的使徒全面建立了教会组织，妇女逐渐失去了她们的影响。尽管他们

基督教的主要节日	
1月6日	主显节
2月到3月	忏悔星期二(圣灰星期三的前一天)
2月到3月	圣灰星期三(大斋首日)
2月到4月	大斋期
2月2日	圣烛节
3月到4月	复活节
3月25日	天使报喜节
4月到6月	耶稣升天节(复活节之后40天)
5月到6月	圣灵降临节(复活节之后50天)
5月到6月	圣三一主日(圣灵降临节之后的星期天)
11月到12月	基督降临节
12月24日	平安夜
12月25日	圣诞节

宣扬精神平等,但早期的基督徒仍然容许性别和社会不平等现象的存在。保罗宣称对于耶稣来说"不再有男女之分"。但他好像并不相信性欲的力量。像耶稣一样,他终生未娶。他提倡独身,而对那些没法达到这一标准的人则提倡一夫一妻制来节制性欲。

> "男不近女倒好。但要免淫乱的事,男子当各有自己的妻子,女子也当各有自己的丈夫。丈夫当用合宜之份待妻子,妻子待丈夫也要如此"(《哥林多前书》7:1—3)。

除此之外,保罗进一步主张使妇女处于服从的地位,首先是在家里:

> 我愿意你们知道,基督是各人的头,男人是女人的头……因为他是神的形像和荣耀,但女人是男人的荣耀。起初,男人不是由女人而出,女人乃是由男人而出。并且男人不是为女人而造的,女人乃是为男人而造的。(《哥林多前书》11:3—9)。

然后是在教堂里:

> 女人在会中要闭口不言,像在圣徒的众教会一样,因为不准她们说话。她们总要顺服,正如律法所说的,她们若要学什么,可以在家里问自己的丈夫。(《哥林多前书》14:34—35)。

保罗还宣称在精神上"已经没有自由和奴役之分",但在现实中他接受奴隶制,说:"你们作仆人的,要惧怕战兢,用诚实的心听从你们肉身的主人。"他也确实呼吁主人对奴隶要仁慈,"不要威吓他们,因为知道他们和你们同有一位主在天上,他并不偏待人"(《以弗所书》6:5—9)。

从迫害到胜利

在建立新宗教的中心教义并稳定其核心团体之后,彼得和保罗两人都云游四方,扩大基督教的影响。他们看到罗马是当时帝国的首都和国际交流网络的中心,便到那里传教。据说,两个人都在大约67年被皇帝尼禄迫害致死,以身殉教。两人都被安葬在那里,人们还为其设立了神龛。

基督教在帝国的首都作为几种神秘宗教的一种而出现。这几种宗教都是基于对超自然事物的信仰,包括波斯的太阳神密特拉神,希腊女神得墨忒尔,犹太教的上帝雅赫维,以及一个叫做诺斯替教的混合信仰。罗马人似乎在寻求一个比异教更激励人心的对于来世的信仰。但在彼得和保罗殉难时,基督教还是一股相对来说比较薄弱的力量。

早期的基督徒都是犹太人，他们被嘲讽为狭隘的外邦人。部分罗马的当权者认为，基督教关于复活和来世的信仰削弱了公民的荣誉感和当兵服役的积极性。约在公元100年时，历史学家塔西佗写道：

> 人们憎恨那一群罪孽深重的被称为基督徒的人们。被他们称为耶稣基督者在罗马皇帝提庇留统治时期被犹太行省行政长官比拉多处以死刑。那种邪恶的迷信只是暂时受到压制，而今不仅在这个疾病的发源地犹大王国，而且在罗马帝国的首都再一次爆发。所有令人恐怖和羞耻的东西都聚集在一起，变得十分时髦。(塔西佗，《编年史》XV：第44页)

自相矛盾的是，罗马当局视基督徒为无神论者，因为他们拒绝崇拜皇帝或以皇帝的名义发誓。他们对来世救赎的信仰和牢固的内部组织被视为对帝国的威胁。罗马的统治者还嘲笑圣餐仪式，他们认为基督徒把圣饼和酒当作耶稣的血和肉来食用简直就是食人族的表现。官方对基督教的态度的游移不定，但是经常伴随着严重的迫害。皇帝尼禄(公元54—68年在位)把基督徒当作替罪羊，指责他们导致了公元64年发生的那场大火。很显然，因为那次事件，包括彼得和保罗在内的大批基督徒成了受害者，被迫害致死，此外他还令几百个基督徒参加角斗互相残杀，或是将他们烧死。历史上还有好几个皇帝都曾下令迫害基督徒，如安东尼·庇护(公元138—161年在位)，马可·奥勒留(公元161—180年在位)，塞蒂穆斯·塞维鲁(公元193—211年在位)，德西乌斯(公元约201—251年在位)，戴克里先(公元284—305年在位)。公元257年，皇帝瓦勒良(253—260年在位)在准备发动一场对基督徒的大迫害时，在战斗中被波斯人被捕。在早期的迫害中，数以千计的基督徒成为殉难者。

尽管遭到嘲讽和迫害，但是基督教在继续壮大。各地的基督教会组织的领导者记录、编写并正式通过了基督教的核心教义和文本。经过多年的辩论，大约在公元200年时，基督教的领袖和学者在《新约》的内容方面达成了一致。到了公元250年时，罗马的一百万人口中大约有50 000个基督徒。大多数基督徒是受到耶稣所传播的福音吸引的下层人民，但也有来自中产阶级和上层阶级的人士加入了进来。基督教尤其受到那些罗马统治者的妻子的欢迎，而她们往往促成了丈夫们的皈依。在康斯坦丁大帝统治时期，据统计，在罗马帝国，大约有1/10的居民成为基督徒。

康斯坦丁大帝皈依基督教　公元313年，康斯坦丁大帝(Constantine，公元306—337年在位)在赢得那场使他成为西部帝国至尊无上皇帝的关键战争的前一天晚上，看到天空中闪耀着十字架样的火舌与这样一句话"这是你克敌的迹象"。他立即宣布基督教的合法地位。他向基督教领袖提供资金，帮助他们建立教堂，同时撤销对非基督教教会的支持，从而使基督教成为罗马帝国的官方宗教。就他个人而言，康斯坦丁大帝鼓励他的母亲海伦娜信仰基督教,而她对此非常热情。海伦娜在小亚细亚和圣地建立教堂,并且曾去耶路撒冷寻找基督殉难的十字架。她死后,天主教会正式宣布她为圣徒。

作为皇帝,康斯坦丁大帝也负责领导教会的事务。公元325年,他发起召开了尼西亚会议,这是那个时代最大的一次主教集会。他召集这个会议的最初目的是制定基督教的核心神学信条,但同时也为了在罗马帝国建立一个教会组织,按照省份组建城市的主教网络,每个省份由其最大城市的主教领导。公元337年,康斯坦丁大帝在临死前接受了洗礼。

公元392年,罗马皇帝狄奥多西一世(Theodosius,379—395年在位)正式宣布基督教为罗马的官方宗教。他宣布崇拜传统的罗马众神为非法,并且严格限制犹太教,从而开始了基督教对这两大教派长达几个世纪的迫害。

基督教是怎样取得胜利的? 基督教曾一度受到蔑视和迫害,它后来又是怎样获得如此强大的力量呢? 基督教徒把这归于神的支持。历史学家则更多地寻求世俗的解释。让我们听听爱德华·吉本(Edward Gibbon,1737—1794年)是怎样回答这个问题的。

1776年,吉本开始发表他六卷本的巨著《罗马帝国衰亡史》。吉本受启蒙运动的影响,拒绝超自然的解释(见第15章)。他极具讽刺意味地提出了基督教获得胜利的五大理由,但在这讽刺话语的背后,吉本也揭示了这个新的宗教的巨大力量:

330

我们是怎样知道的?

对基督教的传播的解释

很多当代的历史学家都接受吉本的解释,但又倾向于强调教会内部宗教团体的重要性。祁霍华(Howard Clark Kee)写道:"从一开始,耶稣运动的主要目的就是建立一个超越种族和宗教的吸纳一切人的团体"(1991,第2页)。他分析了基督教兴起的前两个世纪期间活跃在罗马的5个不同种类的人群,指出基督教对各个社会群体都有着特定的吸引力:智者群体,寻求对未来的特殊认知;遵守法律者的群体,寻求当前合适的指导规范;相信上帝与他们同在的群体,希望确保自己是上帝的选民而受到特殊的照顾;神秘的团体,受到当时神秘宗教的影响;种族和文化上包罗万象的群体,外邦人希望寻求归属感;不同的教会领导提出的基督教福音的不同方面与各个群体相对应,从而成功地吸引他们加入基督教(祁,1995)。

历史学家迈克尔·曼(Michael Mann)提出了普世教会运动在心理上与现实生活中的好处,基督教作为一个世界性的宗教团体具有广泛的生存与组织哲学。尽管基督教的福音面向穷人,但是曼发现,这个宗教也吸引了大批的城市工匠,这些工人阶层被排除在政治权力之外,为罗马权贵所不齿,他们希望寻求一个较为宽容的欢迎他们加入的宗教团体,并且想重建一个更早的,更简单的,更能让他们积极参与的时代,于是皈依了基督教。当君主权力日益集中,麻木不仁,脱离群众,且最终摇摇欲坠时,"基督教在很多方面反映了罗马人喜欢将他们昔日的共和国理想化"(Mann,第325页)。

- 耶稣和圣保罗向基督徒允诺永生。祁和曼两人是否把这作为基督徒赢得了大量信徒的原因? 如果是这样,他们使用何种术语来表述这种允诺,如果没有,你认为他们为什么将其省略了?

- 吉本认为传说中耶稣和他的弟子创造的奇迹在很大程度上使基督徒变得很有吸引力。祁和曼两人为什么不强调奇迹?

- 祁和曼两人都认为不同的团体由于不同的原因受到基督教的吸引。举例说明,你认为人们加入宗教团体有哪些动机?

- 源于犹太教的"不屈不挠和不宽容"的热忱。

- 对信徒允诺复活和来世,而后又对非信徒加以永恒诅咒的威胁。

- 对奇迹的宣扬。

- 早期基督徒的简朴道德。基督徒寻求精神进步,提倡一夫一妻制,拒绝世俗的荣耀,以及强调平等。这对许多皈依者是很有吸引力的。在极端的例子中,殉难赢得了赞美、同情和追随者。后来的评论者也注意到,早期基督徒的简朴生活和自我牺牲精神让很多罗马人想起了早期共和国的理想。

- 通过保罗创立的将权力下放给地方教会和牧师的体制,基督教逐渐形成了一个"国中国"。当帝国的结构逐渐削弱瓦解时,基督教提供了一种替代性社区。这种基督教社会对穷人实施人道主义,无论是否基督教徒同样对待。基督教还用在帝国东部地区通行的希腊语有效地传播了福音。

- 后来很多评论家注意到,基督教社会在各地设有教堂以让人们分享生活中的酸甜苦辣,庆祝生命周期循环的事件,并且纪念这个族群历史上经历的重要事件。同时,该宗教让人们加入一个在整个已知世界中无处不在的教会,宣称加入基督教可以超越一切尘世间的烦恼。

信条: 定义和争论

在得到官方的正式认可后,基督教不断成长壮大,进一步提升了它的神学思想。当时最有影响的神学家、北非希波的大主教圣奥古斯丁(St. Augustine,354—430年)写下了《上帝之城》(413—426年)一书来解释基督教与相互竞争的各个宗教与宗教思想之间的关系,以及与罗马政府之间日益密切的关系。

尽管基督教被定为罗马帝国的官方宗教,但是圣奥古斯丁强调其福音的精神性而非政治性。他提出,基督教应关心神秘的耶路撒冷天国之城,而非世俗的政治。尽管他支持罗马皇帝对某些异教团体进行镇压,但他的神学理论从某种意义上来说是赞成政教分离的。

柏拉图哲学是当时希腊世界的主流思想体系,圣奥古斯丁在柏拉图哲学和神学之间搭建了桥梁。基督教设想耶稣,上帝之子降临人世并为人类受难。从现实的层面来说,他是非常实际的,而他的父亲上帝则有更多超越尘世的品质,但在当时的基督教神学中这些都未受到重视。然而,柏拉图(约公元前428—前348年)和后来的**新柏拉图主义**哲学家则描绘了一个更受赞扬的、更为远离尘世的,在圣奥古斯丁时代更容易被大思想家接受的神。根据圣奥古斯丁的说法,柏拉图的神是:

> 创造万物的神,是智慧之光,是将要做的事情中的善,……在他身上我们看到自然的最重要的法则,信条的真理和生命的幸福。(第253页)

除此之外,柏拉图的神存在于每个人的灵魂中,这一看法或许是从印度教中借用

新柏拉图主义(Neoplatonic) 普罗提诺(Plotinus,公元205—270年)受柏拉图的思想理论影响建立的一个哲学体系,他强调超越一切的、非个人的以及不可定义的"一"是所有存在的基础和一个永恒世界的来源,在这个世界中物质存在不过是一个无力的折射,而其本则是善、美和秩序。

来的(见第9章)。

奥古斯丁把这些柏拉图思想和新柏拉图观点与基督教神学中上帝至高无上的超验特性结合了起来。这赋予了基督教一种新的、令人尊敬的特性，于是在广大的希腊世界中吸引了众多的新信徒。他还鼓励基督教范围内的冥想和反思，这在基督徒(正如在佛教徒中一样)已经开始出现的隐修生活中是一个重要的因素。奥古斯丁还在自己的出生地塔加斯特城(今天的苏格艾赫拉斯城)组织了一个僧侣团体。

奥古斯丁在他的早期著作《忏悔录》(公元约400年)中曾写道，在皈依基督教之前，他自己曾犯下过比较轻微的罪孽。现在他警告基督徒说，亚当和夏娃的自以为是导致了原罪。罪打开了欲望之门，使灵与肉对立；而欲望使上帝原来赋予的永生变成了所有人都无法逃脱的死亡：

> 我们最早的祖先一触犯戒律，神圣的恩宠便将他们抛弃。他们为自己的邪恶而受到惩罚……他们因不服从上帝而受到严厉的惩罚，他们经历了一种新的肉体的变化，肉体已经不再服从自己的意愿……从此开始了肉体欲望和精神的斗争……于是，由于自由意志的滥用，产生了所有的邪恶……直到第二次没有尽头的死亡的毁灭，只有那些被上帝的荣耀解救出来的人们才可能逃脱(第422—423页)。

对奥古斯丁和圣保罗以及对早期的基督教来说，性欲是危险的，女性是不可靠的。在早期的基督教神学中，亵渎的肉欲和神圣的精神是相互对立的。

奥古斯丁还认为，基督徒应该让他们的意志和理性服从基督教会的权威和教导。尽管得救预定论(个人无法通过自己的行为得到救赎并升入天堂)一般是与后来清教徒的发展联系在一起的，但这一思想在奥古斯丁的神学中占主导地位。部分基督教神学家，如贝拉基(Pelagius，公元约354—418年后)，否认奥古斯丁关于原罪的说法，认为人可以对善恶作出选择从而决定自己的命运。他们害怕奥古斯丁的信仰日益被人们所接受，这会损害对穷人的公共服务和基督徒中缺乏自律者的主动性。最终，奥古斯丁的观点占了上风。当时的教皇把贝拉基的神学观点称为异端邪说。

332

埃尔·格列柯所作"圣奥古斯丁"，约1580年，油画。格列柯的油画生动体现了圣奥古斯丁在早期教会中作为主教和神学家所拥有的强大权力。奥古斯丁更加强调的是精神方面的而不是世俗的问题，鼓励冥想和沉思，将柏拉图和新柏拉图主义关于超验的神的观念融入基督教。(托莱多圣克鲁斯博物馆)

对教义的争论   神学问题上的部分争论导致了暴力行动,尤其是当教会试图压制不同的信条时更是如此。最具分裂性的争论是关于耶稣的神性的争论。神学家阿里乌(Arius,公元约250—336年)宣称基督的人性限制了他的神性,而至高无上的圣父则比他在人世间的儿子更为神圣。公元325年召开的尼西亚会议试图解决这个争端,该会议发表了一个官方公告,肯定耶稣的完全神性以及他和上帝的不可分割性。然而,在罗马帝国的边远地区,这一争论继续存在,在那里,很多哥特部落在阿里乌派传教士的影响下皈依他们的信仰。新的阿里乌教义的皈依者与罗马教会之间的战争不断,直到最后阿里乌派在战场上遭到失败。历史学家阿米阿努斯·马尔切利努斯(Ammianus Marcellinus,公元约330—395年)曾这样描述这些争战:"即使野兽也不像绝大多数的基督徒那样彼此怀着不共戴天的仇恨,互相为敌,远比野兽更为可怕。"

在地中海东部地区,因为对基督的神性与人性之间关系的争论,相互敌对的基督教教派之间也爆发了激烈的冲突。正统的教会对持异见者进行迫害,在迦太基、叙利亚以及埃及地区迫害是如此的惨烈,以至于7世纪对基督教各派都平等对待的穆斯林统治的来临受到人们的欢迎,将人们从长期的斗争中解救出来。

到公元6世纪时,基督教徒在人数、地理范围分布、力量和影响上远远超过了犹太人。基督教的传教士继续努力使犹太人皈依基督教,且常常采用高压手段。比如,在公元576年,一个高卢大主教给他城市的犹太人两个选择:要么接受洗礼,要么遭驱逐。尽管犹太人还没有大批涌入欧洲,但上述现象屡见不鲜。

帝国之后的基督教

基督教随着罗马帝国的通讯和交通网络传到了西欧和北欧地区。虽然基督教产生于罗马占领下的犹大地,但是它却传遍了整个罗马帝国。基督徒们用拉丁语和希腊语沿着帝国的贸易路线传播福音,建立教堂。借助官方的认可和保护,教会的势力逐渐稳步壮大。随着罗马帝国政府的渐趋衰弱,官方的教会组织在某种意义上成了帝国的一个官方机构。在罗马帝国逐渐衰弱解体的同时,基督教则开始变得繁荣兴盛起来。

333

蛮族皈依基督教

在公元后的第一个千年中,西方教会的主教都来自"元老院统治阶级出身……他们代表旧的罗马价值观的延续……蛮族领袖最终皈依基督教是由于他们的影响"(Matthew,第21页)。"在4和5世纪跨越边境进入帝国境内的日耳曼各民族中,在一代人之后没有一个仍是异教徒的"(Mann,第335页)。大约在公元496年,墨洛温法兰克人的首领克洛维拒绝了阿里乌教派,皈依了罗马基督教,成为第一个接受罗马帝国基督教的蛮族人。他在巴黎建立了自己的首都,促使数以千计的部落成员皈依基督教。因为一般来说,部落的成员与他们的首领的宗教信仰是保持一致的。克洛维皈依基督教使他得到了罗马基督教会各阶层包括教皇在内的支持,这保证了罗马基督教在高卢地区的胜利。

权力的下放及修士生活

基督教在西欧发展了大量的地方组织机构,建立了很多教堂、修道院和女修道院,领导权力也得到了下放。在缺少有组织的政府和行政管理机构的地区,当地的教会领袖和组织就提供秩序、行政管理和一种大的群体社会意识。在长达几个世纪的时间里,"基督教世界由数以千计的、富于献身精神的未婚男女所控制"(McManners,第 89 页)。传教运动仍在如火如荼地进行之中,但现在主要面向北方的维京人和斯拉夫人,因为通往其他地区的道路已经被强行阻断了。

教皇格列高利一世(Pope Gregory I,公元 590—604 年在位)看到了修道院和修道士在皈依和管理蛮族方面的重要性,并开始鼓励修道运动。到公元 600 年,仅在高卢地区就有约 200 座修道院。罗马派出的首批传教士约于 597 年到达英国。到公元 700 年,大部分英国人已皈依基督教。在公元 9、10 和 11 世纪,传教士的目标开始转向北方。斯堪的纳维亚的维京人掠夺来自北美和格陵兰的商品和奴隶并从事相关贸易,活动范围从北海、波罗的海到伏尔加河,跨越里海,一直远到巴格达。维京人通过与罗马教会的一种很薄弱的关系成为基督教信徒,因此他们带有很强的异教色彩。

尽管罗马教皇对西方的基督教事务在名义上拥有控制权,但实际上教会的权力非常分散,已经下放给 500—1 000 个教会组织。在城市地区,基督教主要通过大教堂的主教传播。在农村和偏远地区,修道士则扮演传教士的角色,进行传教。

修道院是规模很小的而且与外界隔离的教会团体,由修道院院长负责,体现了早期基督教社会的精神性和简朴性。由于排除了性生活,修道院的男人和女人都过着禁欲的生活,并且双方也都推崇禁欲生活的价值。很多隐修院内既有男人也有女人,各自过着独身的生活。

早期修士中最著名的代表是圣本笃(St. Benedict,公元约 480—547 年)。他在罗马东南部 100 英里处的卡西诺山建立了一座隐修院。尽管每个修道院在管理和操作上各有不同,但是教皇格列高利一世执笔所写的规定为我们了解当时一般的修道院生活、条规和纪律提供了详尽的信息。

通过各种教育组织和制度,教会、修道院、女隐修院和主教使得罗马文化得以在北欧和西欧保存下来。在西欧的农村地区,地方的权力机构特别重视僧侣,因为他们是当地仅有的识字者,而且是最有能力管理土地和农业的人员。地方当局同时也寻求与教会的威望和权力联手。他们把土地和行政管理权力赋予附近的修道院,使之变成了重要的地方经济力量。(比较一下在南亚和东南亚地区的印度教和佛教僧侣在行政管理方面的作用,见第 9 章。)修道士在扩大教会在地理、社会和经济层面影响的

圣凯瑟琳修道院,西奈山,公
元557年。根据《摩西五经》的
记载,摩西在西奈山上从上帝手
中领受了刻有法典的石版。拜
占庭皇帝查士丁尼一世(公元
527—565年在位)因为这个原因
选择将圣凯瑟琳修道院建立在这
里。这个远离尘世、环境优美的
地方也使得修道院成为精神冥想
的理想之地。

同时,成了传教士、廷臣和主教。直到教皇英诺森三世(Pope lnnocent III,公元1198—
1216年在位)召开的第四次拉特兰会议(1216)之前,修道院可以由当地自行组织和
解散,因此我们没有对早期修道院数目的准确记载。

　　这个时期教会权力下放的历史必须从后往前推算。西方的教会权力之所以
分散到下面,部分原因是罗马帝国的解体和它的统治权的失落。在罗马已经没
有了皇帝。在西欧,教会和残存下来的政府机构摸索着试图建立一种新的互动
关系。

教会分裂为东西两派

在文化较为发达和更加成熟复杂的拜占庭帝国,政治领袖并没有把权力拱手让给教会。事实上,君士坦丁堡的皇帝同时也是教会的首脑,这是当初康斯坦丁大帝在君士坦丁堡之外主持尼西亚会议时立下的一个规定。

今天,东正教和罗马天主教有着共同的基本信仰,都以《圣经》为基础,且维持着彼此间的官方交流,但是他们在教会组织、权威和语言方面由于历史的发展而出现了差异。从教义上说,在卡尔西顿会议(公元451年)上东正教和罗马天主教都相信耶稣既是一个历史人物,又是上帝之子。然而从组织角度来讲,东正教保持着更加都市化的特征。西罗马道路很少,贸易交易也很少,靠军事要塞和基督教中心联合起来。卡尔西顿会议认可教会组织的四大中心:安条克、耶路撒冷、亚历山大和君士坦丁堡。而君士坦丁堡占主导地位,在东罗马的地位相当于罗马城在西部的地位。罗马城曾是西方唯一的一处主教所在地,而现在则被认为是一个完全独立的行政中心,仍处于其自己的皇帝和主教的控制之下。

罗马和君士坦丁堡的分裂　　罗马和拜占庭直到今天仍在为罗马教皇的权威而争论不已。从6世纪开始,教皇就是(罗马)天主教的最高神父,是圣徒彼得的直接继承人。然而东正教从未承认过教皇至高无上的权威,而是把君士坦丁堡的主教看作他们的最高权威。同样,与罗马教会的惯例不同,除了最高级的教士以外,东正教的神职人员可以结婚,在这一点上,两派都不接受对方的权威。罗马用的语言是拉丁语,而东正教用的则是希腊语和东欧的各种斯拉夫语。

公元1048年,利奥九世成为教皇,他计划扩大他在整个欧洲的影响,授意撰写了强调教皇权力的文章。他派一个极为激进的改革者到君士坦丁堡,与宣称独立于罗马教会控制的君士坦丁堡牧首谈判。在谈判失败后,改革者将牧首开除教籍。作为回应,牧首也将改革者开除教籍。通过这一后世称为"1054年大分裂"的相互排斥,教会分裂成在西部地区占据主导地位的拉丁教会(后来的罗马天主教会)和在东部地区占主导地位的希腊东正教会。此后,双方之间的摩擦时大时小,直到1204年转为直接的对抗。罗马派出的十字军本来的目标是攻打耶路撒冷的穆斯林,结果却向北行进,洗劫了君士坦丁堡。

新地区接受了东正教　　正如在西方一样,修士

马利亚、耶稣和圣西奥多以及圣乔治的圣像,以色列圣凯瑟琳修道院,公元6—7世纪。关于在拜神时是否使用圣像的争论使得东正教分裂了一个多世纪(726—843年)。反对圣像崇拜者想要禁止肖像的使用,而卫护圣像者则坚持要继续崇拜圣像。

336

"正教的胜利"的画像，君士坦丁堡，14世纪后期或15世纪初。公元843年，狄奥多拉皇后恢复了对圣像的使用。直到今天，在大斋期的第一个周日东正教教会仍庆祝这一事件。

生活也在拜占庭帝国流行开来。在许多地处偏远而又景色迷人的地区，建立起了许多修道院，如西奈山和阿索斯山。东正教传教士大规模的传教运动要晚于西方。公元650年以后，夹在西边的天主教势力和东部日益壮大的伊斯兰势力之间，拜占庭把传教的方向定为北方的俄罗斯帝国。圣西里尔（St. Cyril，公元约827—869年）和圣默多狄（St. Methodius，公元约825—884年）两兄弟将《圣经》翻译为斯拉夫语，与此同时创造了西里尔字母，并用它来誊写和出版《圣经》。当10世纪俄罗斯接受东正教时也采用了这种字母。15世纪后期，在土耳其人攻陷君士坦丁堡后（公元1453年），莫斯科开始将自己称为"第三罗马"，认为自己是凯撒大帝和拜占庭帝国的政治和精神继承者。

在东欧和中欧的其他地区，罗马和拜占庭相互竞争，以扩大各自的宗教和文化影响和组织结构。罗马赢得了波兰、波希米亚、立陶宛和乌克兰；东正教则在保加利亚、罗马尼亚和塞尔维亚取胜。在罗马以外的土地上也出现了全国性的教会组织，包括埃及的科普特教会、亚美尼亚教会和埃塞俄比亚正教会等。他们也从君士坦丁堡手中获得了自己的独立地位，开创了一种专门的国家教会，这一形式也被后来的新教改革所采用（参见第13章）。

西欧的基督教

我们在下一章将会讲到，伊斯兰教在中东和地中海地区的突然崛起对基督教立即产生了深刻的影响。到公元700年，穆斯林军队已经征服了地中海东部的沿海地区和非洲北岸。这两个地区都曾经是基督教和前罗马帝国的重要战略地区。穆斯林倭马亚王朝继续向西班牙推进，越过了比利牛斯山，公元732年，在法国南部被法国统治者查理·马特（Charles Martel，约688—741年）击败。倭马亚王朝的残余力量退回到了西班牙。穆斯林军队占领了意大利半岛的南部地区、西西里和其他地中海岛屿。穆斯林的征服切断了基督教与其发源地和早期繁盛地区之间的联系。结果，基督教成为一支主要在欧洲发展的宗教，而此时它的很多成员都是刚刚皈依基督教的"蛮族"勇士贵族。

337

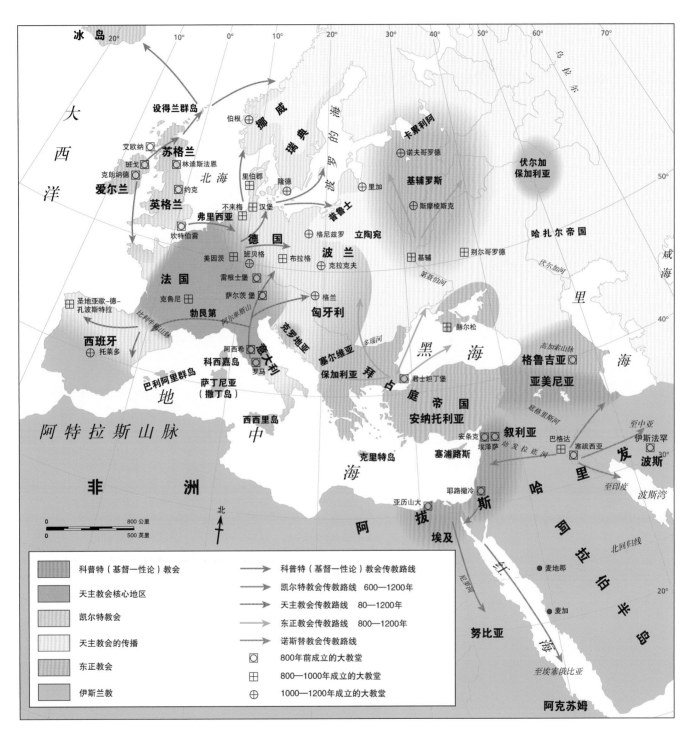

基督教的传播。耶稣的弟子和早期的传教士在西南亚、希腊、北非和印度创建了基督教团体。另一方面，罗马人的迫害、西罗马的衰落和伊斯兰教的兴起阻碍了它的传播。君士坦丁堡的东正教深入俄罗斯地区，使得东欧人皈依；罗马被重建为一个强大的中心；凯尔特的传教士则走遍整个西北欧地区。

338

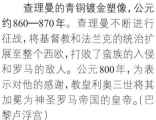

基督战胜邪恶，法兰克陶片，公元约500—750年。西欧人经常将基督的形象描绘为穿着当地人的服装。这幅图像中，基督穿着德国勇士贵族的服装，脚下踩踏着一条象征邪恶的蛇。(法国圣日耳曼昂莱考古博物馆)

查理曼的青铜镀金塑像，公元约860—870年。查理曼不断进行征战，将基督教和法兰克的统治扩展至整个西欧，打败了蛮族的入侵和罗马的敌人。公元800年，为表示对他的感谢，教皇利奥三世将其加冕为神圣罗马帝国的皇帝。(巴黎卢浮宫)

教皇与法兰克人的联盟　在罗马，教皇感到自己被敌对势力包围了，东部和南部是君士坦丁堡和伊斯兰势力，北部和西部是几个哥特国王。为了寻求强有力的联盟，他转而与使加洛林家族声名显赫的法兰克的查理·马特结盟。正如我们所看到的，查理·马特于公元732年在图尔之战中击退了穆斯林。公元754年，他的儿子丕平三世(Pepin III，751—768年在位)响应教皇司提反二世(Pope Stephen II，752—757年在位)的号召，向侵略意大利并威胁到教皇统治的伦巴第人发动进攻。丕平三世包围了从罗马到拉文纳之间的一片土地，然后把它归入教皇的管辖之下。作为交换，教皇为丕平三世和他的两个儿子施行涂油礼，确认加洛林家族作为统治法兰克的皇室的合法性。

原始资料

查理曼和哈里发哈伦·拉希德

查理曼一生都在以教皇的名义为基督教而战。公元777年，他入侵穆斯林统治的西班牙，并于801年攻占了巴塞罗那。(他在西班牙的故事催生了史诗《罗兰之歌》，描绘了在通过奥雷亚加时他的后卫军遭到的惨败。这首诗成为中世纪法兰西骑士精神最有名的赞歌。)

然而查理曼与当时最有权势的穆斯林统治者，巴格达的哈里发哈伦·拉希德(Harun-al-Rashid，公元786—809年在位)维持了一种宝贵的友好外交关系。查理曼的顾问、朋友和传记作者爱因哈德(Einhard，公元约770—840年)是这样描绘这段友谊的:

> 波斯国王哈伦·拉希德几乎一直控制着除印度以外的整个东方。查理曼与之相处融洽，哈伦·拉希德觉得即使全世界所有其他的国王和王子都对其俯首称臣，也比不上查理曼一个人的亲善友好，认为世界上只有他一个人值得尊敬和用礼物安抚。查理曼派信使携带祭品去我主基督的圣墓和复活之地。信使拜见哈伦·拉希德，将其主人的意愿告诉他。哈伦·拉希德不仅同意了查理曼所提的要求，甚至同意查理曼可以自行决定这个神圣救赎仪式的执行方式。当这些使者踏上返乡的旅程时，哈伦·拉希德还派了自己的人陪伴他们，并给查理曼送去了丰盛的礼物，包括袍子、香料和其他东方的奇珍异品。几年以前，他将自己唯一一头大象送给了查理曼，只是因为这位法兰西国王开口索要(Einhard，第70页)。

爱因哈德没有记录下查理曼回赠给巴格达的礼物，也没有对这两个强大帝国——两个帝国都处于他们中间的拜占庭帝国接壤、对抗——不同宗教信仰者间的外交关系所带来的政治利益作任何评论。

查理曼建立帝国的野心 丕平的儿子查理于公元768—814年统治期间，在公元800年的圣诞节被教皇利奥三世(Pope Leo III，公元795—816年在位)加冕为罗马皇帝，达到了他权力的顶峰。尽管表面上与教皇利益一致，但是查理(后被称为查理大帝或查理曼)几乎在他的一生里一直拒绝这个封号，他在寻求扩大帝国版图的过程中时常与各个教皇发生冲突。为了达成他的目标，查理曼一生都处于战争之中，继续他父亲和祖父开创的军事远征。他重新征服了穆斯林统治的西班牙东北部地区，打败了意大利的伦巴第统治者，减轻了他们对教皇造成的压力，攻占了巴伐利亚和波西米亚地区，杀戮和洗劫了潘诺尼亚(今天的奥地利和匈牙利)的整个阿瓦尔人贵族阶层，在33年的战争之后最终征服了易北河沿岸的萨克逊人。因为他自己是日耳曼法兰克人，查理曼给了日耳曼萨克逊人一个选择的机会:要么皈依基督教，要么死亡。

随着查理曼的胜利，他的王国的版图几乎达到了罗马教会所统治的规模，除了他未入侵的英伦诸岛以外。西欧的政治中心逐渐从罗马转到了查理曼自己的皇宫所在地，今天德国的亚琛(艾克斯拉沙佩勒)。尽管查理曼几乎目不识丁，但他在自己的皇宫内建立了一个学术中心，吸引了全欧洲的学者来到这里，由此激发了历史学家们所称的加洛林文艺复兴。

加洛林王朝	
751年	"矮子"丕平三世成为法兰克国王
755年	法兰克王国将伦巴第人驱逐出意大利中部;创立教皇国
768—814年	查里理曼继位法兰克国王
774年	查理曼在意大利北部地区打败伦巴第人
800年	教皇利奥三世将查理曼加冕为罗马皇帝
814—840年	"虔诚者"路易继承查理曼成为"皇帝"
843年	凡尔登条约分割加洛林帝国
870年	墨尔森条约进一步分裂加洛林帝国
875—950年	面临维京人、穆斯林和马札尔人新的入侵
962年	在德国奥托王朝取代加洛林王朝
987年	在法国卡佩王朝取代加洛林王朝

340　　拉昂大教堂,西侧正面,公元约1190—1195年。12世纪以后,哥特式建筑成为欧洲最主要的建筑风格,以北欧的建筑模式为基础。人们建立哥特式教堂目的是与上帝进行交流,利用对光线和空间的控制,表现天国的荣耀,同时也显示了教会的权力和财富。

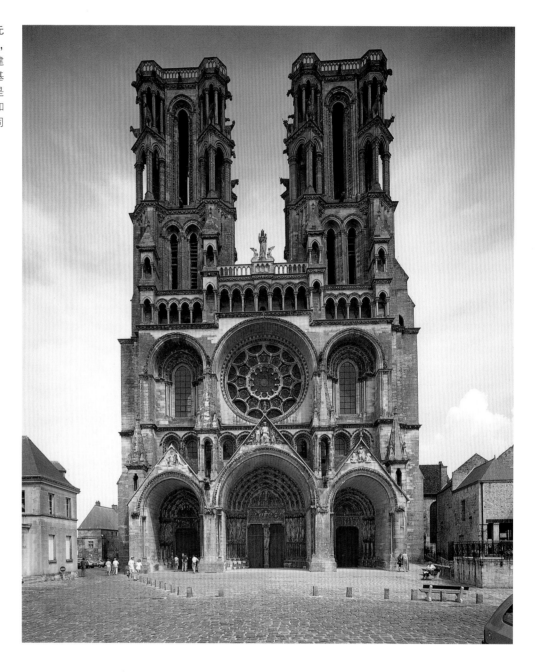

查理曼劝说当时的著名学者、英格兰约克郡的阿尔昆(Alcuin of York,公元约730—804年)来到亚琛担任宫廷学校的校长和他自己的私人顾问。学校的目的是宣扬基督教和教授最基本的技能:阅读和书写拉丁语圣经,吟唱祷告文,学习语法和算术知识。这种训练旨在培养以后在北欧各民族间从事传教的传教士。学校的书写员为教堂和学者的礼拜仪式和学术研究需要准备祈祷文和圣经的抄本。在这一过程中,他们发明了一种新的拉丁语书写形式,这种字体成为我们今日使用的小写字母的基础。查理曼还从意大利带回雕像,资助当地的工匠和手艺人以促进艺术的发展。查理曼非常尊重阿尔昆的意见。阿尔昆批评他使用武力强迫萨克逊人皈依基督教,并成功劝说他不要入侵英格兰。

查理曼的加冕对君士坦丁堡的东部皇帝的权威提出了挑战,但在以后的几年中,查理曼通过谈判和战争取得了君士坦丁堡对他头衔的承认。现在再一次的,东罗马和西罗马各有了一个皇帝。

帝国的失败　加洛林家族直到9世纪末时还非常强大。但是这时他们已经难以抵御马札尔人(匈牙利人)、挪威人和阿拉伯人对西方基督教世界发动的新的入侵了。各地区的行政官员看到加洛林王朝皇帝的软弱,开始无视皇帝的权威而独立行动。直到一个世纪以后,拥有强大军事实力的领袖才把西北欧原来松散的几个王国重新组织起来。与此同时,欧洲的政治领导权已经分化,下放到由各地的领主控制的农村封建庄园。

城堡、教会、女修道院和修道院的宗教领袖填补了这一空当,提供了一种更强的社会整体意识和秩序。在公元600—1100年间,教会赋予了欧洲基本的秩序和特征。马札尔人和挪威入侵者,像在他们之前的日耳曼人一样,也皈依了基督教。到11世纪末,罗马教会以及西欧的政治权力已经准备好去面对伊斯兰世界。

早期的基督教及其意义

在欧洲中世纪后期,基督教完成了它的第一个千年行程。它发源于东地中海沿岸地区,然后传播至整个欧洲。开始时只是几位门徒宣扬一个人的教导,后来由于一位传教士的热忱而通过制度化的方式被固定下来,再后来又分裂为两个独立的距离遥远的教会集团和好几个区域性的组织。它初时的成员只不过是一些遭蹂躏压迫的犹太人,后来又增加了中层阶级的非犹太人,并吸引了罗马的上层阶级,最终使得欧洲诸多侵略成性的蛮族皈依了基督教。它通过罗马帝国建立的交通、通讯和贸易网扩大了自己的组织机构。当帝国瓦解崩溃时,教会在原罗马帝国的行政和市场中心区域维持并巩固了自己的地位。当欧洲社会向乡村化方向发展时,基督教将女修道院和修道院建在了农村地区,而且除了承担其精神的使命外,还常常担当起行政管理与社会发展的作用。总而言之,像帝国一样,教会的作用发生了很大变化。到公元1000年时,教会已经成为西欧最重要的组织机构和文化力量。

公元1000年以后,基督教世界和欧洲政治体系的变革仍在进行之中,在圣战的激情、贸易和商业、城市化、学术和艺术创造力,以及宗教改革方面都取得了惊人的发展。我们将在第12章探讨这些变革。然而首先我们将看一下另外一个同样惊人的革命性的发展,由此形成了另一个世界性宗教。这个宗教发源于阿拉伯半岛,离犹太教和基督教的诞生地只有几百英里。到公元1000年时,这个宗教已经传遍了北非,向北传入西班牙,传遍整个中东地区,继而通过伊朗和阿富汗传入印度。第11章我们将研究伊斯兰教,到此为止,我们将完成对世界三大主要宗教的发源和早期发展的介绍。

342

复习题

- 先知们的犹太教和《摩西五经》中的犹太教有什么区别？又有什么相同之处？
- 早期的犹太教与以色列的故土紧紧相连。后来犹太人被流放，为了生存，他们又是通过怎样的方式重新建立自己的宗教的？
- 基督徒和穆斯林为什么对人数占少数的犹太教徒持尊敬的态度或怀有恶意？
- 基督教从犹太教里吸收了什么因素？又去除了哪些因素？
- 圣保罗是怎样遵循耶稣最初的教导并把他创立的组织建设成为一个基督教会的？
- 基督教起源于犹大地并且后来成为欧洲地区占统治地位的宗教。基督教是通过怎样的步骤逐渐实现和巩固其在地理位置层面上的转移的？

推荐阅读

PRINCIPAL SOURCES

The New English Bible with the Apocrypha. Oxford Study Edition (New York: Oxford University Press, 1970). Clear, readable, authentic text produced by interfaith team of scholars.

Brown, Peter. *The Rise of Western Christendom* (Malden, MA: Blackwell Publishers, 1996). Brown brings to bear expertise on the Roman empire at the time of Christ to provide context to early Christianity.

Crossan, John Dominic. *The Historical Jesus. The Life of a Mediterranean Jewish Peasant* (San Francisco, CA: HarperCollins, 1991). One of the clearest interpretations of Jesus in his time.

Kee, Howard Clark, *et al. Christianity: A Social and Cultural History* (New York: Macmillan Publishers, 1991). Excellent, scholarly analysis and narrative of early Christianity.

Pagels, Elaine. *The Gnostic Gospels* (New York: Random House, 1979). Clear, concise explanation of the significance to our understanding of early Christianity of the Gnostic manuscripts discovered at Nag Hammadi in 1945.

Smart, Ninian. *The World's Religions* (Cambridge: Cambridge University Press, 1989). Useful general survey, clearly written.

Smeltzer, Robert M. *Jewish People, Jewish Thought* (New York: Macmillan Publishing Co., Inc., 1980). Excellent general history.

ADDITIONAL SOURCES

Andrea, Alfred and James Overfield, eds. *The Human Record*, Vol. I (Boston, MA: Houghton Mifflin Company, 3rd ed., 1998). Superbly chosen selections.

Armstrong, Karen. *A History of God* (New York: Knopf, 1993). Concise history of the evolution of the three major monotheistic religions.

Augustine. *The City of God*, trans. Marcus Dods (New York: Modern Library, 1950). A central work of Christian theology from the late Roman Empire.

Baron, Salo Wittmayer. *A Social and Religious History of the Jews*, Vol. 1 (New York: Columbia University Press, 1952). First in a multivolume series by one of the leading Jewish historians of his time.

Holy Bible. New Revised Standard Version (Grand Rapids, MI: Zondervan Publishing House, 1989). Another excellent, standard translation.

de Lange, Nicholas. *Atlas of the Jewish World* (New York: Facts on File, 1984). Excellent text, helpful maps. Beautiful illustrations.

Einhard and Notker the Stammerer. *Two Lives of Charlemagne*, trans. Lewis Thorpe (Harmondsworth, England: Penguin Books, 1969). The standard primary source on Charlemagne.

Eliade, Mircea. *Ordeal by Labyrinth* (Chicago, IL: University of Chicago Press, 1982). The leading religious historian of the early twentieth century explains principles of his view of religious history.

——. *The Sacred and the Profane* (New York: Harper Torchbooks, 1959). Explains his view of religion in history.

Gibbon, Edward. *The History of the Decline and Fall of the Roman Empire*, 3 vols., abridged by D.M. Low (New York: Washington Square Books, 1962). The classic from the age of the Enlightenment. Follows and projects the story through the fall of Constantinople to the Turks.

Grant, Michael. *History of Rome* (New York: Charles Scribner's Sons, 1978). Readable, basic text.

——. *Jesus: An Historian's Review of the Gospels* (New York: Touchstone, 1995). Does the best he can to reconstruct Jesus' life and teachings based on the gospels.

Halpern, Baruch. *The First Historians: The Hebrew Bible and History* (San Francisco, CA: Harper and Row, 1988). Attempts to demonstrate the extent to which Hebrew stories from the Bible can be authenticated.

Honour, Hugh and John Fleming. *The Visual Arts: A History* (Englewood Cliffs, NJ: Prentice-Hall, 4th ed., 1995). Excellent textbook approach to the history of art.

Hopfe, Lewis M. *Religions of the World* (New York: Macmillan Publishing Company, 5th ed., 1991). Useful textbook survey.

Kaufmann, Yehezkel. *The Religion of Israel* (Chicago, IL: University of Chicago Press, 1960). Fascinating analysis of biblical Judaism, stressing the inability of the early Jews even to comprehend the significance of images in worship.

Kee, Howard Clark. *Who Are The People of God: Early Christian Models of Community* (New Haven, CT: Yale University Press, 1995). Kee stresses the importance of the community of believers in the success of the early Christian Church.

Mann, Michael. *A History of Power from the Beginning to A.D. 1760* (Cambridge: Cambridge University Press, 1986). Mann searches for the success of early Christianity in its sociological composition and appeal.

Matthew, Donald. *Atlas of Medieval Europe* (New York: Facts on File, 1983). Excellent text. Useful maps. Beautiful illustrations.

McManners, John, ed. *The Oxford Illustrated History of Christianity* (New York: Oxford University Press, 1990). Outstanding set of basic introductory articles by major scholars, highly illustrated.

Meier, John P. *A Marginal Jew: Rethinking the Historical Jesus* 2 vols. (New York: Doubleday, 1991, 1994). Meier emphasizes Jesus' abilities as a magician and exorcist in attracting followers.

Momigliano, Arnaldo. *On Pagans, Jews, and Christians* (Hanover, NH: University Press of New England for Wesleyan University Press, 1987). Compares the attractions of each of these perspectives, and their confrontations with one another in the early years of Christianity.

Pagels, Elaine. *Beyond Belief: The Secret Gospel of Thomas* (New York: Random House, 2003). Pagels' analysis of the most significant of the Gnostic gospels, and its meaning for her.

Palmer, R.R. and Joel Colton. *A History of the Modern World*, 8th ed. (New York: Knopf, 1984). Eurocentric and mostly centered on the period since 1500, nevertheless an excellent, readable text, strongest on the French Revolution.

Pritchard, James B., ed. *Ancient Near Eastern Texts Relating to the Old Testament* (Princeton, NJ: Princeton University Press, 3rd ed., 1969). Basic compendium of the most important documents. Indispensable for the subject.

Rosenberg, David and Harold Bloom. *The Book of J* (New York: Grove Weidenfeld, 1990). Analyses the four major editorial strands in the composition of the Torah, stressing the one that refers to god by his Hebrew name of JHWH.

Rubenstein, Richard L. *When Jesus Became God* (New York: Harcourt Brace, 1999). An account of the armed battle and victory of the Roman Church over the theologian Arius who declared that Christ's human nature diminished his divine nature.

Smart, Ninian and Richard D. Hecht, eds. *Sacred Texts of the World: A Universal Anthology* (New York: Crossroad Publishing, 1982). Useful selection of religious texts.

伊斯兰教

第 11 章

对安拉的顺从：穆斯林文明架起连接世界的桥梁
公元570—公元1500年

主题
- 伊斯兰教的起源
- 穆罕默德的继任者
- 精神、宗教和文化的繁荣
- 与非穆斯林的关系

伊斯兰在阿拉伯语中意为"顺从"。伊斯兰教提倡顺从真主的旨意，真主在阿拉伯语中被称为"安拉"。穆斯林，即"顺从者"，主要通过《古兰经》了解真主的旨意，《古兰经》用阿拉伯语所书，记载了传给先知穆罕默德（Prophet Muhammad，570—632）的真主的教义。关于穆罕默德的生活、言语、行为（圣训）的故事经过许多代人的细心搜集、核实及传播，为穆斯林提供了正确的生活方式以及如何恪守的典范。根据伊斯兰教的圣书《古兰经》，穆罕默德是传播伦理一神论的真主讯息的最后一位先知。虔诚的穆斯林信仰"万物非主，只有安拉，穆罕默德是主的使者"，他们在祈祷文中宣读这一信条，并每天诵读五次。

在伊斯兰教里，关于《古兰经》以及穆罕默德生平的教义只有通过建立**乌玛**，即一个由信徒组成的社会团体，以及通过政治结构对其进行适当的管理来实现。在其创始之初的几个世纪里，伊斯兰教传播到了阿拉伯、西亚、北非和西班牙，并在这些地区建立了行政管理和立法体系。之后，伊斯兰教在传入东欧、中亚、南亚和非洲撒哈拉沙漠以南地区的过程中，有时得到了当地政府的支持，有时则不然。12世纪以后，在没有政府支持的情况下伊斯兰教作为一个宗教和文化体系传入中国和东南亚。

在本章中，我们把伊斯兰教视为一个世界性的宗教。但是由于伊斯兰教经常把政治和宗教统一在一个体系之中，所以也可以把它和第三篇中关于世界各大帝国的扩张的材料相对照。在这一章，我们将把伊斯兰教作为一个宗教、文化和政治体系来描述它的发展和传播。我们也将对伊斯兰教与其他宗教和帝国的交会过程作一分析。

伊斯兰教的起源

伊斯兰教是在阿拉伯半岛上形成的，这里的主要居民是游牧部落贝督因人。贝督因人以部落形式把自己组织起来。由于居住在沙漠，贝督因人缺少水资源，而水正是对城市和文明的出现起着至关重要的作用的资源，虽然少数几个像麦加一样的城市是沿着大块的绿洲发展起来的，在7世纪，麦加作为一个贸易中心得到了繁荣发展，但是总体上来说，这个地区缺乏别的地方那样的能够支持主要宗教产生的政府机构和强大的君主。在宗教方面，这个地区的人们信仰多神，崇拜多个神灵。麦加在这一崇拜中起了十分重要的作用。那里有天房，这是一个呈长方形的建筑，里面放置着

乌玛（umma） 伊斯兰教中由信徒组成，超越种族和政治界线的社会群体。

前页 饰有伊斯兰书法的壁龛（米哈拉布）。伊斯兰设计突出的是由重复的基本图案组成的回纹波形饰，给人一种绵延不绝的感觉。（纽约大都会博物馆）

346

历史一览表：伊斯兰教

年　　代	政治/社会事件	文学/哲学思想事件
公元500年	■ 穆罕默德（570—632年）	
公元600年	■ 希吉拉（622年） ■ 穆斯林征服麦加 ■ 正统哈里发时期（632—661年） ■ 穆斯林征服伊拉克、叙利亚、巴勒斯坦、埃及、西伊朗（632—642年）、塞浦路斯和波斯帝国（650年代） ■ 倭马亚哈里发王朝（661—750年），定都大马士革 ■ 穆斯林占领迦太基（698年）及中亚地区（650—712年） ■ 侯赛因在卡尔巴拉被杀（680年），逊尼派与什叶派分离	■《古兰经》向穆罕默德昭示（610年） ■ 波斯语成为伊斯兰的第二语言
公元700年	■ 穆斯林征服突尼斯（700年），西班牙（711—716年），信德以及印度河下游流域 ■ 穆斯林在图尔战役中被击败（732年） ■ 穆斯林在怛罗斯之战中击败中国人（751年） ■ 阿拔斯哈里发王朝（750—1258年） ■ 巴格达建成（762年）	■ 伊本·伊斯哈格（卒于767年）编写《穆罕默德传记》 ■ 伊斯兰教法律主体形成
公元800年	■ 穆斯林帝国的分裂（833—945年） ■ 非斯建立（808年）	■ 泰伯里编著《历代先知和帝王史》 ■ 花剌子密发展了几何学 ■ 阿拔斯王朝在巴格达建立"智慧宫"翻译局 ■ 苏菲派的道乘修持学说
公元900年	■ 波斯人攻占巴格达（945年） ■ 开罗建立（969年）	■ 菲尔多西编著《王书》 ■ 阿尔·拉齐编写《医学百科全书》 ■ 土耳其语成为伊斯兰的第三语言 ■ 伊斯兰教自由派挑战正统派
公元1000年	■ 塞尔柱突厥人控制阿拔斯王朝（1038年） ■ 在北非和西班牙建立穆拉比特王朝（1061—1145年） ■ 曼兹科特之战（1071年） ■ 第一次十字军东征（1095—1099年）	■ 伊本·西拿（阿维森纳），哲学家，编写《医典》 ■ 比鲁尼编写数学及天文学著作（卒于1046年）
公元1100年	■ 穆瓦希德王朝统治北非和西班牙（1145—1269年） ■ 第二次十字军东征（1147—1149年） ■ 萨拉丁收复耶路撒冷（1187年） ■ 第三次十字军东征（1189—1192年）	■ 安萨里（卒于1111年），穆斯林哲学家及神学家 ■ 伊本·鲁世德（阿威罗伊，1126—1198年） ■ 迈蒙尼德（1135—1204年），犹太医生、哲学家、神学家
公元1200年	■ 第四次十字军东征（1202—1204年） ■ 德里苏丹国（1211—1526年） ■ 儿童十字军（1212年） ■ 第五—第八次十字军东征（1218—1291年） ■ 十字军在西亚遭驱逐（1291年） ■ 蒙古人攻占巴格达（1258年）; 阿拔斯王朝终结	■ 鲁米，《玛斯纳维》 ■ 志费尼，《世界征服者史》 ■ 拉希德丁，《史集》
公元1300年	■ 曼萨·穆萨的麦加朝圣之行（1324年） ■ 马来人和印度尼西亚人皈依伊斯兰教	■ 伊本·白图泰（1304—约1368年），旅行家 ■ 伊本·赫勒敦，《历史绪论》
公元1400年	■ 奥斯曼土耳其人征服君士坦丁堡（1453年） ■ 基督教徒占领格拉纳达，收复西班牙国土（1492年）	

一块黑色石头和麦加所有氏族及周边各个部落的神圣象征物。作为朝觐和贸易的中心,麦加给掌握着这个城市以及它的神殿的古莱氏部落带来了巨大的经济利益。

穆罕默德: 他的生平和教义

　　公元570年,穆罕默德出生于古莱氏部落的一个贵族家庭。在很小的时候他就成为孤儿,并由祖父和叔父相继抚养长大。后来他成为一名商人,受雇于一个名叫赫蒂彻的富孀。二十五岁时穆罕默德与赫蒂彻结婚,共生育有四个子女。

　　穆罕默德是一个耽于思考的人,他经常隐退到附近的一个山洞里祷告沉思。根据伊斯兰教的教义,在610年,穆罕默德40岁时,他的冥想被天使吉卜利勒的声音打断了,吉卜利勒指示他说:"你应当奉你的创造主的名义而宣读,他曾用血块创造人。"根据伊斯兰教的神学,在接下来的20年里,真主不断通过吉卜利勒将讯息传递给穆罕默德。穆罕默德又将这些神示传给门弟子并由他们背诵下来。这些诗句同时也被抄录在棕榈叶、石碑,以及其他材料上。穆罕默德去世后不久,在伊斯兰社会的第二任领袖欧麦尔一世(Umar I,634—644年在位)的统治期内,经由专人抄写、编辑,全部笔录及口头记诵下来的内容被编纂成《古兰经》,《古兰经》在阿拉伯语里的意思就是"诵读"。欧麦尔的继承人奥斯曼(Uthman,644—656年在位)发行了《古兰经》的正式审定版本。

　　《古兰经》的长度大体相当于基督教的《新约》,穆斯林将它视为是完完全全出自真主之口的语言。《古兰经》以诗歌的形式组成,对于定义阿拉伯语的文学标准语起到了帮助作用。穆斯林用阿拉伯语吟唱、研习它的经文,他们认为其中的每一个音节都是神圣的。直到今天,仍有很多穆斯林认为将《古兰经》译成别的语言是不恰当的,并拒绝予以接受。

　　在接下来的一个世纪里,新的技术使得《古兰经》的传播更为广泛。8世纪中叶,阿拉伯军队在中亚击败了中国的军队,这些穆斯林的胜利者从他们的俘虏那里学到了造纸术。8世纪末,巴格达出现了一家造纸厂;埃及在900年、摩洛哥和西班牙则在1100年分别都建立了造纸厂。土耳其人在12世纪将造纸术带到了印度的北部。纸张的用途之一当然用于政府官僚机构的管理。而另一个更为重要的用途就在于《古兰经》的抄录和传播。

347

大天使吉卜利勒的号声。穆罕默德作为先知的宗教生涯看起来是受到他早期超自然经历的启示。他曾经在地平线上遇到一个神,即大天使吉卜利勒,吉卜利勒命令他诵读……这是向人类昭示的第一节(《古兰经》中的片段),此处描绘吉卜利勒吹响号角,这是昭示的象征。(伦敦英国国家图书馆)

348

伊斯兰教的五功

《古兰经》记载了伊斯兰教的"五功"——定义了伊斯兰教正统派的宗教信仰和修行的五个仪式:

- 念清真言:"万物非主,只有安拉,穆罕默德是主的使者。"
- 每天做五次礼拜(2:144),做礼拜时要面向麦加;如果可能的话,每周五的正午还要进行集体的公共礼拜。
- 接济社会上的穷人,特别是寡妇和孤儿,收入的2.5%应上交(2:212ff.)。
- 每年伊斯兰教历的9月,即莱麦丹月(斋月),白天禁食,只有晚上可以进食。开斋节标志着这个月的结束(2:179—184)。
- 如果可能的话,一生至少进行一次朝觐,即到麦加朝圣(2:185ff.)。

吉哈德,或圣战,有时被称为伊斯兰教的"第六功"。它的要求没有那么严格,并有多种解释。一些学者将吉哈德解释为对战争的召唤,以此维护和扩张**达尔-伊斯兰**,意为"穆斯林居住区",即穆斯林统治下的土地,或后来指即使不在穆斯林的政治统治下,但是可以自由信仰伊斯兰教的地区。然而,即使在这一解释中,也指只有在自卫时才可以实行吉哈德,因为"真主必定不喜爱过分者"(2:187)。其他学者认为,吉哈德是对个人的一种召唤,一种内心精神上的奋斗,以尽可能充分地在生活中奉行伊斯兰教。《古兰经》对这种正确的生活方式作了概述:

> 正义是:信真主,信末日,信天神,信天经,信先知,并将所爱的财产施济亲戚、孤儿、贫民、旅客、乞丐和赎取奴隶,并谨守拜功,完纳天课,履行约言,忍受穷困、患难和战争。这等人,确是忠贞的;这等人,确是敬畏的。(2:172—173)

最后,《古兰经》反复承诺那些虔诚地遵守伊斯兰教的人将在天堂得到回报,其描述为"下临诸河的乐园……永恒的庇荫中"(4:60)。另一方面,那些拒绝实行伊斯兰教教义的人将永远在地狱中受烈焰的煎熬。人类必须在向善和向恶中做出选择,但《古兰经》同时宣称,绝对自由的意志是受限制的:"真主对于万事是全能的"(4:87)。

《古兰经》所强调的教义中有很多跟犹太教和基督教的教义相同,其中包括信奉唯一的神——在阿拉伯语中就是"安拉"——以及富人负有帮助穷人的义务。正如基督教一样,《古兰经》也宣扬存在末日审判。《古兰经》中的许多风俗习惯跟当时居住在阿拉伯的基督教徒、犹太教徒、琐罗亚斯德教徒的宗教仪规相同,这也使得这个新的宗教更容易被人所接受。比如,像已经制度化的施舍他人一样,定期祈祷和背诵教义对于犹太教和基督教来说也是十分重要的。用动物祭祀是异教徒和琐罗亚斯德教徒信仰中的一部分,也曾是犹太教的重要部分,现在则成为伊斯兰教的一个重要部

349

达尔-伊斯兰(dar al-Islam)
这个阿拉伯词语的字面意思是"和平的家园"。该词指的是伊斯兰的领地,或伊斯兰教及其宗教法律可以自由实施的领域。

前页 "庆祝斋月结束",选自《麦卡玛特》聚会(The Maqamat),公元约1325—1350年。斋月结束时,穆斯林会穿上新衣服,聚集到大清真寺,分享快乐、宽慰、成就感交集的感觉。在这里庆祝队伍挥舞着印有宗教铭文的旗帜,在庆典中集合起来。(巴黎国立图书馆)

分。祭祀仪式上宰牲作为食物反映了犹太人的生活习惯，就像男性的割礼一样。而琐罗亚斯德教徒也会在公共祈祷之前进行洗礼。

对穆罕默德的回应

随着人们转而信仰穆罕默德传递的信息，穆罕默德在麦加建立了乌玛的核心，即穆斯林社会的中心。其中有的是成功的商人，有的是奴隶、未加入部落的人，有的是家族成员。他的妻子赫蒂彻成为他的第一个信徒，他的表弟阿里看起来应该是第二个。

然而，大多数麦加人发现，穆罕默德的道德教义过于苛严，而且，当穆罕默德告诉他们他处于某种状态下会收到天使吉卜利勒的启示时，很多人对其可信度提出了质疑。从更为实际的层面上说，他们害怕他的教义会威胁到他们自己的信仰，特别是在他们家里和天房中盛行的偶像崇拜。一些麦加人，尤其是住在城市中的犹太教徒和基督教徒，他们本身是一神论者，但大都拒绝接受穆罕默德的教义，因为他们不认为自己的信仰需要穆罕默德所建议的净化。不过，尽管遭到如此激烈的反对，其中还包括对穆罕默德人身安全的公开威胁，但是穆罕默德的家人以及他的家族所属的古莱氏部落的分支依然坚决站在他这一边，其中有的人虽然不接受他的教义，但坚信他是正直诚实的。

然而，在赫蒂彻和其他一些早期的支持者去世后，穆罕默德在麦加的处境开始变

我们是怎样知道的？

有关早期伊斯兰教的资料

有许多关于伊斯兰教的历史记载来源于正统伊斯兰教的资料，或相反地，来自他们的反对者的文字记载。这些资料不能说是毫无偏颇的。此外，一些重要文献是在事件发生后很长时间才将其记录下来的，内容很可能出现误差。比如说，《古兰经》本身就是在穆罕默德得到第一个启示50年之后才编辑成书的。穆罕默德·伊本·伊斯哈格（Muhammad ibn Ishaq，公元约704—767年）在穆罕默德去世后一个世纪才撰写了第一部阿拉伯语的先知传记。

而且，伊斯兰世界在其最初的120年里经历了三次内战，之后又经历了许多次的内部争斗，而许多所谓的"官方"历史都是站在一方或另一方的立场上编写而成的。最后，因为伊斯兰教受到其他宗教文明的对抗，对其历史的描述常常带有倾向性，也往往是支持一方或另一方。

近代历史学家为了寻找不带偏见的客观信息，往往采用了一些不作为历史叙述记载的，但是可推导出历史的资料：

新一代历史学家由此发掘出多种多样的资料来源：如商业文件、税务登记、官方的土地赠予、行政部门的印章、人口普查记录、钱币、墓碑、写在碗上的神咒、朝圣的回忆记录、考古和建筑方面的数据、人物传记辞典、铭文，以及时间更近的口述历史。（Eaton in Adas，第4页）

这些记录使得人们对穆罕默德阿拉伯故土的文化以及相邻的拜占庭帝国和波斯萨珊王朝的文化有了更深刻的理解。这些记录也表明，伊斯兰教并不是在一个国家真空期发展起来的。它将已经出现在邻国的宗教、文化以及社会因素融合在一起。在它发展壮大的过程中，它融合了阿拉伯、希腊、罗马以及波斯文化的诸多方面。

- 是什么导致伊斯兰教早期历史上产生了相互矛盾的重要文件资料？
- 税务登记、官方土地赠予文件以及人口普查记录对诠释伊斯兰教的早期历史有什么作用？
- 如果你打算研究伊斯兰教在何种程度上吸收了希腊罗马文明或者波斯文明，你将主要搜寻什么资料？

得越来越危险了。一些穆斯林团体的成员开始离开麦加,并试图寻找一个更容易接受新教义的地方。

希吉拉(圣迁)和伊斯兰历法 在遭受自己的部落以及麦加居民的抵制后,穆罕默德也开始寻求一个更容易接受他的新教义的地方。他接受了麦地那城长老的邀请,和他的追随者一起,前往以北200英里的绿洲城市以解决当地部落之间的争端并掌握政府的控制权。穆罕默德也有可能是被麦地那有很多犹太人这一点所吸引。他们都是一神论者,这与他的信仰中最重要的信条是相同的,而且他可能认为自己最终能够使他们改变信仰。

穆罕默德顶着压力迁往麦地那成为伊斯兰教历史上一个十分重要的时刻,这次迁徙被称为**希吉拉**。正如基督教将耶稣生命中的一个重要时刻——他的出生年定为基督教历法的元年一样,穆罕默德将希吉拉以及他在麦地那确定政府领导地位的这一年作为他们的元年,这一年是基督教历法的622年。

虽然穆罕默德并没有成功转变很多犹太人的信仰,但许多其他的麦地那居民还是接受了他的宗教教义。这使他得以巩固乌玛作为统一的穆斯林宗教团体的地位。他认为,若要使伊斯兰教得以生存下去,他就必须创建一个伊斯兰政府,一个"达尔-伊斯兰"(意为"伊斯兰的领土"、"穆斯林居住区"),这个政府拥有能保护伊斯兰教信仰的机制。在麦地那他颁布了商业道德规范,以及关于婚姻、离婚、继承的家庭法,所有这些法令都是建立在《古兰经》教义的基础上的。

穆罕穆德权力的扩张 在麦地那建立政权之后,穆罕默德开始在麦加寻求皈依伊斯兰教者,但却以与反对他的古莱氏部落之间的冲突而告终。624年,他和他的追随者在拜德尔成功袭击了一支庞大的麦加商队,通过切断贸易路线削弱了麦加的繁荣,在当地为自己赢得了巨大的威望。625年,麦加人发动反攻,在伍侯德(Uhud)打败了穆罕默德和他的军队。627年,在壕沟之战中双方打得不分胜负,但穆罕默德的威望却在他勇敢抵抗强盛的麦加人的过程中与日俱增。630年,麦地那和麦加城各自的部落之间又发生了争战,麦加投降。穆斯林控制了天房,摧毁了麦加神像,将天房连同它里面那令人敬畏的黑色岩石一起变成了伊斯兰教的神殿。到632年穆罕默德去世时,他已经成功地将原本交战不已的一个个部落变成了一个信仰伊斯兰教、拥有伊斯兰政治机构并覆盖阿拉伯地区的联盟。

与其他一神论信仰的关系 根据《古兰经》的记载,穆罕默德只是真主的使者,而不是一种新的教义的创立者。他甚至不是伊斯兰教的创立人:在他之前就有过好几位先知,包括阿丹(亚当)、努哈(诺亚)、易卜拉欣(亚伯拉罕)、易司马仪(以赛玛利)、穆萨(摩西)以及尔撒(耶稣):

> 我们信我们所受的启示,与易卜拉欣、易司马仪、易司哈格、叶尔孤白和各支派所受的启示,与穆萨和尔撒受赐的经典,与众先知受主所赐的经典;我们对他们中任何一个,都不加以歧视,我们只顺真主。(《古兰经》,2:130—132)

希吉拉(hijra) 穆罕默德于公元622年从麦加(他的生命安全受到威胁的地方)往麦地那(当时称之为雅兹里布)的迁徙,在那里他作为一位潜在的领导者受到了欢迎。伊斯兰元年(A.H.意即"在希吉拉之后")就从这一天开始算起。

351

352

我们是怎样知道的?

伊斯兰教中的性别关系

很多读者可能都这样认为,男人和女人之间的关系是一种个人的隐私,但实际上,在每一个宗教——以及帝国——中,我们都已研究讨论过试图制约性别关系的官方规定。总的来说,他们一般都将女人置于男人的权威和控制之下,并给予男人更多的法定权利。虽然他们常常认为女人在家庭生活的私人领域中比男人更为重要,但是他们将更多的公共权力和责任给予了男人。伊斯兰教也遵循这种一般模式。《古兰经》中写道:

男人是维护妇女的,因为真主使他们比她们更优越,又因为他们所费的财产。贤淑的女子是服从的,是借真主的保佑而保守隐微的。你们怕她们执拗的妇女,你们可以劝戒她们,可以和她们同床异被,可以打她们。如果她们服从你们,那末,你们不要再想法欺负她们。真主确是至尊的,确是至大的。(4:34)

你们的妻子好比是你们的田地,你们可以随意耕种。(2:223)

然而,就像犹太教和印度教一样,在女性的经期性交是不被允许的。

在经期中你们应当离开妻子,不要与她们交接,直到她们清洁。(2:222)

从表面上看男人可能是两性关系中的主导者,但女人被认为是性感诱人的,因此《古兰经》敦促先知应做到:

你对信女们说,叫她们降低视线,遮蔽下身,莫露出首饰,除非自然露出的,叫她们用面纱遮住胸膛,莫露出首饰,除非对她们的丈夫,或她们的至亲,或老人和儿童。(24:31)

在法律事务见证这一方面,两个女人作证等同于一个男人作证(2:282)。同理,在遗产继承方面,"一个男子,得两个女子的分子"(4:11)。

尽管这些规定明显限制了妇女的地位,但是一些现代的学者坚称,伊斯兰教实际上带来了性别关系的"一次积极的社会变革"(Tucker,第42页)。与以前相比,伊斯兰教赋予了妇女新的权利,并给了她们婚姻中更多的保障。伊斯兰教法即沙里亚法通过契约约定责任的方式维护婚姻中双方的权利:它坚持必须得到新娘的同意;它明确规定了彩礼,或者说新婚的礼物,应属于新娘本人而不是新娘的家庭;同时它还明确指出丈夫有义务养活他的妻子和孩子,即使是他可能与之离婚的妻子。虽然男人最多可以娶四个妻子,但《古兰经》中附加说明,"如果你们恐怕不能公平地待遇她们,那末,你们只可以各娶一妻,或以你们的女奴为满足。这是更近于公平的(4:3)";所以,实际上通常只允许娶一个妻子。

这些学者同时指出,在穆罕默德的一生中,有三个女人树立了典范:首先是他的第一个妻子赫蒂彻,当他收到启示引起别人对他的嘲笑时,赫蒂彻在经济上和感情上都给予他支持;其次是阿伊莎,她是在赫蒂彻去世后他最宠爱的一个妻子;再次是法蒂玛,她是先知的女儿,也是第四任哈里发阿里的妻子。然而,这些女人的重要性都来源于她们曾服侍过的杰出的男人,而在她们表现出更为独立的一面时则受到了指责。

另一方面,其他一些学者坚持认为,伊斯兰教使得妇女的处境比以前更困难了。这些学者的论据是,在伊斯兰教之前的阿拉伯半岛,女人可以主动提出婚姻,可以拥有一个以上的丈夫,可以主动跟丈夫离婚,可以待在自己父母的家里而让丈夫过来跟自己的父母一起住,还可以在离婚以后仍保有对孩子的监护权。伊斯兰教之前,阿拉伯半岛上的一些女性,如阿拉特(Allat)、阿尔乌扎(al-Uzza)和马纳特(Manat)都受到人们极高的崇敬,这表明当时对女性是相当尊敬的。

在那些认为妇女的地位在伊斯兰教时期有所下降的学者中,有些人认为,责任全都在伊斯兰教本身,但是另一些人提出,伊斯兰教的教义其实相对而言是比较开明的,而与拜占庭帝国和萨珊王朝的接触导致了妇女地位的降低。他们认为,属于部落性质的以游牧为生的阿拉伯人对待妇女相对来说是较为平等的,但是在相邻的帝国里,在定居下来的城市文明中,女性外出都蒙上面纱,而且她们大部分时间都待在家里接受男人的支配。阿拉伯人吸纳了这种风俗习惯。实际上,这些学者还指出,原先比较开明的《古兰经》中的规范在跟阿拉伯之外的社会接触后被重新阐释了。不论《古兰经》中提出了什么样的规范,在伊斯兰世界的不同地区,性别关系实际上有着很大的差别。

伊本·白图泰(Ibn Battuta,公元1303—约1368年)是柏柏尔人(北非),一位著名的旅行家,曾到过世界上的许多地方,在阿拉伯的伊斯兰教中心地区,他形成了自己的对性别关系的概念。在他的旅行途中,他常常对其他伊斯兰国家中妇女的地位感到惊讶,有时候甚至是震惊。在位于黑海和里海之间的突厥人和蒙古人控制的地区,当地的可汗(苏丹)的妻子掌控着他们的财产。伊本·白图泰看到,当可汗的正妻出现在可汗的住处时,可汗(苏丹)

上前走到帐篷门口迎接她,向她敬礼,用手搀着她,而且只有当她在躺椅上坐下之后,苏丹才能坐下。这些都是他当时亲眼所见的,而且她们都没有戴面纱。(Dunn,第168页)

在印度洋的马尔代夫群岛,伊本·白图泰甚至感到更为震惊:

犹太人把希伯来·亚伯拉罕视为犹太教一神教之父,而穆斯林声称希伯来·亚伯拉罕是第一个穆斯林:"易卜拉欣既不是犹太教徒,也不是基督教徒;他是一个崇信正教、归顺真主的人"(《古兰经》,3:60)。因此,穆斯林常常把犹太教徒、基督教徒、穆斯林统称为"亚伯拉罕的孩子"。

穆罕默德认为他之前的每个先知的教义在经年累月之后已经被他们的追随者破坏了。穆斯林对基督徒的信仰中耶稣是上帝的儿子这一点提出了质疑,断言基督教教义中耶稣的神性与纯粹一神论的基本概念相矛盾。《古兰经》中指责了这一异端学说,并宣称,"真主不会收养儿子"(19:36)。而犹太教徒的错误在于拒绝承认《古兰经》是他们已经得到的真理的改进版。

> 有人对他们说:"你们应当信真主所降示的经典。"他们就说:"我们信我们所受的启示。"他们不信此后的经典。(2:85)

穆罕默德和他的追随者转而相信,他收到的启示才是最终的、准确无误和真实的。穆罕默德没有对他收到的讯息做任何演绎;收到时是什么样,他就怎样传达。对穆斯林来说,在一系列的先知中,穆罕默德是最终的决定性的一环。

信仰基督教的阿拉伯人仍然和穆罕默德的联盟保持距离,一些犹太教徒更是坚决反对他的政治目标,并拒绝接受他所宣称的宗教预言。穆罕默德对没能使这两个信仰一神教宗教的教徒皈依到他的门下感到十分失望,尤其是一些犹太家族还在战争中加入了他的敌手麦加人的军队,这使他极为愤怒,于是他将古莱札部落的犹太男子全部处死,把妇女和儿童充为奴隶。然而阿拉伯其他地方的犹太教徒和基督教徒虽然需要交一种特别的税,但是仍可以自由信奉他们自己的宗教。

我们是怎样知道的?(续)

353

他们的妇女并没有把手盖住,即使他们的王后也没有,她们梳理头发并将头发扎结于身体的一侧。她们大都只穿着从腰部一直拖曳至地面的围裙,身体的其他部分则裸露在外。当我在那里当卡迪(法官)的时候,我曾试图结束这种风俗并下令要求她们穿上衣服,但是我彻底失败了。在法庭诉讼过程中,如果女人的身体没有被包住我就不出现,但除此之外,我对其他方面就完全无能为力了。(McNeill,第276页)

在非洲西部的马里,女奴和女仆在统治者的宫廷里完全是裸露的。当伊本·白图泰发现一名学者的妻子在跟另一个男人说话时,他向这位学者发出抱怨。但是这位学者很快驳斥了他的说法:

在我们这里,男女之间的交往是被大家所接受的,而且是一种良好的行为举止,没有人会横加猜忌。她们不像你们国家的妇女。(Dunn,第300页)

伊本·白图泰扭头就走,而且此后再也没有去过这个学者的家。

● 在两性关系方面,伊斯兰教在多大程度上涉及了对人的生物性的性关系的管理?在家庭关系方面呢?在家庭之外的社会和法律关系方面呢?我们如何比较伊斯兰教中的这些规定和其他宗教的相关规定?

● 在伊斯兰教的早期,有什么证据可以证明,跟阿拉伯其他宗教团体或阿拉伯之外的拜占庭帝国、萨珊王朝比起来,伊斯兰教对妇女采取了较为平等的态度?另有什么证据可以证明其态度是不平等的?

● 在信仰伊斯兰教的不同地区,妇女的待遇大不相同,伊本·白图泰对此十分惊讶。你感到惊讶么?为什么?

离婚程序。 一位抄写员记录了一对夫妻之间的官司，他们在一位卡迪，即法官面前请求离婚。一个妇女在与丈夫离婚方面只有很有限的权利，而一个男人可以在没有任何理由的情况下跟他的妻子离婚，但是实际情况远没有这么简单。卡迪在做出判决时会综合考虑经文中的规定、当地的风俗以及他本人的判断。（巴黎国立图书馆）

哈里发（caliph） 穆斯林社会的精神领袖和世俗统治者。

穆罕默德的继任者

　　由于穆罕默德去世后没有子嗣，穆斯林社会担心乌玛及其政治组织会解体。为维持穆斯林社会的继续存在，穆斯林领导阶层推选穆罕默德的密友之一、他的妻子阿以莎的父亲阿布·伯克尔（Abu Bakr，632—634年间在位）作为穆罕默德的继任者和穆斯林社会的领袖即**哈里发**。同样地，接下来的三任哈里发也都是从穆罕默德的亲属和朋友中选出的，但是在此过程中发生了越来越多的争执。

　　阿布·伯克尔进行组织动员以防止穆斯林抛弃他们的新宗教信仰和否认政府的权威，对胆敢这样做的部落则发动攻击。阿拉伯半岛被部落之间的战火震撼了。同过去一样，各个部落都为争夺权力而战，相互掠夺资源。随着各个部落越过阿拉伯半岛的边境寻求盟国，部落之间的战火也随之蔓延。拜占庭帝国和萨珊王朝在发现阿拉伯军队侵占了自己的领土之后予以还击。但是，在巴勒斯坦南部的阿杰纳达扬战役（Battle of Ajnadayn）（634年）中，阿拉伯各部落联合起来组成了一支统一的军队，击溃了拜占庭的军队。经过这次胜利之后，阿拉伯的兵士不再是仅仅为了寻找战利

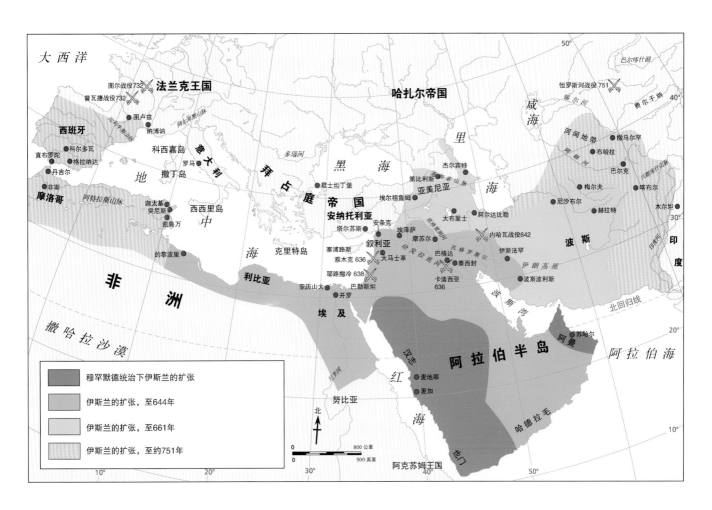

伊斯兰教的扩张。穆斯林信仰以惊人的速度从中心麦加向世界各地传播。在公元 632 年穆罕默德去世后不到一个世纪的时间里,阿拉伯军队已经西抵大西洋海岸,东达印度和中国的边界。

355

品而出击的掠夺者,他们现在是在为争夺帝国的控制权而战。

阿拉伯军队接二连三地征服——636 年占领大马士革,638 年占领耶路撒冷——但是由于受到拜占庭军队在安纳托利亚半岛边境的坚决抵抗,北上的进军被迫止步。直至 4 个世纪以后,拜占庭帝国防守的安纳托利亚半岛边境才被突破,其巴尔干半岛的领土在 8 个世纪后沦陷。然而,萨珊王朝却几乎于顷刻之间即被摧毁。637 年,阿拉伯军队在战斗中击溃了波斯人,占领了其都城泰西封,最后一位皇帝被迫出逃。在几乎没有遭遇任何阻挡的情况下,阿拉伯军队横扫伊拉克、伊朗、阿富汗和中亚地区。其他一些阿拉伯军队转向北非,于 641—643 年占领埃及,643 年占领的黎波里。

作为一个"受真主指引"的哈里发,第二任哈里发欧麦尔一世(Umar I, 634—644 年在位)制定了早期的政治行政管理原则,不允许军队妨碍被征服地区的民众的生活。最初几任哈里发为了防止征服者和被征服者的政治和社会地位混淆,并不鼓励当地人皈依伊斯兰教。而且,由于穆斯林免交土地税和人丁税,被征服地区民众的皈依可能会导致欧麦尔政府在税收收入上遭受相当大的损失。

为防止军队和政府的官员干涉被征服地区的经济和社会传统,欧麦尔要求征服者生活在远离被征服民众居住的地区。穆斯林军队兴建了新的戍城,如巴士拉、库法、福斯塔特和梅尔夫等,并为其军队的士兵和行政官员在已有的城市基础上建造新的住宅区。大部分当地的税收和行政管理制度被保留了下来,原来的在职人员大多仍留在自己的岗位上,但是新的政府没收了曾经为原来的国家及其官员所拥有的土地,并宣称为伊斯兰政府所有。

这些新的做法并没有造成稳定的局面。在新的戍城里,征服者和被征服者生活在同一个区域,并不能有效地把他们从社会和文化上隔离开来。此外,士兵们抱怨他们的军饷太低。尽管新的征服使得上层统治者更富裕了,但是士兵们的收入却远远落在后面。伊斯兰教呼吁的更为平等的社会何在? 实际上,统治阶级称霸的野心和伊斯兰教的宗教目标正在背道而驰。

内战: 宗教冲突和逊尼派—什叶派的分化

不同的政治、经济、部落和宗教利益集团为争夺权力尔虞我诈,阿拉伯世界由此而陷入了一连串的内战之中。来自埃及的一支阿拉伯军队强烈抗议奥斯曼统治下当地官员的凶恶残暴,他们的军饷太低,发动兵变暗杀了第三任哈里发奥斯曼(Uthman, 644—656年在位)。阶级分化摧毁了阿拉伯世界的团结。

尽管遭到强烈的反对,阿里(Ali, 656—661年在位)被推选为奥斯曼的继任者。支持阿里当选的最强大的支持者是"阿里党",即"阿里的拥护者",常常被简称为shi'a或shi'ites(汉语译为"什叶派")。该党认为,哈里发应从穆罕默德的家族中选出。他们反对前三任哈里发的当选。阿里作为穆罕默德的侄子,而且娶了穆罕默德的女儿法蒂玛,成为穆罕默德的女婿,这使得阿里成为第一个符合什叶派要求的哈里发。与此相反,奥斯曼家族即倭马亚家族的成员则倾向于从他们自己的家族中挑选哈里发。他们争辩称,既然前三任哈里发是由乌玛推举当选的,并反映了圣行即先知的范例,他们就是合法的。他们及其追随者自称为逊尼派。最终,出于自身的原因长期以来一直反对倭马亚的第三方,由于担心阿里会和其对手妥协和解,派人刺杀了阿里。

阿里遇刺以后,倭马亚的领袖穆阿威叶宣布自己为哈里发。穆阿威叶把首都从阿拉伯迁至叙利亚的大马士革,由此与阿拉伯半岛原来的穆斯林精英阶层拉开了距离。他为伊斯兰带来了更大的世界性影响和更为专业的帝国管理模式。

尽管如此,各个部落和宗教派别之间的关系仍相当紧张。680年穆阿威叶去世后,内战再次爆发。其子耶齐德一世(Yazid I, 680—683年在位)宣称自己为哈里发,但是被刺杀的阿里的儿子侯赛因开始同耶齐德交战。680年,侯赛因在伊拉克卡尔巴拉的一场战斗中遭杀害,他成为其父之后伊斯兰什叶派的第二位殉道者。

什叶派强调宗教纯洁的重要性,他们要求哈里发必须代表伊斯兰的宗教原则,而不是只顾觊觎帝国的宝座。他们认为,阿里不仅是穆罕默德家族的成员之一,而且代表了更纯正的血统。他们只认可阿里的后代担任**"伊玛目"**,即宗教领袖同时也是合法的哈里发。自680年开始,什叶派为使自己的伊玛目坐上哈里发的位置而陷入战争之中。

伊玛目(imam) 伊斯兰教里对领袖或者榜样的称呼。

356

什叶派的前11代伊玛目都被认为接连在战争或暗杀中成为殉道者。自874年，第11代伊玛目去世，他的儿子销声匿迹之后，这一世系绝传。从那时开始，"12代伊玛目派"一直期待隐遁的第12代伊玛目重新现身。再度出现的伊玛目被称为"**马赫迪**"或"受真主引导的人"即救世主，将带领伊斯兰教的众教徒进入伊斯兰教正义和真理的新时代。与此同时，尽管他们强调的是宗教思想而不是现实世界，但他们通常乐于接受现任政府的统治。

然而，穆斯林中的大多数教徒主要把哈里发视为管理伊斯兰帝国的政治官员。倭马亚王朝的统治以逊尼派教义为基础，在面临政治抉择时尊重乌玛的重要地位，因此大多数穆斯林接受倭马亚王朝的统治。

什叶派和逊尼派的分裂始于哈里发职位的继承问题。尽管哈里发的职位早已不存在，但是作为伊斯兰教内部的基本派别，这一分化一直延续至今。今天，全世界的穆斯林中约有83%属于逊尼派，16%属于什叶派。二者的分化主要在地理位置上表现出来，约有95%的伊朗人和60%的伊拉克人为什叶派教徒。作为什叶派的一个分支的伊斯玛仪派主要活跃于巴基斯坦和印度。在其他地区逊尼派则占压倒性多数。

圆顶清真寺的外观，耶路撒冷，始建于公元692年。倭马亚王朝第一任哈里发阿卜杜勒·乌利克（685—705年在位）建造了此圣殿，它成为伊斯兰教历史上第一个主要遗迹。建造的目的是为了庆祝倭马亚王朝的胜利征服。倭马亚王朝在阿拉伯半岛形成，后打败拜占庭帝国和波斯帝国，靠自己的实力建立了一个新的帝国。

357

马赫迪（mahdi） 根据伊斯兰教的传统，在审判日之前的一段时间，有一位救世主将临世，重建正义、真理和信仰。

逊尼–什叶派的分裂是伊斯兰教最主要的分裂,但并不是唯一的一个。765年,第六代伊玛目去世后,在第七任伊玛目的认可问题上发生了冲突。大部分人选择伊玛目的幼子,但是少部分人追随其长子伊斯玛仪。伊斯玛仪派积极宣传自己的信仰,频繁反抗哈里发的统治。之后伊斯玛仪派也产生了分裂,其中一派继续存在至今,把阿迦汗尊为领袖。

倭马亚哈里发建立帝国

经过穆阿威叶死后的继位战争,倭马亚王朝巩固了其统治,并开始了帝国对外征服的战争。作为帝国势力的象征,倭马亚哈里发于691年在耶路撒冷建造了巨大宏伟的清真寺(圆顶清真寺);后于706至710年在麦地那,706至714年在大马士革,709至715年在耶路撒冷分别建造了清真寺(耶路撒冷的为阿克萨清真寺)。他们同时开始建立一个效忠于国家,而不是当前统治者个人的帝国行政管理系统。

城市生活侵蚀了部落社会的团结。一种新的社会结构产生了,它一方面使阿拉伯的上层和下层阶级分化,同时又把阿拉伯和非阿拉伯的精英分子联结了起来。倭马亚哈里发期望伊斯兰教能成为将这个四分五裂的社会连在一起的黏合剂。他们努力使被征服的民众皈依伊斯兰教,并将他们融入一个单一的穆斯林乌玛中去。到8世纪中叶时,城市人口中皈依伊斯兰教的人数在增长,同时阿拉伯语在政府的行政管理、文学和日常生活中的使用也在不断增长。

经过一系列极为成功的帝国征服战争,倭马亚人迅速扩大了他们的版图。到了711年,阿拉伯军队征服了整个非洲北海岸。在北非,大部分被征服的柏柏尔部落在经过最初的抵抗之后皈依了伊斯兰教。一种极端的情况是通过通婚实现皈依伊斯兰教,一些阿拉伯征服者和柏柏尔人混居在一起,以至于无法从种族上把他们区分开来。也有整个部落皈依伊斯兰教的情况。他们成为伊斯兰世界的一部分,但是仍保留着原来的部落结构。他们经常像一个小国一样实行自己的内部管理。其他的穆斯林军队向东行进,占领了中亚的大片土地,并多次袭击印度信德的峡谷地区。

在711年到756年之间,阿拉伯人和柏柏尔人组成的军队跨过直布罗陀海峡,征服了西班牙。穆斯林军队也进入法国,但是在732年的图尔之战中,查理·马特和法兰克人的军队将穆斯林军队逼回比利牛斯山脉以南。

穆斯林政府继续统治至少西班牙的一部分长达七个半世纪,直至1492年。其间,穆斯林、基督教徒和犹太人的关系有时相当紧张,但有时也硕果累累。

倭马亚王朝复制了拜占庭和波斯帝国的帝国结构:帝国的征服战争,政府的行政官僚制度,宏伟的建筑和奢华的皇宫。他们使用阿拉伯语作为政府的行政管理语言,鼓励民众皈依伊斯兰教。

然而,欧麦尔的继任者们并没有像早期的哈里发一样致力于伊斯兰教统治下的平等。他们的实践前后并不一致,各个利益集团对各自命运的乖舛多变灰心丧气。尽管许多逊尼派宗教领导人对倭马亚王朝重视伊斯兰教感到满意,但是倭马亚王朝

女奴隶的黏土塑像,叙利亚希尔拜尔马特贾(Khirbat al-Mafjar)出土,约8世纪。女奴隶在倭马亚王朝和其后的朝代中占有一定地位。她们中的许多人是有成就的歌唱家,受过良好的教育,常成为热烈爱慕的对象。

358

夸耀帝国盛况并明目张胆使用宗教来达到政治目的的做法冒犯了这些领导人。许多什叶派教徒依然怀有这样的期望,希望他们伊玛目中的一位可以取代倭马亚人,坐上属于他自己的哈里发的宝座。在伊拉克的库法地区,什叶派于740年发动起义,但是起义遭到镇压,其领导人被处死。

倭马亚王朝产生了各种矛盾。非阿拉伯穆斯林的税赋并没有降低,或者只是暂时降低了一些,他们抱怨政府没有实现其承诺。阿拉伯人则对政府向其增税以弥补因对其他族群采取减税措施而带来的损失,表示不满。

倭马亚军队的战线拉得过长,疲于奔命,开始在一些重大战役中失利。突厥人将他们从中亚的河中地区驱逐出去;730年,哈扎尔人使倭马亚军队止步于亚美尼亚;732年,查理·马特制止了倭马亚军队在法兰克的侵袭;740年,希腊人在安纳托利亚消灭了一支主要的穆斯林军队;在北非,柏柏尔人起义反抗,尽管在742年被打败,但柏柏尔人在反抗过程中消灭了一支27 000人的倭马亚军队。倭马亚军队确实于751年赢得了至关重要的怛罗斯之战,阻止了中国军队的西进,并给伊斯兰宗教和文化使团打开了通往中亚和丝绸之路的大门,但是倭马亚人并没有继续前进。军队就此止步。由于陷入各方面的冲突中,哈里发无力作出回应,被迫卷入第三次内战。

第三次内战和阿拔斯哈里发

伊朗北部的阿拔斯部落——它起源于穆罕默德的一个名叫阿拔斯的叔叔,也声称受到阿里后代们的支持——发动起义反抗倭马亚人。受到抗议重税的移居伊朗的阿拉伯人、追求自治的什叶派穆斯林和来自也门的一派的支持,阿拔斯部落推翻了倭马亚哈里发的统治。750年,阿布·阿拔斯(Abu al-abbas al-saffah)成为新的阿拔斯哈里发,该王朝实际统治时间为一个半世纪,但在名义上一直统治到1258年。阿拔斯哈里发在大马士革以东500里,沿底格里斯河畔,在历史上新月沃地的中心地区巴格达建立了一个新的首都,这标志着一个新的政策方向。

阿拔斯哈里发继续致力于倭马亚人的使命,即努力为新建立的包括多种族在内的帝国带来秩序和统一,他们沿用欧麦尔二世制定的很多政策。阿拔斯哈里发使用阿拉伯语作为官方交流和政府管理的统一语言,继续促进非穆斯林的皈依。他们在帝国的各个民族中广召人员担任政府行政和军队的职位;随着政府行政官僚系统的扩张,聂思脱里教徒、犹太人、什叶派和许多族群在阿拔斯王朝的政府行政管理系统中都占据相当的人数。

在一个世纪的时间里,阿拔斯王朝成功地——以极为惊人的方式——解决了管理巨大帝国的各种问题。他们保持着一种世界性的和中央集权的行政系统,但同时仍与各地的社会保持着联系。他们对下面的政府官员采取轮换制度,这样他们就不会在偏远的岗位上固定下来,也不至于取得半独立的地位。阿拔斯王朝规范了税收制度。他们雇用间谍和军队,还有武装警察。他们努力同当地的贵族维持良好的关系,例如村庄的首领、大地主、法官、当地清真寺的官员、宗教方面的教师、放贷者、会计、商人和家族的族长,因为他们是重要的信息来源,代表了村庄、城镇的基本势力。

哈里发势力的削弱

然而,阿拔斯哈里发也不可避免地遇到了难题。选出一个哈里发的继任者的程序问题仍然悬而未决。哈伦·拉希德(Harun-al-Rashid,786—809年在位)哈里发死后,他的两个儿子为争夺王位大打出手,从而引发第四次内战。征募军队成为一个更严重的问题。在整个帝国,地方的铁腕人物被邀请带兵加入哈里发的军队,但是这些兵勇效忠的只是地方的统治者,而不是巴格达。

哈里发们在军队中大量启用奴隶士兵。这些奴隶军队大部分来自中亚,大多缺乏组织纪律,有时还会互相交战。与此同时,非军事的政府机构变得越来越腐败,与普通大众的距离越来越远,税收的负担也日益转嫁到受剥削的、半独立的农民身上。腐败和对奴隶的依赖使得哈里发越发远离他们统治下的臣民。统治者离他们管理的人民越来越远——哈里发的权力越是高高在上,他们离最初伊斯兰教平等和简朴的理想就越遥远。

半独立国家的兴起　结果是,起义打击了哈里发政权。868年,一个突厥将领建立了一个包括埃及和叙利亚在内的实际上独立的王朝,直至905年才被哈里发收复。伊拉克南部盐矿的奴隶发动了一次成功的起义,从868年到883年,持续了整整15年。867年,伊朗中部的边境部队发动起义,赢得了对伊朗南部和西部的控制权。伊斯玛仪派和什叶派的宗教领袖在整个帝国范围内组织了起义。他们否认阿拔斯哈里发统治的合法性,谴责巴格达的腐败政府通过遥控方式对村庄和部落百姓进行残酷剥削,这样他们以自己理解的伊斯兰教的名义获得了多次胜利。在伊斯玛仪派的鼓舞下,农民和贝督因部落向麦加发动攻击,一时间夺取了神圣的天房"黑石",即圣城中最受崇敬的圣地。

法蒂玛部落宣称自己是先知的合法继任者,他们征服了埃及和非洲北方的大部。他们同巴格达公开决裂,宣称自己是合法的哈里发。在伊拉克,其他叛乱者先是占领了巴格达附近的地区,然后在945年占领了巴格达。哈里发名义上可以继续统治,但是实际上作为一个统一的、中央集权的帝国已经不复存在了。尽管在名义上哈里发的权威仍被各地所接受,但是阿拔斯王朝的统一已经解体了。

塞尔柱突厥人及其苏丹　与此同时,在7世纪和8世纪,中国唐朝的强盛再一次给亚洲中部的游牧民族带来了压力,迫使他们向西转移,这情形就像几个世纪前汉朝时的情景一样(见第7章)。这一次游牧民族遇到了皈依伊斯兰教的民族。通过和穆斯林学者及神秘主义者的接触,许多游牧民族也皈依了伊斯兰教。

这些部落之一,即讲突厥语的葛逻禄人获得了对位于今天乌兹别克斯坦境内的布哈拉(992年)和撒马尔罕(999年)的控制权。他们宣扬伊斯兰教,并开始推动突厥语和一种突厥—伊斯兰教文明的发展。

另一支由塞尔柱(Seljuk 或 Saljuq)家族领导的突厥语部落进入中亚,征服了阿富汗和伊朗,于1055年夺取巴格达。在巴格达,塞尔柱突厥人保留了阿拔斯哈里发的王位,并以他的名义统治这个地区。他们自称苏丹,宣布主持管理政府的世俗事务,而将宗教事务的管理权留给哈里发。

拜占庭帝国和伊斯兰教。拜占庭帝国在罗马陷落之后的一千年里在小亚细亚一直是基督教政治权力的堡垒。伊斯兰教一支强大的新生力量,即塞尔柱突厥人在11世纪出现在中亚。他们在侵入波斯和叙利亚之后,于1071年在曼兹科特打败了拜占庭军队,开始进入拜占庭帝国的心脏地带。

361

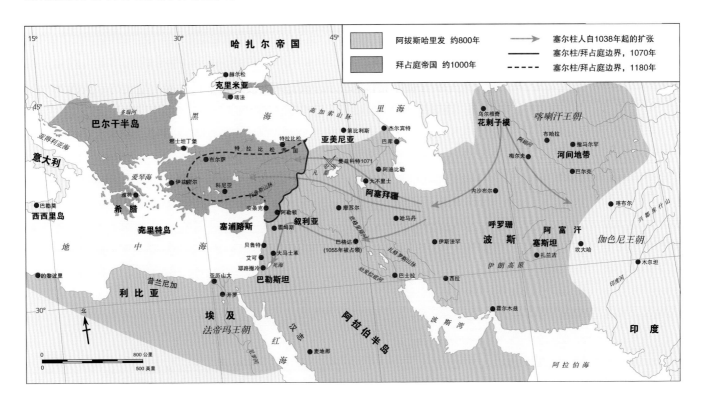

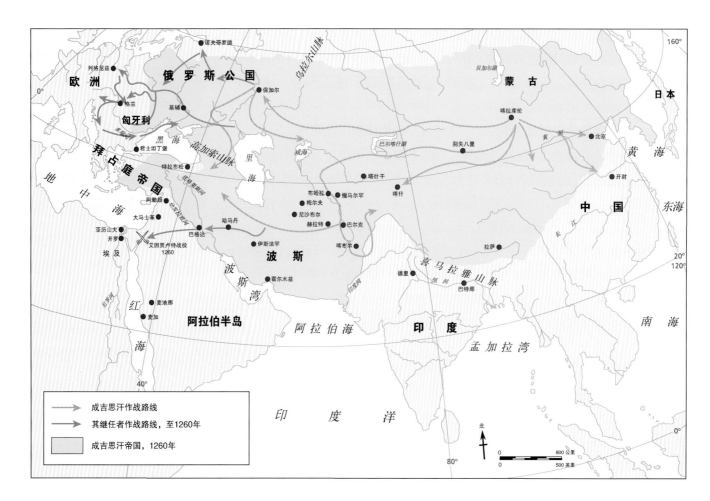

蒙古世界。蒙古人是一个富于侵略性的草原游牧民族，其对欧亚大陆的迅速横扫一直是历史上最成功的军事行动之一。在三十年的时间里，成吉思汗指挥蒙古骑兵东至中国的腹地，西至俄罗斯基辅、高加索地区和波斯。他的后继者吞并了中国，进入欧洲，并继续建立了一个横跨亚洲的帝国。

蒙古人和哈里发制度的终结　在12世纪，一个新的威胁使得从中国到欧洲的帝国，包括穆斯林统治的地区，都处于一种不稳定的局面中。在蒙古的喀拉库伦，铁木真（Temujin，约1162—1227年），即后来所称的成吉思汗（宇宙的统治者），建立了蒙古和突厥人的联盟。他们骑着马东征西讨，建立了历史上面积最大的陆上帝国。有关蒙古扩张的故事请见第12章。

被蒙古人占领了土地的穆斯林感到十分绝望。作为目击者，伊本·艾西尔记录下了他对1220年至1221年间早期的征服浪潮的反应：

> 很多年来我一直不想提起这一事件，我觉得这太恐怖了，每次我想记录下来时我都会颤抖。实际上谁能轻易记下这种宣告了对伊斯兰教和穆斯林致命打击的事件？或者，对谁来说这样的回忆又会是轻轻松松的呢？哎，那感觉还不如母亲没生下我，或者我还不如死了，在这一切发生之前早被人遗忘……这些（蒙古）人屠杀妇女、男人和儿童，一个都不肯放过，他们剖开孕妇的肚子，杀死尚未出生的婴孩。（McNeill 和 Waldman，第249—251页）

1258年，成吉思汗的孙子旭烈兀（约1217—1265年）征服了巴格达，将哈里发处死,结束了阿拔斯王朝。蒙古人本可以继续征服西亚,但是旭烈兀的兄长在中国去世这一事件转移了他们的注意力。与此同时,开罗的苏丹在拿撒勒城附近的艾因贾卢特战役中(1260年)打败了蒙古军队,解除了蒙古军队继续前进的威胁。然而,蒙古人在西亚的统治一直持续到1336年。很明显,尽管在政治权力上输给了蒙古人,但是伊斯兰教仍然在持续扩张,吸引了越来越多的皈依者。

精神、宗教和文化的繁荣

哈里发政权被推翻后,统一的穆斯林社会,即乌玛,似乎也随之瓦解。穆斯林社会的政治中心

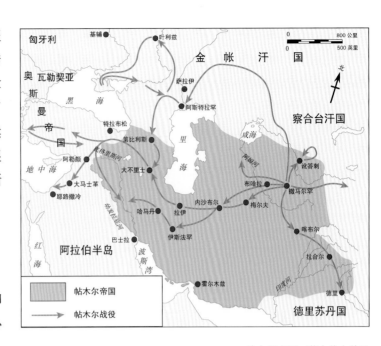

帖木儿帝国。蒙古势力的最后辉煌源自帖木儿的雄心。帖木儿的军队源自撒马尔罕,东南奔袭至印度,北至金帐汗国,西至奥斯曼帝国和埃及马穆鲁克帝国。除了早期通过残忍手段取得的辉煌成功,帖木儿帝国并没有能力维持内部的动力,它的崩溃预示着蒙古势力即将退出世界舞台。

发表演说。有这样一则传统的格言,"国王是民众的统治者,而学者是国王的统治者"。它说明了穆斯林对学习的尊重。此外,传播知识被视为虔诚的表现。授课的背景是一个藏满书籍的图书馆,课上老师会先口授一段课文,然后就此进行阐述。(巴黎国立图书馆)

被摧毁了。因此早期的历史学家将1258年视为一个转折点，由此穆斯林社会开始了一个长时间的衰退。然而，近代的历史学家则强调指出，伊斯兰教在阿拉伯世界之外的地方仍在继续传播发展。在蒙古人踏上伊斯兰土地之后的一个世纪里，他们的后人皈依了伊斯兰教。穆斯林学者、神秘主义者和商人通过海路将伊斯兰教传遍了整个印度洋地区，通过陆路则将伊斯兰教传遍丝绸之路经过的各个地区。

跛子帖木儿（Tamerlane 或 Tamburlane，1336—1405年）带领突厥侵略者沿着成吉思汗当年的路线占领了德里（1398年）、阿勒颇（1400年）、大马士革（1401年）、安卡拉（1402年）和布哈拉（1402年），这期间，他得到伊斯兰学者、**乌里玛**、神秘主义者和**苏菲派**教徒的支持。帖木儿的后人对伊斯兰教的眷顾使得在一个世纪内，撒马尔罕和布哈拉成为伊斯兰文化的主要都城。他们同样把突厥语作为一种文学语言，促使其发展成为除阿拉伯语和波斯语之外的第三大伊斯兰语言。

今天，世界上大约有17%的穆斯林居住在东南亚，这个地区从未臣服于哈里发的统治之下；30%居住在南亚，这里在被哈里发占领后几乎所有人都皈依了伊斯兰教；12%居住在撒哈拉以南的非洲地区，这里同样是哈里发从未光顾过的区域。简而言之，今天的穆斯林中约有60%以上其先人与巴格达的阿拔斯哈里发没有任何联系。在后面的章节中，我们将探讨伊斯兰教作为一个宗教和一种文明，即便在其历史上的政治中心瓦解以后仍能兴盛和传播的因素。

乌里玛（ulama） 伊斯兰教的神学家和法律专家。

苏菲派（Sufi） 伊斯兰教中的神秘主义者，首先出现在公元8世纪和9世纪。

德里苏丹政权的崛起。穆斯林阿富汗伽色尼王朝是若干阿富汗及突厥政治势力中第一个在印度北部确立霸权，并与当地印度统治者划分势力范围者。以德里为基地，相继的六个穆斯林王朝的版图时有变动，但是直到大约14世纪中期才短暂地完全控制了德干地区。

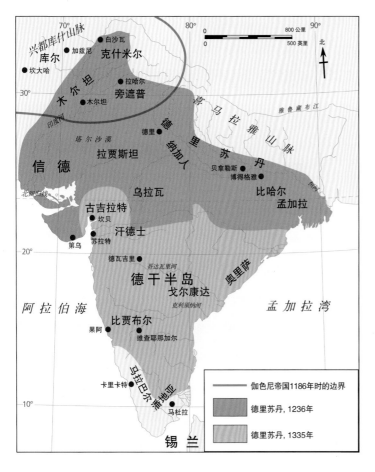

伊斯兰教传播到其他民族

哈里发政权的终结并不意味着伊斯兰教传播的结束。事实上正相反，地区统治者的地位更趋独立，他们开始奉行政治和军事扩张的政策，同时宣称伊斯兰的宗教和文化是他们自己的宗教和文化。

印度 早在962年，由获得自由的奴隶参加的军队就在阿富汗的加兹尼建立了穆斯林政府。以此为基础，穆斯林开始了对印度的掠夺，并确立了对旁遮普的统治。1211年，征服德里的伊斯兰将军宣布自己为独立的苏丹，自此开启了一系列共五个朝代，后统称为德里苏丹政权（1211—1526年）。到1236年，他们控制了印度北部；到1335年，几乎整个印度次大陆都在其控制之下。

当德里的力量减弱时，许多穆斯林统治者控制了印度的其他地区。这些地区的政府尤其贴近臣民，他们鼓励地方语言的发展，为苏菲派、穆斯林神秘主义者和教师在新的地区介绍和推广伊斯兰教提供了新的机会。在1526年和1556年，由蒙古和突厥穆斯林组成的侵略者先是短暂后又较长期地征服了印度,开启了一个新的时代即莫卧儿帝国时期。

　　大部分(但并不是全部)的穆斯林统治者认识到与占人口绝大多数的印度民众保持宗教上的相互尊敬和融合的重要性。8世纪最早的穆斯林入侵者在信德为印度教教徒提供了保护,而过去这样的保护通常仅给予一神论者。他们争辩说,在印度教的各种神的背后,只有一个真相。他们同样认识到,与如此多的印度教徒争斗是不可能的。他们赋予印度教徒这样的权利:只要他们接受伊斯兰政权的统治,他们就可以拥有自己的宗教信仰。穆斯林统治者们通常对印度教的寺庙提供保护,尽管他们有时把损毁寺庙作为一种宣扬自己优势的手段。例如,1024年,他们摧毁了索梅纳特著名的湿婆派寺庙。占据孟加拉和比哈尔的突厥人军队也摧毁了当地

南亚和东南亚的伊斯兰教。伊斯兰世界集权政治权力的瓦解并没有阻止伊斯兰教在非洲和南亚的扩张。阿拉伯海上商人把他们的信仰带到印度沿海并继续带往东南亚。印度的中心地区被一批又一批的穆斯林侵略者征服。截至1400年,穆斯林侵略者们占有着大部分的中央平原。

364

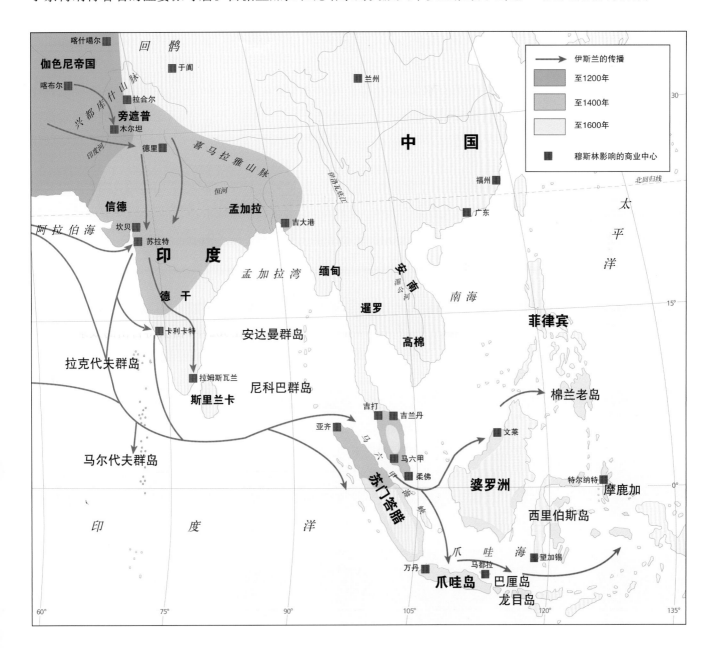

留下的最后的佛教图书馆和僧院,这是对这个已经在印度逐渐消失的宗教的最后致命一击。

穆斯林征服印度,为波斯人打开了通往次大陆的大门。阿富汗人、突厥人和蒙古人在新政府中谋求职位(见第14章)。这次迁徙给印度带来了各种各样的伊斯兰教习俗,其中没有哪一种风俗能占据上风。多元化的穆斯林与多元化的印度教徒并存,他们共同尊崇一些圣人,并共同做礼拜。穆斯林在印度人口中占到20%到25%。许多人是处于社会上层的穆斯林移民的后裔,其他人则是摆脱了种姓制度社会底层地位的皈依者。但是,大部分的印度人口仍然是印度教徒。

东南亚   东南亚人大规模的皈依伊斯兰教始于14到15世纪。今天在马来西亚和印度尼西亚,穆斯林占人口的绝大多数。来自印度的海上商人和苏菲派教徒似乎完成了大部分传教工作。商人们为接受伊斯兰教的当地人提供更多的经济机会,苏菲派教徒和东南亚当地的统治者作为宗教和政治的领导者互相支持、互相依赖。我们在第12章中将进一步讨论这个话题。

撒哈拉以南的非洲地区   和在东南亚一样,伊斯兰教首先由商人和苏菲派教徒传入撒哈拉以南的非洲地区。这些人来自三个方面:从非洲北边的地中海跨过撒哈拉沙漠来到非洲西部;从埃及沿尼罗河来到非洲东部;从印度和阿拉伯跨过印度洋来到非洲东部海岸。

阿拉伯人在7世纪和8世纪早期就征服过非洲北部,这为阿拉伯人和非洲黑人不断增强的交流打下了基础。作为商人,有时也作为战士,阿拉伯人开始穿越撒哈拉沙漠。到达目的地之后,他们发现了几个颇为繁荣的王国,他们是通过控制沙漠贸易路线和对这一贸易征收税赋获得权力的。(根据传说)加纳约成立于公元300年,是这些撒哈拉以南的王国中规模最大的。(这个加纳约位于今天马里所在的位置,请勿与位于东南方的今天的加纳混淆。)到9世纪时,加纳在控制撒哈拉地区方面,既是北部柏柏尔人的合作伙伴,也是其竞争对手。沿着这些路线,黄金、奴隶、皮革和象牙被运送到北方,以换取铜、白银、金属制品、马匹、干果、布帛和食盐。

到11世纪时,伊斯兰商人的贸易网络已延伸到西至大西洋、东至今天的尼日利亚,北至撒哈拉沙漠、南至森林地区的边缘。这些商人包括曼丁哥人(Mandingo)、贾汉德人(Jakhande)和迪乌拉人(Dyula)。北方的商人劝说南方的合作伙伴接受他们的信仰,苏菲派教徒来到这里建立了拥有新信仰和伦理准则的社会。尽管直到19世纪,普通人并没有受到太多的影响,但是大贸易商和统治者已开始皈依伊斯兰教。

贸易上的联系并不是人们皈依伊斯兰教的唯一推动力。11世纪,摩洛哥的穆拉比特王朝占领加纳,由此掀起了新一波的皈依浪潮。穆拉比特王朝和他们的同盟柏柏尔人发动了一场圣战,迫使加纳人皈依伊斯兰教。尽管新的皈依者在官方场合接受了伊斯兰教,但是许多人仍然继续举行当地的宗教祭祀活动。穆拉比特人一边和加纳人交战,一边在自己的部落内互相争斗,他们的牛群也使当地的生态环境恶化了。曾经受加纳王国统治的部落或曾与其结盟的同盟者开始宣布自治,到了约1235

年, 马里的凯塔国王获得了对尼日尔河的更大的控制权, 在地位和重要性上超过了加纳。在纪念马里的创始国王松迪亚塔的民族史诗《松迪亚塔》(Sundiata) 中, 松迪亚塔被视为一个伟大的猎手和拥有神奇力量的勇士。尽管他自己同时遵奉非洲的和伊斯兰教的宗教习俗, 但是他鼓励他的人民接受伊斯兰教。

大约一个世纪以后, 一位更为正统的穆斯林开始统治马里。曼萨·穆萨 (Mansa Musa, 1307—1332年在位) 在1324年到麦加朝觐 (朝圣), 传说一路上花费了大量的黄金。他和他的继任者通过与伊斯兰教机构建立公开的关系和对后者的支持来确立政府的威信。他们把尼日尔河北部弯道靠近撒哈拉的最重要的贸易城市廷巴克图改造成为一个阿拉伯和伊斯兰教的重要研究中心。然而在15世纪后期, 位于其稍东的桑海帝国的国王桑尼·阿里 (Sonni Ali, 1464—1492年) 摧毁了马里帝国, 并切断了其与非洲北部伊斯兰世界的联系。马里的统治者和人民重新过上《松迪亚塔》原来主张的半伊斯兰教、半非洲宗教式的生

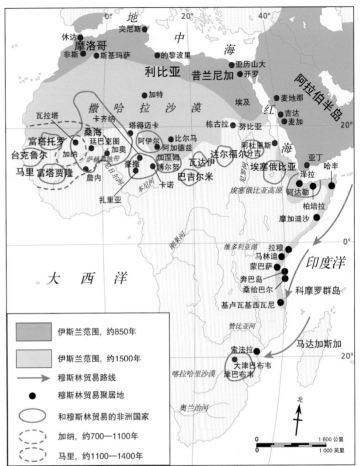

366

活。伊斯兰教在个人的生活中继续占据着重要地位, 但是不再参与政府的管理。例如, 清真寺已不再被用作举行政治会议的场所, 只是被作为圣殿使用。颇具讽刺意味的是, 桑尼·阿里死后, 他原来的将军之一穆罕默德·阿斯基亚 (Muhammad Askia, 1493—1528年) 哈吉 (这是对完成朝觐者的一种非正式的头衔称呼) 重新建立了与非洲北部主要伊斯兰教中心的联系。廷巴克图重新发展起来。16世纪中期, 在桑海帝国的统治之下, 廷巴克图建立了150至180所教授《古兰经》的基础学校, 这反过来又为更先进的教育奠定了基础。廷巴克图的学术水平可与摩洛哥相提并论, 因此摩洛哥的一流学者们来到廷巴克图向他们的大学者艾哈迈德·巴巴 (Ahmad Baba, 1556—1627年) 学习。但是, 在1591年, 随着当地被摩洛哥军队占领, 廷巴克图拥有的权力和贸易网络受到大大削弱。尽管摩洛哥人也是穆斯林, 但他们认为自己是征服者而不是同一社会的成员, 穆斯林的地位实际上降低了。

伊斯兰教从加纳、马里和桑海向东传播, 穿越非洲。例如, 在12世纪初期, 加涅姆帝国国王皈依伊斯兰教, 前往麦加朝觐, 并在开罗为来自加涅姆帝国的学生建立了一所宗教学校。他的臣民追随他皈依了伊斯兰教。14世纪中期, 当他的萨法瓦王朝受到军事威胁被迫离开加涅姆时, 他们在附近的博尔努重新建立了伊斯兰国家。来自加涅姆和博尔努的伊斯兰教的影响反过来强化了乌里玛以及来自马里的

伊斯兰教在非洲。伊斯兰教传入非洲撒哈拉以南的地区是贸易的结果。来自埃及、利比亚和摩洛哥的穿越撒哈拉的商队逐渐将伊斯兰教的信仰传遍于他们交易的非洲西部国家, 跨过印度洋的阿拉伯商人们通过海路将伊斯兰教沿着非洲大陆东部海岸线向南传播。

商人向位于今天尼日利亚北部卡诺的豪萨人传播的宗教要旨。同样在这里,伊斯兰教的习俗和当地的宗教习俗混杂在一起,人们自由选择个人生活中最有效的方式。国王们的反应是类似的,他们遵循那些看似最能使其获得军事胜利的仪规,摒弃似乎与战败相关的做法。穆斯林商人、黄金矿工和贩奴者到达更靠东部的尼罗河河谷上游时,当地人大多已经信奉基督教。然而随着埃及穆斯林政府向南推进,他们打败了努比亚基督教王国,伊斯兰教开始在此扎根,努比亚信奉伊斯兰教的国家最早可以追溯到1500年左右。芬吉王朝统治的散纳尔国成为这些国家中最重要的一个,部分原因是这里的臣民期望接受统治者信奉的伊斯兰教,并为伊斯兰教的圣人和学者提供特别的优待。

伊斯兰教在8世纪时到达非洲的东海岸。在从阿拉伯半岛和也门传播到非洲东部的过程中,伊斯兰教遇到了坚定信奉基督教的埃塞俄比亚人的激烈抵抗。但是,在1630年左右,据一位来自西班牙的传教士估计,有三分之一的埃塞俄比亚人信奉伊斯兰教。肯尼亚东海岸尚加的一座清真寺据传是在9世纪初建造的。几乎与此同时,一位阿拉伯的历史学家,同时也是水手的马苏第在非洲东海岸发现了穆斯林定居者。13世纪,穆斯林的人数有了更大的增长,到14世纪时,非洲东海岸分布着30多个穆斯林社会和清真寺。坦桑尼亚东南部的基尔瓦是最重要的定居点和港口,现代考古学家一直忙于挖掘基尔瓦和其他沿海城镇留下的中世纪的遗迹。文字学家也在研究因贸易的需要使得海外贸易商的阿拉伯语与非洲沿海的斯瓦希里语这两种语言——以及这两个种族——联系在一起后,其相互影响和作用。

法律提供体制基础

哈里发政权垮台以后,伊斯兰社会留存下来的主要特征之一是其法律。伊斯兰教的法律系统即沙里亚法继续延续并繁荣发展。和其他群体一样,对穆斯林来说,法律用正式的条文表达了适当的行为的标准。法律支持伊斯兰教义"去恶扬善"(hisba)的基本义务,即"提倡正义行动,阻止错误行为"(Musallam in Robinson,第175页)。穆斯林的法律系统涵盖了日常的公共生活,结婚、离婚、父母职责和遗产继承等家庭事务,以及沙里亚法对饮食、穿着和家务等日常活动的建议。

由于早期的哈里发和阿拔斯国王开始遇到法律问题,他们任命了"卡迪"(法官)来解决这些问题。"卡迪"查找《古兰经》中的经典文本、《圣训》(穆罕默德的言行)和先知的传记,从中寻找核心教义,然后再根据当地的习俗、加上他们自己的思考和判断(伊智提哈德,ijtihad)以作出最后的决定。

在8世纪和9世纪,四位伟大的法律学者制定了延续至今、仍在使用的伊斯兰教法律体系,以消除各地在执行方式上的巨大差异:阿拉伯中东和南亚地区使用最多的是艾布·哈尼法(Abu Hanifah,699—767年)法系;非洲北部、中部和西部使用最多的是马立克·艾奈斯(Malik ibn Anas,约715—795年)法系;非洲东部、阿拉伯南部和东南亚使用最多的是由穆罕默德·沙斐仪(Muhammad al-Shafii,767—820年)

圣训(hadith) 传统上对先知穆罕默德言行的记录,是继《古兰经》之后伊斯兰教理论和法律的基础。

法系；沙特阿拉伯地区则是阿赫默德·伊本·罕百里（Ahmad ibn Hanbal，780—855年）法系。尽管从约10世纪开始，当地大部分地区开始奉行其中的一个，但是多个法律系统的存在使得在对法律进行解释时有了灵活性。在特定情况下，当地的法律专家可以根据四种法律系统的任何一个作出判断。由于什叶派围绕阿里和早期伊玛目的教义提出了不同的主张，他们也提出了不同的法律学派。流传最广的是贾法尔·萨迪克（Jafar al-Sadig，逝于765年）制定的法律体系。

法律系统的官员是"乌里玛（ulama）"（单数为阿里姆［alim］），一般是伊斯兰教的学者，他们负责解释和执行法律。乌里玛的组成人员包括：卡迪及其助手、《古兰经》吟诵者、领拜者和讲道者。有些乌里玛在正式的神学院接受过训练，不过通常只是担任资深乌里玛的助手。在伊斯兰教中，乌里玛没有正式的等级和官衔的划分——实际上，其并没有官方的宗教组织。受人尊敬的乌里玛组成非正式的网络组织，不管政府的形式有什么变化，他们始终保持了伊斯兰社会内部的团结、稳定和一定的灵活性。

在理想的情况下，乌里玛和统治者共同作出抉择并实施宗教方面的政策，但是哈里发马蒙（Caliph al-Mamun，813—833年在位）宣布，自己拥有对《古兰经》的权威解释权，乌里玛煽动巴格达的民众反对他。马蒙则召集宗教审判以根除反对者。坚持抵抗的主要领袖是阿赫默德·伊本·罕百里，他是当时最伟大的《圣训》研究者，他坚持只有这方面的学者才拥有对《古兰经》经文作出阐释的权力，受到人们的支持。为了躲避人们不断的抗议，哈里发穆阿台绥姆（Caliph al-Mutasim，833—842年在位）将首都从人口密集的巴格达迁到60英里外的萨马拉。

在848—849年，哈里发穆塔瓦基勒（Caliph al-Mutawakkil，861年去世）收回哈里发在宗教问题上的绝对权威。乌里玛赢得了胜利，但是这场斗争使得哈里发和乌里玛之间的关系趋于恶化，以至于两者的管理范围永远分开了：哈里发负责国家的事务，乌里玛负责宗教方面的事务。哈里发代表帝国政治上的力量，乌里玛则代表人们日常生活中的需要和愿望。随着时间的推移，哈里发因为远离对民众的责任而渐趋衰弱，而乌里玛则保持着和民众的联系，为他们提供指引和帮助，从而经受住了考验。

苏菲派提供了宗教神秘主义

法律给人们的生活带来了秩序，它明确了个人对他人和社会的责任。伊斯兰教法律还规定了对神的正式义务。乌里玛传达并阐释了这一信息，并将它带给广大地区不同社会的民众。苏菲派也将伊斯兰教传播到世界上的许多地区，但由于苏菲派宗教戒律严格，强调对安拉的奉献，因此没有像乌里玛那样吸引人。

神秘主义的作用　随着倭马亚王朝的衰落，越来越多居住在那里的人们开始反对领导者的物质主义，转向虔诚的苦行修道。苏菲派向这些精神上的探索者揭示了伊斯兰教通向真主的内在神秘之路。早期的苏菲派发觉并传播精神和身体上的内

369

在戒律和心灵上的净化，从而使追随者能够切身感受到真主的最高实在。苏菲派通常鄙弃世俗的享乐。苏菲派最早的信徒之一，哈桑·巴士里（Hasan al-Basri，643—728年）这样总结："这个世界对真主来说既没有价值也没有分量，它是如此的无足轻重。"（Esposito，第102页）尽管大部分苏菲派教徒为男性，但也有拉比雅·阿德维娅（Rabi'a al-Adawiyya，801年去世）等女信徒。拉比雅和兴都·米拉拜（Hindu Mirabai）一样，拒绝结婚，将自己完全奉献给真主："我沉浸在真主的爱中，我心中再没有其他的爱和恨。"（Embree，第448页）

从这一篇的介绍中我们可以看出，每个有神论的宗教都有着向神奉献爱的一面，这种爱通过自发的礼拜、独自冥思、斋戒和苦行等方式来表达，通常还包括一些身体上的严格纪律、音乐、舞蹈和诗歌等形式。在伊斯兰教中，苏菲派采用了这些方式，同时也吸收了来自其他宗教的神秘主义的影响，特别是基督教和佛教修道禁欲的做法和印度教狂热入迷的祈祷。

苏菲派通过自己在生活中体现的献身于真主和人民的示范性做法，提高了伊斯兰教在人们心目中的地位。他们通过简单诚朴的虔行、个人对真主的热爱，以及一心为他人服务，吸引了人们。一些苏菲派教徒通过展现某些神奇的力量获得了声誉。他们曾生活和做过礼拜祈祷的清真寺，以及他们死后埋葬的陵墓被尊为神圣的圣龛。

旋转的狂舞托钵僧。苏菲派代表了伊斯兰教的一个神秘沉思的流派，与13世纪波斯诗人加拉丁·鲁米的学说密切相关，狂舞托钵僧生动鲜明地体现了这一派别的特点。缓慢旋转的舞步本身是一种纪念仪式，有助于达到更高的意识层次。

原始资料

安萨里，"伊斯兰教的振兴者"

偏向严肃的乌里玛和偏向情绪化的苏菲派经常互相猜疑。深受尊敬的学者阿布·哈米德·本·穆罕默德·安萨里（Abu Hamid Muhammad al-Ghazzali, 1058—1111年）对这两个派别之间的紧张局势感到不安，最终想到一个将伊斯兰的理智和神秘主义这两方结合起来的方法，事实证明这个方法至今是有效的。

安萨里出生在伊朗，在伊朗接受教育，33岁时被任命为巴格达最好的伊斯兰学校，或称神学研究机构的哲学教师。在那里的四年间，安萨里开始怀疑理智在生活中和寻找更全面地体验世界的方式上的作用。安萨里一时不知是应该继续他在神学院的有威望的生活，还是放弃这种生活踏上新的路途追求真理，他处在了崩溃的边缘：

> 将近六个月了……我不停地在世俗欲望的吸引和追求永恒生活之间彷徨。那个月，那件事不再是一个选择或一个冲动。真主让我的舌头干了，这样我就不能再讲课了。某一天我会试着做演讲，来满足我的追随者，但是我再也说不出一个词来，我再也做不了任何事。我发音的障碍在我心里带来了悲痛，同时我没有了吸收消化食物的力量，我几乎吃不下或者消化不了任何一口食物。（安萨里，第57页）

1095年安萨里辞职，游历大马士革、耶路撒冷、麦加，最后回到自己的家乡，在那里度过了十年苏菲派神秘主义者的隐居生活：

> 我确定神秘主义者距离真主更近；他们的生活是最好的生活，他们的方法是最安全的方法，他们的性格是最纯真的性格。（第60页）

安萨里在沉思期间写下了大量的哲学和神学著作，包括探索宗教和理智的关系的《宗教科学的复兴》。他坚称神秘主义生活的切身经历对个人直接了解真主的重要性，但同时也要捍卫伊斯兰信仰的教义和权威。

1106年，安萨里被重新请回讲台，这时他主张神秘主义和理性互补：

> 就像智力是人类发展过程中的一步一样，有一只"眼睛"可以超越感官的范围看到不同物体的形状，预言描述的正是这样一种状态，有这样一只能发出光线的眼睛，在它的照射下可以看到以前不能见到的其他超智慧的物体。（第65页）

安萨里在生命将近结束之时使苏菲派和伊斯兰理性派达成和解，这为他赢得了"伊斯兰教的振兴者"的称号。

16世纪孟加拉东部流传的民谣就讲述了这样一位苏菲派圣人的故事：

> 这时村子里来了一个苏菲派教徒。他在村外建造了一座清真寺，一整天都坐在一棵无花果树下……很快他的声名就在远近各处传开了。每个人都在讨论他所拥有的超自然的力量。如果一个患病的人来找他，他用一点泥灰或手边的什么小东西马上就给治好了。人们还未开口，他就能读懂并说出人们内心深处的想法……每天有成百上千的男男女女到他面前向他表示敬意。不管人们想要什么，他们都能奇迹般地从这位圣人这里得到。人们将大量的稻米、水果、其他可口的食物、山羊、鸡和其他家禽等送到他家的门口。这些东西这位圣人一点都没有碰，而是将所有这一切都分发给了穷人。（Eaton in Adas，第21—22页）

在伊斯兰教早期就存在个人神秘主义者，他们直接从《古兰经》得到灵感启发。几个世纪后，这些人开始组成**道乘**，或称神秘会，通常位于清真寺或某个深受尊敬的圣人的陵墓附近。有的道乘教团强调狂热的做法，而另外一些教团则实行较为安稳平静

道乘（tariqa） 伊斯兰教里的一个通用词语，意为"路"，指的是神秘主义和秘传教义的教条和方法。这个词也指神秘派的教派或神秘会，它们通常位于清真寺或穆斯林圣人的陵墓。

的冥思。加拉丁·鲁米（Jalal-al-Din Rumi，1227—1273年）在土耳其的孔亚成立"毛拉维道乘"教派。鲁米以通过"托钵僧狂舞"表达自己的狂热崇拜而出名。鲁米所著的波斯语《玛斯纳维》（《训言诗》）通过华丽激情的语言表达了对真主的爱："宗教的结果除了狂喜别无他"（Rumi, Mathnawi 1：第312页，Vitray-Meyerovitch，第83页）。

文化成就

乌里玛为伊斯兰世界的社会结构提供了秩序，苏菲派将伊斯兰教的精神力量传播到世界各地，其他知识分子也进一步丰富了伊斯兰教文化的内涵。

历史　历史学家和神学家泰伯里（al-Tabari，约839—923年）在《历代先知和帝王史》中采用了正规的历史记录方法。关于预言的部分记录了从易卜拉欣到穆罕默德的贡献，对国王的记录则包括了从圣经时代到其当时所处时代的统治者，还包括近期相关事件目击者的报告。

7世纪中期征服伊朗后，波斯语成为伊斯兰世界的第二大语言。（923年突厥人的入侵使得突厥语成为第三大语种。）波斯诗人菲尔多西（Ferdowsi，940—1020年）写下了关于波斯人神秘起源的史诗，史诗的主题之一是"一个聪明人有一个傻子国王"的悲剧。

蒙古人也为历史写作出了一份力。志费尼（al-Juvaini，1226—1283年）的《世界征服者史》讲述了成吉思汗的征服，特别是在伊朗的征服。拉希德丁（Rashid al-Din，1247—1318年）所著的《史集》将中国、印度、欧洲、穆斯林和蒙古的历史结合在一起，从整个世界的视角进行观察，被许多人认为是第一次从全人类的角度记录历史的尝试。

尽管之前有人，其中以拉希德丁最为出名，曾试图编写全面的叙事史，但通常认为突尼斯的伊本·赫勒敦（lbn Khaldun，1332—1406年）是第一个用社会科学理论来研究历史的人。他所著的《历史绪论》强调历史循环理论：强大有力的游牧民族一次又一次征服定居的、文雅的、满足的城市人民，夺取这些城市，开始享受奢华的城市生活，然后他们自己又成为下一轮更为强大的游牧民族入侵时的猎物。这一观点似乎适用于当时阿拉伯、蒙古和中亚的所有侵略者。伊本·赫勒敦的其他一些解释分析在今天看来仍很有见地："东方人和西方人的区别在于文化的不同［而不是天生的］"（第51页）；"人与人的不同主要来源于职业方面的差异"（第80页）；还有"学者是那些最不适合搞政治的人"（第64页），等等。

哲学　在早期的伊斯兰教中，神学和哲学被视为神启的附属品。但是随着穆斯林开始接触到希腊和印度的哲学思想，他们尤其被柏拉图主义和新柏拉图主义思想所吸引。哈里发在巴格达建立了一座"智慧宫"，即由侯奈因·伊本·易司哈格（Hunayn ibn lshaq，803—873年）统领的翻译局。在此后的200年里，伊斯兰学者翻译了包括亚里士多德、柏拉图、盖伦和欧几里得等80多位希腊作家的作品，与此同时还翻译了叙利亚语、梵语和波斯语的作品。

西班牙科尔多瓦大教堂的圣龛，约961—976年。在倭马亚王朝的统治下，科尔多瓦成为当时西欧最繁华的城市，在伊斯兰世界仅次于巴格达。在这座城市最繁荣的时期，据说城内有约300个浴场、3 000座清真寺。图中所示的是现存的最为重要的范例。大清真寺奢华的装饰吸引了人们的注意力，指示麦加方向的圣龛是一个小的穹顶房间，马蹄形的门廊设计相当独特，被公认为是西班牙穆斯林的一种风格创新。

　　有一群被称为"自由派"（Mutazilites）的伊斯兰哲学家，他们都是离群索居的人，开始挑战正统的伊斯兰教义，认为《古兰经》中安拉的属性并不是字面意义上所指的而是具有隐喻意义的，人类的行为和生命都非前定的，《古兰经》也从未永久地存在过。法拉比（Al-Farabi，约870—950年）主张，从学习和思考中获得的哲学真理要比神的启示更有价值。肯迪（al-Kindi，870年去世）、伊本·西拿（阿维森纳，1037年去世）和伊本·路西德（阿威罗伊，1126—1198年）都提出过类似的哲学至高性的表述。这些哲学上的思考处于伊斯兰主流思想的边缘，而实际上在当时的基督教和犹太教哲学家中找到了更多的共鸣。

欧洲的基督教思想家应感谢穆斯林，是他们保存了希腊的传统，因为随着西罗马帝国的衰亡，基督教的知识传统和资源早已被忽视和遗忘了。现在，多亏了阿拉伯人的翻译和伊斯兰教的思想，基督教和犹太教的哲学家可以获得来自希腊和印度的原始文本，及由穆斯林思想家引介的更新的思想概念。

数学、天文学和医学　知识和文化传统的交汇丰富了数学、天文学和医学的发展。印度学者早在770年就把他们的天文学论著带到了巴格达。哈里发下令把它们都翻译成阿拉伯语，阿拉伯语后来也就成为整个帝国学术领域的通用语言。阿拉伯人在整个帝国推广采用了北印度的包括零在内的数字和十进制系统，后传入欧洲，在那里它们被（错误地）命名为"阿拉伯数字"。几十年之后，花剌子密（约846年去世）使用印度的文本与来自希腊和伊朗的学者进行交流并发展了代数（源于阿拉伯语"al-jabr"，意为"恢复"）。（algorithm一词则源于花剌子密的名字。）比鲁尼（Al-Biruni，1046年去世）撰写了大量的关于数论和计算的文章，后来的学者据此发展出我们现在学习的三角学。

日心说（heliocentric）该学说认为，太阳是太阳系或者宇宙的中心，地球和其他行星围绕太阳运转。

比鲁尼还写了《麦斯欧迪天文学和占星学原理》，这是一本关于伊斯兰天文学的纲要，它收编了整个帝国的有关天文学的发现。当哥白尼在16世纪提出**日心说**宇宙论时，他很明显得益于阿拉伯的数学和天文学理论（见第13章）。

医学方面的智慧和草药疗法传遍了整个帝国。拉齐（拉齐斯，约865—约935年）编纂了一部医学百科全书，其中包含了希腊、叙利亚、印度、伊朗和阿拉伯的医者对各种疾病的研究，还包含了他自己的临床观察和判断。伊本·西拿，除了他在哲学方面的突出贡献外，还编纂了一本更为全面的医学全书《医典》，各卷涵盖了草药药理学、器官机能、发热和外科手术。《医典》被翻译成拉丁语，并统领医学界长达300年之久。

技术的发展延伸

到了751年，倭马亚王朝的后期，伊斯兰教成为连接欧亚大陆各主要文明的传播网络。例如，前面已介绍，穆斯林向中国人学会了造纸术，然后在他们统治范围内传播了这一技术。欧洲的基督徒则向西班牙的穆斯林学习了这一技术。

农业和作物生产信息的交换也扩大了伊斯兰教的传播范围。在8世纪和10世纪之间，阿拉伯人从印度带回来硬小麦、稻米、各种品种的高粱、甘蔗、香蕉，苦橙、柠檬、青柠、芒果、西瓜、椰子树、菠菜、菜蓟、茄子和主要的供纺织用作物棉花。所有这些作物在整个帝国范围内的气候适宜的地方都得到了推广。这很可能是到那时为止世界历史上规模最大的农业交流。因为这些来自印度的作物大部分是热带作物，其中的许多品种都适宜夏季在以往作为休耕地的区域种植。为了适应印度的季风气候，穆斯林的官员改进了现有的灌溉模式（地下水渠和汲水机械），并发明了新的灌溉模式（某些类型的蓄水池）。农业生产力变得日趋多样化，产量增加，这促进了人口尤其是城市人口的增长。

城市设计和建筑

穆斯林政府建造了大型的城市，公共场所装饰豪华，而且往往格调高雅。城市中最大的是政治首府。巴格达是在762年沿着底格里斯河西岸建造的，作为阿拔斯王朝的首都，并一直延续了差不多500年。在9世纪，约有300 000到500 000人居住在面积为25平方英里的土地上，巴格达成为中国以外世界上最大的城市。

随着哈里发政权的衰败，巴格达随之走向没落，东部的布哈拉、内沙布尔、伊斯法罕，西部的开罗、非斯、科尔多瓦等地方首府的地位变得越来越重要。埃及的法蒂玛统治者开始在福斯塔特城设立政府管理机构，并在969年将这座城市扩建成开希若城（开罗）。在摩洛哥，伊德里斯二世（ldris II，791—828年在位）在808年将非斯建成为由他父亲建立的伊德里斯王朝的首府。此后的一个朝代即穆拉比特王朝于1070年将首府建在马拉喀什。在西班牙南部的安达卢西亚，倭马亚王朝将科尔多瓦建成了伊斯兰世界最繁华的城市之一。科尔多瓦在10世纪中期达到鼎盛时期，但在1013年被柏柏尔人抢掠之后再也没有完全恢复往日的辉煌。这些城市的建筑显示了伊斯兰世界的辉煌和穆斯林统治者的强大。

穆塔瓦基勒大清真寺和尖塔，伊拉克萨马拉，建于848—852年。尽管如今只剩下昔日辉煌的余韵，这座具有1150年历史的清真寺在世界范围内仍然是同类型建筑中最大的。废墟清晰显示了简单朴素的清真寺建筑的三个基本要素：一个中庭或门廊，围墙内一个（曾经）有屋顶的圣殿和一座尖塔或塔楼，报告祷告时刻的人（宣礼员）在这里号召周边的穆斯林开始祈祷。

374

在伊斯兰教里，尽管每日的礼拜可在家中等场所进行，但是星期五的礼拜需要全体集会，因此所有城市和大部分城市里的社区都建造了用于公共服务的清真寺。富裕的统治者像早期在耶路撒冷、麦地那、大马士革所做的那样，建造了规模宏大的中央清真寺，以此来显示自己的权力和虔诚。阿拔斯王朝在巴格达建造了一座巨大的中央清真寺；在萨马拉作为首都期间（848—852年），同样也在该处建造了巨大的清真寺。突尼斯的凯鲁万、摩洛哥的非斯和西班牙的科尔多瓦也都建造了大清真寺。

随着塞尔柱突厥人征服并加入了伊斯兰世界，11世纪后期，他们在伊斯法罕建造了一座规模特大的清真寺，后被伊斯玛仪什叶派烧毁，五十年后又重新建造。以锡南（Hoja Sinan，1490—1578年）为代表的奥斯曼建筑师建造了包括埃迪尔内塞利米耶清真寺和伊斯坦布尔苏莱曼尼亚清真寺在内的雄伟的清真寺和其他融合了拜占庭和伊斯兰风格的公共建筑。随着伊斯兰教向南穿越撒哈拉沙漠传播，在这一过程中发展形成了一种新的建筑风格即萨赫勒清真寺。1325年，曼萨·穆萨从麦加朝圣返回，带回了一个阿拉伯建筑师，由他负责监督建造清真寺和伊斯兰教神学院，尤其是廷巴克图的清真寺和神学院。

伊斯兰教认为，所有死去的人都应受到尊重，而且有些人认为，死去的圣人可授人以神恩，因此陵墓有着特殊的重要意义和神圣地位。例如1405年，帖木儿（跛子帖木儿）的后代在撒马尔罕为他建造了巨大的陵墓。有些埋葬死者的圣陵显示了对个人的极度爱戴和虔诚。1632—1649年，沙贾汗皇帝在印度阿格拉建造了世界上最著名的伊斯兰建筑泰姬陵，作为其妻子蒙泰姬·玛哈的陵墓，蒙泰姬·玛哈死于第15个孩子分娩。以稍低一些的标准来看，伊斯兰世界各地都可以找到纪念当地圣人的较为简单的陵墓，它们吸引了无数的追随者，尤其是妇女；她们全心做礼拜，相信圣人的圣洁会将她们的祈祷带给真主。

伊斯兰城市中正式的宗教和政治研究机构位于清真寺、伊斯兰教学校和少数一些通常临近前两者的皇家和政府建筑等公共建筑中。集市或市场是进行商业活动的地区。经商在伊斯兰教中是一个受人尊敬的职业。穆罕默德本

伊朗伊斯法罕集市上的青铜匠人。在伊斯兰教里，宗教和贸易是紧密联系在一起的，毗邻清真寺的土地通常租借给那些缴纳租金维护清真寺、资助伊斯兰教活动的商贩。图中一个青铜匠人正在伊斯法罕集市上的店铺外劳作，这个城市自公元3世纪起就一直很繁华。

375

泰姬陵,印度阿格拉,1632—1648年。泰姬陵可能是世界上最著名的伊斯兰建筑,由印度国王沙贾汗建造,沙贾汗的妻子死于第十五个孩子分娩时,于是沙贾汗为他深爱的妻子建造了这座陵墓。

人就曾是一个商队的管理者,他的妻子赫蒂彻曾是一位女商人。甚至在今天,清真寺常常管理着附近的土地,将土地出租给商人,这样租金可以用来支持清真寺的开销。

　　实际上,伊斯兰城市是连接从中国到摩洛哥和西班牙的伊斯兰世界国际贸易路线上的节点。这些贸易路线不但能够实现从欧亚大陆一端到另一端货物的流通,同样也能实现人员流动和思想的交流(见第12章)。到麦加朝圣同样也在建立一个伊斯兰教各地区和民族的交流网络中起到了重要的作用。

　　《伊本·白图泰游记》展示了向一位文化人开放的旅行机会。在从家乡到丹吉尔旅行的30年中,伊本·白图泰游历了属于今天约五十个不同国家的地域,旅程长约73 000英里。他精通阿拉伯语,熟悉什叶派历史,因此受到热情的接待,在途经的地区他经常受到短期的雇用,也经常收到女人和财产作为礼物。德里苏丹穆罕默德·图格鲁克任他为大法官,随后又任命他为苏丹使者出使中国。

　　伊本·白图泰的历险故事反映了伊斯兰世界的统一团结。除去多样性外,伊斯兰世界紧紧联结在一起,其纽带包括:《古兰经》、伊斯兰教教法、阿拉伯语(还包括波斯语和突厥语)、在城市中统治的政府官员,还有在这些土地上来来往往的伊斯兰教学者和商人。

376

与非穆斯林的关系

早期的伊斯兰政府通过刀剑扩张其在世界范围内的势力。其结果是,西方普遍认为,伊斯兰教是以同样的方式传播的。尽管有时出现过使用武力迫使民众皈依伊斯兰教(基督教也曾有过同样的行为),但是大规模诉诸武力的做法是很少见的。例如,早期"受神指引的"哈里发和早期的倭马亚人并没有强迫其征服地区的民众皈依伊斯兰教。他们更倾向于作为阿拉伯世界的穆斯林征服者统治非阿拉伯国家的非穆斯林臣民。直到后来,倭马亚王朝担心占人口少数的穆斯林统治者不能继续统治如此众多的非穆斯林,他们才积极争取被征服民众的皈依并与其结成同盟。

顺民身份

非穆斯林面临着三种选择。第一是皈依伊斯兰教。第二是接受被称为"顺民"的受保护身份,尊崇一个神,接受穆斯林的统治。所有"有经者"(peoples of the book),包括基督教徒、犹太教徒和琐罗亚斯德教徒都有资格接受这一身份。后来,印度的伊斯兰政府将顺民身份扩展到印度教徒。顺民需要缴一项专门的人头税,但是在结婚、离婚和继承财产方面,他们可以遵守自己的信仰和法律,并受到穆斯林政府的保护。第三种选择是反抗穆斯林政府,几乎没有什么人选择这一条路。

欧麦尔一世(Umar I, 634—644年在位)制定的《欧麦尔条约》中详细说明了顺民的地位。该文献将顺民归为二等公民。他们不能修建新的用于做礼拜的房屋,也不能重建旧的房屋。不允许他们的宗教吸收任何新的成员。他们不能穿和穆斯林一样的衣服,只能穿区别他们身份的长袍。做礼拜、召集礼拜和举行葬礼时不允许发出声音。顺民的房屋不能高于穆斯林的房屋。然而,在这一文献里并没有提到人头税。统治者们或许是为了鼓励非穆斯林通过皈依伊斯兰教得到一等公民的身份,这些规则并没有在实际上影响人们的生活,通常也没有被强制执行。来到穆斯林世界的旅行者们会发现,犹太人和基督教徒通常在公共和个人生活中有着很高的地位,他们在宗教生活中严于自律。

然而征服的主要目的是为了建立一个"达尔·伊斯兰(dar al-lslam)",即一个"伊斯兰社会",在这里政府允许人们自由信奉伊斯兰教。这并不是说这里居住的人全部要被迫成为穆斯林,只是说穆斯林必须拥有信仰自身宗教、保持自身文化的自由。

后来,当许多穆斯林生活在非穆斯林政府的管理下时,乌里玛宣布任何允许穆斯林信教自由的政府都可以被称作"达尔·伊斯兰"。一个相对的词是"达尔·哈尔卜"(dar al-harb),即"战争地区",它限制了伊斯兰教信仰,必须予以镇压。

十字军东征

地中海的另一端,穆斯林和基督教国家之间战争不已。十字军东征(1095—1291年)的动机包括政治的、经济的和宗教方面的因素。638年阿拉伯军队占领耶路撒冷之后，他们新建了辉煌的清真寺以象征自己的统治。但是基督教徒可以继续保持自己的宗教习俗，并没有受到任何阻碍；自135年犹太人被罗马人驱逐出境之后，官方第一次正式允许犹太人回到耶路撒冷。

几个世纪以后，直到1071年突厥穆斯林军队赢得了曼兹科特战役的胜利，扫清了征服安纳托利亚的道路，拜占庭皇帝亚历克塞一世才呼吁教皇乌尔班二世援助其抗击穆斯林以重新占领耶路撒冷和"圣地"。教皇抓住这次机会，打着宗教的旗号将西欧和西欧各国的统治者团结在自己的旗帜下。他保证特赦那些参加十字军东征的人，缩短他们死后进入天堂之前在炼狱中的时间。教皇从一个更世俗的层面上向这些人保证，在他们离家期间，他们的房屋和财产将会受到保护。许多虔诚的基督教徒，不论贫富，男女老幼纷纷响应他的号召。基督教统治者、骑士和商人们也加入了进来，不仅是因宗教上的鼓舞，也是因他们的政治和军事野心，以及在中东建立一个拉丁王国后随之而来的贸易机会。100 000多人参加了前四次大规模的十字军东征。

开始时，欧洲基督教十字军取得了成功——但其手段是野蛮残忍的。1099年，他们占领了耶路撒冷，对城里的穆斯林，不论男女老幼，见人就杀。十字军将圆顶清真寺改建成一个教堂，将旁边的阿克萨清真寺改建成一座官邸。十字军的残暴行径在基督教和穆斯林的文献中都有记载，在接下来的几个世纪里这引起了前所未有的激烈抵抗。然而，当时穆斯林统治四分五裂，无法作出抵抗。接下来的1187年，在埃及建立了新王朝的萨拉丁（Salah al-Din［Saladin］，约1137—1193年）重新占领了耶路撒冷。文献显示，他以颇为人道的方式对待十字军。但是更多的十字军接踵而来。英国的狮心王理查一世（1189—1199年在位）在第三次十字军东征（1189—1192年）期间占领了地中海沿岸的阿卡城，大肆杀戮城中的男人、女人和儿童。不过到1291年时，穆斯林军队已经重新占领了阿卡城和其他十字军的前线阵地。尽管接下来还有四次规模较小的十字军东征，但没有一次成功占领圣地的任何一个地区。

十字军士兵中的大多数是雇佣兵，他们抱有世俗的动机，为了自己的利益而向许多人发动攻击。早在1096年第一次十字军东征耶路撒冷的途中，就曾停下来大肆杀戮犹太人。1204年第四次十字军东征期间，罗马

十字军东征	
第一次东征 （1095 至 1099 年）	由教皇乌尔班二世发动，以占领塞尔柱突厥人据有的安纳托利亚和耶路撒冷为目标。十字军占领了耶路撒冷，并在叙利亚海岸建立了几个拉丁王国。
第二次东征 （1147 至 1149 年）	由法国国王路易七世和神圣罗马帝国皇帝康拉德三世领导，从十字军角度来看是一场灾难。
第三次东征 （1189 至 1192 年）	目的在于夺回1187年被萨拉丁占领的耶路撒冷。领导者法国腓力二世·奥古斯都和英国理查一世之间的个人较量破坏了十字军的团结。
第四次东征 （1202 至 1204 年）	这次针对埃及的东征在威尼斯人的鼓动下转向君士坦丁堡，并对其进行了劫掠和分割，开始了西方势力对拜占庭帝国长达半个世纪的统治。
儿童十字军东征 （1212 年）	成千上万的儿童穿过欧洲大陆，向目的地巴勒斯坦前进。数不清的儿童被贩卖到法国马赛做苦役，或死于疾病和营养不良。
第五次东征 （1218—1221 年）	匈牙利的安德鲁国王、贝拉基红衣大主教、耶路撒冷王国的约翰国王和塞浦路斯国王休吉占领了埃及的杜姆亚特，不久又被夺走。
第六次东征 （1228—1229 年）	神圣罗马帝国皇帝腓特烈二世（1212—1250年在位）领导了这次东征。通过和埃及苏丹的谈判，恢复了对耶路撒冷的统治。但1244年耶路撒冷最终失守。
第七次（1249—1254年）和第八次东征 （1270—1291 年）	两次都由法国路易九世（1226—1270年在位）领导，他受到宗教激励，但都成为个人的灾难。路易后被封为圣徒。

378　第二次十字军东征（1147—
1149年）插图。这是第二次十字
军东征中的一个场景，手持长矛
的基督教军队正面对着穆斯林军
队。此处被法国国王路易七世炫
耀于盾牌上的百合花饰图案，几
乎同时被他的对手、阿勒颇的统
治者所采用。（伦敦英国国家图
书馆）

天主教的军队未听从教皇的直接指示，袭击了克罗地亚的扎拉城和拜占庭帝国的首都君士坦丁堡，这两个国家都被认为是十字军的同盟国。十字军本可以团结基督教徒打败穆斯林，但是他们在基督教徒中制造分裂，最终被穆斯林打败。

西班牙的黄金时代

在地中海另一端的西班牙，伊斯兰教得到了繁荣发展，与半岛上的基督徒和犹太人社会和平共处。自711年开始，经过一个世纪的移民、征服、统治管理和互通婚姻，倭马亚和柏柏尔入侵者在西班牙确立了伊斯兰教的中心地位。他们打破了拜占庭帝国对地中海西部的垄断控制，重新振兴了贸易。他们还从西亚引进了新的农作物和新的灌溉技术。阿卜杜·拉赫曼三世（Abd al-Rahman III，912—961年在位）宣称自己为哈里发而不仅仅是苏丹，宣布脱离阿拔斯王朝。很多统治者扩建了科尔多瓦的装饰华丽的清真寺，使它成为伊斯兰教的标志性建筑之一。

研究法律和哲学的东方学者移居到了日趋繁荣的宫廷。诗人们以阿拉伯语为基础, 但也受到当地西班牙语和拉丁语风格的影响, 发展出了新的诗体。希腊哲学和医学方面的著述被翻译成拉丁语和阿拉伯语, 自此开始了与基督教世界受教育阶层的文化和知识交流。尽管一些基督教徒死于反抗伊斯兰和阿拉伯入侵的战争 (850—859年) 中, 但是大多数人接受了阿拉伯人的生活方式。

1030年, 西班牙的哈里发政权解体。在各个省和首都之间、城镇居民和农村的柏柏尔移民之间、皈依伊斯兰教的教徒和阿拉伯人之间爆发了武装冲突。然而, 这些冲突并没有阻碍伊斯兰教的传播。比如在地中海东部, 地方政府取代了哈里发的中央政权, 使得当地的宫廷文化与普通民众的距离更加接近。苏菲派传播苦行和献身的教义。

然而, 中央政府的空缺为各支基督教军队的收复失地运动, 即重新收复西班牙提供了机会。1085年, 莱昂国, 即后来的莱昂和卡斯蒂利亚国王阿方索四世 (Alfonso VI, 1065—1109年在位) 占领了托莱多。到13世纪中期, 除了格拉纳达以外的整个西班牙都已落入基督教统治者的手中。

在基督教统治者收复西班牙的同时, 文化继续繁荣发展。直到13世纪中期, 西班牙的基督教统治者一直支持丰富的混合文化。《圣经》、《塔木德》和《古兰经》被翻译成卡斯蒂利亚语。关于占星术和天文学的阿拉伯文著作, 穆斯林思想家, 包括肯迪、法拉比、伊

本·西拿 (阿维森纳) 等人的哲学著作, 同时也包括犹太思想家摩西·迈蒙尼德的哲学思想和他编纂的犹太宗教法律, 被翻译成卡斯蒂利亚语和拉丁语。西班牙成为古代经典及其译本通过伊斯兰教文明传入西欧的门户窗口。

1248年塞维利亚被基督徒占领, 格拉纳达成为西班牙唯一的伊斯兰王国。这座城市位于内华达山脉的支脉北麓, 许多逃避基督教军队的才华横溢的穆斯林来到这里, 再加上当地统治者的进取心和活力, 这个城市日趋繁荣。纳斯瑞德王朝的两位国王, 即优素福一世 (Yusuf I, 1333—1354年在位) 和穆罕默德五世 (Muhammad V, 1354—1359年, 1362—1391年在位) 建造了一座阿拉伯语称为 "Qalat al hamra" 即

爱尔汗布拉宫狮子厅, 格拉纳达, 14世纪。庭院的中央是一个喷泉, 十二只石狮的嘴是喷泉的出水口。庭院的绮丽雅致见证了1492年基督教收复失地运动完成之前西班牙最后一个伊斯兰王国拥有的权力和审美品位。

我们是怎样知道的?

皈依和同化

在过去的20年里,人们才开始认真研究皈依伊斯兰教的过程具体是怎样的。例如,尼米亚·列夫锡安(Nehemia Levtzion)1979年在《皈依伊斯兰教》一书中列举了一系列对皈依者的动机所作的研究。尼米亚·列夫锡安认为,"同化"一词比"皈依"更能准确地描述成为穆斯林的过程。尤其是被征服地区的民众,他们受到政治征服的影响远远不及伊斯兰教丰富的文化带给他们的影响深刻。人们发现,自己的生活因为加入了乌玛,即伊斯兰教社会后,接触到的祭祀仪式、哲学思想、艺术和对于这一世界体系的归属感而变得比原来丰富了。

理查德·布利特(Richard Bulliet)在《中世纪对伊斯兰教的皈依:历史的定量分析》一文中提出这样的解释,在他研究的六个社会,即阿拉伯、埃及、伊拉克、叙利亚、伊朗和西班牙,皈依伊斯兰教的速度各不相同。他指出,由于

"中世纪时的伊斯兰教没有传教士、主教、受洗仪式和其他能方便地被穆斯林编年史家记载下来的指标(第4页)",想找到有助于理解皈依伊斯兰教过程的有关数据还有一些困难。布利特选择了穆斯林姓名的采用情况作为数据,研究了在这六个社会中人们对穆斯林姓名的接受速度。他得出这样的结论,随着中央政治权力的瓦解,人们开始迅速接受伊斯兰教。令人感到颇为矛盾的是,随着中央伊斯兰权力瓦解,苏菲派得到地方政府更多的支持,他们拥有了更多的传播伊斯兰教的自由。

我们也同样了解到成吉思汗之后的蒙古继任者和跛子帖木儿追随者的统治下出现的超大规模的伊斯兰教同化。这些统治集团之所以被伊斯兰教同化,是因为他们遇到的这种新文明为他们提供了文化、政治、社会、经济和精神上的回报,而他们本土的宗教和文化则未能做到这一点。

最后,大规模的同化发生在伊斯兰教心脏地带以外的撒哈拉以南非洲

地区和东南亚地区,起初是由商人们传播的,后来则受到苏菲派和乌里玛的支持。在所有这些广大地区,陆路和海上的贸易网络中穆斯林的活动是如此密集以至于出于宗教信仰或是为了取得贸易优势,当地的商人们开始在生活中接受伊斯兰教,他们加入了世界上最富有、最广泛传播的文明,即伊斯兰教的乌玛。

- 和"皈依"一词相比,尼米亚·列夫锡安更倾向于使用"同化"一词来描述人们接受伊斯兰教的过程。他认为这两个词分别是什么意思?你同意他的论据吗?为什么?

- 除了政治上的统治者,还有哪些集团成功地促使大量民众接受伊斯兰教?在世界上哪些地区他们取得了最显著的效果?

- 理查德·布利特在统计接受伊斯兰教的人数时遇到的最大困难是什么?他是怎样解决这个问题的?你认为他的做法合理吗?为什么?

"爱尔汗布拉宫"的宏伟建筑群。这座红色的城堡成为他们的宅邸,一座城中之城,是今天中世纪西班牙留下来的保存最完好的宫殿。

到14世纪,基督教到处取得了胜利,变得越来越偏执。犹太教徒和穆斯林被迫接受洗礼、皈依基督教,尽管他们中的很多人继续秘密奉行原来的宗教习俗。1478年在西班牙统治者的要求下,罗马天主教堂建立了西班牙宗教裁判所,追捕犹太教徒改教者(称作马拉诺人)或穆斯林改教者(称作摩里斯克人)中被怀疑不虔诚的皈依者。第一位大法官托马斯·德·托尔克马达1483年上任,他不光审讯叛教和持异端邪说的人,还审判那些玩妖术者、鸡奸者、一夫多妻者、亵渎神明者和放高利贷者。在托尔克马达的指令下,大约有2 000多人在火刑柱上被烧死,他的名字由此成为狂热滥用宗教职权的代名词。

格拉纳达于1492年落入天主教统治者费迪南德和伊莎贝拉的手中,结束了穆斯林在西班牙的统治。1492年,费迪南德和伊莎贝拉将犹太人驱逐出西班牙。穆斯林在1499年至1500年间的反抗失败之后,也不得不在被驱逐或皈依基督教之间作出选择。1566年,西班牙禁止使用阿拉伯语。宗教宽容和文化交流的黄金时代结束了。

犹太教、基督教和伊斯兰教及其意义

犹太教、基督教和伊斯兰教有很多共同的起源。他们都是一神论宗教，相信存在着神赐的手稿。每一个宗教都拥有一些共同的仪式和习俗，包括鼓励定期做礼拜，接济穷人，崇尚到圣地朝圣。每一个宗教也都允诺，不管是在现世或者在来世，一个人的言行在未来会受到应有的奖励或者惩罚。最后，这些宗教都在不同程度上集合了神秘主义、条文主义和虔诚奉献精神。有了这些共同点，犹太教、基督教和伊斯兰教本可以共存，甚至可以相互促进。实际上有些时候，尤其是在西班牙，这三种信仰确实同时存在并互相学习。但是这种和平的相互受益的共存是一个例外，而不是规律。

381

大概有两个因素可以解释这些宗教之间发生的摩擦。第一，这三种宗教都是劝人们皈依的宗教——尽管犹太教早在基督时代就抛弃了这种做法——互相接近会造成彼此残酷的竞争。每一个宗教都认为自己最接近上帝和世界最本质的真相，并认为其他宗教没有意识到这一点。例如，基督教和伊斯兰教指责犹太教顽固地拒绝接受可以修正更新其原始信仰的新启示。犹太教和伊斯兰教指责基督教进行偶像崇拜，因为基督教声称上帝之子实际上是上帝的一种形式，以人类的形态生活在地球上。犹太教和基督教都认为上帝并没有给穆罕默德最后的特别启示。各个宗教互相审视，并称除了深层的共同要素，彼此间仍存在本质的对立。实际上在这些宗教内部，存在的分歧多次造成了被称作异端的一方武力反抗另外一方。人们通过武装的力量来维持、坚持和捍卫真理。（更少坚持教义正确性的宗教，如印度教和佛教，就更少引起暴力的宗教战争。）

第二，每个宗教在发展的过程中也寻求政府的支持。宗教集团经常试图"成为"政府。权力巩固了真理。精神和哲学真理上的基本争论也变成了税收、官职、土地方面的竞争，以及公众对特殊仪式和建筑标志的接受度和对反抗的镇压。当这些宗教集团的力量足够强大的时候，他们全副武装向世界进军。直到现在，在这三个宗教曾经统治过的地区，国家和宗教通常紧密地联系在一起，在很多地区，国家的领导者希望他管辖下的民众能够把他的信仰作为他们自己的宗教信仰，或者至少给予它优先待遇。

从历史上来看，基督教起而统治过去由罗马帝国控制的欧洲土地，就像我们将要看到的那样，后来又带着其欧洲信仰奔赴新大陆。伊斯兰教随着军队、圣人和商贩来到印度和东南亚，并占领了之前波斯和亚历山大帝国统治下的北非和亚洲。犹太教在教徒的数量和政府的支持上都要低于它之后出现的两个宗教，因此在各地仍然是一个占少数的宗教，依靠其他宗教的宽容而存在。这种将不同的宗教与特定地域相联系加以识别的方法同样也适用于印度教和佛教：印度教主要活跃于印度，以及东南亚的少数地方；佛教则主要活跃于印度次大陆、东亚、东南亚，以及连接这些地区的道路沿线一带。

然而，除了在政府支持下将世界划分成不同的宗教区域和各宗教团体间不断发生战争以外,各宗教间也曾互惠共存,共享文化,认同彼此间的共同点和信仰中相同的人道主义。在很多地区,例如中东和世界上各贸易路线沿途的城市,不同宗教信徒居住在一个社区,互相理解、尊重和信任。神秘主义者,比如鲁米(Jalal al-Din Rumi),一直倡导一神论和上帝的世界的团结:

382

> 该去做什么呵,哎,穆斯林? 因为我认不出我自己了。
> 我既不是基督徒,也非犹太教徒、加布(琐罗亚斯德)教徒、穆斯林。
> 我不属于东方,不属于西方,不属于土地,也不属于海洋;
> 我不属于广袤的大自然,也不属于环绕的苍天。
> 我不属于地球,不属于水,不属于空气,也不属于火;
> 我不属于天堂,不属于尘埃,没有存在,没有实体。
> 我不属于印度,不属于中国,不属于保加利亚,不属于萨克辛;
> 我不属于伊拉坎王国,也不属于呼罗珊国家;
> 我不属于这一世界,不属于另一个世界,不属于天堂,也不属于地狱;
> 我不属于阿丹,不属于哈娃,不属于伊甸园,也不属于[天使]里兹丸。
> 我的所在是在无所在处,我的踪迹是在无踪迹处;
> 它既非躯体又非灵魂,因为我属于心爱者的灵魂。
> 我把二元性扔在一边,我看到两个世界乃属一个;
> 一个我所寻,一个我所知,一个我所见,一个我所称者。(McNeill和Waldman,第242页)

复习题

● 在伊斯兰的哲学和习俗里,乌玛指的是什么? 为什么穆罕默德和后来的伊斯兰教领袖认为乌玛非常重要? 为了建设和维持乌玛,他们都做了什么?

● 伊斯兰教的哲学思想和习俗对阿拉伯人来说有什么新的地方? 它们和当时阿拉伯人拥有的哲学思想和习俗有哪些共同点?

● 为什么学者们对早期的伊斯兰教究竟是改善了妇女的生活还是恶化了妇女的生活意见不同?

● 在伊斯兰教里,什叶派和逊尼派的基本区别在哪里?

● 伊斯兰教的政治首都从麦地那迁至麦加,后到大马士革,再后到巴格达。每次迁都都发生在什么时间? 迁都的理由是什么?

● 你认为苏菲派和乌里玛派中,哪一派在向世界推广伊斯兰教的过程中发挥了更重要的作用? 你为什么会这样认为? 他们是怎么做的?

● 穆斯林在自己统治的整个区域内和区域外是怎样保护、增强和传播知识及技术的?

- 请给出穆斯林和基督教徒历史上关系紧张和发生战争的例子，以及和平共
  处、互惠共存的例子。请给出穆斯林和印度教教徒历史上关系紧张和战争的
  例子，以及和平共处、互惠共存的例子。

推荐阅读

PRINCIPAL SOURCES

Esposito, John. *Islam: The Straight Path* (New York: Oxford University Press, 1991). Clear, basic, exposition of the development and significance of Islam by a lifelong, non-Muslim scholar.

Esposito, John, ed. *The Oxford History of Islam* (New York: Oxford University Press, 1999). Brings together an array of clear, well-illustrated essays by outstanding scholars on the origin and evolution of Islam, including materials on law, society, science, medicine, technology, philosophy, and Islam and Christianity.

Hodgson, Marshall G.S. *The Venture of Islam*, 3 vols. (Chicago, IL: University of Chicago Press, 1974). Hodgson's classic reinterpretation of Islam, seeing it not only in alliance with political power, but also as an attractive global culture.

Keddie, Nikki R. and Beth Baron, eds. *Women in Middle Eastern History* (New Haven, CT: Yale University Press, 1991). Presents a wide variety of feminist perspectives on women in Islamic cultures.

Lapidus, Ira M. *A History of Islamic Societies* (Cambridge: Cambridge University Press, 1988). A comprehensive, even encyclopedic account by a single scholar.

Lewis, Bernard, ed. and trans. *Islam from the Prophet Muhammad to the Capture of Constantinople*, 2 vols. (New York: Oxford University Press, 1987). Outstanding anthology of primary sources, grouped as politics, war, religion, and society.

McNeill, William H. and Marilyn Robinson Waldman, eds. *The Islamic World* (Chicago, IL: University of Chicago Press, 1983). Outstanding anthology of primary sources.

Watson, Andrew. *Agricultural Innovation in the Early Islamic World* (Cambridge: Cambridge University Press, 1983). An account of the major crops of India transplanted westward to the very ends of the Islamic world. A kind of precursor to the later Columbian exchange.

ADDITIONAL SOURCES

Adas, Michael. *Islamic and European Expansion* (Philadelphia, PA: Temple University Press, 1993). Contains excellent interpretive historiographic articles on Islam in world history.

Ahmed, Leila. *Women and Gender in Islam* (New Haven, CT: Yale University Press, 1992). Demonstrates the variety of practices chronologically around the world.

Bulliet, Richard W. *Conversion to Islam in the Medieval Period: An Essay in Quantitative History* (Cambridge, MA: Harvard University Press, 1979). An innovative assessment of the rate of conversion through a study of name change.

E.J. Costello, trans. (from Gabrieli Francesco, trans. from Arabic), *Arab Historians of the Crusades* (Berkeley, CA: University of California Press, 1969). Through the eyes of Arab historians, the Crusades appear less religious, more brutal and cruel, and much more concerned with money, than in most western accounts.

Dunn, Ross E. *The Adventures of Ibn Battuta* (Berkeley, CA: University of California Press, 1986). An interpretive study of the great Muslim traveler as an introduction to the culture and lands of his travels.

Eaton, Richard M. "Islamic History as Global History," in Adas, *op. cit.*, 1–36. Brings new social-science sources to bear in interpreting the rise and significance of Islam.

Eaton, Richard M. *The Rise of Islam and the Bengal Frontier, 1204–1760* (Berkeley, CA: University of California Press, 1993). Innovative assessment of how the region of modern Bangladesh became Islamic.

Eaton, Richard M. *Essays on Islam and Indian History* (New York: Oxford University Press, 2000). Important revisionist views of Muslim-Hindu interaction, usually emphasizing the achievement of accommodation.

Embree, Ainslee T., ed. *Sources of Indian Tradition, Volume I: From the Beginning to 1800* (New York: Columbia University Press, 2nd ed., 1988). The outstanding anthology of primary sources.

Ferdowsi. *The Legend of Seyavash* (London: Penguin Books, 1992). Classic tales of the early rulers of Persia.

al-Ghazzali. *The Faith and Practice of al-Ghazali*, trans. W. Montgomery Watt (London: Allen and Unwin, 1953). Tells of the tribulations of the master as he painfully sought a synthesis between legalism and mysticism in Islam.

Grabar, Oleg. *The Alhambra* (Cambridge, MA:

Harvard University Press, 1978). A beautiful, scholarly account of the architectural marvel.

Hodgson, Marshall G.S. *Rethinking World History: Essays on Europe, Islam, and World History*, ed. Edmund Burke III (Cambridge: Cambridge University Press, 1993). A re-assessment of Hodgson's classic scholarship on Islam to demonstrate its relevance to world history.

Ibn Khaldun. *An Arab Philosophy of History*, ed. Charles Issawi (London: John Murray, 1950). An abridgement of this fourteenth-century classic of contemporary social science.

Johns, Jeremy. "Christianity and Islam," in John McManners, ed. *The Oxford Illustrated History of Christianity* (Oxford: Oxford University Press, 1990), 163–95. A basic sketch of the interaction of these religions, positive and negative.

The Koran trans. N.J. Dawood (London: Penguin Books, 1990). Probably the most readable translation.

The Koran Interpreted trans. A.J. Arberry (New York: Macmillan Publishing Co., 1955). The most acceptable translation to Muslim scholars.

Levtzion, Nehemia, ed. *Conversion to Islam* (New York: Holmes and Meier, 1979). Argues that conversion to Islam was at least as much a cultural process of assimilation as a sudden change in belief.

Levtzion, Nehemia. "Islam in Africa to 1800s: Merchants, Chiefs, and Saints," in Esposito (1999), 475–507. Very useful overview of many of the states and regions of sub-Saharan Africa.

Lewis, Bernard. *Islam and the West* (New York: Oxford University Press, 1993). Basic, but controversial interpretive account of cultural and political interaction, by a master.

Morony, Michael. *Iraq after the Muslim Conquest* (Princeton, NJ: Princeton University Press, 1984).

Account of the conquests of Genghis Khan, his successors, and their legacies.

Nashat, Guity. "Women in the Middle East, 8000 B.C.–A.D. 1800," in *Expanding the Boundaries of Women's History: Essays on Women in the Third World*, eds. Cheryl Johnson-Odim and Margaret Strobel. (Bloomington, IN: Published for the Journal of Women's History, 1992). An introductory bibliographic survey of existing literature.

Niane, D.T. *Sundiata: an Epic of Old Mali* (Harlow, Essex, England: Longman, 1965). The classic epic of the founder-ruler of Mali.

Riley-Smith, Jonathan, ed. *The Oxford Illustrated History of the Crusades* (New York: Oxford University Press, 2001). A dozen articles by experts mostly from Western, Christian perspectives.

Robinson, Francis, ed. *The Cambridge Illustrated History of the Islamic World* (Cambridge: Cambridge University Press, 1996). Beautifully produced, one volume scholarly introduction to the Islamic world, lavishly illustrated.

Trimingham, John S. *Sufi Orders in Islam* (Oxford: Oxford University Press, 1971). An account of several different Sufi tariqas, their leadership, history, and commitments.

Tucker, Judith. "Gender and Islamic History," in Adas, op. cit., pp. 37–74. A succinct, provocative historiographical assessment of various interpretations of the status of Muslim women through the ages and around the world.

Vitray-Meyerovitch, Eva de. *Rumi and Sufism* (Sausalito, CA: Post-Apollo Press, 1987). Basic introduction to Rumi, his poetry, and his place in the Sufi movement.

384

从宗教到贸易

从第4篇关于宗教的主题转到第5篇的商贸主题可能看起来是一个大跳跃。精神上的东西跟商业上的东西不是大相径庭的么？基督教的《马太福音》(6：24)和《路加福音》(16：13)不是都引用了基督的话，"一个仆人不能侍奉两个主……你们不能又侍奉神，又侍奉玛门"？("玛门"是"财利"之意)马太不是引述了基督的话，"骆驼穿过针的眼，比财主进神的国还容易"(《马太福音》19：23—24)？基督教的神职人员都曾宣誓要过贫穷的生活。

教会在各个不同的时代都变得十分富有，改革家们纷纷悲叹教会已经背离了其早年的苦行标准。马丁·路德在15世纪中叶发起宗教改革，其中一部分内容就是抗议教会出卖"赎罪券"——只要向教会购买了赎罪券就可以赦免罪孽。路德坚称金钱不能代替虔诚的忏悔。

老卢卡斯·克拉纳赫绘，教皇出售赎罪券，1521年。木刻。

386

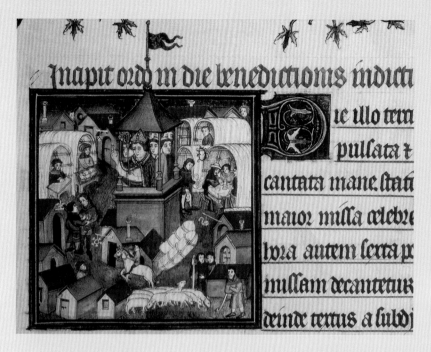

一位主教在为巴黎附近的圣丹尼一年一度的集市祈福，14世纪，细密画。（巴黎国立图书馆）

济利益。请见左图的例子，图中描绘了一位主教正为巴黎附近圣丹尼一年一度的集市祈福的场景。

然而，流传较广的宗教其信仰体系都必定有某种灵活性，基督教中就有很多融合了精神利益和经济利益的例子。教会变得富有起来，因为许多人都缴纳什一税，即把他们收入的十分之一交给教会。作为交换，教会会保佑他们的经

其他宗教通常从一开始就有一种把宗教和贸易更多地融合起来的观点。《创世记》将犹太教的创始人亚伯拉罕描述成一个过着半游牧生活的人，他拥有大群的绵羊和山羊，在购买埋葬妻子的土地时也会主动讨价还价。犹太学者将圣经中禁止收利息的命令解释为朋友之间以及家庭成员之间借贷时禁止收利息；他们还想出一些办法以允许在商业贷款中适度地收取利息。同样把易卜拉欣（亚伯拉罕）视为第一个穆斯林的伊斯兰教也设计出一些类似的切实可行的方法以区分个人贷款和商业贷款。伊斯兰教伟大的先知穆罕默德自己就是一个商人，而且娶了一个女商人。很多清真寺会跟一些商业不动产建造在一起，其租金用来维持清真寺平时的开支。请见下图。

休·格里菲思作，带有将军门的巴贾泽特清真寺，伊斯坦布尔，约1850年。雕刻画。（英国斯特普尔顿藏品）

印度教主张追求"阿尔塔",即财富和权力,并将之视为重要的人生目标,将人生周期中最长的一个阶段用于经营家业的实际事务上。印度种姓阶级中的一个等级吠舍就是由商人组成的。在印度的部分地区,尤其是古吉拉特邦,新年时商人会举行一个叫做"乔帕达"的盛大礼拜仪式,邀请婆罗门僧人为他们来年的账簿祈福,或表示对账簿的崇拜。本页插图显示,今天的印度商人尽管在海外各地从业,但是他们仍然保留着将商业活动和宗教仪式结合在一起的风俗习惯。

在伦敦尼斯登的斯瓦米·那罗阇那(Shri Swaminarayan)印度教神庙中,印度教领袖普拉穆库·斯瓦米正在"乔帕达"礼拜仪式中为账簿赐福。

问题

1. 宗教领袖和商业领袖是在何种程度上相互适应的——或者未能做到这样的适应?

2. 这种适应的条件是什么?

3. 各个集团的成员是如何从这种适应的成功或失败中受益或受损的?

第5篇

商品和人口的流动

1000—1776年

交流的渠道：商品交换、疾病传播和文化交流

我们一再注意到贸易对各个地区的经济和世界经济所起的重要作用。正如我们在第2篇中所看到的，贸易将最古老的城市文明中心——美索不达米亚、印度河流域以及尼罗河流域联系了起来。在第3篇中，我们看到，各个帝国都在设法保护主要的交通路线，帝国的统治者则设法从中攫取高额的利润。在第4篇里，我们看到，世界上的几大宗教沿着同样的贸易路线传播开来，而且宗教往往是通过商人得到传播的。佛教和伊斯兰教便是沿着陆上的丝绸之路传播到了东亚，通过印度洋的航运线路传播到东南亚。随着商品的交换，同时也带来了思想与文化的交流。

在这一篇，贸易是我们关注的重点。在第12章，我们要探讨在约1100年到1500年间贸易商人所起的作用以及他们与当时的政治统治者的关系。我们要对主要的贸易路线所处的地理环境进行研究。这些贸易路线那时还没有完全统一起来，当然更不用说全球化了，但是这些路线毕竟开始连接起来，能够在亚非欧各大陆之间把货物从地球的一端送到另一端。那时的交通网络要求世界各地的商人们很好地进行协作，在将货物从一个地区运输到另一个地区的过程中进行大量的上下装卸工作——但是他们已能够完成货物的运送。

疾病的传播有时是与贸易的往来相伴而行的。其中最具毁灭性的是14世纪中期发生的黑死病，这一传染病夺走了包括从中国一直到西欧在内的许多地区三分之一人口的生命，对财富与权力之间的关系进行了剧烈的调整。贸易路线沿线的安全保障极为重要，蒙古成吉思汗的后裔就为中亚的丝绸之路提供了这样的安全保障。我们读到过诸如马可·波罗和伊本·白图泰这样伟大的贸易商和旅行者的自述。在本篇的结尾，我们将详细研究欧洲的贸易扩张，商人与日俱增的重要性，以及由此带来的城市和贸易路线的复苏和由此而引起的文化复兴。

第13章对世界的一些大洋和海洋进行了探讨。数千年来，印度洋、红海、波斯湾、阿拉伯海、孟加拉湾、地中海以及中国南海一直是主要的海上贸易通道，而大西洋和太平洋在远洋贸易中却并不占据主导地位。有证据表明，偶尔可能会看到横跨这些广阔水域的航行，但是一直要到1492—1504年哥伦布四次横跨大西洋的航行和麦哲伦1519—1522年的环球航行之后，大西洋和太平洋才有了经常的海上接触往来。本章介绍最早帮助北美洲、南美洲和澳大利亚三个大陆与欧亚非

主要地区建立持久不断海上联系的那些航行的背景以及这些航行带来的惊人结果。

第14章描述了贸易全球化的过程以及民族国家的统治者对商人参与全球化贸易所给予的鼓励。西班牙人和葡萄牙人最先加入进来，荷兰人、法国人和英国人则紧随其后。对财富的追求促进了新经济制度的建立以及文化和宗教观念的变革。1776年，苏格兰哲学家和经济学家亚当·斯密发表了《国富论》，昭示了一种叫做资本主义的新经济组织哲学思想的形成。资本主义意味着生产资料的私有化，商品和服务的交换根据市场的供求水平进行变动。斯密称赞那些追逐个人利益的私营商人，宣称他们是推动世界历史进步的主要动力。他反对政府和教会对贸易的控制，即当时的现行制度，倡导自由贸易、基本不受调控的市场和独立的商

马可·波罗，选自《亚历山大大帝传奇》，约1340年。图中显示这位世界大旅行家1271年乘船从威尼斯出发前往中国。欧洲极盼得到有关蒙古帝国的消息——这可能是他们联合反对古老的穆斯林敌人的潜在同盟者——而来往不断的无畏的商人和传教士带回了关于可汗朝廷的惊人报告。不过，马可·波罗充满异邦色彩的回忆录是其中至今最为著名的。（牛津博德利图书馆）

业资本家。

斯密的观点至今没有定论，对以市场和供求为基础的资本主义理论的争论今天仍在继续——有人提出责难，有人给予褒扬——这对经济体系的各方面以及政治、文化和宗教等许多问题都具有重要意义。第14章的最后一节介绍了各个国家的经济和政治领导人——从西方的俄罗斯到东方的日本——是如何应对新兴的富有而强大的西欧的。

世界贸易路线的建立

早期经济体系的地理分布与哲学思想
贸易与商人：目标与功能
1000—1500年

第 12 章

主题

- 世界贸易：历史分析
- 贸易网络
- 公元1500年前的美洲贸易
- 撒哈拉以南的非洲贸易
- 穆斯林和犹太商人
- 亚洲的复杂贸易模式
- 蒙古人

今天，远距离的国际贸易占了世界商贸的很大一部分，其中甚至包括日常食品和服装在内的最基本的产品。然而，早期的远距离贸易仅占贸易总量的很小一部分，主要为富裕的上层阶级提供丝绸、黄金、香料等各种奢侈品。这些商品的价值与其重量相比是极高的，所以即使经过数百英里、甚至数千英里的运输后，商人们仍可赚取可观的利润。有些商品，如原棉和棉花，运输距离也长达数百英里，超过中等运输的距离。这些原材料在进口后被加工成具有较高价值的制成品，运输费用虽很高昂，但商人们仍能赚取相当的利润。

公元1500年以前，绝大多数的贸易多为本地贸易——用粮食作物换取本地的手工制品或原材料。这些商品都是生活必需品，但是它们的价值和其重量相比是很低的，运输成本在其最终售价中占了相当大的比重，因此仅限于短距离的贸易。通常，这些商品在当地是被用于物物交换的，而不是被运到距离很远的市场上出售以换取货币。这种本地的货物交换是地方和地区历史的基本组成部分之一，但是对世界历史的研究主要还是集中于远距离的贸易及其在把世界上相隔遥远的各个地区连接起来的过程中所起的重要作用。

贸易成为衡量经济状况的一个指标。贸易刺激经济的增长；只有在市场存在时人们才会生产商品，并提供相关的服务。曾经寻找过就业机会的人都体验过这一经济上的真理。只有在工作岗位存在时，人们才有可能找到工作；如果工作岗位不存在，他们就将处于失业和没有经济产出的状态。同样地，生产和消费也受到市场存在与否的限制。如果市场是自由的，则产品的购买和出售就很方便；否则，贸易、生产和消费就会处于一种停滞的状态。

世界贸易：历史分析

研究世界贸易的历史学家们试图了解世界贸易的目的、条件和规则。我们既研究其经济价值，也研究其社会价值。例如，各种贸易体系取得了怎样的收益？哪一种体系使得社会中的哪些人群获得收益？哪些系统会使得社会中的哪些人群受到损害？在不

前页 布什科船长，坎贝湾的贸易（局部），印度，1410年，牛皮纸。作为印度东北部的主要港口，坎贝湾引起了远在欧洲的画家和艺术家们的关注。这幅选自《奇迹大全》的插图描绘的是坎贝湾的船舶和身着欧洲服饰的商人。这并不令人感到惊奇，因为这位艺术家从来没有到过这个城市。（巴黎国立图书馆）

同的系统下,调整收益和损失的平衡机制是如何运作的? 这些问题当然不仅仅是历史问题。当今对贸易"全球化"——越来越多的国家对世界的开放,越来越多的产品以进出口贸易为目标——的争论证明了这些问题具有长远的意义。1999年发生在西雅图的街头示威,以及随后在全球各地其他城市爆发的反对力图扩大、推动和调整国际贸易的世界贸易组织的示威活动,都揭示了今天在这些争论背后人们所抱的激烈情绪。

政府又是在何种程度上对市场经济进行调整或控制的呢? 他们应该在何种程度上进行调控? 在完全**自由市场经济**中,贸易状况完全不受调控。价格只会根据货物的**供给**以及市场对货物的经济**需求**而发生变化,商人们则会自由地根据自己的选择去寻求财富。然而,社会确实也会对贸易进行一定程度的调节控制,以服务于全社会的最大利益。例如,政府可能希望保证人人都有足够的食物以维持生存。因此,他们可能会决定扩大农业生产的规模,而对工业生产加以限制。在资源稀缺的年代——例如在战争期间——政府可能会对食品和生活必需品实行配给制以确保每个人至少能获得最低限度的保障。政府对部分商品征收高额税收以限制一些商品的生产和贸易,而对另一些商品采取低税率以鼓励其生产和贸易。商业可能会受到政府不同程度的调控,但绝不会是完全不受调控的。

自由市场经济(free market economy) 在这种经济体制下,生产资料主要归私人所有,政府几乎很少对市场进行调控。

供给和需求(supply and demand) 在经济学里,生产者能够并愿意出售某种商品的数量(供给)和消费者能够并愿意购买该商品的数量(需求)之间的关系。

历史一览表: 中世纪的世界贸易

年　　代	政治/经济事件	贸易的发展	探　　险
公元1050年	■ 穆拉比特人摧毁加纳王国(1067年)		
公元1100年		■ 南非大津巴布韦时代	
公元1150年		■ 造纸术从穆斯林世界传至欧洲	
公元1200年	■ 印度第一个穆斯林帝国的建立 ■ 成吉思汗建立蒙古帝国(1206—1405年) ■ 中美洲玛雅文明的瓦解;秘鲁印加王国的崛起 ■ 西非马里的崛起		
公元1250年	■ 奥斯曼一世在土耳其建立奥斯曼王朝(1290—1326年) ■ 贝宁帝国的形成 ■ 蒙古人征服日本失败(1281年)		■ 马可·波罗到达中国(1275年)
公元1300年	■ 苏丹曼萨·穆萨统治下的马里帝国(曼丁哥)到达鼎盛		■ 伊本·白图泰在东亚和非洲旅行(约1330—1360年)
公元1350年	■ 中国明朝(1368年)		
公元1400年	■ 奥斯曼土耳其在欧洲加里波利建立据点	■ 中国重修大运河并加以延伸	
公元1450年		■ 非洲东南部的基瓦和大津巴布韦的衰落(约1450年)	
公元1500年	■ 尼日尔中部地区桑海帝国的鼎盛(1492—1529年) ■ 埃尔南·科尔特斯和西班牙征服者打败阿兹特克人并夺取墨西哥(1519—1521年) ■ 弗朗西斯科·皮萨罗和西班牙征服者打败印加人并夺取秘鲁		

在诸如埃及、美索不达米亚和中国等最早形成的社会里，政府官员往往和僧侣等联合起来，他们拥有比私营商人更强大的权力，而且贸易活动是受到严格控制的。不过，大量的资料证明，以私人利益为基础的市场经济在远古的时候就已经存在。这一追逐私人利益的贸易深深植根于社会的政治、社会、宗教和道德结构中。远距离的私人贸易在世界各地的主要港口城市中十分兴旺，利润颇为可观。从事这一远距离港口城市贸易的商人通常是外国人，他们拥有某些与当地政治和社会结构分离的独立性。他们在东道主的社会中处于某种边缘的位置，但是在国际贸易网络中却处于中心地位。

贸易网络

这些从事远距离贸易的商人促进了他们所生活的社会的形成发展并和世界各地的商人结成极为广泛的贸易网络。他们形成了一种"贸易离散社群"（trade diaspora），即一个相互连接的商业社会网络，存在于非洲、欧洲和亚洲的各个主要贸易城市中并从事相关的活动。正如研究贸易的历史学家们指出的，考古记录显示，早在公元前3500年就已经出现了贸易离散社群。

有的贸易路线已持续存在了数千年。例如，在罗马帝国鼎盛时期，罗马的商人在地中海和印度洋上进行贸易往来，他们的贸易活动偶尔也会远及中国。通常情况下，

世界贸易路线。公元1100年至1500年间，一个连接欧亚大陆以及北非、东非人口稠密地区的水陆接力贸易运输系统形成。从事远距离贸易的商人沿着当地的运输路线将货物转交下一地区的商人。西半球仍处于分离状态，拥有两个主要的贸易网络。

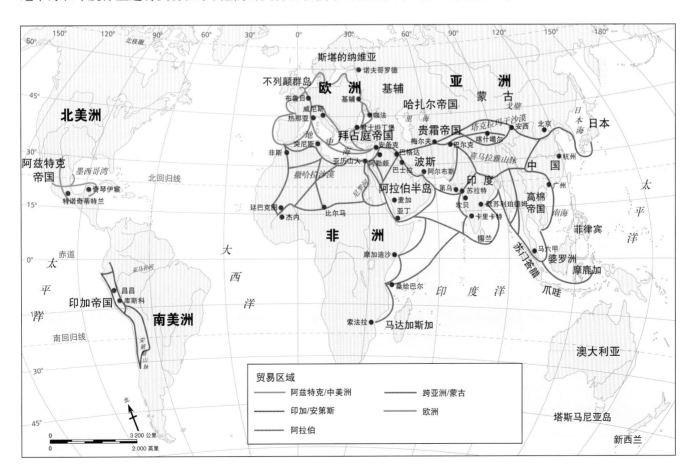

394

这些商人在种族上并不属于罗马人。他们大多数是来自地中海东部的主要贸易团体的后裔，其中包括犹太人、讲希腊语的埃及人和阿拉伯人。罗马的贸易为这些贸易离散社群留下了宝贵的财富。公元410年，罗马帝国瓦解后，他们以犹太人、基督徒和阿拉伯穆斯林等小型宗教社区的形式分布在印度西南的沿海地区。

通常情况下，从事贸易活动的外国商人在当地的社会中处于一种边缘地位，他们并没有完全融入主流社会之中。他们既不完全受当地政府的控制，也并不完全处在从属的地位。他们可以从自己带给所在港口城市的利益中获取相应的收益。

公元1500年前的美洲贸易

在西半球，当时已经发展出了两个主要的贸易网络。北部的贸易网络主要为今天的墨西哥地区服务，尽管在当时这个地区处在几个不同的政权的统治之下。南部的贸易网络则是向北沿太平洋海岸一线向南沿安第斯山脊的内陆地区展开。东西向的贸易路线所在地区海拔高达15 000英尺，连接着沿海一带的定居点和位于山区的各居住地。南北美洲之间的交通往来则很少。东西半球之间也几乎没有往来，除了偶尔的航行之外，例如维京人探险家莱夫·埃里克松（Leif Eriksson）在公元1000年发现纽芬兰岛的那次航行（见第13章）。

印加帝国的贸易

在南美洲的安第斯山区，一个具有重要意义且此后存在了很长一段时间的文明中心在公元600年以后崛起了。当印加人在15世纪初巩固其帝国之时，山区各族已经发展起了广泛的贸易，连接了南北延伸几百英里的居住地，其人口总数达到3 200多万。

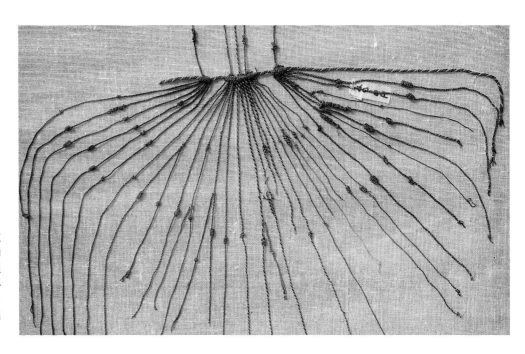

古秘鲁人的结绳文字。从厄瓜多尔绵延至智利中部，整个印加帝国内陆道路网络广布，这促进了贸易发展。图中所示的古秘鲁人的结绳文字用结绳来记录日期和账目，在15世纪初就被南美洲的商人使用娴熟。

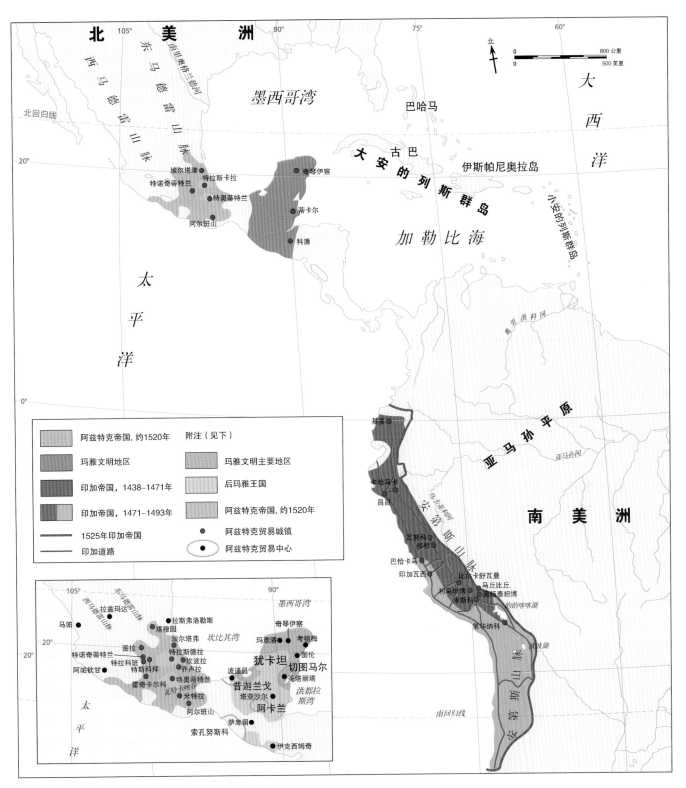

哥伦布抵达前的美洲。哥伦布抵达之前的美洲有两个大的贸易和政治权力区域。北方为以特诺奇蒂特兰城为中心的阿兹特克王国所控制。毗邻的中美洲玛雅文明正在走向衰落。在南美洲，约公元1500年时，印加人控制了安第斯山区，通过广布的道路系统将各个山区连接了起来。

396

贸易对于山区从上到下来说都是非常重要的。这些山脉海拔高达20 000英尺，山坡沿线拥有各种不同的生态区域，由此促进了产品的多样性和贸易。下方的山谷盛产甘薯、玉米、树薯、南瓜、豆类、红辣椒、花生和棉花。而高山上则盛产马铃薯，一种叫藜麦的谷类，可可、药材、羽毛以及兽皮等。这些高山人民精通手工制作和手工业，包括金器的制作等。

国家和它那些带着神圣头衔的统治者共同控制着各个生态区之间的贸易。从15世纪初直到1535年西班牙的征服，在印加帝国的统治之下，安第斯山脉长达15 000英里的道路中，许多路况最佳的道路仅对政府的官员开放。

中美洲和墨西哥的贸易

在中北美洲的尤卡坦半岛上，玛雅民族经历了从公元前200年一直到公元900年的繁荣发展时期。玛雅的贸易商人在相对独立的环境中崛起，聚敛了数量相当巨大的财富。考古学家认为，贸易商财富的急剧增加引起了社会的紧张态势，最终这些贸易商被纳入到了等级制国家的控制之中，由此而形成了另一套新的由国王而不是由商人支配的不平等关系。

16世纪20年代西班牙人到来之时，尤卡坦半岛上的玛雅民族已趋于没落，阿兹特克人控制着墨西哥峡谷。西班牙征服者对阿兹特克的首都特诺奇蒂特兰城的庞大市场做了生动的描述。正如西班牙领袖埃尔南·科尔特斯在他的一封信中所总结的：

> 这个城市有很多贸易广场，集市、贸易如云。还有一个面积为萨拉曼卡两倍大的广场，四周拱廊围绕……这里有草药商街市，所有本地产的草本、草根在这里都有出售。这里有药剂店，里面出售成药、药膏和石膏。这里有理发店，人们在里面洗头和剪发，还有出售食品和饮料的商店。（《第2封信》，第103—104页）

集市每隔五天举行一次，每次来参加赶集的商人大约有40 000到50 000人之多，他们划着独木舟来到特诺奇蒂特兰城所在的岛上。这个市场在很多方面与在中世纪欧洲举行的大型集市颇为相似，吸引了来自王国远近各地的甚至包括国外的商人。

但是，这些特诺奇蒂特兰城的商人拥有怎样的独立性？在西班牙人的记载中，这座城市的市场受到政府的严格控制。除了那些维持秩序、收取税收和检查度量衡的政府官员外，还有一个由12位法官组成的法庭对案件及时作出判决。

15世纪，一种叫做波特卡（pochteca）的从事远距离贸易的由贸易商组成的行会稳步发展。他们负责的贸易线路长达数百英里，通常用由城市手工艺人制作的黑曜石刀、毛毯、服装、草药和染制品换取玉石、贝壳、美洲虎皮、鸟类的羽毛等原料，换取数量最多的是墨西哥湾海岸产的棉花。他们的通婚仅限于行会内的成员之间，虽然他们只是平民，但是他们有能力将自己的儿子送到神庙的学校去读书，他们还拥有自己的法庭。

美洲的印第安人那时还没有发明车轮，因此货物的运输主要依靠牲畜——以及人力驮运。船舶成为溪涧和河流运输的交通工具,玛雅人划着独木舟往来于尤卡坦半岛的河道中,而位于赤道附近南美洲沿岸的印加人则使用一种由轻质木材建造的船只。

这些贸易商通常为阿兹特克的统治家族聚敛商品和收集军事情报。皇家的军队向他们提供保护,有时也以来往的波特卡商队受到袭击为由,惩罚那些袭击者并没收其土地。波特卡的成员居住在城里自己专门的区域,他们拥有自己的地方官员,监督他们自己的市场。他们的主神雅卡特克特里(yiacatecutli),与托尔特克的羽蛇神很相似,这说明,他们在一定程度上是居住在贸易散居地的外国人,在当地的国家和神庙组织之外享有很大的独立性。

这两个主要的文明中心相互独立,并且都与亚非欧大陆完全隔绝。当欧洲人于16世纪来到这里,挥舞着新式武器,指挥着新的军事组织,传播新的疾病之时,美洲的居民还没有为这一切挑战做好准备。

撒哈拉以南的非洲贸易

撒哈拉以南的非洲也成为贸易关系网中的重要组成部分。在西非,贸易商人通过骆驼商队穿越撒哈拉沙漠运输货物,将南部的林耕者和采矿者与地中海岸的商人和统治者连接了起来。在东非,沿海的贸易商从内陆获取黄金和象牙,然后出售给印度洋的海上商人。

西非

公元2世纪到5世纪,骆驼的驯化使得跨越撒哈拉的定期贸易成为可能。绿洲成为沙漠旅行队必要的休息和给水驿站,绿洲上还生产一种重要的贸易商品即椰枣。关于这种跨撒哈拉贸易的最早书面记录是从8世纪穆斯林贸易商的到来开始的。

位于马里杰内的清真寺,始建于公元14世纪。在非洲沙漠国家的主要城镇如杰内和廷巴克图等,可以看到用泥砖建成的壮观宏伟的清真寺。这表明,在13和14世纪,伊斯兰教即已为商人和统治阶级所接受。泥砖易受雨水的冲刷,因此寺院需要经常的修缮——于是便有了这一嵌入式"脚手架"结构。

398

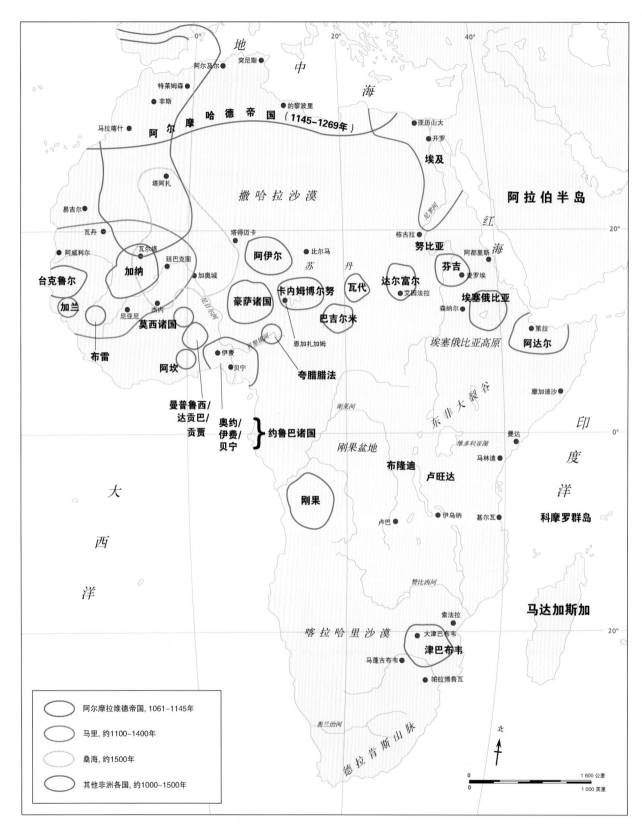

非洲的王国。1000—1500年,在北非和西非出现了许多国家,他们的政权是建立在对远距离贸易的控制之上的——黄金、象牙、往北方运送的奴隶,金属器具、纺织品和向南方运送的食盐等。本书讨论了加纳、马里和桑海三国。这些国家因受到撒哈拉沙漠的保护而免遭掠夺者的侵害,因此大多得以维持其独立的状态。

非洲的政治单位通常都是地方性的,但是在与廷巴克图邻近的尼日尔的北部地带,在干旱的荒漠**萨赫勒地区**与浩瀚的撒哈拉沙漠相接壤的地方,有三个大帝国相继崛起。这三大帝国——加纳(约700—约1100年)、马里(约1100—约1400年)和桑海(约1300—约1600年)——保证了贸易路线的畅通和安全。世界上其他地区的大多数政府都通过控制土地和农业来集聚财富和巩固统治,与此相反,这些帝国则是通过控制贸易、贸易商和贸易路线来加强他们的权力。

向北穿越撒哈拉地区运输的有黄金、奴隶、布匹、象牙、乌木、胡椒和可乐果(刺激物);向南方运送的则是盐、椰枣、马匹、黄铜、紫铜、玻璃制品、珠子、皮革、纺织品、服装和食品等。黄金是最为吸引人的焦点。在14世纪,西非的金矿提供了东半球贸易所需资金的三分之二。1324年,当马里帝国的穆斯林皇帝曼萨·穆萨(Mansa musa,1307—1332年在位)经开罗去麦加时,花费大量的黄金为宫廷官员购置礼物并在集市里大量购物,以至于开罗在之后的几年内一直处于通货膨胀状态。一幅1375年的欧洲地图上画有马里帝国皇帝曼萨·穆萨的坐像,下面有这样一段文字:"在他的国家发现的黄金极为丰富,这使得他成为世界上最富有和最高贵的皇帝。"

南北之间的贸易有许多天然的"分界点":从地中海岸到沙漠的北部边缘,贸易运输依靠的是驮马;经绿洲穿越沙漠,靠的是骆驼;穿越干旱贫瘠的荒漠和撒哈拉南部的草地丛生的热带大草原,靠的还是驮畜;最后,要穿过大型动物难以穿越的、致命的采采蝇肆虐的热带森林,靠的则是人力搬运工。在大部分地区,当地主要的贸易机构以短程接力的方式将货物从一个市场中心运输到另一个中心。然而,有些贸易商,主要是索宁克人,特别是他们中讲曼德语的迪尤拉分支,通过与当地的统治者进行协商,建立了贸易散居地。

东非

在公元4世纪,位于信仰基督教的埃塞俄比亚,阿克苏姆王国控制着红海、并在一定程度上控制着阿拉伯海的贸易。然而,随着伊斯兰教的崛起,阿拉伯商人控制了商品的流动,阿拉伯军队开始限制埃塞俄比亚人的权力。9世纪之后,在非洲之角的南部,阿拉伯商人提供了东非和印度洋之间的主要贸易联系。第一个崛起的重要港口是曼达,随后是13世纪的基尔瓦。居统治地位的阿拉伯王朝还沿着海岸进一步向南控制了索法拉港。他们通过当地的非洲商人,特别是在大津巴布韦的贸易栈,与内陆的民族交换商品。在这里,他们发现了大量的贵金属,如黄金和铜(通常铸成铜锭)

萨赫勒地区(sahel)——位于撒哈拉沙漠北部及南部的边缘地带。该荒漠是非洲的半干旱地区,由塞内加尔向东一直延伸至苏丹。

大津巴布韦。公元10世纪至15世纪东非最大而且是最负盛名的石砖围墙建筑。大津巴布韦为沿海商人提供贸易的原材料,尤其是金、铜、锡、铁,同时也是奢侈品的交易站——在这里曾挖掘出伊斯兰穆斯林制作的陶器和贝壳。

以及畜牧产品：象牙、兽角、兽皮和龟壳等。奴隶也是一种重要商品。在所有新形成的城镇中，大津巴布韦是规模最大和最令人瞩目的。在建筑方面，它以占地100英亩的石城，以及附近地区100来个较小的石城而著称。

商品先是由内陆运送到沿海的港口，然后经海路运送到阿拉伯和印度以换取香料、陶器、玻璃珠和布匹等。在位于非洲东海岸的港口城市，周边非洲民族的斯瓦希里语因受到印度洋贸易商的影响而吸收了大量的阿拉伯语词汇，由此丰富了斯瓦希里语，并保证了其作为沿海贸易主要语言的地位。

穆斯林和犹太商人

穆斯林阿拉伯商人在非洲贸易网的发展中起了十分关键的作用，这一贸易网从北到南穿越撒哈拉，从东非沿海一直延伸到印度洋沿岸的许多港口。他们的宗教信仰和种族身份成为这一贸易群体的基础，以及在一个没有国际法庭和法律体系的世界里从事贸易经营所必需的信任。人口较少的犹太人同样也有能力从事从中国到西欧以至非洲的跨整个东半球的国际贸易。对犹太人来说，就像阿拉伯人一样，他们的宗教信仰和种族身份是其贸易散居地的潜在基础。在他们的海外群体里，他们可以很快辨别出哪些人是值得信任的，这使得他们得以建立起高效的贸易网络。其他从事全球性贸易的群体虽然在地理分布上并没有那么广泛，但是同样在宗教信仰和种族身份的基础上形成了自己的商业网络，例如，信仰基督教的阿美尼亚人、来自西印度的耆那教徒和印度教的古吉拉特人，以及中国东南沿海地区的福建人。位于海外的小型穆斯林贸易社区也经常吸引当地的贸易商皈依伊斯兰教，尤其是印度尼西亚和东南亚的商人。其他贸易群体通常都生活在自己的社会和宗教网络中，与当地的贸易商建立良好的贸易关系，但并不主动去说服他们改变自己的宗教信仰。

犹太商人

8世纪和9世纪初，在唐朝和阿拔斯王朝控制着丝绸之路的这一时期，在连接欧洲和中国的贸易离散群体中，犹太人再一次成为一个突出的贸易群体。犹太人向许多更远的居住地迁徙，这为他们建立广泛的贸易联系提供了便利。他们以各地的宗教散居地为基础，从而促进了贸易散居地的形成。9世纪查理曼的欧洲帝国曾雇佣他们在欧洲的南部从事贸易。巴格达作为西亚多条重要贸易路线的枢纽，拥有当时世界上最著名的犹太人社区，而在印度南部的卡里卡特、柯钦和中国的开封也有一些规模较小的

闪族商人小雕像，中国，10世纪。沿着丝绸之路而来的罗马商人很可能是来自新月沃地的犹太人、讲希腊语的埃及人和其他地中海东部的商人。他们及其后裔最终沿着横穿亚洲的贸易路线定居下来，这也为这个在中国唐代制作的釉瓷闪族小贩作了最好的解释。（西雅图艺术博物馆）

犹太人群体。当葡萄牙探险家瓦斯科·达伽马在1498年到达卡里卡特时,就由一名当地的犹太商人担任他的翻译。世界最大贸易中心之一,埃及的开罗也拥有一个颇具规模的犹太社区。

穆斯林商人

401

随着伊斯兰教的崛起(见第11章),特别是在阿拔斯哈里发于762年迁都巴格达之后,穆斯林商人便控制了印度洋的贸易路线。他们大部分是阿拉伯人和波斯人。13世纪,随着德里的穆斯林苏丹国控制了印度的大部分地区,许多从事海上贸易的印度商人,特别是印度西部古吉拉特地区的商人,改信了伊斯兰教。穆斯林商人在把贸易商品运来的同时也带来了他们的文化和宗教。那些因为贸易而与他们有接触的遥远的异国商人也慢慢地受到了伊斯兰教的影响。在马来西亚、印度尼西亚那样遥远的地区,当地的商人也开始接受和信奉这些海洋贸易商人的宗教。1400年左右,当马六甲的统治者皈依伊斯兰教后,穆斯林商人的贸易圈就完全形成了。

伊斯兰教鼓励贸易的发展。该教提倡所有的教徒在其有生之年至少要完成一次朝觐(朝圣),这要求国际旅行;伴随着朝觐,贸易也繁荣起来。约从公元700年起,一个穆斯林的贸易殖民地在斯里兰卡建立了起来。阿拉伯商人顺着季风先航行到印度,然后到达东南亚,有些甚至来到了中国的东南沿海。水手们根据适宜的季风风

匿名,"国王爱德华一世从加斯科涅回程",1470。细密画。这是一个三角帆船的例子。欧洲人根据阿拉伯人的模型改造了这些帆船的帆,使其既能够逆风航行又能顺风航行。(伦敦英国国家图书馆)

402

开罗藏经库的文献

通过索罗门·戈伊泰因(Solomon Goitein)从20世纪50年代到80年代对开罗藏经库(Genizah,希伯来语旧文献贮藏室之意)的研究,历史学家们了解到10世纪至13世纪的地中海文化以及其与印度洋的贸易联系。犹太法律规定,写有"上帝"名字的纸不能随意损毁,而应该保存到将来再埋葬;藏经库则是这些文档几个世纪以来在开罗的储藏点。由于纸张的稀缺和经常被重复使用,因此藏经库的手稿中有大量世俗和宗教生活方面的注解和记录:有关于贸易和商业的信息,关于社会组织的概略介绍,尤其是犹太社会群体等。婚姻契约"详细并全面地陈述了调整新婚夫妇将来关系的各种情况,这成为我们了解当时家庭生活的珍贵的原始资料"(1:10)。遗嘱和财产情况是"真正的信息宝库"(1:10)。私人信件和商业信函"成为[手稿]中数量最大、最重要的组成部分。它们不仅是我们了解商业和工业的主要原始资料,还是了解其他很多重要行业诸如旅游和航海事业情况的主要原始资料"(1:11)。"有好几百封写给各个权力机关的信函,包括报告、请愿书、求助信、要求纠正不公裁定、预约申请以及其他众多问题的信函"(1:12)。还经常可以看到对(犹太)宗教的释疑解答。平民与圣人之间的问答涉及宗教哲学、教义和实践等。

大多数妇女是文盲,但是她们向书吏口述了许多信件:"我们听见了女性引领男性笔触的声音。"(1:12)。大多数的文字是用阿拉伯文记载的,但是后来被转译成希伯来文字。这些有着几百年历史的手稿已被证明是历史学家研究开罗当时的生活、市民以及与整个地中海和印度洋的联系的金矿。

● 根据藏经库的性质,哪些记录最具代表性?哪些记录最不具代表性?
● 有关家庭生活的记录和由妇女口述的记录是如何填补商业交易记录方面的空白的?
● 在这个时期,作为贸易中心的开罗的重要性在哪里?

三角帆船(lateen) 三角形帆的一角与桅杆约成45度角,固定在一个长棍或横木上,其他角则固定在船尾附近。这种帆船能够借两边的风航行。

向,充分利用**三角帆船**,可以用不到两年的时间完成从美索不达米亚到中国的一个往返航次。伊斯兰教通过商人,而不是军事力量,成为印度尼西亚(当今世界上人口最多的穆斯林国家)居支配地位的宗教,并吸引了数以千万计的中国信徒。印度洋的整个海岸线,从东非通过印度一直到印度尼西亚,到处都有穆斯林的贸易散居群体,其中大多数是阿拉伯人。

亚洲的复杂贸易模式

作为人口最多、拥有最古老的各大文明的世界第一大洲,亚洲在数千年前便发展形成了复杂的贸易网络,这并不令人惊讶。早在1250年,就有一套互相连接的贸易网络将亚洲、非洲和欧洲主要的人口中心和生产中心连接了起来。前面的地图(见第411页)就表现了其所覆盖的广大的地域范围。从东方到西方,日本和中国通过陆路与中亚连接了起来,通过海路连接到印度洋。海路和陆路都继续向西延伸到了阿拉伯、西亚,并一直到地中海和欧洲。高度发达的海上交通还连接到了非洲的东海岸,并从陆地路线一直延伸至非洲内陆。南北方向的路线则穿过中国、中亚、西亚和欧洲,并凭借骆驼从地中海穿越撒哈拉沙漠。当时,还没有任何一家交通运输总局或公司能够将货物由东亚一直运送到西欧。但是这样远距离的运输可以通过分路程、分段的方式得以完成。

南太平洋的波利尼西亚人

波利尼西亚人是属于南岛语系的民族,他们可能在6000年前从中国的南部和东南亚移居到台湾地区、菲律宾和印度尼西亚的东部（见第1章）。那些在这些区域附近岛上定居的人成了美拉尼西亚人。而那些继续向东迁徙的人则成了波利尼西亚人。这些波利尼西亚人坐着单人或双人独木舟继续向东航行，这些独木舟长约100至150英尺，木条木板等部件由绳索绑紧固定。这些船只装有方形的编织布单帆，不仅可以载送男人和妇女，还可以运输食物，甚至是活的牲畜。波利尼西亚人就靠这些简单精巧的船只开启了浩瀚的海洋之旅，到后来他们向东北航行至夏威夷（公元400年），向东南航行至复活节岛（公元400年），向西南航行远至新西兰（公元750年）。他们成为前现代时期最伟大的航海民族。研究波利尼西亚历史的学者都对屹立在波利尼西亚的几个岛屿上的巨大石雕，尤其是复活节岛上那些极为壮观的石雕，以及他们取得的航海成就感到无比惊叹。显然，波利尼西亚人到过夏威夷、复活节岛和新西兰这个地理三角形之间的所有岛屿。不过，尽管他们旅行了数千年，走过了千万英里，波利尼西亚人在其所到之处都保留了一些极为相似的文化特征。人类学家发现，波利尼西亚人到过的各个岛屿上植物的名称、人们所使用的工具、其亲属称谓和艺术风格等都颇为相似。

波利尼西亚人有能力跨越太平洋与美洲人建立联系吗？答案显然是可能的。夏威夷群岛距离美洲比距离亚洲要近一些，复活节岛离南美洲海岸仅为2 200英里。确实，很多学者提出，波利尼西亚的甘薯和树薯就证明了波利尼西亚人与美洲是有联系的。但是，无论波利尼西亚人和他们的独木舟有多大的能力，也无论这些食品供应的来源地究竟是哪里，波利尼西亚人并没有与美洲建立起长期的联系。显然，他们仅仅是为了寻找一个能够定居、生存并且有基本食物供给的地方，而不是出于航海探险的兴趣。他们虽属人类历史上最伟大的航海家之一，但是他们并非仅仅为了寻求航行的刺激，而只是为了生存的需要。

中国南海和印度洋的马来航海者

显然，波利尼西亚出色的航海者们或许是在公元前第一个千年后期采用了中国南海上马来航海者使用的帆船。这些航海者给世界的航海事业留下了四份主要的遗产，其中一份主要对其邻近地区有影响，另外三份则有着更为广泛的意义。第一份是最重要的：货船——称为"艟"的中国式平底帆船，其英文名称音译为junk。这些船有多层船体，两到四根桅杆，两个舵，载重量400至500吨，这似乎赋予了中国商人水手向北航行所使用的帆船以灵感。第二，平衡斜桁四角帆似乎启发了一系列

约翰内斯·巴普蒂斯塔·范·德特歇姆（Johannes Baptista van Doetechum）："一艘中国式帆船"，选自《林索登：他关于东、西印度之行的讲述》（*Jan Huyghen van Linschoten: His Discourse of voyages into the East and West Indies*），1579—1592，雕版。显然，这些帆船首先由中国南海的马来航海者发明，经中国人改良后，能够承载1 000多吨的货物和数百名海员。（私人藏品）

的改进和发明,从波利尼西亚人所用的帆船到阿拉伯航海者所用的帆船,再到后来经改良的三角帆船。(另一些权威人士则认为,平衡斜桁四角帆起源于公元前1000年的尼罗河,并且认为这项埃及的发明是阿拉伯大三角帆的原型。)此后,这些三角帆船被地中海上的欧洲航海者所采用,并运用于大西洋的航行中。平衡斜桁四角帆帆船可以迎风或抢风前进,因而航海者们可以更好地控制航向。当风帆转过去时,从某一角度看去呈现三角形。航海者们发现,使用三角帆便可以取得同样的效果。由此便诞生了三角帆,并最终被运用于世界各地的航线中。

第三,马来的航海者掌握了印度洋季风变化的规律,学会了根据季风航行。在夏季,当内陆比海洋炎热时,潮湿的季风从印度洋吹向中亚;在温度较低的季节里,海洋比内陆温暖,季风则从内陆吹向海洋。同样,希腊人在公元前的几个世纪便懂得了如何有效地利用印度洋的季风航行。无论是从马来人还是从希腊人那里所获得,关于季风的知识很快为印度洋上所有的航海者所掌握,包括1498年到达这里的欧洲人。

最后,马来的航海者运用他们的船舶制造技术和对风向变化的了解,开始了长达3 000英里的、横跨印度洋的定期航行——可能途径马尔代夫、塞舌尔和科摩罗群岛———直来到距非洲东部海岸250英里的马达加斯加岛。他们在这里定居下来,繁衍成人口最多的种族,且一直延续至今。马来的航海者将香蕉、椰子、芋头及马来语带到了马达加斯加岛,直到今天,岛上流行的主要语言仍是马来语。

随着马来航海者的定居,他们开始建立起从东非到中国的海上航线。他们把乳香和没药从东非、阿拉伯、伊朗西南和印度洋的莫克兰海岸运到今天的越南和中国。还从距越南东南部1 800英里的帝汶岛带来了香木,特别是檀香木。此外,他们从"香料群岛",即距爪哇岛东海岸1 000英里的摩鹿加群岛带来了丁香、肉豆蔻和肉豆蔻干皮。在长达1000多年的时间里,他们一直是中国南海的海上霸主。

印度洋的航海者和商人

在1100—1500年间,世界远洋航线的最大枢纽是印度洋。其水域涵盖了三个有明显差异的地理区域,各区域均有其自身文化特征。西部水域包括从东非海岸经阿拉伯海直至印度西海岸的整个区域。从亚历山大大帝和罗马帝国的时代起,希腊航海者就已开始从事海上贸易了。公元前1世纪,希腊航海者已经懂得如何利用季风在这些水域上快速地航行。从4世纪到8世纪,随着罗马帝国的衰落和瓦解,两支新崛起的力量控制了印度洋西部的海域:来自阿克苏姆(今天的埃塞俄比亚和厄立特里亚)和其位于红海的阿杜利斯港的航海者,以及当时在西亚崛起的波斯萨珊王朝的航海者。

从8世纪到16世纪,阿拉伯穆斯林商人和航海者成为西印度洋航线上的霸主。这片水域因极具传奇色彩的"水手辛巴达"的传说而闻名。公元7世纪,当伊斯兰教鼓励阿拉伯人民通过陆路开始其征服历程时(见第11章),阿拉伯航海者也开始在印度洋的贸易中显示出其重要性。在居住于阿拉伯半岛南端的阿拉伯人中,有些人早就从事过海上贸易,但是绝大多数居住在北方的人则从未有过这样的经验。然而,

405

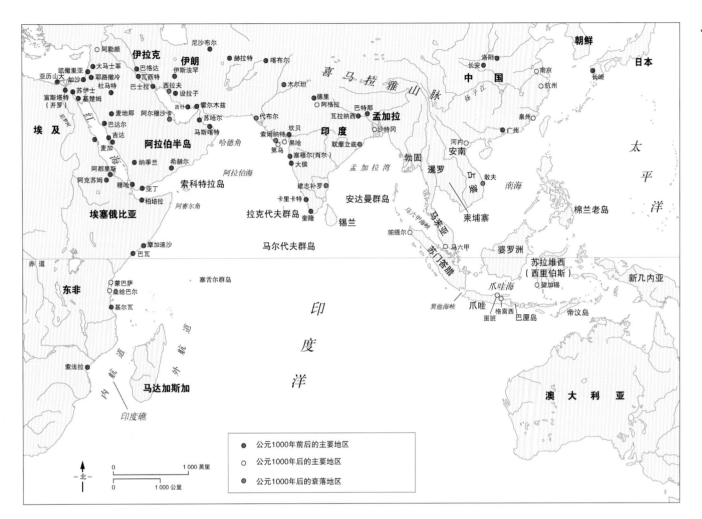

随着阿拉伯军队进一步向北深入,他们开始接触并继而征服过去的印度洋霸主——伊朗的萨珊王朝的航海者,同时也从他们身上学到了东西。阿拉伯的航海者掌握了这些新技术,并在扩张主义的鼓舞下,进而取代了萨珊王朝航海者的地位。公元762年,新阿拔斯王朝在美索不达米亚中心地区的巴格达建立新的都城。在这片已拥有上千年海上贸易历史的土地上,阿拉伯人对海上贸易事业的兴趣得到了进一步增强。

随着他们更广泛地参与海上贸易,阿拉伯人成了印度洋贸易的真正霸主。由于阿拉伯木材匮乏,他们或依靠其他人来建造船只;或从印度南部进口柚木来自己造船。阿拉伯人在建造船舶时不使用金属钉,而是将厚木板用椰子壳的纤维——椰壳外的椰棕或其他纤维"缝"起来,这样做的原因至今不明。他们与马来和希腊的航海者一样,懂得如何利用季风航行。阿拉伯穆斯林人艾哈迈德·伊本·马吉德(Ahmad Ibn Majid)在他写的关于15世纪印度洋航海的综合指南中,对利用季风航行的适合日期提出了广泛的建议。例如:

从孟加拉及其周边地区出发,驶往霍尔木兹、也门或是汉志,要在一年的第40天[1月1日]启程,在第70天[1月31日]到达目的地:晚于此日期启航是不

印度洋的贸易港口和城市,618—1500年。印度洋是从地中海到中国南海远距离海上贸易的枢纽。在各个港口城市内都居住着许多拥有不同种族和文化背景的商人。

印度洋上的商业中心贸易模式，公元约1000—1500年。贸易货物在这整个地区进行的运输并不是仅仅通过一艘船只完成的。他们会在这三个地区之一的某一港口装船，然后在下一地区卸载，再装船后运往第三个地区。

406

利的。在第70至第80天之前出发，去锡兰和马尔代夫仍是可能的，虽然某些年份在第80天出发有些冒险。去马六甲、勃固和暹罗国亦如此。但是从爪哇、苏门答腊、马六甲和吞那思里去孟加拉，则应该在第90至第140天内启航。

阿拉伯穆斯林海上商人的崛起给这个民族和宗教群体带来了显著的转变。阿拉伯人对贸易很熟悉——穆罕默德原本就是一个骆驼骑手和沙漠旅行队的领袖——但是海上贸易不同于此。他们很快就喜爱上了这种新的生活方式，并开始控制西起地中海海岸东至中国的广州和杭州的海上航线，并一而再、再而三地取代之前的航海者群体。

印度的航海者和商人，其中主要为印度教徒，占据了印度洋东部的水域，例如，从印度和孟加拉湾到印度支那和马六甲海峡。在马六甲海峡以东，这些航海者为中国的财富和奢侈品所吸引而驶入中国南海。尽管他们来自遥远的国度，但是对该区域贸易的重要性已经大大超过了当地的中国商人和东亚商人。

直到10世纪，这个地区主要是受印度文化的影响，其众多壮观宏伟、美丽精致的寺庙建筑群就是很好的证明——例如，爪哇的婆罗浮屠和巴兰班南寺院，柬埔寨的吴

布什科船长，坎贝湾的贸易，印度，1410年。牛皮纸画。商人和旅行者们讲述他们经历的令人兴奋的历险故事。但是，当欧洲画家试图再现这些奇妙的历程时，他们只能根据自己的经历对这些场景进行想象。因此，这幅图所描绘的看上去更像欧洲的一个小镇，而不是印度的港口城市。（巴黎国立图书馆）

哥窟，缅甸的蒲甘城和越南中部的占族湿婆神寺庙等。这些佛教和印度教寺院表明了其在文化、政治和经济上的统治地位。公元7世纪到10世纪，苏门答腊岛南部是佛教室利佛逝航海帝国的所在地，也是受印度影响的东南亚王国中最大最强的一个。

然而，到了13世纪后期，那些主要来自印度的穆斯林商人在整个东南亚群岛——今天的印度尼西亚、婆罗洲、摩鹿加群岛和菲律宾群岛，开始了他们的贸易和传教活动。到14世纪时，大部分从事海上贸易的商人是皈依伊斯兰教的阿拉伯人或印度人以及他们的后裔。这些商人凭借其经济实力，吸引了当地的民众，并鼓励他

原始资料

天方夜谭

印度洋上的阿拉伯穆斯林商人为世界文学补充了许多最受人喜爱的童话故事。《一千零一夜》，又名《天方夜谭》，最初是在阿拔斯帝国时代（750—1258年）用波斯文写成的，包括了辛巴达7次航海历险，通过在海上一系列碰运气式的冒险（如果令人难以置信的话），获得大笔财富的航海历险传奇故事。据说，山鲁佐德为了推迟她既定的行刑日，每天晚上给皇帝哈伦·拉希德（Haroun al-Rashid，786—809年在位）讲述故事，这一历险记充满了幻想，但是对于辛巴达每一次航行启程的描述却是基于印度洋航运的事实。以下这段译文从第三次航行的启航讲起，理查德·F·伯顿（Richard F. Burton）在19世纪末将这整个童话故事完整译介至英语世界。

从第二次航行归来，真主阿拉补偿了我所有的损失，我为我的平安和财富的剧增而感到极度兴奋。我在巴格达城暂住了一会儿，享受着极其安逸、富足和舒适的生活，直至我再次向往旅行、变幻和探险，渴望贸易、利润和报酬。毕竟，人类的灵魂天生就是贪婪而邪恶的。于是我下定决心，储存了航行所需的货物，准备运往巴士拉。我径直来到海边，发现那里正好有一艘待发的船舶，上面有很多船员和有身份的大商人，忠实、虔诚而体贴。我与他们一同登船，在真主阿拉的祝福、帮助和照顾下，我们驶向一个安全和繁荣的地方，并相互恭祝一帆风顺和财源滚滚。我们在一个又一个的海湾，一个又一个的岛屿和一座又一座的城市，在所有我们到达的地方做着买卖，感到极大的喜悦与满足，体味着其中的欣慰与乐趣，直到有一天……[从这里开始讲述第三次航行的惊人的历险]（《一千零一夜》，第四卷，第2031—2032页）。

408

阿拉伯商人，选自《哈里里散文诗》(The Maqamat of al-Hariri)的插图，12世纪。区域性的航线与远洋的、连接各大陆的航线相连接。这是一艘载有阿拉伯乘客以及印度，或许还有非洲船员的船舶。这艘船在将美索不达米亚和印度洋连接起来的波斯湾上航行。

们皈依伊斯兰教。约1400年，马六甲的统治者皈依伊斯兰教，穆斯林在印度洋贸易中的霸权地位达到了巅峰。穆斯林商人控制着从西到东的各个主要港口。在印度尼西亚和马来西亚半岛，伊斯兰教取代了原已在此生根的印度教和佛教文化。今天，马来亚和印度尼西亚基本上说来就是穆斯林国家。

阿拉伯人没有继续航行到大西洋或太平洋，原因只是他们并没有实际上的需要。他们可以随意航行于他们所知晓的大部分主要的海洋。阿拉伯人早已到过印度和中国，而欧洲人一直要到15世纪时才开始试图寻找通向此地的新航线。

中国

到公元1500年时，中国已经成为世界上经济最为发达的地区，吸引着来自世界各国的商人。然而，由于中国幅员辽阔，其国内的贸易量远远超过了对外贸易。这里的产品种类十分丰富，因而很多人经常从外国来到中国购买各种产品，而相比之下，中国人到海外购买产品的情况则要少得多。不过，在我们所探讨的这几个世纪里，中国的贸易政策有所改变，一方面是帝国政权更替的结果，另一方面则是对来自外部的压力做出的回应。虽然在宋代，中国已经建立了高度整合的国内市场体制，农业和工业生产已达到了相当高的水平，但是却被蒙古入侵者所击败，不得不放弃大片的领土，偏居一隅于南方，重整经济。明朝推翻了蒙古人的统治并开启了一系列远洋航行之壮举。然而，在后来另一次的政策变革中，明朝末期的皇帝禁止中国商人从事海外贸易。不过，海外的商人继续蜂拥而入，渴望与这泱泱大国进行贸易。

国际贸易　早在公元4世纪，中国人就在中国南海和印度洋上进行贸易，虽然向西可能最远仅到过斯里兰卡。随着唐朝（618—907年）的崛起，中国的海洋贸易活动日趋频繁。在唐朝统治的大部分时间里，阿拔斯帝国（750—1258年）正处在鼎盛时期，而且对保护印度洋的航线出过力。但是，随着9世纪两大帝国的衰落，鉴于在地理位置上以黄河流域和北方为中心，中国大大缩小了海上贸易的规模而转向陆路贸易。然而，1127年以后，宋朝受鞑靼人和其他北方民族的入侵而被驱逐出北方后，在距今天的港口大都市上海约100英里的杭州建都，重新开始海洋贸易。由于古老的陆上丝绸之路为诸多北方民族所控制，因此海上贸易显然成了他们对外交通和沟通的渠道。为此，中国人掌握了建造大型船舶的工艺技术，中国商人还创建了新的商业交易模式，包括复杂的信用制度。除了商船队以外，中国还建立起了强大的海军。

反映丝绸生产的水墨画，中国，17世纪初。在宋代（960—1279年），横跨中亚的长距离贸易趋于萎缩。较为安全、价格要低廉一些的海上路线成为贸易的可行选择。丝绸以及陶瓷和茶叶继续吸引着世界各地的商人。妇女从蚕茧中抽丝来纺纱，正如这幅明代的画作所示。（伦敦维多利亚和阿尔伯特博物馆）

1368年，一个新的王朝即明朝掌握了国家政权。特别是在明朝初年，当时的皇帝奉行土地扩张主义政策和我行我素的海洋政策。明朝的永乐皇帝（1402—1424年在位）派遣穆斯林太监郑和组织率领了七次蔚为壮观的远洋航行。参加1405年首次出海航行的共有62艘大型帆船、100艘小型帆船和30 000名水手。最大的船舶有450英尺长，排水量为1 600吨，可载员500人，是到当时为止人类建造的船舶中规模最大的。船上满载丝绸、陶瓷和胡椒。第一次航行到达了远在印度西南端附近的卡里卡特。在后来于1407—1433年间进行的六次航行中，郑和沿着印度洋的海岸一路前行，几乎途经沿途所有港口，至少有两次到达东非的港口摩加迪沙、卜剌哇、马林迪和基尔瓦。永乐皇帝对在中国难以见到的外国珍品很感兴趣，尤其喜爱1416—1419年的第四次航行带回的马林迪苏丹（Malindi）送给他的长颈鹿。这些规模宏大的航行证明了郑和船长掌握的航海技术之精湛和永乐皇帝的远见卓识。基于这些成就，许多历史学家认为，只要中国人愿意的话，当时就有能力跨越大西洋和太平洋。但是他们没有继续他们的远洋航行，在1433年，明朝的皇帝结束了这一规模浩大的由国家

410

原始资料

停靠在印度南部海港的中国船只：伊本·白图泰的叙述

14世纪的旅行家伊本·白图泰（Ibn Battuta, 1304—1368年）一般不常对船只和水手发表评论。他对在陆上遇见的人们更感兴趣。然而，在印度南部的港口卡里卡特，他对停靠在港内的中国船只的装载能力和设计式样印象颇为深刻，给出了颇为突出的描述。他注意到，虽然中国人只允许中国的船只停泊在他们的港口，但是引航员和水手不一定是中国人：

我们航行来到了卡里卡特城。这是印度西南海岸马拉巴尔的主要港口之一，也是世界上最大的海港之一。这里聚集了来自中国、苏门答腊、锡兰、马尔代夫、也门和波斯等世界各地的商人。此时岸边停靠着13艘来自中国的船舶。我们下船后，大家被安置在一所房子里。我们在那儿逗留了三个月，受到卡里卡特的统治者扎莫林的热情款待，等待适航的季节去中国。在中国海，只有中国的船只可以航行，所以我们要介绍一下他们的安排。

中国的船只分为三类：大型的船只叫艟（中国帆船），中型的叫舴（独桅帆船），小型的叫货航（喀舸姆）。大型船舶的帆有3到12张不等，由竹竿编成，呈席子状。航行中船帆从不降下来，而是根据风向对船帆进行调节。锚泊时，则任其随风飘荡。一艘船满载时可载1 000人，其中有600名水手、400名士兵，包括射箭手、持盾和弩手。

的士兵。每艘大船有三艘小船护航，分别为大船的"二分之一"、"三分之一"、"四分之一"大小。这些船只是在刺桐城（泉州）和广东制造的，有四层甲板，有房间、舱室和商人沙龙；一个舱室内有多个卧室和一个盥洗室。带着女奴和妻子的居住者可以把它锁上。通常，住在舱室里的人与船上其他人并不相识，直到他们同时抵达某个小镇时才碰面。水手带着他们的孩子住在船上，并在木槽里种植绿色植物、蔬菜和姜。随船的船东代理商像一个极为尊贵的贵族，登岸时，他的前面有弓箭手和手持长矛、剑、鼓、小号和军号的阿比西尼亚人开路；在他抵达住所并在住所逗留期间，他们一直手持长矛守卫在门的两侧。有些中国人拥有大量的船只，他们的船东代理商也随船来到国外。在这个世界上，没有比中国人更富有的民族了。（伊本·白图泰，第234—236页）

支持的印度洋航行。

为什么明朝的皇帝要结束这种航行呢？为什么中国不派遣自己的船队到欧洲去，甚至到西半球去呢？可以这么说，中国在技术上是有这个能力的。为什么从1514年允许葡萄牙船只入关开始，中国选择了只是接受欧洲的船只——而不是派遣自己的船队到欧洲去呢？

有好几种解释看上去都是说得通的。明朝将其精力转向了国内，转向巩固自己的统治和国内的发展。起初，他们将蒙古人长驱至长城以北，但是1449年对蒙古的侵略以失败告终。从此以后，明朝缩小了其军事目标，重新修建长城，把军力限制在自己守得住的边界内。

1411年，明朝重新修建以南方杭州为起点的大运河并把它延伸至北方的北京。这条运河是运送北方京城所需要的谷物和农产品的最低廉、最高效的途径。这条人工的内陆水道也降低了沿海运输的重要性，这使得明朝的皇帝不再重视海洋运输，并禁止私有船只进行国际航行。敦促政府继续对外贸给予支持的太监如郑和等，在宫廷的斗争中败给了其他支持国内发展的派别。私人对外航运也遭到了削减。

明朝政府限制国人与外国人的接触，并禁止中国商人进行海外贸易。1371年，沿海居民被禁止从事海外航行，这导致了走私贸易。于是政府在1390年、1394年、1397年、1433年、1449年和1452年又相继颁布了一系列禁令。这一立法的一再重复揭示了走私现象确实仍在继续。但是,中国的船员在很大程度上被阻隔于国际贸易之外。政府将郑和的出海远航定性为中国向周边国家收取贡品的政治任务。虽然在几次航行的途中也有商品的交换,但是正式的贸易并不是他们的目标。所以,当私人的和国家的贸易在中国内陆兴起,成千上万中国人移居到东南亚从事私人贸易时,中国官方的对外贸易实质上处于一种停滞的状态。郑和远洋航行之壮举则是这一全面的限制性政策下的一个例外。

事实证明,限制中国官方和私人从事国际贸易,其代价是极为高昂的。中国社会陷入了一种闭关自守的状态。虽然经济在继续发展,但是创新的步伐却停滞不前。在宋代(960—1279年),中国的技术曾一度领先于世界各国。在蒙古人统治时期仍然鼓励创新,但是从明朝开始,中国变得越来越趋保守。中国的军事技术取得了一些进步,但是后来陷入停滞。中国在公元1000年前就发明了火药,但使用得并不多。15世纪初时,明朝的大炮至少可以和世界上任何地方的大炮相匹敌,但是金属供应的短缺限制了这方面的进一步发展。在边塞城市的战役中大炮是最有用武之地的,而明朝很少发动这样的战役,因此他们没有进一步发展这类重型武器。在抵御北方侵略的战争中,弩对中国军队的步兵来说更为重要。一百万以上的中国士兵装备有这种武器。开始时,中国还处在相当先进的地位,这些决策对军事创新的限制似乎还无关紧要。但是到后来,这一切使得中国在新崛起的西方强国面前处于弱势。

国内的贸易　公元1275年,当马可·波罗到达中国时,他为中国的壮丽辉煌和拥有的巨大财富所震撼。他将其统治者忽必烈描述为"从我们的祖先亚当到现今为止,世界上的无所不能者,拥有人数最多的臣民、最广袤的领土和最多的财富"。马可·波罗向西方世界传递了准确的信息,即在13世纪末,中国是世界上最富有、技术最先进而且土地面积最大的政治上取得统一的国家。

中国财富基础的建立已达好几个世纪。在第7章中,我们已经看到,在经历了从秦朝至唐朝一连串的朝代更替后,总体而言,中国的人口、领土、实力和财富在逐步增长。在宋代(北宋,960—1126年;南宋,1127—1279年),中国经历了一次经济改革。其中,农业改革为社会的进步奠定了基础:更优良的整地和土壤保持技术;经过改良的可一季收成超过一次的种子;更先进的水利控制和灌溉技术;更适应当地环境条件的农作物。当宋朝从中国历史上位于北方黄河流域一带的基地迁往南方时,这些新技术在长江流域下游地区得到了很好的推广应用。实际上,在这些新技术的支持下,各地区的首府得以维持运作,其中有两个成为朝代的都城:北方的开封和南方近长江口的杭州。9世纪时唐代发明了雕版印刷术,这促使中国比任何地方都能更迅速地传播先进的技术和思想。印刷术最初的一个重要用途就是保存和传播宗教观念;世界上现存的最古老的印刷书籍是868年印制的《金刚经》。现在,新发明的印刷术被用于传播新的耕种方法。

农业的进步——加上中国纺织品生产的传统优势以及对世界上最发达的煤铁行业的重大革新——激发了一场贸易革命。平民百姓开始参与到商品的大规模生产当

412

中来。在国内,这包括为100多万官兵生产的军用品;在国际上则主要以传统的丝绸和陶瓷为主,以钢铁产品的出口为辅。随着贸易的货币化,铜则成为主要的货币。当时,中国的货币在日本十分流行,成为贸易中使用的最重要的媒介。中国船队的航行远至东非,带回了许多珍奇的异邦产品,如黄金、象牙、龟壳、犀牛角(被认为是壮阳药)、豹皮、龙涎香以及一些奴隶。1888年,桑给巴尔岛上出土了大量的宋代货币。从东南亚返回的船只也同样带回许多奢侈品:香草和香料、犀牛角、珍珠和樟脑。从阿拉伯则带回了乳香。

1024年,在中国的四川省,世界上的第一张纸币印制成功。(有时政府印制的纸币数量过多,由此导致物价暴涨。)商人们发明了新的信用机制,为贸易提供了便利。在唐朝时颇为突出的政府对贸易的控制此时已大大降低,市场的自由化程度进一步加大,贸易对政府财政收入的贡献也越来越大。政府管辖的九个港口海关,特别是规模最大的广东和泉州海关,征收货品价值的百分之十至十五作为进口关税。1128年,海上贸易收入占到了中国总现金收入的百分之二十。国家依据商人向其缴纳税收的多少进行评定,授予缴税大户以相应的官衔。

中国生产的主要的奢侈品——丝绸、陶瓷和茶叶等——自从唐代以来就一直吸引着成千上万的外国商人,其中有很多是阿拉伯穆斯林人,也有一些伦巴第人、德意志人和法兰克人。他们受到热情的款待,港口城市留出了专门的区域供他们生活居住。如果他们的诉讼不涉及任何中国人,他们只需遵守自己国家的法律。此外,这些港口城市还有出售进口商品的商店和为外国人开办的学校。不过,这些商人多遵守中国的商业法规,很多人在行为方式上也中国化了。当他们结束在中国的侨居时,还会受到大型欢送宴会的招待。

从事国际贸易的商人面对的是一个建立在国内和国际水路运输之上的高度一体化的国家商业贸易体系。为了整合水路运输系统,在危险的急流和瀑布处设置了水

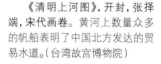

《清明上河图》,开封,张择端,宋代画卷。黄河上数量众多的帆船表明了中国北方发达的贸易水道。(台湾故宫博物院)

原始资料

413

中国的水上贸易

正如中国利润高、规模巨大的丝绸贸易最终要依赖于千千万万的缫丝工、丝织工及其家庭成员的辛勤劳作，中国的水上贸易至少也是部分依赖于普通百姓的投资。下面的三份资料证明了这一判断：第一份引自马可·波罗，他证实了中国大规模的水上贸易的存在；第二份是包恢写于13世纪的关于海外水上贸易资金筹措的记载；第三份是一幅宋代的画卷，描绘了无数的中国式帆船航行于开封段黄河的场面。

首先，我们来看马可·波罗对长江的描述：

> "我可以肯定地说，这条江很长，途经许多地区，两岸坐落着众多的城市。毫不夸张地说，这条江上航行的船舶的吨位数、运输总量和总值，均超过了基督徒们拥有的所有河流和海洋的总和。我告诉你，我曾经在这座城市(宜昌)里见到足足有五千艘船同时航行在这条江上。你可以想象，这个并不特别大的城市就有这么多船只，那么在其他城市里该会有多少船只啊。"(转引自Elvin，第144—145页)

接下来，比较一下包恢对于南宋时水上贸易的资金筹措情况的叙述：

> "海上人户之中下者，虽不能大有所泄，而又有带泄之患，而人多所不察者。盖因有海商，或是乡人，或是知识，海上之民无不与之相熟。所谓带泄者，乃以钱附搭其船，转相结托，以买番货而归。少或十贯，多或百贯，常获数倍之货。愚民但知贪利，何惮而不为者。"(斯波义信，第33页)

最后，我们来看一下12世纪张择端的画卷《清明上河图》。当时，坐落在黄河边上、作为中国几条最为重要的运河汇聚点的开封城，是中国北方的水路交通枢纽。内陆的开封和沿海的杭州是中国最重要的两个区域性都城，成为把全国统一起来的区域性城市化系统的中心。

集镇雨后春笋般地出现在整个中国，使几乎每个乡村家庭都能通过出售自己的产品换取现金来购买城市的商品。这样，小集镇便与规模更大的城市联系起来了，这些大城市提供更专业化的商品，通常供给行政官员。在这里，各家各户都可以进行买卖，结成婚姻关系，了解政府最新颁布的法令，打探新的耕作技术，以及科举考试举行的时间和公布的考试成绩。这些城镇分布非常广泛，几乎每户农家都能够较容易地到达其中的一个。

处于社会最底层的是农村家庭，他们通过生产商人所要求的商品以维持生计。在乡村，手工制品生产，特别是棉布和丝绸，通常对农业生产是一种补充，成为辅助经济。新发明使得农业生产效率得以提高。特别是11世纪前后发明的缫丝机，能够一次从浸在沸水里的多个蚕茧中抽出蚕丝，然后将蚕丝从小孔和吊钩中拉出，最后扎成丝线。

农业生产者或直接以个人的身份或通过经纪人进入市场，经纪人通常提供原材料并把制成品买下。妇女在这一辅助产业中是主要生产者。她们也会拿自己的制成品到市场上去卖。有些地方的生产条件和市场环境是比较落后的。徐献忠的《布赋》就表现了这两个方面的恶劣状况。不知道妇女在市场上出售的到底是她们织的布还是她们自己，抑或两者都是：

> 曰："子何不伤其劳，而徒美其美？不稽其私，而徒夸其会？子亦欲闻其劳且病乎？若乃铁木相轧，手挽足压；且馁且扎，出絮吐核；张弓挂弦，弦急声噎；牵条络车，咿哑错杂；借光于膏，继夜于日；心急忘寐，力疲歌发；衾簟空寒，漏水寂溢；妇子喧阗，老稚毕力。"
>
> 客曰："若是劳乎？"
>
> 曰："未也。鳌妇卷袖，妖姬解珮；含秋入机，凝寒弄杼；流苏绾综，一伏一起；踏蹑相次，上下不已；缕断苦接，梭涩恐腻；手习槛匡，声扬宫微；长夜凄然，得尺望咫。寒鸡喔喔，解轴趋市。方是时也，母闻谤而不暇投杼，妻迎夫而帖然坐起。"
>
> 客曰："若是劳乎？"
>
> 曰："未也。织妇抱冻龟手不顾，匹夫怀饥奔走长路，持荙荙者以入市；恐精粗之不中数，饰粉傅脂，护持风露；摩肩臂以授人，腾口说而售我；思得金之如攫，媚贾师以如父；幸而入选，如脱重负。"

陆联运点。为了保证运输的畅通，在人工开挖的大运河上，安装了两级船闸，该运河以南方的杭州为起点延伸至北方包括北京在内的许多行政中心；这个水运系统将南方丰富的农业资源和北方的行政管理中心联系了起来。主要港口有人力驱动的明轮拖船的服务。中国的航海船只配有轴舵、防水舱壁和磁针罗盘，在世界上享有盛誉。

414

蒙古人

中国的水上航路在宋朝（960—1279年）有了很大的发展。阿拔斯王朝和唐朝曾鼓励并保护陆路的贸易，但是9世纪以后，随着这两个王朝的没落，亚洲陆上的丝绸之路渐趋衰败。后来在迄今为止最大的陆上帝国蒙古帝国（1206—1405年）的统治下，丝绸之路贸易重新焕发了活力。

居住在中亚平原地区的两百万蒙古人分为好几个互相交战的部落，每个部落都由一位"可汗"领导。这里的土地贫瘠，气候恶劣。蒙古人以季节性迁徙的方式放牧他们的牛羊，这叫做"游牧"。在短暂的夏季，他们赶着牧群到北方的牧场；冬季，他们则返回到南方。大部分时间里他们都在马背上，弓刀不离身，掌握了骑马作战的技艺。

"蒙古统治下的和平"

文化史学家认为，蒙古人对文化的发展只做出了短暂的贡献，因为统治不久，他们的文化就被其他更加稳定和更为先进的文化所取代了。在约一个世纪的时间里，他们在广袤的土地上建立起了"蒙古人统治下的和平"，在丝绸之路重新开通的基础上，使得跨越大陆的贸易繁荣起来。摩洛哥的伊本·白图泰（1304—1368年）和威尼斯的马可·波罗对这一异邦的贸易路线进行了生动的描述。

在伊本·白图泰长达30年共计73 000英里的旅行中，他记述了大量的旅行和贸易情况。例如，在中亚，伊本·白图泰遇到了"金帐汗国"的统治者月即别（Oz Beg Khan，1341年去世）带领的一支远征军：

> "我们看到的是一个在行进中的巨大城市，有居民，有清真寺，厨房的炊烟袅袅升起（他们是在行军途中烧煮食物的），马车载着士兵等向前行进。"（Dunn，第167页）

蒙古包（yurts） 中亚地区游牧民族使用的可移动住所，其结构类似帐篷，由兽皮、毡、手工织品覆盖的木质撑杆组成，室内铺设色彩艳丽的地毯。

这种宿营（城市）的帐篷叫做**蒙古包**。蒙古包由包裹着毛皮的木质撑杆制成，地上铺有地毯，可以快速拆卸以便随时启程。

后来，伊本·白图泰请求随同月即别的一位妻子沿着贸易路线旅行获得准许，后者正要回到她父亲位于君士坦丁堡的家去分娩。伊本·白图泰描述说，这位公主随行有5 000名骑兵护卫、自己的500名士兵和仆人、200个女奴、20个希腊和印度听差、400辆马车、2 000匹马和大约500头公牛和骆驼，从信仰伊斯兰教的蒙古领土穿越到信仰基督教的拜占庭。

马可·波罗出身于一个商人家庭，因此他对自己去往中国游历及在中国期间情况的记载特别写到了贸易方面的情况。他对城镇市场的许多描述都支持了当时存在以城市为中心的贸易散居地的观点。例如，我们来看一下马可·波罗对波斯西北部的大不里士的描述：

我们是怎样知道的？

蒙古帝国

蒙古帝国是历史上连片领土面积最大的帝国。要想全面了解蒙古帝国，就需要掌握蒙古语、汉语、波斯语、阿拉伯语、土耳其语、日语、俄语、亚美尼亚语、格鲁吉亚语和拉丁语。没有哪位学者能指望掌握所有这些语言，但是严谨的学者还是需要掌握其中至少一到两种语言，并使用其他语言经翻译后的译文。然而令人惊讶的是，蒙古语可能并不是最为重要的语言。在成吉思汗统治以前，还没有书面文字，因此也没有关于蒙古帝国的档案记载，或者至少可以说没有保存至今的文字材料。现今用蒙古语书写的最主要的历史记载是《蒙古秘史》。虽然有学者对其真实性提出疑问，然而该著作已成为我们了解成吉思汗生平的主要资料来源。成吉思汗时期的另一部作品是《阿勒坛·迭卜帖儿》(Altan Debter)，也称《金册》，现已失传。一些波斯历史学家和中国史学家指出，这本书与《蒙古秘史》的内容基本一致，只是具体内容不完全一样。

其次重要的要数用汉语和波斯语撰写的著作了。汉语和波斯语记载了蒙古帝国对这两个民族的统治与征服。在中国，关于蒙古的主要记载是官修的元朝史或蒙古史。波斯有好几位著名的作家，其中最负盛名的是拉希德丁。直到他所在的时代，蒙古的征服向穆斯林史家提出了一个难题：对阿拔斯帝国的征服本来是不应该发生的。穆斯林一向以征服他国著称，所以谁也不会认为他们会惨败于他国的铁蹄之下。不过在拉希德丁时代，蒙古人皈依了伊斯兰教。拉希德丁一定对此有所了解，因为他本人就是由犹太教皈依伊斯兰教的。他曾记述过蒙古帝国的历史，称蒙古帝国开创了世界历史的新纪元。之后，他还写过一本历史著作《史集》，书中记录了蒙古帝国影响和征服过的所有民族，从东方的中国人到西方的法兰克人。同时，这本书也开创了世界史著作的先河。拉施德丁在最后二十年里担任波斯伊尔汗国国王的首席顾问，1318年因宫廷斗争，惨遭暗杀。

遥远的欧洲对蒙古人来说并没有多大的意义，然而，仍有一些欧洲人留下的文字记载提到了蒙古人的对外征服。其中有教皇英诺森四世派遣去会见可汗的修士柏朗嘉宾(Giovanni de Piano Carpini)，还有受法国国王路易九世之命前往蒙古帝国的威廉·德·卢布鲁克(William of Rubruck)。其中最为全面的记载是马修·帕里斯(Matthew Paris)根据欧洲对于蒙古帝国西进扩张的描述写成的编年史书。他在英国的圣奥尔本斯担任圣职，描述了蒙古帝国的繁荣，但大部分流传甚广的内容来自一些旅行者的记述，其中马可·波罗最为著名。

- 在研究蒙古帝国时，蒙古语可能并不是最重要的语言，但是关于成吉思汗的生平资料大部分来自蒙古语的记载。如何解释这一矛盾现象？
- 为什么说汉语和波斯语在研究蒙古帝国方面是重要的语言？
- 你认为拉希德丁的《史集》是一部世界史著作吗？你的理由？

大不里士的居民以贸易和工业为生；由金丝和蚕丝织成的布在大不里士大量生产，而且价值极高。这座城市地理位置优越，因而来自印度、巴格达、摩苏尔、霍尔木兹和许多其他地方的商人都来到这里从事商品买卖，甚至有不少说拉丁语的商人也来这里购买从国外进口的商品。这里还盛产宝石，形成了宝石市场。外国的商人在这里通常能赚取相当高的利润。这里的居民非常混杂，可以说少有善者。居民中有亚美尼亚人、聂斯脱利派教徒、雅格派信徒、格鲁吉亚人和波斯人；这里同样有穆罕默德的崇拜者，他们是这座城市的当地人，被称为大不里士人。（马可·波罗，第57页）

中亚的贸易路线对旅行者和与他们随行的驮畜来说都是挑战。尽管是在蒙古统治的和平时期，商人仍不得不随时做好准备以防受到袭击。就像马可·波罗描述的：

这些王国里，有许多人都是残忍暴戾和嗜血成性的。他们永远在互相杀戮，如果不是因为惧怕政府……他们会对途中的商人做出更大的伤害。政府采取了

416

严厉的处罚措施,并且下令所有危险的贸易路线沿线的居民必须应商人的要求,为他们在各个地区的安全提供行之有效的保护,而居民则可以根据路线的长短得到两三个银币的报酬。然而,尽管政府采取了以上措施,但这一切仍未能阻止匪徒经常性的掠夺。商人必须用弓箭很好地武装自己,否则就会遭到匪徒的袭击杀戮。(马可·波罗,第61页)

可汗对那些来到北京的商人和政客盛情款待。马可·波罗特别记载了这么一支由妓女组成的队伍:

> 我向你保证,她们的人数整整有20 000名,她们为了金钱去满足男人的需要。她们有一个总队长,下面有几百和几千个各级的头领,她们对总队长负责。这是因为,当大使来到可汗国,享受可汗提供的奢华招待时,总队长会每夜为大使及其随从提供女人。她们每夜都被更换,并且没有报酬,因为这是她们向大可汗支付的税务。(马可·波罗,第129页)

我们对马可·波罗生平的所有了解几乎都基于他对亚洲游历见闻的丰富描述。而对他在威尼斯的童年生活或教育情况却知之甚少。马可的父亲和叔叔都是威尼斯商人,他们于1260年作为贸易使节前往里海的北端。后来,战争爆发了,他们回家的路线被阻断。但是向东方的路线是畅通的,所以兄弟两人只能往东继续前行,来到由成吉思汗的孙子——忽必烈(1215—1294年)统治的北京。

忽必烈曾邀请他们再次回到北京,介绍更多有关基督教的信息,还希望罗马教皇能委派大使到中国来。这些愿望并没有实现。但是两兄弟却在1271年带着17岁的马可再次前往中国。他们于1275年抵达中国,此后在这里生活了17年。在马可·波罗的叙述中,他并没有说明这些年里他们在中国是靠什么维持生活的,但是外国人在蒙古帝国找到差使的情况并不很少见。看来忽必烈对马可描述的国外情况很感兴趣,因此他派遣马可·波罗到蒙古帝国各地进行考察参观。直到1292年,马可一行才起身回国,1295年回到家乡威尼斯,终于和久别的亲人朋友团聚,后者以为他们早已离世。

回到家乡之后,马可在一场战役中被热那亚的海员擒获并遭到囚禁。在监狱里,马可向同室的囚犯、浪漫小说作家鲁斯梯谦讲述了他在忽必烈汗国的见闻。欧洲由此拥有了那个时代关于丝绸之路和蒙古帝国最为全面、最完整的记载。《马可·波罗游记》很快被翻译成好几种欧洲语言,带给信仰基督教的欧洲国家一个全新的视野。

七个世纪以来,历史学家一直在争论《马可·波罗游记》的真实性。《马可·波罗游记》的原稿没有留存下来,学者们看到的是用140种不同的语言和方言抄写的手稿。英国国家图书馆中国部部长吴芸思曾经在其著作《马可·波罗究竟有没有到过中国?》(1996)中提出质疑,她持的是反对意见。她指出,马可在游记中并没有提到他在中国理应见到的任何不寻常事物：中国的书法、茶、筷子、(女子)裹小脚和长城。虽然马可声称自己曾多次觐见忽必烈，但是中国当时留下的记载中并没有提到过马可·波罗。因此，吴芸思认为，马可最远只到过黑海，他的游记事实上是来自其他人撰写的有关资料。她还表示，虽然这本游记是虚构的，但是对于后世了解当时的中国还是非常有价值的。但是也有很多评论家坚持认为，马可·波罗确实如他自己所述完成了所有这些游历。关于马可·波罗游历的范围至今仍有争议。

成吉思汗

　　成吉思汗铁木真，后被称为成吉思汗，于1162年出生在一个强大而且好战的蒙古部落。他的父亲作为部落首领，被一个敌对的部落毒死。大约在铁木真出世的三代之前，他的一位先辈——合不勒，曾大致统一了蒙古人，而成吉思将再次统一蒙古作为自己的使命。他一个接一个地征服了周围的部落，在喀拉库伦建立都城。虽然成吉思汗擅长谈判，但是他也因为残暴成性而声名狼藉。历史学家拉希德丁(1247—1318年)在成吉思汗征服将近一个世纪后记述了成吉思汗所宣称的战争目的，强调了妇女是战争的战利品：

　　　　男人最大的成功就是追逐和击败敌人，夺取他的一切财产，让他的女人悲哭哀嚎，把他作为阉割的牲口骑，把他的女人当作玩物，觊觎并亲吻她们玫瑰色的胸部，吸吮她们像乳头一样甜的嘴唇。(转引自 Ratchnevsky，第153页)

拉希德丁《史集》中的成吉思汗，13世纪。成吉思汗的征服对西亚和中国都有深远的影响。这是一幅描绘成吉思汗追逐敌人的波斯图画，选自一部被某些人认为是第一部世界史的著作，作者拉希德丁(1247—1318年)在伊朗曾被伊尔汗国雇佣为波斯的行政官。(巴黎国立图书馆)

　　成吉思汗打败了鞑靼人，杀死了所有身高高于车轮轴的男性。他打败了敌对的蒙古族部落，将他们的部落首领全都活活烧煮死。1206年，草原地区的所有首领集会宣布成吉思汗为"世界统治者"。他率领着军队继续远征，用一种类似金字塔的结构组织他的军队，由百户长、千户长、万户长的结构组成。随着其四个儿子逐渐长大，军队分别由他们统领。在这一军事组织内的提拔以军功为基准。蒙古的内部纷争结束了，一部以有据可查的书面判例法为基础的新的法典要求全体蒙古人维持高道德的标准。

　　成吉思汗转而向东进攻中国。

一路上，他夺取了党项人的西夏王国，并且从中国的武器专家那里掌握了攻城武器：包括能弹射大石块的投石机；立于架子上的巨型弓；置于竹节火箭内的火药，火箭可用长弓发射。1211年，成吉思汗攻占了长城，并于1215年占领了金国的首都中都（即今天的北京），屠杀了成千上万的人。

成吉思汗随后离开中国去征服其他王国。不过，他的官员和继承者则继续向南，占领了全中国，于1276—1368年建立了蒙古王朝。他们征服了高丽，东南亚包括远至爪哇的大部分地区，甚至还计划夺取日本，但最终并未取得成功。他们计划在1281年发动的对日本的进攻为"神风"所阻挡，它阻止了蒙古人的舰队的航行。

成吉思汗自己则转向西方，征服了西辽（黑契丹帝国），包括塔什干和撒马尔罕等主要城市。随后，他又转向南方进攻印度，饮马印度河，并驻军于旁遮普，但是没能把攻势继续扩大。接着，他辗转西北，继续征服花剌子模，在布哈拉城、内沙布尔、梅尔夫城、赫拉特、巴尔赫和戈尔干，据说有数以百万计的人遭杀害，虽然这种说法有点夸张，但仍然说明成吉思汗是个十足的刽子手。他又继续征服了大不里士和第比利斯。

成吉思汗1227年死后，他的四个儿子继续野心勃勃的扩张行动。在西北部，他们击败了伏尔加河流域的保加利亚人和南部草原的库曼民族，随后进入俄罗斯。他们占领莫斯科，摧毁了基辅，蹂躏了摩拉维亚和西里西亚，并将目光锁定在征服匈牙

418

蒙古继承者的国家。1259年成吉思汗的孙子蒙哥死后，蒙古分裂为四个国家。在与南宋鏖战了很长一段时间之后，忽必烈汗的帝国成为其中最为强大者。在中亚，察合台汗国统治着东部草原；在俄罗斯西南建立起了金帐汗国；波斯的伊尔汗国则统治着从喀布尔到安纳托利亚的地区。

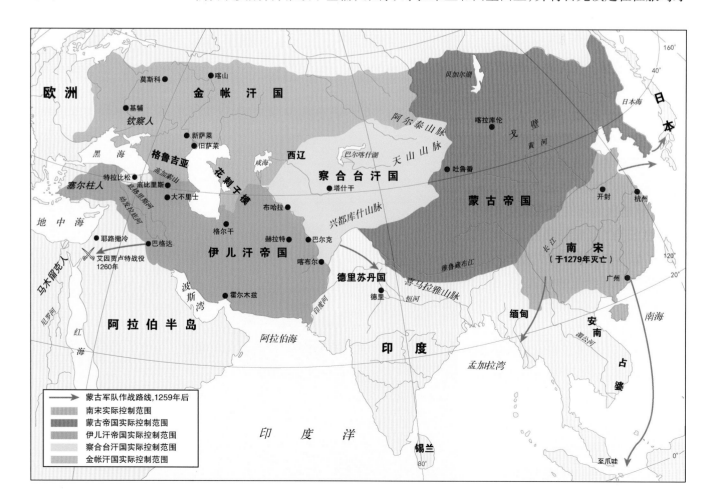

利上。在其进攻道路上那些惊恐不已的各族人民看来,似乎没有什么能够阻挡蒙古人的无情扩张。但是在1241年,蒙古人的内部纷争使得他们终止了在欧洲的军事扩张。成吉思汗的儿子窝阔台(1185—1241年)死后,在继承王位的纷争中蒙古人撤回到了基辅以东。他们再也没有继续向中欧和西欧扩张。

在西南部,蒙古人在成吉思汗的孙子旭烈兀(约1217—1265年)的率领下,于1258年攻占并摧毁了巴格达,杀死了哈里发,终结了阿拔斯王朝长达5个世纪的统治。但是在接下来的那一年,成吉思汗的另一个孙子蒙哥,也是第四个和最后一个继承者,拥有大可汗之头衔,在与中国的作战中死去,许多蒙古军队撤回,并参加在喀拉库伦举行的一个秘密会议以选择继任者。1260年,蒙古军队在艾因贾鲁特(今天的约旦)战役中被一支马木留克军队打败,此后军队再也没有进一步向西南推进。

蒙古帝国的终结

蒙古帝国幅员辽阔,但是统治的时间很短。在其鼎盛时期(1279—1350年),蒙古人曾统治了全中国,控制的范围包括俄罗斯、伊朗、伊拉克和中亚地区。这个巨大的帝国在地理上分为四个国家,分别由成吉思汗家族的四个子孙统治。随着时间的推移,中央的权力渐趋衰弱,四个可汗国相互分离,各自成为一个独立的帝国。

蒙古人不可能在马背上统治他们的帝国,他们很快就和被他们征服的当地人融合了。他们与在征服过程中作为同盟军加入的突厥人自由通婚。在俄罗斯,蒙古人和突厥人与斯拉夫人、芬兰人融合,形成了一个新的说突厥语的民族即鞑靼人。在波斯和中国,他们吸收了当地的文化,转而信仰各种宗教,包括基督教、佛教和儒教。在大多数穆斯林居住的地区,蒙古人和他们的同盟者突厥人都转而信仰伊斯兰教。

蒙古帝国的四个王国各自为政,但同时他们也逐渐被驱逐出曾经征服的地区。到1335年,成吉思汗家族的直系男性世系断绝,他的孙子旭烈兀在波斯的伊儿汗国去世。1368年,蒙古人被驱逐,元朝被明朝取代。1369年后,察合台汗国被帖木尔所攻占。俄罗斯人把金帐汗国驱逐出去的过程则较为缓慢(可以猜想到金帐汗国名称的由来不是因为其人口众多,而是因为他们所居住的"帐篷",在突厥语里就叫做Ordu)。蒙古在克里米亚的最后一个王国在18世纪灭亡。

瘟疫传播和贸易路线

贸易不仅带来了商业的繁荣,传播了不同的宗教,同时还带来了疾病。"蒙古统治下的和平"带来的一个始料未及的影响是瘟疫的传播——黑死病——这一瘟疫在14世纪夺走了欧亚大陆无数人的生命。直到不久以前,人们还一直认为这种瘟疫属于淋巴腺鼠疫,但是,近十年来的研究表明,它可能是一种尚未被人们了解的、不同的瘟疫。不管病因如何,可以确定的一点是,它随着蒙古人于1331年从中亚传入中国,由此中国的人口从1200年的12 300万锐减到1393年的6 500万。人口的减少一部分是由于中国和蒙古之间的战争所致,但更主要的原因可能是瘟疫。

420

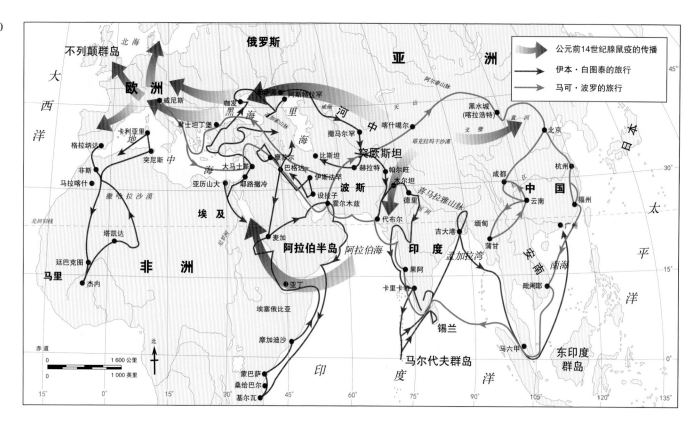

鼠疫蔓延的路线。"蒙古统治下的和平"在给中亚、东亚带来和平稳定的同时,还带来了很多好处。这些国家的贸易因此繁荣起来,为外国旅行者伊本·白图泰、马可·波罗留下珍贵的游记创造了必要条件。但是同时,贸易也帮助了另一类"旅行者",即携带淋巴腺鼠疫的老鼠传播疾病。黑死病最初爆发于中东,随后,沿着海路和陆路的贸易路线蔓延至欧洲和中国的部分地区。

14世纪中叶以后,可能也是由于瘟疫,蒙古人在丝绸之路沿线的作用和地位渐趋衰退。瘟疫于1346年蔓延到克里米亚,感染瘟疫的老鼠随船一直抵达欧洲和近东的各个口岸。欧洲人对于这种新型的鼠疫并没有免疫力,五年之内,整个欧洲就丧失了三分之一的人口。肆虐的鼠疫进一步笼罩着欧洲,日后更为严重的瘟疫将横扫新大陆,那里的人们将首次遭遇到一种他们从未接触过的疾病(见第14章)。

从蒙古帝国到明朝:朝代的更替

在元朝1279—1368年将近九十年的统治中,中国的人口总数从一亿锐减到五千万。尽管定都北京的忽必烈在位期间取得了繁荣,但是中国的经济并没有给所有人都带来同样的利益。马可·波罗记载了当时南方的汉人在蒙古人统治之下所遭受的残酷剥削、贫穷和不平等待遇:

> 在蛮子省,几乎所有的穷人都把他们的儿女卖给有钱人,这样他们便可以靠着卖儿卖女的钱过活,儿女在新家也会生活得好一些。(马可·波罗,第227页)

直到1368年,起义军才最终击败蒙古人,元朝灭亡,明朝开始了近三百年的统治,一直到1644年灭亡。

明朝统治期间,中国的人口有了明显的回升,到1450年时人口已达到一亿,到

1580年人口至少有一亿三千万。虽然到1650年时,人口由于瘟疫和战争又减至一亿,但是从此以后中国的人口一直呈增长趋势。

随着人口的增长,明朝的疆域也在扩大。中华帝国发源于北方的黄河流域(见第4章)。到了汉代,80%以上的人口生活在长江以北,而到了晚唐,南北方的人口基本持平。元朝时期北方战乱,很多人移居到南方,到元朝鼎盛时期,90%的人口居住在南方。在经济方面南方的气候宜人,当地盛产北方气候下无法生长的最具经济价值的三种农作物:大米、棉花和茶叶。南方的地理位置更接近东南亚沿海和印度洋,并发展形成了中国主要的国际贸易港口。宋朝建立了强大的海军,进一步促进了中国与东南亚、印度以及波斯湾的定期贸易联系。元朝灭亡以后,人口的迁徙方向开始倒转,到1500年时,75%的人口居住在南方,人口不断地向北方迁移。

留给今天的遗产及其意义

世界贸易模式的巨大转变发生在1500年前后。1500年以前,贸易路线在非洲、欧洲和亚洲相互交叉,它们相互连接但是并没有形成一个统一的贸易体系。远距离的贸易运输通常要由不同的商人分段完成。当时从事最重要的远距离贸易的商人是阿拉伯穆斯林航海者、印度洋海域以及中国沿海港口的商人。中国的商人主宰着东亚的水上贸易,有时甚至横跨印度洋。当时很少有欧洲的商人来到亚洲。13世纪,元朝的统治者为古丝绸之路提供了保护,重新开通了通往中亚的陆路贸易。

而在西半球,则有两条贸易路线:一条以中美洲为中心,另一条以南美洲的安第斯山脉为中心,两条路线基本上是互相独立的。历史上,美洲和亚非欧只有极少的贸易往来,在大部分时间里,两个大陆为浩瀚的大西洋和太平洋所阻隔。

1500年以后,随着欧洲商人变得越来越强大,他们开始试图用其欧洲总部集中控制的模式取代各地区既有的贸易规则。用不到一代人的时间他们就控制了美洲。而亚洲的各个强国还远非脆弱之辈,他们对新来的欧洲人往往不怎么在意。中国和日本一再把欧洲人拒之门外。1750年以后,随着西北欧工业化进程的发展(见第16章),欧洲的控制力日益增长。随着国内生产力的迅猛发展,加上新式的舰队和枪炮的发明,欧洲在世界贸易中夺得了霸主的地位。在东方,他们挑战阿拉伯和中国曾经拥有的至高地位;在西方,他们打破土著美洲人的封闭状况,而且开始在世界历史中引入新的贸易和制度。

复习题

● 什么是"贸易离散群体"? 1500年以前,贸易散居地对世界贸易的联系和发展有哪些重要性? 1000—1500年间,犹太人和穆斯林人在世界贸易舞台上有着怎样的优势?

- 1300年时在主要的地区之间有哪些贸易网络?
- 什么是三角帆船? 它起源于哪里? 它有着怎样的重要意义?
- 你认为把15世纪中国的内陆贸易和海外贸易相比较的话,它们各有怎样的重要意义?
- 蒙古帝国是怎样促进了世界贸易的发展的?
- 追踪阿拉伯航海业的兴起发展过程,说明它是怎样在印度洋和中国南海上占据霸主地位的。

422

推荐阅读

PRINCIPAL SOURCES

Abu-Lughod, Janet L. *Before European Hegemony: The World System A.D. 1250–1350* (New York: Oxford University Press, 1989). A résumé of the principal trade routes around 1250. Unfortunately omits African routes.

Adas, Michael, ed. *Islamic and European Expansion* (Philadelphia: Temple University Press, 1993). Key collection of historiographical essays on major topics in world history, 1200–1900. Articles by Eaton and Tucker on Islam, and McNeill on "gunpowder empires" are especially helpful for this unit.

Chaudhuri, K.N. *Trade and Civilization in the Indian Ocean: An Economic History from the Rise of Islam to 1750* (Cambridge: Cambridge University Press, 1985). A survey of goods, traders, ships, regulations, and competition among those who sailed and claimed to control the Indian Ocean.

Cortés, Hernán. *Letters from Mexico*, trans. from the Spanish and ed. by Anthony Pagden (New Haven: Yale University Press, 1986). Newest edition of Cortés' letters.

Curtin, Philip. *Cross-Cultural Trade in World History* (Cambridge: Cambridge University Press, 1984). Classical statement of the significance and ubiquity of trade diasporas.

Dunn, Ross. *The Adventures of Ibn Battuta* (Berkeley: University of California Press, 1986). Dunn uses Ibn Battuta and his travels as the center-point of an analysis of Islamic life throughout the Islamic ecumene in the fourteenth century.

Elvin, Mark. *The Pattern of the Chinese Past* (Stanford: Stanford University Press, 1973). Primarily economic history, focused heavily on the central questions of why China did so well economically until about 1700, and then why it did so badly after that time.

ADDITIONAL SOURCES

The Book of the Thousand Nights and a Night: A Plain and Literal Translation of the Arabian Nights Entertainment, 6 vols. in 3, trans. by Richard F. Burton (New York: Heritage Press, 1946).

Bentley, Jerry H. *Old World Encounters* (New York: Oxford University Press, 1993). Survey of the range of cross-cultural, long-distance encounters — especially through trade, religion, and culture — throughout Afro-Eurasia from earliest times to about 1500. Engaging.

Chaudhuri, K. N. *Asia Before Europe* (Cambridge: Cambridge University Press, 1990). Survey of the economic and political systems of Asia before the impact of colonialism and the industrial revolution. Comprehensive, comparative, and thoughtful.

Columbia College. Columbia University. *Introduction to Contemporary Civilization in the West*, Vol. I (New York: Columbia University Press, 2nd ed., 1954). Very well-chosen, long source readings from leading thinkers of the time and place. Vol. I covers *c.* 1000 to 1800.

Crosby, Alfred W. *Ecological Imperialism: The Biological Expansion of Europe, 900–1900* (Cambridge: Cambridge University Press, 1986). The biological — mostly destructive — impact of European settlement around the world, a tragedy for native peoples from the Americas to Oceania.

Frank, Andre Gunder and Barry K. Gills, eds. *The World System: Five Hundred Years or Five Thousand?* (London: Routledge, 1993). In this somewhat tendentious, but well argued, account, globalization is nothing new.

Ghosh, Amitav. *In an Antique Land* (New York: Knopf, 1993). A novel, travelogue, historical fiction of Indian Ocean exchanges in the twelfth century and today. Captivating. Much of the tale is based on the research in Goitein's study, below.

Goitein, Shelomo Dov. *A Mediterranean Society: The Jewish Communities of the Arab World as Portrayed in the Documents of the Cairo Genizah*, 6 vols. (Berkeley: University of California Press, 1967–83). Extraordinary research resulting from the examination of a discovered treasury of about ten thousand documents from about 1000–1300.

Despite the title, gives insight into a variety of communities of the time.

Hanbury-Tenison, Robin. *The Oxford Book of Exploration* (New York: Oxford University Press, 1994). An excellent collection of primary sources on exploration.

Hourani, George Fadlo. *Arab Seafaring in the Indian Ocean in Ancient and Early Medieval Times* (Princeton: Princeton University Press, 1951, reprinted 1995). The standard introduction. Examines the trade routes and the ships prior to and after the coming of Islam.

Ibn Battuta. *Travels in Asia and Africa 1325–1354*, trans. and selected from the Arabic by H.A.R. Gibb (New Delhi: Saeed International, edition 1990). Selections from the writings of one of the greatest travelers in history.

Ibn Majid, Ahmad. *Arab Navigation in the Indian Ocean Before the Coming of the Portuguese*, trans., introduced, and annotated by G.R. Tibbetts (London: Royal Asiatic Society of Great Britain and Ireland, 1971). Translation of Ibn Majid's classic fifteenth-century guide for navigators, along with very extensive discussion by Tibbetts placing the author and work in context and discussing contemporary theories of navigation.

Komaroff, Linda and Stefano Carboni, eds. *The Legacy of Genghis Khan: Courtly Art and Culture in Western Asia, 1256–1353* (New York: Metropolitan Museum of Art and New Haven: Yale University Press, 2002). Lavishly illustrated catalogue of blockbuster art exhibit, with numerous interpretive essays as well.

Levathes, Louise. *When China Ruled the Seas: The Treasure Fleet of the Dragon Throne, 1405–33* (New York: Oxford University Press, 1996). Scholarly study of the expeditions of Zheng He.

Ma, Laurence J.C. *Commercial Development and Urban Change in Sung China (960–1279)* (Ann Arbor: Department of Geography, University of Michigan, 1971). Careful, scholarly, detailed research monograph.

Menzies, Gavin. *1421: The Year China Discovered America* (New York: William Morrow, 2003). Menzies brings together many scraps of evidence in concocting the argument that Zheng He actually did sail to America. The evidence does not hold.

Polanyi, Karl, Conrad M. Arensberg, and Harry W. Pearson, eds. *Trade and Market in the Early Empires* (Chicago: The Free Press, 1957). Fundamental argument by historical anthropologists that early trade was mostly regulated by rulers and priests.

Polo, Marco. *The Travels*, trans. from the French by Ronald Latham (London: Penguin Books, 1958). One of the most fascinating and influential travelogues ever written.

Ratchnevsky, Paul. *Genghis Khan: His Life and Legacy*, trans. and ed. by Thomas Nivison Haining (Oxford: Blackwell, 1991). The current standard biography of the personally elusive Chinggis Khan.

Raychaudhuri, Tapan and Irfan Habib, eds. *The Cambridge Economic History of India*. Vol. 1: *c. 122–c. 1750* (Cambridge: Cambridge University Press, 1982). Collection of articles of fundamental significance.

Risso, Patricia. *Merchants and Faith. Muslim Commerce and Culture in the Indian Ocean.* (Boulder: Westview Press, 1995). Among the questions explored: "What difference did it make to be a Muslim?"

Schele, Linda and David Freidel. *A Forest of Kings: The Untold Story of the Ancient Maya* (New York: William Morrow and Co., 1990). The story of the deciphering of the Mayan ideographs and the histories of warfare that they reveal, by two of the leading researchers.

Shaffer, Lynda Norene. *Maritime Southeast Asia to 1500* (Armonk, NY: M.E. Sharpe, 1996). Useful survey on the voyages, trade goods, markets, towns, and government of the region — from earliest times.

Shiba Yoshinobu. *Commerce and Society in Sung China*, trans. by Mark Elvin (Ann Arbor: Michigan Abstracts of Chinese and Japanese Works on Chinese History, 1970). Scholarly source materials with annotations from the economic transformation of the Song dynasty.

Skinner, G. William. "Marketing and Social Structure in Rural China," *Journal of Asian Studies* XXIV, No. 1 (November 1964), 3–43. Classic account of the interlocking structure of urban development in China from local market towns through national capitals of trade.

Toussaint, Auguste. *History of the Indian Ocean.* Trans. from the French by June Guicharnaud (Chicago: University of Chicago Press, 1966). Broad historical sweep of exploration, trade, cultural exchange, fighting, and rule in and of the Indian Ocean from earliest times to the 1960s. Very useful survey.

Wood, Frances. *Did Marco Polo Go to China?* (Boulder, CO: Westview Press, 1996). One of the more recent, and lucid, statements of the controversy.

ILLE DE MAGELLAM

MER DV SV

欧洲的视野

经济增长,宗教与文艺复兴,以及全球联系
1100—1776年

第 **13** 章

主题

- 大西洋
- 地中海贸易的衰落
- 欧洲的贸易与社会变迁
- 文艺复兴
- 新大陆
- 大洋洲

1492年前,尽管东、西半球之间确实有过几次航行,但是它们之间并没有持续的联系。莱夫·埃里克松与其他来自斯堪的纳维亚的维京人在公元1000年前后进行过几次探险,这些探险广为人知,且有文字记载。他们遗留在北美东北海岸临时居住地的手工制品也证明了这些探险的存在。波利尼西亚的一些食物,如甘薯和树薯等,显然来自南美洲。这就证明了为太平洋所阻隔的东西半球还有着其他一些形式的接触,尽管这些接触较为短暂。这两片世界主要大陆之间的持久联系直到克里斯托弗·哥伦布于1492年征服大西洋以后才得以确立。这一事件给生活在两个半球的人们带来的影响是难以估量的。

在前一章我们已经看到,在哥伦布探险之前,已有三批人具备了跨越大洋的能力。波利尼西亚人与南美洲人显然有过某种形式的接触,但是,后来双方都认为没有必要继续他们曾经有过的短暂接触。印度洋上的阿拉伯商人或许也具备了航行至美洲的实力,但是他们也没有这样做的需要。因为印度洋以及与其相邻的地中海和中国南海为阿拉伯人的海上通商提供了所需的一切机会。中国人在当时已有能力派遣船队远洋至东非,他们具备了跨越大洋的实力,但是中国的皇帝下令终止这一类航行,远洋船队的探险因而随之结束。那时的欧洲人除了维京人之外,也都没有进行越洋探险,因为中东的一些港口城市提供了他们通往广阔的亚洲市场的通道。只是后来当这些通道减少,所获利润相应减少,而他们在经济以及科技方面的实力逐渐增强,欧洲人的想象力才开始扩展了。然而即便在那时,西欧的探险者们所寻找的也并不是新大陆,而只是通往那些已知市场的新的路线。哥伦布并没有意识到他已经发现了两块新大陆。在这一章,我们将讨论哥伦布、韦斯普奇、麦哲伦、塔斯曼和库克所做的伟大探险和航行。他们向那些充满怀疑的世人展开了一幅新的海洋画卷。

大西洋

从8世纪到12世纪,欧洲一侧的北大西洋一带主要是以抢劫掠夺为生的来自北方的水手和海盗的活动区域。这些维京人即今天的挪威人、瑞典人和丹麦人的祖先。

前页 法国卡拉维尔帆船(caravel),1555年,水彩画。这种坚固结实的帆船由欧洲人参照印度洋上阿拉伯人的船只改造而成,是用于大洋探险的首选船只。哥伦布和瓦斯科·达伽马都曾用这种帆船航行。达伽马还将大炮安装在帆船上,将其改装成作战的舰船。

426

斯韦恩国王和丹麦军队抵达英格兰，11世纪。羊皮纸。斯韦恩·福克比尔德（Sweyn Forkbeard，约987—1014年）是一个来自丹麦的强悍维京勇士。他建立了丹麦北海帝国，获得了挪威的统治权（1000年）并征服英国（1013年）。这幅画描绘的是他走下战舰时的情景。

他们同时也是殖民者、渔民和贸易商。来自挪威的一队人在870年前后开始在冰岛定居，并于982年前后在格陵兰岛定居下来。在莱夫·埃里克松的带领下，他们在约1000年时来到了位于北美洲的纽芬兰，并在那里建立了一个定居点，但并未维持很久。丹麦人与挪威人在欧洲的整个大西洋沿岸劫掠，很早就对英格兰北部海岸的林迪斯凡（793）、弗里西亚的多瑞斯塔德（834）以及法国的南特（842）发动过劫掠性的攻击，杀死了那里的主教及其所有的神职人员。859年，他们沿直布罗陀海峡航行，对地中海沿岸的一些港口进行掠夺。大约与此同时，来自北非与西班牙的阿拉伯人也对地中海展开了类似的攻击。

这些维京人同时也是商人和殖民者，他们往往推动了所征服地区的城镇与贸易的发展。他们于841年在爱尔兰建立都柏林城，之后征服了英国北部的大部分地区，后来又于9世纪70年代建立约克王国。维京人还在8世纪后期征服法国的领土诺曼底，1066年他们的领袖，即诺曼底的威廉（征服者威廉）从这里出发征服英国。这些诺曼底人，后来被称做"北方人"，也在意大利南部及西西里建立了一个王国，并在安条克成立了一个公国。

瑞典人驶向东方，穿过波罗的海，并沿着俄国的河流建立了贸易城市。他们先于9世纪初建都诺夫哥罗德，后于公元882年建都基辅。他们一路向南直到黑海，并在那里与拜占庭帝国进行贸易。这些瑞典人的定居点推动了政治与经济组织在斯拉夫人中的形成和建立。基辅成为第一个俄罗斯公国的首都，它的居民被称为"罗斯人"（Rus）。历史学家一直都在争论"罗斯人"究竟是指维京人、斯拉夫人还是人口占多数的斯拉夫人与人口占少数的维京人的民族混合体。到公元1000年时，凶残的维京人开始慢慢有所收敛，而随着他们的本土斯堪的纳维亚发展成为一个有组织的国家并接受了基督教，他们对外的掠夺也停止了。他们失去了跨越大洋向西继续探险的兴趣。

横跨北大西洋的航行，除去维京人的几次外，在历史上未见记载，而且也不太可能存在。穿越南大西洋的航行则几乎没有。非洲人只进行过为数不多的几次沿海航行，而欧洲人则因畏惧非洲西海岸难以预料的风险而不敢向前，尤其是博哈多尔角以南地区。另外，他们认为非洲海岸盛行的风向是从北刮向南的，他们担心即使能够前行至南方，也可能无法再返回北方。

地中海贸易的衰落

阿拉伯军队横扫中东与北非，他们在地中海区域开展海战前曾有所迟疑。即便如此，他们于643年占领了东地中海最重要的港口城市亚历山大；655年，他们又在今天土耳其西南海岸附近的扎特萨瓦里（Dhat al-Sawari）击败了拜占庭帝国的舰队。在陆上，他们沿着地中海东部及南部海岸建立了自己的统治区域，同时在地中海东部拥有足够的海上实力与拜占庭帝国抗衡，甚至进一步扩张。到大约950年时，他们占领了意大利南部的部分地区以及地中海的主要岛屿，即塞浦路斯、克里特岛和西西里岛。地中海的南部以及东南部俨然成了一个"穆斯林湖"。然而，拜占庭帝国继续控制着地中海的东北海岸，而各支法兰克和日耳曼基督教势力则控制着中北部海岸。这样一来，地中海及其沿岸就被分为三个主要的文化和政治区域：南部以及东南部的穆斯林统治区、东北部的拜占庭统治区及西北部的罗马天主教统治区。整个地中海区域是如此广大，丰富多样，因此这样的划分似乎是很自然

427

斯堪的纳维亚人、阿拉伯穆斯林与东斯拉夫人的入侵，9至10世纪。欧洲不断受到入侵，这样的入侵暂时削弱然后又增强了欧洲大陆的实力，维京人在此定居下来并发展了斯堪的纳维亚的经济。他们与斯拉夫人的交流塑造了俄国的雏形。穆斯林则将早已被欧洲人遗忘的古希腊与罗马文化理念带给了他们。（据《泰晤士世界历史地图集》第5版改编，伦敦，泰晤士图书公司。）

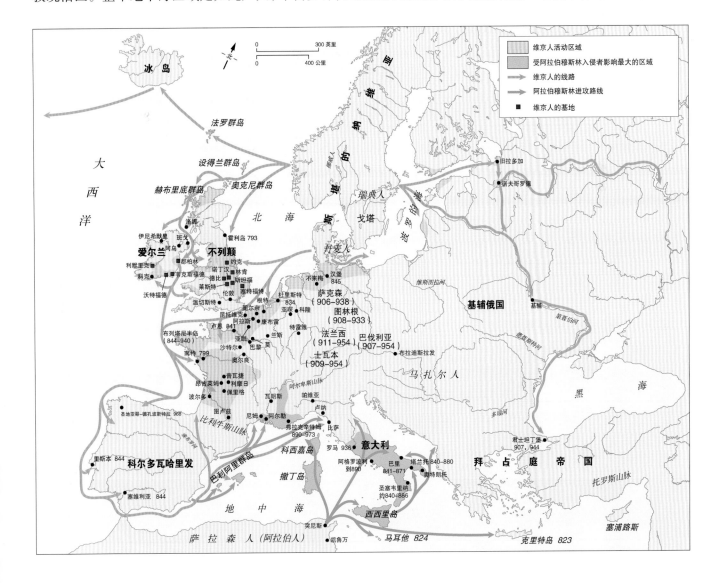

的。(请仔细阅读第447页上所附的地中海地图,你会发现许多岛屿和半岛,以及标出其入口的许多小片海域。)

428　　　这种格局形成以后,紧接着便是三方面的变化。首先,地中海再次成为一个战争多发的区域。欧洲南部的基督教徒与中东以及北非的穆斯林之间战争不断,这种状态从8世纪开始,一直持续到1571年勒班陀海战爆发。这场发生在希腊水域的海战确定了各方势力普遍接受的控制范围。第二,地中海贸易仍在继续,但却随着欧洲内部的经济形势以及地中海的战争情况而时好时坏。最后,在地中海的东南部,即陆地将地中海与印度洋分隔之处——今天已由苏伊士运河相连接——欧洲的商人感觉受到了阻碍。那些来自印度洋流域的昂贵且利润丰厚的商品,如印度与印尼的香料、中

历史一览表:中世纪的世界贸易

年　　代	政治/社会事件	贸易发展	海上探险
公元1050年	■ 诺曼人在威廉一世率领下入侵英格兰(1066年) ■ 塞尔柱突厥人占领巴格达 ■ 法兰克人入侵安纳托利亚和叙利亚并建立十字军国家	■ 威尼斯控制亚得里亚海;地中海东部建立起诸多贸易港口(1000—1100年)	
公元1100年		■ 英格兰与佛兰德斯间繁荣的羊毛贸易	
公元1150年	■ 土耳其叙利亚和埃及苏丹萨拉丁重新夺取耶路撒冷(1187年) ■ 阿西西的圣方济各(1181—1226年) ■ 圣道明(1170—1221年) ■ 阿西西的圣嘉勒(1194—1253年)	■ 法兰西王国香槟地区出现集市	
公元1200年		■ 西欧城镇出现手工业行会 ■ 汉萨同盟成立(1241年)	
公元1250年		■ 威尼斯人与中亚和中国的交往日趋频繁(1255—1295年) ■ 佛兰德斯手工业者起义	
公元1300年	■ 英格兰与法国之间的百年战争(1337—1453年) ■ 鼠疫在欧洲的蔓延(1346—1350年)	■ 东半球所产黄金的2/3来自西非	
公元1350年	■ 西欧出现犹太人聚居区 ■ 足利幕府统治日本(1338—1573年)	■ 意大利与佛兰德斯城市工人起义	
公元1400年	■ 奥斯曼土耳其人在欧洲的加利波利设立据点	■ 蔚为壮观的中国海上远征在郑和带领下到达非洲东海岸和印度	■ 葡萄牙王子、"航海者"亨利资助西非探险
公元1450年	■ 谷登堡的《圣经》印刷(1455年) ■ 英国的玫瑰战争(1453—1485年) ■ 土耳其人占领君士坦丁堡(1453年) ■ 犹太人被驱逐出西班牙(1492年) ■ 托尔德西里亚斯条约签订(1494年)	■ 美第奇家族在佛罗伦萨:乔凡尼、科西莫、洛伦佐	■ 巴尔扎洛梅乌·迪亚士航行至好望角附近(1488年) ■ 哥伦布发现美洲新大陆(1492年) ■ 达伽马到达印度马拉巴尔海岸(1498年)
公元1500年	■ 马基雅维利发表《君主论》(1513年) ■ 西班牙的穆斯林被迫改教或离开	■ 葡萄牙在印度建立果阿贸易港(1502年);葡萄牙船只配备大炮	■ 斐迪南·麦哲伦环球航行(1519—1522年)

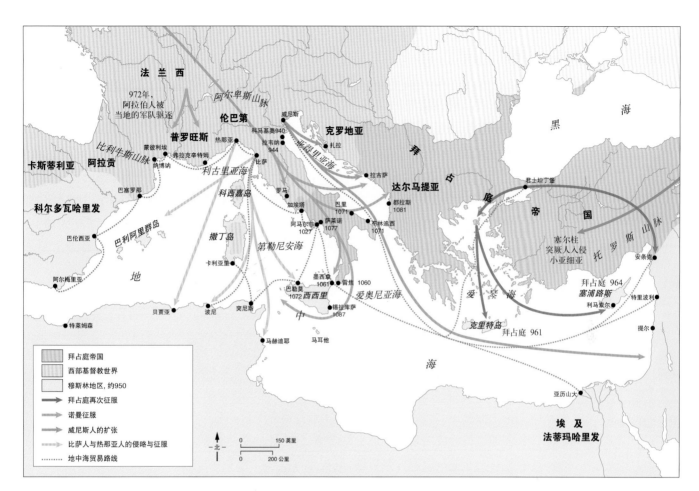

图例

- 拜占庭帝国
- 西部基督教世界
- 穆斯林地区，约950
- → 拜占庭再次征服
- → 诺曼征服
- → 威尼斯人的扩张
- ⇢ 比萨人与热那亚人的侵略与征服
- ⋯ 地中海贸易路线

0　　150 英里
0　　200 公里

国的丝绸与瓷器，以及东非的黄金、象牙和奴隶，都被控制在中东的穆斯林商人手中。地中海东部的贸易阻隔常被视为一种宗教对抗。例如，教皇就曾多次禁止天主教徒与穆斯林进行贸易。但是，人们对这些限制通常不予理会。更关键的是，许多不同贸易群体间为争夺利润展开竞争。穆斯林商人本身就不是一个统一的群体。其中大多数是阿拉伯人，但有许多埃及商人是马木留克人。后来，塞尔柱人与奥斯曼土耳其人也入侵这一地区。在欧洲的贸易群体中，许多人认为威尼斯城邦国家凭借其头脑精明的商人和技术熟练的水手，控制着东地中海的香料、棉花以及丝织品的贸易。宗教以及种族方面的差别可能激化商人之间的紧张关系，但他们之间的竞争主要是针对利润而来的。

为了获取更丰厚的利润并寻找更简便的商品交易渠道，一些商人及王子开始探寻通往印度洋的其他路线。这种尝试在西欧尤为频繁，那里在地理位置上距中东较远，而距大西洋则较近。从1277年开始，在位于地中海的意大利和西班牙，以及欧洲西北部的英国与佛兰德斯之间的一条海上航线给欧洲北大西洋沿岸国家带来了定期贸易。随着欧洲大陆逐渐摆脱黑死病带来的灾难性打击，欧洲的贸易也在15世纪初期渐渐恢复了活力。有人开始探索南大西洋以寻找从非洲海岸到印度的航线，而另一些人则在寻找直接穿越北大西洋的航线。

欧洲在地中海的重新崛起，公元约1000年。在遭受维京人和穆斯林几个世纪以来的攻击后，地中海的欧洲人开始发动有效的反击。但在1571年勒班陀海战之前，地中海仍是基督教徒与穆斯林之间频繁交战的地区。（改编自《泰晤士世界历史地图集》，第5版，伦敦，泰晤士图书公司。）

欧洲的贸易与社会变迁

　　马可·波罗的游记在当时已广为流传,这反映了西欧人对于国际贸易日益增长的兴趣。到13世纪的中期,维京人及其他一些人在欧洲的东部边界区域开辟了一片新的贸易天地,而大约也正是在此时,西欧人开始从曾作为中世纪重要标志的地方性耕种式庄园经济,以及地方性的政治管理体系和秩序中解脱出来。在这一时期,森林遭到砍伐,更多的土地被开垦耕种,农业生产率有了提高。新的财富使得城镇更加富有,并且促进了欧洲内部贸易的发展,与此同时,十字军东征不仅给环地中海地区直到中东港口的商业复兴带来了新的机会,也给运至此处的亚洲商品带来了新的商机。欧洲重新兴起的远距离贸易反而加剧了西欧商人的挫折感,因为他们面临着不得不在中东和东地中海进行这些贸易的问题。

行会及城邦与农村贵族的对抗

行会(guild) 是人们经过宣誓,由某种共同目的而结成的组织。中世纪欧洲的城镇里,手工业者或商人组成行会以保护和进一步激发其成员对于该行业的兴趣并相互援助。

　　随着商业的发展,地方商人和制造商成立了一种被称为**行会**的贸易组织。这些行会控制商品的价格、工资、商品生产以及交易的质量和数量,同时也负责管理学徒的招募、培训及对于学徒、熟练工人及专家技工的资质认证。行会成员也在市镇的政府机构中拥有自己的代表,以确保其工业及商业利益在政府的议程中受到重视。商人们主要通过行会成功对抗土地贵族阶级,并为他们商业和城市的发展赢得合法的权利和特权。行会成员大部分是男性,但在拥有投票权的人中也包含户主和工厂主的遗孀。

　　大多数的行会组织是地方性的,位于它们所在的城镇内,但跨国贸易者则组织符合其商业利益的国际性行会。其中最为著名并有影响力的是汉萨同盟,尽管它缺乏真正意义上的行会所需的社会以及宗教层面的内容。它建立于13世纪中叶代表德国和波罗的海城市大船主的利益。该行会的总部设在吕贝克,并设立了它自己的商业贸易站,西至伦敦及布鲁日(位于今比利时),东至俄国的诺夫哥罗德。在这一区域内,行会积极游说以建立有利于其成员的法律体系。行会所属的船只从俄国和波兰向西运送诸如谷类、木材、毛皮以及焦油、蜂蜜、亚麻之类的货物;并从英格兰向东运送羊毛制品。同时,他们也从瑞典运送黄铜及铁矿石。14世纪时,约有100个城镇隶属于这一同盟。然而,随着尼德兰(联合行省)、英国及瑞典这些国家的日益强大,他们主张对波罗的海的控制权,同盟在控制这一地区的商业将近两个世纪以后走向消亡。

城市内的经济及社会冲突

下页 意大利学校,制桨者,关于中世纪行会标志的18世纪绘画。到13世纪,随着行业联合组织相较个体作坊的优越性逐渐显现,手工艺者组成的专业行会开始出现——这幅画展示的是制桨者的行会。行会颁布各种规章制度,事无巨细,包括保护已故成员家属的福利,确保产品的质量等。(威尼斯博物馆)

　　在西欧的两个地区,即意大利北部和佛兰德斯,纺织品的生产开始在城镇经济中居于主导地位。在佛罗伦萨,大约有200至300家工场为城市1/4的人口提供了生计,年产羊毛织品达10万件。意大利北部的其他几个城市尽管规模要小一些,但也建立了同样的工场。纺织品的生产日益成为佛兰德斯、法国北部的周边地区及今天比利时所在地区经济的主导产业。

我们是怎样知道的?

费尔南·布罗代尔开始对海洋的历史研究

20世纪20年代,费尔南·布罗代尔(Fernand Braudel, 1902—1985年)在巴黎攻读博士学位。他当时专攻西班牙国王菲利普二世对地中海的外交政策,后来他决定改变自己的研究方向:

我已经开始将我的研究领域超出传统的外交史的范围,因为我开始问我自己地中海究竟有没有属于自己的历史和命运,有没有强大的生命力,而这种强大的生命力究竟值不值得我们给予更多的关注,而不只是把它作为一个绚烂的背景……(《地中海》,第1页)

布罗代尔放弃了他关于外交史的研究而加入一个由年轻的巴黎学者组成的学派——"年鉴学派"。这个学派彻底改变了以往局限的从政治问题切入研究历史的方法,将历史研究扩展到地理、生态、社会结构及"心态"或称态度等更广的方面。随着其研究的深入,他成为这一学派中最重要的领袖之一。

布罗代尔的第一部伟大的历史著作是《菲利普二世时代的地中海和地中海世界》。该著作分为上下两卷,于1949年首次出版。在这部著作中,他在实践中阐明了三种时间框架的概念,并指出它们总是同时运转的:其中最根深蒂固的,是长时段的,可以延伸至远古的地质年代,是物质生命、思想心态、自然环境以及地理环境产生的根本条件;中时段包含社会、经济、政治组织;而短时段则是指个体生命的时间,以及进行常规历史研究时所关注的历史事件的时间。将这几种不同的时间框架运用到他的历史研究中,布罗代尔从物质以及人文地理的角度入手对地中海地区进行研究,并逐步深入到地中海的政治制度,最终着眼于研究菲利普二世及同时代其他统治者的政治策略。他调查了人口的总体数量、人们每天吃的食物、居住的房屋、穿着的衣物、当时的潮流、使用的技术、货币、交换的媒介以及他们建设和居住过的城市。他的研究工作使得许多历史学家的研究方法产生了变革。

两代人以后,K.N.乔杜里(K.N. Chaudhuri)接触到了布罗代尔以及他的研究。乔杜里解释了这给他自己的历史研究和写作带来的影响:

布罗代尔首先提出对于某一文明的研究可以其海洋命名的理念。阿拉伯地理学家在千年前就已经意识到各大洋和伊斯兰土地之间的关系。在我们这一时代,布罗代尔作为法国杰出的历史学家和地理学家之一,以其罕见的敏锐观察到了海洋与居住在其周边沿岸居民之间的联系。对于他来说,人们跨越空间、时间以及文化差异的交流构成了历史最强大的潜在力量。整整一代的历史学家从这位伟大的老师身上领受了这一研究方法。(《贸易与文明》,第1页)

乔杜里接着开始《印度洋的贸易与文明》一书的写作,他取此书名是为了纪念布罗代尔在地中海研究中所做的开创性贡献。其他学者也以此为榜样开展研究,这种宽广的研究视角影响了更多的学者。

- 布罗代尔为什么放弃了外交史的研究而转向研究地中海?
- 他的研究有什么新的内容?
- 结合乔杜里的评论,布罗代尔所提出的关于地中海的哪些问题有助于人们对其他海域的研究?

432

上左 今日荷兰西部代尔夫特鸟瞰图。在这里，我们可以看到中世纪的三角墙房屋分布在代尔夫特热闹街市的四周。从16世纪末开始，该镇就以当地出产的陶器及瓷器而闻名。荷兰的产品开始在欧洲市场上与从中国进口的瓷器竞争。

上右 一幅描绘赫托根博施（Hertogenbosch）的油画，荷兰，1530年。试比较今天中世纪广场赶集日的照片（左）与这幅作于1530年的描绘荷兰另一个城镇布匹市场的油画，我们不难发现，这两个集市的布局与结构几乎是一样的。

从事纺织品生产的新的组织催生了一种复杂的阶层结构，在其中人有向上层流动的可能性。身为资本家的商人组织生产。他们就市场对生产的需求作出预测，并向工人提供原料和设备。在他们的下一层，行会师傅、有进取心的熟练技工以及学徒则在体力劳动者中占据着最佳的位置：剪羊毛、漂洗布料（通过加湿、加热和熨烫使布匹收缩、加厚）和染羊毛。纺织工与羊毛梳理工的工资要低一些，他们的社会地位也更低一些。在他们当中，只有纺织工有可能组织行会。位于这些阶层之下的则是大批的洗羊毛和纺羊毛的贫苦工人。女工与童工比起成年男工来，工资更低，工作条件也更差，然而他们的劳动使得家庭得以生存。雇主与工人之间潜在的阶级对抗间或以公开的形式爆发。

13世纪末，在佛兰德斯的城市杜埃、图尔奈、伊珀尔和布鲁日相继爆发了起义。起义的领导者大多是手工业者，他们通常要求允许行会成员加入政府机构。而行会组织之外的工人即无产阶级则只希望增加工资、缩短工作时间以及改善工作条件的

433

进入14世纪后，阶级之间的对抗在继续激化。日益贫穷的工人一方面受到流行病、战争及农业歉收的巨大打击，另一方面他们却面对财富越来越多的商人和工业家。工人被禁止罢工，在有的城镇，他们甚至被禁止参加集会。然而，一种有限的阶级意识开始形成，尤其是在西欧最大的工业中心城市佛罗伦萨。1345年，10个羊毛梳理工因组织工人进行斗争而被处以绞刑。

哲学和学术研究的新方向

在城市通过商业积累财富的基础上，一场文艺复兴运动——人们在思想、文学、艺术、举止礼仪以及情感方面的重生——开始在整个中欧和西欧兴起。大多数历史学家认为，随着西欧贸易的兴起，以及人们对逐利的日益热衷，文艺复兴在14世纪出现。然而，基督教教会史家则发现，这场巨变的根源早在11世纪中叶就已出现。这一时期通常被称为中世纪盛期，当时人们在宗教的以及世俗的观念上都开始出现了一些变化。

11世纪的哲学家开始指出，人们依靠纯粹的宗教信仰是难以得到灵魂拯救的。他们提出了新的价值观为人们理解和体验世界提供了新的方式。圣安瑟伦（St. Anselm，1033—1109年）强调信仰要有理智做基础。彼得·阿伯拉（Peter Abelard，1079—1142年）强调以一种理性的方式解释圣经的必要性。克勒窝的圣伯尔纳铎（St. Bernard of Clairvaux，1090—1153年）则寻求能够将爱和精神与信仰相结合的方式。同时，自己的教会拥有的新财富与势力触怒了一些罗马天主教徒，他们对其教会提出挑战，要求其坚守早期定下的同情穷人和在日常生活中保持俭朴的理念。为了实现这些目标，神职人员和修女开始组织新的修道会。圣方济各会的修道士遵从阿西西的圣方济各（1181—1226年）的教义，而多明我会修道士则追随圣道明（1170—1221年）的教义，而由修女组成的"贫穷修女会"则遵从阿西西的圣嘉勒（1194—1253年）的教义。

在这同一个历史时期，欧洲开始从阿拉伯世界汲取知识，而这主要是通过在西班牙的联系实现的。基督教学者开始系统地将阿拉伯文的著作翻译成拉丁文，从而又一次与古罗马及古希腊的经典文献建立起了联系。正是阿拉伯人保存了这些文献，并且予以发展，而在欧洲世界它们则早已失传。阿维森纳（伊本·西拿，980—1037年）、阿威罗伊（伊本·鲁世德，1126—1198年）以及犹太哲学家迈蒙尼德（1135—1204年）的著作使得人们再次重视亚里士多德所教授的逻辑及哲学。

为了保存、发展和传播知识，各地纷纷建立大学。大多

西蒙·马尔蒂尼，《圣方济各画像》，约1320年。壁画。阿西西的圣方济各教堂。阿西西的圣方济各（约1182—1226）将他所有的财富都送给穷人。在他父亲与他断绝关系后，他脱下所有衣服，穿上一件阿西西的主教给他的长袍，他游走四方乞讨食物，提供服务，布道讲学。他创立的修道会成为欧洲规模最大的修道会。

434

法国画派，《阿维森纳》，18世纪。帆布油画。伊本·西拿，欧洲基督徒称其为阿维森纳，是研究亚里士多德著作的最重要的伊斯兰学者之一。他对基督教学者产生了影响，后者从他的论著中重新学习希腊的学术。（巴黎医学界名人图书馆）

数大学重视实用学科，例如萨莱诺大学的医学、博洛尼亚大学的法学研究及巴黎大学的神学。这些大学都成立于1200年前。此后来自巴黎的学生和教授跨越英吉利海峡，在1200年前后成立了牛津大学。随后不久剑桥大学也成立了。到1300年时，西欧已建立了约十多所大学；到1500年，这一数字更是上升至近100所。

大学开设的课程一般以神学为主，但是也包括语法、辩证法、修辞学、算术、声乐、几何学和天文学等科目。其中，神学课程的开设需要得到基督教会的特许。就像我们在圣托马斯·阿奎那（St. Thomas Aquinas，1225—1274年）的例子中所看到的那样，这可能会产生一定的问题。圣托马斯是当时最伟大的基督教神学家，他为文艺复兴新思潮的出现开辟了道路。但引起争议的是，他同样也赞成亚里士多德的理性观点。尽管许多基督教会的领袖认为亚里士多德的逻辑违背基督教教义而加以抵制，但阿奎那却认为两者并不矛盾。相反地，他宣称亚里士多德所传授的逻辑和理性与基督教会所宣扬的信念是互为补充的。

巴黎索邦大学神学讲座，巴黎，15世纪。手抄本装饰画。在教会的资助下，大学纷纷建立，主要是为了进行神学研究，然而有的大学也开设包括医学与法律等方面的专门学科。所有学生均为男性，且大多思维严谨。（特鲁瓦图书馆）

我们是怎样知道的?

伊斯兰世界对欧洲文艺复兴的影响

阿拉伯思想家、阿拉伯人对古典希腊著作的翻译以及评论有效地推动了欧洲文艺复兴的兴起。伊本·鲁世德(阿威罗伊)将亚里士多德的作品翻译成阿拉伯文并予以注解,使那些无法得到原著的西欧人对这位哲学家的著作有所了解。除去在哲学上的造诣,伊本·西拿(阿维森纳)关于医学的著作《医典》在几个世纪的时间里一直是欧洲医学思想的中心。花剌子密(Khuwarizmi)的数学著作在长达几个世纪的时间里一直有着巨大的影响,我们今天的词汇中仍有的 algorithm(算法)一词就是以他的名字为基础的。从10世纪到12世纪,阿拉伯人、基督教徒以及犹太人在西班牙的部分地区——以上三类学者的家园——生活得如此亲近,甚至可说是非常和谐,以至于不同语言间的相互借用成了寻常事。人们也常借用对方的诗歌和散文形式,尤其是将阿拉伯文学借用到拉丁文和罗曼语诸语言中。欧洲的一些学者,诸如克雷默那的杰勒德,寻求阿拉伯思想中最精髓的部分并把它们翻译出来。我们也已经看到,欧洲人还采用了阿拉伯人的一些技术,例如帆船,这使得他们能够前往世界各大洋。

尽管欧洲在文化和技术方面从阿拉伯世界获益良多,但在文艺复兴时期,常被誉为"人文主义之父"、意大利最伟大的诗人之一的彼得拉克仍给出尖锐的甚至有些歇斯底里的评论:

我恳请你们不要让阿拉伯人对我的个人状况提出任何建议。让他们离乡背井吧。我憎恨这群人……你们都知道阿拉伯人是怎样的内科医生,我也知道他们是什么样的诗人。没人有这么令人折服的本领;同样,也没人如此孱弱缺乏活力,确切地说,没人比得上他们的卑鄙和堕落。每个人的思维倾向都不同,但是就像你们过去常说的那样,他们每个人都想表现自己古怪的想法。总之,没人能让我相信阿拉伯会有什么好东西过来。(Cassiver 等,第142页)

早先人们欢迎阿拉伯世界的学术成就,后来,彼得拉克却如此强烈地对其进行抵制,其间到底发生了什么呢?有几种可能的解释:首先,阿拉伯世界在西班牙的影响一直是最大的。穆斯林统治这个国家的大部分地区达几个世纪之久;在一些地区甚至达8个世纪。而阿拉伯世界在其他欧洲国家则没有如此大的影响力。即使是在西班牙,随着基督教徒开始又一次统治这个国家,他们开始把穆斯林看作政治和宗教上的敌人而不是文化上的同行。随着1095年后的十字军远征,类似的变化也在整个基督教世界中出现。这标志着两大宗教派别之间形成了新的政治对抗。随着时间推移,欧洲也产生了新的文化潮流。本国语言的发展,尤其是诸如西班牙语、意大利语以及法语等罗曼语系的发展,扩大和加固了文化的基础,使它们越来越具有民族主义的特色。西欧人也发展出自身的文化竞争力,建立了大学,从而减少了对其他文化的依赖性。欧洲的文艺复兴运动使西欧有了新的发展方向。

学者们有时将西欧三个不同的时期都定名为"文艺复兴"。第一个时期是加洛林文艺复兴,在约800年由查理大帝发起;第二个时期是中世纪盛期的文艺复兴,从约11世纪中期到13世纪中期,这个时期的文艺复兴受到穆斯林的学术成就和知识的巨大影响;第三个时期的文艺复兴最为闻名,也最具影响力,即从14世纪中叶一直到16世纪中叶的文艺复兴。后一个时期的文艺复兴总是建立在前一个时期的基础上,但对前一时期的某些东西又有所扬弃。从彼得拉克对阿拉伯诗歌和阿拉伯人的否定态度中,我们可以看到基督教思想家的想法有了巨大的转变,因为他们自己的宗教和哲学传统变得不那么开放了,对外来文化的影响也采取更具敌意的态度。

- 14世纪的文艺复兴首先是在意大利和欧洲的西北部产生的。它们为什么没有在文化发展更早的西班牙产生?

- 彼得拉克否定阿拉伯的学术,却并没有否定早期的希腊哲学家。这样的划分在12世纪的西班牙有可能吗?为什么?

- 阿拉伯的学术可以说是相当成功的,因为它继续沿着传统的方式发展;而西方基督教的学术则是失败的,因为它转向新的方向。你认同这样的分析概括吗?

然而,在这两方面确实存在冲突的情况下,他又承认神的真理必须被优先考虑:"神的真理有些可以由人的理性推得,而有些却完全超越人的推理能力。"教士们应该试着通过推理获得真理,但当这样做被证明过于困难时,基督教义所传示给我们的神的真理则成为我们寻找真正人生道路的最可靠向导。

阿奎那的想法领先于他的时代。在长达50多年的时间里,圣方济各会的修道士

436

下令禁止阅读他的作品。巴黎以及牛津的一些大学也对他的许多教义予以遣责。但在一个世纪的时间里,阿奎那关于逻辑和信仰、亚里士多德和基督教会的综合分析则成为罗马天主教会的正统观点。尽管阿奎那认为神的启示高于人的理性,但在文艺复兴的前夜,他却以人的努力为基督教打开了理性之门。

不管大学的规定和制度是如何严厉,几十个求知欲强而且精力旺盛的年轻男学生仍会聚集在一起,挑衅权威,追求个性的解放。"游荡诗人"的名字取自圣经中的歌利亚,意为早期反对基督教的一群人。这些诗人沉浸于青春的欢愉中,嘲笑谨慎、严肃与神圣的社会正统。他们经常撰写一些大不敬的甚至有时有点伤风败俗的滑稽作品,例如:《一个醉鬼的弥撒》《一个贪吃者的弥撒》和《诙谐一族》等。他们公开嘲弄当时最神圣的信条,宣称:"我信奉骰子,热爱酒馆胜过热爱耶稣。"他们也公开祝福彼此:"愿欺骗与你同在。"

如今,大多数学者都同意,凡此种种对宗教以及哲学态度的改变为他们迎接欧洲的文艺复兴奠定了基础。文艺复兴,这一哲学和艺术运动在14世纪中叶到16世纪中叶的两个世纪中取得了辉煌的成就。

14世纪的灾难：饥荒、黑死病和战争

颇为矛盾的是,文艺复兴不仅是由学术和文化方面日益频繁的相互借鉴而形成产生的,它的出现也与14世纪使欧洲蒙受重大损失的灾难有关。这个地区曾深陷饥荒与民众起义的动乱中,其中最为严重的是,一场瘟疫使这一地区普遍繁荣的经济及人口增长停滞达一个世纪之久。这些重大的灾难引起了各阶级的重组以及人们对价值观的重估,这一切为文艺复兴提供了肥沃的土壤。

从约900年起,在约400年的时间里,农民砍伐树木,扩大了耕地的面积,欧洲的农村人口在规模和密度上持续增长。然而,这一切却引起了资源的匮乏。到13世纪中期,意大利中部的一些地区开始遭受人口减少之苦。此外,14世纪时,气候变得更加湿冷,冬天则更为严重,这降低了农业的收成。这样一来,各地人口对于疾病的抵抗力就大大下降。

这场黑死病是从亚洲开始的。中国的人口从1200年的1.23亿下降到1393年的0.65亿。1348年,黑死病随着商船登陆欧洲,导致1/3的欧洲人口死亡,人口数从1300年的7 000万下降至1400年的4 500万。

瘟疫之后的社会动荡

黑死病过后,幸存下来的农民由于劳动力的短缺,因而得到了较高的工资,获得了更多的土地;他们不需要出卖自己的劳动力,也不必到处流动寻找活干了。他

羊圈里正在挤奶的羊群,卢特雷尔·普萨尔特(Luttrell Psalter),14世纪。从很早的时候起,经营羊毛的商人就聚集在佛兰德斯,到12世纪时,那里的毛纺业需要大量的英国羊毛以满足生产需要。中世纪之前,跨越大陆的贸易商只能长距离运输数量少、价格昂贵的商品;到14世纪,航海路线的出现则意味着大宗商品,如羊毛和谷物等,可以在国际范围内进行贸易。(英国国家博物馆)

原始资料

乔万尼·薄伽丘对黑死病的描述

薄伽丘（Giovanni Boccaccio，1313—1375年）在其时代巨著《十日谈》的简介中，刻画了这场黑死病的恐怖，而这部著作在其他方面则是逗趣而充满人文主义色彩的：

> 1348年，致命的黑死病在伟大的城市佛罗伦萨爆发。发病初期，普通苹果或鸡蛋大小的肿块出现在人们的腹股沟和腋窝部位。肿块或大或小，通称为肿泡。接着这些肿泡从腹股沟和腋窝开始迅速遍及全身。后来症状转而表现为胳膊、大腿乃至浑身上下出现黑色或铅色暗斑……寻医问药都不见效，几乎所有人都在症状出现三天内丧生——有的人或许快些，有的人或许慢些。
>
> 这场灾难给人们带来了难以估量的恐慌，以致兄弟互相遗弃，叔伯、姐妹以及妻子们离开他们的亲人，任由他们自生自灭。更加严重甚至难以置信的是，父母竟不去探望和照顾患病的亲生子女，如同他们根本不是自己所生一样。（第23—24节）

《死神的胜利》，法国，1503年。这一16世纪的作品描绘了1348年爆发的黑死病引起的大规模死亡。这种瘟疫是由热那亚的商人从东亚带来的，估计共造成20%—50%的欧洲居民死亡。当时的药物对治疗这种疾病毫无作用，一旦感染就几乎注定了死亡。（巴黎国家图书馆）

们开始形成一个新的、拥有土地的农民阶层。这一新的农民阶级与城市的产业工人和行会成员一起，愈加频繁地发动骚乱，大胆抵抗国王和贵族为了战争而不断提高税收的做法。

在城镇地区，同样由于工人的短缺，那些幸存下来的工人也提出增加工资、改善工作条件以及给予更多公民权利的要求。在工业城市佛罗伦萨，梳毛工（Ciompi，工人中的最底层，以他们在佛罗伦萨居住的区域而得名）在下层工匠的支持下不断掀起暴动。1378年，他们向佛罗伦萨的政府官员提出要求。他们要求能够自由加入行会，能够成立联合组织；要求减轻对工人的罚款与惩罚；要求获得"参与该城市政府机构"的权利。他们实现了其中的部分目标，但强大的城市商业巨头是最终的赢家。到1382年，几个主要的行会又开始重掌控制权，不久由美第奇家族控制的更为独裁的政府成立了。佛兰德斯也发生了类似的暴动，但规模要小些，而且未能再取得成功。人们的日常生活准则以及原来的阶级结构解体，使得他们开始重新审视基本的价值观及社会制度，这也许有助于文艺复兴的价值观，即个人主义和人文主义，进入社会上层人士和普通民众的心中。

文艺复兴

推动文艺复兴的中心理念是**人文主义**。它认为，人们最应研究的主题是人本身。文艺复兴时期的人文主义坚决信奉上帝，但却没有赋予上帝在人的生活以及活动中主宰一切、超越一切的作用。人文主义强调个人的重要性,挑战教会对于文化生活解释权的垄断地位。乔凡尼·皮科·德拉·米兰多拉(Giovanni Pico della Mirandola, 1463—1494年)在《论人的尊严》一书中,借上帝之口说出了文艺复兴的人文主义精神:

意大利的文艺复兴,1300—1570年。从1300到1570年,在意大利,艺术家和知识分子积极参与一场将基督教的传统(起源于古代,在中世纪得到进一步发展)与希腊罗马的传统相结合的运动。这场运动为日后西方现代文明的发展即文艺复兴起到了奠基的作用。此图显示了和文艺复兴的主要人物相关的一些地方。

亚当,我不曾预先给予你地位,不曾赋予你特别之处,也不曾给予你任何特权。我这样做,是想让你通过自己的决断和选择来获得这一切。自然界其他生物天性的缺陷早已被我拟定在我的法典中,惟独只有人类,你们的天性要由自己决定,凭借我赋予你们的自由去发掘。我不曾使你超凡,也不曾使你低贱;不曾使你终有一死,也不曾使你获得永生。你就像一个完全独立和自由的工匠,可以把自己塑造成自己选择的任何样子。

根据这一典型的文艺复兴思想的诠释,上帝给予了人类决定自己命运的权力。

新的艺术风格

文艺复兴时期的艺术继续强调宗教这一主题,但也开始表现出人文思潮和商业价值观对它的影响。马萨乔(Masaccio)的油画《圣三位一体》体现了几何透视法在绘画中的发展,这不仅预示着一种新的艺术技巧,也体现了一种个体对空间之间的新关系。

到15世纪时,艺术和商业意识已融合在一起。扬·范·艾克1434年在佛兰德斯创作的"阿尔诺非尼夫妇"描绘了一个商人结婚时的真实场景以及他们穿着的服饰。这个商人可能是居住在佛兰德斯的意大利人,他的妻子似乎已有孕在身。文艺复兴时期的艺术家经常把他们对世俗的商业事务的关心与他们对于精神世界的关切合为一体。

文艺复兴所带来的创造性终

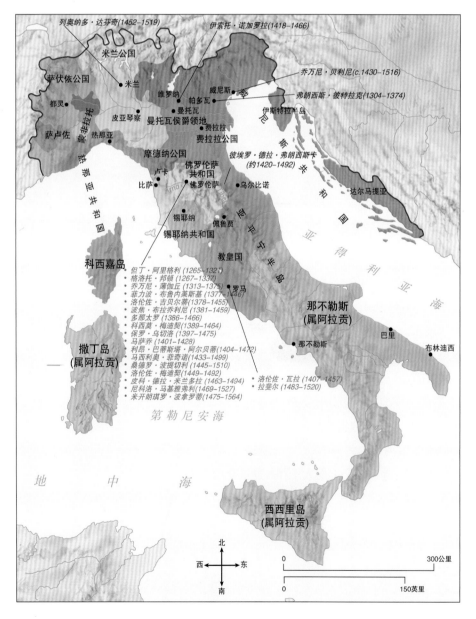

439

于在佛罗伦萨结出丰硕的果实。佛罗伦萨声名显赫的美第奇家族为之提供了慷慨资助。这个家族的财富首先由身为商人银行家的乔凡尼·美第奇（Giovanni de' Medici, 1360—1429年）缔造，后又被他的儿子科西莫（Cosimo, 1389—1464年）和孙子洛伦佐（Lorenzo, 1449—1492年）进一步扩充。在这样的有利环境下，富有创造性的艺术家们尽情发挥他们的才能。这些艺术家包括米开朗基罗（Michelangelo, 1475—1564年），他雕刻了诸如《大卫》、《摩西》、《圣母怜子像》等杰作，并绘制了罗马梵蒂冈西斯廷礼拜堂穹顶的壁画；达·芬奇（Leonardo da Vinci, 1452—1519年）绘制了《蒙娜

人文主义（humanism） 这个词被用于指14世纪最早出现在西欧的由彼特拉克及薄伽丘一类人发起的一场文化运动。这场运动源于人们对古典文学，特别是拉丁文学的重新发掘和研究。

左 马萨乔的油画《三位一体和圣母、圣约翰和捐赠者》，1427年。文艺复兴时期，人们开始重新思考他们与上帝以及周围世界的关系。与此同时，艺术家们也在寻求一种新的方式描绘现实。根据一些艺术史研究者的观点，马萨乔的这一具有里程碑意义的壁画是第一幅正确应用几何透视原理的艺术作品。（消失点位于十字架的底部）。（佛罗伦萨新圣母大殿）

下 扬·范·艾克（Jan van Eyck），《阿尔诺非尼夫妇》，1434年。乔凡尼·阿尔诺非尼是住在佛兰德斯的一位意大利商人，委托画家以绘画形式记录下他的婚礼。在后面的墙上，范·艾克用拉丁文写下"扬·范·艾克在此"的字样，犹如公证人在文件上的签名。（伦敦国立美术馆）。

440　　右　米开朗基罗，西斯廷礼拜堂穹顶（重修后），1508—1512年，壁画。文艺复兴的人文主义精神歌颂人类的创造力，但仍然以古典的宗教形象为基础来表现这一主题。教皇西克斯图斯四世委托米开朗基罗以圣经的内容为背景，充分发挥他的想象力，绘制了罗马梵蒂冈西斯廷礼拜堂穹顶壁画。（梵蒂冈城梵蒂冈博物馆和美术馆）

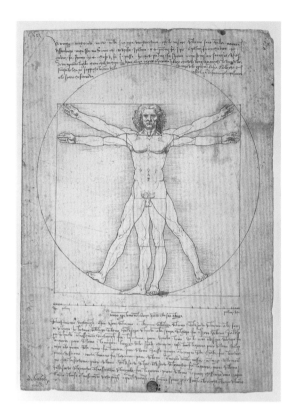

　　列奥纳多·达·芬奇，《维特鲁威人》，约1492年。素描。文艺复兴时期的艺术家仔细研究了人体各部位的比例，并且给予准确的标示。列奥纳多的绘画表明了人体在几何学上的完美形态，并把它和圆形和正方形联系起来，进而展示了一个完美和谐的宇宙世界。（威尼斯美术馆）

丽莎》，他还是一位科学发明家；尼科罗·马基雅维利（Niccolò Machiavelli，1469—1527年）撰写了《君主论》，这是一部主张严酷而实利的统治方式的政治哲学著作。同时，佛罗伦萨市普通民众的文化水平较高，也有相当的表达能力。

技术的发展

　　实用工艺以及美术方面的创新日益繁多，这在很大程度上促进了商人地位的提升。1317年，威尼斯的商人建立了一条经由直布罗陀海峡，沿大西洋海岸向北到达法国和佛兰德斯的商业航行路线。许多创新都源自贸易过程中获得的技术与当地技术的结合，尤其是与阿拉伯文明的结合。航海技术的进步包括船体本身的一种新的设计。13世纪时，在地中海地区航行的卡拉维尔帆船，既拥有大多由阿拉伯船员使用的长方形帆或大三角帆，又有北欧地区线形艉柱和尾舵。为了使顺风时行驶的速度更快些，这种船上也可再装上方形帆。星盘也是阿拉伯人的一大发明，可帮助船员确定他们在海上的经度。15世纪初，人们重新发现了托勒密的《地理学指南》一书，此书作于2世纪，在阿拉伯世界被保存了下来。这部著作激发了人们绘制合适地图的兴

441

趣。(托勒密一书地图中的一个经度上的错误使得哥伦布对地球的大小低估了约1/3,并使他认为他可以经大西洋到达东亚。)

大炮出现后,特别是在它们被安装到轮船上之后,欧洲商人拥有了其他地域商人难以企及的火力。尽管中国人在好几个世纪之前就发明了火药,但14世纪时欧洲人将这一技术实际应用于战争,从而掌握了枪炮制造技术。到15世纪初,他们已经能够发射炮弹。奥斯曼土耳其雇佣来自西欧的基督教徒制造和操作大炮,他们在1453年包围和攻占君士坦丁堡时就使用了这种大炮;波斯的土耳其统治者也雇佣欧洲的炮手和大炮制造商,并且对他们的大炮进行仿制。到15世纪后期,欧洲各军事强国积极投身"军备竞赛",以生产出最具杀伤力的大炮和枪支。列奥纳多和其他人忙于计算弹道。1498年以后,葡萄牙的船只驶入印度洋海域,宣称拥有控制商业贸易的权利,他们的枪支和大炮镇压了所有的反抗。一些历史学家将这一历史时期命名为"火药帝国时代"。

中国人也是活字印刷术的发明者,但是欧洲人又一次将这一发明率先应用于实践。相比较于中国的表意文字,活字印刷术更适合于欧洲的字母文字。到1455年,在德国的美因茨,约翰内斯·谷登堡(Johannes Gutenberg,约1390—1486年)印制出第一本活字印刷的书籍——《圣经》。到该世纪末时,已有大约30 000个不同版本的至少1 000万册书籍印刷发行。

14世纪时,即欧洲人通过阿拉伯人从印度人那里学到十进制算法200年后,意大利的商人们开始用复式簿记法记账。这不仅有助于精确记录贸易的数额,也提高了他们查寻贸易收益与亏损的效率。1494年,卢卡·帕乔利(Luca Pacioli,约1445—约1514年),这位天主教圣方济各会的修士和数学家,首次将这种方法以系统的形式正式出版发布。

大炮。从15世纪50年代起,武器方面的革新改变了战争的性质。其中最重大的变化体现在大炮上,如1528年出版的《骑士四书》插图所示。

基督教会修正其经济政策

城镇商人在建立自己独立势力的过程中,不仅遭到拥有土地的贵族和城市工人组织的阻挠,也常受到一些怀有敌意的教士的对抗。从初创时起,基督教就不赞成个人追求私人利益和财富,圣奥古斯丁更是永远鄙视个人聚敛财富。在中世纪盛期,神学家们曾激烈争论商人究竟能否得到灵魂的拯救。

基督教会禁止基督徒通过贷款收取利息。因此,大多数的放贷生意都是由犹太人在做。事实上,犹太人在中世纪初期北欧的商人阶层中所占人数是如此之多,以至于有一种传统的行政用语专指"犹太人及其他商人"。基督教会的教会法不准犹太人拥有土地,这更进一步促使犹太人到城市去生活和从事商业活动。到13世纪末期,基督教统治者强制犹太人住到犹太人的聚居区,他们每晚只能在这些限定的区域过夜。在欧洲,犹太人蒙受过四次侮辱:他们在宗教上被列为异教徒,在族谱上被称为外来者,在职业上被叫做放债者,在居住空间上被与其他种族隔离开来。不过,在当地的居民掌握经商之道以前,犹太人作为一个在经济贸易方面十分重要的群体,可获得一些宽容。可是在此之后,犹太人经常受到迫害,有时甚至遭杀害,而且一再被流放——在1290年、1394年和1492年,犹太人分别被英格兰、法国和西班牙流放,他们也曾在德国的许多城市遭流放。

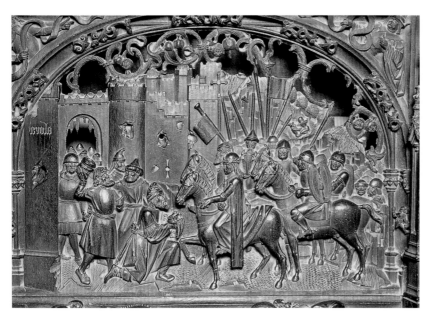

罗德里戈·阿莱曼《1492年1月2日占领格拉纳达》,托莱多大教堂,15世纪后期。信奉天主教的西班牙国王费迪南德二世与王后伊莎贝拉一世对格拉纳达的征服标志着"收复失地运动"的最终胜利。基督徒再次从穆斯林手中夺得对整个西班牙的统治权。此图中,摩尔人国王博布迪尔(Boabdil)正在移交这座城市的钥匙。

随着商业的发展,基督教会开始改变他们对商业活动和商人的敌视态度。圣托马斯·阿奎那在他的《神学大全》一书中明确阐明了这一问题。他认为商业活动是合理的:"买与卖好像是为买卖双方的共同利益而产生的。"他还在文中提到"合理"的价格是由买方和卖方协商决定的。教会和政府都没有必要来确定价格:"物品的合理价格不是通过精确数学计算而确定的,而是依靠估算,因此稍贵一点或稍便宜一点不会从根本上影响价格的合理性。"商业利润的用途如果被认为是合适的,这种利润就是可取的:"若商业利润被用于一些必需的甚至高尚的目的,我们决不予以阻止,如此商业活动便是合法的。"商人们可以获得劳动报酬:"人们可以通过经商谋求利润,但不要把它当成经商的目的,而是得到劳动报酬的途径。"对于通过商业放贷获取利息这一点,阿奎那也做出了类似的解释。

在整个15世纪,西欧贸易的活力大都源自相对较为世俗的佛兰德斯和意大利的城邦国家,但在伊比利亚半岛,葡萄牙和西班牙却产生了一种强有力的将传播基督教与追求商业利润相结合的新要求。葡萄牙国王派遣船队沿着非洲海岸航行,最终来到了好望角,并由此向北行驶进入印度洋,并继续向前驶向印度,他们还想继续前行到达中国。西班牙新的联合政府委派哥伦布向西航行寻找到达印度的新航线,结果他却发现了"新大陆"。

新大陆

葡萄牙的地理位置十分有利于他们对非洲的大西洋海岸进行探索,这也是他们寻找赴印度的另一条航线的第一步。不过,葡萄牙人最初的主要目的是要控制那些统治着地中海南岸的穆斯林。国王约翰一世(King John I,约1385—1435年)的出兵旨在从穆斯林手中夺取至少北非的部分地区。1415年,他成功地得到了休达,这是直布罗陀海峡靠非洲一边的一个贸易中心。约翰原以为他既能在精神信仰上控制当地人又能获得经济上的利益,然而,当穿越撒哈拉沙漠的商队发现休达落入基督徒的手中之后,他们便把贸易地点转到了其他沿海城市。

约翰的第三个儿子,后来被称为"航海者"的亨利王子(Prince Henry,1394—1460年),进一步扩大了父亲的目标。他也想击败穆斯林势力,但他认为最好的策略是向南沿非洲的海岸航行,从南面袭击穆斯林,对其翼侧进行包抄。关于一位信奉基督教的国王即祭司王约翰的一些传说,使得亨利相信他能找到同盟。据说此国王统治的是美索不达米亚,也有人说是非洲。另外,亨利对大洋探险的可能性颇感好奇。再者,亨利相信绕非洲航行可能到达印度,尽管当时欧洲还没有任何人知道那个大陆的大小和形状。在葡萄牙最靠西南的地方,他建立了一个航海研究和船舶制造中心。他还组织一组专家,检测现有的航海工具,例如磁罗盘、星盘、指南针等,并绘制新的地理和数字图表。他们造出以阿拉伯船只为原型的卡拉维尔帆船,并配有大三角帆,使船既可以顺风行驶也可逆风而行。这样一来,不管风向如何,轮船就都可以返航。配有三角帆的卡拉维尔帆船成了在大西洋进行探险的标准配备。哥伦布在约100年后的海上探险时用的也是这样的船。

缓慢地,亨利王子的船队尝试进行了一系列的探险活动,但这些探险每次都只到

欧洲人的探险,1450—1600年。至1600年时,西班牙与葡萄牙的探险者和贸易商已在南美洲和加勒比海建立起定居点,并在非洲海岸、印度、太平洋群岛、中国和日本建立商业仓库。而这时英国人、荷兰人及法国人对北美洲的探险才刚刚开始。

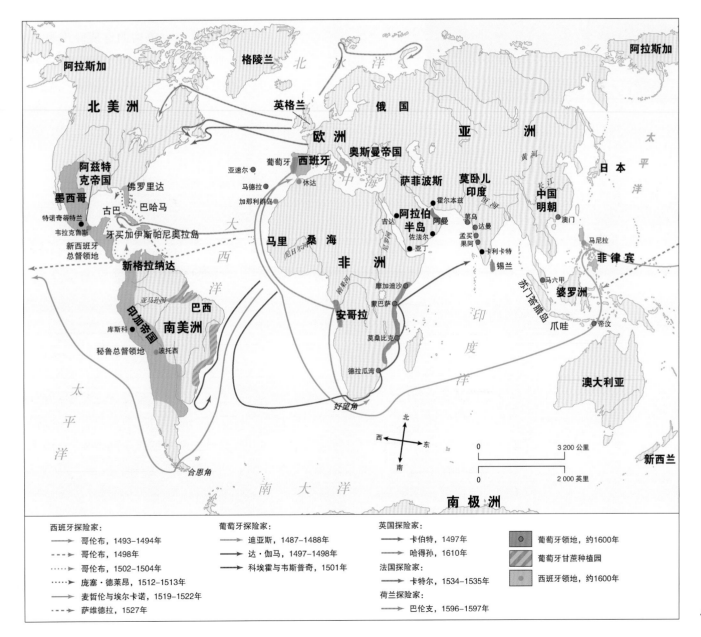

葡萄牙画派，《瓦斯科·达·伽马》，约1524年。达·伽马1497—1499年为葡萄牙王室利益而进行的探险，打通了从欧洲绕过非洲到达印度的海上航线。在他于1502—1503年进行的第二次航行中，他确立了以武力在印度洋建立葡萄牙海上霸权的政策。

达非洲海岸稍南一点的地方。他们害怕岸边的暗礁，因此向西方驶入大洋。北风推动船队沿海岸南下。1444年的一次航行中，他们捕获了200个非洲人，并把他们带回葡萄牙充作奴隶出售。1460年，亨利王子逝世，然而航海计划仍在继续。葡萄牙人绕过非洲西部的山脉后，来到被他们称为谷物海岸、象牙海岸、黄金海岸和奴隶海岸（均以其向葡萄牙出口的主要产品命名）的地方，显示了这些航行获得的丰厚利润。1488年，巴尔托洛梅乌·迪亚士（Bartolomeu Dias，约1450—1500年）来到了非洲的最南端并向北行进了300英里。他本来可以带着他的两艘帆船继续前行，驶向印度，但由于船员的反对，他们没有继续下去。然而这条航线现在开通了。

迪亚士的航海事业与克里斯托弗·哥伦布（1451—1506年）有交叉之处。就在迪亚士刚刚返航之时，哥伦布正在里斯本为他向西跨越大西洋的航行寻求支持。迪亚士的报告清楚说明了通往印度的另一条航线已被找到，没有必要再冒险跨洋航行。葡萄牙国王拒绝了哥伦布的请求，于是他来到西班牙，并在那里得到资助。1492年，他发现了一条跨洋的航线，认为经由这条航线他已到达日本或至少是其附近的地区。与此同时，葡萄牙的宫廷争端和国内的一些问题延误了进一步的海上探险。直到1498年，瓦斯科·达·伽马（约1460—1524年）才进行了他具有重大历史意义的旅行——沿着非洲海岸到达印度。在绕非洲航行的过程中，达·伽马没有选择紧靠海岸航行，而是驶入大西洋中，直到佛得角群岛，然后乘着风回到非洲的最南端。当他开始向北行进时，这一过程带上了另一种讽刺意味。据传，当时帮助他从非洲东部到达印度的船长是艾哈迈德·伊本·马吉德（Ahmad Ibn Majid），他是当时最著名的航海家。如此一来，艾哈迈德·伊本·马吉德等于是在不知情的情况下将第一批欧洲的基督教徒带到了印度，而这些人则很快取代了印度洋上阿拉伯穆斯林商人和水手的地位。

达·伽马胜利回到了里斯本，尽管他出发时共有四艘船，回来时只剩下了两艘，而且随行的170人中只有55人生还。1502年，当他又一次来到印度时，他开始施行毁坏船只、杀人、破坏财产以及抢夺财物的政策，这些行径代表了葡萄牙人早期在亚洲的非人暴行。他的船上装配有大炮并时刻准备发动攻击。例如，他曾遇见一艘载着朝圣者开往麦加的大型三角帆船。他烧毁船只，显然把船上的人全部杀死。不仅如此，他还抢夺了12 000达克特以及价值10 000达克特的物品。当他又一次回到里斯本时，他留下五艘有常备武装的船只驻扎在亚洲，以获得对印度洋的控制权。在印度以及印度洋，葡萄牙海军随后在1509年消灭了穆斯林舰队，占领了位于波斯湾入海口的霍尔木兹，并把果阿作为葡萄牙在亚洲活动的中心，同时他们还在1511年占领了马六甲，打开了与东亚以及东南亚地区进行海上贸易的门户。葡萄牙人在所到之处，都竭力鼓励人们皈依基督教，为了达到这一目的，他们经常动用武力。通过开通通往东方的新的贸易路线，葡萄牙达成了它的经济目的。1503年时，里斯本的辣椒价格仅为威尼斯的1/5,如此一来位于地中海东部的威尼斯与亚历山大港之间的贸易便受到了削弱。

到1488年,当哥伦布为他的远洋航行向葡萄牙宫廷寻求支持但由于迪亚士的航行而遭到拒绝时,他为寻求资助已花去了整整三年时间。他在葡萄牙广为人知,因为他曾多次乘坐葡萄牙船只向北远至北极圈,向南几乎到达赤道,向东一直到爱琴海,向西到过亚速尔群岛。最终,他从西班牙的新任君主卡斯蒂利亚国王斐迪南与阿拉贡的伊莎贝拉那儿得到了他需要的援助。哥伦布的航行是以两个地理上的推测为依据的,但这两个推测却都是错误的。首先,他低估了地球的周长;其次,他还过分估计了欧亚大陆的东西跨度。地球和他即将穿越的大洋都比他想象的要大得多。另外,他没有考虑到他和欧洲人几乎一无所知的两个大洲之间的距离究竟有多少。他们只知道莱夫·埃里克松曾在那里进行过探险。当哥伦布来到美洲时,他以为自己到了亚洲东海岸的岛屿上。尽管他只发现了少量的黄金,他却相信并向他的资助者许诺,他迟早会找到大量的黄金。同时,他还承诺会找到源源不断的棉花、香辛料、香料、木材和奴隶。在给斐迪南与伊莎贝拉的信中他写道,他来到的土地上的居民都准备皈依基督教。

六个月后,哥伦布开始了一次规模更大的探险,这次他共拥有17艘船只,1 200个随从,其中包括6个担任传教工作的神父,还有充足的补给以满足长期生活的需要。然而,这次航行却并没有带来可观的商业收益。于是,哥伦布又花两年的时间争取第三次探险的资助。1498年,他的船队再次出发了,但这次只有6艘船。这是他第一次登上那块大陆的土地,即今天的委内瑞拉。哥伦布临终前还进行过第四次航行并到达中美洲,但他到生命终结之时都不知道自己犯了巨大的错误,也不知道自己发现的重大意义。他根本没有意识到,他并没有找到中国、日本、印度或是亚洲海岸附近的岛屿。他也同样没有意识到他已经发现了"新大陆"。

佛罗伦萨的亚美利哥·韦斯普奇(Amerigo Vespucci,1454—1512年)是第一个明确指出哥伦布的错误并肯定他的伟大发现的人。1499年,在哥伦布完成其第三次航行后,韦斯普奇随一艘西班牙航船沿南美洲航行了约1 200英里。他很清楚地发现,这是一片大陆的土地,但他当时不能确定是哪个大陆。1501年至1502年的第二次航行时,他随葡萄牙船队沿着南美洲海岸行驶了2 400多英里。他详细报告了所见到的一切:那里的居民、他们的风俗习惯、工具、动物、植物以及巨大财富的存在迹象。与哥伦布不同的是,韦斯普奇是谨慎的:"那里的土著人跟我们谈起黄金、其他金属以及许多有神奇药效的药物,然而,我是圣托马斯的信徒,不会轻易相信别人。时间会证明一切。"(Boorstin,第250页)在回到西班牙后,韦斯普奇受命于伊莎贝拉女王,建立了一个培养舵手的学校,以及一个情报交流机构以处理从新大陆带回的信息。1507年,身为牧师及绘图者的马丁·瓦尔德塞米勒(Martin Waldseemüller)绘制出了一张关于当时人们所知世界的新地图,在这张地图上,他将刚被发现的这个西方的新区域称为"亚美利加"。1538年,杰拉杜斯·麦卡托(Gerardus Mercator)出版了他对后世带来巨大影响的大幅世界地图,将两个新大洲命名为北美洲和南美洲。韦

446

原始资料

哥伦布第一次美洲航海日志

哥伦布对他的第一次航行逐日做了记载。虽然哥伦布的原始手稿已经遗失，但幸好还存有神父巴托洛梅·德·拉斯·卡萨斯（Bartolomé de Las Casas，1474—1566年）在他撰写《西印度毁灭述略》（Historia de las Indias）时对航海日志的概括。哥伦布最主要的传记作家，塞缪尔·埃利奥特·莫里森（Samuel Eliot Morison），称这个概要是"反映整个美洲发现史的最重要资料"。这部有关哥伦布所见、所闻的记录有时以哥伦布第一人称叙述，有时则以第三人称，从拉斯·卡萨斯的角度来写。尤其引人注目的是该书对宗教作用的重视。

前言：殿下作为天主教徒和王子，献身于神圣的基督教信仰并不遗余力地传播教义，同时也是伊斯兰教和其他异教的敌人，决定派我，克里斯托弗·哥伦布，去往之前提到的印度，看望之前提到的王子和那里的人民，探查那里的土地以及他们的性情气质以及种种一切，并且考查在有可能的情况下将采取何种措施令他们皈依基督教，殿下还下令要求我不要走（平时的路线）到达东方，而是要探索一条经由西方的、尚无人知晓的路径……

1494年10月12日：午夜两点，在大约两里格远的地方可以看到陆地……这时他们看到了岸上赤身裸体的人群，舰队司令坐着平底船上岸，[其他人]尾随其后。船队司令命令展开皇家的旌麾，船长们展开了两面标有绿色十字架的旗帜，那是所有舰船悬挂的标识两面旗上各标有F和Y两个字母，各位于十字架的横臂处字母上各标有一顶王冠代表国王和女王……而且说他们应该替他担保宣誓作证，他是如何在他们面前占领土地的，因为事实上他是为国王和王后占有了上述的岛屿……

10月15日：我愿将所有经过的岛屿据为己有，尽管占有了一个你就可以宣称对所有岛屿拥有所有权……

10月22日：我整个晚上和今天都待在这里，看这里的国王或是其他人是否会带来黄金或是其他有价值的东西。果然来了许多人，跟在其他岛屿上的人一样，他们或是裸体，或是身上涂有花纹，这花纹有白色，有红色的，还有的是黑色，而且用许多方式[涂抹]……不管我给他们什么小东西，他们都

觉得很神奇。而且认为我们的到来也是个奇迹，甚至认为我们是从天上来的……

11月1日：可以肯定的是，这是个大陆，而且我很快到达泉州和杭州（中国的两大港口城市），他们之间相隔不到100里格左右……

11月6日：如果他们能碰到懂他们语言的虔诚教徒，他们就会全部皈依基督教。因此，我希望殿下能对此事多加关注……这样在您百年之后（因为我们都是凡人）……永恒的上帝就会让你上天国……

11月12日：昨天一只独木舟载了6个人驶来，其中的5个人上船了。我命令扣留他们，我会带他们走。后来我派人去河西岸的一所房屋，带来7个女人，体型有大有小，还有3个孩子。我之所以这么做是因为[印第安]男人在西班牙有自己家乡的女人陪伴会表现得比没有她们要好……

11月27：殿下不应同意除天主教徒以外的任何外国人来此做生意，或踏上这块土地，因为那样会导致整个事业的失败……

12月22日：印第安人太大方了，而西班牙人又很贪得无厌和狡诈。为了一片玻璃、陶器或其他一些没有价值的东西，印第安人就应该给他们任何他们想要的东西；这还不够，即使什么也不给，[西班牙人]也想把一切都拿去，而这是舰队司令一直禁止的……

12月23日：那时……1 000多人已经来到船上，并且带着他们自己所有的一些东西，当他们来到距船半个石弓射程距离的位置时，他们都站在独木舟上，手里拿着带来的东西，说道，"拿去吧！拿去吧！"（Morrison，第41—179页）

斯普奇因在航行中感染疟疾，于1512年去世。

瓦斯科·努涅斯·德·巴尔沃亚（Vasco Nuñez de Balboa，1474—1517年）在其美洲土著人助手的引导下，穿过巴拿马地峡，爬到一座山顶，于1513年成为第一个亲眼目睹太平洋的欧洲人。当时，欧洲人只知道美洲的东海岸。4年后，巴尔沃亚因被诬告背叛西班牙国王而被砍头。由于欧洲人已经认识到美洲是一块大陆，并且在其与亚洲之间还另有一片大洋，西班牙国王查理五世委派费尔南多·麦哲伦（约1480—1521年）向西航行，绕过南美洲的南端，继续穿行太平洋——无论它有多么浩瀚——以寻找一条最终到达东亚香料群岛的航线。1519年，麦哲伦带着5艘船只，以

及约250名来自欧洲几个不同国家的水手出发。这次航行为第一次绕地球航行,不仅首次获得了整个地球的精确图像,也基本上了解了地球大部分的主要轮廓。这次环球航行耗时将近3年(只差12天)。最终完成航行活着回来的仅有18人。麦哲伦自己也在菲律宾群岛的宿务岛与麦克坦部落战士的冲突中身死。

大洋洲

一个已有人居住的大陆还未在地图上标示出来。欧洲人虽然已经到达了澳大利亚北部和西部的海岸,但对这一大陆的面积大小、形状和特征并无清晰的认识。1642年,荷兰东印度公司委派荷兰航海家阿贝尔·塔斯曼(Abel Tasman,约1603—1659年)前去这块土地探险。在两次航行中,塔斯曼只是环绕澳大利亚的海岸航行,并未深入腹地。在这一过程中,他发现了后来被称为塔斯马尼亚岛的岛屿。1768年,英国政府委派詹姆斯·库克(James Cook,1728—1779年)前往塔希提岛进行天文观测,同时探索南太平洋以寻找传闻中存在但未被证实的一个"南大陆"。库克航行所乘的船只叫做"奋进"号,这是一艘重达368吨,长达98英尺的帆船,是用来运煤的那一种船只。与他同行的还有年轻的科学家约瑟夫·班克斯(Joseph Banks,1743—1820年)。班克斯基于自己在航行中的发现,对植物学和动物学作出了重大贡献。由于班克斯的发现,澳大利亚东南部最重要的海湾之一被命名为植物湾。库克将新西兰海岸线绘制成地图并探索澳大利亚的东部海岸,但他并没有发现其他大陆。他历时2年11个月的航行成为世界上第二次环球航行。在库克更具冒险性的第二次航行中(1772—1775年),他看到了南大洋的雾霭和冰山,尽管已到达距海岸75英里的地方,但他一直没能登陆、甚至看到这样一块大陆。有了这些重大的大洋探险,以及其他探险,整个地球的海洋和陆地才为人所知。这样一来,至少从地理上来讲,全体人类开始在一个统一的、相互联系的世界中生存。

留给后世的遗产及历史意义

探险航行、贸易的发展、征服与定居使我们惊叹于那些从事这项事业的船长和水手的勇气、胆量和技能,钦佩那些组织并资助他们的政府及商人。每个参与这项事业的人都有不同的动机:发现未知世界的愿望;找到新家园的压力;对利润的追求;劝人改宗的强烈要求;征服的野心;对优越地位的角逐。在很多情况下,许多动机互相交织。他们的成就使我们肃然起敬,欧洲的船长们可以凭借如此有限的船只和装备驶入未知世界。正因为他们的贡献,我们才从地理上了解了作为一个整体的地球。然而他们留下的并不是单一而简单的遗产,而是多方面复杂交织的总遗产,包括在整合全球的过程中的竞争、贪婪、自以为是以及暴力。参与者中很少有人在准备大洋航行时本着有利于整个世界的高尚目的。与之相反,大多数人是为了自己的利益,或是所在的地区、国家的利益,抑或是其宗教组织的利益而进行探险。他们从相对来说狭隘的,而且常常是自身利益的角度来看待这个广袤而多样的世界。

随着哥伦布的美洲航行及麦哲伦的环球航行,到了1500年,欧洲贸易商第一次在东、西两半球之间建立了持续稳定的联系。在航海者亨利王子围绕非洲西海岸的早期探险的鼓舞下,葡萄牙水手绕过好望角,开辟了通往印度洋的新航线。这些航行过后,继而是几个世纪西欧经济的扩张、民族国家的巩固以及文化方面的复兴。探险者的动机是多方面的,包括寻求知识、获取利润、扩张国土以及劝说他人改信基督教等。

448

复习题

- 本章以及第12章中我们讨论了玻利尼西亚人、马来亚人、印度人、中国人、阿拉伯人和欧洲人。你认为是什么原因使得欧洲人首先开始环球航行?
- 葡萄牙人是如何取代阿拉伯人成为印度洋的海上霸主的?
- 你认为是什么原因导致哥伦布没能够到达或者说没有意识到他未到达东亚?(此题非单一答案。)
- 14世纪爆发的瘟疫在人口、经济和社会方面产生了哪些影响?
- 欧洲文艺复兴指的是什么?与非欧洲民族的交往对欧洲文艺复兴的出现有何影响?

推荐阅读

PRINCIPAL SOURCES

Adas, Michael, ed. *Islamic and European Expansion* (Philadelphia: Temple University Press, 1993). Key collection of historiographical essays on major topics in world history, 1200–1900. Articles by Eaton and Tucker on Islam, and McNeill on "gunpowder empires" are especially helpful for this section.

Boorstin, Daniel J. *The Discoverers* (New York: Random House, 1983). Extremely well-written, engaging history of four kinds of invention and discovery. One is maritime, mostly European explorers and cartographers 1400–1800.

Chaudhuri, K.N. *Trade and Civilization in the Indian Ocean: An Economic History from the Rise of Islam to 1750* (Cambridge: Cambridge University Press, 1985). A survey of goods, traders, ships, regulations, and competition among those who sailed and claimed to control the Indian Ocean.

Crosby, Alfred W. *Ecological Imperialism: The Biological Expansion of Europe, 900–1900* (Cambridge: Cambridge University Press, 1986). The biological — mostly destructive — impact of European settlement around the world: a tragedy for native peoples from the Americas to Oceania.

Curtin, Philip. *Cross-Cultural Trade in World History* (Cambridge: Cambridge University Press, 1984). Classical statement of the significance and ubiquity of trade diasporas.

SECONDARY SOURCES

Aquinas, St. Thomas. *Summa contra Gentiles* and *Governance of Rulers* (excerpts) in *Introduction to Contemporary Civilization in the West*, cited below. Aquinas defined the field of thirteenth-century Roman Catholic theology — and beyond.

Bloch, Marc. *Feudal Society*, 2 vols. (Chicago: University of Chicago Press, 1961). Classic, if dated, comprehensive view of the workings of feudalism in western Europe.

Boccaccio, Giovanni. *The Decameron*, trans. by Frances Winwar (New York: Modern Library, 1955). Delightful tales, set against the background of the plague raging through western Europe in the 1340s.

Braudel, Fernand. *Capitalism and Material Life, 1400–1800*, trans. from the French by Miriam Kochan

(New York: Harper and Row, 1973). Comprehensive survey of the beginnings of the modern capitalist system in Europe.

——. *The Mediterranean and the Mediterranean World in the Age of Phillip II*, 2 vols, trans. Sian Reynolds (New York: Harper and Row, 1973). Comprehensive survey of the beginnings of the modern capitalist system in Europe.

Cassirer, Ernst, Paul Oskar Kristeller, and John Herman Randall, jr. eds. *The Renaissance Philosophy of Man* (Chicago, IL: University of Chicago Press, 1948).

Chaudhuri, K. N. *Asia Before Europe* (Cambridge: Cambridge University Press, 1990). Survey of the economic and political systems of Asia before the impact of colonialism and the industrial revolution. Comprehensive, comparative, and thoughtful.

Cohn, Samuel K., Jr. *The Black Death Transformed: Disease and Culture in Early Renaissance Europe* (London: Arnold, 2002). Studies and summarizes the research on the nature of the plague and its longer term effects.

Columbia College. Columbia University. *Introduction to Contemporary Civilization in the West*, Vol. 1 (New York: Columbia University Press, 2nd ed., 1954). Very well-chosen, long source readings from leading thinkers of the time and place. Vol. I covers about 1000–1800.

Fernandez-Armesto, Felipe. *Columbus* (New York: Oxford University Press, 1991). Careful, sensitive biography of the man and his times.

Frank, Andre Gunder and Barry K. Gills, eds. *The World System: Five Hundred Years or Five Thousand?* (London: Routledge, 1993). In this somewhat tendentious, but well argued, account, globalization is nothing new.

Gabrieli, F. "The Transmission of Learning and Literary Influences to Western Europe,' in Holt, P.M., Ann K.S. Lambton, and Bernard Lewis, eds. *The Cambridge History of Islam, Vol. 2B: Islamic Society and Civilization* (Cambridge, MA: Cambridge University Press, 1970, pp. 851–89). Comprehensive summary of the influence of Islamic learning on Europe, especially good on contrasting different time periods.

The Hammond Atlas of World History ed. Richard Overy (Maplewood, NJ: Hammond, 1999). Excellent, standard historical atlas.

Havighurst, Alfred F., ed. *The Pirenne Thesis: Analysis, Criticism, and Revision* (Lexington, MA: D.C. Heath, rev. ed. 1969). Well-selected pieces from Pirenne, his critics, and supporters. Well introduced, supported, and summarized, although mostly European in orientation.

Hohenberg, Paul M. and Lynn Hollen Lees. *The Making of Urban Europe, 1000–1950.* (Cambridge: Harvard University Press, 1985). Brief, but comprehensive text on the significance of cities to the history of Europe. Special attention to the social development of cities and their residents.

Kee, Howard Clark, *et al. Christianity: A Social and Cultural History* (New York: Macmillan, 1991). An accessible and insightful introduction to a huge subject.

Lindberg, Carter. "The Late Middle Ages and the Reformations of the Sixteenth Century," in Kee, *et al. Christianity*, pp. 257–423. Excellent survey.

Levenson, Jay A. *Circa 1492: Art in the Age of Exploration* (Washington: National Gallery of Art, 1991). Catalogue of an astounding art exhibit, covering the arts in all the major regions in the world at the time of Columbus' voyages.

Morison, Samuel Eliot, trans. and ed. *Journals and Other Documents on the Life and Voyages of Christopher Columbus* (New York: The Heritage Press, 1963). The crucial documents.

Nicholas, David. *The Evolution of the Medieval World* (New York: Longman, 1992). Useful survey.

Pirenne, Henri. *Medieval Cities: Their Origins and the Revival of Trade*, trans. from the French by Frank D. Halsey (Princeton: Princeton University Press, 1925). Classic statement of the importance of free merchants to the rise of commercial cities and the development of the modern world. Dated, and more limited than claimed, but pathbreaking and enormously influential.

——. *Mohammed and Charlemagne*, trans. from the 10th French edition by Bernard Miall (New York: W.W. Norton, 1939). Key revisionist text citing the Islamic victories in the Mediterranean as the end of Roman Europe and the beginning of rebirth in the north under Charlemagne.

Polanyi, Karl, Conrad M. Arensberg, and Harry W. Pearson, eds. *Trade and Market in the Early Empires* (Chicago: The Free Press, 1957). Fundamental argument by historical anthropologists that early trade was mostly regulated by rulers and priests.

Reynolds, Susan. *Fiefs and Vassals* (Oxford: Clarendon Press, 1994). Scholarly, influential examination of "feudalism," arguing that the word is misused to cover too wide a variety of regional and temporal patterns.

Subrahmanyam, Sanjay. *The Career and Legend of Vasco da Gama* (Cambridge: Cambridge University Press, 1997). The most thorough available account of the man, his contributions, and the historical puzzles surrounding them, presented in overwhelming scholarly detail.

Tuchman, Barbara. *A Distant Mirror: The Calamitous Fourteenth Century* (New York: Knopf, 1978). Engaging history of a century filled with war and plague.

Wills, John E., Jr. "Maritime Asia, 1500–1800: the Interactive Emergence of European Domination," *American Historical Review* XCVIII, No. 1 (February 1993), 83–05. Survey of European entrance into and domination of Indian Ocean and Chinese sea lanes.

449

世界贸易的一体化

新观念带来的新贸易模式
1500—1776年

第 14 章

主题

- 欧洲的扩张和资本主义萌芽
- 西班牙和葡萄牙帝国
- 西欧的贸易和宗教：新教改革和天主教改革
- 民族国家
- 彼得大帝统治下的俄罗斯帝国
- 多样的文化,多样的贸易体系
- 世界贸易的影响及其重要意义

欧洲的扩张和资本主义萌芽

到1500年时,航海探险和贸易把东、西两个半球连接了起来,由此翻开了世界历史新的一页。在此后的三个世纪里,世界上的大多数地区开始进入一种单一的贸易和交换体系。这一新兴贸易体系组织遵循的是**资本主义**的经济原则,通过财富和生产资料的私有化来追求私人的经济利益。

资本主义宣称允许个人在自由的、不加管制调节的市场中交换自己的产品和劳动。教会和政府的限制性规定在这一自由市场中没有一席之地。通过使供应和需求之间达到平衡,自由的市场交易决定产品和劳动力的价格。然后,这样的市场价格就会影响到再生产和消费的价格。市场的魅力在于鼓励人们把资本,或者说积累的财富,投入到可能会产生利润(也可能会遭受亏损)的经济活动中去。尽管资本家们鼓吹市场的自由化,渴望摆脱政府调节管制的束缚,但他们会常常游说政府对他们有利可图的项目给予支持。作为交换,资本家们则向政府提供金融方面的支持。

西欧主要国家的政府一直以来都遵循**重商主义**的原则,重商主义认为,为了增强国家的实力,政府应该对贸易进行调控——尤其是对黄金和白银流出量的控制。慢慢地,这些政府开始相信,比起增加税收来,给予商人更多的贸易自由实际上会给国家带来更多的利益。资本家们和政府一起合作以取得双赢:商人获得保护和鼓励,政府获得税收。

西欧各国的商人开始主动投资新型的国际贸易,这一贸易形式强调私人利润的获取和国家财富的积累增长。其结果是,欧洲西北部的贸易中心日益扩大。到1700年时,伦敦的人口达到55万,巴黎53万,里斯本18.8万,阿姆斯特丹也有17.2万。这些城市既是各个国家的首都,同时又是主要的贸易中心。经济利益和政治利益总是互相促进的。

在西欧,海外贸易改变着公众的生活方式,但在世界的其他地区,海外贸易的影响还没有这么明显。在好几个庞大的帝国中,政府本身继续保持着令人生畏的强大的力量,和私有企业比较起来要远远重要得多。比如,当时欧洲最大的城市并不是某

资本主义(capitalism) 一种经济制度,其特点是生产资料为私人或公司所有,在自由的、竞争的供求市场中,商品的价格、生产和销售都由私人自行控制。

重商主义(mercantilism) 很多欧洲国家在16至18世纪实行的一种经济政策。其目的在于积累黄金储备以提高国家的经济实力,包括国家对贸易的调节控制。

前页 在霍尔木兹,船上伊玛目·古力·汗的士兵遭葡萄牙人驱逐。细密画,17世纪。

个大西洋的港口城市,而是君士坦丁堡(今天的伊斯坦布尔),即奥斯曼土耳其帝国的首都。君士坦丁堡同样也是一个重要的商业城市,主要面向地中海东部和中东地区。但是它的规模——它拥有70万居民——和重要性主要体现在其政治上的作用,而不是贸易。在印度、中国、日本和东南亚同样如此,在一般情况下由政府机构控制着商业利益。虽然也有例外,但政府控制仍是基本模式。

世界上的每一个主要地区在面对由欧洲人建立的新的国际贸易体系时都曾有过极为不同的经历。例如,美洲几乎立即屈服于这一体系。另一方面,直到19世纪中叶,中国人依然独立于这一体系之外。但在某些方面,中国事实上主宰着这一体系。尽管中国人和印度人并未直接参与把商品运往海外的贸易活动,但他们的产品和经济占据了国际贸易相当大的份额。中国制造的产品——尤其是茶叶、丝绸和瓷器——更是占了贸易货品的绝大部分。欧洲人驾船远航,目标就是为了获取这些中国产品——以及印度和印度尼西亚的香料和纺织品,包括黄金。到后来,则掠夺一千多万非洲人作为奴隶。从新大陆的矿井中开采出来的白银,几乎有一半都流入了中国,以购买从中国出口欧洲的产品。1500年以后,虽然亚洲人和非洲人可能并未像欧洲人那样进行广泛且具侵略性的航海活动,但获取来自亚洲和非洲的商品则是欧洲人远洋航行的动机。后来,如同在美洲一样,欧洲人寻求对进出口价格的更大的控制权。再往后,欧洲人干脆推出殖民统治制度,其部分目的就在于制定对他们来说更优惠的进出口比价。一些国家任由欧洲诸国统领其海上贸易,这一方面是由于地理上的因素,另一方面则是因为他们认为自己的国家能够生产自己所需要的一切。

西班牙和葡萄牙帝国

1453年,奥斯曼帝国攻陷君士坦丁堡,控制了地中海东部的贸易,大西洋沿岸国家不得不开始寻找通往亚洲的新航路,由此而激发哥伦布和瓦斯科·达伽马进行航海探险。西班牙和葡萄牙是最先控制新兴的海外贸易和在海外建立殖民地的欧洲国家。这两个国家都直接面向大西洋。葡萄牙的统治者把大西洋看作一扇通往世界的大门,而西班牙的统治者直到1492年才刚刚统一了整个国家,他们把大西洋看作是一条通往财富、权力和宗教扩张的新路线。

西班牙征服新大陆

从1492年到1504年,克里斯托弗·哥伦布进行了四次航行,向西班牙国王报告了发展农业、宗教扩张以及开采在美洲发现的金银等矿产资源的契机。西班牙人开始在加勒比海岛和南美洲的北部海岸进行殖民。在传说中巨大财富的号召下,西班牙征服者继续向内陆进发,占领一切他们能够占领的地方。1519年,埃尔南·科尔特斯(Hernan Cortes)带领600名西班牙人、一些枪支和16匹马,从韦拉克鲁斯港出发开始了他的探险。由于蒙特祖马二世(Moctezuma II)统治下的阿兹特克帝国连年征

原始资料

亚当·斯密论资本主义

到18世纪末，随着欧洲经济的扩张，资本主义成为商人、政治领导人和哲学家们探讨和争论的话题。亚当·斯密（Adam Smith，1723—1790年）在开始着手撰写他最著名的著作之前，就已经是一位著名的伦理学家了。1776年，斯密出版了《国富论》，这本书长达一千页，是第一本系统解释一种新兴的经济思潮即后来被称为资本主义的著作。

与当时的重商主义观点形成对比的是，斯密认为，国家的财富并不应以国库中贵金属的储存量来衡量，而应以这个国家的生产力和贸易量来衡量。他的这一巨著以一幅大头针工厂的插图作为开篇，在这个工厂中，工厂主对劳动力进行了分工，从而大大提高了产量。斯密进一步提出，当工人专门从事其最熟练的工作，然后在市场中交换他们所生产的产品时，生产力就提高了。竞争性的自由市场会引导生产：消费者想要购买的产品，价格会上涨，生产商就会生产这些产品以获得更多的利润；从消费者不需要的产品中，生产商无法获利，于是他们就会停止生产这些产品。斯密认为，这一市场的供需法则引导生产商生产与其生产力相适应，并在品种和数量方面都符合消费者需求的产品。根据斯密的资本积累理论，生产商所获得的利润又会被重新投资到新一轮的生产活动中去。

斯密由此得到了一个惊人的新结论：财富并非来自统治者的指令，教会的规章，或者是社会成员的无私奉献，而是人们追求自己的经济利益和在市场中交换劳动成果的结果。

> 屠夫、酿酒师或者面包师提供给我们食物，并不是因为他们想要行善，而是出于他们自身利益的考虑。我们不说唤起他们利他心的话，而说唤起他们利己心的话。我们不说自己有需要，而说对他们有利。（Smith，第14页）

尽管斯密没有使用这一名称，但今天我们把他所分析的这个体系称之为资本主义——即，私人或非政府机构拥有一个国家的绝大多数财富或资本，有关商品价格和供需的经济决策都是由自由的市场而不是由政府来决定的。在这一资本主义市场体系中，买卖双方可以自由协商价格，于是批评家们把资本主义的利己主义等同于贪婪，但是斯密解释了竞争如何把个人的利益变成公众的利益：如果一个贪婪的生产商把产品的价格定得过高，那么其他人就会以低价出售同样的产品来削弱他的实力；如果生产商支付的工资太少，雇员们就会离开他到别处去工作。意味深长的是，正是社会中个别成员利益的冲突孕育了整个社会的和谐。斯密是爱丁堡大学的伦理学教授，他不同意由统治者或者牧师来调节经济以达到公平的观点。不以人为意志所左右的市场就像一只"看不见的手"，协调着市场中的供需平衡。

斯密相信，没有人为管理而自由的市场，能够调整多数情况下出现的经济不平衡，所以他反对政府对经济进行干涉。他希望政府对市场实行**放任和不干涉政策**——即，放手让人们做他们想要做的事情。然而他也的确认识到，某些保持经济增长的必需条件是任何个人的小型生产商无法提供的。"公共设施的建设和维护对任何一个国家的商业都有促进作用，例如，公路、桥梁路况良好，运河、港口可顺利通航，等等，这些都需要不同程度的经济支出。"（第五卷，第一页），所以斯密敦促政府开展这些公共设施的建设。他相信，教育是经济生产力的基础。而私人教育比公共教育更为有效，但开办由政府支持的公共教育总比根本没有教育要好些。

当然，斯密也认识到，市场并不总是能够调节好供需平衡。大型企业形成**垄断**，可以控制整个行业，操纵市场。这些企业的巨大规模使他们占有不平等的优势，所以斯密希望打破这种垄断。《国富论》抨击了英国的东印度公司，这家股份合作制公司事实上垄断了英国在亚洲的所有贸易活动，甚至成了英国在印度孟加拉地区的代理政府。斯密坚持认为应该打破东印度公司的垄断。然而他的请求没能改变当时的状况。

19世纪英国称霸世界经济的年代里，资本主义在英国是十分盛行的经济思潮，而这一新兴体系也传播到了其他很多国家。正如我们在下面各章里将看到的，许多人把非人道的、残酷的奴隶贸易，强占海外殖民地和国内工人阶级的软弱都归罪于资本主义。斯密了解这些问题，但他指出，这是由于市场体系的腐败所造成的，而非资本主义的天然产物。他谴责奴隶制度，认为这是对人类某种形式的绑架和偷窃，而不是自由的市场交换。同样，他对美洲国家及当地民众被欧洲人所践踏而感到悲痛，认为这违反了人类的道德规范：

> 欧洲人野蛮而不公正，那些本应对那些国家有益的行为却使那些不幸的国家遭受了毁灭和灾难。（Smith，第416页）

放任和不干涉政策（laissez-faire） 国家不干涉市场运作和个人经济事务的一种经济政策。

垄断（monopoly） 通过生产或提供某种别人无法替代的特定商品或服务，进行排他性控制。

454

1532年弗朗西斯科·皮萨罗拘捕了皇帝阿塔瓦尔帕。1532年5月13日,皮萨罗带领200人的武装力量以及战马、枪支和武器登陆秘鲁北部海岸。印加帝国皇帝阿塔瓦尔帕拥有数千士兵的军队作为后盾,根本不惧怕那些西班牙人。如这幅当时秘鲁的绘画所示,阿塔瓦尔帕接受了皮萨罗看上去颇为友好的邀请,仅偕同其贴身保镖与皮萨罗会面。其实这是一个陷阱,皮萨罗随即拘捕了阿塔瓦尔帕而后把他处死。

战,并向居住在当地的各个部落收取大量贡品,因此在科尔特斯途经各国时,成千上万的美洲原住民都加入到他的队伍中,想要推翻位于特诺奇蒂特兰城(今天的墨西哥城)的强大的阿兹特克帝国。1519年11月8日,科尔特斯带领他的一支人数不多的队伍,或许是在一个名叫玛林奇(Malinche)或玛丽娜(Marina)的女人的帮助之下,未经一战就进入了特诺奇蒂特兰城,这个女人后来成为科尔特斯的夫人兼翻译。然而,和平并没有维持很久,在一个节日期间,西班牙人残杀了好几个阿兹特克族的头领,民众由此而奋起反抗。他们杀死了蒙特祖马,认为是他与科尔特斯互相勾结,并迫使西班牙征服者在1520年6月30日离开了特诺奇蒂特兰城。科尔特斯损失惨重,失去了约三分之二的人员和好几匹马,但是这些西班牙人到达了特拉斯卡拉,在那里经新美洲原住民同盟军的精心护理,使他们恢复了健康,并帮助他们计划重新夺回特诺奇蒂特兰城。1521年8月13日,在经过四个月的激烈围攻之后,阿兹特克帝国终于投降了,西班牙征服者再一次征服了都城特诺奇蒂特兰。在这以后的20年中,尽管反抗仍在继续,西班牙征服者还是占领了尤卡坦半岛及中美洲的大部分地区。科尔特斯成为新西班牙王国的统治者,并在1535年将这一地区改组为新西班牙总督辖区。

在南美洲,努涅斯·德·巴尔沃亚(Nunez de Balboa)于1513年发现了一条横穿巴拿马地峡的陆路运输线,西班牙征服者终于找到了前往西海岸的印加帝国和安第斯山脉的通路。这样,西班牙人就可以把船只从大西洋沿岸,经由陆路运输穿越巴拿马地峡,然后沿着太平洋往南航行到秘鲁。关于那里蕴藏大量黄金的传闻促成了这些远航。和阿兹特克帝国一样,印加帝国也陷入四分五裂。1525年,在瓦伊纳·卡帕克(Huayna Capec)死后(他可能死于天花),他的两个儿子——瓦斯卡尔(Huáscar)和阿塔瓦尔帕(Atahualpa)——因争夺王位而导致内战的爆发。这场内战非常激烈,直到1532年阿塔瓦尔帕俘获了瓦斯卡尔并在同年把他处死之后才得以平息,而弗朗西斯科·皮萨罗(Francisco Pizarro)带领一支由两百多人组成的队伍俘获了阿塔瓦尔帕。尽管获得了一整屋的黄金作为赎金,但皮萨罗仍因害怕叛乱而把他处死。1533年,皮萨罗攻占印加帝国的首都库斯科。西班牙征服者随后又经历了多年的自相残杀,直到16世纪中期才建立了秘鲁总督辖区,作为与北方的新西班牙总督辖区相对应的南美洲的殖民地。反对西班牙

印加-西班牙时期的木质饮水容器,秘鲁,1650年。人们把这个彩绘的印加祭祀用木质饮水容器称为"kero",上面描绘了来自三种不同文化的人:左边是一个印加权贵,中间是一个吹喇叭的西班牙人,右边是一个黑人在打鼓,这是最早描绘在南美洲的非洲黑人的图画之一。

历史一览表：相互连接的世界

年　代	欧　　洲	美　　洲	亚洲和非洲
1500年	■ 西班牙城市公社起义（1520—1521年） ■ 路德被逐出教会（1521年）	■ 克里斯托弗·哥伦布的四次航行（1492—1504年） ■ 科尔特斯征服特诺奇蒂特兰城（1521年）	■ 葡萄牙人在东非建立贸易站（1505年） ■ 葡萄牙人占领印度的果阿（1510年） ■ 葡萄牙传教士抵达中国（1514年）
1525年	■ 亨利八世任英国国教新主教（1534年） ■ 安特卫普建立第一个股票交易市场（1538年） ■ 加尔文在日内瓦建立长老会神权统治（1541年）	■ 皮萨罗拘捕印加帝国皇帝阿塔瓦尔帕（1532年） ■ 波托西银矿被发现（1545年）	■ 莫卧儿人侵略印度（1526年） ■ 圣方济各·沙勿略（St. Francis Xavier）抵达日本（1549年）
1550年	■ 特伦特会议（1545—1563年） ■ 英法百年战争结束（1558年） ■ 烟草传入欧洲（1559年）；土豆传入欧洲（1565年）	■ 葡萄牙人开始在巴西种植蔗糖（约1560年）	■ 阿克巴（Akbar）巩固莫卧儿帝国（1556—1605年） ■ 西班牙人占领菲律宾马尼拉（1571年） ■ 葡萄牙人在安哥拉建立殖民地（1571年）
1575年	■ 西班牙无敌舰队被英格兰人打败（1588年） ■ 法国的亨利四世颁布《南特敕令》（1598年）		■ 利玛窦（Matteo Ricci）抵达中国（1582年） ■ 日本侵略朝鲜（1592年）
1600年	■ 荷兰、英国和法国分别建立各自的东印度公司 ■ 荷兰脱离西班牙宣布独立；阿姆斯特丹银行建立（1609年）		■ 德川幕府开始巩固对日本的统治（1603年） ■ 日本禁止基督教的传播（1606年） ■ 荷兰人在印度尼西亚建立巴达维亚（雅加达）（1619年）
1625年	■ 葡萄牙脱离西班牙宣布独立（1640年） ■ 俄罗斯夺取西伯利亚（1649年）		■ 满族人征服中国建立清朝（1644年）
1650年	■ 英国颁布航海法案（1651年） ■ 法国"太阳王"路易十六在位（1643—1715年）		■ 荷兰人占领好望角（1652年）
1675年	■ 大同盟战争（War of the League of Augsburg）（1688—1697年） ■ 英格兰银行建立（1694年）		■ 清朝建立"广州贸易制度"（Canton System）（1683年）
1700年	■ 彼得大帝建立圣彼得堡（1704年） ■ 西班牙王位继承战争（1702—1713年） ■《联合法案》（Act of Union）通过，大不列颠王国成立（1707年）		■ 日本江户人口达100万
1725年	■ 奥地利王位继承战争（1740—1748年）		
1750年	■ 七年战争（1756—1763年） ■ 亚当·斯密出版《国富论》（1776年）	■ 美国独立战争（1775—1781年）	■ 英国在普拉西获胜后，占领孟加拉（1757年）

人的起义仍在继续，直到1572年，西班牙统治者俘获并处死了印加帝国的最后一名皇帝图帕克·阿玛鲁（Tupac Amarú），起义才渐渐平息下来。

　　几百名西班牙士兵和他们的印第安同盟者，是怎样成功地推翻美洲这两个最为庞大的帝国的呢？被征服的美洲原住民有这样几个弱点：

● 他们如一盘散沙，并自相残杀。美洲原住民未能形成一个统一的民族。他们各自为政，争斗不已，甚至相互交战。在征服两大帝国——墨西哥蒙特祖马环球探险。由于穿过中东地区的航海路线受到限制，西欧贸易国家不得不寻找其他前往亚洲的航路。欧洲的航海家和测绘家很快就描绘出一张世界地图，其中包括经向西航行而发现的美洲"新大陆"，向南航行发现的环非洲航路，并把它与印度洋的阿拉伯贸易路线相连。中国明朝海军将领郑和的航海更多是展示中国的强大实力而非为了贸易。

（Moctezuma）统治下的阿兹特克人和秘鲁阿塔瓦尔帕（Atahualpa）统治下的印加人——的过程中，西班牙人在其敌对部落中找到了许多同盟者。另外，印加帝国也因内战削弱了自身实力。

● 他们缺乏西班牙征服者掌握的军事技术和组织。西班牙人带来了火枪、铁制盔甲和武器，以及战马——这种动物美洲人以前从未见过。西班牙人的作战方式也与美洲本土部落不同，他们是从远处开枪射击，而不是像阿兹特克人那样进行贴身肉搏战。

● 当他们的首领即墨西哥的蒙特祖马和秘鲁的阿塔瓦尔帕被俘以后，军队的士气大大受挫。印第安人的帝国是一个高度中央集权的国家，首领的被俘或被杀令他们陷入无组织状态。而较松散且互相距离较远的部落，例如智利中部

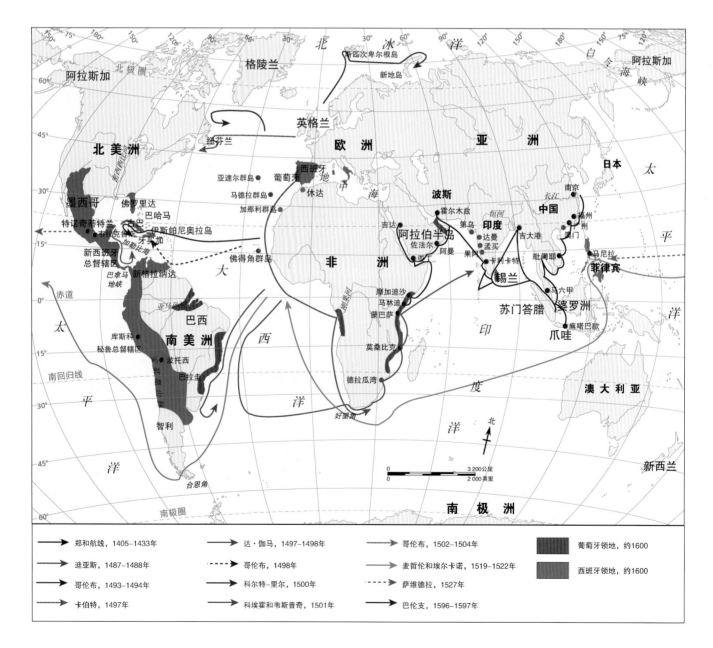

的阿劳干人等,坚持抵抗的时间就长很多,由此在拉丁美洲的历史上和诗歌里赢得了受人尊敬的一席之地。

● 他们未能抵挡住欧洲人带来的疾病,例如天花等。他们对这些美洲从未见过的疾病没有免疫力。事实证明,这些疾病比战争更为致命。

有传闻说,印第安人还曾把西班牙人当作回到故乡的神灵,所以他们应该服从西班牙人而不是反抗他们,但近来的学术界否定了这一说法,认为这是西班牙人自己后来捏造出来的。

征服所付出的代价 西班牙人征服美洲以后,便开始对美洲的经济进行改组。他们建立了**赐封**制度,当地印第安人的赋税和劳动力都被赐封给西班牙殖民者,而且只要有可能,这些西班牙殖民者就迫使印第安人改信基督教。印第安人在十分严酷的条件下遭受奴役。赐封制度最早是在伊斯帕尼奥拉岛建立起来的。在那里,印第安人口在20年的时间里,从原来的几百万锐减到仅剩下29 000人。虽然也有人道主义人士的呼吁,如牧师巴托洛梅·德拉斯·卡萨斯(Bartolome de Las Casas)就强烈反对赐封制度,但这一制度仍旧在继续,直到越来越多的印第安人死亡,以致无法再实行下去为止。到16世纪末,墨西哥和秘鲁的大部分地区都废止了赐封制度,但在委内瑞拉,这一制度又继续实行了一个多世纪;在智利,这一制度持续了200年,于1791年废止;而在巴拉圭,这一制度则直到19世纪初才被废止。

替代赐封的制度并不比原来的更人道些。墨西哥中部地区的**劳役摊派**制度和在秘鲁实行的与之类似的**米塔**制度迫使印第安人长年在西班牙人的农庄、矿区、工厂车间和公共设施工程项目中工作,但他们获得的工资极低,有的甚至是无偿劳动。这些制度只是非正式奴隶制度的不同形式而已。不过并不是所有的劳动都是强制性质的。西班牙人的大庄园和**种植园**、种植经济作物和饲养家畜的农场同时雇佣自由劳工和契约劳工。大型种植园除了种植当地原有的玉米、土豆和树薯(木薯)之外,往往还生产和养殖那些从东半球引进的新型经济作物和家畜——小麦、牛、猪、羊、鸡、马和骡子等。

也许银矿的工作条件最为糟糕,这里矿主也雇用

赐封(encomienda) 西班牙王室给殖民地的一种特权,允许殖民者向居住在某一地区的、一定人数的印第安人索取进贡。

带役摊派(repartimiento) 西班牙王室允许殖民者雇佣印第安人强迫劳动的一种制度。

米塔(mita) 在秘鲁实行的一种强制性劳役制度,这一制度在印加帝国时期就开始实行了。印加帝国统治者要求印第安族人提供一定数量的劳工以在一定时间内进行公共设施建设。

种植园(hacienda) 西班牙美洲的广阔乡村地产,源于16世纪的西班牙殖民。

波托西平原和富山(Cerro Rico),秘鲁北部。这幅17世纪的油画表现了波托西和那些产量丰富的银矿所在的山坡。波托西的银矿雇用了40 000多名工资极低的印第安劳工,以及成千上万的马匹来运输材料,开动机械。画中描绘了他们在山坡上上下下忙碌的场景。

工资极低的有偿劳工。17世纪,位于秘鲁北部(今天的玻利维亚)的大型波托西银矿雇用了40 000名印第安矿工。开挖的隧道破坏了当地的自然环境,工作条件极为恶劣。童工们不得不在洞隙间爬行,并且常常被迫长时间连续工作,中间没有任何休息。

殖民者在加勒比岛屿和葡属巴西建立了蔗糖种植园后,印第安劳工无法或者是不愿意再在那里的甘蔗地集体劳动了。于是,数百万的奴隶被从非洲买来充作劳工。非洲奴隶也在种植烟草、可可和靛青的种植园里劳动。

从西班牙人的角度看来,在整个16世纪,美洲出产的最为值钱的产品就是黄金和白银。1545年发现的波托西银矿是当时世界上最大的银矿。其他几个规模较小的银矿也在1545年和1558年间在墨西哥先后开挖。1556年,人们发现了一种用汞从矿石中分离出白银的新方法,这一技术首创于西班牙的阿尔马登。从1550年到1800年,世界80%以上的白银以及70%以上的黄金都是由墨西哥和南美洲生产的。这些贵金属每年都从拉丁美洲往东出口到欧洲,往西出口到菲律宾,西班牙于1571年占领马尼拉,并把马尼拉作为东亚主要的贸易中心。这些贵金属最终被欧洲人用来购买印度和中国出产的丝绸、茶叶、织物和香料等。在1527年到1821年期间,美洲出产的白银大约有三分之一到一半都流入了中国。墨西哥的比索成为当时在中国合法流通的货币。由于欧洲人对黄金和白银不那么感兴趣,因此亚洲的商人要求他们用黄金、特别是白银来支付货款。

商业利润　美洲的金矿和银矿给美洲原住民带来的是奴役和贫困,而给西班牙人带来的收益则比来自安特卫普、热那亚、阿姆斯特丹、伦敦和巴黎的商人所获的要少些。西班牙没有相应的商业基础设施可以把新得到的资源投入到有利可图的投资项目中去,而且他们缺乏用来运输新产出的黄金和白银的船只。于是欧洲贸易城市的那些有经验的商人就组织提供必要的商业服务。他们把贵金属兑换成现金和交换用的票据,并提供贷款来帮助西班牙人度过运银船只抵达前后的空档期,组织购买西班牙人所需的货物商品,并提供必要的船运服务。在16世纪,安特卫普(比利时)是最重要的商业中心,那里有来自当地和英格兰、法国、葡萄牙、意大利、西班牙以及德国的商人,他们手中有的是钱,而且相当精明。

战争和破产　当时欧洲的很多地区都为某些特定家族所"拥有"。这些家族有责任保护这些地区,有权在这些地区征税,并且把那里的土地馈赠给他人。这些家族往往互相联姻——以至于整个国家易主。查理五世(1515—1556年在位)就继承了西班牙及西班牙在非洲、美洲和那不勒斯的殖民地,又从其外祖父母(他们分别是阿拉贡的斐迪南和卡斯蒂利亚的伊莎贝拉)那里继承了西西里。从他父亲的家族即勃艮第家族那里,他继承了尼德兰,以及哈布斯堡皇室家族所拥有的位于德国的土地。查理由此成为当时欧洲最强大的统治者。

查理五世从小在佛兰德斯长大,由其父系的勃艮第家族所扶养。他不会说西班牙语,而且他的高傲和外国人气质更使他疏远了西班牙。他指派来自佛兰德斯的异国朝臣去西班牙任职,并且用西班牙的财富为自己在中欧地区的政治活动服务。于是西班牙人揭竿而起。贵族试图阻止财富外流到中欧，并且阻止由外国人担任政府官职。他们希望查理回到西班牙。城市秩序一片混乱，在1520年至1521年的城市公社起义中，卡斯蒂利亚的工匠和商人阶级起而反对大地主阶级。这些革命者的目的各不相同，而当他们彼此之间你死我活激烈争斗之时，查理则毫不费力地维持住了自己对政府的控制。

　　然而，当查理与奥斯曼土耳其帝国在东欧和地中海地区开战，参与欧洲中部和北部天主教同新教的宗教战争时（参见下一节"新教改革和天主教改革"），他竟然把西班牙那堆满银条的国库都给掏空了。1556年，查理退位之后，他的儿子腓力二世（Philip II，1556—1598年在位）继续其战争政策，并重蹈覆辙。甚至他在军事上的胜利也无法抵偿经济上遭受的巨大损失。

葡萄牙帝国

　　伊莎贝拉和斐迪南统一了王权，在1492年建立了近代西班牙，但是位于西部，占伊比利亚半岛三分之一的葡萄牙依然是一个独立的国家。从1580年到1640年的60

1750年左右欧洲最早的贸易帝国。16世纪，西班牙和葡萄牙控制了欧洲大陆间的海上运输贸易。西班牙很快就在美洲中部、安第斯山脉地区和菲律宾群岛建立了殖民地。而葡萄牙的殖民地则集中在巴西沿海地区、东非和西非，以及印度沿阿拉伯海的港口城市。一个世纪之后，荷兰人、英国人和法国人也相继效仿西班牙和葡萄牙，在北美洲、非洲南部建立了各自的殖民地，在沿海的其他地方建立了贸易站。

459

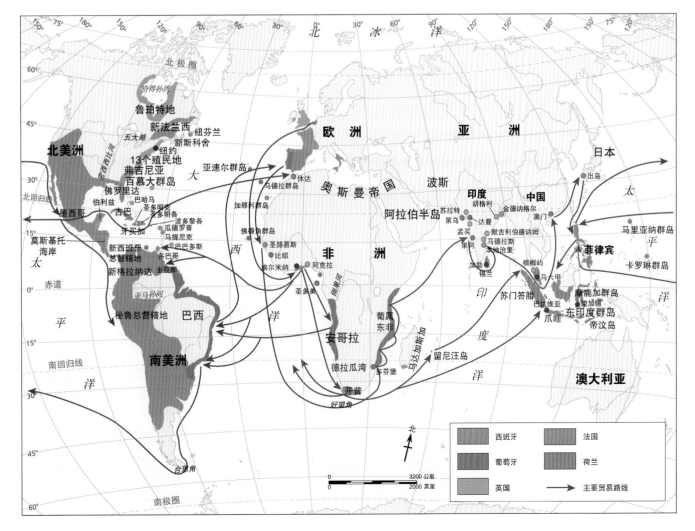

年间,葡萄牙一度被并入西班牙的版图,但是除此以外,葡萄牙一直保持独立直至今日。葡萄牙的航海家亨利王子(Prince Henry the Navigator, 1394—1460年)曾多次赞助沿非洲海岸的航行。在他的领导下,葡萄牙比西班牙更早、更强有力地介入了世界范围的探险和贸易。

葡萄牙人在非洲　葡萄牙人为基督教寻找信徒,为国库寻找黄金,为国内的食物供给寻求谷物和鱼类,为新的蔗糖种植园寻觅奴隶。葡萄牙的企业家已经在地中海东部见到过甘蔗种植园,于是他们在马德拉群岛和大西洋上非洲沿岸的其他岛屿上建立起属于自己的种植园。(西班牙的地主和商人也在加那利群岛上建立了种植园。)这些新的种植园急需劳动力,于是葡萄牙人便去非洲攫取。

1415年,葡萄牙人占领了位于北非沿岸的摩洛哥城市休达,休达是跨撒哈拉沙漠黄金和奴隶贸易的重镇之一。后来,为了能更靠近供应源,由王室支持的葡萄牙商船沿非洲西海岸一路往南,于1434年绕过博哈多尔角(Cape Bojador),随后在1472年继续沿黄金海岸航行。巴尔托洛梅乌·迪亚士在抵达好望角后,继续向北航行,并在1488年,驾着他轻便的卡拉维尔帆船又沿非洲东海岸向北航行了几百英里。在葡萄牙人进行航海探险的同时,他们也建造起要塞——诸如今天位于加纳的埃尔米纳(El Mina)——作为他们购买奴隶及黄金的汇聚点和装船点。大多数情况下,葡萄牙人待在他们建在沿海的城堡、贸易点、基督教传教点中。

不过在某个时刻,葡萄牙人也确实开始进入内陆地区,开展探险、贸易、传教并试图将其征服。例如,他们从黄金海岸的埃尔米纳进入内陆地区,以直接与那里的曼恩

圣乔治的米纳城堡(São Jorge da Mina)(后被称为埃尔米纳),非洲黄金海岸,1482年。1482年,葡萄牙国王约翰二世下令建造此要塞,与其他许多要塞一样,它提供了一个戒备森严的商站,以保护葡萄牙人的贸易不受其他欧洲竞争对手的破坏,并且可作为供给站。16世纪初,贸易主要以黄金、可乐果为媒介进口玉米、木薯等美洲谷物,还包括转运奴隶。直到17世纪后期,奴隶出口才成为黄金海岸的主要贸易。

460

族（Mane）和索宁克族（Soninke）商人开展贸易。在刚果，尽管葡萄牙人的奴隶贸易最终把国王恩津加·姆本贝（Nzinga Mbembe，1507—1543年），即阿方索一世的子民们带离故乡，但他们还是设法让国王本人以及他的许多子民转而信奉基督教。刚果国王写信给葡萄牙国王说，站在人道主义者的立场看，奴隶贸易正在毁灭刚果这个国家，因为它使得刚果人民卷入互相残杀。他呼吁停止奴隶贸易。但无人理睬他的请求。葡萄牙人，包括刚果人自己，都渴望从奴隶贸易中获取利益。

在非洲西海岸的安哥拉，葡萄牙人直接进入内地把奴隶带到沿海地区，并在1484年宣布这个地区为葡萄牙的殖民地。到1500年时，里斯本每年都要从非洲西部接收1 500多磅的黄金和1万多名奴隶。在非洲东海岸，葡萄牙人洗劫了基尔瓦（Kilwa）的贸易城市斯瓦希里（Swahili）以控制印度洋地区的贸易，并宣布莫桑比克为其殖民地以夺取其丰富的黄金矿藏。尽管大多数葡萄牙人居住在像索法拉（Sofala）这样的沿海地区，但他们还是在莫桑比克岛上建立了一个前哨基地，并且还沿着赞比西河进入非洲内地。

葡萄牙人在巴西 1500年，一个原定去往印度的葡萄牙远征队由于大风在大西洋偏离了航向，在巴西登陆并在那里作短暂逗留。葡萄牙人宣布巴西为他们的领地，但直到其迫于欧洲其他列强的竞争压力，才开始对当地进行开发。到了16世纪中期，葡萄牙人已在巴西沿海建立了一些城镇，其中包括位于萨尔瓦多的殖民地首府。葡萄牙人带来了天主教耶稣会的传教士，并建立了第一批种植园，这些种植园使得巴西成为美洲第一个拥有大型种植园的殖民地。到了1700年，巴西共有15万奴隶在甘蔗种植园工作——这一数字几乎是当地人口的一半。

与此同时，其他国家也在加勒比海地区建立起甘蔗种植园，与巴西在这一领域的领导地位相竞争，压低了价格和利润空间。然而在1695年，人们在巴西内陆的山区（这些地区后被称为"米纳斯吉拉斯大矿山"〔Minas Gerais，General Mines〕）发现了黄金和钻石。到了18世纪中期，巴西每年出产黄金约3 000吨，其中绝大部分都是通过奴隶劳工开采的。令人遗憾的是，就像经常见到的那样，因为发现矿藏而发的横财常常很快被挥霍一空，葡萄牙和巴西把赚来的利润大多用于购买其他国家的产品，特别是英国的产品，但他们却没能发展出属于自己的新型经济企业。当18世纪中期黄金开始大量外流时，巴西和葡萄牙人发现他们已经债台高筑，但是又不得不依赖英国进口，没有了进一步的支付手段。

葡萄牙人在印度洋 纵览整个16世纪，即便把来自巴西甘蔗种植园的巨大利润考虑在内，葡萄牙人主要的海外利润还是来自亚洲。1498年，瓦斯科·达·伽马把葡萄牙的航海探险范围往东延伸。从非洲东海岸出发，在当地熟悉航线的水手的协助下，达·伽马来到世界上贸易活动最活跃的地区——印度洋海域和印度的西海岸（见第13章）。葡萄牙人几乎立即用武装手段使得原先一直保持和平的贸易关系陷入一片混乱。1500年，葡萄牙政府任命佩德罗·阿尔瓦雷斯·卡布拉尔（Pedro Alvarez Cabral，约1468—1520年）带领一支武装的葡萄牙探险队在印度柯钦建立了

461

一个要塞和贸易站,目的是在印度加强与其他"基督教王国"的联系,并且阻止穆斯林在红海上的航行。卡布拉尔驾驶船只不断与印度洋海域和印度西南海岸各个港口的船只交战。在卡利卡特的交火中,卡布拉尔方有54人伤亡,并损失了大批的货物。作为报复,卡布拉尔猛烈轰击了柯钦,杀死了约四五百名当地人,并毁坏了大量的货物和财产。

1502年,达·伽马在第二次航行中重返印度洋,有21艘武装船只与之同行以确立葡萄牙在印度洋的霸权。在七年之后的第乌之战中,葡萄牙人的大炮摧毁了一支由埃及-古吉拉特-卡利卡特人组成的联合舰队。在阿方索·德·阿尔布克尔克总督(Afonso de Albuquerque, 1509—1515年在位)的率领下,葡萄牙人于1510年占领果阿,1511年占领马六甲,1515年占领霍尔木兹。在葡萄牙人统治印度洋地区的巅峰时期,他们共拥有50个港口城市,并把果阿作为印度洋地区的首府。葡萄牙人在印度洋强制设立了通行证制度。在可能的范围内,他们强迫海洋贸易商向他们支付通行税——这在以前是闻所未闻的——并且强令这些贸易商到葡萄牙人的贸易中心,特别是在果阿停靠。就像通过贸易活动获取利润一样,葡萄牙人也以他们自己的方式从海盗行为中获利。他们野蛮暴力的行径臭名昭著。

然而到了16世纪末,很显然,葡萄牙人已经无法再维持这一强制制度了。尽管葡萄牙官方对贸易进行垄断,但许多葡萄牙商人自己都私下经营商船;葡萄牙官员的腐败之风日盛,军队管理不严,纪律涣散,并且他们缺乏足够的人力来实施像他们对印度洋商船那样的控制。最主要的是,从17世纪开始,尼德兰、英格兰和法国等航海实力更强大的国家蜂拥至印度洋海域,小小的葡萄牙根本不是他们的对手。尽管葡萄牙依然留在东方,但只是列强中的一个小矮子而已。

对西班牙和葡萄牙帝国的评价

有些评论家认为,欧洲的财富是建立在对海外国家人民的剥削之上的,他们的看法不无道理。但是西班牙和葡萄牙的历史表明,仅靠海外剥削还不足以达到这一点。为创造和积累财富,一个国家必须有效地利用财富,必须构想和实行促使经济增长的政策,需要建立银行和交易机构来存储和周转资金,要有聪明的商业头脑来制定和评估政策以进行明智的和有利可图的投资,必须发展迅捷的交通工具来运送货物和人员。必须保证国家的商业目标不至于被经年的战乱所破坏。西班牙和葡萄牙都缺乏这一切。两国又都是实行等级制度的国家,在这样的国家里,特权只有那些贵族才能享有。在西班牙和葡萄牙,常可以见到这样的现象,有人把通过各种商业手段积累起来的财富用于购买贵族头衔和土地,然后便不再去从事贸易和商业。因此,西班牙和葡萄牙两国在航海探险的基础上,在16世纪建立了庞大的环球帝国(见第13章),但到16世纪末时,这两个帝国都走上了下坡路。他们先是受到尼德兰、法国和英格兰的挑战,继而又被赶超,这些国家都成功地建立了商业社会。

从文化角度来说,西班牙和葡萄牙取得的成功要大得多。直到今天,他们对拉丁美洲在文化和语言上的影响仍十分明显,甚至继续对远至菲律宾(对西班牙来说)、安哥拉、莫桑比克、果阿和澳门(对葡萄牙来说)等地区有着相当的影响。但是在政治和经济力量方面,尽管西班牙和葡萄牙在早期曾取得巨大的成功,但不久就被西北欧那些精于发展商业的国家抛在了后面。

西欧的贸易和宗教:新教改革和天主教改革

查理五世和他的儿子腓力二世是因为宗教问题而与新教国家开战的。这几场战争消耗了西班牙从美洲掠夺来的巨额财富,并削弱了西班牙经济和商业的发展。要正确理解西班牙做出的这一选择,我们必须对发生在16和17世纪导致欧洲分裂的天主教和新教之间的战争进行分析。我们也将考虑学术界就宗教信仰对一个国家经济发展的直接影响所提出的各种观点意见。

宗教改革

天主教赢得了中欧和西欧人口中绝大多数人的心灵、精神,以及什一捐税。到1500年时,教会已变得如此富有和强大,以至于好几位宗教改革者都开始指责教会背离了耶稣早先提出的朴素节俭的作风,缺乏对穷人应有的同情心。

马丁·路德(Martin Luther,1483—1546年)是一位虔诚的德国修道士,他居住在德国中部城市维滕堡的一座修道院,并在那儿的大学教书。他赞同那些对教会拥有财富过多的指责,并进一步指出,教会对个人的道德良心进行了过多的干预。路德对圣礼和神权的重要性持怀疑态度。但他一直确没有公开自己的想法,直到1517年,一名行乞修道士来到维滕堡兜售**赎罪券**,声称购买赎罪券以资助教会,就能够赦免人所犯下的罪行。路德愤怒地在城堡教堂的门上张贴了《九十五条论纲》,陈述了他的信仰,强调信仰的重要性并主张自行告解。他写道,没有必要请神父来当人和上帝的中间人。面对要求他撤回言论的压力,路德严词拒绝,并声称"昧着人的良心做事是错误而危险的"。

当教皇利奥十世把路德逐出教会之后,德国的几位地方统治者保护了路德。他们利用这个机会宣布脱离查理五世的统治。当时,查理五世不仅是西班牙的国王,还是神圣罗马帝国的皇帝,德国在他的统治之下。从这时起,路德就常常与地方统治者结成同盟。1524年,当反对地主阶级的农民起义横扫德国时,路德敦促当地的贵族对起义进行武装镇压,数千农民遭到杀害。丹麦和瑞典国王以及其他很多德国贵族都接受了这一在美洲被称为"路德教"的新教分支,使得北欧地区成为这一新兴教派的中心。约翰内斯·古登堡在1450年左右将活字印刷术引入欧洲,这促进了新观念的传播和德语版《圣经》的普及,使得不懂早期基督教使用的拉丁文的普通百姓也能看懂那些神圣的语句,不再依赖神父对《圣经》的释读。

在瑞士的日内瓦,约翰·加尔文(John Calvin,1509—1564年)发起了另一场

赎罪券(indulgences) 在罗马天主教会,人们可通过做义工或专门的祷告来获得特赦,免除自己的罪孽。赎罪券是教会假借基督和圣徒的功德的名义发放的。到了中世纪后期,教会开始兜售赎罪券,导致了对赎罪券大规模的滥用。

463

九十五条论纲(ninety-five theses) 路德详细阐释了自己的信仰以及与天主教会的分歧,并公开张贴以此挑战天主教会权威。

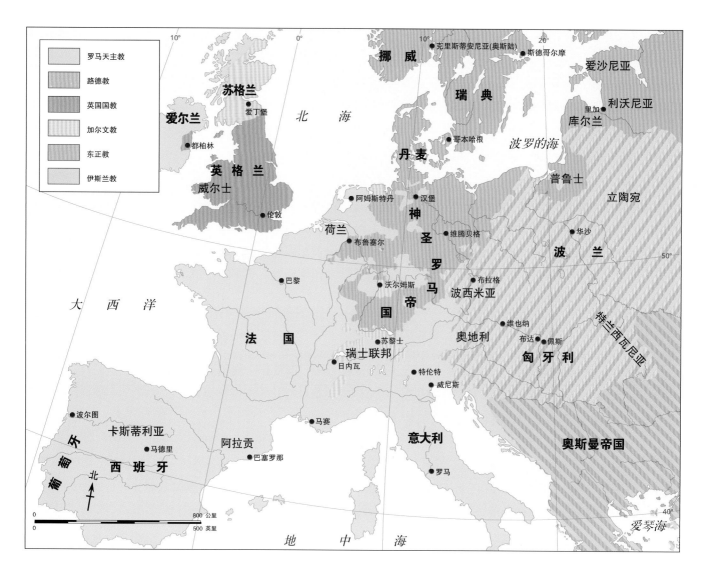

欧洲的宗教改革。宗教改革的浪潮遍及欧洲，改变了欧洲的政治版图。北欧大部分人最早信仰的加尔文教派、路德教派和英国国教，与在法国和波兰复兴的天主教势均力敌。反宗教改革的热潮，加上政治冲突和王朝对抗，最终引发了三十年战争（1618—1648年），波及整个欧洲核心地区，代价巨大。

宗教改革。和路德一样，加尔文宣扬信仰的正当性和个人良心的至高无上。加尔文否认教会的权威。他比路德走得更远，他提出，上帝给予被他选中的任何人以恩典，而无论个人的行为如何。与路德不同的是，尽管加尔文成功创建了一个制约着日内瓦市政府的宗教社团，但他却拒绝与政府结盟。加尔文教派在西欧和中欧得到广泛传播，在新英格兰，加尔文教派在没有任何政治权威机构资助庇护的情况下传播开来。（在美国，当地的长老会普遍信仰加尔文教派，长老会以当选的领导人或长老的名字命名。）

宗教改革的第三波浪潮兴起于英格兰，国王亨利八世（King Henry VIII，1509—1547年在位）并非出于对教义的不同理解而与教会决裂，而是想要获得对英格兰国内整个天主教机构的控制权——包括对教会、修道院和神职人员——并且允许他与妻子离婚，而教会是禁止离婚的，这个妻子是他先后六个妻子中的第一个。亨利与罗马教廷在教义上并没有分歧，他只是想由自己来控制英国教会。1534年，英国国会宣布亨利八世为"英格兰国教会和神职人员的保护者和唯一最高首领"，这一头衔后

约翰·加尔文强调圣经的重要性，反对天主教的浮华。加尔文研究了第一代宗教改革者如马丁·路德的著作，全盘接受了信仰本身具有正当性和宗教权威应以《圣经》为基础的观念。这幅当时创作的木版画表现的是，加尔文把他视为繁文缛节的宗教服饰、天主教高傲的主教们与《圣经》中简朴的真理进行称重比较的情形。

来略作改变，以用于指以后的英国国王。在英格兰，亨利创立的新教会称为英国圣公会。(在美国，该教派的信徒被称为"美国圣公会教徒"。)

这三次宗教改革运动都反对教皇的权威，强调在信仰上个人道德良心的自由，并允许神职人员结婚。上述反对天主教会教义和权威的各种反抗和抵制被统称为"新教主义"或者"新教改革"。

天主教改革（反宗教改革运动）

天主教的宗教垄断受到了威胁，因此天主教会以特伦特会议进行反击，以加强内部改革的力度。特伦特会议在1545年到1563年的18年里，不定期地举行会议，重申天主教的基本教义。该会议强调牧师保持独身的必要性，并鼓励神职人员更忠诚地献身于宗教事业。特伦特会议还创立了新的宗教法规以净化教会，传播教义。1534年，圣依纳爵·罗耀拉（Ignatius Loyola，1491—1556年）创建了耶稣会，致力于宗教的和世俗的教育，并在世界范围内传播教会的教义。自1540年起，圣方济各·沙勿略（Francis Xavier，1506—1552年）把耶稣会的思想带到印度、印度尼西亚和日本，为成千上万的新基督教徒洗礼。1625年在巴黎，文森特·德·保罗（Vincent de Paul，1581—1660年）在贫民窟的穷人当中开始了他的传教生涯，他的人道主义布道精神在世界各地一直延续到今天。

天主教会为建立在其领导下的国际性的普世世界一直奋斗，而不同形式的新教改革运动则鼓励建立不同的民族国家。作为回应，好几个新兴的民族国家也鼓励新教改革运动。

465

我们是怎样知道的?

韦伯和托尼关于宗教和资本主义的论述

社会科学家马克斯·韦伯(Max Weber, 1864—1920年)在20世纪初著有《新教伦理与资本主义精神》一书,他提出,新教教义对个人成就和神恩的强调对促进经济和资本主义发展起了推动作用。韦伯认为,新教牧师教促信徒们通过节俭、守纪、勤奋和商业来证明他们的美德。

只有当追求财富仅仅是为了让自己实现无忧无虑的快乐生活的时候才是令人不快的。然而,当追求财富是作为一项义务和一种使命的时候,这么做不仅在道德上是被允许的,而且事实上,新教教义也要求人们这么做……世俗的新教禁欲主义在抵制享受财富的内在冲动方面很有效果;禁欲主义限制了消费,特别是对于奢侈品的消费。另一方面,禁欲主义解除了禁止人们追求财富的传统观念;它冲破了追求利益观念的束缚,使追求财富合法化,甚至认为追求财富是上帝的意愿……上帝希望人们能为了个人和社会的利益,理智并合理地利用财富。(哥伦比亚大学出版,第84、89页)

根据韦伯的理论,新教鼓励企业家们致力于积累财富,鼓励劳动者们以刻苦工作为乐。

中产阶级企业家能够,并且觉得自己也应该,在仁慈的上帝的庇护下,

追求自己的经济利益。只要这位企业家能够遵守这场游戏的正式规则,不做缺德事,正当利用财富,上帝就会保佑他。而且,宗教禁欲主义的力量会赐给他冷静、尽责和能干的工人,他们会认为自己的劳动是生活所赋予的神圣使命。禁欲主义甚至会安慰他并保证,世界物资分配的不公平正是天意,上帝那无法揣测的目的,正是通过这些区别以及选择性的仁慈体现出来的。(Colnmbia University,第93页)

韦伯扩充了这些论点,他强调,新教领导人最终把通过努力奋斗追求财富变成了新教的精髓。

然而韦伯之后的作家们,例如著名的英国社会历史学家R·H·托尼(R.H. Tawney)就反对韦伯的观点,认为资本主义思潮和实践是先于新教产生的,在某些信仰天主教的地区,例如意大利北部和法国的某些地区都高度资本主义化,但在一些同样信仰新教的地区,特别是德国北部,并没有实行资本主义制度。"15世纪,由于威尼斯、佛罗伦萨、德国南部和佛兰德斯,都是当时的商业、金融中心,所以,尽管名义上属于天主教徒,但那里并不缺乏'资本主义精神'。"(Tawney,第262页,第32行)我们很难在宗教教义和经济政策之间找到历史关联。

然而,托尼与韦伯最大的意见分歧在于韦伯认为宗教不再是生活的中心,取而代之的是对于经济利益的追求或至少暂时如此。虽然这一转变并不是韦伯所希望的,但他声称应该关注这一

转变。相反,托尼认为,与整个社会休戚相关的道德问题永远是经济的基础。道德问题永远不曾屈居第二。

我们必须对经济组织进行合理的评估,因为,除非想让愤怒的人群举旗抗议,使工业陷入瘫痪,经济组织的评估标准必须从非纯经济的角度出发……我们可以净化、抑制人的自然欲望,正如事实上,由于受到某些更重要利益的驱使,人的欲望已经在很大程度上被净化和抑制了。(Tawney,第233页)

总的来说涉及整个宗教界,具体来说涉及各大宗教派别的关于宗教教义和商业实践之间关系的论战直到今天仍在持续,没能得出最终定论。这样的论战也一直存在于西方世界之外。今天,亚洲东部的经济正欣欣向荣,儒家传统因促进发展而受到尊崇。而一个世纪之前,人们却对儒家传统做出了完全不同的诠释,儒家传统被斥责为缺乏进步。

- 你能举出几个宗教观点影响经济活动的例子么?
- 你能举出与宗教、道德或者社会利益无关的经济活动的例子么?
- 你是否同意韦伯的观点,即认为在很大程度上,人们追求经济增长的动机优先于宗教、道德和社会利益方面的考虑? 或者你还是更倾向于托尼的观点,认为从长远来看,经济方面的议题应该总是让位于更重要的问题?

荷兰共和国、法国和英格兰

战胜西班牙　受到新教教义的鼓舞再加上不满西班牙的统治,尼德兰人民(包括今天的荷兰和比利时)揭竿而起,反抗哈布斯堡家族的统治。尽管地理面积很小,但尼德兰是腓力所拥有的最富饶的地区之一。西班牙派遣来的官员数量众多,但却往

往办事懈怠拖沓,这使尼德兰人民感到愤恨。同时,尼德兰人民也惧怕腓力二世会把西班牙宗教裁判所的管辖范围扩大到尼德兰和所有非天主教地区。宗教裁判所原先是为打击西班牙国内的伊斯兰教和犹太教而设立的皇家法庭。很多尼德兰人舍弃天主教去支持新教运动,也有许多信仰新教的外国人来到尼德兰寻求庇护。在尼德兰,新教和天主教达成了和解,双方都不愿看到和平的局面被宗教裁判所打破。腓力政府却对此置若罔闻,尼德兰人民的愤怒爆发了。内战导致成千上万的人遭杀戮,财产被毁坏,许多教堂遭到亵渎。不过到了1576年,在受尽内战摧残后,尼德兰的各界代表冲破宗教的派别分歧,团结起来一同把西班牙统治者驱逐了出去。

同年,亨利八世的女儿、英格兰女王伊丽莎白一世(Queen Elizabeth I, 1558—1603年在位)公开宣布英格兰支持尼德兰革命,并开始奉行与欧洲新教力量相结盟的政策。作为回应,腓力二世开始着手准备入侵英格兰。1588年,西班牙无敌舰队携130艘战船、30 000人和2 400门火炮出征英格兰。然而形势发生了令人意想不到的逆转,西班牙无敌舰队先遭英国人的重创,随后又遇到了一场暴风雨,这场暴风雨很快就被命名为"新教之风"。

西班牙开始进入长达一个世纪的衰退。1609年,尼德兰北部赢得独立,虽然一直到1648年,在经过多年断断续续的战争之后,西班牙才正式承认其完全独立。1640年,自1580年就与西班牙合并的葡萄牙再次宣布独立,而西班牙的其他组成部分,特别是西班牙东北部的加泰罗尼亚地区,也在为其独立不惜一切代价地抗争着。腓力三世(Philip III, 1598—1621年在位)和腓力四世(Philip IV, 1621—1665年在位)都是无能的统治者;查理二世(Charles II, 1665—1700年在位)由于智障,也无法实行统治。最终,大约在17世纪中期,美洲的白银之泉枯竭了,其产量从1591年到1600年十年间的13 500万比索,锐减到1651年到1660年的1 900万比索。西班牙把巨额白银和黄金挥霍一空。英格兰、法国和尼德兰开始成为欧洲新兴的中坚力量,这些国家都自信满满,经济一片繁荣,其商人阶层组织起来闯荡世界。

荷兰共和国:海运商业航母 17世纪初,荷兰拥有欧洲最有效率的经济体制。荷兰共和国毗邻北海,他们围海造田,依赖海洋的恩赐得以生存。渔业是荷兰共和国最大的全国性产业。四分之一的荷兰人依靠鲱鱼产业来谋生——他们或捕捉,或盐渍,或熏制,或腌制,或出售这些鲱鱼——另一些人则靠捕捉鳕鱼和鲸鱼来维持生计。荷兰人用风车和堤坝从大海围取陆地,1540年到1715年,荷兰围海造田364 565英亩,还把84 638英亩的内陆湖泊改造成了陆地。荷兰人为了获取土地,花费了大量的财力和精力,所以,他们更能谨慎而有效地利用这些土地。他们发明了轮作的新方法,在秋天种植芜菁来提供人畜过冬的食物。在一年的其他三季则种植豌豆、豆类和苜蓿来重新储存土壤中的氮。通过这样的耕作模式,荷兰人无须再像以前那样每年都在三分之一的土地上实行休耕。他们耕作所有的土地,产量增长百分之五十。不仅如此,荷兰还基于本国出产的羊毛和从英格兰大量进口的羊毛,建立起了欧洲最大的毛织业之一。

bourse 证券交易所。

早在1600年，就有10 000艘荷兰船只航行在海洋和河流上，并在17世纪主宰了北欧的航运业。荷兰人从波罗的海把木材和谷物运送到阿姆斯特丹及西欧，再从葡萄牙、西班牙和法国的港口换回盐、油、羊毛和葡萄酒，尤其是来自新大陆的黄金和白银。通常，在把货物运往其他港口时，荷兰人会将货物存入阿姆斯特丹的仓库，以此赚取额外的利润。荷兰人用坚固的木材建造了当时最适于航海，而又十分经济实用的航船。

荷兰人还建立了很多商业机构来巩固其在贸易上的主导地位。16世纪中期，荷兰取得了波罗的海的贸易控制权，并在阿姆斯特丹建立了**证券交易所**（bourse），1592年，荷兰又在夺取了地中海国家的谷物供给权后，重开证券交易所。1598年，荷兰人创立了保险商会，1609年建立了阿姆斯特丹银行。阿姆斯特丹银行接受世界各国的货币，并对这些货币中的黄金或白银含量进行评估，再将这些不同的货币兑换为重量和价值恒定的金荷兰盾，荷兰盾于是成为各地标准的流通货币。荷兰政府担保国家银行中存款的安全性，从而吸引了欧洲各国的资本。存款人可以从自己的账户开具支票。两个世纪以来，一直到1789年的法国大革命，阿姆斯特丹一直是欧洲的金融中心。

1602年，荷兰商人建立了荷兰东印度公司，这是一个从事亚洲贸易的股份制公司。荷兰东印度公司虽然夺取了几个葡萄牙的港口，但仍把主要精力集中在最有利

安德烈斯·万·埃特费尔德（Andries Van Eertvelt），《荷兰东印度公司的商船队荣归阿姆斯特丹》，1599年。荷兰东印度公司成立于1602年，旨在垄断荷兰的贸易活动，夺取葡萄牙对印度洋海域贸易路线的控制权。公司拥有一支装有大炮的船队，负责把胡椒粉、靛青、生丝、硝石和纺织品从印度运往西欧。17世纪后期，大量出口的纺织品从印度运往非洲，以购买送往加勒比海的奴隶。（约翰尼·凡·海夫顿（Johnny Van Haeften）画廊，伦敦）

原始资料

全国性的股份制公司：贸易和殖民的工具

全国性的股份制公司是17世纪荷兰、法国和英国金融家们重要的商业革新之一，这些全国性的股份制公司为金融家们的海外贸易提供了巨大的便利。这些现代商业公司的先驱公开发售股票，有时是为某一特定的探险活动筹资，更常见的则是为公司的一切探险活动和项目筹资。金融家们对航海探险进行投资，并期望这些活动的成功能为他们带来巨额利润。他们也可能遭受损失，但承担债务的范围仅限于投资的款项，他们的个人财产是受到保护的。各国都给这些有望为国家牟利的企业颁发合法的营业执照。这些国有公司也被授权在世界范围内进行筹资。那些面向美洲的贸易公司称为"西印度公司"，那些面向亚洲的贸易公司称为"东印度公司"。各个国家公司之间的竞争十分激烈，有时甚至还会发生武装冲突。这些公司的任务包括实行殖民统治，劝导当地人民皈依西方的宗教和从事贸易活动。

1664年，法国政府颁布设立西印度公司的法令，建立了法国西印度公司，表明法国政府和商人都热切地期望在美洲建立殖民地并从事贸易活动：

> 我们认为，进行殖民贸易和航海活动是把海外商业提升到显著地位的唯一且最好的途径。为了实现这一点，并达成增强国力的目标，我们给予了他们巨大的便利，所以我们有理由希望任何有志于国家繁荣事业，想要通过光荣而合法的途径获取利润的人，都自愿参与进来……如

果这些公司没有做好继续开展商业活动的准备，那么仅仅让他们拥有我们授予的土地，清理土地并花大量资金派人去开垦是不够的……为了运送在当地每日出售的货物，并带回上述地区出口的货物，国家每天提供大量船只也是完全必要的。（Colnmbia University, *Contemporary Civilization* 卷一，第815—820页）

法国本土的人士和外国人均可投资西印度公司。西印度公司"必须开在上述地区范围之内，还必须有相当数量的神父传播神圣福音，指导当地人民信仰从使徒传下来的罗马公教，并建造教堂。"这些公司还具有某些自治国家的属性：

> 上述公司可以为了防御，在上述国家的任何必要地点建造要塞……可以对一定数量的船只进行武装以准备应战，因为我们认为这些武装船只，会在保护上述国家和上述公司的安全中起到作用……可以以国家的名义和想要与我国建立殖民贸易关系国家的国王或者亲王进行和平谈判或者结成同盟……并且，一旦遇到袭击，可以对发动袭击的国家宣战、反击，以武力保卫自己。（同上）

在印度洋海域，香料贸易占东印度公司业务的重头。在这些公司中，英国和荷兰的东印度公司在1670年代交易量顶峰时期，把1 350万磅的胡椒运抵欧洲，英国主要从印度进口香料，而荷兰主要从印度尼西亚进口。其他货品包括靛

青、生丝、硝石和越来越多的印度纺织品。欧洲人也从印度大量出口纺织品至非洲，以购买运往加勒比海的奴隶。

这些公司的船只都配备武器，并派遣代表在亚洲和美洲沿海建立要塞和贸易中心，这些公司事实上就成了小型政府。1751年玛拉切·波斯尔思韦特（Malachy Postletthwayt）出版的《通用字典》（*Universal Dictionary*）里就这样描述荷兰东印度公司：

> 利用职权任意挑起战争，施行他们所认为的公平……建立殖民地和防御工事，招募军队，维持大量军队和守备部队，为舰队进行装备，铸造钱币。（转引自Tracy, *The Political Economy of Merchant Empires*，第196页）

17世纪，英国、法国以及荷兰的东印度公司在印度的城镇中建立了贸易站。直到该世纪末，当地政府和权贵都对这些海外贸易商表示欢迎，认为通过贸易可以刺激印度的经济，增加政府税收。然而当英国东印度公司于1757年和1765年分别在普拉西和布克萨尔取得成功之后，英国东印度公司事实上已经成了印度孟加拉省的政府——公司拥有征税权以及维持治安和管理秩序的责任。公司的权力越来越大，几乎成为整个印度的统治者。英国政府于1600年东印度公司成立起开始管理该公司，后来在1857年印度人民起义之后解除了其行政权，接管了对于印度的直接管辖权。

可图的几个东亚贸易中心，如爪哇和摩鹿加群岛，后者即香料群岛，位于今天的印度尼西亚。1619年，荷兰东印度公司在雅加达成立，直到1950年印度尼西亚宣布独立为止，雅加达一直是荷兰东印度公司的地区总部所在地。1623年，荷兰人侵占摩鹿加群岛的安汶岛，杀死了他们在那里找到的一些英国人，强行把英国势力赶回了印度。

印度棉布，17世纪后期。棉布上的图案细致描绘了荷兰的商人，这些荷兰人远渡重洋而来，带来了丰富的货物开展贸易。右边的印度绅士看到荷兰人在互相打招呼时脱帽握手，可能会觉得颇为奇怪，这与印度人见面打招呼的合十礼迥然不同。

荷兰人通过占领这些地区，获取了丰厚的利润，巩固了其在欧洲的经济优势。

1600年，一群荷兰商人来到了日本。1641年，除荷兰人之外的所有外国人都被驱逐出日本，但由于荷兰人并未从事传教活动，所以日本政府才同意荷兰人在毗邻长崎的出岛上建立小型殖民地，两个世纪以来，荷兰商人是日本政府唯一许可从事经营的欧洲贸易商。1652年，荷兰人从葡萄牙人手中夺取了位于非洲最南端的好望角，并在那里建立了第一个南非荷兰人定居点。

在美洲，荷兰西印度公司袭击西班牙和葡萄牙的商船，随后在加拉加斯、库拉索和圭亚那建立了属于荷兰人自己的甘蔗种植园。几十年来，荷兰人一直占领着巴西的巴伊亚，但在1654年，他们被葡萄牙人所驱逐。在北美洲，荷兰人在曼哈顿岛上建立了新阿姆斯特丹。然而英国人于1664年征服并吞并了新阿姆斯特丹，将其改名为纽约。

虽然荷兰人在商业上取得了巨大的成功，但他们最终无法保持其霸权地位。1651年英国颁布的航海法案规定英国及其属国进口的货物，只能由英国船只或出口国的船只装运，这样一来就有效地限制了荷兰商船的贸易。于是，从1652年到1674年，三场不分胜负却耗资巨大的战争接踵而至。荷兰与法国在陆地上的连年征战又进一步耗尽了荷兰的资源。1700年，荷兰共和国拥有200万人口；与此同时，英伦三岛的人口为900万；法国为1 900万。显然，一个野心勃勃且精于商业的小国无法长久抵抗两个同样野心勃勃且精于商业的大国。

法国和英国

法国和英国超越了荷兰，竞相争夺对世界贸易的控制权。两个世纪以来，这两个国家都遵循他们自己的经济发展策略——法国主要从事陆上贸易，而英国主要从事海上贸易。而主导权最终落入英帝国这个海上霸主的手中。（"不列颠"和"英格兰"这两个名称经常互换使用。然而，正式来说，1707年《联合法案》颁布以前，英格兰和威尔士属于同一个国家，苏格兰则是另一个国家。根据1707年法案，这些地区合并为一个国家，称为"大不列颠"。）

法国：巩固国家　16世纪后半期，由于法国皇室无法控制各个不同派系、宗教团体和国内的各个地区，法国经历了长达40年的内战。天主教和在法国被称为**胡格**

诺派的新教之间的斗争也为内战火上浇油。贵族们也希望取得独立于国王的更多权力。1589年，一名胡格诺派教徒，纳瓦拉的亨利即亨利四世（Henry IV，1589—1610年在位）登上了王位。他意识到多数法国人都信仰天主教，于是伪称"为巴黎做一场弥撒是值得的"而加入了天主教。然而在1598年，为了抚平不同宗教派别之间的分裂，亨利四世颁布了《南特敕令》，给予新教徒与天主教徒同样的公民权。但是亨利四世并没有完全取得成功，他最终被一名天主教的好战分子所暗杀。他的继位者是路易十三（Louis XIII，1610—1643年在位），在宰相黎塞留红衣主教的建议下，他鼓励贵族投资陆海贸易，建立了法国军队，并在邻国中培养了法国的盟友。在国内，路易攻占了几个胡格诺派的据点，并与这些法国新教徒达成了停战的协定。在国外，路易十三和瑞典、尼德兰联合王国及一些德国地区的新教统治者联手，一起击败了信仰天主教的哈布斯堡王朝，从而提升了法国的地位。

路易十四在位的时间相当长（1643—1715年），并且极具手腕和实力，是他使法国成为欧洲最强大的国家。在"太阳王"路易十四的领导下，法国的行政管理、战术、外交、语言、哲学思潮、文学、音乐、建筑、时尚、美食和礼节都为欧洲各国树立了典范。尽管与其他欧洲国家相比，法国开始从事越洋贸易的时间比较晚，但现在，法国开始在世界各地频频露面，在印度、马达加斯加、美洲五大湖地区和密西西比河流域开展贸易；在印度西部建立了殖民地；声称加拿大归法国所有。到1690年，路易十四已拥有400 000人的军队，这个数字是英格兰、哈布斯堡王朝、普鲁士、俄罗斯以及荷兰共和国兵力的总和。同时，法国海军的规模也已超过英国，法国拥有的船只（战舰）已达120艘而英国海军却只有100艘。另外，就像我们已经看到的那样，1700年法国的人口达到1 900万，是英国的两倍多。

路易十四声称"L'état, c'est moi"（朕即国家），这意味着国家的所有权力归他一人所有。他的首席宗教顾问雅克–贝尼涅·博絮埃主教（Jacques-Bénigne Bossuet，1627—1704年），把国王的权力和神权联系在一起，声称"王权源于上帝"。路易十四随之宣布，国王拥有在法国任命天主教神父的权力，并于1685年废除了《南特敕令》，他认为，巩固占统治地位的单一宗教的权威比容忍国内的少数派系更为重要。路易十四的这一做法使法国损失了许多信仰新教的工匠，他们大都逃往了尼德兰和英国。

在经济上，路易十四的首席经济顾问让–巴普蒂斯特·柯尔贝尔（Jean-Baptiste Colbert，1625—1696年）遵循重商主义政策——积极鼓励本国经济的发展，以削弱其他国家——他比黎塞留更为重视国家对经济的控制。为了促进贸易，路易十四免除了法国中部地区（这一地区的面积与英格兰相当）的贸易税，尽管他的政府还没有强大到可以免除整个国家的税收的地步。柯尔贝尔建立了一整套商业规范来统一国内的商业行为。为了改进通讯和运输，他建造了公路和运河，包括联通比斯开湾和地中海的通道。他设定了手工制品的质量标准，以扩大手工制品的市场销路，并给予生产丝绸、挂毯、玻璃和羊毛制品等奢侈品的手工业者以经济援助。同时，军需品供应创造了巨大的国内市场，包括制服、装备和其他必需品的生产。所有这些政策都有利于图例：
- 西班牙控制范围
- 葡萄牙控制范围
- 英国控制范围
- 荷兰控制范围
- 法国控制范围
- 西班牙贸易路线
- 葡萄牙贸易路线
- 英国贸易路线
- 荷兰贸易路线
- 法国贸易路线

17世纪的印度洋贸易。 16世纪以前，阿拉伯人和其他当地的商人主宰着印度洋的商业。然而在1498年，葡萄牙人来到这里时，欧洲国家一开始就以武装的船只直接介入这些贸易路线。在欧洲总部的控制下，欧洲人在整个地区建立了沿海的贸易区。他们互相之间为了争霸而开战，把欧洲各国之间的竞争带到了遥远的印度洋海域和沿海地带。

均势（balance of power） 国际关系中，旨在保持和平，防止任何一个国家或国际同盟的力量过于强大的政策。为了能与潜在敌人相抗衡而建立起力量与敌人相当或更强的联盟。

黑奴专卖权（Asiento） 西班牙王室与个人或君主国家签订的协议，给予后者进口规定数量的奴隶运往西属美洲殖民地的特许权，以赚取一定的费用。

私人企业和国家的发展，但是重商主义认为，黄金和白银的外流会削弱国家经济，国家必须在某些经济领域保持垄断和主导地位，包括大部分的海外贸易，这遭到许多想要在贸易上寻求更大自由的商人们的反对。

法国军事力量的增强和经济的增长破坏了欧洲各主要国家之间的力量**均势**（balance of power），导致了一系列的战争。1688年到1697年的大同盟战争，以及1702年到1713年的西班牙王位继承战争都削弱了法国的实力，最后，法国被迫把北美洲的殖民地纽芬兰和新斯科舍，以及所有法占哈得孙湾地区都割让给了英国。英国开始取得海外殖民地数量上的领先地位。

英国：建立商业霸权 在同样的战争中，英国从西班牙手里赢得了"**黑奴专卖权**"，即享有把所有奴隶从非洲运往西属美洲的权利，外加每年把一船数量的普通货物运往巴拿马。这些官方认可的贸易权也为英国的货船找到了借口，非法参与加勒比海域猖獗的海盗和走私活动，这些海盗们在加勒比海域疯狂掠夺西班牙的商业利润。

18世纪，美洲最值钱的地产是生产蔗糖的加勒比海岛。大西洋最赚钱的贸易是贩卖人口——那些在甘蔗种植园劳动的奴隶。在亚洲，控制海路，并控制由各家东印度公司建立的前哨站，是最值得追求的。

18世纪，法国和英国为争夺上述三个地区的霸权地位，又进行了4次战争：1740年到1748年的奥地利王位继承战争，1756年到1763年的七年战争，1775年到1781年的美国独立战争（美国革命）。这些战争一再证明了海上霸权的重要性，而最终英国取得了胜利。1790年左右，英国拥有人口1 600万，而法国的人口已达到2 800万；英法的陆军实力更是相差悬殊，法国有180 000士兵而英国仅为40 000。但英国的海军拥有战船195艘，超过了法国拥有的81艘。

在海上遭受了失败之后，法国人开始从其所占的殖民地撤退。1763年，在七年战争结束后签订的《巴黎合约》中，法国人把他们在北美密西西比河以东的地域辽阔但人烟稀少的土地割让给了英国，把密西西比河以西的地区割让给了西班牙。法国保留了出产蔗糖的富饶的加勒比海岛屿：圣多明克（海地）、瓜德罗普岛和马提尼克岛。在印度，法国尽管领地几乎尽失，但仍保留了东南部沿海的本地治里以及其他一些商业区域。法国的海军在美国独立战争中曾帮助美国人抵抗英国，但在拿破仑一世的战争中完全崩溃。英国尽管在1783年失去了美洲的13个殖民地，但在其他地方则因其强大的海军实力而无往不胜。英国先后侵占了加拿大和加勒比海域的岛屿，在印度扩大了领地，而且还主宰了跨大西洋和跨印度洋的各条海路。

英国从制度上支持高度发展的经济企业这点超越了任何欧洲国家，甚至荷兰。认识到货币稳定的重要性，英国在1560年到1561年间，规定一英镑价值为4盎司白银，并保持这一比价长达两个半世纪，一直到第一次世界大战以后才告终止。英国超越了阿姆斯特丹，成为欧洲国际贸易的中心。1694年创立的英格兰银行可以用价值固定的货币进行交易。更重要的是，英国从不拖欠债务，由此而赢得了国际金融组织的信任。不管是在和平年代还是战争期间，英国都可以借到其所需的任意金额的款项。在政治上，英国在1688年后发展出了一套新型的君主立宪政体，大力支持私有商业，我们将会在第15章对此作更详细的介绍。法国人后来嘲笑说英国是个"店小二之国"，但从地理、军事、体制、政治和农业方面来说，英国人开始拥有成为世界上最有效的商人的能力。他们正在形成一个民族国家和资本主义经济。

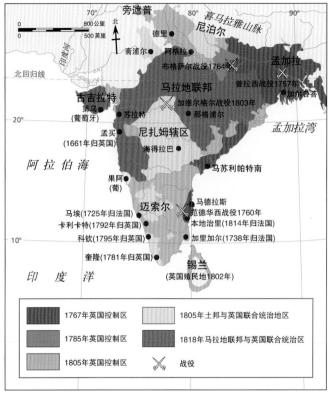

截至1818年英国在印度的势力范围。英国人和法国人利用莫卧儿帝国的式微建立了东印度公司。他们与当地独立的亲王建立了战略伙伴关系，互相争夺海陆控制权。普拉西的克莱夫大捷（1757）之后，英国侵占了孟加拉地区，它成为保证英国持续扩张的力量根基，但英国对印度的控制直到其1818年击败马拉地联邦才得以稳固。

民族国家

民族国家这一名称通常用来描述政治国家与带情感色彩的社会集体身份两者的结合。在这里，国家是一个拥有自己独立政府的地理区域，而且，国家必须拥有一定

473

的规模和实力,不至于被其他国家吞并。国家必须有通用的语言、宗教、历史、种族、志向作基础,必须具有区别于其他某个或几个民族国家,并与之竞争或者对抗的意识。民族国家可能会因某个较大帝国的分裂而出现——这一帝国本身就可能包括几个国家——也可能由某个较小的国家通过征服和兼并扩张而形成。这两个过程在西欧一直持续了好几个世纪。那些较小的政治实体,如在休·卡佩王朝统治下的巴黎周边地区就渐渐扩大成为国家,而像查理曼帝国那样的大型政治实体则逐渐解体。

这些民族国家建立了相当高效的中央政府,这样的政府负责收税、维持和平,并在发动战争时有效地征募和部署陆军和海军。在其边界内的多数民众都认可和接受——甚至欢迎——中央政府的权威。这些国家的政体各不相同:英格兰、法国和葡萄牙是君主制;尼德兰则由商人联盟实行统治;而西班牙则是哈布斯堡帝国的一部分。

尽管不同的国家在不同时期会实行不同的政策,有的实行资本主义,有的推崇重商主义但也允许独立的商人存在,有的国家则对商人进行控制,但这些民族国家都十分注重其人民的经济利益。这些国家都积极从事海外的商业贸易,而且在这一时期,大力进行殖民。海外贸易和殖民的发展在很大程度上使这些小型的、地方统治实体发展成为民族国家,我们已在本章和第13章做过介绍。我们也可以用这些国家相互之间的关系来定义他们——这些国家普遍互相竞争,常常持敌对态度,有时则互相交战。

到了1700年代中期,西欧的民族国家成为人们恐惧和效仿的对象。人们因为这些国家强大的经济和军事力量而感到惧怕。这些国家有能力而且也确实会去挑起战争,征服土地,建立殖民地和主宰贸易网络。很多国家都害怕成为这些国家的牺牲品。试想一下阿兹特克人、印加人和其他美洲原住民的命运。恐惧使得某些国家对这些新兴的民族国家抱敬而远之的态度。中国和日本几个世纪以来都奉行闭关锁国的政策。而其他一些国家却开始效仿这些民族国家,发展自己的力量以抵制这些民族国家,同时力图向后者靠拢看齐。彼得大帝统治时期的俄罗斯作出的就是这样的反应。

我们在本章研究的这一历史时期对民族国家的形成来说十分关键,因为这些国家在世界范围的贸易路线和殖民地问题上相互竞争,从而确立了这些国家相互之间以及这些国家与其他文明之间的关系。这一根据"他国"进行的自我定义当然并不是定义民族国家的唯一要素,但这一点无疑是重要的。不仅如此,随着欧洲民族国家在贸易和殖民过程中接触到世界各地不同的民族,欧洲人和他们所接触的民族都开始在政治和文化上重新定义自己。欧洲民族国家的建立引起了许多不同的反响。在本章的下半部分,我们将介绍欧洲贸易和殖民扩张时代早期的几个最重要的国家。

彼得大帝统治下的俄罗斯帝国

在17世纪末,俄罗斯与欧洲西北部的市场经济几乎没有直接接触。从陆路地理位置上来说,俄罗斯较为偏远,从海上来说,俄罗斯的主要海港是位于最北端白海的阿尔汉格尔(Archangel),一年的大部分时间里都被冰雪封冻。仅有的海外贸易是由在俄罗斯内陆的主要河流,特别是伏尔加河上航行的外国商船进行的。俄罗斯在宗教上属于基督教的希腊东正教分支,因此俄罗斯与罗马教廷及其控制的西欧的往来受到了限制。蒙古人的统治更进一步在文化上把俄罗斯与西欧割裂开来,从而使俄罗斯与中亚的联系更为密切。

1480年,伊凡三世(Ivan III,1462—1505年在位)推翻了蒙古人的统治之后,俄罗斯才开始形成现代国家的雏形。以莫斯科为中心的俄罗斯公国成为这个不断扩张的独立国家的核心。俄罗斯先是往南扩张,于1556年打败阿斯特拉罕汗国,夺取南接里海的伏尔加河盆地,由此介入波斯的丝绸贸易。后来,俄罗斯又向东一路扩张到太平洋(1649年),夺取了西伯利亚及其丰富的皮草动物资源。

由于闭塞和外国人的统治,俄罗斯只拥有很少的城市贸易阶层,大型的市场就更少了。一直到1811年,俄罗斯的城市人口只占百分之四,绝大多数人都是**农奴**,这些农奴并不直接属于某个主人,而是束缚于某块土地及该地的地主,他们在经济、社会和地理上几乎没有自由流动的机会。1675年以后,地主获得了买卖农奴的权利,甚至可以把农奴卖到城市。农奴们偶尔也会发起反抗,就像1667年斯捷潘·拉辛(Stenka Razin;1671年去世)领导的起义那样,这场起义受到残酷镇压,自由人和农奴之间的隔阂进一步加深了。

当彼得一世(Peter I, the Great,彼得大帝,1682—1696年与其兄弟共同统治;1696—1725年独立掌权)成为独掌大权的皇帝之后,他把瑞典视为主要的外敌。瑞典在当时已拥有芬兰和整个波罗的海东岸,阻碍了俄罗斯,使得后者在波罗的海没有任何出海口。更为糟糕的是,在1700年纳尔瓦(Narva)之战的一次突袭中,8 000瑞典士兵粉碎了40 000人的俄罗斯军队。彼得因此而蒙羞,于是决心在建立强大陆军和海军的基础上,把俄罗斯建设成一个强大的国家。1697年,为了规避烦冗的皇室礼节,彼得隐姓埋名,微服出访,作为"西欧大使团"的一员,主要游历了英格兰和尼德兰,途中也参观了波罗的海的港口

农奴(serf) 被约束在土地上,并在法律上依赖地主的农业工人或农民。农奴们有属于自己的家庭、小块土地和家畜,但他们为地主提供劳动力、服务和其他雇主应得的一切。农奴的服务可以改为地租,但农奴仍旧为地主所有,除非他们被解放或者逃走。农奴制度于中世纪晚期在西欧逐渐消亡,但在东欧某些地区,一直到19世纪,农奴制度仍然存在。

474

左 1682年的俄罗斯以及彼得大帝此后占领的土地。

右 身穿盔甲的彼得大帝。察觉到西欧邻国势力不断增强,而俄罗斯相对较弱,于是彼得大帝着手对俄罗斯进行现代化改革,特别是在军事、经济和文化生活方面。然而,他的计划仍然建立在俄罗斯农奴制的基础上。

| 1682年的俄罗斯 |
| 彼得大帝占领的领土,1682—1725年 |

475   巴托洛米奥·卡罗·拉斯特雷利(Bartolomeo Carlo Rastrelli),《圣彼得堡的建立》,俄罗斯,1723年。这一青铜浮雕是为了纪念1704年圣彼得堡的建成。彼得大帝意在把这一都城建成不冻港和"西方的窗口"。作为他西化改革的一部分,他颁布敕令,命令贵族摒弃俄罗斯装束改穿西欧的服饰。这一浮雕描绘的男子穿着表明,当时敕令已经颁布。(圣彼得堡埃尔米塔日博物馆)

城市和神圣罗马帝国。他努力寻找战略同盟,希望在俄罗斯向黑海推进的过程中能够与他国合力反对土耳其;他四处收集有关西欧各强国在经济、文化和军事工业实践经验等方面的情报;他甚至还在阿姆斯特丹的航船上当过几个月的木匠。

西欧国家拥有的强大实力给彼得留下了深刻的印象,于是他邀请西欧的军事专家来到俄罗斯训练并领导军队。他带回了西欧的大炮并以此为基础进行仿制。他建立了海军并重组了西部边境的军队,把他们编成统一的军团,并配以火枪。他鼓励采矿业、冶金业和纺织业,这些产业在很大程度上都为他的军队提供服务。在1703到1704年间,彼得开始建造新的都城,他在从瑞典人手中夺来的土地上建造圣彼得堡,圣彼得堡是一个不冻港,也是俄罗斯通往"西方的窗口"。彼得大帝想把圣彼得堡建成一个在商业、地理位置和建筑方面都十分西欧化的城市。在该城的建造过程中,有30 000多人因疾病、溺水和缺少食物而丧生。

1709年,当瑞典再次入侵俄罗斯时,彼得已经有了充分的准备。他步步撤退,直到瑞典人因为在俄罗斯严酷的冬天不断追逐俄国军队而筋疲力尽。然后,他在俄罗斯南部的波尔塔瓦占据了有利地形,并击败了残余的瑞典军队。作为帝国力量象征的瑞典军队瓦解了,俄罗斯开始进一步夺取波罗的海地区其余的土地。

彼得的西化目标并不仅仅限于军事上。他想要让俄罗斯成为欧洲的强国之一,而要做到这一点,还需要进行经济和文化改革。彼得规定所有的贵族男子都必须接受西式教育。他为贵族子弟建立学校,并把许多孩子送到西欧去学习。他要求贵族们学习欧洲上层精英的道德观和修养品位。他命令贵族摒弃俄罗斯的服饰改穿西欧人的服装,并迫使男子按照西欧的样式来修剪或刮掉胡子。他建立了"零起点学校"来教授基础的阅读和算术,创办了一家出版社和俄罗斯的第一份报纸,还出资创立了科学院,后者于1724年彼得大帝逝世的前一年正式运作。所有这些激烈的改革都引起了贵族与广大俄罗斯人民之间的不和。

在经济上,彼得鼓励建立新型的企业。他在波罗的海建立了一支商船队,并鼓励出口。他组建了由俄罗斯人和外国人合办的新型公司,并提供运营资金和作为劳动力用的农奴。他崇尚重商主义思想,认为一个国家要强大,仅仅通过自由市场进行贸易是行不通的。为了资助这些由国家出面组织建立的企业,彼得实行了繁重的税收制度,而这些税收最终都压到了农奴身上。

彼得要求所有人对他完全忠实和服从,反对民主。他创立了以他自己为首的新的政府管理体系。他把东正教教会置于国家控制之下,并使其神职人员都服从自己的领导。他大大精简地方和中央政府机关。他创立了新型的"公务员"制度,其中包括文职官员和军事官员,不论家庭地位、出身和资历,任人唯贤。外国人可以从事公务员的工作,农奴可以受提拔,贵族可以被降格。一切都根据个人的业绩表现。1722年,他创立了新的等级体系,自动给予达到十四级中第八级的官员以贵族身份。那些新提拔的贵族成为彼得大帝推行西化政策的重臣。但这些改革措施在彼得去世后却未能继续下去。

彼得加强了统治阶级、地主和新兴资产阶级的经济和政治地位,却无情地剥削着农民。在他的统治生涯的前半期,他把175 000名农奴和100 000英亩土地分配给了贵族。从1705年到1708年,兵役、徭役、人头税和附加在从养蜂到制盐行业的各种间接税在俄罗斯国内引发了两场大规模的起义,但这两场起义都遭到沙皇的无情镇压。具有钢铁般意志的彼得大帝将他的国家带入了欧洲,并在军事和经济上都占有重要的一席之地,但千百万的俄罗斯人却为此付出了惨重的代价。

彼得达成了很多目标,建立了强有力的中央集权政府、一支强大的军队、一些商业公司、国际贸易网络以及与西欧国家的外交关系。然而,他没能解放俄罗斯的商人,让他们能像西欧商人那样从事独立的经济活动。彼得把最大的企业,如军工厂和造船厂牢牢把握在国家手中。彼得大帝于1725年去世,后世公认他为一代**开明君主**(enlightened despot)——他推动了新的学术和法律权利观念的引入,至少是针对贵族们,但同时也把统治大权紧握在自己手中。彼得为了不让儿子插手改革而把他处死,以至于在他去世后的两年里由其妻子继位,后由其家族中的其他成员继位。

1762年,叶卡捷琳娜二世继承了王位,其执政长达34年。叶卡捷琳娜二世与彼得大帝同样实行专制统治,并击败波兰和土耳其,把俄罗斯的边境扩展至黑海。她残酷镇压了由叶梅利扬·普加乔夫(Yemelyan Pugachev,1726—1775年)领导的农奴起义,而且进一步削弱了俄国农奴的力量。

> **开明君主专政**(enlightened despotism)　一种仁慈的专制主义政治体系,统治者拥有国家的至高权力。开明专政的君主为了人民的利益而推行各种措施,而并非为了个人的私利。 **476**

多样的文化,多样的贸易体系

奥斯曼帝国和莫卧儿帝国

奥斯曼与莫卧儿是两个强大的帝国,他们在亚洲的兴起与西班牙和葡萄牙在欧洲和海外的兴起大约在同一时期。之间也确实存在着某些关联。1600年,这四个帝国都处于鼎盛时期。到了1700年,他们又都由于过度扩张、连年征战、国家体制落后和不注意技术进步特别是军事技术的进步而日渐衰微。这四个帝国都允许外国人掌管经济方面的事务。到这一时期将近结束时,他们都或多或少地成为英国和法国等新兴强国的附庸。

奥斯曼帝国没能控制住自己贸易及由此获取的利润。一开始,由于在政治上与法国结盟,因此奥斯曼帝国仅允许国人与法国商船贸易。1580年之后,贸易的范围得到了扩展,英国人、荷兰人,与他们一起的还有犹太人、亚美尼亚人、威尼斯人和热那亚人也加入贸易。奥斯曼帝国的情况与西班牙很相似,帝国的财富都流入了外国商人的手中。贸易平衡的改变也削弱了中央政府。为了购买更多的进口商品,奥斯曼帝国出口了大量的农业原料，许多土地所有者因此而致富，使这些地主由此得以摆脱中央政府的控制。

在印度，在1556到1605年间，莫卧儿帝国的皇帝阿克巴建立了当时世界上最强大的帝国之一。阿克巴统治时期的改革也为该国的贸易和经济带来了转变。城市市场激励了商品的生产，包括为宫廷生产奢侈品，为普通百姓生产日用品，甚至连印度的村庄都加入到以城市为基础的现金经济中来。市场里有许多手工艺人、店主和技术高超的工匠。放债者和货币兑换商在城市体系中非常活跃，使得资金能在整个帝国内顺畅地流通。他们的"罕迪"（hundis，流通票据）可以在全国范围内流通，而这些金融手段也方便了政府官员的工作，有了这些票据，他们就可以更方便地以现金方式收取和转运地租和地税。印度的城市以富有的金融家和重要的商业行会组织而著称。这些商业行会与同时期欧洲的行会十分相似，负责管理和监督主要的商业贸易行为。人们常常误认为印度人只是专注于超凡出世的文化，但其实，印度的商业也十分兴旺繁荣。毕竟，在印度的各个种姓阶级中，巴尼亚人或吠舍阶层特别多地受到与商业活动有关的指控。

印度的商人流动性很大，因此他们在一定程度上独立于当时的统治阶级的政治控制。如果某一个统治者无法保卫自己的领土，抵御外族的侵略，或维持国内的治安，或试图征收苛捐杂税，商人们就会离开并寻找更适合他们生存发展的城市。相反，如果统治者想要振兴商业，就会提供免费的场地和较低的赋税，以此来吸引这些自由自在的商人。因此，即使在政治上动荡剧烈的时期，印度的商业依然得以持续发展下去。

印度商人继续从事沿海及海洋贸易，但帝国政府却无法给予他们有效的支持。印度没有海军。例如在1686年，英国封锁了印度孟加拉与东南亚之间的贸易，甚至抢夺印度官员和莫卧儿皇室成员的船只。皇帝奥朗则布只能在陆地上予以回击，把英国人赶出了他们在胡格利的定居地。但是英国人又找了个地方，建立了一个新的城镇加尔各答，并继续展开海上商贸和武装竞争。而且，尽管印度商人以家族企业的模式建立了成熟复杂的经济机构，但他们并未发展出像欧洲那样非个人的股份合作制企业。当欧洲的股份合作制企业来到南亚次大陆，他们便使海外贸易活动达到了新的规模。最终，印度商人没能像欧洲股份制公司那样配备正式的武装，或者出钱雇佣武装力量。所以，尽管印度的商业精英们可以逃脱某个统治者的控制，但他们并不直接挑战统治者的权力，或者用他们自己的力量去取代统治者。

"易德立斯向人类传授编织艺术，"莫卧儿帝国时期，约1590年。在伊斯兰传统中，先知易德立斯负责教学和保护虔诚而熟练的织工。在这幅图上，我们可以看到织工们有的在漂洗，有的在烘干，有的在纺纱，有的在绞纱，有的在织羊毛，而朝臣们则正把布匹展示给易德立斯看。正如我们在这幅图上所看到的，尽管存在一些大规模的、有组织的工场，其有雇工和中央管理机构，大多在莫卧儿宫廷的控制下，但大多数的生产者都是地方性的。当这些织工们受到压迫时，他们会联合起来进行抵制和罢工，反抗统治者和商人的勒索，并保卫他们所信仰的神圣宗教。

477

明清时期的中国

正如我们在第12章和第13章所看到的,中国的明朝为了抵御北部边疆蒙古人和满族人的入侵,保卫北方的边境,基本上关闭了对外贸易,以发展国内的经济为主。明朝政府修缮了长城,并把长城延伸了600英里。由于明朝限制了海军的规模和力量,日本和中国本土的海盗便开始不断侵扰沿海地区。明朝政府对此的回应十分懦弱,只是避开海洋,重新恢复内陆的运河运输系统。海盗变得越来越猖獗,并开始入侵内陆,有的甚至进犯到长江流域。随着16世纪末日本全国的统一,新的日本政府开始对海盗进行控制,但在1592年,日本入侵朝鲜,并打算最终入侵中国。战火主要是在朝鲜半岛,但也绵延到了中国北方,持续了很多年,一直到1598年日本撤退后才平息下来。

在这一时期,西方人在中国的活动是有限的。1514年后来到中国的少数葡萄牙人大多是耶稣会传教士,他们对宫廷文化的影响大于对商业市场的影响。利马窦(1552—1610年)是来到中国的最著名的耶稣会传教士之一,他向北京的政府官员传授关于数学、制图、天文、机械和钟表方面的知识,也由此学会了汉语,并阅读了许多儒家经典。耶稣会士们全力以赴以赢得中国上层阶级的信任,到了1700年时,已有约30多万中国人皈依基督教。

尽管大多数的国际贸易遭到政府的禁止,但中国的经济仍在发展之中,至少持续到约1600年。中国毕竟占了世界五分之一的人口,并且形成了规模巨大的国内经济。运河系统促进了南北方之间的贸易。中国的工匠使用高岭土制作出比从前更漂亮、更牢固的瓷器。丝织业和印染业在苏州地区发展了起来,棉纺织业在南京十分发达,而河北地区的炼铁业也很发达。

明朝后期,中国民间与东南亚之间的海上贸易再次兴旺起来,那些移民到东南亚并与当地人有联系的家庭常常负责运送货物。然而在国内,中国南方沿海地区的地方政府控制并限制上述的贸易。一名现代学者对中国海外贸易商人取得成功的方式进行的研究表明,如果中国政府能在国内支持自己的贸易商,而不是予以限制,那么中国也有可能成为强大的海外贸易帝国。中国的商人

> 就其闯劲和胆量而言,与欧洲各国的商人一样敢作敢为。但是他们无力改变国内的体制,以使中国与欧洲甚至日本相抗衡。他们从未成为明清时中国当局赖以建立商业帝国的工具;他们也不可能指望得到政府官员对他们商业创新行动的任何政策和思想方面的支持。(王赓武,转引自 Tracy, *The Rise of Merchant Empires*,第401页)

当欧洲商人来到中国进行贸易活动时,中国政府把他们限制在沿海地区。开始时,明朝政府于1557年规定,葡萄牙人的贸易活动范围仅限于澳门(葡萄牙人已与现在的中国政府达成协议,于1999年离开澳门)。然而,如前文所提到的,为了购买丝绸、瓷器、茶叶和其他中国产品,欧洲人从新大陆开采出来的白银,三分之一到二分之

葡萄牙航船和水手，漆器屏风，中国，17世纪。尽管16世纪初，葡萄牙人由于其暴行而被驱逐，到了16世纪中期，他们被限制在沿海的几个孤立的小块地区中，但画中水手的表情和船只并没有被刻画得充满敌意。

一最终都流入了中国。尽管有了这一新的财富来源，但当17世纪荷兰和英国人来到这里时，明朝的统治渐趋式微。

1644年，满族人从北方越过长城推翻了明朝，建立了清朝；清朝于1683年封锁了东南沿海。清政府建立了"广州贸易制度"，规定欧洲的商人只能在广州附近从事交易，并委托被称为"公行"的中国的垄断商行对其进行监督和控制。由于这些限制，加之中国地域辽阔，因此欧洲商人对中国并没有产生什么影响。

尽管许多历史学家都强调，是欧洲人通过远洋航行活动，在世界经济的发展中起到了巨大的作用，但已有历史学家意识到，正是中国巨大的市场和中国提供的奢侈品——以及印度的香料和香料群岛——吸引着欧洲人。从这一点来看，主宰

1500年到1776年世界经济的,并非欧洲人活跃的探险和贸易活动,而是亚洲丰富的市场,它在第一时间吸引了欧洲人。是中国市场的巨大"拉动力"吸引了欧洲商人的"推动力"。

我们是怎样知道的?

欧洲是怎样在经济和军事上超越中国的?

在本章所涉及的时期,亚洲和欧洲之间的相对力量均势在不断地发生改变。其中最明显的,是西欧与中国力量的此消彼长,欧洲的经济增长缓慢却稳健,而中国仍然是当时世界上最强大、最富有的国家。我们已经对欧洲商船及其舷侧炮的绝对威力,对欧洲商人阶级和民族国家的形成和巩固进行了介绍。但是中国为什么没有齐头并进呢?

经济历史学家伊懋可(Mark Elvin)在他的经典研究《中国历史的模式》(*The Pattern of the Chinese Past*)(1973)中探讨了这一问题,该书从远古时代开始,对中国的经济和社会历史作了概述。在好几个章节中,伊懋可盛情赞扬唐朝和宋朝的创造力,认为从公元8世纪到12世纪,中国在农业、水运、货币和信贷、市场结构和城市化、科学技术方面都经历了"革命"。然而,"古代中国的经济约从14世纪中期开始就失去了活力"(第203页)。伊懋可把中国经济失去活力的原因归结为三点:一、人力和资源开始集中到边境地区;二、与外部世界的商业往来急剧减少;三、在思想上开始闭关自守,不再那么关心解决实际问题。其结果是"数量上有增长,质量上止步不前",或者是伊懋可所说的"高水平陷阱"。也就是说,经济增长仍在持续,新的自然资源得到开采,但经济增长的收益大多被人口的增长所抵消了。例如,伊懋可写道,从16世纪到19世纪,人们引进了新大陆的农作物,农业

技术得到了提高,市场网络扩展了,农民的法律地位提高了,进取精神和发明创新活动欣欣向荣。但同时,中国的人口也翻了一番,从1580年的2亿增长到了1850年的4亿。"每英亩的农业产量几乎已经达到了没有工业科技介入的时代的极限"(第312页),在当时,还没有现代科技的强大力量。技术革新出现了,但可应用这些新技术的资源却越来越少。木材、衣物纤维、土地、挽畜和金属都十分紧缺。在这一"高水平陷阱"中,中国的经济按其传统方式运转良好,很少有要求变革的刺激性动力。更重要的是,要大幅度提高生产力就必须变革,而变革需要投入更多的资本和人力资源,当时这一切还不具备。中国陷入了困境。

那么,西方人是否也曾面对同样的困境?如果是的话,他们又是如何避免陷入这样一种困境的呢?另一位经济历史学家肯尼思·彭慕兰(Kenneth Pomeranz)在《大分流——欧洲、中国及现代世界经济的发展》(2000)一书中给出了他自己对这个问题的答案。他说:"是的,欧洲也可能经历过所谓'东亚'劳动密集型的发展过程"(第13页),在这一过程中,刺激的动力很少,进行发明创造以提高生产力所需要的资源更少。而欧洲之所以摆脱了困境,是"由于化石燃料(煤)的使用和新大陆的发现所造成的重要而突然的历史断裂"(第13页)。化石燃料的重要性在后来的工业革命时期才显现出来,但新大陆的资源几乎在欧洲人发现新大陆之后就立即变得重要起来。新大陆"缓解了欧洲对土地和能源的迫切需要……土地和能源是引领欧洲脱离马尔萨斯人

口约束论的两个关键因素"。(第23页)新大陆为欧洲"过多"的人口提供了新的空间。它还提供了大片富饶的土地、丰富的金银矿产资源、利润丰厚的奴隶贸易,而这成千上万的奴隶为欧洲商品开拓了一个新的市场。

那么,欧洲人幸运地发现了新大陆,是欧洲和亚洲走上不同经济发展道路的主要原因所在么?彭慕兰认为:"战争,受武装保护的长距离贸易和殖民"也起到了很大作用(第166页)。为从事海外贸易和殖民而组建的股份制公司是一个重要突破,这一公司形式突破了"单一投资者无法统一管理大型航海贸易航行和货物的限制"(第171页)。国家对这些冒险事业的支持——但并不会过多地干涉和削弱它们——可能是原因之二(第173页)。使用"暴力形成垄断或近似垄断(主要针对香料)"是原因之三(第182页)。欧洲列强争夺贸易和殖民霸权的竞争是使得欧洲经济走向成功的原因之四(第194页)。

结合伊懋可和彭慕兰的观点,我们可以综合比较使中国和欧洲走上不同道路的因素——生态方面、人口方面和体制方面——这些因素导致中国的经济创造力在明朝和清朝早期停滞不前,而同一时期的西欧却蒸蒸日上,步入了海外探险、贸易和开拓殖民地的时代。

- 西欧的经济生产力和财富积累是从什么时候开始超越中国的?
- 中国是怎样由于缺乏计划和自身的努力而导致经济的停滞不前的?
- 欧洲经济是如何依靠计划和自身的努力而取得成功的?

480

德川幕府统治下的日本

　　与中国一样，欧洲对日本的早期影响主要在经济和宗教两方面。1549年，耶稣会士圣方济各·沙勿略（Francis Xavier，1506—1552年）把罗马天主教传到了日本。与在中国传教的利马窦一样，沙勿略在服装、食物、起居等方面，都适应和接受了日本的文化，当然也包括语言。由于欧洲人带来的宗教思想、文化和贸易，开始时他们在日本受到热烈的欢迎。日本的**将军**即首席军事领导者织田信长（Oda Nobunaga，1534—1582年）鼓励耶稣会士的传教活动，甚至在信长被暗杀以后，基督教仍在日本建立了一个据点。与中国人一样，成千上万的日本人开始信仰基督教，其中大多数来自日本的精英阶层。（欧洲文化对日本日常生活的影响包括烟草、面包、纸牌，以及油炸食品，后日本人由此受到启发，发明了日本特色菜肴天麸罗。）

　　日本政府对于如此多的精英改变信仰深感忧虑，出现了改变政策的早期迹象。1597年，当一位西班牙船长夸耀本国国王的权力，西班牙在马尼拉建立殖民地，其势力更甚嚣尘上之后，丰臣秀吉将军处死了6名圣方济会的修道士和18名日本皈依者。1606年，日本政府宣布基督教为非法，1614年幕府将军德川家康开始把所有基督教传教士驱逐出境。3 000名日本基督教徒被杀害。1623年，英国人被迫离开日本；1624年，西班牙人也被驱逐出境；1630年，日本政府开始禁止国人去海外旅行。1637到1638年间，在对一次与其说是宗教起义不如说是农村抗议经济状况的起义进行的镇压中，有37 000名基督徒遭杀害。连葡萄牙人也被驱逐出境，只有少数荷兰商人被允许逗留在日本，但他们的活动范围仅限于毗邻长崎的出岛。每年，只有一定数量的中国船只可以来到日本，日本与朝鲜也继续保持着外交关系，但日本政府仍在很大程度上选择了闭关锁国的政策。

　　与中国一样，政府虽然禁止与外界的交流，但并没有因此使日本的力量遭到削弱。从1600年的关原之战到1651年，日本在三代德川将军家族的统治下，国家取得了和平统一。政府禁止私人拥有枪支。农业由于耕地面积翻倍而日益繁荣，靛青、烟草（引进自新大陆）、甘蔗和喂蚕用的桑叶等经济作物的产量也提高了。日本的人口也几乎翻了一番，从1600年的1 800万增长到18世纪中期的3 000万，这一数字在一段时间内保持了稳定。

　　日本的新政府由**武士**阶级掌权，该阶层占人口总数的百分之七。他们是国内情况改善的最大受益者，但百姓有时会因收入的日趋不均而爆发激烈的抗议，但总体来说，生活和教育的水平有了提高。城市的商人，即**町人**主要从事新经济作物和手工制品的交易，成为新兴的富有而强大的阶级。这些商人提供银行业务、航运、贷款等商业服务，并建立了家族企业，其中有一些一直延续到今天。到了1700年，德川政权的首都江户（东京）的人口已增长到100万，成为当时世界上最大的城市之一。与当时的欧洲模式正相反，日本几乎断绝了一切国际贸易，但国力仍在不断增强之中。

将军（shogun）　日本的军事独裁者，是1192到1867年间先后由三个家族持有的世袭头衔。虽然他们在法律上从属于日本天皇，但他们的军事实力使他们实际上控制了整个国家。

武士（samurai）　日本封建时代的战士阶级，是大名的仆从。武士的特点是武艺高超而坚忍骄傲，他们认为一个人的忠诚、勇敢和荣誉比生命更重要。在德川幕府（1603—1867年）统治下的和平年代，他们成为学者、官僚和商人。武士阶级于1871年被正式废除。

町人（chonin）　城市商人以及由这些商人组成的阶级。在德川幕府时期，商人的财富、力量和教养都得到了提高。

东南亚

在这整个时期,东南亚是最为诱人的国际商业贸易地区之一,来自中国、日本、印度、阿拉伯和欧洲的商人在东南亚的市场都十分活跃。然而这一地区的本土商人却并没有成为国际贸易中举足轻重的一方。外商先是在沿海地区开展贸易,随后逐渐深入到内陆地区,并控制了当地的市场。外国商人之间还经常发生争斗。例如,到了1640年,荷兰东印度公司不仅把当地的商人,还把他们的欧洲竞争对手一道赶出印度尼西亚群岛。从那时起,香料贸易渐趋平稳,荷兰开始重构东南亚特别是印度尼西亚的经济,以生产蔗糖、咖啡和烟草等经济作物。而西班牙人则在菲律宾获得了类似的权力。

当地的统治者与外国的贸易商签订了商业条约,获利的并不是当地的商人阶级,而是那些统治者自己。最终,商业利润又都从东南亚回流到了欧洲,加重了东西方在国力和财富方面的不平衡。商人手中掌握的资本主义企业,以国家和军事武力为后盾,从欧洲向外伸展;东南亚成为这一新体系的一个参与者,同时也是牺牲者。

世界贸易的影响及其重要意义

当我们结束对截至1776年的世界贸易的探索时,我们已经目睹了从1100年开始,尤其是从1500年欧洲探险者开始远洋航行以来发生的巨大变化。在这几个世纪里,一种全新的贸易网络发展了起来,并在大西洋上纵横铺开。这些新兴贸易关系中的主要组成部分包括大量的黄金和白银从西半球经过太平洋出口到欧洲和亚洲,千百万人口作为奴隶从非洲被贩卖到美洲的种植园。

海上贸易的早期中心印度洋继续保持着它重要的地位,但是现在欧洲的贸易商——葡萄牙人,以及随之而来的荷兰人、英国人和法国人——赢得了贸易的洲际控制权。在世界范围内,沿海各港口城市各式各样的商人越来越多,但也有例外,如日本。欧洲各大贸易前哨站都修筑了军事防御工事。在欧洲内部,民族国家和私营商人力量的增强,很大程度上是由于国际贸易所带来的巨额利润,以及用商船队和海军来支持海上贸易的需要。新兴的资本主义哲学理论解释了私营商业在国内和海外崛起的原因,并为其辩护。促使新兴经济理论合理化的新宗教派别也随之形成。在造船技术、商业策略、武器制造,以及国内和海外军事力量训练方面的竞争日益激烈。领导权先后从西班牙和葡萄牙人转到荷兰人、法国人和英国人的手中。

纵览这个时代,世界上最强大和最富有的帝国都在亚洲,但是到了这一时期的末尾,渴望财富,并常常渴望传播基督福音的欧洲人,却在前所未有的程度上塑造着那些海外帝国。

复习题

● 给资本主义下一个定义,并就亚当·斯密所描述的这一经济体系的优点和缺点开展讨论。

- 导致葡萄牙帝国和西班牙帝国衰落的主要原因是什么?
- 英国、法国以及荷兰帝国兴起的主要原因是什么?

- 什么是民族国家? 欧洲统治者为什么在1500年到1750年的这一时期努力寻求发展和巩固他们的民族国家?
- 俄罗斯彼得大帝改革的目标是什么? 与外部世界的联系是以怎样的方式促使他追求这些目标的? 他在多大程度上实现了这些目标?

推荐阅读

PRINCIPAL SOURCES

Braudel, Fernand. *Capitalism and Material Life 1400–1800*, trans. by Miriam Kochan (New York: Harper and Row, 1973). Highly influential overview of the beginning of capitalism as the guiding economic force in modern Europe.

Chaudhuri, K.N. *Trade and Civilization in the Indian Ocean* (Cambridge: Cambridge University Press, 1985). Comprehensive survey of the ecology, politics, traders, and the trade of the Indian Ocean.

Elvin, Mark. *The Pattern of the Chinese Past* (Stanford: Stanford University Press, 1973). An interpretive economic history from pre-Han to Qing China. Thoughtful analyses of successes and failures.

Kennedy, Paul. *The Rise and Fall of the Great Powers* (New York: Vintage Books, 1987). Examines histories of great power rivalries, including the western European rivalries in the age of exploration and trade. Seeks balance between military power and economic health.

McNeill, William H. "The Age of Gunpowder Empires, 1450–1800," in Michael Adas, ed., *Islamic and European Expansion* (Philadelphia: Temple University Press, 1993), 103–9. Brief survey of the effects of gunpowder on warfare and on the nations that use it in warfare.

Mintz, Sidney W. *Sweetness and Power: The Place of Sugar in Modern History* (New York: Penguin Books, 1985). Anthropological focus on the Caribbean sugar plantation, but places it also in the context of world trade patterns, advertising, and changing food choices.

Thornton, John. *Africa and Africans in the Making of the Atlantic World, 1400–1680* (Cambridge: Cambridge University Press, 1992). Sees Africans as active participants in the slave trade and other trading activities, not simply as passive recipients in the affairs of others.

Tracy, James D., ed. *The Political Economy of Merchant Empires* (Cambridge: Cambridge University Press, 1991). An excellent account of the merchant empires that emerged in the Early Modern period.

——, ed. *The Rise of Merchant Empires* (Cambridge: Cambridge University Press, 1990). Tracy brings together the papers of an exciting academic conference on the merchant empires of the age of exploration and early colonization. Specialized, but very important coverage. "The Rise" discusses primarily the merchant activity; "Political Economy," primarily the imperial effects.

ADDITIONAL SOURCES

Bayly, C.A. *Indian Society and the Making of the British Empire* (Cambridge: Cambridge University Press, 1988). Sees the effects of British colonization in the early years through the eyes and activities of Indians.

Braudel, Fernand. *Civilization and Capitalism 15th–18th Century*. Vol. 2: *The Wheels of Commerce*, trans. by Sian Reynolds (New York: Harper and Row, 1986). Remarkable synthesis of the transformation of early modern Europe through its economy, social life, and culture. Volume 1 is published as *Capitalism and Material Life, 1400–1800*, see above.

——. *Civilization and Capitalism 15th–18th Century*. Vol. 3: *The Perspective of the World*, trans. by Sian Reynolds (New York: Harper and Row, 1986). Third volume in the series, looks more at the importance of international relations.

——. *The Mediterranean and the Mediterranean World in the Age of Philip II*, 2 vols, trans. by Sian Reynolds (New York: Harper Torchbooks, Vol. 1: 1972; Vol. 2: 1973). This study of the Mediterranean demonstrated Braudel's style of history, including geological influences, long-time institutional influences, and short-run political and personal influences. Highly influential for its style of history as well as its subject matter.

Columbia University. *Introduction to Contemporary Civilization in the West*, 2 vols. (New York:

Columbia University Press, 2nd ed., 1954). A superb reader of some of the most influential thinkers, presented in long, rich excerpts.

Curtin, Philip, Steven Feierman, Leonard Thompson, and Jan Vansina. *African History from Earliest Times to Independence* (New York: Longman, 2nd ed. 1995). Excellent, textbook survey emphasizing anthropology as well as history.

Das Gupta, Ashin and M.N. Pearson, eds. *India and the Indian Ocean 1500–1800* (Calcutta: Oxford University Press, 1987). Articles on the vital trade and politics of the major actors in the Indian Ocean.

Duara, Prasenjit. *Rescuing History from the Nation* (Chicago: University of Chicago Press, 1995). A critical challenge to the ideas that the nation state is a creation of the modern West and that it has a fixed meaning.

Ebrey, Patricia Buckley. *Cambridge Illustrated History of China* (Cambridge: Cambridge University Press, 1996). Excellent basic survey. Pictures help tell the story. Some emphasis on women in Chinese history.

Gungwu, Wang, "Merchants without Empire: the Hokkien Sojourning Communities," in Tracy, *The Rise of Merchant Empires*, 400–21. Traces the overseas activities of merchants of the south China coast, whose opportunities in China were blocked by government.

Kamen, Henry. *Empire: How Spain Became a World Power, 1492–176*, (New York: Harper Collins, 2003). Analyzes the empire globally, accounting for the many non-Spanish groups that participated in constructing and administering it.

Lapidus, Ira. *A History of Islamic Societies* (Cambridge: Cambridge University Press, 2nd ed., 2002). A 1000+ page, comprehensive, well-written history.

Palmer, R.R. and Joel Colton. *A History of the Modern World* (New York: Knopf, 9th ed., 2002). Once THE major text; now considered too Eurocentric, and very Francophile, but still excellent.

Pearson, M.N., "Merchants and States," in Tracy, ed., *The Political Economy of Merchant Empires*, 41–116. Discusses the role of the state in encouraging business, mostly in Europe, but considers Asia as well.

Pomeranz, Kenneth. *The Great Divergence: Europe, China, and the Making of the Modern World Economy* (Princeton: Princeton University Press, 2000). How did Europe surpass China? An economic historian explores various explanations. He suggests: The exploitation of New World resources; coal in Britain; armed merchant exploration and trade.

Reid, Anthony. *Southeast Asia in the Age of Commerce 1450–1680*. Vol 1: *The Land Below the Winds*; Vol 2: *Expansion and Crisis* (New Haven: Yale University Press, Vol. 1: 1988; Vol. 2: 1993). Excellent collection of conference papers on foreign merchant impacts on Southeast Asia.

Rothermund, Dietmar. *Asian Trade and European Expansion in the Age of Mercantilism* (Delhi: Manohar, 1981). Survey of economic history.

Schama, Simon. *The Embarrassment of Riches* (New York: Knopf, 1987). Study of early modern Netherlands, especially its artistic production.

Smith, Adam. *An Inquiry into the Nature and Causes of the Wealth of Nations* (New York: Modern Library, 1937). The classic philosophical rationale for capitalism.

Spence, Jonathan D. *The Memory Palace of Matteo Ricci* (New York: Penguin Books, 1985). An account of the work and the significance of Matteo Ricci in China, filled with cultural information, as on the function of memory.

Steensgaard, Niels. *The Asian Trade Revolution of the Seventeenth Century* (Chicago: University of Chicago Press, 1973). Argues that most Asian traders were small scale and not well organized.

Tawney, R.H. *Religion and the Rise of Capitalism* (New York: Harcourt, Brace, & Co., 1926). Argues, against Max Weber, that Catholicism also showed substantial economic entrepreneurship and that religious and moral principles will always be included in economic considerations.

Thomas, Hugh. *Rivers of Gold: The Rise of the Spanish Empire, from Columbus to Magellan* (New York: Random House, 2004). The first thirty years of conquest seen largely through the eyes of the men who carried it out.

Weber, Max. *The Protestant Ethic and the Spirit of Capitalism*, trans. by Talcott Parsons (London, 1930). Argues that religious beliefs do have considerable impact on economic performance. Also, in the modern world, religious enthusiasm had been supplanted by economic aspirations.

Wolf, Eric. *Europe and the People without History* (Berkeley: University of California Press, 1982). Historical anthropologist demonstrates that non-European societies are not unchanging. Their recent history has been heavily influenced by the capitalist West.

人口的迁徙

新的全球化时代的人口变化，1300—1750年

主题

- "新欧洲"
- 奴隶制：强制的人口迁徙，1500—1750年
- 亚洲的人口迁徙，1300—1750年
- 全球人口的增长和迁徙
- 城市和人口统计
- 人口迁徙和人口统计分析的重要意义

　　过去，历史学家们在著书立说时往往选择研究某个民族的伟人要人、主要的社会制度、政治及其行政区域等。但是，到了20世纪，尤其是20世纪的后半期，他们开始研究人口统计问题，即一般以量化的形式对总的人口状况进行研究分析。他们提出这样一些问题：在何时出于什么原因人口出现增长或下降？疾病、战争、饥荒以及农耕效率的提高对人口有怎样的影响？在年龄、性别、等级和家庭规模的大小方面，人口是怎样分布的？他们利用人口的预期寿命以及其他一些"人口动态统计数据"，包括出生率、死亡率和婚姻率等开展研究。他们有时也分析结婚的平均年龄、婚生及非婚生婴儿的出生率等。

　　通过对以上数据的大规模分析，人口统计学家们试图理解和解释人口变化的模式。尽管这样的统计数据有时会显得枯燥乏味，但是它们的确揭示了人类社会的基本结构和变化。现在，大多数政府都会收集这一类的信息。在此之前，由于没有这样系统的、官方的统计数据，历史学家们只能寻找其他的资料来源，例如，教会的人口出生和死亡登记、旅行者对人口陡增及灾害时期人口数量的估算、船舶的乘客和货物登记等都被证明是很有价值的资料来源。本章我们将对人口统计数据进行研究，重点探讨人口的迁徙，即大量人口跨越地理空间范围的迁徙，包括从一个地区到另一个地区，以及乡村与城市之间的人口迁徙。其中有些问题我们已经在开篇对智人全球迁徙的讨论中有所涉及。

　　历史研究的新课题往往来源于现实生活的新体验。在当今社会，人口模式的变化在很大程度上改变着我们的世界，这既体现在人口爆炸上，它使得世界人口在过去的30年中翻了一番，也包括千百万人从一个地区向另一个地区，从乡村向城市的迁徙。尤其是美国一再强调其作为移民国家的重要性，这一模式开始于国家建立之前，且一直延续至今。而且，美国国内的大规模人口迁徙今天仍然在继续，尤其从北部到南部、从东部到西部、从乡村到城市、从城市到郊区的迁徙。这些人口模式的变化促使人们将其与较早历史时期的情况进行比较。特别是在1500至1750年期间，随着新种族的迁入以及土著人口的消亡，整个大陆的人口结构经历了重组。与此同时，在许多重要的都城，其中有一些是新近建立的，也经历了大幅度的人口增长。

　　我们没有选择对个体生命进行研究而是把目光投向了总体人口，还有另一个原

前页　阿尔布雷希特·丢勒（Albrecht Dürer），《一个黑人的肖像》，1508年。炭笔画。欧洲人眼中的非洲黑人大多是奴隶，但这幅由德国著名画家阿尔布雷希特·丢勒创作的《一个黑人的肖像》却是例外，他在作品中将表现对象刻画成一个充满智慧、目光清澈、善于思考、具有独立人格的人物。（维也纳萨姆伦·阿尔贝蒂娜美术馆）

因,这样的研究能使我们最大限度地理解普通人的生活。普通人可能并没有留下关于自己的文字记载——他们大多数不识字,没有读写能力——因此我们现在无法知晓他们个人的生活经历。但通过对群体进行人口统计学的研究,我们也许能够更好地理解他们所生活的社会。

最后,新的研究领域往往需要新的研究手段,而有时新研究手段的出现能够促进新研究领域的形成。对人口史的研究需要量化的信息以及与之配套的数据统计工具。上一代的人口统计学家们在研究方法上迈出了几大步,其中的一些突破要归功于新型计算机及其强大的数据处理能力。他们的量化研究为解决"我们是怎样知道的"之类的问题提供了新的、更多的答案。

我们将探讨四个方面的内容:首先,随着欧洲人从欧洲散布到世界各地生活定居,"新欧洲"在全球范围内形成,他们在各地常给原住民带来灾难性的后果。其次,奴隶贸易将约一千万非洲人带到美洲——虽然奴隶贸易在世界很多地方早已存在了。第三,蒙古人和突厥人的长途迁徙,他们从中亚出发,入侵并征服了东至中国、西至俄罗斯和巴尔干半岛、南至印度的土地。最后,我们将分析在全球几个不同区域出现的人口从乡村到城市的迁徙,并比较迁徙原因的异同。

"新欧洲"

从1500至1750年间,欧洲自身的发展增强了该地区在全球的影响力,并推动了数百万欧洲人移居到世界各地建立他们的"新欧洲"。在第14章中我们已经就欧洲的发展进行了讨论,包括:

- 在世界各地的贸易散居地城市中,欧洲商人的影响力不断增强;
- 欧洲民族国家的国力日益强大和他们对海外贸易的支持;
- 贸易的重心向大西洋地区(而不是印度洋地区)转移;
- 欧洲在技术发明,尤其是枪炮和船舶建造方面的加速发展;
- 欧洲的军队不断发展,纪律严明,组织有序化;
- 欧洲从"新大陆"输入大量黄金白银,大部分用于支付从中国和印度进口商品的费用;
- 几百万来自非洲的奴隶在"新大陆"的种植园受到剥削压迫;
- 带有侵略色彩的基督教教义的广泛传播。

有些历史学家把十字军东征视为从1500年开始的大规模人口迁徙的先声。十字军东征是以夺回并占领"圣地"为旗号的宗教运动,始于1096年,止于1291年,以最后一个十字军王国的溃败而结束。十字军士兵在他们的军事据点附近建立了商业定居点,在他们新建的定居点里也至少有几名传教士居住。可以说,十字军东征与多年后始于1500年的欧洲扩张有着相似性,两者都是几大因素的集合:武力征服、开拓殖民地、获取经济利益并进行传教活动。

正如我们在第14章中看到的,西班牙和葡萄牙都于16世纪在全球范围建立了庞大的帝国。哥伦布的几次远航在美洲大陆发现了金银矿石,随之而来的许多欧洲人都准备屠杀美洲的原住民并夺取他们的土地。科尔特斯(Cortés)于1519年征服了墨西哥的阿兹特克帝国,皮萨罗(Pizarro)于1533年征服了印加人,随之而来的是疯狂的屠杀和破坏。然而,战争还不是导致当地人死亡的最大罪魁祸首,疾病甚至更具有杀伤力。

哥伦布给美洲带来的植物、动物和疾病

487

几千年来,东西两个半球的各个民族之间并没有长期的接触,因此哥伦布的远航开启了一个互通往来的新时代。这一"哥伦布大交换"(Columbian Exchange)带来的既有灾难也有新的机遇。美洲印第安人对欧洲人携带的疾病毫无抵抗能力,这无疑是降临在他们身上的巨大灾难。而新的机遇则随着两大洲相互引入的动植物物种而到来。

对美洲印第安人口的打击　历史学家阿尔弗瑞德·克罗斯比(Alfred Crosby)是研究微生物交换的先驱者,他指出,人们现在普遍认可的估值中,对美洲印第安人1492年的人口数量最低估值为3 300万左右,最高估值为5 000万人左右。相比较而言,欧洲当时拥有8 000万人口。就在欧洲人登陆美洲大陆后不久,几百万美洲印第安人丧生。欧洲人到达之后,西半球人口降至最低时仅为450万人。导致这一人口灾难的最主要的原因不是枪炮,而是各种疾病,如天花、麻疹、百日咳、水痘、淋巴腺鼠疫、疟疾、白喉、阿米巴痢疾及流感。由于新旧大陆相隔万里,几千年来相互阻隔,新大陆的原住民对来自旧大陆的疾病几乎没有任何抵抗能力,90%的人口死亡。

阿兹特克天花病患者,16世纪。西班牙征服美洲大陆依靠的不仅是枪炮、军队,更重要的是他们所带去的疾病。美洲原住民从未接触过这些疾病,尤其是天花,因而对这类病菌毫无免疫力。他们大量死亡——在很多地区甚至高达90%。(哈佛大学皮博迪考古与民族学博物馆)

哥伦布大交换带来的益处　具有讽刺意味但更令人可喜的是东西两个半球的联系也带来了人们食物来源的交换,并在日后促进了人口的增长。南美洲的树薯传到了非洲和亚洲,马铃薯传到了北欧,甘薯和玉米传到了中国,现在中国成为继美国之后的第二大玉米产出国。今天,前苏联马铃薯的产量比南美洲要高出十倍,非洲的树薯产量是南美洲的近两倍。

动植物种群也从东半球迁徙到了西半球。小麦是旧大陆引入到新大陆的主要农作物,但旧大陆对新大陆更大的贡献恐怕还在于引入了家畜,包括牛、羊、猪和山羊。旧大陆已被驯化的马也被带到了新大陆。从长远来看,这些食物的交流在很大程度

上促进了世界人口的增长,全球人口从1492年的大约5亿人发展到今天的约60亿人,增长了十几倍。但并不是每个种族都实现了人口的增长,其中既有赢家,也有输家。1492年欧洲大陆的各个种族是最大的赢家,亚洲各族人口总体上说有所发展,而美洲印第安人则是最大的输家之一。

488

北美洲

　　至17世纪初,西班牙在新大陆的霸主地位受到了来自荷兰共和国、英格兰和法国的挑战。这三个国家都发展出建造高质量船舶的专业技术,培养了商业群体,这些商人受到利益的驱使,掌握娴熟的商业技巧,与政界要人保持着强有力的联系。起初,这三个国家都将目光投向了加勒比海地区,垂涎于该地区种植园的利润前景。他们夺取并占领了一些前哨基地:英格兰的基地主要位于巴哈马群岛和牙买加,法国的位于圣多明克(今天的海地),荷兰的基地主要位于巴西沿海及库拉索岛。此后,他们又将目标转向了北美大陆。

北美洲东部的欧洲人定居区。英国人在北美洲的大西洋沿岸建立了一个殖民地网络。其中的13个殖民地于1776年举行起义,建立了美利坚合众国,但北部地区的殖民地仍然忠于宗主国英国。英国限制殖民者越过阿巴拉契亚山脉向西移民,这样,毗邻阿巴拉契亚山脉西侧的土地归印第安人所有,而再往西的土地为法国人所占有。佛罗里达1763至1783年间被英国人占领,但在其他时间是西班牙的属地,直至1818年美国侵入并征服该地区。

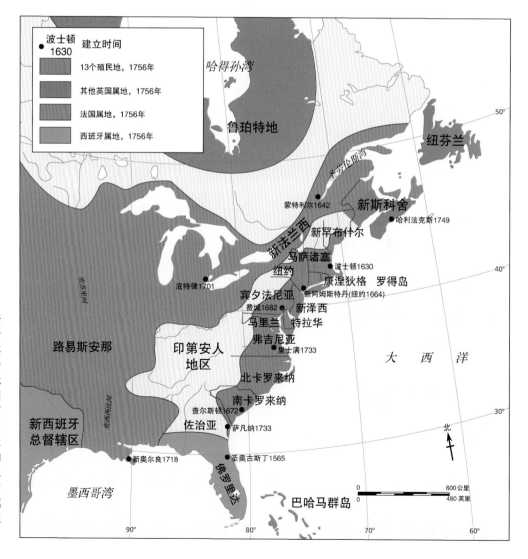

北美地区对外来定居者,如农场主、工匠、劳工和农业工人颇具吸引力。这些早期的定居者中,有一部分是由于新大陆的白银涌入欧洲后产生的"价格革命",而被迫离开欧洲。贵金属进入欧洲以及欧洲在亚洲的贸易网络,导致通货膨胀,而这些地区的薪酬水平并没有同步提高。迫于经济环境的恶化,一些生活在欧洲社会边缘的人希望能够在北美寻找到新的生存机会。

随后,在整个17世纪和18世纪初,欧洲人在新大陆掀起了一波又一波的入侵狂潮,出于各自的意图占领了不同的地区。他们最初来到弗吉尼亚是为了寻找金矿、水獭皮、鹿皮以及通往亚洲的西北通道。但是所有这些目标都没能实现,甚至在最初连生存都面临巨大困难。1607年至1609年间来到这里的第一批900名殖民者中,到1609年末幸存下来的只有60人,大部分死于饥饿和疾病。1610年至1622年间,大约有9 000名殖民者来到这里,后来只有2 000人幸存了下来。1618年后,受皇室任命的殖民地行政长官向所有定居下来的移民赠送每人50英亩的土地。到这时候,弗吉尼亚出产的烟草成为支撑当地经济的主要产品。不断有欧洲移民来到这里,但生活是艰辛的,被吸引来的大多数都是来自社会最底层的普通百姓。其中很多是**契约劳工**,他们签署契约承诺为在新大陆的某雇主工作一定的年限,一般为7年左右,以换取前往新大陆的船票和固定的工作。他们中大约3/4是男性,年龄大多在15至24岁之间。这些人得不到雇主的丝毫关心,被随意买卖,有的被压榨致死,所受待遇与奴隶无异。对土地极度饥渴的欧洲殖民者认为美洲原住民是异族、野蛮人、非基督徒,并且是欧洲人入侵和扩张的障碍。在这里人的生命如草芥,同时在人性中的丑恶面和恶劣自然环境的驱使下,殖民者对原住民进行了大规模屠杀,并且把这变成了他们的生活方式。

马里兰也种植烟草,但不仅仅是为了获取经济利益。1632年,英王将这块土地赐给了巴尔的摩男爵乔治·卡尔弗特(George Calvert, Lord Baltimore)。卡尔弗特把这里建成为天主教徒的庇护所,他们当时在英格兰作为宗教上的少数派受到压迫。天主教徒在这里仅占人口的少数,但受到法律的保护。然而,他们也对美洲原住民进行了屠杀。

在新英格兰,第一个集体定居点是建于1620年的普利茅斯英国清教徒殖民地。英格兰的分离派清教徒不赞同英国国教的教义,他们希望能够在新大陆找到一个宗教的避难所。《五月花号公约》把这些人凝聚在一起,该公约是他们在去新大陆的船上共同起草的一份协议,他们立誓创立一个自治的组织,"以保障殖民地全体民众的利益;全体成员皆保证遵守和服从此项约定"。在普利茅斯登陆的102名英国派清教徒中,一年后只有不到一半的人生存了下来。后来他们得到了

489

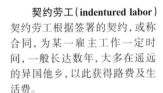

契约劳工(indentured labor) 契约劳工根据签署的契约,或称合同,为某一雇主工作一定时间,一般长达数年,大多在遥远的异国他乡,以此获得路费及生活费。

清教徒抵达新英格兰。对欧洲移民来说,新大陆的两大吸引力就是宗教信仰自由和经济方面的机遇。来到这里的英格兰移民有很多是反对英国国教的分离派清教徒。他们追求独立的精神正是日后激发1776年美国革命的一个内在因素。然而,一些分离派清教徒本身对其他外来移民的包容度并不高,他们强令这些人俯首听命,否则就将其驱逐。

490

欧洲人到北美洲的移民过程

1565年	西班牙人移民到佛罗里达
1604年	法国人移民到新斯科舍
1607年	第一个永久性的英国殖民地在弗吉尼亚的詹姆斯城建立
1608年	法国人移民到加拿大的"新法兰西"
1611年	荷兰人移民到曼哈顿岛
1619年	欧洲人将第一批非洲黑人作为奴隶带到弗吉尼亚
1620年	"五月花"号载着分离派清教徒从英格兰的普利茅斯起航,在马萨诸塞的普利茅斯,建立了新英格兰的第一个殖民地。
1622年	英国人移民到缅因
1624年	荷兰人移民到纽约
1630年	马萨诸塞湾公司占领马萨诸塞
1634年	英国天主教徒建立马里兰殖民地
1635—1638年	英国人移民到康涅狄格
1638年	罗得岛被来自马萨诸塞的殖民者占领
1638年	瑞典人移民到特拉华
1663年	英国人移民到卡罗来纳
1670年	哈得孙湾殖民公司主张鲁珀特地的所有权
1681年	英国贵格会教徒移民到宾夕法尼亚
1682年	法国主张对密西西比河流域的所有权
1713年	英国对纽芬兰拥有的主权被确认

友好的美洲印第安人的帮助,才在该殖民地扎下根来。

1630年,另一批移民,即英国的清教徒,来到了新英格兰。分离派清教徒希望完全脱离英格兰国教,而清教徒只是希望达到净化教会的目的。他们比分离派清教徒富有,受教育程度也比他们高,有许多甚至接受过大学教育。英国国王查理一世(很多人怀疑他私下信奉的是天主教,而且他与国内的新教徒强硬派水火不容)急于把清教徒赶出英格兰,于是给他们颁发特许状,令其成立马萨诸塞湾公司管辖马萨诸塞殖民地。就在该年年末,1 000名清教徒移居来到这里,10年后增加到20 000人。更多的人选择移居到加勒比群岛的甘蔗种植园。

清教徒离开英国来到新英格兰是为了寻求宗教自由,但是,在新英格兰,他们并没有将同样的自由赋予其他人。一位名叫罗杰·威廉姆斯(Roger Williams)的牧师由于提倡政教分离,为清教徒所不容,被迫逃离,这样的例子并不少见。清教徒虽然观念狭隘,但是他们致力于为当地的社会服务,努力规范教规律令,工作勤劳,大力提倡教育活动,积极投身宗教教义的传播。他们藐视印第安人,以武力方式攻击印第安部落,并且心安理得地占有他们的土地。

荷兰人将新阿姆斯特丹地区划为他们的殖民地,直至1664年这一地区被英国人占领。在失去一段时间后,荷兰人于1673年重新收复该地区。英国人把它更名为纽约,曾经由荷兰人在这里创立的一套独有的商业制度得到了发展,其特点是实用、包容性强、多国语言兼容。

也许最具吸引力的定居点是由贵格会教徒建立的宾夕法尼亚殖民地,该殖民地由一个英国的贵族、教友会成员威廉·佩恩创立。教友会即贵格会的正式名称。威廉·佩恩在一次宣传教友会基本教义——即信仰自由、非暴力、和平主义——的宣讲会上,受到了激励,建立了该殖民地。宾夕法尼亚和它的第一首府费城(其名称意为"兄弟之爱")因其对宗教的包容性而名贯西欧,来自许多不同国家持不同信仰的人纷纷来到这里:包括"英国人、苏格兰高地人、法国人、德国人、爱尔兰人、威尔士人、瑞典人、芬兰人、瑞士人,……孟诺派教徒、路德教派教徒、荷兰改革教派教徒、浸礼会教友、英国国教圣公会教徒、长老派教徒、天主教徒、犹太教徒",以及一些隐士和宗教神秘主义者。就连美洲原住民也从其他地方移居到这里,以逃脱当地对他们的暴力迫害。佩恩早期致力于与美洲的原住民建立一种受到法律和私人契约保护的、不同种族间相互包容的和平关系。遗憾的是,移民者中的非贵格会教徒并不认同他的做法，在佩恩去世以后，他们也开始驱赶印第安人，只是其暴力行为比起其他地方来稍有收敛。

英国人在从纽芬兰一直到南卡罗来纳的大西洋沿岸及内陆地区的哈得孙湾地区建立了许多形式各异的殖民地，并且蓬勃发展起来；同时，法国人也小批移居到内陆地区的各大水域，包括圣劳伦斯河、大湖区和密西西比河以及路易斯安那的海湾沿岸。在英法两国之间的国际战争——七年战争（1756—1763 年）中，英国军队攻占了从大西洋到密西西比河的北美大陆。英国人的胜利决定了北美洲日后会成为一个英语区。不过，人们在魁北克省仍然能够感受到法国文化和法国移民的影响，而且这里直到现在依然是一个法语区。到 1750 年时，大约有 400 万欧洲裔人移居到了北美洲。

大洋洲：澳大利亚和新西兰，1600—1900 年

英国人还征服了太平洋上的一些岛屿，并且在这些岛上定居下来。穿越大西洋对他们来说比较快捷方便，但是到达地球另一端的澳大利亚和新西兰就不是那么简单了。就连邻近区域的人也只是偶尔来到这里。16 世纪时亚洲人曾经在这里登陆过几次，他们到澳大利亚的北部海岸采集一种海参。这种海参经熏干后貌似萎缩的男性生殖器，被中国人用做壮阳药，成为印度尼西亚出口中国的主要产品。

西班牙人手中保留的葡萄牙人绘制的航海图摹本表明，葡萄牙水手曾经登陆过澳大利亚的北部和东部海岸，并绘制了当地的地图，当然也可以就此推测，西班牙人也可能知晓这些地区的存在，只是没有进行进一步的接触。17 世纪早期，荷兰水手远渡重洋，很多人在航海过程中遇难，只有少数人得以在澳大利亚海岸登陆。1642 至 1644 年间，荷兰海军中校阿贝尔·塔斯曼（Abel Tasman，约 1605—1659）受荷兰东印度公司的委托，开始对这一区域进行系统的勘查，他所到之处包括新西兰和后来以他名字命名的、分隔澳大利亚和新西兰的海域，以及后来被命名为塔斯马尼亚岛的岛屿和澳大利亚北部海岸。他在报告中写道："在海滩上徘徊的赤身裸体的可怜人，缺乏粮食……生活极度贫困，而且多数人性情暴戾。"（转引自 Hughes，第 48 页）。这样的描述令英格兰人大失所望，同时由于西班牙、荷兰、葡萄牙整体国力的下降，欧洲人在一个半世纪中几乎没有再踏上过澳大利亚的土地，欧洲移民来到这里的时间也比他们移居到西半球的时间滞后了差不多 150 年。

1768 年，英国人詹姆斯·库克（James Cook，1728—1779 年）船长开始了长达三年的航行，他到塔希提岛进行了天文观测，到澳大利亚实地考察了塔斯曼记载的"南部大陆"的自然状况，绘制了新西兰的地图。并且还记录下这些遥远国度的自然资源情况，当然这得要归功于年轻的充满干劲的业余植物学研究者约瑟夫·班克斯（Joseph Banks，1743—1820 年）。库克此次长达三年的远洋航行之所以获得成功也许是有赖于他们发现的能够防止水手坏血病的食物疗法，以及一种能够绘制经度的新仪器，使得海上定位成为可能。库克对他在澳大利亚遇到的原住民的描述与塔斯曼的大相径庭。他发现当地居民与新西兰的毛利人不同，他们的生活宁静和平，而这

原始资料

库克船长遭遇澳洲土著居民

阿贝尔·塔斯曼对凶残的新西兰毛利人的描述使欧洲人打消了对这些岛屿作进一步探索的念头。1688年威廉·丹皮尔（William Dampier）从新荷兰（印度尼西亚）出发来到澳大利亚的北海岸，他是当时到过澳大利亚的唯一一个欧洲人，他对澳大利亚的描述同样骇人听闻，充满了种族主义色彩。

这里的居民堪称世上最悲惨的民族……他们的头部巨大、前额凸出、眉毛浓黑。为防止苍蝇撞到眼睛，他们总是眼睑半闭着……因此无法看清远处的物体。

他们脸型瘦长，面目可憎，无丝毫美感可言。

他们没有住房，露天而卧，不用任何遮盖物，以地为床，以天为盖……

我想他们一定没有任何信仰。

（转引自 Hughes，第48页）

库克船长的观点与上文截然相反：

有人可能会认为他们是世上最为不幸的民族，但事实上，他们比我们欧洲人要快乐得多；对于欧洲人一心追求的便利生活所必需的各种器具和那些完全不必要的奢侈品，他们都一无所知，因而享受着无知的乐趣。他们的生活宁静和平，不会受到不公正待遇的困扰：大地和海洋本身为他们提供了一切生活的必需品。他们也从不垂涎豪宅、家居用品等物质享受。这里气候温暖宜人，空气新鲜，因此他们几乎不需要穿衣服，对此他们也深有体会，因此，很多人把我们赠予的布料扔在海滩和树林，视为无用之物。总之，在他们看来我们赠予的物品并无多大价值，他们也不愿舍弃自己的任何东西与我们交换。我

想，这就说明他们认为自己已经拥有了所有的生活必需品，而且他们的生活中没有任何奢侈品。（Cook，第1卷，第399页）

与库克同行的还有一位年轻的植物学家约瑟夫·班克斯。班克斯对澳洲土著的描述是：他们怯懦、没有财产、人口稀少。尽管班克斯并没有提议殖民，但那些有殖民意向的人从他的评价中看到了希望。班克斯和他的同事丹尼尔·索兰德（Daniel Solander）经过这次长达三年的航行带回了30 000件左右的标本，分别属于3 000个不同的物种，其中的1 600种欧洲科学家从未见过。这些标本并非都是取自澳大利亚，但为了纪念班克斯和索兰德付出的劳动，库克将澳大利亚一个大海湾命名为"植物湾"（博特尼湾——译注）。

澳大利亚与欧洲远隔重洋，但库克的发现似乎给这块大陆未来与世界的交汇带来了巨大的希望。

也决定了澳大利亚日后的命运。

根据库克的报告，英国政府决定让澳大利亚成为他们一直在寻找的"垃圾倾倒场"，为本国拥挤不堪监狱中的囚犯找到了安置地。（美洲的殖民地在独立战争之前也是用作这一目的的。）因此，英国在澳大利亚的殖民地采取的最初形式就是作为囚犯的流放地。从1788年第一艘装满犯人的船只到达这里开始，直至19世纪50年代，被判处绞刑的英国囚犯还有一个选择，那就是被"运送"到澳大利亚。在一种所谓的"分派制度"下，囚犯在服刑期间被分派给特定的主人，他们当中90%是个人，10%是负责公用事业项目建设的政府官员。这些犯人的生活条件极其恶劣，当时的性别比例尤其反映了人口的特点，以及他们恶劣的生存条件。男囚的数量远远超过女囚，男女囚比例为6比1；在城市中该比例为4比1，乡村则为20比1。很多女囚成为妓女或者被人强奸，男囚中同性恋现象屡见不鲜。自1835年开始，英国的新监狱法案在其本土监狱中施行，因而很快削弱了澳大利亚作为囚犯流放地的作用。1868年，最后一艘运送囚犯的船只将一批爱尔兰囚犯留在了澳大利亚西部。

英国人对澳大利亚殖民地的开拓从毗邻悉尼的博特尼湾开始，后来拓展到东南海岸各地，这里是澳大利亚灌溉水源最充足，土地最肥沃的地区。由于山脉侧面阻隔

了海岸使内陆缺乏淡水，因此向内陆进一步拓展有困难，殖民的速度较为缓慢。主要依靠羊毛、奶牛、甘蔗种植等商业性农业生产。

然而，到了19世纪50年代以及90年代，金矿被发现，外来的淘金者蜂拥而至。海洋运输的速度比原来快多了，这刺激了小麦的出口，1880年以后，冷藏技术促进了速冻肉贸易的发展。即便如此，1861年澳大利亚的人口仅为120万；到1901年则攀升至380万。

来到澳大利亚的欧洲人虽然人数并不很多，但他们还是破坏了当地脆弱的原生态土著文明，如今这些土著文明只在澳大利亚中部和偏远的北部地区保留了下来。就像在其他"新欧洲"地区一样，欧洲人带来的疾病夺去了大部分澳洲土著的生命。此外，他们原来的狩猎场也被成群的牛羊、英国殖民者竖起的栅栏篱笆以及牧场所取代。更有甚者，英国人实施的各种凶残而露骨的官方和非官方政策迫使当地的土著走投无路。一位大农场主

> 振振有词地说道，他们的牛群遭到黑人的袭击，他加入了追捕黑人的队伍。他肯定他们开枪打死了一百多人。……他坚持认为他们的做法没有错，（他）说如果你认为这些黑人是有灵魂的，那就太荒谬了。（Hughes，第277页）

起初，澳大利亚的土著人以狩猎和采集野果为生，过着游牧生活。面对白人的入侵，他们步步退避，但后来开始挺身反抗，用弓箭和飞镖奋力对抗英国人的武器，以保卫祖先留给他们的土地。在有的地方，他们的斗争长达十年之久，他们偷取并学习使用英国人的枪支，袭击英国人的牛羊马群和他们的住处。英国人确信，他们既不可能

战船模型,新西兰吉斯伯恩,18世纪。直到18世纪末,战船都是毛利人最为珍视、装饰最精美的部落财物。

利诱,也不可能强迫这些土著人为他们干活,于是他们对土著人的反抗进行了更为严厉的打击。1788年欧洲人最初来到澳大利亚的时候,那里大约有30万的土著居民。到2000年,1 900万的澳大利亚人口中92%是欧洲人,7%是亚洲人,土著人仅占1%。现在,澳大利亚50 000名纯血统土著人中的大部分,以及150 000名混血土著人生活在干旱内陆地区的原住民保留地。

英国殖民者的到来导致的毁灭性破坏又在新西兰重演。大约公元750年,属于东波利尼西亚人的毛利人就来到了新西兰,并在这片土地上定居下来。他们在这里生活了上千年,可以说是处于与世隔绝的状态,直到1642年,塔斯曼到达新西兰的西海岸。毛利人杀害了他们中的4人,并阻止其登陆。一个多世纪以后,詹姆斯·库克来到新西兰进行了为期四个月的探险,他发现毛利人勇敢、好战,而且是一个食人部落。随行的约瑟夫·班克斯写道:"我猜想他们完全是依靠鱼肉、狗肉和敌人的血肉为生的。"

虽然毛利人可能确实颇为凶猛,但沿海水域的海豹和鲸鱼、岛上所产的亚麻和木材吸引了来自澳大利亚、美国和英国的猎手和商人。第一批传教士于1814年来到这里,试图向毛利人传教。欧洲人带来的武器使得他们与毛利人的战争以及毛利人之间的战争更为惨烈。同时,欧洲人带来的疾病,尤其是结核病、性病和麻疹等,使毛利人的人口从库克到来时的约200 000人锐减至1840年的100 000人,至19世纪末更是降至42 000人。1840年,英国殖民者与一批毛利部落酋长签署了一项协议,毛利人同意把主权交给英国皇室。虽然法律明确规定了毛利人和欧洲人的平等权利,但在实践中却实行种族不平等。英国人占领了毛利人在北岛的土地,并且迅速发动了对毛利人的战争,将他们从新西兰最富庶的土地上赶了出去。

南非,1652—1902年

荷兰东印度公司于1652年将第一批欧洲殖民者送到南非,在开普敦建立了一个基地,以加强欧亚之间的海上运输能力。不久以后,他们又促使荷兰、法国和德国定居者内迁,在开普殖民地建立大农庄。至1700年,欧洲人拥有了该地区几乎所有的良田;1795年,他们扩张到开普敦以北300英里、以东500英里的区域。此时,开普

霍布森上尉（Captain Hobson）与毛利人酋长签订《怀唐伊条约》（Treaty of Waitanga），1840年。该条约旨在确保英国政府对新西兰的吞并，同时保证毛利人享有宪法规定的权利。但由于语言上的困难和文化上的差异，该条约的英文版和毛利语版两种版本在细则的解释上出现偏差，再加上殖民者对"原住民"所持的种族优越感，最终导致他们对毛利人发动战争，并夺取其土地。

殖民地拥有总人口 60 000 人，其中三分之一是白人。非洲的大部分部落属于两大族群——科伊科伊族牧民（Khoikhoi）和桑族（San）狩猎者，另外还有一些来自其他非洲民族，或是不同民族的混血后裔。

法国大革命期间，法国人征服了荷兰。为了阻止开普殖民地落入法国人之手，英国人于1795年从荷兰人手中接管了该地区。1814年，荷兰人正式将开普移交给英国，第一批英国殖民者于1820年抵达开普。从此英国人、荷兰人和非洲人之间就土地和权力的纷争不断，本书将在第16章中对此进行讨论。

奴隶制：强制的人口迁徙，1500—1750 年

大部分的欧洲移民都是自由人，他们是出于个人的意愿选择迁徙的。但是在整个17和18世纪，从非洲迁徙到美洲新大陆的人数超过了来自欧洲的移民。这些非洲人被捕获、遭囚禁，并在违背他们意愿的情况下被送到新大陆充当奴隶。

非洲的奴隶贸易并非在当时才出现。如我们在12章中所了解到的，大约在7世纪时，罗马人的奴隶中就已有非洲人。阿拉伯人的骆驼商队穿越撒哈拉沙漠，把黄金和奴隶向北运送到地中海地区，与欧洲人交换棉毛织品、红铜和黄铜。在非洲的东海岸，穆斯林和阿拉伯商人也早就把这里纳入了他们的印度洋贸易圈范围。他们从非洲买入黄金、奴隶、象牙和琥珀，并向其出口棉布和丝绸。

葡萄牙以及后来的其他欧洲船队重新调整了他们的贸易路线，选择从大西洋沿岸登陆非洲大陆。骆驼商队继续穿越于沙漠之中，但大部分的贸易在大西洋沿岸的要塞城堡中进行，如圣路易斯、海岸角、埃尔米纳、邦尼、罗安达、本格拉、圣多美岛等

495

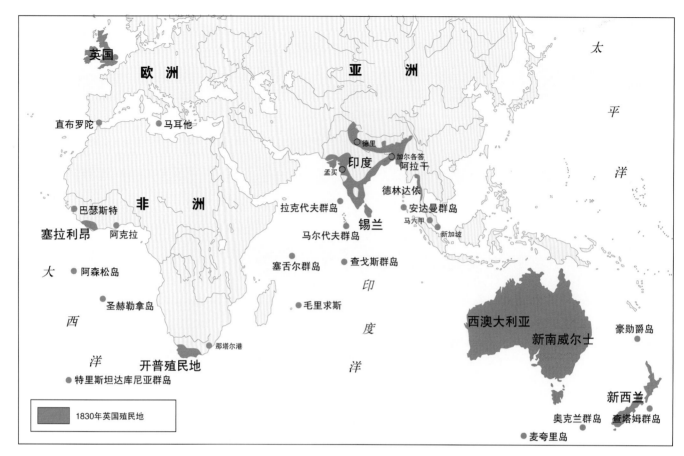

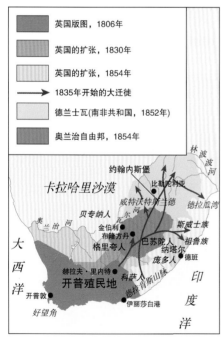

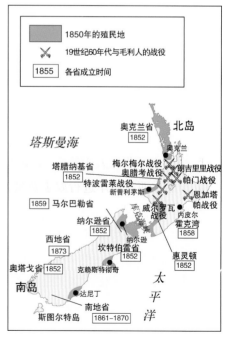

　　英国在澳大利亚、新西兰和南非的殖民地。英国人出于对土地的渴求和对矿产资源的占有欲，对外进行了规模空前的大扩张，企图夺取世界霸权。他们不仅霸占了印度的财富，还将荷兰人从开普殖民地驱赶出去，占领了澳大利亚适宜居住的东南沿海地区（英国人最初将澳大利亚作为他们的囚犯流放地，遣送来自英国本土的囚犯和一些不受主流社会欢迎的人），并且宣布他们对新西兰这片适宜居住的世界最南端土地拥有所有权，为其19世纪初迅速增长的人口准备了一片乐土。

496

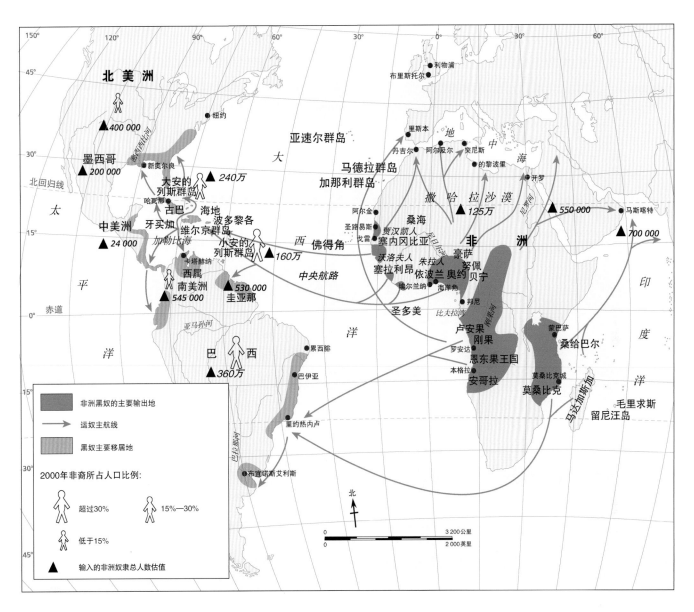

地区。在这里非洲人用黄金、奴隶与欧洲的商船进行交易。从1451至1475年，葡萄牙人开始在西非海岸进行奴隶贸易，此时每年被贩卖的奴隶数量不足1 000人，至17世纪前50年上升到每年7 500人，而18世纪至19世纪中叶，升至每年50 000人。横跨大西洋的奴隶贸易将共计1 000万左右的非洲人作为奴隶贩卖到西半球的甘蔗、烟草和棉花种植园。

黑奴对1650年后加勒比海地区甘蔗种植园的发展做出了直接的贡献，有着重要的经济意义。这些种植园的生产能力和利润于18世纪达到了最高峰。1713至1792年期间，仅英国一国从加勒比海地区进口商品的总值就达到1.62亿英镑，几乎全部为蔗糖。这也相当于英国同期在亚洲进口总量的一半。法国在加勒比海的圣多明克（今天的海地）拥有一个最为富庶的生产蔗糖的殖民地。

黑人奴隶在加勒比海和巴西的甘蔗种植园中的生活条件大多非常恶劣，奴隶

非洲的奴隶贸易。在撒哈拉沙漠以南的非洲地区进行的奴隶贸易可以追溯到罗马帝国时期，公元8世纪，唯利是图的阿拉伯商人将其进一步发展。但是，西欧的企业主在给美洲大陆寻找廉价劳动力的过程中，他们对黑奴贸易带来的影响才是史无前例的。他们用船只将非洲人通过大西洋的"中央航路"（Middle Passage）从非洲运送到美洲大陆，其中活下来的几百万黑奴自大约1550年开始直至19世纪后期逐渐在新大陆形成了一个新的非洲黑人群体。

497

主认为，与其为奴隶提供足够的衣食住所维持其生命，不如将他们的劳动力榨干至死，然后再从非洲买入新的奴隶，这样成本还可以低一些。而北美的种植园以种植其他农作物为主，种植园主鼓励奴隶繁衍后代，因此，这里黑奴受到的待遇相对来说要好一些。

对奴隶贸易的重新阐释

15至19世纪，非洲大陆上形成了许多独立的国家，其中最大的有西非的桑海帝国，其面积大约和法国或西班牙相当。中等规模的国家就更多了，大小相当于葡萄牙或英格兰，包括尼日利亚的奥约帝国，位于尼

奴隶市场，选自《麦卡玛特》（聚会）（*Al Magamat*），14世纪。穆斯林从伊斯兰教成立之初就拥有奴隶并进行奴隶贸易。他们的奴隶贸易覆盖非洲、欧洲东南部、阿拉伯及印度洋沿岸地区。伊斯兰法律关于奴隶待遇的条文使得这里的奴隶贸易手段相对来说比较仁慈；奴隶主要从事家庭服务，而不是苦力劳动。（巴黎国立图书馆）

日尔河下游的努佩、伊加拉和贝宁，尼日利亚北部的豪萨城邦以及中非的刚果王国等。奴隶制及奴隶贸易对这些国家的兴衰至关重要。首先，这里的土地不属于个人，因此奴隶成为象征财富的一个主要形式。富庶的国家都拥有大量的奴隶。其次，奴隶是劳动力来源，是奴隶主用以增添财富的工具。第三，奴隶贸易是国家及个体商人进一步积累财富的手段。在欧洲人尚未登陆大西洋海岸之前的很长一段时间里，奴隶制对这些非洲国家来说举足轻重。

奴隶制在非洲的盛行有助于我们理解对奴隶贸易进行的另类阐释。该观点认为，非洲商人积极参与并推动建立了这一重要的贸易。他们早就在非洲内陆开始了奴隶贸易，当欧洲商人给予非洲商人新的机会以后，他们欣然接受，将奴隶贸易推向了沿海地区。当时欧洲人缺乏强大的军事力量，缺乏对当地疾病的免疫力，对内陆地区的地理环境也不熟悉，因此他们就驻留在沿海地区的据点，由非洲商人捕获奴隶贩运至此进行买卖。非洲的统治者也曾几次试图对奴隶贸易进行限制，但是看来，他们对这些本土的和欧洲的商人并无多大的约束力。在随后的200年间，随着奴隶需求量的倍增，奴隶贩子追求利润的驱动力就更大了。

非洲的一些商人集团可能从中获利，这些种族群体长期以来推动并控制着该地区的贸易，如冈比亚-尼日尔河地区的贾汉凯人；加纳北部、科特迪瓦和尼日尔河上游的朱拉人；塞内加尔的沃洛夫人；以及尼日利亚伊博兰地区的奥卡人和阿罗人。随着葡萄牙人和非洲人在沿海地区结婚并生育后代，由此形成了一个专门从事商业活动的新的非-葡混血群体。

我们是怎样知道的？

黑人奴隶究竟有多少？

菲利普·柯廷（Philip Curtin）1969年出版的著作《大西洋的奴隶贸易：人口统计》（*The Atlantic Slave Trade: A census*）堪称奴隶贸易人口统计学研究的里程碑。对于从非洲运送到新大陆的黑奴人口数量，当时的估算数据为1 500万，柯廷仔细分析了这一数字并得出结论，认为这个数字虽然广为人们所接受，但是缺乏科学依据。他对数据进行了基础的调查研究，不过并没有亲自搜集第一手的文献资料，而是仅采用已经公开发表的数据。他引用的数据包括他选定的几个非洲和美洲港口的进口记录、船运记录以及他依据美洲历史上的奴隶人口数所得出的推算值。通过这些数字，柯廷首次对运到美洲的非洲黑奴进行了系统的数量分析。

首先，他对美洲甘蔗种植园的经济结构进行了分析，并强调了六个要点：

- 种植园经济以奴隶劳动力为基础；
- 种植园经济采用的是早期资本主义大规模生产的组织形式，拥有大量的劳工为其服务；
- 种植园主对劳工享有合法的"封建特权"（feudal rights）；
- 种植园不种植自己所需的农产品，仅为遥远的欧洲市场提供单一的农产品，因此完全依赖跨国贸易来获取利润及生活必需品；
- "对该体系的政治控制来自另一个大陆、另一个社会"；
- 从组织形式来看，甘蔗种植园是工厂劳工形式的先导。

柯廷首先分析了引入奴隶到欧洲的重要性，这些输入奴隶的欧洲地区包括西西里岛、葡萄牙、西班牙、意大利以及这些国家盛产蔗糖的沿海岛

屿。他对人口统计学家关于1450年至1500年的人口统计数据进行了评定和修正，估算出大约有50 000非洲奴隶被运送到欧洲，25 000黑奴被送到大西洋岛屿马德拉、佛得角及加那利群岛。还有100 000左右非洲人被从非洲海岸运到圣多美岛。

柯廷主要依据黑奴专卖权特许状，即1521年至1773年间西班牙政府颁发给海外公司的海运特许证以及各国政府的记录，尤其是英国政府的记录，他估算出，至1865年被运送到西（西班牙）属美洲殖民地的非洲人总数达到155.2万，其中70.2万人被送到古巴。柯廷估计，1640年至1807年间（1807年英国政府宣布奴隶贸易非法）约有166.5万黑奴被送到英属西印度群岛；1664年至1838年间，约有160.02万黑奴被送到法属西印度群岛，而在葡（葡萄牙）属美洲，其数字比前者的两倍还要多。柯廷认同两位人口统计学家提出的估算数字，认为仅仅巴西就引入了约364.68万黑奴，其中一部分流向了巴伊亚的大型甘蔗种植园。荷（荷兰）属西印度群岛引入的黑奴数量为500 000，丹（丹麦）属西印度群岛，即现在的美属维尔京群岛为28 000。而被运到美国和1776年前的北美洲的非洲黑奴人数总和为399 000。

这样算来，柯廷1969年估算的来到美洲大陆的非洲黑奴总人数达到956.6万。总体上说，"以1492年至1770年为例，来到美洲大陆的非洲人超出了来到这里的欧洲人"（第87页）。柯廷指出，尽管他的估算值还可以再减少50%，但无论如何，这些数字"已足以指出现有假设中的矛盾，并对比较人口统计学与社会历史学研究提出了新问题"（第93页）。

柯廷还对奴隶贸易给人口繁衍带来的影响进行了探索。由于贩卖到海外的非洲黑奴只有约1/3为女性，因

此在非洲大陆，虽然其下一代人口损失的比例并不大，但是在美洲大陆，由于黑奴中女性比例低于男性，其下一代人口数量因而低于原来的基数。当然，不同地区的人口繁衍率并不相同。例如，由于北美洲的黑奴本身出生率较高，因此，这里引入的非洲奴隶人数相对较少。北美的黑奴繁衍率要高于其他地方。

运抵美国和加拿大的黑奴人数约为400 000，只占到整个美洲吸收的黑奴人口数956.6万人的4.2%。

与大部分北美人在学校接受的狭隘历史观相反，美国事实上只是吸收非洲黑奴的边缘区域。黑奴贸易真正的中心在美洲热带地区，近90%的黑奴被送到从巴西、圭亚那到加勒比海岸及群岛一线的大西洋沿岸。（第74页）

北美洲奴隶的出生率高于其他地方。没有人知道其确切的原因：

> 美洲热带地区的黑奴的死亡率一直高于出生率，而在北美殖民地，黑奴实现了人口的自然增长……至18世纪末，北美黑奴的人口增长率几乎与欧洲移民的增长率相当……尽管这一现象对最近的新大陆奴隶比较史研究这样的历史学问题有着明显而重要的影响，但历史学家们却完全忽视了该现象，而人口历史学家们又无法对此做出透彻的、令人满意的解释。（第73页）

目前有两种假设试图解释北美奴隶繁衍率高的原因。其一，也可以说是最直接的解释，那就是北美黑奴受到的待遇比其他地方的黑奴要好些。第二种解释是，北美婴儿的母乳哺育期只有一年，而在加勒比海地区都是两年。母乳喂养会产生避孕的效果，

我们是怎样知道的？（续）

这样很可能导致加勒比海地区的黑奴出生率下降幅度高于美国。

继柯廷的人口统计研究之后，又有人提出了人口统计方面的新问题。例如，柯廷指出，奴隶贸易的最活跃区域随着供求关系的变化而发生变化。通常在有战争爆发的地方，由于战俘被卖做奴隶，奴隶供应量充足，导致奴隶价格下跌。低价吸引了更多的欧洲奴隶贩子来到这些地区，他们推动需求量的增长，抬高这些地区的奴隶价格，使得他们转向其他地方寻求货源。随着价格的波动，贩奴市场的重心在各地转移。其结果就是没有一个

地方能够成为奴隶供应稳定的源头，不过也使各个地区都有机会恢复部分人口损失。另一方面，没有一个地方能够抵御奴隶贸易带来的经济利益的诱惑。奴隶买卖几乎遍布整个沿海地区。后来，历史学家们曾试图找出非洲奴隶输出地的确切地理位置。如保罗·洛夫乔伊（Paul Lovejoy）发现，1701年至1800年的100年间从非洲输出了550万黑奴，其中最大的三个输出地为中非、比夫拉湾和塞内冈比亚，其奴隶输出量分别为200万、814 000和201 000（Lovejoy，第50页）。

柯廷的研究推动了人们不断开展

进一步的统计研究以获得更精确的统计数字，但我们现在对大西洋沿岸300年来人口贸易的整体情况已经有了清晰的、以实证为基础的了解。

- 菲利普·柯廷的奴隶贸易研究几乎没有涉及道德方面的问题。抛开道德观点对种植园奴隶制体系和统计数据进行研究有何重要意义？
- 请给出三个例子以证实奴隶贸易是如何遵从供求关系的经济学法则的。
- 美洲大陆的哪些地区是非洲奴隶的主要输入地？

人们对奴隶贸易对整个非洲经济发展所产生的影响仍然颇有争议。有的学者赞同沃尔特·罗德尼（Walter Rodney）在他的前沿性研究著作《欧洲如何导致了非洲的落后》（*How Europe Underdeveloped Africa*，1972年）一书中提出的观点，一再列举奴隶贸易对非洲经济造成的严重后果。而近期一些学者认为，虽然奴隶贸易从绝对数量来看规模庞大，但相对于整个非洲人口和经济来说微不足道，其影响力很有限。关于奴隶贸易的规模和影响力的争议仍在继续。

然而，没有人能够计算出非洲输出好几百万最强壮、适应力最强的男女劳动力对其经济发展究竟意味着多大的损失。克罗斯比（Crosby）带着讽刺口吻地指出，在跨大西洋的商品贸易中，非洲人获得了玉米、树薯、木薯等农产品，成为其主食，由此而增加的人口很可能超过了奴隶贸易中流失的人口数。当然，在整个西半球，奴隶贸易形成了一个新的人口群体，即非裔美洲人。

亚洲的人口迁徙，1300—1750年

在欧洲人通过移民方式来改造美洲和世界其他地区的同时，亚洲人也来到了被他们征服的世界其他地区。在本书的第12章和第13章中，我们分析了欧洲和亚洲的地理分布、商贸制度，发现了两者发展模式的不同。随着欧洲人开始远洋航行开展跨大西洋贸易，这种差异变得尤为显著。在本章中，我们将看到欧亚人口迁徙的模式也大不相同，不过，两者也存在着惊人的相似处。

我们将目光聚焦在1300至1750年间席卷中亚地区的接连几次的大规模外族入侵，这里形成了三个新的帝国，在早已存在的中华帝国疆域内也先后建立了几个新的

王朝。它们是突厥语系入侵者建立的奥斯曼帝国,疆土横跨西亚、欧洲东南部及北非;波斯的萨非帝国;南亚的莫卧儿帝国;以及成吉思汗的蒙古族后裔和后来的满族人在中华帝国疆域内建立的新王朝。

西欧和中亚征服者显示出极大的相似性。他们的入侵征服大致发生在同时。(奥斯曼帝国的征服切断了通往东地中海和中东的通道,因而激发了欧洲人的海外扩张。)他们驰骋的区域都非常广大,跨越数千英里。他们都在征服和占领欲望的驱动下,进行了惨无人道的掠夺。同时,他们都向征服地的原住民强加自己的新文化——只是两者的强制程度截然不同。

两者的差异总体来说非常显著。亚洲人是在陆地上进行扩张的。尽管其征服手段极为残暴,但他们没有给被征服民族带来毁灭性的打击,这可能是由于亚洲的原住民与美洲印第安人不同,他们与征服者之间长期接触,使他们对对方的疾病有了免疫力。由于亚洲征服者大多是马背上的游牧民族,缺乏定居生活的经验,因此对臣服者的影响力有限。他们逐渐采取了被征服民族原有的更为成熟、高效的统治理念和制度,并没有构建新的社会结构来取代原有的社会体系。入侵者在很大程度上被他们击败的民族所同化。到了18世纪初,西欧实力和财富不断增强,而大多数亚洲帝国则走向衰落。

奥斯曼帝国,1300—1700年

奥斯曼帝国的名称源自一位突厥族首领奥斯曼,他通过1301年的军事胜利,在安纳托利亚西北部建立了帝国的根基。奥斯曼人从这里出发,向外扩张,在西面遇到对手拜占庭帝国,东面遇到另一支突厥部落塞尔柱突厥人。13至14世纪期间,奥斯曼人的属地不断扩大,他们占领了安纳托利亚的大部分地区,进入欧洲,并于1354年占领了加利波利半岛。奥斯曼帝国的兴起与西欧的西班牙和葡萄牙的崛起(见第14章)发生在同一时期,并于1600年达到巅峰。然而,到1700年时,它已开始走向衰落。

土耳其人的扩张依靠的主要力量有三支:其一是**加齐**,他们是一群土耳其战士,在伊斯兰教的鼓舞下征服土地,并将其归入"**达尔–伊斯兰**",即尊奉伊斯兰教的政府。其二是**苏菲派教徒**,该教团成员奉行神秘的、沉思静祷的宗教仪式,并且随军征战,将伊斯兰教教义推广到被征服地区;其三是**苏丹亲兵**,其成员是在被占领地区遭捕获或被贩卖的奴隶,他们大多是巴尔干半岛地区的基督徒,后来改奉伊斯兰教并在土耳其的精锐部队中服役,其中少数人成了行政官员。至1527年,这支奴隶兵团的人数达到28 000人。在征服安纳托利亚的过程中,土耳其人取代了当地的农耕人口,成为主要民族。

奥斯曼人在欧洲立足以后,又率领其部队进军巴尔干半岛,占领了希腊北部、马其顿和保加利亚。在1389年的科索沃战争中攻克了塞尔维亚,控制了西巴尔干半岛。不过,从人口统计学角度来说,占领该地区的土耳其入侵者人数并不算庞大,而

加齐(gazi) 伊斯兰教的士兵或军事头领,有时也用于土耳其军队中的军衔。

达尔–伊斯兰(Dar al-Islam) 穆斯林统治者和伊斯兰法律所管辖的地区,广义上指允许穆斯林自由信奉伊斯兰教的地区。

苏菲派(Sufi) 伊斯兰教中信奉神秘主义的一个派别,最早于公元8世纪至9世纪兴起。

苏丹亲兵(janissary) 奥斯曼帝国的精英步兵。

500

501

马德拉沙（madrasa） 传统的伊斯兰教高等学校，设置的课程以神学、法学为主，其字面意思是"求学之地"。马德拉沙一般都有一个中央庭院，四周是学生们住宿的房间以及一间祈祷室或是清真寺，后者即学校的教学场所。

502

穆罕默德二世围攻贝尔格莱德，16世纪波斯人手稿。奥斯曼帝国在1402年被来自中亚的征服者帖木儿挫败，国力衰退，不过后来得以重振，实力有所稳固和加强。其中一个重要的分水岭就是1453年土耳其苏丹穆罕默德二世攻占君士坦丁堡（伊斯坦布尔），使之成为奥斯曼帝国的第三个也是最后一个都城。奥斯曼土耳其帝国历时600年（1300—1922年），在其鼎盛时期曾雄踞三大洲。（伊斯坦布尔托普卡帕宫）

且他们也没有大规模地强迫当地人改奉伊斯兰教。1520年至1530年的人口统计表明，穆斯林约占巴尔干半岛人口的1/5，基督徒约占4/5，另外还有少数犹太人，大多是1492年遭到西班牙的驱逐而来到这里。

穆罕默德二世（Mehmed II）又被称为"征服者"（1451—1481年在位）。在他的带领下，奥斯曼人继续征战，在1453年攻陷了君士坦丁堡，随后又控制了安纳托利亚的其他地区、黑海北部的克里米亚半岛以及威尼斯帝国位于希腊和爱琴海的广阔区域。他们着手重建君士坦丁堡，定为奥斯曼帝国的首都。1600年，君士坦丁堡成为欧洲最大的城市，拥有居民700 000人，吸引了大量外来学者进入宗教学校**马德拉沙**求学，或者凭借其熟知伊斯兰教教义和伊斯兰法的优势获得官职。

塞利姆一世（Selim I，1512—1520年在位）在1514年的查尔迪兰战役中大败波斯的什叶派穆斯林萨非帝国。随后又转战埃及的马木留克帝国，攻克其主要城市阿勒颇、大马士革及其首都开罗。凭借这些胜利，奥斯曼人控制了宗教圣地耶路撒冷、麦加、麦地那以及红海两岸的宗教城市。

苏莱曼一世（Suleiman I），即苏莱曼大帝（1520—1566年在位）将战火又一次引到欧洲，并把匈牙利并入自己的版图，直逼维也纳。在中欧，奥斯曼人遇到对手哈布斯堡帝国。信奉天主教的法国有时打破宗教壁垒，与奥斯曼穆斯林联手对抗信奉天主教的哈布斯堡王朝。经过一系列总体上堪称"世界大战"的激战，奥斯曼人于1571年在希腊海域的勒班陀海战中被威尼斯和哈布斯堡联军打败。最终，交战各方于1580年签署了一份和平协定，确定了地中海地区一条非正式的分界线，分界线的北部和西部主要为信奉基督教的欧洲社会，分界线的南部和东部的北非和西亚地区为穆斯林社会，该分界线一直延续至今。

陆地上的战争一直持续到1606年，《西特瓦-托罗克和平条约》的签订确立了奥斯曼对罗马尼亚、匈牙利及特兰西瓦尼亚的统治权，同时承认了哈布斯堡人与其享有同等的地位。奥斯曼人在巴尔干半岛和欧洲东南部与哈布斯堡人进行了长达两个世纪的战争，经济、军事力量消耗殆尽。自1606年开始，他们停止了在这些地区的扩张。1683年，奥斯曼人入侵维也纳的最后一战以失败告终。而在黑海以北地区与俄罗斯和波兰进行的战斗中,奥斯曼帝国大获全胜,于1676年控制了乌克兰的大部分地区。俄罗斯在彼得一世(彼得大帝)(Peter I, the Great, 1682—1725年在位)和叶卡捷琳娜二世(凯瑟琳大帝)(Catherine II, the Great, 1762—1796年)的统治下,建立和充实了自己的军事力量,于18世纪中叶击退了奥斯曼人。奥斯曼人曾经请来西欧的军事专家为其训练军队,攻下君士坦丁堡。18世纪后期,他们故技重施,企图收复失地。但这一次他们的努力力度太小,一切已经太迟,他们在军事上、经济上已经远远落后于西欧各国和俄罗斯,无法再赶超上去。

由于人口的迁入和自然增长,奥斯曼帝国的人口从1520—1530年间苏莱曼一世统治早期的1 200万—1 300万(同时期西班牙拥有人口约500万,英格兰250万,葡萄牙100万)增至1580年的1 700万—1 800万,1600年可能达到3 000万—3 500万,超出了1520万—1530年的两倍还多。奥斯曼帝国人口呈两倍、三倍的增长,这与整个地中海沿岸地区的人口增长步调一致,该地区的人口总数从1500年的3 000万—3 500万增至1600年的6 000万—7 000万。

印度:莫卧儿帝国,1526—1707年

莫卧儿人是来自中亚的蒙古人和突厥人,其崛起略迟于奥斯曼人,他们于1526年开始入侵印度。经过其四代君主的统治——阿克巴(Akbar, 1556—1605年在位)、贾汉吉尔(Jehangir, 1605—1627年在位)、沙·贾汗(Shah Jahan, 1627—1658年在位)和奥朗则布(Aurangzeb, 1658—1707年在位)——莫卧儿人几乎控制了整个南亚次大陆,他们的统治主要依靠在北部修建的宏伟城堡以及在征战过程中居住的流动的帐篷城市。由于奥朗则布的军事扩张耗费了大量的人力、财力,同时招致了大部分印度教民众对穆斯林统治者莫卧儿人的反感,因此,虽然莫卧儿人的控制权名义上一直持续到1858年,但是,其实力在奥朗则布时期就已经开始衰退了。

巴布尔(扎希尔·乌德·丁·穆罕默德)(Babur[Zahir-ud-Din Mohammad],1483—1530年)的父亲是帖木儿的后裔,母亲是成吉思汗的后裔。巴布尔于1526年率军入侵印度,征服了德里和阿格拉,自封为苏丹王。他的儿子胡马雍(Humayun)在与阿富汗人的几次战役中失利,被赶出印度。但他后来又卷土重来,从阿富汗境内进入印度,在临终前打下了印度北部地区。继续征战和巩固政权的重任落在了他的儿子阿克巴(1542—1605年)的身上。阿克巴或许是印度历史上最伟大的统治者。

印度皇帝阿克巴　阿克巴出生于1542年,与其父——莫卧儿王朝的统治者胡马雍一起被流放,在阿富汗的崎岖山区长大。他童年的大部分时光用来进行体能训练,因而未接受过读写识字教育,不过,他很喜欢别人给他朗读书籍。他的父亲胡马雍成功地回到了印度,在德里重建其政权,然而却在此时坠楼身亡。阿克巴于14岁继承王位。

四年以后,阿克巴开始亲政。从小受到祖先帖木儿和成吉思汗英勇事迹的熏陶,阿克巴开始着手打造属于他自己的帝国。他对不服从其统治的人毫不留情。1568年,

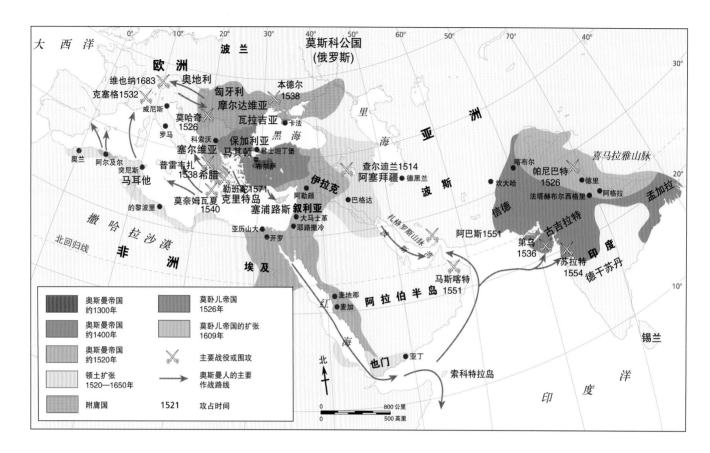

奥斯曼帝国和莫卧儿帝国，1300—1700年。蒙古人停止向外扩张以后，有几个曾经与他们一起征战的民族开始确立自己的权力。奥斯曼土耳其人创建了自己的帝国，于1453年征服君士坦丁堡，并向欧洲东南部和地中海地区长驱直入。莫卧儿人巴布尔于1526年开始征服印度的征程，直至他的孙子阿克巴建成当时疆土最辽阔、力量最强大、文明程度最高的帝国之一。

他率军围攻历史上著名的要塞齐图，最后屠杀了全城的所有30 000居民，将攻打梅瓦尔的持久战推向了高潮。1572至1573年，阿克巴征服了古吉拉特，控制了该地区广阔的贸易网络及棉花、靛青等丰富的资源。此后他向东征服了孟加拉，夺取其水稻、丝绸和硝石等资源；攻占了北面的克什米尔，南面的奥里萨邦及西面的信德。每一次新的征服都给他带来了巨大的财富。

阿克巴作为一位伟大的征服者长年随军征战，不过他也为自己新建了几座都城。他先是建都阿格拉（他的孙子后来就是在此修建了泰姬陵），后迁都附近的法泰赫普尔西克里。他与财政大臣托达尔·马尔（Todar Mal）一起参照军事等级制度建立了行政官僚制度。他还对印度各地，下至各村落的土质情况进行了评估，根据其肥沃程度核定各个地区应缴纳的田赋，并派遣税吏直接以货币形式征收赋税。这些改革举措使印度乡村进入到货币经济时代，同时，在城市，市场不仅刺激了奢侈品的生产以满足宫廷的需要，也为普通民众提供他们所需的日常生活用品。莫卧儿王朝的官员们意识到，他们死后财富都将收归皇帝所有，因而大肆挥霍，过着奢华的生活。

阿克巴很快认识到，在一个印度教占主导的国家，他作为外来穆斯林统治者必须采取武力征服和怀柔安抚兼施的政策。凶悍独立的信仰印度教的拉杰普特人控制着拉贾斯坦山区，阿克巴准许他们保留世代相传的地区，并让拉杰普特人在政府和军队中担任各种官职。作为回报，拉杰普特人向阿克巴纳贡，为其提供军队。而且由于穆斯林实行的是一夫多妻制，他们还将自己的几个女儿许配给阿克巴，与之联姻。在阿克巴的中央行政机构中,有1/3的官员为印度教徒,2/3是穆斯林,这些穆斯林从伊朗、阿富汗、中亚等地大量涌入,不断壮大莫卧儿宫廷。阿克巴1562年废除了将战俘卖为奴隶并迫使其改奉伊斯兰教的做法。1563年废除了去圣地朝拜的印度教徒的香客税。更为重要的,他于次年又废除了**吉兹亚税**,即对非穆斯林征收的人头税。印度人口中的20%至25%成了穆斯林,他们大部分是由其他宗教改奉伊斯兰教,还有一些是外来迁入的移民。

　　阿克巴鼓励并亲自参与了不同宗教信仰者间的讨论,包括穆斯林、印度教徒、帕西人(信奉琐罗亚斯德教的印度人,其名意即"波斯人",琐罗亚斯德教在波斯的影响力最大)以及基督徒。(来到阿克巴宫廷造访的耶稣会信徒误将阿克巴对天主教教义的询问视为他有意改奉天主教。)苏菲派用印地语传道。印地语是从梵语衍生出来的一种现代语言,被印度教徒奉为圣语。同时他们还促成了乌尔都(营地)语的诞生,这是一种外来入侵者和当地居民进行日常交流所使用的语言。乌尔都语采用了印地语的句法结构,阿拉伯语和波斯语的字母,以及从梵语、波斯语和阿拉伯语派生出来的词汇。阿克巴尤其推崇不同文化间的**宗教融合主义**以及各民族群体的混合。阿克巴的这些新举措以及由多民族群体构成的社会不断吸引着外来移民来到印度。

吉兹亚税(jizya)　对非穆斯林征收的人头税,征收对象包括犹太人、基督徒以及后来的琐罗亚斯德教教徒和印度教徒。穆斯林称这些非穆斯林为坚持一神论的"有经者",因而应该受到保护。

宗教融合主义(syncretism)　不同宗教传统的相互融合。该术语也用于指代其他领域的融合,如艺术和文化等。

阿布尔–法兹尔(Abul-Fazl)向阿克巴呈上他的《阿克巴本纪》,约1600年。阿克巴国王端坐于朝臣中间,从宫廷大臣阿布尔－法兹尔手中接过《阿克巴本纪》(Akbarnama)一书。这本书由一组莫卧儿细密画组成,记录了阿克巴王朝和政府的军事、外交、经济和行政事务。值得注意的是图中所绘的朝臣,可以看到其外貌和服饰各异。阿布尔－法兹尔自己就是印度穆斯林,接受的是波斯的教育;而阿克巴是突厥人和蒙古人后裔,是沙场勇士。在莫卧儿宫廷鼎盛时期,这种多样性成为其强盛的一种表现。(都柏林切斯特·贝蒂图书馆)

人口迁徙，1200—1930年

1211年	成吉思汗征服中国
1301年	奥斯曼人在安纳托利亚西北部建立土耳其帝国的根基
1370—1405年	跛子帖木儿在伊朗、北印度、安纳托利亚和叙利亚北部连连取胜
约1450年	葡萄牙开始在西非海岸进行奴隶贸易
1453年	奥斯曼帝国攻克君士坦丁堡，开始向欧洲长驱直入
1500—1888年	约960万非洲黑奴被贩卖到美洲大陆
1521年—1535年	埃尔南·科尔特斯为西班牙占领了中美洲大部分和尤卡坦
1533年	弗朗西斯科·皮萨罗打败印加人，在南美大陆建立西班牙殖民地
1565—1605年	阿克巴建立莫卧儿帝国，控制了印度2/3的土地
1607年	英国人在北美的弗吉尼亚建立殖民地
1600年	奥斯曼帝国的人口（约3 000万—3 500万）在60年内翻了一番多
1619年	第一批非洲奴隶抵达英属美洲殖民地
1620年	"五月花号"起航开往新大陆
约1640年	俄罗斯控制北亚的大部分地区
1652年	荷兰移民在南非的开普敦建立据点
1680—1800年	中华帝国扩张深入到中亚大部分地区
1788年	英国人移居澳大利亚
1840年	英国人强占新西兰
1820—1930年	5 000万欧洲人移民南北美洲、澳大利亚和新西兰

锡克教教徒（Sikhs） 锡克教是16世纪由古鲁那纳克（Guru Nanak）创立于印度北部的旁遮普地区的一个教派，该教派是在印度教内虔诚派巴克提改革运动和伊斯兰教苏菲派的基础上而产生的。面对邻邦的武力对抗，锡克教教徒后来发展成一支激进的武装力量。

1582年，阿克巴宣布成立自己的新宗教"丁–伊–伊拉希"教（Din-i-Ilahi），即"圣教"。他糅合了伊斯兰教、印度教及琐罗亚斯德教的部分教义，吸取了君权神授的观点，宣称自己为神主在人间的代理人，是一切有关伊斯兰法争议的最终裁决者。繁琐的宫廷礼仪强化了他作为帝王的至高无上的权力，同时他也很注重树立他在普通民众中的威望和尊严。但穆斯林正统派将阿克巴宣扬的信条视为异端，并与之对抗，有不少人因此而被捕入狱。

1600年是阿克巴统治的鼎盛时期，此时，印度人口达到1.4至1.5亿，其中莫卧儿王朝就拥有1.1亿人口，与中国的人口总数相当，是奥斯曼帝国人口最高时的两倍。同一时期，整个非洲–欧亚大陆的人口增长也影响到印度的人口。至1800年，南亚次大陆的人口大约达到了2亿。

阿克巴在他长达半个世纪的统治期间，主宰着华贵的宫廷，在这里，绘画、文学、建筑等艺术十分繁荣。他也把自己的形象从一个外来征服者、专制君主、宗教少数派转变成受到全印度斯坦尊重的帝王。在他统治的半个世纪（1556—1605年）中，莫卧儿帝国成为世界上最强大的帝国之一。

阿克巴的重孙，他的第三代继承者奥朗则布（阿拉姆吉尔）（Aurangzeb［Alamgir］，1658—1707年）将莫卧儿帝国的对外征战继续下去，几乎打到了印度的最南端。但他摒弃了阿克巴的宽容政策，向印度教徒征收人头税，亵渎印度教神庙及神像，招致印度教徒的愤怒和反抗。奥朗则布的军队远征南部，令全军不堪重负。他对农民课以重税，后者奋起反抗。西印度信奉印度教的马拉塔人、北部的**锡克教教徒**以及1739年从伊朗境内入侵的阿富汗人纳迪尔沙（Afghan Nadir Shah）成为与莫卧儿王朝对抗的力量。至18世纪中叶，莫卧儿帝国国力日趋衰弱，对来自西欧的入侵者——英国人和法国人——已无招架之力。

萨非波斯，1400—1700年

13世纪时，蒙古人和突厥人先是蹂躏了波斯，后又使其人口得以恢复。一开始，入侵者对其攻占的城市进行有组织的屠城，其他人听到大屠杀的消息都闻风而逃。随后，入侵的蒙古人和突厥人在此定居下来，迫使留下来的波斯人沦为农奴，或者对其课以重税，令其生活极度贫困。然而到了 13 世纪末，侵略者开始融入波斯文化中，他们重建城市，重修水利灌溉工程，支持这里的农业和商贸发展，包括支持通往中国的丝绸之路的发展，他们开始信仰伊斯兰教，接纳波斯文化及其君主制的传统。

1370 年蒙古察合台汗国一脉的继承者跛子帖木儿（Timur the Lame，欧洲人称之为 Tamerlane，约 1336—1405 年）掌权，建都撒马尔罕，统治着伊朗、印度北部的大部分地区、安纳托利亚及叙利亚北部，直至 1405 年帖木儿去世。经过这次入侵以后，突厥人占到了伊朗人口的 1/4，并且直到今天仍然保持着这样的比例。蒙古/突厥入侵者都是草原游牧民族，在他们的统治下，大片的农耕地重新变成了牧场，定居的农民又过上了游牧生活，在高山的谷底耕种，在附近的高地牧羊。

文化上，伊朗的部分突厥人以及其他民族后来逐渐接受了萨非·阿尔·丁（Shaykh Safi al-Din，1252—1334 年）崇尚武力的教派思想，其追随者们被称为萨非人，奉其为政教领袖。1501 年，萨非教派的笃信者伊斯迈尔（Isma'il，1487—1524 年）称自己为隐遁的伊玛目，什叶派穆斯林期待已久的政教合一的弥赛亚。他占领大不里士后自封为伊朗沙（shah），即伊朗国王。

沙哈鲁（Shah Rukh）于 1403 年击败比尔帕迪沙（Pir Padishah），波斯，1420—1430 年。跛子帖木儿的儿子沙哈鲁是萨非波斯人的直系祖先。他在位期间，平息各方叛乱，其中包括镇压呼罗珊地区的土匪团伙萨尔巴达尔人。画中沙哈鲁军中的一位将领身先士卒，斩下一名叛乱骑兵的头颅，指挥全军奋力拼杀。（伦敦维多利亚和阿尔伯特博物馆）

萨非人意识到，要将伊朗各个民族和利益团体团结起来并非易事。在实现这一目标的过程中最有建树的当属阿拔斯国王（Shah Abbas，1588—1629 年）。他建立起帝国的军事力量，这在一定程度上依赖于他从欧洲引进的武器、装备、技师和军事顾问。他获得并建造火枪、大炮，技术足以与奥斯曼人匹敌。与其他萨非统治者一样，他从格鲁吉亚、亚美尼亚及土耳其等地买来奴隶，作为其军队的核心力量。他还建造了恢宏的新都伊斯法罕城，请来亚美尼亚商人及大量工匠，包括会制造中国瓷器的陶瓷工。他请来的中国制陶工向伊朗人传授手艺，其中一些后来留在伊斯法罕定居下来。阿拔斯杀害了与其对立的宗教领袖和团体的成员，包括其他什叶派团体及逊尼派、苏菲派成员。17 世纪中叶，他的继承者以官方规定的形式强制犹太人和琐罗亚斯德信徒改奉伊斯兰教。但他们并没能成功地把王国的各股松散力量统一到中央集权的君主国之下。

至 17 世纪末，萨非的军队解体，国家中央行政机构失灵，地方力量纷纷崛起，整个伊朗处于无政府混乱状态。尽管其间也出现过像纳迪尔沙（Nadir Shah，1688—

1747年）这样少有的杰出的军事征服者，属于外来者突厥/蒙古族的纳迪尔沙于1736年取得了王位，但伊朗还是一步步走向了分裂，其土地最初被国内的势力瓜分，后来则落到了欧洲人和俄罗斯人的手中。

中国：明朝和清朝，1368—1750年

507

1211年，成吉思汗入侵并征服中国，推翻了宋朝的统治。其后人建立元朝，统治时间长达一个世纪（1271—1368年），直至明朝将他们逐出中原，建立长治久安的统治（1368—1644年）。

至1600年，中国的经济繁荣发展，其人口占到世界人口的1/5，约为1.5亿人。明朝在边关问题上采取了绥靖主义政策，与北方的蒙古人和解，但同时在边关驻扎大批军队，并且重新修建了长城。明王朝的忧虑不安事出有因。1644年，中国又一次被北方入侵者征服，女真人，即满族人，建立了一个新的王朝清朝（1644—1911年）。满族人的入侵削弱了中国的力量，破坏了其成熟的社会体制，同时由于自然灾害、致命性流行病及农田灌溉系统遭到破坏，中国的人口灾难性地下降。很明显，此时明朝的天命已尽。

清朝将中国的疆域扩大了两倍有余，征服并控制了西藏、新疆、外蒙古及古丝绸之路的腹地塔里木盆地。与清朝交往最多的欧洲国家是俄罗斯，双方的争端通过《尼布楚条约》（1689）得以协商解决，这也是中欧之间签署的第一份平等条约。该条约促进了两国之间的贸易往来，划定了黑龙江流域的中俄边界，但蒙古与西伯利亚间的边界尚未划定。

18世纪中国的人口再次增长。这得益于从美洲新大陆引进到中国的农作物。例如，到18世纪中叶时，甘薯已在中国的沿海地区广泛种植；在北方和西南地区，玉米和爱尔兰的马铃薯随处可见。到明朝后期，花生种植在中国的南方和西南地区迅速传播开来，至乾隆（1736—1795年在位）末期花生也已成为中国北方重要的农作物。

边境的海陆战争。在15至16世纪，明朝饱受中国北部边境蒙古人以及其他游牧部落的侵扰。这一时期，长城进行了大规模的重修。与此同时，沿海地区的民众驾船出海，抗击侵害其家园的海盗。（东京大学史料编纂所）

这些农作物改善了中国农民的身体状况，而且，由于这些农作物易于生长，因此即使在贫穷山区，人口也得以迅速增长。

全球人口的增长和迁徙

人口规模的大小既是社会大变迁的结果，也是产生这些变迁的原因。因而关于人口的数字是极为重要的。

根据人口统计学家的估算，从1000年至1700年，欧洲的人口增至三倍以上，黑死病爆发后的1348年至1351年间，其人口增长的速度最快。这一瘟疫造成了欧洲1/3的人口死亡，但是此后人口的增长很快使其恢复到原来的水平，并继续处于快速增长之中。大西洋彼岸的"新大陆"为新增加的几百万人口中的一些人提供了安身之所。

同时，非洲的人口减少，这主要是由于损失了1 000万左右的奴隶。而美洲原住民的人口遭到毁灭性打击，在有的地区，高达90%的原住民丧生。尽管在有些地区，美洲人口的总量由于欧洲移民的迁入得以逐渐回升。亚洲的人口约占世界人口的2/3，其比例逐年略有增加。1000年至1800年，其数目从占人口总数的63%上升至69%。尽管蒙古人和突厥人进行了大规模的人口迁徙，但由于大部分都是在亚洲区域内进行的，这些变化并没有在以上的数据中体现出来。

欧洲人口的增长速度最快。不仅是欧洲区域内的人口激增，而且，研究欧洲扩张对人口影响的重要学者阿尔弗瑞德·克罗斯比（Alfred Crosby）曾指出，他们还"跨越各大洲大洋，在全球各个地方（建立）新欧洲，彼此之间相距万里，与欧洲远隔重洋"（Crosby，第2页）。1800年，北美的白人人口近500万，南美达到500 000，澳洲有10 000人，新西兰数千人。

随后大量的人蜂拥而至。"从1820至1930年间，超过5 000万的欧洲人远渡重洋，移居到海外的'新欧洲'，……约占那个时代初期欧洲总人口的1/5。"（Crosby，第5页）从欧洲迁徙出去的欧洲人后裔从1810年的570万人增至1910年的两亿人。虽然这些19世纪的人口数据让我们联想到工业革命及其带来的巨大变革——这些内容将在下一章中进行阐述——但是，世界范围的人口扩散从1800年就已经开始了。

在世界历史上，类似欧洲这样的扩张并非独一无二，但这可以说是有史以来规模最大、地理范围最广的人口迁徙。他们跨越重洋，在原本几乎完全孤立的几个大陆之间建立了永久的联系，并且确立了欧洲人对除欧洲之外的三大洲的控制权。

城市和人口统计

人口迁徙研究分析的不仅是全球范围内跨地区的人口迁徙，也包括乡村向城市及城镇之间的迁徙。城市作为行政管理中心、经济生产及商贸中心、艺术和哲学思想荟萃之地,其人口的流入(或流出)也能反映出社会的一些变革情况。在这里我们将结合人口统计数据及我们所研究的一个或几个城市的特点,对这些社会变革进行剖析。其中一个重要的例子就是从游牧社会向城镇社会的转变。

从第2篇中我们了解到,城市和乡村在生活居住、人口群体的多样性及革新的速度上都大不相同。那么,我们所研究的在世界不同区域以及各大帝国首都所发生的从乡村向城镇的人口迁徙又是如何进行的呢?尽管针对帝国首都的研究不能让我们做出任何结论,但足以给我们启发。我们可以这样认为,强国的国都往往能吸引大量的充满活力的人群。接下来,我们将看看上文所介绍的几个帝国境内的四个国都,它们都是吸引外来移民的重要城市。

德里/沙贾汗纳巴德

莫卧儿帝国的每一位皇帝都兴建了自己的皇都,在他们之前的苏丹王则均建都德里。阿克巴先是建都距德里以南约100英里的阿格拉,后来由于一位苏菲派圣者在距阿格拉20英里的法塔赫布尔西格里为他祈求子嗣,他于1569年在此兴建都城,以示感激。虽然法塔赫布尔西格里风光迤逦,建筑风格不拘一格,但由于城内严重缺水,阿克巴不得不放弃这里,重新迁都阿格拉。他的儿子贾汗吉尔青睐旁遮普邦的拉合尔,在此建都。阿克巴的孙子沙·贾汗重建德里作为皇都,并以自己的名字将德里重新命名为沙贾汗纳巴德。

沙贾汗纳巴德(意即沙·贾汗之城)呈半圆形,直径为10—12英里,至17世纪中叶人口达到200万。作为一座新建的城市,其居民大多为外来移民,尤其是商人和手

沙·贾汗骑着大象离开德里的大清真寺,17世纪。阿克巴的孙子沙·贾汗于17世纪重新修复和建造了德里,将其建成莫卧儿帝国的首都。1739年波斯王纳迪尔沙攻下德里,掠夺城内财物,包括著名的孔雀宝座。现在,德里与其相邻的新德里共同组成印度的首都,同时也是印度的第三大城市。

工艺人,基本由外来者构成,如亚美尼亚人、波斯人、中亚人和克什米尔人。

斯蒂芬·布莱克(Stephen Blake)在他的《沙贾汗纳巴德》(*Shahjahanabad*)一书中,把沙·贾汗的德里城描述成重现几百年来帝王权威的地方。在沙·贾汗之前,德里最后的辉煌当属德里苏丹国。德里还是一个宗教中心,朝圣者从印度各地来到这里朝拜圣徒和圣人的陵墓。其内城被一座长3.8英里、高27英尺、厚12英尺的巨石城墙环绕。皇宫坐落在城内几条主干街道的交汇处,这里既是帝王的住所,也是莫卧儿帝国的行政中心。整个城市华丽非凡。诗人阿密尔·霍斯陆(Amir Khusrau)在皇宫内政厅孔雀宝座上方的墙上题字:"如果世上真有天堂,那么,天堂就在这里,就在这里,就在这里。"再往西1 000码,有一座小山与皇宫遥遥相对,山上耸立着一座清真寺,称为泽美清真寺(masjid-i-jami),是这里的星期五清真寺,也称聚礼日清真寺。这里的花园与伊斯兰教的建筑风格一致,内有潺潺流水,令人赏心悦目,堪称一景。

外城驻扎着军营,每一支队伍由皇帝的一员大将率领。18世纪中期法国人M·金提尼(M. Gentile)曾来到这里,他写道:"这里的贵族宅邸数量众多,女眷居住于此,各种家具设施一应俱全。宅邸内还设有巴扎(bazaar,或称公共集市),规模相当于小的城镇。"(Blake,第179页)20世纪的历史学家珀西瓦尔·斯皮尔(Percival Spear)提到沙贾汗纳巴德的"游牧人的宫廷和石头营帐"(Toynbee,第237页),这样的建筑风格提示着参观者莫卧儿人"最初是来自中亚大草原的游牧民族,而他们到最后一刻也没有忘记自己的老祖宗"(第238页)。每一位贵族都建有自己的清真寺。城市的主要功能是作为行政管理和军事中心。印度当时的来访者都会发现,事实上印度最大的城市是皇帝亲征时指挥的军营。如果皇帝率军出征,如奥朗则布往往一去就是好几年,几十万大军和民众扎营共同随行,而此时沙贾汗纳巴德就成了一座空城。

伊斯法罕

伊朗国王阿拔斯(Shah Abbas,1537—1628年)于1598年建都伊斯法罕。伊斯法罕方圆25英里,是当时最大而且最美丽的城市之一,居住着大约50万居民。这里有两大特色景观,其一就是长达2.5英里,非常雅致的一条道路,称为四花园大街,沿路两旁是由阿拔斯国王兴建的花园和宫殿。其二是市中心的国王广场,这是一个大型的公共广场,长1/3英里,宽1/10英里。其四周的建筑一面是两层楼高的商铺,其他三面分别是皇宫、国王清真寺和规模略小些的罗德菲拉清真寺。该广场可以用作市场、集会场,甚至还可以用作马球场。

国王阿拔斯努力推动工艺品制作和贸易的发展,伊斯法罕欢迎来自世界各地的商人和手工艺人。城内的大巴扎从国王广场延伸到大清真寺,延伸1.5英里,设有商铺、作坊、货栈、小型清真寺、马德拉沙(伊斯兰教学校)、浴室以及商队旅馆驿站(为旅行者开设的旅馆)等。单单纺织业的从业人数就高达2.5万人。中国的陶瓷匠人被请来给当地的工匠传授制作中国瓷器的手艺。同时,地毯和金属制品也是伊斯法罕的手工业支柱产品。

尽管阿拔斯国王与欧洲各国之间存在宗教信仰方面的差异,但他们有着政治、军事上的共同敌人,那就是地处他们之间的奥斯曼帝国。17世纪早期,阿拔斯国王批准英国人和荷兰人在伊斯法罕开设贸易公司的办事处。很可能是出于实用主义治国策略的考虑,他还采取了宽容的宗教政策。奥古斯丁会、加尔默罗会和嘉布遣会的布道团纷纷在伊斯法罕成立。为了促进伊斯法罕的商业发展,阿拔斯强制信仰基督的亚美尼亚人从他们的故乡朱尔法(Julfa)迁入伊斯法罕。他们在郊区建立了自己的生活区,被称作新朱尔法,其豪华程度与他们的富商地位相称。一个犹太人生活区也在伊斯法罕的西北部形成,但在阿拔斯国王统治后期,犹太人遭到迫害,他们如果不改奉伊斯兰教就会被驱逐出境。

阿拔斯国王保持着绝对的控制权,并且吸收了一批对他誓死效忠的卫士。他为其军队配备了最先进的武器装备,因为他很清楚,要保证伊朗的地位和生存就必须依赖他们。事实上伊朗已经处于重重包围之中,西面的奥斯曼帝国虎视眈眈,北面的游牧部落不断进犯,东面与强大的、尚属友好的莫卧儿帝国相邻。修士保罗·西蒙

原始资料

伊本·赫勒敦关于14世纪城市生活的研究

伟大的突尼斯社会历史学家伊本·赫勒敦(Ibn Khaldun, 1332—1406年)描述了外来入侵者从游牧生活向定居生活及城镇生活的转变过程,以及他们在城市化生活的进程中表现出的"软弱化"。伊本·赫勒敦的分析体现了关于文明社会兴衰的早期哲学思想,后来一直被历史学家们借鉴引用。从他的分析中还可以看到,阿拉伯民族最初都是顽强野蛮的游牧民族,但经过两到三代人的城市生活以后,整个民族的文明和成熟度有所提高。

一个国家从创立到灭亡很少能超过三代人的时间,所谓一代人的时间指的是一个人的平均寿命,即40年或一个人从出生到完全成长所需要的时间。

我们这样说是因为第一代征服者仍然保持着游牧民族的野蛮和野性,仍然具备游牧民族的特性,如生活条件艰苦、英勇无畏、有掠夺性和攻击性、有共享荣耀的愿望等。这就意味着依然有较强的凝聚力将该民族团结起来,使之令人生畏,并有足够的力量征服其他民族。

而第二代人则行使着统治权,享受着奢华的生活,已经完全从游牧生活转向定居的生活方式。他们不再需要过艰辛的生活,开始追求安逸奢华……

至于说到第三代,他们完全忘记了祖辈艰辛的游牧生活,在他们看来,这样的生活似乎从来没有存在过。由于习惯了受人统治,他们失去了追求权力的热情,失去了社会的凝聚力。他们生长在舒适安逸的环境中,这种奢华吞噬了他们的斗志。这样,他们就如同需要保护的妇女和孩子,成为国家的负担……

……一个国家的统治者们一旦习惯了安定的生活,就总是效仿前朝的生活方式,几乎完全接纳他们所耳濡目染的前朝作风。

这就是阿拉伯民族在征服、统治波斯和拜占庭帝国的过程中经历的一切……在那之前,他们对文明还一无所知。(Ibn Khaldun,第117—119页)

伊本·赫勒敦所描述的游牧民族征服者最终被原住民文化同化的过程在世界历史上不断被重演。对此,我们从第6章和第7章中介绍的蛮族征服罗马和中国的例子中已经有所了解。但是他所描绘的文明社会的堕落和衰败并不适合所有的情形。以印度为例,奥朗则布试图从过于遥远的地方、对过多的民众实行苛严的统治,因而激起民众颠覆性的反抗。他的致命的弱点不在于腐化堕落,而是过度的权力欲。

（Paul Simon）在1605年写给罗马教皇保罗五世（Pope Paul V）的报告中提到，阿拔斯国王冷酷无情、独裁专制，在全国各地到处征兵：

> 他的军队分为三支：一支为格鲁吉亚人组成的骑兵队伍，人数将在2.5万左右，还在上升；第二支是由不同种族的奴隶组成的军队，其中大部分人是皈依了伊斯兰教的原基督教徒，其人数也同样有那么多……第三支队伍是由波斯各地的地方长官供养、发放全年军饷的军队，其人数约为5万人。（Andrea 和 Overfield，第91—92页）

君士坦丁堡（伊斯坦布尔）

　　君士坦丁堡曾是渐趋衰落的拜占庭帝国的首都，1453年，土耳其国王穆罕默德二世攻占君士坦丁堡，随即在此定都，并将其更名为伊斯坦布尔。随着奥斯曼帝国版图的迅速扩大，穆罕默德二世将伊斯坦布尔打造成帝国的政治行政中心。1478年，这里的居民人数在80 000左右，1520年至1535年，增至400 000；一些西方观察家估计，至1600年时，其人口约为700 000。伊斯坦布尔成为一个以土耳其人为主的城市——在16和17世纪，土耳其人约占城市总人口的58%——当然这里还有其他不同种族的人，包括希腊人、犹太人、亚美尼亚人和茨冈人等。

　　伊斯坦布尔是一个**城镇群**，由三个主要城区外加数目众多的郊区组成。城市中心是政府行政管理中心所在地，这里绿树成荫，花园、喷泉、人行道路点缀其间，有清真寺400余座；绵延不绝、错落有致的集市上奢侈品、日常生活用品一应俱全；官员朝臣居住的庭院宫殿（Serai）位于半岛的顶端附近。穿过被称为金角湾的狭窄水道是港口区和加拉塔大商业区。来自西方的船只都在这里靠岸，四处可见犹太商人、各式商铺、货栈、歌舞餐厅、法国大使以及身着土耳其服饰、居住豪宅的拉丁人和希腊商人。在加拉塔还有两个大型兵工厂，一个是卡西姆帕夏（Kasim Pasha）兵工厂，另一个是托普卡纳（Topkhana）兵工厂，这足以表明奥斯曼帝国对其军事力量的投入。伊斯坦布尔的第三大区域是位于博斯普鲁斯海峡亚洲海岸一边的于斯屈达尔，这是一个土耳其风格更为浓厚的城市，位于穿越亚洲大陆的主通道的终点。

　　历史学家费尔南·布罗代尔（Fernand Braudel）将伊斯坦布尔视为百年后才兴起的欧洲现代大都市的原型。从经济上说，虽然这些城市并没有生产多少东西，但是，他们对在此中转的货物进行加工，新思想、新模式层出不穷，城市井然有序，被誉为"孕育文明的温床"。布罗代尔认为，仅仅作为政治中心的城市难以兴盛百年，而在经济上发达的城市却能做到这点。从16世纪的后期开始，伊斯坦布尔的经济遭到了世界经济格局变化的冲击。由于世界贸易中心向大西洋沿岸及欧洲各国转移，欧洲商人直接从海路绕过非洲赴东方贸易，不再需要通过中东地区中转，这样，奥斯曼帝国及其首都伊斯坦布尔被人们抛诸脑后，远离了世界贸易的大潮流。

城镇群（conurbation）　指规模巨大的城市综合体，由相对独立的多个小城镇或小城市组成，即特大型城市。

512

伦敦

伦敦的人口迁徙及就业模式与亚洲和东欧的大都市大不相同。在17世纪末和18世纪初,德里、伊斯法罕和伊斯坦布尔受到不利的政治、经济因素影响,实力衰退,而伦敦则主要由于经济方面的因素在此时发展起来。

剑桥大学人口与社会结构史研究组创始人之一的E·A·里格利(E. A. Wrigley)对1650年至1750年间伦敦人口模式的变化进行了研究,分析该城市与英格兰社会、经济发展之间的关联。他的研究从伦敦人口的大幅度增长入手。伦敦人口从1600年的200 000增至1650年的400 000,1700年达到575 000,成为西欧最大的城市。1750年和1800年,分别增至675 000和900 000人。伦敦在整个英格兰的发展中占首要地位,1650年其人口占英格兰总人口的7%,1750年则达到了11%。

20世纪以前,世界所有大城市的卫生条件都十分恶劣,导致其死亡率普遍高于出生率。因此,伦敦如此高的人口增长率反映的不仅仅是该城市出生的人口,还包括大量的外来移民,由此弥补了其高死亡率。按照里格利的估算,至17世纪末,每年约有8 000人迁入伦敦。英格兰当时的总人口只有500万,因此可以说伦敦吸纳了英格兰人口增长量的一半。

鉴于如此高比例的英格兰人居住在伦敦,或者至少在伦敦居住了相当长的时间,里格利认为,该城市对整个国家的发展一定有巨大影响力。他还指出,17世纪伦敦人口的迅速增长很可能是促使18世纪工业化形成的重要因素。

里格利就此提出了几组具有因果关联的因素。首先是一组经济学上的关联因素:伦敦的人口增长促成了其国内贸易市场的形成,包括运输和通讯设施的发展;同时为了满足城市人口的需要,农业生产力得以提高,他们还开发出新的原料资源,尤其是煤炭的开采;城市的发展还导致了新的商业机构的发展,促进了生产力和购买能力的提高。从人口学的角度来看,伦敦的高死亡率和高移民率使英格兰的人口增长速度保持相对缓慢。从社会学角度来看,伦敦的发展使人们广泛了解到新的经济学思维方式和经济发展的重要性。伦敦人非常重视普通民众的生产和消费,因而促进了全国范围内公司企业经营水平的提高。

里格利在这里没有讨论政治因素的影响,但是如果真的没有政治因素参与其中的话,伦敦的发展就可能导致寄生经济的出现,即由城市统治精英强行征募乡村农产品,以满足其自身利益。这种现象在其他一些帝国首都中都很常见,包括我们在前文中所谈到的几个亚洲的大都市。但是,伦敦政府越来越受到商业人士的操控,他们对生产赋予了更高的价值,促进了普通民众的消费。

人口迁徙和人口统计分析的重要意义

数字在科学研究中意义重大。人口统计帮助我们了解历史上出现过的社会模式,并提出有待进一步研究的新问题。在本章中,我们首先采用了人口统计学的方法,从人口学的角度深入研究了1500年至1750年间出现的人类历史上的四次人口大迁徙。我们探寻了全球范围内"新欧洲"的形成、这些新移民的人数和动机,以及原住民的命运(大多是噩运)。其次,我们分析了黑奴贸易的规模、地理分布,并且研究了奴隶贸易对非洲和种植园经济发展所产生的影响,前者是奴隶被捕获、贩卖的输出地,而后者是奴隶的主要接收地。再次,我们研究了突厥语民族和蒙古族的对外迁徙和征服扩张——他们在印度和中东地区建立了新的帝国,在中国也建立了新的王朝——并且将其与跨大西洋的人口迁徙进行对比研究。最后,我们讨论了人口从乡村向城市的迁徙,即城市的扩张。比较了两类城市中人口迁徙的不同动机:一类为历史较长的、作为政治中心的帝国首都,另一类为后来兴起的、商业化程度更高的大都市。

这些人口迁徙引起了人口历史学家们的不断关注,如费尔南·布罗代尔、菲利普·柯廷、E·A·里格利等。他们及其同事的研究成果帮助我们对历史上的人口大迁徙与当今世界的重大事件之间的关联性做出评估,并且向我们发出警示,将其与当今世界正经历着的相关人口变化相联系,如人口的迅速增长及其对全球生态的影响;经济机会驱使下的全球人口迁徙,其中既有为了寻求高收入而迁徙的高级技术人员,也有为了寻求生计而迁徙的没有技术的劳工;就业机会从富裕的高工资地区向贫困的低收入地区转移,也就是说劳动力保持了稳定,但就业机会在地区间转移;从乡村向城市,从城市向郊区的人口迁徙;为了躲避战火和政府迫害的难民迁徙;疾病的全球化传播,如艾滋病、西尼罗河病毒引起的疾病及非典型性肺炎等,它们发源于某一地,继而向全世界快速蔓延。

人口的迁徙问题还警示我们注意一些持续至今的相关政策问题。例子之一就是当某一地区的种族人口构成发生变化时,人们就该国家和地区的语言政策问题所引发的讨论。例如,在美国的西南部,西班牙语人群的比例不断上升,迫使政府一再考虑双语政策的重要性。另一个问题则是政府采取政策鼓励人口进行迁徙,以改变某一地区的种族人口构成。糟糕的例子是一些政府实行大屠杀政策,即种族灭绝,将异族人口从其领土上抹去。1999年,在科索沃争夺战中,塞尔维亚政府对阿尔巴尼亚穆斯林实行"种族清洗"(双方都一再有意提到奥斯曼土耳其人1389年对科索沃的征服);奥斯曼土耳其人于1915年屠杀了超过150万的亚美尼亚人。而最极端的例子是德国政府在20世纪三四十年代对犹太人的迫害。各种各样的人口问题在全球范围内不断出现,改变着人类的历史。在我们的研究中,我们还会反复提及这些问题。

514

思考题

- 什么是"新欧洲"？它们的共同特点是什么？
- 1400年至1750年大西洋沿岸地区出现奴隶制的主要原因有哪些?
- 比较人类历史上两次人口大迁徙的异同:1500年至1750年,跨越大西洋的、由东半球向西半球的人口迁徙，以及同时期或略早一些的由中亚向土耳其、伊朗和印度的人口迁徙。

- 1000年至1800年期间哪几个大洲的人口增长最快？哪几个大洲的人口增长最缓慢？如何解释它们之间人口相对增长（或减少）的差异？

- 1800年左右工业革命开始之前，大多数大城市迅速发展的主要原因有哪些？

推荐阅读

PRINCIPAL SOURCES

Braudel, Fernand. *Capitalism and Material Life 1400–1800*, trans. by Miriam Kochan (New York: Harper & Row, 1973). Introduction to a whole new way of thinking about the rise of capitalism in Europe, emphasizing both institutions and natural ecology.

——. *The Mediterranean and the Mediterranean World in the Age of Philip II*, 2 vols., trans. by Sian Reynolds (New York: Harper and Row, 1973). Braudel looks at long-run ecological issues, medium-run institutional configurations, and short-run political decisions in this landmark study.

Crosby, Alfred W. *Ecological Imperialism: The Biological Expansion of Europe, 900–1900* (Cambridge: Cambridge University Press, 1986). Extremely well-written and well-argued discussion of the biological consequences of the encounters of distant civilizations with one another.

Curtin, Philip D. *The Atlantic Slave Trade: A Census* (Madison: University of Wisconsin Press, 1969). The pioneering work in quantifying the Atlantic slave trade.

——. *The Rise and Fall of the Plantation Complex: Essays in Atlantic History* (Cambridge: Cambridge University Press, 1990). Comprehensive account of the plantation organization, economy, and significance.

Hughes, Robert. *The Fatal Shore. The Epic of Australia's Founding* (New York: Knopf, 1986). Engagingly written, exciting, thoughtful presentation of Australian history from the first arrival of Europeans to about 1870 when the system of penal transportation ended.

Mintz, Sidney W. *Sweetness and Power: The Place of Sugar in Modern History* (New York: Penguin Books, 1985). Fascinating anthropological study that begins with the Caribbean sugar plantation, extends to the uses of sugar by the wealthy, the sugared cup of tea of the British industrial worker, the Chinese tea crop, and the advertising industry that brought much of this together.

Northrup, David, ed. *The Atlantic Slave Trade* (Lexington, MA: D.C. Heath, 1994; 2nd ed., 2001). Excellent selection of articles on causes, effects, demography, and economics of the slave trade and of abolition.

——. *Indentured Labor in the Age of Imperialism, 1834–1922* (Cambridge: Cambridge University Press, 1995). Comprehensive survey of the system of indentured labor that followed the abolition of the slave trade and slavery, and its demographics.

ADDITIONAL SOURCES

Andrea, Alfred J. and James H. Overfield, eds., *The Human Record: Sources of Global History*, Vol. 2 (Boston: Houghton Mifflin Co., 3rd ed., 1998). The excerpts are extremely well chosen for global and topical coverage.

Blake, Stephen P. *Shahjahanabad* (Cambridge: Cambridge University Press, 1990). Scholarly study of the capital city of Shah Jahan, demonstrating the influence of military camp architecture and design.

Cook, James. *The Journals of Captain James Cook on His Voyages of Discovery*, ed. by J.C. Beaglehole, 2 vols. (Cambridge: Cambridge University Press (for the Hakluyt Society), 1955 and 1961).

Frykenberg, R.E., ed., *Delhi through the Ages: Essays in Urban History, Culture and Society* (Delhi: Oxford University Press, 1986). Wide-ranging collection of scholarly articles from an important conference, covering Delhi from earliest times to almost the present.

Gates, Henry Louis, Jr. *Wonders of The African World* (New York: Knopf, 1999). Introduction to Africa for a general audience by a leading Harvard scholar.

Henige, David, "Measuring the Immeasurable: The Atlantic Slave Trade, West African Population and the Pyrrhonian Critic," *Journal of African History* XXVII.2 (1986), 303–13. Surveys the attempts to evaluate the effects of the slave trade and emigration on African life.

Ibn Khaldun. *An Arab Philosophy of History*, trans. by

Charles Issawi (London: John Murray, 1950). In the 14th century, Ibn Khaldun of Tunis, an early social scientist, proposed a reading of history consistent with the experiences of both the nomadic and the sedentary people of North Africa and the Middle East.

Inalcik, Halil. *The Ottoman Empire: The Classical Age, 1300–1600*, trans. by Norman Itzkowitz and Colin Imber (New York: Praeger Publishers, 1973). A standard, accessible history by an eminent scholar.

Keegan, John. *A History of Warfare* (New York: Knopf, 1993). An eminent British scholar analyzes why, how, and with what weapons people have fought throughout history and across geography.

Klein, Herbert S., "Economic Aspects of the Eighteenth-century Atlantic Slave Trade," in James D. Tracy, ed. *The Rise of Merchant Empires* (Cambridge: Cambridge University Press, 1990), 287–310. Important new analyses of the slave trade, including birth rates and survival rates of slaves.

Lapidus, Ira M. *A History of Islamic Societies* (Berkeley: University of California Press, 1988). An excellent, comprehensive, global presentation.

Lovejoy, Paul E., "The Volume of the Atlantic Slave Trade: A Synthesis," *Journal of African History* XXIII (1982), 473–500. Another contribution to the demographic study.

New York Times 2003 Almanac (New York: Penguin, 2002). Standard reference work. Annual.

Robinson, Francis. *Atlas of the Islamic World since 1500* (New York: Facts on File, Inc., 1982). Excellent reference work by an outstanding British scholar. Well written, beautifully illustrated.

Rodney, Walter. *How Europe Underdeveloped Africa* (Washington: Howard University Press, 1972). Classic statement of the exploitation of Africa by the European slave trade and imperialism.

Segal, Ronald. *Islam's Black Slaves: The Other Black Diaspora* (New York: Farrar, Straus, and Giroux, 2001). A general survey of the history of the Arab slave trade in Africa and the Indian Ocean region.

Spence, Jonathan D. *The Search for Modern China* (New York: W.W. Norton and Co., 1990). A standard history, engagingly written, thorough, good on narrative and analysis.

The [London] Times Atlas of World History ed. Geoffrey Parker (London: Times Books, 5th ed., 1999).

Thornton, John. *Africa and Africans in the Making of the Atlantic World, 1400–1640* (Cambridge: Cambridge University Press, 1992). Sees Africans as active in creating their own world, including as businessmen conducting the slave trade.

Toynbee, Arnold. *Cities of Destiny* (New York: Weathervane Books, 1967). Colorful introduction to some of the most famous and influential cities. Illustrations and maps are lavish in this coffee-table book.

Willigan, J. Dennis and Katherine A. Lynch. *Sources and Methods of Historical Demography* (New York: Academic Press, 1982). Useful introduction to significance and methods.

Wolf, Eric. *Europe and the People without History* (Berkeley: University of California Press, 1982). An historical anthropologist writes revisionist history bringing third world people into history as important agents in creating the world as it is, in a generally Marxist framework.

Wrigley, E.A. *Population and History* (New York: McGraw-Hill Book Company, 1969). Explains the uses of demographic study in history.

——. "A Simple Model of London's Importance in Changing English Society and Economy 1650–1750," *Past and Present* XXXVII (1967), 44–70. Demographic analysis suggests the importance of London in preparing the way for the industrialization of England.

图片的对比

这一组图片让我们跨越时代再次回到三个具有历史意义的地方。这些图片从年代前后对比的视角向我们揭示了惊人的差异，也使我们对过去的一个半世纪有了更深入的理解。

第一组的两张图片都取自费城，取景的位置相隔三个街区，时间相距125年。第一幅图是费城的独立大厅，第二次大陆会议即在此举行，并于1776年7月4日通过了《独立宣言》。这里也是1787年制宪会议的会址，在此通过了美国宪法。第二张图聚焦于费城的斯特劳布里吉和克劳瑟尔百货公司（Strawbridge and Clothier）。虽然这张照片中没有任何工业生产的景象，但图中的有轨电车、百货公司以及新"商业区"完全显示出费城的工业化转型。照片本身就反映了18世纪30年代才发明的

费城的独立大厅，约1780年。油画。

摄影技术。1780年至1907年，费城的人口从25 000左右升至约1 250 000。

印度的这组图片反映了大英帝国国力和财富的不断集聚。1775年英国强占贝拿勒斯，将其归于英国在东印度的属地，这就是第一幅图的历史背景，该图表现的是人们想象出来的贝拿勒斯的拉吉（Rajah，对印度首领的称呼）向英国驻印度总督沃伦·黑斯廷斯（Warren Hastings）摇尾乞怜的场景。但其场面的壮观和威严远远不及1911年

英王乔治五世（George V）和玛丽王后（Queen Mary）来访印度时的排场，他们此次访问标志着大英帝国历史上最为辉煌的一刻。

最后两幅图颇具讽刺意味。弗朗索瓦·比雅德（Francois Biard）这幅画表现的是令人触目惊心的人口交易场景，黑人如同牲口一样被查验、买卖、打上烙印、遭到鞭笞。在这个贩奴市场的右后方、靠近非洲海岸的地方可以看到一排排黑奴身戴枷锁等待被出售。一个白人

费城的斯特劳布里吉和克劳瑟尔百货公司，约1907年。

左图 佚名 贝拿勒斯的拉吉谢勒·辛格（Cheyle Singh）向沃伦·黑斯廷斯献媚，1784年。版画。
上图 英王乔治五世和玛丽王后在德里对印度进行国事访问，1911年。

弗朗索瓦·比雅德（Francois Biard），非洲坎比亚河岸的奴隶市场，年份不详，油画。

诺曼·H·哈代（Norman H. Hardy），"捶打橡胶和捶打时间——根据一首古老情歌的曲调"，《伦敦新闻画报》插图，1905年10月2日。

在为一个女奴打烙印，一个黑人正在鞭笞一个黑奴。虽然比雅德的画作略带色情描写，但明确地表达了他对奴隶制罪恶的谴责。奴隶制于19世纪在欧洲人控制的世界被废止，然而在非洲，欧洲殖民者又开始推动新型种植园的兴建，如刚果的橡胶种植园。这样，变相的奴隶制度又回到了非洲大陆。选自《伦敦新闻画报》的这张图片描绘了天然橡胶加工的热闹场面，但是，图中出现的监工让我们看到了现实情况的残酷，我们将在下一篇中对此作介绍。

517

问题

1. 这六张图有的是画作，有的是照片，而摄影技术于1840年左右才开始出现。你认为哪种艺术形式的表现力更强些？

2. 这里的每组图片是否都体现了一种"进步"，即展示了人类步入19世纪的过程？还是仅仅表现出不同年代的差异性？你的看法如何？为什么？你是从何种角度来考虑的？

第 **6** 篇

社会变革

1640—1914年

西方的革命及其影响

13世纪时，前所未有的全球性探索、商业和移民活动开始出现了（见第5篇和第6篇）。到17世纪时，传统的政治、经济和社会思想、理论及组织变得日益过时了。在欧洲和美洲，首先出现了社会体系的调整。随后，通过政治殖民主义、经济帝国主义和基督教传教士的活动，这些新的社会形式传遍了世界各地。在其所到之处，这些形式渗透于日常生活和人们的意识当中，但是，各个社会都以自己的方式作出某种调整，其结果则多种多样，而且往往出人意料。

这些新的形式中有许多是从关于世界的新的思考方式中萌生出来的。首先，一些人开始思考如何通过对自然科学的研究去理解宇宙，这方面的巅峰是艾萨克·牛顿爵士提出的万有引力理论。社会思想家开始运用牛顿的方法来理解社会、政治和经济世界。还有一些人则运用这些方法，其结果是引起了大规模的政治动乱。

爆炸性事件，或者说是"革命"，在1640到1914年间频繁发生。一连串的革命——包括发生在英国、北美、法国、海地和拉丁美洲的革命——促进了新的政治思想的形成，并由此产生了新的政治结构。许多历史学家在谈及这些革命时，会把它们合起来统称为"民主革命时代"。大约与此同时，

弗朗西斯科·德·戈雅作，"对马德里保卫者的行刑，1808年5月3日"，1814年。西班牙人戈雅目睹了法国大革命和拿破仑战争。法国入侵西班牙的残酷战争和西班牙的激烈抵抗激励作者画出了这幅场面令人极度痛苦的作品。(马德里普拉多博物馆)

一系列经济组织的创新和机械的使用在质与量两方面都大大提高了经济生产力。大多数历史学家把这一转变称之为"工业革命"。与政治和经济革命相伴随的是同样剧烈的社会变革，这样的变革影响了个人、家庭、邻里和整个社区的生活。这些变革有许多源自西欧，但是到后来，世界各地的人们都受到了影响，并由此而做出了各自不同的回应、适应或是抵制。为了便于分析讨论，这一部分我们将依次讨论这三种转变：本章是政治变革，第17章是工业变革，第18章为社会变革。

欧洲和美洲的政治革命

启蒙运动时代人权的诞生，1649—1830年

主题

政治革命

在一个系统——无论是政治、经济、思维或是社会系统——的运行过程中，革命常常是一种根本性的，而且是迅猛的变革。例如，一场政治革命不仅仅是使一部分人下台，由另一部分人取代他们的领导地位，它也改变了这些新上台的领袖当权的基础、他们手中握有的权威以及行使的职能。革命的领导者通常会用那些至高无上、不容争议的口号来标榜革命的目的。然而，随着革命斗争的展开，不同的政治集团的兴起和消亡，他们也许会用相对来说迅速的，而且常常是激烈的方式改变其政治立场。

在一场重大的革命中，可能会有好几个社会团体组织共同参与、彼此合作、合力斗争以取代现有的政府。每一个团体都有自己的目标，而这些目标有可能是互相抵触的。当他们的共同行动接近成功，在新的政府似乎就要取代旧政府时，各个参与的团体之间的分歧就开始浮出水面了。每个团体都在极力把自己的计划和人员纳入新的政府中，甚至想操控该政府。控制新政府的斗争也许会比推翻旧政府的斗争更为残酷、更激烈、更混乱，而且可能更难以预测。革命的代价非常之高。重大的革命也会产生重要和深远的影响，不仅影响当时当地的参与者，而且还会影响到后世的几代人以及距离遥远的地方。

我们首先将要讨论的这三场政治革命就都具有这些大革命的特征。1688年英国的"光荣革命"，1776年美洲殖民地人民对英国统治的反抗，以及1789年的法国大革命，都是用新的国家政权来颠覆原来的统治阶级；改变了国家政权的基础以及政权与人民的关系；也为国家提出了新的使命。我们说的"国家"是指整个政府机构、政府官员、政府制度以及政府组织。所有这些革命都是以某个原则的名义发动的。尽管英国革命是经历了长时间的国家动乱和内战才产生的结果，但这场革命依然被称为"不流血的革命"，即"光荣革命"。美国和法国的革命则使国家陷入了时间漫长的战争。

这三场革命都被赋予"民主"的特征，因为它们大大增加了参与政府事务的民众

前页 弗朗西斯科·德·戈雅，《理智沉睡制造出怪物》，1797年。版画。戈雅（1746—1828年）创作了一幅恐怖的景象，对启蒙运动的一个主要观念提出了挑战，即人类的理智将促使进步。该画的标题《理智沉睡制造出怪物》可在蚀刻画中见到，表明当思想的防御下降放松，就像人睡着时一样，我们就会被自己内心的怪物所吞噬。

的人数(但还不是所有的人都能参政)。这三场革命都在某一段时间里,努力平衡另外两个互相对立的目标:他们在力图保护有产者的权利的同时,也想增强国力(尽管并不是国王的权力)。这两个目标不仅在当时,即使是在今天也难以完全兼顾到。私人拥有个人财产的权利与国家的权利常常是相抵触的。所以我们必须谨慎地理解这三场革命体现出来的"民主"。

523

总体来说,对欧洲人和美洲人来讲,从1688年到1789年的100年间发生的革命产生了如下的变化:

- 将政府的权威植根于人间,而非"天国",这样使得世俗的影响超过了神权的影响;

历史一览表:革命的时代

年　代	欧　洲	北　美　洲	拉　丁　美　洲
1640年	■ 伽利略去世;牛顿诞生(1642年) ■ 英国的内战(1642—1646;1647—1649年) ■ 处死英格兰国王查理一世(1649年) ■ 英国君主制复辟(1660年) ■ 伦敦皇家学会成立(1662年)		■ 葡萄牙从荷兰手中夺取巴西(1654年)
1670年	■ 英国的"光荣革命"(1688年) ■ 英国权利法案(1689年) ■ 约翰·洛克的《政府论》出版(1689年) ■ 启蒙思想家:狄德罗(1713—1784年),伏尔泰(1694—1778年),卢梭(1712—1778年),孟德斯鸠(1689—1755年)		
1760年	■ "网球场宣誓"(1789年6月20日) ■ 法国大革命(1789—1799年) ■ "妇女大进军"(1789年) ■ "大恐慌"(1789年) ■ "第二次法国革命"(1791—1799年)	■ 英国通过《印花税法案》向北美居民征税(1765年) ■ 美国独立宣言(1776年);独立战争(1775—1783年) ■ 宪法(1789年)	■ 秘鲁、哥伦比亚和巴西反抗欧洲人的统治(1780—1798年) ■ 秘鲁图派克·阿玛鲁起义(1780年)
1790年	■ "恐怖统治"(1793—1795年) ■ 拿破仑上台执政(1799年),拿破仑称帝(1804年) ■ 拿破仑颁布《法国民法典》(1804年) ■ 拿破仑入侵俄国;最后战败(1812年)	■ 权利法案生效(1791年) ■ 从法国手中购买路易斯安那州(1803年)	■ 杜桑·卢维图尔在圣多明克(今海地)领导反抗法国的起义(1791年) ■ 海地宣布独立(1804年) ■ 约瑟夫·波拿巴成为西班牙国王(1808年) ■ 玻利瓦尔和圣马丁领导反抗西班牙的起义(1808—1828年) ■ 巴拉圭宣布独立(1810—1811年)
1820年	■ 维也纳会议(1814—1815年) ■ 英国的《改革法案》放宽选民条件(1832年) ■ 英国在帝国范围内废除奴隶制(1833年)	■ 安德鲁·杰克逊总统驱逐切罗基族印第安原住民:"血泪之路"(1838年) ■ 与墨西哥的战争,以美国的胜利告终(1848年) ■ 美国废除奴隶制(1863、1865年)	■ 墨西哥赢得独立(1821年) ■ 佩德罗王子宣布巴西独立(1822年)

- 反对政府权力基于**君权神授**的观点，赞成政府的正当权力源于被统治者的同意；
- 鼓励创建有效的官僚体制来管理政府的各项事务；
- 强调个人价值，推崇"以才取人"原则，而不鼓励倚仗私人或世袭关系来提拔人才；
- 帮助巩固民族国家作为政府统治的基本单位；
- 将实权从政府机构延伸至以前被排斥在外的阶级成员，尤其是专业人员和商业人士；
- 鼓励追逐私人利润的工业和商业的发展；
- 鼓励革命领袖将他们的新的意识形态和方式方法输出到新的地区，有时采取武力方式；
- 引发的战争在军事组织、地理范围和对人类的毁灭方面达到前所未有的程度。

> **君权神授（divine right of kings）** 16和17世纪很有影响力的政治信条。主张君主的权力是上帝赋予的，因此是尘世间的任何权威都无法比拟的。英国国王詹姆士一世（1603—1625年在位）是该思想的竭力鼓吹者。

"自由"、"平等"、"博爱"、"自然权利"、"追求幸福"、"财产"、"无代表不纳税"是这些革命的战斗口号。正如常常发生的那样，革命的结果往往事与愿违、出人意料甚至具有讽刺意味。革命实际产生的政治形式的确在很多国家使许多人拥有了更多的自由，但是奴隶制、男权主义、殖民主义和战争也往往与之并存。

为了更全面地理解革命中颇具讽刺意味的现象，我们将进一步研究另外两场革命，它们在某种程度上也是在这三场革命的激发下而产生的。1791年，法国殖民地海地的奴隶举行起义并废除了奴隶制。法国并不情愿，甚至后来拒绝承认这场反对奴隶制的革命，尽管他们自己的革命就是为了人权而战，这说明了法国革命的严重缺陷。后来，在19世纪的前三十年里，西班牙和葡萄牙在拉丁美洲的各个殖民地都奋起斗争并赢得了独立。但是，革命胜利后的将军们却开始自相争斗，他们原来梦想中的土地辽阔、统一强大的国家现在分裂为弱小的国家。获得胜利的**克里奥尔人**精英部队——他们是在这些殖民地定居的欧洲人的后代——开始压迫当地的人民，包括西班牙-美洲印第安人混血儿（**梅斯蒂索混血儿**）和美非混血儿，失望的情绪笼罩了整个大陆。

> **克里奥尔人（creole）** 16到18世纪，父母为西班牙人，出生在西班牙美洲殖民地的白人。

> **梅斯蒂索混血儿（mestizo）** 具有混合种族血统的人。在中美洲和南美洲，通常指代拥有印第安和欧洲混合血统的人。

启蒙运动时代的人权

哲学的理论基础

奠定1688年英国光荣革命的思想是历经多年的发展形成的。托马斯·霍布斯（Thomas Hobbes，1588—1679年）是英国的一位颇具影响的政治哲学家，他认为，国王对臣民拥有的至高无上的权力是正当的。在他最有影响力的著作、1651年发表的《利维坦》中，他声称："无论统治者有多么伪善，他们对臣民所做的一切，没有一件是可以被称为非正义或具有伤害性的。"但是，霍布斯同时也提出了一套限制国王权力的理论。他认为，国王可以获得权力不是由于特殊的个人权利，也不是因为他是上帝在人世间的化身，而是因为"每个臣民都是国王实施的每项法案的制定者"。换句话说,国王之所以拥有权力,其根本是因为他代表着人民的意愿。

霍布斯和"自然状态" 霍布斯和许多与他同时代的人一样,也试着从其起源上理解英国的君主制。他假定了一种史前的、个人主义的、难以控制的神话般的"自然状态",而人们不接受这种"自然状态",霍布斯的目的是为了建立一个既能保护每一个个人,又能保卫整个集体的社会。他写道:不受法令和国王的约束,"人的生命(是)孤独的、贫穷的、痛苦而且短暂的……在人们生活在世的年代中,若没有一种能使他们敬畏的力量,那么他们就会处在一种叫做战争的环境里,而这种战争就是所有人反对所有人的战争。"为了摆脱这种没有法律约束的状态,人们就用自己的个人自由来换取社会和政治的秩序。他们之间这种(神秘的)**社会契约**,而不是神的安排,造就了为人民服务的君主制。

洛克和启蒙运动 光荣革命在思想方面取得的成果与约翰·洛克(John Locke,1632—1704年)的著述有着更为密切的联系。约翰·洛克1683年从英国逃往荷兰,直到革命结束以后才回国。在荷兰期间,洛克写出了他在政治哲学方面最重要的著作《再论政府》,尽管该著作一直到1689年光荣革命结束、洛克觉得回到英国是安全的以后才出版。由于洛克的思想不仅与英国革命相一致,也与许多其后发生的革命一致,他的理论值得我们的重视。

像霍布斯一样,洛克认为,政府是一个世俗的契约,人们自愿而且自由地加入其中。即使在有国王的情况下,人们也必须生活在宪法之下。洛克和霍布斯一样,他的论点也是以一种神话般的、史前的"自然状态"学说为基础。人们丢弃这样的自然状态是为了他们共同的防卫和需求。尽管这样,洛克依然强调共同的意愿在早期的神话契约中的重要性。只有当这种共同意愿存在时,契约才是合法的。如果大家不再同意该契约,人们就有权利将其终止。洛克比霍布斯走得更远,他在《政府论》中明确宣布了革命的合法性:

> 当人们发现立法机构的所作所为与赋予他们的信任相悖时,人们已然拥有至高无上的权力去罢免或改变立法机构。因为所有基于信任而赋予的权力都是为了达到一个目标,也被这个目标所限制。当这个目标在很大程度上被忽视,抑或遭到反对时,被赋予的信任必须收回,被赋予的权力也将交回到授权人的手中,再由他们重新选择放在他们认为最有安全保障的地方。(第92页)

洛克认为,"每个人与生俱来的天性是拥有平等的权利,无须屈从于任何人的意愿和权威"。"一些人认为的绝对君主制是世上唯一的政体,这种观点实在是与文明社会不相符的。"多数裁定的原则是洛克描述的政府的基础:"多数人都认可的行为就是全体的行为,当然,也就通过自然和理性法则决定全体的权力。"

财产所有者拥有政府的理论 尽管如此,洛克并不赞同激进的民主;他并不支持每个人都应有投票权。洛克认为,政府是属于有产者的。他认为,"政府存在的唯

社会契约(social contract) 早期处于一种"自然状态"的人们为了建立某种形式的政府而达成的一种带有神秘色彩的、不成文的公约。这一"契约"一般性地定义了个人和政府各自的权利和义务。

一目的便是保护财产。""因此，人们加入联邦，置自己于政府治下，其最主要的目的就是保护他们的财产。"实际上，自最初的神秘的社会契约建立了政府的权威之后，后世的一代代人都允许由政府来保护他们的财产，这就表明他们一直在接受这种契约。"至高无上的权力也不能从任何人手中不经他的允许而夺走其任何财产。因为政府的目标就是保护财产，这也就是人们形成社会的原因，这也就必然支持、乃至要求人们应该拥有财产。"

因此，不能单方面地，或以专横的方式征收赋税。"如果有人仅凭他自己的特权，不经人们的同意就要求拥有征收赋税的权力，那他就是侵犯了关于财产的基本法令，由此而颠倒了政府的目的。"

霍布斯已经表述出了财富和工业对于17世纪的英国日渐增加的重要性。他写道，要是没有和平和稳定的话：

> 就没有工业的立足之地；因为工业生产的成果是不确定的；因此也没有人世间的文化；没有航海，也就不可能有靠海运进口的商品；没有宽敞的建筑；没有动力和阻力以及其他助力的工具；没有关于地貌的知识；没有时间的计量；没有艺术；没有文字；也没有社会。（第895页）

霍布斯希望通过工业、商业和发明达到一个经济生产力富足的社会。洛克看到财产私有制和利益私有是实现这一目标的手段。他看到英国的有产阶级，即光荣革命的发动者，是国家合适的领导者和管理者，他也断言圈地运动是重要的，借此，英国

《目击者亲述查理一世被处死刑》，维索普，1649年。查理一世对君权神授的信奉和英国国教拥有的权威最终导致了一场与议会的内战——在这场战争中他和他的支持者输了。在随后对他的审讯中，查理一世作为暴君、杀人犯和民族的敌人被判处死刑，并于1649年1月30日在伦敦白厅走上了断头台。（私人藏品）

526

的各个村庄的公共土地被分割成为私有财产,并允许买卖。这一圈地运动造就了一个新的、比原来更富有的地主阶级,这个阶级由此而开始致力于提高农业生产力。同时,这项运动也使得那些虽然没有自己的土地,但原来在公共土地上放牧的牧民失去了他们的独立身份。其中大多数人为比原来富裕的地主干活,另一些人则来到城市寻找新的工作。

今天,洛克常常被批评忽视了不拥有财产的阶级的境况。在他的神话般的自然状态中,土地是充足的——谁想要都可以得到——人人都可以成为财产的拥有者。但是,无论是在洛克那个时代还是我们这一时代,获得物权不明的、未被人拥有的财富的机会并不是那么容易得到的。实际上,当洛克提到"我的仆人剪的草坪……成为我的财产"时,他认为,没有土地的仆人的劳动是属于拥有土地的主人的。实际上,洛克的理论使宪法控制下的议会制的英国政府合理化,议会制就是限制国王的权力并将其过渡到有产阶级的手中——这一体系在他那个时代就处在演变过程中。洛克的主张便代表了当时处于成长和上升期的地主和商人阶级的心声,也正是他们引发了光荣革命。

科学和哲学中的知识革命

在17世纪的英国爆发的两次政治革命(分别发生于1649年和1688年)期间,伦敦皇家学会于1662年成立。科学的研究开始制度化,这既是为了更好地研究知识,也是为了推广技术在解决实际问题中的应用。最终,科学研究的新方法引发了更广泛的人群产生关于世界的新的思考方式。因此,从某些角度来说,我们对科学进步的概述放在第13章全球商业的进展,或者第17章的工业革命中来讲或许会更合适一些。但是,科学思想的变化逐步引发了政治的变化,所以,我们把对科学思维变化的探讨放在这个对政治思想的革命的探讨之中。

哈佛大学的科学史学家伯纳德·科恩(I. Bernard Cohen)在他于1985年发表的《科学中的革命》一书中写道,科学史的研究是一个会给人带来惊喜的新领域。尽管我们在这里要讨论的几位科学家——哥白尼、帕斯卡、伽利略、笛卡儿、牛顿、哈维、列文虎克和林奈——都可以向世人表明,他们的发现是具有革命性的,但是,首位对科学革命从学术角度作出描述的历史学家应该是哥伦比亚大学的博士生玛莎·布朗芬布伦讷·奥斯坦(Martha Bronfenbrenner Ornstein)。她在1913年撰写的一篇论文中,总结了一系列科学发现和发明的重要性,其中包括望远镜,她认为望远镜"彻底变革了天文学",是"光学领域革命性的改变",关于动植物分类的"林奈的革命性著作"是对系统的、经验式研究的"发生在大学里的革命",以及科学界作为文化载体所起的重要作用。她这样写道:"曾经有这样一场革命,它改变了既有的思考和探求的固定习惯,与之相比,历史上记载的大多数革命就显得不那么重要了。"

在1948年,最著名的历史学家之一赫伯特·巴特菲尔德(Herbert Butterfield)在他发表的一系列演讲中提到,17世纪的科学革命"颠覆了不只是中世纪,还有整个古代世界的科学权威……它超越了基督教兴起以来发生的一切，使文艺复兴和宗教改革的地位下降，变成了只是中世纪基督教世界系统中的插曲和内部的更替"。巴特菲尔德没有把这一变革称作一次完成的革命，因为他把这样的变革视为是一种"持续不断的历史力量，或是创造历史的力量，它到今天为止一直在起着作用"。自20世纪50年代起，特别是在《哥白尼学说的革命》（1957年）和《科学革命的结构》（1962年初版，1996年第三版）两书中，托马斯·库恩（Thomas Kuhn）开始关注科学探索的过程，并将其看作思考和研究的方法，这种方法一直在挑战传统的思维方式并随时准备将之颠覆。库恩认为，大多数的科学研究都

527

根据尼古拉斯·哥白尼的设想绘制的《天象图》，约1543年。哥白尼把太阳作为太阳系的中心，地球围绕它旋转。他还显示地球是以一定的倾斜度围绕某个轴旋转。这些发现不同于公元2世纪希腊天文学家托勒密的发现。但是他仍旧认为太阳系是有边界的，大量的恒星和星座构成了其外部的边界。

建立在人类知识的小规模的、渐进的进步之上。库恩把这称为"一般正常的科学"。当科学家们发现它们不能够解释新问题，完全抛弃他们研究领域中现有的解释，进而提出能够更好地解释手头已有数据的理论时，"革命的科学"就出现了。伽利略和牛顿就发起了一场场这样伟大的革命。

那么，17世纪的这一科学革命又有什么意义呢？首先，17世纪标志着从科学家各自的独立研究开始转向科学家共同体的形成，他们互相保持着接触联系，共同享有有关的知识和思想，并构建出思维和方法的集体机构。也许仍会有像列奥纳多·达·芬奇（1452—1519年）这样的科学天才，在他去世时他的研究成果仍不为世所承认，甚至还不为人们所知晓，但是这种可能性现在不那么大了。列奥纳多最出名的是他的绘画《最后的晚餐》和《蒙娜丽莎》，但同时，他也通过解剖尸体来研究人体解剖学；他写到过血液在体内的循环和地球围绕着太阳旋转的轨道；他还描绘过潜水艇和飞机的草图。然而，他没有把这些科学和技术方面的想法传播开来。在他去世的时候，这些想法还依然躺在他的笔记本里，直到20世纪才被人发现。17世纪科学研究机构的成立使得像列奥纳多这样的科学奇才默默无闻的可能性大大减少了。

第二，科学研究的方法上出现了四个新的方面：数学公式表达，用数学的形式量化并表达出自然界的相互关系；**经验主义**，更倾向于接受直接观察得来的证据，而不是理论和哲学上的解释；工具设备方面的技术革新，比如望远镜和显微镜等；以及探索的自由，鼓励科学家依据自己的发现和想象，而非依照普遍接受的观点和官方认可的教条学说。所有这些方法都可以在物理学和天文学领域中的伟大革命中找到，从哥白尼开始，经由开普勒和伽利略，一直到牛顿都是如此。实际上，许多历史学家都把这称为16和17世纪的科学革命。

经验主义（empiricism） 一种认为所有的知识都来自经验的理论；依赖对事物的直接观察和经验来确定事实的方法。

尼古拉斯·哥白尼（Nicholas Copernicus，1473—1543年）是一位杰出的波兰天文学家，受教皇保罗三世之托设计一个新的历法以更正罗马儒略历的错误。罗马儒略历的基础是以365天为一年，而实际上，地球绕太阳旋转一周的时间要比这少11分14秒。所以，依照罗马儒略历来计算的一年总是会漏算部分时间，尽管每年只有十几分钟，但是到16世纪时，这一数字累计已达到十天左右。这样一来，像圣诞节和复活节这样的节日就要退后到另一个季节去了。教皇授命哥白尼对作为历法基础的天文学进行分析研究。

16世纪的人们接受的是公元2世纪希腊天文学家托勒密描述的模型，根据该模型，地球位于宇宙的中心。太阳、月亮、行星和恒星都环绕地球旋转。作为数学家的哥白尼开始追踪所有这些天体的运动。他当时得以构造出一个可以认为地球处于宇宙中心的数学体系，这和当时被人们普遍接受的看法是一致的。但是，他也发现了一个要简单得多的（不过还是相当复杂的）、以太阳而不是以地球为中心的太阳系模型。他的新公式还表现出地球绕轴自转的周期是24小时，而不是整个宇宙都在围绕着地球旋转。一般来说，当科学家面对不止一个可供选择的解释时，应该挑选的是较为简单的那一个。用这个新的、较为简单的太阳系模型，哥白尼就可以解释他的主要任务——历法上的难题。但是，这个新的解释会使他陷入与教会的冲突之中，哥白尼也深知这一点。

托勒密提出的地球在宇宙中心的概念被天主教会接受并奉为官方的正式信条，因为这与《圣经》中（约书亚书10：13；传道书1：4—5）所述太阳围绕地球旋转的说法是相一致的。挑战这个信仰可能带来的后果使哥白尼感到害怕，这在他写给教皇的信中解释他的发现时就可见一斑：

> 我能想象得到，我神圣的教父，一些人只要看到在《天体运行论》这本书中我认为地球是运动的，就会失声尖叫……并主张我应当被赶出这个研究领域……因此，就我自己想象，对于那些人来说，我认为地球是运动的，这看上去确实是一个荒唐的行为，毕竟许多世纪以来，人们都知道地球处于宇宙的中心而且不发生运动是公认的真理。我犹豫了好久，一方面我应该把对地球是运动的这个观点的解说公之于世……这些担忧和实际上的反对之声都被我的朋友们驳斥了……（其中的一位）经常催促甚至一再要求我发表这一结论，我已经把它保存了不止九年，而是有四个九年了。他们催促我不应再只因自己的害怕而拒绝为所有对数学有兴趣的人们的共同利益贡献出我的研究成果。我被他们的劝说所说服，最终同意我的朋友发表这份他们企盼已久的成果。（Kuhn，1957，第137—138页）

最后，哥白尼坚持他所投身的数学事业的原则和自己的道德良心。他展示了他所理解的事实真相，但是他的全部发现却是到他临终时才予以发表。因为这一研究成果是作为一项数学研究而发表的，当时只有那些造诣颇深的天文学家和数学家才能够理解,所以由此造成的影响比原来想象的要小许多。这一切变成了与其说是神学辩论的对象倒不如说是技术研究的目标。

哥白尼之后一代中最伟大的天文学家第谷·布拉赫(Tycho Brahe,1546—1601年)重新检验了哥白尼的数学推导,并提出了一个新的模型,他认为太阳和月球绕着位于太阳系中心的地球旋转,其他行星则围绕太阳旋转。这是一个更为复杂的模型,却能与数据更为吻合。奠定日心说地位的重大突破是约翰内斯·开普勒(Johannes Kepler,1571—1630年)做出的。在布拉赫逝世前,开普勒一直都跟着他做研究。此后10年的时间里,开普勒仔细研究了他接手的这些丰富数据,最终得出了一个全新的理解。太阳位于太阳系的中心,也是包括地球在内的所有行星旋转的中心,但是行星运行的轨道不是圆形的,而是呈椭圆形,且运行的速度也不是固定不变的,而是取决于行星在椭圆形轨道上的位置而不断变化。基于这些新的理解,开普勒设计了一个新的太阳系模型,这个模型很简单,易于理解,并在数学上与现有的数据相吻合。1609年,他在《关于火星运动的有注释的论述》(*On the Motion of Mars*)中发表了他的成果。

现在,神学上的辩论已有了明确的结果。库恩写道:"哥白尼的学说需要人去转变观点,需要重新考虑人与上帝的关系,以及人的道德体系的基础。"地球不再是上帝创造的世界的中心。上帝的神权也不再有一个固定而神圣的位置。原来的完美的宇宙——行星在以地球为中心的圆形轨道上运行,轨迹清晰明朗、固定不变且呈同心圆状排布,地球就位于这些轨道的中心——被玷污了。新教的领袖相信《圣经》上的每一个字,早在1539年,路德就亲自领导了对哥白尼的日心学说的猛烈攻击。天主教会刚开始时还给予人们在这方面选择个人信仰的自由,没有急于谴责哥白尼。但是,到了1610年,教会正式认定哥白尼的模型是异端邪说。到了1616年,《天体运行论》和其他所有肯定地球的运行的书籍都被列入禁书书目,这些书籍被禁止教授或阅读。

数理天文学家和教会之间的分歧悄无声息地持续了好多年,在此期间,数学家们在受过教育的人们当中影响一般要大得多。接着,在1609年,意大利天文学家伽利略(1564—1642年)把新发明的望远镜用来遥望天空,由此而彻底改变了我们对天空的认识,我们认识天空的方式,以及在不是专家的普通大众眼中天空的重要性。伽利略将实践得来的新证据和新技术融入天文学研究用的工具中,开拓了获取和普及推广天文学知识的新道路。望远镜最早是在荷兰发明的,是伽利略第一次将望远镜对准了天空,接着他就有了一个接着一个的新发现:银河不只是天空中的一条光带,而是无数汇聚在一起的恒星;月球的表面并不平整,满是沟壑和山脉;月亮发出的光芒是对太阳光的反射;太阳也并非是完美无瑕的,黑子在其表面时隐时现;除了地球,其他行星也有卫星——伽利略观察到,至少有四颗卫星围绕着木星旋转。

伽利略写道:"我们将证明地球是一个运动的天体(在围绕太阳的轨道上运行)……这一点可以被从自然中发现的无数证据证明。"(伽利略,第45页)伽利略一次又一次强调,他自己的经验性观察是确凿有效的。"在望远镜的帮助下,能够如此直接仔细地观察天空，由于亲眼所见，可以确信，过去那么长时间里困扰哲学家们的争论已经得到了解决，我们终于可以摆脱关于天空的无休止的争论了。""通过感官接收到的确凿证据，我们可以了解这一切"；"在我设计的小型望远镜的帮助下，我不久前发现，并观察到了所有这些事实，而这一切最初是由神的恩惠来解释的"；"我们自己的眼睛向我们显示了这一切"。伽利略强调的是感官提供的证据，直接的观察，通过经验获得的信息，以及每个人都可以通过望远镜亲眼观察到的一切，他的观点引起了巨大的共鸣。他是为普通大众而不是为大学的学究们而写作的；他用来写作的文字是意大利文而不是拉丁文。伽利略发现成果的发表增强了大众对天文学的兴趣，而这种大众的兴趣逐渐转变为对这一知识的普遍接受。

天主教会原来深陷于与新教的冷战并受困其中，最终也开始转而反对伽利略了。1633年，宗教法庭对伽利略进行审判，认定他的罪行是违反教会教规传授他的观点。在酷刑的威胁逼迫下，这位年已69岁的科学家放弃了自己所坚持的信念，他被判决终生软禁在离佛罗伦萨不远的乡间。（1992年，在359年以后，教皇约翰·保罗二世公开发表正式声明，指出当年宗教法庭的判决是一个"现在已属于过去的、令人遗憾悲伤的误会"，并认为"以科学精神和研究规则为一端和基督教的信仰为另一端"的二者并非不可相容[《费城观察者报》，1992年11月1日]。）

牛顿进行光学实验。牛顿最早发表的论文是关于光学方面的。图中他是作为一位实证科学家而不是理论数学家在进行研究。通过让太阳光线穿过一个棱镜，他由此显示了白色的光线是由彩色光线组成的。利用这一发现，他制作了一台反射望远镜，使用一面镜片来聚焦光线，从而避免了在反射望远镜中常出现的色差。

530

就在伽利略去世的那一年即1642年，牛顿在圣诞节出生于英国。他曾在剑桥大学求学，并在26岁时即成为剑桥大学的数学教授。在对数学的研究过程中，他发现了微积分，无独有偶，德国数学家威廉·莱布尼茨（Gottfried Wilhelm Leibnitz, 1646—1716年）也通过独立研究发现了微积分。这是一个数学体系，在计算曲线的运动中尤其有用。很快，微积分在推测行星在天空中的运行轨迹和地球上的炮弹弹道轨迹中发挥了作用。牛顿早期研究的另一个领域是光学，他主要研究光在穿过棱镜时的光谱。接着他把注意力转到了由哥白尼、开普勒和伽利略提出的问题上来：尽管地球是在宇宙中运动的，但为什么空中的物体还是会掉落到地面上来？是什么在推动地球的运动？是什么推动着行星的运动，又是什么使它们沿着自己的运行轨道运动的？在哥白尼之前，托勒密的观点即认为宇宙中天体是静止的观点回答了这些问题。但是，在天体不再是静止不动的情况下，我们应该如何理解天体的运动呢？

牛顿发现的万有引力定律证明了开普勒用公式描述的行星的运动规律、伽利略在他后期研究中发现的地球上物体的运动规律，以及法国数学家和哲学家勒内·笛卡儿（René Descartes，1596—1650年）发现的运动的惯性定律是一致的。万有引力定律与惯性定律一起——一旦一个物体开始运动，就形成了以相同的速度和方向一直运动下去的趋势——提供了一种新的方式用以理解宇宙连在一起的方式。不仅如此，惯性力和引力是普遍存在的，无论是在更为广阔的宇宙或是在地球上都有相同的作用方式。确认万有引力定律原理是牛顿的新发现中最具想象力的飞跃；作出万有引力的数学表述是这位天才辛勤工作的结果，他在1687年出版的著作《自然哲学的数学原理》上发表了这一数学公式。他推导出了万有引力的公式：一切物质都在运动之中，好像每个物体都在以一个作用力吸引其余物体，这个力的大小与两个物体的质量之积成正比，与两个物体间距离的平方成反比。这个作用力就是万有引力。

就像其他后来的科学家一样，牛顿并没有对这一作用力为什么会发生作出解释，而只是揭示了这一引力是如何作用的。这个新的定律有着广泛的哲学意义，因为他解释了哥白尼的宇宙体系中的"黏附力"。这一定律在理解和预测潮汐中也有相当实际的作用。数学的巨大进步不只是推动理论研究，也促进了计时、地图绘制，以及诸如炮弹目标锁定和蒸汽机制造等有精度要求的生产程序的发明。由于牛顿的这些革命性的贡献，他于1703年被任命为皇家学会会长。

天文学、物理学和数学上的发现是17世纪科学革命中的领先领域，但它们并不是孤立的。英国的威廉姆·哈维（William Harvey）基于多年的实验研究和动物活体解剖实验，发表了《心血运动论》，说明血液在体内是循环的。荷兰的安东尼·列文虎克（Anthony van Leeuwenhoek，1632—1723年）对新发明的显微镜作了改进，显微镜同望远镜一样，是光学研究中的巨大进步，可以借以看到并绘制出血细胞、精子和细菌的形状。他的观察使得他有理由宣称，微生物的繁殖也是通过性交完成的，而不是自发形成的。列文虎克是个从事布匹贸易的商人，并没有受过专门的科学教育，他在1680年被选为皇家学会会员。这也表明，业余爱好者也在热切加入到这一新的研究领域中来。

列文虎克的研究拓展了关于微生物数目和种类的知识。卡罗勒斯·林奈（Carolus Linnaeus，1707—1778年）发展了一个包括这些新发现和自然中其他已知生物的分类系统。《自然系统》（1735年）一书中包括对植物性繁殖的分析。18世纪的科学正在进一步健康地成长发展。

新的科学既削弱但又拓展了人类的力量和对自身的理解。一些心怀恐慌的人们就十分赞成虔诚信仰基督教的法国数学家莱兹·帕斯卡说的话："我对这无尽宇宙的永久的沉默感到恐惧。"但更多的人与亚历山大·蒲柏有着一样的感受，一个光明的新世界正呈现在世人面前：

自然和自然的法则隐藏于黑暗中，
上帝说："交给牛顿吧"，一切就有了光。

科学的新世界扫除了许多迷信,至少在当时是如此,也表明了理性和科学可以创立一个新的世界,在这个世界里,人们可以凭借自己的感觉去搜集经验性的信息并据此行动;在这个世界里,可以发现并计算出自然的规律;在这个世界里,科学可以激起实际活动中的技术发明以使人们的生产力进一步提高,生活也更为舒适。整个18世纪,这一关于自然规律和人类理智的力量的观点从科学和技术领域开始,转移到哲学和政治理论。正当科学家们开始颠覆关于宇宙本质的传统观点时,哲学家们也开始挑战关于君主制和民众之间的关系的传统观点。

英国的光荣革命,1688年

在霍布斯阐述他的观点之时,英国就已经处在对君主制的持续不断的反抗中了。宗教就是当时的一个激烈的争论点,似乎没有哪一个君主能满足包括罗马天主教徒、苏格兰长老会教友、清教徒和教友会教徒在内的不信奉国教者与英国国教教徒之间相互冲突的意愿。不满一直在升温,但还没有找到爆发的聚焦点,直到詹姆士一世(1603—1625年在位)和他的儿子查理一世(1625—1649年在位)控制的政府竭尽挥霍之能事,甚至把海军和军事部门的钱都用完了,因此而召开议会要求得到更多的资金。议会的很多成员——地主、日益变富的城市商人、律师、清教徒和其他不信奉国教的教会成员,也包括国教的神职人员——都不愿意上缴国王强征的钱。他们向皇室的特权发出挑战,要求增强选举产生的立法机关的权力,政府部门官员的提升应根据能力选拔,最重要的是,在私人和公共生活中应该有更多的宗教包容性。然而当查理一世欲在未经议会同意的情况下征收赋税时,他在1640年召集的议会向他发起了战争,最终,在奥立佛·克伦威尔(英国的护国公)(Oliver Cromwell[Lord Protector of

原始资料

大众选举投票权对财产权

20世纪英国的历史学家E·P·汤普森推崇普通大众对历史发展的贡献。在他的著作《英国工人阶级的形成》(第22—23页)中,汤普森引用了1647年一个军队委员会会议的声明,这个会议试图寻找一个解决国王和议会冲突的立宪方案,并决定大众平民在议会选举中的作用。

奥立佛·克伦威尔的女婿爱尔顿将军提出延伸特权,但因为害怕私有财产权可能被取消,仅赞成将特权延伸到有产者。"没有哪个人拥有在控制王国事态发展的过程中获取利益或分成的权利……也没有人会在王国中享有永久而固定的利益……如果每个人都有投票权,为什么这些人不会投票反对财产所有权呢?"

大众士兵对这个问题的回答更民主也更尖刻。其中一个断言:"有成千上万像我们这样的士兵在冒着生命危险;我们在王国中只拥有很少的房产,也就只有很小的财产权,但我们也有与生俱来的权利。但是现在,似乎除非个人在王国拥有固定房产,否则他就没有权利……我都怀疑我们是不是受骗了。"如果要我们代表政府而战斗,那么在选举中就应该有我们的声音。

England〕,1653—1658年在位)的领导下将其处死。克伦威尔是个激进的加尔文主义者,也是个军事天才,一直在执行专横的管理模式,直到1658年去世。他平息了爱尔兰和苏格兰的反叛,并将它们与英格兰一起组成英联邦。尽管他打了胜仗,但无论克伦威尔还是议会都没能建立起一个卓有成效的新政府,君主制于1660年复辟。但是,这场内战树立了这样一种观点,即君主制是可以被推翻的,也在许多方面提出了直接导致后来于1688年爆发的光荣革命的理论体系。

《权利法案》,1689年

查理二世(Charles II,1660—1685年在位)和他的弟弟詹姆士二世(James II,1685—1690年在位)继续向议会索要超出后者能够赋予的权力。詹姆士二世是个天主教徒,在很多政府官职的任命中都偏向天主教徒。詹姆士的儿子出生以后,那些大贵族担心詹姆士和他的继承者会在亨利八世废除天主教转立英国国教一个半世纪以后,重新确立天主教为英国正式的宗教。他们邀请詹姆士二世的女儿玛丽和她的丈夫、荷兰联邦的首领威廉·奥林奇回到英国担任君主,他们两人都是坚定的新教徒。1688年,威廉和玛丽抵达英国,并于1690年在爱尔兰的博伊奈战役中打败詹姆士二世的军队,确立了他们的统治。

尽管新上任的国王和王后最初是被请来解决宗教争端的,但是他们的即位也同时解决了君主和议会之间的权力之争。1689年议会颁布的《权利法案》对几十年来形成的英国的民众和君主之间的关系提出了明确的原则。该法案规定,除了其他各项条款之外,不得增收赋税,未经议会的同意不得调动军队;未经正式的法律程序,不得拘捕或拘留个人;国王无权单方面中止法律。因此,光荣革命不只是君主制内部的更替,而且还将君主的权力限制在宪法之下。毕竟,新上台的君主是由贵族选举并经议会确定的。而且,当威廉继续在同法国作战时,他也不得不顺从议会的意愿来获取经费。英国的国教依然是英国法定的正式教派,但是1689年的《宽容法》给了清教异教徒——但不是罗马天主教徒——公开信仰自由的权利。克伦威尔已经同意犹太人重返英国,这离他们在1290年被逐出英国已经过去了差不多400年。议会没有反对《宣誓法》这项只同意由英国国教徒担任军队和政府公职的法案。尽管如此,这些法案在某种程度上解决了困扰英国许久的政治方面的宗教争端。但是在苏格兰,尤其是爱尔兰,对宗教限制条款的反抗依然在继续。

由男性有产者控制的政府 就当时的情况而言,光荣革命或许已经具有了民主的性质,因为它使得国王受到宪法的制约。但是,据估计,直到1820年,整个英国才仅有不到500名有影响力的人物可以控制议会大多数成员的选举。1832年的《改革法案》将英伦三岛上有实际选举权的人数从不足500 000人扩大至约800 000人。直到1867年和1884年,《改革法案》才将选举权扩大到中产阶级和下层阶级,包括天主教徒、异教徒和犹太人。此时,工业革命已经促成了一个全新的职业阶层和工人阶级的形成,他们得以成功地要求获得代表权,在下一章我们将看到这一点。而英国的妇女则直到20世纪才获得选举权。

18世纪的启蒙思想家和启蒙运动

在英国的光荣革命和美国革命及法国革命之间的这一个世纪里，同时出现了一场哲学思想的运动即启蒙运动。这一运动的学术中心在法国，尽管其主要的参加者分布在美国、苏格兰、英格兰、普鲁士、俄国和其他一些国家。启蒙运动的法国领导者被称为"**启蒙思想家**"，他们的哲学思想帮助推动了美国革命和法国革命。

随着17世纪的科学革命而出现的启蒙思想家相信存在着一个理性的世界，在这个世界里汇集起来的人类知识和系统思想可以充当强有力的工具以帮助发现宇宙的秩序，解决政治和经济生活的主要问题。他们关注思想的明确表达，希望用这些思想来解决公众生活中的实际问题，这使得他们在所处的革命时代中重建新的政治制度方面拥有很大的影响力。美国的《独立宣言》和法国的《人权和公民权宣言》的作者均从启蒙思想家那里汲取了灵感。启蒙思想家相信秩序，但是他们也相信思想和言论的自由。他们认为，公开的讨论和争辩是寻找更好的构想和问题解决方法的方式。实际上，思想家们彼此之间也在不断进行对话和开展争论。

到各地的旅行影响了启蒙思想家们的思想，向他们展示了多种多样精彩纷呈的意识形态。夏尔·德·塞贡，即孟德斯鸠男爵（1689—1755年）就曾到各地旅行，并写出了《波斯人信札》一书，其中表达了对法国社会的制度传统，包括对君主制和天主教会的尖锐讽刺。这本书以书信的形式记述两个来到法国的旅游者将他们的所见所闻写下来邮寄给家乡的读者。27年后的1748年，孟德斯鸠写下了他最具影响力的著作《论法的精神》。在该书里，他意识到了不同的国家需要不同的政体，并基于他对英国的政治体系的理解（或许是误解），支持国家权力的分立。美国联邦政府宪法的制定者后来也将美国的宪法归功于孟德斯鸠的思想。

在精神和宗教信仰方面，大多数启蒙思想家都是自然神论者。他们承认，世界也许有一个最初的创立者，比如亚里士多德所说的最早的创造者，但是，生命的过程一旦开始，这位创造者就要退居其后了。他们采用了这样一个比喻：一个钟表匠制作出了机械表的结构，并使之运转，然后就离开了。人类的命运从此便掌握在自己的手里。

和诸如原罪和教会的权威凌驾于人类理性之上一类的天主教教义相反，启蒙思想家们主张，通过稳定的而且是不加限制的知识的扩展或者说"启蒙"，人类的进步是有可能的。马奎斯·孔多塞（Marquis de Condorcet，1743—1794年），即《人类精神进步史表纲要》（1795年出版）的作者，他声称："人类的完美没有尽头。"启蒙思想家和启蒙运动的最著名的学术成果就是《百科全书》，或称《关于艺术、科学和工艺的理性辞典》。这一百科全书由德尼·狄德罗（Denis Diderot，1713—1784年）编纂，其中包括德高望重的专家和启蒙思想家的著述。《百科全书》重申了人类进步是以教育为基础的这一信念：

启蒙思想家（philosophes）　指18世纪的一批法国作家和思想家，他们强调人类的理性至上，提倡言论自由和进行社会、经济及政治改革。其中包括伏尔泰、孟德斯鸠、卢梭和狄德罗。狄德罗担任《百科全书》（1751—1772）的编辑，这一百科全书包含了他们的许多思想观点。

《百科全书》的目标是收集目前散布在地球上每一个角落的知识，让我们周围的人都知道知识的总体结构，并将知识传播给我们后世的人，这样做是为了使前辈的劳动对后世有用；也为了使我们的子孙后代在能受到更好的教育的同时也许能变得更有道德，也更快乐；也为了我们不至于对人类这个种族没有任何功劳就离去了。(哥伦比亚大学，《当代文明》，第988—989页)

狄德罗呼吁开展进一步的社会和政治革命。"我们正开始摆脱特权和传统的枷锁，为了紧紧把握理智的法则。"挑战权威即意味着要抱着开放的态度面对各种各样的观点，而不能仅仅抓住某一个思想，狄德罗把这一概念融入他编辑的著作的结构之中。

对于那些有着根深蒂固的观念支撑着的歪理，我们通过各种各样的资料证明，来把那座高大宏伟的泥塑大厦连根拔起，并扫除其散落下的无用的尘土……如果这些有人赞成有人驳斥的互见条目能够按照一个事先制定的计划精巧执行下来的话，《百科全书》就会有转变人类普遍思维的能力。(第996页)

最终编纂而成的《百科全书》共分为17卷文字和11卷插图。

另一个启蒙思想家是弗朗索瓦–马里·阿鲁埃(François-Marie Arouet)，一般人称其为伏尔泰(Voltaire，1694—1778年)，他的言论充满了勇气和睿智。他的《牛顿哲学原理》(1738年)一书详述了理性秩序和人类理解宇宙能力的新的科学证据；《哲学通信》(1734年)探讨的是宗教、探究和出版自由问题；《风俗论》(1756年)，又译为《通史》，将历史的发展置于人文主义的背景之下，并将历史责任放在人的手中。伏

535

让·于伯，《共进晚餐的启蒙思想家》，1750年。伏尔泰(1)、孔多塞(5)和狄德罗(6)都在这幅版画中有所描绘，这幅画将启蒙运动中重要的思想家呈现在世人眼前。看到了西方世界正从黑暗和无知的世纪中觉醒，这些法国人提出了理性、科学和对人性的尊重——这些观点对1789年的法国大革命提供了思想上的支持。(巴黎国家图书馆)

尔泰呼喊:"Ecrasez l'infame!"——意为"粉碎"神职人员的迷信、偏执和权力等一切"丑陋的事物"。

开明的君主专制(enlightened despotism) 一种政府体系,统治者对他/她的臣民有着绝对的权力,但是同时利用权力为臣民们谋福利。

启蒙思想家并不一味信奉大众的民主。伏尔泰就认为,仁慈而**开明的君主专制**比糟糕的自治要好。在那些最理想的可能世界中,肯定会有一些开明的统治者,比如普鲁士大帝腓特烈二世(1740—1786年在位),伏尔泰曾在他的宫廷生活多年;以及沙俄女皇叶卡捷琳娜二世(1762—1796年在位),伏尔泰是她的好朋友;还有奥地利皇帝约瑟夫二世(1765—1790年在位)。在这三个人的统治之下,国家的管理颇具成效,赋税较为合理,农业和手工业生产受到鼓励,允许言论和宗教自由,军事实力得到加强,从而成为强大的帝国。开明的君主行为规范,遵守自然的法则。但是普通民众在政府的管理上没有发言权和投票权。换句话说,对这些统治者而言,以及对伏尔泰来说,好的政府不一定是民众自治的政府。

殖民政府常常利用启蒙运动作为幌子,为他们的统治进行辩护,声称他们是在使用知识和理智来缓和残酷的暴力的使用,并以此作为他们的管理的基础。1784年,时任英属殖民地印度的总督沃伦·哈斯丁斯就这样解释说:

> 每一种知识积累的方式,尤其是通过与我们统治下(这种统治建立在征服的基础之上)的人们进行社会交流来获取知识这种方式,对被统治下的国家是有用的……这种知识积累方式能够吸引并融合彼此间疏远的情感;这种积累方式减轻了被统治的当地居民身上枷锁的重量;知识的积累使得我们的国民将责任感和仁慈之感烙在心头。(Metcalf和Metcalf,第61页)

在贯彻实施这一启蒙思想的同时,哈斯丁斯建立了"孟加拉亚洲学会",主要致力于翻译和分析古印度的文典。

对于民主政府的怀疑在让-雅克·卢梭(Jean-Jacques Rousseau,1712—1778年)的著作中体现得更为充分。卢梭或许是18世纪法国的思想家中最令人难以捉摸的一位了。他提出质问,知识和人类智慧是否应该置于首位。和霍布斯和洛克一样,他也写过有关"自然状态"的著作,但是,与他们不同的是,他似乎希望以某些方式回到这种"自然状态"。他在《社会契约论》(1762)中悲叹道:"人生来自由,但处处皆是枷锁。"在《关于不平等起源的论述》(1755)中,他写道:

> 在自然状态中,几乎没有任何不平等现象;今天所有的不平等现象之所以到处泛滥,是因为我们的能力的发展和人类思想的进步;由于私有财产和法律的确立,这些不平等最终变得永久存在,并合法化了。(哥伦比亚大学,《当代文明》,第1147页)

卢梭提倡的民主比其他启蒙思想家们提出的观点更为激进,但他似乎也认为多数人的专制是合法的。像洛克和霍布斯一样,卢梭也将原始的社会契约看作一个神话,将一种自然状态改变为一种社会群体,并认为大的权力产生于这种社会群体:"我们中的每一个人都将自己个人和自身的力量一起投入到普遍意志的绝对领导之下";"任何拒绝服从普遍意志的个人都会被整个社会机制强制服从。这意味着一个人不过是被强迫自由的"。(第1153页)政治哲学家们对卢梭所谓的"普遍意志"这个反论争论了两个多世纪。公民是如何"被强迫自由"的? 这是为压迫少数人辩护的自由宣言,还是为建立一个极权国家的提议?

我们已经探讨过了亚当·斯密的经济观点,他有时候被归入启蒙思想家之列。斯密同他们也进行过广泛的讨论和通信。和洛克一样,斯密认为,人们想要在物质上"改善自己的处境"是正当的。他注意到这样的努力不一定总是能够取得成功,但是建议道:

536

> 大自然以这种方式欺骗我们是可以理解的。正是这种欺骗才使得人类不断作出努力辛劳;正是这种方式第一次激励人们去开垦田地,建造房屋,建立城市和联邦国家,并创造和促进所有的科学和艺术,这使得人类的生活变得崇高,得以美化。(*Moral Sentiments*,IV.1.10)

较之其他的启蒙思想家来,斯密显得不那么乐观,他认识到,个人变得富有可能会引起他人的忌妒。因此,私有财产需要得到保护,而且他和洛克持同样的观点,即认为这是政府的任务:

> 文明政府就是为了保障财产的安全而设置的,实际上也就是为了保护富人而对付穷人的机构,或者说是为了保护有产者而对付没有任何财产者的机构。(《国富论》,第674页)

在美国和法国革命期间,那些关于启蒙运动、理性、实验科学、世俗主义、私有利益和所有权、"同情和自己有相同经历的人"和限制政府权力的争论,都在吵吵嚷嚷要求政治、经济和社会生活的改革。但是,这一切改革的目标和方向是什么? 应该怎样进行这些改革,而且应该由谁来进行呢?

北美革命,1776年

在17和18世纪,英国人开始在北美洲、澳大利亚和南非进行殖民,他们认为自己可以在殖民地上享有所有不列颠人都有的权利。但是,到了1760年代,北美的定居者开始反抗英国本土的统治者强加于他们的对政治和经济生活的控制。英国人控制了北美的贸易,限制美国的水上运输,以及由此而形成的对部分制造业的制约。这些

约翰·查姆布尔，《独立宣言的签订，1776年7月4日》，1786—1797年。原本是对殖民地政府限制贸易和政治自由的抗议，最后演变成一场革命性的对抗和一个国家的诞生。《独立宣言》宣扬的主要原则构成了美国诞生的基础，后来影响和鼓舞了全世界的自由战士。（华盛顿国会图书馆藏品）

537

同征税一样令北美移民感到愤怒。1763年，在北美的土地上，英国在七年战争中战胜了法国，结束了两个强国为争夺商业和海上霸权而引起的一系列国际战争，终结了被法国人或印第安人攻击的威胁，也使得美国的殖民者从对英国军队的需求中解放出来。然而，英国决定在北美继续保留大批军队，并直接对殖民地的居民征税。1765年的《印花税法案》根据一长串商业和法律文件的单子进行征税。殖民地的居民强烈反对，最终英国议会因为殖民地居民激烈的暴乱和对英国货物的抵制而撤销了这项法案。

美国人对英国国王乔治三世颁布的专横政令的不满有增无已，直到他们在1776年结束了英国的统治并宣布成立独立国家。美国的独立宣言宣布了一系列"伤害和侵占"罪行。这表明了美国人决心获得同英国人一个世纪之前就获得的同样的法律权利。美国人的独立宣言指责英国国王"剥夺了我们的宪章，废弃了我们那些最珍贵的法令，并且从根本上改变了我们政府的形式"。这宣告了把殖民地与英国绑在一起的社会契约的破裂，最终宣告了革命的权利。

在确立政治民主制度上，美国的革命比英国的光荣革命走得更远。美国的革命完全废除了君主制，取而代之的是经过选举产生的政府。革命者宣告了"人人生而平等"，每个人生来就有不可剥夺的权利，不仅仅是生命权和自由权，而且还拥有虽不明确却颇具诱惑力的"追求幸福"的权利。现今，革命者在一个新的司法结构里着手巩固自己的责任和义务。革命的领导者们，诸如乔治·华盛顿、本杰明·富兰克林、托马斯·杰弗逊和詹姆斯·麦迪逊，不仅是士兵、开拓者，还都是博学多才、富于常识、有自制力和懂得权衡的政治家。

宪法和权利法案，1789年

美国人赢得了1775—1781年的独立战争，于1783年同英国签订了和平条约，之后13个殖民地的政治领袖在费城会面，为他们的新国家确立了一个政府框架。他们在1789年起草了一部新的宪法，以及一部《权利法案》，并于1791年实施生效。美国的《权利法案》，即宪法的最早的十条修正案，给予了美国人比当时的英国人享有的更多的权利，包括宗教信仰自由（以及教会和国家的分离），新闻出版自由，集会自由以及请愿的自由；持有武器的权利；反对不合理搜查和反对暴力及无端惩罚的权利；陪审团快捷合理判决的权利。美国人确立了政府的联邦体制。每个州各自设立了选举的法则，许多州——但并不是所有的州——都取消了对选举人财产的要求。1800年，佛蒙特州确立了每个成年男子都拥有选举权，南卡罗来纳州、宾夕法尼亚州、新罕布什尔州和特拉华州则扩展到每个白种纳税人都有选举权。

研究早期美国的历史学家们将美国为获取政治自由所采取的

波士顿倾茶事件，1773年。1773年12月16日，当一些扮成印第安人的激进分子把英国船上的茶叶倾倒入波士顿港口时，美国的殖民者发出阵阵欢呼。（康涅狄格州纽黑文耶鲁大学美术馆）

更为激进的方法归于至少四个因素：宗教、地理、社会和哲学思想。首先，来自英国和欧洲大陆的移民人数不成比例，相差很大，他们来到美国是为了脱离自己国家的国教，来寻求精神上的独立。这些人广泛而普遍地认同个人自由的重要性，这种认同从宗教领域进入政治领域。

其次，堪称唾手可得的辽阔土地给了新的美国人丰富的个人机会（他们从美国原住民手中夺取土地）。后来，历史学家弗雷德里克·杰克逊·特纳进一步发展了这一"边疆理论"，他提出说，美国人相对自由和开放的生活，在心理上和物质上都可以归结于看似无穷尽的开放的边疆土地。第三，拥有土地和贵族特权的人数很少，城市人口中手工艺人阶级的力量也增加了对民主的要求。最后，18世纪的政治思想总体上已变得更为激进，尤其是在法国的启蒙思想家中间更是如此。当美国人书写出自己的《权利法案》时，法国大革命正在轰轰烈烈进行之中。

第一次反对帝国的革命

美国的革命除了为美国人从英国人手中夺得自己的权利之外，或许更为重要的是，这是第一个现代的反殖民主义的革命。英国人强加的贸易和税收政策使得商人和手工业者起而反抗英国的统治。其他国家，尤其是法国，很想羞辱一下英国人，从其最有希望的美洲殖民地分得一杯羹，便为美国提供财政和军事方面的支持，这帮助美国人赢得了独立。美国革命的主要目标之一是开拓北美大陆，主要是阿拉巴契亚山脉以西的部分，使之便于移民。英国禁止这一"西进运动"，这与西班牙和葡萄牙在拉丁美洲的移民政策完全相反。随着新获得独立的美国人的向西迁移，并在西进的过程中不断夺取土地，他们开始发展形成帝国主义利益，这些利益被表述为神秘的"天定命运论"。这一流行的信念在美国人穿越整个大陆的过程中自然发展扩张，其中的突出之举是1803年从法国手中买下了辽阔的路易斯安那。德克萨斯人受到鼓舞，也于1836年宣布从墨西哥独立，后于1845年并入美国联邦。美国在1846—1848

年间同墨西哥的战争中取得了胜利,兼并了西南部地区。北美其他地区的合并过程显得较为和平：1844—1846年美国通过与英国的谈判合并了俄勒冈,1867年经与俄国谈判买下了阿拉斯加。

在长达几个世纪的时间里,美国一直是一股反殖民主义的力量。贾瓦哈拉尔·尼赫鲁领导印度20世纪为摆脱英国统治获取独立而斗争,他就将美国革命作为自己国家的榜样："美国的这场政治变革是重要的,而且注定会取得重大的结果。美国原来为殖民地,在获得自由之后,今天(1932年)已成为世界上最强大、最富有、工业最先进的国家。"

但是美国的革命并没有将民主带给每一个人。它最大的缺陷就是,美国依然维持着奴隶制,这一制度直到1861—1865年美国内战才告终结。这是美国历史上流血最多的战争。甚至在此之后,美国法律中带有的种族歧视倾向一直延续到20世纪60年代,直到今天,在美国人的行为中依然烙有此印记。随着来自欧洲的移民者先是乘着四轮马车,后来又通过铁路,不断地向西进军掠夺,美洲原住民的境遇在革命之后实际上是变得越来越糟。欧洲移民者屠杀美洲印第安人,把他们赶向边远地区,把他们限制在遥远的、几乎是荒芜的地区,杀戮他们游牧生活赖以继续的野牛,而且还阻止他们保留自己的文化和语言。对于这些当地的印第安人来说,革命所起的作用与那些移民侵略者遭遇的是正好相反的：扩张变成了萎缩,民主变成了专政,财富变成了贫困,自由变成了限制。

一方面是伪善的民主声明,另一方面是针对印第安人的残酷暴行,这样的现象在安德鲁·杰克逊(Andrew Jackson,1829—1837年在位)任总统期间达到了顶峰。杰克逊反对经济和政治方面的特权,致力于让每个普通人都拥有发展机会,但是他却下令联邦军队将切罗基部落驱逐出他们在佐治亚的土地,将他们赶到位于西部的"美国大沙漠",此举公然违抗美国的最高法院。大约有15 000名印第安人被迫踏上这条"血泪之路",其中近四分之一的人在途中死去。

美国是如何把它理想中的平等和自由与现实中对黑人的奴役和对印第安人的行动限制调和起来的呢？美国采取的方式是,把非白人和非欧洲人看作"另一类人"——那就是说,在生物类群上,他们就是不平等的。种族常常被用作一种定义,且常常是通过视觉手段就迅速做出大致的、有时并不准确的判断,而且常常被用作法律上的标准。种族本身一直以来都是可变性很强的概念,但在美国,在对付奴隶、原来的奴隶和自由黑人的法律身份时,却常常使用这个概念,这种做法在美国南部尤为普遍。许多年来,种族限定常常作为一项法律标准用来排斥亚洲的移民。如果非白人在生物种群上就与白人不平等的话,那每个人都有不可剥夺的自由的权利就要大打折扣了。当这一关于平等原则的革命性解释在美国和世界其他地方被人们所接受时,在那些希望将平等的范围缩小到"团体内部"而排斥"另一类人"的人们和另一些希望对所有人都采取平等态度的人之间就发生了争斗。这样的斗争今天仍然在继续——无论是在法律上还是在实际上,无论是在美国还是在世界各地。

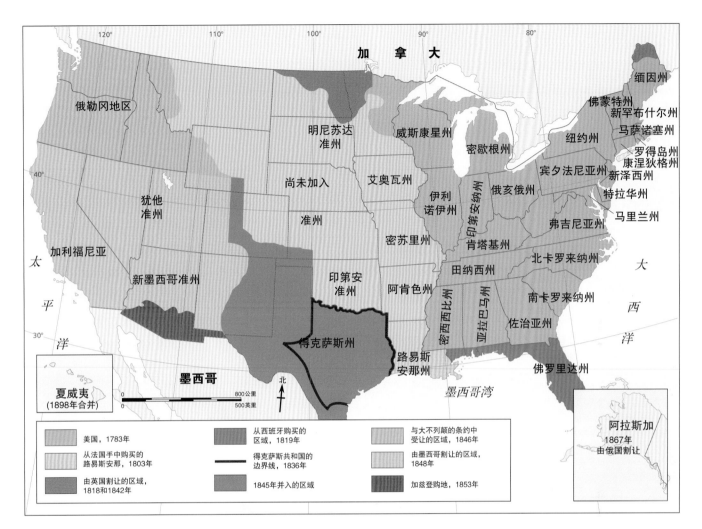

美国版图的扩大。美国领土的向西扩张通过领土的转让、收购兼并和征服等手段得以实现。在1783年独立之后，美国于1803年从法国买入路易斯安那，从西班牙手中吞并了佛罗里达的西部和东部，国家的版图由此扩大了一倍。另一次版图扩大则是通过1845年合并得克萨斯，1846年获得俄勒冈和1848年战胜墨西哥获得西南部地区完成的。1867年从俄国手中收购阿拉斯加，1898年夏威夷并入美国版图。在所有这些收购兼并中，欧洲的移民和他们的后代取代了美洲原住民，而且在不到一个世纪的时间里，美国成为世界上最大的国家之一。

法国大革命和拿破仑, 1789—1812年

美国革命以及其中传递的许多信息，如殖民地的反抗、宪政、个人自由、法律面前人人平等，这一切无论是在当时还是后来的几个世纪里都激励了其他许多民族。但是，与欧洲国家和他们的经历相比，美国这个国家及其革命都是独一无二的。在18世纪末时，美国是一个拥有400万人口的国家，它位于广阔荒芜的美洲大陆的边缘，没有阶级传统和教会特权，这个国家很大程度上是由许多持不同政见的人建立的。美国是建立在已经存在的英国自由传统的基础上，并在一些国际盟国的支持下与一个遥远的殖民政府作战，革命的领导者是受过教育的、生活舒适的精英分子。另一方面，法国大革命发生在当时人口最多（2 400万人）、最强大的欧洲国家内部，他们同顽固的封建、教会和君主特权作斗争。法国大革命释放了强大好斗的国内各个派别的力量，哪一支力量都无法控制法国国内或国外的革命事件发展的方向和速度。法国大革命迅速影响了整个欧洲，以及西半球的大部分地区，实际上影响了整个世界。有些人甚至会说，围绕这场革命中心原则的斗争今天依然在继

540

续。20世纪中国的领导人周恩来被问到如何评论法国大革命的影响时，他的回答很是出名："现在来说还为时过早。"

革命的起因

同1640年代爆发的英国的内战一样，法国大革命是由国王对资金的需求引发的。同查理一世相仿，国王路易十六（Louis XVI, 1774—1792年在位）1789年决定召集法国人民的领导者召开三级会议，借此征收这些费用。

从这时开始，一系列重大事件相继发生，随着政治机构、社会阶级和哲学信仰相继发生冲突，政治、社会和思想的变革迅速进行。法国被分为三个等级，按照等级高低分别是：神职人员，大约有100 000人，大约控制着法国约10%的土地；贵族，大概有300 000人，拥有约25%的土地；其余的被列入第三等级。第三等级包括正在兴起的、前景看好的城市商人和专业人员（约占总人口的8%），还有属于工人阶级的手工业者，和占全国总人口五分之四的农民。国王欲征收的财富集中在前两个等级和**中产阶级**，或者说在第三等级中占主导地位的城市专业人员和商人阶级手中。

中产阶级（**bourgeoisie**）法语词汇，原意指生活在城镇中的居民，他们所处的社会经济地位介于乡村的农民和封建贵族之间；随着工业的发展，这个词被越来越多地用来指代雇工者，以及其他的属于"中产阶级"的成员，包括专业人员、手工业者和商店店主。

第三等级的反抗

自1614年起，三级会议一直未召开，会议的议程因此备受争议。会议代表表现出的不只是对国王的不满，他们之间也相互不满。贵族希望抓住这个机会使得三级会议成为法国宪政的一部分，并使得国王处于从属的地位。代表们希望得到保障，获得个人自由、出版和言论自由以及免遭任意逮捕的自由。他们还希望享有最低限度的税收，但是为了获得更大的政治权力，他们愿在这方面有所牺牲。按照他们提议的议程方案，三级会议将在三个议事厅举行会议：一个是贵族参加的会议；一个是神职人员会议，这里贵族的声音也很有力；第三个就是其他所有人参加的会议。

第三等级很早以来就把贵族视为寄生虫，对他们拥有的名目繁多的特权颇为反感，对他们的新的提议持怀疑态度。第三等级的成员从启蒙思想家的著述里，从英国，尤其是美国的革命经验中得到了激励，希望建立一个更为民主、更能代表民意、包容性更强、更负责任的政府。他们在法国的发言人，也就是一本起领头作用的手册的作者，实际上是一个神职人员，即修道院院长伊曼纽尔-约瑟夫·西哀士（Abbé Emmanuel-Joseph Sieyès, 1748—1836年）。他在1789年撰写了《什么是第三等级？》。这本小册子开头就是一连串三个有问有答的政治问题："（1）什么是第三等级？一切。（2）在此之前的政治秩序中它是什么？什么也不是。（3）它要求什么？有所作为。"第三等级的领导者要求结束特权，正是这些特权给了贵族和神职人员财富和权力，而同时却减少了本该由其他所有人获得的机会，还使得法国王室亏空。许多人把国王看作反对贵族斗争的一个同盟。他们提议，全部的三级会议应该在同一个地方召开，因为国王给第三等级的席位与其他两个等级的席位加起来一样多。

541

巴黎的国会规定，三个等级的会议应分开进行，这正如贵族们所希望的那样；第三等级因此被激怒了。1789年5月当三级会议召开时，第三等级的成员进行了六周的罢会。6月13日，一些教士加入了他们的行列，4天以后，第三等级和他们的同盟一起声称自己召开"国民议会"。国王把他们锁在会议厅外面。6月20日，他们在附近的一个网球场举行集会，并进行了"网球场宣誓"，要求获得法律权力，声称若不起草一项新的宪法，绝不解散。路易十六惊惧于这些事件，不愿意或是已经难以坚持自己的领导地位，便召集了18 000人的军队，将军队部署在所有这些事件的发生地凡尔赛宫，以防自己受到可能发生的攻击。

《网球场宣誓》，雅克－路易·大卫，1790年。在这幅巨作中，大卫捕捉到了第三等级宣布他们作为法国人民选举出来的代表的主权这一时刻。商人、专业人员、手工业者参加了这一匆忙之中召开的会议，宣誓将一直留在会议中，直到新的宪法起草完成——这一宪法将结束贵族和神职人员的既得特权利益。(巴黎卡纳瓦莱博物馆)

穷人的反抗

同时，在距离巴黎12英里远的地方，在整个法国，民众纷纷起来反抗组织起来的上层势力。农业欠收，1789年面包的价格已接近历史最高。有的农民拒绝缴纳税赋和地租，许多城市的民众也忍饥挨饿。乞丐和强盗开始在各地乡村游荡，并向巴黎逼近。

在首都巴黎，民众向巴士底狱发起进攻，那里既是监狱又是兵工厂。他们遇到武力的抵抗，处死了巴士底狱狱长、巴黎市长和一些士兵。在听说巴黎发生的事变以后，农民组织起来反抗残余的封建势力。尽管他们没有受到武力抵抗，农民们还是夺取了向他们征收封建税赋和地租的文书并予以销毁。为了控制这些革命性的动乱，国王在凡尔赛宫承认了由第三等级及其同盟组成的新的组织国民议会作为人民的代表，并由其起草新的宪法。

国民议会消除了残余的封建制度和农奴制度，上缴给教会的什一税，以及贵族享有的特权。国民议会颁布了《人权和公民权宣言》，其中有十七个条款，包括：

- 人与生俱来并且终身拥有自由平等的权利；社会差别只应建立在对公众的有益性上。
- 每一个政治团体的目的都应是保护人天生的、不可剥夺的权利；这些权利就是自由、财产、人身安全和反抗压迫的权利。

542

- 所有主权的源头本质上在于国家……
- 法律应当代表公众的意愿……一切公民在法律面前人人平等,所有人都有资格凭借自己的品德和智慧,即自己的能力,得到各个公共部门的各种工作、职位以及就业机会,而不是凭其他的特权。
- 为了保持公共的力量,也为了维持政府的行政开支,普通的税收是不可或缺的;但税收必须针对所有人,且征收额应与个人的财富成一定比例。
- 社会有权利要求所有公共机构为其行政管理做账务记录。

这个宣言进一步强调了思想、宗教、诉讼和执行法定程序的自由。它意味着启蒙思想学说的胜利。

同时,巴黎饥饿的民众起义造反的情绪更趋高涨。10月,家庭主妇、市井妇女和一些革命激进分子举行示威游行反对面包价格的上涨,在他们的带动下,有20 000名巴黎市民涌向凡尔赛宫。这场"妇女大游行"冲入了王宫,压倒了国民卫队,迫使王室家族回到巴黎,令他们处于监视之下。与此同时,乡村的农民感到一股(莫名的)"恐慌",他们担心地主可能企图雇用一批恶棍烧毁他们的粮食来封杀起义。作为反击,农民们便袭击了贵族、神职人员及其管理人员的房产。

在以后的两年里,国民议会制定了一项宪法,该宪法要求建立立宪君主制;消除贵族和神职人员的头衔和特权;在整个国家建立统一的政府机构;撤除罗马天主教会的神职人员,并没收教会的财产;组建一个新的一院制立法议会,对于这个议会,大约有一半的成年法国男性有选举权,主要是根据拥有的财产来决定。新教徒、犹太人和不可知论者只要达到了财产数额的规定要求都有资格拥有公民身份、选举权并担任政府的官职。公民身份不再以宗教附属关系为基础,而是以居住在这个国家和对政府的忠诚为基础。除了激进的——甚至极端的——反对神职人员,法国的革命和英国以及美国的革命异常相像。这三场革命都与启蒙思想家乐观和主动的世界观一脉相承。这一新的宪法最终在一波罢工浪潮以及对劳工组织的政府禁令后于1791年9月颁布。

当时创作的彩色版画,展现了1789年10月5日妇女们向凡尔赛宫进军的场面。被关于国王举行豪华晚宴的报道激怒的大批巴黎市民(其中大多数是妇女)向凡尔赛宫冲去,并将其包围。国王路易十六及其家人虽然之后被判处死刑,但是当时在法国将军拉法耶特侯爵的干预下获救。

543

国际战争,"第二次"革命和恐怖活动,1791—1799年

1791年6月,路易十六和王后玛丽-安托瓦内特企图逃离法国,但是均被逮捕,此后被软禁在王宫。成千上万受到震惊和惊吓的贵族开始逃往附近那些对君主和贵族还算保持尊重的邻国。关于消除封建特

权和《宗教人员民事组织法案》的消息令欧洲各地的贵族和神职人员恐慌不已。哈布斯堡皇帝利奥波德二世（1790—1792年在位），即玛丽·安托瓦内特王后的兄长，与其他统治者开始商讨对策，准备对新的法国政府发动战争。法国的国民议会根据新的宪法召开会议，开始准备战争以应对这个威胁，并把这一革命继续下去。1792年4月，法国对奥地利王国宣战，在后来的23年里，法国与欧洲几个主要的国家处于战争状态。

事件迈着革命的步伐全速向前。战争的进展极为糟糕，造反的民众涌入了王宫，企图杀死国王并开始"第二次法国革命"。路易向国民议会寻求保护，但是他被送入了监狱，他拥有的所有的正式权力都被终止。国民议会解散，要求成立一个新的国民公会——由所有有选举权的男性公民选举成立——来负责起草新的宪法。在民众发动的暴乱中，新的国民公会于1792年9月召开。国民公会的领导者是**雅各宾派**，其成员来自遍布全国各地的政治俱乐部，（具讽刺意味的是）他们以首次集会的地方——巴黎的一个女修道院——的名称命名。雅各宾派后来分裂成较为温和的**吉伦特派**（这是以法国的一个地区命名，总体上代表巴黎以外各地区的利益）以及**山岳派**（其代表大多来自巴黎，该名称取自于他们占据的位于集会大厅左边的那些席位名）投票结果是361票对359票，国民公会于1793年1月决定处死国王，"第二次革命"从此全面开始。

在国民议会之外，还有作为巴黎市政府的巴黎公社，代表的是工人、商人和城市手工业者，总体上比国民公会更为激进。他们被称为**无套裤汉**即"不穿套裤"的意思，因为这些成员身穿长裤，而不像中产阶级和贵族阶级那样穿齐膝的套裤。1793年6月，巴黎公社袭击了国民公会，并以叛国罪的名义逮捕了31名吉伦特派成员，留下了更为激进的山岳派来掌控公会。

为了在国际和国内战争交织的情况下实行统治，国民公会设立了"公共安全委员会"，并发动了一场针对"反革命者"的恐怖活动。从1793年中期到1794年中期，该委员会处死了约40 000人。在法国西部旺代地区的南特市，即保皇的反革命中心，委员会有意溺死了2 000人。为了将战争推向国外，委员会组建了"levée en masse"，即征募民兵活动，集结了前所未有的多达800 000人的军队，并动用法国的经济资源以作支持。

该委员会加强了反对封建特权的运动，拒绝向庄园主支付补偿金，这些庄园主由此失去了统治佃户的特权。委员会还加强了在农业和手工业生产方面的指导，宣称在全国范围内普及基础教育，在所有的法国殖民地废除奴隶制。委员会还引入了新

原始资料

奥兰普·德古热，"妇女的权利"

以奥兰普·德古热为笔名写作的玛丽·古兹（Marie Gouze, 1748—1793年）直接套用革命的《人权和公民权宣言》（1789年）的语言。她的《女权与女公民权宣言》表明这个宣言缺少对妇女权利的关心：

> 第一条：女性生来自由，与男性一样有平等的权利。社会差别只能建立在对公众的有用性的差别之上……
>
> 第十七条：财产的权利对于两性而言都是不可违背且神圣的，不论是共有财产还是个别的财产。（Bell和Offen，第105—106页）

德古热把这份文件寄给了法国王后玛丽·安托瓦内特，督促她将这份文件采纳为自己的女权项目，争取成为法国保皇党的工作目标。1793年，激进的雅各宾派将德古热送上了断头台，理由是她犯了双重罪，既是保皇分子，又是女权分子。

雅各宾派（Jacobins） 1789年成立的一个法国革命政党。后发展成法国大革命中最激进的一个党派，实行了恐怖统治，并处死了国王（1793年）。

吉伦特派（girondins） 法国的一个革命组织，成员大多数来自中产阶级，其中许多人来自吉伦特地区。

山岳派（Montagnands） 法国的一个激进革命党派的成员，与雅各宾派联系紧密，并受到手工业者、商店店主和无套裤汉的支持。他们反对态度较为温和的吉伦特派。

无套裤汉（sansculottes） （法语意为"不穿套裤"）在法国大革命中，无套裤汉是巴黎较穷的、好战的阶级成员，之所以这样称呼是因为他们身穿长裤而不像上流社会成员那样穿套裤。

544

Le ROI ESCLAVE ou les SUJETS ROIS　FEMALE PATRIOTISM

巴黎中央菜市场的妇女将路易十六带出凡尔赛宫，1789年，版画。第542页的图片表现的是妇女们涌向凡尔赛宫的场面，她们义愤填膺，意志坚定，奋力抗争。在这幅图中，她们则带着"战利品"得胜归来。当时创作的漫画和版画都描绘了展开中的法国大革命的故事。（巴黎国立图书馆）

的历法，将法兰西共和国成立的年份1793年作为元年，为12个月重新命名，并将一个月分为三个星期，每个星期十天。委员会最重要的领导人马里西米利安·罗伯斯庇尔（Maximilien Robespierre，1758—1794年）在1794年引入了对"最高主宰的崇拜"，这是一种城市宗教仪式，它瓦解了法国天主教的主要势力。

尽管这样，到1794年7月，法国军队在与其他欧洲国家的战争中不断取得胜利，国内的经济似乎也开始得到了恢复。国民公会的成员在一定程度上为自己的性命担心，试图结束民众引发的暴动和正式组织的恐怖活动。国民公会宣布罗伯斯庇尔违法，并把他送上断头台。国民公会放开了价格管制，在工人阶级民众对国民大会发出威胁时，他们就调动军队予以镇压。1795年，国民公会设立了另一项宪法，这一次要

我们是怎样知道的？

对法国革命的史学研究

对法国革命的研究仍然是法国历史学的一个重要课目，并产生了几乎是无尽的解读结果。其中主要有三种研究方法。第一种强调观点的重要性，强调启蒙思想家是革命的先驱。这种解读集中在对革命的前三个月的分析以及《人权和公民权宣言》的重要性。比如，R.R.帕尔玛（R. R. Palmer）的《民主革命时代》（1959年）就偏向这种观点。第二种解读则强调革命中阶级利益的重要性，特别指出随着城镇工人和乡村农民的不满和示威游行规模的日益升级，第二个时间阶段的重要性。乔治·勒费布尔（Georges Lefebvre）的《法国革命的来临》（1939年）就代表这一立场。最近的一种解读（受到了

文学理论的影响）则将革命说成"话语"，即不断转化的思想观点和利益集团的相互作用，或是随着事件的展开而出现的"滑行"。随着每一个新事件的发生而无可挽回地出现的革命方向的转变——比如处死路易十六的事件——思想观点被重新评估，不同的阶级重组成新的联盟。弗朗索瓦·富莱（François Furet）的《解读法国革命》（1978年）就是这种观点的权威论述。我们的叙述包括了以上三种解读方法。

也有一种更为宽泛的论点。历史学家们有时将这些事件视为相关趋势的进程的一部分；有时把它们视为突发事件，因为情况太过特殊而且是难以预料的。法国革命在这两方面都有体现。一方面，革命是重大的趋势、启蒙思想家的理想以及英国和美国革命的遗产

的发展结果。另一方面，具体的事件天天都在发生，以人们难以预料的方式涌现；如果这些事件以不同的方式发生的话——例如，要是把国王送上断头台的决定颠倒过来的话——那么，革命的结果就很可能是大不相同的。要理解法国大革命，这两种观点——大趋势和突发性事件——都有必要加以考虑。

- 根据你对历史变革的理解，你认为思想观点和利益哪一个更为重要，为什么？
- 在法国大革命中，思想观念的重要性的证据有哪些？利益的重要性的证据呢？
- 根据你对历史变革的理解，大趋势和突发性事件，哪一个作用更大？给出一个法国大革命以外的例子来证明你的观点。

求通过三个阶段的选举产生一个有代表性的政府。几乎所有的成年男性都可以投票选举候选人，而这些候选人则选出一个由满足规定财产数额的人组成的国家立法议会，这个立法议会再选出五位督政官。1795年，当选举受到叛乱威胁之时，国民公会要求拿破仑·波拿巴将军（Napoleon Bonaparte，1769—1821年）保护选举进程。

执政机构被称为督政府，在1795年至1799年间处于执政地位。在国王被处死以后，庄园主制度和贵族及神职人员的特权走向了终结。督政府批准新兴的农民和商业的土地所有者拥有自己的新的财产。尽管如此，督政府自身并未受到普遍的欢迎承认，政权并不稳固，它所允许的更大的自由使得它的竞争对手有机会站住脚跟，与此同时也使得天主教会作出强有力的反击。1797、1798和1799年督政官的选举都争端四起，每一次都调动了军队解散督政官，直到1799年拿破仑与西哀士神甫一起发动政变，并自封为第一执政。1802年，拿破仑的地位已经上升到了终身执政，1804年则改称为皇帝。人们失去了自由选举的权利，法国也陷入一种（仁慈的）专制制度。历史学家们通常把这一过程称为法国大革命的终结。

拿破仑上台，1799—1812年

作为政府的首领，拿破仑巩固了政权，甚至还扩展了法国革命的许多创新性成果。为了保持阶级之间的平等并使司法管理系统化，他下令编制了法国的法典体系。1804年颁布的《拿破仑法典》或称为《民法典》强调了法律面前人人平等和"唯才是用"的原则，就是说，所有人都可以凭借自己的能力，而不是依靠出身或社会地位获得职位提升。统一的刑事法典、商业法典和刑罚法典也都予以推行。整个法国的政府管理被组织成一个顺利运转、功能健全的服务机构。

由于担心教会可能会发动反革命行动，拿破仑与教皇达成了一项**政教协约**。法国政府依然持有原属于教会的土地，但作为交换，同意向神职人员（包括新教徒和其他教派的成员）支付工资，也允许教皇重获任命和管理罗马天主教神职人员的权力。新教徒、异教徒、犹太人和其他宗教派别的成员被重新确认拥有完全的公民身份，享有相应的阶层应有的权利和义务，前提是他们对国家宣誓效忠。在许多被攻克的城市，包括罗马和法兰克福，法国军队拆毁了过去几百年里用来隔离犹太人的隔离墙。政府雇用了一大批官员来管理国家。人员的选择大多基于那条革命性的原则"唯才是用"，聘用最称职的人员而不是那些有个人或家族关系的人。

政教协约（Concordat） 在身为罗马天主教会首领的教皇和当时的统治者之间签订的、受国际法制约的一个公共协约，它规定了教会在相关国家内拥有的地位、权利和自由。

545

《拿破仑穿越阿尔卑斯山》，雅克-路易·大卫，约1800年。通过用自己手中的画笔描绘法国大革命，大卫成为拿破仑的御用画家。这幅把拿破仑描绘成英雄的肖像画展现了这位皇帝在1796—1797年的意大利战争期间作为军事领袖的巨大信心。但是这一征程的实际情况却远非如此：拿破仑穿越阿尔卑斯山时骑的是一匹驯良的骡子，而不是性子刚烈的公马。（巴黎附近的凡尔赛宫）

546

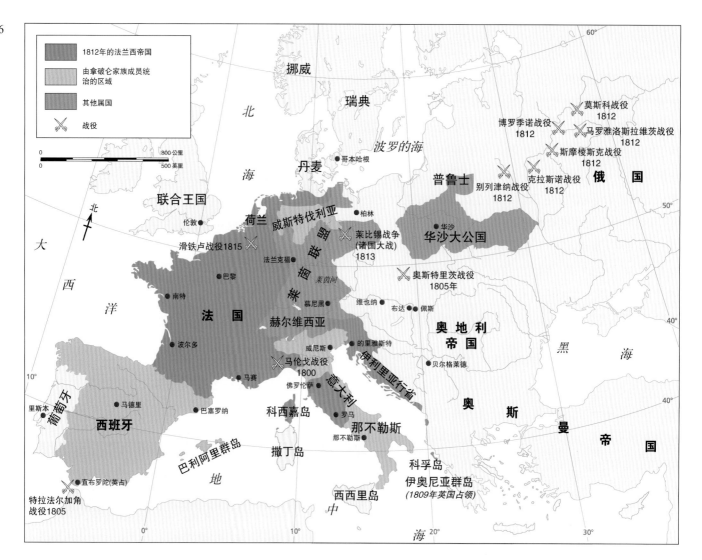

拿破仑帝国。 拿破仑革命激情燃烧，战绩辉煌，把欧洲的大部分地区置于他的统治之下，而后往往把自己的亲戚任命为各个征服地的统治者。通过武力方式，拿破仑式的组织机构引入意大利、欧洲低地国家、德国，而后是波兰。1812年时，拿破仑似乎还是不可战胜的，但是英国强大的海上实力和拿破仑侵略俄国时（1812）在陆地上遭受的惨重损失使他走上了下坡路。

这种开放式的机会非常适合拿破仑。他来自科西嘉一个家境普通的家庭，发迹于行伍。他对不劳而获的权力并不尊重，他也没有正式的宗教信仰。他获得手中的权力是凭借自己的军事、行政管理和领导能力。但是，与凭借才能晋升的原则大相径庭的是，拿破仑任命自己的兄弟为西班牙、荷兰和威斯特法利亚的国王，他的妹夫为那不勒斯的国王，他的义子担任意大利王国的副王。他自己则继续领导法国军队征服欧洲其他国家。

拿破仑战争和革命的拓展，1799—1812年

作为革命的儿子，拿破仑寻求的是借助武力来推行他的理想原则。1810年时，他已经征服了欧洲大陆上除了普鲁士、奥斯曼人控制下的巴尔干地区和英国以外的各个主要国家、地区或与之结盟。在每一个被征服的国家，拿破仑都极力推行他的革命的法律和政治大改革，包括终结封建特权，权利的平等，对宗教的宽容，成文法典，自由贸易和高效、系统的政府管理——包括统计记账、文献登记和公制的使用。在欧洲

的许多地区,拿破仑所推行的改革都受到欢迎。

尽管如此,拿破仑的策略还是有缺陷的,这使他的统治最后走向了终结。首先,拿破仑试图征服英国,但是到头来只能说明这个岛国的海军力量和它的盟国(尤其是俄国)的陆军力量实在是太强了。拿破仑无力打破英国对欧洲大陆航运的掌控,最终在1805年的特拉法尔加之战中被霍雷肖·纳尔逊男爵打败。当沙皇俄国支援英国时,拿破仑在1812年进攻俄国,此举使他的军队在冬日的严寒中受困于俄国广阔的国土上,一去不复返。在那场战役中,拿破仑的400 000名士兵死于战争、饥饿和严寒,另外100 000名士兵被对方俘虏。

最终,拿破仑征服的那些国家开始受到民族主义意识的冲击,希望自己管理自己。曾经在1790年代获得独立的海地现在对拿破仑把法国统治和奴隶制重新强加给这个岛国的企图予以抵制。大约有50 000名的法国士兵在海地丧生,大多数人因患诸如黄疸病一类的疾病而死,但也有许多人死于奴隶的反抗。欧洲人也不希望自己的国家沦为法国的殖民地。1813年,拿破仑先在俄国遭到重创,后又被欧洲反法联盟军队击败,法国人被迫退回到自己的国境内。1814年,拿破仑退位,路易十八(1814—1815年、1815—1824年在位)登上法国王位。拿破仑逃离流放地——地中海的岛屿厄尔巴岛,但之后再次被击败,1815年被放逐到南大西洋的圣赫勒拿岛。拿破仑时代宣告终结。由最有影响力的国家领导的维也纳会议——一个欧洲各列强的代表出席的集会——达成了外交协议,彼此之间确立**均势理论**,重新规划了战后欧洲的地图。政治保守主义从此弥漫在法国和整个欧洲,长达一代人之久。

海地:奴隶革命和殖民主义的覆灭,1791—1804年

启蒙运动和革命所宣扬的哲学思想和语言宣告了所有人要求自由的自然愿望,而在加勒比海的奴隶种植园,奴隶的反抗起义很频繁,奴隶主惊恐不已并进行残酷镇压。在圣多明各殖民地(今日的海地)伊斯帕尼奥拉岛的西部,法国的种植园主曾建立了最为残忍的种植园奴隶制度。1791年,500 000名黑人奴隶占了当地人口的大多数,白人有40 000名,他们中的许多人都拥有种植园和奴隶,另外还有30 000名自由的有色人种,其中既有**穆拉托人**,也有黑人。几十年来,奴隶们通过一种称为伏都教的宗教活动在心理上和文化上逃离生活现实,**伏都教**综合了

均势理论(balance of power) 在国际关系中,一种为了维持和平而防止任何一个国家或国家联盟变得过于居于支配地位的一种政策。为了建立一支和潜在的敌人势力相当或更高的军事力量,常常会结成联盟。

穆拉托人(mulatto) 在美洲,对拥有种族混血的人的称呼,常指父母双方一方为欧洲人一方为非洲人的混血儿。

伏都教(vodoun) 流行于海地和加勒比海其他地区的宗教崇拜。它混合了罗马天主教的仪式和起源于西非的神学和魔法元素。

海地革命 加勒比海区域伊斯帕尼奥拉岛发生的最伟大的革命之一。1791年法国统治的圣多明克爆发的一场奴隶反抗迅速传播开来,延伸到西班牙统治的圣多明各并与之联合起来。尽管法国和英国的军队进行了干预,在1802年监禁并放逐革命的领导者杜桑·卢维图尔,但海地还是在1804年脱离法国赢得独立,这是历史上第一次成功的奴隶起义。

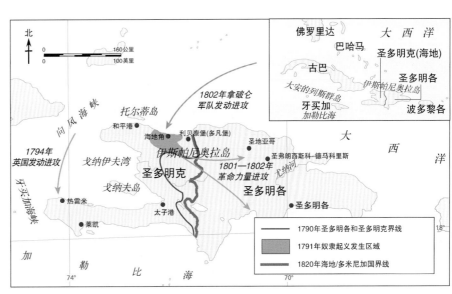

548

皮埃尔·多明尼克·杜桑·卢维图尔，法国平版印刷画，19世纪早期。圣多明克（今天的海地）殖民地位于西印度群岛，其中的非洲奴隶劳动的蔗糖种植园为法国创造了巨大的财富。1790年代，在杜桑·卢维图尔的带领下，海地成为奴隶革命的根据地，并最终赢得了独立。由于他拉开了反抗敌人残暴行径的"序幕"（"ouverture"），该词便被用作这个从前的奴隶的姓氏。

马龙（maroonage）18世纪早期逃亡到西印度群岛的奴隶的境况。成功逃亡之后，他们有时会在人迹罕至的山区和森林中建立社区。

天主教的宗教仪式和从非洲带来的宗教活动。而在具体行动上，他们则借由**马龙**，从种植园逃到四周的山地。有时，逃亡奴隶会建立自己的殖民地。1750年代，一个叫弗朗索瓦·马堪达尔（François Makandal）的逃亡奴隶就在逃亡奴隶殖民地中建立起一个反抗奴隶制的网络。被伏都教信仰的独立思想所激励，并采用下毒方式攻击庄园主，马堪达尔明显打算在水源供应地阿格德（这里是北圣多明各的重镇）下毒，但是他被抓获，并在1758年被处以火刑。

奴隶的反抗

1791年，奴隶的叛乱在圣多明克全面爆发。反抗的驱动力看来是出于对自由的天然渴望，也许是受到美国和法国革命的消息的鼓动。最初的反抗呼声之一是由诗人布克曼·杜蒂（Boukman Dutty）用海地–法语混合的方言写的："Coute la liberté li pale nan coeur nous tous."（"倾听自由的声音吧，它说出了我们所有人的心里话。"）看来他们并不了解欧洲和美洲发生的革命。

起义的队伍不断壮大。从出逃的黑奴队伍发动的游击战开始，发展为全面的武装斗争和内战。在圣多明克的西部，白人种植园主欢迎英国的军队作为自己的盟友来镇压奴隶起义，同时也将法国人驱逐出界。那些穆拉托人——父母来自不同种族——是自由人，其中一些人也拥有奴隶。他们现在开始寻找自己的利益代表，在奴隶制问题上观点也产生了分化。圣多明克的东部，新的领导者杜桑·卢维图尔（Toussaint L'Ouverture，约1743—1803年）是一个自由黑人，他与西班牙统治者联盟，既反对圣多明克的奴隶制度（但不在这个岛屿的西班牙统辖范围内），也反对法国人。杜桑将法国大革命的宣言纳入自己的革命宣言之中。1794年，在罗伯斯庇尔的推动下，法国的国民公会在所有法属殖民地取消了奴隶制。随后，随着他与奴隶主战争的继续，杜桑与法国结盟，因为那些奴隶主现在与英国结盟而且抵制法国新颁布的政令。1800年5月，杜桑成为圣多明克实际上的统治者。

反对帝国的起义

1799年拿破仑上台后，他把法国的奴隶政策颠倒了过来。在1802年，他派遣20 000名法国士兵重新占领该岛，并恢复奴隶制度，就像他在瓜德洛普做的那样。拿破仑派遣的代表欺瞒杜桑，以使他延缓发动革命。杜桑于1802年遭到监禁并被放逐到法国，并于次年死去。但是，黑人和穆拉托人的军队联合起来了，在不同领导者的合作带领下，继续同法国战斗，并将法国军队驱逐出境，再一次废除了奴隶制。有50 000多法国士兵死于黄疸病，并有数千名士兵在战争中伤亡。1804年1月1日，圣多明克最终宣布独立，并取名为海地，这在加勒比语言中是山的意思。这是历史上唯一一次成功的奴隶革命。

奴隶制和奴隶贸易的废除

最初,英国试图帮助镇压海地的奴隶起义。但是在遭遇失败之后,英国的下一步决定是从1807年起取消奴隶贸易以限制奴隶制的蔓延,这也从一方面表明了他们害怕进一步的起义。1833年,英国在整个帝国范围内废除奴隶制,尽管"获得自由"的奴隶要为他们的前主人工作一段时间以补偿其"财产"方面的损失。美国当时还是一个实行奴隶制的国家,因为担心海地的奴隶起义向北蔓延,所以于1806年禁止与海地的所有贸易。1808年,美国步英国的后尘,宣布参与国际奴隶贸易为非法,但是它国内的奴隶制通过1861—1865年的内战才得以废除。也是在内战期间的1862年,美国才承认海地是个主权独立的国家。奴隶制并非美国内战成败关键的唯一争论

我们是怎样知道的?

奴隶制的废除:历史学家们的争辩

大西洋两岸国家的奴隶贸易和奴隶制为什么会被废除呢?民主革命的扩散,从中到底起到了多大的作用?对此有不同的分析。有些历史学家认为海地革命很重要,C.L.R.詹姆斯(C.L.R. James)和大卫·尼克斯David Nicholls就是如此,他们强调了奴隶主当中对奴隶起义产生的恐惧。在加勒比海地区,包括巴西的东北部,在死亡率很高的种植园劳动的黑人奴隶占了人口的90%。当地的反抗活动时常发生,大规模的革命起义此时也成为一个可能。奴隶贸易的废除对奴隶人口的规模产生了一定的限制,尽管全面的废除奴隶贸易——这对奴隶主来说代价要远远高得多——还有待于未来。

另一种思想强调同情心作为一种推动力的重要性。历史学家大卫·布里昂·戴维斯David Brion Davis和奥兰多·帕特森Orlando Patterson就同意这种观点。戴维斯强调自17世纪以来开始增长的欧洲基督教思想中人文主义情感日渐扩大的影响:

仁慈的思想是17世纪的产物,当时一些英国新教徒的思想因神学界的

争论和现代科学而动摇,越来越多地将人性和人类行为视为信仰的一个基础。他们对神学的教条不再有耐心,对所谓的原罪信条不屑一顾,对人类的情感和感受有了更多的理解,对人类的道德进步的信心也增强了,他们被称为不拘泥于宗教教条及形式的人,他们预见了启蒙运动对人性的关怀,并为社会变革奠定了必要的基础。(第348—349页)

面对新大陆的奴隶遭受的闻所未闻的暴行及暴行规模的不断扩大,在对暴行的反抗中,人们的同情心大大增强了。在反对奴隶制的基督教团体中,贵格会和卫斯理公会信徒站了出来。乔治·弗克斯(George Fox,1624—1691年)领导的贵格会和约翰·卫斯理(John Wesley,1703—1791年)领导下的卫斯理公会这两个教派的诞生和成长与当时美洲大规模的奴隶制的发展是同步的。基督教的其他分支教派长期以来已与奴隶制和平共存,仅仅满足于承诺死后过上平和安宁的生活。然而,贵格会和卫斯理公会的信徒却不得不首次直面奴隶制这一现实,而且这种奴隶制是在新大陆上的、最为残暴的奴隶制形式之一。在英国,威廉·威伯福斯(William Wilberforce,1759—1833年)

既是一个社会慈善家同时也是克来彭派(Clapham Sect)——一个经济富裕的福音派组织——的成员。他在反对奴隶制的运动中发挥了重要的作用。作为一名议会成员,他领导了废除奴隶贸易和解放奴隶的运动。

启蒙思想家持有反对奴隶制的第三种观点,这一观点与前一种同情心相似,却更为理智。他们辩称奴隶制有违自然的法则,与人类的本性不相符。孟德斯鸠(1689—1755年)在他对法律和政府的本质的阐述中提出:"提倡奴隶制是富人和道德堕落者的呼声,他们并不是为了人类大众的普遍福利。"

最后,在18世纪,一种经济学上的批评开始发展起来,奴隶制对整个社会是不利的,对奴隶来说当然没有好处,从长看也不利于生产力更高的经济的发展。亚当·斯密在《国富论》中就提出,像其他的垄断和特权的例子一样,奴隶制阻碍了经济的增长。奴隶们缺少为自己获得财富和财产的机会,对自己从事的劳动不可能抱有兴趣。奴隶主拥护奴隶制不是为了经济效益,而是为了从这个体制中获取控制他人的权力,而不顾经济上带来的损失。近代这种废除奴隶制理论的积极倡导者是马克思主义者,其代表人

我们是怎样知道的？（续）

物是爱立克·威廉姆斯，其思想体现于他的经典著作《资本主义和奴隶制》（1944年）。许多经济史学家不同意这样的分析，其中最著名的是罗伯特·福格尔（Robert Fogel）和斯坦利·英格曼（Stanley Engerman），他们在1974年出版了《苦难的时代：美国黑人奴隶经济》，这是一部精心撰写的两卷本的统计学研究，将经济学和统计学结合了起来（**计量经济学**），表明奴隶制是能够提供利润的。历史学家西摩·德雷切（Seymour Drescher）（1977年）尖锐地指出，废除奴隶制是"对经济的扼杀"，对英国来说是经济灾难。德雷切赞同人道主义的批评：尽管有经济上的损失，但废除奴隶制势在必行。

没有了奴隶以后又怎么样呢？代替奴隶制的体制并不是自由劳动力。很大程度上由中国和印度的众多移民充当的契约劳工填补了加勒比海地区后奴隶时代劳动力的空缺，同时还满足了新的种植园经济地区包括印度洋地区的斐济、毛里求斯和留尼旺岛，以及东非和南非地区对劳动力的需求。尽管不是实际意义上的奴隶，但是契约劳工也必须牺牲一定年限的经济和政治上的权利来换取他们的生计。

最后，随着非洲奴隶劳工出口的被禁止，欧洲的实业家们在1800年代后期开始探索将初级产品的生产转移到非洲本土，雇佣当地的劳动力从事这些必要的劳动。尽管这个体制听上去像是自由劳工，但是实际上工资是相当低的，工作条件极为恶劣，许多观察家都认为，这些经济活动是移植到非洲本土的新形式的奴隶制。

- 在这一章中，我们看到什么证据能证明海地革命在废除奴隶制中起了巨大的作用？
- 从这一章以及其他研究中，有什么证据可以证实人道主义对废除奴隶制的重要性？有什么证据可以证实经济学的重要性？
- 奴隶制和契约劳工有什么区别？

550

计量经济学（econometrics） 使用统计技术和数学模型来分析经济关系的方法。可被政府或私营商业机构用于测试一个经济原理的有效性或预测未来的趋势。

点，但是其他各个争论点都与奴隶制有着紧密的联系。美国是会依照北方各州的模式，成为一个都市化、劳动力自由的工业国家，还是会按照南方的方式，采取拥有奴隶的种植园经济模式？随着北方变得越来越昌盛、富有，南部地区开始觉得自己是美国内部的殖民地，报复和反抗的心理越来越强。一个更为中心的问题是各州的权利问题：是不是每个州都有脱离联邦的权利呢？这个问题变得日益尖锐，主要是因为南部拥有奴隶的各州宁愿分裂出去，也不愿废除奴隶制。当1860年亚伯拉罕·林肯当选为美国总统时，南部地区的奴隶主感觉更糟了，开始想脱离联邦。林肯本是希望和平的，但他意识到要想使联邦得以持续下去，就必须通过战争手段。这场美国内战死了50多万人，是这个国家历史上最为残酷的战争。在战争期间的1863年，林肯颁布了《奴隶解放宣言》，宣布在所有分离出去的地区和正同联邦作战的地区的奴隶获得自由。1865年，在联邦取得胜利、林肯遇刺之后，宪法的第十三条修正案正式在美国全国范围内废除奴隶制。任何补偿都无须支付。南方的奴隶主阶级彻底瓦解，他们原来的生活方式也终于结束了。但是，大西洋地区的奴隶贸易仍在继续，规模为最高峰时的3/4左右。直到1876年波多黎各，1886年古巴，1888年巴西废除奴隶制，奴隶贸易才真正结束。

殖民主义在拉丁美洲的终结：独立和梦想的幻灭，1810—1830年

独立运动

1810到1826年间，几乎所有的拉丁美洲国家都将欧洲的殖民统治者驱逐了出

去,获得了独立。拉丁美洲人从美国、法国和海地革命的政治和思想遗产中得到了激励,尽管其中很少人希望在通往民主权利的道路上走得像欧洲国家那样远,有许多人还为海地发生的事件感到惊恐。

　　19世纪早期发生的起义大多是由克里奥尔人中的精英所领导的,他们是西班牙移民者在美洲出生的直系后代。这些领导者想为自己获取更多的经济和政治权利,尤其是在拿破仑占领了西班牙并安排自己的亲戚担任西班牙的国王之后更是如此。尽管如此,一些较早的起义是由美洲印第安人和拉丁民族与印第安民族的混血儿领导的。1780年,在秘鲁的库斯科,一个有着印加祖先的拉丁与印第安民族混血儿图派克·阿玛鲁领导了有70 000人参加的反对西班牙的起义。克里奥尔人并没有参加

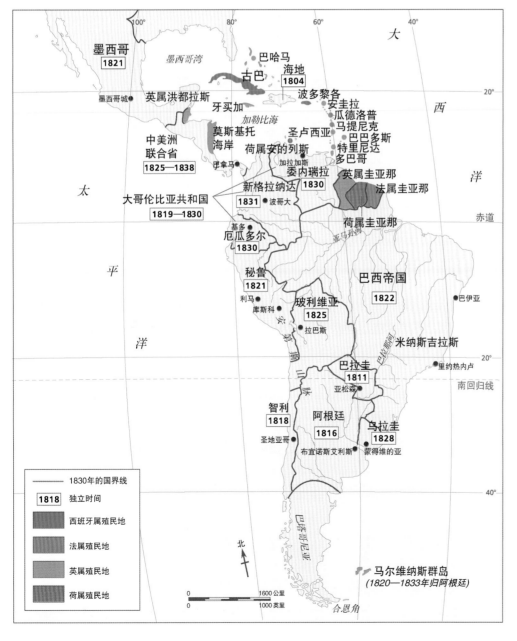

拉丁美洲的解放运动。拉丁美洲的伊比利亚统治最终于1826年彻底崩溃。西蒙·玻利瓦尔和安东尼奥·何塞·苏克雷领导下的持续不断的斗争废除了西班牙对委内瑞拉、哥伦比亚和秘鲁的控制。同时,何塞·圣马丁从南部开始,领导阿根廷和安第斯山的智利军队向北攻打利马。解放运动引发了许多内部的权力斗争和分裂,使得今天南美洲的地图上出现了20多个共和国。

这场起义,图派克·阿玛鲁被逮捕,并于1783年被处死。整个起义遭到无情的镇压。1781年,哥伦比亚的考姆奈罗起义将波哥大的总督赶下台,但其结果只是换得西班牙的部分让步和起义者的内部争端。穆拉托人于1798年在巴西的巴伊亚领导了一场起义。在所有这些起义发生时,西班牙和葡萄牙都还是独立而强大的国家,而且在克里奥尔人和**葡萄牙后裔**的帮助下,将起义镇压了下去。总的来说,克里奥尔人和葡萄牙后裔还是将自己的命运更多地系在西班牙和葡萄牙统治者身上,而不是与美洲印第安人或其他混血者联结在一起。然而,拿破仑同西班牙的战争给了这些殖民地宣告独立的机会,克里奥尔人充当开路人。这些起义血流成河,但最终取得了成功。

葡萄牙后裔(mazombo) 葡萄牙移民在美洲的直系后代。

551

每一次起义实际上的领导者都是克里奥尔人的精英分子,他们中的大多数人害怕美洲印第安人、拉丁与印第安族混血儿、黑白混血儿、非洲人这些多数人口的潜在力量。这些领袖中有墨西哥的米格尔·伊达尔戈神父(Father Miguel Hidalgo,1753—1811年),南美洲北部地区的西蒙·玻利瓦尔(Simón Bolívar,1783—1830年),南美洲南部的何塞·圣马丁(José de San Martín,1778—1850年),他们都是克里奥尔人,甚至连他们的主要将领、管理者和支援者都是克里奥尔人。他们熟悉欧洲的传统和那里发生的事件,其中很多人曾在欧洲读过书。实际上,许多革命似乎只是在为克里奥尔人的利益而战,但是他们只占不到总人口的5%。这些克里奥尔精英认为,自己的生活建立在低成本的奴隶劳动力身上,他们决定保持没有西班牙和葡萄牙统治的旧体系。其他拉丁美洲人,拉丁与印第安人混血儿和美洲印第安人所获无几。位于加勒比海岛屿的古巴和波多黎各没有反抗发生。这里的克里奥尔精英们,由于担心海地的奴隶起义会在自己的岛屿上重现,故依然效忠西班牙。

独立之后

拉丁美洲大陆——除了葡萄牙统治下的巴西以外——都被用武力方式从西班牙手中抢回了。那些最伟大的革命领袖——北方委内瑞拉的西蒙·玻利瓦尔,南方阿根廷的何塞·圣马丁,厄瓜多尔的安东尼奥·何塞·苏克雷和智利的贝纳多·奥希金斯——把卓越的军事才能与他们的智慧、管理能力和外交成果结合在了一起。

552

西蒙·玻利瓦尔和统一的挑战 西蒙·玻利瓦尔是一个军人、外交家、将军、政府官员、理想主义者、报纸出版商、法律制定者、国家总统、独裁者、性情中人以及幻想破灭的革命者,他统治拉丁美洲长达20年,从1810年一直到1830年去世。西蒙出生于委内瑞拉一个克里奥尔的贵族家庭,16岁到19岁时在欧洲——主要是在西班牙——求学。回到卡拉卡斯以后,他的妻子婚后一年便去世。玻利瓦尔立志献身于政治。他又回到欧洲游学,并继续学习启蒙运动的思想。1807年回到委内瑞拉后,他便参加了横扫整个地区的独立运动。这些运动削弱了西班牙在美洲的权威和力量,尤其是在拿破仑的军队攻占了西班牙之后。

他早期的许多努力都以失败告终。起初被任命担任驻英国的外交官,他没能为委内瑞拉的革命争取到认可和物质援助。1811年,委内瑞拉宣告独立不到一年就又失去了独立地位,当时他担任军事官员。1813年,他带领军队占领了卡拉卡斯,再次宣告委内瑞拉独立,但是在1814年,他遭到失败并被流放。然而在失败以后,他在流放途中,写下了富有远见的革命文字。1812年写的《卡塔赫纳宣言》是使革命力量团结起来继续同西班牙作战的号召。1815年9月写的《来自牙买加的信》不仅指出了拉丁美洲在政治上受到的压迫,还指出了经济上所受的奴役。

玻利瓦尔重新开始了他的军事远征,并开始取得辉煌的成功。尤其在获得海地和英国回报他释放南美洲的奴隶而给予的财力和军事支持后,1819年,他的军队击败了西班牙,并建立哥伦比亚共和国,他自任总统和军事独裁者。随后的两年里,他们解放了委内瑞拉和厄瓜多尔,扩充了联邦的疆域。在厄瓜多尔的基多,他遇到了曼努埃拉·萨恩斯。她离开自己的丈夫与玻利瓦尔在一起,陪伴在他左右一直到他去世,全然不顾他诸多的暧昧关系和公众中流传的有关他们两人关系的丑闻。

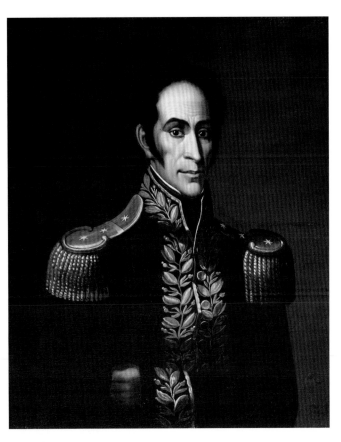

安东尼奥·萨拉斯,《西蒙·玻利瓦尔》,1825年。玻利瓦尔是拉丁美洲革命中最重要的军事领袖。尽管他一生历尽风险,取得了巨大成就,但是他却未能实现他热烈追求的统一南美洲的愿望。

在玻利瓦尔在北部进行征服的同时,在拉普拉塔,即今天的阿根廷,也开始了各种争取独立的运动。其中有一个领导者,也是历史上最伟大的军事战略家之一,便是何塞·圣马丁,他将安第斯山脉众多的军队结合在一起,并向加入他军队的奴隶许诺自由。后来他还宣称他们是他最优秀的士兵。他带着由原来的奴隶和士兵组成的队伍,用骡子和美洲驼穿越了安第斯山脉,并成功击败了智利的西班牙军队,继续向秘鲁发动进攻。因支持贝纳多·奥希金斯,他拒绝统治智利(当时贝纳多是智利的领导者,也是个克里奥尔人),但是却无法攻克秘鲁。最后,在1822年,他在厄瓜多尔的瓜亚基尔会见了玻利瓦尔。没有人知道他们两个人究竟谈了些什么,但是在那次会面之后,圣马丁便隐退至法国,将征服南美洲的任务留给了玻利瓦尔。

1825年,凭借其出色的军事行动,玻利瓦尔攻克了秘鲁和上秘鲁(后为纪念他而命名为玻利维亚),并成为两国的总统。

正当他建立一个联合统一的行政区的梦想就要实现时,这些梦想却因发生在他的将军们中的武力争斗而破灭了。那些将领们现在为各自占领的地区的独立而战。玻利瓦尔想用独裁式的统治保持联邦的统一,但是他的高压手段却使得他以前的支持者进一步陷入分裂。1828年,他险些遇刺,好在有曼努埃拉·萨恩斯的掩护,他才勉强得以逃生。1830年,玻利瓦尔退出了政治舞台。几个月后,他在肺结核病的折磨下,怀着愧疚的心情和幻灭的梦想离开了人世。

553

"大哥伦比亚共和国"分裂成哥伦比亚、委内瑞拉和厄瓜多尔三个国家。后来，南部地区，位于西班牙总督区的拉普拉塔地区则分裂为阿根廷、巴拉圭、乌拉圭和玻利维亚四个国家。在1829—1839年的十年里，在一个身为拉丁与印第安族混血儿的安德列斯·圣·克鲁兹将军的努力下，秘鲁和玻利维亚曾一度统一，但后又再次分裂，这使得邻国为之松了一口气。智利东部为安第斯山脉所阻隔，西部通过太平洋而与外部世界相联结，也成为一个独立的国家。在西班牙的美洲殖民区内，总共形成了18个国家。

新成立的国家之间的战争和对印第安人以及非裔美洲人的暴力镇压（1850年时，1/4的巴西人口是奴隶）使得整个拉丁美洲各国的军队和私人军事武装显得极为突出。军事上的强者，用当地的语言称为"考迪罗"，开始控制所在的地区，甚至是国家政府。官方的法典和正式的选举程序只是在最低的程度上对个人的统治加以控制，因此，在许多国家个人统治一直盛行到20世纪末。（参阅巴勃鲁·聂鲁达关于拉丁美洲的叙事史诗，第555页）

墨西哥　米格尔·伊达尔戈神父掀起了墨西哥革命的第一个浪潮，直到他于1811年被处死。马利亚·马洛斯神父（1765—1815年）接手了革命运动。马洛斯希望能取代西班牙和克里奥尔人精英，废除奴隶制，而且他还想取消教会的特权和土地持有权，这一点与伊达尔戈不同。墨西哥早期的革命与南美洲国家的不同之处在于，他们对克里奥尔人也进行攻击，这是受到伊达尔戈和马洛斯神父初期"自由理论"的鼓舞。由于同教民的距离较近，他们知道农民的贫困是西班牙人和克里奥尔人统治的结果。西班牙人在1815年逮捕并处死了马洛斯。1821年墨西哥赢得独立时，革命还是掌握在最保守的上层克里奥尔人手中。在后来的两年时间里，墨西哥是一个受君主专制统治的国家，但在1823年却宣布为共和国。军事领导者、商人和外国势力互相争斗力图控制墨西哥，在后来的几十年里，墨西哥一直处在动荡之中。它的版图也缩小了一半。美洲中部地区在几年的反抗之后，脱离墨西哥成立了联邦，但在1838年又因为内部对抗而解散。由于有大批的美国移民进入得克萨斯，在美国政府的鼓励下，1836年得克萨斯宣布从墨西哥独立。9年后，美国将其兼并，并发动墨西哥-美国战争。通过和平解决方式，美国获取了现在为其西南部各州的土地。

巴西　无论是在国土面积和还是在人口数量上，巴西都是拉丁美洲最大的国家。它取得独立的方式与其他国家不同，这也解释了它在独立之后为什么没有四分五裂。1807年当拿破仑侵略葡萄牙时，葡萄牙王室成员在英国的帮助下逃到里约热内卢，并在巴西的首都统治葡

墨西哥，1824—1853年。1821年，新西班牙总督区把首都定在墨西哥城，从西班牙手中赢得了独立。到1823年时，中美洲的国家分裂出来，形成了墨西哥南部现在的边界。此后，北部各地区逐渐沦为美国所有：得克萨斯1836年从墨西哥分离出来，1845年被美国兼并；有些土地在1846—1848年的战争中被割让；有的于1853年被美国收购。

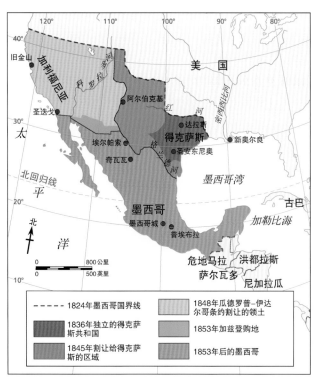

图例	
---- 1824年墨西哥国界线	1848年瓜德罗普-伊达尔戈条约割让的领土
1836年独立的得克萨斯共和国	1853年加兹登购地
1845年割让给得克萨斯的区域	1853年后的墨西哥

让-巴蒂斯特·德布雷,《里约热内卢帕拉西奥广场心旷神怡的傍晚》,1835年,平版印刷画。里约热内卢是个港口城市,同时也是都城,一直以享乐的生活态度和那么一丝民族融合色彩著称于世。但是直到1888年巴西才废除了奴隶制。这三个方面在这幅1835年创作的画中都有体现。(巴黎国家图书馆)

萄牙王国长达13年之久。国王多姆·若昂六世[Dom João(John)VI,1816—1826年在位]将巴西提升到与葡萄牙平等的法律地位,并将里约热内卢扩展成一个集贸易、政府管理、教育和文化机构为一体的中心。

1821年,若昂六世率领其朝廷回到里斯本,但把作为他继承人的儿子佩德罗王子留在了里约热内卢。当里斯本的议会,或国会,想要将巴西和里约热内卢的版图缩小至原来大小时,作为巴西上层精英的美洲出生的葡萄牙后裔决意不从。1822年,佩德罗宣布巴西独立,葡萄牙对此几乎未加干涉。佩德罗不久后即加冕,被拥护为"巴西的宪政国王和永恒的卫士",但巴西实质上的统治者是葡萄牙人后裔的精英分子。巴西因此避免了西班牙在拉丁美洲的殖民地国家普遍发生的战争和分裂,但情况相似的是,巴西为北美洲出生的伊比利亚家族的后代所统治。先前的西班牙殖民地变成了共和国,巴西则变成了在葡萄牙王室成员领导下的君主专制国家。

巴拉圭:新的历史传记 面积狭小、处于内陆地区的巴拉圭拥有人口15万,于1810—1811年间宣布脱离西班牙和拉普拉塔总督区独立,而且打败了前去镇压的阿根廷军队。巴拉圭的独裁者何塞·加斯帕·罗德里格斯·佛朗西亚(Jose Gasper Rodriguez de Francia)一直都占据着统治地位,直到他1840年去世。好几个国家——甚至包括他自己国家——的历史学家都对他持批评态度,但是近来经过像理查德·阿兰·怀特这样的历史学家的修正主义研究,佛朗西亚被描述为一个革命者,他领导自己的国家进入了一段具有典型意义的经济和文化独立的时期。他们认为,对

554

佛朗西亚的负面评价是因为他对克里奥尔人精英的严厉措施和他的专制统治，但是他对经济发展的关注却帮助了巴拉圭的美洲印第安人，使他们远离具有剥削性质的世界市场。

巴拉圭的革命是以政府自治和土地重新分配为基础的。在长达半个世纪的时间里，当政的统治者对属于政府、教会的土地以及大块私人土地进行重新分配，把它们分给拉丁族和印第安种族的混血后代及印第安的耕农。巴拉圭在粮食生产上做到了自给自足。政府建立了简单而有效的教育体系，基本扫除了文盲。国家建立了钢铁厂、纺织作坊和家畜产业。它不接受外国的投资或参与。巴拉圭在政治独立、经济增长、自力更生上取得了成就，并提高了原住民和拉丁与印第安混血儿的生活水准，这些引起了邻国的嫉妒和外国投资者的担忧。

555

1865—1870年间，阿根廷、巴西和乌拉圭在英国提供的贷款的支持下，同巴拉圭作战以破坏它的平民主义政策。侵略者在获胜以后，杀死了巴拉圭大多数的成年男子，毁掉其政治机构，向外国投资和控制开放经济。巴拉圭独具特色的实验从此告终。

宗教和经济问题

拉丁美洲许多新独立的国家都希望打破天主教会拥有特权和巨大财富的局面，以壮大自己的力量。许多国家没收了教会的土地，拒绝官方为教会筹集资金而征收什一税，要求在神职人员的选举中有发言权，限制教会对教育资源的控制等。在某种程度上，这些对教会势力的讨伐也反映了印第安人要求对本土文化有更多的认同，无论是在基督教之外，还是在把基督教教徒的行为与已有的本土宗教信仰和仪式融合在一起的活动中都有所体现。墨西哥拥有众多的印第安人以及拉丁与印第安人混血儿人口，竭力希望限制教会的势力，而且国内持续不断的斗争造成的伤亡也极为惨重。一直以来，每个国家的教会和政府都以各自的方式进行协商和解，直到今天他们还在为各自的地位继续谈判。

556

在经济上，至少到1870年时，拉丁美洲占主导地位的还是农业生产，大庄园这种封建地产形式依然是组织生产和劳动的主要机构。克里奥人拥有大多数庄园，而庄园工人则绝大多数是印第安人以及拉丁与印第安人的混血儿。许多印第安人仍然住在村庄里，他们参加规模稍大一些的、村庄以外的、国家的经济活动的可能性是很小的。因为血统在每个族群里依然有着举足轻重的作用，所以人口的民族和种族构成，是当地出生的，还是国外出生的，是印第安人、非洲人、拉丁与印第安人混血儿，还是高加索白种人，在很大程度上决定了每个殖民地的命运和文化。

新殖民主义（Neo-colonialism）
由一个或几个发达国家对发展中国家的社会和经济的控制。

随着面向国外市场的生产的增长，新形式的外国统治，即**新殖民主义**开始形成。这一主要的新兴力量是英国，其采用的方式是经济投资和控制。到1824年，拉丁美洲共有100家英国的商业公司在运营，有3 000名英国人在这里工作。出入拉丁美洲的水路运输主要由英国的船只负责。英国国内的工业革命提高了生产力和赢利能力，从而加强了对拉丁美洲经济的控制。

原始资料

关于拉丁美洲历史的叙事史诗

在世界上的许多地区,使活生生的历史传统保持下去的方法不只是通过正式的历史著作,还有艺术、音乐和诗歌等形式。拉丁美洲一些杰出的作家就在从事延续这一传统的工作。智利作家巴勃鲁·聂鲁达(Pablo Neruda,1904—1973年)是1971年诺贝尔文学奖的获得者,开创了用一个批评和幻灭的视角来看待拉丁美洲获取独立后的第一个世纪。在聂鲁达创作的关于拉丁美洲的叙事史诗《漫歌集》(1950年)中,他将西班牙人在这块土地上的殖民描述为一个残酷且华而不实的过程。

> 土地在继承的种植园之间传递,
> 达布隆金币交手,不再占有,
> 幽灵和隐修院的重击
> 直到整个蓝色的地域
> 被分割成一个个大庄园和主庄园。
> 梅斯蒂索混血儿的溃疡,监工
> 和奴隶主的鞭子
> 在无生命的空间挥舞。
> 克里奥尔人是个贫困的鬼怪,
> 他捡起面包碎屑,
> 直到积攒足够
> 以获得一个小小的头衔
> 用镀金的字母标示。
> 而在黑暗的嘉年华狂欢节,
> 他戴着伯爵的假面具

> 在众乞丐中俨然一个高傲者,
> 手持一根小小的银杖……

16世纪的西班牙征服者被19世纪初的解放者驱逐,但是在拉丁美洲早已沉淀下来的由商店主、牧师、行政管理者和扈从食客构成的基础结构却依然存在,成为革命的真正继承者。聂鲁达怒言相斥:

> 不久,一件汗衫又一件汗衫,
> 他们驱逐了西班牙征服者,
> 并且建立了
> 对零售杂货店的征服。
> 然后他们获得了自豪,
> 那是从黑市采购而来的。
> 他们经依法判决
> 得到大庄园,鞭子,奴隶,
> 教理问答小册子,代理主教,
> 布施箱,廉租房,妓院,
> 而他们把这一切叫做
> 神圣的西方文化。

聂鲁达把小商人挑出来作为拉丁美洲的新的但是不足道的精英分子。在那些更具发展雄心的地区,事业做得更大的商人和投资者占据了领导位置。这些从事实际事务的人一方面和手工艺人一起,另一方面和政府的决策制定者一起,引入了20世纪有限的工业发展(参见第23章)。

19世纪中期,拉丁美洲体现了各种思想和实践的混合。它从美国和法国继承了代表民主和个人自由的革命遗产;从西班牙和葡萄牙继承了更为保守的、更具宗教色彩的、等级制度更为森严的传统;从非洲则承袭了宗教、食品、音乐和舞蹈的丰富传统;而从其自己栖居地的历史中则继承了来自三大洲的人种的混合,各个人种之间的关系还常常处于一种不稳定的状态。在国际经济中,拉丁美洲承袭了一种从属的地位,依赖于外部的供应、需求和控制。

政治革命及其意义

查尔斯·狄更斯的小说《双城记》以法国革命为背景,小说的开篇是这样一段著名的话:"那是最好的年月,那是最坏的年月……那是光明的季节,那是黑暗的季节,那是希望的春天,那是绝望的冬天。"在研究了这一时期的政治革命的发展过程之后,我们就能够更好地理解狄更斯这一充满矛盾的描述。我们以英国革命成功地建立了宪法政府为开始。这场革命发展缓慢,它涵盖了比以往更大的人群范围,并在革命的拥护者当中实现了宗教自由。但是,这同一个政府却拒绝给予美国的臣民和英国人同样的权利,由此而激起了美国的独立战争。英国政府也确实废除了奴隶贸易和奴隶制,但只是在19世纪初才做到这一点。我们将在第17章中可以看到,那时英国已经在海外占领了广阔的、无人定居的殖民地。

启蒙思想家宣称人性的完美,宣扬人类的理性。他们提出的一套理论引发了美国、法国和拉丁美洲的革命。但是,许多启蒙思想家却认为,慈善的专制制度更为有效。最伟大的启蒙思想家之一是卢梭,一般认为是他提出了几种政府形式,从激进的民主制度到极权主义的专制统治。后来的经历将会验证理性的力量在人类事务管理中的局限性。

北美的独立战争解放了英国的13个殖民地,并创立了美利坚合众国。这场革命只是确立了一个有限的民主制度,但它准许对印第安人的攻击,也允许实行奴隶制。这个时代意义最为深远的革命是法国大革命,其结果是阶级对立和君主制度复辟,使得欧洲大部分地区陷入了前所未有的大规模战争中。但是,在拿破仑的征服历程中,整个欧洲废除了封建特权,引入了新的法典和以个人能力为基础的官员任命制度。具有讽刺意味的是,拿破仑的帝国主义还激发了被他征服的人民新的民族主义意识。在海地,面对当地的奴隶起义,拿破仑违背了法国原来的反对奴隶制的立场,数万名士兵因此死于战争和疾病。海地成功的奴隶起义最后演变为一场胜利的独立战争。拉丁美洲的独立战争将这块大陆从海外的直接的政治控制中解放出来,但权力却落到了克里奥尔人和葡萄牙后裔的手中,他们把这一统治强加给美洲本土的各族居民。此外,这些新的国家很快就陷入了对它们原来的殖民者的经济依赖之中。

在所有这些革命中,法国大革命留给后世的遗产最难讲清楚。许多学者将当时极端的恐怖活动视为20世纪极权主义的先兆。但是,其他学者却是根据法国大革命取得的成果,而不是它未能做到的方面,对其进行了探究。法国大革命结束了宗教歧视,允许各种宗教的信仰者,包括犹太人在内,都具有完全的公民身份,在这一方面法国走得比英国更远。尽管拿破仑违背了当初的决定,但是国民公会废除了奴隶制,明确规定肤色和种族的差异不应该影响国民的生活。还有一些学者认识到,尽管阶级对抗依然存在,但是这一革命确立了大多数男性法律上的平等权利,包括居住在这个国家的获得自由的奴隶和犹太人。最后,法国大革命在很多方面使得革命的概念具有合法地位,以此促成了政治和社会的变革。它激发了1917年的俄国革命和中国的学生运动。总而言之,法国大革命直到今天仍是一股强大的鼓舞力量。

复习题

- 政治革命与简单的政治统治的更替之间有什么区别？

- "民主革命"的特征是什么？

- 在1989年纪念法国大革命200周年的集会上，英国的首相发言说，在此之前发生的英国革命取得了法国大革命所取得的一切成就——但是没有动用武力。你同意她的这一观点吗？

- 反对外国殖民政府的革命，如美国13个殖民地反对英国的革命，与反对本国政府的革命，如法国革命，二者之间有什么区别？

- 海地革命的重要性在哪里？

- 为什么拉丁美洲许多革命的领导者在实现了他们的目标之后却感到梦想幻灭？

推荐阅读

PRINCIPAL SOURCES

Burns, E. Bradford and Julie Charlip. *Latin America* (Englewood Cliffs, NJ: Prentice Hall, 7th ed, 2001).

Furet, François. *Interpreting the French Revolution*, trans. by Elborg Foster (Cambridge: Cambridge University Press, 1978). A masterful summary by one of the leading experts.

Galilei, Galileo. *Discoveries and Opinions of Galileo*, trans. by Stillman Drake (New York: Anchor Books, 1957). Gallileo's own observations and statements, fresh and clear, with helpful commentary.

Hobsbawm, Eric. *The Age of Revolution 1789–1848* (New York: New American Library, 1962). A personal, magisterial, interpretive summary, from a somewhat Marxist perspective. Excellent introduction to the period and issues.

James, C.L.R., *The Black Jacobins* (New York: Random House, 1963). A stirring account of the activities and significance of the Haitian revolution.

Knight, Franklin W. "The Haitian Revolution," *American Historical Review* 105:1 (February 2000), 103–115. A review of the most recent scholarship on the revolution.

Kuhn, Thomas S. *The Copernican Revolution* (Cambridge, MA: Harvard University Press, 1957). A case study of the methods of science in working through received interpretations and developing new ones through the experiences of Copernicus.

——. *The Structure of Scientific Revolutions* (Chicago: University of Chicago Press, 3rd edn, 1996). A generalized assessment of the methods through which scientists revise and sometimes discard older theories and develop new ones.

Lefebvre, Georges. *The Coming of the French Revolution*, trans. by R.R. Palmer (Princeton: Princeton University Press, 1947). A classic Marxist interpretation of the revolution.

Nash, Gary B., et al. *The American People: Creating a Nation and a Society* (New York: Harper and Row, 5th ed. 2003). Leading textbook account.

Palmer, R.R. *The Age of Democratic Revolution* (Princeton: Princeton University Press, 1969). A lucid, standard, comprehensive interpretive account of the revolutions covered in this chapter.

Thompson, E.P. *The Making of the English Working Class* (New York: Vintage Books, 1966). Cultural as well as economic factors that inspired working people to see themselves as a class and to struggle for rights.

White, Richard Alan. *Paraguay's Autonomous Revolution, 1810–1840* (Albuquerque: University of New Mexico Press, 1978). A controversial study presenting Paraguay as attempting to create a more democratic government that is suppressed by its neighbors.

Williams, Eric. *Capitalism and Slavery* (Chapel Hill: University of North Carolina Press, 1944). Williams portrays capitalism as promoting slavery when it is in the economic interests of slave owners, and as working for abolition when these interests change.

ADDITIONAL SOURCES

Abernethy, David B. *The Dynamics of Global Dominance: European Overseas Empires, 1415–1980* (New Haven: Yale University Press, 2000). Traces and analyzes the expansion and contraction of empire, and evaluates its legacy. The writing is thoughtful, lucid, and engaging.

Andrea, Alfred and James Overfield, eds. *The Human Record*, 2 vols. (Boston: Houghton Mifflin Co., 4th ed. 2001). Excellent selection of documents and visuals.

Boorstin, Daniel. *The Discoverers* (New York: Random House, 1983). Lucid, engaging account of the work of specific scientists and explorers and their impact on events.

Cohen I., Bernard. *Revolution in Science* (Cambridge, MA: Harvard University Press, 1985). Analyzes 450 years of major scientific revolutions and their interaction with the larger society. Magisterial yet lucid.

Columbia College, Columbia University. *Contemporary Civilization in the West*, Vol. 2 (New York: Columbia University Press, 3rd ed. 1960). Outstanding sourcebook with lengthy excerpts from highly influential thinkers and actors.

Curtin, Philip. *The Rise and Fall of the Plantation Complex* (New York: Cambridge University Press, 1989). Excellent analysis of the plantation itself and its significance to world trade and politics.

Davis, David Brion. *The Problem of Slavery in the Age of Revolution, 1770–1823* (Ithaca: Cornell University Press, 1975). Analyzes the tensions between the idea of freedom and the practice of slavery.

——. "Looking at Slavery from Broader Perspectives," *American Historical Review* 105:2 (April, 2000), 452–66. Global, comprehensive review of the literature at present.

Drescher, Seymour. *Econocide* (Pittsburgh: University of Pittsburgh Press, 1977). Argues that the abolition of slavery was an economically costly decision, taken, primarily, for moral reasons.

——. *The Problem of Slavery in Western Culture* (New York: Oxford University Press, 1966). Explores the tensions between slavery and the ideals of individual freedom and democracy.

Fick, Carolyn E. *The Making of Haiti* (Knoxville: University of Tennessee Press, 1990). A recent, comprehensive, cogent account.

Fogel, Robert William and Stanley L. Engerman. *Time on the Cross*, 2 vols. (Boston: Little, Brown, 1974). A controversial, influential, assessment of the economics of slavery.

Genovese, Eugene. *From Rebellion to Revolution* (Baton Rouge: Louisiana University Press, 1979).

A study of slave revolts and their significance to abolition.

Halévy, Élie. *England in 1815* (New York: Barnes and Noble, 1961). A classic account of a society successfully avoiding revolution.

Hammond Atlas of World History ed. Geoffrey Parker (Maplewood, NJ: Hammond, 5th ed. 1999).

Hanke, Lewis and Jane M. Rausch, eds. *People and Issues in Latin American History* (New York: Markus Weiner, 2nd ed. 2000). A useful reader.

Hobbes, Thomas. *Selections*, ed. Frederick J.E. Woodbridge (New York: Charles Scribner's Sons, 1958). Primary sources.

Hobsbawm, Eric. *The Age of Empire 1875–1914* (New York: Vintage Books, 1987). Excellent, comprehensive account.

Hughes, Robert. *Goya* (New York: Knopf, 2003). Thoughtful, thorough, provocative, well-illustrated interpretation of the man and his art in their time.

Kolchin, Peter. *American Slavery 1619–1877* (New York: Hill and Wang, 1993). Comprehensive treatment, even after 1865, with comparisons to slavery in other societies.

Locke, John. *Second Treatise on Government* (Arlington Heights, IL: Crofts Classics, 1982). Primary source.

McClellan III, James F. and Harold Dorn. *Science and Technology in World History* (Baltimore: Johns Hopkins University Press, 1999). Outstanding coverage of science and technology from various parts of the world.

Márquez, Gabriel Garc'a. *The General in His Labyrinth*. trans. by Edith Grossman (New York: Knopf, 1990). Fictionalized account of the end of the life of General Simón Bolívar.

Metcalf, Barbara D. and Thomas R. Metcalf. *A Concise History of India* (Cambridge: Cambridge University Press, 2002). Especially strong on issues of identity and the importance of Muslims and of women.

Nehru, Jawaharlal. *Glimpses of World History* (New Delhi: Jawaharlal Nehru Memorial Fund and Oxford University Press, ed. 1982). Nehru wrote this socialistic account of world history from jail as a series of letters to his daughter.

Neruda, Pablo. *Canto General*, trans. by Jack Schmitt (Berkeley: University of California Press, 1991). A personal, critical assessment of Latin American history in verse by a master poet.

Nicholls, David, "Haiti: Race, Slavery and Independence (1804–1825)," in Archer, ed., *Slavery*, pp. 225–38. On the relationship of slavery to race in Haiti.

Patterson, Orlando. *Freedom in the Making of Western Culture* (New York: Basic Books, 1991). Slavery and racism conflict with the promise of freedom and democracy.

Rousseau, Jean-Jacques. *The Social Contract*, trans. by Maurice Cranston (New York: Viking Penguin, 1968). Primary source.

Smith, Adam. *The Theory of Moral Sentiments* (Charlottesville, VA: Lincoln-Rembrandt Publishers, 6th ed., 1986). Primary source.

——. *The Wealth of Nations*, Books I–III (New York: Viking Penguin Classics, 1986). Primary source.

Thompson, Vincent Bakpetu. *The Making of the African Diaspora in the Americas 1441–1900* (New York: Longman, 1987). A view that transcends the experience of individual countries to see the comprehensive picture.

Tocqueville, Alexis de. *The Old Regime and the French Revolution*, trans. by Gilbert Stuart (Garden City, New York: Doubleday Anchor Books, 1955). Classic analysis that locates precipitating factors in the revolution, and indicates that many endured long afterwards.

Turner, Frederick Jackson. *The Frontier in American History* (New York; Henry Holt, 1920). Classic interpretation of the significance to America of huge, frontier spaces in the West.

Wilentz, Sean. *Chants Democratic: New York and the Rise of the American Working Class, 1788–1850* (New York: Oxford University Press, 1984). Important contribution to working-class history.

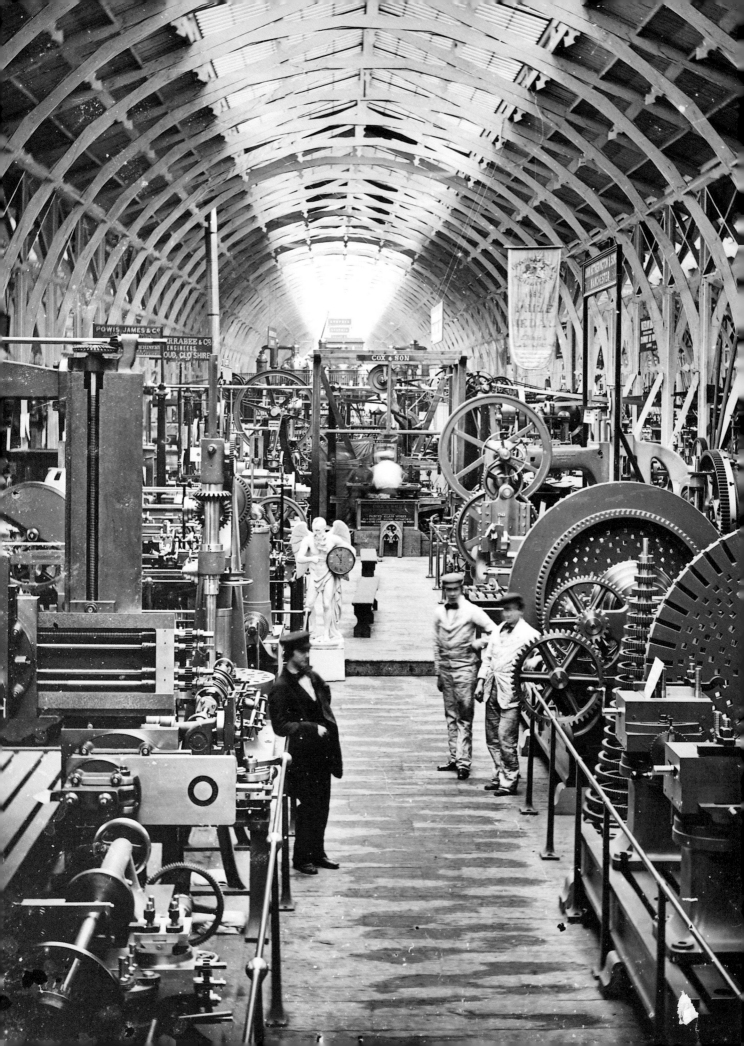

工业革命

一次全球化的进程，1700—1914年

第 17 章

主题

- 工业革命的意义
- 英国，1700—1860年
- 工业化的第二个阶段，1860—1914年
- 社会变化：劳动人民的处境
- 英国和欧洲的政治反应，1800—1914年
- 城市生活的新形态
- 工业革命的影响及其意义

工业革命的意义

人类进步的重要标志之一一直是我们所使用的工具质量的提高、数量的增长以及我们组织生产的方式的改进。在现代之前，最先进的文明或许应属宋朝（960—1279）的中国。宋朝之所以赢得如此声誉，不仅是因为它呈现的新儒学的高雅文化——包括绘画、诗歌以及儒家经典教育——而且还因为新的农作物和效率更高的收割技术带来的农业进步。宋朝政府还生产制造兵器——包括火药和攻城器械——发行纸币，建造商船以及遍布各地的河流和运河运输体系，而这一切的规模都是至为庞大的。此外，中国的技术也不断革新，中国人发明了罗盘，改进了丝绸、瓷器和漆器的生产制造技术，并大大推广了印刷术和书籍的印制。中国的炼铁技术流传甚广，以至于在北方部分地区出现了森林被过度采伐的问题，因为在使用焦炭之前，人们冶炼铁矿一直是采用木材为燃料的。铁被用来制造工具、兵器和建造桥梁。相比之下，世界其他地区的贸易、商业和工业依然处于落后状态。

现代的工业革命发端于18世纪，它标志着一场重大的变革。从此，西欧，尤其是英国，在经济实力和生产力上都赶上并超过了中国和世界的其他地区。在第5篇中，我们已经研究了其中的一些变革。这些变革使得西欧地区不再只把农业视为其经济基础，转而加强了对商业、贸易和对外探险的关注；他们开发出新的技术；将金钱上的成功和追逐利润视为天经地义。而这些新的经济方面的兴趣又逐渐促进了新工具的发明创造：性能更优良的船只；经过改进的新的商业手段和组织，例如股份公司；西欧人甚至吸收、引入了一些早期中国的发明，如指南针、火药和活字印刷术。西欧的商人积极地探寻着新的商业契机。在此过程中，他们富于活力、灵活机动，这点有时是值得赞扬的，如他们对新技术的积极探索；有时则在道德上应受谴责，例如在兴建加勒比海盆地的大型甘蔗种植园的过程中他们使用了数百万的奴隶，为了欧洲商人的利益强迫劳工在美洲大陆开采金矿和银矿。而所有这些经济活动都为发端于18世纪的工业革命铺平了道路。

这场现代的工业革命源于人们对棉纺织品生产利润的追求。那些在印度工作的

前页 万国博览会，伦敦南肯辛顿，1862年。工业革命的核心就是用非生物动力代替了人力和畜力。在工业革命之前，西欧在经济上落后于中国和印度。新发明的机械大大改变了这种不平衡。

欧洲探险家和贸易商意识到,印度生产的主要布料棉布穿着远比英格兰和欧洲大陆的主要布料羊毛织物舒服,且更易于保持清洁。于是,欧洲的探险者和商人开始从印度进口棉布。给在气候炎热的美洲艰辛劳作的众多奴隶制作衣服,需要大量的棉布。随着棉布进口数量的增长,雄心勃勃的商人们设法在欧洲就地生产布料。由于气候过于寒冷,他们无法在欧洲种植棉花,只能从海外进口原棉,起先是从印度,而后是从美国进口。但他们还是可以像在印度那样经济地加工进口的原棉、生产棉布。自1600年代初起,英国人以为在印度贸易中最为活跃的欧洲人,他们开始试验使用新的方法把进口的原棉加工成棉布。他们的活动引发了一波又一波的改革浪潮,今天我们将其统称为"工业革命"。

　　工业革命是从简单的新机器和工作场所组织的细小改变开始的,但这些最初的变化只是第一步。工业革命最终为商人阶级带来了巨大的利益,并增强了他们在政

563

历史一览表:西方的工业化

年　代	英　　国	欧洲其他地区	北　　美
1760年	■ 詹姆士·瓦特对纽科门的蒸汽机作了改进(1763年) ■ 詹姆士·哈格里夫斯发明珍妮纺纱机(1764年)		
1780年	■《联合法案》禁止工人结社(1799年);1824年废除		■ 埃利·惠特尼发明轧棉机(1793年)
1800年	■ "卢德"暴动(1810—1820年) ■ 彼得鲁大屠杀,曼彻斯特(1819年)		
1820年	■ 乔治·斯蒂芬森"火箭号"火车头厂(1829年) ■《工厂法案》禁止雇用童工(1833年) ■ 宪章运动要求男子拥有普选权(1838年)	■ 法国的路易·雅克·芒代·达盖尔发明银版法摄影法(1839年) ■ 巴黎、布拉格、维也纳和俄国爆发工人起义(1830年)	■ 第一条横渡大西洋的蒸汽船航线开通(1838年) ■ 塞缪尔·科尔特发明左轮手枪(1836年)
1840年	■ 埃德温·查德韦克爵士发表关于《济贫法》的报告(1842年) ■ 弗里德里希·恩格斯发表《英国工人阶级状况》(1845年) ■《谷物法》废除(1846年) ■ 贝塞麦转炉炼钢(1856年) ■ 塞缪尔·斯迈尔斯发表《自助》(1859年)	■ 革命之年——法国、奥地利和普鲁士(1848年) ■ 马克思和恩格斯发表《共产党宣言》(1848年) ■ 德国西门子和法国人马丁发明平炉炼钢法(1864年)	■ 发明缝纫机(1846年)
1860年	■ 格拉德斯通首相领导自由党政府开始提供由国家支持的普及教育(1870年) ■ 格拉德斯通领导的自由党与狄斯莱利领导的托利党竞争工人选票 ■《工会法》保证了罢工权(1871年)	■ 化工工业的发展(1870年后) ■ 巴黎公社大屠杀(1871年) ■ 俾斯麦统一德国(1871年) ■ 德国的社会民主党(SPD)成为第一个工人阶级政党(1875年)	■ 美国内战(1861—1865年) ■ 理查德·加特林发明机关枪(1861年) ■ 托马斯·爱迪生发明电报机的早期形式(1864年) ■ 发明打字机(1867年) ■ 加拿大成为统一的英联邦自治领(1867年) ■ 爱迪生建立私人工业研发实验室(1876年)
1880年	■ 伦敦码头工人罢工(1889年)	■ 法国工会取得合法地位(1884年) ■ 法国确立5月1日为"劳动节"(1890年)	■ 美国劳工联合会成立(1886年) ■ 发明柯达照相机(1888年) ■ 荷姆斯泰德钢铁公司罢工(1892年)

府和公共生活中的影响力。工业革命对全球人类的影响是广泛而深入的：它改变了我们的工作场所和家园的地点，我们的家庭成员的人数与组成，家庭生活的质量及时间长短，还有我们所建立的教育体系，甚至改变了人类的战争以及各国之间的关系。工业革命作为一个全球化的进程，它改变了世界各地的矿井、矿物的开采获取，人们进行生产劳动的地理位置，以及出售新产品的国际市场范围。作为新的工业生产力的主人，他们对自己的经济活动采取了这一全球化的视角，他们的经营活动达到了极大的规模。他们借助政府的权力来支持他们在世界各地的经济活动能力。同样，政府也依靠工业家和商人的力量来增强他们在国际上的政治、外交和军事力量。世界财富和权力的重心第一次移向了欧洲，尤其是工业革命的发源地英国。

英国，1700—1860 年

工业革命在1700年左右起源于英国。尽管今天它被称为"革命"，但是它花去了整整150年的时间，直到1860年才完全实现。在此期间，英国的棉纺织业生产力达到了世界最高水平；它的铁路交通网成为全国主要的陆地运输及交通工具；而新的蒸汽船队则使英国新兴的生产力和势力扩展到全球范围。然而，经济史学家认为，工业的变革之所以有可能实现，是因为英国的农业——工业化之前的经济基础——已经经历了一段持续改进的过程。这种变革堪称是翻天覆地的，因此它被称作农业上的一场革命。

农业革命

英国（与1648年之前被称为尼德兰的荷兰共和国一起）拥有全欧洲生产力最强、效率最高的商业化农业。发明家制造出新的农耕器具，农民很快就采用了这些新的耕具。一个突出的例子就是杰思罗·塔尔（Jethro Tull，1674—1741年）发明的种子条播机。他采用了一种新的方法，以一定的深度和行距，系统整齐地进行播种，这一方法取代了靠手把种子播撒在土地表层的老方法。他利用马来拉耕锄，并使铁制的犁保持一定的倾斜度，这样就可以把杂草和草根拉起然后让太阳晒干。人们引进了新的农作物，如芜菁和土豆。农场主和大地主兴起修建大型的灌溉和排水工程，由此而提高了现有耕地的产量，并且开垦出新的土地。

有关土地所有权的新的法律彻底改变了佃户和地主之间的关系。在英国和荷兰，农民开始以一种商业关系的方式向地主支付商业地租，而不是像过去那样，根据变化的市场价值一成不变地支付习惯地租，并为他们提供劳力服务。此外，原来属于村庄所有的公共土地是用来给那些自己没有土地的牧人和牲畜拥有者放牧的，而现在通过一系列的**圈地法案**把这些公共土地分归个人所有。

早在1400年代后期，英国的圈地运动就以较小的规模开始了。到18世纪，这一做法重新开始实行，并且加快了速度。在1714—1801年间，在英国大约有四分之一的土地通过圈地运动从公共财产变成了私人财产。这样做的结果对土地拥有者十分

圈地法案（Enclosure acts）
英国在1700年代后期至1800年代通过的法案，把原来为社会拥有的公共土地出售给私人所有者。

艾萨克·克拉斯·斯凡能伯格绘《羊毛纺织》，约1600年，木板油画。这幅画表现了荷兰共和国纺织业中羊毛纺织的步骤。（莱顿市立博物馆）

有利，城市的商人开始购买土地作为农业的投资资产。农业生产力的迅速提高使土地拥有者变得更富有。但是成千上万曾经拥有小块土地的农民和依靠公共土地放牧来维持生计的村民现在却成了佃农和雇佣工。这种翻天覆地的变革对社会产生了深远的影响。早在16世纪中期，就已爆发了农民起义。在其中的一次起义中，有3 500个农民遭到杀害。

在整个工业革命的初期，这一过程一直在持续。为了补充他们微薄的收入，许多被剥夺土地的农民进入乡村工业和家庭作坊工作。商人把原棉送到工人家中，妇女把原棉纺成纱线，男子再把纱线织成棉布，然后商人再来取走织成的棉布。后来，农村的工人纷纷离开乡村的土地前往英国发展中

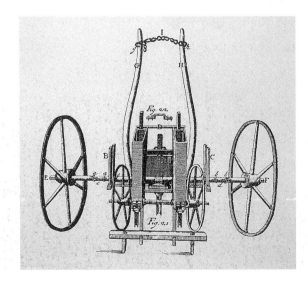

种子条播机，1701年。杰思罗·塔尔（Jethro Tull，1674—1741年）是18世纪农业革命中的一位重要人物，农业革命体现在农耕采用了新技术。塔尔的条播机使用了一种旋转式的机械装置，能把种子成排播下，使得人们方便在行间空地耕作，并减少了去除杂草的需求。

的城市，寻找新的工业劳动机会。资本市场体系彻底改变了英国的农业，农村家庭十室九空，由此而为工业革命提供了资本和工人。经济学家约瑟夫·熊彼得（Joseph Alois Schumpeter，1883—1950年）称资本主义是一个"创造性的毁灭"过程。在农业革命和随后的工业革命中，这两种情况我们都看到了：旧的生活方式的痛苦毁灭和前所未有的崭新的生活方式的建立。

纺织业革命

直到18世纪中叶，英国主要的纺织品仍然是毛料织物，使用当地饲养的绵羊的毛织成。后来，印度生产的质地轻盈、色彩鲜艳且经久耐用的棉纺织品开始在市场上取代毛织品。英国通过操控关税和进口贸易规则来抵制印度的棉纺织品，同时英国的发明家开始制造出新的机器，这些机器使英国的棉纺产品在数量和质量上都超过了印度。英国生产用的原棉仍然必须从位于亚热带的印度进口（后转为从美国南部和埃及进口），但是把原棉制成棉布的生产过程已经可以在英国进行了。这就增加了英国人的就业机会和经济收益，大大减少了人们从印度购买棉布的数量，由此而减少了印度当地的就业机会和经济收益。

在18世纪，当农村的工人在家里生产纺织品时，大部分的纺纱劳动是通过一种最早在印度发明的手纺车来完成的。使用这种纺车妇女可以生产出质地很均匀的纱线。男子则在织布机上进行编织。操作织布机需要两个人挨着坐，把织布机的梭子从左边移到右边，并不断来回反复。在1733年，约翰·凯伊（John Kay，1704—1764年）发明了"飞梭"。只需要一个织布工就可以让梭子在织布机上自动来回穿梭，而不再需要第二个操作者。直到1764年，詹姆斯·哈格里夫斯（James Hargreaves，1778年去世）采用了珍妮纺纱机，纺纱者才跟上织布者对纱线的日益增长的需求。这一机器使得操作者同时纺织好几根纱线。最早的珍妮纺纱机能同时运转8个纺锤；1770年达到16个；到18世纪末时，则已经是120个了。同时，在纺纱之前对棉花进行梳理的机器也得到了改良。

到这时为止，虽然机器已是新的了，但是生产的动力仍然是依靠人力，生产过程仍然集中在农村家庭和小型的作坊中进行。1769年，理查德·阿克赖特（Richard Arkwright，1732—1792年）取得了水力纺纱机的专利。这种机器能同时纺好几股线，并利用水力持续运转。1779年，塞缪尔·克朗普顿（Samuel Crompton，1753—1827年）开发了一种"骡机"。它结

詹姆斯·哈格里夫斯发明珍妮纺纱机。哈格里夫斯用他女儿的名字命名了这项发明。这种纺纱机使人们可以用天然纤维来织布，从而使得棉布生产规模的扩大成为可能。工业革命就是以珍妮纺纱机这种简单的发明创造和1733年约翰·凯伊发明的"飞梭"为基础开始的。

合了珍妮纺纱机和水力纺纱机的原理，可以制造出更多、质量更优的棉线。令人遗憾的是，塞缪尔由于过于贫困而无法申请此项专利，但是他把这一设计出售给了别人。现在英国的棉布终于可以与印度的棉布相媲美了。爱德蒙·卡特莱特（Edmund Cartwright，1743—1822年）被阿克赖特的水力纺纱机深深吸引，他相信把这种技术的原理应用在棉布编织上可以挣许多钱。在进行了几次试验后，他在1785年取得了动力织机的专利，但从中获得的收益并不多。

同时，英国各地煤矿的矿主为了能把矿井挖得更深，开始寻找更高效的抽水工具。到1712年，托马斯·纽科门（Thomas Newcomen，1663—1729年）掌握了使用蒸汽来驱动抽水机的方法。1763年，格拉斯哥大学的技术人员詹姆斯·瓦特（James Watt，1736—1819年）正在进行改良纽科门的蒸汽机的试验。当时有一名小工厂主马修·博尔顿（Matthew Boulton，1728—1809年）为他提供了开发更大型、成本要高得多的蒸汽机所需要的资金。到1785年，博尔顿和瓦特的工厂制造出新式蒸汽机，这种机器不但在英国国内使用，还对外出口。1780年代，阿克赖特使用新式

566

工业革命。19世纪初期，工业革命传遍了西欧的贸易国家（包括它们的殖民地，那里提供了原材料和消费市场）。蒸汽机取代了早期的水力；煤成为主要的能源。以蒸汽为动力的铁路运输系统取代了运河运输系统。

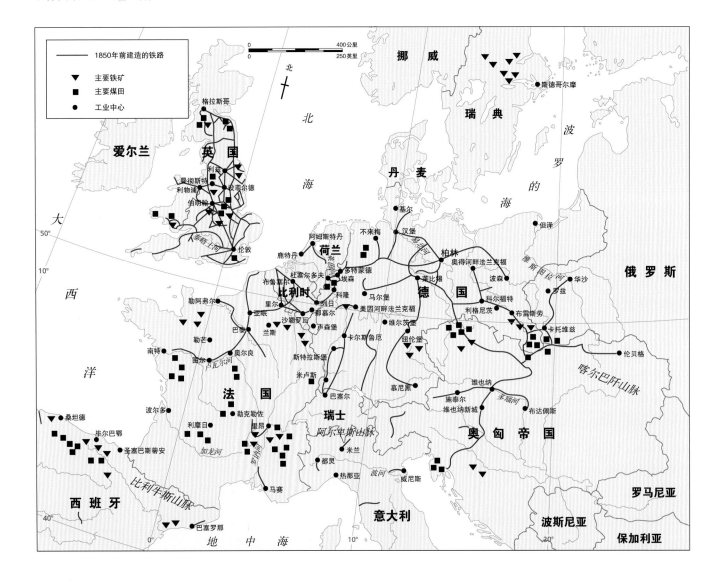

的博尔顿–瓦特蒸汽机取代了水力。从那时起,机器设备开始变得越来越复杂,价格也更昂贵。纺纱及织布劳动从生产者的家和邻近河流的小作坊转移到了新建的使用蒸汽动力的棉布纺织厂。工厂的规模不断扩大,生产能力持续提高。大约到1800年,为了赶上增长的纺纱产量而发明的动力织布机,如卡特莱特的动力织布机,开始带来商业利润。到1800年代时,动力纺织机已成为工业革命中最重要的技术之一。

机械带来的新的生产力彻底改变了英国的经济状况。原来印度的手工纺纱者生产100磅的棉线要用50 000个小时。克朗普顿的骡机用2 000个小时就可以完成同样的任务;1795年发明的阿克赖特水力纺纱机则只需要300个小时;而1825年发明的自动骡机只需用135个小时。不仅如此,纺织品的牢度、耐久性和质地也稳步提高。骡机纺锤的数量从1788年的5万个增长到1811年的460万个。到1820年,棉纺织品成为英国各个工业中最重要的产品,几乎占了英国总出口量的一半。

在这一机械化实现之前,大多数家庭都靠手工纺纱和织布来缝制自己穿的衣服。因此,机器生产的纱线和棉布的大量供应影响了整个大不列颠数百万的纺纱工和织布工。到1815年时,新的织布厂的厂主仍然延续着这样一种生产体系:他们为在家庭作业的织布工提供棉线,并收购他们织好的成品。当生产的规模不得不缩小时,家庭作业工可能会被淘汰掉,但是大型的工厂却仍在继续生产。家庭作业工承担了纺织业不景气所造成的负面影响,相对而言,大工厂主和工厂工人并没有受到过多的影响。1791年,英格兰北部的家庭作业工焚毁了一家位于曼彻斯特的采用新动力的织布厂。在之后的数十年里,捣毁机器的暴乱不断发生,在1810—1820年的卢德派暴乱中更是达到了高潮。这一起义以他们的传奇领袖奈特·卢德(Ned Ludd)的名字为名,参加者要求禁止使用机器。政府出动了士兵镇压暴乱。

纺织业的革命还在全世界产生了连带效应。印度的工业地位发生了逆转,它成了英国的原棉供应国,并从英国进口机器制造棉纺织品。英国的新纺织厂需要数量空前的优质棉花。原棉形状像棉花球,但是它含有油脂,而且充满了棉籽。要把原棉纺成纱线,必须先清洁棉花,或是清除棉籽。1793年,美国的埃利·惠特尼(Eli Whitney,1765—1825年)发明了轧棉机。这意味着原来清洁一磅棉花所花的时间,一名工人可以用来清洁50磅棉花。美国的种植园经济也开始复苏和扩展,由此而提供了所需的原棉,但不幸的是,奴隶制也因此得以延续。1790年,美国棉花的产量为3 000捆;1810年,提高到178 000捆;1830年,732 000捆;到1860年时已达到450万捆。英国的工业化进程正在重塑着世界经济。

资本商品：铁、蒸汽机、铁路和蒸汽船

纺织业发端于人人都要使用的消费品,并且已经雇用了人数庞大的手工劳动力。它使工厂的生产过程机械化并对其进行了重组。其他的工业化革新则推出了新的产品。而许多新产品属于经济体系中的资本商品——也就是说,英国人制造工具

1640年到1830年的重大发现与发明

1640	数论：皮耶·德·费马
1642	机械计算器：布莱兹·帕斯卡
1650	抽气机：奥托·冯·格里克
1656	摆钟：奥托·冯·格里克
1665—1675	微积分：艾萨克·牛顿和哥特弗莱德·莱布尼兹（各自独立发现）
1698	蒸汽抽水泵：托马斯·萨沃里
约1701	种子条播机：杰思罗·塔尔
1712	蒸汽机：托马斯·纽科门
1714	水银温度计：加布里埃·华伦海特
1733	飞梭：约翰·凯伊
1752	避雷针：本杰明·富兰克林
1764	珍妮纺纱机：詹姆斯·哈格里夫斯
1765	冷凝式蒸汽机：詹姆斯·瓦特
1768	液体比重计：安东尼·波美
1783	热气球：约瑟夫和艾蒂安·蒙戈尔菲耶
1783	降落伞：路易·勒诺尔芒
1785	动力织布机：爱德蒙·卡特莱特
1789	内燃机：安东尼·拉瓦锡
1793	轧棉机：埃利·惠特尼
1800	电池：阿雷桑德罗·伏特
1807	汽船：罗伯特·富尔顿
1815	矿工安全灯：汉弗里·戴维
1818	自行车：卡尔·冯·绍尔布侬
1823	数字计算机：查尔斯·巴比奇
1824	波特兰水泥：约瑟夫·阿斯普丁
1825	电磁铁：威廉·斯特金
1826	照相制版法（预摄影法）：约瑟夫·尼埃普斯
1828	鼓风炉：詹姆斯·尼尔逊
1829	蒸汽机车：乔治·斯蒂芬森

568

来扩大生产的规模，而不是生产供个人消费的商品。英国的冶铁工业在1500年代中期即已形成。起初人们使用木材作为燃料来加热铁矿，提炼熔铁。但大约到1750年时，新的采矿工艺为人们提供了煤炭。这是一种更加高效的燃料，而且储备充足，价格低廉。大约在1775年，冶铁工业迁往了英国中部地区的煤矿和铁矿区。1780年代，亨利·科特（Henry Cort，1740—1800年）发明了一种在高温下炼铁的工艺。这种"搅炼法"促使人们使用更大的熔炉，并整合了熔炼、锤打和辗压的过程，锻造出优质的铁条。铁的产量因而大幅度提高。随着铁的生产价格的降低和质量的提高，人们用它来建造房屋。然而，对这种金属的最大需求却来自新发明。蒸汽机、铁轨、机车、蒸汽船，新的城市燃气供应系统和固态、液态垃圾的处理系统都需要用铁来建造。1720年，英国生产的生铁达250 000吨（这是一种质量极高的铁，因其圆锭状或被铸成的锭块而获名）；1796年，英国的生铁产量为125 000吨；1804年，为250 000吨。1800年，英国的铁产量占全球市场份额的19%，1840年时达到52%——也就是说，英国的铁产量与世界上其他国家铁产量的总和相等。

随着新式蒸汽机的出现，铁的普及和质量的提高，铁路运输业诞生了。第一辆投入运营的蒸汽机车，即乔治·斯蒂芬森（George Stephenson）的"火箭号"，是在1829年制造的。它在连接曼彻斯特和利物浦的铁路上运

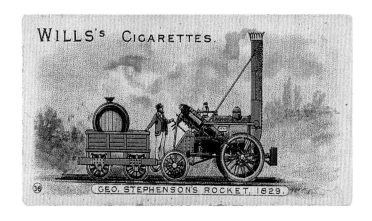

乔治·斯蒂芬森发明的机车"火箭号"，1829年，此图为1901年的锌版套色印刷的香烟画。1829年10月14日，"火箭号"在一场引擎比赛中获胜，在曼彻斯特-利物浦铁路上成功运送了货物和乘客。斯蒂芬森的发明所取得的成功在世界范围内掀起了一股制造火车和铺设铁路的浪潮。

我们是怎样知道的?

工业革命为什么起源于英国?

长久以来,历史学家们一直都在争论工业革命的起源问题。这个名称的使用至少早在1845年就开始了,当时它曾出现在弗里德里希·恩格斯的《英国工人阶级状况》一书的开篇:

英国工人阶级的历史是从18世纪后半期,从蒸汽机和棉花加工机的发明开始的。大家知道,这些发明推动了产业革命。这是经济层面的、更是社会层面的一场革命,因为它改变了整个中产阶级社会的结构。(第9页)

阿诺德·汤因比(20世纪一位同名历史学家的叔叔)是最早明确使用这个名称的专业历史学家。在1880—1881年发表的一系列讲座中,汤因比认为这一过程是从1760年开始的。他判断这个时间的依据是我们在前面提到的那些创造发明。1934年,芝加哥大学的经济史学家约翰·奈弗(John Nef)认为,在16世纪中期冶铁业就已存在,所以选择这个时间更为恰当。近代的历史学家,如费尔南·布罗代尔,也认为工业革命的根源可回溯到数个世纪前。他们强调内在的经济、政治、社会、文化和科学上的变化,我们在前几章中已经讨论了这些变化。所有这些过程都在18世纪后期集中出现在英国的经济体系中,并引发了工业革命:

- 农业生产力的提高;
- 商人阶级的崛起,资本主义经济原理的发展证实了新商人阶级壮大的必然性;
- 支持经济发展的强国,尽管资本主义的自由主义思想不主张国家参与商业活动;
- 科学的兴起,带来了新的经验主义的世界观,以及技术的发展,依循着为实际问题找到实际解决方案的目标;
- 社会结构允许甚至鼓励不同阶级的人共同工作,尤其是从事手工劳动的工匠和提供资本的金融家;
- 以购买原材料和销售工业产品为模式的全球贸易更加频繁;
- 不断增长的人口增加了劳动力的供给和对生产的需求;
- 种植园经济的奴隶劳工带来了一个多世纪的罕见的资本积累;
- 在新美洲大陆发现了大量的金银矿藏,这也增加了资本的积累;
- "原初工业化"——也就是工业化组织的早期形式,在管理和生产中引入了新的技术,并为大规模的工厂生产铺平了道路。

关于工业革命起源的问题并非纯粹是学术性的。这些争论对于当今世界的工业发展规划有着重要的意义。当许多独立不久、工业化程度不高的国家想要进行工业化改造时,提出了这样的问题:工业化是否仅仅意味着获取机械、适应高科技?一个国家是否必须经历农业、经济、政治和社会等各个层面的变革?如何才能筹集到必需的起始资金?对于想要进行工业化的政府而言,最大的阻碍又是什么?我们会在第20章到第24章中研究这些问题。那些已经高度工业化的国家——大多数是欧洲国家和受它们影响的海外文明,如日本和现在的一些东亚国家(见第22章)——已经经历了各个层面的彻底变革,它们的许多经历和英国相似。

- 在所有促成工业革命的因素中,你是否认为某些因素比其他因素更为重要?是哪些因素?为什么?
- 在"工业革命"中,哪些过程属于机械和设备的改革,哪些属于社会结构的变化?
- 其中哪些过程一直持续到今天,并将继续影响着当代的经济?

行,时速达到16英里。到1840年,兴建铁路的浪潮席卷了英国和欧洲,并越过大西洋来到了美国。铁路的建造为这个迅速发展的国家的西进运动创造了有利条件。到1850年代,英国今天运行的铁路运输系统,即长达23 500英里的铁轨基本已铺设到位。实业家们则在印度和拉丁美洲为他们的机车和铁轨找到了新的海外市场。

新的机车迅速取代了英国和美国的运河系统。这些运河大多在1750年代以后建成,在工业城市之间原材料和大件货物的运输主要依靠这些运河。在蒸汽动力火车出现之前,人们一直认为运河将是未来主要的运输方式。(历史学家拒绝预测未来的原因之一就是新技术取代旧技术的速度。事件并不一定沿着直线方向发展,新的进展往往会出人意料地取代旧的模式。)

水晶宫内部,约瑟夫·帕克斯顿(Joseph Paxton)为1851年伦敦万国博览会设计。这座用玻璃与钢铁建成的展厅是早期现代建筑的里程碑。它是对维多利亚女王时代英国强盛的经济的赞颂,对英国技术成就和帝国力量的展现。

原始资料

570

早期工业社会生活中相互矛盾的景象:英国的浪漫主义诗人

在1750—1850年间,工业化彻底改变了英国。工厂、城市和劳动阶级都在迅速增长之中。浪漫主义运动就是对这些改变所产生的混乱的回应之一。这是一次国际的文学和艺术的新运动,它反对启蒙运动的理性主义而崇尚情感。英国的浪漫主义诗人,如威廉·华兹华斯(William Wordsworth,1770—1850年)和塞缪尔·泰勒·柯尔律治(Samuel Taylor Coleridge,1772—1834年)不相信通过科学和理性知识所取得的现代进步而相信自然、历史和他们自己内心的感受。他们看到了新兴的美学的伟大前景。华兹华斯对伦敦美丽的自然景色的看法代表了浪漫主义的观点。

在西敏斯特桥上
1802年9月3日

大地再没有比这儿更美的风貌:
若有谁,对如此壮丽动人的景物
竟无动于衷,那才是灵魂麻木;
瞧这座城市,像披上一领新袍,
披上了明艳的晨光;环顾周遭:
船舶,尖塔,剧院,教堂,华屋,
都寂然、坦然,向郊野、向天穹赤露,
在烟尘未染的大气里粲然闪耀。
旭日金晖洒布于峡谷山陵,
也不比这片晨光更为奇丽;
我何尝见过、感受过这深沉的宁静!
河上徐流,由着自己的心意;
上帝呵! 千门万户都沉睡未醒,
这整个宏大的心脏仍然在歇息!

威廉·华兹华斯

其他诗人,如威廉·布莱克(1757—1827年)则更加接近劳动人民的生活。虽然威廉·布莱克虔信宗教,又是民族主义者,但是他对国民、政府和英国国教容忍在"肥沃富裕的土地"中有"一块贫瘠的土壤"提出了谴责。华兹华斯在一座桥上居高临下俯视伦敦,而布莱克却走在伦敦的街道上观察其居民的表情。

伦敦

我走过每条独占的*街道,
徘徊在独占的泰晤士河边,
我看见每个过往的行人
有一张衰弱、痛苦的脸。

每个人的每声呼喊,
每个婴孩害怕的号叫,
每句话,每条禁令,
都响着心灵铸成的镣铐。

多少扫烟囱孩子的喊叫
震惊了一座座熏黑的教堂,
不幸兵士的长叹
化成鲜血流下了宫殿。

最怕是深夜的街头
又听年轻妓女的诅咒!
它骇住了初生儿的眼泪**,
又用瘟疫摧毁了婚礼丧车。

威廉·布莱克

*独占的=政府批准、控制和拥有的
**婴儿因感染父母的性病出生时即双目失明

无论布莱克关于伦敦的看法是多么令人不安,但是受工业革命破坏最严重的地区实际上是在英国的中部和北部,即曼彻斯特、伯明翰和利物浦等城市。

　　蒸汽船和蒸汽机车采用了同样的技术，并且几乎在同时被发明创造出来。第一条横跨大西洋的蒸汽船航线在1838年开通。全球蒸汽船的吨位增长了不止100倍，从1831年的32 000吨增加到了1876年的330万吨。伴随着新的纺织厂、炼铁厂和蒸汽运输系统的兴起，英国很快就成为"世界工厂"。

工业化的第二个阶段，1860—1914年

新产品和新国家

　　从1860年到第一次世界大战爆发的1914年之间，"第二次工业革命"进一步改变了世界的生产能力，人们的生活方式，以及世界上主要国家和地区之间的均势。主要的技术进步来自钢铁、化工以及电力产业，而造船、银行和保险业的组织结构的重大突破也为这些产业提供了支持。

　　钢铁和化工业　新技术——英国的贝塞麦转炉（1856）和之后的西门子-马丁平炉炼钢法（1864）——很快就得以较低的成本把大量的铁炼成钢。铁是在鼓风炉中炼成的，其质量可以很高，但最后的成品总会含有一些杂质。炼钢时需要先去除铁中的杂质，然后再在铁矿中加入碳，这样就能炼成强度更高、用途更广的钢。钢可以被制成钢条、钢板以及其他的构件，如大梁。1871年，德国在奥托·冯·俾斯麦（Otto von Bismarck）的统治下统一，并且迅速迈步向前。到1900年，它的钢产量为630万吨，超过了英国的500万吨；1913年，在第一次世界大战前夕，德国的钢产量增长到1 760万吨，而英国为770万吨。德国还在其他大量的新技术的发明上处于领先地位，尤其是内燃机、柴油机和汽车的发明。

　　化工业也得到了发展，尤其是在1870年后，合成物——主要是用煤开发的衍生物，取代了蔬菜中提取的自然物质，如碱和染料等。如今，化合的苯胺染料是用煤焦油制成的。化肥和炸药也都可以用合成氮和磷酸盐制成。人工化肥促进了农业生产力的革命，同时，炸药在大型工程的建设中发挥了重要的作用，如穿越欧洲阿尔卑斯山脉的新隧道、北非的苏伊士运河和中美洲的巴拿马运河。苏打由氨的含炭衍生物制成，它被用来生产肥皂和玻璃。新的药物和杀虫剂提高了生活的质量，而香水和化妆品也被制造出来并开始进入市场。许多出身中产阶级的和部分工人阶级的妇女，如百货公司的职员等，通过追求奢侈品而给她们的生活增添了一丝浪漫的气息。用煤焦油制成的塑料也在19世纪后期问世。

　　电力　与电相关的发明在整个欧洲乃至大西洋彼岸的美国不断地相继涌现。1831年，英国的迈克尔·法拉

连接两个海洋的运河。1905年建造的巴拿马运河连接起了大西洋和太平洋，是历史上最浩大的工程之一。这项工程任务需要移走大约1亿7 500万立方码的泥土，并对整个地区进行卫生处理，那里曾滋生着大量的传播黄热病和疟疾的蚊子。

572

第（Michael Faraday，1791—1867年）首先展示了电磁感应原理，他用金属导体穿过磁场来产生电流，至今在中学的课堂上还常常重复这个试验。到1850年，有几家公司开始生产结构简单的发电机。在1860年代，德国的恩斯特·维尔纳·冯·西门子（Ernst Werner von Siemens，1816—1892年）开发了一种实用的发电机。在1880年代的美国，尼古拉·特斯拉（Nikola Tesla，1856—1943年）发明了高效的远程传输电力的技术，并在1892年获得交流发电机的专利。

这一时代最有名的发明家就是美国的托马斯·阿尔瓦·爱迪生（Thomas Alva Edison，1847—1931年）。他的发明共获得了1 000多项专利，其中有225项是在1879到1882年间注册的，包括白炽灯泡、熔丝、插座、开关、断路器和计量表。其他的发明还包括：1864年的电报机雏形和1870年的证券报价机；1877年以金属桶为基础制成的留声机；1888年的蜡桶留声机，这是乙烯留声机的前身；1889年的活动电影放映机，即电影的前身。然而，比所有发明都更为重要的是，1876年爱迪生在新泽西州的门洛公园建立了（或许是第一个）私人工业研发实验室，它位于纽约和费城之间的乡村地区。在此之前，发明大都是个人的成就，靠的是发明家个人的技能和运气。爱迪生的新研究室使得发明的过程变得机构化，并促进了如留声机等产品的研发和商业化。

工厂生产

生产活动开始集中到巨型的、非个人化的公司。第二次工业革命是大商业的时代。在德国这一欧洲新兴的强国，形成了两大**卡特尔**组织，即相互合作的商业联盟：西门子-舒克特工厂和通用电气公司（AEG），目的是进行电子设备的生产。另外两家化学品公司后来被并入法宾公司（1925）。至于钢铁生产方面，每个主要的生产国都有各自的巨头企业：如德国的克虏伯，法国的施奈德-克鲁索（Schneider-Creusot），英国的维克斯-阿姆斯特朗，以及规模最大的美国钢铁公司。这些巨型的公司整合了从原料加工到产品制造的整个生产过程。它们拥有自己的煤矿和冶铁工厂，拥有炼钢，以及制造诸如船舶、铁路设备和武器等终端产品的生产能力。

工业生产的集中发展淘汰了手工艺工人，而为大规模生产和大众消费提供了有利的条件。在这些以大众市场为目标的技术创新浪潮中，美国往往总是处于领先的地位，制造出了缝纫机（1846年伊莱亚斯·豪发明），打字机（1867年问世）；钟表和手表，供办公室和工厂日常使用的计时器；电话机、留声机和电影；自行车（1885年，其现代形式由英国的约翰·肯普·斯塔利和威廉·萨顿发明）；小型武器，如左轮手枪（1836年由塞缪尔·科尔特发明），以及奥利弗·温彻斯特（Oliver Winchester）发明的来福枪，1860年，克里斯托弗·斯潘塞（Christopher Spencer）又把它改造成连发来福枪。

战争和工业化

战争和工业化总是并存的。美国的南北战争（1861—1865年）就是一个例子。这场战争不仅恢复了一个政治联盟，而且标志着工业化、城市化、拥有自由劳动力的

卡特尔（cartel） 独立制造商或经销商的一种联盟，他们的目的是控制某一种或一类特定货物的供给，以此来操控或抬高价格。

北方战胜了乡村化、实行种植园经济体制和奴隶制的南方。它也标志着一种转变，这使得美国很快就引领了世界的工业化发展。美洲的白人移民和印第安原住民之间的战争很快就演变成白人对印第安人的大屠杀，白人还强迫他们搬入保护地。而同时，新的跨洲铁路也建成了。美国通过对邻国墨西哥的战争，获得了更多的领土。而美国与西班牙的战争也使其赢得了第一个海外殖民地。

由理查德·加特林（Richard Gatling）在1862年发明的机关枪经过了多次的改良。1883年，它被更名为马克西姆重机枪，因为美国人海勒姆·马克西姆（Hiram Maxim）把它改造成射程接近一英里半、每秒可以发射11颗子弹的机关枪。马克西姆重机枪在非洲名声大噪，欧洲人发现这种枪在殖民过程中是必不可少的。在德国，钢铁制造商克虏伯家族着重生产重型武器，普鲁士靠这些武器在1870年打败了法兰西，建立了统一的德意志帝国（见第18章），并在两次世界大战中成为一个令人畏惧的参战者（见第19章）。

第二次工业革命在世界范围内的影响

所有这些商业利润，包括民用工业的、军事工业的，都汇入了金融资本，即有目的性地对新的业务投资，以获取新的利润。金融家在世界各地的边远地区寻找新的机遇。美国的工

美国，西林恩工厂，机械车间，1898年。美国在家庭日用品的大规模生产中处于领先地位。在19世纪，人们从美国的农村和国外移民到大城市，并到工厂中工作——通常报酬很低，工时很长，而且工作环境闷热嘈杂。1913年以后，随着亨利·福特把流水装配线技术引入汽车的生产过程，整个工厂体系大大扩展。

573

1830年到1914年的重大发现与发明	
1831	发电机：迈克尔·法拉第
1834	收割机：赛勒斯·麦考密克
1834	摄影术：路易·M·达盖尔；威廉·亨利·福克斯·塔尔博特
1836	左轮手枪：塞缪尔·科尔特
1837	电报：塞缪尔·莫尔斯
1839	硫化橡胶：查尔斯·古德伊尔
1852	陀螺仪：莱昂·傅科
1853	客用电梯：伊莱莎·奥蒂斯
1856	赛璐珞：亚历山大·帕克斯 贝塞麦碱性转炉钢转炉：亨利·贝塞麦 本生灯：罗伯特·本生
1858	冰箱：费迪南·卡雷 洗衣机：汉密尔顿·史密斯
1859	内燃机：艾蒂安·勒努瓦
1862	速射枪：理查德·加特林
1866	炸药：阿尔弗雷德·诺贝尔
1876	电话：亚历山大·格雷厄姆·贝尔
1877	留声机：托马斯·爱迪生
1879	白炽灯：托马斯·爱迪生
1885	摩托车：爱德华·巴特勒 变压器：威廉·斯坦利 保温瓶：詹姆斯·杜瓦
1887	汽车引擎：戈特利布·戴姆勒/ 卡尔·奔驰
1888	充气式轮胎：约翰·博伊德·邓洛普 柯达照相机：乔治·伊斯门
1895	无线电：尼科拉·特斯拉 X射线：威廉·伦琴
1896	放射能：安东尼·贝克勒尔
1897	柴油内燃机：鲁道夫·狄塞尔
1898	潜水艇：约翰·P·贺兰 镭和钋：皮埃尔·居里和玛丽·居里
1902	无线电话：雷金纳德·费森登
1903	飞机：威尔伯·莱特和奥维尔·莱特
1905	相对论：阿尔伯特·爱因斯坦
1911	联合收割机：本杰明·霍尔特
1914	坦克：欧内斯特·斯温顿

业发展提供了众多的机遇,英国则成为它最大的投资者。例如,从1840年代起,美国南方和北方大部分的铁路网络大多是由英国的投资者出资建造的。有了这些投资资金,美国的工业化和城市发展的任务就容易多了,因为可以先借来必需的资金,日后再归还。

574

这些借款,以及随之而起的工业化和城市化大大吸引了移民。北美的人口由此而从1850年的3 900万增至1900年的1.06亿,也使同时期的南美人口从2 000万增至3 800万。美国在吸收这些投资的同时,并没有失去对自身的内部发展的政治控制权,由此而成为工业化程度最高的国家。然而,南美则是早期新殖民主义的一个例子,外国对其经济的控制也导致了对其政治的间接控制。

从1840年起,加拿大在大英帝国之下开始享有内部自治权,1867年它成为一个统一的自治领,包括安大略、魁北克、新斯科舍和新不伦瑞克。加拿大吸引了越来越多的移民和投资,尤其在美国的边境住满了本国的移民后,情况尤其如此。新斯科舍和新不伦瑞克被并入了原来的魁北克省和安大略省,其条件是在它们和魁北克之间建造一条铁路。1885年,加拿大太平洋铁路竣工,它由东向西横贯整个加拿大。在1900年到1916年之间,7 300万英亩的土地都开垦种植了小麦和其他有商业价值的农作物。每年对农业以及采煤、金、铅、锌、镍和铜矿的投资达4亿美元。

在俄国和奥斯曼帝国,主要的投资来自法国。在第一次世界大战之前的60年里,俄国的工业产量以每年5%的比率增长。它的钢铁产量超过了法国、意大利和日本。到1914年,俄国已拥有长达46 000英里的铁路,成为世界第四大工业强国。但是它的工业先进水平还赶不上美国和德国。同样地,如果考虑到俄国的幅员辽阔,是目前世界上土地面积最大的国家,那么俄国的铁路里程数就显得不怎么样了。从1880年到1914年,俄国的工业产量大约占世界总量的8%,而且其大部分的重工业企业都为外国企业家所拥有。

第18章中我们将讨论为什么外国对奥斯曼帝国的投资总额要少得多。1914年,它接受的投资总额大约是12亿美元,帝国的工业基础变得越来越落后于西欧国家。奥斯曼帝国在人们的眼中日渐沦为“欧洲病夫”。

全球的投资总额十分巨大,其中英国遥遥领先。到1914年,英国的投资超过200亿美元,法国约为87亿,而德国也达到60亿。金融资本正处于全球化的全盛时代。

社会变化:劳动人民的处境

到目前为止,我们一直在探讨工业化带来的巨大的新生产力,大量的形形色色的新产品涌现面世。但是工人们的生活过得怎样呢?那些操作机器创造出新财富的工人的生活条件又如何呢?在工业革命的发源地英国,早年的报道中常常反映了工人阶级面临的悲惨的生活境况。大众文学、政府的官方报道、政治宣传册和劳工组织者的呼吁都重复着这同一个主题:当国家的财富日益增长之时,工人们却穷困潦倒,生活水平每况愈下。另一方面，至少，到我们讨论的这一阶段的末期（1914年），西欧和美国的工人阶级的生活条件已经达到了比较舒适的水平。究竟发生了什么变化？它是如何发生的？这些变化有怎样的意义？今天，当越来越复杂先进的机器源源不断地生产出更为丰富精致的产品，同时也给工人的生活带来更多的焦虑之时，这些问题仍然具有十分重要的意义。

人口统计与工业革命的因果联系

许多人口统计方面的研究表明，人口水平和工业化程度的提高是同步的。在1750到1850年之间，欧洲的人口几乎增长了一倍，从1.4亿增长到了2.65亿；到1900年，又猛增了50%，达到4亿。与此同时，又有高达5 000万的移民离开欧洲，主要是前往美洲、澳大利亚和南非。人口的增长大多发生在机械使用之前。而且，这样的增长似乎带有全球的性质：在1650年到1850年间，中国的人口增至四倍。今天的历史学家认为，这方面的主要原因是"哥伦布交换"使人们获得了新的食物，如玉米等。

人口学家注意到，随着工业革命而来的有两股变革的浪潮。首先，人们改善了饮食和卫生状况，公共卫生措施提高了生活用水的安全，改善了城市的卫生设施，大大降低了流行病的传播，并教会人们接受新的个人卫生标准，死亡率随之得以降低。其次，父母们开始意识到，儿童健康状况的改善提高了他们活到成年的概率，因而不必再采取多生育孩子的方法就能确保有两到四个孩子得以存活。随着父母亲开始实行计划生育，城市人口的出生率开始下降。传统的"工资铁律"认为，当工资增加时，人们只会用多余的收入生养更多的孩子；这一情况不再继续下去。工业地区的人口在快速增长了几年后，大约到1900年前后，已经开始趋于稳定。

工业革命中的赢家和输家

成功创建新的工业企业的新实业家在这一时代大多获得了丰厚的利润。他们在文学创作领域的代表是塞缪尔·斯迈尔斯（Samuel Smiles，1812—1904年），他的《自助》一书出版于1859年，提出自立自强是"获得财富和成功"的关键。斯迈尔斯描述了许多白手起家的新人——"文明世界的工业英雄"——的创业生涯。例如制陶工人乔赛亚·韦奇伍德（Josiah Wedgwood），他们家几代都是制陶工。他研制出一种新的陶器，这种陶器至今仍是用他的名字命名的。韦奇伍德改变了英国的制陶业。他自己也挣到了巨额的利润，他的工厂为20 000名工人提供了就业机会。随着各个行业的工业的发展，各国都有了自己的"工业领袖"代表——例如德国的克虏伯家族，一家四代人都是钢铁和军火制造商；美国的安德鲁·卡内基家族也从事钢铁制造业；投资银行业的杰·皮尔庞特·摩根（J. Pierpont Morgan）也在美国。在英国，世袭贵族的经济和政治力量开始受到削弱。他们的财富是以土地所有权为基础的，随着新生的工业阶层的增长而日趋减少。

手工业工人被新发明的机械所取代。1820年，英国的手摇纺纱机工人有240 000

人；到1840年减至123 000人；到1856年时只剩下23 000人了。其中部分工人找到了操作新式动力织布机的工作，但是许多人因不能适应这样的变化而陷入贫困。

弗里德里希·恩格斯（1820—1895年）在他父亲位于曼彻斯特的棉纺织厂工作期间，撰写了令人震惊的《英国工人阶级的状况》（1845）一书。他对伦敦圣詹尔士贫民窟的描述表达了他的义愤填膺，这促使他和卡尔·马克思一起呼吁开展革命：

> 到处是一堆堆的垃圾和煤灰，从门口倒出来的污水就积存在臭水洼里。住在这里的是穷人中最穷的人，是工资最低的工人，掺杂着小偷、骗子和娼妓制度的牺牲者。……但是不管怎么样，还有一个藏身之所的人，比起无家可归的来总算是幸运的。伦敦有5万人每天早晨醒来不知道下一夜将在什么地方度过。（第34—38页）

政府的报告尽管措辞比较含蓄，但也多少反映了这些骇人的情景。他们呼吁并从立法角度采取补救措施。政府设立的委员会研究了英国发展中的工业城市里的工厂、住宅区以及矿区的情况。1831年，一个由议员迈克尔·托马斯·赛德勒（Michael Thomas Sadler, 1780—1835年）担任主席的委员会调查了棉纺织厂和亚麻纺织厂里童工的情况。调查发现，儿童从6岁起就开始工作，一天通常要工作12至13个小时。他们的食物非常差，因此尽管很饿，他们还是把食物扔给猪吃。工厂里一年到头都拥挤不堪，肮脏龌龊。尤其是在漫长的冬季夜晚，燃气、蜡烛和油灯的煤烟飘散到工厂空气中，对健康的危害很大。1842年，矿区情况委员会成立，由第七代沙夫茨伯里伯爵安东尼·阿什利·库珀（Anthony Ashley Cooper）担任主席，它甚至揭露出更为严重的情况。儿童每天在地下工作长达14个小时。按照法律，9岁以上的儿童可以参加劳动，但是需要增加一些家庭收入的家长，常常会把更年幼的孩子带来工作。

埃德温·查德威克男爵（Sir Edwin Chadwick, 1800—1890年）是皇家调查委员会负责《济贫法》的调查员。他从工厂、矿区、家庭和工作场所的工人那里收集到了充分的证词。1842年，他发表了《对贫民境况的调查》一文。

查德威克注意到，英国政府已经开始针对童工的状况和廉价公寓的建造立法，他

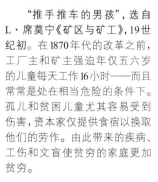

"推手推车的男孩"，选自L·席莫宁《矿区与矿工》，19世纪初。在1870年代的改革之前，工厂主和矿主强迫年仅五六岁的儿童每天工作16小时——而且常常是处在相当危险的条件下。孤儿和贫困儿童尤其容易受到伤害，资本家仅提供食宿以换取他们的劳作。由此带来的疾病、工伤和文盲使贫穷的家庭更加贫穷。

呼吁制定进一步的法律来处理下水道的污物,建造排水系统、卫生设施和清洁的供水系统。他的报告提出,不仅是贫穷的工人,而且他们的雇主、他们所在的社区和政府都将从中受益。查德威克的报告为1848年的《公共健康法案》和卫生委员会的设立赢得了广泛的民众支持。

两性关系和工业革命

在工业革命中,工厂的出现使得家庭和工作的场所分离开来,这对家庭和工作都产生了巨大影响。过去,无论是在农庄、商店还是作坊,妻子们一直习惯在丈夫的身边或者至少在他们附近不远处工作。现在她们发现,大多数的工作都在离家很远的地方。工业革命迫使女性重新定义自己的身份。妇女应该发挥什么样的作用,从事何种职业?如何才能兼顾家庭和工作?在一个期望多数女性受男性保护的社会里,单身女性应该怎样对待自己,怎样照顾和保护自己?女权主义运动又应该如何对付这些复杂的问题?

当工业革命延伸至半农村化地区时,其劳动力来源主要是年轻的、尚未结婚的女子,她们往往是当地农民的女儿。早期的一些工厂主为这些妇女建造宿舍,对她们采取保护措施,充当她们的监护人。弗朗西斯·卡伯特·洛厄尔(Francis Cabot Lowell,1775—1817年)就是以这种方式在马萨诸塞州的沃尔瑟姆建立纺织厂的。他许诺,只要女工努力工作,他会支付足够的报酬来帮助其家庭并有积蓄为未来的婚姻作准备。在他去世后,他的合伙人继续发展了这种模式。他建立了一个新的城镇洛厄尔,并在那里建造了当时最大的棉纺织厂。到1840年代,新英格兰几乎有一半的工厂都采用了这种模式。工厂的工作要求人们遵守秩序、纪律和劳动时间,职工宿舍楼也颇为拥挤。但是劳工历史学家艾丽斯·凯斯勒–哈利斯(Alice Kessler-Harris)却用赞许的口吻转述了一名1830年代的洛厄尔工人对她在工厂的工作经历的热情话语,她说道:"这是在她自己的充满约束的家庭之外第一个向她敞开的地方⋯⋯她们挣到的第一笔钱!当她们感觉到口袋中的银币叮当作响时,第一次高高地抬起头,仿佛走在了天上。"

随着新式机器变得越来越重,工厂的工作机会越来越多,再加上英美两国的经济萧条,劳动力的来源开始改变了。男子,通常是农民和移民,取代了工厂中的妇女。男子索要的报酬要高一些,工厂主原先希望通过雇用妇女,而不必支付更多的工资。在当时的工业世界的文化里,尤其是英国,人们往往要求男子来养家。一个年轻的未婚女子挣的钱也许只够她自己用,这样也就足够了。而男子却要挣一份"养家的工资"。不断改良的机器提高了生产率,这使得男子有可能挣到"养家的工资",而"养家的工资"也成了最低工业工资的标准,尽管工人已为此斗争了几十年。妇女就这样开始被男子所取代,她们又从工厂回到了家中。

到了19世纪下半叶,"家庭生活"成为中产阶级甚至是工人阶级妇女及其家庭的理想生活,大多数的中产阶级女子花许多时间来照顾家人和家庭,而新的城市的居家生活也提高了她们的安全和舒适水平。预期寿命是生活幸福的一项基本标准,英国佚名,《缠紧女性腰身的新机器》,英国漫画,约1840年。上流社会的女子都穿束身衣,这是一种用鲸须制成的衣服,能束紧腰部使它看上去尽可能纤细,并形成反差,突出髋部、臀部和胸部,但穿上它令人痛苦难受。束身衣常常太紧以至于有时影响到女子的正常呼吸,并引发昏厥。漫画家讽刺了这种习俗。

578

妇女的寿命迅速延长,甚至已开始超过了男子。1890年,英国女性的平均寿命 是44岁;1910年 为52岁;1920年,增至60岁。生活水准开始逐步提高,这种改善一直持续到20世纪。新的通风、取暖和照明设备、室内管道、冷热兼备的自来水使得家庭生活更为舒适,也使那些买得起这些设施的人的生活轻松多了,尽管这些设施在工人阶级的住宅区往往还不一定具备。

城市的环境条件,使得孩子很少像在家庭农场中那样能带来经济收益,反而更多是成了经济负担。参加计划生育的人多了起来,生育孩子的人则逐渐减少。因为有了消毒措施,生产过程不再那么容易受到感染;麻醉剂减轻了人们的痛苦;医疗科目种类的细化和专业化,也使生育变得比原来安全多了。随着在1830年代和1840年代开始的免费义务教育,孩子每天要到学校学习好几个小时,待在家里的时间也比原来少多了。

随着从传统的家务劳动中空出了更多的时间,有的妇女开始加入到向她们开放的白领工作的行列。那些最受人尊敬的职业不但带来了令人满意的工作,也符合人们在文化上所认可的女性角色,如护理、照料以及教育工作:在新的学校体系中担任教师和在新成立的医院里从事护理工作。另一些妇女在新的百货公司中担任销售人员(她们也在那里购物),或是在办公室中担任秘书或从事文秘工作。尽管在19世纪,秘书主要是男性从事的工作。有极少数妇女进入了专业的职业工作岗位。

当中产阶级关注着家庭生活,体验到新技术带来的好处时,工人阶级也对此向往不已。但是对许多人而言,这些条件还是很难达到的。有15%—20%的成年妇女不得不参加工作以养活自己,而她们的家人面临着更为基本的填饱肚子的生活问题。传统观念认为,妇女应当照顾家庭,男子则应该挣"养家的工资",妇女只需要挣点额外的收入,这使得劳动妇女面临双重的困境。这些劳动妇女通常是移民,她们极为贫穷,而且身边得不到男人的帮助。她们不再像最早的工业女工那样有自豪感和独立感,而被看作是值得同情和可怜的不幸者。

她们想方设法找工作做。其中家政服务是最为常见的,即使是在工业化的国家里,这个行业所雇用的妇女人数也达到产业部门的两至三倍。在社会的边缘带,其他妇女则靠卖淫来谋生。在19世纪下半叶,伦敦和巴黎等大城市的人口调查常常报告说,有成千上万的妓女流浪街头。她们在妓院中卖身,有时遇到有钱的客人则会雇她们到条件更舒适一些的地方去。这些女子常常受到传统社会的谴责,但是她们往往发现,这是唯一能挣足够多的钱来养家糊口的活儿。她们大多数工作到25岁左右,在那以后她们或者找到了其他工作或者已结婚成家。但这只是中产阶级所勾勒的一幅美好景象,而工人阶级遭遇的实际经历往往是与此相反的。

女权主义运动中的社会主义派的认识是,阶级之间的差异往往阻碍了妇女之间的团结。卡尔·马克思提到了资产阶级和无产阶级家庭之间的区别。他指出了母亲和工人的身份之间的矛盾。马克思和恩格斯一起谴责资本主义和家庭对妇女的"双重压迫",但是他赞扬资本主义使得女性不再被视作财产。他鼓励妇女争取公民权和获得经济上的独立。在《家庭、私有制和国家的起源》(1884)一书中,恩格斯提出,家庭的形式不是固定的。过去它曾发生了巨大的变化,他提出还会有进一步的、具有革命性的改变:

> 在现代家庭中丈夫对妻子的统治的独特性质,以及确立双方的真正社会平等的必要性和方法,只有当双方在法律上完全平等的时候,才会充分表现出来。那时就可以看出,妇女解放的第一个先决条件就是一切女性重新回到公共的事业中去;而要达到这一点,又要求消除个体家庭作为社会的经济单位的属性。
> (恩格斯,第137—138页)

在德国,社会民主党建立了一个独立的专门的妇女组织,在1914年征召到174 751名女性成员,这是欧洲规模最大的妇女运动。然而,这一数据表明,不仅有争取独立的妇女,也有团结自己的丈夫成为该党成员的妇女。劳动妇女的组织受到男性为主的工会工人的反对和破坏,因为他们害怕妇女会挤掉他们的工作,或至少会增加劳动力人数,从而使得工资降低。

英国和欧洲的政治反应,1800—1914年

英国的政治、经济和社会改革

英国不断增长的城市工业人口需要政治、经济和社会上的改革。英国政府认识到工业化正在使英国脱离传统的贵族统治和农业传统。出于对此结果的恐惧,他们最初的反应是竭力镇压改革运动。1819年,曼彻斯特圣彼得广场发生的"彼得卢大屠杀"就表明了政府的立场。有80 000人参与了这一规模巨大的和平示威活动。他们要求获得成年男子的普选权,国会的下议院进行年度选举,并废除《谷物法》。《谷物法》通过提高粮食的关税有效阻止了外国的粮食进口。这使粮价居高不下,地主和农场主因此从中获利,但越来越多的城市工业人口的利益却受到了损害。士兵向示威者开枪,有11人遭到杀害,约400人受伤。政府不但奖励了士兵,而且还进一步颁布法案,限制言论自由。

1832年,英国国会的态度发生了转变,他们变得更加害怕,但也显示了合作妥协的意愿。这一方面是因为欧洲大陆的革命,另一方面是因为英国国内发生的暴

宪章派。正如这幅当时的漫画所描绘的，宪章派获得了广泛的支持，选举权扩展至所有男子（虽然还不包括妇女）。国会三次拒绝了内容不断增多的宪章或称请愿书，直到1918年男子普选权才在英国得以实现。

乱。辉格党因为担心革命的爆发，强行通过了《1832年改革法案》。这个法案最重要的条款就是从人口逐渐减少而且常常是被一个家族所控制的农村选区中，转让出143个议席给城市的选区。全英国的选民人数大约增长了60%，但是总人数仍然只有80万人左右。而且，新选民中大部分是从事专业工作的人员，如医生、律师、商人和记者等。1832年改革的好处落在了中产阶级身上。但是没过多久，保守的托利党和更强调自由的辉格党这两大党派为了争夺权力，开始精心策划保护和给予城市工人选举权的计划。当时以及后世的一些评论家认为，这些政治运动纯粹是为了扩大英国政治的参与基础。另一些人则认为，这一运动是功利的行为，只是增加了中产阶级选民的人数，却没有为产业工人争取代表权。不论是出于什么动机，这些政治运动的确在政治局势极其紧张的时期成功地阻止了革命的爆发，并在几十年的时间里大大增加了（男性）选民的人数。

除了政治改革，国会回应人们对经济和社会法律的要求。《1833年工厂法令》不但禁止纺织厂雇佣9岁以下的儿童，而且首次雇用稽查员进行执法。

1833年，国会废除了大英帝国的奴隶制，并在1834年通过一个新的《济贫法》，为人们提供能够维持生计的补助。法律要求受助者住在政府提供的救济院里，并参加政府所提供的工作，但是这种补助政策却常常得不到落实。1835年，国会制定的《都市自治体法案》改变了大城市中的选举和行政管理制度，使城市的发展和工业化问题得到了较为妥善的解决。1842年，法律禁止在煤矿中雇佣妇女和10岁以下的儿童。1847年《十小时工作法案》把这项规定的范围扩大到工厂，并限定了妇女的工作时间。事实上，不久以后男子的工作时间也减少了。

在一些根本性的问题上，国会的行动迟缓，有时甚至完全拒绝采取行动。宪章运动是一场全国性的工人阶级运动。宪章派由于对《1832年改革法案》和新《济贫法》感到不满，在1838年向国会递交了一份有100多万人签名的宪章，即请愿书。其中要求成年男子拥有普选权，取消国会议员的财产资格要求，并要求平等划分选区。宪章派希望通过参与政治以取得改革目标，而不是像以前的"卢德派"分子那样去捣毁机器。或许是因为一些极少数的"暴力派"宪章主义者煽动的一些暴力行为，下议院否决了请愿书。1842年，当宪章派再次递交请愿书时，上面的签名超过了330万人，但是国会以287对49的票数再次予以否决。国会害怕普选权会破坏私有财产的神圣性和资本主义的经济体系。

然而在1846年，在罗伯特·皮尔（Robert Peel）领导的托利党政府主政期间，国会废除了《谷物法》，这标志着城市选区的胜利和自由贸易的获胜。英国放弃了自给自足的食品政策，进入了国际贸易体系来购买国内需要的食物，并把国内制造的产品销售出去。1867年，本杰明·迪斯累里（Benjamin Disraeli）领导的托利党政府通过了第二个《改革议案》，这使选民的人数翻了一番，达到200万，约占成年男子总人数的三分之一。虽然这项议案还是把大多数生活在农村的农业和工业工人排除在外，但是它为许多的城市工人争取到了选举权。

当时的两个主要政党，即自由党和托利党，为了得到产业工人的支持而相互竞争。1870年，在威廉·格拉德斯通（William Gladstone）领导下的自由党政府开始提供由国家支持的普及教育，并在第二年将工会正式合法化。在迪斯累里的第二个任期，即1876—1880年，托利党对有关公共卫生设施及工厂和矿区内工人工作条件的法律规定作了补充延伸。他们还为改善穷人的住房条件制定了法规。1884年，在格拉德斯通的领导下，第三项《改革议案》使选民人数再次翻番。直到1918年，英国才通过了年满21岁男子的普选权，并将选举权的范围扩大到30岁以上，身为地方纳税人或纳税人妻子的妇女。

经过漫长而激烈的斗争，直到第一次世界大战之后，英国和美国的妇女才终于获得了选举权。1840年代，宪章派使用和平手段为妇女争取选举权，但是没有成功。争取女子选举权的委员会虽然成立了，但是国会的立法者拒绝了她们提出的大多数要求。未能通过和平手段赢得选举权，这促使埃米琳·潘克赫斯特（Emmeline Pankhurst）和她的女儿克丽丝特布尔（Christabel）成立了争取女子选举权的组织，这些组织变得越来越具暴力倾向。尽管有许多人憎恶暴力行动，但是更多的人开始赞

示威大游行，1910年6月18日。不仅妇女为了争取她们的选举权而斗争：在妇女社会政治联合会（WSPU）举行的游行队伍中，男性支持者也举起了巨大的罢工横幅。埃米琳·潘克赫斯特对政治家拒不通过允许妇女参加选举的法律深感失望，组织了妇女社会政治联合会，并发动激烈的斗争以争取获得英国妇女的选举权。她通过破坏公共财物引起人们对她的事业的关注，她本人曾被捕入狱，并在监狱里与其他被捕的争取妇女选举权运动者绝食抗议。

埃米琳·潘克赫斯特和她的女儿克丽丝特布尔，1908年。这对母女创立了英国争取妇女选举权运动中最著名的妇女社会政治联合会（1903）。她们的运动常常采用激烈的并带有破坏性的方式。她们放火烧毁公共建筑，砸碎玻璃，毁坏邮箱，损坏伦敦国家美术馆的画作，并向政府官员投掷鸡蛋。埃米琳曾多次被捕入狱，并在绝食抗议时被强行喂食。

同给予女子选举权。第一次世界大战期间，要求妇女参政者积极参与国家行动，这缓和了反对派的态度。1918年，年满30岁的英国妇女获得了完全的选举权。1928年，《人民代表法》赋予了妇女和男子同样的选举权。

在美国，妇女们通过集会和自发性的联盟来争取选举权。其中最重要的一次会议是于1848年7月19—20日，在纽约的塞尼卡福尔斯举行的。这次会议发表的宣言不但要求拥有选举权，而且要求增加妇女受教育和工作的机会。之后又举行了其他几次会议。妇女先是在西部几个州的地方和学校董事会的选举中获得了选举权，最终随着1920年8月美国宪法第19条修正案的正式生效，妇女获得了全国的选举权。

劳工组织

就像妇女组织起来争取政治权利一样，工人阶级也组织起来以改善劳动条件。社会历史学家E·P·汤普森（E.P. Thompson）认为，在1792年建立的"伦敦通讯会社"（London Corresponding Society）或许是"在英国建立的第一个明确的工人阶级政治组织"。根据《1799年联合法案》，工人是禁止结社的，但是在1824年，这条法律被废除了。小型的行业工会开始扎根，通常在条件较好的"工人贵族"——机械师、木匠、印刷工，和纺纱工等——中开展得最成功。他们有时会进行罢工，或者组织起来进行争取选举权的运动；有的帮助组织合作企业。只是在《1871年工会法》通过以后，工人罢工的权利才正式得到官方认可。越来越多的非技术工人开始加入工会，其中带头的通常是矿工和搬运工人。他们得到费边社的鼓励，费边社是由集中在伦敦布卢姆斯伯里地区的一群知识分子组成的，他们设法通过非暴力的手段使政府和社会更加关注工人阶级的利益。他们支持了1889年的伦敦码头工人罢工。这次罢工通过关闭这一大港口显示了工人阶级的力量。费边社构成了新工党的核心选民。在1900年的选举中，这一党派只赢得两个议席，但是在1906年，它争取到了29个议席，并且从此以后一直在英国的国会政治中拥有一席之地。到1914年，在英国的工会组织中共拥有400万名成员。

卡尔·马克思和工人革命理论　在英国，工人建立了自己的组织，并得到了政党领袖的支持。在其他地区，政治领导者和理论家试图领导和组织规模较小的工人团体。其中，最重要的理论家就是卡尔·马克思（1818—1883年）。马克思是一名有着犹太血统，接受过良好教育和训练的德国记者，他呼吁进行由工人领导的革命。他积极开展运动，把革命社会主义者组织起来，编写呼吁革命的宣传册子，如《共产党宣言》（与弗里德里希·恩格斯合著）等，并创作了长达三卷的对资本主义体系进行学术研究和批评的《资本论》。

当马克思在柏林开始从事他的研究时，欧洲西部和中部地区的革命几乎是一触即发——工人要求获得新的权利，民族主义者要求更多的政治代表权。1848 年，多重的革命压力汇聚到一起——但是受到了镇压。在法国，反对国王路易·菲利普（Louis Philippe，1830—1848 年在位）君主统治的叛乱爆发了。临时共和国宣告成立，随后建立了政府资助的为穷人提供工作机会的工厂。选举产生的新政府更趋保守，它关闭了巴黎的工厂。城市里的穷人在街道上设置路障，政府出动了军队。在随后的街头暴乱中，有 1 万多人遭到杀害或受伤。

在奥地利，抗议的学生和工人暂时控制了布拉格和维也纳。随后两个城市都遭到了奥地利政府军队的镇压，有数千人伤亡。同年，在普鲁士，工人要求拥有更多的民主和权利。他们还要求制定一部新的宪法，把普鲁士和属于前神圣罗马帝国的说德语的几个小国家合并成一个新的德国。起初，普鲁士的国王弗雷德里克·威廉四世（Frederick William IV，1840—1861 年在位）似乎打算答应这些要求。为了起草一部新的德国宪法，他在法兰克福举行了一个制定宪法的国民代表大会。但是最后，国王还是

妇女的解放，1790—1928 年	
约 1790	德古热（Olympe de Gouges）起草撰写了颇有争议的《妇女和公民权利宣言》
1792	玛丽·沃斯通克拉夫特（Mary Wollstonecraft）撰写了《为妇女权利辩护》，这被认为是英国最早的妇女运动宣言
1794	孔多塞（Condorcet）在《人类精神进步史表纲要》中写下了建立男女平等的公民权和政治权的愿望
1829	印度禁止殉夫自焚的习俗（印度寡妇自杀的传统旧习）
1848	伊丽莎白·卡迪·斯坦顿（Elizabeth Cady Stanton）和柳克丽霞·莫特（Lucretia Mott）在纽约塞尼卡福尔斯组织了第一次妇女权利会议
1850	英国开始争取妇女选举权的全国性的公开辩论
1857—1872	《已婚妇女财产法》允许英国妇女在婚后拥有她们自己的财产
1866	莫特创立美国平等权利协会
1868	第一次争取妇女选举权运动的公开会议在英格兰的曼彻斯特举行
1869	在英国女性纳税人可以在地方选举中投票；卡迪·斯坦顿是美国全国争取妇女选举权协会的首任主席
1890	女子裹脚的习俗开始逐渐在中国消失
1903	埃米琳·潘克赫斯特创立妇女社会政治联合会
1906	潘克赫斯特和她的女儿在英国发动了激进的争取妇女选举权的运动
1913	争取妇女选举权的群众在华盛顿特区举行示威抗议；国际妇女和平会议在荷兰举行
1914—1918	第一次世界大战期间，妇女在家庭外承担社会责任
1918	英国 30 岁以上的女性户主获得选举权
1919	康斯坦茨·马基维奇（Constance de Markiewicz）成为第一名被选入英国国会的女性
1920	美国宪法的第 19 条修正案赋予了美国妇女选举权
1928	21 岁以上的英国妇女获得选举权

坚持了他的神权，否决了宪法。在这种情况下，那些小国拒绝加入一个统一的联合政府。保守势力仍然控制着欧洲的中部地区，而马克思则来到英国，并在那里度过了他的一生，他大部分时间都在大英博物馆里积极从事他的学术研究。

马克思认为，财富主要不是由控制金融的资本家，而是由**无产阶级**——劳动者——那些从事实际的生产劳动的人创造的。由于雇主普遍不接受这样一种观点，因此工人并没有得到与他们所做的贡献相应的报酬。暴力革命是"把无产阶级提高到统治阶级地位，建立民主政治"的唯一途径。在对这一革命的激动人心的呼吁中，

无产阶级（Proletariat） 根据马克思主义理论，指那些主要通过出售自己的劳动谋生者。

马克思和恩格斯宣布,共产党是革命的领袖。

> 让统治阶级在共产主义革命面前发抖吧。无产者在这个革命中失去的只是锁链。他们获得的将是整个世界。全世界无产者,联合起来!(《共产党宣言》,第44页)

在这样的革命开始前,马克思和恩格斯提出了许多短期的立法目标,其中包括:"渐进或分层的累计所得税……向公立学校的所有儿童提供免费教育……以及……废除现行的工厂童工。"许多其他的劳工团体提出了同样的目标,这些要求后来被几乎所有工业化国家所接受。

在这样的革命爆发以后,马克思和恩格斯要求建立一个强大的、工人领导的政府来掌握经济,他们期望在将来的某个时候国家将因没有必要存在而自然"消亡"。他们认为国家是"一个阶级压迫另一个阶级的机器",因此当工人阶级统治国家时,没有必要进行进一步的压迫,国家将会消失。马克思和恩格斯没有对这个乌托邦的设想作进一步的描绘,但这一切建立在他们的最核心、最激进的信条之上:

> 共产党人可以把自己的理论概括为一句话:消灭私有制。(第23页)

马克思的理论包括一种历史观,即阶级斗争是永恒的:"到目前为止的一切社会的历史都是阶级斗争的历史。"当前的斗争形式就是资产阶级和无产阶级之间的斗争。是资产阶级自身导致了无产阶级的产生,他们建立新的工厂来雇佣和剥削他们。马克思谴责资产阶级的性道德。尽管资产阶级在形式上尊重家庭,但是马克思谴责他对工人的性虐待,卖淫活动的长期存在,以及他们之间的换妻行为:"我们的资产者不以他们的无产者的妻子和女儿受他们支配为满足,正式的娼妓更不必说了,他们还以互相诱奸妻子为最大的享乐。"马克思也强烈地反对宗教,他指责资产阶级利用宗教作为"精神鸦片",来转移无产阶级对基本经济状况的关注。马克思是一个唯物主义者,他认为经济是生活的基础;思想和精神生活是建立在经济基础之上的:"人的意识随着其物质生活条件、社会关系以及社会生活中的每一个变化而改变……每个时代占统治地位的思想总是统治阶级的思想。"

马克思和恩格斯所预言的不可避免的无产阶级革命并没有在19世纪爆发。(在第20章我们将会探讨,1917年的俄国革命在多大程度上是属于无产阶级和马克思主义性质的,而在第22章我们会对1949年的中国革命提出同样的问题。)如我们看到的,在英国,在三种因素的共同作用下,人们通过和平的方式缓和了阶级之间的紧张关系。第一,工会的要求得到了满足,即提高工人的工资,缩短工作时间,以及改善工作劳动条件。第二,政治组织的扩展,吸收了新的工人组织,并满足他们的诸多要求。第三,政府通过了维护工人利益的法律,更多的人获得了选举权,而工党也在国会中取得了一席之地。

回顾起来看,马克思和恩格斯提出的最具持久影响的批评主要是在文化方面而不是经济方面。他们明确指出,在工业革命高潮时期,社会文化方面的紧张态势主要集中在五个方面:

- 处理快速变化的问题,正如《共产党宣言》中所说:"一切固定的东西都烟消云散了";
- 工厂工人和生产活动的"异化",工人在庞大的生产体系中成了无足轻重的齿轮;
- 生产者和自然的"异化",农民离开了农村,来到城市的工厂寻找工作;
- 在现代家庭中,丈夫的地位高于妻子,原来的平等关系结束了;
- 经济竞争使得工人和雇主把自己的人道主义和个人目标置于次要地位以满足资本主义体系无止境的经济要求。

德国,1870—1914 年　尽管在 1848 年左右,马克思因欧洲大陆保守势力的复苏而受挫,但是从 1860 年代末到 1870 年代初,一股工人起义和罢工的新浪潮席卷了欧洲,这标志着劳工势力的日益强大。在德国,首相奥托·冯·俾斯麦(1815—1898年)寻求各种不同的,有时甚至是相互冲突的策略来使劳动人民和他的政府结成同盟。1867 年他将男子普选权扩展到北德意志联邦,到 1871 年,他统一了全国(见第 18章),并将男子普选权推广到整个德国。但是他限制了立法机关的权力,削弱了选举的权力,因为政府的部长是对国王而不是对国会负责。1875 年当政府的对立派社会民主党成为欧洲第一个以工人阶级为基础的政党时,俾斯麦极力限制它的组织活动。另一方面,他声称"我也是一个社会主义者",通过了提供工人残疾和意外保险的法案,并且在 1880 年代建立了欧洲第一个社会义务保障体系。但是这项法律只保护男性工人,不包括妇女和儿童。由于政府的政策和工人的激烈反抗,以及德国从英国的惨痛经验中吸取了教训,在关于女工和童工问题上,工作时间过长和工作环境恶劣等一些最糟糕的情况才没有重现。

美国,1870—1914 年　在美国,随着内战(1861—1865 年)以后的工业化发展,工人开始建立各种组织。1866 年,多家手工业联盟进行了合并,建立了"全国劳工联盟"。到 1870 年代初,该联盟声称拥有 30 万名成员,但它没能在 1873 年的大萧条中幸存下来。1869 年,一个秘密社团即"劳动骑士团"成立了。它逐渐发展为大规模的联盟,并向所有的工人开放。1886 年,它已拥有 70 万名成员。但是,"劳动骑士团"的领导人员无法控制它的成员,工人进行了各种盲目的罢工,有的甚至采取了暴力行动,结果疏远了联盟中的其他许多成员。美国最成功的劳工组织就是"美国联邦劳工会",这是一个由技术手工工人组成的联盟,由塞缪尔·冈珀斯(Samuel Gompers,1850—1924 年)于 1886 年建立。1900 年,其成员人数增长到 100 万,1914 年时达到

200万。它不允许妇女加入。1900年，"国际女装工人联合会"（ILGWU）成立，它吸收了制作妇女服装的男女工人——但其中的领导人员主要还是男性。

在整个1890年代，美国的许多罢工运动引发了暴力行动。这有时候是因为工资的减少，但大多是因为工作条件太差或是过分专制的管理，即管理者和雇主对工人生活的过度控制。他们雇用侦探、当地的警察甚至是士兵来镇压罢工者，但这些做法也遭到了工人的回击。1892年，在匹兹堡附近，由于宾夕法尼亚州政府出动了8 000人的军队镇压，钢铁工人在荷姆斯泰德钢铁公司举行的罢工遭到了失败。尤金·德布斯领导的"美国铁路联合会"在芝加哥的普尔曼卧车公司举行的罢工也失败了，当时伊利诺伊政府获得了一项法院禁令，强迫工人回去工作。这引发了暴力行为，造成几十个工人死亡。为了镇压1908年的一场制帽工人罢工，美国最高法院裁定，工会必须遵守《谢尔曼反托拉斯法》，其成员需个人承担在罢工期间遭受的商业损失。到1930年代，这一裁定被废除时，激进的工联主义几乎已经销声匿迹了，尽管规模较小的世界工人组织（IWW）确实于1905年成立，他们代表了劳工中工人组织的激进立场，并主要在西部几个州发动了几场大规模的罢工。

美国的确在20世纪发展形成了强大的劳工组织，但是从未产生过以工人为基础的重要政党。美国的劳工组织分裂成为以行业为主的联盟。在这一由移民组成的国家中，工人通常往往有多种背景身份，他们的种族背景身份常常使他们无法和其他种族背景的群体结成团结一致的工会。许多移民来到美国是为了挣到钱后回国，这些工人通常不会积极参与工会活动。美国工人的收入和工作条件比起欧洲来要好得多，这也进一步平息了工人的不满。最后，这个国家的资本主义思想体系不鼓励阶级的划分，此外，政府也限制了劳工组织的发展。

法国，1870—1914年　如我们所看到的，法国频频爆发工人起义，许多起义是在法国的革命传统影响下产生的，此外也因为法国的工人普遍工资太低，工作条件恶劣。被新产业取代的技术工匠们常常组织这些起义。甚至在工业革命扎下根来之前，工人和工匠的起义就在法国大革命中起了重要的作用——但也随之受到了镇压。1848年，罢工再次爆发，而且又一次受到镇压，在巴黎街头的暴乱中军队杀害了1万多工人。这个世纪随后发动的起义逐渐被行业工人所控制。1871年，许多工人运动的领导者再一次遭到镇压。在巴黎的城市领袖举行的巴黎公社起义中，法国国民政府至少杀害了2万人，流放了1万人。

但是十年后，巴黎公社中的一些流放者又回来了，他们再次开始组织活动，而这次取得了成功。1884年，工会被正式承认为合法组织。两个相互竞争的工会联盟成立，一个主要呼吁互相协作帮助，另一个呼吁采取政治行动。1890年，两个组织的成员总数达到14万人，到世纪末时，人数增长了三倍多，达到58万。1909年，一个中央管理机构，即法国总工会的人数将近100万。1890年，5月1日被定为一年一度的"劳动节"。然而，富裕的商界领袖控制着法国的政治。产业工人虽然组织了起来，但是他们的影响力却还不如农民、店主和小商人。

非工业化世界中的劳工　新的工业产品无论来到哪里都取代了原来的手工业和工人。手艺人在生产的速度、产品的质量稳定性和低廉价格上都无法与机器生产竞争。其中许多人都难以维持生存。印度的棉纺织业就是一个最鲜明的例子。1834—1835年，印度的最高层英国官员哀叹道："棉纺织工的白骨使得印度平原都成白花花一片了。"总督本廷克（Bentinck）的话尤其符合印度东部孟加拉的情况，这是一个曾大规模参与出口贸易的地区，在某种程度上，整个印度都是如此。作为对手工工人命运的概括性评论，这句话准确地点出了全球面临的问题。有些被淘汰的工人可以在其他还没有被新工业所取代的行业中找到工作。有些可以继续从事他们原来的职业，但是为了与机器竞争，他们只能一再减少自己获得的微薄利润和收入。极少数人可以为专门的奢侈品市场制造精美的手工艺品。尤其是当他们的国家再也没有能力从事手工制品出口的竞争，从而成为原材料出口国和工业产品的进口国时，许多人被迫改行从事农业劳动。在工业化的世界里，手工业工人也遭到了淘汰，但是迅速扩张的工业可以吸收他们中的许多人。手工业工人为他们掌握的手工业技能的贬值而悲伤，机械冷冰冰的、标准化的运转节奏折磨着他们的心灵，但他们毕竟有了工作，并且随着工业化提高的生产率，他们的工资也增加了。

在一些最贫穷的国家——尤其是印度和中国——到国外当契约劳工对许多人来说，是除了失业以外的另一条出路。在1831到1921年间，大约有200万人分别来自印度、中国，其次是来自非洲、太平洋岛国和日本的平民成为契约工人，他们离开本国主要来到加勒比、毛里求斯、印度洋留尼汪岛、夏威夷、斐济和秘鲁等地的甘蔗种植园工作。有四种因素促成了这一大规模移民。第一，奴隶制的终结迫使人们必须寻找其他的劳动力来源。1807年，英国禁止奴隶贸易，1833年英国在其殖民地宣布奴隶制非法，但奴隶制并没有立即随之终结。奴隶制在美国继续存在到1863年，在古巴持续到1886年，在巴西一直到1888年，甚至至今还非法存在于许多地方。在奴隶制正式结束后，许多奴隶继续在半奴隶制的条件下劳作。尽管如此，这种体系还是结束了，人们需要寻找新的劳动力来源补充这种仍然存在的半奴隶式人口。第二，在整个19世纪，全球的蔗糖产量大幅度提高，从1790年的30万吨增长到1914年的1 000万吨。蔗糖生产所需的劳工人数甚至超过了先前耕种和收割甘蔗的奴隶人数。

第三，帝国把世界上地处遥远的边远地区连接了起来，使得国际间的劳工流动成为可能。印度的契约劳工来到依然属于同一个帝国体系的西印度群岛、毛里求斯或斐济。它们的法律比较相近，拥有同一种语言规范和共同的运输交通系统。同样，法国在西非的殖民地的契约劳工移民到法属加勒比和法属留尼旺岛，他们也是在同一个体系中迁移。387 000名根据契约条款而移民的中国人——他们大多去了古巴和秘鲁——虽然那里和帝国的联系没有那么紧密，但这些地区也属于由欧洲人发展的全球经济体系的一部分。移民到夏威夷的65 000名日本人的情况也是如此。促成契

原始资料

关税、财富和贫穷：潘迪塔·拉玛拜对美国和印度的思考

从1886年到1889年，潘迪塔·拉玛拜（Pandita Ramabai，1858—1922年）在美国旅行了三年。她一回到家乡就出版了马拉地语版的旅行见闻录。其字面的翻译是《美国的人民》，最近它的英文版《潘迪塔·拉玛的美国际遇》出版了。在印度，潘迪塔·拉玛拜是女子教育的先锋改革者。美国妇女无论是作为个体，还是在其组织的团体中，所取得的社会成就都给她留下了深刻的印象。的确，这整个国家都给她留下了美好的印象。与印度相比，美国的最成功之处就是它对自己国家的关税政策的控制。拉玛拜认为，美国的工业之所以如此发达，是因为它关闭了可能会与它竞争的进口市场。她批评印度人没有对有竞争力的外国商品采取同样的抵制做法，不过她并没有指出美国可以自由制定自己的抵制外国货物的进口税，而在英国殖民统治下的印度却没有这种自由。但是她的读者一定会明白这一点。或者是拉玛拜在劝说她的印度同胞自发地抵制外国商品——即拒绝——甚至在没有正式关税的情况下？和她同时代的一些印度民族主义者开始提出这一观点。在20世纪初，这已成为印度国大党的官方正式立场，我们将在第22章介绍。

从外国进入这个国家的货物都要支付高额的关税……这里的人民采取极为谨慎的措施防止外国对贸易和其他事务的控制，这是为了防止他们被其他国家所奴役……这值得我们国家的人民铭记，尤其是那些凡事指望英国，完全倚赖英国，使用那些危害本国工业和贸易的英国货物的人。美国人说，喝从英国进口的茶，穿英国的衣服会危害本国的工业；因此他决不喝这种茶，穿这种衣服，而是穿本国制作的衣服，无论好坏他都不在意。这就是为什么这个国家今天变得这样繁荣。而我们得到了什么？我们用自己的金子来买白蜡罐子，关闭了自己的手工纺织厂而穿起了廉价的英国衣服。和北美的印第安人一样，我们也屈服于闪闪发光的彩色玻璃珠的诱惑，我们卖掉自己丰富的充满珍宝的土地换来玻璃珠和装着酒的玻璃瓶。现在，酒危害到我们的生命，玻璃碎片在我们的脚上划出了伤口，我们才开始呼叫！这就是为什么我们的国家处于如此悲惨的境地。这清楚地体现了，美国和印度是世界的两个极端。（Ramabai，第227页）

约劳工移民的第四个因素，就是技术的发展使交通系统能够在全世界往返运输这么多人。因为工人契约的期限通常是五到七年，在那以后，他们可能会"回家"。有时他们会被鼓励回家，有时则不会。

契约劳工并不像手艺人那样是工业化系统中的遭淘汰者。虽然一开始大多数契约工人都是作为农庄工人，但却是工业系统创造了契约体系的机制。许多评论家把甘蔗种植园中工人结伙劳动的情况和工厂中严酷、机械化的情况相比。虽然大多数工人都是男性，但是他们知道五到七年以后就可以回家，建立自己的家庭生活，因此缺少女性看来没有太大的问题。许多观察家认为，签署劳工契约的妇女大多数是妓女。其中有些确实如此，但是大多数人和那些男子一样，认为即使外国契约劳工的报酬低，但也至少是印度或中国农业工人收入的两倍。他们出来是为了努力改善自己的条件。尽管契约苦役具有某些临时奴隶制的特征，但是它有时间期限，因为在契约年限结束时有获得自由的希望。对许多人来说，它是一个陷阱。对有些人来说，它是一种逃脱。

城市生活的新形态

工业化时代的主要居住地区是城市。在18世纪，城市开始进入了成长发展的阶段，而且这一发展势头一直持续至今，不曾间断。到1800年代末，在最大的城市中，这种发展过程开始包括中产阶级居住区的市郊化。正是运输货物和乘客的新铁路系统促成了市郊化的发展。到20世纪初，汽车、公共汽车和卡车又将这个运输体系扩大到前所未有的规模。

19世纪，许多城市的发展是工业化的直接成果。人们几乎能在任何地方建造蒸汽机，这使得制造业的地点变得更加灵活。很快，到处都建起了新的工厂，无论是在港口周边、内陆的运输中心和原材料供应中心，如英格兰的中部地区和中欧的西里西亚地区，还是在消费者密集的地区，如大城市巴黎和伦敦。地图上到处可见新兴的工业化大都市。

移民涌入新的城市寻找工作。农民变成了工厂的工人，城市和农村人口之间的平衡不断向城市倾斜。城市里，原来是手工工匠的孩子成了工厂的工人。农民和手工工匠都对工业化的城市感到震惊。按部就班的、标准化的和遵循规章制度的生活取代了他们在农庄和作坊的生活方式。他们先前掌握的技能在这里几乎没有用处。同时，各个领域的机会都在向他们召唤，文化方面的、教育的、娱乐的、社会的以及最重要的经济领域，到处都是。工业革命初期，工人和公共的卫生条件极差；后来，随着生产力的提高和工人组织活动的开展，雇主和政府开始对此给予关注，卫生条件开始得到了改善。"城市的灯光"变得越来越具吸引力。19世纪开始了全球城市化的进程。

从哲学和社会学的角度对城市性质的思考也成为人们关注的焦点，各种看法层

588

589

原始资料

不同的观点

就像盲人摸象，从不同的角度接触，每个人发现的东西都不一样。工业化对每一个观察者的意义也各不相同。华兹华斯和布莱克（第596页）对19世纪早期伦敦的看法大相径庭。这一世纪中期，另外两名来自另两个不同城市的诗人也抱有不同的观点。夏尔·波德莱尔（Charles Baudelaire）表现了巴黎努力工作的人们——实际上是城市自身——努力度过新一天的黎明。

公鸡的啼叫，从远方传来，划破了朦胧的天空。
海一般的大雾沐浴着楼房。
济贫院中的人们痛苦地呼出他们垂死的气息。
放恣者回到家中，工作把他们累垮。
颤抖的黎明披上了粉色和绿色的晨衣
缓缓地沿着荒弃的塞纳河前进，
阴郁，衰老的巴黎揉着眼睛，拿起工具，开始工作。

当波德莱尔为他城市孤独的绝望而痛苦时，美国的沃尔特·惠特曼（Walt Whitman）却欣喜地歌唱出纽约曼哈顿的活力：

市区的街道，股票经纪人的办公楼，船商和银行经纪人的办公楼，环河街上
一周之内，来了一万五千到两万名移民，
拖运货物的手推车，威武的骑手的比赛，棕色脸庞的水手，
夏天的空气，明媚的阳光在闪耀，远航的白云在空中飘浮，
冬日的雪花，雪橇的铃铛，河里的碎冰随着潮起潮落而起伏飘荡，
城市的技术工人，主人公，美丽的脸，径直看着你的眼睛
拥挤的人行道，车辆，百老汇，女子，商店和展览，
一百万人——自由而卓越的举止——开放的声音——热情好客——最勇敢而友好的年轻人，
匆匆的和闪耀的流水的城市！塔尖与桅樯耸立的城市！
蹲在海湾里的城市！我的城市！

出不穷。在德国，马克斯·韦伯（Max Weber，1864—1920年）认为现代化的工业城市是一种创新。他把工业城市无拘束的生活和组织松散的机构同早期的欧洲自治城市尤其是中世纪城市（见第13章）组织紧密的行会、政治和宗教协会作比较。韦伯的结论是，不断扩大的工业化城市——向所有愿意到城里来的人开放，民族国家掌握了城市的命脉和政治——这与早期自给自足的城市是截然不同的。至少，欧洲已经步入了一个新的时代。

许多观察家认为，工业化的城市是开放的，市民之间缺少一种制度化的联系。这导致了社会结构的瓦解和个人人格的分裂。劳动的分工使得人们只会关注狭窄的个人利益，人们对人的或社会整体的意识消失了。城市人口的增加和城市体验的积累迫使个人进一步退避到更为狭小的私密空间。城市居民逐渐开始拥有敏捷的才智来获取个人的需求，但是却不关心也不愿意融入规模更大的社区集体。

乔治·西姆尔（Georg Simmel，1858—1918年）是一名德国社会心理学家，他在1903年就写下了这些新城市造成的失稳效应：

一个巨大的由各种事物与力量构成的组织，割裂了所有进步、灵性和价值观以便把它们的主体形式转变成一种纯粹的客体化生活形式，个体在这个组织里变成一个小齿轮而已，都市是促成所有个人生活的真正场所。在这里……充斥

后皇后街，曼彻斯特丁斯盖特。《伦敦新闻画刊》描绘了 1862 年曼彻斯特棉纺织工人的居住条件，从中可见这座城市的住房是极为简陋的。尤其是曼彻斯特，死亡率非常高，极为需要引起那些志愿组织的关注，这些机构的目标是努力改善那些被吸引到新的工业行业劳动的人们的生活条件。尽管有许多工人移民去了美国或是英国的海外殖民地，但人口还是在大幅度增长，这给公共卫生和住房问题带来了巨大的压力。

和弥漫着这么一种极为明朗透彻的、非个人化的精神，在它的影响下，人的人格已无法维持自身的完整。(Sennett，第 58—59 页)

一些评论家声称，城市个人主义的负面效应是一个最终会导致灾难的历史进程的一部分。奥斯瓦尔德·斯宾格勒 (Oswald Spengler，1880—1936 年) 是一名德国的历史哲学家。他宣称，他那个时代的"世界都市"将不可避免地毁灭那些创建这些城市的人们的精神。在其名著《西方的没落》中，他提到，这种城市兴衰的毁灭性循环以前也曾经发生过：

> 因此，这便是城市历史的尾声；从原始的以物易物的中心成长为一个文化城市，最后成长为世界-都市，为了它那壮丽的演进的需要，它首先牺牲了其创造者的血液和心灵，然后，为了适应文明的精神，它又牺牲了这一成长的最后花朵——就这样，命中注定地，它要走向最后的自我毁灭。(Sennett，第 85 页)

这些对城市生活的抨击体现在几个世纪以来商人的大城市和 (或许是想象中的) 平民百姓的同质化农村之间的文化斗争中。这种斗争在迅速走向工业化的德国最为激烈。英国、荷兰和法国的商人阶级已经崛起并获得了解放，但是像柏林这样的德国城市却没有经历过这样的过程。德国支持本土的文化，斯宾格勒的下一代人十分赞赏传统的"大众，人民"(the Volk, the People)——意思是土生土长的农村人——的价值观，而鄙视多元化、国际化的城市人 (见第 19 章)。

古斯塔夫·凯博特,《巴黎,一个雨天》,1876—1877。印象派画家眼中的城市生活。虽然许多研究数据表明,在世纪之交,快速的城市发展令穷人的生活难以为继,但是对于拥有闲暇时间的资产阶级而言,城市则提供了享受娱乐的环境。(巴黎马莫坦博物馆)

　　在这些从社会学、心理学、神话以及病理分析的角度对工业化城市的评估分析中,许多学者相信,量化的统计研究能够帮助工业城市的居民及其观察家更加清楚地了解他们正在经历的过程,并为城市未来的发展做出规划。既然精确的测量和计算曾经推进了工业化时代的到来,那么它也会有助于对工业化时代的研究。阿德纳·费林·韦伯(Adna Ferrin Weber)是一名学术研究员,查尔斯·布思(Charles Booth)则是一个商人,他为了解决城市的贫困问题而想要对此有所了解。他们两人展开了截然不同的、实证的、定量的城市研究。他们的研究不但引发了公共行动,也推动了进一步的研究。韦伯的研究是全球性的,他观察了世界各地的城市和所有可以获得数据的地方。他发现工业化的速度、城市的发展扩大、移民潮的力度和生活水准的提高之间有着明显的相关关系。布思则派调查员到伦敦各处,以定量方式研究穷人的生活条件。他的发现引起了新的社会运动和新的立法。

　　在美国,随着数百万的移民涌入城市寻找工业岗位的工作,城市的多样性开始被人们接受,得到了重视,当然也包括研究。大约在第一次世界大战期间,"芝加哥学派的城市生态学"开始形成。芝加哥大学的学者开始研究他们自己的城市,它是当时世界上发展最快的工业大都市。在某种程度上,他们也像德国人那样进行探讨和思考。但是在韦伯和布思的研究基础上,他们对城市的状况进行了实证性的研究。他们研究了城市内的住宅街区,也研究了作为一个整体的城市。

我们是怎样知道的？

量化工业城市化的状况

"本世纪最突出的社会现象就是城市人口的集中。"这是阿德纳·费林·韦伯（Adna Ferrin Weber）《十九世纪的城市发展》一书的开场白。此书出版于1899年，它是对这个问题最早的综合性的量化研究。在一个世纪以后，此书依然对这一问题的研究有很大的价值。在城市与农村的比较中，韦伯更加赞赏城市的作用：

在上个世纪的下半叶（1848—1898年），所有现代文明的载体都在共同努力消除农村的孤立状态；城市推倒了隔绝农村的围墙；同时，铁路、报社、移民和自由定居，等等，促进了城市思想的传播，使农村地区的人们摆脱了滞钝的精神状态。工业也在城市以外的地区发展了起来，因此中世纪的城镇和农村之间的差异在先进的国家开始失去了意义。（第7—8页）

城市和工业不但在文化上做出了贡献，还吸收了增长的农村人口中多余的部分。他写道：在除了法国以外的欧洲大部分地区，"由于农村的人口不断增长，多余的人口不得不移民到城市或国外去"（第67页）。如果没有城市和工业带来的工作机会，这些多余的人口将会怎样？韦伯提出的这个问题现今依然存在。

韦伯先对他所处的时代进行了量化的总结和城市化程度的分析，接着又追溯了整个19世纪的状况。韦伯努力使研究的范围扩展到全世界，他从世界各地的官方出版物和非官方的人口统计资料中收集数据。总的来说，他发现，工业化是城市发展的主要原因。英格兰和威尔士的城市化比例是62%，是当时世界上工业化和城市化程度最高的地区。与此最接近的是澳大利亚，其城市比例是42%，还有德国的各个地区，大约是30%。总体而言，城市越大，增长发展就越快。1890年，世界上最大的城市伦敦有420万人；第二大城市纽约有270万人。工业化程度越低的国家，城市化程度也越低——还不到10%——但这些国家大多数不在数据统计的范围内。

与半个世纪前马克思和恩格斯所描述的贫穷和压迫相比，韦伯对城市生活的趋势非常乐观，包括城市的人均寿命的延长和个人生活舒适度的提高。他描写了只有最富有者才能享受的生活条件：

来看一看世纪末的家庭主妇所享受的便利吧：住房里有众多老式的便携式家具，如瓷器柜、电冰箱、衣柜、餐具柜、穿衣镜（标准长度、可旋转的镜子）、浴缸，等等；还有电灯，每个房间都安装了电话和电源开关，自动防盗警铃，等等……（接着韦伯引用了另一名城市拥护者的话：）人们再也不需要汲水、劈柴、饲养奶牛、搅拌奶油、制作黄油、洗熨衣物、打扫房间、清洁地毯，还有其他许多我们母亲所知道的繁重家务。（第218—220页）

作为一名严谨的学者，韦伯并没有忽略19世纪末城市生活中的许多消极方面。虽然城市的人口死亡率一直在平稳地下降，但是在1899年，大多数国家的城市人口死亡率仍然要高于农村。一个情况最严重的例子就是，在1880—1890年间，全英格兰和威尔士的人均预期寿命只有47岁，而在曼彻斯特这个早期工业革命的核心地区，人均寿命只有29岁。人们为工业化付出了代价。尽管如此，韦伯还是回顾了在其他地区已经初具成效的公共卫生措施，如供水系统、污水处理系统和医疗诊所。他极力提倡建设更多的卫生设施，并仍然对城市的未来感到乐观——但前提是城市的居民能为了共同利益而相互合作。

韦伯的开拓性的统计学工作向我们展现了19世纪末工业的城市化发展的一个方面。而查尔斯·布思（1840—1916年）则向我们展现了不同的另一面。在伦敦，布思带领着一队研究人员，他们编写了长达17卷的《伦敦人民的生活与劳动》。在1886至1903年间，布思和他的同事系统地访问了伦敦的数千个家庭。他们通过访问工人来了解这个城市的劳动人民的工作和生活状况。他们集中研究了伦敦的东部地区，这也是城市中工业化程度最高但又最贫困的地区。研究人员向被访者了解一些关键的情况，如他们的职业、收入和消费的水平、住房的大小和质量、生活设施的数量和质量。他们从这些问题入手，进行数据统计，然后对住宅区及其特点进行定性讨论。他们总结归纳了这些问题：人们已经采取了哪些措施来改善条件，将来还能采取哪些措施，尤其是宗教机构能为此做些什么。

- 对韦伯和布思而言，对城市的正式的量化研究和解决这些问题的实际行动之间有什么关系？
- 怎样才能把韦伯的全球化研究和布思的地区性社区研究结合起来？这两者对彼此有什么影响？
- 以本章的其他阅读材料为依据，谈谈韦伯和布思的发现有何令人惊奇之处？

592

保证大厦，纽约布法罗，路易斯·亨利·沙利文设计，1894—1896年。沙利文设计的钢架结构的大楼之所以能够建成，是因为当时钢材的供应已经相当充足，而且电梯也已发明并投入使用。它们是今天的摩天大楼的前身。只要看一眼任何一座美国或欧洲大城市的建筑，就足以证实沙利文深刻影响了20世纪的建筑，尤其是美国的建筑。沙利文把"形式追随功能"的指导思想运用到了他所设计的高楼大厦上（19世纪末时高达十层）。最大限度地利用城市中心地区的有限空间是非常重要的，把楼房向空中延伸而不是横向铺开的设想正迎合了这一需求。

593

如先前许多学者所暗示的那样，芝加哥学派也提出，城市居民并不住在城市的中心区域，而住在分布各处的住宅区。每一个街区都有各自的特点。在这些住宅区内，人们的生活并不像表面上看起来那样互不相关、孤立疏远。工作了一天后，大多数人回到自己所在住宅区的家中。在这里，他们有着强烈的自我意识和社区意识。随着城市规模的扩大和功能的多样化，社会和经济的生活方式也更加丰富多彩。人们生活的街区正反映了这种多样性。

要想全面地了解城市，既要了解住宅生活区，也要了解商业区。这些商业区本身的规模迅速扩大，层次越来越高，设施日趋完善。到1870年代时，百货商场、咖啡馆、酒吧和餐厅吸引着购买零售商品的人、逛街看橱窗的购物者和有闲暇的人，这使中心商业区的城市人口增多。剧院、音乐厅、博物馆、报社和出版社、图书馆、俱乐部和大量自发性的组织为人们提供了文化和娱乐活动。人们还建立了一种"公共领域"——市民可以在这一环境中思考和传播他们那些最有影响力的思想、目标和抱负。这里就像是古希腊集会的现代翻版。

新的交通体系推进了城市内商业区、文化区、工业区和居住区的分离。1863年，第一个地铁交通系统在伦敦投入运营。这是世界上第一个大型的地铁系统，之后其他城市也纷纷仿效。从1870年代起，区间铁路开始在新的郊区运行。1885年后，无轨电车开始投入运行。大量生产的钢材以比过去更低廉的价格投放市场，于是摩天大楼应运而生，而电梯的发明又使人们能够轻松登上大楼。1880年代，以兴建十层高楼开始，第一批摩天大楼在芝加哥拔地而起。

城市规划：乐观主义者和悲观主义者的中间立场

无论是韦伯那样的乐观主义者，还是布思那样的悲观主义者（或现实主义者）都认为，工业化城市面临着严重的问题。要解决这些问题就必须进行认真的规划。城市规划这一行业应运而生。19世纪初，工业化城市的一个突出的问题就是拥挤。城市中心地区的人口密度太高，甚至超过了每平方英里10万人。这导致了通风差、卫生设施不足、水污染、人和自然的疏远，以及健康状况恶化——尤其是肺结核。在世纪末的最后几十年中，无轨电车和区间铁路推进了市郊化的发展，城市的面积扩大到前所未有的范围。但是在开始时，城市中心地区的人口密度并没有降低，因为不断涌入城市的新移民与搬往郊区的居民一样多，甚至还超过了后者的人数。

1800年代末，城市规划者开始寻找综合性的方案来解决新的问题：如何为不断增长的人口提供住房。既要扩大居住的面积，又要提供绿化的空间，还要提高人们对地方社区和整个城市的参与程度。英国的改革家埃比尼泽·霍华德（Ebenezer

Howard，1850—1928年）在《明日：一条通向真正改革的和平道路》（1898）一书中最早提出了这方面的建议。此书后经过修改，并且更名为《明日的田园城市》（1902）。霍华德在他的"无贫民窟、无烟尘的城市群落"的计划中，阐述了一个颇受争议的构想，即让25万人生活在一块面积为66 000英亩的地区中。要解决伦敦或纽约面临的问题，这个方案的确显得微不足道。此外，方案的实施还需要对规划过程的密切控制和政治决策的干预，这在民主参与制的国家中往往是行不通的。**田园城市**的概念是指由分散的郊区环绕着核心城市，每个郊区都坐落在一个绿化带中，它们之间以快速交通相连。无论如何，这个概念还是为新世纪中新的城市问题提出了颇具启发意义的、创新的，又多少带些乌托邦色彩的构想。

田园城市（garden city） 综合了工作、居住、农业和娱乐设施的规划过的城市，周围环绕着乡村带。

工业革命的影响及其意义

到了20世纪初，工业革命为那些掌握工业技术者——尤其是西欧和美国的统治者和精英——带来了前所未有的财富和权力。以前的生产活动只能依靠人力和畜力，如今非生物动力的应用带来了新的生产力。通过圈地运动和耕作方式的改变，农业首先发生了变化，人们在更多的土地上精耕细作。因此农民人数在减少，但却可以养活更多的人口，这允许——也迫使——许许多多的农民离开他们的农庄，来到城市从事工业劳动。城市里，蒸汽动力和后来发明的电力使得许许多多的工厂应运而生，生产的新产品源源不断。在新的城市和工业环境中，家庭的结构发生了变化，夫妻之间的关系改变了，儿童可以接受更多的正规教育。随着家庭人数的减少和人均寿命的延长，父母抚养子女所需的时间也缩短了。妇女强烈要求男女平等，她们曾在家庭农庄中体验到与男人平等的地位，但是在工厂和城市的家庭中，这种平等的地位却变得岌岌可危。火车的铁轨和汽船的航线环绕着地球，运河把大洋连接了起来。电灯照亮了夜晚，给城市带来了明亮灿烂的灯光，电使得电话和电报能够运转，也为偏远地区的工厂和家庭送去了能源。怀着胜利的喜悦，工业化世界的主宰者征服了全世界的许多地区，把这些地区变成他们的殖民地。无论那些边远地区的人们愿意与否，他们被带入了工业世界的网络中。

在工业化国家中，早期的产业工人所面临的贫穷、危险、肮脏和高死亡率似乎不复存在了。不断提高的生产能力创造了更多的物质利益，工会给予了工人代表权，政府开始立法维护工人的利益——虽然工人谋取福利的斗争还远远没有结束。工厂主和工人之间的对立依然存在。当产业工人来到城市新的生活住宅街区时，他们所面临的机遇和局限与他们原来在农村家乡所了解的大不相同，工人之间形成了新的社会关系。他们生活在一个完全改变了的世界里，如今他们通过和邻居、朋友、一起工作的同事建立了新式的社会，这也同时改变着自己。

有千百万的人走上了移民道路，他们从乡村来到城市，从一个国家去到另一个国家，从一个大陆去到另一个大陆。大多数人是以自由移民的身份迁移的，但是仍有将近一千万来自贫穷国家的百姓则以契约劳工的身份,在奴隶制被废除之后,来到世界各地依然蓬勃发展的种植园劳动。许多"自由"移民的处境也往往不怎么稳定。所有这些人都在新的地方建立了新的社区。社会学研究也因此而诞生并发展起来。

和大约五千年前的农业革命一样,工业革命也彻底改变了世界。如今我们生活在一个后工业的世界里。我们的能源、运输和通讯的工具、国际和洲际间的联系,我们的城市、政治机构、科技和专业教育的水准、家庭和两性之间的关系等,这许多方面都与工业革命的鼎盛时期有所不同。然而,它们都是以那个时代的变革为基础的。有一些国家经历了工业革命,它们的国民还在使用当时的基本设施。有的国家并没有直接经历工业革命的完整过程,那里的人们——尤其是以非洲和亚洲地区为主——正在努力理解,为了适应当今的世界,工业革命的哪些过程是必须要经历的,哪些过程可以被"跳过"去,即找出不通过革命也可以取得同样成果的新方法;例如,建立手机通讯网络,人们就不用再建设地面通讯网络。当一个民族通过工业革命而兴起时,另一个民族也可以尝试走别的道路。

复习题

在回答前五个问题时,你可以根据不同的国家和不同的时期分别阐述不同的观点。

- 你认为哪些重大的社会变革是由工业革命所引起的?
- 你认为工业革命在多大程度上使农村人口受益,或受到损失?
- 工业化、城市化和移民之间有着什么样的联系?
- 你认为工业革命在哪些方面为妇女带来了好处,又在哪些方面使她们遭受了损失?
- 工业革命引起了哪些新的政治问题?
- 你认为在何种程度上,当今世界依然处于工业革命时期?从何种角度考虑,那个时期已经成为过去?

推荐阅读

PRINCIPAL SOURCES

Adas, Michael, ed. *Islamic and European Expansion* (Philadelphia: Temple University Press, 1993). Excellent anthology of historiographical articles that introduce modern world history. Several articles on the period of the industrial revolution and its effects on men and women.

Headrick, Daniel R. *The Tools of Empire* (New York: Oxford University Press, 1981). The industrial revolution gave to Europeans the tools to create empire: weapons, steamships, quinine.

Marx, Karl and Frederick Engels. *The Communist Manifesto* (New York: International Publishers, 1948). The great critique of the evils of industrial capitalism and a revolutionary agenda to overthrow it.

Stearns, Peter N. *The Industrial Revolution in World History* (Boulder, CO: Westview Press, 1993). Excellent introduction to the background, development, and significance of the industrial revolution in global scope and historical time depth.

Thompson, E.P. *The Making of the English Working Class* (New York: Vintage, 1966). Thompson taught us to see the working class not only in Marxist terms but also in cultural terms, to understand their lives as more than just revolutionary fighters.

ADDITIONAL SOURCES

Andrea, Alfred and James Overfield, eds. *The Human Record*, Vol. 2 (Boston: Houghton Mifflin, 3rd ed., 1998). Excellent anthology for world history.

Bairoch, Paul. *Cities and Economic Development*, trans. by Christopher Braider (Chicago: University of Chicago Press, 1988). Heavily quantitative assessment of cities' role in economic development.

Bell, Susan Groag and Karen M. Offen, eds. *Women, the Family, and Freedom: The Debate in Documents, Vol. 1, 1750–1880* (Stanford: Stanford University Press, 1985). Excellent selection of documents on the feminist movement, with insightful commentary.

Braudel, Fernand. *Civilization and Capitalism 15th–18th Century: The Perspective of the World*, trans. by Sian Reynolds (New York: Harper and Row, 1984). Excellent, sweeping background to the industrial revolution.

Davis, Lance E. and Robert A. Huttenback. *Mammon and the Pursuit of Empire* (New York: Cambridge University Press, 1989). Stresses the importance of economic interests, private and public, in the creation of empire.

Engels, Friedrich. *The Condition of the Working Class in England*, trans. by W.O. Henderson and W.H. Chaloner (Stanford: Stanford University Press, 1968). THE explication of the horrors of early industrialization in England, written by a young businessman who became a communist because of what he saw with his own eyes.

——. *The Origins of the Family, Private Property, and the State*, ed. by Eleanor Burke Leacock (New York: International Publishers, 1973). Condemns the contemporary (1884) status of women and urges fundamental restructuring.

Hobsbawm, Eric. *The Age of Capital 1848–1875* (New York: Vintage Books, 1975). This series by Hobsbawm provides an excellent overview of the period of the industrial revolution. Global, but strongest on Europe. Critical of capitalism.

——. *The Age of Empire 1875–1914* (New York: Vintage, 1987).

Kennedy, Paul. *The Rise and Fall of the Great Powers* (New York: Random House, 1987). Great empires since 1500 have been built and preserved by careful attention to the balance between guns and butter, military expenditure and a thriving civilian economy.

Lenin, V.I. *Imperialism, the Highest Stage of Capitalism* (Peking: Foreign Languages Press, 1965). The classic view that industrial nations seek empires as marketplaces for buying raw materials and selling finished products because home markets alone are insufficient.

Perrot, Michelle. *Workers on Strike; France, 1871–1890*, trans. by Chris Turner with Erica Carter and Claire Laudet (Leamington Spa: Berg, 1987). Useful study of labor organization in industrial France.

Ramabai Sarasvati, Pandita. *Pandita Ramabai's American Encounter: The Peoples of the United States (1889)* trans. and ed. by Meera Kosambi (Bloomington: University of Indiana Press, 2003). A rare travelogue by an Indian woman, concerned with economic, social, and political development in America with special attention to women's progress.

Revel, Jacques and Lynn Hunt, eds. *Histories: French Constructions of the Past*, trans. by Arthur Goldhammer *et al.* (New York: New York Press, 1995). How French historians understand the significance of their nation's history. New interpretations for new times.

Sennett, Richard, ed. *Classic Essays on the Culture of Cities* (Englewood Cliffs: Prentice Hall, 1969). An excellent selection of classical sociological essays.

Wallerstein, Immanuel. *The Modern World-system 1: Capitalist Agriculture and the Origins of the European World-economy in the Sixteenth Century* (San Diego: Academic Press, 1974). The fullest exposition of the theory of core-periphery exploitative development, with Europe and the US as the core and Asia, Africa, and Latin America as the periphery.

Weber, Adina Ferrin. *The Growth of Cities in the Nineteenth Century: A Study in Statistics* (Ithaca: Cornell University Press, 1963). A dissertation that became a key to the quantitative understanding of urban growth worldwide.

民族主义、帝国主义和抵抗运动

工业强国之间的竞争，1650—1914年

主题

- 民族主义
- 角逐帝国霸权
- 非洲，1652—1912年
- 殖民统治下的性别关系
- 反殖民主义的起义，1857—1914年
- 日本：从闭关自守到平起平坐，1867—1914年
- 民族主义和帝国主义及其意义

民族主义

17、18和19世纪的政治及工业革命孕育了现代的民族主义，即致力于使国家成为公民身份的重要组成部分，并成为国际事务中的一股强大的力量。就像民主的理想和工业革命的生产力一样，民族主义的信念直至今天依然在塑造着我们的世界。

法国革命、拿破仑战争和民族主义

法国革命的理论和实践赋予了"国家"概念一个全新的定义，并引入了新的政治和文化忠诚。1789年，自称是"法国人民的代表"的国民议会成员在《人权与公民权利宣言》中宣称："一切主权的本原主要是寄托于国民。任何团体和个人都不得行使主权所未明确授予的权力。"该宣言宣告，法国人民在订立一个社会契约，他们发誓效忠的并不是任何一个统治者、宗教或语言/种族团体，而是国家的所有人民——即一个共同的政治群体。宣言似乎想当然地认定了构成法兰西民族的本原因素——即拥有共同的语言、历史、地理和对未来的向往憧憬。它明确认可了法国全新的民族国家身份。法国拥有了新的前所未有的权力。它可以以国家的名义征税，这是国王路易十六在其召集的三级会议上为自己谋求的权力。在新的《全国总动员法令》（levée en masse）中，法国主张其有招募全国几乎所有成年男子服役的无上权力，并建立了一支士兵人数达几十万的军队。有了这样一支军队做后盾，法国在1791至1815年之间横扫欧洲，不仅征服了其他国家，同时还宣扬了它的民族主义理念。在法国军队把自己的帝国政府强加给那些被征服的国家，并且在1804年颁布了《拿破仑法典》之后，又强制推行其法律体系。这传递出的新信息看起来很清楚：一个民族在自己民族国家旗帜的召唤下，在征税、作战、立法、征服和统治等方面能够迸发出空前强大的力量。

法国的民族主义和军事力量激起了其他国家，尤其是英国和俄国的民族主义反弹。俄国的民族主义体现在军队的顽强抵抗上，他们实施战略性撤退，把拿破仑的法国军队诱入沼泽地带，并在其饱受俄国的深冬之苦，饥寒交迫之际发动反击。与之相

前页 小林清近（Kobaysgu Kiyochika）绘，发生在朝鲜的中日战争，1894，版画。画面中日本军队在向下射击敌方朝鲜人，前景中有一个记者在做笔录。（伦敦维多利亚和艾伯特博物馆）

反，英国则火速集结海陆两军奋力迎战法国，并最终取得了胜利。工业革命初期积累的原始资本使英国得以负担这些战争的巨大开支。

这些战争显示，国家可以动用军事、经济和政治等手段凝聚起巨大的力量。另一方面，没有严密组织的国家则只能任人宰割。法国在拿破仑战争中就显示了这样的实力。至少部分是作为对法国在拿破仑战争中所展示实力的回应，世界各地都有新

历史一览表：工业化西方之外的世界

年　　代	奥斯曼帝国	印度、东南亚和中国	非　　洲
1800年		■ 斯坦福·莱佛士爵士在新加坡建立英国的贸易中转站（1819年） ■ 恰卡取得开普殖民地附近祖鲁王国的统治权	■ 英军把拿破仑逐出埃及（1801）；穆罕默德·阿里重新执政（1807年）
1820年	■ 希腊赢得独立；塞尔维亚，瓦拉几亚，摩尔达维亚获得自治（1829年） ■ 法国从奥斯曼帝国手中夺取阿尔及利亚的控制权（1830年） ■ 穆罕默德·阿里使埃及获得事实上的独立（1832年）	■ 爪哇战争，荷兰人和印度尼西亚人交战（1825—1830年） ■ 荷兰人在印度尼西亚实行耕种制度（1830年） ■ 第一次鸦片战争（1839—1842年）：中国将香港岛割让给英国	■ 布尔人（南非白人）向北方大迁徙（1834—1841年） ■ 法军入侵阿尔及利亚（1830年）；与阿卜杜·卡迪尔带领的阿军交战（1841年）
1840年	■ 克里米亚战争（1853—1854年） ■ 御园敕令（Hatt-i Humayun edict）鼓励西化（1856年）	■ 太平天国运动开始（1850年）；于1864年被镇压 ■ "印度第一次民族独立战争"（1857年） ■ 沙皇俄国占领阿穆尔河地区（1858年） ■ 第二次鸦片战争（1856—1860年）：英法联军占领北京	■ 戴维·利文斯通登陆安哥拉沿岸开始其第一次非洲探险（1841年）
1860年	■ 青年土耳其党人流亡国外（1876年） ■ 沙皇俄国出兵经由巴尔干半岛攻至伊斯坦布尔（1877年）	■ 俄国侵占滨海边疆区（Maritime Provinces）*（1860年）以及位于突厥斯坦的伊犁河谷（1871—1881年）	■ 苏伊士运河通航（1869年） ■ 在开普殖民地发现钻石和黄金 ■ 埃及赫迪夫（Khedive）**被迫将欧洲人代表纳入内阁参政（1878年）
1880年		■ 法国占领整个印度支那地区（1883—1893年） ■ 德国吞并新几内亚东部、马绍尔群岛和所罗门群岛（1880年代） ■ 甲午战争，日本打败中国（1894—1895年） ■ 义和团起义（1898—1900年） ■ 埃塞俄比亚在阿杜瓦战役中大败意大利军队（1896年）	■ 俾斯麦召开的柏林会议上西方列强瓜分非洲（1884年） ■ 陆军元帅基钦纳通过恩图曼战役收复苏丹（1898年） ■ 以塞西尔·约翰·罗得斯（Cecil John Rhodes）的名字命名罗得西亚（今天的津巴布韦和赞比亚） ■ 布尔战争（1899—1902年）
1900年	■ 意大利从日渐衰落的奥斯曼帝国手中夺取利比亚（1911年）	■ 印度第一家钢铁厂于比哈尔邦贾姆谢德布尔市落成（1911年） ■ 次大陆已建成长达35 000英里的铁路线（1914年）	■ 马及马及起义反抗德国在坦噶尼喀地区的统治（1905—1907年） ■ 刚果正式被比利时政府接管（1908年） ■ 英国成立南非联盟（1910年） ■ 《原住民土地法》使得非洲人失去了在南非87%的土地所有权（1913年）

* 《中俄北京条约》中中国割让的乌苏里江以东的土地，包括今天俄罗斯的"滨海边疆区"——译注。

** 相当于欧洲的总督——译注。

的国家在19世纪初宣布独立。在巴尔干地区,希腊于1829年宣布脱离奥斯曼帝国的统治,更多的地区也起而仿效。南美洲的几个地区宣布脱离西班牙和葡萄牙的统治,宣告独立。加拿大坚决主张统一和脱离英国的自治权。意大利和德国在原来众多相互分离的小国家的基础上成功地组建了统一的国家。美国也在内战之后重组为一个强大的、不断扩张的统一国家。

西欧的边缘地区

民族主义者——那些以建立、加强和巩固自己的民族国家为己任和目标的人们——在西欧的边缘地区表现得最为活跃。在欧洲的东南部,巴尔干地区自1815年起就爆发了一次次以各个民族国家为名义的反抗运动。最早获得成功的是希腊人民反抗奥斯曼帝国的起义。在英、法、俄三国的军事援助下,希腊于1829年取得独立。与此同时,奥斯曼帝国统治下的其他一些地区也相继获得了自治:塞尔维亚、瓦拉几亚、摩尔达维亚(位于今天的罗马尼亚境内)和埃及。西欧的列强之所以出力支持巴尔干地区和东北非这些激进的民族独立运动,是因为这些民族主义运动削弱了奥斯曼帝国的势力,同时增强了他们自己在该地区的力量。

民族主义通常具有两面性。从积极的方面来说,它承诺给予一个国家的民众自由的权利,并激发他们集体参与的积极性,去创造民族的全新未来。从消极方面来说,它会胁迫民众服从国家,并使得一个民族与另一个民族在毁灭性的战争中相互对抗。巴尔干地区的人民已经见证了民族主义的这一两面性。有的民族主义运动为其人民赢得了独立以及获取更大的自由和创造性的可能性。而另一方面,一个世纪以来在这整个地区内积聚的民族主义思潮在1914年达到了顶峰。1908年,在皇帝弗兰茨·约瑟夫吞并波斯尼亚之后——这是一块塞尔维亚觊觎的领地——一名塞尔维亚的民族主义者在萨拉热窝刺杀了奥匈帝国的皇储斐迪南。欧洲的各个列强随后分成两大派,第一次世界大战由此爆发(见第19章)。我们也将在后面的第24章看到,民族主义至今仍是巴尔干地区一股强大且常常引发暴乱的力量。

在第16章,我们提到过拉丁美洲的革命运动。遍及整个拉丁美洲地区的起义以各国民族运动的形式爆发,这从根本上打破了西蒙·玻利瓦尔和何塞·德·圣马丁统一拉丁美洲的设想。民族主义并不代表拉丁美洲地区的每一个人。尽管民族主义者以"人民"的名义发言,但是他们代表的大多只是某些特定的群体:律师、记者、教师,以及军队的官员等。南美洲的民族主义运动是一群精英分子发动的"自上而下"的运动。

在加拿大,1839年由德拉姆伯爵(Earl of Durham)负责起草的呈交给英国政府的报告最终使得以英语为主的上加拿大(今天的安大略省)和以法语为主的下加拿大(今天的魁北克省)合二为一。杜汉总督敦促设立了负责国内事务的政府,大力发展铁路和运河以巩固整个国家。英国政府迅速接受并采纳了德拉姆报告提出的建议。1867年,英国成立加拿大英联邦自治领,扩大议会民主的范围,并将东部近海诸省份并入到原来作为核心的魁北克和安大略两省。自此,加拿大的英语区和法语区之间的紧张关系开始缓和,但是并没有完全消除。尽管如此,加拿大人的民族主义仍然继续压倒地方主义。

美国从一开始就是一个移民国家,在一部用共同利益团结各方的誓约的基础上成立了自己的国家。美国人在他们的宪法中庄严宣誓:

600

> 我们美利坚合众国的国民,为建设更完善之联邦,树立正义,保障国内治安,筹设共同防务,增进全民之福利,使我们自身及后代永久乐享自由之幸福起见,制定美利坚合众国宪法。

有了这部宪法,美国宣称,一个国家并不一定是由一群拥有共同的历史、地理、语言、血统、种族、信仰和语言的人所组成的。一个国家可以建立在一种全新的对现在及未来的视野上,在那里人们共同遵守同一部法律。

外国评论家,如亚历克西·德·托克维尔(Alexis de Tocqueville, 1805—1859年)等,对美国的“新颖”处及其缺乏历史积淀发表评论。在美国,社会习俗制度以及人口中的相当大一部分来自英伦三岛,但是它的移民来自世界各地。有些人无法享有完全的公民权,包括从非洲被贩卖到美国的奴隶、美洲印第安原住民以及妇女。但是日后将其纳入公民权体系的模式已经确立。许多新移民(但不是全部)可以加入这个国家,奴隶得到解放以后也同样如此,尽管种族歧视仍是一股强大的力量。美洲印第安人分裂为效忠于印第安部落联盟和效忠美国的两派。尽管有这些分歧,美国的宪法却阐明了国家在何种程度上由其人民,尤其是由其领袖的意愿组成,而不是依赖远古传下来的历史遗产。

1861年,美利坚民族面临着一场生死存亡的考验:由11个州组成的南部邦联宣布脱离联邦。南部邦联要求赋予有宪法制定权的各州更大的权力,尤其是对蓄奴制度的审批权,并从政策上促进种植园经济而不是工业经济发展。在随后爆发的内战中,大约有500 000人丧生。内战结束后,获胜的中央政府立即出台了有利于南北和解的宽大政策(多数情况下是以牺牲那些刚刚获得自由的奴隶的利益为代价),尽管这些政策在以后逐渐变得更具惩罚性质。内战之后,国家趋于统一安定,加之北方的商业领袖取得了经济强势的地位,美国在工业和经济上的增长步伐远远超过了其他任何一个国家。

意大利和德国

在欧洲的中心,民族主义在艰难的环境下成长。奥地利、普鲁士、俄国、法国和英国等各列强对其帝国内部人民新的民族起义予以镇压。拿破仑战争之后,在1814—1815年为起草和平协议而召开的维也纳会议上,这些国家均对中欧的民族运动加以限制。以奥地利外交大臣克莱门斯·冯·梅特涅亲王(Prince Clemens

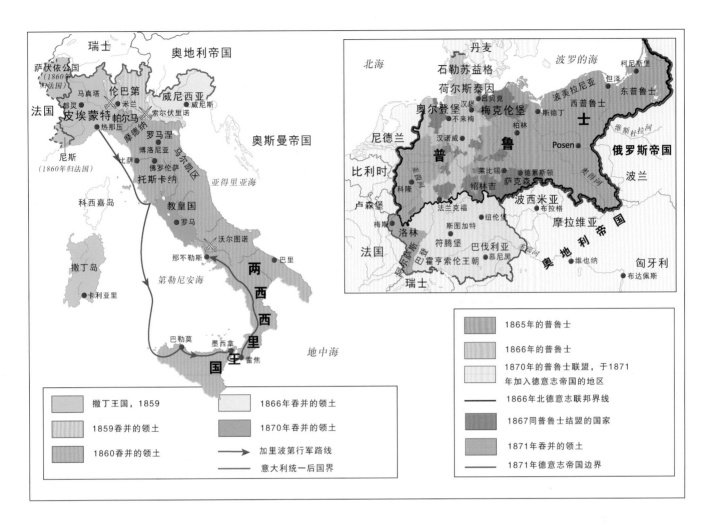

图例（意大利地图）：

	撒丁王国，1859		1866年吞并的领土
	1859吞并的领土		1870年吞并的领土
	1860吞并的领土	→	加里波第行军路线
		—	意大利统一后国界

图例（德国地图）：

1865年的普鲁士
1866年的普鲁士
1870年的普鲁士联盟，于1871年加入德意志帝国的地区
1866年北德意志联邦界线
1867同普鲁士结盟的国家
1871年吞并的领土
1871年德意志帝国边界

von Metternich, 1773—1859年）为首，欧洲主要强国的保守派领袖成功地镇压了自1846年至1849年间先后发生在波兰、普鲁士、意大利和匈牙利的大规模的民族起义（比利时于1830年脱离荷兰，赢得民族独立）。在西欧，由于爱尔兰人欲废除1801年令爱尔兰成为大不列颠王国一部分的联合法案，并保留盖尔语，因此爱尔兰的民族主义势力日益壮大。在丹尼尔·奥康内尔（Daniel O'Connell）的领导下，青年爱尔兰党团结了成千上万的人民，直到英国人以阴谋罪的名义将其逮捕。1850年代，民族主义才在这些帝国的统治区域内赢得了几次重大胜利。其后，意大利和德国成功地将各自分散的地区统一组成新的国家。在每个国家，文化民族主义的兴起都先于政治动员。

在1870年以前，意大利和德国都不是我们现在所知的统一国家。它们各自分散为多个小的国家，处于不同统治者的控制下。在意大利，其中最大的一个国家是撒丁王国，而其他各个国家则由别的统治者所控制。威尼斯周边的地区处于奥地利的统治下，罗马周边地区则由教皇统治。德国的大多数小公国都被纳入查理曼帝国（公元800年建立）的统治范围，后来又归其继任者神圣罗马帝国统治。这些小国都有自己的统治者，甚至拥有自己的政府体系。其中最大的奥地利本身就是一个颇具规模的

意大利和德国的统一。十九世纪中期的大趋势是，中欧地区的不同领地合并成为新的现代国家。在德国，两个多世纪以来，普鲁士的政治、军事以及经济实力都得到了充分发展。俾斯麦先后发动了同丹麦（1864）、奥地利（1866）和法国（1870）等国的战争，最终确保了国家的统一。而在意大利，皮埃蒙特-撒丁王国的势力扩张至伦巴第、威尼西亚、罗马等地，加上加里波第在南部的远征，最终使国家统一。

601

作者匿名,加里波第会见撒丁王国国王维克托·艾曼努尔二世,约1860年。几位不同的领袖对促成现代意大利的统一作出了贡献。加里波第带领着"红衫军"解放了意大利的南部地区,使其加入了现在的意大利。新意大利的核心是维克托·艾曼努尔二世领导下的撒丁-皮埃蒙特王国。

国家。而最小的国家仅有几千人口。此外,东面则有普鲁士,这是一个强大的国家,它开始把自己视为德语民族的领袖。

随着民族国家在西欧形成并展现出由统一而带来的经济、政治、军事和文化方面的力量,意大利和德国的地方领袖也在寻求本地区的统一。拥有共同的语言和明确的地理边界是统一国家至关重要的因素,也有助于意大利统一其半岛国家。但是在德国,却缺乏明确的自然地理边界,而且还面临着这样一个问题:哪些德语国家应被纳入新成立的国家中,而哪些则应排除在外。

朱塞佩·马志尼(Giuseppe Mazzini,1805—1872年)就意大利的未来提出了颇具远见的观点。1831年,他成立了"意大利青年党",这是一个秘密组织,旨在促进意大利的统一和独立,以免受法国、奥地利和西班牙等外国势力的控制。马志尼在其著作《论人的责任》一书中表达了他的民族、民主和人文主义观点:

> 哦,我的同胞们,热爱你们的祖国吧!我们的祖国是我们的家园,是上帝赐予我们的家园,在那里有许多热爱我们和我们所热爱的家族成员;在这个大家庭里,我们彼此间更容易产生同情,能更快地相互理解;这个大家庭,因其集中于一个特定的地点,成员拥有同质同种的特性,而适于从事一种专门的活动。(哥伦比亚大学版,第570页)

1852年,卡米罗·加富尔(Camillo Cavour,1810—1861年)担任维克托·艾曼努尔二世国王(King Victor Emmanuel Ⅱ)统治下的撒丁-皮埃蒙特王国的首相。当马志尼的文化观点被融入加富尔的政治组织中时,民族主义运动已为政治上的胜利做好了准备。加富尔联合法国的拿破仑三世结成短暂的同盟，以同奥地利抗衡。这使得国王得以吞并伦巴第地区。毗连帕尔玛、摩德纳和托斯卡纳的地区经全民公决实行合并。全民公决即由全体居民决定是否同意接受由他们的统治者颁布的法令。1860年，颇受欢迎的雇佣军首领朱塞佩·加里波第（Giuseppe Garibaldi, 1807—1882年）率领1 150名士兵身着红衣衫，进入意大利南部的"两西西里王国"。这个王国瓦解后，最终经全民公决也加入了皮埃蒙特王国。威尼斯附近的威尼西亚地区在一次意大利联合普鲁士对抗奥地利的战争之后也并入了皮埃蒙特。最终，在法国为了抵抗普鲁士而从罗马撤兵之后，罗马于1870年被吞并。经过了马志尼、加富尔、加里波第、维克托·艾曼努尔二世、拿破仑三世等人的不懈努力以及战争加之全民公决，意大利最终成为一个统一的国家。

与此同时，普鲁士首相奥托·冯·俾斯麦（1815—1898年）正致力于将德国的众多小公国合并成为一个统一的德国，并由威廉一世（1861—1888年普鲁士国王，1871—1888年德意志帝国皇帝）统治。德国统一的文化基础是颇为稳固的。现代语言学的创始人雅各布·格林和威廉·格林两兄弟分析了各式各样的德国方言并收集各个地方的童话故事，作为这一民族的统一的民间传说于1812年出版。不少哲学家和历史学家，包括约翰·哥特弗雷德·冯·赫尔德（J.G. von Herder, 1744—1803年），费希特（J.G. Fichte, 1762—1814年），黑格尔（Georg Wilhelm Friedrich Hegel, 1770—1831年），利奥波德·冯·兰克（Leopold von Ranke, 1795—1886年）和海因里希·冯·特赖奇克（Heinrich von Treitschke, 1834—1896年）等人，都力促德国去完成天生的使命，就像马志尼在意大利所做的一样。

自1828年起，一个关税同盟即"德意志关税同盟"（zollverein）在德国建立了一个横跨多个邦的自由贸易区。这已经为国家的统一奠定了经济基础。日益发展的工业也成为其财政和军事上的支柱。现在俾斯麦又提出了一项"铁血"政策。两次战争是其关键。1866年，俾斯麦战胜奥地利并组建了北德意志联邦，把奥地利排除在外。1871年，他又击败了法国，吞并了阿尔萨斯和洛林两地。由于这些胜利，德国南部各邦——巴伐利亚、巴登和符腾堡——也加入了这个新成立的国家。

这幅法国漫画描绘的是当时的普鲁士首相奥托·爱德华·利奥波德·冯·俾斯麦，1870年。对于政治人物，漫画家们一向抱着一种不敬的态度，但是这幅讽刺漫画则是恶毒攻击了。因为俾斯麦曾野心勃勃试图扶持普鲁士的利奥波德亲王登上西班牙国王的宝座，这令法国人大为光火——这也是普法战争的主要原因。

603

我们是怎样知道的?

什么是民族主义?

在当今世界,对大多数人来说,国籍是一个人身份的重要组成部分。历史学家们发现,民族主义是近两个世纪以来的一个中心议题。有些历史学家强调一些特殊的民族主义的重要性,而另一些人则强调民族身份是可被不断塑造和再塑造的。在这个意义上,研究国家身份的历史学家和研究性别身份的历史学家是大体一样的:他们不仅期望了解人类的过去,更希望将这种对过去的探索作为寻找未来可能性的手段。

在民族主义历史学家和哲学家先驱中,有一位法国人名叫约瑟夫·欧内斯特·勒南(Joseph-Ernest Renan,1823—1892年)。他在1882年发表的"什么是国家?"的演讲中抓住了民族主义的双重性。民族主义在形成统一视野的过程中既是回溯的又是前瞻的。民族主义要求在公民的生活中共享一种基本的历史,但是仅仅只有过去对建立一个民族国家是不够的。要完成这一任务同时也需要对国家的未来的共同认识,以及为创造这样的未来而承担的政治责任。更引人注目的是,勒南认为国家是一种"精神原则",并坚信在他当时那个时代,民族主义正取代宗教成为一个中心议题:

一个国家就是一种精神原则,是意义深远、错综复杂的历史的结果;它是一个精神家园而非由国土形状决定的团体。我们现在已经看到,哪些方面(其自身)对建立这样的一种精神原则,即种族、语言、物质利益、宗教亲和力、地理以及军事上的必然存在物是不够的。那么什么(其他的条件)是必要的?……

因此,一个国家是一种大规模的团结,它是由一种前人的牺牲加上后人时刻准备为将来牺牲的感情所构成的。它预设了一个过去;然而它现在被以一种有形的事实总结出来,即赞成并清晰表达的一种继续共同生活的愿望。

最近,人类学家本尼迪克特·安德森(Benedict Anderson)提出国家就是一个"想象的政治社会",他强调人类的想象力、创造力和说服力的重要性——这些都是公共媒体所共同宣扬的——通过这些手段,关于国家的观念才被创造、提炼和散播开来。"这是想象出来的,因为就算最小的国家中的成员也不见得认识、见过或者听说过他们的大部分同胞们,只不过在每个人的心中存在着与他们和谐共处的印象。"(Anderson,第15页)对安德森来说,就像对勒南一样,国家不是一个自然界中存在的实体,而是领导人因其对国家的定义成功地为大众所接受而创立的团体。

除了勒南的"精神原则"之外,现代民族主义还包含了两个附加的因素。第一,至少自法国大革命起,现代国家存在于其他民族国家林立的世界中,而这些国家往往处于互相竞争的状态。从某种程度来说,每一个国家都在与其他国家的关系中,获得自身的定位。第二,至少自法国大革命和工业革命起,国家就成为在世界范围内拓展贸易网络和传播资本主义的媒介。国家在实现经济目标方面的重要性,也是推动国民产生国家认同意识的巨大力量。

- 勒南对国家作为"精神家园"(spiritual family)的见解是如何成功地与美国宪法中所表达的民族主义相吻合的?又是如何在不同的意大利人和德国人所表达的民族主义中体现出来的?
- 一个国家是如何表达其希望继续共同生活的愿望的?又会如何拒绝这一愿望?
- 勒南的"精神家园"观点和安德森的"想象的社会"的概念相比有什么区别?他们之间仅仅是意思相同而表述不同,还是两个不同的概念呢?

犹太复国主义在欧洲的兴起

在19世纪的欧洲,犹太复国主义是最后兴起的民族主义运动之一。它的目的是重建一个犹太人的家园。在罗马帝国时期,犹太人被驱散至欧洲各地。到20世纪初时,他们主要分布于波兰、俄国和乌克兰等国家。许多个世纪以来,犹太人一直祈盼着能够回到耶路撒冷,那里曾经是他们祖先的家园,它位于今天的以色列。19世纪后半叶,在各个欧洲民族主义运动的影响下,一些哲学家提出,人们不应仅仅止步于祈祷。他们盼望建立一个政治上独立的国家。

这一从祈祷到建立政治组织的转变始于19世纪末。沙俄帝国对犹太人的屠杀和奥匈帝国许多地区对他们的歧视，使得犹太人越来越感受到他们所遭受的迫害。在被派往巴黎报道一名犹太裔法国军官阿尔弗雷德·德雷福斯被不公正地以叛国罪起诉的新闻中，身为犹太人的维也纳记者狄奥多·赫茨尔（Theodor Herzl，1860—1904年）开始意识到严重的反犹太主义的存在。他震惊地发现，在法国大革命时期犹太人已经取得了公民资格的自由之都，竟会存在这样的种族和宗教仇恨。赫茨尔的结论是，只有建立一个犹太人自己的国家才能使他们获得自由、独立和安全。1897年，他发起了犹太复国主义运动。但是作为早期大多数犹太复国主义者目标的巴勒斯坦已经成为600 000阿拉伯人的家园。犹太复国主义同时（如果说是无意的话）采用了起源于欧洲的殖民运动的形式。歧视和迫害在20世纪日益加剧，尽管并非所有的犹太人都拥护犹太复国主义，但犹太复国主义者的梦想仍成为留在欧洲的犹太人日益向往的另一种选择。这场民族主义运动的结果，或者说这种殖民主义的效应我们将在第24章介绍。

角逐帝国霸权

民族主义的胜利，现代民族国家的兴起，伴随着这些新兴国家之间激烈而残忍的较量，这种现象集中体现在法国大革命和拿破仑战争（第16章）上。与此相似，一个国际的资本市场的崛起（第14章）也同样建立在这种竞争的基础之上——其中大部分是在各自国家扶持的股份公司之间的较量。工业革命（第17章）同样也带来了激烈的竞争，首先是工业化国家和非工业化国家之间的竞争，如英国和印度——其次则是新的工厂主之间以及他们的新兴工业化国家之间的竞争。英国的棉纺织品制造业第一次战胜了印度的传统手工纺纱业昭示了工业化国家和非工业化国家之间的竞争。英国政府确保了在这场新兴工厂主和印度手工业主的较量中，本国国民始终处于有利地位。这场英国棉纺织业初次打败印度传统手工纺纱业的胜利体现了工业化国家和非工业化国家之间的不公平竞争。英国政府为了帮助国内新兴的工厂主和保护本国的新兴产业，采取提高关税的方法，使得从印度进口棉纺织品成本极高。与此同时，它还允许英国的东印度公司接管印度的大片地区作为殖民地，并实行低关税，从而帮助和鼓励从英国出口棉纺织品到印度。英国政府也同时取得在这些殖民地征税的权力。这些税款使得英国人腰包鼓鼓，同时税款的一部分又流回到英国本土，如此榨取了印度财富的一大块。类似的政策在世界各地的殖民国家和被殖民国家之间相当普遍。由于他们在工业上的独创性和政治手腕，欧洲人的制造业产量从1750年占全球份额的23%增加到1900年的63%。而与此相反，印度在这100多年里所占的份额则从原来的占24.5%锐减至1.7%，中国也由原来的占32.8%降低至6.2%。

随着新兴的工业化国家开始与英国这样的国家争夺制成品销售市场和原料资源，另一场较量开始了。起初，英国在新兴的工业国家中优势明显，但是到了19世纪

	英国		西班牙		俄罗斯
	法国		荷兰		美国
	葡萄牙		奥斯曼	✴	反殖民起义

欧洲的帝国主义,1815—1870年。到19世纪中期时,通过革命,美洲的大多数国家都取得了独立。由于非洲难以渗透,欧洲的帝国主义者这时把触角伸向了亚洲。俄国穿过西伯利亚来到太平洋地区,美国则从大西洋拓展至太平洋,而英国则已控制了印度、南非、澳大利亚和新西兰。1867年,加拿大取得了"自治领"地位,即实质上的政治独立。

中叶,竞争对手开始出现。19世纪末,其中许多都加入到了这场工业和商业的竞争中。较量主要是经济方面的,但是由于国家财富的增长在一定程度上取决于这些新兴工厂主的成功与否,所以政府经常从中干预以向这些实业家提供帮助。民族自豪感也很自然地进入了人们的思想中。

三个国家之间的较量最为激烈。以强大的工业生产力为基础,加之快速增长的移民人口,美国自1865年的内战之后迅速崛起。由于发展需要更多的土地和资源,美国人沿着铁路开始向西进发,横贯这块土地和资源都很富饶的大陆,他们把那些阻挡自己的印第安人赶走。到1900年时,美国的工业生产基地的规模已经超越了英国。1871年,在威廉一世和首相俾斯麦的领导下,德国将各个规模很小的公国统一成为一个国家,在20世纪初也超越了英国。除此之外,德国的人口达到6 700万,超出英国人口的近二分之一,并且还在迅速增长。法国的工业产量仅为英国或德国的一半,但仍位列欧洲列强的第三名。

海外的竞争最为激烈,远超出欧洲本土,各列强角逐帝国霸权。当然,帝国并非新生的事物,但是先进的技术和新的金融和经济控制战略赋予了他们前所未有的强大力量。1914年,欧洲人及其后裔以直接或间接的方式统治着地球上85%的陆地:

他们采用侵略、殖民和征服等方式夺取了包括加拿大、美国、拉丁美洲的大部分地区、西伯利亚、澳大利亚、新西兰以及南非的大部分地区；在印度大部分地区、东南亚和非洲地区则是对当地人口进行直接的统治；对中国则是采取间接统治的方式。下面的地图显示了主要帝国在东半球的势力范围。其中英国占领的海外土地面积最大，拥有的人口也最多，其势力范围集中在印度、东非（几乎是从北到南），西非的大部分区域，以及英国殖民者在澳大利亚和新西兰的殖民地。英国曾经拥有如此辽阔的疆域，它甚至被称为"日不落帝国"。法国则控制了西非地区，以及东南亚的一些重要地区，其在西非的殖民地前沿几乎与法国本土隔地中海相望。

607

世界上的许多地区拥有的仅仅是名义上的独立，实际上他们的经济命脉掌握在其他国家的手中。比如，拉丁美洲的大部分地区虽然政治上是独立的，但其国内大多由身为欧洲人后裔的精英分子所控制，国外则依赖来自欧洲的金融投资者和他们背后的政府，尤其是英国人。另外有些国家，比如俄国和奥斯曼帝国，一方面主要为来自西北欧的资本所控制，但另一方面又拥有各自的殖民地。西北欧和美国成为这一新的世界体系的核心地区，控制着世界的经济和政治权力，而世界的其他大部分地区，除了日本以外，均被整合和纳入到其"边缘地区"（periphery）——经济和政治权力从属于核心地区。

西欧的几个主要国家是通过"双元革命"（dual revolutions）即政治革命和工业革命而获得他们的权力的。在政治和社会方面，他们已经实现，或者说看上去正在实现以下几个目标：

- 牢固统一的民族国家；
- 议会式的民主；
- 官僚制行政机构；
- 新闻出版、集会和宗教信仰自由；
- 消除不正当的逮捕和拷问；
- 文化素养和大众教育水平的提高。

在经济和工业方面，他们已经实现，或者说看上去正在实现以下几个目标：

- 高水平的生产力；
- 掌握新型科学技术；
- 相对较高的健康和医疗水平；
- 整合的世界经济；
- 强大的军备；
- 高水平的贸易和国际交流；
- 高水平的经济企业以及依法保护私有财产。

西欧人,尤其是英国人,开始把自己定义为充分拥有这些品质的民族,而与之相反,他们殖民统治下的民族则缺乏这样的能力。查尔斯·达尔文（Charles Darwin,1809—1882年）于1859年出版的《物种起源》撼动了整个基督教世界。在这部著作中他指出,生命的发展是通过千百万年的偶然机制使得一部分物种存活了下来,而其他的物种则未能幸存。在达尔文发表他的《物种起源》后不久,哲学家赫伯特·斯宾塞（Herbert Spencer, 1820—1903年）（错误地）诠释了"适者生存"的概念,将其用于解释强者统治弱者的正当性并为之作出辩护。斯宾塞的"社会达尔文主义"提出,强者理应享有其优越的地位,而那些弱者则理应处于低下的地位。不仅如此,斯宾塞也深信欧洲的人种要比其他地区的人种更为先进。在社会—政治秩序中自然而然地应由那些富有的、强大的白种欧洲男性占据统治地位。拉迪亚德·吉卜林（Rudyard Kipling）的"白人的负担"就以诗歌形式表达了这些观点。

> 扛起白人的负担——
> 派出你们最优秀的子弟——
> 逼他们离家远去
> 去伺候你们的俘虏;
> 背着沉重的甲胄,
> 去照料动乱的野种——
> 你们新征服的蛮人,
> 半魔鬼半孩童。

吉卜林提出,从人种的角度来看,由于欧洲人比其他人种要先进,因此他们有责任为他们所征服的地区带去自己的文明,尽管他认为这样一种传播文明的使命是吃力不讨好的。或许是由于天真,或许是由于自以为是,抑或是出于讽刺,吉卜林在诗歌中仅仅提到了殖民者的道德负担,却对他们由此获得的经济和政治利益只字未提。

奥斯曼帝国："欧洲病夫",1829—1876年

处于工业化和殖民过程中的列强一边建设着它们的帝国,一边将掠夺的目光投向了周围那些曾经强盛一时但现在已走向衰败的帝国。地理位置上最近的要数奥斯曼帝国。自从1699年失去对匈牙利的控制之后,奥斯曼帝国日渐走向衰落。1829年,英国、法国和俄国支持希腊从奥斯曼帝国独立,并帮助三个巴尔干国家——塞尔维亚、瓦拉几亚和摩尔达维亚——取得自治地位,享有一定的自治权利,尽管形式上仍从属于奥斯曼帝国。在帝国遭受这些失败和挫折以后,穆罕默德·阿里帕夏抓住机会使埃及成功地于1832年脱离奥斯曼帝国的统治获得独立;19世纪初,沙特家族也已取得了对阿拉伯半岛部分地区的类似自治权;法国在1830年开始占领阿尔及利

亚。奥斯曼帝国已无力维持自己的疆域,沦为了"欧洲病夫"。

一直以来,奥斯曼人推行一种叫做"米利特"(Millet)的统治方式,即以不同的宗教团体区分臣民。每一个米利特都有一位宗教领袖负责监督宗教法律和习俗的执行,同时也代表帝国政府收取税赋。断定帝国的组织结构中有时候宗教的影响会造成不同宗教之间的对立,那些处于工业化进程中的西方列强就利用这种宗教上的联系见缝插针以进一步削弱和瓦解奥斯曼帝国。在这样的环境下,国内不同的宗教群体在必要时开始将视线投向国外,寻求别国的教友的帮助以尽可能得到保护。尤其是希腊正教会将目光投向了俄国,罗马天主教意欲得到法国的帮助,基督新教则寻求英国的保护。来自这些国家的布道团在奥斯曼帝国享有特权,并经常作为贸易往来和情报搜集的基地。在奥斯曼帝国从事贸易活动的外国人如触犯法律,则允许由其本国法官负责审理。奥斯曼人的统治理论和做法与那些西欧国家颇为不同,在西欧,统一的民族国家的模式已成为准则。此外,奥斯曼帝国也跟不上欧洲其他国家工业化的脚步。1840年代,苏丹阿卜杜勒–迈吉德推行"坦奇马特"(Tanzimat,土耳其语意即"改革")政策,旨在使奥斯曼帝国的法典、社会及教育标准更接近于西欧国家,但由于国内的反对,收效甚微。这次改革造就了一批新的亲西方精英,他们威胁着传统的政府及其行政和军事官员。

1854年至1856年的克里米亚战争更进一步暴露了奥斯曼帝国的弱点。在黑海的北岸地区,欧洲各主要列强卷入了一场冲突,这同时考验着他们的军事能力以及通过外交手段解决争端的能力。战争的起因是俄国为了寻求一座不冻港,以侵袭克里米亚半岛的方式刺探奥斯曼帝国的虚实。英法两国出兵支援奥斯曼人,击退了俄国人的进攻,使得克里米亚半岛重新回到奥斯曼帝国的手中。奥地利则趁此机会占领了摩尔达维亚和瓦拉几亚。在结束战争的最终的和平条约中,奥斯曼帝国承认罗马尼亚和塞尔维亚为自治公国,脱离奥斯曼的控制,并处于欧洲其他列强的保护下。

为了扭转衰败的势头,奥斯曼政府于1856年颁布了《哈蒂·胡马雍敕令》(Hatt-i Humayun edict),再次引入一系列改革以向西欧的标准靠拢,包括法律面前人人平等,税制改革,保障财产安全,取消酷刑,整顿吏治,以及给予更多的新闻出版自由。这令由现代知识分子组成的青年土耳其党感到十分高兴。而与此同时,提倡民族主义的亚美尼亚人、保加利亚人、马其顿人,以

弗洛伦斯·南丁格尔,土耳其,约1854年。在克里米亚战争中,这位"提灯女神"(Lady of the Lamp)在斯库台湖和巴拉克拉瓦地区创建了卓有成效的护理部并予以监督指导。经过她不屈不挠的努力,伤员的死亡率大大降低。她提出的改革措施使得护理工作从原来地位低下的苦差事转变成为需要较高教育水平的技术性医疗职业。

609

及克里特岛人则希望获得更多的自治权。然而到了1876年,新上任的苏丹却倒行逆施。青年土耳其党人被流放,保加利亚和亚美尼亚的民族主义分子则遭到屠杀。

没落的奥斯曼帝国使欧洲东南部形成了一个"权力真空"地带,由此引起了外国势力的干涉和角逐。俄国的新一轮攻击经巴尔干半岛于1877年一直打到伊斯坦布尔。英国威胁说将同俄国交战,但是俾斯麦于1878年在柏林召开了一次国际会议,用外交手段解决了这一争端。战争的危机暂时得到了解除,但局势依然极为紧张。奥斯曼帝国的衰败,欧洲其他国家急于扩大版图的野心,巴尔干地区过分张扬的民族主义,以及日趋严重的军事化和武器杀伤力的增强,为日后爆发的一场规模更大的战争埋下了伏笔。这场战争于1914年来临。

东南亚和印度尼西亚,1795—1880年

在东南亚,以1500年至1750年这一时期为代表的殖民竞争依然在持续。英国人在马来亚的槟榔屿建立了一个定居点;于1795年从荷兰人手中夺走了马六甲海峡的控制权;1819年建立新加坡殖民地作为该地区英国的主要港口,总督为斯坦福·莱佛士爵士。通过一系列的战争,英国控制了缅甸,把它变为一个大米、木材、柚木以及油料的主要出口地。英国还在仰光建造了港口用来从事贸易活动。此时马来亚发现了锡矿,它的橡胶种植园也成为世界上规模最大的橡胶生产地。

法国借口保护法国的天主教传教士,于1859年开始了对印度支那的征服行动,并于1893年夺取了该地区。法国人还将越南从中国的朝贡体系中移除,由此中断了长达几个世纪的向中国的进贡。越南出口的主要商品为大米和橡胶。德国随后也加入了殖民竞争的行列,于1880年代吞并了新几内亚、马绍尔和所罗门群岛。

这是一张新加坡城镇及周边地区的地图,由丹尼尔·戈尔曼(G.D. Coleman)经实地调查绘制,1839年。新加坡并不是在一个熙攘的港口周围自然形成的当地城镇;而是1819年莱佛士爵士有意建立的,位于一个渔村,因为他意识到其作为贸易中心的潜力。英国政府积极鼓励向新港口移民,并将逐渐兴盛的城市划分为各自独立的区域,以便各个不同的民族在此安居乐业。在地图上可以很清晰地看出这种划分。

610

同样持有那个时代领土扩张论的还有荷兰。荷兰人意图吞并整个印度尼西亚群岛,在爪哇的巴达维亚(今天的雅加达)建立自己的行政中心,并利用已占领的地方建立贸易站。荷兰人还企图阻止欧洲其他列强染指这片土地,这样不但可以从爪哇的糖、咖啡、茶叶以及烟草上获得收益,还可以提高从其他岛屿上橡胶、石油、锡以及烟草上获得的利润。荷兰人的统治自始至终是极为残暴和凶恶的。1825至1830年间的爪哇战争是由多方面的因素引起的。而最终爆发的导火索则是荷兰人修建的高

速公路穿过一位穆斯林圣者的坟墓。在爪哇人民同荷兰人的五年残酷的战争中，有15 000名政府士兵死亡，其中包括8 000名荷兰士兵。约200 000爪哇人民死于战火以及随之而来的饥荒和疾病。

1830年，荷兰引进了一种新的、剥削性质尤为突出的经济政策，它被称为"耕种制度"（Kulturstelsel）。印度尼西亚的农民被强迫拿出他们五分之一的土地用来种植经济作物，主要是咖啡、甘蔗和靛青，收获的产品都上交给荷兰人，用以向荷兰出口作为税收。从1840年至1880年间，据估计，回流至帝国的利润高达整个荷兰预算的四分之一。

印度，1858—1914年

英国东印度公司于17世纪来到印度，开始时用金银、木材和金属交换获取胡椒和手工棉纺织品等产品。印度的莫卧儿政府授予了该公司贸易许可，后者在整个17世纪建立自己的交易站点，称为商业代理机构，起先在位于印度西海岸的苏拉特，然后是马德拉斯（1639）、孟买（1661）和加尔各答（1690）。在18世纪，莫卧儿帝国政府逐渐衰败。帝国政府制定的过度开发南部地区的政策耗尽了帝国的财力和人力，同时也疏远了一些当地的地主，他们的税赋加重了以应付帝国的开支。除此之外，奥朗则布皇帝（1659—1707年在位）一反他的前辈的做法，开始对非穆斯林的人群征收额外的税收，这引发了这个以印度教教徒为主的国家多个地区的叛乱。在帝国逐渐衰败之际，各地方势力竞争者开始寻求同英国商人联合，后者拥有戒备森严的贸易前哨站。

英国并不是唯一一支活跃在印度的欧洲势力。法国也加强了对贸易站的控制，并与印度地方的势力结盟。法国总督约瑟夫·弗朗西斯·迪普莱（又译杜布雷，Joseph Francis Dupleix）训练印度部队，在他的指导下以日常编队作战，并以滑膛枪为武器训练士兵们如何射击得更准更有效。英国这边，东印度公司的罗伯特·克莱夫（Robert Clive）也以同样的方式训练他的士兵。在印度的英国和法国人似乎处于一种势均力敌的休战状态，但是在其他地方英法两国卷入全面的战争（1744—1748）陷入了冲突之中。双方都取得了重要的胜利，但是法国东印度公司认为这对他们的贸易来说代价过于巨大，于是大幅削减其军队和贸易公司。当战争重开，作为七年战争（1755—1763年）及英法全球角逐的结果，英国在印度轻松击败了法国。这次胜利使英国成为在印的主要欧洲势力。他们提供的服务受到了许多新兴地方政权的大力欢迎。为了换取其在经济和军事上的支持，英国人被获准分享这些割据地区的税收和政府职权。以孟加拉的普拉西战役（Plassey, 1757）和布克莎战争（Buxar, 1765）为开端，英国开始控制印度的大部分地区。英国东印度公司是统治工具，因为它实际上是英国在印度的代表。英国国会在伦敦设立了控制委员会（Board of Control）以监督公司的各项活动，但是从大的方面来说，这个股份制贸易公司已经成为英国在印度广大且不断扩展的属地的主人。

611

公司的主要目的在于获取更多的利润。如今,作为统治者,他们采取了两种政策来使他们的利益最大化。首先,他们增加税收,不但提高税率,还提高收取的效率。其次,他们操纵关税,降低在印度的关税,使得英国制造的产品很容易进入印度市场,同时游说各方提高英国的关税,以阻止英国对印度纺织品的进口。英国工业革命的开始同东印度公司开始控制印度大部分区域差不多发生在同一时期,都在18世纪的中叶。对殖民地的统治由此迅速保护和促进了英国工业的发展,同时也有效地阻止了印度的竞争。

英国机织棉纺织品大量涌入印度市场。印度被改造成为殖民地的典范。它从英国各工业行业进口制成品,同时向那些工厂和配送中心出口本国的原料:如未经加工的棉花,英国人将其加工成棉布;如黄麻,加工成麻袋;皮革;以及大量的茶叶,印度取代中国,成为向欧洲输入茶叶的最大供应国。自19世纪后半叶至20世纪早期的整个时期,印度从英国进口的货物中有三分之二是机器制造的棉纺织品。钢铁产品居其次。印度成为英国海外投资获利丰厚的目的地,占19世纪末英国海外投资总额的五分之一。

与此同时,印度本国的税收则用于支付修建和维护印度的铁路系统的费用,这是世界上最密集的铁路系统之一,早在1914年就已拥有长达35 000英里的铁路轨道。为了体现殖民统治的能力,英国人制造了这个体系中所有的组成部分——包括火车头、车厢、铁轨,所有这一切都是在英国制造的。因此,尽管出资的是印度一方,但是制造获得的收益,工程方面的专家们,以及建设铁路工业的工业设施大都流向了英国,而不是印度。印度的铁路系统使得各种各样的行动成为可能:广泛部署殖民地的驻军,增进同时能为印度和英国商人带来利益的贸易活动,将丰收地区的粮食运至歉收的地区以缓解饥荒,在地理上散播不同的政治意见,以及在全国范围内去宗教圣地朝圣。

在英国的殖民统治下,印度从棉纺织业入手开始了自己的工业革命,主要是在孟买地区。当地的古吉拉特人建立了纺织工业。他们是印度西部古吉拉特地区的居民,拥有长期从事生产经营的家族史。在当地的诗歌中甚至也可以找到迫切希望建立新兴工业的呼声,例如《工业国王的攻击》一诗就清晰地表达出这一点。(在加尔各答这一麻纺织品的生产地,当地的工业很大程度上都是由英国投资者开拓的。)采矿业首先在孟加拉、比哈尔、奥里萨邦以及阿萨姆邦等地的煤田兴起,1911年,孟买的塔塔家族——这是一个帕西人家族,是8世纪来自波斯的移民的后裔——在比哈尔邦的贾姆谢德布尔市创建了印度第一家钢铁厂。第一次世界大战之初,全印度的工厂雇工达一百万人(当时印度的总人口约为3亿)。在大型机械化工厂就业人数增加的同时,许多手工业者被取代,所以依靠制造业为生的人口百分比依旧维持在大约相同的水平,约占劳动人口的10%(这样的比例一直延续至今)。

1857年,印度人发动起义反抗英国东印度公司的统治。英国人把这一起义称为武装军队的"叛变",但是后来的学者们指出,这是一场地理范围要广阔得多,更为普

原始资料

《工业国王的攻击》

当时已经活跃在商业领域的社团中,涌现出许多新兴实业家。印度的金融家从欧洲进口新型工业设备成品而成为实业家。在古吉拉特邦的中心城市艾哈迈德达巴德,当地的商人在一位行政官的带领下(这位官员与英国工业家们有着千丝万缕的联系)向孟买学习,于1861年开创了当地的棉纺织品工业。早些年当地的一位诗人和知识分子领袖达尔帕塔拉姆·卡维(Dalpatram Kavi)曾呼吁他的同胞们要认清工业对他们未来的重要性。他的用古吉拉特语创作的诗歌,"Hunnarkhan-ni Chadayi"(即《工业国王的攻击》),就提出了以工业变革为中心的远大的改革议事日程,以及对社会重组的建议。该诗指出,英国为印度带来了许多好处,印度人民已经准备好了吸收并使用这份遗产中的一部分,但是应当在没有英帝国的统治和负担的前提下进行。

同胞们,让我们消除我们国家的一切苦难,
行动起来吧,为了已经到来的新王国。它的国王就是工业。
我们的财富已落入外人之手。这巨大的错误是你们所犯,
因为你们没有联合起来——我的同胞们。
想想这个时代,你们亲眼瞧瞧吧。我们所有的人都变得贫困,
许多从商者已经沦落——我的同胞们。
抛弃懒惰,让知识充满国库。
现在觉醒去创造新的奇迹吧——我的同胞们。
和邻里与亲戚保持融洽。不要欠债。
为了你们的种姓节衣缩食吧——我的同胞们。
从国外引进工业并掌握现代机器。
请注意这来自诗人达尔帕塔的请求吧——我的同胞们。

(由 Chimanbhai Trivedi 和 Howard Spodek 翻译)

遍的对英国统治的反抗。一些民族主义历史学家称这场起义为"印度第一次独立战争",但是由于缺乏统一的领导和指挥,英国粉碎了这场起义,并且从那时起开始直接统治印度,并通过整个行政和教育体系强行施加他们的影响。以欧洲的政治革命为蓝本的观念通过正规的中等和高等教育体系、法庭、出版物,甚至是十分有限的选举活动被直接和间接地引入印度国内。英语被指定为官方语言。这样一来,帝国主义将要面临内部的矛盾:一个帝国统治势力在鼓吹和宣扬自治和民主价值观的同时,又怎么可能维持自己在外国的殖民统治呢?

19世纪末,印度出现了更多有组织的独立运动。这些运动的领袖必须首先对英国的统治作出评估,并在接受或拒绝它的政治、经济、社会以及文化模式之间找到平衡。20世纪早期,大多数有政治意识的印度人开始相信,无论英国的统治为他们带来多少好处,英国人回老家的时候已经到了。现在是由印度人民控制自己的经济,并为自己的政治、社会以及文化选择方向的时候了。

中国,1800—1914年

我们在第17章讨论工业革命时,回顾了宋朝(960—1279年)——当时的中国凭借着航海技术、冶铁、火药、水车以及运河系统等,成为世界上技术最发达的国家。我们通过考察15世纪明朝时郑和的航海探险活动,了解到中国令人震惊的航海能力也仍然是世界上最杰出的。另一方面,我们也了解到,中国于13世纪在成吉思汗的猛烈进攻面前陷落,为这些入侵者所统治,直到明朝(1368—1644年)汉族人才重新夺回了统治权。不过明朝也负于"蛮夷",满洲人从长城的北面攻入,最终建立了清朝

（1644—1911年）。当时明朝政府引入满洲士兵来协助镇压一支占领北京的起义军，谁知在该任务结束之后，满洲人拒绝离开，而是继续向前，进而占领了整个中国。

满洲人是狂热的殖民者。甚至早在他们入侵并统治中原之前，他们已经在自己的家乡满洲建国，把朝鲜归入其附属国，并把内蒙古作为自己的一个属地。在夺取中国政权之后，清朝就向西扩张。18世纪他们在外蒙古、准格尔盆地、塔里木盆地及周边诸绿洲、青海以及西藏等地区兼并的新土地面积相当于之前中国自身的大小。他们还收回了台湾，并将东南亚的人民都纳入朝贡体系。有人起义反抗满洲人的统治，但是在1800年之前，这些起义大多发生在帝国的边缘地区，对王朝并未构成严重的威胁。

一些学者认为，正是中国的广大疆域和强大实力令它的领袖产生了一种固若金汤的感觉，这有时会导致这个国家忽略来自外部的威胁，等意识到这一点时已为时过晚。（当然，朝廷内部也时常会有分裂，这也削弱了政府的力量。）一封1793年中国皇帝乾隆（1736—1795年）致英国国王的信函就常常作为这方面的例子被引用。英国国王乔治三世委派乔治·马戛尔尼爵士带领使团来中国就建立通商及外交关系进行磋商。在其漫长的统治将近结束的中国皇帝眼中，一支来自辽阔疆域尽头处的欧洲势力向朝廷提出派遣常驻贸易代表的提议是不可思议的。从中国皇帝致英国君主的回信中，不经意间流露出的是一种高傲的态度。它显示出中国历代的皇帝一直以来相信中国是世界的中心，并对西方世界正在发生的工业革命早期的变革缺乏正确的评价和认识：

> 至尔国王表内恳请派一尔国之人住居天朝，照管尔国买卖一节，此则与天朝体制不合，断不可行。
>
> 尔国王此次赍进各物，念其诚心远献，特谕该管衙门收纳。其实天朝德威远被，万国来王，种种贵重之物，梯航毕集，无所不有。尔之正使等所亲见。然从不贵奇巧，并无更需尔国制办物件。

虽然朝廷的一些学者也曾激烈反对这种盲目自大和闭关锁国的政策，但是他们的意见并未被采纳。

19世纪早期，中国面临一系列值得关注的内部问题。持续增长的人口给资源和政府的管理能力带来了压力。国内的人口从1650年的一亿剧增至三倍，到1800年时已达到3亿左右，至1850年更飙升至4.2亿。人们需要更多的土地。允许人们到满洲定居看来似乎是一个合适的解决方法。但是满洲人不会允许汉人定居在自己的土地上。满清政府不仅没有加强自身的执政能力以应对迅速增长的人口问题，还将管理权分派给地方。

中国经济的一个强项就是用茶叶、丝绸和瓷器与西方交换金银。然而，同中国贸易的欧洲人希望制止这种金银的外流。与中国贸易的欧洲人，尤其是英国人，最终发现可以用鸦片取代贵金属同中国做交易。利用其跨国贸易联络优势，英国人大力促进鸦片在其殖民地印度的种植，并通过孟买、加尔各答、马德拉斯等地的港口运往中国的广东。从此，用真金白银换取中国出口物的时代结束了。到了1820年代时，中国大批量购入鸦片，以至于开始通过出口白银来换取鸦片！

鸦片战争，1839—1842年及1856—1860年　为了阻止白银的大量流失和制止鸦片的进口，中国于1839年试图对鸦片进口予以禁止和抵制。但是这一切已经太迟了。如今，英国人宣扬的是他们所谓"自由贸易"的概念。当未被收买的钦差大臣林则徐设法查抄和销毁鸦片时，英国舰船上的大炮就向广州的中国船只和港口码头开火了。这场鸦片战争（1839—1842年）双方并没有激烈的较量，因为中国的统治者对西方的科学技术并没有兴趣，导致中国既缺少现代的大炮又没有蒸汽舰船。中国把香港岛割让给英国作为殖民地，并开放了五个通商口岸，在那里生活和经商的外国居民适用的是他们自己国家的法律，而不受中国法律的约束——这就是众所周知的"**治外法权**"。不久以后，法国和美国也获得了同样的特权。外国租界在新的通商口岸纷纷建立，这里成了新兴工业、教育和出版业的中心。国际贸易的重心开始从广州转移到上海，它位于长江口，处于中国沿海的中心位置。

然而，中国依旧没有如欧洲列强所期望的那样，与之建立正式的外交关系并进行外交上的交流。于是1856—1860年间，第二次鸦片战争爆发，在这场战争中，17 000名英国和法国士兵占领了北京并洗劫了颐和园。更多的通商口岸被开辟，包括长江沿岸的内陆中心地区，现在在这里巡逻的是英国的炮艇。欧洲人控制了中国的对外贸易和关税的管理权。鸦片贸易继续扩大。基督教传教士可以在中国自

615

治外法权（extraterritoriality）
指主权独立国家的公民或国际组织享有免受其驻在国的司法管辖的豁免权。

图为蒸汽舰"复仇女神号"在中国的广东击毁11艘中国船只的情形，E.邓肯绘，1843年。中英两次鸦片战争分别发生在19世纪40年代和19世纪50年代，起因是当时的中国政府设法制止英国商人非法进口鸦片。英国以武力回应，由此导致鸦片战争（1839—1842年）爆发。（加拿大国家海事博物馆）

616

买办（comprador）（葡萄牙语：买方）中国商人受雇于西方贸易商，以协助他们经营在中国的生意。

由来往。一些中国人作为**买办**和外国人一起工作，或是在商业经营和管理中充当中间人的角色。

19世纪末，满清政府渐趋衰败，各地起义频繁爆发，外国势力继续蚕食着中国及其附属国，同时国内要求改革的呼声日益高涨。（中国的情况与当时的奥斯曼帝国颇有相似之处。）国内规模最大的起义是由洪秀全领导的于1850年开始的太平天国运动。洪秀全是一名屡试不第的学者，他声称自己受到神示，是耶稣基督的弟弟。不过，太平天国的领袖提出的要求倒是十分具体：结束腐朽无能的满清政府统治，停止地主的敲诈勒索，消除贫穷。太平天国运动起于中国的西南部地区，并逐渐控制了整个长江三角洲地区，于1853年建都南京。清政府未能予以阻止，但是配备更为先进武器的地方武装领导人，借助由欧美雇佣兵组成的"常胜军"的力量，最终平定了这场起义并为自己赢得了更大的权力。在整个战争中，美国官员认可中国在军事行动上的指挥权，但是大多数英国和法国指挥官则相反。1864年，太平天国运动遭到镇压，其间大约有2 000万人遭杀害。大约在同一时期，又爆发了数次起义：广州附近的天地会起义，贵州的苗民起义，以及云南和甘肃地区的穆斯林起义。捻军是这些起义队伍中最大的一支，曾一度控制了南京至开封之间的大部分区域。这几次起义又夺走了1 000万人的生命。

正当中央政府为对付这些起义忙得焦头烂额之时，外国帝国主义者也开始了对中国领土的掠夺。俄国强占了黑龙江流域的边境地区（1858）、沿海各省（1860），并于1871—1881年间侵占了伊犁地区。法军在一场局部战争中打败了清军，霸占了整个印度支那地区（1883—1884年）。最令中国人蒙羞的是，日本在大量汲取西方科技的同时也产生了帝国的野心，在1894—1895年的战争中打败了中国。中国把台湾割让给日本，允许日本在中国的通商口岸开办工厂，并支付大量的赔款。朝鲜也由此落

617

颐和园内的石舫，北京。在19世纪的最后几年里，中国的改革者呼吁对工业、军队和政府进行改革。当看到慈禧建设的不是海军，而是颐和园里供享乐用的石舫时，他们被彻底激怒了。

入日本之手,尽管正式的殖民统治要到1910年才开始。从历史上来看,中国同日本的关系就好像师傅与徒弟,这种关系至少从公元600年就开始了。但是现在这种关系完全颠倒了过来。新的工业时代带来了新的价值观和新的权力关系。

义和团运动,1898—1900年 19世纪末期,中国处于动乱之中。在北京,有一群民族主义者被外国人在中国的傲慢自大激怒。他们被欧洲人称为"拳师",因为他们相信武术能使他们在战斗中战无不胜。他们放火烧毁基督教堂,杀死传教士,并围攻外国的使馆人员达两个月之久。欧洲各国和美国的军队镇压了这次起义,又强行索取一笔巨额赔款。尽管如此,欧洲人和美国人并不希望直接接管中国。他们想要有一个能代表中国的中国政府。他们希望保持中国的半殖民地地位,因此形式上支持由满洲人来掌握中国的权力,尽管他们正在步步蚕食这一权力。

义和团起义。参加义和团运动(1898—1900)的广大贫苦农民将他们艰苦的生活归咎于外国势力的干涉和基督教传教士。他们的攻击以狂暴著称,所以当义和团行进至天津时(如图),居住在这里的西方人很恐慌。由各个殖民势力派出的一支20 000人的军队最终在北京镇压了这场起义。

一群接受现代观念的中国人开始组织建立新型的产业,开始时是纺织业、后来又转而制造西式的武器和蒸汽船。但是这时政府权力已落到年老的慈禧手中,在1908年去世前,她一直控制着其继承人的一切权力,阻碍了改革。失望的民族主义者要求改革。他们的领袖和组织者是孙中山,他是广东人,曾在檀香山接受教育,并在那里成为一名基督教徒,在香港他当了一名医生。孙中山提倡将反殖民主义的革命分为两步进行:首先是反对满清政府,其次再对抗欧、美、日等列强。当1911年取得推翻满清政府统治的第一次革命胜利之后,孙中山开始了反对西方列强和日本的革命运动。我们将在第22章讲述有关这一斗争的故事。

非洲,1652—1912年

当欧洲的贸易商来到印度和中国后,他们发现的是由强大帝国统治着的面积广阔的国家。而非洲则完全不同。非洲是一个完整的大陆,其面积仅次于亚洲。那里有许多国家,更多的地区则在当地的家族、部落和族群的控制下。每个地区都有自己的历史,不同的欧洲人团体的遭遇也因之各不相同。

欧洲人对撒哈拉沙漠以南非洲地区的早期印象大体仅限于西海岸的沿海地带。欧洲人来到那里是为了寻找一条通往亚洲的航线,因此他们只需和非洲沿海居民接触。他们发现也可以在他们沿着海岸线建立的港口城镇买到自己想要的奴隶。非洲人会抓捕奴隶，把他们集中起来出售给欧洲人。从经济角度看，这样做很划得来，欧洲人大多都接受这种交易模式，这使他们避免了同当地非洲统治者的冲突。这些统治者曾竭力抵制欧洲人进入他们的领土并武装反抗。同时也使得欧洲人免受那些他们不具有免疫力的疾病的困扰。即便是依据他们圈占的沿海地带，欧洲人也给非洲打下了巨大的烙印——他们在长达四个世纪的时间里把超过1 000万的奴隶贩卖到了新大陆。

南非，1652—1910 年

非洲撒哈拉沙漠以南地区的第一个欧洲殖民地建立在非洲大陆南端的好望角。这一殖民地的建立不是为了方便购买奴隶，而是为了促进航海运输的发展。1652年，荷兰人在南非的好望角建立了一个殖民地，作为往返印度和香料群岛航线的中途站。这一殖民地稳步发展，来自欧洲其他国家的移民——尤其是英国人——也来到了这里。

罗得斯巨像。塞西尔·约翰·罗得斯（Cecil John Rhodes）大力推动"从开普敦到开罗"的殖民地化计划，成为英国在南非统治的主要拥护者之一。这位政治家和金融家将他的时间都花在了钻石开采和吞并土地以纳入大英帝国管辖上。罗得西亚（今天的津巴布韦和赞比亚）就是在1894年以他的名字命名的。

欧洲人在好望角的扩张对当地的人口产生了破坏性的影响。当荷兰人和英国人来到农村地区开始耕种，他们驱逐了一直居住在那里的科伊科伊人。科伊科伊人的首领在战争、遭驱逐以及引起人口锐减的天花灾疫面前分化瓦解了。有的科伊科伊人和其他非洲人一起被抓为奴隶，以满足欧洲人对劳动力的需求。1708年时，好望角的人口构成情况为大约1 700名自由居民和1 700名奴隶。到了约1800年时，人口总数达到约75 000人，其中三分之一是自由居民，三分之二为奴隶。奴隶中大部分是非洲人，也有一些是混血种族。

作为英国在拿破仑战争中的胜利成果，开普殖民地的军事和法律控制权移交到了英国人手中。英国的法律和社会习俗在当地扎根，包括新闻出版和集会自由、代议制政府的发展、废除奴隶贸易，以及1834年随着大英帝国全面废除奴隶制，这里的奴隶获得了解放。尽管如此，欧洲人仍控制着这片区域中最好的土地，让他们以前的奴隶成为雇佣劳动者，而不是土地所有者和农民。在选举方面的财产限制有效地令非洲人远离权力，而《主人与仆役法》（Masters and Servants Act）的颁布限制了黑人雇工的行动自由。

大约8 000名荷兰人后裔对殖民地越来越盛行的英国习俗和生活方式感到不满，尤其是废除奴隶制度后需要寻找新的土地用于耕种。他们纷纷离开这里，

THE RHODES COLOSSUS
STRIDING FROM CAPE TOWN TO CAIRO.

619

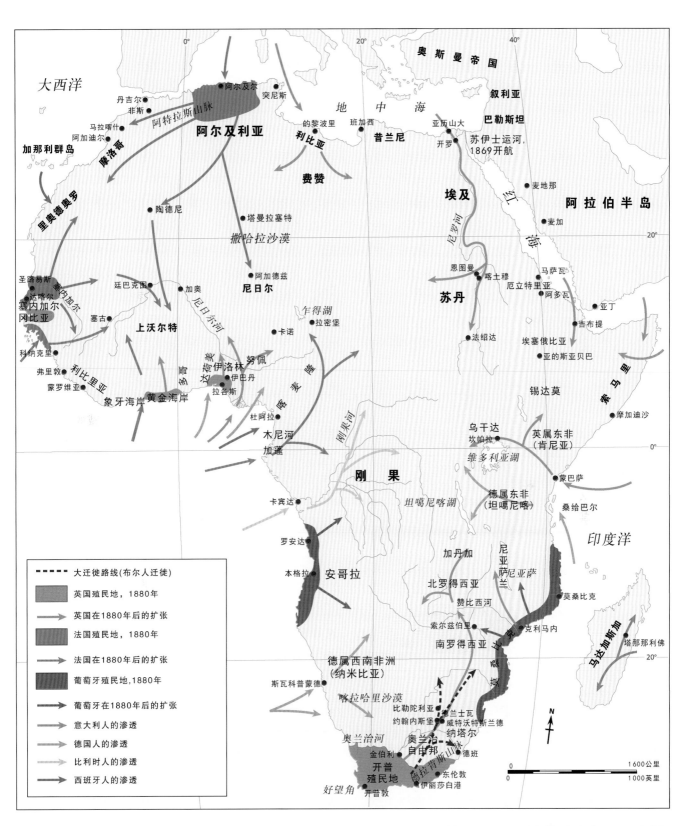

大西洋

奥斯曼帝国

叙利亚

巴勒斯坦

阿尔及尔
突尼斯
阿特拉斯山脉
阿尔及利亚
地 中 海
的黎波里
班加西
昔兰尼
亚历山大
开罗
苏伊士运河,
1869开航
利比亚
费赞
埃及
阿拉伯半岛

丹吉尔
非斯
马拉喀什
阿加迪尔
摩洛哥
加那利群岛
里奥德奥罗

麦地那

麦加

尼罗河
红海

圣路易斯
达喀尔
塞内加尔
冈比亚
科纳克里
陶德尼
塔曼拉塞特
撒哈拉沙漠
阿加德兹
尼日尔

恩图曼
喀土穆
马萨瓦
厄立特里亚
阿多瓦
亚丁
吉布提
苏丹
法绍达
埃塞俄比亚
亚的斯亚贝巴

廷巴克图
加奥
尼日尔河
乍得湖
拉密堡
卡诺
努佩
伊洛林
伊巴丹
隆·麦·隆
达荷美
弗里敦
利比里亚
蒙罗维亚
象牙海岸 黄金海岸
多哥
拉各斯
杜阿拉
木尼河
加蓬
刚果河
坦噶尼喀湖
乌干达
坎帕拉
维多利亚湖
英属东非
(肯尼亚)
锡达莫
摩加迪沙
索马里
印度洋

上沃尔特
塞古

卡宾达
罗安达
本格拉
安哥拉
德属东非
(坦噶尼喀)
桑给巴尔
蒙巴萨

加丹加
北罗得西亚
赞比西河
尼亚萨尼亚萨兰
莫桑比克
马达加斯加
塔那那利佛

德属西南非洲
(纳米比亚)
斯瓦科普蒙德
喀拉哈里沙漠
比勒陀利亚
约翰内斯堡
威特沃特斯兰德
索尔兹伯里
克利马内
南罗得西亚

川斯瓦
纳塔尔
奥兰治
自由邦
奥兰治河
德拉肯斯山脉
开普
殖民地
金伯利
东伦敦
伊丽莎白港
好望角
开普敦
德班

图例:

- - - - 大迁徙路线(布尔人迁徙)
▨ 英国殖民地,1880年
→ 英国在1880年后的扩张
▨ 法国殖民地,1880年
→ 法国在1880年后的扩张
▨ 葡萄牙殖民地,1880年
→ 葡萄牙在1880年后的扩张
→ 意大利人的渗透
→ 德国人的渗透
→ 比利时人的渗透
→ 西班牙人的渗透

N

0　　　　1600公里
0　　　　1000英里

欧洲人在非洲的扩张。蒸汽船、机关枪和奎宁(用以对抗疟疾),这些在19世纪末都带给欧洲人新的出入非洲内陆的权力,也加剧了他们的民族主义竞争。英国人追寻着把他们从开普敦至开罗的占领地连接起来的梦想,而法国则占领了非洲北部和中部的大部分地区。1884年俾斯麦的柏林会议就是试图在角逐的列强间分配战利品。

踏上漫漫征途,在1834年至1841年间向北迁徙。这些人常被称作布尔人(意思是指荷兰农民)或阿非利坎人(因为他们说的是南非荷兰语)。最终,他们建立了两个新的共和国——奥兰治自由邦和德兰士瓦共和国。与此同时,开普殖民地向东扩张,于1843年吞并纳塔尔,某种程度上将布尔人排除在外。布尔人在迁徙途中对一路上遇到的非洲人交战、征服、驱逐,并把他们限制在保留地。当需要劳动力耕作土地时,他们常常捕捉周围的非洲人,实际上把他们当作奴隶使用。

欧洲人开普殖民地的扩张使得一个已经历姆菲卡尼运动(mfecane,意指部落迁徙)的地区更趋不稳定。1816年,就在开普殖民地东面和北面的小小的祖鲁王国,沙卡(Shaka,约1787—1828年)夺取了领导权。他组织起一支由40 000名士兵组成的常备军,对他们进行严格的训练,让他们住在与当地人口隔离的用栅栏围起的地方,给他们配备新设计制造的短刺矛,使他们在与敌人近距离搏斗时获得压倒性力量。他组织起新的战斗编队,类似于古希腊人曾经用过的编队方式,拥有一支大规模的中心队伍和一些侧翼部队,可以包围敌人并阻断其后方。直至1828年沙卡被他的两个同胞兄弟暗杀前,他的王国不断扩张,迫使索沙迦尼人(Soshagane)、恩古尼人、恩德贝勒人、索托人、恩格瓦尼人以及姆丰古人逃离他们自己的土地。其中有一些迁入开普殖民地,但是大多数人转向北面和东面,前行数百英里来到今天的莫桑比克、津巴布韦、赞比亚甚至坦桑尼亚,并驱逐了其他的民族部落。所有这些大迁移结合在一起——包括布尔人的长途跋涉、沙卡祖鲁国的扩张以及在上述两次大迁徙之前逃离的人群的迁移——造成了南非和东非的姆菲卡尼运动。然而开普殖民地本身仍保持着相对的安宁,作为跨洋贸易的港口继续发挥着作用。

1869年,当苏伊士运河的开通改变了亚洲和欧洲的通航线路,人们不再需要绕过非洲进行长距离航行,南非本来会成为殖民地中一潭平静的死水。但是在1870年代,人们在金伯利发现了钻石,在1880年代又在威特沃特斯兰德找到世界已知的最大的金矿。对新财富的争夺加剧了英国人同布尔人之间的普遍对立,双方之间爆发了大规模的战事。在1899年至1902年长达三年之久的南非战争中,拥有450 000名士兵的英军最终击败了88 000人的布尔人军队(英国人称之为布尔战争)。1910年,英国将两个殖民地(开普和纳塔尔)和两个布尔人的共和国一起并入南非联邦,组成一个自治国家。1913年以后,白人在南非与在英联邦自治领的澳大利亚和加拿大一样,拥有同样的政治机构并享有同样的权利。由于欧洲人在殖民地的生活中占据着支配地位,因此南非被认为是一个白人的殖民地,尽管其人口大多数是黑人。

埃及,1798—1882年

1798年欧洲人对埃及发动的侵略时间短暂,但是影响巨大。拿破仑的军队于1798年入侵埃及并控制该地区,直至1801年英军将其赶走。在战争过程中,奥斯曼帝国的苏丹召集一支由阿尔巴尼亚骑兵组成的军队来领导奥斯曼的抵抗运动。这支队伍的指挥官穆罕默德·阿里(Muhammad Ali,1769—1849年)在英法两军离开之后继续留在该地,并于1807年掌握了埃及的实际统治权,尽管名义上他是奥斯曼帝国的总督。他引进了一些新型的工业,并在此后决定重点发展棉花种植,作为一种经济作物提供给发展迅猛的欧洲纺织业。为了能使种植全年进行,他兴建了大规模的灌溉工程。同时,他也鼓励发展埃及自己的纺织厂。他将这种经济现代化控制在国家手中,由国家而不是私营企业来主导。他精简行政部门,并建立了一套国立学校世俗教育体系用以培训政府管理人员和官员,尤其是教授学生西方知识。他成立了一个政府的出版社,以鼓励将欧洲书籍翻译成阿拉伯语。

身为职业军人的穆罕默德·阿里领导了军队的现代化,并命令其新近武装的部队沿尼罗河向上游进军,夺取苏丹,于1830年建立喀土穆并定都于此。他还取得了对阿拉伯的圣城麦加和麦地那两地的控制权,以对抗伊斯兰教瓦哈比教派的武装运动。面对中东地区西化和欧洲化倾向的威胁,瓦哈比教徒宣称,《古兰经》和穆罕默德定下的传统(即《圣训》)包含了伊斯兰教所有的基本信条。他们进一步认为,政府应建立在严格解释的伊斯兰教法规基础之上。(这种原教旨主义信徒和亲西方领导人之间的冲突仍是当今中东紧张局势的主要来源。)从根本的长远眼光出发,穆罕穆德·阿里试图努力同埃及的温和派伊斯兰武装力量达成和解,而不是要么打击,要么说服他们信服自己的观点。他占领了叙利亚和巴勒斯坦,并威胁到伊斯坦布尔,直至英法两国出面阻止。作为交换,两国承认他为埃及的世袭统治者。穆罕默德·阿里的儿子伊斯梅尔继位后授权一家法国公司建造了苏伊士运河,运河于1869年通航。他的孙子不但沿着红海海岸、还向尼罗河上游的内陆地区扩展埃及的疆域。

穆罕默德·阿里的现代化改革带来了几方面的效果。埃及加入了以欧洲为基础的国际经济,但不久,它在进口、军事现代化和开罗的美化工程中的花费就远远超出了其出口所得。此外,它承诺把棉花作为经济作物,主要供出口,却因此使国内的种植结构单一化,容易遭受不稳定的国际价格波动的打击。随着埃及债务的增加,欧洲债权人向政府施加压力,迫使赫迪夫(对穆罕默德·阿里及其继任者的称呼)于1876年委任欧洲的专家成立债务委员会。1878年,赫迪夫不得不将一名法国代表和一名英国代表纳入内阁。尽管如此,1881年欧洲列强仍令奥斯曼苏丹将现任赫迪夫即穆罕默德·阿里的孙子解职。当一支埃及军队发动起义并控制政权后,英国派驻其军队入内,主要是为了保护苏伊士运河,并作为王位背后的操纵者继续驻留,直到20世纪50年代。对埃及来说,同欧洲的牵连纠缠被证实是一把双刃剑。

阿尔及利亚,1830—1871年

奥斯曼帝国统治的衰弱不仅在埃及,而且在整个北非体现了出来。至17世纪末18世纪初,突尼斯和阿尔及利亚两地只是在名义上由奥斯曼帝国统治。这两个地区均从海盗行为中获益,但最终遭到那些旨在打击海盗的航海国家的侵略。突尼斯受到美国人的打击(从那次远征之后,在美国的海军陆战队的赞歌中出现"去的黎波里的海岸"这样的歌词),阿尔及利亚则遭到法军的侵略。法国于1830年向阿尔及利亚发动进攻,起先只是一场反海盗战役,但阿尔及利亚统治者同法国政府的关系急转直下,最终法国人迫使阿尔及利亚投降,法国得以将其侵占。然而,法国人对阿尔及利亚的政治控制是零星的。法国人发现他们陷入了与其他地方领导人的战事,尤其是阿卜杜·卡迪尔(Abd al-Qadir)。他的父亲是中东地区最重要的穆斯林领袖之一,也是诸多宗教/政治团体的领袖。在阿卜杜·卡迪尔的带领下抵抗运动逐渐壮大,他开始在自己控制的区域建立一个小国和由欧洲顾问培训的一支10 000人的现代化军队。一开始,法国避免同驻扎在南部的卡迪尔发生冲突。但是到了1841年,激烈的战争爆发了。在法国获得胜利之前,他们已投入了110 000名士兵(占法国军队总数的三分之一),并攻击了邻邦摩洛哥以切断敌方的后援。叛乱持续发酵,其中最后一次规模最大的叛乱在1871年遭到镇压,其间有3 000名法国士兵死亡。由于法国采取了彻底歼灭卡迪尔军队的政策,显然阿尔及利亚一方的伤亡人数要远远大得多。法国军队占领了农村地区,准备将其作为法国的军事占领区和定居点。

在战争期间和战争以后,成千上万的欧洲人来到阿尔及尔并在这里定居下来,其中有的与军事行动相关,有的则是为了寻求商业机会。其中约半数为法国人,但是所有来到这里的人都开始使用法语,接受法国的文化,并把自己视为生活在阿尔及尔的法国人。到1850年代,他们的人数达到了130 000,到1900年时已超过50万,占当地人口总数的13%。基督徒(以及1870年之后来到这里的犹太人)都被视为法国公民,而穆斯林则被视为合法的臣民。1870年,法国政府更替之后,阿尔及利亚被法国正式兼并,在阿尔及利亚的法国公民——但是不包括那些臣民——获得了对位于巴黎的法国国民议会代表的选举权。通过官方的土地转让和出售,那些优质的土地落到了法国人的手中,并被用于发展商业性农业生产。而留给阿尔及利亚农民的大多只是一些面积狭小、资本化不足的土地。这一不平等的现象及发展模式一直持续至1962年,直到极为激烈且代价高昂的阿尔及利亚独立战争结束以后才告终结。这场战争以后,100万法国殖民者的后裔几乎都逃回了法国。

伊斯兰宗教复兴

撒哈拉沙漠南缘的萨赫勒东西部地区从大西洋一直绵延至红海,这里属于气候干燥的半沙漠化地区。伊斯兰政治和宗教复兴运动在此地兴起。尽管在一些地区,伊斯兰武装力量同欧洲的基督教力量之间发生了武装冲突,但是这些伊斯兰运动却并不直接针对欧洲人在非洲的活动。大部分的伊斯兰运动旨在保持穆斯林的虔诚信仰,并将信奉多神教的非洲人纳入穆斯林的统治之下,而不是为了反对基督教徒。然而,一些历史学家们确信,权力的天平正从渐趋衰弱的伊斯兰中东世界和非洲地区向日益强大的基督教欧洲世界倾斜,正是穆斯林对这一现象的认识推动了上述运动的爆发。

在西非,有三大运动尤其值得注意。这些运动始于富拉尼人在18世纪建立的国家。在豪萨兰,即今天尼日利亚的北部,著名的苏菲派学者奥斯曼·丹·福迪奥

（Uthman dan Fodio，1754—1817年）开始谴责豪萨兰的统治者腐败、渎圣、迫害真正的穆斯林教徒以及信奉多神教的做法。经过多年的反抗，奥斯曼集结了一批来自附近各地区部落的支持者，在受到统治当局不断压迫的同时，他鼓励追随者们武装起来以应对即将到来的冲突。1804年，当新上台的苏丹对一群奥斯曼跟随者发动攻击时，冲突全面爆发了。作为回应，奥斯曼召集他的儿子和兄弟率军开战，最终控制了整个豪萨兰，并在索科托建立了新的都城。这一新建立的帝国一直延续到1890年代。在伊斯兰教的保护伞下，索科托帝国倾向于袒护富拉尼人而不是豪萨人，尽管富拉尼人并不都是穆斯林。不过，总的来说，这一帝国促使富拉尼人和豪萨人团结在一个统一的伊斯兰帝国之下。

623

其他的护教运动，或非洲圣战，在地理范围和军事规模上都要小得多。这些运动的目的大多是为了纯洁伊斯兰教的信仰，使统治者和臣民的行为合乎伊斯兰教教规。这些运动涵盖了西非小国，如富塔托罗、富塔贾隆以及相对较大的马西纳的圣战。在马西纳，哈吉·欧麦尔（al-Hajj Umar，约1794—1864年）从麦加朝圣回来并访问过索科托后，集结他的拥护者并把他们武装起来。他占领了马西纳王国，并把马西纳作为帝国的中心。欧麦尔试图得到在西非海岸法国人的支持，但是法国人对他的提议并不放心。他攻击沿岸的法国贸易商，或许是想夺取他们的枪支，法国人控制的军队击退了他们的进攻。

另一位以伊斯兰名义建立帝国的领袖萨摩里·杜尔（Samori Toure，约1830—1900年）将曼丁哥族和迪奥拉族统一在他的军事领导之下。尽管他一度称自己为"阿尔玛米（almami）"即"教长"之意，然而他对伊斯兰教的贡献却由于他向穆斯林动用武力并且在占领康格城时屠杀穆斯林学者的残暴行径而抵消了。

杜尔的帝国傍尼日尔河河湾南岸而建，同欧麦尔建立的帝国一样，位于法国从大西洋向东扩展帝国的道路上。1893至1894年，这两个帝国都被法军击败，并归入法国的控制之下。尽管杜尔的名声因其种种行为而受损：抢掠奴隶以换取枪支；在法军到来前撤退时采取焦土政策；破坏康格城这一撤退后新迁之首都。但大多数历史学家仍视他为游击战领袖。在他的领导下，杜尔帝国抵抗法国人长达两年之久，撤退后建立的第二个帝国又顽强抵抗了两年。1898年，杜尔被法军逮捕并被放逐至加蓬，他在1900年死于此地。

阿洛伊修斯·欧凯利绘，"非洲音乐家"，约1880年，帆布油画。欧洲艺术家在描绘非洲场景时，常常表现人物在异域背景下惊人的美和力量。这位音乐家可能是一位"格里奥"（griot），即吟唱诗人，他们的歌曲中保存了其人民的历史。（伦敦泰勒美术馆）

在东非近喀土穆城，即穆罕默德·阿里建立的城市，一个名叫穆罕默德·艾哈迈德（Muhammad Ahmed）的人宣称自己是"马赫迪"，即一位能带来新纪元，复兴真正宗教信仰的救世主式人物。1881年，他开始在苏丹建立国家。马赫迪的救世运动从反对埃及的政府当局开始，但1882年英国人再次入侵埃及，夺取了开罗，把尼罗河流域置于其控制之下。英军同马赫迪的军队之间发生冲突。开始时马赫迪一方占据上风。1885年，他在喀土穆击败了由英国将领查理·戈登（Charles Gordon）率领的埃及军队。这一年稍晚些时候，马赫迪去世，他的继任者虽然也是穆斯林，却远不及他那样善战。此后的一段时间里，英军并没有再对这个国家及其取得的成功作出反应。然而十年之后，他们派出了由霍雷肖·赫伯特·基奇纳将军率领的又一支军队，为埃及重新夺回了苏丹，并为当年查理·戈登将军的失败及死亡复了仇。在恩图曼，基奇纳的军队摧毁了马赫迪的军队。仅在1898年9月2日的一场战役中，就杀死对方11 000人，伤16 000人，而英方死于此役的士兵仅40人。基奇纳的军队继续挺进并夺回了喀土穆。面对英军的机枪，马赫迪的士兵相信他们自己刀枪不入。英国军队和穆斯林军队之间在武力和战略上的差距之大再显著不过，同样令人震惊的是非洲穆斯林为其神圣事业而奋战献身的意志。

西非的亲西方趋势   欧洲人和非洲人一起，为废除奴隶制度和结束奴隶买卖采取了两个新的措施：他们建立两个殖民地作为已获得自由的奴隶的避难所；他们开始开展以热带农产品交易为主的商业贸易，以取代原来的出口经济中的奴隶贸易。在沿岸的欧洲人港口城镇中，非洲裔欧洲人的人数一直超过欧洲人，因为欧洲人只是作短暂的逗留，而他们的混血后裔以及人数多得多的奴隶却在此留了下来。以位于今天塞内加尔的圣路易为例，在1810年时，只有10来个欧洲人，500个非洲裔欧洲人，500个吸收了欧洲文化的自由非洲人，以及大约2 200个奴隶。

西海岸的定居点中最为突出的是塞拉利昂。它的首都弗里敦于1787年建立。正如它的名称（英语意为"自由城"）所指，它是作为已获自由的奴隶的避难所而建立的。起初，这里主要聚集了英国人在反对美国革命的斗争中释放的美国黑人和那些反对牙买加奴隶制度的叛乱者。1807年奴隶贸易废除后，人数越来越多的是那些被英国海军从海上抓回来的奴隶。1808年，英国人把塞拉利昂重新改组为正式的英属殖民地，并在其居民中宣扬基督教和西方文化。被抓回的奴隶越来越多，使得该殖民地的规模不断扩大。1827年，弗拉湾学院正式成立，该机构专门培训非洲的神职人员。该校的首届毕业生之一塞缪尔·克罗泽（Samuel Crowther）后来成为第一位非洲籍的英国国教主教。不过，人口中占绝大多数的还是那些自愿来到殖民地的非洲人。其中一些如约鲁巴人以前曾是奴隶，他们将塞拉利昂作为一个驿站——从这里再回到他们当年被掳掠的内陆故乡。

参照塞拉利昂的模式，1816年，美国殖民协会由美国政府授权，在西非沿岸建立了一个美国奴隶自由后的遣返地。1822年，第一批移民来到该地，后来这里为纪念美国总统詹姆士·门罗而改名为蒙罗维亚。1847年，已拥有约5 000名移民的蒙罗维亚正式宣布独立,脱离美国政府。九年以后,蒙罗维亚和毗邻的几个定居点一起组成了一个独立的国家利比里亚,虽然它在很大程度上还是依靠美国的支持。美国人对利比里亚的支持出于多方面的因素:有的将利比里亚视为前奴隶的收容所;其他人则将其作为美国摆脱前奴隶困扰的"垃圾倾倒站"。同塞拉利昂一样,自由奴隶往往只占人口总数的一小部分。即使在今天,那些从美国遣返至利比里亚的奴隶的后裔,也仅占320万总人口的2.5%。

　　随着北大西洋海上奴隶贸易的终结,欧洲人和非洲人开始寻求新的出口项目。由于欧洲人对热带气候不适应,加之对热带疾病没有免疫力而纷纷病倒,因此英国人在尼罗河流域开发棉花种植园的计划终告彻底失败。法国人在象牙海岸和加蓬开发种植园的计划也同样以失败告终。确有外国人在非洲内陆建立了一些企业——常常由同一个人既代表政府,也代表欧洲的商业机构的利益。但是,大多数基本的农产品和畜产品仍由非洲人生产和运输。象牙——作为西方制造钢琴琴键和台球用球大量需要的材料——仍然是非洲大陆的主要产品。新上市的农产品还包括棕榈树的坚果和果仁、花生、木材、染料、蜡、蜂蜜以及红杉木。随着蒸汽船开始在非洲的大小河流中穿梭航行,更多的农产品进入销售渠道,包括棉花、咖啡豆、甘蔗以及糖制品等。到1870年代,又加上了橡胶。在刚果河附近地区,木薯、柑橘类水果、烟草以及玉米也被引进种植。尽管在英帝国及受其控制的区域奴隶买卖已被废除,但是奴隶贸易在19世纪大部分时间里仍遍布于南大西洋和整个非洲大陆。商业作物的种植、猎捕大象以获取象牙、铜和其他金属的开采和冶炼等方面的增长都需要劳动力,而奴隶则提供了其中的大部分。那些获得"自由"的奴隶往往被迫在新的种植园和扩大了规模的沙漠商队中劳作,这种情况在东非尤其突出。阿拉伯商队的领队逼迫众多的奴隶为象牙贸易拼命干活,他们的死亡率相当高。

　　非洲大陆上的运输网络大部分还是采用部族经营的传统方式,如西非的豪萨人、约鲁巴人和阿桑特人,以及东非的尧人、坎巴族人,尤其是尼扬韦齐人,这些由数千人组成的沙漠运输旅队从内陆深处向沿海地区运送象牙。在东部,阿拉伯人的商旅有时还从沿海地区向湖区运输货物,特别是坦噶尼喀湖。这些阿拉伯商人在经济上和军事上都得到了桑给巴尔的种植园主的支持,后者在丁香的种植中获得巨大的收益。桑给巴尔地区从丁香种植以及协调东非地区的商旅运输中所获得的丰厚利润甚至使得阿曼帝国的阿拉伯统治者塞伊德·塞得(Sayyid Said)在1840年将首都从阿曼的马斯喀特迁至桑给巴尔。塞得一方面是受到利益驱使而被"吸引"到了桑给巴尔,另一方面也是被英国海军对阿拉伯海岸及海域日益加强的控制"排挤"出了阿曼。

　　随着内河轮船运输的发展,短距离的火车运输也开始发展起来,把各个河道网络联系起来,或是承担起从港口到附近内陆地区生产中心的短距离运输。蒸汽船运输深入非洲的内陆地区,许多当地的运输组织被取而代之,欧洲人的商业贸易和行政管理体系开始在内陆地区建立起来。欧洲人拥有并经营着好几个重要的行业,包括刚果的橡胶业、东非的咖啡种植业,以及在刚果和南非的铜矿和钻石开采业。

在19世纪的大部分时间里,在相对开放的环境下非裔欧洲人在商业、教育、当地公共事务方面都取得了不错的成果。商业利益变得比政治权力更为重要。然而,自1880年代开始,越来越多的欧洲人从欧洲直接来到这里,夺取政治权力和经济权力,并实行越来越露骨的种族主义政策。约瑟夫·康拉德的小说《黑暗之心》就描述了发生在这一社会转变期的人们的心态和时代背景。

欧洲探险家和瓜分非洲

为了进一步扩大他们的商业投资、政治权力以及传教活动,欧洲人需要对非洲有更多的了解。对内陆的探索吸引了许多探险家:在18世纪后期至19世纪初期之间,西非和尼日尔河流域成了主要的热点,吸引着诸如蒙戈·帕克,雷内·卡耶(Rene Caillie),休·克拉珀顿,兰德(Lander)兄弟理查德和约翰,以及海因里希·巴尔特等探险家。至19世纪中叶,中非和东非的神秘性和潜力引起了一些更为大胆的探险家们的兴趣。苏格兰传教士兼科学家戴维·利文斯通(David Livingstone, 1813—1873年)来到非洲,致力于传教站的建立以及提供医疗援助。1841年他从南非开始,建立传教站、提供援助并进行探险。1852年他短暂回国,在1853年又回到非洲,在安哥拉海岸的罗安达登陆。在接下来的三年里,他继续探险,一次又一次穿越非洲大陆。利文斯通认真学习各种非洲语言、对非洲人抱着尊重的态度,并坚持同非洲内陆盛行的奴隶贸易做斗争。在他著名的关于探险生活的记载中,包括了他向英国政府提出的在非洲抵制奴隶贸易的请求。他先后两次对非洲赤道地区的艰苦探险整整持续了13年。1873年,利文斯通在今天的赞比亚地区进行探险的途中去世。遵照他的遗愿,他的心脏被安葬在非洲,就埋在他死去的地方不远的一棵树下。他的遗体被运回英国,安葬在威斯敏斯特教堂墓地。

1871年,关于利文斯通已去世的谣言就已传到了欧洲,《纽约先驱报》派遣亨利·莫顿·斯坦利(Henry Morton Stanley, 1841—1904年)前去找寻正在进行第三次探险的利文斯通。斯坦利不仅找到了利文斯通,还开始了他自己的探险征程——同一批规模相当于一次军事远征或沙漠商旅团的武装随行人员一起——穿过东非的湖区沿刚果河行进。在斯坦利回欧洲的途中,比利时国王利奥波德二世(1865—1909年在位)任命他在刚果河沿岸建立贸易站。与利文斯通不同,斯坦利对为他工作的非洲人非常严苛,而且还谋取私利。他接受了国王的任命。中非地区的殖民地化开始了。

斯坦利代表国王和他的"非洲探索和文明国际组织"与数百名当地的酋长谈判签署协议。这些协议赋予了斯坦利个人建立"自由黑人联邦共和国"的权力,该国拥有90万平方英里的土地,它运作得像非洲境内的一个奴隶种植园,作为利奥波德国王的私人经济收入来源。可以说,在欧洲殖民非洲的历史上,他对待非洲黑人的残暴是最为臭名昭著的。

我们是怎样知道的?

为什么欧洲人在世界各地进行殖民?

西欧和美国的工业革命开启了帝国主义时代,使得世界的大部分地区处于欧洲的政治控制之下。为什么工业化国家要以这种方式去获得权力?在一定程度上,答案是显而易见的:他们享受着伴随帝国侵占殖民地而直接带来的权力、财富以及威望;他们也宣称欢迎一切能服务他人的机会。另外,他们建立的工业体系所形成的运作方式,要求源源不断的原料供应及更大的销售市场。但是为什么单靠贸易还不够?为什么工业家们还认为有必要施加政治上的控制?在帝国主义背后是否还有其他的动机?帝国主义所造成的结果和帝国统治者的野心是否一致?

我们无法回答所有这些问题,但是帕特里克·沃尔夫(Patrick Wolfe)在《美国历史评论》中发表的一篇评论文章《历史与帝国主义:从马克思到后殖民主义理论一百年》帮助我们回顾并找出一些最重要的解释。

卡尔·马克思谴责殖民主义的剥削,但是,作为一个欧洲人,他也肯定了殖民主义的一些贡献。他强调说,通过铁路、工业基础设施及通信网络建设,英国将新的经济活动带到印度。最终这一转变会导致资本主义和社会主义的产生。马克思在1853年这样写道:"无论英格兰的罪行是什么,她都是导致这一革命的无意识的历史工具"(引自马克思和恩格斯,《第一次印度独立战争,1857~1859》,第21页)。

1902年英国经济学家J·A·霍布森(J. A. Hobson)和1916年俄国的共产党革命领袖(见第19章)V·I·列宁发表的文章认为,控制原材料及市场的欲望是帝国主义的动力。霍布森指出,帝国主义体系的收益大部分都落入富人的手中。他相信,如果帝国主义在海外消亡,那么对国内投资和工业建设的关注将为欧洲的工人阶级提供更多的机会。印度共产党的创始人M·N·罗易(M. N. Roy)不同意霍布森的观点,他反驳说,帝国主义获得的利润确实给欧洲的工人带来了经济利益,因此他们会拥护这一体系。对帝国主义和资本主义体系的反抗会在殖民地那些受剥削最重的工人中间产生。

好几位分析家曾试图把帝国主义体系作为一个整体来理解,以此了解殖民者及被殖民者之间的相互影响。有些人,例如前面提到的马克思指出,这一体系向殖民地引入了有重要价值的现代化。而大多数人,如伊曼纽尔·沃伦斯坦(Immanuel Wallerstein)和美国经济学家保罗·巴兰(Paul Baran)以及保罗·斯威齐(Paul Sweezy)则反驳说,帝国主义势力总是会试图使殖民地保持依附地位和欠发达状态。帝国统治者可能会引进一些技术创新,例如贸易所必需的铁路,但是对他们来说,将殖民地发展成经济和技术上的竞争对手是没有好处的。实际上,采用帝国统治的一个原因正是为了防止殖民地掌控自己的经济政策。

英国历史学家罗纳德·罗宾逊(Ronald Robinson)和约翰·加拉格尔(John Gallagher)在1960年代,法国哲学家路易·阿尔都塞(Louis Althusser)在1970年代和1980年代分别写道,有必要对帝国主义进行具体的个案分析。例如,英帝国主义在埃及的统治同比利时帝国主义在刚果的残酷统治相比,要显得复杂和仁慈得多。即使在一个殖民地之内,帝国主义统治者也会对不同的地区及人群作出区别对待。例如,将受过教育的城市人群召

入行政部门,而与此同时,对待种植园工人却像对奴隶劳工一样。根据帝国主义国家的行政管理以及在当地帝国代表的具体做法,帝国的统治也会有很大程度上的不同。这三位学者都避免给出概括的总结,而强调帝国主义结构的复杂性。

最后,一些近期对帝国主义的学术分析——常常是对后殖民主义的分析——则强调了帝国主义对被殖民者和殖民者的文化影响。帝国的统治者往往从被征服者身上获得一种自豪感,而且为拥有殖民地而夸耀本国的文化。而另一方面,殖民地的人民却常常有一种自卑感。面对自己已经被外国入侵者征服的事实,他们开始重新审视自己的历史文化传统和身份。由于爱德华·萨义德(Edward Said)、霍米·巴巴(Homi Bhabha)、戈亚提·查拉弗提(Gayatri Chakravorty)和加亚特里·查克拉沃蒂·斯皮瓦克(Gayatri Chakravorty Spivak)等文学评论家的努力,这些分析这一文化冲突的后殖民主义文学得到了迅速的发展。事实上,工业化使得世界各民族的接触更加频繁,各种政治哲学互相冲撞,个人的以及群体的身份问题也随之到处出现。关于这些身份的问题我们将在第23和第24章中讨论。

- 在那些认为经济是帝国主义背后主要推动力的学者当中有各种不同的观点。它们的区别在哪里?其中哪一种观点最吸引你?

- 部分学者提出,政治利益是帝国主义背后的主要推动力。你认为有什么证据支持这一观点?

- 许多当代的学者提出,殖民国家和被殖民国家在文化上同样受到殖民主义的影响。你能给出这一类影响的例子吗?

随着欧洲列强在中非的探索和殖民,他们之间的争斗也随之开始。由于担心这种斗争可能带来的后果,因此同几年前在巴尔干人当中所做的一样,德国的俾斯麦采用外交手段来调停欧洲各国间的纷争。1884到1885年,他在柏林召开会议决定刚果领土的分配问题,同时为欧洲各国在非洲的殖民地边界划分制定了基本的规则。柏林会议将刚果的行政管理权全权授予利奥波德二世,土地面积相当于美国大陆三分之一的刚果成了他的附庸政府。刚果这片面积比比利时本土大80倍的土地实际上成了他的私人领地。其经济价值首先在于从丛林中蔓生植物上提取的天然橡胶,其次是对该地区丰富的矿产,尤其是铜矿的开采。工人在枪杆的胁迫下被迫像奴隶一样劳作,如果完不成限额,就会被砍掉双手甚至遭到杀戮,公司代理人残害或杀害敢于反抗的工人。在利奥波德二世国王统治期间,有1 000万刚果人在他的暴政下惨死。1908年,比利时国会认识到对刚果统治的残暴和由此造成的经济损失,于是从国王手中收回了对该殖民地的控制权。尽管如此,刚果仍然是在非洲各殖民地中统治最为严酷的地区之一。

柏林会议还通过文件的形式瓜分了非洲大陆,基本上将内陆地区分割给已在其附近沿海地区拥有殖民地的欧洲国家。这些国家随即在这些地区建立实际内陆定居点,他们快速行动,派遣殖民者开始"瓜分非洲"。葡萄牙将安哥拉、莫桑比克收入囊中。意大利在非洲角分得索马里兰的一杯羹,在红海则得到厄立特里亚。它还企图征服顽强的埃塞俄比亚,但是国王曼涅里克二世(King Menelik Ⅱ,1889—1913年在位)购买了足够的枪支弹药,而他那支训练有素的队伍在1896年的阿杜瓦之战中将意大利军击败。不过1911年,意大利还是成功从衰落的奥斯曼帝国手中夺取了利比亚。德国在德属东非(坦噶尼喀)、喀麦隆、多哥,以及德属西南非(今天的纳米比亚)分别建立了殖民地。德国人同之前的英国人和法国人一样,同非洲的酋长签订条约,这些酋长并不了解所签文件的重要性,他们只知道这样做能加强他们对人民的控制权。事实上,这些酋长大多成为欧洲人在非洲招募劳工、征收税赋的代理人。作为回报,欧洲人帮助这些酋长对抵抗和叛乱进行镇压。

当非洲人抵制这些单边协议时,欧洲人就用武力镇压。1884到1898年,法国人击败了由穆斯林萨摩里·杜尔领导的曼丁哥人的反抗。1900年,英国人最终在黄金海岸镇压了阿桑特人的几次起义。1905到1907年,德国在坦噶尼喀平息了或许是历史上最不成功的马及马及起义,叛乱者拒绝在棉花种植园中强迫劳动,这一叛乱由金吉克泰尔·恩戈韦尔(Kinjikitile Ngwele)率领,他声称他拥有一种叫做马及的神水(maji),这种神水能使他的跟随者刀枪不入。起义最后以70 000起义者遭杀害告终,其中包括那些因疾病或营养不良而死去者。其他相对规模较小的起义也同样遭到武力镇压。

正当英国的军队开始打通贯穿东非的南北向路线时,法国军队则开始从它在西非的重要据点出发向其在东部法属索马里兰的小据点挺进。1898年,基奇纳将军与法国上尉让·巴普迪斯特·马尔尚(Jean-Baptiste Marchand)在法绍达遭遇,双方都发出挑衅的言论和新闻报道,战争的威胁迫在眉睫。最终,人数上被对方大大压倒的法国人只得后退，撤退到其在阿尔及利亚的主要据点和摩洛哥，后来在1912年，法国与西班牙一起瓜分了摩洛哥。

劳资纠纷：高压政策及工会组织　　在非洲各地，欧洲人都遇到了给他们的新庄园和企业公司寻找劳动力的难题。通过没收非洲人的土地再在自己人当中进行瓜分，欧洲人从非洲人手里把庄园抢夺过来，由此产生了一种新的雇佣劳动力。1913年，《南非原住民土地法》（Natives Land Act of South Africa）剥夺了非洲人对87%的土地的所有权，而其余13%的土地大多位于边缘地区。这些新近被剥夺了土地的劳动力成了东非高地上新建立的咖啡种植园的劳工主力。在肯尼亚、罗得西亚北部、尼亚萨兰及安哥拉的农耕地区，形成了一种没有工资的租佃制，这是一种种植收益分成制。在安哥拉和莫桑比克的殖民地，葡萄牙人用威胁的手段强迫非洲人为他们干活，但是非洲人常常逃走或者采取捣乱破坏的做法。英国殖民者则采取（低）工资的"胡萝卜政策"，这种做法在刺激劳工的积极性方面似乎更有效些。在沿海地区，来自印度、中国和东南亚地区成千上万的契约劳工被运到甘蔗种植园中劳动。

最大的问题是为南非的钻石和金矿开采寻找劳动力（后来刚果的大型铜矿也遇到了同样的问题）。税收制度也开始推行，而且必须以现金支付，迫使非洲人寻找办法来提高他们的工资待遇。矿区工作就是他们的选择之一。由于欧洲人担心人数稳定的非洲人劳工在矿区可能发动革命造反，他们一般在每次招募时只签订一到两年的合同。他们还人为造成劳动者家庭成员的分离，只允许男工住在靠近矿区的临时木房中，而令其家属居住在遥远的保留地，在那里女人和小孩从事有限的农耕和手工艺制作。矿主支付给工人的那点微薄的工资不足以维持整个家庭的生活，因此妇女的农业和手工劳动实际上是对工人工资的一种补充。

矿区的行业协会只组织白人的技术工人而将非洲人拒之门外。1906年，各矿雇佣的白人为18 000人，非洲人94 000人，以及来自中国的契约劳工51 000人，白人技术工人罢工抗议，声称他们因为黑人和中国人而失去了工作机会。矿厂主靠雇用南非白人平息了这次罢工，但最终中国劳工被遣返回国，技术工种还是留给了白人。种族歧视战胜了资本主义的自由市场，也打破了工会的团结。

殖民统治下的性别关系

自16世纪起，欧洲人就开始在海外进行贸易活动，他们无一例外都是男性，还常常和当地的妇女发生性关系。随着这些男人在海外居留时间的延长，和当地妇女保持关系不仅在社交娱乐和性生活方面，而且还在贸易经营和行政管理方面变得越来越重要。妾就是其中一例，在塞内冈比亚，也即今天的塞内加尔和冈比亚地区，妾室就是法国商人在当地的情妇或小妾。由于塞内加尔公司禁止其商人在当地结婚，因此男人就在当地的沃洛夫人和勒波人（Lebou）中挑选他们的妾室。这些女人帮助欧洲男人解决当地的语言、传统习惯和卫生健康状况等问题。

629

妾（signares） 指法国商人在塞内冈比亚娶的非洲小妾。

《印度的圣诞节》，素描，E·K·约翰逊（E. K. Johnson）绘，选自《图录》（Graphic）一书，1881年。在大多数情况下，欧洲男人并不与殖民地的人民交往或是建立牢固的联系。同样地，女人们也将自己独立在外，她们围绕自己的家庭和欧洲朋友生活。就像在家乡时所习惯的那样，妻子会负责监管家庭事务。而这里的奶妈和英国的保姆一样负责照管年幼的孩子。

在印度发财的欧洲人（nabob）指18世纪时，东印度公司中那些在印度发财的英国人，他们往往通过腐败方式来聚敛财富。

在印度发财的欧洲人，他们是成功的商人，往往会变得非常富有，也常常和当地的女人发生同样的关系。他们并没有被禁止与当地人结婚，于是便成为盎格鲁-印度血统孩子的父亲，他们形成了一个规模不大但却地位重要的社区，尤其是在大型的港口城市如孟买、马德拉斯和加尔各答等地。

随着欧洲人开始建立殖民地，欧洲的妇女也开始来到这些殖民地，通常是与丈夫一同前来，或是来这里寻找丈夫。欧洲妇女阻挠这种殖民者和殖民地妇女之间的关系。更严格的界线被树立起来。在非洲和印度，观察家发现，殖民者和被殖民者之间在性别和性别关系上的距离疏远了，种族歧视也更趋强烈。关于不同种族间行为的新规定不仅限制了性关系，也限制了社会关系的发展。随着男女之间关系的自由度变得越来越少，男人之间不拘礼节的随意交往也减少了许多。

早期的历史学家都将这种日益加深的隔阂归咎于欧洲妇女试图防止她们的丈夫同当地女人发生暧昧关系而采取的约束性态度。最近，一些女权主义学者则认为，妻子和丈夫对造成这一距离拉大都有责任。双方都表现出了种族歧视。无论欧洲男人和妇女对欧洲男子与殖民地妇女之间关系的看法有什么差别，双方都同样希望限制当地的男人同欧洲妇女之间产生亲密关系。随着殖民地的扩张和殖民地社会变得渐趋稳定，每一个家庭都倾向于（多少带点自大的色彩）将自己视为统治者的代表，一个微缩形式的殖民地前哨站。

殖民者中的妇女有没有和殖民地的妇女建立较为牢固的友谊呢？大多数当代历史学家认为答案是否定的。殖民者倾向于对被殖民人民性别关系中的缺陷穷追猛打并着手进行改革。在印度，英国的殖民者禁止当地人的"萨提"（sati），即寡妇在其丈夫葬礼所用柴堆上自焚而死；他们规定了男女结婚的最低年龄；尽管遭到上层印度教徒的反对，但是他们鼓励丧偶的寡妇再婚。在非洲，他们试图取消一夫多妻制。无论在哪一方面，殖民政府都认为他们自己的传统习俗高人一等，有欧洲人来拯救是殖民地人民的幸运。欧洲妇女同来自欧洲的殖民者一样，通过干预当地人的性别关系来证明其殖民制度的优越性和正当性。

不过，殖民者的到来确实给殖民地区带来了以欧洲模式为基础的性别关系新模式。至少，在被殖民者当中，有些人开始倾向欧洲式的性别关系。他们希望妇女得到更多的教育机会，获得更多的婚姻自由，而且提倡试婚制。他们希望结束印度"殉夫自焚"（即萨提）的做法和非洲的一夫多妻制度，以及中国妇女缠足的习俗。人们有时是因为新制度看上去要好得多而采取接受态度，有时则是因为新的做法能博得殖民地主人的好感。

到后来，随着民族主义的生根发芽，由于西方习俗与殖民主义相关联，人们开始拒绝某些欧洲习俗。有的妇女开始欢迎西方妇女自由解放的理想，例如接受教育的平等机会，在家庭以外工作的权利，希望对家庭规模有一定的限制，以及拥有个人财产及法律上平等的权利，然而她们随后发现，这些"自由"与她们自己社会的传统家庭价值观是相互抵触的，便转而采取抵制态度。她们还对欧洲的男人和女性之间的关系作了更细致的分析，发现这一关系中充满了不安和焦虑。她们把那些殖民者对其家庭及性别关系的干涉讽刺为"白种男人从棕褐肤色男人手里拯救棕褐肤色的女人"。

630

萨提仪式，安拉阿巴德，印度，1946年。一个寡妇身躺在火葬的柴堆上，准备举行萨提仪式为死去的丈夫殉葬，这是在少数印度教上层种姓妇女中流传了几个世纪的习俗。在1829年，英国立法禁止该仪式，印度人对此有的支持有的反对。尽管是违法的而且罕见，但这一做法仍会偶尔出现。

反殖民主义的起义，1857—1914年

被欧洲的殖民势力征服引起了人们普遍的焦虑和愤恨。当然，并非所有的人都处在这种情绪之中。一部分被征服者通过与征服者共事或为征服者的政府工作找到了新的机会。对个人而言，他们可能找到工作、接受教育、获得经商机会和从事新的职业。对他们的国家来说，他们可能会发现，帝国主义势力把和平带到了交战不已的派系之间，同时法治取代了当地官僚的专制统治。新的医疗和技术体系还可能提高他们的生活水平。

但在大多数情况下，被征服的人民往往心怀愤恨，或者逐渐变得愤愤不平。他们可能看到了早期的殖民制度带来的一些好处，但过了一段时间以后，他们通常都会被阻碍其担任政府高级职务的"无形屏障"所激怒，即使他们已具备相应资格，但仍不

631

得重用。虽然殖民地的新商业提供了不少机遇,但是大部分的利润都被殖民国家掠夺了。新的教育、立法和行政系统侵蚀着当地的传统、文化和宗教。在公共生活中使用的是殖民者的语言——这在殖民统治下成为一种常规——也制约了本土文化的发展。至少,被殖民地人民在大部分殖民者那里所遭受的令人愤恨的种族歧视和屈辱蔑视与他们所受的那些更为有形的挫折一样给人带来伤害。或早或晚,大多数殖民地的人民都希望获得独立。在世界各地,他们奋起反抗殖民统治。

但是,这当中有许多人只是朝后看,他们希望恢复的是殖民之前的一切旧制度。这是早期对殖民主义的一种普遍的反应。1857到1858年在印度发生的起义就是如此;1881到1898年发生在尼罗河上游的马赫迪起义也同样如此;"正义者的领导人和异教徒的毁灭者"沙米尔,在高加索地区伊斯兰教神秘主义派别兄弟会支持下发起的对抗俄罗斯的运动(自1834到1859年)也是如此;同样如此的还有埃米利奥·阿奎纳多(Emilio Aguinaldo)在菲律宾发动的反对美国的抵抗运动(1898—1902年),以及在巴厘岛、印度尼西亚的龙目岛(1881—1894年)和苏门答腊岛(1881—1908年)爆发的反抗荷兰人的农民战争。

后来,反对殖民统治的武装起义和非暴力的政治运动变得越来越向前看了。这些运动的领袖不只是简单地追求回到过去,而是寻求建立一个新的经过结构重组的国家,他们往往结合了传统中的要素和部分源于殖民势力引入的改革而产生的新目标。在印度,1885年成立的"印度国民大会党"为印度提出了一种议会民主的模式,其往往(虽然并不一直是)同印度的改革主义相结合。在埃及,萨德·扎格卢勒(Saad Zaghlul,1857—1927年)于1907年建立了一个革新者政党(Hizb al-Umma)即人民党,该党在1919年后又成为民族主义的华夫脱党的核心。早在1911年,中国革命的奠基人就开始希望自己的国家实现现代化。出于对奥斯曼在巴尔干半岛战败的爱国主义愤怒而于1878年成立的土耳其青年党,在1908年前已发展成为一大革命政党。土耳其青年党同中国的民族主义者一样认识到,在继续推进改革前,推翻原来的统治阶级即奥斯曼帝国是首要的任务。印尼的第一个民族主义组织"至善社"在1908年成立,南非的国大党在1912年成立,而越南的"越南光复会(Quang Phuc Hoi)"组织于1913年成立。

这些组织对其所建设的未来国家的概念都持一种设想:它一方面以欧洲的军事、经济、政治及政府的行政管理模式为样板,但同时也体现本国的文化、宗教及社会等特点。也许在所有这些反应中,日本是最有趣的一个。到1850年代中期,日本已目睹了中国在西方势力下陷入半殖民地社会的屈辱境况。1853年,当美国的军舰来到日本海域时,日本人担心等待他们的将会是同样的命运。他们采取了坚决的措施来确保自己不沦为殖民统治的牺牲品。

日本:从闭关自守到平起平坐,1867—1914年

从民族主义的角度来说,日本作为一个民族是统一的:拥有其民众普遍接受的

历史传说，单一的王朝，其君主世系可追溯至公元前7世纪国家的建立，统一的民族语言，完整的国家政治结构，以及以岛屿为主的地理环境。1600年代初，日本政府闭关锁国，中断了与国外尤其是与欧洲的接触，此举更加剧了日本岛国与世隔绝的特征。日本没有采用欧洲具有竞争性的民族国家的模式，而是在这一阶段选择了相对封闭的做法。然而到1853年时，面临着西方国家的挑战，日本开始认识到，在军事、经济、外交、政治及文化上进行改革已是当务之急。1853年以后的日本历史体现出从原来的孤立隔绝到全面融入民族国家世界的转变。

632

幕府时代的终结

截至1639年，日本中断了与欧洲世界的商业联系和接触，唯有荷兰的贸易驻地例外，该地位于长崎海港中的出岛（Deshima Island）上，实际上处于孤立状态，每年只允许一艘船入港。日本人还允许中国人在长崎进行贸易，但必须在严格的限制之下。一些同中国的贸易借"纳贡"的名义通过琉球群岛进行。而与韩国人的贸易则在对马岛进行。除此之外，日本处于与世隔绝封闭的状态。在18世纪后期和19世纪初期，偶尔有欧洲的船只试图建立联系，但是都被日本人拒之门外。

然而到了1853年，美国派遣海军准将马修·佩里（Matthew Perry，1794—1858年）率领一小队人马和三艘护卫舰迫使日本开放贸易，就如同十年前中国在鸦片战争中被迫对外开放门户一样。日本无法抵御美国人以及随后而来的欧洲列强，在接下来的几年中，日本开放了更多的口岸：起初还是在较为偏远的地区，而后则是在长崎、神户和横滨。日本允许外国人在江户（今天的东京）和大阪居住，并授予其治外法权。外国人被准许制定日本的关税政策。1863年和1864年，英国、法国、荷兰和美国的海军以本国船只失火为由，摧毁了日本的沿海要塞和补给并强迫日本赔款。同中国一样，日本也逐渐落入外国的控制之下。

但是和中国不同的是，年轻有魄力的领导人夺取了日本政府的控制权，强制对全国的政治、行政管理、阶级结构、经济、技术和文化等各方面进行大规模的重组。这些领导人大部分是日本最南端的长州**藩**和萨摩藩的武士，他们认为日本的现任政府无力对抗欧洲的威胁。虽然日本大约250个不同的藩之间产生了巨大的分歧，但地方领袖中最有影响力的几位都主张推翻借天皇之名统治着日本的**将军**，应当恢复天皇本人作为日本的直接统治者。作为日本世袭军事精英的年轻武士应该为新政府的政策做出规划。

日本武士得以使用一些荷兰人从长崎港口驻地引进的技术知识。实际上，幕僚政府在1811年就成立了一个专门翻译荷兰语文献的部门，到1857年时已扩展成一个研究学习欧洲语言和科学的学校。一些封建领地，包括长州藩、萨摩藩和水户藩也建立了这样的学校。到1840年，已有日本人开始铸造西式的枪炮。佐久间象山（Sakuma Zozan，1811—1864年）也是提倡采用西方军事理论的拥护者之一，他提出了该运动的座右铭："和魂洋才"。他建议日本可以引进西方的技术，尤其是军事技术，

藩（han） 日本，德川幕府（1603—1868年）时期大名控制下的领土或封建领地。在1871年被废除。

（幕府）将军（shogun） 以天皇名义统治日本的军事领袖。

与此同时保留自己的文化。

佐久间象山相信，国家的开放不仅是必要的，而且是有益的。但并不是所有人都这样认为，1860年，一部分来自保守的水户藩的日本武士提出了相反的观点："尊王攘夷。"两方的冲突愈加尖锐。随着持对立观点的两派互相指责攻击，政治暴力愈演愈烈。1864年，水户的忠实拥护者刺杀了佐久间象山和另外一名改革领袖，并随后集体自杀。针对那些已在日本定居下来并在此地经商的外国人的攻击也频繁出现。

1865年，长州的一些年轻武士击败了他们的**大名**（封建领地的大领主），夺取了对长州政府的控制权。次年，长州的武装力量和幕府的军队发生冲突并将后者击败，而其他大名则对此坐视不理。1868年，长州藩、萨摩藩等地的武装力量会同其他更为偏远藩的军队攻占了京都天皇的宫殿，并宣布幕府时代终结，幕府的土地充为国有，天皇重掌皇权。军事战役大体上在11月结束，而海上的战斗则持续到了1869年初。**明治维新**永远结束了幕府时代，大名以及他们手下的年轻武士以明治天皇（1867—1912年在位）的名义开始掌权。天皇在14岁时加冕，在他在位期间，国家经历了一场规模巨大、速度惊人的大转型。

明治政府的政策

1868年4月6日，革新派领袖借明治天皇的名义发布了五条御誓文。其中第五条，也即最后一条是最重要的："求知识于世界，大振皇国之基业。"新的目标是建立"一个富有的国家和强大的军事力量"。新的领导人开始在世界范围内寻求可能适合日本需要的政治、经济以及军事模式。

在1858年签订条约后，幕僚政府于1860年向美利坚合众国派遣了大使，1862年时又向欧洲派出大使，开始了正式的官方信息交流。此时，由岩仓具视（1825—1883年）率领的一个考察期为两年的海外亲善使团于1871年出发，旨在加深与缔约国首脑的联系，讨论未来的条约修订，同时让日本的领导人亲自了解西方世界的情况。有54名学生陪同出行。1871年，日本成立了教育部，第一笔预算（1873年）包括派遣250名学生出国学习的资金。这些学生中有许多人后来都成为新日本的领袖。日本还引进了外国的教师。幕府政府在晚期也曾在工业企业中雇用过一些外国人，而明治政府所雇佣的则要多得多。他们开始开拓北方的岛屿北海道，引进了美国的专家，后者带来了大规模农业耕作法。到1879年时，工部省已聘用了130名外国人。从德国请来的医生教授医学，从美国请来的教师则传授自然和社会科学知识。不过几年以后，由于引进外国专家的花费超过了所得的收益，因此引进的人数减少了。那些自费前来的传教士则是一大例外。

政府的重组 天皇从京都的府邸迁至前幕府时代的首都江户，1868年江户改名为东京。1869年，最重要的四大藩——长州藩、萨摩藩、土佐藩、肥前藩的领主大名将土地交还天皇，此举为其他大名树立了榜样。起初，大名被任命为地方长官，两年后他们的领地被取消，同其他日本的行政区一样重新组织。大名保留了某些收取税

633

大名（**daimyo**） 日本的封建领主，至16世纪几乎控制了整个国家。

明治维新（**Meiji restoration**） 日本以睦仁天皇（1867—1912年在位）即明治天皇之名实行的改革。在他统治期间，通过宪法改革，天皇重新获得了所有的权力，罢免了原来握有军权的幕府将军。日本实施了许多西方的革新措施，从而成为现代化工业国家。

634

赋的权利,这使得他们在经济上颇为宽松,政府向大名的侍卫武士支付薪俸以免他们作乱。尽管如此,在长州藩、九州、萨摩藩发生的十年叛乱,尤其是土佐藩发生的规模最大的叛乱确实给新政府带来了挑战。在萨摩藩,40 000人的军队在情非得已的领导人西乡隆盛的带领下同政府对抗,随后遭到镇压。日本政府的地位得到了巩固。

中央政府新军队的核心是从萨摩藩、长州藩和土佐藩选出的10 000人的军队,于1871年组建。1878年,这支军队进行了重组,并投入资金购买了现代的设备,其中不少是在日本制造的。一所军事院校按照德国的模式开始对军官进行培训,而海军则采取了英国的模式,多次从英国购买战舰。在军队服役给应征入伍的日本士兵带来了新的生活方式,包括外出旅行,读书识字的机会,穿着西式的制服和鞋靴,民族主义以及对天皇的崇敬。日本正在成为东亚地区最为强大的国家。

经济重建 认识到英国工业革命中潜藏的经济原则,日本首先发展农业。国家需要利润盈余,需要一个高效的农业为城市工业提供食物和人力。新的种子、肥料和技术被引入全岛,北海道被开垦以发展农业,农业院校传播新的生产技术和信息。到1880年代时,农业产量增加了约30%;从1890年到1915年更是翻了一番。这一产量的增加不仅包括粮食作物,还包括大部分用于出口的茶叶、棉花和丝绸。农民并没有得到农业产量增长带来的利润,这些盈余被地主用来投资商业或工业。高昂的地租把农民压榨得更为贫困,所有的农民都被征收繁重的税收以支付工业化和军事化的巨额费用。

在大规模的工业化过程中,政府扮演了企业家的角色。1872年,政府在东京和横滨之间建造了第一条铁路。在20年的时间里共建设了长达2 000英里的铁路。在城市内,手推车和人力车作为铁路运输的补充。到1880年,电报线路已连接了日本各地所有的大城市。政府为煤矿、铁矿、机械制造厂、水泥厂、玻璃及瓷砖厂、羊毛及棉纺厂、造船厂、矿井以及武器制造业提供资金。1873年帝国工部大学校成立。不过贡献最大的工业企业——缫丝业,其产品占日本出口量的40%——大多由私人企业经营。

城市化 在德川幕府时期(1603—1867年),每一位大名都拥有自己的都城。因而,日本全国有众多的行政城镇和城市。在明治维新时期,这些城镇为新的文化模式

日本的明治维新和工业化	
1853年	佩里准将率领舰船驶入江户湾,结束了日本250年的闭关自守
1854年	《神奈川条约》给予美国同日本贸易的权利
1860年代	一系列"不平等条约"授予美、英、法、俄及荷兰商业及领土方面的特权
1868年	德川幕府将军被迫退位,明治维新后行政权力重归天皇
1871年	革新行政系统,引进西式改革
1872年	引进国家教育体系,至1900年儿童入学率达90% 首条铁路开通
1873年	日本武士阶级的特权被免除
1876年	迫于压力,朝鲜同意对日本开放三个港口,并互派外交官
1877年	西南叛乱标志着保守势力最后的大规模挑战以失败告终
1879年	引入地方政府的代表制制度
1884年	西式贵族院(上院)产生*
1885年	引入内阁政府机制
1889年	在俾斯麦德国模式的基础上,制定宪法
1889年	棉纺厂从1877年的3家增加到83家
1894—1895年	对华战争(中日甲午战争——译注)以日本的胜利告终
1895年	日本吞并台湾和澎湖列岛
1902年	英国和日本签订军事协议(第一次《英日同盟条约》——译注)
1904—1905年	对俄战争(日俄战争——译注)以日本胜利告终
1910年	日本吞并朝鲜
1914年	日本加入协约国参加第一次世界大战

* 指1884年颁布的"华族令",将旧贵族阶级和新的有功之臣分为五个爵级,组成贵族院成员。——译注

635

原始资料

福泽谕吉：文化翻译家

出生在九州一个下级封建贵族家庭，福泽谕吉（1834—1901年）对知识的渴望使他来到了大阪、长崎（学习兰学），并于1860年加入第一次日本官方代表团来到美国（1867年再次访问美国），并于1862年访问欧洲。福泽拒绝了在政府任职这一通常选择，而选择成为一名新闻记者和教师，他因将西方文化首先引介到日本而享有盛名。他的著作从个人视角介绍了西方社会，在这样一个渴望了解和认识西方社会和政治的国家，他的著作销量达到数十万册，他在东京创办学校，后发展成为庆应义塾大学，培养了日本众多的商业领袖。以下节选自福泽谕吉于1899年出版的自传。

他陈述了他想要公正地解读西方的目标，尽管他知道他将遇到阻力。

> 我所有工作的终极目标是将日本建设成为一个文明国家，并使其如西方世界一样具备和平与战争的艺术。我的所作所为似乎使我成为唯一笔耕不辍的西方文化引介者。因而很自然的，我会被一些日本的老派人士所厌恶，并被怀疑是为外国人牟利……我认为，人类是万物中最为神圣的和有责任感的，理智上不会做任何卑鄙的事情……总而言之，我的信条是，一个人应当在独立和自尊中寻找他的信仰。

他对西方的社会组织机构作了调查：

> 举例来说，当我来到一家医院，我会想知道它是如何运营的——由谁支付日常的营运费用；当我来到一家银行，我想知道钱是如何存进去，又是如何取出的。通过类似于第一手资料的调查询问，我了解了邮政系统以及在法国而不在英国实行的兵役制度。一个令人困惑的组织是代议政府……在相当长一段时间里，我对这些毫无概念，我不能理解他们（政党）之间在"斗争"些什么，而在和平时期"斗争"又有何意义。他们会告诉我，"这个人和那个人在议院里是'敌人'"，但是我们看到的这些"敌人"却坐在同一张桌子边上，共同进餐。（第134页）

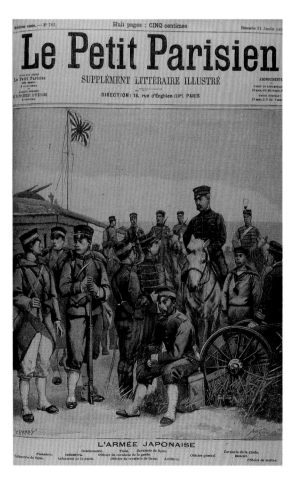

提供了传播途径。其中一些城市脱颖而出：天皇府邸的所在地京都成为传统文化的中心；大阪成为最重要的商业中心；而江户（今天的东京）到19世纪中叶已拥有50万至100万人口，成为主要城市中规模最大最繁荣的一个。

德川时代的城市文化是多元的。在商业生活中居于中心的是那些将精力放在赚钱谋利上的商人。然而他们也喜欢娱乐，并在家庭以外的地方找到了这样的活动场所。家是留给妻子、儿女生活，操持家务的地方，而城市中的娱乐区域则包括餐厅、剧院、艺术文化场地，并有艺妓及妓女等女性陪伴。

建立在社区、神社、同业公会、民政部门（诸如消防等）基础上的社会网络给了人们一种社区意识。在明治维新的第一代，城市的发展相对还比较慢。到1895年时，4 200万人口中仅有12%居住在城市里。大型工厂中的工业化才刚刚开始。1897年，全日本只有400 000工人在雇工人数超过5人的工厂工作。但是到了世纪之交，明治维新在制度和经济上的改革开始见效，城市的人口大大增加。以至于到1930年代中期时，日本

身着西服的东方人。这张法国杂志封面上的日本军队照片具体地展现了日本政府努力融入20世纪早期现代社会政治和时尚的决心。

三井吴服店的广告传单（后改名为三越百货商店），东京，约1895年。零售商店显然是融入西方工业文明的标志之一，正如"前"和"后"两幅图所示。传统的底层商铺（下图）到处是店员们为些许布料争着价钱；后来扩充的二楼新式商店（上图），则氛围宁静，光洁的玻璃橱窗宣扬着一种全新的消费时尚。

636

6 900万人口中已有45%居住在城市。1920年，工业劳动力达到170万（1936年时增长至600万）。

城市的文化也发生了巨大的变化。日本的城市相当拥挤，而且常常受到火灾和地震的威胁，城市不仅仅随着文化和技术的革新而发生改变，而且一次次随着城市重建的需要而变化。爱德华·塞登斯蒂克（Edward Seidensticker）关于1867至1923年间东京的著名研究《下层城市，上层城市》（*Low City, High City*）就描绘了这一城市的双重转变。东京的旧心脏下城区出现了规模更大的商业企业、喧闹的娱乐场所，以及日渐更新的流行风尚，但它仍然植根于德川时期江户的平民文化。建在地势较高地区的上城区发展则要晚一些，建筑风格以现代为主，有着更浓的西方优雅品味以及更趋现代主义的文化。

文化和教育改革　西方的文化风格，无论是表面的还是具有深层内容的，都在明治时期的日本传播开来。1882年，日本开始实行阳历，并采用七日为一周的做法，以周日为休息日。1886年引进了公制。比起传统的剃头顶髻，日本武士开始更倾向于西方的发式。军队穿上了西式的制服，西式的礼服自1872年以来便成了所有官方仪式上的法定服饰。食肉尽管有违佛教的教规，但是现在得到了鼓励，寿喜烧——一种在餐桌上现做的肉类加蔬菜料理发展成为日式料理的一部分。

日本读者对西方的作品趋之若鹜。提倡个人权利的启蒙主义哲学家和诸如约

637

638

明治时期的**教室场景**，约1900年。明治时期的统治者认为，教育对日本的现代化至关重要。五条御誓文称"求知识于世界"。甚至在明治时期之前，教育的标准就已经相当高。而在明治时期，他们追求100%消灭文盲。

翰·斯图亚特·穆勒等功利主义者的作品被争相阅读赞赏。赫伯特·斯宾塞更为激进的社会达尔文主义大受欢迎，被视为是对日本日益壮大的国力及正在形成的帝国主义的辩护。塞缪尔·斯迈尔斯强调的"自助"论也在这里找到了知音读者群。

德川时代的日本重视正式的学校教育。武士都进入由各藩兴办的儒家学校学习。平民则在佛堂寺庙里的学校学习。到明治维新时期，约45%的成年男子和15%的成年女性已能够读书识字，这一比率和发达的欧洲国家基本相同。在此基础上，政府开始推行一种高度集中的教育制度，并规定学生必须接受义务教育。到1905年时，90%以上达到小学入学年龄的男女儿童都已上学读书。学校提供高质量的教育，公共教育的质量高于私立教育，由此帮助日本从德川时期等级森严的封建社会转变成一个在制度上比大多数欧洲国家更为平等的社会。在大学教育这一层次，自1886年东京大学建立开始，全日本陆续建成了一批高水平高质量的高等学府。

性别关系　明治维新为日本男性的公众生活和争取个人成就开辟了新的空间。部分妇女在结婚前的几年内也得到了接受新的教育、在工厂就业工作以及参与文化活动的新机会。但总的来说，妇女在参与公共活动方面还是受到严格的限制。随着天皇的地位得到恢复，男性在家庭里的主宰地位也得到了巩固。1890年的治安管理条例*第五条禁止妇女和未成年人加入政治组织，禁止他们举办或参与含政治演说或讲座的集会。（直到第二次世界大战以后妇女才拥有投票权。）1898年的《民法》强调了家庭中的父权制，给予一家之主的男性毋庸置疑的权威。妇女享有极少的法定权利。婚后，女性财产的控制权移交到丈夫手中。父亲对子女拥有绝对的监护权。1880年，纳妾的习俗被废除，但社会依然容忍嫖妓以及私养情妇的行为。随着中学教育延伸到包括女性，1899年颁布的《高等女学校令》宣布其目标是塑造"贤良淑德的妻子和聪慧明达的母亲"。在家中，妇女拥有相当的权威并受到相当的尊敬，但是事实上她们在日本的公众生活中是没有地位的。

战争、殖民主义和在民族之林中的平等地位　自明治维新之初，日本就努力终结丧权辱国的治外法权条例，该条例规定，触犯日本法律的外国人须由外国的法庭而不是日本的法庭审理。日本也努力争取收回对本国关税的控制权。这些目标为引进与西方国家更加一致的新法律体系提供了理论基础。如果日本的法律同欧洲的法律相

---

*　似有误，应为1900年（明治三十三年）《治安警察法》，1890年颁布的是《集会及政社法》，其中第五条非书上所举。——译注

一致，那就没有理由继续沿用治外法权。1899年，新的法典生效，与此同时，英国放弃了治外法权。其他国家相继仿效。作为回报，日本允许外国人在条约规定的港口以外的地区居住。1911年的追加条款将关税的所有控制权归还给了日本。

战争和殖民活动看来对获得欧洲国家群体的成员资格来说也相当重要。1873年，全民征兵法案的主要倡导者、同时也是日本新军的主要设计者山县有朋（1838—1922）提出了这一点，并开始准备征服朝鲜。1876年，日本强行在朝鲜建立公使馆。朝鲜的政治领袖在政策方面存在分歧，一部分人向保守的中国谋求支持，而另一部分人则转向激进的日本。1894年，这两派之间的斗争爆发，中国和日本都派出了自己的军队，战争在这两个国家之间爆发。在陆地上，日本的军队夺取了整个朝鲜，并向中国东北推进。在海上，他们击败了中国的舰队，占领了中国东北南部的海军基地旅顺，以及山东半岛的威海卫港。停战协议将台湾和澎湖列岛割让给了日本，日本取代中国成为东亚的主导。朝鲜虽然被正式承认为独立国家，但是日本却在那里拥有支配权。日本还打算控制辽东半岛，但是以俄罗斯为首的国际外交联盟强迫它退出该区域（即三国干涉还辽——译注），尽管日本对此愤愤不平。

日俄战争，1904—1905年：大事记	
列强对中国东北和朝鲜的觊觎引发了这场战争，尤其是当俄国侵占了旅顺（1896）及黑龙江地区（1900）。	
1904年5月	鸭绿江渡河战役：日本在安东附近（现丹东）击败俄国。该江为朝中边界，日本军队在未遭遇强烈抵抗的情况下渡过鸭绿江。迅速击败了向北撤退的俄国军队后，日本军队转而进攻旅顺港。
1904年5月—1905年1月	攻战旅顺港：日本舰队封锁了港口，使得俄国舰队成为瓮中之鳖，同时日本陆军进行了一系列小规模攻击。在遭受惨重损失之后，日本攻克了旅顺，守军开城投降。日军损失约58 000人。
1905年2月—5月	奉天（沈阳）会战：在满洲的省会外日本军队击败了俄国军队，在最后的大会战中，日本士兵伤亡41 000人，俄军伤亡32 000人。沙皇最终被迫接受美国的调停。俄军波罗的海舰队在对马海峡被歼灭。
1905年8月	停战条约：俄国放弃了在旅顺港的租约，将南库页岛割让给日本，从中国东北撤出，并承认日本在朝鲜的利益。这是两个多世纪以来亚洲强国第一次击败了欧洲强国。美国总统西奥多·罗斯福的调停促成了议和条约的签订，并获得诺贝尔和平奖（1906）。

20世纪初，两次与西方的进一步交锋证明了日本在世界列强中的崛起。第一次，在1902年，英国与日本签订同盟条约，这是第一个由欧洲国家与非西方国家之间签订的军事平等条约，它将欧洲和东亚最强大的两支海军联结起来。条约抑制了俄国的野心，同时进一步确立了日本对中国的半殖民控制。第二次，面对俄罗斯持续对中国东北的渗透及日益加深的外交敌对态度，日本做出了回应。1904年日本在旅顺对俄国的舰队发动攻击，正式宣战。由于在远离自己国家重心的地方作战，俄国的军队遭到了失败。1905年，俄军一支从波罗的海赶来的舰队驶过对马岛海峡时被日军截击并歼灭。

自17世纪奥斯曼帝国在东欧取得胜利以来，这是亚洲国家第一次击败了欧洲势力。（在俄国，这一失败引发了1905年反对政府的革命。）在美国总统西奥多·罗斯福召集的和平会议上，日本被授权成为朝鲜的保护国，对南满（包括辽东半岛）拥有支配权，并对南库页岛享有控制权。1910年日本正式吞并朝鲜，此举并未遭到欧洲各国的反对。日本得到了其所追求的国际地位——而其所花的时间从行动开始算起还不到半个世纪。民族主义、技术革新以及帝国主义的价值观在日本拥有了和在欧洲一样的至高地位。

民族主义和帝国主义及其意义

　　民族主义往往激起各个国家对过去历史的自豪感和对未来的憧憬,使他们意识到自己潜在的优势和力量。民族主义常常将人们团结到共同的事业之下,在人们当中鼓励一种更强烈的平等和共同的目标意识。这是英国、美国和法国革命所传递给人们的信息之一。对于那些还未成为政治国家的地区性群体,例如意大利和德国,民族主义精神促使他们采取行动将松散的区域统一成国家。有些群体感到自己的民族身份被殖民该地区的更为强大的国家所否定——如在奥斯曼帝国统治下的希腊人、罗马尼亚人和保加利亚人,以及世界上众多在欧洲殖民统治下的地区——而民族主义则提供了民族自治和自主掌握自身事务的前景。从积极的角度说,民族主义鼓励各个民族之间的相互学习,因为每一个民族都有自身与众不同的优点和长处。

　　民族主义也激起了各个国家之间的竞争。这样的竞争有时能激发伟大的创造进步,但也时常导致战争、征服和殖民主义。民族主义导致那些要求获得自己的民族身份和确定国家边界的民族群体之间的纷争,此类问题若非无法解决,也往往是很难解决的。它同时伴随并且有时还助长了种族主义倾向和歧视专横的态度。它塑造并使不平等的经济体系长久存在下去,在这样的体系中强势集团为其自身的利益而制定贸易条约,对弱小国家往往带来极大的伤害。民族主义的这些方面——包括正面的和负面的——一直延续至20世纪——而且在今天依然影响深远,对于这一切我们在下一篇将作继续探讨。

　　18世纪和19世纪的政治革命、工业革命将各个国家和各国人民以前所未有的方式紧密联系在一起。历史上的大国,如中国和日本,曾经主要只在本国区域中活动,现在被更多地卷入全球的经济、政治和文化之中。新的政治和工业关系为全球化经济的目标及其恰当的角色提出了问题:是逐利还是为全人类提供福利? 能够两者兼得么? 能否对国际竞争所带来的积极方面予以鼓励而限制其毁灭性力量?

　　在这一章,我们看到了欧洲各国,以及后来的日本及美国,通过工业革命的力量巩固了他们在世界许多地方的控制权。帝国主义者总是声称,他们这样做对被统治人民是有益的,他们举出新建成的交通道路、新的健康医疗中心、新的学校和新的政治机构等统计数据。而被征服的人民却往往指出相反的证据,如被摧毁的当地经济、被压制的政治生活和受到破坏的文化传统。这样的后遗症一直延续到20世纪,甚至直到今天,前殖民者和前殖民地还继续调整着他们之间的经济、文化和对外关系。无论是有意识或无意识,世界的发展前行是在这一背景下进行的:一些民族曾征服和统治过另一些民族。所有这些关系的敏感性仍然活生生地呈现在我们面前,我们在今天依然还能看到那些强大的国家民族试图从政治、经济和文化上将自己的意愿强加给那些弱小的国家——而后者则选择或是接受,或是改变,或是抵制这一状况。

复习题

- 你如何定义民族主义？一个强大的民族国家和一个弱小的民族国家使用相同的定义吗？
- 举例说明哪些国家是通过合并不同群体、不同宗教而形成，哪些国家是由大国分裂而成。
- 印度和中国的殖民化在哪些方面相像？在哪些方面不同？
- 殖民主义带给19世纪晚期的殖民地哪些好处？请举出具体的例子。又带给殖民者什么好处？请从经济、政治，以及文化方面思考殖民主义。殖民主义对殖民者和被殖民者双方的负面影响是什么？
- 你认为大量欧洲女性来到殖民地导致的最重要的结果是什么？
- 日本摆脱殖民控制的主要行动步骤是什么？

推荐阅读

PRINCIPAL SOURCES

Abernethy, David. *The Dynamics of Global Dominance: European Overseas Empires, 1415–1980* (New Haven: Yale University Press, 2000). Presents European expansion through a series of phases, notes its extraordinary power in reshaping the world, but sees it as ultimately self-liquidating. Comprehensive.

Bayly, C.A. *The Birth of the Modern World 1780–1914* (Malden, MA:Blackwell, 2004). A masterpiece of synthesis, combining political, economic, social, and cultural history in a global, interactive framework, by a master historian.

Cooper, Frederick and Ann Laura Stoler, eds. *Tensions of Empire* (Berkeley: University of California Press, 1997). Excellent anthology of recent writings on the social conditions in colonial life, including several essays on feminist perspectives.

Curtin, Philip, *et al. African History from Earliest Times to Independence*, 2nd ed. (New York: Longman, 1995). Masterly study especially good on the combination of history and anthropology. Four authors bring specialization across regions, disciplines, and styles of understanding. The narrative sometimes wanders among them.

Davis, Mike. *Late Victorian Holocausts: El Nino Famines and the Making of the Third World* (New York: Verso, 2001). Brings together many classic arguments about imperial exploitation of colonies, and emphasizes the cruelty of this exploitation at the time when major famines were also devastating colonial economies.

de Bary, William Theodore and Richard Lufrano, eds. *Sources of Chinese Tradition*, Vol. 2, 2nd ed.

(New York: Columbia University Press, 2000). Outstanding source book, especially on cultural issues, from the Qing dynasty, to the present. Vol. 1 carries the earlier history.

Hay, Stephen, ed. *Sources of Indian Tradition*, Vol. 2, 2nd ed. (New York: Columbia University Press, 1988). Superb anthology of primary sources, especially strong on the religious and cultural bases of modern India, and their influence on its politics, about 1500 to the present. Vol. 1 carries earlier periods.

Hobsbawm, Eric. *The Age of Capital 1848–1875* (New York: Vintage Books, 1975). This series of Hobsbawm's books provide a well-written narrative sweep of world history through this period, from a leftist perspective. Often uses examples from popular culture, especially music.

——. *The Age of Empire 1875 1914* (New York: Vintage, 1987).

——. *The Age of Revolution 1789–1848* (New York: New American Library, 1962).

Hochschild, Adam. *King Leopold's Ghost* (New York: Houghton Mifflin, 1998). Narrates the horrifying story of the king's rule of the Congo, and the shipping agent who discovered and exposed it.

July, Robert J. *A History of the African People*, 4th ed. (Prospect Heights, IL: Waveland Press, 1992). Clearly written survey, especially good on political history.

Morris-Suzuki, Tessa. *The Technological Transformation of Japan* (Cambridge: Cambridge University Press, 1994). Follows the technical and managerial decisions that brought Japan to parity and even superiority in economic and technological modernization.

Said, Edward W. *Culture and Imperialism* (New York: Vintage Books, 1993). Said's various books emphasize the ways in which imperial powers used their own interpretations of culture to assert their supremacy over the countries they dominated and, often, to get the colonized people to believe it.

Tsunoda, Ryusaku, William Theodore de Bary, and Donald Keene, comps. *Sources of Japanese Tradition* (New York: Columbia University Press, 1958). Outstanding collection of primary sources, especially on the cultural leaders and philosophies of Japan, from earliest to modern times.

ADDITIONAL SOURCES

Adas, Michael, ed. *Islamic and European Expansion* (Philadelphia: Temple University Press, 1993). Still the best collection of introductory historiographic essays on the period 1000 to 1914 in world history.

Anderson, Benedict. *Imagined Communities* (London: Verso, 1983). Stresses the importance of the vision of nationalists in creating new nations, and the critical role of commercial publishing (print capitalism) in popularizing these visions.

Andrea, Alfred and James Overfield, eds., *The Human Record*, Vol. 2 (Boston: Houghton Mifflin, 3rd ed., 1998). Superb collection of primary documents on modern history.

Bayly, C.A. *Origins of Nationality in South Asia* (New York: Oxford University Press, 1998). Seeks to discover how Indians developed the concept of a modern nation from their own cultural materials as well as from new conceptions brought from the West.

Braudel, Fernand. *The Identity of France*, trans. by Sian Reynolds (New York; Harper and Row, 1988). Fascinating discussion of the process by which the various, disparate regions of France were unified into a single nation.

Briggs, Asa. *A Social History of England* (New York: Viking Press, 1983). Standard, well-written, well-illustrated history, stressing social conditions and change more than politics or economics.

Burns, E. Bradford. *Latin America: A Concise Interpretive History* (Englewood Cliffs: Prentice Hall, 6th ed., 1993). Excellent survey from a slightly leftist and critical perspective.

Burton, Antoinette. *Burdens of History* (Chapel Hill: University of North Carolina Press, 1994). Sees European women adopting positions sympathetic to imperialism as a means of showing that they deserved the same rights as men because they shared the same political perspectives.

Cheng, Pei-kai and Michael Lestz with Jonathan Spence, eds. *The Search for Modern China: A Documentary Collection* (New York: W.W. Norton, 1999). Excellent selection, very well annotated. Designed to accompany Spence's textbook of the same name, but also stands alone.

Chatterjee, Partha. *The Nation and Its Fragments* (Princeton: Princeton University Press, 1993). Analyzes some of the movements by which India began to come together as a nation. Thematically notes the importance of religion. Geographically stresses the Bengal region.

Collcutt, Martin, Marius Jansen, and Isao Kumakura. *Cultural Atlas of Japan* (New York: Facts on File, 1988). Superb introduction with fine text, maps, and illustrations that all work well together.

Columbia College, Columbia University. *Introduction to Contemporary Civilization in the West*, Vol. 2 (New York: Columbia University Press, 3rd ed. 1960). Outstanding sourcebook with lengthy excerpts from highly influential thinkers and actors.

Conrad, Joseph. *Heart of Darkness* (Mineola: New York: Dover Publications, 1990). A classic, brief novel on the cruelty and corruption of the "ruler" of a European outpost in the Congo interior.

Dalpat-Kavya Navnit (Selections from Dalpat the Poet), in Gujarati, ed. Deshavram Kashiram Shastri (Ahmedabad: Gujarat Vidyasabha, 1949). Dalpat's poetry expressed his beliefs that Indians in the mid-nineteenth century had much to learn from the British, including the methods of industrialization.

Davis, Lance E. and Robert A. Huttenback. *Mammon and the Pursuit of Empire* (New York: Cambridge University Press, 1989). Argues that imperialism did not pay, at least not financially, at least not after the beginning phases. A careful economic analysis.

Eley, Geoff and Ronald Grigor Suny, eds. *Becoming National* (New York: Oxford University Press, 1996). Excellent analysis of several major Western theories on the meaning of nationalism.

Engels, Friedrich. *The Origins of the Family, Private Property and the State,* ed. by Eleanor Burke Leacock (New York: International Publishers, 1973). Engels saw the exploitation of women as the first kind of economic exploitation that ultimately led to its fullest expression in the capitalist system.

Fujimura-Fanselow, Kumiko and Atsuko Kameda, eds. *Japanese Women* (New York: Feminist Press, 1995). Twenty-seven essays on many aspects of women in public and private life, their changing status, including men's views of the change.

Gluck, Carol. *Japan's Modern Myths: Ideology in the Late Meiji Period* (Princeton: Princeton University Press, 1985). Analyzes not only the formal ideologies, but also how they were received and perceived by the Japanese public.

Haldane, Charlotte. *The Last Great Empress of China* (Indianapolis: Bobbs-Merrill, 1965). A portrait of the powerful woman who effectively ruled China at the end of the nineteenth century and opposed reform.

Hanke, Lewis and Jane M. Rausch, eds. *People and Issues in Latin American History* (New York: Markus Wiener Publishing, 1990). Standard historical survey often presented through biography.

Headrick, Daniel R. *The Tools of Empire* (New York: Oxford University Press, 1981). Steamships, guns, and quinine were among the prerequisites of the European conquest of Africa.

Hertzberg, Arthur, ed. *The Zionist Idea* (Philadelpia: Jewish Publication Society, 1997). Still the best primary source introduction to early Zionist thought and its evolution, with a 100-page introduction.

Hirschmeier, Johannes. *The Origins of Entrepreneurship in Meiji Japan* (Cambridge, MA: Harvard University Press, 1964). Sees the economic transformation of Japan as the key to its development and demonstrates how it developed under government guidance.

Hutchinson, John and Anthony D. Smith, eds. *Nationalism* (New York: Oxford University Press, 1994). Survey of source materials on the meaning and significance of nationalism by nationalist leaders from around the world.

Kennedy, Paul. *The Rise and Fall of the Great Powers* (New York: Random House, 1987). Kennedy's discussion of what makes empires powerful, and what weakens them is engaging and provocative.

Lenin, V.I. *Imperialism, the Highest Stage of Capitalism* (Peking: Foreign Languages Press, 1965). Perhaps the strongest argument ever for the importance of the capitalist competition for markets, both for raw materials and for finished goods, as the basis for imperialism.

Magraw, Roger. *France 1815–1914: The Bourgeois Century* (Oxford: Oxford University Press, 1983). Useful survey stressing the importance of the middle classes.

Marx, Karl. *The First Indian War of Independence 1857–1859* (Moscow: Foreign Languages Press, n.d., *c.* 1960). As a journalist covering this war, Marx took a pro-European, imperialist position, that British rule in India was a benefit that would bring the colony into the modern world. Surprising?

Moore, Barrington, Jr. *The Social Origins of Dictatorship and Democracy* (Boston: Beacon Press, 1966). A classic of comparative history analyzing especially the role of the peasantry in revolutions from England to China.

Murphey, Rhoads. *A History of Asia* (New York: Addison Wesley Longman, 3rd ed., 1999). Useful survey.

Oliver, Roland. *The African Experience* (New York: Harper Collins, 1991). Sensitive, thoughtful brief survey of African history by a master of the field.

Renan, Ernest, "What is a Nation?" in Eley and Suny, pp. 42–55. A classic essay.

Restoring Women to History (Bloomington, IN:

Organization of American Historians, 1988). Set of historiographic essays covering what we know of women's history around the world. Dated. Still useful.

SarDesai, D.R. *Southeast Asia Past and Present* (Boulder, CO: Westview Press, 3rd ed., 1994). Useful survey text.

Schirokauer, Conrad. *A Brief History of Chinese and Japanese Civilizations* (Fort Worth: Harcourt Brace Jovanovich, 2nd ed., 1989). Useful survey text.

Seagrave, Sterling, with Peggy Seagrave. *Dragon Lady: The Life and Legend of the Last Empress of China* (New York: Knopf, 1992). Biography of the woman who ran China's politics for her young son, and actively opposed modernization.

Spivak, Gayatri Chakravorty, "Subaltern Studies: Deconstructing Historiography," in Ranajit Guha and Gayatri Chakravorty Spivak, eds., *Selected Subaltern Studies* (New York: Oxford University Press, 1988), pp. 3–32. The subaltern scholars set out to reveal the importance of the little guy who had been left out; Spivak notes that the scholars left out women.

Strobel, Margaret, "Gender, Sex, and Empire," in Adas, pp. 345–75. Excellent introduction to issues of gender relations in imperial settings.

Teng, Ssu-yu and John K. Fairbank. *China's Response to the West: A Documentary Survey, 1839–1923* (New York: Atheneum, 1963). A superb, standard source book.

Wallerstein, Immanuel. *The Modern World-system 1: Capitalist Agriculture and the Origins of the European World-economy in the Sixteenth Century* (San Diego: Academic Press, 1974). Wallerstein's perspective on the core countries' dominance over the periphery is classic, but Eurocentric, problematic, and densely argued.

Wilentz, Sean. *Chants Democratic: New York City and the Rise of the American Working Class, 1788–1850* (New York: Oxford University Press, 1984). What was special about the American working class? Why did it not form a working-class political party? Wilentz' answers are cogent and lucid.

Wolf, Eric R. *Europe and the People without History* (Berkeley: University of California Press, 1982). Historical anthropologist Wolf looks at the systems of domination in modern history from the viewpoint of the colonized and the worker.

Wolfe, Patrick, "Imperialism and History: A Century of Theory, from Marx to Postcolonialism," *American Historical Review* CII, No. 2 (April 1997), 388–420. Enormously useful survey.

Yukichi, Fukuzawa. *The Autobiography of Yukichi Fukuzawa*, trans. by Eiichi Kiyooka (New York: Columbia University Press, 1966). Yukichi's nineteenth-century views of the West are insightful.

奥林匹克运动会和国际政治

644

有组织的、竞争性的体育运动反映了我们周围的世界。竞技运动在何时何地举行、由何人参与、面向怎样的观众，以及为了什么而"玩"等问题是通过政治、经济和文化方面的协商而决定的。在最为著名的竞技运动——现代奥林匹克运动会中，这些外部力量就会明确且一而再，再而三地反复出现。奥林匹克运动的盛衰反映的是竞技场外人类世界的盛衰。

例如，1896年的奥林匹克运动会在雅典的重开就是在法国人巴隆·皮埃尔·德·顾拜旦的积极推动下启动的。作为国际奥委会的创始人之一，顾拜旦多年来一直致力于推动古希腊奥林匹克运动的复兴，此时和上一次举行奥林匹克运动会已相距约1500年。尽管顾拜旦强调他对体育的热爱，但是他的成功却部分归功于当时盛行的民族主义。各个国家之间急切渴望着相互的竞争，而体育正为此提供了一处既受欢迎，又非暴力的竞技场。运动员之间的竞争也同时成为国家之间的竞争。1896年的比赛共有西欧与美国的13个国家参与，到2004年，全世界

上　奥林匹克运动会，雅典，1896年。
右　女子100米跑，阿姆斯特丹奥运会，1928年。

约有200个国家参与到这一国际盛会中来。

决定将希腊作为重新举行奥林匹克运动会的地点，这一方面是与奥林匹克的发源地重新建立联系，但另一方面该举措也是向希腊的前殖民统治者、敌对的邻邦奥斯曼帝国发出的一条政治讯息，即希腊作为一个独立的国家复兴了，而巴尔干半岛上其他地区的人民也正在谋求独立。

1928年在阿姆斯特丹举行的奥运会上，女子首次参加田径运动的竞技项目。这一性别关系上的重大突破反映了社会大背景下女权运动

的胜利，尤其是第一次世界大战后的十年里，在好几个欧洲国家和美国，妇女开始获得了选举权。

德国将1936年的柏林奥运会举办成了希特勒以及他的纳粹党的展台。雷尼·瑞芬施塔尔（Leni Riefenstahl）为政府制作的纪录片《德意志的胜利》，捕捉到了在这届运动会上举行的游行和示威中所宣

扬的强烈的国家主义精神。有许多国家不愿意参加柏林奥运会，因为他们意识到希特勒政府的独裁统治和种族主义，不过仍然有49个国家参加了这届奥运会。最终他们目睹了非洲裔的北美运动员杰西·欧文斯（Jesse Owens）用100米跑、200米跑、跳远以及400米接力的金牌狠狠打击了希特勒鼓吹的雅利安民族是高贵种族的种族主义理论。拥有好几位非洲裔美国运动员在内的美国田径队最终共夺得了12枚金牌。

由于第二次世界大战，1940及1944年并没有举行奥运会。

奥运会的主办权成为国家成就的标志。前13届夏季奥运会都由西欧或美国的城市承办。1956年在澳大利亚墨尔本举行的第14届奥运会第一次跳出这一模式。此后，奥运会的举办变得更趋国际化。通过给予日本在1964年举办第16届奥运会的权利，国际奥委会认可了日本自第二次世界大战后重新回归国际社会。日本也全力以赴证明它的经济和政治已恢复到健康状态。由丹下健三设计的新的奥林匹克体育场，同新干线、"高速火车"（世界上最快的列车）一起彰显着日本重获世界领先国家的地位。在这以后

左上　在1936年希特勒的柏林奥运会上，杰西·欧文斯上台接受跳远金牌，他用美国式敬礼表达了一种蔑视。
右上　丹下健三为东京奥林匹克运动会设计的东京奥林匹克体育场（今天的代代木国家体育馆），1964年。
右　一位国际奥委会委员与巴解组织蒙面恐怖分子谈判，慕尼黑奥运会，1972年。

的几十年里，在西欧、美国及加拿大以外另有其他国家申办并获得了奥运会的主办权以彰显他们在国际事务中的地位：1968年墨西哥，1980年在莫斯科，1988年韩国，以及2008年在北京举行的奥运会。

国际政治的明暗面同时充斥在奥运会运动场上。1972年在慕尼黑举行的奥运会上，8名巴勒斯坦恐怖分子将中东的战事带到了奥运会。他们攻入运动员在与会期间居住的奥运村，杀害了两名以色列运动员，并扣押了另外9人作为人质。奥运会官员同恐怖分子之间的谈判以失败告终。

所有的以色列人质、1名西德警察被杀，5名巴勒斯坦恐怖分子被击毙。

1979年，苏联入侵阿富汗支持当地内战中的亲苏派。吉米·卡特总统以美国拒绝出席1980年在莫斯科举行的奥运会作为象征性的回应。作为报复，苏联拒绝参加1984年在洛杉矶举办的奥运会。虽然巴隆·顾拜旦在1896年对奥运会充满了激情，但是奥林匹克竞赛却绝不可能与国际政治的角逐相分离。相反地，两者总是有着千丝万缕的联系。

问题

1. 你能设想在奥林匹克运动会上，运动员们是以个人而不是作为各个国家队的成员参赛的场面吗？这将会带来怎样的不同？

2. 你同意体育运动作为公共竞赛的形式反映了世界大事这一观点么？请举例说明。

3. 1936年大多数国家参加了希特勒统治下举行的慕尼黑奥运会。1980年，美国因为苏联侵略阿富汗而抵制莫斯科奥运会。你认为这两个决定中有一个是合适的吗？为什么？

645

第 **7** 篇

技术大爆炸

1914—1991年

充满争议的国际新秩序

20 世纪开始之初给人们带来了美好的希望。上两个世纪的政治和工业革命促使西方的欧洲人相信，他们正在掌握如何保障个人和社会拥有一个持久、富饶、舒适和充满意义的生活的秘密。他们相信自己正通过殖民政策将这样的好处传播到世界各地，并且在一个可预见的未来，他们的殖民统治将继续长久地存在下去。波兰诗人维斯瓦娃·辛博尔斯卡（Wislawa Szymborska）在她的诗中就捕捉到了这种乐观的看法：

> 我们的20世纪将给其他人带来进步……
> 有些问题再也不会冒出来了：
> 比如，饥荒，以及战争，等等。

然而，第一次世界大战、全球经济大萧条、第二次世界大战、冷战，以及殖民世界中此起彼伏的反抗浪潮粉碎了许多欧洲人的幻想。辛博尔斯卡写道："任何想要享受世界的人现在都面对着一个无望的任务。"（全诗请见713页《我们应该怎样活着》。）

究竟是什么地方出了差错？技术除了激发人们的创造力之外也会带来灾难。这个世纪之初的乐观主义者过分强调了技术的潜在的积极作用。他们低估了在一个充满国家、宗教、族群和意识形态间竞争的世界里如何判断技术的目的、用途和对其加以控制的问题。

在20世纪的前半叶，技术被更多地运用于战争而不是和平（第19和第20章），但这个世纪的下半叶又使得人们重新

在马绍尔群岛进行的原子弹试验，1950年。

乐观起来了（第21章）：联合国的出现为解决国际间的争端和达成和解提供了一个可能的场所，冷战被限制在一个一触即发的对峙状态并在未造成流血牺牲（尽管许多傀儡战争是以这一名义展开的）的情况下宣告结束。技术——特别是信息通信技术和生物技术——再一次承诺将给整个世界和人们的日常生活带来有益的变革。

在此之前我们这个世界也曾听到过这样的承诺，而且警示的声音也同样清晰响亮：无论是在富国还是穷国，繁荣和机会都不会平白无故地"滴落"到几十亿的穷人手里；各种身份的冲突和斗争依然激烈且悬而未决，种族和宗教暴力冲突在全球范围内此起彼伏；性别身份问题在整个20世纪变得越来越敏感，将继续暴露家庭和公共生活中的种种紧张关系；造成毁灭性后果的技术继续同推动生产力提高的技术一起齐头并进。

大规模生产及毁灭的方法

技术系统,1914—1937年

第19章

主题
- 科学和技术创新
- 两性关系
- 城市化和移民
- 技术进步的背后
- 欧洲之外
- 第一次世界大战,1914—1918年
- 俄国革命
- 战后的美国
- 大规模生产及毁灭的方法:它们造成了怎样的结果?

"技术"一词不仅包括发明创造,它还包括了制造及维持这些发明创造的各种系统。科学及技术史学家托马斯·休斯(Thomas Hughes)对此作出了如下综合性的定义:

> 以一般的眼光来看技术,19世纪后期的发明,诸如白炽灯、收音机、飞机以及燃气机车等占据了中心位置,然而这些发明都是内嵌于技术系统之中的。这些系统涵盖的范围远远超过了所谓的硬件、设备、机械、生产过程以及将它们连接到一起的交通、通讯及信息网络等。这些系统也是由个人和组织所构成的。举例来说,一个电力照明系统可能包含了发电机、电动机、传输线、公用事业公司、制造企业和银行。甚至连监管机构也可能被纳入其中。

技术型企业成为20世纪最具渗透力的特征并且还在继续发展成长之中。它已经显著地改变了以下这一切:

- 居住在这个地球上的人口数、人口寿命及人口健康;
- 家庭的规模及结构;
- 住宅、居住区和工作场所的位置、布局设计及使用设施;
- 工作的性质和组织形式,以及需要接受的相应的培训;
- 人们摄入的食品的数量、品种以及食品来自世界各地的具体产地;
- 服装;
- 商业旅行及休闲旅游;
- 娱乐活动;
- 战争的策略及其潜在的破坏力;
- 经济、社会及政府组织的复杂性和结构;以及
- 地球的生态系统,即各个生命系统的相互作用。

前页 **经济大萧条**,1929年。在经济大萧条期间,众多等待领取救济品的人们排成的长队蜿蜒于纽约市的大街小巷。这幅照片捕捉到了在第六大道和第四十二号街路口的一支领取救济品的队伍。

新的耕作技术。发明于1889年的美国伯格拖拉机首次安装了内燃引擎。随着自动化农业机械的发明，全球范围内大片大片的土地得到开垦，粮食产量大幅上升。此图显示，在1917年大战期间，来自位于纽约波基普西市的瓦萨尔学院的一名妇女正在犁田。

650

科学和技术创新

　　20世纪的世界继续构建于19世纪的发明之上，并且呈现出了一系列前所未闻的科学及技术的创新。随着更多的人的经济状况开始得到改善、商业活动的增长以及新的生产制造工艺过程刺激了新兴工业的发展，需求导致了生产速度的不断加快。通过交流电实现远距离输电使得广泛分布的商业电网成为可能。1886年，在尼亚加拉大瀑布上建成了一个水力发电系统，到1900年时，现代电力供应产业的基础已经成形。随着白炽灯的发明，新能源第一次被广泛应用到了照明上。各地的城市都热切盼望能够建设或者购买这样的电网以便提供夜间照明。除了提供道路照明和家庭照明之外，工厂的车间现在也可以24小时进行生产了。"节省劳动力"的电器设备也开始进入家庭。电动洗衣机在1901年获得专利，1907年真空吸尘器问世。这两种家电产品都大大减轻了妇女的家务劳动。电使得电报、电话以及无线电广播的广泛应用成为可能。1877年，托马斯·阿尔瓦·爱迪生发明了留声机。到了1902年，随着像恩里科·卡鲁索（Enrico Caruso）那样广受欢迎的歌剧明星的唱片的推出以及诸如拉格泰姆当代流行音乐的日益普及，留声机已经成为一个家用必备品。电影作为一项新技术发明于19世纪90年代，到了20世纪初，它已经成为一项大众娱乐项目。1909年新闻影片开始出现。1927年之前的影片都是无声电影，如查尔斯·卓别林（可能是最早的电影明星）的早期电影所示，它主要依赖类似于闹剧一类的视觉表现形式。电不仅给工业和家庭带来了高效和便利，它同时也带给我们一个梦幻般精彩纷呈的生活。它鼓励人们去梦想未来。

　　新的电子奇迹不断丰富着我们的家庭生活，新的供暖能源也使得居家变得越来越舒适和安全。燃气开始取代明火取暖,利用石油工业产生的新的副产品的煤油加热器也同样很快普及开来。油灯被应用于还未引入电力照明的地方,电热和燃气灶具也同时被推出。

651

到了19世纪中期,内燃机(最初由煤气驱动)的发明为一项给交通运输带来革命性变化的新产业提供了动力。德国于1885年出产了最早使用这种引擎的汽车,它们是由戈特利布·戴姆勒(Gottlieb Daimler)和卡尔·奔驰(Karl Benz)各自独立制造完成的。1908年,亨利·福特生产了10 607辆T型汽车。1913年,他设计推出了流水线生产并将其投入使用,每93分钟就可以制造出一辆汽车,这使得汽车变得方便实用,价格低廉,从而促成了大众市场的形成。在那一年,他的工厂总共生产了300 000辆汽车。开始时,投放市场的卡车仅有几百辆。但到了1918年,这个数字即已达到数十万辆。公共汽车的商业化运营开始于1904年英国的伯明翰,第二年纽约、巴黎和伦敦也引入了公共汽车。随着小汽车、卡车和公共汽车数量的猛增,道路建设面临着越来越大的压力。围绕着新型交通工具的推出,规模巨大的各个工业也都迅速发展起来:用于制造轮胎的橡胶,制造车窗用的玻璃,制造车身及汽车引擎的钢铁,以及用于生产车灯、启动装置和随后出现的奢华装备的电子系统。同电气工业一样,汽车不仅为工业提供了性能可靠的运输工具,同时也为个人消费提供了幻想的空间,不仅为个人的自由流动开辟了新的前景,还为恋人们创造了新的私密空间。

飞机的制造当时仍处于起步阶段。1903年,莱特兄弟证明了比空气重的物体也可以在空中飞翔,到1914年时,飞机的飞行速度已可以达到每小时60至70英里。轮船当然已经不是什么新鲜事物了,即便蒸汽船人们也已经使用了数十年,但它们的设计得到了进一步的改进。1907年,"路西塔尼亚号"(Lusitania)轮船用5天时间穿越了大西洋。

通讯和运输业的发展呈现出了新的速度和广度。1844年,塞缪尔·B·莫尔斯发明电报;连接欧洲和亚洲的海底电缆于1866年铺设完成;几乎可以说是即时传输的无线电报已于1901年跨越大西洋,并于次年穿越了太平洋。1904年,实现用电报传送照片。电话于1876年被发明。到了1907年,单是在美国,电话用户就达到600万。

化学工业尤其具有创造力,工业化学家发明了新型的灯丝,使得白炽灯照明在商业上的推广成为可能。他们还开发出了纯度和强度更高的钢材。研究焦炭和煤焦油的有机化学家从染料,如靛蓝染料开始,发明出了一系列新的合成产品。1883年,德国化学家阿道夫·冯·贝耶尔(Adolf von Baeyer)首先测定了染料的化学结构,1897年,他的公司使得合成靛蓝染料的商业化生产成为可能。类似的化学分析和合成过程被广泛应用于消费产品领域。最显著的例子是在1912年,弗里兹·哈伯(Fritz Haber)和他的同事一起在德国发明了直接通过空气中的氮气和氢气合成氨气(NH_3)的工艺,为人造化肥和炸药的生产铺平了道路。

在医药领域,人们已于1867年成功展示了无菌外科手术。20世纪见证了新的细菌学的发展和早期取得的成就,即在1909年,对人类梅毒有一定治疗效果的新药物

652

玛丽·居里和皮埃尔·居里。19世纪至20世纪初，妇女在智力、科学和政治生活的前沿获得了越来越重要的地位。出生于波兰的法国科学家玛丽·居里开创了对放射现象的研究。这张摄于1895年的照片记录了她同丈夫兼同事的皮埃尔一同外出休闲时的情景。

被发现。1895年，W.K.伦琴发现X射线。1898年，玛丽和皮埃尔·居里夫妇发现了镭并且第一次提出了"放射性"这一术语，为医学事业提供了重要的诊断和治疗工具。第一台心电图仪在1903年制造成功。

然而，在公共健康方面，最显著的改善是在基本的清洁和卫生状况方面。公共卫生服务，提供清洁用水和对废物垃圾进行净化处理的设施，这一切大大降低了肠胃疾病的发病率及由霍乱和伤寒造成的死亡。细沙过滤方法被粗沙过滤器（通常是硫酸铝）所替代或是与之相结合。到1896年，氯气在美国被用来净化水源；而法国则选择了臭氧。1910年，美国人出生后的平均期望寿命已达到50岁。

工业力量稳步增长，并且可以通过定量方式加以测定。单是从1900年到1913年，世界上六个最大的钢铁生产国——美国、英国、德国、法国、奥匈帝国和俄国的钢产量就从2 640万吨提高到6 910万吨。在这13年间，这六个国家的能源消耗从相当于63 800万公吨的煤增长到了108 900万公吨。（Kennedy，等200—201页）

随着科学和技术创造出一个又一个的奇迹，大规模研发设施的发明建设既是科学技术进步的产物同时也是其起因。德国、奥匈帝国和瑞士的德语区在创建教育机构以适应科技需求的道路上走在了前头。在19世纪初，这些国家和地区创办了高中水平的工艺专科学校。其中有的后来升格为技术性大学。到1870年，它们开始将教学与实验研究联系在一起。在这些办学模式的基础上，19世纪70年代，德国的化学公司建立了内部的研发实验室。拜耳、赫司特以及巴斯夫等人造靛青及其他染料的开发商首当其冲，电气工业紧随其后。在美国，爱迪生于1876年在新泽西州的门罗帕克建立了自己的研究实验室。其他许多公司纷纷效仿：标准石油（1880）、通用电气（1901）、杜邦（1902）、派德（1902）、科尔宁玻璃（1908）、贝尔实验室（1911）、伊士曼柯达（1913）和通用汽车（1919）等。

化学和生物学领域的发现和发明可以立即转化为商业化生产，但是相比之下，在物理学领域，20世纪早期的重大发现还只是停留在理论阶段。这些理论可以依靠思考者们的一己之力完成，他们虽然同圈内的其他科学家保持着联系，但他们的研究工作大部分都是独立完成的。最具革命性的理论物理学家当属阿尔伯特·爱因斯坦（Albert Einstein，1879—1955年），1905年时，26岁的他发表了狭义相对论。几十年后，暗含于这一理论之中的实际应用以原子弹爆炸的形式实现，但这一理论的哲学意义（对那些能够理解它的人们而言）却是直接的，而且是具有革命性的。

爱因斯坦改变了我们认识世界的方式。在同年稍早一些时候发表的另一篇论文中,他解决了人们对于光的本质的长期争论:光究竟是一种波动还是组成物质的一种微粒——量子?由此,他帮助建立了量子物理学领域。爱因斯坦认为,光同时具有这两种性质。这很好地解释了例如光电效应以及当电子被紫外线照射时会从某些固体表面逃逸的现象。同年晚些时候,爱因斯坦的狭义相对论提出这样的假设,即光的速度是恒定不变的。他提出,如果光的速度保持不变,那么时间和运动就都不是固定的。两者对观察者而言都是相对的。举例来说,来自两颗天体的光线可能同时到达地球,但相对于地球而言,光线离开这两个天体的时间却不尽相同,因为每颗天体与地球间的距离是不同的。在同年晚些时候发表的第三篇论文中,爱因斯坦提出了质量和能量可以相互转换的理论,他用公式 $E = mc^2$(能量等于质量乘以光速的平方)表达了这一关系。(后来,对原子弹的研究即建立在这一公式之上,因为炸弹代表了物质到巨大能量之间的转化。)在爱因斯坦的一生中,他始终在寻求找到一个能够解释自然界的所有重要力场之间关系的统一场论。虽然他一直未能如愿,但是在1916年,他成功地发表了广义相对论,探究了万有引力的本质并对其作出了新的解释。物理意义上的质量体不会吸引其他质量体,事实上它们能够扭曲不同质量体之间的空间以使目标质量体向它们所在的方向滚动。由此,爱因斯坦颠覆了牛顿物理学的根基。过去两个世纪以来,物理学的知识体系都建立在牛顿物理学的基础之上,在这个体系中,人们根据"常识"认为空间、时间、物质和光波都是固定不变的。然而,事实上,只有光的速度是稳定不变的,而空间、时间、运动、物质以及能量则都是相对的,它们本身都不具有稳定性和可预测性。一个过程持续的时间和一个客观物体的重量与大小都取决于观察者运动的速度和位置。这种物理学上的不确定性困扰着几个世纪以来的科学思想,同时也引领着我们进入这样一个认识阶段,即世间万物都有着普遍的巨大的不确定性。

两性关系

技术上的改变和进步也使得两性关系发生了深远的变化。新型家用电器的发明减轻了妇女的家务劳动,然而,一些历史学家也提出,随着家务劳动强度的减轻,由此而形成了这样一种文化,即妇女把更多的时间投入在家务上。举例来说,妇女们开始更频繁地使用真空吸尘器来打扫房屋,而不是像原来那样,一年搞一次"大扫除"。19世纪后期,随着电话和打字机的发明,出现了电话接线员和秘书等"女性"职业。其他不少妇女成了百货商店的员工,向顾客出售由缝纫机制作的最新的流行服饰。对许多妇女而言,自行车的发明比起汽车来更为重要,因为它给了她们更大的机动性,也使他们在寻找工作方面拥有了更大的灵活性。有的妇女开始把自己视作职业女性。女子学院建立于19世纪末期,它为妇女拓展了更大的职业空间,特别是在健康护理领域。

离开了父母的看管监督,处于青春期的少男少女开始探索起了性的问题。在电影分级制度于20世纪20年代实施之前,好莱坞的电影开始尝试一些情色主题并且将电影道具标榜成美国技术的最好表征。有很多人认为,我们应当与那些把性文化作为卖点的电影作斗争,因此,到了20世纪20年代,代表电影分级制度的"海斯法典"浮出水面。技术的进步使得节育变得简单多了。在英格兰和威尔士,一个家庭的子女数从19世纪60年代的6.16个下降到了1910—1914年的2.82个。但并不是所有人都愿意看到这样的变化。许多人仍然认为,生儿育女是妇女的天职。美国的玛格丽特·桑格(Margaret Sanger)、英国的玛丽·斯托普斯(Marie Stopes)和荷兰的西奥多·范德·威尔德(Theodore van de Velde)出版了各种宣传手册,强调婚姻男女双方应该享有的性生活的乐趣,与此同时,她们倡导实施家庭计划生育。桑格因为邮寄她的杂志而遭逮捕,1916年又因为在纽约开设了第一家"计划生育"诊所而再次被捕。警方把她作为一大"公害"来对待。直到1936年,美国的法院才裁定,有关节育的信息不具色情色彩,并允许医生同他们的病人谈论这方面的问题。

学者们开始争论性生活的本质以及男女两性之间的差别。现代心理学之父西格蒙德·弗洛伊德(Sigmund Freud, 1856—1939年)相信个人的行为是由内驱力,特别是性欲所控制的。另一个心理分析学家是卡伦·霍妮(Karen Horney, 1885—1952年),她刚开始是一名弗洛伊德追随者的同学,后来她开始对弗洛伊德的理论提出质疑,她得出的结论是,比起个人的内驱力来,社会和文化因素要重要得多。自从玛格莉特·米德(Margaret Mead)在20世纪20年代从新几内亚观测到女尊男卑现象后,人类学又从中获得了新的启示,这和西方传统的社会模式正相反。米德认为,性特征是由文化所塑造的,并且可以根据环境的变化而作出调整,而不是生物学上固定的概念。这方面的争论今天仍在继续。

654

城市化和移民

随着农业的机械化,农业耕作需要的劳动力逐渐减少,世界范围内不断增长的人口纷纷涌向城市。制造业、行政机构和服务行业提供的工作岗位把人们吸引到城市中来。在世纪之初,城市化依然同工业的增长联系在一起,然而许多新来者们开始发现,城市生活本身也是令人兴奋的,而且充满了吸引力。电影院里放映着有声电影,百货商店以其时尚的展品吸引着购买者。城市的马路街道本身就成了一种景观,在这里,男男女女可以面对面地接触往来。

技术进步的背后

在20世纪初期,科学和技术为人类的健康、财富、发明,以及生产制造能源和解决问题的能力提供了数不尽的改进方法。自18世纪的启蒙时代以来,人类前进的步伐就从未停止过。但许多善于思辨的人不禁要问,这种进步是否只是一层掩盖了更为根深蒂固的问题的金玉。或者，更糟的情况可能是，问题增长的速度大大超过"进步"解决问题的速度。

列强之间的军事竞赛

并不是所有的科学和工业的进步都是出于和平的用途的。20世纪初，在化学、冶金以及电气领域出现的奇迹在为民用目标作出贡献的同时，也推动了军事技术的发展，军事方面的竞争始终伴随着发明和生产领域的和平竞争。英国和德国两国之间的竞争尤为激烈。从1880到1913年，英国占全球制造业产量的比率从22.9%降到了13.6%，而与此同时，德国却从8.5%上升到了14.8%。实际上，增幅最大的国家莫过于美国，它所占的份额不止翻了一番，从14.7%上升到了32%。但美国远离欧洲，美国人自己和欧洲人都视美国相对地置身于这场竞争之外。英德之间的竞争成为人们关注的焦点。这点从它们各自军事力量的规模就可见一斑。在第一次世界大战前夕的1914年，德国在陆军和海军的人员编制方面以891 000人对532 000人领先于英国。实际上，俄国和法国的部队编制更为庞大，分别达到1 352 000人和910 000人。（美国的军力仅为164 000人。）然而，在海军的战舰吨位方面，英国以2 714 000吨领先于德国的1 305 000吨。两面邻海的美国位列第三，达到985 000吨。

大多数观察家认为，这种竞争不会导致战争，因为强国之间煞费苦心建立起来的联盟关系将保证和平的延续。由德国、奥匈帝国和意大利组成的同盟国同由法国、俄国、英国组成的协约国之间的**均势**使得联盟双方都意识到战争的潜在代价以及和平的重要性。人们认识到，一招不慎就有可能将所有这些民族和帝国卷入毁灭性的战争旋涡之中，理性和进步的前景减少了他们在这方面的忧虑。

与此同时，在一个极为不同的领域，现代精神病学的奠基人西格蒙德·弗洛伊德提出了一种关于每个人身上的力量平衡的概念。弗洛伊德认识到，"**利比多**"或"**本我**"的原始力量会驱使人们走向无节制的攻击行为；"超我"的力量代表的是父母和社会的劝诫，倡导的是近乎圣徒般的自我克制；而"自我"象征的是理性的力量，它协调着本我和超我之间的关系。弗洛伊德提出，平衡并不是一直能得到维持的，而在平衡被打破后，结果将会造成个人的崩溃。这就十分类似于欧洲各列强之间的军事力量的平衡和潜在的崩溃的威胁，至少对那些持这种看法的人来说是如此。

均势（balance of power） 国际关系中的一项政策，指通过防止一个国家或国家联盟占支配地位而达到维持和平的目的。

655

利比多，本我（libido, id） 在弗洛伊德的心理学中，利比多或本我主要是指代表人的性欲和权力欲的攻击性内驱力。

欧洲之外

自从工业革命开始以来，欧洲的发明就已经对世界上未经历过这一革命的广大地区的手工制造业提出了挑战、取而代之、甚至予以毁灭。随着科学创新和技术应用步伐的加速，传统的生产方式被迅速替代，由此而引发了巨大的骚动。在不少情况下，外国的殖民统治使得经济和技术的差异进一步拉大。例如，在印度、中国、拉丁美洲和奥斯曼帝国这四个例子中都显现出这一过程。在工业革命之前，印度拥有世界上规模最大的纺织业,中国则出产精美的丝绸、瓷器和铁器。当西班牙人第一次来到墨西哥城时,他们被它那先进的城市结构所震慑。在中世纪的后期和现代的早期,奥斯曼帝国一直保留着,并且同欧洲人交换着古代世界留下来的知识财富。然而,出于复杂的地理政治和文化方面的原因,这些社会并没有积极欢迎欧洲的工业革命,而不久以后,欧洲就在科学和技术领域迅速超越了它们。

印度

　　19世纪,印度的手工纺纱者和织布工被英国的机械纺锤和织布机(见第18章)所取代并因而陷入经济困境。到了19世纪后期和20世纪初期,不断涌现的欧洲新发明摧毁了印度更多的传统产业。在1897年,德国的拜耳公司在实验室中成功合成出了靛青色染料。当时,印度农民年均生产大约9 000吨靛青染料。到1913年时,印度只生产了1 000吨靛青染料并开始大量从德国进口。后来的发展——例如,塑料制品——同样取代了手工制造的产品和与之相关的工作岗位。一个地区的技术进步在另一个地区造成了经济上的混乱和贫困。这样的一种过程至今仍在继续之中。

　　1911年,英国象征性地在德里召开规模宏大的“杜巴”(darbar)皇家集会,由此确立其对印度的统治。仪式由国王乔治五世主持,他成为第一个来到印度殖民地的英国君主。出席这次典礼的印度王子和上层分子则处于从属的地位。英国人宣布了它们的统治权并列举了他们对印度的进步作出的诸多贡献。英国人傲慢自大,自以为是,然而却有意忽略了由于他们的统治所引起的广大印度民众和代表他们的精英阶

威望的重要性。欧洲国家视他们在亚洲以及世界其他地方的帝国为其声望和经济利益的来源。A.E.哈里斯(A.E. Harris)的这幅绘图记录了1910年英王乔治五世接待一群为表达敬意而衣着华丽的印度土邦主和显贵,它充分显示了威望带来的好处。(伦敦罗伊·迈尔斯美术馆)

层的怨恨不满。

杜巴之所以选择在德里召开是因为加尔各答市作为英属印度的首都已经有一个半世纪,那里到处涌动着对英国人的殖民统治的不满。印度人不仅对英国的经济和技术政策表示不满,也抗议他们的政治控制政策,以及意图将印度教教徒和穆斯林对立起来的"分而治之"的宗教政策。对所有这些政策不满的呼声联合起来迫使政府不得不选择迁都。印度领导人要求自治的呼声也越来越高。提拉克(Bal Gangadhar Tilak, 1856—1920年)总结了他们的日益高涨的要求:"自由是我生来就享有的权利,我应该拥有它。"他们的斗争仍处于起步阶段,要巩固民众和领导者之间的反殖民政治联盟还需要另一个十年以及新的领导层。

中国

我们已经看到在19世纪的最后几年在中国发生的关于采取何种合适的政策来对抗西方统治的斗争。满清王朝中围绕在慈禧太后身边的保守派大大压倒了朝廷中的改革派。中国选择了"自强"政策以加强自身的工业实力,同时改革科举制度以把重点放在科学和技术上,然而这些计划中的改革来得太晚,步子也太小。1911年,在中国的4亿人口中,产业工人的人数仅有100万。大多数工业的规模都很小,并且大多集中在纺织业。对儒家传统学说的信心和对政府继续这些传统的信心已丧失殆尽。在历经70年的军事上的失败、殖民压迫、农民起义和知识文化思潮的斗争之后,革命在中国的时机已经成熟。"天命"已经远离满清王朝而去。

1911年10月,一颗炸弹在武汉爆炸,引发了中国革命,进而又触发了一系列军事叛变和群众的抗议造反。在一个月内,满清政府颁布了一部民事宪法并召集临时国民议会。袁世凯(1859—1916年),作为中国最有实权的军官被推选为总统。1912年1月,幼帝溥仪(1908—1912年在位)退位,结束了中国两千年的封建王朝统治,袁世凯得以全权负责组建一个临时的共和政府。然而,他却超越了自己的权限。1916年1月,袁世凯称帝,从而引发了大规模的反抗。面对强大的军事进攻,加上重病缠身,袁世凯于6月去世。失去了有效的中央政府机构,中国进入了一个长达10年的军阀统治阶段,地方的军阀都拥有自己独立的武装力量。

有的军阀控制着整个省份,有的则仅控制着几个城镇或者是部分的铁路线;有的经过正规的军事训练,有的只不过是一方土霸;有的试图致力于建立一个强有力的国家政府,有的则希望中国继续分裂下去。许多军阀都干着豪取强夺的勾当。在中国的许多地方,"趁火打劫"和"朱门酒肉臭,路有冻死骨"这样的流传甚久、充满悲凉的成语和诗句呈现出新的社会现实。

那些带头的革命者视孙中山为他们的导师。孙中山虽然出身农民家庭,但在夏威夷的一所传教士学校完成了他的中学教育,并在香港接受了医护培训。他成年后的大多数时间居住在中国的港口城市或是旅居国外。

1895年,孙中山计划在广州发动政变。结果政变失败,他被迫流亡。1911年的

国民党的奠基者。孙中山（号逸仙），在这张照片中他习惯性地身着西服。尽管他一生的大部分时间身居海外，而且未能实现他的政治抱负，但他仍被尊称为"国父"。孙是一个革命家，并帮助建立了国民党。虽然他自己未能掌握国家大权，但他却影响了中国下一代最重要的两个人物：蒋介石和毛泽东。

起义爆发时他正身在美国筹划革命。他回国后，帮助创建了革命政党——国民党。他被推选为首位中华民国临时大总统，然而后来心存嫉妒和畏惧的袁世凯在1913年把孙中山赶下了台。他于20世纪20年代初回到广州，从这个港口城市开始发动他的运动，但他此后再未重新获得过政权。

孙中山的"三民主义"中包含着浓重的西方思想。第一个是民族主义，号召以革命对抗外国的政治控制，从把满清驱逐出中国开始，进而进一步对抗外国的经济控制，而这些控制使得中国成为：

> 一个被列强瓜分的殖民地；每一个列强都主宰着中国。中国不只是一个国家的殖民地，而是许多国家共同的殖民地。我们不仅是一个国家的奴隶，而是许多国家的奴隶……今天我们是世界上最贫穷和落后的国家，在国际事务中占有最低的地位……人为刀俎，我为鱼肉……我们必须拥护自己民族主义，将民族精神发扬到卫国救亡运动中去。

他的第二个原则——民权，主要强调的是西方政治模式："既然我们只有一些关于民权的想法而没有发展出任何民主体制，我们就应该借鉴欧洲和美国的共和制的政府形式。"（Andrea 和 Overfield，第350页）然而，他同时也宣称，分权是一个古老的中国传统。

第三个原则以"民生"为标题，显露出孙中山在西方技术和组织形式问题上的摇摆不定：

> 第一，我们必须建立大规模的通讯方式，铁路和水路交通。第二，我们必须开发我们的矿产资源。第三，我们必须加速发展制造业。尽管有着大量的工人，但中国缺乏机械装备，无法同其他国家相竞争。中国范围内的物品都需要从其他国家生产或进口，其结果就是，我的权利和利益在不断地流失。

然而，他却没有选择西方的工业化模式：

> 随着现代机械的发明，西方国家财富分配的不均衡现象变得越来越显著……在我的美国和欧洲之旅中，我亲眼目睹了他们经济结构的不稳定性以及他们的领导者对于摸索解决之道的深切关注。（Andrea 和 Overfield，第351页）

唯恐在中国发生"私有资本的扩张和巨富阶级的出现以及随之而来的不平等现象"，孙中山提倡中国应寻求一条不同的发展道路：建立国有制以及"通过国家力量来建立各项事业"。但他认为马克思主义与中国不相干："中国的工业还未发展起来,马克思的阶级斗争和无产阶级专政不切合中国实际"。中国的经济问题不是财富分配不均而是生产力低下。

中国的各个政党都十分崇敬孙中山,但他们却无法贯彻他的这些计划。然而,孙中山却激励影响了蒋介石和毛泽东这两位领袖人物。随着1925年孙中山的逝世,他们两人为争夺中国的政权而进行了长达四分之一个世纪的斗争。我们将在第22章看到他们之间的斗争。

拉丁美洲

19世纪晚期和20世纪早期,拉丁美洲主要依靠国外的投资开展工业化。一开始,英国是主要的投资者,但第一次世界大战之后,美国取代了英国的地位。大多数情况下,经济和技术创新是外国人为了获取利润而发起的。大部分投资集中在初级生产——农业和矿业,而不是工业制造上。例如,第一次世界大战期间(1914—1918年),巴西三分之一的出口产品销往美国,主要是咖啡、橡胶和可可豆。(咖啡占了巴西总出口额的一半。)克里奥人中的精英分子看到他们也能从中获利并且能够赢得欧洲人的认同,也加入到了这种新型贸易中来。但是大多数事业都是由外来者首先开创的。

大部分克里奥精英分子满足于将国家看成是他们的私有财产。控制和庇护至关重要——金钱和利润只是达到目的的手段,而不是目的本身。在一篇写于1898年的名为《艾瑞尔》(Ariel)的文章中,乌拉圭哲学家何塞·恩里克·罗多(José Enrique Rodó", 1872—1917年)分析道,拉丁美洲正朝着以美国为榜样的工业化民主国家的方向发展,他对此加以痛斥。他视这条道路对于拉美那些克里奥统治者的从容悠闲、高人一等、有文明教养的世界而言完全不相配,简直是野蛮落后。在缺乏民主体系的情况下,拉丁美洲大部分国家的政府仍被紧紧握在军事独裁者的手中。

不是所有人都对由庄园主(haciendado)和军事独裁者(caudillo)等精英分子控制的体制表示满意。那些参与到这些新的贸易和工业的商人开始构想新的目标:更多的教育,更为深入的工业化,从外国投资者那里获得更大的自主权,更为稳定的政府,以及在政治中为自己赢得更响亮的、更为正式的声音。到19世纪末期,一大批欧洲(特别是意大利)的移民涌入拉丁美洲并带来了工业发展和工会代表的概念。到了20世纪初,在那些较大的拉美国家已经出现了重要的工会组织。另一个提倡改革和民族自尊的群体是军队,特别是其中的那些下级军官。这些军官通常来自城市的中产阶级家庭,并通过他们对武器的知识认识到现代技术的重要,他们更能体会教育、工业化、商业和稳定的政府的重要性。

在一些国家,这些群体联合起来以实现他们的目标,但即使是在像阿根廷和乌拉圭这样的最进步的国家,也未能开展可能成为在所有这些国家中最具影响力的改革。他们未能改变土地所有制,这使得富有的地主依然控制着生活贫困的农民。改革者大多出生于城市,他们往往和那些地主站在一起;他们对农村的劳动者缺乏真正的同情,也不愿意与其分享权力或者利益。

墨西哥革命,1910—1920年　1910年,墨西哥的城镇和乡村的领袖举行起义反抗波菲利奥·迪亚斯(Porfirio Díaz,1830—1915年)的独裁统治。自1876年起,迪亚斯就控制着这个国家。80岁的他对于自己从总统的位置上下来似乎早有准备。在他的领导下,墨西哥经历了矿业、石油钻探以及铁路的发展,农产品出口的不断增长,特别是一种用来制作绳子的灰叶剑麻纤维的出口。中产阶级的城市克里奥精英们渐渐富裕起来,但城市工人的收入却不断下降,农民的经济状况就更为糟糕。95%的农民没有自己的土地,然而不到200个的墨西哥家族却拥有墨西哥25%的土地,外国投资者拥有的土地也达到20%—25%。单个庄园的面积可达1 100万—1 300万英亩。大片大片的土地处于休耕状态,未种植作物,而许多农民却在挨饿。最终,墨西哥没能在政治层面上找出一个有序的继承体系。国家的统治权力被握在迪亚斯和他的同盟者手中。

民主选举只是在有限的几个选区举行,但当迪亚斯改变主意,打算再次竞选总统时,他把他的主要竞争对手弗朗西斯科·马德罗(Francisco Madero,1873—1913年)监禁起来。迪亚斯赢得了选举,然而反对他继续执政的叛乱在全墨西哥爆发了,不久,他被迫辞职并流亡到巴黎。随着墨西哥陷入内战,各地的领导者都力图维持自己的影响力。战争既是个人之间的也是不同派系之间的斗争。它关系到不同派系之间的政策上的不同以及中央政府和各州之间合理的权力分配。

许多争夺权力的领导人都是混血儿出身,他们具有不同的种族和文化背景(见第15章)。他们力求彻底终结过去的克里奥精英的统治。这些人中的两个最为激进者,即来自北部边境地区的弗朗西斯科·"潘丘"·维拉(Francisco "Pancho" Villa,1878—1923年)和来自墨西哥城南的莫雷洛斯州的埃米利亚诺·萨帕塔(Emiliano Zapata,1879—1919年)倡导进行大规模的土地改革,并在他们在内战中夺取的地区付诸实行。他们吸引的追随者来自不同的社会群体,包括农场工人、农业殖民者、退伍军人、失业者、牛仔和违法者。1911年11月,萨帕塔宣布了革命的"阿亚拉计划",要求将土地归还给印第安人村庄。成千上万贫困的农民追随着他,倾听着他的"土地和自由"的呼声,接受他"宁可站着死,也不跪着生"的观点。萨帕塔的支持者们夺取了他们为之斗争多年的大片甘蔗地和庄园。通过接纳之前受排斥的群体并照顾到他们的要求,革命变得更为激进,要求平均地

墨西哥的革命者　弗朗西斯科·"潘丘"·维拉将军和正炫耀着自己显眼的大胡子的埃米利亚诺·萨帕塔(右)与他们来自不同行业、不同阶层的革命党成员坐在一起。这两位激进的领导者来自墨西哥不同的地区,萨帕塔来自墨西哥城南部,维拉来自北部边境,但他们有着共同的目标。

权的色彩也更浓了。

迪亚斯流亡国外以后,马德罗当选总统。但他被一场政变赶下了台,并在1913年遭刺杀。维多利亚诺·乌埃尔塔将军(Victoriano Huerta, 1854—1916年)试图接过政权并重新建立一个像迪亚斯那样的强权政府。所有其他的领导人都起来反对乌埃尔塔,美国总统伍德罗·威尔逊也对他表示不满,并派遣美国的军队到维拉克鲁斯以作示威,乌埃尔塔将军不得不在1914年的3月下台。另一个将军阿尔瓦多·奥夫雷贡(Alvaro Obregón, 1880—1928年)动用机枪开枪镇压,依靠武力夺取权力,但他同意辅佐努斯蒂亚诺·卡兰萨(Venustiano Carranza, 1859—1920年)成为临时总统。

内战在继续,对墨西哥城的控制权几度易手,但最终,较为保守的领导人卡兰萨和奥夫雷贡把维拉和萨帕塔赶走,并夺取了政权。卡兰萨于1916年当选总统并召开了制宪会议,于1917年制定了墨西哥宪法,承诺实行土地改革,对外国的经济控制采取限制措施。政府通过制定劳动法规,其中包括最低工资、最长工时、意外保险、养老金、社会福利以及组织工会和罢工的权利,保护了墨西哥工人的权益。宪法对教会和神职人员施加了严厉的限制,剥夺他们拥有财产和提供基础教育的权利。(绝大多数的革命者都是反教权主义者。在这方面萨帕塔却是例外,追随他的农民都是虔诚的教徒。)宪法也宣布外国人不得担任神职,无权参加投票、担任公职或批评政府。

660

迭戈·里维拉,"征服墨西哥"(局部),1929—1930年。里维拉改变了墨西哥的绘画传统,他创造的巨幅壁画通常以残忍的画面来描绘墨西哥的历史。

制定新的法律比起执行法律来要容易得多,但新宪法的建立为政府的责任和义务设定了一个标准,并像灯塔一样为将来的继续革命指明了方向。在物质生活水平上,开始时并没有发生显著的变化。1920年,奥夫雷贡赶走卡兰萨,自己当上了总统。他划出300万英亩土地分给农民,使得其中10%的人从中获益。这次土地的再分配帮助确立了这次革命的原则,显示了国家方面的美好承诺并将新的土地用于生产。然而,国家并没有提

迭戈·里维拉,十字路口的男人(局部),1934年。里维拉声名远扬,他被邀请为纽约的洛克菲勒中心创作壁画。当约翰·D·洛克菲勒看到里维拉在画中对卡尔·马克思和共产主义的赞颂后,叫人把这幅壁画给毁了。后里维拉在墨西哥城的美术宫重新创作了此画。

供所需的技术支持以提高生产力。在政治上,奥夫雷贡在他的政府中开始引入新的选区、包括由工党代表的劳工运动以及由国家农民党代表的农民。这些政党在政府中地位的制度化通过更广泛的代表形式保证了新政府的稳定。大家认识到,这种代表制度不仅体现着各个社会阶层,也代表着不同的种族和文化。混血儿,甚至是赤贫的印第安人都在政府中有了一席之地。墨西哥与三个重大问题的斗争,即对印第安人的种族歧视,经济上对穷人的歧视,以及为掩盖上述两个问题而在政治上作出的粉饰,激励了整个拉丁美洲。但它也为之付出了高昂的代价:总共1 500万人口中,有100万人遭到杀害。

奥斯曼帝国

和墨西哥基本依靠欧洲列强的力量获得经济投资资本和启动项目不同,奥斯曼帝国依然保留它的经济自主权,尽管法国的资金被用于建设它的主要技术项目即苏伊士运河。和印度不同,帝国没有失去它的主权,但与中国相似的是,虽然仍正式对外宣称保持独立,它在自治权方面却失去了许多。奥斯曼帝国在工业和政治发展方面落后于西欧各国和美国,并且它处于缓慢的解体过程之中。奥斯曼帝国逐渐沦为"欧洲病夫"的这一过程持续了一个多世纪。我们已回顾了这个过程的前几个阶段。

1789年,拿破仑成功入侵奥斯曼埃及。他并不是被奥斯曼人赶走的,而是被他欧洲的敌人英国击败的。1805年,身为阿尔巴尼亚人的将军穆罕默德·阿里被奥斯曼人派来控制埃及,然而他建立的是一个实际上独立于奥斯曼帝国的埃及。在8年的内战中,希腊获得了来自英国、法国,特别是俄国的军事援助,之后于1830年从奥斯曼人手中获得了独立。在此一年之前,三个巴尔干国家——塞尔维亚、瓦拉几亚和摩尔达维亚——通过同样的斗争也从奥斯曼人手中获得了独立。尽管经历了政府机构和军队的"坦志麦特(Tanzimat,重组)"改革并于1876年通过了议会宪法,土耳其在第二年与俄国的战争中还是落败了。一年之后。塞尔维亚、黑山以及罗马尼亚宣布独立。1881年,欧洲银行家宣称,奥斯曼帝国没能妥善管理它的财政并且负债累累。欧洲人要求并且得到了在奥斯曼的财政部设立官方代表的权利。欧洲各列强也宣称,他们有权为了维护生活在伊斯兰奥斯曼帝国的基督教徒的权益而干涉奥斯曼帝国的内政。他们在君士坦丁堡安排了各个基督教派的代表来代表和维护这些权利。尽管如此,由于害怕不安分的亚美尼亚基督教徒在安纳托利亚继续发动叛乱,奥斯曼政府支持了一系列对他们的攻击行动,在1895年杀害了约20万人。

1908年,一群进步的军官和开明的专业人士——统称为"青年土耳其党人"——夺取了了苏丹统治下的政府。然而,在那些年里,帝国的瓦解仍在继续。几乎所有它剩下的位于欧洲和北非的土地都被剥离殆尽。保加利亚于1908年宣布独立,同年,波斯尼亚被奥匈帝国吞并。意大利夺取了利比亚的北非领土以及帝国近海的多德卡尼斯群岛。保加利亚、塞尔维亚以及希腊帮助阿尔巴尼亚于1912年获得独立。

次年的第二次巴尔干战争围绕着保加利亚应该拥有的领土大小和对阿尔巴尼亚

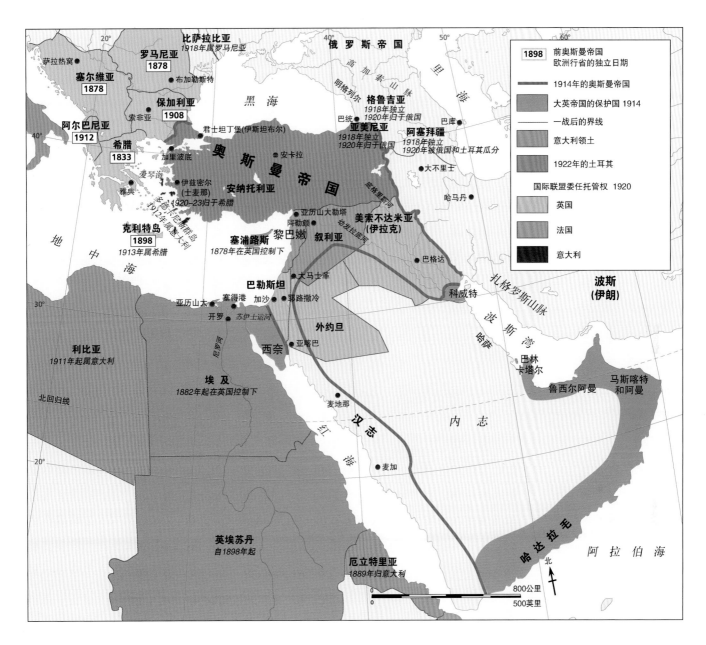

的控制展开。塞尔维亚人、希腊人、奥地利人甚至连意大利人也牵扯其中。得到奥地利支持的、使阿尔巴尼亚成为一个独立王国的决定激怒了塞尔维亚人，因为阿尔巴尼亚通向大海，而塞尔维亚人很想控制这个区域。这个决定也同时激怒了作为斯拉夫兄弟而支持塞尔维亚的俄国。列强之间的这些经济和军事竞争都包含在更为重大的民族主义问题之下，民族主义在20世纪初的欧洲是一股极为强大的力量（见第18章）。

人们对自己的民族国家，对在这些国家内共享的语言、历史、种族特点和抱负的崇敬变得如此激昂，他们甚至愿意为此而奋斗献身。愤世嫉俗者们挖苦说，广大民众是受了各自国家想要发战争财的工业家们的操纵而投入战争的，然而，民族感情本身就是一股强大的力量。民族主义在那些军事生产的经济基础薄弱的新兴小国家——

奥斯曼帝国的终结。19世纪的最后几十年中，由于奥匈帝国、俄国以及几个颇具雄心的新兴国家对其权力的挑战，人们目睹了奥斯曼帝国在欧洲的势力的日渐衰退。阿拉伯的反叛，帝国内部的分歧，加上土耳其人在第一次世界大战中的失败促成了奥斯曼600年统治的终结。土耳其成为帝国瓦解后留存下来的主要国家，其他几个地区分别被托管，由英国和法国控制。

如巴尔干地区的那些国家——中唤起的民族责任感比起它在强大的帝国中所起的作用来毫不逊色。由于在工业和军事发展上落后于它的欧洲对手,奥斯曼帝国已无力再在其领土内维持和平。缺少了强有力的奥斯曼统治,数量众多的相互敌对的民族和宗教团体之间频频发生武装冲突,由此而引来了几个欧洲主要国家的干涉。这些列强早已深深陷入对于军事、市场和威望的竞争之中。它们效力于相互敌对的军事联盟,这些联盟通过权力的平衡几十年来一直维持着和平态势。

1914年,奥斯曼帝国解体,以及由此引发的巴尔干地区的权力斗争,加上常年为争夺对这一地区的控制权而展开的战争使得这里成为世界上最为危险的地区之一。

一方面,和平和进步似乎成为这个时代的标志。另一方面,国际关系十分紧张,而且始终处于一种变化不定的状态。边缘地区成为人们关注的中心。历史上原来的强国在相对年轻的新来者手中沦为殖民地和傀儡政府。各式各样紧张的种族关系和民族主义似乎无处不在,尤其是在巴尔干地区。从一个角度看,世界政治和经济的现状似乎处在一个乐观向上的阶段;而从另一个角度看,当时的局势却是十分紧张,处于一触即发的状态。

第一次世界大战,1914—1918年

1914年6月28日,一个塞尔维亚民族主义者刺杀了奥匈帝国的王储弗朗茨·斐迪南大公和他的妻子。这一暗杀引起了轩然大波,因为奥匈帝国已经控制了塞尔维亚人聚居的巴尔干地区。暗杀者的子弹就像一根火柴点燃了第一次世界大战(在第二次世界大战于规模上超过它之前,被称为“伟大的战争”)的熊熊大火。暗杀发生一个月之后,即7月底,奥匈帝国向塞尔维亚宣战,进而引发了一连串多米诺骨牌效应。在过去30年建立起来的联盟体系下,各个国家之间开始相互援助。俄国动员它的军队保卫塞尔维亚并沿着德国的边界进行部署。害怕受到攻击的德国对俄国和它的盟军法国宣战。为了能够迅速彻底地打击法国,德国采取了最直接的路线,入侵并穿越了比利时,由此违反了保证比利时作为中立国的国际条约。8月4日,英国和它遥远的同盟国日本对德宣战。联盟体系原本是为了在竞争激烈且民族主义高涨的欧洲各国之间防止战争发生,转而却将各个主要国家拉入了由巴尔干地区冲突升级而形成的大战中来。缺乏维持国际秩序的组织体系的弊端暴露无遗。一周之内,欧洲所有的强国都卷入了战争。11月,奥斯曼帝国同德国和奥匈帝国一起组成轴心国同盟。在另一边,英国、法国和俄国,意大利则是在1915年加入,组成了协约国联盟。

自从一个世纪前的拿破仑战争结束之后,欧洲还没有面临过洲际范围内的战事。尽管各国都拥有军事力量,但它们在军事上和心理上都没有为在西线连年发生的毁灭性的阵地战作好准备。穿过比利时进攻法国的德国期望尽早获胜,但法国给予了顽强的反击,同时,俄国人以令人意想不到的速度开辟了东线战场,迫使德国分散了它的军力。军队的领导人似乎缺乏有关新的技术如何改变战争面貌的认识。9月5日

到12日期间，双方在法国东北部的马恩河战役中打了个平手，为此后四年的战争建立了一个模式。双方继续向外延伸自己的战线，最终，双方在一条从北海延伸至瑞士的长逾400英里的战线上相互对峙。双方都盘踞在阵地中，形成了一种装备有机枪、大炮并受到有刺铁丝网保护的围攻战。任何一方想要发动进攻，都必须"越过"战壕，迎接他们的将是毁灭性的机枪火力。此外，德国后来还使用了毒气，这导致后来国际上严禁毒气的使用（尽管许多国家仍在他们的军火库中继续储存有毒气弹）。单是在第一个月，双方就各自遭受到了25万的人员伤亡，并且用尽了他们本以为可以维持未来任何战争的弹药。埃里希·玛丽亚·雷马克（Erich Maria Remarque）在他1929年创作的小说《西线无战事》中描绘了阵地战的恐怖情景。士兵们生活在泥地里，他们知道离开战壕就可能意味着丧命。疾病带走了许多人的生命。战争期间，总共有几百万人战死，更多的人负了伤，而且大多都是重伤。一个全新的工业发展起来，使得千千万万人失去生命或是肢体。将军们绝不放过任何可能改变战争进程的

第一次世界大战。1914年，在欧洲以及帝国的领土范围内，欧洲各国为了取得政治和经济上的优势而爆发战争。旨在遏制德国和奥匈帝国（轴心国）的野心的脆弱联盟体系崩溃，由此造成规模骇人的冲突。土耳其加入轴心国。在法国和比利时，战争陷入了消耗战的僵局。在东部，进攻和反攻引起民众巨大的抗议，民力耗尽，最终导致了土耳其、俄国和奥地利等帝国的垮台。总共有2 000万人在战争中丧生。

664

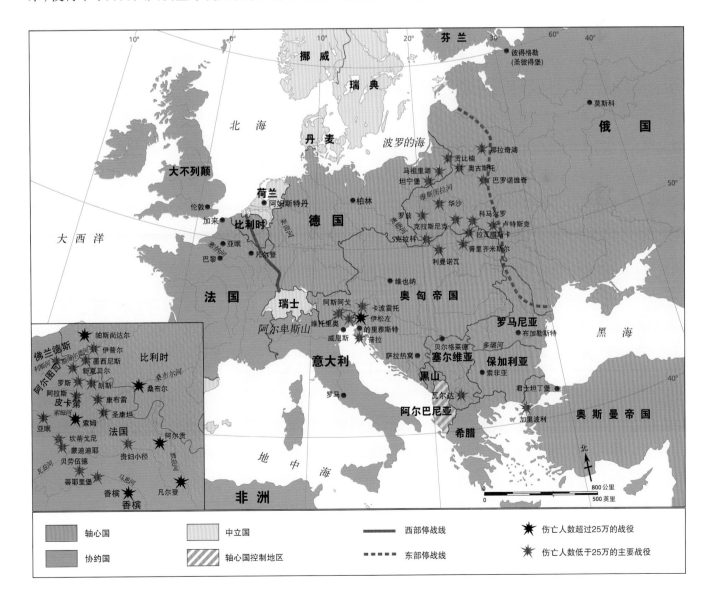

665

战壕中的生活　第一次世界大战因其阵地战而臭名昭著，士兵们钻进他们挖的战壕却难以夺取敌方的阵地。骇人的苦力、寒冷、潮湿、炮击、机枪火力、紧绷的神经、尸体的腐臭味和芥子气在战壕中经年不散。到1918年战争结束为止，共有大约850万士兵丧生。

杜马（Duma）　尼古拉二世为了应对1905年的革命而建立的俄议会，杜马的权力主要被限制在司法和行政领域；沙皇保留了对选举权的控制。

新武器，然而武器试验的结果往往意味着更多的生命的丧失。

那些试图通过纯粹数量上的优势以步兵部队压倒对手的重大战役导致了灾难性的损失。1916年2月，德国向位于法国、比利时和德国边界交汇处的凡尔登发动进攻。直到最后德军放弃进攻为止，这一战役共持续了6个月，造成双方各35万人的伤亡。1916年7月，法国在北部50英里处的索姆河发动进攻。此时英军已加入法军，并带来了重炮甚至他们新研制的坦克，这些坦克可以突破有刺铁丝网和战壕，压倒敌军的机枪火力。然而，坦克的数量有限，双方将领仅仅是将一波波的攻击部队推向敌方，直接冲入敌人的机枪炮火之中。付出的生命代价之大几乎令人难以置信。在4个月的时间里，德国就损失了50万士兵，英国和法国的数字分别为40万和20万。在西线，从这时起一直到战争结束，战争基本上处在一个僵持阶段。

在东线，德国人一次次击败俄国人，然而，装备和食物供给不足、指挥差强人意的俄国人仍在顽强战斗。1914年，战争爆发后的最初几个月，在坦嫩贝格和马祖里湖战役中，225 000名俄军士兵被德军俘虏。1915年，德国和奥匈帝国对俄国发起了攻势，共有200万俄军死伤或被俘，其中有许多俄军士兵几乎是赤手空拳投入战斗。为了渡过黑海给予俄国援助，英国和法国派出了45万人的军队在达达尼尔海峡和黑海入口处的加利波利半岛登陆。在几近一年的战斗中，协约国士兵共有145 000人战死或负伤，此后这一军事行动才告终结。

1916年6月，俄国发起了反攻，但到了1917年，战争已经几乎完全不得人心。1917年3月，圣彼得堡的军队发生叛乱。俄国的**杜马**（议会）力图进行改革，沙皇被迫退位。新成立的俄国临时政府试图将战争继续下去，但无奈军心涣散。11月，以列宁——德国人之前曾帮助过他回到俄国——为首的布尔什维克共产主义革命政府夺取了政权并积极寻求和平，将俄国从战争的泥潭中解脱出来。（与这场战争相联系的最重大的事件之一，即俄国革命，将在后面讨论。）

在阿拉伯半岛和巴勒斯坦的阿拉伯人反抗奥斯曼帝国统治的斗争中，英国站在他们一边，开辟了对抗奥斯曼帝国的另一条战线。英国上校T.E.劳伦斯（T.E. Lawrence），人称"阿拉伯的劳伦斯"，负责领导这次起义，并且在他的支持下，汉志（阿拉伯半岛的西海岸，包括麦加）的酋长侯赛因宣布自己为阿拉伯国王。多亏了阿拉伯人站出来对抗土耳其人，埃德蒙·艾伦比（Edmund Allenby）将军才得以穿越土耳其人的防线，先后攻占了耶路撒冷、巴格达，最终于1918年10月占领大马士革，这一系列战役因为战术高明以及对高度机动地面部队和空中支援的运用而为人们所称道。面对阿拉伯人的反抗和英国在军事上的胜利，奥斯曼人在1918年10月提出求和。

在距离更远的殖民地中，英国和法国的军队夺取了德国在非洲——包括多哥、喀麦隆、西南非洲、坦噶尼喀（今天的坦桑尼亚））——的殖民地，并发誓再也不会让德国人回来。同样，在东亚和太平洋，作为英国盟友的日本于1914年对德宣战并迅速占领了德国在中国的租界以及德国控制的马绍尔和加罗林群岛。1915年日本迫使中国签订"二十一条"。中国感到自己正在一步步沦为日本的殖民地。

在大西洋战场，英国和德国无视允许与军事装备和供给无关的货船通过的海上公约。英国那时拥有世界上最强大的海军，它常常扣留目的地为德国或其他敌对国家的船只并没收船上的货物。德国由于海军规模较小，无法实行相同的政策。取而代之的是，他们直接攻击驶往英国和法国的船只，特别是在不列颠群岛周围的水域，他们使用鱼雷进攻并击沉船只。"路易斯安娜号"是这些船只中最大的一艘，1915年5月在爱尔兰海岸被鱼雷击沉，1 200名乘客，包括了118名美国人随船一起沉入大海。美国很晚才参战，一是因为它希望保持和平中立，二是它觉得在这场帝国的争霸中，交战双方都不能代表正义的一方。"路易斯安娜号"的沉没将美国拉到了协约国这一边，再一次坚定了美国偏向于更为民主的英国和法国、而非更加专制的德国和奥匈帝国的基本立场。但美国在又经历了几次挑衅后才于两年后参战。

1917年1月，德国外长阿瑟·齐默曼（Arthur Zimmerman）发送了一份秘密电报命令德国驻墨西哥城的大使向墨西哥总统提议，如果墨西哥愿意与德国联盟来对抗

666

我们是怎样知道的?

战争经历颠覆了殖民主义

殖民国家在两次世界大战中都动用了它们的殖民地军队，将他们从一个前线推往另一个前线。在海外的军事经历改变了士兵，使得他们对欧洲的先进文明深表怀疑。一些欧洲士兵开始认识到，至少在一些殖民地，人们不但不尊敬他们，反而惧怕和痛恨他们。一个来自印度的年轻新闻记者印杜拉尔·雅格尼克（Indulal Yagnik）作为采访第一次世界大战的记者在伊拉克待过一段时间，他越来越强烈地认识到阿拉伯人对英国殖民统治的仇恨并将其记录

下来。他看到阿拉伯妇女通过维护她们的宗教和文化习俗来宣泄她们的仇恨。他开始充分理解印度人和阿拉伯人对殖民主义的共同反对：

我们理解……在整个地区，阿拉伯人将英国视为他们的敌人。他们眼中流露出仇视的目光。他们就像是迷失了方向的殡仪人员那样四处走动，聚在一起谈笑，一见到英国人就立即停了下来。他们机械地同外国人说话，只有在完全迫不得已的情况下才开口。作为回报，他们会得到几分钱，否则他们就会装成是战败的、仰赖他人援助的敌人的样子。有尊严的妇女

将她们藏在波卡（一种将人从头到脚覆盖起来的装束）之后。白人士兵一定已经感受到她们独立的性格，然而他们的军官因此颁布了严格的命令禁止与当地妇女讲话。（Indulal Yagnik，第262页，由Devavrat Pathak和Howard Spodek译自古吉拉特语）

- 雅格尼克在阿拉伯半岛的经历是如何加强了他的反殖民观点？
- 阿拉伯妇女的行为对于令雅格尼克和英国人相信阿拉伯人是反殖民主义的有多大的重要性？
- 这些证据是否证明了阿拉伯的妇女比男子更反对殖民统治？

美国的话,德国将承诺"我们能够理解墨西哥希望重新夺取在得克萨斯州、新墨西哥州和亚利桑那州失去的领土的愿望"。这份电报被阻截、破译,并在美国刊登出来,公众一片哗然,随即掀起了巨大的反德浪潮。差不多与此同时,即1917年1月底,德国向美国宣布它将发动无限制的潜艇战,一经发现,立即击沉在不列颠群岛或地中海水域的所有商船。

以前一直保持中立的美国于1917年4月正式向德国及同盟国宣战。这决定了四年来被残酷无情的、令人精疲力竭的毁灭性战争折磨得奄奄一息的士兵们的命运。美国对战争的贡献比起那些主要的欧洲国家来说要小得多和短暂得多(实际战斗仅持续了约4个月),但它在欧洲人疲惫不堪、弹尽粮绝的关键时刻加入了进来。一年半后战争即将结束时,美国拥有400万陆军和海军部队——其中的200万部署在法国,另有100万正在派往法国的途中,美国提供了100亿美元的军事和民用援助,并安排它的农场和工厂生产了创历史纪录的食物和供给品。战舰的吨位数从战前的100万吨增加到了战争结束时的1 000万吨。美国的生产消费品的工厂设施经过改造被用来提供军事装备和军需供给。糖和其他消费商品都按照配额供应。美国还从妇女的胸衣制造中节省下了8 000吨钢。

一旦美国开始大量提供供给品并派出新的部队,协约国的胜利就有了保障。在1918年的春天和夏天,德国最高指挥部发动了最后一次进攻,但此时他们已经抵挡不住协约国的反攻。德国不得不寻求停战。停战协定于11月11日上午11时生效。由于奥匈帝国、土耳其以及保加利亚之前已经退出战斗,战争终告结束。

生命付出的代价大大超出了人们的想象。这场战争总共动员了大约7 000万武装力量。当然,其中大多数是欧洲人,但也包括140万来自印度的在中东、东非和法国服役的部队;另外,有130万人来自"白人"的领地,134 000人来自其他英国殖民地。法国从它的殖民地招募了60万人参军并另有20万人到法国的工厂工作。总共有1 000万士兵死亡,2 000万人受伤。英国损失了100万人,法国为150万人,德国将近有200万人,俄国为175万人,奥匈帝国有超过100万人,意大利为50万人,奥斯曼帝国为325 000人,美国为115 000人。

战后的展望和后果

在经历了战争的血腥屠杀、破坏和混乱之后,世界很明显地处在重大的变革之中。战败宣告了三个古老帝国的终结:奥斯曼帝国、奥匈帝国和沙皇俄国。大英帝国幸存了下来,但它在战时给予印度更多自治权的许诺可能会限制英帝国的力量。内部爆发的革命使得拥有2000年历史的中华帝国在战争开始前不久即告终结,而日本在战时对中国的征服预示着中国的主权也可能岌岌可危。

此外,战争期间作出的承诺在世界范围内燃起了人们的希望。其中最理想化的、最著名的承诺可能来自伍德罗·威尔逊。这位美国总统宣称协约国的目标是"构建一个安全的民主世界"。威尔逊在他的"十四点"中提到协约国的战争目的:

关于各国对殖民地的权益的要求,应进行自由、开明和绝对公正的协调,并基于对下述原则的严格遵守:在决定关于主权的一切问题时,当地居民的利益,应与管治权待决的政府的正当要求,获得同等的重视。(引自 Hofstadter,第224–225页)

作为一个对胜利天平的倾斜有决定作用的国家的领导人以及拥有政治头脑的人,威尔逊备受关注。许多不同国家的少数群体和殖民地的人民都积极响应他发出的有关所有人都应该在他们自己的政府中拥有发言权的明确的讯号。此外,殖民地的千百万人民为他们的殖民者在战争中作出了贡献。他们期望——有时他们得到明确的许诺——在战后会得到政治上的回报。

例如,奥斯曼帝国阿拉伯地区的人们获知了威尔逊将帮助他们建立独立国家的计划表。他们站在英国人一边一同对抗奥斯曼帝国,并且希望他们在这次战争中的贡献能够有所回报。此外,英国驻埃及的高级特派专员(大使)私下里对麦加的领导官员沙里夫·侯赛因说,如果阿拉伯人对抗奥斯曼土耳其人的话,他们将获得一定程度的独立。另外,就在1918年停战协定签订之前,英国和法国宣布了他们的目标:"完全彻底地解放那些长期以来受土耳其人压迫的人民,并建立一个其权威来自本土

战后崛起的新国家 第一次世界大战爆发后,古老的帝国轰然崩塌,新的国家和殖民地(美其名曰"托管地"或"受保护国")建立起来。奥匈帝国和奥斯曼帝国彻底覆灭。在欧洲的中部和东部建立了许多带状分布的单一民族国家;有的只存在了很短的时间就被俄国兼并了。奥斯曼帝国的核心地区成为土耳其,其余部分被托管给了英国和法国,成为后者的半殖民地。

668

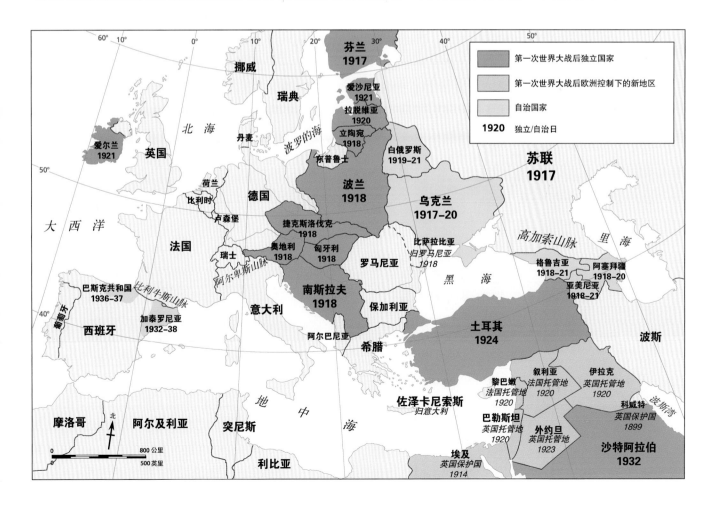

居民自由和自主选择的国家政府和行政机构。"

犹太人也期望着重大变革的发生。英国政府不是作出了如果奥斯曼帝国被征服的话，将"在巴勒斯坦为犹太人建立一个家园"的承诺吗？这个由英国外交大臣巴尔弗勋爵在1917年作出的承诺可能主要是为了激励犹太人支持英国对抗当时控制着巴勒斯坦的奥斯曼帝国。它唤起了全世界犹太人心中的美好憧憬，特别是那些已经从东欧移民并定居到巴勒斯坦和那些仍陷于歧视和迫害之中的人们。然而，阿拉伯人注意到巴尔弗也作出过"我们不允许任何可能侵害到目前的巴勒斯坦非犹太人定居地的公民权利和宗教权利的事件发生"的承诺。在他们看来，这两个承诺是前后不一致的。

印度不仅贡献了140万士兵，还在1917年支付的1亿英镑的基础上再以每年2 000万—3 000万英镑为英国偿还战争欠款。因此，在1917年，它也得到了英国的承诺。

印度事务大臣埃德温·蒙塔古宣布，英国的目标是"由于逐渐意识到一个负责任的印度政府是大英帝国的不可或缺的一部分，英国将允许更多的印度人加入到政府的各个机构中来，并在印度逐步发展和建立自治的机构"。

许多少数民族和说少数语种的人们散布于东欧和中欧的各个国家，特别是捷克人、斯拉夫人、爱沙尼亚人、拉脱维亚人和立陶宛人也都希望能拥有属于自己的独立国家。中国则期望能够收回一部分殖民地，至少是在战时被日本夺取的那部分德国殖民地。那些生活在几乎完全处于殖民统治之下的非洲人，以及流离失所、受尽歧视的非洲人也开始动了心。例如，威尔逊的承诺打动了杰出的非洲裔美国学者和活动家杜波依斯（W.E.B. DuBois）和他领导的泛非运动。杜波依斯和他领导的运动主张人人平等，终结美国对黑人的国内殖民以及欧洲列强在非洲的殖民统治。

第一次世界大战之前，只有挪威、新西兰、澳大利亚的几个州，以及美国西部等少数几个国家和地区赋予妇女投票权。其他地区的妇女选举权运动没能实现她们的目标。然而，随着战争的结束，民众和立法机构出于对妇女在军队、工厂以及家中所作出的突出贡献的感谢，开始重新考虑这个问题。1918年，英国授予30岁以上的妇女选举权。到了1928年，选举权扩大至21岁以上的妇女。德国和美国分别于1918年和1920年授予妇女选举权。

巴黎和会，1919年

1919年，在人们的乐观希望和热切期盼中，和平会议在巴黎召开。除了战败国和俄国以外，32个国家应邀参与了会议。然而，他们在许多问题上意见相左，争执不下。在重新划分战后边界和处理金融账户的问题上，每一个大国都在寻求自身的利益。例如，日本仍希望继续控制它在战时夺取的德国的东亚领地。由于这些殖民地中一部分属于中国，中国自然对此表示抗议。费萨尔王子代表对战胜奥斯曼帝国作出过贡献的阿拉伯人，寻求建立新的独立国家。来自殖民地和亚国家（sub-national）的族群的代表受到了威尔逊有关自主决定国家事务的信条的鼓舞，希望得到国际社会的承认并取得一定程度的独立和主权。杜波依斯代表泛非议会（由参加巴黎和会的48名来自非洲的代表和散居在国外的非洲人组成的团体）号召种族平等。最后，尽管有那么多与会的官方或非官方成员，但是美国、英国和法国的代表团在谈判过程中起了最重要的作用。

欧洲和中东地区的政治边界被重新划分，那些战败国以及退出战争的俄国受到了制裁。奥匈帝国和奥斯曼帝国被瓦解。奥匈帝国的领土范围被缩小了，并分裂为两个独立的国家。在其先前的领土上捷克斯洛伐克和南斯拉夫建立了国家。奥斯曼帝国消失了；它在安纳托利亚的核心地区和伊斯坦布尔城成为一个新的国家土耳其。罗马尼亚和希腊从奥斯曼帝国在欧洲余下的领土上扩张而成。在其中东地区，崛起了4个新国家，在它们独立的要求被认可之前一直托管给欧洲国家以获得监护。尽管使用了"托管"一词，但大多数观察者认识到，这些国家只不过是换了个名称的殖民地而已。叙利亚和黎巴嫩被托管给了法国，巴勒斯坦和伊拉克则被托管给了英国。在战争期间，俄帝国也崩溃倒塌，并退出了战争。一个似乎会威胁到协约国的共产主义者政府取代了罗曼诺夫王朝。从俄帝国原先的领土上崛起了波兰、芬兰、爱沙尼亚、拉脱维亚和立陶宛等新兴国家。

这三个强大的帝国在它们的国境之内都居住着形形色色的少数民族，他们拥有不同的肤色、宗教和文化。巴黎的谈判代表们希望，他们划分建立的新国家和新边界能够让那些人口较多的少数民族拥有自己的国家，同时保护敌对的民族团体免受互相攻击和来自外部的统治。这些新国家和旧帝国的残余核心地区也将少数民族的权利和法律保障制定进了宪法。

德国将阿尔萨斯—洛林划给了法国，东部的大片地区给了波兰，一小部分土地给了立陶宛、比利时和丹麦。德国被裁定为战争损失支付巨额赔款，尽管实际上它并没

670

凡尔赛和约的签订，1919年。法国总理乔治·克列孟梭在凡尔赛和约签订仪式上发言。美国总统伍德罗·威尔逊坐在他的右侧。

有付出这么多的赔款。最令德国难堪的是,它被迫公开承认对战争造成的损失和破坏负全部责任。德国签订了结束战争的凡尔赛和约,带着仇恨和屈辱离开了巴黎,然而,尽管失去了土地并支付了赔款,但德国仍蕴藏着强大的实力。

国际联盟

巴黎和会的谈判代表们基本达成了一致,要为国际合作、仲裁国家之间的争端建立某种形式的组织,并希望它能够防止未来战争的发生。为了这个目的,他们在1920年创建了国际联盟,但很快他们的幻想就破灭了。这个联盟受到三个天生的缺陷的限制。第一,主要的发起国美国因为国会的反对而拒绝加入。美国这个拥有世界上最强大的技术、工业、金融和军事实力的国家退回到了它海洋防御的孤立状态。1926年德国被允许加入国联;苏联在1934年加入。

第二,国际联盟没能解决好民族身份和高涨的反殖民主义等复杂问题。根据国家自主权的原则,10个新的国家诞生了,或者说是获得了重生。按照巴黎和约,14个国家被特别指定承担保护在他们境内的少数民族、宗教以及说少数语言的团体的责任,保证这些少数群体与所有的公民拥有相同的权利,包括在学校接受用母语授课的权利;然而在中欧,民族群体分布相当广泛,很多少数民族仍深感受到不公正的待遇。

不久之后,随着世界上各个强权国家开始重新回到其原来的状态,殖民地人民对殖民统治者的敌对情绪再度高涨。尽管这些国家在战时作出过很多给予自治的承诺,但国际联盟既没有意愿也没有能力干预以促成这些承诺的兑现。例如,虽然法国和英国在战争期间已承诺给中东的阿拉伯地区以独立权,但它们实际上在1916年签订了赛克斯—皮科协定以划分各自控制的地域。在执行这个协定时,将对伊拉克和巴勒斯坦的托管权授予英国,将对叙利亚和黎巴嫩的托管权授予法国,这违背了他们原来的承诺。

土耳其本身也被专门提出来,以待被进一步肢解瓜分成由法国、意大利,以及最具挑衅意味的,由希腊控制的势力范围,后者几个世纪以来一直是穆斯林土耳其人的基督教仇敌。在土耳其东部的黑海沿岸建立起了一个独立的亚美尼亚国家。同时,在其南部建立一个独立的库尔德斯坦。只有穆斯塔法·凯末尔(1881—1938年)将军领导的土耳其武装力量在坚决抵制这一进程。穆斯塔法·凯末尔后来被称为阿塔土克,即"土耳其之父"的意思,他赶走了驻扎在土耳其的外国军队,保持了国家的领土主权和政治上的独立,直到1923年的洛桑和约承认土耳其的完全主权。

在东亚,和约将德国在中国北部山东半岛的租借地划给了日本而没有还给中国。在巴黎,中国的抗议者们以自己的血肉之躯阻止中国代表团参加签字仪式,因此中国始终没有正式签订此项和平协议。在中国国内,1919年5月4日,学生同广大民众一起发起了针对这一条约的抗议活动。这一抗议运动激发了人们对中国在国际舞台上受尽屈辱,历史传统的丢失,以及同西方相连的文化价值观的持续批评。"五四运动"

也播下了中国共产党成立的种子；到了1921年，中国的革命者与新建立的苏联共产国际的代表进行了会谈，中国共产党成立了。

在印度，英国没有履行它在战时作出的扩大自治政府机构的承诺，相反，它通过了《罗拉特法案》，限制出版和民众集会自由。此外，在1914年到1920年期间，印度经历了一次令其基本商品价格翻番的通货膨胀，以及在其境内造成1 200万人死亡的流感大流行（世界范围内共有2 000万人死于这场疾病），死亡人数是战争中死亡人数的两倍。在加入战争时，大多数印度人似乎相信虽然整个过程可能十分缓慢，但英国最终会把自治权归还给印度。后成为印度民族运动领袖的莫汉达斯·卡拉姆昌德·甘地（Mohandas Karamchand Gandhi, 1869—1948年）甚至还为英国的战争努力征募过士兵，虽然此举未获成功。随着英国战后采取的严厉措施和印度人的抗议，这一切都改变了。在旁遮普的阿姆里查，一个英国将军雷金纳德·戴尔命令他的部队向手无寸铁的抗议人群开火。士兵们封锁了唯一的出口，将作为露天会所的札连瓦拉园变成了可怕的射击场，共杀死379人，另有1 100人受伤。政府责令戴尔辞职，但英国国内对他表示的支持彻底疏远了印度的温和派人士。第一次世界大战已经暴露了欧洲文明内在的残忍和蛮荒。现在这一切又出现在了印度，这是彻底的种族主义。从此以后，即使在温和派印度人眼中，英国的殖民统治也已丧失了它的合法性。

1919年，甘地开始围绕着印度的农民阶级重新组织议会，拓展并深化了原本建立在城市和上层阶级基础之上的运动。1920年，他开展了第一次不合作运动，到了1930年，他领导了名为"食盐大进军"的抗议运动，这一运动把全国人民都动员了起来，并引起世界各国媒体的关注。

在非洲，欧洲人继续控制着他们在19世纪后期夺取的殖民地。英国的殖民者开始流向新的定居地，特别是肯尼亚的高地地区和罗得西亚（今天的津巴布韦）南部。尤其是在英国的殖民地中，根据那些首先在印度发展起来的非直接统治政策，非洲的部落领袖被吸纳到了政府的统治构架之中。

然而，国际联盟和它的托管体系的存在意味着，随着时间的流逝，殖民主义将受到限制。在埃及，华夫脱党开始发动示威游行和暴动来要求英国给予埃及名义上的独立，但仍允许英国控制其外交政策、国防事务和苏伊士运河。1921年，英国授予爱尔兰南部成立一个新国家的自治领地位，结束了几个世纪以来的殖民压迫（但北爱尔兰仍为大英帝国的一部分）。1932年，英国给予伊拉克名义上的独立。

然而国联本身并没有军队。这限制了其干预争端的意愿，并且使它甚至无法支持它想采取的决定。几个大国在1928年签订了"凯洛格–白里安协定"，同意不以战争方式解决争端，但这样的约定被证明是毫无意义的。1931年日本入侵中国；1935年，意大利入侵埃塞俄比亚，将这个非洲仅有的两个独立国家之一（另一个是利比里亚）变成了它的殖民地；德国在20世纪30年代开始重新武装；1936年，西班牙内战爆发。国际联盟没能有效地阻止这些事件的发生，这也宣告了它的名存实亡。

672

纪念共产主义运动的战斗圣歌《国际歌》的海报。卡尔·马克思(左)和弗里德里希·恩格斯(右)头像位于海报的上端,他们合作提出了作为"科学社会主义"基础的理论原理,并组织了反抗资本主义的工人阶级运动。

673

地方自治机构(zemstvo)
俄罗斯帝国的一种乡村委员会,由沙皇亚历山大二世于1864年建立,1917年被废除。

俄国革命

战争粉碎了旧俄政府的支柱,并促成了一种新形式的政府的上台,这使得大多数西欧国家和美国都感到了危险和威胁。其他人,包括一些美国人在内,却觉得这是一种取代堕落的西方社会的新选择。他们把其看作是一个拥有更美好世界的梦想。1917年的俄国革命开始实行共产主义,这对资本主义体制发起了挑战。就如我们在第17章中提到的那样,共产主义倡导废除私有制,并至少暂时性地由政府控制一个国家的经济资源。它提出,共产党应在这一体制中起到先锋带头作用,必要的时候不惜动用武力。共产党的领导人相信,俄国能够缩短发展进程,迅速跻身富国和强国之列。布尔什维克党(1918年重新命名为共产党)宣称控制了俄国的政治、经济和社会。通过世界范围内的共产国际组织,它将自己标榜成为殖民和落后国家推翻外国控制和资本主义经济发展道路的楷模和领袖。它批判富国为了自己的利益而故意令贫困国家陷入"欠发展"状态。俄国革命建立起来的新的共产主义体制在国内和国际环境中都挺过了艰难的战争岁月。

革命的准备发展,1914—1917年

在地理和政治上,俄国一只脚在欧洲,另一只脚在亚洲。我们已经看到,彼得大帝(1682—1725年在位)效仿西方的发展模式,将圣彼得堡作为首都、港口以及通往西方的窗口。凯瑟琳女王二世(1762—1796年在位)进一步促进了欧洲启蒙运动在俄宫廷内的发展。受到在克里米亚战争(1853—1856年)中败于英法和土耳其联军的打击,沙皇亚历山大二世(1855—1881年在位)采纳了更为开明的政策。他在1861年解放了俄国的农奴,并于1864年设立了**地方自治机构**(zemstvo),此外,他还放宽了对新闻出版的审查制度,改革了法律体系,鼓励工业化的发展,推动了一个覆盖全国的铁路系统的建造。沙皇尼古拉二世(1894—1917年在位)在两位改革派大臣谢尔盖·维特伯爵(Sergei Witte, 1849—1915年)和彼得·斯托雷平(Peter Stolypin, 1862—1911年)的辅佐下,进一步推动重工业的发展,并允许建立一些代表性的政治机构,但他却拒绝了知识分子、工人和政治组织者们强烈要求的民主改革。

尽管在尼古拉二世的统治下,俄国开始了工业化的进程,但在第一次世界大战前夕,俄国在经济和工业方面都大大落后于西欧国家。俄国拥有1.75亿人口,比美国多75%,是德国人口的2倍半,英国人口的4倍。其能源消耗却仅为美国的十分之一,德国的30%,英国的四分之一。它占全球制造业的份额仅为8%,相比之下美国占了32%,德国15%,英国也达到14%。

尼古拉二世在增加工业生产方面取得了长足的进步。能源消耗从1890年的相

当于 4.6 公吨的煤增长到了 1913 年的 2 300 万吨。铁路里程数从 1890 年的 22 000 英里延伸至 1900 年的 31 000 英里和 1913 年的 46 000 英里；人均工业化水平从 1880 至 1913 年翻了一番。但在 1880—1913 年这同一时期内，美国的人均工业化水平翻了两番，德国增长了 3.5 倍，法国、意大利、奥地利和日本都翻了一倍以上。在一个快速工业化的世界中，俄国要想迎头赶上则必须进一步加快步伐。为了获取发展工业化所需的资金，俄国引入了国外投资，但这使国家受制于外国。1917 年，外国人持有将近50% 的俄国国债。俄国成了欧洲最大的债务人。

俄国的农业生产效率低下，并且其技术相当原始。一个富有的贵族拥有大片的土地和为他辛勤劳作的农民。生活在**米尔**（mirs，村社组织）中受剥削的农民既没有经济刺激又未能接受技术培训来提高农作物的产量。他们自己耕种的小块土地被细分成更小的一块块地，每一代的男性后代将均匀分得父辈们留下的遗产。此外，政府禁止将农村的土地出售给外人。这样就防止了在外地主的剥削，然而这也阻碍了来自村落之外的投资通过引入新技术以促进农业的进步。生产力处于停滞状态。农民与上层阶级之间的尖锐的阶级隔阂依然存在，这不仅体现在拥有的财富和接受的教育方面，在衣着和礼仪方面也同样如此。另外，工业化的成本和外国贷款的偿还都必须从农业生产部门挤出来。其结果就是，大量贫困潦倒、技术落后且深受富有精英鄙视的农民背负着支持国家工业计划的重担。

米尔（mir）　俄国革命前一种控制有当地森林、渔场、猎场的农民自治社团；土地根据每个家庭成员的数量分配给各个家庭，作为回报，每个家庭都要支付一笔固定的租金。

列宁和布尔什维克革命

一个个革命组织对这种现状提出抗议，各自都提出了不同的计划。社会民主党的领导人格奥尔基·普列汉诺夫（George Plekhanov，1857—1918 年）认为，俄国需要更多地发展资本主义以形成新的城市工人和中产阶级，然后普列哈诺夫的政党就可以组织这些人来推翻资产阶级。普列汉诺夫事实上是一个正统的马克思主义思想家，他相信在共产主义革命形成之前，资本主义必须首先为其建立一个工业和工业劳工基础。一个名叫弗拉基米尔·伊里奇·乌里扬诺夫（Vladimir Ilyich Ulyanov，1870—1924 年，后改名为列宁）的律师倡导进行一次更为直接的猛烈的共产主义革命，并且他强调了由共产党来领导这次革命的必要性。

674

> 历史上没有一个阶级能够不经推选出一名革命领袖，以及一批有能力组织和指挥阶级运动的领导代表而取得政权的。我们必须训练那些愿意献身于这场革命的人们，不仅仅是一个闲暇的夜晚而是他们整个的一生。（Kochan 和 Abraham，第 240 页）

1902 年，在一本名为《我们将要做些什么？》的宣传手册中，列宁再一次强调建立一个绝对富有献身精神的领导核心来实施这次革命的必要性："给我们一个革命者组织，我们将推翻俄国！" 1905 年 1 月，随着革命呼声的日益高涨，大约 200 000 名圣彼得堡的工厂工人和其他民众在司祭加彭神父（Father Gapen）的领导下，以和平和文明的方式汇集到一起向沙皇递交了希望改善工作环境、提高工资，并成立具有代表性的政府的请求。在1月22号那个"血腥星期日"，沙皇实际上不在城里，但他的部队却朝示威者开了火，杀死了几百人，可能有千余人受伤。政府缺乏道德权威的本质暴露无遗。到了1月底，差不多有500 000名工人加入到罢工的行列，农民起义，军队叛变，医生、律师、教授、教师和工程师等知识分子也加入了抗议的队伍。

在这次国内的动乱爆发之前，沙皇将俄国带入了一场与日本的战争，然而在海上和陆上的战败进一步暴露了俄国的技术落后和政府组织的无能。俄日战争的失败，农村地区对征收国内税的反抗，以及工业城市中的罢工迫使沙皇不得不作出回应。他极为勉强地作出了些许的退让，建立第一届杜马或称议会，以代表农民和地主的利益，但只给了工人很有限的代表权。沙皇限制了杜马的权力，一次次勒令解散，有时还监禁其成员，并有选择地挑选阶级构成以分离主要的革命支持者、工人和资产阶级。杜马作为民主组织的重点和民众关注的中心而维持了下来，但他们无法协同工作，因此沙皇得以将革命整整延迟了10年。

由于无法在新的技术战中与其他欧洲国家相抗衡，俄国在第一次世界大战中遭受了200万人员的伤亡。这些损失最终将许多反对力量联合到了一起并推翻了君主政治。到了1917年2月，革命正在酝酿中，10 000名圣彼得堡的妇女举行游行，抗议对面包实行限量配给并要求沙皇退位。尽管政府有令，但军队拒绝向她们开火。

掠夺者，圣彼得堡，1905。小规模的革命浪潮零星出现于1917年之前。在1905年，也就是画中描绘的这些农民正在抢劫老板房屋的那一年，一场暗杀沙皇的密谋被揭穿，20名军官及230名卫兵在圣彼得堡被逮捕。

675

在1917年3月的第一次革命中，杜马迫使沙皇退位并建立了一个由亚历山大·克伦斯基（Aleksandr Kerensky，1881—1970年）领导的新临时政府。但战争仍在继续。军队中的叛离和兵变，食物的短缺，农民的起义以及工厂工人的罢工引起的骚乱依然没有停止。更多的激进团体力图取得控制权。列宁在德国政府的帮助下从流放地瑞士回到俄国。德国希望此举可以在俄国内部播下冲突的种子。列宁以"和平、土地、面包"为口号号召俄国立即退出战争，将土地分给农民并建立一个由政府负责的粮食分配体系。列宁组织了一次接管政府总部、火车站、电厂、邮局和电话局的武装行动。11月7号（罗马儒略历上的10月25号），这次革命政变取得了成功，共产主义者们取得了政权。与马克思主义学说相悖的是，革命不是发生在欧洲资本主义和工业化水平最高的国家，而是发生在工业化水平最落后的国家。1918年3月，共产主义政府与德国签订了《布列斯特-立陶夫斯克和约》，使俄国脱离了战争的泥潭。

共产党革命的"红色"势力和反革命的"白色"势力之间的内战笼罩着整个国家。来自14个国家(包括一小部分在波罗的海和8 000名在太平洋的符拉迪沃斯托克[海参崴]的美国人)的分遣部队加入了"白色"势力这一边。布尔什维克政府接管了土地、银行、商船以及所有的工业企业。它充公了教会所有的财产和土地并禁止在学校里进行宗教教育。它还建立了**契卡**(Cheka,安全警察)并实行"红色恐怖"以对抗敌人的"白色恐怖"。在叶卡捷林堡,当地的苏维埃政府处死了沙皇和他的妻儿。到了1920年,共产党人(布尔什维克党人现在这么称呼他们自己)取得了内战的胜利。1921年,他们严禁一切反对意见,即便是党内的不同声音,并使列宁控制下的中央委员会成为政府中有约束力的权力机构。列宁开创了在劳改营里监禁他的反对者的这一模式——这项政策后来在其继任者手里发展成监禁政府政敌的巨大的劳改营网络。上百万的公民最终被拘禁在"**古拉格**"(gulag)这一囚禁系统之中。

世界大战和内战,以及随后更具破坏力的旱灾、饥荒和经济混乱使得列宁相信,苏联需要稳定经济并刺激生产力。1921年,他实行了新经济政策(NEP),这项政策允许农民公开出售他们的产品,并准许中间人从生活消费品买卖中营利。然而中央政府控制着经济的"上层建筑":金融业、银行业、国际贸易、发电设施以及重工业。

列宁和约瑟夫·斯大林在俄国的高尔基市,1922。这张照片拍摄后两年列宁就过早地逝世了,斯大林经过政治斗争清除了他的对手们(利昂·托洛茨基被流放到国外,最终在墨西哥被暗杀)。1929年,斯大林成为共产党的最高统帅。很快,他抛弃了列宁的新经济政策,转而支持一系列残暴的五年计划,强行实施农业和工业集体化。

苏联的国家计划

列宁努力探寻俄国的工业改革之路。1920年,他建立了国家电气化委员会,并宣布:"共产主义就是苏联政权加上整个国家的电气化。"列宁邀请德国和美国的技术人员来俄国改进其生产力,使资本主义的手段为共产主义的目标服务。他对弗雷德里克·泰勒引入到美国的科学管理体系和工作场所的工时定额研究特别感兴趣。

随着列宁在1924年逝世,约瑟夫·斯大林(Joseph Stalin, 1879—1953年)和利昂·托洛茨基(Leon Trotsky, 1879—1940年)之间展开了一场严酷的权力斗争。最终,斯大林取得了胜利。托洛茨基是一个才华横溢然而又无情的人,他组织领导了红军,并且提出通过细致而又大胆的规划,一个技术落后的国家可以跳跃某些发展阶段,在"联合发展规律"的指导下迅速赶超发达国家。在击败托洛茨基之后,斯大林实行的却是托洛茨基提出的规划。他表达了俄国再也不能落后于发达国家的强烈民族主义激情。

契卡(Cheka) 1917年革命后布尔什维克政府建立的苏俄早期的秘密警察,目的在于打击持不同政见者以保护政权。因其手段过于残暴而被批评,该机构于1922年被重组。

古拉格(gulag) "劳动改造营管理局"的首字母缩写。这是苏联秘密警察于1934年建立的一个部门。它在整个苏联范围内管理着一个庞大的强制劳改营网络,几百万人被指控犯有"反国家罪"被送往那里接受惩罚。

676

落后者是要挨打的。但是我们不愿意挨打。不,我们绝对不愿意!旧俄历史的特征之一就是它因为落后而不断挨打。蒙古的可汗打过它。土耳其的别克打过它。瑞典的封建主打过它。波兰和立陶宛的地主打过它。英国和法国的资本家打过它。日本的贵族打过它。大家都打过它，就是因为它落后。因为它的军事落后，文化落后，国家制度落后，工业落后，农业落后。大家都打它，因为这既可获利，又不会受到惩罚。

　　正因为如此，我们再也不能落后了。(Andrea 和 Overfield，第 398 页)

　　斯大林的雄辩不仅直接感染了俄国听众，还鼓舞了世界上那些更为贫穷的国家和殖民地的抗议压迫、寻求独立和发展的听众。

　　为了实现"联合发展"，1928 年，斯大林制订了一个全国性的由国家指导的五年计划，覆盖了整个国家的基本经济结构。在资本主义社会，供求的市场力量决定生产的目标、工资、利润以及资本、劳动力和资源的流动。然而斯大林却取而代之，从大规模的国家宏观水平到小规模的地方微观水平，一切都依靠国家计划来作出相关决策。

　　在世界上的大多数资本市场都对共产主义国家紧锁大门的情况下，俄国如何才能寻找到资本投入到工业发展中去呢？斯大林转向本国的农业部门和农民阶级寻求解决之道。通过人为降低农产品的价格和提高农业用具和材料的价格，斯大林运用他的计划机构将资本和劳动力从农业挤向工业。但他挤压过了头，由此而导致农业生产力的下降，农民将自己的农产品撤出了人为通货紧缩的市场。国家的计划无法奏效。

　　尽管如此，1929 年斯大林进一步提升了国家的地位。他实行了农业集体化。超过半数的苏联农民被迫放弃他们的私有土地转而到面积达 1 000 英亩或者更大的新建集体农场上工作和生活。共产党政府增加了重型机械和大规模耕种作业的运用，规定了生产的产品以及销售价格，鼓励数百万农民离开农场到国家新建的工业企业中工作。此外，政府还消灭了富农和经纪人。

　　尽管有些农民在 1939 年的生活比起 1929 年有所改善，但对更多的人而言却是相反。那些最为勤劳和能干的农民被囚禁或是遭到杀害。很多境况较好的富裕农民，即**富农**，因拒绝集体化而被杀害；几百万人被强迫转移到西伯利亚的劳改营。豢养牲畜的农民宁可将牲畜宰杀掉也不愿意将其归集体所有。1928 年时，苏联共有超过 6 000 万头牲畜；到了 1933 年，这个数量减少到了不足 3 500 万头。随着具有企业精神的农民转变成了农村的无产阶级，人们的积极性受到巨大的打击。政府继续将收集来的大量的农产品用来支付其工业计划中从外国引进的技术和机械。尽管今天很少有发展中国家会愿意将个人消费占国民生产总值的比例减少到 80% 以下，俄国却将这一比例压低到了仅略高于 50%。大部分差额被投入到了工业发展之中去。政府选择的是枪械而不是黄油。由这些政策引起的政治上的胁迫和混乱加之俄国东南部的作物歉收，导致了 1932 年 200—300 万农民的悲惨死亡。

　　正当农民经受着巨大的苦难之时，工业却获得了史无前例的繁荣发展。首先，俄国引进了许多外国的技术并进口了大量机械。尽管意识形态与美国不同，但同他的前任列宁一样，斯大林认为有必要从美国引进物资、机械甚至是组织规划。1924 年，斯大林宣布：

富农（kulak）　沙皇时代晚期和苏俄早期的富裕农民。作为地方上农业社会的领袖，富农拥有面积可观的农场并有能力雇佣劳动力。

677

美国人的效率是一股如此坚强不屈的力量,在它眼里没有障碍可言;从任
务的开始一直伴随到其终结,哪怕只是个根本微不足道的任务;缺少了它,任何
严肃的建设性工作都是不可想象的⋯⋯将俄国的革命浪潮同美国人的效率结合
起来才是列宁主义的精髓。(Hughes,第251页)

与此同时,俄国政府也在培训自己的人员并学着建造自己的大规模工业工厂。
1932年,这个共产主义国家在第聂伯河瀑布地区建成了当时世界上最大的水力发电
站第聂伯河水电站并正式投入使用。在20世纪20年代早期,苏联已进口了成千上万
台拖拉机,大多数来自美国的福特汽车公司和国际收割机公司。然而到了20世纪30
年代,俄国在斯大林格勒建造了一座巨大的工厂以生产自己的拖拉机。在高尔基市
(下诺夫哥罗德),苏联政府以美国福特汽车公司在密歇根州的里佛鲁日工厂为模板
建造了自己的工厂。他们还以印第安纳州盖瑞市的(美国)钢铁公司的工厂为蓝图,
在西伯利亚的马格尼托哥尔斯克建造了钢铁联合企业。

从1928年到1938年,人均工业化水平几乎翻了一番。1928年到1940年期间,煤
炭产量从3 600万吨增长到了16 600万吨,发电量从50亿千瓦时增长到了480亿千瓦
时,钢产量从400万吨增长到了1 800万吨。斯大林这样解释:"只有当我们为国防建
立了牢固的工业基础,我们才能够维持国家的独立。"(Kochan和Abraham,第368页)
俄国的城市人口增长至3.5倍,从1928年的1 070万到1938年的3 650万。规划者们
开始将一个由农民组成的国家转变成一个由工业工人组成的国家。

最富戏剧性的是,苏联的迅速发展正值西欧和北美被大萧条(见第20章)折磨
得东倒西歪的时期。共产主义体系在西方赢得了新的崇拜者。美国的政治幽默家威
尔·罗杰斯这样评论道:"那些俄国的恶棍以及他们那套愚蠢而又疯狂的玩意儿中有
着一些极好的点子⋯⋯想想看,一个国家中的每个人都在工作是一幅怎样的情景。"
记者林肯·斯蒂芬斯写道:"如今,条条大路通莫斯科。"英国政治评论家和历史学家约
翰·斯特拉彻惊呼道:"从资本主义世界踏上苏联的领土就好似从死亡步入新生一样。"

苏联的妇女

对于妇女而言,尽管可能没有像之前承诺的那样多,但苏联体制也给她们带来了
巨大的变化。如同世界其他地方一样,第一次世界大战将妇女带入了工厂、田野,甚
至是军队,内战继续着这一模式。有超过70 000名妇女在苏联红军中服役。1921年,
彼得格勒的工厂中65%的工人为女性。1917年,苏联颁布的第一部婚姻法将婚姻规
定为民事合同并提供了相对便捷的离婚和子女抚养程序。

政府要求实行同工同酬,但这一规定没有得到强制执行。为了能划清法律和惯例
间的界限并认识到国家缺乏有效的控制生育的方法,流产请求被视为一种权利;产假中
享受全薪待遇也成为一种公民权利。当男人从战场回来后,他们想要回自己的工作,并
希望他们的女人回到家里去,但是俄国的妇女保留了她们已经赢得的大多数权益并且

展示俄国纺织女工形象的海报，1930年。尽管政府在执行"同工同酬"过程中遇到了困难，但是在共产主义体制下妇女的权利得到了显著的改善。这张海报将妇女从事全职工作同照顾家庭以理想化的方式结合在一起。

"从法律上讲，俄国妇女的日子比起世界上其他地区的妇女来要好得多。"（Kochan 和 Abraham，第337页）在接下来的几十年中，女性迅速进入职场，成为医疗和教育等看护性职业领域的主力军，并在工程、技术性职业和法律等领域也占有一席之地。

然而，事实上妇女承担了继续支持、照顾家庭的主责和全职工作的"双肩挑"重担。随着1929年国家重工业计划的推出，这个双重负担进一步加重。工厂急需她们的劳动，然而粮食的短缺却迫使她们花费更多的时间和精力在排队领取和搜寻食物上。堕胎变得十分普遍，以至于在1936年后的一段时间内，它再次被定为非法。妇女继续（即使在今天依然如此）挣扎着在新法律赋予的平等和维护旧的社会、家庭传统之间寻求平衡。

在欧洲殖民统治之下的许多国家政治领导人将俄国的例子——缩短发展历程，国家计划，快速工业化，将农民转化为城市劳动力，把教育和公共卫生作为重点，依靠科学力量重建国家的民族热情——看作正是他们所需要的发展模式。当时还是英属印度的政治犯，日后成为印度独立后首任总理的贾瓦哈拉尔·尼赫鲁，在1933年7月给他女儿的信中这样写道：

> 人们经常会围绕五年计划展开争论……很容易指出这个计划失败在哪里……[但]有一点很清楚：五年计划彻底改变了俄国的面貌。俄国从一个封建国家突然间成了一个先进的工业国家。发生在俄国的文化进步令人惊异；其社会服务、社会体系、健康、意外保险是世界上覆盖范围最广和最先进的。尽管俄国仍受贫困和物资短缺的困扰，但是笼罩在其他国家工人头上的对失业和饥荒的恐惧却一去不复返了。人们有了新的经济安全感……再者……这个计划勾起了世界的想象力。现在，每个人都在谈论"计划"，五年、十年和三年计划。苏联给世界注入了魔力。（《世界历史一瞥》（*Glimpses of World History*），第856—857页）

战后的美国

第一次世界大战之后，美国成了世界上技术和金融业的领跑者。原先供应战争物资的工厂转而生产面向国内市场的消费品，这使得美国的中产阶级和上层阶级令世界上很多人艳羡。登记的汽车数量从1910年的约50万辆上升到了1920年的800多万辆和1930年的2 300万辆。此外，在1930年有92万辆拖拉机和90万辆卡车被投入美国的农业生产中去。甚至连俄国的斯大林也邀请美国提供技术援助来建设苏联的某些大型工业联合企业。

1910年，每千名美国人中有82部电话；1930年，这个数字变成了163。在20世纪初,室内抽水马桶和铸铁浴缸还只是富人的专利。到了1925年,美国每年生产500万套搪瓷盥洗用具。在工会的积极努力下,工作时间从每周60小时缩减到了45小时。带薪休假变得十分普遍,40%的大公司每年会提供至少一周的带薪休假时间。人们的饮食也得到了改善;新鲜蔬菜的销售在第一次世界大战后的10年中增加了45%。1900年到1930年期间,人们的期望寿命提高了12岁多,从原来的47岁上升至60岁。

电代替蒸汽成为主要的能源。1929年,80%的工业能源都是由发电机提供的,三分之二的美国家庭实现了电气化。洗衣机、电熨斗、真空吸尘器、电烤箱以及缝纫机在城市家庭中变得很普遍,家庭卫生标准也有了提高。1920年,商业广播电台开始播放节目,很快,数百万家庭就拥有了收音机,很多都是人们自己动手制作的。随着第一部有声电影《爵士歌手》在1927年的上映,电影成了一项主要的大众娱乐活动。1929年,每周有1亿人走进电影院。能看到像查尔斯·卓别林、葛洛丽亚·史璜森、梅·蕙斯、葛丽泰·嘉宝和鲁道夫·范伦帝诺这样的电影明星令观众对自己未来的生活充满了憧憬和幻想。这些电影给世界各地的影迷留下了美国式生活的特殊印象。

在这十年中,妇女的生活也发生了变化。尽管在大多数州,销售节育用品和开具节育类处方被视为非法,但是在1921年玛格丽特·桑格召开了第一届节育大会并环游世界传播她的观点。美国家庭的规模从1900年的3.6个子女下降到了1930年的2.5个。实际上,在所有达到劳动年龄的妇女中有大约四分之一离家工作,主要从事一些文秘、教学和护理工作。1920年,美国差不多和英国与德国同时在宪法中授予了妇女选举权。

许多关于战后美国的印象停留在轻佻女郎、地下酒吧(1919年宪法第18修正案引入了禁酒令之后)、男女两性意识的崛起以及普遍的奢华。这种印象对那些城市上等社会的白人而言可能的确如此,尽管显眼,但他们只占总人口的一小部分。生活对大多数工人和美国农村地区的人们而言依然很艰苦。

恐惧同样渗透着美国的一些角落。美国在国际贸易中展现了其强大的工业、农业和行政管理实力。但它却拒绝加入国际联盟。美国对国际政治事务一般都置身事外,然而对拉丁美洲却是个例外,在那里它投入了大量的资金并频繁进行军事干预。美国似乎害怕牵扯进自己所处的半球之外的事务中。

在国内,战后的几年里,美国的工业深受罢工的打击。1919年,30

679

民航业。1932年,一位乘务员正在KLM福克F18客机上为乘客提供服务。20世纪20年代,由第一次世界大战中的前飞行员参加的飞行特技队和航空俱乐部的流行同技术上的快速进步结合在一起,宣告了一个新的民航时代的到来。到了20世纪30年代,一个世界范围的商业航线网络已初具雏形。在那些年代里,空中旅行的高成本为其镀上了奢华的光芒。

多万工人罢工抗议美国钢铁公司。同年，波士顿的警察举行罢工。司法部长A·米切尔·帕默（Mitchell Palmer）的家被炸。由于正好发生在共产党接管俄国政府之后，这些事件引发了美国人的"红色恐慌"，帕默也开始围捕、拘禁和驱逐成千上万被指控为共产主义者、无政府主义者和激进分子的人。上百名外国人被驱逐出境。三K党死灰复燃，他们开始恐吓天主教徒、犹太人和非洲裔美国人，特别是那些战后归来可能搞不清他们应该所待"位置"的黑人士兵。在20世纪20年代早期，三K党鼎盛时招募了数百万成员。恐惧和狂热逐渐褪去，然而新的、可能是更大的恐惧正在酝酿之中。1929年10月29日，美国的农场在经历了几年的经济困境之后，股票市场的崩溃把美国带入了大萧条时期。

经济大萧条

世界范围的经济萧条使得全球，特别是欧洲各国的国内和国际政治处于动荡之中。经济萧条指的是至少持续几个月的生产和消费方面的严重经济衰退。在自由市场经济条件下出现周期性的经济萧条现象是十分正常的，因为供需力量会周期性地出现不同步现象，然后再重归一致。但这次大萧条程度之严重和持续时间之长却是前所未有的。在1929年10月29日——"黑色星期二"——纽约的股票交易市场突然崩溃。经济下滑持续达数年之久。到了1933年，股票的市值仅为1929年时的15%，由此而结束了长达5年的相对经济繁荣，并标志着全球经济大萧条的开始。经济大萧条一直接续到1939年第二次世界大战爆发。

美国在第一战世界大战之后一跃成为一个债权国。德国依靠向几个国家（特别是美国）贷款来支付战争赔款。然而，随着1929年股市的崩溃，美国的金融家们要求偿还这些贷款，由此而削弱了欧洲的经济基础。此外，在战时达到创历史纪录产量的美国农民一时还无法把产量降下来，由此造成了大量积压物资无法售出和农业的萧条。面对这样的经济困境，各国纷纷封锁边境限制进口，在国内销售自己生产的产品，由此而避免了竞争。但随着各国都设立贸易壁垒，国际市场紧缩，使得大萧条进一步恶化。

大规模的失业席卷了英国、美国和德国；1932年，德国产业工人的失业率达30%。拉丁美洲国家，特别是阿根廷，在生活水平逐渐向欧洲靠拢的途中突然发现它们的经济遭到了毁灭性的破坏，于是撤出了欧洲市场，试图通过国内的发展来进行补救。1938年的世界贸易额仅为1929年的60%不到。

与世界经济没有太多联系的共产主义俄国在1928年推出了中央集权的国家计划体系，强调实行重工业化。虽然工厂欣欣向荣，但农业却遭受重创，个人消费水平直线下降。

1921年，英国有200万人失业。根据一项10年前通过的法案，他们获得了失业保险赔付。政府还实行持续多年的养老金体系、医疗援助和住房补贴。但世界经济大萧条将失业人口数提高到了近300万。在失业补助剧增的同时，税收却在下降。福利国家在进一步扩张，政府仍保持着稳定，但经济大萧条步步紧逼而来。

原始资料

681

我们应该怎样活着?

1996年的诺贝尔文学奖得主波兰诗人维斯瓦娃·辛博尔斯卡对20世纪人们梦想的幻灭进行了深刻的反思并提出,无论如何生活应该而且必须继续下去。她在一首创作于20世纪70年代的饱含辛酸的诗歌的结尾处这样问道"我们应该怎样活着?"然而,在诗中,她并没有给出答案。

我们的20世纪将在其他方面有所进步。
它无法在现在就证明这一点,
现在它的时日已经不多了,
它步履蹒跚,
它呼吸急促。

许多不该发生的事情发生了,
该发生的却没有。

欢乐和春天,同其他憧憬一样,
理应离我们更近一些。

恐惧本应已从山谷中散尽。
真相似乎应在谎言之前深入人心。

有些问题再也不会
困扰人类了:
比如,饥荒,
以及战争,等等。

对于无助者的无助、
信任,以及诸如此类的东西,
我们将报以敬意。

任何想要享受世界的人

现在都面对着
一个无望的任务。

愚蠢不是可笑。
智慧不是欢乐。
希望
不再是那个清纯的女孩,
等等,哎呀。

上帝最终将要相信
一个善良和强大的人类,
但善良和强大
仍是两个不同的人。

"我们应该怎样活着?"
有人在一封信中这样问我。
我本打算向他提出
同样的问题。

又像从前一样,
就像上面见到的那样,
最迫切需要解决的问题
往往都是幼稚的。

美国作为世界上最为推崇私营企业、"袒护个人主义"并因此最不愿意扩大政府社会福利项目的国家,目睹了其国民收入在1929年到1932年期间下降了一半。有将近1 400万人失业。正当整个国家陷于绝望之际,1932年民主党人富兰克林·德拉诺·罗斯福当选为总统,他以其魅力非凡的乐观精神将国家重新凝聚在一起。宣称"我们惟一真正感到害怕的就是害怕本身",他设立了一系列社会福利项目以维持资本主义的根基。他为失业者提供了经济援助;创建公用事业工程以提供更多的建筑工作岗位;对农民进行补贴以降低生产,消除过剩物资;为低价住房和贫民窟的清洁卫生提供联邦支持。民间资源保护队(Civilian Conservation Corps)被建立起来,表面上是为了促进资源保护和植树造林,主要目的却是为年轻人创造300万左右的工作岗位。田纳西州河谷管理局建立了一个大型水力发电工程,将控制洪水同乡村电气化和区域经济发展结合起来。

罗斯福加强了对商业活动的管制并鼓励建立工会。1929年,政府创立联邦证券交易委员会以规范股票交易。直到1935年被裁定为违反宪法止,国家复兴署一直鼓励限制价格和产量。1929年社会保障法引入了失业、老年和残疾人保险等欧洲部分国家早在一战前就已开始实施的政策。童工被废除。每周的工作时间被定为40

小时。每小时最低工资额被固定下来。政府积极鼓励工会运动,工会的成员人数从1929年的400万上升至1940年的900万。由此,世界主要国家中资本主义化程度最高的国家接受了福利制度。在一个世纪的时间里,福利的范围随着不同的政府、政府的指导思想、预算的情况时而扩大时而紧缩,但美国将继续扮演保护和改进其人民福利的主要角色的这一原则却保留了下来。

682

在德国,经济大萧条紧随着灾难性的通货膨胀而至。在20世纪20年代,政府为支付令人厌恶的战争赔款而引起恶性通货膨胀,由此彻底抹去了中产阶级的积蓄,进一步扩大了人们对惩罚性的凡尔赛和约的仇恨,包括其强调德国应为战争负责并坚持解除德国武装的要求。到1924年时,工业生产开始得到恢复,但随后而来的大萧条将这些收益全都抹去了。被称为"魏玛共和国"的新政府被许多人认为是在一个习惯了军事独裁统治的国家里在立宪民主方面进行的一项危险而脆弱的试验。艺术和建筑上以包豪斯建筑学派为代表的激动人心、积极响应新的技术创新潜力的新潮流遭到了威胁并最终被逐出这个国家。依靠大街上肆意横行的暴徒的支持,反民主的力量及其政治意识形态压倒了审美和文化方面的创造性。

大规模生产及毁灭的方法:它们造成了怎样的结果?

20世纪早期教会了我们怀疑主义。科学和技术的最伟大的胜利可以被转化杀戮的工具。两个多世纪以来被视为定理的物理学的原理被发现仅仅是涵盖面更广的原理的一小部分。公共卫生措施和医药延长了人们的寿命,世界战争又大大缩短了他们的生命。民族主义促使人们为了他们的祖国和人民的福祉而努力工作,但与此同时,他们同周边国家进行竞争,甚至发动战争并经常限制本国国内的少数民族的自由。革命持续时间长达10年甚或更久,许多人由此而获益,但却没有兑现他们对民众作出的许诺。那些帝国,其中有的历史长达数百年,其中一个长达整整两千年,在内战中倒下瓦解。世界大战结束了,但却清晰地表明,它有可能很快会卷土重来,因为引起战争的那些重大问题并没有得到解决。正如我们将在第20章中看到的那样,最令人恐惧的可能是极权政府在一些被认为是世界上最文明的国家中掌握了政权,意图挑战和颠覆整个现代文明的基石。本章以那些显然尚未告终的战争、帝国主义、经济、科学和技术作结尾。它们中的许多仍在慢慢展开之中。

复习题

● 当波兰诗人维斯瓦娃·辛博尔斯卡写下"有些问题再也不会困扰人类了:比如,饥荒,以及战争,等等"时,她的内心是怎么想的?

● 墨西哥革命以何种方式显示出它是20世纪早期技术发展的产物?还有其他哪些条件推动了革命的发生?

- 造成第一次世界大战的主要原因是什么,为什么巴尔干半岛在战争的起源中是如此重要?
- 殖民国家在战时曾作出过、战后又食言的是哪些承诺?
- 苏联在共产主义革命后的第一个10年中作出的最重要的行动是什么?
- 在哪些方面美国在第一次世界大战后的10年里成为世界的领袖? 在哪些方面它还没有做到这一点?

推荐阅读

Adas, Michael. *Machines as the Measure of Man* (Ithaca, NY: Cornell University Press, 1989).

Andrea, Alfred and James H. Overfield, eds. *The Human Record*, Vol. 2 (Boston: Houghton Mifflin, 3rd ed., 1998).

Bulliet, Richard W., ed. *The Columbia History of the 20th Century* (New York: Columbia University Press, 1998).

Camus, Albert. *The Myth of Sisyphus* (New York: Vintage Books, 1959).

Chafe, William H. and Harvard Sitkoff, eds. *A History of Our Time* (New York: Oxford University Press, 3rd ed., 1991).

Crossley, Pamela Kyle, Lynn Hollen Lees, John W. Servos. *Global Society. The World since 1900* (Boston: Houghton Mifflin, 2004).

Fox, Richard G., ed. *Urban India: Society, Space and Image* (Durham, NC: Duke University Program in Comparative Studies on Southern Asia, 1970).

Freeman, Christopher. "Technology and Invention," in Bulliet, pp. 314–44.

Freud, Sigmund. *Civilization and its Discontents* (New York: W.W. Norton and Co., 1961).

——. *A General Introduction to Psychoanalysis* (New York: Pocket Books, 1952).

Gandhi, Mohandas Karamchand. *Hind Swaraj or Indian Home Rule* (Ahmedabad: Navajivan Press, 1938).

Hemingway, Ernest. *For Whom the Bell Tolls* (New York: Scribner, 1940).

Hofstadter, Richard, ed. *Great Issues in American History: A Documentary Record* (New York: Vintage Books, 1959).

Howard, Michael and William Roger Louis, eds. *The Oxford History of the Twentieth Century* (New York: Oxford University Press, 1998).

Hughes, Thomas. *American Genesis* (New York: Viking, 1989).

Inkster, Ian. *Science and Technology in History. An Approach to Industrialization* (London: Macmillan, 1991).

Johnson, Paul. *Modern Times* (New York: Harper and Row, 1983).

Keegan, John. *A History of Warfare* (New York: Knopf, 1994). Compares and explicates the history of warfare through styles of war rather than strict chronology. Themes are stone, flesh, iron, and fire.

Kennedy, Paul. *The Rise and Fall of the Great Powers* (New York: Random House, 1987).

Kochan, Lionel and Richard Abraham. *The Making of Modern Russia* (London: Penguin Books, 1983).

Kragh, Helge. *Quantum Generations. A History of Physics in the Twentieth Century* (Princeton: Princeton University Press, 1999).

Landes, David S. *The Wealth and Poverty of Nations* (New York: W.W. Norton, 1999).

Lewis, David Levering. *W.E.B. Du Bois: Biography of a Race 1868–1919* (New York: Henry Holt, 1993).

Pacey, Arnold. *Technology in World Civilization* (Cambridge: MIT Press, 1990).

Pickering, Kevin T. and Lewis A. Owen. *An Introduction to Global Environmental Issues* (New York: Routledge, 1994).

Ramanujan, A.K. "Towards an Anthology of City Images," in Fox, pp. 224–42.

Remarque, Erich Maria. *All Quiet on the Western Front*, trans. by A.W. Wheen (Boston: Little, Brown, 1958).

Rosenberg, Rosalind, "The 'Woman' Question," in Bulliet, pp. 53–80.

Szymborska, Wislawa. *View with a Grain of Sand* (San Diego: Harcourt Brace, 1995).

Wilkie, Brian and James Hurt, eds. *Literature of the Western World*, Vol. 2 (New York: Macmillan, 1984).

Williams, Trevor I.A. *Short History of Twentieth-Century Technology c. 1900–c. 1950* (Oxford: Oxford University Press, 1982)

Yagnik, Indulal. *Autobiography*, Vol. 1 (in Gujarati) (Ahmedabad: Ravaani Publishing House, 1955).

第二次世界大战与冷战

危机四伏的世界，1937—1949年

第 20 章

主题

- 灾难的征兆
- 各个"主义"之间的争斗
- 坠入世界大战的深渊
- 第二次世界大战
- 人性的肖像
- 联合国、战后重建与冷战的由来
- 进入20世纪下半叶：影响及意义

灾难的征兆

巴黎和约签署之后不久，一些知名的经济学家就对可能面临的灾难做出了预言。在1920年出版的《和平的经济后果》一书中，约翰·梅纳德·凯恩斯（John Maynard Keynes）提出，巴黎和约将把德国和奥地利逼入饥饿的窘境。同欧洲其他各国一样，这两个国家将面临煤炭和铁矿石供应、运输以及食物和原材料进口的中断。此外，和约剥夺了德国在海外的殖民地、资产投资以及商船队。和约规定德国必须向战胜国支付巨额的经济赔款。凯恩斯指责英国、法国、意大利和美国的领导人在提出这些要求时目光短浅，他还警告说，饥饿的人们"在绝望中为了不顾一切地满足个体无法阻挡的基本需求，可能会颠覆国家组织的残余构架，甚至毁灭人类文明本身。"

次年，诗人威廉·巴特勒·叶芝（William Butler Yeats）从另一个完全不同的角度，表达了他自己对文化沉疴的忧虑，他目睹了这种病态的文化紧随第一次世界大战与俄国革命而侵袭着整个欧洲：

> 一切都四散了，再也保不住中心，
> 世界上到处弥漫着一片混乱，
> 血色迷糊的潮流奔腾汹涌，
> 处处把天真的礼节淹没其中；
> 最优秀者失去一切信念，
> 坏蛋们则充满了炽烈的热狂。

叶芝对理性和技术进步不抱任何希望。但是他却寄望于一些神秘的、有待证实的宗教体验：

> 无疑神的启示就要显灵，
> 无疑基督就将重临。

前页 **纳粹纽伦堡集会，** 1937。在纽伦堡举行的一次纳粹党大会上，纳粹党员挤满了整座体育场，1937年。

十年之后,席卷全球的经济大萧条证实了经济学家凯恩斯与诗人叶芝的担忧和悲观,而开创了人类心理与精神深层研究的精神分析学家西格蒙德·弗洛伊德则在他的著作中表达了更为深层的忧虑。他对所有文明的、拥有先进技术的社会的前进方向提出了质疑,担心最终它们有可能被毁于一旦:

686

> 人类已经掌握了对自然的力量的控制,在这种力量的帮助下,他们有能力毫无困难地将彼此一个接一个地消灭,直至剩下最后一个人。他们知道自己有这个能力,并且他们当前的不安、不快以及焦虑的情绪很大程度上都来源于此。(Freud,第34—35页)

此后,在1930到1939年这十年中接连发生的事件进一步加剧了经济学家、诗人和精神分析学家的恐惧担忧。在这个十年之末爆发的第二次世界大战终于证实了他们这些苦涩的悲剧性预言。

各个 "主义" 之间的争斗

法西斯主义(fascism) 自由民主制度的对立面,一种视国家高于个人的政治思想、运动或政府形式。它主张建立一个中央集权的、专制的政府,由一个纪律森严的政党领导,并以一个独裁的、有极具号召力和鼓惑力的领袖为首。

绝望的时代引发人们绝望的反应。在第19章中,我们已经看到了其中一个绝望的反应——共产主义在苏联的胜利。本章中,我们将看到它的进一步发展。然而,首先我们要分析一下**法西斯主义**的兴起,1920年代在贝尼托·墨索里尼(Benito Mussolini, 1883—1945年)的意大利,1933年后在阿道夫·希特勒的德国,以及程度稍轻一些,在整个1930年代的日本,法西斯主义兴起了。法西斯主义一词最早是用来描述墨索里尼领导的运动、政党和政府的意识形态。法西斯主义强调国家的利益高于个人。它要求组建一个中央集权的独裁政府,严密控制国家的经济和社会生活,主张通过非官方的准军事组织镇压一切反对势力,这些准军事组织时常走上街头寻衅滋事,其成员看上去与暴徒无异。如果、而且只要法西斯主义者一旦掌握政权,他们就会动用政府的武装力量来镇压任何反抗势力。他们把战争美化为一种正面的力量。当时人们为什么会支持法西斯主义,原因并不清楚。部分追随者一定是被法西斯主义者的承诺所诱惑,相信暴力能够解决国家面临的一切问题,而更多的人则被这样的承诺所诱惑:比起软弱的议会制政府来,法西斯主义能够带来一个更有能力的政府以及更为繁荣的经济。法西斯主义把国家的权力集中于最高领导人一人身上。在意大利,墨索里尼称自己为最高领袖(Duce,发音类似doo–chay),并行使这一职权。

意大利

虽然意大利是胜利者一方,但是同欧洲大多数国家一样,也蒙受了第一次世界大战带来的人员伤亡、财产损失、经济萧条和社会动荡。工人罢工以及以拒付地租、不时抢夺土地等为形式的农民骚乱在整个国家蔓延开来。1919年和1921年选出的两届政府面对如此局面都束手无策。墨索里尼从参加过第一次世界大战的复员士兵中组织起一群人，其中大多为暴徒，把他们称为"fascio di combattimento（战斗队）"——这个名称源自拉丁语"fasces"（中间插有斧头的一束棍杖，古罗马时代的高级长官以此作为权力的象征）——并要求他们穿上黑色衬衫作为统一的制服。这些人成为他的核心支持者。当他在1921年试图通过竞选来掌握政权，但是却仅仅获得选民百分之七的选票时，他就把这些人赶上街头，他们任意殴打工人领袖、共产党员、社会党员和那些属于共产党和社会党阵营的地方官员。法西斯分子宣称，他们在1920年至1922年间在意大利杀害了3 000名反对者。

贝尼托·墨索里尼（中）在法西斯组织的"进军罗马"运动中，1922年。墨索里尼推崇暴力并雇佣武装暴徒来对付反对者。他的伎俩奏效了。即便只是威胁说要调动他的队伍向罗马进军就足以迫使软弱的意大利政府将政权移交到墨索里尼的手中。

墨索里尼宣称国家已陷入混乱状态，并于1922年组织了一场"进军罗马"的运动，威胁要接管政府。当权的政府屈服于他的威慑，提出让他作为拥有全部紧急权力的首相接管政府一年。在1924年举行的随后一次选举中，墨索里尼的政党通过暴力、威胁和欺骗等手段获得超过60%的选票。在掌握了对国家的控制之后，墨索里尼废除了所有其他政党，剥夺了工人罢工的权利，取缔了工会组织并严格控制新闻舆论。他在政府内部建立起自己的宣传机构，向整个意大利灌输推行他的计划。他把国家划分为22个大的经济部门，在各个经济部门的工人、雇主和政府机构中都有法西斯的代表，由他们讨论决定工资、物价、工作条件和工业政策。这些代表都各自隶属于某一个政府部长的领导，并被选入议会。慑于墨索里尼握有的权力，那些工会组织惟命是从。墨索里尼下令建造公路，抽干几十万英亩的沼泽地种植小麦，控制疟疾的传播并"确保铁路运行准时"。尽管共产主义者、社会主义者、自由主义者和工会领袖对墨索里尼本人及他的做法都没有好感，但是商人和其他希望社会正常运转、尽可能减少骚乱的人们则对墨索里尼表示支持。在墨索里尼发动的新的殖民战争中，他们也抱着一种爱国自豪的情绪。1935年，墨索里尼进攻埃塞俄比亚，并于1936年完成了其征服行动。国际联盟要求意大利撤军，但墨索里尼却对此嗤之以鼻。国联也没有采取任何实质性行动向他施加压力，而墨索里尼之后则干脆宣布意大利退出国际联盟。

德国

墨索里尼的法西斯主义受到了德国年轻的阿道夫·希特勒的推崇。希特勒生于奥地利，16岁从中学辍学，19岁只身前往首都维也纳，刚开始时通过打零工、主要是靠画画维持生计。战前维也纳的许多现象都让希特勒感到不快：宫廷里显赫的皇

687

室和贵族、富裕有钱的商人、信仰社会主义的工人、艺术家和知识分子身上流露的温和的国际主义思想,尤其是那些犹太人,他们已融入奥地利社会,而且不少人往往在商界和其他行业中身居高位。和维也纳的许多人一样,希特勒成了一个极端的种族主义者,推崇"纯种的"日耳曼"人种",贬低其他各个民族。在他们的民族等级观念中,日耳曼民族位居最高等级,向下依次为北欧各民族、南欧各民族、非洲各民族,犹太民族则处在这一等级的最底层。

1913年,希特勒来到德国南部的慕尼黑,在那里他感觉更能发挥自己的作用。第一次世界大战爆发之后,他志愿服兵役成为一名急件传令兵,并把战争看作是一种能令人热血沸腾、大展拳脚的经历。大战结束以后,他开始从事反对共产党的活动,当时共产党的影响在工人当中逐渐扩大。1919年,希特勒加入了反对共产党的德国工人党,并成为其党魁。他把该党改组成"国家社会主义德国工人党(National Socialist German Workers' party)",其缩写形式为"Nazi",即纳粹党,从此希特勒开始了他的政治生涯。纳粹党参照墨索里尼的模式,组建了冲锋队(英文缩写为SA)——这是一个经常在街头制造暴力的准军事组织——他们用褐色衬衫作为统一制服。这个由暴徒组成的组织是希特勒蔑视当时德国的民主政府的一个标志,当时的德国政权通常被称为"魏玛共和国",因其宪法制定地——魏玛市而得名。和意大利的情况一样,许多德国人在目睹了议会的软弱无能和共产主义者、社会主义者组织的街头游行示威羸弱无力之后,宁愿接受这些准军事组织强制建立的秩序。

688

魏玛共和国是一个由工人阶级和中产阶级联合组建的民选政府,它终结了德国的君主政体,德国的皇帝在第一次世界大战结束时退位。当时德国的右翼军事组织,比如纳粹党,希望建立一个更为独裁的、权力更集中的政府,而左翼的军事团体则想要建立一个社会主义的,甚至是共产党掌权的政府,并希望来一场像俄国那样的革命。无论是右翼还是左翼都不把魏玛政权放在眼里,他们都认为这个执行温和政策的政府过于软弱无力。

1923年是特别艰难的一年。德国无力继续偿还战争赔款,法国因而夺取了属于德国的高度工业化的鲁尔河谷,此举在德国全国上下激起一片愤怒,其中相当一部分怒火直指魏玛政府的软弱无能。此外,急剧的通货膨胀使得德国马克大幅贬值,其纸币的价值甚至还抵不上它的纸张和印刷成本,中产阶级的积蓄荡然无存,工人生活贫苦不堪,政府的地位摇摇欲坠。在那些进一步煽动公众舆论反对政府的人中,希特勒于1923年在慕尼黑策划了一次叛乱(putsch,德语)以推翻政府。一些军官早在1920年就策划过一场叛乱,但遭到失败。希特勒同样遭遇了失败,并坐了九个月的牢。但他由此得到了更多的公众的关注,并在狱中撰写《我的奋斗》(Mein Kampf)一书,这是他的政治宣言,其中充满了他对政府的不满、刺人耳目的民族主义、复兴德国并超越昔日德国辉煌的计划、征服东欧的勃勃野心以及激烈、强硬的反犹太主义思想。希特勒指责犹太人既左倾于共产主义,又同时右倾于资本主义;既是道道地地的外来族、异乡客,却又过多地融入德国的现代社会中。在希特勒眼中,犹太人已成为德国一切不幸的替罪羊。

　　法国意识到动荡不安的德
国可能带来的威胁，并对此深感
担忧，因而撤出了鲁尔，退出先
前的战时同盟（该同盟将苏联排
斥在外），重新调整战争赔款方
案以减轻德国的负担。经过几
年的时间，德国一度恢复了经济
上的繁荣，可是1929年的全球
大萧条也席卷到了德国，使得这
个国家再度陷入贫困与屈辱的
境地。德国在痛苦中陷入一片
动荡不安。无论是左翼的共产
党，还是右翼的希特勒，都认定
德国的民主是国家遭遇的巨大
麻烦的原因。希特勒的政党成

纳粹党集会。 1934年在纽
伦堡举行的一次集会上，超过
750 000名纳粹党的工人、士兵和
平民向阿道夫·希特勒致敬。以
巨大的纳粹标志为背景，这位德
国总理声称德意志第三帝国将会
延续一千年。但具讽刺意味的
是，11年之后，取得第二次世界大
战胜利的同盟国正是在这同一个
城市对纳粹战犯进行了审判。

了反对派中最强硬的喉舌。在1928至1932年间举行的一系列全国选举中，他领导的
纳粹党在德国议会——德意志帝国国会——中所占的席位数由原来的2%左右上升
至46%左右，虽然在随后于1932年举行的选举中，这一数字回落至略低于40%的水
平。希特勒不仅得到赞同他的全部施政纲领的拥护者的支持，还得到了许多保守派
的支持，其中包括部队的军官和有影响力的商人，他们对希特勒不加掩饰的民族主义
和种族主义持有异议，但是又把他视为对付共产主义的主要力量——他们更惧怕的
是共产主义。1933年，德国的政治领导人转向希特勒求助，请这位德意志帝国国会中
最大的政党的党魁出面牵头组建联合政府。希特勒通过完全合法的程序成为德国总
理。为了摆脱联合政府的束缚，希特勒于当年的晚些时候呼吁举行另一次选举。在
这场以冲锋队的暴力活动、中止言论和新闻自由，以及希特勒嫁祸于共产党的国会大
厦纵火案为标志的竞争中，纳粹党获得了44%的选票。这还不够，于是希特勒宣布全
国处于紧急状态，并再次动用他的冲锋队暴徒来威胁竞争对手，最后终于获得了议会
中占绝对多数的选票，成为一名独裁统治者。

　　一旦大权在握，希特勒便开始迅速建立起通常所谓的"极权主义国家"——在
这样的国家中，个人服从于中央集权政府，政府一般受一个独裁者或者是一个小型议
会的操纵，这样的政府控制着国家的经济、政治、传媒以及文化。就像墨索里尼把自
己称之为"领袖（Duce）"一样，希特勒也把自己称为"**元首（Führer）**"。1925年，希
特勒建立了另一支准军事组织"党卫军"（SS），以黑色衬衫作为制服。虽然党卫军起
先从属于冲锋队，但后来其地位急剧上升。除了纳粹党之外，其他所有政党均遭到禁
止，被视为希特勒反对者的纳粹党领导人也在1934年6月30日由党卫军执行的一次

689

元首（Führer） 德语"领袖"
的意思，希特勒自封的、以显示他
对德国绝对控制的头衔。

行动中遭到谋杀。一支秘密警察队伍即"盖世太保"(Gestapo)于1936年成立。持反对希特勒思想的反对派领袖或是遭杀害或是被流放到集中营。禁止教会批评政府，希特勒还要求他们断绝与教派中海外分支机构的联系。与此相反，政府鼓励信奉基督教以前的日耳曼众神。罢工被禁止，而且雇主被赋予新的权力来对付工人。政府政策的制定以所谓的"人种科学"为基础，它宣称雅利安人是所有人种中最为优秀者，而犹太人则是最劣等的人种。犹太人不得在公共部门中任职，包括大学和政府机构。1935年，他们被剥夺了公民权利。

为什么人们会容忍这一新的秩序？当然，总会有一些人接受这一新的、实行极权的秩序。而另一些人则惧怕可能降临的混乱、贫困以及共产主义，他们认为，这一秩序虽有其严重的缺陷，但两害相权取其轻。此外，希特勒掌握了国家的武装力量，现在他不仅控制了党卫军，还可以通过合法手段调动军队、警察和秘密警察。公民若想提出抗议就必须冒着人身安全的风险。最后，希特勒重建国家经济和军事的计划极具吸引力，同样诱人的还有他对"生存空间"(lebensraum)需求的强调和重视，在他的设想中，德国的领土将首先扩张至奥地利和捷克斯洛伐克，接着再吞并波兰、乌克兰和俄罗斯。纳粹党的宣传机器在约瑟夫·戈培尔的精心安排下向整个国家灌输这样的思想，反复传播希特勒的"弥天大谎"，因为，这正如希特勒所说的，"弥天大谎往往有着某种可信的力量"。

希特勒在全国开展公用事业项目建设，建造房屋和高速公路，抽干沼泽，在农村地区实行退耕还林。1936年，他依照苏联的模式引入了国家计划，但是与苏联的做法不同，他的国家计划是在私有制的框架下运转的。他主张德国应在经济上做到自给自足，德国经验丰富的科学家应开发出各种人造产品——诸如橡胶、塑料和合成纤维等——从而减少这类产品的进口。德国人回到了他们的工作岗位上，因此，当大萧条期间欧洲的大多数国家都遇到严重的失业问题时，德国却得以幸免。然而，希特勒的重建计划中最引人注目的、同时也是最危险和最具威胁性的部分是：希特勒违反了巴黎和约，开始重建德国的军事力量，并且很快他就对这些军队进行调动部署，最后发动了世界大战。

希特勒的德国和墨索里尼的意大利有很多共同点。两国都建立了一个强有力的、排斥异己的政府。两国都实行军国主义政策并推崇战争。两国的领导人都使自己成为各自国家中未受到挑战而且是不可挑战的中心。1936年10月，德意两国政府宣布结成"轴心"联盟，在国际事务中采取一致态度。在接下来的一个月中，德国又与日本签署了《反共产国际协定》，承诺互相支持对方抵抗可能来自苏联的进攻。随后的几年中，这三个国家——德国、意大利和日本——一起成为第二次世界大战中的轴心国。

日本

明治天皇统治时期，日本在政府、行政管理、经济、工业和金融领域的重建上取得了惊人的快速发展。

正如我们在第18章中所看到的，日本沿袭西方的先例，在中国为自己划定势力范围，并攫取殖民地。1895年，日本在朝鲜战胜了中国，成为东亚地区的主宰国，改变了自己先前与中国的"师生"关系。在1902年与英国签订了军事同盟协议后，日本在1904至1905年期间先后把朝鲜和中国的台湾岛变成了自己的殖民地，并接连在东亚的陆地和海上打败了俄罗斯。一个亚洲国家打败了一个欧洲国家，这在近代历史上还是第一次。

第一次世界大战的战火同样蔓延到了东亚地区，并深刻地影响了该地区战后的政治格局。日本以五个战胜国之一的身份出席了1919年召开的巴黎和会，是会议中唯一能与列强平起平坐的非西方国家。日本接管了德国在太平洋地区的殖民地，包括中国北部的胶州半岛，其实，早在1914年日本就已占领了该地区。这在中国引发了"五四"学生运动，这原本只是一场学生示威，后来升级为一场影响更广泛的、要求改革的新文化运动（参见第19章）。最终，中国政府拒绝在《凡尔赛和约》上签字。

第一次世界大战给日本带来了前所未有的经济发展机会。当其他工业化国家在欧洲陷入苦战难以脱身之际，日本在竞争相对不太激烈的环境下发展起了自己的工业。1914至1918年期间，日本的国民总收入上升了40%，出口额开始第一次超过了进口额。日本重工业的发展势头尤其迅猛。在劳动力仅增加42%的条件下，制造业的产量上升了72%，这一数据表明，日本开始更多地利用机械来提高生产力。日本的运输能力提高了60%。1914年至1919年期间，日本商船的运输能力几乎翻了一番，达到了280万吨。消费品的生产和出口数量也上升了。在20世纪的第一个十年中，日本最重要的出口商品是纺织品和原丝，这些产品的80%都是由妇女生产的。

作为一个后来者，日本得以利用西方早已发展成熟的技术（即托洛茨基在俄罗斯鼓吹的"跳跃"路线）。日本的工业界采用三种方式吸收引进西方的技术：有的与外国公司签署协议，在日本建造分厂；有的通过谈判获取使用新技术的许可；有的运用"逆向工程学"方法，对外国的机械进行拆解分析，然后根据日本的需求经改造后投入生产。改造促进了创新——比如将化学研究应用于农业生产甚至是陶瓷制造领域中。私有企业引进了绝大多数的外国技术，但是政府也通过资助国立大学、实验室，以及促进军事技术发展的形式来鼓励研究。

日本成功地调和了"二元经济"矛盾，即存在于许多国家中的大规模工业和家庭手工业的分离。在"二元经济"中，一方是由大型的、高度资本化的、技术先进的工厂组成，这些工厂雇用了数以千计的工人生产现代化的产品；另一方则是小规模的作坊，资本化程度较低，设备也比较陈旧，雇用的员工通常不会超过30人，生产的是传统的商品。在大多数国家，随着大型工厂达到规模经济水平，小规模的作坊经济会逐渐萎缩并最终关门歇业。政府也通常将资源投入到大型的工业行业中，而忽视小型的生产作坊。但是在日本，那些规模较小的工厂调整到适当的规模，引入了新的技术，开始生产大规模工业所需要的新产品。从这一世纪的早期起，日本在大型和小型经济之间发展出一种合同转包的体制，使两者既相互独立却又彼此互补。

691

1918年，因大米歉收，这一日本人主粮的价格飞速上涨。数百个城市和乡镇相继爆发了大规模的暴乱，约700 000人参与了这场持续时间长达50天的暴乱，并造成25 000人被捕和1 000人死亡。政府采取了一些应对的措施，包括从殖民地朝鲜和台湾进口大米和其他粮食。这次暴乱反映了日本城市力量的发展，日本的城市人口占总人口的比例已由1890年的刚过10%上升到1920年代的近50%（在1990年代这一数字达到了78%）。劳动力组织益趋完善，公民也越来越多地参与政治。1925年，25岁以上的男性国民中有1 250万人参加了选举投票。

暴乱也使日本意识到自身对殖民地生产提供的日用商品的依赖程度大大提高了。1920年代后期，日本五分之四的大米进口和三分之二的食糖进口来自台湾和朝鲜。至于工业原料，如矿石、金属、石油、化肥和原木等，日本必须到更远的地方去寻找，这将使日本陷入致命的殖民冒险。

1920年代，日本的工业产品产量提高了三分之二，"财阀"（大型控股公司或联合企业）控制了日本经济的主体，在政治上也产生了巨大的影响。四个最大的财阀——三井、三菱、住友和安田——由各自的家族所控制，每个财阀麾下都拥有一家银行以及遍布各行各业的众多企业，从纺织业到造船业和机械制造业等。举例来说，一家三菱矿业公司挖掘到矿石后，由另一家三菱制造公司将其制成产品，接着该产品又由另一家三菱贸易公司出口到国外并且由另一家三菱下属企业的船只负责运输。这整个流程都由三菱银行筹措资金。

财阀规模庞大，具有调整生产以满足不同需求的能力。财阀家族通过他们控制的资金以及与政要紧密的裙带关系，在政府中也拥有巨大的影响。比如，1931年通过的"主要工业控制法案"就鼓励核心工业中的大型企业加入卡特尔，通过垄断联合来控制产量、平抑物价。

财阀（zaibatsu）　一种拥有许多不同类型企业的大型日本商业联合体，通常由一个单一的家族控制。

工人们在芝浦机器制造厂旋紧感应调节线圈，日本本州对马岛，1930年。1920年代到1930年代期间，日本常常通过邀请外国公司在日本开设分厂、获取使用外国技术的许可以及改良那些技术使之适应日本环境这三种方法引入西方模式。他们的工业因此以"跳跃"方式飞速发展。

692

国际社会的尊重、财富的增长、城市化和工业化程度的提升、公民读写能力的提高、男性国民普选权（1925年）以及政党的制度化标志着日本进入了自由民主时代。但是，财阀掌握的政治力量破坏了人们对民主实践的信仰。此外，不论是法律规定还是在大众观念中，军方都拥有着异乎寻常的大权。在大多数民主国家中，都是由文官政府控制着军队，而日本则恰恰相反,日本的法律规定,官房长官和海军大臣必须是在职的将军或海军上将。议会的权力却反而受到了限制。理论上,日本天皇拥有这个国家最高的政治权力,虽然他从不亲自主持政务,但政治领袖以他的名义控制着国内的公共政策和国际事务。日本传统的神道教(参见第9章)强调天皇的神圣并且宣扬风靡日本的武士道精神。

军队中的许多精英开始为他们的武装力量谋求更多的权力。他们希望能够保护日本,这个资源贫瘠的岛国在国际贸易及其规章制度的变化面前显得尤为脆弱。1929年的全球大萧条沉重打击了日本的经济,在1929至1931年期间,它的出口额下降了50%,失业人口数达到300万,其中农村地区遭受的打击最大。许多平民似乎开始对军方的观点表示认同了:如果日本能够根据自己的利益重新组织并控制东亚地区的经济格局,他们的未来可能会好些。虽然文官政府不停地批评军队,但是将军们却获得了越来越多的对国家的控制力,并推动这个国家朝着军事化的目标前进。

坠入世界大战的深渊

1920年代看上去似乎揭开了一个和平年代的序幕。国际联盟于1920年成立。虽然这一联盟并没有被赋予寻求和平的使命,但是,人们还是期待它成为一个能通过谈判解决国际争端的论坛。在与东欧的流行性疾病的斗争和安置政治难民方面——比如安置从社会主义的苏联逃跑的俄罗斯人以及被土耳其驱逐的希腊人与美国人——它也开展了有价值的人道主义工作。国联的知识合作组织资助文化活动,将世界各地的人们连接起来。该组织每年在瑞士日内瓦举行的年会不仅吸引了来自西欧各国和美国的代表,也吸引了来自墨西哥、委内瑞拉、巴西、日本、中国、印度、埃及、波兰、捷克斯洛伐克和匈牙利的代表。他们代表了全世界日益增强的艺术交流和自由表达艺术的愿望。

各个国家采取了各种措施来防止战争和促进和平。1921年在华盛顿召开的一次会议为各国的海军军备竞赛设置了限额。会议达成了一项协议,规定英国、美国和日本的大型战舰总吨位数之比为5∶5∶3,而其他参加过第一次世界大战的协约国则接受的是更低的限额。1925年,几个主要的列强相聚瑞士的洛迦诺签署了几份协议,免除了第一次世界大战中曾强加于德国的部分罪名,并重新把德国接纳入欧洲的

日本武士。古老而骄傲的日本武士阶级崇拜竞技技能、剑术和对天皇的绝对忠诚。1877年,最后的一批400 000名武士接受退职金并成为贵族,但他们的操守成了这个国家民族精神的一部分。在动荡的年代中,这种武士道价值观将日本的民族主义变为一种强大的力量。

外交世界。德国无条件地接受它与法国和比利时的西部边界,并且同意,只通过外交手段而非战争途径来实现任何改变它与波兰和捷克斯洛伐克东部边界的愿望。为了增强这份协议的效力,法国向波兰和捷克斯洛伐克做出承诺,若两国在未来受到任何攻击,法国将出兵提供保护。(英国宣称自己与此事没有利害关系,因而未在协议上签字。)1928年,65个国家签署了巴黎公约,该公约由美国国务卿弗兰克·凯洛格(Frank Kellogg)和法国外交部长阿里斯蒂德·白里安(Aristide Briand)起草,因而也被称作《凯洛格–白里安公约(Kellogg-Briand Pact)》。该条约的签约国同意,放弃把战争作为解决国际争端的手段。到了1928年,乐观情绪——还有繁荣——重新回到了欧洲世界。西欧和中欧各国的制造业指数到1925年已经超过了战前1913年的水平。(在遭受战争破坏最为严重的俄罗斯,这个数字从1920年的最低点13%仅恢复到了70%。)持久的和平似乎已经实现了。

但是,紧接而来的大萧条降临整个世界,而且带来了巨大的经济以及政治压力。最显著的影响是,当西欧、美国和拉丁美洲的资本主义民主国家在1930年代的大萧条中竭力挣扎之时,苏联(参见第19章)、德国、意大利和日本获得了巨大发展。苏、德、意、日四国各自都走上了独裁统治、国家计划和军事化的道路。实际上,其中的三个国家——德国、意大利和日本——发动了最终导致第二次世界大战爆发的军事行动,而第四个国家即苏联则建立了庞大的军事力量与他们交战。军事力量的建设和战争的爆发是互为因果、互相推波助澜的。维持如此巨大的军事力量代价极为高昂,惟有战争的胜利才能够带来补偿,而为了获得战争的胜利,军事力量的持续增长又是必需的。

战争的序幕于1930年代开始拉开。1931年,在富有的商业组织——财阀和持有激进民族主义思想的军官的强烈影响下,日本夺取了中国在满洲的军火库,并进而占领整个满洲。日本军队实际上自1905年战胜俄罗斯后就一直驻扎在满洲。他们指责中国在满洲的奉天谋杀了一名日本官员,并抵制日货,以此作为自己占领的理由。1932年,日本宣布满洲独立,中国末代皇帝、1911年被废黜的溥仪成了伪满洲国的傀儡统治者。伪满政府名义上是由中国人组成的,但幕后操纵的却是日本人。中国联合几个小国向国联提出抗议。日本退出了国联,而国联对此并没有采取任何实质性行动措施。其他列强都没有意识到已经面临的威胁。他们不愿意出动军队进行干预,而西欧各国也不愿意在这样的时候疏远日本,因为他们觉得,现在需要和日本人一起结成一个稳固的联盟来对付苏联。就像前面提到过的那样,日本国内有许多人反对日本的军国主义,但是和德国一样,暴力袭击将反对的声音扼杀了。1930年至1936年期间,日本有两位首相、一位财务大臣和一个显赫的银行家先后遭到暗杀,在日本,公开发表反对军国主义的言论是十分危险的。

1935年,意大利入侵埃塞俄比亚。这一次,国联依然未对向国际社会提出抗议的埃塞俄比亚——它是国联的成员国——做出严肃的回应。

1936年,西班牙爆发内战。自从1931年西班牙皇帝在一次流血相对较少的革命中被废黜、民主的西班牙共和国成立以来,这个国家就一直处于动荡之中。五年来,政权辗转于保守的右翼人士——包括牧师、军人和商界精英——和开明的左翼人士之间——包括工人、社会党人、共产党员和无政府主义者之间。在1936年举行的选举中,左翼人士获得了胜利,而失利的右翼在弗朗西斯科·佛朗哥将军的领导下发动叛乱并最终转变为内战。许多观察家把这次内战称作是第二次世界大战的实战演习,因为德国和意大利提供了人员(意大利派遣了50 000名士兵)、资金和武器来支援佛朗哥和右翼阵营,而苏联为支持共和政府也派出了技术人员、政治顾问,并提供了装备。西欧的主要民主国家——包括英国和法国——谴责佛朗哥的行为,但没有给予共和政府任何支援,并对西班牙实行武器禁运。美国宣布中立,并宣布禁止向西班牙出口武器。数以千计的来自民主国家的人士自发前往西班牙,他们作为志愿者为共和军服务。欧内斯特·海明威在他的小说《丧钟为谁而鸣》中描写了这段历史,使国际纵队的事迹由此而不朽。希特勒把这场战争作为一次检验他正在建立的空军力量的机会,他主要是用它们来帮助佛朗哥运输他的军队,但是在1937年4月28日,德国的空军编队为支援佛朗哥,轰炸并摧毁了一座没有设防的平民城镇格尔尼卡,它是西班牙北部巴斯克地区的首府。巴伯罗·毕加索是西班牙人,同时也可能是当时最为知名的画家,很快就创作出了绘画《格尔尼卡》,这也许是历史上最为著名的反对战争的绘画作品,它描绘了男人、女人、儿童甚至动物所遭受的痛苦、愤怒,以及经受的苦难。这场西班牙内战持续了整整三年;600 000人死于这场战争。佛朗哥取得了胜利并建立起一个右翼独裁政府,他的统治延续了40年,直至他1975年去世。国联没有能力通过和平手段来解决这一冲突,它也没有属于自己的武装力量。全副武装的民族主义战胜了手无寸铁的国际主义。

　　1937年7月7日,日本入侵中国。这一次的借口是日本军队在北京附近遭遇一起

巴伯罗·毕加索,《格尔尼卡》,1937年。在西班牙内战期间为抗议德国飞机轰炸格尔尼卡小镇而创作的这幅作品成为世界上最著名的反战绘画之一。在佛朗哥1975年去世之前,毕加索拒绝将这幅画从法国转移到西班牙。

695

袭击；日本人的目标是占领整个中国。在几个月的时间里，日本就基本控制了占中国面积一半的东部人口密集地区，但是中国军队撤退到后方的内陆地区，并坚持战斗直到第二次世界大战结束。国联对日本进行了谴责，但是没有采取实质性的行动。日本人把这一战争称作"太平洋战争"。从全球范围来看，日本对中国的入侵通常被视为是第二次世界大战的开端，不过欧洲的战火要到1939年的9月才燃起。

在欧洲，自希特勒于1933年被任命为总理后，他几乎立刻就开始扩张德国的军事实力，把巴黎和约的约束完全搁在一边。1933年，他宣布德国退出国联，同时也退出了同年召开的一次裁军会议。1934年，邻国奥地利的纳粹分子暗杀了奥地利总理，并提出要求与德国合并。此时，对希特勒占领奥地利的行动予以阻止的只有墨索里尼，他公开宣称反对德国军队占领一个邻国，并把意大利的军队派驻在奥地利边境。1935年，纳粹的威胁迫使与法国边境接壤的富饶的、工业化的萨尔区选民投票同意并入德国的版图。最具挑衅意味的是，希特勒于1935年开始重新武装德国。1936年，他派遣自己新组建的军队进入莱茵河区，这片莱茵河以西的德国领土按和约规定应是非军事区。此时仍然没有人站出来反对他。1938年3月，这一回得到了墨索里尼的同意，德国军队进入奥地利，宣布实行德奥合并（Anschluss）。

接着，希特勒把焦点集中到了捷克斯洛伐克，尤其是苏台德地区，那是一个以斯拉夫人为主的州，大约有300万德国人作为少数民族居住在那里。他威胁要入侵苏台德地区，把它纳入德国的版图。英国首相内维尔·张伯伦和法国总理爱德华·达拉第担心战火蔓延，他们飞赴慕尼黑，就捷克斯洛伐克的命运进行谈判。他们说服了捷克人将苏台德地区割让给德国，此举使得捷克余下的领土暴露在德国进一步的单边行动之下。他们这样做等于是说服捷克斯洛伐克在自己的死刑执行状上签字。他们把捷克斯洛伐克拱手相让以收买希特勒，但是他们并没有意识到，这样做仅仅是稍稍延缓了一下一触即发的战争。张伯伦从慕尼黑回到伦敦后，得意地宣称自己赢得了"我们这一个时代的和平"。从此以后，张伯伦的这一形象被视为安抚侵略者的愚蠢行动的标志。1939年3月，德国入侵并占领了捷克斯洛伐克其余的领土。次月，意大利占领阿尔巴尼亚。

在捷克斯洛伐克事件中，苏联曾许诺，如果法国或英国加入，它就与德国开战。

但是英、法两国予以拒绝。英国似乎在外交上给了德国更多的关照,而德国是它未来的敌人,苏联则是它未来的盟友。1939年8月23日,俄罗斯与德国这两个地缘政治和意识形态上的主要敌人签署了互不侵犯条约,此举震惊了全世界。该条约中有一个秘密协议,即一旦波兰被征服,两国将瓜分它的领土。对希特勒来说,前进道路上的障碍已经清除。9月1日,德国军队入侵波兰。9月3日,英国和法国最终向德国宣战。第二次世界大战在欧洲拉开了帷幕。

战争初期的结果堪称不祥。德国实施闪电战策略,派遣100万军队在先头部队和空军的支援下进入了波兰。波兰并没有充分的准备来保卫自己,在一个月的时间里有组织的抵抗就已消失。德国将波兰的西部并入自己新的帝国。与此同时,根据与德国签订的互不侵犯协议,苏联入侵并夺取了波兰的东部。俄罗斯还在立陶宛、拉脱维亚和爱沙尼亚这些波罗的海沿海国家驻扎军队并进攻芬兰,夺取了一部分芬兰领土。国联将苏联驱逐出联盟,但俄罗斯人却从芬兰人那里得到了他们想要的土地。

战争技术的初期代价

有关军事力量和装备建设的数字反映了发生在整个1930年代的从为和平服务的技术向为战争服务的技术的转变。苏联的军费从一开始就几乎增至8倍;日本的军费也增至8倍;德国受第一次世界大战战后条约的严格约束,但其军费仍增至46倍。

1930年、1938年列强的国防开支
(单位:百万美元)

	日本	意大利	德国	苏联	英国	法国	美国
1930	218	266	162	722	512	498	699
1938	1 740	746	7 415	5 429	1 863	919	1 131

1937年,德国、日本和苏联都将他们大约四分之一的国家总收入用于国防,日本和苏联的支出稍稍大于这一比例,德国则略微少些。到了1938年,日本的军费开支占到了政府预算的70%以上;德国是52%;俄罗斯在1940年达到了33%(Kennedy,第300—332页)。有关飞行器生产的数字从一个特定的角度反映了政府开支向军事用途的转变。

1932年、1939年列强在飞行器产品上的支出

	日本	意大利	德国	苏联	英国	法国	美国
1932	691	约500	36	2 595	445	约600	593
1939	4 467	约2 000	8 295	10 382	7 940	3 163	2 193

战争的准备工作持续了十年。

第二次世界大战

欧洲战场,1939—1945年

697　　　　第二次世界大战的欧洲战场。战事开始于1939年德国及其盟国意大利发动的一场"闪电战"。到1942年年末,他们控制了欧洲的大部分地区。但是德国于1941年入侵苏联,直接与这一大国的军事力量发生对抗,这把德国拖入了精疲力竭的地面战争。英国坚持抵抗,后来,尤其是在美国投入战争,并给英国送来了空中支援和物资补给后,英国开始反攻。到1944年初,局势发生了转变。

　　英国和法国在宣战以后,并未立即对德国采取军事行动,1939年到1940年的这个冬天,是个宁静的间歇期,通常被称为"虚假的战争"(phony war)。然而,到了1940年4月,希特勒重拾他的闪电战战术。德国入侵丹麦和挪威。5月10日,德国入侵比利时、卢森堡、荷兰和法国。没有什么能阻挡他们。法国曾煞费苦心地准备了一条由战壕、地下掩体、雷区和带刺的铁丝网组成的"马其诺防线(Maginot Line)",他们认为这一防线是坚不可摧的。但是德国的军队绕过这条防线来到法国的西北部,并从那里直插法国腹地。德国的坦克也通过卢森堡和阿登森林进入了法国,而那里恰恰是法国人原先认为坦克无法通过的地域。德国军队所到之处所向披靡。鹿特丹受到空袭后,荷兰宣布投降。比利时请求赐予和平。英国以及一部分法国军队撤退到法国的敦刻尔克港口,并在6月4日那天,丢下武器辎重等,匆匆撤退到英国。6月10日,墨索里尼加入对法国的进攻,而且很快就入侵希腊。6月13日,德军占领巴黎,

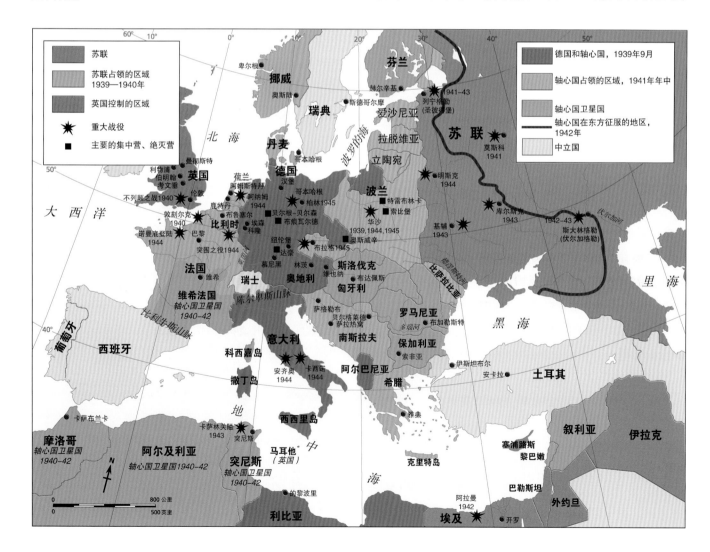

6月22日，法国投降。仅仅经过一个月的战争，法国就被征服了。德国选择直接管辖占法国面积三分之二的北部地区。南部的三分之一的土地则由维希小镇上与德国人合作的法国官员管辖。一些法国人加入了夏尔·戴高乐将军领导的法国流亡武装力量；一些法国人开始与德国人进行游击战。大多数法国人默默接受被征服的事实，在德国人的占领下继续他们的日常生活。

现在英国不得不独自面对德国，希特勒的进攻开始了。从这一年的夏天起一直到秋天，希特勒对伦敦和英国其他战略城市发起了猛烈的轰炸。66岁的温斯顿·丘吉尔在1940年5月接替张伯伦担任首相，他直面困境，并通过激昂的演说激发英国人的血性，鼓舞他们挺直脊梁。刚刚就职几天，他就在议会慷慨陈词："我所能奉献的唯有热血、辛劳、眼泪和汗水！"一个月后，他又这么说道：

> 我们要坚持到底，我们要在法国国土上作战，要在各个海洋上作战，我们的空军将愈战愈强，愈战愈有信心，我们将不惜一切牺牲保卫我国本土，我们要在滩头作战，在登陆地作战，在田野、在山上、在街头作战；我们永不投降。

虽然损失严重，仅伦敦一个城市就有20 000人死亡，但是英国人顽强地坚持着，这要归功于皇家空军的英勇战斗、雷达的发明以及情报人员对德国密码的破译。到1940年年底，德国停止了"不列颠空战"，并放弃了从海上入侵大不列颠岛的计划。

在东线，苏联在互不侵犯条约的掩护下展开行动，不仅夺取了波兰东部的一半领土和芬兰的部分领土、合并了波罗的海诸国，而且还夺取和兼并了在第一次世界大战中失去的罗马尼亚部分领土，它的触手伸向巴尔干半岛。希特勒先行一步，他把罗马尼亚、保加利亚和匈牙利纳入了轴心国阵营并且占领了南斯拉夫和希腊。接着，在出其不意的猛烈进攻下，希特勒挥师东向，撕毁了两国签订的互不侵犯条约，并于1941年6月22日正式入侵苏联——这一天此后被视为俄罗斯的珍珠港袭击日。一支由300万士兵和约3 500辆装甲车辆组成的军队在纳粹空军的支援下突破了长达2 000英里的苏联防线。苏联人撤出了他们已夺取的中欧地区，一直退回本土境内数百英里。他们将所有的工厂都迁到了腹地。虽然备战了好几

德国士兵在东线，苏联，1941年10月。这些正在将野战炮运往苏联前线的士兵是希特勒手下最精锐的士兵，即警察部门的党卫军（SS）。图片前景（右）中的士兵是一名来自自行车部队的"传令兵"。

698

年，但斯大林仍然对德国的突然进攻感到非常震惊。最终，他下令发动反击。俄国军队在格奥尔基·朱可夫将军的领导下，把德国人从莫斯科周围赶了回去，解除了首都之围。德国人正如一个半世纪前的拿破仑那样，在俄国人的反击和寒冬面前从莫斯科撤退了。

欧洲的战争在北非还有另外一条战线。1940年9月，已控制了利比亚的意大利人入侵埃及，目标直指苏伊士运河。为了保卫运河，丘吉尔从不列颠之战中抽调军队和物资到北非。英国军队在埃及和利比亚击败了意大利军队，甚至把他们赶出了埃塞俄比亚。然而，在隆美尔将军的指挥下，德国军队也进入了北非，并在1941年和1942年间，与英军展开了激烈的拉锯战。但英军守住了亚历山大西部的阿拉曼防线，而且苏伊士运河也仍然在英国人手中。不过，德国在地中海的潜艇封锁了海上运输，并给穿越大西洋航行的船只造成巨大损失。

希特勒在1942年重新组织了他的俄罗斯战役，这一次他把军队调到南边，在这个方向上有高加索山脉和里海储量丰富的油田。到1942年夏天，德国占领了苏联西部的所有属地——包括波罗的海诸国、白俄罗斯、波兰和乌克兰——站到了通往列宁格勒的大门口。德军兵临莫斯科，并包围了斯大林格勒。历史学家有时把希特勒当时的处境与拿破仑做比较。两人都在西欧占领了几乎相同的土地，都对俄罗斯发动了一场几乎摧毁俄国的战争并使得俄军大幅后撤，但同时自身也精疲力竭。在西线，两人都面对着坚定的英国人，英国人的意志出人意料，他们不屈不挠，相信最终必胜，奋勇反击。但是，第二次世界大战中美国的加入给胜利的天平增添了一个新的、额外的砝码。

欧洲的战火自1939年9月燃起之初，罗斯福总统就一直支持英国和同盟国，但是他的支援受到许多美国人所抱的孤立主义思想的限制。1939年，罗斯福成功地取消了武器销售的禁令。1940年，他向英国运去了一船军火，同年的晚些时候，他又用50艘驱逐舰与英国做交换，换取在英国的新大陆领地上建立军事基地的权利。1941年，美国国会通过了《租借法案》，同意向盟军提供武器和物资。1940年，美国开始了军队招募，扩大其武装力量的规模，巩固了格陵兰和冰岛的军事基地以保护美国和同盟国的船只运输。然而，罗斯福依然未能促使他的国家投入战争——直到日本袭击珍珠港整个局面才发生了变化。要了解这次袭击，我们把目光转回太平洋战场。

太平洋战争，1937—1942年

1937年，中国和日本的军队在北京附近的马可波罗桥（卢沟桥）发生冲突，由此引发两国之间的全面战争，这标志着太平洋战争的开始。日本人没有料到中国军队的抵抗是如此顽强。日本军队原先计划用一场快速的胜利使敌手闻风丧胆、主动求和，以此解决"中国问题"，他们对南京发动全面进攻，于12月占领了这座城市。日本军队杀人放火、强奸抢掠，无恶不作，这一事件现在通常被称为"南京大屠杀"。南京沦陷后最初的两三天，就有12 000名中国非战斗人员遭到杀害；最初的一个月内，有记录的强奸案达到约20 000起。沦陷后的六个星期中,南京城内外共有约200 000平民和战俘被杀害。这一暴行是日本军队日后残忍行为的丑陋开端,此后在整个战争期间,日军对亚洲众多被征服的民族都极为残暴。

面对日军的步步进逼,中国政府后撤至重庆,这是一座位于长江上游的内陆城市。就像俄罗斯人在德军面前撤退时那样,中国人也采用了"**焦土**"战略,即不给敌人留下任何可用的物资。中国的战争陷入了僵持局面。(甚至在1945年,日本本土遭到袭击时,仍有约100万的日本军队在中国作战,另有750 000人驻扎在满洲里。中国的顽强抵抗消耗了日本的实力。)

1940年9月,日本签署了《德意日三国同盟条约》,正式和德国与意大利结成"轴心国"。然而,轴心国计划并没有得到很好的执行。若是按照德国的期望,日本应该加入到对苏战争中,从满洲进入苏联,开辟第二战线。相反,日本却和苏联在1941年4月签订了中立条约,转而南下占领了法属印度支那,与美国发生了正面冲突。

美国国内孤立主义者施加的压力虽然使美国远离了战争的旋涡,但是到了1941年7月,针对日本对中国和东南亚的侵略,美国对日实施贸易禁运并冻结了日本的资产。由于担心石油和其他原材料的供给,资源匮乏的日本此时不得不在从中国撤军和与美国正面开战之间做出选择。许多日本人痛恨美国对日本崛起所设置的障碍,视之为白人殖民主义的又一实例。12月7日,300多架日本飞机轰炸了位于夏威夷珍珠港的美国太平洋舰队。日军击沉了数艘战舰,并重创了三艘巡洋舰、三艘驱逐舰和其他各类船只。他们还至少摧毁了180架飞机。共计有2 000多人在这次袭击中阵亡,另有1 000多人受伤。虽然美国海军成功地修复了一些舰只,但这次袭击大大削弱了美国在太平洋的海上实力。十分幸运的是,在日军发动袭击之时,三艘隶属于太平洋舰队的美国航空母舰正在其他地方进行训练。美国于次日对日宣战。在英国,温斯顿·丘吉尔立刻意识到这一事件的重大意义:

> 希特勒的命运已经注定。墨索里尼的命运已经注定。至于日本,他们将被碾成粉末。接下去要做的是正确地应用压倒性的军事力量。(Kennedy,第347页)

虽然有很多人表示反对,但赞同对美国发动袭击的日本领导人相信,只要能在美国的工业力量开足

焦土战略(scorched earth)
战争中用于防御的一种战略,守军在撤退时将一切可能被入侵者利用的东西尽数摧毁。

700

美国军人在太平洋战争中。在1944年5月18日攻占威克岛的战役中,美军第41师第163步兵团的士兵从位于澳大利亚的基地出发,乘"希金斯"登陆艇对滩头发起进攻。两个月前,美国开始对日本城市进行轰炸。

马力、军队动员充分完成之前攻击美国,他们就能打败美国。因此,在袭击珍珠港的同一天,日本还对美国位于菲律宾、香港、马来亚和其他东南亚与太平洋地区的军事基地发动了进攻。至1942年年中,日本已攻占了菲律宾群岛、马来半岛和新加坡、印度尼西亚、新几内亚岛部分地区、印度支那地区、泰国和缅甸。在太平洋地区,日本的势力几乎一直延伸到了澳大利亚。日本把它的征服地称为"大东亚共荣圈",试图建立一个能为工业生产提供原料、为制成品提供市场,同时又能接受日本文化的帝国体系。

但是这一计划未能实现。殖民地的经济无法生产和提供日本所需的物资,更为严重的是,日本无法吸收殖民地生产的农作物。市场结构基于已有的世界贸易一体化体系,并不是轻易就可以重组的。日本人对殖民地的占领不但没能灌输自己的文化,反而激起了普遍的民族主义的反抗。日本对被征服国家的百姓和战俘极为残暴,因此而臭名昭著。成千上万的朝鲜、中国和菲律宾妇女被迫充当日本士兵的"性奴隶",这一兽行在第二次世界大战结束的半个世纪后引起了世界的关注。

扭转局势,1942—1945年

到1942年年底,盟军的反攻开始了。一个由英国、自由法国(由夏尔·戴高乐将军领导的位于伦敦的流亡政府)、苏联、美国和其他20多个国家组成的联盟逐渐成形。罗斯福在那时就已经把他们称之为"联合国"了。罗斯福和丘吉尔组建了美英两国参谋长联席会议,决定把军事力量集中到西线和非洲战线,而对日本的主要作战则置后进行。

在大西洋之战中,英、美两国的海军成功击退了德国的U型船(潜艇),大大提高了海上运输的安全。美国的军队现在可以被相对安全地运到欧洲了。1942年11月,在艾森豪威尔将军的指挥下,盟军在阿尔及利亚和摩洛哥发动了一次规模庞大的、出其不意的两栖进攻,并进而向东推进。到1943年春天,他们与蒙哥马利将军率领的、自埃及向西推进的英国军队胜利会师。到1943年5月,北非完全解放,地中海航线上的航运恢复了安全。

苏联呼吁它的盟友在西线开辟一个大规模的陆上战线以减轻德军对苏联的压力。在做好更充分的准备之前,美国和英国迟迟没有发动这样一次进攻,他们让苏联人依靠自己的力量抵御德国(也由此而引起了苏联对英、美两国所做的承诺的怀疑)。然而在1942—1943年冬,苏联人在斯大林格勒战役中成功地击退了德国的进攻,但其代价是多达50万俄罗斯士兵的阵亡。1942年9月至1943年2月,仅在斯大林格勒这一场战役中,苏联的阵亡人数就超出美国在整个战争期间的阵亡人数。轴心国的损失较少,约有150 000人阵亡、90 000人被俘。斯大林格勒战役是东线战事的转折点。斯大林格勒之围一解,朱可夫将军——他在1941年化解莫斯科之围的战役中就已经成了英雄——立即率领苏军发动反攻,迫使德国人向西撤退。至此,美国根据《租借法案》向盟国提供的食物、装备和物资也运抵苏联军队。数百万的苏联军队发起一波又一波的进攻，牵制了数百万的轴心国军队，1944年夏天的"巴格拉雄行动"攻势就是其中一次苏军的大规模反击。在那一年，苏联夺回了乌克兰、白俄罗斯、波罗的海诸国、波兰东部、罗马尼亚和保加利亚。1945年初，他们挺进至德国境内。东线的这几场战役使得盟军在西欧开辟第二战线更加安全。

　　几个主要交战国之间正进行着大规模的战役；而在其他许多国家，游击队和地下抵抗组织也在发展起来——这些队伍虽然有时也与盟军尤其是东欧的俄国人作对，但在大多数情况下他们是在抵抗轴心国的军队。由于战争本身已变得高度的机械化，并达到了前所未有的规模，因此游击队在社会和心理方面的重要性要大于军事方面的意义。然而，在某些情况下，他们也是极为重要的，甚至包括在军事方面。

空袭中的轰炸机。第二次世界大战中，各式各样的飞行器被投入到空中作战。这是一张1945年的照片，照片中英国空军的"英俊战士"战斗机对南斯拉夫小镇茹任堡（Zuzemberg）的德军据点发动空袭，发射3英寸火箭弹。盟军战争期间在炸弹和飞机上的支出高达1 150 000 000 000美元，这是一个天文数字。

　　南斯拉夫是其中最极端的例子。1941年4月，它被轴心国占领并瓜分，德国和意大利得到其中最大的份额。该国的一部分成为一个独立的国家克罗地亚，由狂热的反塞尔维亚人的乌斯达莎党（Ustasa，暴动者之意——译注）所控制。他们的残暴甚至连纳粹分子都感到震惊。1941年，乌斯达莎杀害了成千上万的塞尔维亚人——据估计，这一数字可能高达200万，以及其他"不受欢迎者"。两支由塞族人组成的抵抗力量应运而生，其中一支由一名原南斯拉夫军队的塞族军官领导，另一支则由一个名叫约瑟普·布罗兹（Josip Broz，1892—1981年）的共产党人领导，通常他被称为铁托。铁托自己并不是塞尔维亚人——他的父亲是克罗地亚人，母亲是斯洛文尼亚人，但他愿意和塞族人一起工作。这两个领袖和他们手下的队伍彼此并不合作，因此他们各自与轴心国的军队作战，有时也相互攻击。事实证明铁托更有实力，因而当1943年意大利退出轴心国阵营后，英国和美国便给予铁托直接的支持。到战争结束时，铁托领导着由250 000多名男女士兵组成的军队，由此而成为南斯拉夫毫无争议的领袖。

　　1943年春，美国和英国的空军从位于英国的基地起飞，开始对德国的城市实施轰炸。由于无法精确瞄准军事目标，因而实际上空袭在摧毁军事目标的同时也袭击了部分平民。一些官员质疑这些空袭是否道德，但是空袭仍在继续，而且次数还在增加。一些城市，如汉堡等，大部分地区都被燃烧弹摧毁，平民的伤亡人数要比军事人员的伤亡多得多。

　　1943年7月10日，盟军登陆西西里岛，展开了意大利战役。7月23日，墨索里尼政府垮台。9月，意大利投降，并调转枪头，加入同盟国阵营。然而德国军队继续控制着罗马，这座城市直到1944年的6月才得以解放。最终，期待已久的对西欧的陆上攻势终于拉开了帷幕。1944年6月6日——史称D日（诺曼底登陆日）——见证了人类历史上规模最大的一次两栖军事行动。在艾森豪威尔将军的指挥下，由美国、英国和加拿大军队组成的盟军在诺曼底登陆，进而向东推进。盟军投入了4 000多艘船只运输士兵，约有10 000架飞机提供空中支援。仅在诺曼底行动的第一天，就有130 000名士兵通过船只和降落伞成功登陆，一个月内士兵人数达到了100万。虽然美国的艾森豪威尔将军和英国的蒙哥马利将军这两个盟军将领之间在战略上存在一些意见分歧，盟军在行动中也遭遇了一些挫折，比如发生在比利时阿登森林地带的突围战役，但这新一轮的反攻迫使德军节节败退。8月，巴黎解放。9月，盟军进入德国境内。

　　然而，在战争的最后几个月，新研发的毁灭技术被用于战争。1944年9月，德国第一次向英国发射了V-2导弹，宣告了导弹武器时代的到来。1943年2月，盟军开始用燃烧弹轰炸德国的城市德累斯顿，将其大部分地区夷为平地，并造成了50 000多平民的死亡。由于这座城市没有任何军事或战略价值，因此人们广泛谴责这次袭击是纯粹的报复。当盟军经过苦战最终攻占德国时，欧洲的战争终于随1945年5月7日德国的投降而告结束。太平洋上的战火又延续了三个月。

亚洲和太平洋战争，1942—1945年

　　尽管盟军对太平洋战场的关注稍逊于对欧洲战场的关注，可是一旦美国将它的工业和技术力量投入到对日本的作战，局势就发生了转变。虽然美国损失了大部分的太平洋舰队，但在1942年6月，美国的海军在中途岛赢得了第一场胜利。接着，美军从位于澳大利亚的基地出发向西北推进，采取"跳岛战术"，接连攻占瓜达康纳尔岛和新几内亚岛，夺回了菲律宾群岛和太平洋岛链。1945年春，经过三个月残酷的战斗，美军攻占了冲绳。早在1944年3月，美军就开始使用燃烧弹轰炸日本本土的城市。日本曾指望美国人会厌倦战争并与他们谈判停战，但是与此相反，美国却要求日本无条件投降。

太平洋战争中的速决处决事件。第二次世界大战中，日本士兵对待战俘极为残忍。在太平洋战场上被俘的英国士兵被强迫修建缅甸铁路，其间许多人死于饥饿或疾病。一些战俘则被无情处死，如本图所示，在开挖好的坟墓前，三名盟军士兵即将被处决。

　　轰炸在不断升级。1945年3月9日，仅东京一地就有83 793人死于空袭，40 918人受伤，267 000幢建筑被炸毁。到1944年时，日本的人均日热量摄入从原先的2 200卡路里跌至1 405卡路里，可是遍地燃烧着的、人人饥饿的日本仍负隅顽抗。最终，1945年8月6日，美国在广岛投下了原子弹。随着欧洲战争的胜利，苏联军队也于8月8日进入满洲和朝鲜境内对日作战。8月9日，美国投下了第二颗原子弹，这次是在长崎。1945年8月15日，日本终于无条件投降。

原子弹造成的破坏。1945年8月6日，"埃诺拉·盖伊"号超级堡垒飞机在广岛——日本一座重要的军事基地和海港——投下了第一颗原子弹，之前在战争中还从未有人使用过。130 000多人因此死亡或受伤，城市的绝大部分被夷为平地。三天之后，为求（胜利地）结束太平洋战争，美国在长崎又投下了一颗原子弹。

705

日本成了一片废墟。约300万日本人死于战争，四分之一的国民资产被毁，工业生产能力降至仅为战前的10%，数百万家园被摧毁，而且日本失去了所有的殖民地的资产。只是靠占领国当局进口的粮食才得以勉强阻止了大规模饥荒的发生。

对战争结果的评估

第二次世界大战常常被称为"总体战争"，因为参战国家的全部人口和经济都卷入了战争的漩涡。军需和民用之间的界线消失了。交战双方都有非战斗人员被炸死和杀害。据估计，约有5 000万人死于这场战争——其中的3 000万是平民。最激烈的战事发生在苏联，因此苏联的死亡人数要比其他各国都多——约2 000万。日本损失了约200万人，而德国则超过了400万。尽管缺少可靠的统计，但中国至少损失了100万人（据中国政府公布的数据，伤亡人数为3 500万——译注）。英国和美国各有400 000人阵亡。600万犹太人加上成千上万的波兰人、吉普赛人、同性恋者和残疾人死于纳粹集中营。

日本早期对欧洲殖民者所取得的胜利给世界带来了双重的震撼。亚洲国家有能力——至少在一段时间内是这样——打败最先进的欧洲国家和美国。当这些胜利提升了人们对日本实力的印象时，欧洲人在亚洲的形象则遭到了破坏。第二次世界大战结束后，当欧洲殖民者试图重返亚洲时——对英国人来说是回到缅甸和马来亚，法国人是回到印度支那，荷兰人则是回到印度尼西亚——当地的民族主义团体挺身而出表示抗议，有时则采取武装行动，并最终赢得了独立。从这个意义上来说，是日本人的胜利结束了太平洋地区的欧洲殖民主义。

技术在战争中的作用

第二次世界大战见证了军队数量的扩大，同时也见证了包括坦克、潜艇和飞机等技术应用的飞速增长。战争付出的代价是极为惊人的，在军备上投入更多的国家最终赢得了战争。交战双方的飞机生产能力和飞机使用的统计体现了他们各自的整体技术水平。

列强的武器生产，1940—1943年		
（单位：1944年币值的十亿美元）		
	1940	1943
同盟国		
美国	（1.5）	37.5
苏联	（5.0）	13.9
英国	3.5	11.1
轴心国		
德国	6.0	13.8
日本	（1.0）	4.5
意大利	0.75	—

来源：Kennedy，第355页

列强的飞机生产，1939年与1944年		
	1939	1944
同盟国		
美国	5 856	96 318
苏联	10 382	40 300
英国	7 940	26 461
轴心国		
德国	8 295	39 807
日本	4 467	28 180
意大利	1 800	—

来源：Kennedy，第354页

坦克也是一种极为重要的武器。1944 年，德国生产了 17 800 辆坦克；苏联为 29 000 辆；英国为 5 000 辆；美国则达到 17 500 辆（Kennedy，第 353 页）。除了数量上的优势之外，同盟国生产的飞机、坦克和其他装备通常都比轴心国生产的更现代、更精密。难怪在最初的攻势所取得的威慑和优势之后，轴心国的军事力量便开始逐渐落后于同盟国。轴心国的技术和工业能力已经难以跟上了。

妇女与第二次世界大战

第二次世界大战的军事和工业需求对劳动力提出了新的要求，妇女的生活因此深受影响。战争期间，数百万士兵走上战场，而后方的工厂仍要维持全速运转，这就需要空前数量的劳动力作保障。早在第一次世界大战期间，数以百万计的妇女就开始外出工作挣钱。区分"男人的工作"和"女人的工作"的陈词滥调开始消失。这段经历帮助美国（1920 年）和西欧的妇女获得了选举权。虽然南美国家并未参与第一次世界大战，但许多国家——如巴西、古巴、厄瓜多尔、萨尔瓦多和乌拉圭等——在 1929 年到 1939 年期间也赋予了妇女选举权（Rosenberg，第 67 页）。第一次世界大战结束后，绝大多数妇女没有继续留在工作岗位上，但在第二次世界大战结束后，仍有空前数量的妇女继续在工业和非传统行业中工作。

然而，对妇女的动员是与文化相关的。不同的参战国采取了不同的家庭和性别政策。虽然战事紧迫，但德国和日本的妇女仍然被鼓励留在家中。苏联的妇女则活跃在工厂里。英国在第二次世界大战期间征召了一些妇女入伍。

同盟国——美国、英国和苏联——通常鼓励妇女参与战时的生产工作。铆钉工人萝西的形象在同盟国成了妇女对工厂贡献的公认象征。另一方面，轴心国竭尽所能地把妇女留在家中，即便是战争需要她们出来。希特勒向妇女提供"解放中的解放"，为结婚后离开工作岗位的妇女提供婚姻贷款，并且她们每生育一个孩子就可免除四分之一的贷款债务。纳粹禁止流产并关闭了性别咨询诊所。墨索里尼把妇女排斥在政府各部门之外，加倍收取在高中和大学学习的女学生的学费，并试图阻止农村妇女在城市定居。在中国，共产党鼓励妇女直接参与战斗，而国民党则把她们留在家中。

当士兵从战场回到他们原先的劳动岗位时，妇女离开工厂和军队返回家庭便成了一种趋势，这既是妇女的自愿选择，也有社会压力的因素。但是性别之间的关系不可能不受到战时经历的影响。第二次世界大战后，女权运动出现了新的声音。1949 年，西蒙·波伏娃（Simone de Beauvoir）在法国出版了《第二性》一书，她提出了这样的观点：人的性行为属于生物学范畴，而社会性别——与性

"铆钉工人萝西"：战时生产协调委员会推出的一幅海报，是第二次世界大战期间美国女工的象征。

707

原始资料

作为战利品的妇女：日本慰安妇

从最早的有记载的历史开始,有关战争的故事中就含有士兵虐待女性、战胜者霸占妇女作为战利品的描述。第二次世界大战中关于日本"慰安妇"的故事则是其中罕见的、残忍的极端现象。1932年至1945年期间,成千上万妇女——对这一人数的估计从几千到200 000不等——被日军集中起来强迫作为性奴隶,她们在日本军队设立的"慰安所"里充当"慰安妇",也就是日本军队管理的妓院中被俘虏的性奴隶。虽然这种情况在军中广为人知,而且还成为一部出版于1947年的日本小说的主题,该小说后来甚至还被改编成电影,但事实却被尘封了起来。1990年,在这样的事件发生40年之后,韩国处理日本军队性奴隶事件的特别委员会终于开始行动,他们收集并出版了许多曾被日军抓走、现在愿意将这段经历公之于众的朝鲜妇女的心酸故事。

朝鲜妇女受到的待遇尤其恶劣,因为日本人在历史上向来看不起朝鲜人。随后,日本政府被要求向那些妇女公开道歉并给予赔偿。日本官方拒绝了这些要求,但却鼓励日本个人向那些妇女捐款,日本政府自己也出了一些钱,但就是不承担正式的责任。日本政府一再辩解说,那些妇女只是向士兵提供服务的普通的性工作者。

1992年,金永十在韩国接受采访,她的证词既描述了性奴隶的悲惨遭遇,也反映了日军的种族主义残忍行径：

在我的小隔间隔壁住着一个女孩。她的年纪比我小一些,日本名字叫土岐子(Tokiko)。有一天,一名军官无意间听到她和我说话,军官指责她说了朝鲜语(这是被禁止的)。他把女孩拖到外面的一块空地上并命令我们所有人都出来。我们都乖乖地服从了。他说："这个女孩说了朝鲜语。所以她必须死。如果你们这么做的话,你们也会死。现在,你们看着她是怎么死的。"他拔出了佩剑。我害怕极了,闭上眼睛,转过头去。当我睁开眼时,我看到了地上那颗被砍下的女孩的头颅。

每逢星期天,我们就特别忙碌。士兵们在我们的小隔间门前排好队。他们拆下脚上的绑腿,卷起来握在手中,各自都为轮到自己做好准备。他们就像发情中的动物那样不知羞耻地炫耀着他们的欲望。他们中的许多人甚至已经不能自持,大声喊叫："Madaka? Hayaku! Hayaku!"(怎么还没结束? 快点! 快点!)有些人甚至在前一个人结束前就冲进了我的隔间。

我完全精疲力竭了。我既丧失了羞耻感也无法维护自己的尊严。我感觉自己只是一具行尸走肉。当那些士兵来到我的隔间在我身上一遍又一遍地干着那事时,他们身体下面的只是一具没有生命的躯体。一次。一次。又一次。

别相关的行为特征——则是后天习得的。她这样写道："女人不是天生的,而是变成的。"在美国,贝蒂·弗里丹(Betty Friedan)的《女性的奥秘》(*The Feminine Mystique*,1963)向妇女提出了这样的问题：在郊区的家中充当家庭主妇的生活是否充实? 她还呼吁她们考虑外出工作的可行性,并在劳动中争取获得与男性平等的待遇。

在欧洲和美国,新女权运动成为一股强大的、但又充满争议的力量。在世界的其他地方,妇女在家庭之外和社区中的新角色引起了更多的争议。性别关系中的新概念来自西方世界、来自殖民地的统治者,这一事实经常会影响人们对这些概念的接受程度,有些人因而觉得这些思想更诱人,而另一些人则愈发表示怀疑。

战争的恐怖

两大恐怖将第二次世界大战与先前的历次战争区别了开来。大规模的战争并不是第一次。使整个世界臣服于一人脚下,这在以前也曾有过先例,从亚历山大大帝、成吉思汗到拿破仑,他们都曾成功过。但是纳粹所做的要把整个民族——犹太民族——从世界上抹去的决定,没有宣称任何经济和领土目标,倾举国之力、运用

解放贝尔森集中营。1945年，震惊的英国士兵在解放贝尔森集中营时发现了40 000名因饥饿、伤寒和肺结核而奄奄一息的犹太人和其他大屠杀的受害者。许多囚犯都曾被用于医学试验。本图片显示的是在一座敞开的坟墓前，一名叫做克莱恩医生的人正在接受"有声电影新闻"的采访。他的试验包括将汽油注入受害者的体内以硬化其动脉。他对数千起死亡事件负有责任。

最新的技术来对付一个手无寸铁的对手，这在人类历史上是一个从未有过的新目标。后来，这一行为得到了一个新的名称"种族灭绝"（genocide），意即把一个民族彻底消灭。

反犹太主义在欧洲并不是什么新冒出来的事物，但是纳粹的计划却是史无前例的。首先，它逆转了犹太人一个半世纪前通过法国大革命获得的认同和民权平等的趋势。其次，它不是把宗教团体而是将犹太人这一整个民族或种族团体作为目标。这不是一个皈依政策，甚至也不是一个流放政策。在纳粹的法律下，任何一个祖父一代是犹太人的人都被视作是犹太人，并被注定只有死路一条。第三，它将全部的国力都投入到这一将一个民族从地球上抹去的任务中，运用了所有可支配的技术和组织技能，甚至当他们意识到已经输掉了整个战争时，这个任务仍然在继续执行。

希特勒毫不掩饰他的种族等级观念——犹太人是处于人类社会最底层的民族。一朝大权在握，他就开始奴役这些"劣等民族"，然后便是采取灭绝政策。他建造了一座座集中营，在那里因犯被当作奴隶强迫劳动，然后是被毒气毒死或遭活埋。数百万的犹太人通过专门为这一目的建造的铁路网被送到这些集中营。甚至

马绍尔群岛上的原子弹试验，1950年。原子弹拥有巨大的破坏力，这一破坏力通过剧烈的爆炸、辐射及其拥有的一种使地球的生态陷入"全球寒冬"的能力等释放出来。一方面，对原子弹力量的恐惧防止了原子弹自1945年之后再次被使用；另一方面，越来越多的国家已经拥有了原子弹。

在战争将近结束、德国的失败已无可挽回时，希特勒仍然下令维持这些运输的火车和火葬场的运转。到1945年止，共约有600万犹太人，连同数百万其他"次等"民族，尤其是吉普赛人和波兰人以及同性恋者、残疾人遭到杀害。"大屠杀"因其血腥的杀戮而得名，甚至在战后许多德国人的眼中，它使第二次世界大战也成了一场正义对抗邪恶的战争。要完全理解大屠杀背后的道德危机及其造成的骇人听闻的创伤是不可能的，但是诸如埃利·威塞尔（Elie Wiesel）等幸存者的记载有助于我们去了解它们。

美国在日本的广岛和长崎投下的原子弹让我们见识了一种有能力最终毁灭地球上所有生物的新型武器，它既改变了战争与和平的本质，也改变了我们对人性的观念。在原子弹的第一次试验中，当火球从位于新墨西哥州阿拉莫戈多的试验场升起时，J·罗伯特·奥本海默（J. Robert Oppenheimer）——他是原子弹的设计者，也是这一耗资20亿美元用于制造原子弹的曼哈顿计划的指挥者——引用印度的《薄伽梵歌》说道："我是死神，我是世界的毁灭者。"8月6日，居住在广岛的245 000人中，有75 000人死于当日，此后又有约100 000人陆续死去，而另外一些人则承受着放射性中毒、癌症和基因突变之苦。三天后，第二颗原子弹被投放在长崎，8月15日，日本宣布无条件投降。今天，虽然人们多年来一直致力于军备控制，但世界上仍有数万颗核弹和搭载在导弹、潜艇、飞机上的核弹头，足以把人类消灭许多次。

我们是怎样知道的?

米尔格兰姆实验和"最终解决"

对犹太人的种族屠杀是如此不人道,但是人们为什么会去执行这样的任务呢?也许纳粹德国的领导人是疯狂的,不能把他们看作正常人。但是那些声称只是服从命令的普通德国人又是怎么回事呢?在何种程度上,即便人们知道自己的行为会造成别人的痛苦,他们也会或多或少盲目地去执行命令?1961年,耶鲁大学的心理学家斯坦利·米尔格兰姆(Stanley Milgram)通过一项实验对此进行了研究。他在耶鲁大学校内和校外招募了部分志愿者。他把他们带到一间实验室并解释道,这项实验是为了测试惩罚对学习的作用。扮演"老师"角色的志愿者被简单地介绍给"学习者","学习者"将学习老师大声念出来的几组单词。一旦学习者不能正确地学会那些单词,操作实验的实验人员就会指示"老师"对"学习者"进行一次电击以作为惩罚。第一次,电击的电压是15伏;第二次是30伏,以后的每次电击都要递增15伏,直到电压达到最大限额——也就是第30次失败时的450伏。

"老师"被告之,这次实验的目的是测试电击对提高学习效果的作用。而事实上,实验是为了观察"老师"究竟会愿意对"学习者"施加多大电压的惩罚。"老师"和"学习者"被送往不同的房间,但是"老师"可以通过一扇窗户看到"学习者"。当"学习者"犯错时,实验人员就告知"老师",让他对"学习者"实施电击。在第十次电击,也就是电压达到150伏时,"学习者"——也就是扮演这一角色的志愿者——要求实验人员允许其离开这一实验。但是该要求没有得到允许。在这种情况下,所有的"老师"中只有10人拒绝再对"学习者"施以电击。有70个"老师"继续根据实验人员的要求对"学习者"的每次错误施加更大电压的电击。"学习者"继续发出呻吟、尖叫,并要求离开该实验。在执行第20次电击时——此时电压达到300伏——"学习者"表示拒绝再给出任何答案。这种情况下,有21个志愿者不顾实验人员的命令停止了电击。在第21次电击时,"学习者"发出了十分痛苦的尖叫并不作回答。又有5个志

愿者停止了实验。自第23次电击之后,"学习者"仍然默不作声,可能是不省人事了,也可能是死去了。然而,大多数"老师"继续按命令执行电击。在总共80个志愿者中,有51人在"学习者"出现不省人事的症状后——如果还没有死的话——继续施加电击,直到最高的450伏电压。米尔格兰姆的结论是,至少在这种精心框定了界线的实验中,"正常"的人会依照命令向别人施加痛苦,甚至达到几近谋杀这一状态,只要他们相信负责者——即实验人员——在下达命令时具有权威和专业知识。

- 你认为对研究为什么显然是正常的人在战争和大屠杀中愿意服从命令这个问题,米尔格兰姆实验是不是一种有效的途径?为什么是或为什么不是?
- 如果你是实验中的一名"老师",在哪个阶段你会退出?你认为自己和参加实验的大多数人不同吗?为什么是或为什么不是?
- 你对米尔格兰姆实验的结果感到吃惊吗?为什么是或为什么不是?

就在最近,有消息说恐怖分子或恐怖组织可能已经获得了小型核装置,人们的担忧更是加重了。

回顾过去,关于使用原子弹来结束太平洋战争的做法是否明智、其真正目的是什么的激烈争论从未停止过。批评者把它视为是种族主义行动,指出这一武器并没有被用于欧洲(虽然在德国1945年5月投降时原子弹还没有准备好)。愤世嫉俗者指出,使用原子弹的真正目的与其说是打败日本,不如说是在冷战前夕向苏联展示美国的实力。那些赞同使用原子弹的人则表示,倘若盟军登陆日本本土作战,交战双方的损失可能会更大。原子弹的使用无疑挽救了同盟国士兵的生命,当然也可能救了许多日本人的生命。太平洋各个岛屿上的战斗已经造成了成千上万人的伤亡,在日本本土的作战或许会造成100万盟军士兵丧命,而日军的损失可能更大。最后,支持者坚持说,在一场如此规模、如此残酷激烈的战争中,交战国将不可避免地使用任何可供使用的武器。

710

一些用于战争的技术在民用领域也产生了一些衍生品。雷达是一项英国于1940年在不列颠之战中开发的防御德国攻击的技术，它在商业飞行中也具有很大的价值。核能在严密的监督下可以在发电和医药领域用于和平目的。战时发明的诸如磺胺类药剂和青霉素等药品现在已被列入了民用药典。但是用于战争的技术在许多国家的总体科技预算中仍然占据着最大的份额，包括两个最大的工业化国家——美国和苏联，以及许多发展中国家。

人性的肖像

在第一次世界大战爆发的前夕，人类通过理性主义、科学和技术进步在人性方面取得了进步，这一观点在西方被广泛接受。自1871年法国和德国之间爆发冲突之后，欧洲各列强之间就再也没有爆发过战争，即便是1871年的那次冲突也是相对来说规模较小和较为克制的（尽管造成了250 000人的死亡）。民主制度看上去取得了进步，而且在不断完善中。人们的预期寿命在稳步提高，生活质量也在不断改善。

欧洲对古老的亚洲和非洲文明的殖民统治再次证实了欧洲人所持有的观念，那就是他们在技术和政治体系方面处于领先地位。世界各地的学生都来到欧洲的大学学习西方的科学和艺术。如果机器是"人类的尺度"，那么欧洲的文明无疑名列第一，并且领先的优势还在不断扩大。

然而，一些不同的声音已经开始出现，这打破了欧洲人的沾沾自喜。印度的莫罕达斯·甘地（1869—1948年）在他于1906年出版的《印度自治》（Hind Swaraj，英译 *Indian Home Rule*）一书中，从一个不同的角度讽刺了西方世界的成就，并做出了新的不同评价。

> 从前，当人们想要打架时，他们比的是身体的力气；现在，一个在山丘上操着枪支的人就可以夺走数千人的性命。这就是文明。从前，人们在户外工作，乐意干多久就干多久。现在，数以千计的工人聚在一起为了生存而在工厂或矿井中劳动。他们的生存条件连禽兽都不如。他们被迫从事各种各样的劳动，冒着生命危险，从事最危险的行当，却是为了百万富翁的利益。从前，被奴役的人遭受肉体上的压迫。现在，他们被金钱以及金钱可买到的奢华所诱惑……这样的文明既不关注道德也不在乎宗教。它的信徒平静地宣称，他们的事业不是宣扬宗教。一些人甚至认为文明的发展具有迷信色彩。另一些人则披着宗教的外衣，空口谈什么道德……文明就是为了寻求提高肉体上的舒适，但可悲的是它连基本的安逸都没能创造出来。（Gandhi，第36页）

甘地总结说："这是一种人们必须对其保持耐心的文明，它将导致自我毁灭。"

差不多与此同时,在中欧的心脏维也纳,西格蒙德·弗洛伊德(1856—1939年)提出了一种新的精神分析的艺术,把人性最根本的驱动力归结于人的性欲,而不是欧洲科学和技术引以为豪的理性。他认为,人类并不理解他们自己身上的最深层的驱动力;这些驱动力隐藏在无意识中。他还对欧洲文明能否延续下去提出了质疑:

> 现今有两条精神分析理论触犯了整个世界,激起了众怒。……其中第一个令人不快的精神分析命题是:人的心智过程是无意识的……另一个命题包含了如下的论断:……性欲冲动对人类智慧所取得的最突出的文化、艺术和社会成就做出了难以衡量的贡献。……社会的文明所受到的威胁不会有比来自性欲的解放并使其回归原始目标更强大的威胁了。(Freud,第25—27页)

新兴的、非具象的,或被称为抽象派的艺术似乎也对理性的重要性提出了质疑。该艺术形式中最具革新精神和最引以为豪的开创者——巴伯罗·毕加索吸收非洲"原始"艺术的精华,创造出属于他自己的别具一格的新形式。通过这些灵感来源于非洲的创新,他证明了西方世界虽然取得了政治、经济和军事上的统治地位,但在自然主义和文化灵性上要学习的东西还有很多。

711

绝望的声音越来越多了。即便是战火的平息也不能使希望重燃。T. S.艾略特(T. S. Eliot)的《荒原》,在众多黯淡情景中,描绘了一名妻子即将和从战场上归来的丈夫重逢。当诗人让这位妻子去做一点准备时,妻子的期盼没有显出什么浪漫,相反却是那样的烦躁、粗鲁,甚至是带着不祥的预感:

> 埃尔伯特不久就要回来了,你就打扮打扮吧。
> 他想要知道给你用来镶牙的钱
> 你是怎么花的。他给的时候我也在。
> 你把它们都拔了吧,丽儿,配上一副好的,
> 他说,实在的,你那样子我真看不得。
> 我也看不得,我说,替可怜的埃尔伯特想想,
> 他在军队里呆了四年,他想痛快痛快,
> 你不让他痛快,别人会给的,我说。
> 啊,是吗,她说。就是这么回事。我说。
> 那我就知道该感谢谁了,她说,向我瞪了一眼。

艾略特(1888—1965年)也许是那一代最具影响力的英语诗人,他描绘了一种沉闷的、充满恶意的、没有爱的个人关系,并指出,这同一种空虚的苦涩情绪在整个社会

诺贝尔和平奖获得者埃利·威塞尔在世界经济论坛上，1998年。威塞尔从大屠杀中幸存下来，并将毕生精力投入到使全世界警惕大屠杀的恐怖，以免重蹈覆辙的事业中。不幸的是，另一些"规模较小"的大屠杀不顾外界的干预而仍时有发生。

中蔓延。

第二次世界大战、原子弹和种族灭绝给整个世界造成了空前的巨大破坏，文学作品反映了处于最低点的人性，人性疏远了人性自身，疏远了整个人类世界。1941年，年仅12岁的埃利·威塞尔在匈牙利的锡盖特加入了哈西德派的正统犹太教。在回答"你为什么祈祷？"这个问题时，他这么说："我为什么祈祷？这是一个奇怪的问题。我为什么活着？我为什么要呼吸？"1944年，在纳粹的犹太人隔离区生活了三年之后，他来到比肯奥，这里是通向最荒芜的集中营——奥斯威辛集中营——的咽喉要道。

离我们不远处，火焰从壕沟中升起，那是熊熊烈火。他们在烧着什么东西。一部卡车在壕沟旁停了下来，并在卸下货物——幼小的儿童。婴儿！是的，我看见了——我亲眼看见的……那些幼儿就在这大火之中。（我此后难以入眠，这令人吃惊吗？睡梦从我的眼前消失。）

这就是我们要去的地方。稍远一些的地方，还有一个为成人准备的更大些的壕沟。我掐了一下我的脸。我还活着吗？我还醒着吗？我不能相信这一切。他们怎么能把大人、小孩烧掉而整个世界却依然保持沉默呢？不，所有这一切都不可能是真的。这只是一场噩梦。（Wiesel，第16页）

威塞尔很快就注意到，周围有人在吟诵"珈底什经"，这是犹太人用来为死者祈祷的经文。

生平第一次，厌恶反感的情绪在我体内升起。我为什么要称颂他的英名？这个永恒的、宇宙之王、万能的和令人敬畏者却沉默不语。我有什么要对他表示感恩？（Wiesel，第22页）

我们是怎样知道的?

投放原子弹的决定

由于核武器已经彻底地改变了战争、和平与外交的本质,甚至改变了我们对地球上未来生活的看法,因此对核武器的态度也随着时间而在持续不断发生变化。广岛和长崎仍然是在战争中遭到原子弹破坏的仅有的两个城市,因而下令动用原子弹的决定受到了严格的审视检查。早在曼哈顿计划的研制阶段,就至少有一位负责核心研发的科学家表示反对使用原子弹。利奥·西拉德(Leo Szilard)写道:"若一国开了先河,将这些最近才被释放了的自然之力用于毁灭的目的,它就必须为打开这样一扇门,将不可思议的毁灭之力释放出来负责。"(Rhodes,第749页)。然而,杜鲁门总统最终还是选择了使用原子弹,不仅是一次,而且是两次。在原子弹爆炸、日本投降之后不久,绝大多数的美国人都对这一决定表示赞同。然而,尽管那样,"和平主义团体、许多参与原子弹研制的科学家、一些宗教领袖和宗教组织以及少数政治评论家——其中包括开明的和保守的——都对原子弹的使用提出了谴责,因为它们不加区别地杀害平民,以及/或者是因为美国在轰炸广岛之前没有向日本提出一个明确的警告。"(Walker,第98页)

出版于1946年7月的《美国战略轰炸调查》报告的结论是:"在1945年12月31日之前,甚至很可能早于1945年11月1日,日本一定会投降,即使在没有投放原子弹的情况下。"(Walker,100页)但是,这样一个"反事实"的判断正确与否已经无法验证了。

1961年,前国务院官员赫伯特·费斯(Herbert Feis)在他的《征服日本》(Japan Subdued)一书中对上述观点表示赞同,他认为,即便没有原子弹,甚至连地面入侵都不用,日本会在该年底之前投降。然而美国"投放(原子弹)的决定是出于军事目的——尽可能快的以胜利者的姿态结束这场战争。"(Walker,第104页)他还表示,就算需要从陆地进攻日本本土,美军的伤亡人数也很可能只有数千人,而不是几十万。

加尔·阿尔佩罗维茨(Gar Alperovitz)根据从外交途径获得的消息来源,特别是根据战争部长亨利·史汀生的日记,先是在博士论文,然后又在《原子弹外交》(Atomic Diplomacy)一书中指出,杜鲁门动用原子弹主要是为了威慑俄国人,在和他们讨价还价时为自己赢得一个更有利的砝码,而不是为了征服日本。举例来说,国务卿詹姆斯·贝尔纳斯告诉美国驻苏联大使约瑟夫·E·戴维斯,美国拥有一种炸弹"将(对苏联)产生一定的影响并迫使他们让步,从而接受我们的条件"(Walker,第64页)。1970年代至1980年代,一些学者接触到一批新解密的文件,他们更倾向于提出这样一个综合性的观点:原子弹既被用来使战争尽快结束——尽管不使用原子弹和不从地面进攻,日军也会投降——也被用于威慑俄国人。

J·萨缪尔·沃克(J. Samuel Walker)在他的《迅速而完全的摧毁》(Prompt and Utter Destruction)一书中总结了这些争论,并补充了三个可以被认为是使用原子弹原因的论点。"为曼哈顿计划的投入提供辩护"是其中的一个论点。在花费了20亿美元、雇用了600 000名工人后,政府怎么可能不想应用并验证这一项目的成果呢?杜鲁门的战争部长亨利·史汀生在听说第一次原子弹试验成功以后说道:"我一直以来都要为花费20亿美元进行这样一次原子冒险负责。现在这个项目成功了,我终于不用被送往位于利文沃思堡的监狱了。"(Rhodes,686页)此外,"缺少不使用原子弹的理由"也是其中的一个观点。史汀生写道:"我相信没有人——身处我们的位置、肩负我们所承担的责任——能手握这样一种既能完成目标又能拯救生命的武器却不去使用,然后还能坦然地面对他的同胞。"最后,杜鲁门相信,他正在对付的敌人是"一头野兽"。对日本这样一个残忍的死敌的厌恶促使杜鲁门抱着一颗坦然的心去使用原子弹。在回答有关种族主义的责难时,沃克补充说,杜鲁门原本是有可能使用原子弹对付德国的,但是德国在原子弹准备好之前就已经投降了。

1995年,史密森尼亚研究院准备在位于华盛顿的国家航天与航空博物馆举办一场大型展览会,展出"埃诺拉·盖伊"号飞机——当年那架在广岛投下原子弹的飞机——以纪念原子弹爆炸五十周年,所有这些争论都在那时浮出了水面。这次展览原本是打算就原子弹的使用提出一些事后才为人所知的反对的观点,但是美国各地的许多社会团体都表示抗议,整个展览的规模不得不被缩小,展览的内容也有所调整。"埃诺拉·盖伊"抗议事件反映了半个世纪以来学者和普通大众之间就原子弹使用的必要性和道德观上存在的不同观点。这些涉及必要性和道德观的问题仍然存在。它们不仅关系到过去对原子弹的使用,也关系到未来对原子弹的使用。实际上,它们关系到所有在战争中使用大规模杀伤性武器的决定。

● 根据这些评价,你会选择在1945年8月6日使用原子弹吗?你会选择在8月9日再次使用原子弹吗?为何会或为何不会?

● 你认为使用原子弹的正当理由是什么?你认为不应该使用原子弹的理由是什么?

● 对于作出投下原子弹决定的原因,不同的学者会得出不同的结论,他们的依据是什么?

人们心中珍藏已久的关于人性的形象以及上帝的神圣形象在大屠杀中消失殆尽。然而,威塞尔仍鼓起勇气把他在死亡集中营中的经历拿来作为文学素材和新的道德观念的基石:

> 我永远不能忘记那一晚,那在集中营里度过的第一个夜晚,将我的生命推入一段漫长的黑暗、使我遭受到七重诅咒与七重封印的那一晚,我永远不会忘记那滚滚浓烟。我永远不会忘记那些孩子的小小脸蛋,我看着他们的躯体在静静的蓝天之下化成缭绕的烟雾。
>
> 我永远不会忘记那吞噬了我毕生信仰的火焰。
>
> 我永远不会忘记那一夜的寂静,它剥夺了我对一切永恒和生命的渴望。我永远不会忘记那些片刻,它们扼杀了我心中的上帝、我的灵魂,将我的梦想变成灰烬。即使我被宣告获得永生,能和上帝他本人活得一样长久,我也永远不会忘记那一切。不,永远不会!(Wiesel,第41—43页)

传达这段可怕的个人经历,使大众警惕人性本身的破坏力,并宣扬保护生命的必要,成了威塞尔毕生的追求。1986年的诺贝尔和平奖是对他这一使命的认同。

从日本这一世界上第一个也是唯一在战时受到核打击的国家那里也出现了相似的对痛苦与绝望的沉思。广岛女子初级学院的一个学生,辻冈淳子(Artsuko Tsujioka)回忆了那场原子弹袭击,它顷刻间夺走了75 000人的生命,使得成千上万人在死亡线上徘徊或慢慢死去,或因持续的辐射而发生身体畸形,基因受到损伤:

> 爆炸发生得很突然。我感觉我的脊背像是被一把大榔头猛击了一下,紧接着又像是整个人被扔进了沸腾的油锅……最初的那一晚熬了过去……我的朋友和另外一些人再也无法动弹。皮肤从他们烧焦了的手臂、腿脚和后背上脱落下来。我想要去搬动他们,但是,他们身上已经没有一处我可以触碰的地方了……我身上至今仍有那天留下的伤疤,就在我的头上、脸上,还有腿上和胸口。从镜子中我可以看到我手臂上、脸上的那些暗红色的和黑色的伤疤,它们看上去并不属于我,总是猛然间让我涌起这么一个念头:我变成了一个怪胎,我不愿被任何人看见。我还经常为我那些死得如此之惨的好朋友和慈祥的老师流泪。
>
> 我的想法开始变得扭曲而悲观,甚至我那曾受朋友羡慕的动听的嗓音也变得那么微弱和沙哑。每当我想起我原来的嗓子时,我就感到仿佛被人掐住了脖子,要被活活掐死似的。但是,转念想到躯体的漂亮并不是全部,美丽的灵魂能够消除躯体上的丑陋,我又觉得好过些,以此安慰自己。这一想法给了我对未来的新希望。(Andrea 和 Overfield,第417—419页)

在全国范围内,日本广岛和长崎的和平公园不仅仅是为了牢记核武器爆炸造成的破坏,也是为了牢记随后作出的寻求国际和平的承诺。自第二次世界大战结束起,日本一直承诺将核武器拒之门外,并广泛参与联合国维和行动。然而,在21世纪来临之际,日本在太平洋地区日益增长的财富与潜在的军事力量对日本国内的反军国主义格局产生了很大的压力。

法国的存在主义作家阿尔贝·加缪(Albert Camus,1913—1960年)也许是当时欧洲文学最有影响力的作家,他在法国被德国占领的1940年曾这样写道:"有这样一个真正严肃的哲学问题,那就是自杀。判断生命是否值得活下去就等于是在回答哲学的根本问题。"然而,或许是已经触到了谷底,或许希望是人类本性的一部分——即便是处于显而易见的毫无希望的情形之下,因为加缪在《西西弗斯的神话》(1942)一文中肯定地答复了自己提出的这个问题,1955年他又重复了这一回答:

> 此书宣称,即使处于虚无主义的极限,也有可能找到办法超越虚无……虽然《西西弗斯的神话》一书提出了道德的问题,但是在结尾处我得到了一个明确的启示,即使身处沙漠的中央,我也要去生活、去创造。(第3页)

联合国、战后重建与冷战的由来

在战争的废墟上,无论是战胜者还是战败者都必须重新建立新的秩序。联合国的建立,"欲免后世再遭今代人类两度身历惨不堪言之战祸",是人类最令人鼓舞的反应之一。

联合国

1942年元旦,在一份由英国、苏联、中国和其他22个国家共同发表的联合声明中,美国总统罗斯福第一次公开提出了"联合国"这一说法。建立这样一个常设组织的计划始于1944年,最终于1945年6月26日诞生"联合国宪章",是日50个国家在旧金山签署了该宪章(波兰是在10月签署的,它同样也被视为创始国之一)。该组织的宗旨是"欲免后世再遭今代人类两度身历惨不堪言之战祸",它的主要机构的设计宗旨是应对对和平的威胁。每个成员国都有资格出席联合国大会,并拥有一个投票权,大会提供了一个对威胁世界和平的议题进行讨论的论坛。下面的安全理事会,设五个常任理事国(美国、苏联、英国、法国和中国)以及其他几个由会员大会定期选举的非常任理事国,它有权派遣维和部队。国际法院被设立用来裁定成员国之间的分歧。1946年,国际联盟正式解散,联合国继承了它的许多使命,比如通过世界卫生组织(WHO)促进公众健康,通过联合国教育、科学和文化组织(UNESCO)推动教育、科学和文化活动。成立初期,联合国的维和职能受制于美、苏之间的敌对态度的影响。作为安理会的常任理事国,它们各自都对联合国的主要政策决议拥有否决权,因此使得联合国在处理发生在这两个战后超级大国之间的冷战冲突时几乎无能为力。然而,

714

战后的欧洲。在合力粉碎了纳粹德国之后,东西方两大阵营之间的竞争形成了冷战。苏联吞并了波罗的海诸国和波兰东部,建立起一连串共产主义傀儡政权,这一自东德到保加利亚的阵营后来被称为华沙条约组织。而西方阵营针锋相对地成立了北大西洋公约组织(NATO)。这一对峙的格局持续了整整四十年。

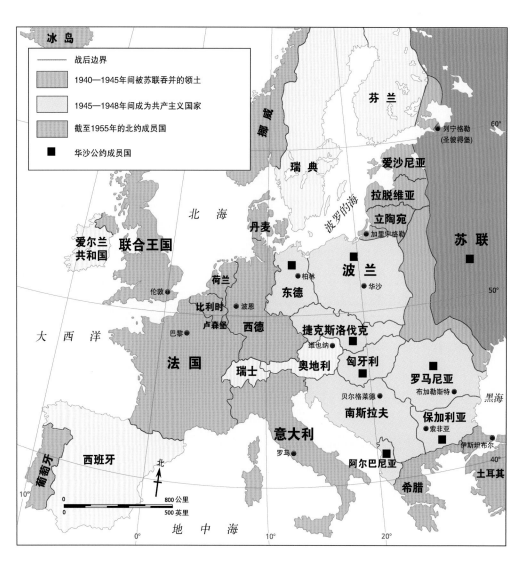

图例
—— 战后边界
　 1940—1945年间被苏联吞并的领土
　 1945—1948年间成为共产主义国家
　 截至1955年的北约成员国
■ 华沙公约成员国

冰岛
挪威
芬兰
瑞典
列宁格勒(圣彼得堡)　60°
爱沙尼亚
拉脱维亚
立陶宛
北　海
丹麦
波罗的海
加里宁格勒
苏　联
爱尔兰共和国
联合王国
荷兰
伦敦
比利时
波恩
卢森堡
巴黎
西德
东德
柏林
华沙
波　兰
50°
大　西　洋
法　国
瑞士
奥地利
维也纳
捷克斯洛伐克
匈牙利
罗马尼亚
布加勒斯特
黑海
南斯拉夫
贝尔格莱德
保加利亚
索非亚
伊斯坦布尔
葡萄牙
西班牙
北
意大利
罗马
阿尔巴尼亚
希腊
土耳其
40°
0°　　　800公里
0°　　　500英里
地　中　海
0°　　10°　　20°

原始资料

《联合国宪章·导言》

我联合国人民同兹决心:

● 欲免后世再遭今代人类两度身历惨不堪言之战祸……

● 重申基本人权,人格尊严与价值,以及男女与大小各国平等权利之信念……

● 创造适当环境,俾克维持正义,尊重由条约与国际法其他渊源而起之义务,久而弗懈……

● 促成大自由中之社会进步及较善之民生,

并为达此目的:

● 力行容恕,彼此以善邻之道,和睦相处……

● 集中力量,以维持国际和平及安全……

● 接受原则,确立方法,以保证非为公共利益,不得使用武力……

● 运用国际机构,以促成全球人民经济及社会之进展,

用是发愤立志,务当同心协力,以竟厥功。

其作为辩论论坛的功用以及所开展的人道主义活动为联合国在新兴的国际关系中赢得了一席之地。联合国作用的重要性随着时间的推移而日益增长。

重新安置

第二次世界大战期间，约有一亿士兵在军中服役，其中有很多人被派往海外。这些人中约有1 500万人死亡。另有数百万人作为战俘被俘虏，需要遣送回他们原来的国家并给予重新安置。由于担心战败国的居民滋事反抗，数百万的平民也由占领军予以重新安置或监禁。此外，德国和日本原来就在为更大的"生存空间"（lebensraum）而战，这是他们战略目标的一部分。他们曾把本国数百万的平民送往新近征服的领土去定居。这些平民也不得不返回到他们原来的家园，或者，至少是回到自己的祖国重新安一个家。另有数百万人因战争而颠沛流离，竭力逃离侵犯的敌人军队。战争造成的后果之一是，国家的边界发生了变化——尤其是在欧洲的中部和东部，属于原来各国的各个民族通常是自己主动选择，或是根据新的国家地理划分被迫搬往新的家园。最后，还有数百万人或是为了找寻失散的家人，或是为了寻找食物而四处迁徙。

举例来说，第二次世界大战期间，有数百万德国人或是作为军人或是作为平民迁到东欧和波罗的海诸国。苏联也将大约50万德国人流放到西伯利亚。他们也同样把大约200万波兰人和180 000名波罗的海东南岸地区的居民驱逐到西伯利亚，取而代之的是在他们原来居住的地区安置了相同数量的俄罗斯人和乌克兰人。

战争结束后的最初几年里，1 500万左右曾在东欧生活或参加过战争的德国人回到了德国。450万波兰人返回波兰，他们中大多数是为了躲避纳粹或苏联人——或二者兼而有之——而逃离他们的祖国的。苏联人继续执行其人口交换政策，把大约200万乌克兰人和中亚地区的居民流放到西伯利亚，同时把约300 000名波罗的海东南岸地区居民流放到俄罗斯东部和西伯利亚。同样，在这些地方，他们又安置了相同数量的、被认为是忠于新的共产主义政权的俄罗斯人和乌克兰人。大约有300 000名波罗的海东南岸地区的居民为了躲避他们的新苏联主人而向西逃离。成千上万名其他规模更小的民族的居民——包括匈牙利人、斯拉夫人和芬兰人——也迁徙他乡。此外，约有320 000在东欧大屠杀中幸存下来的犹太人迁徙到巴勒斯坦，加入到建设一个新的犹太家园的事业中。

同样的移民潮也发生在东亚，大约有550万日本人返回到他们自己的国家。他们中的绝大多数是军队解散后的士兵，但也有几十万是几十年的日本殖民期间在朝鲜和中国台湾安家定居的平民。在中国东北，战争结束前最后几天才进入亚洲战场的苏联军队俘虏了成千上万名日本人，并把他们送往西伯利亚的劳工营做工。另有数千名日本人遭到中国人的报复杀害。

所有这些人的迁徙与数百万获得胜利的美国大兵的荣归故里相比大不相同（约有400 000名美国士兵在战争中死亡）。美国本土基本上没有受到战争的破坏，遭返士兵回到自己家乡的安排多少还是有秩序的。此外，为了感激士兵们在战争中作出的贡献，并为了让他们尽快重新融入安宁的平民生活中去，美国政府推出了一些新的项目，如《退伍军人权利法案》，这使得数百万的退伍兵得以进入大学学习深造，而这是他们原先向往、但不一定能够做到的。美国战时和战后繁荣的经济使得保障这些老兵的利益在经济上成为可能，并且几年以后，数百万接受了更多教育的退伍军人进一步提高了这个国家劳动力的生产效率。从长达15年的经济萧条与世界大战中恢复过来后，美国和世界其他许多地方的人口出生率在战后都出现了迅速的增长。战后的这几年给世界带来了一股婴儿出生潮。

日本和德国的政治重建

随着原子弹在广岛和长崎的爆炸，日本在无条件投降协议上签了字，战争由此而告结束，日本则处于美国的占领和管辖之下。德国也无条件地向盟军投降，并被分为两个国家，在长达45年的时间里一直处于分裂状态。

日本　在盟军最高司令长官道格拉斯·麦克阿瑟将军统率的美军占领下，摆在日本面前的是一个前途不明的未来。美国对日本的占领一直持续到1952年，集中于四个目标：将部分日本领导人作为战犯惩处，建立民主制度并付诸实施，重振日本被破坏的经济，以及拉拢日本作为新的冷战中对付苏联的同盟。所有这四个目标都实现了。

麦克阿瑟将军与裕仁天皇的初次会晤，1945年9月27日。这幅看似普通的新闻图片却惹恼了日本的读者，他们认为麦克阿瑟将军穿着过于随意，这是对天皇的一种侮辱。这幅图片记录了日本承认自己战败并接受美国占领的这一时刻。此外，它也暗示了美国人将支持某种形式的君主制度的延续。

大约有200 000名战时的官员被剥夺了公职。25名最高领导人因发动战争而受到审判，其中七人被处以绞刑。天皇不再被尊为神明，也不得行使政治权力。从此他只是一个根据宪法设立的君主。保留天皇作为一种象征或许使得日本人对国家被他国占领这一事实不至于过度抵触。

殖民帝国彻底瓦解，550万移居海外的日本人回到日本。所有的军队被彻底解散。国家对神道教的支持宣告结束。警察部门被缩减了。言论自由重新得到恢复。政治犯被释放。1947年颁布的新宪法赋予每个年满20岁的成年人选举权，并第一次允许妇女参加选举。议会成了一个民选的、由上下两院组成的英国式的议会。司法部门被独立出来，以最高法院为首。保障集会自由、新闻出版自由、"生命、自由和追求幸福"，以及"有权保持最低标准的健康和文化生活"等条款也被写入了宪法。

在经济上，占领军当局四线出击。首先，对农业用地重新进行分配。外居地主的土地及每户拥有的超过10英亩以上的土地都必须以低价出售给政府。政府则再将这些土地出售给那些开始富裕的、十分忠于政府的小户农民。

其次，大型的财阀被分解成子公司，反垄断法也得以通过。此后的十年中，一种称之为"**系列公司**"（Keiretsu）的新型联合企业成长了起来，这类企业具有财阀的许多特征，但是它们的限制性较小，为新公司的建立提供了更大的空间。

第三，占领军当局鼓励成立工会，并立法赋予工会进行组织、谈判和罢工的权利。在三年的时间中，工会吸纳了几百万成员并开始转向共产党。占领军当局于是通过了新的法律，对工会进行限制并清洗了共产党领袖。工会联合活动与罢工活动减少了，但工会紧密协助企业进行管理工作，它在日本社会和经济生活中的重要性并没有削弱。

最后，占领军当局重组了教育系统。学校使用的教科书经过了大幅修改，删去了许多以天皇为中心、宣扬国家主义的战时意识形态的内容。初级中学的学生数从240万上升到430万；高级中学的学生数从原来的380 000上升到1952年的120万和1975年的430万。至1995年，百分之九十的适龄公民都是高中毕业生。大学的学生数从84 000人上升到1995年的250万，占适龄人口总数的三分之一。

具有讽刺意义的是，在第二次世界大战结束后的五年里，美国就把日本当作了冷战中对付中国和苏联的同盟国。日本的战后宪法限制了它的军事防卫能力，但是《日美安全条约》却允许美国在日本各地拥有军事基地并保持对冲绳的占领直至1972年。在这一条约下，日本由美国提供军事保护。

与此同时，日本成为美国军队在与邻国朝鲜作战时一个主要的物资和支援服务供应国。朝鲜战争（1950—1953年）对日本的经济是一个福音，为新的经济增长提供了强大的助推作用。在整个战争期间，美国从日本购买了价值40亿美元的军需物资，数万美军驻扎在日本。1950年至1973年期间，日本的经济以每年10.5%的惊人速度增长。国内总产值从1955年的240亿美元上升到了1975年的4 840亿美元，1994年这一数字更是达到了43 000亿美元。

美国人的占领为日本引入了许多管理培训专家。其中最有影响力的是W·爱德华兹·戴明（W. Edwards Deming），他带来了质量控制系统概念，即"TQM"——全面质量管理，这是一种涉及整个生产流程和所有工人的管理方法。日本商人比美国商人更充分地吸收了这种管理方法。日本的企业鼓励工人，使他们觉得自己是生产流程中有价值的一部分，企业向工人征求建议并认真处理，尽最大可能保障工人的劳动安全，他们的薪水和福利都保持在较高的水平。在这种个人奉献与最高的技术效率完美结合的体系下，日本生产的消费品赢得了高品质的美誉，并开始在国际市场上占据较大的份额，向包括美国在内的更多的老牌制造国发起了挑战。

德国　战争结束以后，德国变成一片废墟。四分之一的住房和大约一半的经济基础设施被毁。虽然实行定量配给，但是当数百万难民回到德国时，食品供应依然无法改变许多德国人的营养不良状况。原先的德国不复存在，整个国土被征服者分割

系列公司、联营公司（Keiretsu）　日本独立公司间的联盟，不同行业中的大型企业或是彼此合并，或是由一家大型公司合并分包公司。它们是战前财阀的继承者。

718

纽伦堡审判，纽伦堡，1945年10月。第二次世界大战之后，盟军以反人类罪将22名最为臭名昭著的纳粹分子送上法庭。一些评论家称这次审判是"胜利者的审判"，但另一些人则认为它为国际性责任树立了一个新的、更为完美准确的标准。

719

柏林墙（Berlin Blockade）1948年，为了获得对柏林的控制权，苏联封锁了这座城市的人员和物资的出入口。

成四大块，分别由美国人、英国人、法国人和苏联人所占领。此外，德国的东部地区——即东普鲁士、波美拉尼亚和西里西亚——被划到了苏联的名下，这些土地上的大约1 000万居民也被强行赶回到德国余下的领土上。

最初，在战争期间遭受重大损失的苏联也要求德国的四个占领区都必须向它进行赔偿。但是自1946年起，西方同盟国拒绝合作。这四个占领区在分隔的状态下各自沿袭不同的道路发展。即便在一些四方都同意的条款上，比如惩处纳粹政府中那些尤为活跃的官员，苏联人施加的惩罚都更加严厉。然而，四国都参加了在纽伦堡举行的审判，22名活着的握有最大权力的纳粹领导人以反人类的罪名——大规模谋杀和种族屠杀——被审判。其中12人被判处死刑，七人长期监禁，还有三人被无罪释放。纽伦堡审判被指责为是一次"胜利者的审判"，因为在受审者犯下罪行之时，还没有法律明确指出他们的行为是违法的；但是另一些观察家却为这次审判喝彩，称它在政府最有权势的官员中树立了一个问责标准。

在占领的最初两年中，俄罗斯占领区和其他占领区之间产生了根本上的差异。自由的民主选举在西方占领区中进行，自由的市场得到恢复，经济也与西欧连接了起来。繁荣重新出现了。而在俄国人控制的地区，选举是被人为操纵的，经济受到国家控制，未能迅速得到恢复。1948年，俄国人试图控制整个柏林城，在城中建了一道隔离墙。虽然柏林是由四国共同控制的，但它却地处俄罗斯人控制的领土的深处。**柏林墙**是冷战爆发的一个显著的标志。杜鲁门总统对柏林进行空中补给，以此作为回应，补给直到苏联推倒柏林隔离墙后的一年才结束。

经济重建与冷战

在这场最具破坏性的战争结束后的六年内，欧洲仍然是一片废墟。共有5 000万人死于这场战争，其中包括2 000万正值青壮年的士兵。大多数的建筑都被毁坏了，包括厂房和民居。国有资产宣告破产。运输和通信中断。中断了好几年的国际贸易不可能立即恢复，这既是因为欧洲国家无力支付进口物资所需的费用，也是由于其他国家——其中既有殖民地国家，也有如拉美各国那样的独立国家——在战争中已变得相当的自给自足。它们对欧洲出口物资的需求大幅下降，即便欧洲有能力出口商品。英国经济学家约翰·梅纳德·凯恩斯警告说，他的国家将要面临一场"经济上的敦刻尔克大撤退"。

另一方面，仍有一些工厂在继续运转之中，欧洲人也没有忘记经济繁荣年代时的管理技能。他们还得到了美国数十亿美元的援助。第一次世界大战结束后，德国因屈辱和贫困而采取报复措施，这样的教训不会重演。所有的欧洲国家都有资格在重建中接受援助，至1947年年底，欧洲的重建——尤其是西欧的重建——开始了，但这一过程是脆弱的。

起初协助国家重建的共产党工会开始组织罢工，共产党在全国选举中也开始赢得了足够的少数派地位。1946年，希腊内战爆发，对峙的双方是共产党领导的游击队和得到英国支持的政府军。邻国南斯拉夫的领导人铁托为希腊的游击队提供了帮助。苏联驻扎在土耳其边界的军队威胁要破坏该国的政治稳定。出于担心共产主义苏联利用欧洲的经济薄弱和政权不稳，美国制定了三条新的政策。1947年3月，美国总统哈里·杜鲁门提出了一个以他的名字命名的"杜鲁门主义"，它描绘了一个杜鲁门所看到的两极分化的世界，一边是享有民主自由并由多数派掌权的国家，另一边是依靠"恐怖主义和镇压、媒体控制、形式化的选举和镇压个人自由"而建立的由少数派掌握政权的国家。杜鲁门主义宣称"要帮助自由的人们维护他们的政府机构与主权的完整，反抗那些意欲将他们置于独裁统治之下的侵略行为。"

同年，美国开始执行以国务卿马歇尔的名字命名的马歇尔计划，为那些需要援助并制定了合适的使用计划的欧洲国家提供总额约为120亿美元的经济和设施援助。马歇尔计划加速了欧洲的重建，为美国商品开辟了新的市场，同时削弱了共产主义接管欧洲的威胁。欧洲的经济增长速度达到了一个惊人的水平。到1950年时，西德的经济生产已经超过了战前的德国。截至1958年，它的全国经济总产值已经超越了欧洲各国，包括那些刚在几年前的战争中打败它的国家。在这一持续到1974年的"经济奇迹"中，所有的西欧国家都表现得十分不错。

第三，美国在政治和外交上对苏联采取了一种"遏制"政策。这一"遏制"政策是由美国国务院官员乔治·凯南制定的，他认为，苏联会不停地试探西欧和美国的弱点，但在未来的某个时刻苏联可能会收敛它的侵略性。同时，它是有可能用和平方式予以约束的。西方国家应该保持自己的经济实力并帮助其他国家进行经济建设；应该运用所有可行的外交手段来遏制苏联的威胁；同时也必须保持军事力量的高度戒备。

冷战双方都畏惧对方。美国人目睹苏联接管了东欧各国政府，并调动军队进行战后占领，强制推行共产主义，这些都是与1945年2月在雅尔塔会议上签署的条约相违背的。他们看到了希腊共产党在1946年至1949年发动内战，试图接管政府。他们看到了中国共产党在毛泽东的领导下击败他们的对手，夺取了政权。他们感到共产党也许会在政治和经济上统治这个世界，不论是通过正当的还是非正当的手段。另一方面，作为共产主义世界的领袖，苏联对美国的资本主义霸权和军事实力，尤其是对美国对原子弹的垄断深感担忧。它惧怕美国对任何反抗所能施加的军事和经济力量。它担忧自己被美国在欧洲和太平洋地区的盟友包围。

苏联支配着欧洲中部和东部的一些盟国，它们像一堵墙似的排列在前，苏联把它

720

们称为防御缓冲区。它用从美国偷窃来的核机密全速研制自己的原子弹。它还维持了一支极其强大的军队。作为回应，美国在1949年创建了北大西洋公约组织。北约包括了许多民主国家，其中既有资本主义经济国家，也有社会主义经济国家，还有混合制经济国家，这些国家包括：英国、法国（1966年退出北约）、意大利、加拿大、丹麦、挪威、冰岛、比利时、荷兰和卢森堡。葡萄牙虽然最初不是一个民主国家，但它仍是缔约国之一。1952年，希腊和土耳其双双加入北约，西德也于1955年加入。苏联于是把保加利亚、捷克斯洛伐克、东德、匈牙利、波兰和罗马尼亚这些政治与经济上实行共产主义的国家集合起来，成立了华沙条约组织。长达四十年的冷战竞争由此拉开了序幕。

冷战双方彼此间的虎视眈眈导致了世界上大多数国家的两极分化与大规模的军备竞赛。除了《北大西洋公约》之外，其他由美国主导的条约还有：《美洲国家组织宪章》（1948）和《东南亚条约组织》（1954）。军备竞赛使得美国和苏联在和平时期的国防开支迅速膨胀。1948年，美国在军事上花费了大约100亿美元，苏联则是130亿美元。截止1950年，这一数字达到了相应的145亿与155亿，到1960年时更是453亿和369亿，并且这一数字仍在继续增长。悲观主义者哀叹这些支出都是白白给浪费了；而乐观主义者则指出，美国和苏联最终还是避免了直接的战争，虽然他们的一些盟国并没有办到。在接下去的二十年中，也就是在1945年至1965年间，欧洲列强拥有的大多数主要殖民地都赢得了独立，不论是美国还是苏联，它们都竭力将这些取得独立的国家拉拢到自己的阵营。冷战与非殖民化是下一章的核心内容。

进入20世纪下半叶：影响及意义

20世纪的上半叶在一片恐惧和希望中落下了帷幕。两次世界大战、大屠杀和核武器总共夺走了大约7 500万人的生命。两次世界大战之间发生的经济萧条也影响了世界上的大多数地区，当这一切都尘埃落定时，冷战又接踵而来，由两个新崛起的超级大国发动的冷战将整个世界笼罩在核毁灭的阴影下，威胁着地球上所有人的安全。这些都是最为令人恐惧的事件。

另一方面，全世界的人们同罗斯福一起憧憬着一个"建筑在四项人类基本自由基础上的新世界"，即罗斯福在1941年的一次演讲中所描述的这四种自由：言论自由、宗教自由、免于匮乏的自由和免于恐惧的自由。由罗斯福和丘吉尔共同起草的《大西洋宪章》受到了全世界人民的欢迎，两位领袖和他们的国家各自宣称"尊重所有民族选择他们愿意生活于其下的政府形式之权利；希望看到曾经被武力剥夺其主权及自治权的民族重新获得主权与自治。"丘吉尔在这句话中指的是曾在轴心国统治下遭受苦难的国家的自由，而罗斯福指的则是殖民主义的终结。生活在殖民统治下的人们认同罗斯福对这句话的解读。确实，昔日的一些殖民地国家已经获得了独立：1946年，约旦、黎巴嫩和叙利亚独立；1947年，印度和巴基斯坦独立；1948年，锡兰（斯里兰卡）、缅甸和以色列独立；1949年，印度尼西亚独立；1949年，中国完成了共产党革命，将外国势力驱逐出境。种族主义受到了前所未有的攻击，尤其是在大屠杀之后。来自马提尼克岛的诗人兼政治家——艾米·塞沙勒（Aimé Césaire）尖刻地写道：

> 实际上，……以享有名望、富有人文主义精神并虔诚地信奉基督教而著称的20世纪的中产阶级……他们之所以不能宽恕希特勒，既不是因为他所犯的反人类的罪孽本身，也不是因为他让全人类蒙受了屈辱，而是因为希特勒对白种人犯了罪，让白种人蒙受了耻辱，以及他将之前只用在阿尔及利亚的阿拉伯人、印度苦力和非洲黑人身上的手段用到了欧洲殖民者身上。

许多欧洲人赞同塞沙勒的说法，虽然侧重有所不同，他们认为，希特勒的种族主义使他们对这种行为的残酷性有了新的认识，并促使他们展开反对种族主义的斗争。

塞内加尔诗人、政治家莱奥波尔德·塞达·桑戈尔（Léopold Sédar Senghor）抱着这样一个信念，他认为，重获自由和话语权的非洲能帮助历经一代人破坏后的欧洲恢复健康：

> 非洲的帝国正摇摇欲坠，看啊，可怜的王子所忍受的痛苦。
> 大海的那一边与我们血脉相连的欧罗巴也是这般情景。
> 睁开你雪亮依旧的双眼看牢你那受人摆布的儿孙啊！
> 性命就如身上仅存的褴褛衣衫被无情舍弃。
> 当下，让我们正告世界的重生！
> 如同和面需要酵母，
> 谁来为枪械肆虐下满目疮痍的世界传授音律？
> 谁会在黎明之际用喜悦之声唤醒死寂、悲恸的大众？
> 谁能为希望破灭的人们带回生活的记忆？
> 他们把我们叫做咖啡、棉花和石油之主；
> 他们把我们叫做死亡之子；
> 我们是歌舞的传人，舞动的双脚将新生的力量注入僵硬的大地。

最终，1945年联合国的正式成立为世界各国和各民族提供了一个和平解决争端，建设更好的公众健康、更充实的文化生活以及更完备的国际法律的希望。

复习题

- 1929—1939年的经济大萧条对第一次世界大战后的恢复产生了怎样的影响？就大萧条对不同国家，如德国、美国、苏联和日本的影响提出你的看法。

- 在意大利和德国法西斯主义的兴起中,街头暴徒的重要性在哪里? 他们起了怎样的作用? 为什么有那么多的人会跟随他们?
- 就以下几个方面对法西斯主义和共产主义进行比较:(1) 国家的权力;(2) 领袖的权力;(3) 私有财产的地位;(4) 战争的价值;(5) 与其他国家在平等基础上建立国际的外交关系的意愿; 以及(6) 个人的权利。
- 战争对妇女地位会有影响,但这种影响在不同的国家是不一样的。就这种影响在美国、苏联、德国和日本等国的异同作一讨论。
- 威塞尔提到, 亲身经历大屠杀后, 他不仅对人类, 而且对上帝也失去了信心。如何比较这一反应与其他对这一灾难的反应以及对日本遭受原子弹轰炸的反应?
- 美国和苏联之间爆发冷战的原因有哪些? 你认为哪个原因最重要?

推荐阅读

PRINCIPAL SOURCES

Dower, John. *Embracing Defeat*. Superb account of Japan under American occupation, 1945–52.

Freud, Sigmund. *Civilization and its Discontents* (New York: W.W. Norton and Co., 1961). Freud explains the battle between love and war. He is not sure which will win out.

Kennedy, Paul. *The Rise and Fall of the Great Powers* (New York: Vintage Books, 1989). Very good on the human and economic costs of war.

Rhodes, Richard. *The Making of the Atomic Bomb* (New York: Simon and Schuster, 1986). A comprehensive study of the Manhattan Project, including the science, administration, and politics of the production of the first nuclear weapon.

Weinberg, Gerhard. *A World at Arms: A Global History of World War II* (Cambridge: Cambridge University Press, 1994). Massive, one-volume history of the war, in all theaters, examining the use of both force and diplomacy.

Wiesel, Elie. *Night* (New York: Bantam Books, 1962). Terrifying personal account of Wiesel's youth in the concentration camps.

Yoshimi, Yoshiaki. *Sexual Slavery in the Japanese Military During World War II*. trans. by Suzanne O'Brien (New York: Columbia University Press, 1995). A comprehensive, academic account of the sexual slavery of the "comfort women" and their relatively recent demands for reparations from the Japanese government.

ADDITIONAL SOURCES

Alperovitz, Gar. *The Decision to Use the Atomic Bomb* (New York: Knopf, 1996). Examines the entire range of debate by both decision makers and later commentators.

Andrea, Alfred and James H. Overfield, eds. *The Human Record*, Vol. 2 (Boston: Houghton Mifflin, 3rd ed., 1998). Excellent collection of primary documents.

Bosworth, R.J.B. *Mussolini* (London: Oxford University Press, 2002). The most recent and important biography of Mussolini.

Browning, Christopher. *Ordinary Men: Reserve Police Battalion 101 and the Final Solution in Poland* (Harper Collins, 1992). An excellent analysis of ordinary people involved in the Holocaust.

——. *The Path to Genocide: Essays on Launching the Final Solution* (Cambridge, England: Cambridge University Press, 1992). An analysis of Nazi Jewish policy.

Bulliet, Richard W., ed. *The Columbia History of the 20th Century* (New York: Columbia University Press, 1998). Excellent selection of academic articles tracing the key themes of the twentieth century.

Cook, Haruko Taya and Theodore F. Cook. *Japan at War: An Oral History* (New York: New Press, 1992). Japanese civilians and soldiers recall their own experiences.

De Grazia, Victoria. *How Fascism Ruled Women: Italy, 1922–1945* (Berkeley, CA: University of California Press, 1992). An examination of the ideas of womanhood under fascism in Italy.

Eliot, T.S. *Collected Poems 1909–1962* (New York: Harcourt, Brace Jovanovich, 1936). Includes "The Waste Land." Eliot's poetry, with its startling imagery, irony, and often despairing search for meaning in the midst of a barren culture, defined modernism in literature.

Friedan, Betty. *The Feminine Mystique* (New York: Dell, 1963).

Gandhi, Mohandas Karamchand. *Hind Swarej or Indian Home Rule* (Ahmedabad: Navajivan Press, 1938). The Mahatma's classic denunciation of the materialism of Western civilization.

Hilberg, Raul. *The Destruction of the European Jews* 3 Vols. (New York: Holmes and Meier, 1984). Comprehensive analysis of the Holocaust.

Keegan, John, ed. *The Times Atlas of the Second World War* (New York: Harper, 1989). Indispensable for following and understanding the unfolding of the war.

Kershaw, Ian. *The 'Hitler Myth': Image and Reality in the Third Reich* (London: Oxford University Press, 2001). A collection of essays attempting to explain why people followed Hitler.

Keynes, John Maynard. *The Economic Consequences of the Peace* (New York: Harcourt Brace Jovanovich, 1920), pp. 211–16. Highly influential critique of the terms of the peace agreements as setting the stage for renewed warfare.

Lee, Lloyd E. *World War* II (Westport, CN: Greenwood Press, 1999). Somewhat sketchy coverage of major issues and campaigns of the war, useful chronology, primary documents, biographies, and bibliography, especially of films and electronic sources.

Marrus, Michael. *The Holocaust in History* (London: Plume Books, 1988). An assessment of literature on the Holocaust.

Morris-Suzuki, Tessa. *The Technological Transformation of Japan.* (Cambridge: Cambridge University Press, 1994).

Okpewho, Isidore, ed. *The Heritage of African Poetry* (Harlow, Essex: Longman Group, 1985). Remarkable anthology with interesting discussions.

Overy, Richard *Why the Allies Won* (New York: W.W. Norton, 1995). An assessment of the economic, strategic, political, and moral balance between the combatants.

Peukert, Detlev, J.K. *The Weimar Republic* (Hill and Wang, 1993). An excellent social and political history of the Weimar Republic and the conditions that led to the rise of Hitler.

Rosenberg, Rosalind, "The 'Woman' Question," in Bulliet, pp. 53–80. Superb, brief survey of the major issues.

Schellstede, Sangmie Choi, ed. *Comfort Women Speak: Testimony by Sex Slaves of the Japanese Military* (New York: Holmes and Meier, 2000). The "comfort women" tell their own stories. Includes photographs of the women today, and a United Nations report on the situation.

Slater, Laura. *Opening Skinner's Box: Great Psychological Experiments of the Twentieth Century* (New York: W.W. Norton, 2004). One of the experiments presented and discussed is Stanley Milgram's.

Speer, Albert. *Inside the Third Reich: Memoirs* (New York: Macmillan, 1970). An insider's account of Nazi administration and wartime operations.

Walker, J. Samuel. *Prompt and Utter Destruction: Truman and the Use of Atomic Bombs against Japan* (Chapel Hill: University of North Carolina Press, 1997) Discusses the pros and cons of the decision to bomb, in light of the knowledge that policy makers had at the time.

Wilkie, Brian and James Hurt, eds. *Literature of the Western World*, Vol. 2 (New York: Macmillan, 1984). Excellent anthology. Gives complete works.

Young, Louise. *Japan's Total Empire: Manchuria and the Culture of Wartime Imperialism* (Berkeley, CA, 1998). An outstanding analysis of Japan's imperial ambitions.

冷战和新独立的国家

重建二战后的世界
1945—1989年

第**21**章

主题

- 冷战，1945—1989年：美国对苏联
- 冷战和新独立国家的兴起
- 第三世界的崛起
- 恐怖主义
- 寻求和平
- 非政府组织和跨国公司
- 冷战的遗产、殖民地的瓦解、经济和社会发展：影响及意义

三大问题影响着第二次世界大战以后出生的两代人。第一就是冷战。曾经在以欧洲占主导地位的全球经济和军备竞赛中仅勉强占一席之地的美国和苏联这两个强国，如今已超过了欧洲。它们相互发出挑战，威胁对方，逼迫世界其他国家的人民在它们双方之间做出选择，支持其中的一方。在这个时期里几乎所有的政治、经济或文化事件都离不开苏联与美国的激烈竞争。第二，在战后的20年中，50多个原为欧洲殖民地的国家获得了独立。各个获得独立的国家都在寻求自己的发展道路，许多国家试图与自己想法相同、友善的国家合作以求得相互支持。与此同时，几乎所有这些国家都受到美苏两国的游说，要求跟随他们一方加入到两国的全球竞争行列中去。最后，就是由新一轮的竞争和新的自由所带来的一系列的发展战略和发展技术。

冷战，1945—1989年：美国对苏联

自19世纪中叶起，美国的众多领导人就树立了"天定命运论"这样一个信念，认为美国从大西洋沿岸开始发源，慢慢向西部延伸，先是越过阿巴拉契亚山脉地区，接着扩展至太平洋沿岸，最后扩展到海外。他们相信，美国要向全世界传播一个有关正确统治的信息，首先是树立一个榜样，一个《圣经》中的"山巅之城"的现代版榜样，其次是如第一次世界大战中美国总统伍德罗·威尔逊提出的"十四点原则"和第二次世界大战期间富兰克林·罗斯福发表的"四大自由"演讲以及他与英国首相温斯顿·丘吉尔共同发表的《大西洋宪章》那样，积极地把这一信息传递给其他国家。美国的这些大张旗鼓的行动常常同实行孤立主义政策的内倾型时期互相交织，但是到第二次世界大战结束以后，还是活跃、外向型的美国获得了胜利。美国从战争的胜利中脱颖而出，成为当时世界上最富有、最强大、工业生产水平最高的国家，整个国家充满了一种积极向上的乐观精神。

第二次世界大战后的最初几年里，美国用**美国强权下的世界和平**取代了英国强权下的世界和平，这是一个用美国的武器和财富强行换来的世界和平。美国在马歇尔计划中投入了120亿美元，鼓励西欧各国以民主和资本主义—社会主义相结合的

美国统治下的和平（Pax America） 字面意义为"美国和平。"这一短语仿拉丁语Pax Romana（在罗马帝国的边境内由罗马统治推行的和平）而成。"美国和平"是指第二次世界大战以后，在美国的势力影响范围内保持的相对来说较为平和的局面。

前页 中国总理周恩来出席万隆会议，印度尼西亚，1955年。周恩来（中）与许多第三世界领导人出席万隆会议，共同商议建立后殖民地的世界秩序。

726

方式进行重建。美国给予德国特别的关注,试图恢复其原来曾短期拥有过的民主制度,重建其经济。美国对日本给予更多的关注,它在军事上和政治上控制日本长达7年。美国废除了日本天皇的神圣地位,宣扬一个民主的宪法体制和教育体系,引进了企业管理的新理念。从某种程度上讲,正是因为美国的援助行动,才使得西欧和日本再次成为两个强大的全球经济体。

苏联也同样感到应采取行动以扩大其在领土和意识形态方面的影响力。1919年,即十月革命获得成功仅仅两年之后,苏俄领导人就建立了第三国际,即共产国际,以此鼓舞全球各地的共产党和革命者。在斯大林的领导下,共产国际不断向世界各地派遣人员以推动共产主义革命。对于那些曾遭受第二次世界大战摧残的国家以及其他刚刚脱离殖民主义、正在寻找楷模,希望迅速实现现代化的国家来说,由苏联政府发起的并取得成功的工业革命确实引人注目(见第19章和20章)。虽然苏联在第二次世界大战中遭受了难以估量的物资损失和约2 000万人的死亡,但它经受住了残酷的打击和破坏,终得以生存下来进行反击,并最终取得胜利,为其人民和政府在国际社会中赢得了莫大的敬重。

在第二次世界大战临近尾声的几个月里,同盟国在黑海港口城市雅尔塔和德国的波茨坦签订了协议,为美国和苏联找到一条调和他们的不同信念以及就各自的规划理想达成妥协的途径带来了一线希望。但令人失望的是,这一调和没能实现。美国解释说,在雅尔塔会议上制定的一些含糊其辞的条款是同意苏联在自己管辖区内的中欧和东欧国家拥有某种统治地位,条款中又明确让这些欧洲国家独立,自由选择各自的政府。但是美国实际看到的却是苏联用武力建立了一个属于自己的中欧和东欧帝国。从1945年至1948年,在莫斯科的操纵之下,加上苏联军队的支持,苏联在捷克斯洛伐克、罗马尼亚、保加利亚、波兰、匈牙利和东德强制建立了共产主义政府——这些国家同苏联于1940年并吞的北方国家立陶宛、拉脱维亚和爱沙尼亚,一同列入了其欧洲帝国的范围。接着,苏联为自己的这些卫星国建立了经济制度,为其自身服务,以人为的低价让他们生产苏联所需的商品。虽然苏联嘴上一直口口声声地反对帝国主义,但自己却一直控制着沙皇遗留下来的帝国,而且此时又扩大了该帝国的版图。看到苏联对中欧的控制,英国首相温斯顿·丘吉尔感慨道:"一张铁幕已撒向了这片欧洲大陆。"在一些西欧国家,尤其是在意大利、法国和希腊,共产党在政治选举中也取得重大进展。

苏联对全球政治格局的解释颇为

雅尔塔会议,1945年。1945年2月,斯大林(最左边)、罗斯福(中)和丘吉尔(最右边)在雅尔塔商谈各国在欧洲的战后地位。由于他们之间存在分歧,导致苏、美、英三国后来在冷战期间相互指责,关系紧张。

独特。他们认为,美国对西欧和日本的援助以及对土耳其和希腊的支持是一种力图拉拢他们的行为。最主要的是,苏联明白美国是唯一一个拥有原子弹的国家,而正是这一点使美国成为全球最危险的国家。

美苏双方相互挑衅,有时候甚至到了战争一触即发的边缘。首场公然的意志较量在德国展开。第二次世界大战以后,获得胜利的同盟国把德国分割成东德和西德两部分。美国、英国和法国占领西德,苏联控制东德。德国原先的首都柏林也一分为二。但从地理位置上看,柏林深处苏联管辖的东德,距离西德约100英里。1948年3月,苏联封锁了西柏林的陆上通道,以此试探西方势力对西德的控制能力。美国总统杜鲁门意识到苏联陆军在中欧具有压倒性优势,于是下令动用庞大的空中力量将物资和人员空运到西柏林。这种情形维持了几乎一年半,直到1949年9月苏联解除封锁为止。不过,德国仍然是个分裂的国家,柏林依然是座分裂的城市。

核武器的较量是双方竞争中最为可怕的场面。正如苏联对美国在1945年引爆世界上第一颗原子弹惶恐不安一样,美国对苏联紧随其后,于1949年研制出自己的原子弹同样感到吃惊。美国独霸核武器的时间仅仅持续了4年。(英国于1952年,法国于1960年,中国于1964年,以色列,未正式承认,于约20世纪60年代,印度于1974年,巴基斯坦于1998年及朝鲜于2004年,相继研制出核武器。)那么,苏联是如何打破美国的核武器垄断地位的?有人怀疑,并且发现在美国的政府和科学机构中暗藏着间谍。对此,美国参议员约瑟夫·麦卡锡发起了一场针对间谍、共产党人和"同路人"——同情共产党思想和纲领的人士——的搜捕行动。在搜捕过程中,严厉的调查和过分的疑心连续数年威胁着美国社会的言论自由。此时,美国社会上发表的公共宣言也强调加入美国社会中有组织宗教的重要性,并将之与苏联官方宣传的无神论进行对立比较。

1952年,美国引爆了世界上第一颗氢弹,认为自己再次拥有了核优势。但是令他们震惊的是,苏联于次年也研制出了氢弹。原子弹的原理是一个重原子核分裂或裂变为两个更轻的原子核时,释放出巨大爆炸力;而氢弹则恰恰相反,它的原理是两个较轻的原子核融合为一个更大的原子核时,释放出巨大能量。氢弹的威力可以是原子弹的几百甚至几千倍,它还能产生更多的致命的放射尘。"红色恐怖"和麦卡锡主义卷土重来,许多政府官员、艺术家、电影制片人、作家和大学教授,被怀疑现在或曾经是美国共产党成员,或者被怀疑发表了对美国的过激言论,失去了工作,上了黑名单。国会设立了"非美活动调查委员会",对这些人进行调查。美国社会中的言论自由正在消失,尽管这同苏联对言论自由几乎完全的压制不能相提并论,但确实反映出美国上下充满了恐惧,也威胁到美国的一些核心价值观。

太空也成为美苏竞争的一个领域。在这一领域中,苏联领先一步,于1957年将第一颗人造卫星送上了运行轨道,其后又在1961年发射了第一颗载人卫星。美国的肯尼迪总统感到十分难堪,发誓要在10年内让美国成为把人类送上月球的第一个国家。1969年,这项任务得以完成。

728

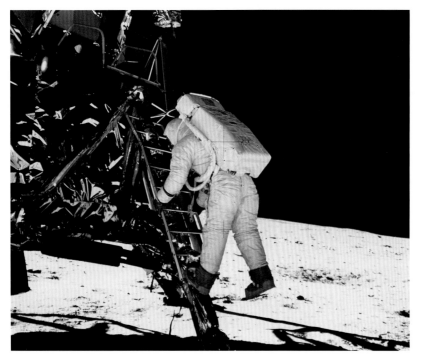

"人类跨出的一大步……"1969年7月,美国宇航员爱德温·(巴兹)·埃德林走出阿波罗11号"鹰号"登月舱,成为继耐尔·阿姆斯特朗之后第二个登上月球的人。随着冷战的升温,美苏争夺太空优势地位的竞争愈演愈烈。

令美国惊慌失措的第二个事件是毛泽东率领的中国共产党的人民解放军取得了战争的胜利,把国民党军队驱逐到近海的台湾岛上。在第19章中,我们已提及中国的共产主义革命,在下一章中,即第22章,我们将对共产主义革命及其意义提供更多的详细介绍。我们注意到,中国是世界上人口最多的国家,拥有世界上最伟大的历史文明之一。在长达10多年的时间里,美国在军事、技术和食品上援助中国。共产主义在中国的胜利使许多美国人的信念和希望破灭了。美国上下就"我们是如何失去中国的"展开了激烈的讨论,暴露出美国曾以某种方式拥有中国这种想法(这一想法是错误的)。无论如何,在苏联的大力支持下,共产主义阵营现在领导着中国。

朝鲜战争,1950—1953年

1950年6月25日,共产党领导的北朝鲜军队入侵南朝鲜。自1910年至1945年,朝鲜半岛一直是日本的殖民地。第二次世界大战结束后,苏联和美国对朝鲜半岛的控制以北纬38度为界,北朝鲜归苏联,南朝鲜归美国。朝鲜的独立和统一的前景留待未来的谈判。北朝鲜的军队显然是在依靠自己的力量独自作战,没有得到苏联或中国的帮助。北朝鲜军队一路进攻,一直打到朝鲜半岛的最南端,直到美军作为联合国军的一部分抵达朝鲜半岛,到了9月,美军将北朝鲜军队逐回北朝鲜。此后,美军不断地迫使北朝鲜军队向北撤退,直逼中国边境。作为反击,中国加入了朝鲜战争,派出数十万大军,发起了一波波进攻。中国军队越过三八线进入南朝鲜,第二次占领南朝鲜首都汉城。等到更多的美军和联合国军抵达后,中国军队被迫回撤到北纬38度,于是朝鲜战争陷入军事和政治僵局。到1953年战争结束时,南朝鲜一方共有115 000名士兵,包括37 000名美国士兵,以及100万平民丧生(北朝鲜没有公布统计数据)。此外,至少有100万中国人死于这场战争。

朝鲜战争再次证实了美国对共产主义的武装对抗,但事实上由于中国也加入了这场战争,因此加深了美国的威胁感。由于中国的军队迫使强大的美国不得不接受停战,因此朝鲜战争提高了中国的声誉。尽管美国拥有核武器,但毛泽东把美国称为"纸老虎"。毛相信,在对日本的广岛和长崎投放原子弹后,美国再也不会使用它所拥有的核武器了,朝鲜战争似乎也证明了他的观点。具有讽刺意味的是,这场战争也损害了中国与苏联的关系,因为斯大林开始时曾承诺过,只要中国同美国开战,他就提供援助,可是他后来收回了承诺。毛泽东痛苦地决定独自与美国作战。最终,苏联还是提供了一些援助,但是斯大林模棱两可的态度让中国领导人感到自己被出卖了。

朝鲜战争给日本带来了经济上的繁荣,使这一岛国成为美国军事装备的一个生产基地,供美军士兵休息放松的一个主要娱乐场所。这场战争也加强了美国人与日本人的个人接触,尤其是美国大兵与日本妇女的接触。同时,美国把日本看成自己在太平洋地区的新盟友。1952年,美国结束了对日本的占领,并改变了先前解除日本武装的想法,转而鼓励日本建立部分武装防御力量。

朝鲜战争使得美国与其众多的欧洲盟国之间的关系产生了裂痕。开始时,各盟国都支持击退北朝鲜的进攻,但是后来认为,持续不断地向北朝鲜展开攻势是没有必要的寻衅,而且付出的代价太高,还促使中国作出了反击行动。也正因为这场战争,美国鼓动德国再次发展成一个拥有强大武装力量的主要盟友。那些不久前刚与德国交战过的欧洲国家都对重新武装起来的德国感到忧心忡忡。

从技术角度上讲,直升机在战争中起着重要的作用。朝鲜战争中,美军动用了数量空前的直升机来运送士兵,实施空中袭击,把受伤的士兵送到流动陆军外科医院接受治疗。中国则将一批批士兵送到战场上,用庞大的数量来弥补装备上的不足。

受到互相敌对的驱使,美苏两个超级大国采取了进一步的"边缘政策",并与各自的同盟国结成了军事联盟。美国联合其西欧盟国和加拿大,于1949年成立了北大西洋公约组织(北约)。其成员包括英国、法国、意大利、加拿大、丹麦、挪威、冰岛、比利时、荷兰和卢森堡。这些国家都是民主国家,有的实行资本主义经济,有的实行社会主义经济,还有的实行两种主义混合的经济。虽然葡萄牙在当时还不是民主国家,但也是北约成员国之一。1952年,希腊和土耳其加入了北大西洋公约组织,西德也在"二战"战败后的十年,即1955年,加入了北约。作为对北约的回应,苏联在1955年正式成立华沙条约组织,其成员包括阿尔巴尼亚、保加利亚、捷克斯洛伐克、东德、匈牙利、波兰和罗马尼亚各国。这些国家在政治和经济上均实行共产主义,并处于苏联的控制下。在欧洲,冷战开始了长达40年的僵持局面。苏联镇压了在东德(1953)、匈牙利(1956)、捷克斯洛伐克(1968)和波兰(1981)相继爆发的民主反抗,北约对此提出了抗议,但并未进行干预。

斯大林去世后的苏联

尼基塔·赫鲁晓夫,1953—1964年 苏联本身正处在转变之中。1953年斯大林去世后,苏共中央第一书记尼基塔·赫鲁晓夫(Nikita Khrushchev, 1894—1971年)开始透露出共产主义国家存在的一些强制性权力,并决心予以剔除。在1956年举行的第20次党代表大会上,赫鲁晓夫揭露了斯大林的专制统治,他当众表明:

> 一个人的专横也就怂恿了另外一些人的专横,把成千上万的人大批逮捕和流放,不经法庭审讯和正规调查就处以死刑等等。它产生了人和人的不信任,引起了不安、恐怖和绝望状态。(Kochan 和 Abraham,第447页)

在1961年举行的第22次党代表大会上，赫鲁晓夫更是对斯大林进行强烈谴责，甚至把他的遗体从列宁墓中搬了出来。赫鲁晓夫释放了一些有良知的政治要犯，允许出版许多原来政治上禁止出版的作品，调整斯大林为重工业制定的计划，扩大消费品的大规模生产。随着赫鲁晓夫披露越来越多有关斯大林的档案，公开揭露他的种种暴行，苏联政府也逐渐把斯大林描绘成一个政治恶魔。

在开放的新环境下，苏联小说家亚历山大·索尔仁尼琴（Alexander Solzhenitsyn，出生于1918年）得以发表《伊凡·杰尼索维奇的一天》(1962)。这是一部写实小说，描述的是苏联某个监狱劳改营里的情景。1964年赫鲁晓夫下台，不过索尔仁尼琴还是发表了他接下来的两部小说——一部是以监狱为背景的《第一圈》(1968)，另一部是以医院为背景的《癌病房》(1968)。这两部小说只能一批批偷运出苏联。在国内，索尔仁尼琴的小说只能以"**萨密兹达**"（自费出版）的方式进行非法传播，偷偷印刷和出版。1970年，索尔仁尼琴获诺贝尔文学奖。尽管苏联出现种种政治问题，但索尔仁尼琴热爱自己的祖国，因为担心会被拒绝返国，所以他没有前往斯德哥尔摩领奖。

索尔仁尼琴是个无畏者，决心要创作出超越《伊凡·杰尼索维奇的一天》的作品。在他的《古拉格群岛》三部曲(1973-1978)中，他将**古拉格**的真实面目给予充分全面的揭示。古拉格是遍及苏联各地的被用作劳改营的"群岛"，"群岛"大部分都位于寒冷、遥远、地广人稀的西伯利亚。*

> 这座群岛在它所在的国家中纵横交错、星罗棋布，像是一块巨大无比的拼板，它延伸到各个城市中，在城市的街道旁逗留徘徊。然而有许许多多人怎么猜也不知道它的存在，还有更多的人只是隐隐约约地听说过。只有到过那里的人才知道全部的真实情况。（索尔仁尼琴，第 X 页）

不论何时，都有多达800万的民众被监禁在古拉格，此外，大约2 000万人可能在劳改营死去。1973年，《古拉格群岛》出版后，索尔仁尼琴被剥夺了苏联公民的身份并遭到驱逐。在此后长达15年的时间里，他一直居住在美国的佛蒙特州，直到1990年俄罗斯成立了新政府后他才恢复了公民身份。1994年，索尔仁尼琴重新回到自己的祖国。

在赫鲁晓夫的领导下，苏联继续力图在军事和经济上赶上西方国家。苏联甚至想在某些竞争中超越西方，它在1957年发射的世界上第一颗人造卫星就是其中一例。在农业方面，赫鲁晓夫企图在哈萨克斯坦和西伯利亚开垦更多的"处女地"，但是未获成功。苏联在农业生产上停滞不前，国内消费品也一直处于供需不平衡的状

萨密兹达（自费出版）（samizdat） 该词源于俄语的"sam-"和"izdatel'stvo"。sam-意为"自己的，自我的"，izdatel'stvo意为"出版社"。Samizdat是指文学作品被偷偷印刷（通常是打印稿）和传阅以躲避政府的查禁和惩罚。该词也用于指非法的地下私人出版系统。

730

古拉格（Gulag）（苏联内务部劳改局）Gulag 为俄语 Glavnoye Upravleniye Ispravitelno Trudovykh Lagerey 的首字母缩写，意为"劳动改造营管理总局"。古拉格是在斯大林指示下于1934年建立的一个苏联秘密警察部门。该局管辖一个庞大的遍及苏联的强迫性劳改营网络。数百万被控"反国家罪"的民众被押送到古拉格接受处罚。对这一制度亚历山大·索尔仁尼琴在他的小说《古拉格群岛》中作了揭露。

---

* 实际上苏联并没有"古拉格群岛"这个地理名称，它是索尔仁尼琴的一种比喻说法。索尔仁尼琴把整个苏联比作海洋，在这个海洋上处处皆是用作监狱劳改营的"岛屿"，他把这些"岛屿"称为"古拉格群岛"。——译注

态，但是在军事和工业方面却似乎与美国并驾齐驱。不过，苏联相对落后的经济能
够在多长的时间里继续维持其在军事工业中的投入？苏联政府看到没有别的出路，
又感到自己受到美国及其盟国的夹击和威胁，因此除了继续加强防御以外别无选
择——这与 20 世纪 30 年代斯大林采取的对德国的防御政策几乎是一致的。

在外交事务上，赫鲁晓夫与斯大林一样好寻衅滋事。他坚持苏联对东欧的控制，
平息了 1956 年的匈牙利事件，在古巴部署核导弹。1961 年，赫鲁晓夫允许东德建造
隔离柏林中心地带的柏林墙，阻断了人们逃往西德之路。苏共领导层认为，赫鲁晓夫
行事鲁莽，不计后果，便在 1964 年将他赶下了台。在赫鲁晓夫下台后的近 20 年内，苏
联一直处于由利奥尼德·勃列日涅夫（1906—1982 年）领导下的官僚制度中，国家停
滞不前。

利奥尼德·勃列日涅夫（Leonid Brezhnev），1964—1982 年　从 1964 年至 1982
年，作为政府的首脑和共产党总书记，勃列日涅夫领导着苏联。1968 年春，捷克斯洛
伐克企图脱离苏联的控制，建立独立的政府。勃列日涅夫宣布苏联将介入其卫星国
的内部事务以阻止反革命，"布拉格之春"的希望破灭了，后来这一政策被称为"勃列
日涅夫主义"。苏联军队平定了捷克的反抗。在执政的头几年，勃列日涅夫增强了苏
联的武装力量，但是后来又削减了部队的数量。

尽管实施了"勃列日涅夫主义"，但东欧仍动荡不安，尤其是波兰。在波兰，罗马
天主教会是对共产党统治进行抨击的一股强大的力量。1978 年，克拉科夫（波兰一
南部城市）的波兰大主教卡罗·沃提拉（Karol Wojtyla）当选教皇后，波兰上下持不同
政见者顿时欢欣鼓舞。虽然波兰在共产主义的统治下信奉无神论，但在罗马宗教权
威之巅，波兰人现在有了一位象征性的领导人，他能够表达他们的心灵渴望，为波兰
摆脱苏联控制，实现独立提供了指路明灯。莱赫·瓦文萨（Lech Walesa）是一位在格
但斯克工作的造船厂工人，他开始组建起一个独立的工会联合会，后称为团结工会。
工会成员多为工业和农业工人，人
数逾 1 000 万。团结工会不仅要求
降低物价和提高工资，还要求工人
有举行罢工的权利，政治犯应拥有
自由，要求终结书刊检查及实行自
由选举制度。波兰政府遵照莫斯科
的命令监禁了瓦文萨和其他团结工
会的领导人，并宣布实施军事管制。
然而教皇却支持团结工会，美国也
对波兰实施了经济制裁。1982 年，
勃列日涅夫去世，军事管制结束，瓦
文萨重获自由。1983 年瓦文萨获
得诺贝尔和平奖。在波兰及整个苏

731

莫斯科阅兵。进入冷战高潮
阶段，在和西方的军备竞赛中，苏
联领导人赫鲁晓夫和勃列日涅夫
对军事装备投入了巨额资金。图
中的检阅仪式展示了坦克缓缓穿
过莫斯科红场，纪念 1917 年十月
革命胜利 66 周年。列宁像依然
注视着这一切。

联,民众要求更多自由的呼声不断高涨。

苏联在阿富汗经历了自己的"越南战争"。1978年,一场亲苏的政变在阿富汗爆发。苏联向阿富汗派遣部队,运送物资,以镇压抵抗新政府的反共产主义伊斯兰叛乱,并发动了第二次政变以支持一个更为亲苏的政府。10多万军队协助新政府控制了城市地区,特别是占领了首都喀布尔,但是穆斯林抵抗力量获得了美国的援助,控制了农村地区。在这些受到美国援助的抵抗队伍中,有一支名为塔利班的穆斯林军队,其中有一位名叫奥萨马·本·拉登(Osama bin Laden)的沙特阿拉伯年轻游击队员。在这场历时8年的战争中,苏联损失了15 000名士兵,回国以后遭到苏联政府的强烈斥责。1988年,联合国促成了一项要求所有外国军队撤军的和平协议。苏联人仓皇撤回国内,名声扫地。阿富汗则完全陷入了混乱中,导致连年的内战。内战中一般是塔利班占上风,但无论哪一方都不曾牢牢地控制住整个阿富汗。

美国的军工联合企业

冷战中,在军事技术竞争上的开支达到了天文数字。处于和平时期的1960年,世界各国政府在军事上的支出接近1 000亿美元。

德怀特·艾森豪威尔(Dwight Eisenhower),这位曾在第二次世界大战的欧洲战场上被任命为盟军最高指挥官的五星上将,在其1961年卸任美国总统的告别讲话上,警告美国要警惕"军工联合企业"的危险,"军工联合企业"是军事和工业领导人的联合,他们可能会发现发动战争能让双方得利。

> 我们决不能让这一联合体的势力危害我们的自由和民主进程。我们不应心存侥幸。只有警觉而明智的美国公民才能迫使庞大的工业和军事的国防机构与我们和平的手段和目标相配合,以使安全和自由并驾齐驱,同获成功。

732   国防支出。由于冲突和冷战的加剧,美国与苏联对军事装备的巨大支出使双方处于势均力敌的局面。1960年以后,发展中国家快速发展起来的军事力量使得全球军费开支大大增加。1989—1991年,苏联解体,军费也随之下降。(资料来源:保罗·肯尼迪,《大国的兴衰》和《纽约时报2000年鉴》)

国防支出(以现值10亿美元为单位)						
	美 国	苏 联	中 国	德 国	英 国	日 本
1930	0.699	0.722	—	0.162	0.512	0.218
1938	1.13	5.43	—	7.41	1.86	1.74
1950	14.5	15.5	2.5	—	2.3	—
1970	77.8	72	23.7	6.1	5.8	1.3
1987	293.2	274.7	13.4	34.1	31.5	24.2
1997	273.0	64(俄罗斯)	36.6	33.4	35.7	40.9

艾森豪威尔的警告未能引起人们的重视。军事力量在不断增强。美国同苏联及其盟国的直接对抗也仍在继续。肯尼迪总统在猪湾与古巴抗衡,在古巴导弹危机中与苏联对抗。肯尼迪还决定派美国顾问前往南越着手处理其与共产党北越的冲突。

在总统林顿·贝恩斯·约翰逊的领导下,越来越多的美国顾问前往南越,致力于筹划全面的战争。人数达50多万的美国军队卷入了越南战争。

大部分的武装对抗并不是苏联与美国之间的直接对抗。尽管,或者也许是因为双方使用的武器具有毁灭性力量,欧洲和北美国家都实施军事克制,因而冷战从未在这些国家的边界内进入到白热化的状态。随着殖民地国家纷纷脱离殖民主义,成为独立国家——如朝鲜、越南,以及某种程度上包括中国——两个超级大国的任何一方都想方设法让这些国家站在自己一边。美国和苏联在中东、非洲、亚洲和拉丁美洲的**附庸国**(为得到帮助而依附于美苏的国家),战火确实被接二连三地点燃了。实际上,20世纪50年代至80年代的许多战争都是**傀儡战争**,即在美苏两国的盟国之间爆发的战争,因为这两个超级大国大多躲在幕后,而让其他国家代表他们去争战拼杀。在一些地区性的战争中,强国向一些国家出售或赠送过时的武器装备,同时试验新式武器,而这些国家的领导人渴望得到这些武器。许多傀儡战争都在非洲爆发——在刚果(扎伊尔)、尼日利亚、埃塞俄比亚、安哥拉和莫桑比克——有时候则与古巴的军队一起在远离自己国家的地方作战。在危地马拉、尼加拉瓜和萨尔瓦多这些中美洲国家开展的游击战中,美国和苏联支持互相对立的派别。在中东,以色列一般被视为是美国的附庸国,相应地,许多阿拉伯国家投靠苏联以获得经济和军事援助。然而,有些国家在外交上巧妙地周旋于美苏之间,尽可能地从冷战的竞争中获得好处。

附庸国(**cient state**) 是指在经济、政治或军事上依赖另一个国家的国家。

傀儡战争(**proxy war**) 是指那些依附更为强大国家的附庸国之间展开的战争,而这些大国并不直接参加到战争中去。

古巴导弹危机

冷战中最可怕的时刻发生在1962年的一场冲突中,起因是部署在古巴的核导弹。1959年,随着菲德尔·卡斯特罗领导的革命,古巴,这个距离美国佛罗里达海岸仅90英里的国家,成为一个共产主义国家,这威胁到了美国的自信心以及其对拉丁美洲的控制。作为一名律师,卡斯特罗只身来到古巴东部的山丘中,领导了一场反抗美国支持的古巴独裁者富尔亨西奥·巴蒂斯塔的游击战,他宣布了一项六点方案:

- 扩大土地再分配和集体化,包括使用价格昂贵的设备;
- 限制海外投资,通过国家银行动员古巴的自有资本对工业进行投资;
- 改革住房政策,使古巴每个家庭都拥有自己的住房;
- 实现充分就业;
- 建立一个与农业国相匹配的文化教育体系,使人们受到充分的教育;
- 建立完善的全民医疗保健设施。

有违于革命前做出的承诺,卡斯特罗没有在革命获胜后举行选举,而是宣称"和人民的紧密联合并得到人民认同的政府"使得选举不再有必要。虽然卡斯特罗否认

733

获胜后的卡斯特罗在前往哈瓦那的途中。菲德尔·卡斯特罗从欢迎他的人群中抱起一个小女孩。1959年1月，卡斯特罗和他领导的人民起义军推翻了古巴独裁者巴蒂斯塔，将他驱逐出古巴。自1956年12月起，革命军就藏身于山区中，与巴蒂斯塔政权对抗。古巴人民将推翻独裁者的战斗称为"7月26日运动"，7月26日是革命军反抗巴蒂斯塔，发动第一次起义的第二天。

自己是个共产主义者，而且有一段时间，他的确试图与美国谈判签订协议，但是很快他与苏联阵营建立起了密切的军事和经济关系。在当时的冷战环境中，美国将卡斯特罗视为一个共产主义者。当三家跨国炼油厂拒绝提炼运抵古巴的苏联石油后，卡斯特罗强行占有了这三家炼油厂。对此，美国终止了自20世纪30年代起从古巴购买一定配额的糖的承诺。1961年12月，卡斯特罗公开宣布自己拥护马克思列宁主义。从那时起，古巴就依附于苏联，改变了先前巴蒂斯塔依附于美国的做法。

卡斯特罗继续实行先前宣布过的方案。他强行占有或没收外国的资产，其中包括价值10亿美元的北美地产和对古巴的投资。他将农民的土地集体化，把经济控制权集中在政府手里。他认真对待人的发展问题，将资金与精力投入到发展健康、教育和文化活动中。教育和各项医疗服务均免费提供。

大多数古巴人民的生活水平有了显著的提高。然而，一大批精英——有成千上万之多——得到政府的默许后逃离了古巴，政府也乐意他们离开。这些精英受到美国的欢迎，他们在美国形成了一个新的大团体，中心设在迈阿密，他们不断游说美国采取行动推翻卡斯特罗。与此同时，卡斯特罗同他的密友欧内斯托·切·格瓦拉（Ernesto "che" Guevara）一起，向整个拉丁美洲和非洲派遣顾问，以推动游击战。

此后，古巴和美国进行了两次对抗。美国政府同意向一支由约1 500名古巴流亡人员组成的队伍提供武器和援助。这支队伍打算入侵古巴，以为古巴人民会高兴有机会推翻卡斯特罗。可是当他们于1961年4月17日侵入古巴"猪湾"时，迎接他们的并不是众望所归的起义，而是迅速将他们打败的古巴武装军队。次年，古巴成为美苏在冷战中最直接的对抗焦点。苏联在古巴部署了核导弹，尽管他们对此表示否认，但美国的侦察机拍到了相关照片作为证据。肯尼迪总统要求拆除导弹，甚至以发动核战争进行威胁。正当全世界密切关注，对即将到来的大决战提心吊胆、惶恐不已时，苏联领导人尼基塔·赫鲁晓夫宣布苏联同意拆除部署在古巴的导弹，但作为交换条件，美国必须答应不再入侵古巴并将美国部署在土耳其的导弹拆除。根据最新研究，当年赫鲁晓夫的让步有违卡斯特罗的意愿，因为卡斯特罗本人愿意推动向美国发起的核挑战，甚至更进一步。不管怎样，从双方的让步出发，两个超级大国退出了这种直接的对抗。

资　料

游击战争

随着毛泽东领导的共产主义革命和土地革命在中国获得胜利,卡斯特罗领导的古巴革命的成功,以及包括越南在内的世界各地不断暴发的农民起义,20世纪60年代成为农村游击战尤为活跃的年代。游击战通常由年轻的革命家领导,他们积极、勇敢、执着,在他们的指导下,游击战有了极大的神秘性,取得了一系列的胜利。游击战的流行表明了用极为简单的作战技巧是可以与最为精良的现代武器进行对抗的。最具号召力的游击战士之一是1928年出生在阿根廷的欧内斯托·"切"·格瓦拉。1967年,格瓦拉在玻利维亚策划一场游击战时被俘获并遭杀害。格瓦拉参与了卡斯特罗领导的古巴革命,随后被任命为国家银行行长。但是格瓦拉却选择终生为革命效力,他帮助许多地方建立起作为革命前哨基地的游击中心。格瓦拉的演说和著作,如同中国领导人毛泽东的演说和著作一般,对游击战士来说是权威著作。

相当一部分核心人物选择了有利于开展游击战的地区,有时是为了发起一场反攻,有时是为了躲过危难时刻,并随后在那里开始采取行动。但是以下几点得明确:首先,由于游击战士的力量相对较弱,因此他们应密切关注战区的地貌形态,熟悉周围的环境,与群众建立关系,对最终将成为革命根据地的地带加强防卫。游击部队只有把以下三个条件作为其最初的发展基础才能得以继续存在,即时刻保持移动,时刻保持警觉,时刻保持谨慎。

我们必须在敌人向我们开炮前,先向他们发起进攻——向敌人的巢穴,向敌人的大本营发起进攻,这是一场总体战。无论是在敌人的军营内还是军营外,我们都要让敌人得不到一时一刻的安宁。无论敌人转移到哪儿,我们都必须向他们发起进攻……

我们所有的行动都是反抗帝国主义的战斗呐喊,都是团结人民、共同反抗美国这个人类最大敌人的战斗圣歌。无论何地,死亡都可能会突然地向我们袭来。可是倘若我们的呐喊声被一些敏于接受新思想的人听到,倘若有人愿意伸出援手、手持武器共同加入我们的战斗,倘若有人时刻准备着,在时断时续的机枪声中、在又一轮的战斗口号声中、在又一次获得胜利的呐喊声中吟唱起哀悼死者的挽歌,那么,我们就不惧怕死亡。

（Sigmund,第370—381页）

冷战和新独立国家的兴起

冷战是第二次世界大战以后最大的变化之一。殖民主义的瓦解和80多个脱离殖民统治、获得独立的新国家的出现是战后的另一大变化。在很大程度上,殖民地的瓦解是两次世界大战和1914年至1945年全球经济萧条的结果。这些突发性的剧烈变动大大削弱了殖民大国的劳动力、财政来源和道德地位。尤其是当许多殖民地开始强烈要求获得独立的权利时,殖民势力再也无力牢牢地占据各自的殖民地。不仅是殖民地人民,就连许多殖民者自己也不再相信对西方以外的国家传播文明是"白人的职责"。两次世界大战所带来的那种几乎令人难以想象的毁灭打破了殖民者是优等文明的神话。

第一次世界大战中,协约国曾宣布要采取行动让世界变得安全起来以实现民主,并且承诺在战后要让更多的殖民地实现自治。1914年,英国向其欧洲殖民地爱尔兰做出了这样的承诺,1917年又向印度许下了同样的保证。英国答应帮助犹太人在巴勒斯坦为他们建立一个新的家园,与此同时又保证不会对居住在巴勒斯坦的阿拉伯人做出任何伤害。战争结束以后,一些较为弱小的南欧和东欧民族希望建立起新的国家。中东地区,像黎巴嫩、叙利亚、约旦和巴勒斯坦,也渴望实现自治。然而,大多数殖民地要求独立的行动都遭到了镇压。只有爱尔兰在发动了一场武装起义以后才获得独立。但是信奉新教的北爱尔兰仍然是英国的一块殖民地。印度也没有摆脱它的殖民地身份。中东地区的不少地方被委托给英国和法国代管。

随着独立运动的日趋高涨，加纳的卡瓦米·恩克鲁玛写道：

> 我认为对于这一问题的彻底解决办法，就是我国人民在政治上获得自由；因为只有当一个民族在政治上获得自由以后，其他民族才能给予他们应有的尊敬。我们不可能用其他任何词汇来谈论民族平等。与拥有独立主权的国家的人民相比，一个没有自己政府的民族是无法期望得到同他们一样的待遇的。不管怎么说，能够由本国人民自由地管理自己的国家，无论好坏，都比由其他国家的人管理要强得多。(Nkrumah，第9页)

加纳独立。1957年3月6日，英属黄金海岸成为新独立的国家加纳，加纳总理(后成为总统)卡瓦米·恩克鲁玛向参加庆祝的人群挥手致意。1964年，恩克鲁玛宣布加纳为一党制国家。1966年，在他出访中国期间，他领导的政府被国内军事政变推翻，统治宣告结束。

由于美国和苏联的响应，反对殖民统治的民族主义者获得了新的重要支持者。在列宁领导时期，苏联从一开始就表明了反对建立海外殖民地的立场，尽管如此，第二次世界大战后苏联还是占领了中欧、东欧和中亚地区，看上去像是在建立自己家门口的殖民主义体制。美国也明确表示要结束殖民主义，这一表态在富兰克林·戴勒洛·罗斯福和杜鲁门执政时期尤为突出。这些反对建立殖民地的立场产生了一些影响。例如，出于对战时盟友的尊重，丘吉尔缓和了他原来的亲殖民主义态度，尤其是缓和了对印度的态度。

从长远来看，虽然丘吉尔对殖民地的态度日趋缓和，但依然不够。在第二次世界大战结束之时，英国人民投票罢免了他领导的政党。人们认为，丘吉尔是领导战争的合适人选，但对于和平来说，他领导的政党并不合适。英国人希望国内国外都有新的发展方向，其中就包括结束其海外的帝国主义统治。面对风起云涌的殖民地人民的反抗，英国人开始觉得，殖民统治既耗费财力，又耗费军力，而且或许从道义上来讲也是不那么站得住脚了。殖民地国家人民的抵抗日益高涨，而殖民势力再也无力进行镇压，这最终促成双方坐下来把独立列入议事日程。

由英国和法国托管的中东的殖民地首先获得了自由。伊拉克在1932年脱离了英国统治，正式成为一个独立的国家。然而当有人发动政变试图推翻其君主制时，伊拉克请求英国军队的介入。1958年，一场由左翼分子发动的政变成功地推翻了国王，割断了与英国的关系,并调整伊拉克的外交政策,转而寻求苏联的支持。继黎巴嫩和叙利亚分别于1943年和1946年脱离法国的管制后,约旦也于1946年脱离英国取得了独立。

在所有的殖民地中,印度的领土最为辽阔。自1885年起,印度人就开始准备一场现代的民族主义政治运动,最终印度于1947年摆脱英国的统治,获得了独立。尽管如此,这块次大陆却因宗教问题而分裂为印度和巴基斯坦两个国家。因其幅员辽阔,地位重要,我们将在下一章(第22章)对印度作更大篇幅的讨论。

在印度独立同年,联合国通过一项决议,同意对英国的托管地巴勒斯坦进行分隔,原因是居住在巴勒斯坦的犹太人与阿拉伯人发生了激烈的冲突。1920年,居住在巴勒斯坦的犹太人只有6万左右,约是阿拉伯人的十分之一。两次世界大战期间,巴勒斯坦的犹太移民和定居者不断增加,犹太人被迫逃离家园部分是因为在纳粹的统治下,他们在德国以及德占区受到越来越残酷的迫害。阿拉伯人对这股来自欧洲的新移民浪潮表示反对,由此导致双方不断的武力冲突。为了缓和紧张气氛,英国严格控制了犹太移民的人数。然而,面对纳粹惨无人道的大屠杀,犹太人热切渴望拥有自己国家主权的安身之处。为此,他们仍继续以非法方式进行移民。

1947年,当联合国宣布分治计划时,英国已准备撤出巴勒斯坦。阿拉伯人和犹太人都手持武器准备一战。1948年,大卫·本-古里安宣布成立以色列国,由此引发了邻国迅速对其发动武装进攻。这个新建立的国家在经历战争后幸存了下来,甚至还稍稍扩大了其国界,但它没能与邻国签署和平条约,只签订了停火协议。由于当时没有新的政府成立,并宣布对巴勒斯坦留存的领土拥有主权,因此约旦国王坚称自己的国家对这块领土拥有控制权。人们将这片区域称为约旦河"西岸"。但巴勒斯坦的整个局势仍极不稳定。

在中国,由毛泽东领导的共产主义革命在1949年夺取了政权,关闭了外国列强占领的通商口岸,宣布中国从此掌握了自己的命运。反共产党的国民党军队逃到台湾岛,中国也因此成为一个分裂的国家,尽管台湾的面积仅占中国大陆面积的三百分之一,人口也仅为大陆的百分之二。由于中国国土的广袤和重要性,中国的革命史和其作为一个共产主义国家的重建过程将在下

736

孩子们正飞奔逃离壮庞,南越,1972年6月8日。孩子们一路飞奔以躲避美军的凝固汽油弹的袭击。

一章中进行介绍。

在东南亚地区，日本在第二次世界大战期间驱逐了欧洲的殖民势力。战后，欧洲人试图重返亚洲，但面临亚洲民族主义者的反抗，这些民族主义者不愿再接受殖民主义。印度尼西亚是东南亚地区国土面积最大的国家，该国的政治家阿齐姆德·苏加诺（1901—1970年）曾被荷兰人囚禁，后被日本人释放。在荷兰人试图重返印尼前，苏加诺就于1945年宣布印尼独立。荷兰人确实在1946年重新回到印尼，在英国的协助下试图用武力重建对印尼的统治。然而在1949年，即历经4年的战争后，在美国威胁要中止马歇尔计划对荷兰的援助后，荷兰人只得撤离，承认印尼的独立。

第二次世界大战期间，日本还占领了越南。第二次世界大战以后，法国人企图重建其对越南的殖民统治，但遭到武装反抗和由胡志明领导的游击战。胡志明为共产主义越盟即越南独立同盟会的领导人。组建于1939年的越盟旨在抵抗法国的殖民统治，后来转向抵抗日本的侵略。如今，越盟不得不再次同法国较量。1954年5月，法国人在决定性的奠边府战役中惨败，只得与越南独立同盟会签署休战协议，决定在北纬17度将越南一分为二，北越由越盟领导。在南越，法国人将整个主权转交给一个反共产主义的新政府，随后撤出了军队。但在这之后，南越陷入了内战中。共产党政府领导下的北越不断要求统一国家，并支持越共分子推翻南越政府。令人悲哀的是，美国把越南的这一场民族主义分子的内战误认为是冷战中的一场战争，且又不善于打游击战，因此不断地将自己的士兵送往越南，支援南越政府，但这是一场注定要失败的战争。1973年，美国最后签订了和平协议。越南战争失败，美国丢尽脸面，于1975年撤出了所有的部队。在整个越南战争中，美国损失了58 000多名士兵，南越有200 000人死亡，其他盟国损失5 000名士兵，此外，100多万越南平民也在战争中死亡。仅在南越，这场战争就使得650万人流离失所。1976年，在北越人的统治和执政之下，越南最终获得统一。

越南战争极大地打乱和影响了美国人的国内生活。20世纪60年代和20世纪70年代早期，美国的民权运动、女权运动以及全国上下举行的反对越南战争的示威游行，引发了一场文化冲突。这场冲突生机勃勃、有声有色、尖锐刺耳，有时带有暴力，它没有节制，使整个国家发生剧烈震荡。无论是在公共场合还是私底下，有关逃脱兵役是否合法、吸毒、性自由和头发留多长才算适宜等问题一直困扰着数百万的美国家庭，老百姓为这些问题争执不已。约翰逊总

737

战争失败，美国从西贡撤走最后一批军事人员，1975年4月30日。历经十多年的越南战争震惊了美国，国内民众怨声载道，同时也暴露出美国缺乏对海外民族主义游击战的理解。

统（1963—1968年）被反越战运动弄得精疲力竭，放弃了连任竞选。1973年，在理查德·尼克松担任总统以后，越南战争才终告结束。1972年，尼克松总统访华，在外交上承认中国，并最终同意中国在联合国安理会拥有席位，取代了原先由台湾政府占据的这一席位。尼克松对共产党中国的访问标志着美国与共产主义国家关系的转折。

非洲

从名义上讲，虽然埃及自1922年起就是一个独立的国家，但是直到1956年埃及才对苏伊士运河拥有全部的主权。1957年，加纳是第一个脱离英国获得独立的黑非洲国家。大多数法属殖民地在1960年独立。其他几十个殖民地在以后的十年中相继获得独立。

埃及

1952年，一批埃及陆军军官，其中一名叫加马尔·阿卜杜尔·纳赛尔（Gamal Abdel Nasser, 1918—1970年），推翻了埃及政府，迫使国王法鲁克退位，并坚持要求脱离英国的控制获得独立。1956年，英国从苏伊士运河撤军，埃及将这条航道收归国有。由于以色列常常受到埃及的跨境游击突袭，因此，以色列与英法两国达成一致，联合起来以重新夺回苏伊士运河，终结跨境袭击，并要求埃及改变统治政策。以色列军队于10月底向埃及发起进攻，几天后，英法两国向埃及投放炸弹，而且空降伞兵加入战斗。美国总统艾森豪威尔对自己同盟国的这一新殖民行动十分意外，愤怒不已，便向他们施加压力，要求他们从埃及和苏伊士运河撤军。其结果是，纳赛尔在整个阿拉伯地区受到英雄般的赞誉，人们称他是个能对抗西方强权、瓦解敌人和消灭敌人的英雄。1967年，纳赛尔与苏联达成一项协议，接受苏联的援助在尼罗河上建立阿斯旺高坝，这是当时最宏伟的水电工程之一。尽管阿斯旺高坝对该地区的生态带来了问题，但它全力以赴保护了古埃及的建筑奇观。纳赛尔于1970年去世，他的继任者恩瓦尔·萨达特（Anwar Sadat, 1918—1981年）驱逐了所有的苏联顾问，再次显露出第三世界政治事务的变化无常，第三世界的政治事务也给第一和第二世界国家带来了麻烦。1981年，萨达特遇刺身亡，他的继任者霍斯尼·穆巴拉克（Hosni Mubarak, 出生于1928年）仍坚持疏远苏联、与美国友好的外交政策。

738

解除在苏伊士危机期间实行的对苏伊士运河的封锁，1956年。图中载满爆炸物的埃及护卫舰阿布克号（Abukir）是封锁苏伊士运河的有效工具。两艘德国海上营救船"活力号"（Energie）和"耐力号"（Ausdauer）将它从运河中抬起。阿布克号是安置在苏伊士运河上的最后一个障碍物，一旦被解除，苏伊士运河即可重新通航。

刚果

　　1960年发生的"刚果危机"再次显露出冷战中的超级大国、其他国际利益集团，以及各种各样的、复杂的亚国家层次的单位在这个刚刚独立的国家中的利益冲突。刚果拥有丰富的金刚石、铜、咖啡和原油资源，钴的储量占世界已知储量的70%。早些时期，在人们普遍使用合成橡胶前，刚果就以天然橡胶而闻名于世。为得到这些产品带来的收益，比利时国王利奥波德二世于1885年首先攫取刚果，将其作为个人的殖民地。由于利奥波德二世统治残暴，因此比利时政府在1908年接管刚果，但是暴力和独裁依然是比利时人统治的特点。直到1957年政治权力下放，刚果人民开始有限度地实现了自治。一小部分受过教育的刚果人在看到非洲其他殖民地为争取独立而做准备时，也开始表明国家的各项政治要求，比利时政府同意对当地政府进行选举。在所有主要的竞选者中，约瑟夫·卡萨武布（Joseph Kasavubu，约1910—1969年）是支持刚果独立的早期代表，但是他所关注对象主要集中在自己的部族"巴刚果"（Bakongo）人民的身上。帕珀斯·卢蒙巴（Patrice Lumumba，1925—1961年）则提供了一个更面向全国、更为军事化的领导。1959年1月，反政府骚乱暴发。比利时开始重新考虑自己的选择。1960年1月，比利时在布鲁塞尔召开圆桌会议，以极快而又不切实际的速度宣布刚果将于1960年6月30日独立。

　　在欢庆独立大会上，卢蒙巴这位新当选的总理，发表了一篇措辞激烈的演说，流露出他对比利时那由来已久的满腔怒火。

> 　　我们不再是你们玩弄的猴子……为了换取微薄的薪水，我们受尽剥削，做那些使人筋疲力尽的工作。这些薪水既不能让我们吃饱穿暖，住得起像样的居所，也不能让我们养育深爱的孩子。
>
> 　　我们知道，因为我们是黑鬼，所以日日夜夜遭到讥笑、侮辱和攻击。我们知道，凭借所谓的合法文件，我们的土地被掠夺了。可是在现实中，这些似乎是合法的文件只认可强者的权力……但是最终，谁会忘记那绞刑架和枪决室，在那儿有这么多我们的兄弟消亡枯萎；还有那狭小的牢房，在那儿关押着在士兵枪口下幸免于难的人——这些士兵已被殖民统治者训练成它们的统治工具？
>
> （Andrea 和 Overfield，第507—508页）

　　刚果独立期间，军队叛变。新任总统卡萨武布罢免了总理卢蒙巴；作为回击，卢蒙巴也将卡萨武布撤职。这时，莫依·冲伯（Moise Tshombe，1919—1969年）宣布，刚果最富裕的地区——加丹加，将在他的领导下实行自治。比利时人支持冲伯的行动。卡萨武布和卢蒙巴恳求联合国给予援助。卢蒙巴希望抵达刚果的联合国维和部队采取武力措施，使拥有丰富矿藏的加丹加重新回到刚果，但卡萨武布却不希望这样，最终联合国部队没有采取行动。卢蒙巴又请求苏联给予帮助，从而使刚果处于冷战战火中。卢蒙巴后被卡萨武布抓获，逃脱后又再次被俘，被转交给加丹加的分离主

我们是怎样知道的?

对殖民主义遗产的评估

随着殖民时代的结束,历史学家们在评估殖民统治所带来的影响时,产生了严重的分歧。在圣地亚哥的加利福尼亚大学度过大部分学术生涯的斯塔夫里阿诺斯(Leften Stavrianos),主要从经济角度出发,提出了马克思主义的批评观点。他认为,殖民统治"在工业和商业方面使生产率达到了前所未有的高水平",但支付给劳工的报酬和分配给殖民地的财富均未得到相应的增长。在许多殖民地,白人定居者和大种植园园主占有最肥沃的土地。农村地区则是一团糟,这是因为:

私人财产分配取代了原有的集体土地所有制和集体土地耕作方式……如今土地仅仅是所有物,粮食纯粹是交换品,邻里都是普通的财产所有者,劳动只是一种谋生的方式。(Stavrianos,第9页)

随着工业革命的日趋成熟,发展成资本主义工业,对殖民地的剥削也开始变本加厉。最终导致的是永久性的悲惨局面。

所有这些全球经济趋势结合在一起,造成了当前发达的西方和不发达的第三世界之间的差异。但是不发达并不意味着没有发展。确切地说,第三世界的发展是一种扭曲的发展——是一种旨在生产某些满足西方市场所需商品的发展,而不是满足当地的需求的全面发展。总之,这种扭曲的发展早已为世人所熟知,它是阻碍第三世界经济增长的祸根。(Stavrianos,第11页)

研究西方文明史的西奥多·凡·劳(Theodore Von Laue)对于经济不平衡的现象发表意见不多。劳深受犹太教与基督教观点的影响,特别指出殖民统治中出现的文化动乱现象,指出在西方自由价值观的影响下出现的自相矛盾的理论:

简言之,全球的西方化革命具有双重的推动力。一方面是推动了自由、公正与和平——这些是欧洲的优良传统——而另一方面(在基本上是无意识的情况下)西方化革命具有以某种自身的想法重新改造世界的原动力。

然而,向西方价值观的转变并不彻底:

在全球普通行为模式的影响下,在最受瞩目的文化、科学技术和大规模组织的协助下,世界仍保留着原有的文化多样性。传统文化虽处于消失的危险中,但仍保留在处于社会底层的人们的生活当中。敌对的政治思想体系和目标仍继续着它们的对抗。世界各大主要宗教一如既往地相互激烈竞争。在全球市场中,世界各国的处世态度、价值观和生活方式毫无约束地融合在一起,在越来越令人难以决定的对比中,将先前所有的绝对真理归纳成不确定的假设。

凡·劳期待着这么一天的到来,到那时所有的人

都愿意,甚至以组合家庭、繁衍后代的亲密方式,将自我同其他数十亿人融合在一起。

很可能,那时的一般价值观会成为西方启蒙运动的价值观。

蒂帕什·查克拉巴提(Dipesh Chakrabarty)对西方价值观将引领其他价值观的假设提出了质疑。查克拉巴提出生在独立后的印度,在澳大利亚和美国接受过教育,并先后在这两个国家执教。查克拉巴提认为殖民统治者最大的(自我)欺骗就是把欧洲的价值观宣扬成适用于全世界的价值观,并要求历史向这个目标靠拢:"第一步是要在欧洲实现这个价值观,其次就是要在世界各地树立起欧洲的价值观。"查克拉巴提对世界其他国家将等候在欧洲的"候车室"这一看法持否定态度。他的确欣赏欧洲启蒙价值观,但他认为欧洲的价值观并不是唯一符合人类发展的价值观,不应也不必成为全球的价值观。查克拉巴提没有发表自己对经济问题的看法。然而,对于由殖民统治带来的文化转变,查克拉巴提不打算认同凡·劳对排他的西方价值观的颂扬,也不期盼有朝一日,西方价值观会成为唯一的胜利者。

- 你认为殖民统治带来的经济技术影响和文化影响中,哪个影响更重要? 请具体说明。
- 在某种程度上,20世纪40年代中期至80年代中期的冷战部分显示出西方价值观,你认为殖民地国家应从西方国家吸取哪些价值观?
- 假设某天全人类的价值观都变得相似,你认为这是一个不错的设想吗? 为什么? 如果这是一个不错的设想,那么这应该是一个什么样的价值观? 技术价值观占多少比重?

740

从空中俯瞰发生在利奥波德维尔的暴乱，比利时占领下的刚果，1959 年 1 月 6 日。画面中刚果人潮水般地穿梭于街道，掠夺和放火烧毁居民村中比利时人开的商店。暴乱在刚果首都持续了两天，导致 35 人死亡。

义者，并遭到杀害。卢蒙巴被杀，比利时政府明显是同谋，而美国中央情报局也协助了此事。直到 1963 年，联合国部队才击败加丹加的分离主义者及其雇佣军队。但在那时，刚果的其他省份也起而反抗中央政府，在欧洲雇佣军的帮助下，政府平定了这些反抗。最出人意料的是，在恢复中央政府权力的过程中，曾担任加丹加分离主义者首领的莫依·冲伯成为刚果的总理。

冲伯和总统卡萨武布之间持续不断的冲突使约瑟夫·蒙博托（Joseph Mobutu，1930—1997 年，后改名为赛西赛克·蒙博托）领导的军事政变乘虚而入。在摩洛哥、法国和美国的援助下，蒙博托抵御住了外界的侵犯和持续的分离活动。蒙博托独揽大权，统治着刚果，将国家名称刚果改名为扎伊尔，把主要河流刚果河改名为扎伊尔河，还把刚果出口商品所获的大量财富转移到自己的海外账户中——据消息灵通人士估计，这些海外资产的价值高达 40 至 50 亿美元——直到 1997 年，蒙博托被赶下台，驱逐出刚果后，这一切才告结束。

刚果是一个特别完整的案例：虚弱、贫穷和新独立这三大特点影响着这个国家，族群分裂，同时又卷入冷战和国际市场的政治事务中，领导人是一个为一己私欲而实行专制统治、患有盗窃癖的独裁者。

阿尔及利亚

在阿尔及利亚居住着 100 万法国人。在经历了一场漫长而残酷的斗争后，阿尔及利亚终于在 1962 年获得独立。这场斗争也把法国逼入了内战的危险境地。摩洛哥、阿尔及利亚和突尼斯均为法国的殖民地。摩洛哥和突尼斯的独立相对来得较为容易些，1956 年通过与法国的谈判，两国和平独立，而阿尔及利亚只能通过暴力和内战来赢得独立。

741

在北非，阿尔及利亚有着最大的欧洲定居者群体。居住在阿尔及利亚的法国人，约占总人口的 12%，但这些法国人却掌握着阿尔及利亚所有耕地的三分之一。这些定居者过着富裕、舒适的生活。对他们来说，阿尔及利亚就是家乡。时至 20 世纪 50 年代早期，这些定居者中的 80% 都出生在阿尔及利亚。确切地说，阿尔及利亚不是法属殖民地，而是法国在海外的一个部分，它在法国国民议会中享有宪法代表地位。此外，整个 20 世纪 30 年代，阿尔及利亚的上层人士接受的都是法国教育，更把自己看作

是法国人而不是阿尔及利亚人。然而
在20世纪40年代，阿尔及利亚的改良
主义者逐渐打造起一个更强大的阿拉
伯-伊斯兰教国家，他们推动社会团
结，培植一种明确的民族意识，鼓动同
其他阿拉伯国家团结一致共同反抗外
来统治。

20世纪50年代中期，由民族解放
阵线领导的反抗法国统治的阿尔及利
亚革命受到法国的镇压。双方日趋对
立。暴动愈演愈烈，不仅席卷了整个
阿尔及利亚，还波及法国。当时的法
国政府即法兰西第四共和国相当软
弱，随着内战威胁的降临，便垮台倒下
了。在第二次世界大战中领导法国抵

抗运动的英雄和首领夏尔·戴高乐将军在新宪法下被要求接任总统一职。尽管形势
所迫，使戴高乐不得不把战争继续下去，但他还是选择通过谈判来解决问题，最终在
1962年允许阿尔及利亚独立，但这是在以300 000阿尔及利亚人和20 000法国人丧生
为代价才取得的。几乎所有的100万法国定居者都离开了阿尔及利亚，他们中许多
人都已经生活在这个国家好几代了。

当时，在阿尔及利亚人当中，只有7 000人受过中学教育。在1954年，接受过大
学教育的、还健在的阿尔及利亚原住民只有70人。阿尔及利亚的领导人经历过游
击战岁月，立场强硬，他们在意识形态上采用中央集权制，担负起发展国家的任务。
1969年，他们制定了一项四年计划，将1956年发现的石油和天然气资源国有化，把新
开发的石油收益大部分投入到工业中。他们提高教育经费在国家预算中的比重，从
原先占国民生产总值的2.2%提高到10%。但是国内的出生率仍居高不下。农村人
口大量涌入城市，成千上万的阿尔及利亚人移民到法国去寻找工作。

夏尔·戴高乐访问阿尔及
亚，1958年6月。自1954年起，阿
尔及利亚就奋起要求独立。1956
年，阿尔及利亚主要领导人之一
本贝拉遭到逮捕。两年后，法国
发生政治危机，在阿尔及利亚不
断遭受的挫折和要求独立的重压
下，法国的危机进一步加深。戴
高乐临危受命，接任法兰西第四
共和国的新一任总统。戴高乐一
方面尽可能地维持法国对阿尔及
利亚的统治，另一方面又使法国
人民对阿尔及利亚不可避免的权
力转交做好准备。最终于1962
年，法国撤出阿尔及利亚，阿尔及
利亚人民获得独立。

莫桑比克，安哥拉和几内亚

葡萄牙在非洲的殖民统治时间比其他殖民国家都要长。在经历了漫长的殖民
战争以及1974年的国内政变后，葡萄牙才放弃了莫桑比克、安哥拉以及一些规模
更小些的殖民地。1932年至1968年，葡萄牙在独裁者安东尼奥·萨拉查（Antonio
Salazar）及随后的马赛洛·卡塔诺（Marcelo Caetano）的领导下，不打算放弃它在非
洲的两大殖民地——安哥拉和莫桑比克的统治，在这两个地方定居着许多葡萄牙人，
葡萄牙也不愿放弃面积小得多的殖民地几内亚。葡萄牙人的统治极为残暴，他们利
用压迫性的劳动政策强迫约65 000至100 000多名莫桑比克人每年到南非的矿井中

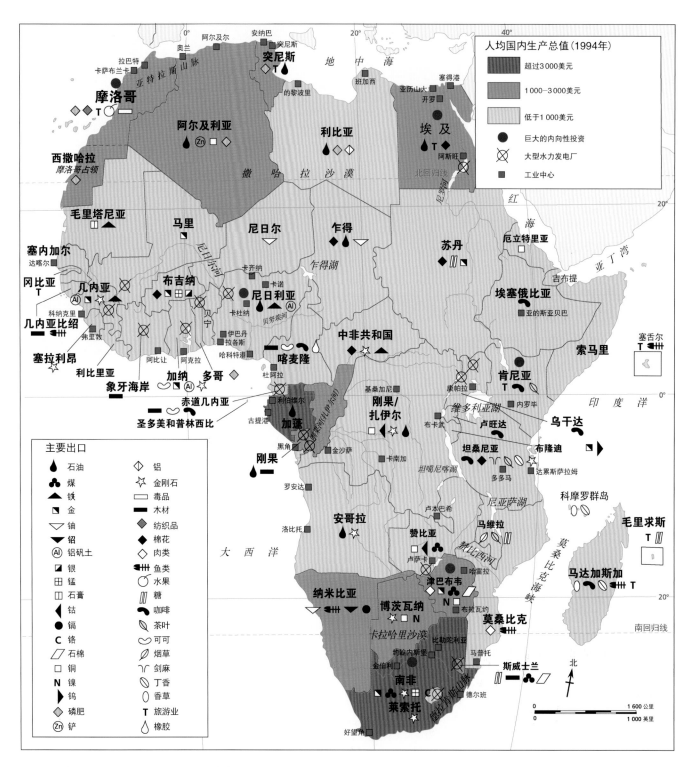

742

人均国内生产总值（1994年）

超过3 000美元

1 000－3 000美元

低于1 000美元

● 巨大的内向性投资

⊗ 大型水力发电厂

■ 工业中心

主要出口

石油		铝	
煤		金刚石	
铁		毒品	
金		木材	
铀		纺织品	
铝		棉花	
铝矾土		肉类	
银		鱼类	
锰		水果	
石膏		糖	
钴		咖啡	
镉		茶叶	
铬		可可	
石棉		烟草	
铜		剑麻	
镍		丁香	
钨		香草	
磷肥		旅游业	
铲		橡胶	

非洲的经济发展。欧洲殖民主义留下的遗产决定了非洲经济的发展必须长期依赖基础产品，主要是矿藏和经济作物。非洲的矿藏和经济作物被多国公司大量开采和利用，几乎没给非洲当地的经济带来真正的利益。政治不稳定、腐败、疾病困扰、自然灾害以及对教育和卫生的投入低，造成了非洲普遍的经济不发达局面。与非洲大陆的中部地区相比，北部地带的阿拉伯各国和南端的南非因其庞大的财富而引人注目。

劳动。每个劳工都须随时携带标有身份的通行证。新闻出版要经过严格的审查,警察也冷酷无情。尤为突出的是,在欧洲的殖民国家中,只有葡萄牙认为自己未来的伟大辉煌需要依靠本国在非洲殖民地的继续统治。(葡萄牙不愿意放弃对印度果阿的占领。果阿虽小,但对葡萄牙来说是个具有重要历史意义的地区。直到1961年,印度政府派出军队才夺回了这块飞地。)

面对国际日益高涨的反殖民主义压力,葡萄牙坚持安哥拉、莫桑比克和几内亚不是殖民地而是自己的"海外行省"。1961年,反抗在这三块殖民地相继爆发。得到由白人统治的南非的援助后,葡萄牙向游击队的自由战士发动猛烈攻击,但是战争也给葡萄牙的经济和军队带来了巨大的压力。此外,由于苏联和古巴都派遣军队援助游击队,因此莫桑比克、安哥拉和几内亚都卷入到了冷战中。1974年,葡萄牙发生军事政变,政府更迭,承认这三个殖民地独立。第三世界的反抗运动再一次战胜了欧洲的殖民强权,在这一过程中,也迫使葡萄牙国内政府发生了改变。

宣布独立后,各个国家都强调诸如资产阶级民主、工人社会主义、伊斯兰教复兴和本国民族主义等不同的意识形态。大部分非洲国家在1945年至1970年代之间获得了独立,然而许多国家的局势变得不稳定。部分是因为欧洲殖民者为了自己的方便,无视部落和种族间的差异,按照自己所需划定殖民地界线。对于这些身份问题,我们将在第23章和第24章将进行更深入的探讨。

甚至在殖民者中,殖民主义也被认为是不合时宜的统治形式——除了在极少数面积太小的地区,比如加勒比或南太平洋群岛,情况或有不同。随着新独立国家的出现,冷战的两大竞争集团力图获得它们的支持,正如我们在前文已经看到的,美苏两国经常将这些国家拉入傀儡战争中,我们在后面还会看到更多这类现象。为了抵制来自美国和苏联的这种干涉,这些国家的应对策略之一就是建立第三集团,即**不结盟国家**。

不结盟国家(non-aligned nation) 是指新独立的国家,他们在冷战中既不与美国结盟,也不与苏联结盟。

第三世界的崛起

随着殖民地的瓦解,在非洲和亚洲诞生了新独立的国家,与此同时,冷战却使欧洲陷于分裂。许多评论家都提到了三类世界或三种发展方式的出现。第一世界是西欧和美国,这些国家富裕,实行资本主义、民主制;第二世界是以共产党为领导的,国民收入中等的苏联和其东欧盟国;第三世界则包括新独立、正在寻求各自合适的国际地位、经济上较为贫困的国家。

如今,"第三世界"常常被作为贬义词使用,多用来指那些经济贫穷、技术落后、管理效率低的国家。20世纪50年代刚刚开始使用这一词语时,它却更多地含有鼓舞激励的意义。在第二次世界大战后的第一波殖民地独立浪潮中,新独立的国家面对的是一个两极分化的世界,你死我活,势不两立,敌对双方全副武装、相互交战:以美国为首的北大西洋公约组织和以苏联为首的华沙条约组织。

744

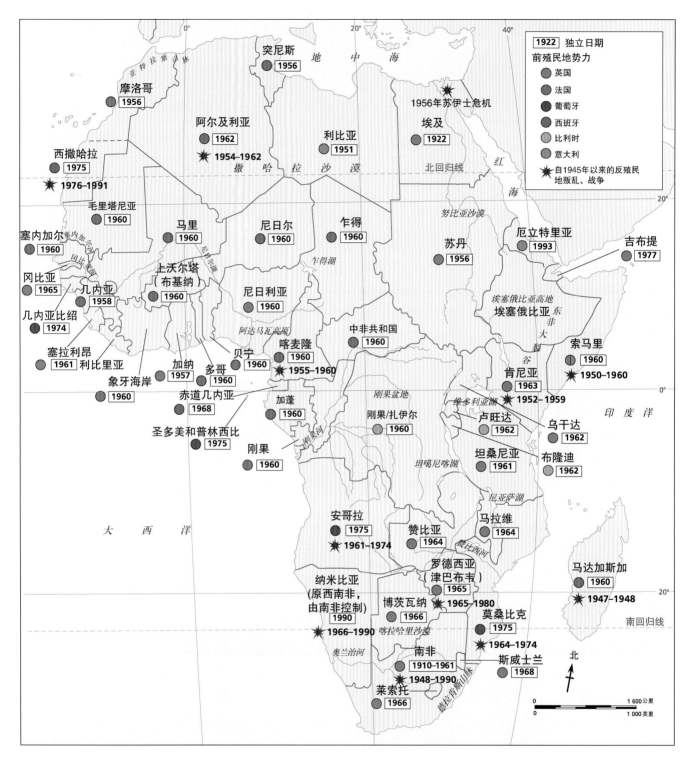

非洲殖民地的瓦解。虽然埃塞俄比亚只是在一段时间内成为意大利的殖民地，利比亚也已成为一个独立的国家，埃及也自1922年正式独立，但是大部分非洲国家是在第二次世界大战以后才获得独立。首先独立的是北非各国，然后随着1957年加纳独立，撒哈拉以南地区的非洲各国也相继获得独立。每个殖民国家都以各自的方式同意自己统治的殖民地独立。总的来说，英国和法国希望与自己原来的殖民地建立良好的关系，而葡萄牙人和比利时人则给自己原来的殖民地留下了苦涩的局面。

745

许多新独立的国家拥护第三种选择，即"第三世界"，许多国家希望不结盟，以避免偏袒任何一方。他们觉得欧洲和美国无视人的生命——两次世界大战早已显示了这一点。这些新独立的国家强烈要求裁军，尤其是对核裁军，但在当时，第一世界和第二世界却陷在军备竞赛中，先是制造原子弹，接着是氢弹，然后用更强大的火箭发射它们。第三世界呼吁国家应投资在人的基本需要上，比如食物、衣服、居所、医疗保健，以及小型的、规模适中的技术研发，这通常是通过国际援助的形式，而不是将钱花在购买武器上。它们还提醒世界其他国家，虽然在政治上它们是"新国家"，但是它们中许多国家，像印度、埃及和埃塞俄比亚等，都是文明古国，传统智慧绵延数世纪，令人自豪。

这些前殖民地国家在获得独立以后，都加入了联合国，从而改变了联合国的规模和结构。虽然第三世界在各项倡议中不经常公开提及种族问题，但几乎所有"第三世界"的成员都是有色人种，而第一世界和第二世界集团绝大多数是白种人。1955年，印度总理贾瓦哈拉尔·尼赫鲁（1889—1964年）、埃及总统加马尔·阿布德尔·纳赛尔（Gamal Abdel Nasser, 1918—1970年）和南斯拉夫总统铁托元帅（Marshal Tito, 1892—1980年）——这是一位通过斗争将自己的共产党国家从苏联的控制中摆脱出来的政治家——召集第三世界各国代表在印度尼西亚的万隆会晤，开始共同涉足国际政治事务。在万隆会议上，来自亚非20个国家的领导人提出了一项后殖民地的议程。他们要求削减全球军费开支，缓和意识形态对抗，增加对经济发展、卫生、教育、福利和住房等的支出。

出席万隆会议的各国代表并非全都来自非洲和亚洲——例如，代表南斯拉夫的铁托，南斯拉夫是一个欧洲共产党国家，是铁托将它从苏联的控制下解脱出来的。也并非所有的代表都来自不结盟国家——例如，代表中国的周恩来。在万隆会议上也没有形成任何永久性组织。但万隆会议是非西方国家领导人第一次就一个国际新秩序发表各自观点而举行的会晤。许多国家为解决地方问题也结成了地方联盟，以一个统一的战线来面对其他国际组织，包括北约和华约。这些新的地方组织包括阿拉伯国家联盟（1945）；美洲国家组织（1948），这个组织包括美国在内，并且深受美国的影响；非洲统一组织（1963）；东南亚国家联盟（1967）；加勒比共同体（1973），以及南亚区域合作联盟（1983）。1960年，中东盛产石油的国家组成石油输出国组织（欧佩克），随后非洲的各石油生产国、东南亚的印尼及南美的委内瑞拉也加入了该组织。建立欧佩克的首要目的是为了产油国的经济利益，但在20世纪70年代，该组织也积极支持其成员国就政治目的与西方国家进行谈判，欧佩克特别关心涉及以色列和阿拉伯国家的问题。不结盟国家以后又分别于1961年在南斯拉夫的贝尔格莱德，1964年在埃及的开罗，以及1970年在赞比亚的卢萨卡召开会议。

附属国和傀儡战争

许多第三世界国家在独立后都面临政治不稳定、经济贫困，以及因社会差异带来的种种挑战。尽管如此，它们中许多国家都拥有丰富的自然资源。为了遏制这种不稳定局势,为了能使用自然资源,也为了自己国家和意识形态的尊严,美苏两国都寻找机会使这些国家成为自己的同盟国和附属国。两个超级大国常常在这些刚独立的国家中积极鼓动人民发动政变,以推翻敌对政府,有时候还将它们拉入到互相对抗的战争中。

这场火药味十足的竞争所引起的国内外战争导致了惨痛的后果。美苏两个超级大国通常不会卷入直接的战争——尽管战争很血腥——而是由它们的附属国在战争中互相厮杀。从1945年至1983年,大约有1 900万至2 000万人在一百多场战争和军事冲突中丧生,多数是第三世界国家人民,其中包括:东亚战场上的900万人——多数人死于朝鲜战争和越南战争;非洲战场上的350万人;南亚战场上的250万人;中东战场的50多万人,以及两伊战争中的100万人,两伊战争从1980年打到1988年(Hobsbawm,第434页)。相对而言,第三世界各国的军事扩张以及由此引发的国土扩张比第一、第二世界的扩张更迅速。虽然北美和欧洲发达国家的军事支出翻了一番,从1960年的3 850亿美元上升至1988年的7 890亿美元,但发展中国家的同期军费几乎增长了4倍,从280亿美元增至1 340亿美元。从1960年至1988年,发展中国家的军事人员增长了一倍,从800万上升至1 650万,而发达国家的军事人数保持稳定,仍为1 000万左右。在第三世界爆发的战争中近1/3至1/2是游击战——由农民和城市工人组成小部队发动武装斗争——通常是在年轻知识分子的指挥下,反抗国家统治者的剥削,反抗支持这些统治者的超级大国。

虽然第三世界各国经济落后,政治势力较弱,但是它们也开始在世界上发挥强大的影响力,这使美苏两国感到惴惴不安。例如,南斯拉夫的铁托元帅曾领导游击队在第二次世界大战中抵抗纳粹,他在1948年拒绝接受苏联的援助,尽管当时的南斯拉夫是一个在政治和经济上实行共产主义的国家。铁托驱逐了苏联顾问,相应地,南斯拉夫也被驱逐出共产国际。

1949年,在经过一代人的游击战后,中国共产主义革命取得了成功,夺取了政权,迫使蒋介石和他的军队逃到台湾岛。随后,中国共产党与苏联签订了一个有效期30年的《中苏友好同盟互助条约》。美国官方选择不承认中国新政府,不到一年,中国与美国便在朝鲜战争中交火。中国与苏联的关系也开始恶化。1958年,中国领导人毛泽东表达了他对苏联人的不满,因为他们似乎在传播共产主义方面过于保守,又拒绝与中国分享核技术。于是,毛驱逐了所有的苏联顾问,指责他们态度傲慢。到1960年时,中国和苏联这两大共产党国家在两国的交界处发生了小规模的武装冲突。此后,苏联终止了对中国的援助,中国也开始发起反苏宣传。

拉丁美洲

就在刚果脱离比利时的控制获得独立的同时,菲德尔·卡斯特罗正在完成他在古巴推翻独裁者富尔亨西奥·巴蒂斯塔的革命,这场革命很快将卡斯特罗卷入了与美国的冲突之中。正如本章先前提到的那样,卡斯特罗紧密联合苏联,依靠苏联。这使美国人，尤其是那些为躲避卡斯特罗发动的革命而从古巴移民至美国的新美国人极为愤怒。美国人也十分担忧卡斯特罗的革命豪言和榜样会传遍整个拉丁美洲。美国积极行动起来，阻止古巴政府同西半球的其他政府一起参加各种贸易活动、机构组织和外交活动。

20世纪60年代以及随后的几十年里，从大体上说，拉丁美洲，尤其是中美洲，已成为第三世界中的特殊地区，使美国的政策制定者头疼不已，尤其使总统罗纳德·里根脸面蒙羞。尼加拉瓜、危地马拉、巴拿马和智利并不是什么"新国家"，这些国家早在一个半世纪前就已正式独立。但是它们一直处于贫困状态，因社会和民族分歧而分裂，经济上不得不依赖海外富裕国家，尤其是美国的援助。这些富国同第三世界的发展问题有着密切联系。

尼加拉瓜 美国与尼加拉瓜的紧张关系由来已久。由于尼加拉瓜政府开始给予除了美国以外的其他国家经济特权，因此为了推翻尼加拉瓜政府，美国于1909年在尼加拉瓜煽动一场暴乱，并派海军陆战队前往支援。1933年以前，美军一直驻扎在尼加拉瓜，几乎没有间断，还训练了一支尼加拉瓜国民警卫队，与他们并肩作战，捍卫美国利益。一位名叫奥古斯都·塞萨尔·桑地诺（Augusto Cesar Sandino, 1893—1934年）的尼加拉瓜军官反对美国的霸权，发动游击战，抵抗美国海军和尼加拉瓜警卫队，这场游击战打了7年。然而就在双方和谈期间，桑地诺受骗遭到逮捕，被阿纳斯塔西奥·索摩查·加西亚（Anastasio Somoza Garcia, 1896—1956年）手下的国民警卫队军官暗杀。索摩查随即夺取了对国家的控制权，在美国的支持下，索摩查将总统职位变为家族继承制，他的两个儿子在他死后先后继任总统。

20世纪50年代，《新闻报》（*La Prensa*）的编辑目睹普通百姓的悲惨境况，而索摩查和他的死党们却日益富裕，愤慨痛恨之下，他将自己的报刊转向，反对当局的统治。20世纪60年代，为了纪念桑地诺，一支以学生为主要成员，取名为桑地诺民族解放阵线的革命力量发动了一场武装游击战。索摩查政府越发肆无忌惮地搜刮百姓，反抗势力日益壮大，斗争更趋激烈，最终迫使政府流亡。到了桑地诺的支持者于1979年上台执政时，已有大约50 000人在战争中死亡。

当时的美国总统杰米·卡特（Jimmy Carter, 1977—1980年）在外交政策上是一个自由主义者，他试图与"桑解阵"新政府达成和解，但是他的继任者罗纳德·里根却几近疯狂地寻求一个得以破坏尼加拉瓜稳定局势的政策。里根冻结了卡特通过谈判拨给尼加拉瓜的贷款，下令组建一支准军事部队——人们通常称这支部队为索摩查军队，更多人叫它反桑地诺军队（*contras*）。这支军队驻扎在尼加拉瓜的邻国洪都

747

桑地诺革命期间出现的一张反美宣传海报，1979年，尼加拉瓜。注意画报中人物各部位的不同图示：帽子上的军用直升机；在示威人群中年轻知识分子举起的和平标示"Paz"；大腿上印有"我们信仰上帝"的具有讽刺意味的美钞。还有一只牢牢踩在山姆大叔帽子上的牛仔靴。受到压迫的山姆大叔一脸痛苦，面色灰白，与趾高气扬、神采奕奕的牛仔形成了反差。

拉斯，以便能越过边界对尼加拉瓜发动突袭。美国中央情报局负责训练这支军队，为他们提供装备，教授他们各种恐怖手段，中情局还在尼加拉瓜各港口暗埋地雷。这一系列行动都触犯了美国的法律，受到了国际法庭的谴责。国际法庭命令美国停止针对尼加拉瓜的军事和准军事行动。但是里根政府无视法庭的权威。在美国国会不愿为这场秘密筹划的战争拨出更多的款项时，里根政府设法安排向伊朗——一个举世公认与美敌对的国家——偷偷地出售武器以获取收益，然后秘密地将钱转交给索摩查军队。向伊朗出售武器和将资金转交给反桑地诺军队，这双料丑闻使得里根政府无地自容，但却给一些中美洲国家提供了一个大好机会，他们就解决尼加拉瓜的内战问题举行谈判，包括终止外国军队的介入和呼吁举行诚信选举等。哥斯达黎加总统奥斯卡·阿莱尔斯（Coscar Arias）在这场终结尼加拉瓜冲突的谈判中起了表率作用，因而被授予诺贝尔和平奖。从1981年至1990年，在长达9年的美尼战争中，有近60 000人丧生，另有28 000名人伤亡。自1990年起，尼加拉瓜一直由民选政府治理，同美国的关系也已正常化。

危地马拉　正如我们看到的那样，拉丁美洲抨击美国经济霸权的批评家们常常被贴上共产主义者的标签，美国经常指责拉丁美洲共产主义者把他们的社会搞得太平等主义。作为世界第二大香蕉生产国的危地马拉，在1951年举行的一次公开、自由的选举中，雅各布·阿本兹（Jacobo Arbenz, 1913—1971年）上校当选为总统。上任后，阿本兹从一家由美国人占多数股份的私人水果公司——联合水果公司手中夺取了400 000英亩的休耕地。依照土地的价值，阿本兹支付了水果公司提出的用于交税的赔偿金，但后来该公司发现，这些赔偿金根本不够用于交税。阿本兹想建一条从首都通往大西洋的高速公路，以打破联合水果公司在运输领域中的垄断地位。他还提议造一座水力发电厂，使危地马拉从此不再依靠国外的供给。除此之外，由于害怕在邻国接受训练的流亡人员对危地马拉发起进攻，阿本兹试图从美国那里购买武器，但遭到拒绝。于是，他从当时的共产党国家波兰购买武器。就在此时，一支大约由150名危地马拉流亡人员组成的小型军队带着由美国提供的装备，从洪都拉斯向尼加拉瓜发起进攻。几乎是在没有任何防御的情况下，阿本兹政府就这么垮台了。

阿本兹的继任者卡洛斯·卡斯蒂罗·阿马斯（Carlos Castillo Armas, 1914—1957年）归还了从联合水果公司手中夺来的土地，取缔了好几个政治党派，剥夺了所有文盲的选举权，其中一半是成年人，他还将那些反对他的人关进监狱，对他们进行拷打折磨，将他们驱逐出国或处以死刑。（"香蕉王国"这个词语经过演变后，描述的就是像危地马拉这样的国家：在经济上主要依靠向超级大国出口单一作

里格贝塔·门楚（Rigoberta Menchu）。门楚是一个生活在危地马拉的印第安人，1992年获诺贝尔和平奖。她的著作《我，里格贝塔·门楚：一个生活在危地马拉的印第安妇女》出版于1983年，并成为畅销书。虽然有人提出异议，认为她的这本书夸大其词，有"抄袭"嫌疑，但这部自传真实描述了印第安人受到的压迫和磨难。

物,因而在面对超级大国的政治和军事介入时显得无可奈何。)1957年年中,卡斯蒂罗·阿马斯遭到暗杀,危地马拉很快陷入内战,在20世纪90年代举行的谈判取得结果前,已有100 000人死于这场内战。1999年,美国总统比尔·克林顿在危地马拉发表演讲,"我为美国支持在这场历时36年的内战中杀害了成千上万的反叛者和玛雅印第安人的右翼政权表示道歉。"(《纽约时报年鉴》,2000,第16页)

巴拿马 1878年,在哥伦比亚政府的批准下,一家法国公司开始建造一条横跨巴拿马的运河,这条运河将建在这个国家的最北端。但是这项工程没能完成,后被挂牌出售。美国国会同意以4 000万美元的价格买下运河的建造权,可是哥伦比亚国会拒绝批准这项新的合约。1903年,美国总统西奥多·罗斯福鼓动一个小规模的巴拿马独立运动团体发起反抗,并下令美国军舰前往巴拿马以阻止哥伦比亚军队的抵达。反抗活动开始后第三天,罗斯福正式承认巴拿马独立。12天后,美国如愿以偿地拿到了建造巴拿马运河的合约,内容包括美国对巴拿马的事务有强大的干预权以保护运河及运河两岸一片6英里宽的缓冲地带。巴拿马就此作为美国的附庸国开始了它的国务生涯。1977年,巴拿马军政府与美国总统杰米·卡特达成一致,巴拿马将于2000年收回对运河的全部控制权,交接仪式于1999年12月31日准时举行,整个交接过程在宁静平和的气氛中进行。

智利 1964年至1970年,埃杜阿多·弗雷(Eduardo Frei,1911—1981年)带领智利的基督教民主党政府开始实施土地改革和有偿将美国私人公司拥有的铜矿收归国有的计划。弗雷是个稳健的政治家,因此他与美国政府建立了良好的关系。在1970年举行的总统选举中,选民想要寻求更为激进的改革方案,他们选举社会党的萨尔瓦多·阿连德(Salvador Allende,1908—1973年)为新一届智利总统。美国政府和各大跨国公司都反对阿连德的当选,而阿连德的走马上任也证实了他们的担忧。阿连德加大了土地改革的力度,收购了大多数银行的控股权,继续将外国拥有的铜矿产业国有化,这些铜矿产品占智利出口产品的四分之三。此外,阿连德还提高了政府人员的薪水,扩大了医疗和住房项目。大众的争论焦点主要集中在两个方面:一方面人们希望提高经济和社会补助,另一方面是如何找到补助资金来源的问题。阿连德的经济改革导致资金短缺和通货膨胀。美国政府大大削减了对阿连德领导的社会党政府的贷款和援助,同时国际银行也削减了提供给智利的贷款。美国中央情报局带着推翻阿连德政府的使命,秘密地向反对党和罢工人员提供资金。最终,中产阶级,尤其是女性,再也无法忍受改革所带来的混乱和经济的不稳定,说服军队采取行动。1973年9月,军事人员攻击并炸毁了总统府邸,杀死了阿连德。

智利陆军上校奥古斯都·皮诺切特(Augusto Pinochet,生于1915年)执掌了新政府后,便立即拘留和处死了成千上万的阿连德的支持者,包括男人和妇女。虽然人们惧怕和痛恨皮诺切特对反对人士的暴行,但是在美国顾问的帮助下,皮诺切特在恢复国内经济方面取得了一定的成效,他对智利的统治一直持续到1988年。在1988年的公民投票中,皮诺切特没有得到选民的支持,政府转到反对党手中。智利又回到了民

;

主制度上。

伊朗

与美国人在拉丁美洲取得的重大胜利相比,他们在伊朗却显得地位卑下。第二次世界大战期间,英国逼迫伊朗沙阿(伊朗国王的称号)退位,转而支持他亲英国的儿子穆罕默德·巴勒维(Muhammad Reza Pahlavi)即位。与此同时,伊朗对石油资源的不断开发利用给这个王国带来了新的财富。1951年,伊朗总理穆罕默德·摩萨台(Muhammad Mussadeq, 1880—1967年)违背沙阿的意愿,将石油产业国有化。为此,英国和美国联合伊朗军队在一次支持沙阿的政变中推翻了穆沙迪。

由于长期受到西方国家的帮助,伊朗沙阿加入了由美国促成的《巴格达条约》,这是一项旨在反对苏联的军事联盟协议。沙阿一边要求西方国家对石油追加投资,一边继续利用伊朗的石油财富为国家全面深入的西方化提供资金,但这一西方化过程进起伏震动大,飘忽不定。到了20世纪70年代中期,已有150 000外国人来到伊朗从事高科技产业,他们在荒无人烟的"殖民地"过着极舒适的生活。农村人口也潮水般地涌入城市,给城市的基础设施带来了巨大的负担。人口激增导致食物和其他基本必需品匮乏,而在国王的宫廷、政府、官僚中以及商业团体中,腐败现象屡见不鲜。对沙阿的强制性现代化建设持反对意见者——其中包括许多学生团体——都遭到追捕,被关入了监狱,经常受到萨瓦克(SAVAK),即沙阿的秘密警察的拷打折磨。

反对沙阿的强制性现代化进程的人包括右派的宗教学者——乌理玛(ulama,神学家或教法学家),他们哀叹国家的传统宗教受到压制;左派学生和知识分子,他们被剥夺了言论自由;已成为城市移民的农民,他们在通货膨胀、经济萧条和失业的痛苦中煎熬,忍受着放弃他们心目中的社会道德支柱所带来的精神折磨。1963年,一位名叫阿亚图拉·鲁霍拉·霍梅尼(Ayatollah Ruhollah Khomeini, 1902—1989年)的什叶派穆斯林领袖,领导了一场反对沙阿的起义,但起义失败。伊朗军队杀死了15 000名起义者,驱逐了霍梅尼。但是这位阿亚图拉从巴黎通过录音磁带和电话与伊朗国内的持不同政见者保持着联系。1979年霍梅尼回到伊朗,领导了参与人数多达500万人的示威游行。现在沙阿被逐出了伊朗。伊斯兰法律,即伊斯兰教教法,成为伊朗的国法,由伊斯兰政府开始执行。伊朗成为一个神权政治国家,因此妇女必须恢复身着盖头(chador)或头巾、披肩的习俗。霍梅尼宣布:

> 任何人,无论是谁,都无权制定法律,除了神授予的权力之外,任何人都无权以任何方式来统治国家……除了宗教专家以外,没有谁可以从事管理国家的事务。(Robinson,第171页)

伊朗对宗教改革的热情——尤其是在经历了沙阿推动实施的现代化建设后——使许多西方观察家大吃一惊。

伊朗地处重要的战略位置,盛产石油,信奉激进的宗教,国内局势趋于平安稳定,因而霍梅尼领导的革命政府让邻国恐惧,也给许多距离更远的国家带来了混乱。在霍梅尼执政的头两年中,政府处死了800人,驱逐了数千人。当美国为身患癌症、流亡海外的伊朗国王提供人道主义庇护时,霍梅尼在德黑兰占领了美国大使馆,并将52名工作人员作为人质。当时的美国总统卡特没能通过谈判解救出人质,他随后试图发动一场空中营救战,却以不光彩的失败告终。卡特在1980年的总统竞选中失利,部分归因于他在处理伊朗问题上的无能。第三世界再次对西方的超级大国的强权政治产生了强大的冲击。

霍梅尼的激进也给中东地区带来了更多的不稳定因素。他的激进鼓动了沙特阿拉伯持不同政见的宗教人士在1979年麦加朝圣期间,攻击麦加的大清真寺并以此发动反政府政变,当场就有300人丧生。由此,沙特政府向美国靠拢。1981年,与伊朗有联系的伊斯兰教激进分子在埃及暗杀了埃及总统安瓦尔·萨达特。1989年,在小说《撒旦的诗篇》发表后,伊朗的神职人员宣布该书作者、印度裔英国人萨曼·拉什迪是个异教徒,要将他处以死刑。伊朗政府悬赏500万美元换取他的人头。在英国政府的保护下,拉什迪被迫藏匿起来。在贝鲁特和其他中东中心地区,西方人时常被劫为人质。由于害怕伊朗的什叶派宗教革命会蔓延出国界,当时处于萨达姆·侯赛因执政下的伊拉克暗中接受美国的援助,向伊朗发起进攻,引发长达8年的两伊战争,数十万人在战争中丧生。

依据宗教准则的诠释,伊朗妇女继续受到法律的约束。她们必须遵守伊斯兰教的服饰礼仪准则,服从伊斯兰教对结婚、离婚、孩子监护权和工作权的法律权威。大多数伊朗妇女心甘情愿地服从这些约束以表示她们对西方文化和帝国主义的反抗立场。随着95%的学龄女童进入学堂,妇女们的读写能力上升到59%。婴儿出生率从沙汗执政时期的49‰下降到霍梅尼执政时的39‰。1987年,使用避孕产品的家庭从3%上升到23%(*World Resources*,1987,第257页)。在伊朗掀起的女权运动、民族运动和宗教运动,以一种颠覆任何传统模式的特有形式紧密地交织在一起。

1989年,霍梅尼去世,较为温和的领导人开始在伊朗上台执政,在国际上他们寻求进一步的和平关系,在国内寻求有限的政治协商。

恐怖主义

除了20世纪上半叶发生的国与国之间的战争及下半叶暴发的游击战之外,在1960—1970年代出现了另一种更为突出的战争形式:恐怖主义。同常规战争和游击战一样,恐怖主义是一种能被任何群体采用的战斗方式。恐怖主义通常向平民施以暴力,以此营造恐怖气氛,消磨敌人的战斗意志,这样,恐怖分子就有可能达到用其他手段无法达到的目的。因此,恐怖主义通常是弱者使用的手段。但是,民族政府也有可能利用恐怖手段强迫国内民众或其敌人屈从于国家的意志。为了营造

751

最恐怖的氛围,以取得最大的效果,恐怖袭击的实施必须引人注目,影响迅速广泛。近几年来,恐怖分子常用的手段包括劫持飞机、扣押人质、绑架、汽车炸弹和自杀式袭击,而且他们常常对最能引起人们注意的地方发动恐怖袭击。从某种程度上说,恐怖主义和游击战或有许多相似之处,令人难以分辨。20世纪60年代至80年代最为臭名昭著的恐怖团伙有:意大利的"红色旅";德国的"巴德尔-迈恩霍夫"(该组织的两位领袖)集团,也称"红色军团";秘鲁的"光明之路";以及西班牙的埃塔(ETA),一个巴斯克分裂主义团体。这些团伙都企图推翻国家政权,或至少逼迫国家政策进行重大变革。

人们在20世纪目睹了各式各样的恐怖活动。纳粹德国和苏联都使用过国家恐怖主义——未经法律允许的拘留、监禁、严刑逼供和处以死刑——以此来控制国内的民众。在众多的反抗殖民主义的斗争中,恐怖袭击都被当作一种反抗手段,比如,在北爱尔兰,爱尔兰共和军反抗英国统治;在阿尔及利亚,阿尔及利亚民族解放阵线反抗法国人;在越南战争中,越共反抗美国参战;以及泰米尔猛虎组织和斯里兰卡政府的对抗,泰米尔猛虎组织试图为印度南部的泰米尔人在以僧伽罗人为主的佛教国家斯里兰卡寻求一块独立的自治领地。一些最引人注目的恐怖主义行为是针对以色列政府和人民的,因为他们占领了巴勒斯坦的土地。这些恐怖主义行为包括多次劫持飞机,以及在1972年慕尼黑奥运会上对以色列代表队发动突然袭击致使大多数队员身亡,这一恐怖袭击也使奥运会世界和平的理念遭到破坏。而巴勒斯坦人则声称,以色列在约旦河西岸和加沙走廊使用"国家恐怖主义"对他们进行镇压。

虽说恐怖主义的目的是为了恐吓民众和政府,迫使他们屈从,然而其结果往往适得其反。公众很可能会被恐怖分子激怒,选择对他们进行追捕,将他们抓获或处死。不管怎么说,恐怖主义仍是那些没有强大军队的人所普遍使用的一项策略。人们会因为各种各样的原因继续实施恐怖主义,因此流传着这么一句话:"对一个人来说是恐怖分子,对另一个人来说则是自由斗士。"

寻求和平

冷战最令人吃惊的结果或许就是两个超级大国依然保持着冷静。虽然美苏两国都用武力威胁对方,不惜花重金研制武器,与各自的附属国一起耍尽阴谋诡计,甚至在古巴导弹危机中直接对峙,但是它们最终没有发动核战争。尽管美苏将其他国家拖入傀儡战争,它们自己却根本没有直接交战。据一些观察家推测,两国对核威胁的投入——确保互相毁灭(MAI)——使双方共同摆出一副男子汉惯有的姿态,而这种姿态使得两个超级大国避免了实际上的战争。

与此同时,联合国作为一个国际性的论坛,在缓和国际紧张局势,向世界不安定地区派遣维和部队以及促进国际合作项目等国际事务中取得了一定的成绩。

联合国：发展和新使命

　　至1984年，联合国的成员已扩大到159个主权国家，涵盖了世界上绝大多数国家。联合国就像是一个大家庭，在这个家庭里，新成立的国家可以获得政治上的承认和代表资格。国家的不同带来了意识形态的差异，联合国的各项决议和各种活动在政治领域中总会遭到来自这个或那个立场的批评。然而，就是在这样一个高度政治化的组织中，联合国继续执行着自己的任务，为各成员国进行会面、讨论共同目标和通过谈判订立协议提供了一个舞台。这样一个舞台并不总能带来令人满意的结果，但它仍发挥着宝贵的作用。在20世纪80年代中期，苏联领导人戈尔巴乔夫曾说过，联合国是一个"独特的工具，如果没有这个工具，那么当今的世界政治事务将是难以想象的，"尽管联合国缺乏一个国家所拥有的主权，也只有当各成员国决定赋予它权力时，它才有权发号施令。

　　联合国从各个国家召集军事人员，组成"维和"部队，将他们派遣到有可能发生冲突的地区，维护那里的治安。派遣维和部队的目的并非是为了加入战争，而是为了维持和平，因为那些地区的敌对国家表示他们的确渴望和平，但是担心没有令人信得过的"警察力量"来维护那里的和平，战争很可能（再次）爆发。联合国的维和部队于1948年首次被派往中东地区，监督以色列和其阿拉伯邻国之间的停火。这批部队至今仍驻扎在那里，维和人员分为两组，一批坚守在黎巴嫩边界，一批坚守在以色列占领的叙利亚的戈兰高地上，双方随时保持联系。1964年，一支人数不多的维和部队进驻塞浦路斯，以缓和希腊裔塞浦路斯人与土耳其裔塞浦路斯人之间的冲突——冲突的起因是土耳其裔塞浦路斯人想控制整个岛屿，从而挑起了战争。此外，在印度和巴基斯坦签订和平协议，结束他们1971年的战争后，维和部队于1972年进驻克什米尔，监控两国划定的控制线（印巴有争议地区的边界）。

　　除了在政治和军事上的贡献，联合国还表明了自己是个全球性的组织。联合国在许多方面率先组织起来以为全球人民谋福利。其中包括：协助1953年首次开展的全球人口普查；举办首届犯罪学家讨论会（1955），制定国际刑事司法准则和规范；协助谈判解决1962年的古巴导弹危机，1967年的阿拉伯—以色列战争以及1988年的伊拉克–伊朗战争。联合国第一个呼吁对南非的武器禁令（1963），并于1972年将这项禁令法律化。除此之外，首个管理海洋法的条例出台，其中包括1970年制定的监管海洋捕鱼的法律。1975年，联合国发起了一项"妇女十年"的活动，并在墨西哥城召开了一个盛大的国际会议。此后，1985年，妇女大会在开罗举行，会议主题是生育问

联合国机构

和平与战争向来是联合国关注的主要焦点。但联合国中大大小小的机构和各种活动大都与技术有关，这些机构和活动常常就各种问题的解决和促进世界繁荣举行论坛。联合国的主要机构包括：

- 国际法院（世界法院），主要处理诸如地方权力、领海、个人请求庇护权及领土主权等事宜

- 粮食及农业组织，主要任务是密切关注有关信息以改进粮食供应和分配

- 世界贸易组织，其任务是监督国际贸易，解决贸易争端，商议贸易自由化

- 世界银行，主要职责是向发展中国家提供财政援助

- 联合国教育、科学及文化组织，其职责是向教育、科学和文化方面的研究和出版提供赞助

- 联合国儿童（紧急）基金会，该基金会的任务是制定项目提高家庭福利

- 世界卫生组织，主要任务是监督和调查卫生状况

- 国际劳工组织，该组织的责任是促进就业，努力提高劳工待遇和生活水平

- 世界知识产权组织，其任务是保护文学、工业、科学和艺术作品的创作者的利益

- 人权委员会，就少数民族、种族，少数宗教群体，少数语言群体，以及原住民的权利，收集信息，并制定相关政策

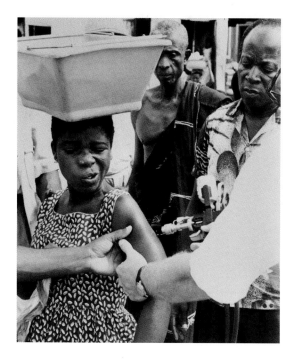

一名女孩接种天花疫苗，尼日利亚，1969年。1979年，世界卫生组织宣布天花已完全被消灭。地球上每个人都已接种了天花疫苗。

题；1995年，妇女大会在北京召开。

　　1979年，世界卫生组织宣布，地球上的所有人均已接种天花疫苗，这一传染病已被完全消灭。世界卫生组织只是与联合国一道工作的众多国际组织之一，许多国际组织都由联合国创立。其他组织包括：粮食及农业组织，其任务是努力提高农业、林业和渔业产量；国际原子能机构，其任务是监督核武器，防止其扩散，促进原子能的和平使用；国际劳工组织，其任务是制定劳动标准，提高世界各地所有工人的福利；联合国教育、科学和文化组织，其任务是鼓励研究和出版；世界银行，其任务是向贫困国家提供贷款，帮助这些国家发展。

　　此外，在意识到世界各国在水、空气和自然界中人类生存其

资　料

雷切尔·卡森的《寂静的春天》

　　美国生物学家雷切尔·卡森（Rachel Carson）的《寂静的春天》(*Silent Spring*)（1962）一书揭露了世界各地用于农业和控制昆虫的有毒化学剂——杀虫剂、杀真菌剂及除草剂，给人类、野生动物和植物带来的毁灭性后果。由于《寂静的春天》结合了科学的严谨性和新闻报道的生动性，该书被普遍视为是20世纪生态保护运动的奠基之作。

　　在人类对环境造成的所有破坏中，最令人担忧的莫过于空气、土壤、江河和海洋受到有毒物，甚至是致命物质的污染。这种污染多半是无法补救的。污染所引发的连锁反应不仅破坏我们赖以生存的地球，还摧残活生生的生命组织，而且这种连锁反应多半是无法逆转的。如今，在这个普遍受污染的环境中，化学品与辐射的结合释放出极大的破坏力，改变着地球的根本特性——改变着地球生物的根本性质，令人痛恨，却又难以察觉……喷洒在农田、森林、花园里的各种化学剂，深入到土壤里，逐渐侵入到活着的有机体中，从一处窜向另一处，引起有机体的连锁中毒和死亡。这些化学剂也有可能通过地下河流悄无声息地流往各地，直到它们出现后，通过空气和阳光的作用，化合成新的形式。这种以新形式出现的化学剂能使植物枯萎，使牛群病死，使纯净的井水变成有毒水，并对饮用井水的

人产生难以查明的毒害作用。（Carson，第23—24页）

　　卡森强有力的呼吁激起了各国民众的响应。举例来说，自卡森披露用于消灭蚊子及其引发的疟疾的最具杀伤力的化学药品之一滴滴涕对人类有毒害作用后，各国政府普遍下令禁止使用该药剂。在许多国家，尤其是在西欧国家，"绿"党纷纷登台，这些团体对环保问题都有各自坚定的纲领，而更多的主流党派开始采用他们制定的一些计划。广大人民为了保护环境也建立起诸如"世界野生动物基金会"和"绿色和平组织"等环保组织。一些农民开始用天然的方法取代化学农药来控制昆虫，消费者们也开始购买那些不使用化肥和杀虫剂的"天然"食品和"有机"食品。

　　正如卡森指出的那样，政治问题及其对每个国家生活水平的影响比技术问题更棘手。

　　地球是唯一的，但我们生活的这个世界却不是唯一的。我们所有人都依靠着唯一的生物圈来维持我们的生命。然而，各个社会，各个国家在为自己的生存和繁荣努力拼搏的同时，却很少会关注到对其他社会和国家带来的巨大影响。有些国家消耗地球资源的速度如此之快，他们留给后代的将是极少的可利用的资源。而在为数更多的其他国家，人们能利用的自然资源少之又少，他们面对的是一个充满饥荒、疾病和早逝的凄凉前景。（Carson，第28页）

他基本必需品的质量和数量上,是互为依存的关系后,联合国于1972年在斯德哥尔摩召开联合国人类环境大会,开始其防止地球生态环境恶化的行动。大会上,人们提出了诸多令人担忧的问题,其中主要的问题如下:

- 环境中的氯氟碳化合物破坏了臭氧层。氯氟碳化合物曾是喷雾剂和安装在冰箱和空调等电器中的一种主要化学物;
- 空气中的二氧化碳含量增加,导致全球气候变暖,即温室效应。二氧化碳可以吸收地球大气较低层的热量,导致地球表面温度升高;
- 废物倾倒入海,船只污染,地下水对化学品的吸收都给海洋环境造成了严重的破坏;
- 酸雨,大气中的化学污染物随雨而降,造成污染;
- 滥伐森林,尤其是在热带地区,每年至少有2 500万英亩的树林遭到砍伐;
- 从各国的实际情况来看,空气污染、水污染、吸烟都与致癌物明确相关。

总的来说,更多的发达国家将生态环境恶化问题归咎于世界人口的增长,而人口增长又主要集中在欠发达国家。但欠发达国家却将发达国家的工业视为污染源头。就世界饥荒问题而言,发达国家再次指出欠发达国家的人口给粮食供给带来了压力,但欠发达国家却批评发达国家在调控世界经济和粮食分配机制中出现的错误才是问题产生的根源。为了在一个能发挥更大作用的联合国环境项目中进行国际合作,各成员国正逐步达成一致,但是联合国缺乏主权。虽然联合国可以就各个问题收集信息、进行研究、提供建议、召开会议、开展讨论,但它没有强制执行的权力。各项任务的实施最终取决于各成员国的决定。

人口统计数据:卫生、移民、城市化和绿色革命

联合国最早发起的行动之一是协调1953年开展的世界人口普查。粮食及农业组织(1945年)是联合国建立的首个专门机构之一。此后,联合国又相继成立了世界卫生组织(1948年)和联合国人居中心(1978年)。这三大机构的成立反映了20世纪后期人口变化带来的重要意义。

20世纪后期,全球经历了人口爆炸,从1950年的约25亿上升到2000年的约60亿,人口数量增长了1倍多。1900年,世界人口仅为16亿,因此人口增长的速度十分惊人,仅在一个世纪的时间里,人口数量就增长了3倍。忧心忡忡的观察家们谈到"人口爆炸",他们认为世界将无法应对人口的增长,无法向不断增长的人口提供所需的食物,也无法向他们提供必需的服务以维持生存——如生活用水、排水系统、公共卫生措施和野外资源。随着人们注意到在一些发展缓慢、经济落后的地区,人口增长比发达地区快得多,这些地区的人口从1950年的17亿上升到1990年的40亿,警钟敲得更响了。国家越落后,人口增长越快。

　　从另一方面来说，临近20世纪末，人口出生率开始下降。父母们开始执行计划生育。于1954年发明的避孕药有助于计划生育。对于青少年和年轻人来说，避孕药在改变他们的性行为和降低出生率方面都起了推动作用。在许多富裕国家，尤其是在欧洲国家，出生率跌到了人口的置换水平以下，换言之，出生率低于死亡率。

　　在欠发达地区，出生率也持续下降，只是速度要慢得多。中国却是个例外，由于当时中国人口已超过了10亿，中央政府担心人口的不断增长会造成不良的后果，于是开始实施"一个家庭，一个孩子"的政策，农村地区更是严格执行，因此中国的出生率急速下降。与此同时，世界各国的死亡率几乎都在下降，人们寿命延长，人口增长，老龄人口不断增加。据统计，日本男性的平均预期寿命已达77—80岁，女性达到84岁。

　　然而，令人吃惊的是，全球的粮食供应超出了人口的增长。自20世纪60年代起，尤其是随着"绿色革命"的生根发芽，人均粮食生产连续30年稳定增长。在洛克菲勒基金会的支持下，农业科学家培育出并推广小麦新品种和其他谷物品种，这些新品种将粮食的生产率提高到整整5倍。虽然世界人口不断增长，但绿色革命使人类幸免于大规模饥荒。引导"绿色革命"的诺曼·博劳格（Norman Borlaug），因在这方面作出的贡献而于1970年荣获诺贝尔和平奖。

历史一览表：欧洲和美国

年　代	政　治　事　件	社会文化事件
1950年	■ 朝鲜战争（1950—1953年） ■ 埃及将苏伊士运河国有化，脱离英国统治实现独立（1956年） ■《罗马条约》（1957年）推动欧洲共同体的建立 ■ 加纳脱离英国统治实现独立（1957年）	■ 50年代后期，避孕药的供应开始普及
1960年	■ 古巴导弹危机（1962年） ■ 阿尔及利亚脱离法国统治实现独立（1962年） ■ 77国集团成立（1964年） ■ 美国卷入越南战争（1964—1973年） ■ 林登·约翰逊总统倡议制定《投票权法》（1965年） ■ 美国国防部建立国际互联网（1969年）	■ 雷切尔·卡森出版《寂静的春天》（1962年） ■ 贝蒂·弗里丹（Betty Friedan）出版《女性的奥秘》（1963年） ■ 马丁·路德·金，在华盛顿国家广场发表演说《我有一个梦想》（1963年） ■ 斯坦利·库勃里克（Stanley Kubrick），拍摄黑色喜剧片《怪癖博士》（1964年） ■ 马尔科姆·埃克斯（Malcolm X）遭暗杀（1965年） ■ "阿波罗2号"登月（1969年）
1970年	■ 欧佩克成立（1973年） ■ "水门事件"迫使尼克松总统辞职（1974年）	■ 联合国人类环境大会召开（1972年） ■ 美国宾夕法尼亚州，三英里岛上的核电站发生事故，核反应堆几近熔毁（1979年）
1980年	■ 里根总统提出"星球大战"战略防御计划（1981—1988年）	■ 万维网建立（1989年）
1990年	■《马斯特里赫条约》（1991年） ■ 波斯尼亚战争（1991—1995年） ■ 俄罗斯加入7国集团，形成8国集团（1997年） ■ 科索沃战争（1998—1999年）	■ 联合国在里约热内卢召开"地球峰会"（1992年） ■ 约10%的美国人出生在国外（1997年） ■ 国际互联网的上网人数从300万（1993年）上升到2亿（1999年） ■ 美国华盛顿州西雅图市爆发示威游行，抗议世界贸易组织（1999年）

占空地而居的印度人。 在经济不发达国家，贫民窟在庞大的城市中涌现——这是解决当地贫困和人口过度拥挤的权宜之计。在孟买（人口达1150万），这种席地而居或许看上去很不雅观，但无奈中成为解决印度城市房屋紧缺状况的办法之一。

不过，许多政治观察家却担心，绿色革命最终会导致富者愈富、贫者愈贫。这是因为新培育的种子也需要新型的肥料，需要充足的灌溉水和使用大量的杀虫剂。富有的农民有能力这样做，而穷苦的农民通常会失去土地。此外，长期使用化肥势必会降低土壤的肥沃度。最后，由于改良的种子比传统的种子能带来更高的收成，因此农民开始弃用大量的各种传统种子，而使用新培育的少数种子取而代之。农业专家们担心，一株作物的枯萎即使只影响到这些为数不多的新品种中的一种，也有可能引起灾难性的后果。为了尽可能延缓这种灾难的发生，专家们将传统种子和新种子的样品一同保存在科学实验室中，如果有需要，便可以从实验室中提取。

世界各地的人口增长并不均衡。人们逐渐从农村地区迁入城市，因而城市人口增长迅猛。据估计，1950年的世界人口为25亿，其中将近30%的人口，即7.5亿居住在城市。到了1990年，世界人口达到60亿，约45%的人口，即27亿居住在城市。换言之，至1990年，世界各国中，居住在城市的人比1900年全球的人口还要多。20世纪初，城市化与工业发展息息相关，而进入20世纪末，人口增长最为迅速的而且还在不断增长的、规模最大的城市多位于经济相对落后、工业化程度较低的地区——比如，巴西的圣保罗和墨西哥的墨西哥城，这两座城市的人口在1990年就达1 500万左右；印度的孟买和加尔各答，阿根廷首都布宜诺斯艾利斯，韩国首都首尔，中国的上海和北京，尼日利亚首都拉各斯以及巴西的里约热内卢，这些城市的人口均在1 000万至1 500万之间。

城市竭尽全力向涌入的新移民提供充足的水、排水系统、电力、交通设施和公共卫生服务。他们中许多人都居住在贫民窟。在这些第三世界国家的城市中，豪华高层公寓脚下就是与之成鲜明对比的贫民窟已成为一种常见现象。贫民窟给人们留下的印象有时多少带有点误导。有些贫民窟是些毫无前途的居住区，而有些贫民窟只是城市新移民的临时栖身之处，这些新移民总是想方设法寻找工作来改善自己的境况。城市分析学家对这两类贫民窟做了比较："绝望贫民窟"和"希望贫民窟。"

经济增长

绿色革命的兴起促进了一些欠发达地区的经济发展。然而最令人吃惊的却是出现在"第一世界"中不寻常的发展，那些在第二次世界大战中遭受严重摧毁的国家的快速发展。第二次世界大战中最大的输家在战后成了最大的赢家。

西欧 1947年，温斯顿·丘吉尔把欧洲描绘成"一堆碎石，一间停尸房，一处瘟疫和仇恨的滋生地"。但是处于废墟中的欧洲却数次出现"经济奇迹"，而"奇迹"的出现多是因为原先互相敌对的国家开始合作。1950年，法国和西德决定成立欧洲煤钢共同体，并把该组织列为独立的国际机构。1952年，欧洲煤钢共同体成立，除法国和西德外，还有意大利和比荷卢（比利时、荷兰和卢森堡）联盟加盟。欧洲煤钢共同体的成立推动了1957年《罗马条约》的签订，这个条约确定成立欧洲经济共同体，也称共同市场，该组织旨在降低并最终取消成员国之间的关税，促进货物、劳动力和资本的自由流动，制定单边海外关税制度。这个条约还确定成立欧洲原子能共同体，为原子能的和平发展利用制定共同政策。在农业方面，由于涉及国家粮食自主问题，家庭农场的神秘色彩，以及需要兼顾城乡利益等，因此农业政策上的协调一致尤为困难。但在1962年，西欧各国还是就一项"共同农业政策"进行了谈判。

1965年，《布鲁塞尔条约》的签订使欧洲煤钢共同体、欧洲经济共同体和欧洲原子能共同体合并为一，形成了一个统一的西欧经济管理机构的基础。除原有各国外，英国、爱尔兰和丹麦于1973年，希腊于1981年，西班牙和葡萄牙于1986年加入该经济管理机构。西欧正逐步朝着一个"无国界的欧洲"发展，与此同时，西欧的经济兴旺发达，人均收入成倍增长。比如，德国的人均收入从1949年的320美元上升到1978年的9 000多美元，意大利的人均收入从1960年的638美元上升到1979年的5 000多美元。在西德，每千人拥有的汽车数

原子球，欧洲原子能共同体总部，布鲁塞尔。欧洲各国相互交战达几个世纪，在1945年后终于开始建立合作机构，在原子能的和平发展合作中，相互协作不仅具有重要的实际意义，而且有重要的象征意义。1957年签订的《罗马条约》建立了欧洲经济共同体，也创立了欧洲原子能共同体，以制定一系列的共同政策。位于布鲁塞尔欧洲原子能共同体总部的原子球象征着新的使命的开始。

757

量从1948年的6辆上升到1970年的227辆；法国则从37辆上升到252辆。

西德经济的复苏步伐大大超过了欧洲其他国家。战前，西德就已拥有最完善的基础设施和受过良好职业技能培训的劳动力。随着战争的结束，西德再次将精力集中到和平发展生产上，在"马歇尔计划"的援助下，德国的重建工作迅速展开。到了1960年，西德已成为欧洲人均收入最高的国家；至20世纪70年代末，其人均收入超越美国。体现了德国人的技术和勤奋工作，东德，被并入苏联阵营的这个国家的一部分，也迅速崛起，与西德情况类似。东德是中欧和东欧增长最快的经济体。

日本 同样令人吃惊的还有日本的复苏。与德国一样，日本拥有工业基础设施和能够转换到和平生产的技术高超的劳动人员。1945年至1952年，在美国占领日本期间，美国对日本的土地进行重新分配，将掌握日本经济的财阀（垄断资本家）拆分，鼓励工会的发展壮大（直到有些工会开始成为共产主义者），对教育体系进行重新调整，首次向数百万的日本学生提供中学和大学教育，所有这些都提升了日本的竞争地位。正如对德国一样，美国也鼓动日本加入到反对苏联的冷战中。日本加入冷战后，既从美国的投资中获益，也从朝鲜战争、稍后的越南战争期间美国在供给方面对日本的依赖中获益——在这几场战争期间，日本是美军休养之地。最后，日本对美国人W·爱德华兹·戴明提出的商业管理建议态度非常严肃——比美国人当初的态度更加严肃。戴明提倡全面的质量管理体系（TQM）——生产质量的最高标准，建议从工厂的一线工人到行政管理人员都参与到工业生产计划和评估过程中来。

于1964年发生的三大事件标志着日本的政治事务重返世界大家庭，也代表着日本经济实力的恢复。一是日本加入了"经济合作与发展组织"，当时该组织成员只包括欧洲和北美各国。二是由日本自行研制的"新干线"高速客运列车"子弹列车"，以125英里（201公里）的时速穿梭于东京和大阪，成为当时速度最快的列车。三是日本东京主办了1964年的夏季奥运会。东京以全新的建筑、体育场馆、宾馆以及向奥运参赛选手和观众提供的令人满意的住宿服务，赢得了广泛的赞誉。从1959年至1973年，日本的国内生产总值以每年10.5%的速度增长。

1973年，欧佩克成员国限制石油出口，提高石油价格，给许多依赖能源的国家带来了危机。为应对这突如其来的危机，日本制定了最有效的能源节省方案，提高了工业生产的效率。日本对石油的依赖减少了25%。在寻找新的石油进口渠道时，日本开始将目光转向依靠能源较少的知识密集型产业，如电子产品和计算机产业。到了1980年，日本的人均年收入接近10 000美元，与美国11 400美元的人均收入已相差无几。由于日本的消费品，尤其是其生产的汽车，不仅效率高，而且质量好，日本人又善于开拓海外市场，加上日本有望很快超越作为世界首要经济大国的美国，因此经济学家开始提出"日本第一"的说法。

日本经济的成功发展还要归功于日本将政府的建议和引导同自主经营的私人企业有效地结合在一起。日本通产省成功地引导日本工业从钢铁生产这一类"日落"产业转向汽车和计算机这一类的"朝阳"产业，帮助这些新产业寻找金融投资和市场

758

历史一览表：苏联和日本		
年 代	**苏 联**	**日 本**
1950年	■ 第20届党代表大会上，尼基塔·赫鲁晓夫公开揭露斯大林的专制统治（1956年） ■ 赫鲁晓夫镇压匈牙利起义（1956年） ■ 苏联向太空发射首枚人造火箭、人造卫星（1957年）	■ 美国卷入朝鲜战争（1950—1953年），日本经济从中获益。
1960年	■ 亚历山大·索尔仁尼琴发表《伊凡·杰尼索维奇的一天》（1962年） ■ 古巴导弹危机（1962年） ■ 利奥尼德·勃列日涅夫镇压捷克起义（又称"布拉格之春"）（1968年）	■ 加入"经济合作与发展组织"（1964年） ■ "子弹列车"正式启动（1964年） ■ 主办1964年夏季奥运会
1970年	■ 莱赫·瓦文萨在波兰组织独立团结工会（1978年） ■ 教皇约翰·保罗二世访问波兰（1979年）	■ 因"石油危机"，日本经济受到严重打击（1973年）
1980年	■ 米哈伊尔·戈尔巴乔夫上台执政后，制定了公众事务公开原则和经济政治体制改革政策（1985年） ■ 乌克兰切尔诺贝利核电站发生部分核泄漏（1986年）	■ 与美国和欧洲发生贸易摩擦 ■ 通过《均等就业机会法案》（1986年） ■ 天皇裕仁逝世（1989年） ■ 遭遇经济衰退（1989年）
1990年	■ 由强硬派共产党人发动的反戈尔巴乔夫政变失败（1991年） ■ 苏联解体，分裂成15个国家，俄罗斯为其中最大的国家（1991年） ■ 鲍里斯·叶利钦召开立宪会议，制定俄罗斯新宪法（1993年） ■ 俄罗斯成为北大西洋公约组织准会员国（1997年） ■ 叶利钦辞去总统职务（1999年）	■ 成为对外援助最多的国家，累计捐款达140亿美元（1994年） ■ 遭遇东亚金融危机（1997年）

759

机会。东亚和东南亚的几个地区——尤其是日本的前殖民地韩国和中国台湾——都采用了这种国家引导和私营企业自主经营相结合的经济发展模式，而且都取得了巨大的成功。除了韩国和中国台湾外，中国香港和新加坡也效仿日本的发展模式，并取得了强有力且富有成效的经济发展，这四地被并称为"亚洲四小龙"。

一种新的经济增长模式正逐渐发展起来。这是一种将苏联注重计划安排、美国强调自由竞争、战时采取国家和国际合作同充分保障就业结合在一起的增长模式。从1950年代至1980年代，日本与其亚洲的效仿者或许对这一经济增长模式有了非常清楚的认识，他们把自由企业、国家规划和引导、对工人福利的关注和一个能提供保障的福利国家密切联系在一起。但日本并不是唯一以这种模式发展经济的国家。在这被人们称为"黄金时代"的几十年中，工业化世界的大多数国家均以这种经济增长模式为特征，但侧重点有所不同。即使在面对1973年和1979由欧佩克导致的"石油危机"时，这些国家仍可以实现持续的经济增长，虽然脚步有所放慢。

经济结构的调整并不是这几十年中唯一的变化。生产的商品也呈现出新的特点。在美国早已十分普遍的货车和私人汽车如今已成为大众产品。以聚合物为成分的塑料和合成材料不仅取代了棉花、羊毛等传统制衣材料，也取代了钢铁、木材等传统建筑材料。电视机、录音磁带、喷气发动机、雷达、晶体管和计算机均用塑料和合成材料制成,还有核能——有些核能于二战前发明,有些是在二战期间,还有的是在二战以后——所有这些都是新开发的产品。这些产品的上市不仅推动了富裕国家的民众成为消费群体,从某种程度上说,甚至也促使一些贫困国家进入消费社会。产品设计和质量存在细微的差异是新一轮竞争的结果,以夺取美国、日本、德国、英国、法国和意大利的消费市场,有时候差异也是新一轮竞争的目标。

竞争同样要求制造商——规模庞大的国际公司——对研究和发展注入巨大的投资。随着教育和科技研究价值的提升,每个企业都设立了"研究和发展"部门。在充分就业成为当时发达国家基本要求的情况下,制造商也在寻找节省劳动力的办法。各国的工业生产制造自动化程度越来越高,其中,日本在机器人应用中处于领先地位。机器人应用是指用机器代替人类做一些相对细致精密、专业性强的工作。与大多数国家相比,日本涉足机器人应用领域是国内人口老龄化的形势所迫。随着日本成为全球人口寿命最长的国家,日本的劳动人口与青少年和老年人的比例有所下降,而机器人的应用部分解决了这一问题。

国际组织

"黄金年代"中的经济飞速发展有赖于国际合作。1944年,在美国新罕布什尔州的布雷顿森林召开的会议促成了部分机构组织的成立。来自40个国家的代表在布雷顿森林集会,共同规划第二次世界大战后新的全球经济,这一新经济将避免第一次世界大战后接踵而至的灾难性的经济大萧条。

经各国代表商议,决定建立三大机构,即国际货币基金组织、国际复兴开发银行(世界银行)和关税及贸易总协定。国际货币基金组织的任务是向难以保持收支平衡的国家提供短期贷款。这三大金融机构的宗旨是在各国处于十分危急的情况下给予短期的金融援助。世界银行的首要任务是向遭战争破坏的国家提供经济援助,协助其重建。20世纪60年代末和70年代,随着欧洲各国从大战的经济创伤中走出来,世界银行将越来越多的目光投向了第三世界国家。世界银行关注的是这些国家的发展需求,而不单是为了减轻这些国家的贫困而向他们提供短期援助。建立关税及贸易总协定旨在降低各成员国的关税,推动国际贸易。一直到20世纪80年代,这三大国际组织为全球的资本主义国家创造了不少财富,因而得到了广泛的赞誉。而共产主义集团——苏联集团中的欧洲国家和经历共产主义革命后的中国——拒绝加入这三大组织,因为他们不相信开放的市场能作为制定经济决策的一种方式。共产主义集团拒绝接受资本主义的供求关系法则,他们更倾向于由国家制定计划,因而无法接受在布雷顿森林会议上提出的各项经济原则。从这一点说,虽然布雷顿森林会议对西方国家来说是个成功的会议,但同时又促使整个世界分裂为两个对立的集团。

起初,第三世界各国并没有受到这些新经济协议的影响,但是随着这些国家在20世纪80年代至90年代越来越多地加入全球经济事务中,它们也将提出新的问

760

我们是怎样知道的?

技术发展的社会环境

正当发达世界制造出各种新的产品,创造出更有效的商品生产技术,并设计广告使人们信服这些新产品是生活必备品时,有些人提出了他们的看法。他们质问:难道这种经济和技术发展方式就是"进步"?其中最为突出的一个观点是由评论家E·T·舒马赫(Schumacher)提出的,正如他在1973年发表的一本书的书名:小就是美。作为一名英国的经济学家,舒马赫在英国国家煤炭委员会担任了20年的计划部长。他主张经济应小规模而非大范围的发展,希望经济发展能以自然为本,而不应该以征服自然为目的:

当人类为自己的科技实力得到展现而无比兴奋之时,殊不知我们建立的是一个破坏自然的生产体系,一个摧残人类的社会形态……与所有其他目标相比,发展生产和获取财富已成为当代世界的首要目标,无论你将其他目标说得多么重要,它们仍比不上生产和财富的重要性……这就是唯物主义哲学。这种哲学也称为形而

上学,它正随着事物的发展而受到考验……如果说杀伤性武器的制造仍然被视为人类创造力合法使用的话,那么镇压恐怖活动还有什么必要……同样,只要人们还没有意识到世上有足够多的好事,但也有更多邪恶的事发生的话,那么想要减缓资源流失的速度,使有权有财阶级与平民百姓融洽相处的可能性是不存在的。

为了弄清楚经济学作为一门职业的转变过程,舒马赫对它的历史作了一番简单研究。1825年,牛津大学授予第一个政治经济学教授职位。慈善家们一开始就同经济学家一样提出了一个问题:经济学到底包含哪些方面?包括舒马赫在内的许多专家认为,经济学应从属于伦理学。1969年,诺贝尔"经济学"奖设立,这也就意味着经济学不再屈从于任何学科。但舒马赫仍认为,对经济早作预测是一种更好的做法。

阿诺德·佩斯(Arnold Pacey)是英国的一位物理学家,同时也是一位历史学家。他也认为,当技术发展与社会进程相互适应时,技术发展就能表现出最强的效率。佩斯没有像舒

马赫那样直接探讨伦理问题,但他提出创新应适应社会需求,同时社会应具备吸收创新的能力。这一想法与舒马赫的观点不谋而合。舒马赫认为技术"发展"不应为了发展而发展,而应该是以社会谋利为目标。处于技术快速发展的时代中,当第三世界国家频频想获得第一世界国家所拥有的为战争或为和平服务的那种技术时,舒马赫和佩斯不约而同地提出了道德准则,为我们带来了一个挑战:什么才是技术发展应有的合适规模?在下一章中,我们会了解到印度民族解放运动领袖"圣雄"甘地就技术发展的合适规模所作的强有力而又具体的言论。

- 舒马赫认为追求技术"进步"仅仅是为了获利,至少在一段时期内是如此,不管新技术的开发是否合乎社会需求,对于这种观点,你是否认同?请举例说明。
- 能否举例说明有些技术是合乎人类和社会发展需求的,而有些是不适合人类和社会发展需求的?
- 你认为探讨技术发展的合适规模有多大的重要性?能否在你的生活中就此问题举个例子?

761

题。这一点将在第23章中作详细介绍。综观随之而来的问题,有些问题与1973年欧佩克减少石油出口所导致的"石油危机"有关。欧佩克(石油输出国组织)成立于1960年,1973年在以色列和其阿拉伯邻国间爆发的"赎罪日"战争中,欧佩克首次凭借经济实力介入国际政治事务。为了胁迫西方各国,尤其是为了逼迫美国放弃对以色列的援助,欧佩克对美国和其他支持以色列的国家停止石油出口。美国人民也因此亲身体验到为了给汽车加油而在油泵边排着长队等候的滋味。由于缺少能源,因此美国工业不得不减少生产,削减员工。同时,全球的石油价格增长了3倍,使得各国也不得不相应减少生产。由于多数第三世界国家为非石油生产国,承受不起石油的高昂价格,也应对不了石油的短缺状况,因而第三世界在此次"石油危机"中受伤害最大。

从某种程度上说,欧佩克的行为达到了它的政治目的。一些企业停止了与以色

列的商业来往,法国同意向一些阿拉伯国家出售先进武器以换取可靠的石油供给。随着时间的推移,工业化国家学会了如何应对石油短缺的情况。他们制造出效率更高的机器,对它加以利用,细心保养,从而减少了对石油的依赖。在某种程度上,工业化国家开始改用其他类型的燃料,同时,他们发现阿拉伯盛产石油的国家为了获得新的利益,常常对包括美国在内的第一世界国家进行投资。"石油危机"的发生表明了,至少有些第三世界国家具有一定的地位,它们要求在世界经济中拥有更多的发言权,有时候第一世界国家也不得不听从他们的意见。

非政府组织和跨国公司

到目前为止,我们谈论的多半是各国政府的事务:发动战争,建立和平,介入经济技术产业等。20世纪下半叶是非政府组织蓬勃发展,影响力日趋扩大的年代。这些非政府组织改变了各个国家和经济组织的运作方式。

一般说来,非政府组织不包括私人企业,但是私人企业也是非政府组织。20世纪末,私人企业发展成多国企业和跨国企业。多国企业指的是总部设在一个国家,但在数个国家经营业务的企业。20世纪末,仅美国就已有上万家多国公司。跨国企业也同样在多个国家经营业务,但不同于多国企业,跨国公司不设有明确的公司总部。有时为了财政上的目的,通常是为了逃税,跨国企业将大多数的财政部门设在拉丁美洲的开曼群岛或库拉索岛这样既小又相对无规章制度管理的国家,因而管理和监督跨国公司是件困难的事。当多国企业或许最终不得不在追求基本利润和必须遵守自己国家法律和职业道德间权衡时,跨国公司却只以利益为上,无视诚信。跨国公司日益显出强大的竞争力,只是更多地表现在追求利益而非价值观念上。

与此同时,越来越多规模较小的一般非政府组织也初具规模。成立于20世纪50年代的"世界野生动物基金会",如今是个拥有500多万名成员、在100多个国家进行运作的组织。世界野生动物基金会是国际上最大的由私人提供赞助的自然环境保护组织,致力于保护地球生物的多样性,提倡可持续自然资源的再生利用,帮助减少污染和挥霍性消费。

"大赦国际"是一个拥有近200万支持者、致力于保护人权和推动人权发展的国际组织(其总部设在英国伦敦)。"大赦国际"将《世界人权宣言》视为榜样。该组织采取行动,制止对身心健全权利、信仰和言论自由权利和免受歧视权利的肆意滥用。"大赦国际"发起运动,呼吁释放政治犯,保证对政治犯进行公正的审判,保护难民,废除死刑,停止政治谋杀和酷刑。同时,"大赦国际"试图将那些违反人权的人归案受审。为了向政府、武装政治团体、企业和其他组织施加公众压力,阻止权力的滥用,"大赦国际"到处宣传其调查结果。"大赦国际"在一个拥有各种组织的国际团体中发挥着自己的作用,确保所有的人权得到支持和尊重。为保持该组织的独立性,"大赦国际"不接受任何政府提供的资金。

牛津赈灾会,原名为牛津饥荒救济委员会,其开创者可追溯到一批贵格会知识分子、社会活动家和牛津大学的教师,他们在第二次世界大战期间建立了一个组织,向希腊援以饥荒救济。战后几年,该委员会将注意力转向欧洲。但是早在1951年,牛津赈灾会就向印度人民提供饥荒救济,又于1953年朝鲜战争结束之际,向无家可归者、挨饿的人以及孤儿提供救济。20世纪60年代,牛津赈灾会将第三世界国家视为主要的援助对象,但该组织并不将饥荒救济作为重点,而更关注于向第三世界国家提供生存工具,让人们用这些工具来提高自己的生活水平。这种自助项目重视各团体(社区)供水量的增加、农业实践的加强和医疗服务的完善。同时,牛津赈灾会开始准备教育材料向第一世界国家解释造成贫困和痛苦的根源,阐明第一世界同第三世界的密切关系,以及第一世界国家在帮助第三世界国家人民提高生活物质条件方面能够起到的作用。该组织开始公开游说政府和个人为第三世界的发展计划提供援助,又在第三世界设立现场办公室,帮助自助项目的实施。1963年,牛津赈灾会加拿大分会成立,这是牛津赈灾会在海外设立的第一家隶属委员会。牛津赈灾会美国分会在1970年成立。同其他分会一样,它是一家有着广泛群众基础、不接受政府资金的组织。

这三大知名的组织仅仅是数千个多国和跨国组织中的一小部分。许多规模更大的组织为贸易联合组织、宗教团体、体育运动爱好者组织和艺术家团体。举例来说,苏联解体的部分原因就是因为莱赫·瓦文萨创立的独立团结工会得到国际劳工的支持,还因为红衣主教沃提拉(约翰·保罗二世)被推选为罗马天主教会的教皇。很多相同的利益推动了国际性的政府和商业组织的形成,同时很多相同的技术使它们的运作成为可能,而这一切也导致数量众多的非政府组织的建立,通过这些组织,普通民众建立起国际交流、合作、行动的网络。

763

民间组织证明了草根阶层参与公共活动的重要性,证实了小规模组织也有能力影响实力强大的政府和企业。通过非政府组织循序渐进的努力和时而暴发的公众示威游行,普通百姓得以表达他们的愿望和心声。

冷战的遗产、殖民地的瓦解、经济和社会发展: 影响及意义

一种善意的怀疑态度影响着20世纪的转变。"胜利者"获得了更多的财富、权力和便利,千百万长期受殖民统治压迫的人们在政治上获得了独立。然而就算是最幸运的国家也时常感受到不安的氛围,因为20世纪的战争是最血腥的,20世纪的武器是最为强大、最令人胆战心惊的,这些武器潜藏着能摧毁所有人生命的可能。政府展示了实力,它们这么做不仅是要在战时同敌人进行较量,也是为了对付国内大批民众,将他们监禁、驱逐和消灭。运输和通讯的发展则意味着世界的每一个角落都密切

联系在一起。对于地球和海洋还有多大能力可以承受住新技术给地球资源带来的压力，一些棘手问题随之而来。即使对于"胜利者"来说，20世纪也是一个充满忧虑的时代。

对于那些不怎么走运的国家来说，贫穷、奴役、疾病和饥荒仍是它们共同的命运。即便专家们宣称新技术可以为全世界不断增长的人口提供足够的粮食，但政府出台的政策，无论是国家的还是国际的，都无法提供必要的法律和技术分配手段。

然而，在乐观主义者和悲观主义者的种种猜测中，战后的岁月似乎更倾向于乐观主义者。世界大战中止了。虽然历经了傀儡战争，但在冷战中推出的核武器仍未付诸使用。几乎所有的殖民地都获得了独立。联合国组织作为一个全球论坛为世界各国聚在一起，表达共同的需求提供了一个平台。联合国的工作范围在不断扩大，不仅要解决冲突、维护和平、制定国际法律，还要探讨教育、儿童福利、妇女地位、劳动关系、人权、生态环境、定居方式，以及相宜技术等问题。全球经济——食品和消费品生产——要比人口增长快得多。一些观察家把战后重建、殖民统治瓦解，以及经济发展的这些岁月称为黄金时代。

复习题

- 美国和苏联展开冷战竞争的原因是什么？
- 为什么殖民统治一旦开始瓦解，就迅速走向崩溃？
- 超级大国和新独立的国家是如何为了各自利益而相互利用的？请举例说明。
- 非政府组织在社会中起着什么样的作用？请举例说明非政府组织是如何改变一个国家的政策的。
- 为什么在1945—1985年间，生态问题成为人们关注的焦点？请举出部分例子加以说明。
- 许多观察家特别将西欧经历的1945—1973年这段时间称为"黄金年代"，这是为什么？非洲、亚洲和拉丁美洲经历的这段时间能否也称为"黄金年代"？为什么？

764

推荐阅读

PRINCIPAL SOURCES

Applebaum, Anne. *Gulag. A History* (New York: Doubleday Books, 2003). A comprehensive scholarly account, stressing the economic importance of the Gulag and humman relations inside it. Complements Solzhenitsyn's first-person, fictionalized account.

Bulliet, Richard W., ed. *The Columbia History of the 20th Century* (New York: Columbia University Press, 1998). Comprehensive and thoughtful collection of articles by theme rather than chronology.

Burns, E. Bradford. *Latin America: A Concise Interpretive History* (Englewood Cliffs, NJ, 7th ed., 2001). A standard comprehensive, thematic approach, examines social and political relationships. Especially strong on Brazil.

Carson, Rachel. *Silent Spring* (New York: Penguin Books, 1965). An attack on the chemical and pesticide industries. The most important single book in launching the modern ecological movement.

Dower, John. *Embracing Defeat* (New York: W.W. Norton, 2000). A comprehensive, wonderfully readable story of America's occupation of Japan, 1945–52. Emphasizes the human contacts more than the institutional changes.

Fieldhouse, D.K. *Black Africa 1945–1980* (London: Allen and Unwin, 1986). An attempt to understand what has gone wrong in independent Africa, and why.

Friedman, Thomas. *From Beirut to Jerusalem* (New York: Farrar, Straus and Giroux, 1989). Presentation of the continuing Israeli-Arab hostility by a leading *New York Times* reporter.

Goncharov, Sergei N., John W. Lewis, and Xue Litai. *Uncertain Partners: Stalin, Mao, and the Korean War* (Stanford: Stanford University Press, 1993). Reveals the bargaining and ultimately the hostility between the communist leaders.

Harden, Blaine. *Dispatches from a Fragile Continent* (Boston: Houghton Mifflin, 1990). *Washington Post* bureau chief in sub-Saharan Africa calls it the way he sees it, and not much is very pleasant or elevating.

Keen, Benjamin. *A History of Latin America*, 2 vols. (Boston: Houghton Mifflin, 7th ed., 2004). Good, standard comprehensive coverage. Now expanded into two volumes.

Kenez, Peter. *A History of the Soviet Union from the Beginning to the End* (Cambridge: Cambridge University Press, 1999). A study and evaluation of principal institutions and their impact. Thoughtful analyses and evaluations.

Kennedy, Paul. *The Rise and Fall of the Great Powers* (New York: Random House, 1987). Kennedy's focus on the balance between economic health and military preparedness among the great powers provides a fascinating theme and an abundance of useful data.

Morris, Benny. *The Birth of the Palestinian Refugee Problem 1947–1949* (Cambridge: Cambridge University Press, 1988). A major revisionist historian indicts the Israelis for driving many Palestinians out of their homes.

Morris, Benny. *Righteous Victims: A History of the Zionist-Arab Conflict, 1881–1999* (New York: Knopf, 1999). Revisionist historian finds plenty of blame to go around for the continuing Arab-Israeli struggle and the inability to resolve it.

Service, Robert. *A History of Twentieth Century Russia* (Cambridge: Harvard University Press, 1997). The story told largely through the actions and statements of Russia's leaders.

Sigmund, Paul, ed. *The Ideologies of the Developing Nations* (New York: Praeger Publishers, 2nd rev. ed., 1972). Excellent selection of observations, analyses, and manifestos by leaders from throughout the third world in its heyday.

Solzhenitsyn, Alexander. *The Gulag Archipelago*, 3 vols. (New York: Harper and Row, 1974–8). The terrifying revelations of the prison system at the base of Soviet government control of its citizens.

Stavrianos, Leften. *Global Rift* (New York: Morrow, 1981). A left-wing interpretation of the divisions between the rich and poor nations of the world, and what caused it.

Vogel, Ezra. *The Four Little Dragons: The Spread of Industrialization in East Asia* (Cambridge: MA: Harvard University Press, 1991). Korea, Taiwan, Singapore, and Hong Kong demonstrated that countries could leap from the third world to the first. Vogel shows how they did it.

ADDITIONAL SOURCES

Andrea, Alfred and James H. Overfield, eds. *The Human Record*, Vol. 2 (Boston: Houghton Mifflin, 3rd ed., 1998).

Avishai, Bernard. *The Tragedy of Zionism* (New York: Farrar Straus and Giroux, 1985). Covers the impact on the Arab world as well as the Jewish.

Black, Maggie. *A Cause for Our Time: Oxfam, the First Fifty Years* (Oxford: Oxford University Press, 1992). Recounts the history of the organization, the tough decisions it has made, and its increasing influence in development planning.

Duus, Peter. *Modern Japan* (Boston: Houghton Mifflin, 2nd ed., 1998). Excellent, comprehensive text.

Fanon, Frantz. *The Wretched of the Earth*, trans. by Constance Farrington (New York: Grove Press, 1963). Classic statement of the psychological wounds of colonialism. Calls for anti-colonial violence as a means of healing.

Gibney, Frank. *Japan: The Fragile Superpower* (Tokyo: Charles E. Tuttle, 3rd rev. ed., 1996). Captures both the strengths, and the surprising weaknesses, of Japan near the end of the twentieth century.

Hobsbawm, Eric. *The Age of Extremes: A History of the World, 1914–1991* (New York: Pantheon Books, 1994). The dean of living historians surveys the scene politically, economically, and culturally. Engagingly written.

International Institute for Environment and Development and the World Resources Institute. *World Resources 1987* (New York: Basic Books, 1987). Basic report with abundant quantitative information.

Johnson, Hazel and Henry Bernstein, eds. *Third*

World Lives of Struggle (London: Heinemann Educational Books, 1982). Marvelous and touching selection of biographical and autobiographical sketches of people's lives with some poetry and interpretive articles as well.

Kaufman, Burton I. *The Korean Conflict* (Westport, CN: Greenwood Press, 1999). Brief history and analysis of the war supported by primary documents and biographical sketches.

Kochan, Lionel and Richard Abraham. *The Making of Modern Russia* (London: Penguin Books, 1983). Useful on the Khrushchev and Brezhnev years.

Nkrumah, Kwame. *Ghana: The Autobiography of Kwame Nkrumah* (New York: Thomas Nelson and Sons, 1957). Leader of the first black African country to achieve independence from British rule tells his story, up to 1957.

Nugent, Neill. *The Government and Politics of the European Union* (Durham, NC: Duke University Press, 5th ed., 2003). Dry but comprehensive, thorough examination of the major institutions and their significance.

Power, Jonathan. *Like Water on Stone: The Story of Amnesty International* (Boston: Northeastern University Press, 2001). Recounts the struggles of this pre-eminent international human rights organization.

Robinson, Francis. *Atlas of the Islamic World since 1500* (New York: Facts on File, 1982). Basic reference guide to history as well as geography, with excellent text, maps, and selected topics.

中国和印度

战后的发展, 1914—1991年

第 22 章

主题

- 中国, 1925—1989年
- 印度, 1914—1991年
- 中国和印度的比较: 差异及影响

中国和印度孕育了世界上最为古老悠久、最具影响力的两大文明, 这两个大国几乎都可以各自成为一个世界。中印两国均幅员辽阔, 人口稠密, 两国的人口总数约占世界总人口的40%。19世纪至20世纪初, 它们都曾为欧洲的殖民者所统治。两个国家都在20世纪中叶取得了政治上的完全独立。两国长期以来一直都是以农业为主的国家。然而, 中国和印度两国走的却是不同的发展道路。鉴于这两个国家疆域广袤, 人口众多, 在许多方面情况的相似性, 以及发展决策的巨大差异, 我们将用一章的篇幅来介绍这两个国家。

20世纪初, 中国拥有4亿人口, 约占当时世界总人口的1/4。而大英帝国所属的印度——包括今天的巴基斯坦和孟加拉国——人口为2.85亿, 约为世界人口总数的1/6。中国和印度都以农业为主, 农业人口所占比例为80%—85%之间。两国均土地辽阔, 人口稠密。

1947年之前, 印度作为英国的殖民地, 在政治上受其统治。中国虽然未曾受外国列强的直接统治, 但是英国、法国、俄国、德国和日本这几个国家在经济、文化方面对这个大国都曾拥有很大的控制权, 并对部分地区实施过直接的统治。在英国殖民统治时期, 印度虽然在种族、语言、宗教、种姓方面呈多样性, 土王各据一方, 但它拥有一个中央政府。而另一方面, 中国在20世纪上半叶的大部分时间里, 没有一个能真正发挥效力的中央政府, 且饱受内战及日本的侵略之苦。

中国与印度都曾努力摆脱外国统治, 争取国家的独立。两个国家的独立斗争都是从现代行业内部的抗议运动开始的, 目标是实现工业化、建立一个完整的政府机构, 这些斗争的领导者都是一些受过现代管理、教育、新闻、法律和军事技能培训的专业人士。然而正当斗争初见成果之时, 两国为独立而斗争的领袖们发现, 这种以城镇和专业人士为基础的组织不足以满足斗争的需要。于是他们转而团结占人口绝大多数的农民阶级和广大民众, 开展大规模的群众运动。

中国与印度几乎在同时取得了国家的独立。1947年, 印度脱离了英国的统治独立。而中国则在第二次世界大战日本战败以后, 又继续进行了全国范围的共产主义革命, 赶走了外国列强, 于1949年基本统一了全中国(除了台湾、香港和澳门)。此后两国采取了不同的发展战略。受过去英国殖民统治的影响, 并考虑到国内复杂的种族和宗教情况, 印度采取了民主选举的政治制度和社会主义—资本主义混合的经济体制, 在文化方面与西方民主国家关系甚密, 军事方面又与苏联有某种形式的联系。而在中国, 共产党领导的军队在打赢多年的战争以后, 实行强有力的中央集权统治。

前页 印度总理贾瓦哈拉尔·尼赫鲁和中国总理周恩来, 1954年。尼赫鲁总理(右)抵达中国进行国事访问时受到群众的欢迎。

768

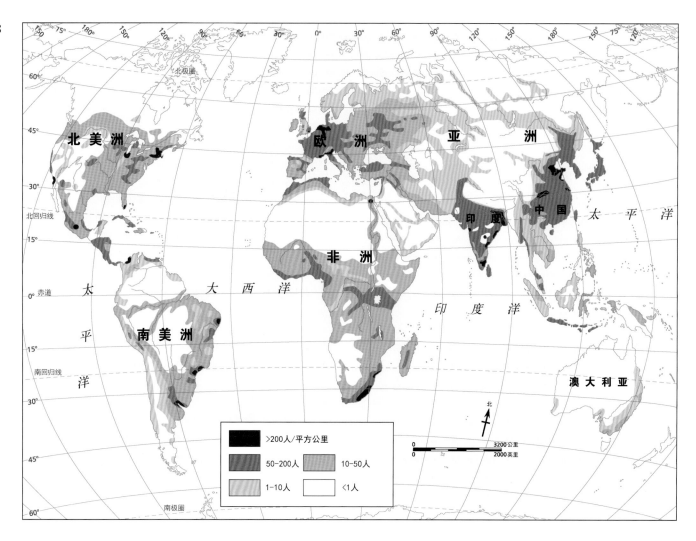

今天的世界人口分布。一直以来，世界的人口主要分布在沿海地区或江河流域，而随着上个世纪城市化的飞速发展，城市从内陆和海外吸引了众多的经济移民，这造成了严重的不平衡。欧洲等地区城市化程度较高，整个地区的人口都相当稠密；其他地区，例如中国和印度，人口数量过多，以至于连农村地区都吸纳了城市密度的人口。只有在那些生态环境不适合人类生活居住的沙漠、山脉及严寒地区，人口密度才处于较低的水平。

最初，中国曾向苏联寻求建议和援助，但不久即在意识形态、政策和国家的自身利益问题上与苏联的"导师"们发生了冲突。虽然在争取独立的斗争中主力军是广大农民阶级，但是这两个国家很快都转向发展城市和工业。

中国与印度都拥有数量庞大的农业人口，这使得它们难以走西方国家的工业化道路，后者是以较少的人口和城市环境为基础的。两国采用了与其人口和农业状况相适应的技术模式。尽管两国的发展战略独树一帜，但中国和印度依靠这些不同于西方的发展模式，已经成为21世纪欧洲和美国的强劲对手。

中国，1925—1989年

革命序幕

1911年爆发的辛亥革命我们在第19章中已进行了讨论，它结束了中国两千多年的君主制，此后，各地军阀割据，中国在政治和军事上陷入了一片混乱的局面。在这样的分裂局势下出现了两大势力集团，他们最有可能制服军阀，建立一个国民政府，

这两大集团就是蒋介石（1887—1975年）领导的国民党和毛泽东（1893—1976年）领
导的共产党。蒋介石起先是一名军队长官，后来试图建立一个以国民党为基础的政
府。毛泽东最初是共产党的一个组织者，后来建立了一支军队。这两位领袖都非常
崇敬孙中山（1866—1925年），并把他的"三民主义"作为自己的政治和经济纲领，但
是两人对孙中山理论的理解相差甚远。蒋介石强调工商界人士、国际联盟及个人进
取的作用，而毛泽东则重视农民、群众组织以及本土机构的重要性。1925年孙中山逝
世后，这两位领袖及他们各自领导的政党为争夺政权展开了延续二十多年的激烈内
战。他们都认识到，"在一个受军阀部队统治和劫掠的国家里，决定政治事件发展方
向的是赤裸裸的军事力量"（Meisner，第21页）。毛泽东的说法更直截了当："枪杆子
里面出政权。"

权力斗争，1925—1937年

蒋介石和国民党　蒋介石早年曾在日本的军事学校学习，1911年参加了旨在推
翻满清政府的辛亥革命，后来一跃成为黄埔军校的校长，该校位于广州附近，由苏联
提供资金建立，是一所中国自己的新式军事院校。孙中山逝世后，蒋介石接任国民党
主席一职。作为20世纪30年代提倡新儒教的新生活运动的坚定鼓吹者，蒋介石于
1943年发表了《中国之命运》一文，旨在重申中国等级森严、温文尔雅的本土文化所
蕴含的保守的伦理道德观。然而蒋介石与孙中山一样，也成了一位循道宗信徒。而
且同样与孙中山相似的是，他也娶了一位中国基督教徒为妻（其妻与孙中山夫人均为
一位富有的中国实业家的姊妹），蒋介石对外国基督教徒为中国的经济现代化所做的
贡献给予了高度评价。

蒋介石的交际圈子广而杂，他与上海的黑社会头目、苏联共产国际的代表、来自
西方的商人以及基督教传教士等都保持着个人的、职业的及经济上的密切联系。正
当中国处于军阀混战的分裂状态之时，蒋介石被任命为国民党的国民革命军总司令，
在长达四分之一世纪的时间里，他与三大敌手——军阀、日本侵略者（于1931年占领
满洲，又于1937年全面侵华）以及共产党展开争战，试图将中国统一于他的掌控之下。

各通商口岸的外国列强对中国的财富转移进行监督，其目的多是为了一己的私
利。截至1931年，中国的外来投资已达32.5亿美元，是1914年数字的两倍略多，而
1914年的外来投资额又为1902年数字的两倍稍多。外国的贷款为中国修建铁路和
发展重工业提供了资金，海运业的全部投资中外商占了3/4，棉纺业的投资将近一半，
煤矿的80%—90%都为外国资本所控制。1920年代初，产业工人开始登上政治舞台，
并成立了工会，这促使罢工接二连三的发生，包括许多外商在内的雇主常采用暴力手
段镇压这些罢工。雇主们希望政府对他们惟命是从，帮助他们平息罢工热潮。这些
雇主以及外国投资者大多数都对蒋介石给予支持，试图对蒋介石进行操纵，把他变成
最能代表他们利益的领导者。1929年到1937年期间，国民党政府弥补每年赤字所需
的资金大多是向他们借来的。

770

历史一览表：中国和印度

年 代	中 国	印 度
1900年	■ 抵抗西方影响的义和团运动遭到外国军队镇压（1900年）	■ 莫罕达斯·卡拉姆昌德·甘地发表《印度自治》（1909年）
1910年	■ 辛亥革命结束了清政府统治和两千年的君主制 ■ 袁世凯当选总统（1911年），1916年去世 ■ 国内的军阀混战 ■ 五四运动（1919年）	■ 甘地离开南非回国，在阿赫梅达巴建立了新的修行所（1915年） ■ 印度政府法创立了英印双重政府体制（1919年） ■ 英国通过劳莱特法案限制新闻出版和集会自由（1919年） ■ 阿姆利则大屠杀（1919年）
1920年	■ 中国共产党成立（1921年） ■ 孙中山逝世（1925年） ■ 国民党和共产党的夺权斗争（1925—1949年） ■ 蒋介石占领北京（1927—1928年）；在南京建都 ■ 毛泽东发表《湖南农民运动考察报告》（1927年）	■ 不合作运动抵制英国利益（1920—1922年） ■ 甘地为促成印度教教徒与穆斯林的团结，进行了21天的绝食（1924年）
1930年	■ 毛泽东带领共产党进行长征，从江西出发前往延安（1934年） ■ 日本占领东北（1931年）并继而发动全面侵华战争（1937年） ■ 共产党扣押蒋介石以逼迫他与共产党共同抗日（1936年）	■ "食盐大进军" 运动（1930—1932年） ■ 甘地说服尼赫鲁推迟土地的重新分配，智胜社会党人 ■ 国大党成立国家计划委员会（1938年）
1940年	■ 日本投降；内战开始（1945年） ■ 中华人民共和国成立（1949年） ■ 外国人被迫离开中国（1949年）	■ 要求英国人 "退出印度" 的运动（1942年） ■ 脱离英国取得独立之后，次大陆分裂（1947年）
1950年	■ 中国收复西藏（1950年） ■ 朝鲜战争（1950—1953年） ■ "百花齐放运动" 暂时允许一些言论自由（1956—1957年） ■ 毛泽东发起 "大跃进" 运动（1958—1960年）	■ 保护性歧视政策为贱民保留了工作岗位（1955年） ■ 印度婚姻法（1955年）和印度继承法（1956年）增强了妇女的权利
1960年	■ 与苏联中断外交关系（1961年） ■ 中印边界战争（1962年） ■ 文化大革命开始了共产党党内清理，重新激起了群众的革命热情；红卫兵成立（1966年）	■ 尼赫鲁逝世（1964年）
1970年	■ 中国加入联合国（1971年） ■ 美国总统尼克松访华，开创新局面（1972年） ■ 毛泽东逝世；"四人帮" 被逮捕（1976年） ■ 邓小平上台；实行自由经济（1979年） ■ "一个家庭，一个孩子" 政策出台（1980年）	■ 内战的结果是在东巴基斯坦建立了孟加拉国（1971年） ■ 总理英迪拉·甘地在 "紧急统治" 时期实行专政（1975—1977年） ■ 强制推行节育政策（1975—1977年）
1980年	■ 中国加入世界银行和国际货币基金组织（1980年） ■ 1989年政治风波（1989年）	■ 英迪拉·甘地遇害（1984年）
1990年	■ 英国对香港长达155年的殖民统治结束，中国对香港恢复行使主权（1997年） ■ 葡萄牙将澳门归还中国（1999年） ■ 美国给予中国 "最惠国" 的贸易地位（2000年）	■ 拉吉夫·甘地遇刺（1991年） ■ 总理纳拉辛哈·拉奥降低关税，开始欢迎外国投资（1991年） ■ 巴基斯坦和印度违反国际条约，进行核试验（1998年） ■ 人口达到10亿（1999年）

外国的传教士和教育机构也支持国民党，原因之一是蒋介石对基督教的信仰。1922年，有54 000人参加了基督教青年会运动。20世纪20年代初，有大约12 000名基督教传教士在中国传教，其中新教传教士人数略超过天主教教士。1922年，基督教的和外国的大学从中国大学的35 000名学生中招收了4 000人，其中女生占9%。许多关于西方文化和文学的课程被中国的大学纳入到其开设的新课程中。中国的学

生和知识分子渴望倾听来自东方和西方的声音,伯特兰·罗素、约翰·杜威、阿尔伯特·爱因斯坦、罗宾德拉纳特·泰戈尔等大学问家都到过中国各地访问讲学。

在西方工商界、文化界领袖以及苏联共产国际的支持下,蒋介石许诺打败军阀、重新建立一个独立的中央政府。从广州打响北伐战争的第一枪后,蒋介石于1927—1928年占领了北京,并在地处长江下游的城市南京建都,开始巩固国民党对中国的统治。

虽然取得了这些早期的军事胜利,但蒋介石最终还是失败了。他领导的国民党政府内部腐败之风盛行,又因为与剥削农民的地主阶级结盟而脱离了农民。本应用于为粮食匮乏的中国军队解决温饱问题的供应物资被高官们出售以牟私利。1937年日本发动全面侵华战争,蒋介石被迫撤退到了偏远的重庆山区,这时,共产党说服了中国的农民,他们开始相信,要打败日本侵略者,最佳的选择是共产党,最能在一个自由的中国代表农民阶级利益的也是共产党,而不是国民党。

毛泽东,农民起义和共产党 共产党的领袖毛泽东(1893—1976年)是孙中山的另一主要继承者,他与孙中山拥有同样的目标,就是建立一个强大、统一、独立的中国,改善人民的生活,但是毛泽东的背景与孙中山和蒋介石很不一样。第一,虽然毛泽东也参与了1911年爆发的辛亥革命,但这场革命在他18岁时就已结束,因此算不上是他一生中的重大事件。第二,毛泽东没有出国的经历。尽管除了中国的文学和哲学外,他还广泛阅读了西方的文学和哲学书籍,但是他直到1949年访问苏联时才第一次踏出国门。在第一次世界大战期间,其他许多学生都赴欧留学,而且毛泽东还为他们提供过帮助。然而谈到自己为何没有选择出国留学时,他这样解释说:"我不想去欧洲求学。我觉得我对自己的国家了解得还不够,把时间花在中国会让我有更大的收获"(Snow,第149页)。

第三,毛泽东与来自西方的工商界和教会组织接触很少。他的青年时代是在农村和学校环境中度过的。与孙中山和蒋介石相比,毛泽东很少考虑中国在西方世界的声誉如何,他主要关心的是中国农民的生活质量。毛泽东是在湖南省他的父亲的农庄中长大的,他的父亲摆脱贫困成为了一名中等富裕的农民,并经营起了小规模的生意,毛泽东直接了解到农民所遭受的剥削,部分地就是通过父亲对别人的压迫。毛泽东后来回忆说,他逃离了这种生活,成为一名活跃、认真、对自己的政治理想孜孜以求的学生,他博览群书,并将一些志同道合的青年组成了一

1966年的海报上画有毛泽东和文化大革命的支持者们,这些支持者人人手里都捧着一本毛泽东语录的"红宝书"。毛泽东甚至早在蒋介石镇压工人运动以后就已经意识到,农民阶级能够把共产主义的理想继续下去。毛泽东决心根除"外国教条主义",反对照搬苏联的共产主义蓝图。他独树一帜地把马克思主义原理同中国的实际相结合,引来众多的追随者。

对伟大导师毛主席心怀一个"忠"字
对伟大毛泽东思想跟抓一个"用"字

个核心小组："我的朋友和我只愿意谈论大事——人的本性、人类社会、中国、世界、宇宙！……我们也热心于体育锻炼"（Snow，第146页）。

1919年，毛泽东怀着对知识的渴求来到北京大学，当时中国人民对外国帝国主义的憎恨情绪日益高涨。第一次世界大战后签订的和约并未把德国在华北地区占领的山东半岛归还给中国，而是将其割让给了日本。在巴黎，愤怒的中国抗议者们阻拦了中国代表参加签字仪式，因此中国的代表并未在和约上签字。在国内，1919年5月4日，以学生为首的群众发起了抗议那些不平等条约的运动，引发了一系列对于中国在国际上蒙受耻辱、抛弃历史传统及中国与西方的文化联系的严厉批评。五四运动还为中国共产党的诞生播下了种子，1921年，中国的革命者同来自新成立的苏联共产国际的代表进行了讨论，随后成立了中国共产党。当时，担任北京大学图书馆主任、并作为中国共产党创建者之一的李大钊成立了一个学习小组，毛泽东就是其中的一员。李大钊曾在一篇文章中指出了农民阶级的重要性并号召大学生们把农民动员起来，这篇文章的见解对一位中国知识分子而言是少有的：

> 我们中国是一个农国，大多数的劳工阶级就是那些农民，他们若是不解放，就是我们国民全体不解放……去开发他们，使他们知道要求解放、陈说苦痛、脱去愚暗、自己打算自己生活的利病的人，除去我们几个青年，举国昏昏，还有哪个？（Spence，第308页）

农民组织与游击战争 自从加入中国共产党以后，毛泽东便开始把武汉地区工厂的工人组织起来，但到了1925年，他又被派往家乡湖南负责农民运动的组织工作。尽管共产国际派来的顾问坚持正统的马克思主义教条，但毛泽东的观点与他们不同，他在湖南期间逐渐认识到，中国革命的先锋队应该是农民阶级而不是无产阶级。在技术方面，他不强调大规模的产业规划，而是强调依靠地区发展起来的适宜的农业技术解决地区性问题。在1927年所作的《湖南农民运动考察报告》中，毛泽东重新阐述了李大钊强调农村作用的思想，这份报告热情洋溢，颇具影响，但是引起了不少争议，并且有那么点教条色彩：

> 广大的农民群众起来完成他们的历史使命……乡村的民主势力起来打翻乡村的封建势力。宗法封建性的土豪劣绅，不法地主阶级，是几千年专制政治的基础，帝国主义、军阀、贪官污吏的墙脚。打翻这个封建势力，乃是国民革命的真正目标……这个贫农领导，是非常之需要的。没有贫农，便没有革命。

农民必须依靠自己的力量推翻地主阶级的权威。这场革命需要通过暴力的形式实现。

毛泽东的敌人拥有他们自己的暴力手段。20世纪20年代，正当毛泽东在组织农民运动之时蒋介石对无产阶级革命者中的骨干分子展开了大屠杀。在完成北伐、加强对军阀的控制的同时，蒋介石又与国际工商界结盟，并在共产国际没有极力反对的情况下，于1927年春转而对上海、武汉、广州等几个工业城市的数千名工人共产党员展开杀戮。在长沙，当地的军队头子和国民党及当地地主联手，杀害了数千名刚从土地所有者手中把自己耕种的土地夺取过来的农民。到1928年夏，全国依然忠于共产党的工会成员只剩下了32 000名。到1929年，共产党员中只有3%来自无产阶级。毛泽东选择的农民阶级成为共产党革命的最后依靠力量。

　　1927年，国民党镇压了湖南爆发的秋收起义，当时毛泽东的部队主力撤退到了湘赣边界地区。其他的共产党领导人也被迫离开城市，到达湘赣边界的农村地区与毛泽东等人汇合。他们成立了一个地方的共产党政府——**苏维埃**，开始重新分配土地，引进改良的耕作方法，并建立了以扫盲识字为主、同时进行政治思想灌输的新的教育制度。他们招募士兵，组织游击队伍进行训练。毛泽东自己制定出了一套游击战术："敌进我退，敌驻我扰，敌疲我打，敌退我追"。

　　游击队只有依靠农民的合作才能存在，所以共产党希望把农民动员起来。中国共产党制定了适宜的，而且相当具有革命色彩的纪律来规范士兵的行为举止："行动听指挥；不拿贫农一点东西；打土豪要归公"（Snow，第176页）。这些规定后来又增加了新的内容："对老百姓要和气，要随时帮助他们……和农民买卖要公平……买东西要付钱"（Snow，第176页）。

　　毛泽东领导时期的性别问题　毛泽东意识到了妇女权利方面已经发生的变化。到20世纪20年代，随着妇女选举联合会和妇女权利联盟等组织的成立，女权运动已经开始在中国蓬勃发展起来。女权运动的参与者大多数是受西方影响的城市知识分子。例如，多次对孔子强调的父权制和顺从权势思想持批判态度的《新青年》杂志于1918年翻译并出版了易卜生的《玩偶之家》。巴金的小说《家》是中国改良主义新文化运动中的主要作品之一，这部作品用一个现代中国的场景表现了易卜生提倡男女平等、妇女独立的思想。美国提倡避孕的女权主义者玛格丽特·桑格1922年到中国各地发表演说。在中国的城市中，有大约150万妇女走出家庭，在轻工业工厂、主要是纺织工厂参加劳动。当时，在男女平等方面，毛泽东重新把注意力集中到农村地区和农民阶级上：

　　　　夫权这种东西，自来在贫农中就比较地弱一点，因为经济上贫农妇女不能不较富有阶级的女子多参加劳动，所以她们取得对于家事的发言权以至决定权的是比较多些。至近年，农村经济益发破产，男子控制女子的基本条件，业已破坏了。最近农民运动一起，许多地方，妇女跟着组织了乡村女界联合会，妇女抬头的机会已到，夫权便一天一天地动摇起来。（《湖南农民运动考察报告》）

　　共产党采取了两种互补性的政策。第一类政策，是调整劳动力及军队的性别比

苏维埃（soviet）　一种委员会组织，全国性、区域性、地方性各级苏维埃联盟政府的主要单位，后来为许多共产主义政权所采用。

773

缠了足的小脚上海妇女在拣选茶叶。从20世纪初开始，城市妇女便开始走出家庭，从事轻工业劳动。从家庭走向工厂使妇女的地位得以提高，共产党政府所实行的改革进一步提高了她们的地位。除了大部分偏远地区之外，几乎所有的地区都不再要求妇女缠足，这也给予了妇女更多的自由。

774

例，以使妇女享有更多的机会和权利，这类政策更为行之有效。建立中国的苏维埃政府和进行游击战争都需要得到一切可以争取的力量的支持。虽然一般来说，妇女不会直接参加战争，但生产和人员需求的增长使得妇女们走出家庭、参加新的工作，这有效地提高了她们的地位。

后来，在1949年革命胜利后，共产党颁布了新的婚姻法，禁止包办和买卖婚姻，并鼓励自由婚姻。这部法律遭到了强烈的反对。反对的声音一方面来自那些已经花钱买了媳妇的男人，另一方面来自那些掌管一家劳力的婆婆们。传统的中国家庭兼有多种职能：赡养老人，抚养子女，提供医疗工具，生产食物、制作衣服、建造供居住的房屋等。共产党新颁布的婚姻法对这一类家庭结构构成了威胁，但却没有提供可供替代的方法。这部法律没有得到广泛实施。此外，党内的领导层依旧明显是男性占绝大多数。

长征与共产党的胜利，1934—1949年

蒋介石对江西中央苏区连续发动了五次围剿，派遣的兵力从最初的10万人一直增加到100万。到了1934年，共产党已经无法再坚守下去。毛泽东带领约80 000名男战士、35名女战士突破重围，开始了历时370天、行程长达6 000英里的徒步战略撤退——长征，部队沿途不断遭到蒋介石军队的轰炸和袭击，一路渡江河、翻山岭、穿沼泽、过草地，西行到达贵州，随后北上抵达长征的终点——新的根据地延安。最终到达延安的有大约20 000人，这些人中约有半数长征伊始便加入了队伍，其余则是中途加入的。在看似无法克服的自然险阻与敌人的围追堵截面前，长征中的红军士兵表现出来的无畏勇气、同志情谊、献身精神和对理想的追求对中国共产党的一代领导人而言是一次关键的成长经历。处在最前线的毛泽东现在成为共产党、党领导的运动以及军队的毋庸置疑的领袖。

毛泽东把偏远的、贫穷的延安作为共产党的中央所在地，在那里重新组织了苏

维埃政府,训练军队,号召士兵们参加农业生产劳动,重新分配土地,鼓励手工业生产,创办报纸、学校及文学艺术研究院,建立医疗项目,以培养医务辅助人员"赤脚医生"。中国共产党的规划在这里得到全面的实施:建立了以农民为中心的经济体制,由游击队的士兵对其进行管理和协助,领导者共产党实行的是较为仁慈的专政,鼓励群众识字学文化,同时也向他们宣传共产主义思想。然而,意识形态方面的目标与实际的行动落实之间以及"红"与"专"之间的矛盾逐渐加剧了。

虽然延安离主战场较远,并且经常遭到国民党的袭击,但是共产党人在1937年日本发动全面侵华战争后即对日军展开了游击战。相比之下,蒋介石似乎缺乏民族主义精神。他似乎倾向于愿意和日军妥协,并且更热衷于对中国共产党进行围追堵截,而不是抵抗外国的侵略者。另一方面,毛泽东则希望与蒋介石进行合作,把所有中国人团结起来一致对外。1936年的西安事变中,几位将军反对蒋介石的做法,大胆扣押了蒋介石,他们扬言,如果这位国民党的领袖不以积极的态度对抗日本侵略者,就要把他杀死;这次事变之后,蒋介石开始与共产党进行暂时合作。

最初,日本人希望能够像他们当年占有满洲那样,在中国的亲日势力的帮助下统治中国,但是日军在1937年12月占领南京之后的残暴行径使他们的希望破灭。中国人民发誓进行反击。共产党的军队从其位于陕西的北方根据地打起了后方保卫游击战,蒋介石则实行焦土抗战,带领军队撤退到位于长江上游的重庆建立了新的指挥部,撤退时销毁了一切敌军可用之物。士兵和平民百姓都遭受了巨大的灾难。

到1940年代初,共产党和国民党为夺取权力和未来地位的争斗加剧,民族合作关系开始破裂。1945年经过了一段短暂的对峙之后,全面内战重新开始。美国帮助蒋介石训练军队、空运军队到关键军事位置、为他们提供战争物资。苏联正在为自己国家的生死存亡与德国激烈交战,直到战争的最后一个星期才与日本正式交战。

随后苏联军队进入满洲,把该地区大量的军事及工业设备运回苏联,只把其中的一小部分交给了中国共产党。1945年之后,中国的内战继续进行,共产党的军队分布在中国的许多地区,他们训练有素、纪律严明,并得到农民的热烈支持,而国民党的军队纪律涣散,物资匮乏,粮食和军需品常常还没送到军队的官兵手中就被有些人高价出售以谋取私利。到1949年的秋天,共产党把国民党完全赶出了中国大陆,国民党不得不撤退到台湾岛上。国民党占用了原来就居住在台湾的本地居民的房屋,接管了他们的企业。国民党宣称,台湾才是真正的中国,应该与中国大陆统一起来。共产党领导的中华人民共和国诞生了。

革命政策,1949—1969年

采用长征的模式,1949—1955年 对毛泽东以及那些已成为新政府领导人的曾身经百战的游击队老战士来说,他们最为担心的是中国受到外国人的统治、国内的动乱、有产阶级以及众多地主的残余势力。新上任的领导人在新政府的建设上借鉴了许多他们在长征中和延安苏维埃时期积累的经验。他们遇到困难就从这些经历中寻求启示和灵感。主要的政策包括：

- 重新分配土地；
- 妇女有权拥有土地；
- 发展适宜的技术；
- 基本生活必需品的生产与平均分配；
- 大规模的扫盲识字运动（1980年时扫盲率达到约69%，其中妇女为60%，男子为78%）。

政府在各地组织了严密的社会网络，其目的不仅在于禁止吸鸦片、卖淫等社会丑恶现象，而且也在于加大力量进行严格的政治教育、加强思想的统一，采取的具体措施包括要求家庭成员互相检举揭发，要求个人坦白交代自己的不良政治思想。

重新分配土地是政府的首要任务之一。在这场阶级革命中，有大约半数的中国农民或多或少从中获益，上百万的地主遭到镇压。由于缺乏发展城市经济方面的经验，共产党政府最初邀请国内的和外国的工商界人士与其合作。但在1950年10月中国加入朝鲜战争后，政府突然改变了政策。工商界人士、基督教传教士受到威胁，财产被没收，并被指控从事间谍活动（其中确有从事间谍活动者），到1950年底，几乎所有的外国人都被迫离开了中国。镇压反革命分子的运动一场接一场而来，私人财产被没收并重新分配，成千上万人遭到镇压，在单位和社会上，对那些被认为是革命的敌人者施加了巨大的压力，要求他们坦白交代；工人与雇主之间的冲突时有发生，现在把这些矛盾纳入到劳资关系的处理上，这一切使中国的资本主义经济遭到破

审判地主。这类审判的结果多是交待罪行、接受改造，有的则是以枪毙犯人告终。集体化的初期，共产党政府实行了多项土地改革，将农民耕种的土地分给农民，消灭地主，他们确实是这样做的。

坏。迫于美国的压力,很多国家拒绝承认新成立的中国政府。另一方面,苏联的共产党政府一直与中国保持着牢固的同盟关系,帮助中国制定并实施了第一个五年计划(1952—1957年)。

共产党在城市化和工业化方面的政策显得更为矛盾。共产党人是作为一个反对城市的农民运动组织者上台执政的。在大城市,尤其是上海,有外国的租界飞地,有治外法权的法律,有殖民者在中国人自己的土地上公然侮辱中国人,但是这些大城市也拥有中国的工业基地、军事技术、政府机关和文化生活。随着共产党人开始夺取国内一个个的城市,毛泽东也开始重新评价共产党的能力:

> 从一九二七年到现在,我们的工作重点是在乡村,在乡村聚集力量,用乡村包围城市,然后取得城市。采取这样一种工作方式的时期现在已经完结,从现在起,开始了由乡村到城市并由城市领导乡村的时期。

然而政策与实际的结果并不一致。为了限制城市的发展,政府对国内的人口流动颁布了严格的规定限制,但是农村的人口始终在向城市流动,尽管速度比较缓慢。中国的城镇人口的比例1949年为10.6%,1976年达到了17.4%。单从数字来看,这意味着城镇的人口从5 700万增加到了1.63亿。随着时间的推移,城市又一次向共产主义意识形态的"纯洁性"提出了挑战——广州推行资本主义,北京出现政治示威游行,上海则盛行国际主义。以刘少奇和邓小平为代表的一些中国领导人呼吁进行城市的、官僚政治的、中央集权的、"专家"领导的工业化;毛泽东和林彪则希望实行农村的、基层的、"红色"平民主义。还有部分领导人,比如周恩来,试图寻找到一个折中的中间道路。

在军事方面,共产党人颂扬的是游击战精神,未对高科技武器给予充分重视。他们嘲笑美国这个世界上军备最为强大的国家是"纸老虎",不愿意或是没有能力将美国大量的武器装备,尤其是它的核武器用于战争。确实,在1950—1953年的朝鲜战争中,中国凭自己的力量与美国打成了平手,后来在1975年又看到美国战败从越南撤军。尽管如此,中国也购买、制造或是窃取最新的军事技术装备。1964年,中国第一颗原子弹爆炸成功;20世纪70年代中期,中国的第一颗氢弹爆炸成功;1980年进行了射程7 000英里的导弹试验;1981年,中国发射了三颗太空卫星。

"百花齐放,百家争鸣",1956—1957年 在经济方面,中国以苏联的模式为基础,制定了一个五年计划。这一计划的目标是,在1952—1957年期间,工业总产值增加近1.5倍,最终宣布的实际完成情况比计划目标超额22%。在这一五年计划结束时,甚至连民主的实现都有了可能。1956—1957年,毛泽东提出了"百花齐放,百家争鸣"的口号,向公众敞开舆论大门,甚至请他们向政府提出批评。在北京,大学生等把他们的想法张贴在后来闻名的民主墙上。然而到了1957年下半年,因为担心日益扩大的抗议示威会无法控制,政府改变了政策。他们把示威抗议者送入监狱,把他们送到劳改营,发配到地处偏远的农场。

778

"大跃进",1957—1960年　中国的城市人口不断增长,城镇人口的吃饭问题难以解决,政府对此越来越担心,于是发起了"大跃进"运动,把全国几乎所有的农村地区都组织成人民公社,把城里的人"下放"到农村,把当时还存在的所有私营小企业几乎都予以关闭,通过建立被称为"后院炼钢厂"的地方性小规模企业来分散并缩减工业的规模。大跃进运动的指挥者们高高在上,试图按照共产主义的意识形态来重组国家的整个经济结构,"大跃进"导致了全国的经济灾难,数百万人因饥饿而死亡。

文化大革命,1966—1969年　毛泽东对他看到的当时中国的局面极为不满,开始压制反对意见。在几年的时间里政府政策上有所放松,但在后来1966年的无产阶级文化大革命中政府采取了甚至比以前更为严厉的意识形态和经济政策。毛泽东试图通过这场革命来肃清党内趋炎附势的官僚、再次点燃群众的革命热情。军队和学生对此反应最为热烈,他们在毛泽东的支持下成立红卫兵。教师受到学生及党的官员的批判;教授和知识分子被下放到边远农村,被迫从事繁重的体力劳动。

779

我们是怎样知道的?

新闻界活动家对"百花齐放"运动的反应

当毛泽东发起"百花齐放"运动时,新闻记者刘宾雁对毛泽东发扬民主的精神大加赞扬。不过,"双百"方针未能坚持贯彻下去。刘宾雁因这个运动成为中国共产党政府最为著名、最为活跃的反对者之一。虽然"百花齐放"运动的结局已十分明了,但历史学家在毛泽东发起这一运动的动机问题上依然没有达成一致的观点。

以下节选可以用来当作关于这一运动的一手资料,因为它是由运动的参与者记录下来的;同时,它也可以被看成一份二手资料,因为作者是在运动发生以后才对运动作出下列评价的。

当我得知毛泽东1957年2月对国务院的讲话发表了的时候,那是我一生中最为欣喜的时刻。我对他的评价也达到了前所未有的高度。《中国青年报》对这一运动的反应也是满怀热情,

当时的中国就像正要进入一个崭新纪元似的……毛泽东在那篇讲话中说,教条主义不是马克思主义;他强调了"百花齐放,百家争鸣"的政策;他还提倡公开批评,并强调说,党的高级领导干部也要接受批评。当时,工人罢工和学生罢课自新中国成立以来首次出现,也首次得到了政府的重视。毛泽东说解决这一问题的正确方法不是通过镇压和威胁,而是要通过克服官僚主义。

党员领导享有特权、官僚主义盛行、教条主义日趋严重,这些问题让我在过去的几年中一直忧心忡忡。而现在,好像有一种魔力将我内心的不平静驱散。北京的政治气氛焕然一新,知识分子一派喜气洋洋,所有的一切好像都在向好的方向发展。毛泽东的那篇讲话实际上是在意识形态的问题上宣扬民主和自由。作为一名记者和作家,我感到自己现在能够自由地从事自己的职业了。

(刘宾雁然后讲述了他跟共产党的地方官员会见的情况。许多官员对

毛泽东讲话的理解跟他理解的并不一样,他们认为,即使以后会有公开表达观点的自由,也将十分有限。)

30年后我重温了毛泽东的那次讲话稿(我读的是原始稿,而不是修改后供出版的稿子),意识到我在当时由于过多地关注讲话的主要意思,而没能发现字里行间透出的另外一种倾向。比如,毛泽东在讲话中直截了当地批评了斯大林的教条主义,然而紧接着又说对斯大林的评价要坚持"三七开"原则,也就是说七分功,三分过。同时,毛泽东还将民主基本上视为一种动员群众、实现党的目标的工具。(刘宾雁,第69—70页)

- 刘宾雁的哪些观点使得他的记录成为一手的资料? 他的哪些观点又使得他的记录成为二手的资料?
- 刘宾雁为什么对毛泽东的"百花齐放"运动感到惊奇?
- 是什么让刘宾雁改变了他对毛泽东的"百花齐放"运动目的的评价?

炼钢炉,中国绍兴,1958年。每隔30分钟,这个炼钢厂的几百个火炉可冶炼出大约50公斤铁。

当时,长征已经过去三十年了,但长征精神令中国的老一辈领袖们十分怀念,依然激励着他们。他们认为毛泽东是重新激起当年的革命热情的最后希望,因而对毛泽东十分崇敬。毛泽东著作中的主要言论被摘录在《毛主席语录》一书中,这本语录印刷出版了千百万册,因其大小和封面颜色常被称为"红宝书"。该书在全国范围内广泛发行,几乎是人手一册。一方面国家的经济陷入混乱,人民忍饥挨饿,另一方面,知识和学术生活完全遭到压制和破坏,这使得中国的发展陷入停滞状态。在1966—1969年的三年中,中国处于一种武斗不断的无政府状态。

恢复期,1970—1976年

国家蒙受的损失十分明显,于是中国把它的"放—收"政策又倒了过来。人民解放军奉命对那些以毛泽东的名义给国家带来混乱的红卫兵、青年和学生干部进行管制。中国试图重新获得国际社会的尊重,最显著的例子是在1972年美国总统尼克松访华后实现了与美国关系的正常化。在国内,政府把恢复经济生产力作为工作重点。20世纪60年代末的几年中,中国的进口额与出口额一直处于低谷,每年仅稍稍超过20亿美元,此后稳步增长,到1978年时,进出口额均达到了100亿美元。进口商品中,1/4为机械设备,包括完全由外国人建造的整座工厂——1978年达到6 934家(Spence,第641页)。几乎所有这些新建的工厂都属于重工业,主要是化工和钢铁厂。到1980年,中国的钢产量超过了英国或法国。

"1950—1977年间,中国的工业生产年平均增长率为13.5%……这一增长率在当时世界所有主要发展中国家和发达国家中是最高的,而且在世界现代史上任何国家在任何可比时期中都未曾达到如此快的速度"(Meisner,第436—437页)。与此同时,农业被放到了次要的位置,实现了集体化,与工业相比,国家在农业上的投入很少。农业增长十分缓慢,从1952年到1977年的增长率仅为2.3%,只是勉强跟上每年2%的人口增长。到1976年毛泽东逝世时,中国正面临着一场国家领导人和政策的巨大转变。

国际关系

苏联　在国际关系方面,中国也已开始实施了一系列显著的转变。在共产党执政的前十年中,其主要盟国是苏联,苏联帮助中国这个新成立的共产主义国家制定五年计划,为中国训练军队、提供军需品,建造工厂、运输设施、城镇居民区以及政府管理中心。但是在20世纪50年代中期,苏联在赫鲁晓夫的领导下开始缓和其对内和对外的激进政策。然而中国依然坚持走"红色"道路,因此两国在意识形态上发生激烈的争执,这样的争执在1927年也发生过。1960年夏天,苏联召回了派往中国的所有技术顾问,包括从事核能源项目的专家。1961年两国的外交关系中断。中国与印度在边界问题上的矛盾激化,并于1962年引发了战争,在这个问题上,苏联支持印度的主张,与这个中国的对手国建立了防御联盟。

在中国东北及新疆的边境,中国与苏联发生了军事冲突。在1969年的冲突中,中国和苏联各有800人和100人伤亡。此后,中国将其防御部队集中部署在这些边境地区,为此付出了不小的代价。只是到1985年以后,戈尔巴乔夫在苏联实行了政治文化开放及经济改革的新政策,中苏两国的关系才开始正常化。但在中苏两国长达几千英里的边境线上,这两个大国依然部署着互相保持警惕的边防军队。

美国　开始时中国与美国处于冷漠敌对的状态。1949年后近20年的时间里,美国因为"失去"了中国而深感悲痛和愤恨,因此在1949年以后,美国继续支持台湾蒋介石领导的**领土收复主义**力量,主要原因是想同共产主义作斗争。工商资本家和基督教教会组织都曾在中国投资,但是共产党的政策彻底破坏了他们与中国的友好关系。中国政府采取"洗脑"的策略,试图通过不停的宣传、群众压力和官方强逼等手段使国内的反对者转变思想,这种做法令美国人非常震惊。1950年,中国解放西藏,1959年坚决平定西藏叛乱,这似乎证实了政府的坚定决心,尽管没有人准备支持西藏的抵抗势力。1950年,北朝鲜向南部进犯,挑起了朝鲜战争,在长达三年的时间里美国和联合国军跟中国军队作为敌对双方卷入了这场战争,最终陷入僵局。美国没有听从与其关系最为密切的海外盟国的建议,到处游说,阻止中华人民共和国加入联合国;美国主张由台湾

780

领土收复主义者(irredentist)
支持国家收回被侵占领土的个人或组织。

1972年,美国总统尼克松与共产党主席毛泽东在北京举行会晤,此次尼克松访华开创了中美关系的新局面。中国政府明显是出于对苏联在捷克斯洛伐克的侵略政策的担心,开始采取措施改善与美国的关系。自1971年中国与西方国家建立友好关系以来的四年里,中国的对外贸易额增加了两倍,到1980年,中国加入了国际货币基金组织和世界银行。

781

中国乒乓球队1972年4月受美国国家乒乓球协会邀请抵达美国。在这次友谊赛中，一位中国选手与一位美国选手并肩作战，这象征了中美新建立起来的友好关系。

政府来代表中国人民。

　　然而在20世纪70年代初，外交格局发生了巨大的变化。毛泽东和他的新的顾问从文化大革命带来的经济灾难中走了出来，向国外寻求援助。美国总统尼克松与国务卿亨利·基辛格也赞成采取更为务实的政策。1971年，美国不再阻挠中国加入联合国，1972年，尼克松访问中国，促进了两国关系的正常化，但这是以损害台湾的利益为代价的。

　　东亚　在其所在的东亚地区，中国两千年来一直认为自己是居于支配地位的中心力量，并一直试图要求邻国承认自己的这种地位，这方面它得到了部分的成功。在许多东亚国家看来，中国是一个令它们害怕和憎恨的邻国，这种关系对一个地区性的超级大国来说并不罕见。1950年，中国解放西藏。达赖喇嘛1959年逃往印度。20世纪70年代，在柬埔寨爆发的残酷的内战期间，中国支持红色高棉及其领导人波尔·波特，甚至还派军队短期参战。

　　另一方面，第二次世界大战以后日本惊人的经济复苏使中国的领导地位受到挑战，迫使中国不得不重新审视其经济计划。另外，在一些邻国，华人作为少数民族被怀疑可能是中国和共产党派来的试图颠覆政权的渗透者。1965年，印度尼西亚爆发了反华、反共产党的暴乱，数千名华人被杀害，还有数十万华人遭到驱逐。

　　印度　中国和印度的关系十分复杂。印度于1947年取得独立，中国则在1949年完成了其革命，此后两国选择了截然不同的社会、政治和经济发展道路，它们都认为自己在新的发展模式方面领导着第三世界。在1955年的万隆会议上，两国都提出要领导那些刚刚摆脱了殖民统治的新兴国家。中国成为整个东南亚及其他地区农村游击战的榜样，而印度的非暴力发展道路则激励着其他国家，尤其是黑非洲国家的独立斗争。

1950年中国收复西藏,印度并未提出抗议,并且一贯支持中国加入联合国的请求。但是在1962年,在列城和拉达克山区的边界划分问题上的分歧引发了两国的公开战争。中国军队彻底打败了印度军队,越过山口进入印度,并处于对印度中心地区的攻击距离之内,但随后又自动撤退到中国先前所要求的边境线。这场战争破坏了第三世界团结一致的设想,印度于1974年进行的首次核试验使两国之间的互相猜疑进一步加深了。

革命后的中国

中国的经历表明,世界上的每一个大国都必然会寻找自己的发展道路。中国也许会在一段时间里接受来自某一外国的意识形态的指导,也可能在不同的时候与不同的强国结成联盟,但它最终还是会寻求一条与它的国土面积、地理环境、自身的实力、技术水平和历史经验相适应的发展道路。海内外的华人,其中包括许多不赞成当前政府政策的人,都为这个"中央王国"新获得的统一、权力与独立而感到自豪。中国可能会犯错误,但那是中国自己的失误。在摆脱了长达一个世纪的屈辱的殖民统治、结束了与别国的和国内的战争以后,中国努力保持国家的稳定和意识形态上的纯洁性。不久的将来,中国就会在国际上寻求更高的地位。

印度,1914—1991年

民族独立斗争,1914—1947年

英国的政策及做法　作为供印度民族主义者发泄不满的一个渠道,印度国大党于1885年在英国的倡议下成立,20世纪初,国大党领导了反抗英国统治的斗争,通常是通过合乎宪法的抗议提出的。国大党的领导权集中在这样一些人手里——他们在英国人管理的学校,有时则是在英国接受了英式的教育。国大党有超过1/3的成员接受过法律专业的教育。1835年,英属印度政府的法律顾问托马斯·麦考莱提出,政府教育政策的目标是培养这样一个阶层,他们"有着印度人的血统和肤色,但是他们的品位、观点、道德观及智慧均是英国式的"(Hay,第31页);国大党的领导层就反映了这样一种教育的成果。到1906年,穆斯林开始担心,印度会完全由印度教所控制,于是他们成立了自己的组织——全印度穆斯林联盟。

印度的英国殖民者声称,他们正在帮助印度为建立一个民主的、负责的政府做准备,1917年,英国印度事务大臣埃德温·蒙塔古宣称,英国的政策旨在"增强政府各部门中印度人的联系,逐步发展形成自治的机构,以便一步步在印度建立一个负责任的政府,这个政府将是大英帝国不可分割的一部分"。通过宪法上的一系列改革,正式的委员会建立了起来,这些委员会的成员中印度人占了很大的比例,由国家的极少数精英选举产生,其任务是为政府提供咨询。1919年颁布的《印度政府法案》扩大了

各邦的和中央的立法机关,建立了一个双重政府体制(或称双头政治),把农业、公共工程、教育、地区自治方面的权利移交给各邦立法机关当选的印度成员。

事实证明,这种折中的办法并非长久之计;英国难以决定是让印度成为一个民主国家还是继续作为它的殖民地。每一个新问题都反映了这一矛盾。战后,印度国内要求政治独立的呼声日趋高涨,政府采取镇压措施作为回应。1919年,政府不顾"帝国立法参事会"所有经选举当选的印度委员的意见,通过了《罗拉特法》,以此限制新闻出版和集会自由。在旁遮普邦阿姆利则市召开的一个抗议集会上,英国军队向与会者开枪射击,致使379名印度人死亡,1 100人受伤(见第19章),英国政府由此丢掉了合法的外衣。就连印度的温和派也无法再为英国统治辩护。

甘地的革新和勇气　在这个紧急关头,莫罕达斯·卡拉姆昌德·甘

印度独立——主要人物	
罗宾德拉纳特·泰戈尔 (1861—1941年)	印度诗人、画家、音乐家,生于孟加拉,他将自己的诗作译成英语。于1913年获得诺贝尔文学奖。泰戈尔是一位热情的民族主义者和社会改革的提倡者,他放弃了英国授予他的爵士头衔(于1918年授予),以抗议英国对印度的压迫。
莫罕达斯·卡拉姆昌德·甘地 (1869—1948年)	印度的政治和精神领袖,1914年回到印度之前,他在南非致力于反抗当地对印度侨民的歧视。20世纪20年代,甘地成为印度国大党的领袖。他通过非暴力不合作运动,坚持了非暴力的理想,因从事反英活动于1922年、1932年、1933年、1942年多次被捕入狱。甘地在为印度赢得独立的谈判中发挥了关键性的作用。
穆罕默德·阿里·真纳 (1876—1948年)	巴基斯坦国父。印度国大党成员,起初,他提倡印度教教徒与穆斯林进行合作。后来,他把穆斯林联盟从一个文化组织转变为政治组织。1940年,真纳要求把大英帝国所属的印度分成单独的穆斯林国家和印度教国家。他实现了这个目标,却不得不接受一个面积比他先前的要求要小的国家。1947年,真纳成为巴基斯坦总督,在职期间逝世。
贾瓦哈拉尔·尼赫鲁 (1889—1964年)	印度民族主义政治家,于1947—1964年间任印度总理。印巴分治之前,他领导国大党的社会主义派,被认为是仅次于甘地的第二领袖。1921—1945年间,他因从事政治活动九次被英国人逮捕入狱。担任总理期间,尼赫鲁提出了不结盟的主张(面对大国保持中立),建立了一个工业基地,在依法执政的基础上保持了议会民主。
苏巴斯·钱德拉·鲍斯 (1897—1945年)	印度民族主义领袖(人们称他为netaji,即受人尊敬的领袖),主张印度完全独立。多次被捕,后当选国大党主席(1938—1939年)。在第二次世界大战中,支持轴心国(德国、意大利、日本),并成为日本支持下的印度国民军最高司令官。据报道,在领导国民军期间,鲍斯在一次飞机失事中去世,他由此成为一位为国捐躯的烈士。

地——圣雄甘地——作为领袖挺身而出,他提出了新的政治方向、新的道德观点、新的国内改革方案。甘地呼吁印度人在他们身为农民的根源和精神传统中去寻找力量和勇气。甘地的成功有其局限性,但所有的政治行动,从之前的独立斗争,直至当下,都是围绕着国大党进行,现在甘地将之改造为一场群众运动。

甘地在南非发展非暴力抵抗及不合作主义　甘地的家族曾连续几代为印度西部当地的统治者担任顾问,甘地的叔叔认为,在英国的殖民统治之下,如果莫罕达斯要保持这个家族的传统,他就必须远赴英国去学习法律。甘地在伦敦学习三年,经过深思熟虑,他再次坚定了自己对印度传统文化的认同,包括印度教教义、宗教的自由以及对小规模的地区组织的重视。在完成学业后的第三天,也是获得大律师资格后的第二天,甘地就登上了回印度的轮船。他当了一年的律师,其间并没有出色的表现,后来他接手了南非一家印度移民商业公司的诉讼案。那次显然是甘地第一次亲身而且一再体验感受到的种族迫害。

在南非,印度人大多是契约劳工。南非政府希望他们在契约到期后就返回印度,

于是制定了相关的法律,不允许他们在南非长期居留。政府要求印度侨民随时携带身份证,并缴纳沉重的人头税。最令人烦恼的是,1913年,南非政府规定,凡是没有在基督教教堂举行婚礼的,婚姻即属无效,于是,几乎所有印度移民的子女就都变成了私生子。虽然甘地来到南非是为一个富有的印度穆斯林当事人担任律师,但看到身处社会底层的同胞所经受的痛苦和屈辱,他同样感受到痛苦和耻辱。他曾被逐出公共场所,为申辩自己的权利,他受到鞭打甚至死亡威胁。尽管他是一个内向的人,但是甘地开始组织抵抗运动。

一年的律师任务完成之后,他没有立即回国,而是从1893年至1914年在南非继续待了整整21年,提倡他的抵抗方式:

- 非暴力抵抗及不合作主义,"真理的力量",号召人们举行自我牺牲的、非暴力的群众示威游行,要求压迫者认识到自己的行为是不道德的,要求他们不再让被压迫者受苦受难;
- 不杀生论,面对别人的攻击不使用暴力;
- 对不公平的法律以非暴力形式进行抵制,并愿意承担相应的法律后果,包括遭囚禁,还常常承受非法的迫害,如鞭笞等;

原始资料

784

甘地在南非初次遭遇种族歧视

圣雄甘地的自传最初是以连载的形式刊登在报纸上。其中描述的许多事件还包含道德寓意。在自传中,甘地描述了他在南非第一次遭遇种族歧视的经历,这表明他无论是在殖民地印度还是在伦敦学习法律的时候都未曾经历过如此严重的歧视。

在我抵达德班后的第七天还是第八天,我动身前往比勒陀利亚。他们为我预订了一等座……大约晚上九点,火车抵达了纳塔尔首府马利兹堡……紧接着来了一位乘客,他把我从头到脚打量了一遍,见我属于有色人种,有些不高兴。他离开后又带着一两位乘务官回来了。他们一言未发,这时候又来了另一位乘务官,他对我说:"过来,你必须转移到货车厢去。"

我回答说:"可我有一等车厢的票。"

另一位乘务官开口了:"那也不管用。我告诉你吧,你必须去货车厢。"

"那我也告诉你,在德班的时候我就被允许进入这节车厢,我决意留在这儿。"

这位乘务官接着说:"不行,你必须离开这儿,否则我们只好叫乘警把你轰出去。"

"好啊,你去叫啊。反正我绝不自愿离开。"

乘警走了过来,他们用手架着我,把我推了出去。我的行李也被扔了出来。我拒绝去别的车厢,火车也开走了。我带着手提袋,去到候车室坐了下来;别的行李就留在那里……。

当时正值冬天,南非海拔高的地方冬天非常冷。马利兹堡海拔高,所以冷得出奇。我的外套就在行李箱中,但我不敢去拿,免得又遭到侮辱,只好坐在那儿,冻得直打哆嗦。候车室黑灯瞎火的,大概半夜的时候有一位乘客进来了,想和我说说话,可我没心情与他交谈。

我开始思考我的职责。我是该捍卫自己的权利呢,还是应该回印度?抑或无视这次侮辱继续前往比勒陀利亚,等结束这起官司后再回去?没完成任务就折回印度是懦弱之举。我的遭遇实际上就是肤色偏见这一深层病害的体现。如果可能的话,我要根除这种偏见,在这个过程中则要忍受许多艰辛。(Jack,第29—30页)

- 仿照印度教的高僧修行处所,甘地建立了总部,为他自己、家人以及运动中他的最亲密的战友提供生活和工作场所;
- 建立出版社,传播他提倡的非暴力运动的理论。

因为甘地反对使用暴力,他把这些方法称为"消极抵抗",但是这些抵抗方法本身一点都不消极;它们实际上是"激烈的非武力"方法。这些方法后来为世界各地的抵抗运动的领袖所采用,包括美国的马丁·路德·金(Martin Luther King, 1929—1968年)和南非的纳尔逊·曼德拉(Nelson Mandela, 1918—2013年)。

1909年,甘地出版了他的著作《印度自治》。该书在印度成为禁书。在这本薄薄的书中,甘地号召印度人民拥护本国文化、克服在殖民统治之下产生的恐惧感和自卑感、勇敢反抗英国的霸权。

> 迄今我们什么都没有说过,因为我们已经被吓倒了……现在我们有责任大胆地说出来。我们认为你们的学校和法庭是没有用的。我们要求恢复我们自己旧式的学校和法庭。印度的共同语言是印度语,不是英语。因此,你们应该学习印度语。我们只能用我们的本国语言与你们进行交流。
>
> 我们无法忍受你们把钱花在修建铁路和建设军队上。这两者我们都不需要……我们不需要欧洲生产的布。我们会使用本国生产制造的商品。你们有很好的军事资源……如果你们想把我们打得落花流水,你们可能会做到。你们能用大炮把我们击垮。如果你们违背我们的意愿,我们将不会为你们提供帮助;我们知道,如果没有我们的帮助,你们将寸步难行。(Jack,第118—119页)

甘地在南非取得的成功限于与政府达成的短期妥协,但他在南非和印度都赢得了印度同胞的尊重。1915年,甘地回到印度,在阿赫梅达巴建立了一个新的修行所,印度人民热切盼望着甘地在印度发起政治运动。

甘地回到印度,承担领导国大党的重任　印度公众对英国人统治的不满早已存在。到1907年,由巴尔·根加哈尔·提拉克(Bal Gangadhar Tilak, 1856—1920年)领导的国大党极端派要求英国殖民者立即离开印度。提拉克和他的极端分子把印度教的语言和节日作为印度民族主义的基础。在经济方面,印度国内兴起了抵制英国货的运动,号召人民使用本国制造的产品,这场运动,尤其是1905年后的运动表明,对进口商品的自发抵制刺激了印度的工业生产率和利润的提高。要是英国殖民者离开的话,通过法律手段来控制关税将会取得多大的效益! 这些抵制英国货的措施尤其得到了商人和工业家的拥护。他们痛恨英国殖民者,因为英国人对他们封锁工业秘密,限制他们对工业和基础设施的投资,以国内付款(home charges)的形式把税款从印度转移回英国,并限制印度人的职位晋升。甘地并不是在印度开了独立运动之先河,而是给予这些运动新的领导,并为其指明新的方向。

属于自己国家的(Swadeshi)
印度语,印度人在抵制外国货的运动中作为口号使用,这也是1905年抗议英国分割孟加拉的示威的一部分。

785

真理的力量(satyagraha)
786　印度语,意为"真理的力量",用于甘地反对英国在印度统治的非暴力政策。

不久,甘地就表现出了这种组织才能。甘地指导的几次农民运动开始都是由各自的地区组织领导的,例如1917年在比哈尔邦的查姆帕兰、同年在科达、1922年在巴多利、1928年在古杰拉特爆发的农民运动。这些地区的农民请求甘地为他们提供更成熟、更有力的领导,从而把他们原来的活动提升到一个新的高度。在1919年阿赫梅达巴的工厂工人邀请甘地领导他们的罢工之前,他们早已经组织了起来(反抗当地的工厂主,而不是反抗英国殖民者)。在回复这些来自当地组织的邀请时,甘地意识到,对于战后的经济困难和英国的政治压迫,印度民众愤怒已久。他对国大党进行了改组,将其改造为一个群众组织,发展了几百万交纳会费的成员,设立了一个负责维持组织日常运作的常务执行委员会,制定了一个群众性的非暴力抵抗纲领——非暴力抵抗及不合作主义(**真理的力量**)。

通过培育与主要地区领袖的个人和政治同盟,甘地把地域广袤、情况多样的印度动员了起来。甘地的传记作家朱迪思·布朗对他做了极为透彻的分析,他赞扬了甘地在赢得一些地方领袖拥护方面的才能,这些领袖包括马德拉斯的拉贾戈巴拉查理(C. Rajagopalachari, 1879—1972年);比哈尔邦的拉金德拉·普拉萨德(Rajendra Prasad, 1884—1963年),他后来成为印度独立后的第一任总统;古吉拉特邦的瓦拉巴伊·佩帖尔(Vallabhbhai Patel, 约1873—1933年),他后来成为国大党的主席;北方邦(当时叫联合省)的贾瓦哈拉尔·尼赫鲁(1889—1964年),他于1947年成为印度独立后的第一任总理,一直担任此职直至去世。

但是,在某些地区,甘地并没有取得成功。在东部的大邦孟加拉,他既没有赢得当地领袖的支持,也没有受到人民的拥护。在加尔各答,苏巴斯·钱德拉·鲍斯(Subhas Chandra Bose, 1847—1945年)常常反对甘地,因为他认为甘地在个人生活上过于清苦,在精神兴趣上过于狭隘,在政治权力方面过于独断专行,为了巩固自己的权力,对商人和地主的利益过于妥协。印度各地的左翼社会党人也都认为,甘地过于照顾大商人和地主的利益。20世纪30年代,国大党的社会主义派主张重新分配土地,当时,甘地成功说服了深受人民尊敬、主张社会主义的尼赫鲁,于是,分配土地这一容易引起分裂的问题就推迟到了独立以后。尽管甘地付出了顽强的努力,他还是没有能够争取到最重要的穆斯林领袖的支持。巴基斯坦独立运动领袖穆罕默德·阿里·真纳(Mohammed Ali Jinnah,1876—1948年)认为甘地过于禁欲,其作风带有过多的印度教特点。在印度将近独立之时,真纳仍不相信甘地领导的国大党能够给予穆斯林公平的对待。

印度教教徒—穆斯林的团结　甘地试图让印度教教徒和穆斯林在印度这个提倡平等的世俗国家团结共处。第一次世界大战后,他支持哈里发作为奥斯曼帝国穆斯林的主要宗教权威以抵制英国人的计划,甚至在奥斯曼帝国崩溃以后依然如此。1924年,为促进印度教教徒—穆斯林的团结,甘地进行了长达21天的绝食。1947年分裂暴乱期间,甘地徒步走遍加尔各答、孟加拉、比哈尔、德里发生暴乱的地区,号召人们和平相处。在加尔各答和德里,他为了印度教教徒和穆斯林的和平绝食多日。至少在当时,双方都放下了武器。英国的总督在谈到甘地时,说他是"一人边境部队",他对甘地钦佩不已,因为连四个师的军队可能都无法完成的任务甘地仅凭道德说教就做到了。

但是,许多穆斯林仍旧怀疑在一个印度教教徒占多数的国家里他们能否受到公平的对待。他们认为,就连甘地的政治作风都具有太多的印度教特点。甘地认为自己在政治上最大的失败就是印度分裂为两个国家:印度教教徒占多数的世俗印度和穆斯林为主的巴基斯坦国。他拒绝参加独立庆祝活动,而是把时间花在促使印度教教徒—穆斯林冲突地区实现和平的努力上。1948年,甘地被一名印度教狂热分子杀害,因为他认为甘地对穆斯林的态度过于温和。今天,印穆之间不和的问题仍然存在,既体现在印巴交界地区,特别是克什米尔地区的紧张局势上,又表现为国内印度教教徒和穆斯林的冲突上。

废除贱民制度　甘地致力于废除贱民制度。对一般的种姓制度观念而言,他并不反对,因为他认为人与人之间存在不同,甚至是生来就有差异,这是社会现实的一部分,但是他反对把印度15%的印度教教徒定为贱民,令他们饱受屈辱和压迫。"我一直不理解,人们怎么能因为自己的同胞受到屈辱而感到光荣,"甘地如是说。他为贱民创造了一个新的名称harijan,意即"**神的子民**"。

许多原先属于贱民的印度人把甘地视为他们的保护人。他们不称自己是"神的子女",而是"**受压迫者**"(dalit)。1932年,一个政治问题使这些分歧突现了出来。在起草新宪法的过程中,人们达成了这样一个共识:应该为过去的贱民"保留"一定比例的选举席位。然而,"受压迫者"的领袖坚持要求宪法赋予他们更多的权利——他们要求这些保留席位应该完全由"受压迫者"选举产生。甘地拒绝了这一要求。他

神的子女(harijan)　印度语,意为"神的子民",甘地用这个术语称呼印度社会中的最贫困阶层,包括贱民。

受压迫者(dalit)　这是原来的贱民描述自身地位的直言不讳的词语。

希望所有投票者都参与为贱民候选人投票。不然,贱民就会像已经开始行动的穆斯林一样,在政治上组成一个国中之国。甘地宣布,如果这一问题不解决,他将采取"绝食直至死亡"的行动。一周以后,贱民领袖、一位曾在哥伦比亚大学学习过一段时间的律师B·R·安贝德卡尔(B. R. Ambed Kar, 1893—1956年)接受了甘地的要求。同时,印度教领袖们的良心受到触动,他们开始致力于取消对贱民的种种限制,将多所印度教寺庙向"受压迫者"开放。

1955年,政府开始实行一项带保护性的区别对待政策,在政府部门的就业岗位、大学和选举办公室中,为过去的贱民保留了一定比例的职位。自独立以来,为贱民保留职位的问题就一直是个热门话题,有时还会引发暴力事件。在过去这些年里,关于保留职位的数量、对象、种类以及时间长短等问题仍未得到解决。

文化政策　甘地反对在印度的公共生活和学校中使用英语。他主张发展印度当地的地方语言和文化。在回到印度次大陆后发表的第一次重要演说中,他就指出:

> 假设在过去五十年中,我们用自己的地方语言进行教育的话……那我们今天就会拥有一个自由的印度,我们就会有自己的知识人才,他们能够与我们的民族精神对话,而不会好像是在自己祖国生活的外国人;他们会在最贫穷的人们中间开展工作,那样的话,不论他们在过去的五十年中获得什么,这一切都将成为我们民族的遗产。(Jack,第131页)

独立以后,印度的地方语言逐渐取代了英语,成为从小学到大学各个层次教育机构的教学语言。宪法要求将两种语言作为官方语言:英语和印度语。到1965年,将逐步停止使用英语,但随着该期限的临近,反对者们发动暴乱,从而使两种语言都保留了下来。在印度,受过高中和大学教育的阶层普遍掌握了英语,这使得印度能够更好地了解世界的发展。期望自己的孩子有良好的事业前景的父母通常都鼓励他们学习英语,因为英语技能仍是上层阶级区别于下层阶级的标志之一。

禁酒　甘地领导了一场禁酒运动,禁止出售和饮用酒精饮料。他主张禁酒主要是因为担心酗酒对工人阶级家庭产生不良影响,尤其是当担负养家糊口责任的丈夫把挣来的钱花在喝酒上时。独立以后,印度有许多邦都决定对饮用烈性酒进行限制,但只有甘地的家乡古杰拉特邦仍旧几乎完全禁止饮用和出售酒饮料——这导致非法制造、销售或偷运酒类的问题严重,并使得这些违法者和政治家互相勾结。

适宜的技术　由于甘地对适宜技术的关注,国大党把手纺车定为它的标志,要求成员身着手纺、手织的土布做的衣服,每天必须生产一定数量的手纺纱。甘地最初在他写的一本名为《印度自治》的著作中,用带有神秘色彩的宗教语言表达了他对现代机器的谴责。后来,他又出于经济和人道主义方面的考虑,倡导使用小规模的、劳动密集型的替代性技术:

饥饿是推动印度接受手纺车的有力理由……我们必须考虑到，至今仍有数百万印度人过着猪狗不如的生活，他们处在濒临死亡的边缘。而手纺车正是能够拯救数以百万计的濒临死亡的男男女女的一剂良药……我的确渴望发展；我渴望自治；我渴望自由，然而我所渴望的这些都是为了人民……呼吁大家使用手纺车就是呼吁大家承认劳动的尊严高贵。

然而，也并不是所有人都赞同甘地。甘地最有影响力的追随者贾瓦哈拉尔·尼赫鲁就倡导现代机器与技术的应用。这场有关技术的辩论中双方的主张尼赫鲁都十分清楚。他曾留学英国，尔后从甘地那里他了解到了印度五十多万个村庄的真实情况，那里85%的村民都过着一种几乎是没有技术的贫困生活。在甘地的努力下，印度整整一代领导人也都认识到了这一现实：

甘地派我们到村庄去，于是宣传行动新福音的大批使者在乡村各处开展各式各样的活动。农民们因此受到了震动，他也从此走出沉寂，开始为人们所熟悉。他对我们的影响有所不同，但同样意义深远，因为我们有生以来第一次看到，那些村民们虽然住在简陋的茅草房、整天为饥饿所困，却依然时刻追随着他。

原始资料

甘地与劳工关系

很多人都知道甘地推崇使用纺纱轮、批判机器工业，但他对技术的态度是很务实的。他知道，印度的纺织业的机械化既能给上百万的印度人提供就业，也能给印度人提供急需的纱线和布料。也有些人对此不以为然，他们说甘地最慷慨的支持者中就有纺纱厂厂主。甘地在创建"艾哈默德巴德纺织业劳工协会"（Ahmedabad Textile Labor Association）的过程中发挥了至关重要的作用，这一协会是印度最有影响力的劳工组织之一，同时他还担任其他几家工会的顾问。甘地在劳工以及工厂管理方面所提出的意见反映了他的看法：在产业关系中和谐比对立重要，正如在所有的人际关系中那样。

现在有两条道路摆在印度面前：要么学习西方的"强权即公理"的原则，要么就继续维护东方的原则，即仅凭真理就能战胜一切、真理绝对正确、社会的强者和弱者都有权利获得公正。要做出选择，就要从考虑劳工阶级开始。劳动者应该通过暴力以提高自己的报酬吗？即使暴力能够帮他们实现这一目的，不管他们觉得这一途径有多么合法，他们也不应该诉诸暴力。表面上看，通过暴力手段赢得自己的权利会很容易，然而从长远来看，这条道路也会布满荆棘。那些以刀剑求生的人，往往也是被刀剑杀死……

相反，如果劳工阶级能够与公平正义站在一边，通过受些苦难而寻求公正，他们不仅会自己成功，还能改造他们的"主人"，发展工业，这样工厂的所有者与工人就成为一家人了。令人满意的劳工工作条件必须包括以下几点：

1. 工作期间必须有一定的休息时间。
2. 工人必须有接受教育的设施。
3. 工作的报酬应该能够提供充足的牛奶、衣服和孩子必需的教育。
4. 工人应该有清洁卫生的住所。
5. 工人应该有能力攒钱养老。

到目前为止，这些条件没有一条得到实现。印度的两个政党都应该为此负责。"主人们"只关心自己能够得到的服务，他们不会在意工人的生活情况。另一方面，工人也只是绞尽脑汁地使出各种手段，求得以最短的工作时间获取最高的报酬。

工会成了夹在这两个政党之间的第三个党，它们成了劳工阶级的朋友。（摘自《年轻的印度》，1921年6月1日出版，霍默·杰克（Homer Jack）出版社重印，第157—159页）

从这些走访中我们了解到我们印度的经济情况,这比从书本上或学术论文中学到的还要多。(Nehru,第365页)

然而,尼赫鲁最后明确宣布支持大规模工业。否则,印度可能再次沦为殖民地:

> 在现代世界,除非一个国家高度工业化,并已最大限度地发展了它的动力资源,否则即使在世界各国互为依存的框架下,它也不能在政治上和经济上完全独立,这一点几乎是毫无疑问的⋯⋯因此主要依靠家庭手工业和小规模产业发展一国经济的尝试注定是要失败的。这不能解决国家的基本问题,不能让国家保持自由,也与整个世界的框架结构不吻合,除非这个国家沦为别国的附属殖民地。(Nehru,第414页)

在英国留学期间,以及在20世纪30年代访问苏联时,尼赫鲁就成为一个社会主义者,他提倡制定国民经济规划以指导高技术的使用。1938年,国大党成立了自己的国家计划委员会,该委员会是印度独立后成立的官方计划委员会的前身。

国大党领导的独立运动,1920—1922年,1930—1932年,1942年　甘地领导国大党进行了三次大规模的、全国性的非暴力抵抗及不合作运动。1920—1922年,不合作运动抵制英国的殖民学校、法庭、行政职位、产品和进口商品。国大党开始采取措施,准备依靠印度自己满足这些需求,他们鼓励建立单独的学校体系和解决冲突的机构,进行抵制英国货运动,以替代关税起到限制进口外国商品的作用。国大党不仅反对英国政府,而且建立了一个与之平行的政府。在一些地区,印度人拒绝缴税。

十年以后,在1930—1932年的"食盐大进军"抗议活动中,甘地徒步行进至海边,用海水生产食盐,以此抗议政府对食盐生产和销售的垄断。这一行动在全国范围

食盐大进军。圣雄甘地从阿赫梅达巴出发,开始了行程240英里、为期27天的徒步游行,他到达海边城市丹迪,收集海盐,从而触犯了食盐法——政府对食盐生产的垄断。非暴力抵抗并没有立即帮助印度赢得独立,但是削弱了殖民地政府的道德和政治权威。

内引发了一场非暴力反抗和抵制法律规定的运动。这次运动把世界的目光集中到一点：殖民政府缺乏权威、得不到绝大多数印度人的尊重。十年后，在1942年的"退出印度"运动中，印度拒绝在第二次世界大战期间给予英国政治上的支持，除非英国同意印度独立。（不过，印度的军队还是在英国人的指挥下投入了战争。）虽然印度爆发了这三次大规模的、全国性的运动，但是英国直到1947年才最终允许印度独立。

大多数的印度人都把甘地奉为新印度之父，并且有许多人把他看作圣徒，但是印度向独立国家的转变不仅仅是一次精神和道义上的胜利，而且也是"现实政治"的一次实践，是日常政治的现实与重要性的一次实践。英国同意印度独立，不仅仅是对甘地的政治思想和道德理想作出的反应，也是英国在全球经济萧条以及第二次世界大战中遭到巨大损失所导致的结果。英国失去了在印度维持自身帝国统治的精神上的承诺，也失去了在违背印度人民意愿的前提下继续控制印度的经济和军事实力。

独立，1947年

790

巴基斯坦　在印度取得独立时，尽管甘地竭力维护国家的统一，但南亚次大陆还是分成了印度和巴基斯坦两个国家，前者的人口以印度教教徒为主，由世俗政党国大党执掌政权，后者则穆斯林占多数，受穆斯林政府领导。巴基斯坦的建国既是对文化—宗教要求的回应，也符合政治—经济方面的要求。穆罕默德·伊克巴尔（Muhammad Iqbal）以诗歌为形式，颇具说服力地请求政府根据伊斯兰教的教义来管理国家。但在这一政治问题上，巴基斯坦的开国总统穆罕默德·阿里·真纳则主张让印度教教徒与穆斯林都享有公平的国民地位和保护。

巴基斯坦的地理条件颇为特殊，分为东西两个"翼"，中间隔着绵延约800英里的对立国印度的领土，这反映了穆斯林在印度次大陆的主要分布情况。印巴实行分治时，有约1 200万人口迁移——600万印度教教徒和锡克教徒从东西巴基斯坦迁往印度，600万穆斯林从印度移居巴基斯坦。这一人口迁移是一个充满血腥的过程，有20万至100万人被杀害。留在巴基斯坦的印度教教徒寥寥无几，但是仍然有相当多的穆斯林少数民族留在印度，占印度人口的10%。在这片土地上，在世俗宪法体制下，印度教教徒和穆斯林在大部分时间里都能够和平共处，但两个宗教之间的紧张关系仍旧存在，有时还为某些政治领袖所利用。

克什米尔　印巴分治后，印度和巴基斯坦的关系依然十分紧张，由于克什米尔问题，两国矛盾激化，在1947年和1965年两度操戈。在英国统治期间，印度约1/3的土地、1/4的人口受各地土邦王的间接统治，这是英国"分而治之"策略的一部分。独立时，官方给予了这些土邦王选择权，他们可以选择并入印度或是巴基斯坦，也可以保持独立。印度的内政大臣瓦拉汉·佩帖尔德凭借计谋，软硬兼施，使得各邦最终都根据地理邻近性选择并入印度或巴基斯坦，只有克什米尔例外。在所有的土

791

大规模人口迁移。印度独立时的印巴分治带来了一次规模空前的人口迁移，此次人口迁移有两个方向：印度教教徒因为印度比较安全而离开巴基斯坦，而居住在印度的穆斯林则努力想安全跨越边境，到达他们新的祖国。1947年10月16日，一辆列车上挤满了来自巴基斯坦的难民，列车几乎难堪重负，好不容易越过印度边境，到达阿姆利则。

邦中，克什米尔面积最大，位于印度和巴基斯坦之间，它似乎有可能选择独立。正当土邦王考虑抉择时，武装游击队伍从巴基斯坦入侵克什米尔。于是土邦王向印度寻求保护。印度表示同意，但条件是将克什米尔并入印度，土邦王同意了这一条件。这一决定遭到不少人的反对，因为克什米尔统治者是印度教教徒，而人口中的绝大多数却是穆斯林。

1947年和1965年爆发的两次战争最终将克什米尔分成两部分，面积较大、较为富裕的部分由印度统治，面积较小、较贫困的部分则由巴基斯坦统治。停火线成为印巴两国的实际边界。虽然印度承诺要举行一次公民投票，但并未真正实施，也没有人正式、系统地调查和征求过克什米尔人民的意见。印度和巴基斯坦继续互相敌视，克什米尔边界也仍旧经常成为局势最紧张的地区。位于南印度沿海的岛国斯里兰卡曾经也是英国的殖民地，于1948年取得独立。

孟加拉国　1971年，巴基斯坦和印度再度交战。这场战争是由巴基斯坦两翼的分裂和东部孟加拉国的建立引发的。巴基斯坦由东西两翼联合而成，西巴基斯坦通行乌尔都语，气候干旱，东巴基斯坦通行孟加拉语，多沼泽，虽然中间隔着800英里的敌国印度的领土，但这种联合自巴基斯坦建国起就一直处于一种奇特的状态，局势动荡不稳。印度早已正式宣布自己是一个世俗的民主国家，并一直主张，仅靠宗教并不足以构成一个国家的基础。当东巴基斯坦向西巴基斯坦的优势地位发起挑战时,印度认为自己的观点得到了证实,它的主要敌人分裂成两个。1971年,东巴基斯坦宣布独立,印度与新建立的国家孟加拉国并肩作战,孟加拉国十分贫穷,人口稠密,人口总数为1.25亿。

印度新政府面临的问题

实现国家统一、巩固国家政权　尽管甘地曾不切实际地幻想将国大党从一个政治游说机构转变为一个民间的社会服务机构,但是国大党的成员们迅速将其变为一个正式的政党,并开始执掌印度新政府。独立后的政府迅速采取行动,很快巩固了国家政权。内政大臣瓦拉汉·佩帖尔软硬兼施,强使印度的562个土邦王宣布并入印度,于是,人们不再担心印度次大陆是否会分裂为众多独立的小国家。只有在克什米尔是否应该并入印度的问题上还存在争议。

792

其他可能发生的分裂也得以避免。与英国殖民者采用的行政单位不同,甘地是根据通行的语言区域来组织国大党的。独立后,印度发生了几次地区争端,其后,国大党政府根据这些语言边界划分了新的邦界。

出于对锡克教的不满,在旁遮普爆发了激烈的分离主义运动,在穆斯林占人口大多数的克什米尔和地处东北部,在偏远的喜马拉雅地区、人口属于蒙古人种的阿萨姆邦也爆发了分离主义运动。分离主义在南部的马德拉斯邦也在酝酿之中,其基础是当地与北部的语言和文化方面的差异。后来,该邦因为当地人口使用泰米尔语而被重新命名为泰米尔纳德邦。政治协商和武力手段双管齐下,由此而维持了印度的国家统一。

民主政治及其面临的挑战　甘地领导的国大党总的来说很尊重宪法程序,英国统治者提出的实行民主政治的建议在印度独立后成为现实。1975—1977年间,总理英迪拉·甘地(Indira Gandhi,1917—1984年)实行过两年的"紧急统治",宣布自己拥有独裁权力,除此以外,印度作为一个包括约30个邦和中央直辖区的国家,政治民主,拥护宪法,成年人普遍拥有选举权,公民的新闻、集会、言论和宗教自由得到保证,司法独立。尽管民主制度还不很完善,但印度为自己成为世界上最大的民主国家而感到自豪。在印度的民主框架之内,共产党经过自由选举在几个邦上台执政,第一个共产党政府1957年在喀拉拉邦产生,这是世界上第一个经自由选举产生的共产党政府,后来,在西孟加拉也产生了共产党政府。

20世纪50年代,一小支名为纳萨尔派的革命游击队伍在各地攻击政府机构,他们之所以被称为纳萨尔派,是因为这支革命武装是从比哈尔一个名叫纳萨尔巴里的村庄开始活动的,但是这种激进的共产主义并没有得到印度人民的大力支持。其原因可能包括:印度人普遍信仰宗教;对与国外的政府联系在一起的一套理论和组织持怀疑态度;他们认为共产主义是一个无产阶级的运动,而不是农民运动;以及各邦对革命组织进行的镇压。

在1991年之前,自由放任式的资本主义更是难以通行。只有一个政党曾经直接支持一套资本主义的发展理论,但这套理论所取得的成功有限,并且只实行了很短一段时间。印度人,包括许多商界人士在内,似乎都认为资本主义是建立在利己主义基础之上的,而利己常常被认为等同于贪婪,并且资本主义令人们联想到过去的殖民主义和今天的新殖民主义经济统治的回归,他们似乎把资本主义视为过于突出个人利益和物质享受。尽管在印度经济中、尤其是农业中,有很大一部分是自由企业,但是大多数主要政党都提倡社会主义,因为他们声称要关心人民大众的利益。尤其是尼赫鲁,他支持"社会主义发展模式"。在他去世后一代人的时间里,印度继续实行其政策,尽管人们普遍批评该政策导致权力过多集中在国家和那些掌管商业执照和投资款发放的官员手中,从而导致严重的腐败问题。1991年,当按照国际货币基金组织的规定,印度不得不向更为自由的市场经济转变时,上述的很多想法开始改变了(见第23、24章)。

在印度独立后的前40年里,印度的民主都由一个党,即国大党所控制,而控制该党的领导权则掌握在一个家族,即尼赫鲁王朝手中。贾瓦哈拉尔·尼赫鲁自印度独立直到他1964年去世一直担任总理,他去世后不久,总理之职便由其女儿英迪拉·甘地接任,英迪拉的任职时间为1967—1977年,以及从1980年直至1984年她遭暗杀为止。后来,英迪拉之子拉吉夫又接替母亲在1984—1989年期间担任总理。1991年,拉吉夫在为再次当选作努力时遭到暗杀,这时,国大党的好几位领导人请求其遗孀、出生于意大利的索尼娅·甘地继续担当起家族的政治责任。这一次,她表示了拒绝。

性别问题 妇女也加入了独立斗争。独立后,印度实行了成人普遍选举制。在每一次全国大选中,参加投票的妇女约占妇女总数的55%,而男性的投票比例为60%。1988年,妇女占有国会下院537个席位中的46个,在上院的245个席位中占了28个,可见自1950年以来,比例慢慢有了上升。随着甘地夫人担任总理一职(1966—1977年,1980—1984年),女性获得并掌握了最高统治权。虽然首次获得提名并当选总理是依靠父亲的名望,但后来甘地夫人第二次当选则凭借的是她自己的能力。

总理英迪拉·甘地 当然,并不是所有的妇女都是女权主义者,包括甘地夫人在内。自童年起,父亲尼赫鲁就让她接触政治。在尼赫鲁担任总理以后,由于他的妻子、即英迪拉的母亲十年前即已去世,他就让英迪拉来负责管理他的官邸。1964年尼赫鲁逝世,英迪拉被任命为新闻和广播部长,两年后,国大党主席提名她为总理,错误地以为他们可以操纵英迪拉。相反地,英迪拉在一场激烈的斗争中将国大党分为两派,而她则控制了党内的多数派。她宣布把"消除贫困(Down with Poverty)"作为自己的座右铭,实行社会主义政策,例如,将印度的大银行收归国有,停止每年对以前的土邦王给予的特别财政拨款。1971年内战爆发时,她命令印度军队进入东巴基斯坦,作为一位坚决强硬的领袖,她由此而名

印度总理英迪拉·甘地（1966—1977年；1980—1984年）在独立日的庆典上检阅护卫队，1967年8月23日。在独立前的几年里，圣雄甘地为鼓励妇女参与政治作了很多努力。虽然有很多妇女接受过良好的教育，但是女性总的教育普及率仅为38%（男性为66%）。

声大震；她的支持推动了孟加拉国的诞生。1974年，她下令进行印度首次地下原子弹试验。

甘地夫人在政治上的操控在一定程度上破坏了印度的民主制度。1975年，在面临可能失去政权的情况下，英迪拉迫使印度总统宣布国家进入"紧急状态"。她逮捕了反对派领袖，剥夺了公民的言论自由和新闻自由，还定下指标，要求必须对多少人进行强制节育，其目的主要是为了控制印度庞大的人口。1977年英迪拉决定在印度恢复选举时，由于上述过分的专制措施，选举失败，她被迫下台。

由于选举中的舞弊行为，甘地夫人在狱中被囚禁了一段时间，此后，她在1980年的大选中再次获胜，重新上台，为了保证主要地区的领导人都依附于她，她再次利用自己的声望来操纵国大党，尤其是各邦的国大党。这些领导人中有一位锡克教极端分子，他曾是甘地夫人的盟友，但后来摆脱了她的控制，成立了一个拥有武装力量的反对组织，总部设在最重要的锡克教神庙——阿姆利则金庙。英迪拉最后下令军队占领并封锁该神庙。在这一冲突中，几千人丧生，神庙遭到毁坏。四个月后，在1984年，英迪拉·甘地被自己的私人警卫中的两个锡克教教徒刺杀身亡。

甘地夫人在担任总理期间，依靠儿子为其出谋划策，这种寡母与儿子的关系是很常见的，尤其是在印度。人们普遍认为，她的小儿子桑贾伊行事肆无忌惮，不讲原则，紧急状态下的许多过分举措都是出自他的建议。桑贾伊在一次特技飞行中因飞机坠毁而丧生，此后，英迪拉说服了桑贾伊的哥哥、在印度航空公司当飞行员的拉吉夫代替桑贾伊成为她的主要出谋划策者。甘地夫人遇刺后，国大党选择拉吉夫担任总理。她的两个儿子都主张应该对现代技术给予更多的重视，使印度走上发展现代技术的道路。

法律改革　1955年颁布的印度婚姻法把妇女的最低结婚年龄提高到15岁（男性18岁），并规定印度妇女有离婚的权利。1956年的印度继承法规定，女儿与儿子享有继承父亲财产的同等权利。另一方面，对于非印度教教徒，国会没有制定新的针对个人的法律，因此其他宗教社会仍实行传统的法律。这令许多女权主义者十分困扰，但她们采取了谨慎的态度，因为许多穆斯林，甚至是主张女权主义的穆斯林并不希望世俗政府干涉他们的宗教法律。

父系继承制（patrilineal） 家族祖先、亲属关系，以及遗产继承以男方为主的做法。

从夫居制（patrilocal） 要求结婚的夫妇居住在男方家族的家里或附近地区的习俗。

自焚（sati，suttee） 古代印度的一种风俗，要求寡妇在亡夫葬礼的柴堆上自焚，或是在葬礼不久以后自焚。

社会变革　在印度，尤其是印度北部的家庭，实行的是**父系继承制、从夫居制**——按照父系来继承遗产，婚后随男方居住——因此女孩常被看作是经济甚至感情方面的负担。养育多年，花费不少，女儿最后却要离家嫁到另一个家庭，而那个家庭又常常与娘家距离较远，与娘家的联系又相当有限。

1991年时，印度的女性与男性比例约为927：1 000，是世界上这一比例最低的国家之一。这表明印度国内一直以来对女性，尤其是年轻女孩的轻视。随着羊膜穿刺术和超声波扫描得到更广泛的应用，父母在孩子出生前便能够知道孩子是男是女，若是女孩，则父母可能会选择进行人工流产。印度妇女的自杀比例很高，寡妇在亡夫葬礼上以柴堆**自焚**的个案仍然存在。1987年，妇女中的识字率为29%，而男子中这一比例为57%；但与1951年的数字相比，已分别上升8%和25%。人们普遍认为，印度南部妇女受到的待遇要平等一些，这可能与当地的传统有关，包括母系制度（按照母系家族继承遗产，婚后随女方居住）的某些影响。

经济变革　1984年，有关机构对德里附近的一个村庄进行了一次人类学方面的调查研究，调查得到的结果颇为令人不安：随着在新的经济体制中富裕程度普遍提高和城市化的进一步发展，贫穷的农村妇女的地位实际上却下降了。

影响妇女工作的因素有好几个，它们都大大减少了妇女就业的机会。第一，在她们的丈夫离开农村到城里找工作后，妇女便不能像先前一样与男子一同从事农业劳动了。第二，原来在贾吉摩尼制（家族保护制度）下、在以种姓等级制度为基础的行业做佣人的女性再也找不到这样的工作。第三，在许多行业，机械化取代了妇女的劳动岗位。最后，耕作方式的改变减少了农业生产对女劳动力的需求。上述因素都导致了贫穷妇女地位的降低，使得她们在家庭中的发言权越来越少，并最终降低了她们的生命价值（Wadley，见Wiser和Wiser，第287页）。

与此相对，令人鼓舞的是劳动妇女组成了能发挥效力的联合会，这些组织为妇女提供经济机会和政治上的发言权。在孟买、马德拉斯、阿赫梅达巴等城市，由成千上万的劳动妇女组成的志愿组织开始为从事小规模经营的工人阶级妇女提供资金；成立合作社，帮助妇女确保获得原材料的供应和推销自己生产的产品；游说政府为未加入工会的、小商店的劳动者提供安全、健康、保险、怀孕、工作方面的保障；开发新的职业培训模式；为劳动者尤其是妇女建立新的医疗卫生服务系统。这一类组织中最重要的一个是自主就业妇女协会（SEWA），它隶属于纺织业工会，这个工会是在圣雄甘地的帮助之下成立的。

独立后的经济和技术变革

绿色革命 在经济和技术方面，印度的粮食产量已足以为日益增长的人口解决吃饭问题，这在以前似乎是不可能做到的。独立之初，印度的人口为3.61亿；到20世纪80年代中期，人口数增加了一倍多，达到7.5亿。1964—1966年旱灾期间，印度只能依靠每年从国外，主要是从美国进口1 200万吨粮食，才避免了大规模饥荒的发生。后来，到了20世纪60年代末，"绿色革命"在印度开展起来。印度引进了墨西哥在洛克菲勒基金会的支持下培育出的小麦新品种。这大大提高了粮食产量，其增长速度甚至超过了人口的增长。印度几乎是奇迹般地向世界证明了，它能够依靠自己的力量来解决国民的吃饭问题。从20世纪60年代初到20世纪70年代末这段时间里，大米的产量增加了50%以上；小麦产量增加了两倍。20世纪80年代中期，粮食总产量从独立时的每年约5 000万吨增加到约1.5亿吨。

与此同时，一场有关乳制品生产和配送的"白色革命"也开展起来。乳制品合作社在印度各地建立起来，从而使农民能够将他们所生产的极易变质的乳制品集中并运往城镇市场——新鲜牛奶使用火车冷藏车厢，经过加工的奶酪和乳制品则采用传统方式运输——由此而刺激了生产的增长。

上述的农业革命并不是就没有问题了。首先，从生态学角度来看，对少数新品种的"神奇小麦"的过于依赖令人们疑虑重重。是不是从少数几个基因品种培育的小麦种植面积太广了？为了新品种小麦生长而增加使用的大量化肥最终会不会破坏

新技术跨越了性别界限。 在印度一些地区，与牛拉的犁或者拖拉机相比，耕耘机为人们提供了一种在经济方面更为适宜的新技术。这种耕耘机是与日本(三菱)合作制造的。操作机器的妇女在开始从事这种新职业之前，自主就业妇女协会就为其提供了经济和技术上的帮助。

796

生态环境？第二,经济的发展使得穷人和富人之间、勤劳的创业者和安于现状者之间的差距拉大,关系更趋紧张。生产力提高后,获益的主要是那些已经有足够的经济实力、支付得起新品种小麦种子、化肥、农药和灌溉水源的那些人。富人变得越来越富——虽然穷人看上去并未变得更为贫困——社会的紧张关系加剧了。富裕的邦和贫穷的邦之间的差距也同样在拉大。尤其是旁遮普邦,在农业改革和小规模产业的改造方面取得了显著的进展。北部的小邦成为印度最富裕的地区,成为全国的粮仓。

土地的重新分配　对土地的控制和重新分配对印度的每一个邦来说都是一件大事,各邦为此制订了不同的政策。一般情况下,在重新分配土地时,土地的新所有者会支付一定的补偿,分配过程平稳,但进展缓慢。

计划生育、预期寿命和儿童成长状况　1975—1977年间,英迪拉·甘地实行强制节育计划,遭到民众强烈反对,此后,政府对实施计划生育放宽了要求。尽管如此,1985年,出生率还是从独立时的4.4%左右下降到了约3.3%,说明人们普遍希望实行计划生育,缩小家庭规模。出生时的人均预期寿命从1947年印度独立时的30岁左右提高到1985年的56岁。另一方面,根据世界银行的报告,到20世纪90年代初,印度5岁以下的儿童中有66%营养不良。

工业化及其影响　虽然工业生产率提高了,但是劳动力的结构并未发生改变——这一过程正是甘地所担心的。新型机器以更高的效率生产出更多的产品,但并没有相应地增加工作机会。1947年,商业和工业部门的收入仅占全国总收入的5%,到20世纪80年代中期,这一百分比超过了30%。1951—1980年期间,工业产量增长了将近四倍。在20世纪80年代,工业产量的年增长率达到近8%。城市化率从独立时的17%提高到了27%。另一方面,产业工人所占的百分比基本没有变化:1951年为约10%,1980年为约13%。据报告,失业率基本稳定在8%。

20世纪80年代以前,工业方面的政策是根据甘地和尼赫鲁二人互相矛盾的主张而制定的。甘地主张节制消费水平,提倡手工业生产,鼓励使用手纺车,实现国家的自给自足,外加部分国外的进口。尼赫鲁则实行社会主义、中央计划、工业化、政府控制,发展经济的“制高点”——能源、钢铁、石油和银行业——对大规模资本主义部门进行调节管理。虽然两人在发展大规模工业和现代技术的重要性方面意见有很大分歧,但是甘地和尼赫鲁都很重视国内生产的自给自足。

20世纪80年代,这些政策越来越多地受到国际政治—经济方面的一种新思想的挑战,这种新思想的基础是东亚国家在经济发展方面取得的成功经验和美国总统里根、英国首相玛格丽特·撒切尔夫人的政治政策。消费的增长刺激了生产率的提高,消费社会开始在印度出现。

国内和国外市场的高科技创新带来了生产力的提高,印度开始制造潜水艇、电脑软件(印度已成为电脑软件业的一个世界中心)、电脑硬件和机床,甚至还准备向第三世界国家出口适合其国情的核电站。印度令人瞩目的科技企业有能力应用最新的技

我们是怎样知道的？

技术风险和技术风险的责任

印度人对待现代技术的态度同时受到甘地和尼赫鲁的影响，前者对现代技术怀疑，后者对它热情无比。对印度技术发展政策最为激烈的一些批评来自印度的一位"现代知识分子"阿希斯·南迪（Ashis Nandy）。他不满印度政府赋予科技发展部门过多的权力，还针对20世纪80年代的印度核技术部门提出批评：

核科学家已没有任何财政约束，核发展计划的预算几乎都是在没有任何监督的情况下由议会通过的。核计划的开支也从来不接受公共部门的审计。所有关于核计划发展情况、发展过程中遇到的失败、不安全的技术以及对人权的考虑等问题的数据都受到法律保护，公众无法知晓。一项特别法案避免了来自核技术部门以外的调查，因为这项法案，对核技术部门的任何有见地、正中要害的、有数据支持的

批评都变得不可能。（Nandy，第5页）

1984年，位于印度波帕尔邦的联合碳化物公司杀虫剂厂发生了毒气泄漏事故，这是到1984年为止世界上最为严重的同类工业事故。这一悲剧招来了对追求工业现代化的更多批评，其中涉及谁得谁失的问题。对于受害者来说更为糟糕的是，这家美国公司拒绝支付赔偿金：

1984年12月，可怕的悲剧袭击了印度中部的波帕尔邦。那些气体虽然看不见，但足以致命，因阀门问题，从联合碳化物公司的杀虫剂储存罐逸出，并随着风向从那座位于新德里市以南不到400英里的工厂飘向正在熟睡的无辜平民。仅仅过了数小时，在这次近代历史上最为严重的工业事故中，2 000多人死亡，数十万人受伤。联合碳化物公司依然由美国控股，这是在印度国内为数不多的还未被印度多数股东及管理层收购的跨国公司。

虽然在印度和美国提起的上千件法律诉讼案中，受害者向联合碳化物公司索赔共计数千亿美元的赔偿，但是，这场悲剧在波帕尔发生整整七年过后，受害者还没有得到任何赔偿。法律陷阱以及对司法的疑问令索赔过程停滞不前，阻碍了公正执法。（Wolpert，第421—422页）

- 印度的核发展计划为什么能够在没有公共政治监督的情况下独立地进行？你同意印度在这种秘密状态下搞核项目吗？要是这个国家换成美国呢？同意与否请说明理由。
- 联合碳化物公司依据什么理由拒绝向大部分受害者支付赔偿？你先做一下猜想，然后或许会希望登录波帕尔和联合碳化物公司的网站去寻找答案。
- 在印度这种以农业为主的贫穷国家，你认为诸如核武器、和平利用原子能及化学杀虫剂此类的现代工业应该处于什么样的地位？

术成果，并对其进行改造以适应本国的实际需要。

印度之所以能取得这些技术上的成就，部分原因是教育支出方面的极度失衡。政府大力支持高等教育，但在小学教育上却投入极少。这些根源于传统的等级观念与利益的政策使社会变得不平衡——印度受过高等教育的精英堪称世界一流，但是总的识字率只有43%。甘地的担忧又一次成为现实。

国际关系

印度是第二次世界大战后第一个获得独立的殖民地国家，它由此而成为其他新兴国家的领袖。尤其是尼赫鲁，他清楚地、富有创新性地为印度指明了发展方向，独立后，印度在一个情况极为复杂多样的国家保持了民主政治的稳定，实现了经济的逐步发展，因而成为其他国家的典范和榜样。然而，印度在国际上的地位有所下降。印度在1962年的中印边境战争中遭受失败，使其难以担当在维持第三世界的和睦团结方面的领袖责任。这次战争以后，印度开始增加在军事力量上的投入。军费从1960年的17亿美元增加到1987年的98亿美元（以不变美元值计算）。

到20世纪80年代，世界各地的殖民地几乎都已取得独立，政治上的殖民主义已经不再是全球的主要问题。新成立国家的注意力开始转移到经济发展上来。日本与东亚、东南亚发展非常成功的几个"小老虎"以其更加开放、更加自由、不断发展的经济引起了这些新成立国家的关注。在当今世界，经济发展备受瞩目，而印度长期以来的贫困水平和高文盲率使其难以成为其他国家的典范榜样。印度的发展进步似乎过于缓慢。然而，印度仍旧是南亚地区起着主导作用的大国。

798

中国和印度的比较：
差异及影响

第一次世界大战结束时，印度要求独立，从而引发了一场大规模的群众运动，这场运动与中国的群众运动有许多相似之处。与中国一样，印度的绝大多数人口分布在农村地区，农业和农民是国家的根基。印度领袖圣雄甘地也与中国的领袖毛泽东一样，着重于把全体农民调动起来。这两位领袖都创立了能更好实现公平的新型的社会经济制度，并且都强调，中国和印度作为贫穷的农业国家，需要发展与其国情相适应的较为简单的新技术。他们都认为自己的方法和举措是值得其他国家效仿的典范。

这两个大国之间的差异也同样显著。中国在1912年至1949年期间没有一个切实发挥效力的中央政府，领土被划分为好几个由欧洲国家和日本控制的势力范围。与此不同的是，印度有一个中央政府，该政府在1947年印度独立前一直处于英国的殖民统治之下。中国经历了长达几十年的内战，而印度国内政治争端的解决方式则是在不违反宪法的前提下进行的，而且这一过程总的来说是较为平和的。与中国的领导人不同，印度的民族主义领袖欢迎商界人士和专业人士同农民一起进行独立斗争。印度在独立运动的过程中，采取了一种特别的战略，即非暴力的全民抵抗，这也与中国不同。印度没有经受内战的困扰，第二次世界大战的战火也几乎未波及它的边界。独立后的印度与原来的殖民国家英国继续保持着和睦的关系，并且仍旧是英联邦的成员。甚至1947年南亚次大陆分成印度和巴基斯坦两个国家也是按照宪法步骤进行的，尽管随后的人口迁徙过程也伴随着大量的暴力行为。巴基斯坦爆发内战，印度帮助孟加拉国对抗西巴基斯坦，其结果是孟加拉国于1971年在东巴基斯坦地区立国。纳萨尔派运动使得局部地区爆发了游击战争。印度教教徒与穆斯林之间、高等种姓与低等种姓之间的紧张关系有时也引发暴力冲突，但在这些冲突中公然使用暴力的现象通常只出现在局部地区，并且持续的时间很短。

在结束殖民统治后，经过一代人的努力，中国和印度都取得了令人瞩目的成就，包括经济的持续发展（中国经济发展的速度快些，印度则稍慢一些）以及与两国各自不同的计划相一致的社会改革。两国都把关注的重点从原来与殖民者斗争的基地的农村地区转到城市和城市工业的发展上。中国和印度都面临着一个同样的挑战：在驱逐殖民主义这个公敌之后,如何设计一个前后连贯的国家发展计划?

1949年以后,中国仍坚持把农业放在首位,并继续进行其革命斗争。新中国成立后不久,便开始驱赶外国人——包括资本家、共产主义者和基督教教徒在内——寻求自力更生,利用自己的资源来进行国内建设。朝鲜战争爆发后,中国立即表现出愿意在第三世界的武装斗争中承担起自己的领导责任。中国借鉴其在长征中和延安中华苏维埃积累的经验,定期制定发展计划:大跃进,大炼钢铁;无产阶级文化大革命,把城市官僚和知识分子下放到农村进行劳动锻炼。新的政府也着手发展城市和工业。共产党控制着这一切。后来,党内在一些政策上出现了意见分歧,面临分裂的危险。当时,毛主席再次维护和巩固了他的领导地位。他对其他领导人采取奖励"红"而不奖励"专"的立场。直到1976年将近逝世时他才失去了手中控制的领导权。

1947年后,印度作为一个独立的国家,选择了政治民主制度和混合型的经济体制。虽然它采用的是"社会主义社会模式",但允许私营企业的成立发展,由此而取得了一种平衡。印度不断受到大量源于自身的社会结构以及殖民时代遗留下来的问题的挑战:等级制的种姓制度造成的分裂,特别是对原来的贱民的歧视;时有发生的宗教冲突,尤其是印度教教徒和穆斯林之间的冲突,还包括在旁遮普邦及其附近的锡克教教徒问题;不同宗教和语言群体之间的紧张关系;重新出现的对妇女的压迫;经济匮乏,大范围的饥荒和长期存在的贫困;持续迅速的人口增加。为了应对这些问题,印度实行了保持政治稳定的政策以求发展,其中包括旨在鼓励多元化的技术政策。

中国和印度两国都意识到了日本和"亚洲四小龙"在技术和经济上所取得的进步。对中国而言,这是一个令人屈辱的挑战,因为实力强大的日本支配了东亚的经济,使中国丧失了在历史上一直拥有的领导地位。印度并未把自己看作日本的竞争对手,但是印度承认曾落后于自己并且面积比自己小的东南亚国家现在在经济与消费技术方面已经超过了自己。印度也把这看作自己的榜样和挑战。

799

复习题

- 比较毛泽东和甘地在农业问题上各自的个人经历及采取的相关政策。
- 比较毛泽东和甘地为了达到政治目的,在使用暴力和非暴力手段方面采取的政策。二人哲学观点的不同与他们各自的生活和工作的政治环境有怎样的关系?
- 比较毛泽东和甘地在妇女地位问题上所持的观点。
- 中国共产党革命的长征和游击战经历对1949年以后政府制定政策有多大的影响?
- 印度独立运动的经历对1947年后政府制定政策有多大的影响?
- 在现代印度该采用何种技术的问题上,你认为甘地和尼赫鲁的主张各有什么优点和缺点?

推荐阅读
Principal Sources

CHINA

Andors, Phyllis. *The Unfinished Liberation of Chinese Women 1949–1980* (Bloomington: University of Indiana Press, 1983). Feminist, anti-patriarchal ideology was central to the Chinese communist program. Andors captures the ideology and the degree of implementation.

Blunden, Caroline and Mark Elvin. *Cultural Atlas of China* (New York: Facts on File, 1983). Another in the excellent Facts on File series. More than an atlas, it is a comprehensive approach to China, scholarly yet very accessible.

de Bary, W. Theodore, *et al. Sources of Chinese Tradition*, Vol. 2 (New York: Columbia University Press, 1999). An outstanding anthology of statements by China's intellectual and political leaders. The 1999 revision doubled the number of selections.

Ebrey, Patricia Buckley, ed. *Chinese Civilization: A Sourcebook* (New York: The Free Press, 1993). A very different selection from de Bary's. Ebrey's selections capture the lives of common people. Illuminating and excellent.

Meisner, Maurice. *Mao's China and After* (New York: The Free Press, 1986). A thoughtful, rather pro-Mao account of the revolution. A scholarly, accessible standard.

Schell, Orville, ed. *The China Reader*, 4 vols. (New York: Random House, 1967–74). These volumes tell the story of China's revolution from the end of the colonial era through the end of Mao's years through an exceptional array of documents.

Snow, Edgar. *Red Star over China* (London: Victor Gollancz, 1968). Journalist Snow visited Mao in Yan'an and brought back to the West the first detailed knowledge of the man and the movement. Inspiring from a very pro-Maoist viewpoint.

Spence, Jonathan D. *The Search for Modern China* (New York: W.W. Norton & Company, 1990). Clearly written, detailed yet highly accessible, excellent as an introduction to the subject and to further scholarly investigation. Reissued in paperback in 2000.

INDIA

Bayly, Susan. *Caste, Society, and Politics in India from the Eighteenth Century to the Modern Age* (Cambridge: Cambridge University Press, 1999). Accessible, highly scholarly introduction to the phenomenon of caste, the changing meaning of caste, and the changing economic and political significance of caste.

Brown, Judith M. *Modern India: The Origins of an Asian Democracy* (New York: Oxford University Press, 1984). Stresses the constitutional processes in achieving independence, and in the negotiations between the British and the Congress. Brown sees India's post-independence democracy as a result of that process.

Chandra, Bipan. *India's Struggle for Independence, 1857–1947* (New York: Penguin Books, 1989). Chandra stresses the popular, revolutionary side of the independence struggle, and sees Gandhi as the integrative force who encouraged it to take democratic directions.

Dalton, Dennis. *Mahatma Gandhi: Non-Violent Power in Action* (New York: Columbia University Press, 1993). Remarkably lucid account of Gandhi's theory and practice of *satyagraha*, especially good on his fast in Calcutta, 1947.

Forbes, Geraldine. *Women in Modern India* (Cambridge: Cambridge University Press, 1998). Useful survey of women in education, cultural and social life, and reform, the nationalist movement, the economy, and recent political action. Especially interesting for shift from elite issues to the masses.

Hay, Stephen, ed. *Sources of Indian Tradition*, Vol. 2 (New York: Columbia University Press, 2nd ed., 1988). Excellent selection of statements by Indian political and cultural leaders. Stresses the elites.

Nehru, Jawaharlal. *The Discovery of India* (Bombay: Asia Publishing House, 1960). A personal history, Marxist in orientation, written from jail by the prime minister of India, illuminating both of the nation's history and of Nehru's understanding of that history.

Rothermund, Dietmar. *An Economic History of India: From Pre-Colonial Times to 1991* (London: Routledge, 1993). Clearly written, succinct introduction to the subject.

Rudolph, Lloyd I. and Susanne Hoeber Rudolph. *The Modernity of Tradition* (Chicago: University of Chicago Press, 1967). Still the clearest introduction to the idea that tradition and modernity are not opposites, but interact in the hands of creative leaders — like Gandhi, and like later caste leaders.

Wiser, William H. and Charlotte Viall Wiser, *Behind Mud Walls 1930–1960* (including Susan Wadley, "The Village in 1984," "The Village in 1998") (Berkeley: University of California Press, 2000). The Wisers kept revisiting a north Indian village and writing down their observations. A fascinating, very readable review. Make sure to get the latest edition, as Susan Wadley continues to update the Wisers' work.

ADDITIONAL SOURCES

Bouton, Marshall M. and Philip Oldenburg, eds. *India Briefing: A Transformative Fifty Years* (Armonk, NY: M.E. Sharpe, 1999). Every year or two, Oldenburg and a co-editor bring together an excellent, scholarly set of interpretive essays on current events in India under the title *India Briefing*. This edition covered the entire period from independence.

Brass, Paul. *The Politics of India since Independence* (Cambridge: Cambridge University Press, 2nd ed., 1994). Another in the Cambridge series of comprehensive introductions to India. Brass is comprehensive, thoughtful, and, appropriately, quite skeptical of official rhetoric.

Drèze, Jean and Amartya Sen. *India's Economic Development and Social Opportunity* (Delhi: Oxford University Press, 1998). Sen won the 1998 Nobel prize for economics for his stress on the importance of education and health in development economics. Here he and Drèze bring that perspective to an analysis of India's record.

Fairbank, John King. *The Great Chinese Revolution: 1800–1985* (New York: Harper & Row, 1986). Until his death, Fairbank was one of the masters of Chinese history. This book is now dated, but very useful and interesting.

Frankel, Francine. *India's Political Economy, 1947–1977* (Princeton: Princeton University Press, 1978). To know how India said it was doing, and how it was actually doing in economic and political development after independence, this is a good place to begin.

Goldman, Merle and Roderick MacFarquhar, eds. *The Paradox of China's Post-Mao Reforms* (Cambridge: Harvard University Press, 1999). Although focused on China after Mao, the contrast is illuminating.

Hardgrave, Robert L. and Stanley Kochanek. *India: Government and Politics in a Developing Nation* (Stamford, CT: Harcourt College Publishers, 1999). A standard, introductory text, continuously revised for three decades.

Jack, Homer, ed. *The Gandhi Reader* (New York: Grove Press, 1956). A comprehensive source book covering Gandhi's philosophies and activities in politics, economics, and moral life, mostly by Gandhi, some about him.

Jayakar, Pupul. *Indira Gandhi* (New York: Viking, 1992). A friendly, but critical biography by a friend and colleague.

Karlekar, Hiranmay, ed. *Independent India: The First Fifty Years* (Delhi: Oxford University Press and the Indian Council for Cultural Relations, 1998). A set of assessments of uneven quality, but many quite fascinating of many aspects of India since independence. Written in India for Indians, may be somewhat dense for foreign readers.

Kennedy, Paul. *The Rise and Fall of the Great Powers* (New York: Random House, 1987). Kennedy looks at the great powers since 1500. He introduces China only in recent times. India doesn't make it. Interesting for his view of what counts in national greatness.

Liang, Heng and Judith Shapiro. *Son of the Revolution* (New York: Vintage Books, 1983). Liang's biography as a young man who survived the Cultural Revolution, but saw it destroy his parents, their marriage, his schooling, and his earlier belief that the revolution was benign.

Liu Binyan. *A Higher Kind of Loyalty* (New York: Pantheon, 1990). Exiled from China, journalist Liu Binyan writes from America incisive, angry criticism of the actions of the government of the country that he loves.

MacFarquhar, Roderick Timothy Cheek, and Eugene Wu, eds. *The Secret Speeches of Chairman Mao* (Cambridge, MA: Council on East Asian Studies, 1989).

Nandy, Ashis, ed. *Science, Hegemony and Violence* (Delhi: Oxford University Press, 1988). Nandy is an oddity, a prominent, Western-educated intellectual who is quite skeptical of Western influences in India, including scientific and technological influences.

Pa Chin. *Family* (Garden City, N.Y.: Doubleday & Company, 1972). This novel of the 1910s and 1920s presented a new, feminist vision of what a family might be in modern China.

Ramusack, Barbara, *et al. Women in Asia: Restoring Women to History* (Bloomington: Indiana University Press, 1999). Product of a decade-long project of the Organization of American Historians to provide perspectives and bibliographies on the study of women in the non-Western world. Other volumes treat sub-Saharan Africa, the Middle East, and Latin America.

Schell, Orville and David Shambaugh, eds. *The China Reader: The Reform Era* (New York: Vintage Books, 1999). An excellent selection of essays and observations on the changes in China after Mao's death. Updates the earlier four volumes of *China Reader* noted above.

Weiner, Myron. *The Child and the State in India* (Princeton: Princeton University Press, 1991). In a very critical, down-to-earth assessment, Weiner asks why literacy rates and school attendance are so low, and child labor so extensive. Hierarchical values are a major culprit.

Wolf, Eric R. *Peasant Wars of the Twentieth Century* (New York: Harper & Row, 1969). A classic comparative study of the philosophies and strategies of modern guerrilla warfare. China figures prominently.

Wolpert, Stanley. *A New History of India* (New York: Oxford University Press, 7th ed., 2004). A useful, standard, sometimes rambling, highly readable text.

Wu, Harry. *Bitter Winds* (New York: John Wiley, 1994). One of the most bitter attacks on political repression in contemporary China.

迈入新世纪

我们学习历史是为了理解人的生活和事件的复杂性。某些主题是贯穿整个历史的，它们总是会以不同的组合形式一而再、再而三地浮现出来，成为人类生活历史中的转折点：进化使得我们成为今天的人；定居点是我们建造和生活于其中的地方；政治权力是我们调集聚合起来的；宗教体系是我们可能寄托信仰之处；人员和产品的流动；工业革命、政治革命，尤其是社会革命；我们对技术开发的掌握；以及我们对身份特征的寻求，包括个人的和群体的身份特征。

作为本书开篇的第一单元探讨的是从人科动物到智人的进化过程及其最早的社会组织形式。在过去的100 000年里，作为智人的我们在体躯上的变化如果说有的话，也是难以觉察的。但是文化上的进化显示，在过去的35 000年里出现了颇为明显的新发展，这一切使得我们相信，我们的大脑一定经历了新的进化过程。它或许今天继续在发展进化之中，只是进化的速度极为缓慢，以至于我们无法直接观察到。

在1950年代，科学家发现了DNA（脱氧核糖核酸），这是存在于每个有机体细胞内的一种化学物质，它携带的遗传指令决定了有机体的一切特征。脱氧核糖核酸再次肯定了科学的进化理论，而且提供了人与人之间的、人与动物之间的，甚至是人与疾病（如艾滋病）之间的遗传关系的信息。我们对脱氧核糖核酸的理解也给了我们这样的能力，即以前所未有的胆量和勇气对自然进行干预，例如，对作物和动物进行克隆和遗传工程研究。医学研究的结果显示了发现和治疗以遗传为基础的疾病的新方法。这样的持续不断的技术创新使我们认识到，创造新的技术，即便还未能对其结果作出评估解定，是惟有人才具备的能力——但也是会引起争议的。

我们的第二单元探讨的是定居模式，介绍在整个人类历史上反复出现的城市化的主题。尤其是在工业革命这一转折点，无数人如潮水一般涌入城市，希望在工厂找到一个工作岗位。在过去一代人的时间里，源源不断涌向城市的移民潮仍在继续。到2006年时，全世界已有半数的人们都居住到了城市里。阅

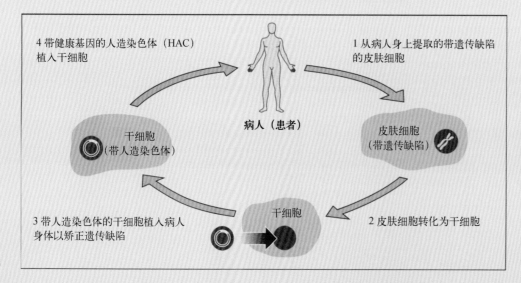

4 带健康基因的人造染色体（HAC）植入干细胞

1 从病人身上提取的带遗传缺陷的皮肤细胞

病人（患者）

干细胞（带人造染色体）

皮肤细胞（带遗传缺陷）

3 带人造染色体的干细胞植入病人身体以矫正遗传缺陷

干细胞

2 皮肤细胞转化为干细胞

采用脱氧核糖核酸方法进行的医疗。分子生物学的发现改变了医疗实践，因为这些发现纠正了我们过去对人的进化的理解。随着医生对组成人的生命的基本结构的基因、脱氧核糖核酸的理解的加深，他们开始用新的治疗手段来替代传统的治疗方法，这些新的治疗方法采用精准治疗手段来医治患者的病症，其具体方式是针对每一个病人的具体病情，进行一对一的治疗，针对患者身上的特别基因进行对症下药的医治。

读这一历史进程，中国的领导人把城市化视为使国家现代化和提高经济生产率的一个重要手段。2013年，中国宣布，将在15年的时间里把2.5亿人口从乡村迁往各地的城市（Ian Johnson，《中国的大动迁：把2.5亿人迁往城市》，《纽约时报》，2013年6月15日）。

我们的第三大主题是关于历史上的政治，集中探讨中国、罗马和印度的古代帝国。关于帝国的主题一直带有批评争议性，尽管在20世纪末时，人们关注的重点已经转向帝国的衰亡崩溃而不是帝国的兴盛崛起。1991年前苏联的内爆式解体使得美国成为"孤独的超级大国"。但是这一切意味着什么？二十年以后，美国看上去似乎开始削弱其在世界各地的影响。它从伊拉克和阿富汗撤出了军队，在这两个国家显然并没有实现它打算取得的目标；它采用飞机从空中发动打击的方式来与自己的敌人作战，而不是派出地面部队直接交锋；它与世界各国的贸易逆差在继续扩大；它的经济数次陷入严重的衰退，2013年，美国的经济开始复苏，但是速度缓慢。

与此同时，这个地球上的其他一些国家的实力和威望却在稳步上升。在过去的三十年里，中国的经济年增长率达到了10%。它的全球性国际影响在不断扩大，这一切是得到通过国际贸易获得的3万亿美元的外汇现金储备支持的。印度的增长速度要慢一些，但是，因为印度拥有十亿人口、核武器，以及软件技术

专家，它的重要性和影响也在不断扩大。到21世纪初，俄罗斯随着其石油财富的巨量增长，再次稳稳地重新站了起来。欧洲联盟为各成员国带来了和平和前所未有的繁荣，不过2008年的经济衰退对欧洲经济的健康打上了问号。更多国家的政府采纳了民主制度，尽管其他一些国家选择了专制制度的形式，而俄罗斯的领导人看上去也在把更多的权力揽到自己的手中。所有这些国家都把自己视为争夺全球强国的和平竞争者。

我们的第四个单元介绍的是历史上的宗教这一主题，集中探讨五大宗教，它们历史悠久，传播范围广，都有自己的权威经文圣典：包括印度教、佛教、犹太教、基督教和伊斯兰教。法国大革命冒出来的怀疑论和俄国的无神论显然削弱了有组织宗教在现代历史上的力量作用，但是自20世纪晚期起，宗教重新作为政治生活中的一股重要力量冒了出来。

伊朗革命在1979年把神权政治送上了伊朗的权力舞台，开启了一个全球伊斯兰政治好战性的新时代。其中最为突出的是，2010年，在整个北非和中东地区，阿拉伯国家爆发了一场乐观主义者们称之为"阿拉伯之春"的政治革命；革命的领导者和他们的反对者争执不已的是，伊斯兰教在政府中应当拥有怎样的权力。基督教随着发展壮大，尤其是在亚洲、非洲和拉丁美洲的扩大，继续呈现着一副全新的面貌。2013年，罗马天主教选出了第一位拉丁美洲裔教皇，来自阿根廷的弗

朗西斯一世。东正教在经过几十年的压制后在俄罗斯得以复苏。福音派新教徒对他们带情感色彩的信仰坚定不移，在整个美洲地区吸引着新的追随者并把他们的宗教观点引入到政治竞争中。宗教上的差异区别往往引发政治关系上的紧张态势，例如，在以色列/巴勒斯坦的犹太教徒和穆斯林之间、印度的印度教徒和穆斯林之间的关系就是如此。

我们的第五个主题即贸易上升到了越来越重要的地位。真正意义上的全球贸易始于哥伦布、达伽马和麦哲伦的航海之旅，而到了21世纪初则处于方兴未艾、蓬勃发展之势。集装箱化极大地降低了运输的成本。新的工作岗位不断推出，而旧的就业岗位则惨遭淘汰。数百万人离开高工资国家来到劳动力成本较低的国家寻找工作。英国和美国在1980年代撤销了对几个大的经济部门的控制管辖。他们鼓励世界银行和国际货币基金组织对世界上许多贫困国家强制推行自由贸易政策，其中不少国家认为，提出的条件对他们刚刚发展起来的经济来说过于苛刻严厉。几个经济增长速度最快的国家——包括中国、东南亚和东亚的"四小虎"——积极拥抱自由贸易而且通过发展出口型经济而日趋繁荣。在2013年7月，美国和欧洲联盟开始就"跨大西洋贸易投资协定"谈判，这一自由贸易协定涵盖了世界经济的近一半。世界贸易组织是贸易的主要调整管理者，成为国际关系中最为重要的组织机

构之一。

但是，对世界贸易中的自由市场而言，尚未取得完全的胜利。世界贸易组织受到某些人的攻击，后者认为，资本主义的竞争造成了不人道的经济。那些贫困国家怀疑，自由贸易会使得他们处于经济发达国家的支配控制之下，使得他们变成事实上的殖民地。甚至连对自由贸易持最坚定态度的鼓吹者美国，都希望在其自身的经济遭遇风险时，自由贸易应有一定的限制和调节控制。

一场场的社会革命是我们在第六单元继续探讨的主题。在第二次世界大战结束以后，联合国通过了《国际人权宣言》。其中列在前面的是妇女的权利问题，包括平等的政治和法律权利；同工同酬；参与高级政治岗位的选举权；出生和养育的平等权利，反对因重男轻女而堕胎或重男轻女现象；反对生殖器切割和强奸行为。对陈旧的涉及性别关系的文化、宗教、性生活传统重新进行了检验和质疑。男女同性恋者都反对对他们的歧视，在这方面他们获得了相当的胜利。在21世纪的头十年里，第一部承认同性婚姻合法的法律得到通过；到2013年年中，已有13个国家正式承认同性婚姻合法，并有更多的国家在考虑将其合法化。其次，作为一个新的公共问题，关于变性者的法律平等议题开始摆上了台面。

反对种族歧视的斗争至少具有同样的重要意义，其涉及面同样相当大，而且也取得了相当的胜利：南非实行种族隔离的政府已垮台，建立了一人一票的民主选举制度；反对种姓歧视的政治动员和斗争推动了印度的社会革命；美国选出了第一位非洲裔的美国总统。移民群继续汹涌而入，形成越来越大的潮流，事实上，世界上的每一个大国都面临着移民同化的社会和法律问题。

在这个地球上千百万的公民参加了各种非政府的组织机构，他们为妇女、少数族裔和不同政见者的权利而斗争；他们为获得选区居民需要的食品、饮用水、住房、卫生保健、就业岗位和其他的日常生活必需品而斗争。大众文化跨越了国家之间的边界，其本身变成了一场革命：食品、音乐和艺术的"熔解融合"。

另一方面，许多人对社会革命采取抵制态度，其出发点是完整地保持他们的文化和语言。其他人的抵制反对则是出于不那么光明正大的动机，如性别歧视，憎恶同性恋，种族歧视，以及对"另一方"的普遍的敌视对立。文化之间的竞争作为人类社会的一种现象而继续存在。

第七单元的主题是围绕技术变革，这一主题很自然地与社会革命联系了起来，因为变化发展迅疾的技术激发了新的机遇，也造成了新的动荡混乱。计算机化的兴起和几乎是实实在在的环球瞬时通信使得各种各样的革命都有可能发生。如上所述的，"阿拉伯之春"革命在公共大众的召集聚合之下能够实现，部分原因就是通过脸谱网站和其他社交媒介来推动的。

同性婚姻，2011年。21世纪来临的第一年，荷兰通过了第一部正式批准同性婚姻合法的法律。到2013年时，其他14个国家相继批准同性婚姻合法，美国的多个州和部分国家的多个地区也通过了相应的律法。支持者把新的法律视为是人权平等的又一进步，而反对者则认为这样的法律改变了婚姻本身的意义。

但是，对能源的寻求变得越来越问题重重了。这个世界还能继续完全依赖石油吗？石油究竟还能供我们使用多久？石油的成本将达到怎样的水平？在人类的生命因为气候变化而受到灭种的危险之前，地球环境对石油造成的污染还能承受多久？对动物和植物生命的威胁，对地球的生态多样化的威胁会达到什么水平？尽管在裁军方面取得了部分进步，但是世界各地储存的核武器依然有数千枚之多。有哪一个国家会真的动用它们？恐怖组织会真的把核武器抢到手中吗？随

哥伦比亚歌手沙基拉(西班牙、意大利和黎巴嫩裔)在2010年举行的国际足联世界杯开幕式上演唱，南非索韦托。沙基拉在音乐方面和人道慈善方面取得了同样的名声——她的唱片在全世界销量达12 500万张，即专辑7 000万张，单曲5 500张；她致力于慈善事业，包括她为帮助哥伦比亚的贫困儿童在1997年建立的赤脚基金(Pies descalzos Foundation)，以及她在世界各地举行的多场慈善音乐会。

着一个个国家政府和商业公司机构汇聚积累起越来越多的巨量信息，即"大数据"，这一切会对个人隐私带来怎样的危险？抑或如政府提出的，如果这些数据未被收集，那会对国家安全造成怎样的危险？

本书的编写结构显示了，作为人类社会中的个人和群体，我们始终面临着各种变革，它们或来自人类社会的各个主题，或是来自对我们的进化的新的理解，或是来自令人眼花缭乱的不断变化的技术领域等。随着我们对新的经验和信息的

获取吸收，无论是作为个人还是群体，我们不断修正着自己的自我意识，我们对自己来自哪里以及对自己可能会走向何方的认识。一般来说，这样的修正改进是渐进的、很微小的，但是有时候也需要我们自己在态度和行为上作出重大的转变。我们对人类历史中的重大主题的研究旨在帮助读者理解，我们的前人在面对这些大主题时是怎样处置和对付的，由此而帮助我们在自己面临这些变革时寻求建立自己的思想和观念结构。

问题

1. 你认为对过去的知识的了解有助于规划我们的未来吗？为什么？

2. 选择今天我们面临的一大问题，并讨论对过去的什么知识的掌握有助于应对今天面临的问题。这一问题可能是个人的、国家的、全球性的，或是你自己作为一个成员的组织或群体的。

3. 本转折点介绍的几大事件都是最近才发生或出现的，例如，脱氧核糖核酸在医学分析和治疗中的应用，中国重新安置其四分之一人口的计划，"阿拉伯之春"革命，第一位拉丁美洲裔教皇的当选，同性婚姻的合法化，日渐严重的气候变化，绝密信息的泄漏等。其中哪一个事件与你的个人生活联系最紧密？它是怎样影响你的生活的？

基里巴斯，2009年。美丽的南太平洋岛屿基里巴斯岛，据预测将在60年内完全淹没于水中。其陆地的最高处仅高于海平面两码，岛上的全部人口已搬迁至斐济岛。

8

从过去到今天到未来

1979年至今

在本书的最后一篇，我们探索用进化、定居、政治、宗教、贸易、革命、技术、身份特征等主题，帮助我们理解刚刚过去的世界及其未来可能的发展方向。我们发现，对于过去的知识的了解是有助于我们理解我们自己在今天的身份特征的。

本书的编写结构显示了，作为人类社会中的个人和群体，我们始终面临着各种变革，它们或来自人类社会的各个主题，或是来自对我们的进化的新的理解，或是来自令人眼花缭乱的不断变化的技术领域等。随着我们对新的经验和信息的获取吸收，无论是作为个人还是群体，我们不断修正着自己的自我意识，我们对自己来自哪里以及对自己可能会走向何方的认识。一般来说，这样的修正改进是渐进的、微小的，但是有时候也需要我们自己在态度和行为上作出重大的转变。我们对人类历史中的重大主题的研究旨在帮助读者理解，我们的前人在面对这些大主题时是怎样处置和对付的，由此而帮助我们在自己面临这些变革时寻求建立自己的思想和观念结构。

利比里亚儿童手舞中国国旗欢迎中国国家主席胡锦涛的来访，蒙罗维亚，2007年。随着中国的经济30年来以年均10%的速度增长，中国开始寻求海外投资的机会，尤其是自然资源方面的投资。中国也随着自己的发展积极争取赢得更多的朋友和伙伴，尽管他们常常因自己制定的政策遭到来自国外的不满，这些政策的设计制定多半是为了中国本身的利益。

MITRA KASIH
POS LSM
KOMPAS
Gunung Slamet Terbakar
Dephut Alokasikan Dana

当代史

演变进化、定居点、政治及宗教

第23章

要理解当代史是很困难的,因为我们正身处于当代史的潮流中。一般来说,历史学家只有在了解了事件发生的经过之后才能形成他们的判断,可是就当代史而言,我们还无法洞悉所有一切。比如:谁会赢得战争的胜利?哪位总统候选人会在选举中胜出?他或她的政策从长远来看会取得成效吗?音乐、艺术或时尚的哪些风格将会长久流传下去,哪些流行风格会仅仅如昙花一现,转瞬即逝?当我们依然处于事件演变发展的过程中时,我们怎么可能得出明确肯定的结论呢?

在过去将近35年的当代历史中,事件发展的结果大多是并不那么清晰的。领袖们在改变着他们的国家政策。刚刚取得胜利的体育团队忽又陷入了低谷;一个国家的,甚至整个世界的经济也同样如此。新的发明创造和新的思想面世后很快淘汰了原来的一切,消灭了曾长期兴旺发达的产业和就业机会,同时推出了新的产业和新的就业岗位。难以预测、无法预料的事件纷纷冒出来,完全改变了我们的预期。

那么,我们该如何应对呢?这正是本书提出的观点,即熟悉过去历史的那些中心主题可以帮助我们理解当代发生的事件。这些历史主题并不告诉我们当代事件的结果将会怎样——往事并不预测未来——但是,它们会提醒我们注意可能产生的种种结果,包括一些我们可能未曾考虑或想到过的方面。对于什么是需要考虑的重要问题,这一切会大大开拓我们的眼界和视野。

在本章中,我们回顾了前面四个单元的主题——进化,定居点,政治和宗教——并阐明了上述这几个方面在我们当前这个时代将以怎样的方式继续呈现变化。在这一过程中,我们将会看到,关于过去的知识会怎样促进和扩大我们对当代的理解认识,以及同样地,对当代的充分了解会如何丰富深化我们对过去历史的理解。

演变进化

早在进化过程被科学发现之前,这个世界上的大多数重要的文化和宗教传统都以某种神话的形式记述世界和人类是怎样创造形成诞生的。这些神话故事之所以得以流传下来,是因为它们一再显示了对人类和人性的一种深刻理解。但是,科学的探索、数据搜集和评估的方法可以帮助我们掌握对人类生命的出现诞生更为系统的理

前页 抗议全球气候变暖,印度尼西亚坤甸,2000年。由于森林大火的肆虐以及城市交通的拥堵,印度尼西亚成为世界上受污染最严重的国家之一。

解方式。当代的科学家们相信，人类是人科动物经过数百万年的演变进化发展而来的，通过生物的进化过程，他们的适应性、复杂性和能力得到不断的增强。19世纪中叶时，英国自然学家查尔斯·达尔文提出了这样一个生物进化假设，即生物物种的进化遵循着一种"物竞天择"的过程。从那时起，所有关于出土化石的记录都支持达尔文的论点，而且，自从20世纪70年代起，对人类基因（脱氧核糖核酸）——也即构成每一个个体内的所有细胞的生物物质——的研究，进一步印证了达尔文的论点。

在《遗骨/化石会说话》一章中，我们也全面回顾了广泛的文化发展的证据，我们首先探讨了人类的迁徙和对新来到的地区的适应，人们的言语和交际能力的不断增强、对流行时尚的追随以及越来越复杂的工具的使用等。约在35 000年前，随着演化进程的加速，出现了更为丰富多彩的文化成就：艺术的创造诞生，动植物的驯化及养殖，以及出现了为狩猎、采集、耕作以及抚育婴幼儿而结合组成的各种小规模的群体。可以这么说，人的大脑的进一步发展进化，尽管不是身体其他部分的进化，使得这些后来的文化进步发展成为可能。

基因密码及其发现

对生物和文化进化的研究使得我们对这一时代的众多科学进展更为敏感。譬如，请考虑一下脱氧核糖核酸的发现以及它的功能作用。对这一生物进化的秘密的解密工作，主要是20世纪50年代的两位诺贝尔奖获得者詹姆士·D.沃森（James D. Watson）和弗朗西斯·克里克（Francis Crick）的研究成果，他们在罗莎琳·富兰克林（Rosalind Franklin）提供的数据基础上，开启了一扇扇全新的科学之门。举例来说，不久前，部分科学家在研究解读了从世界各地挑选出来的部分个人的脱氧核糖核酸的样本后，提出了在各个历史时期都可观察到的基因的不断进化。在某些群体的个体身上显示出了特定部位大脑细胞的基因变化，这种变化通常会引起脑容量的扩大增加。来自芝加哥大学的首席研究员布鲁斯·蓝（Bruce Lahn）得出的结论是："脑容量的扩大增长以及结构的渐趋复杂……很有可能会持续下去。"（《芝加哥大学研究人员发现人类大脑依然处于进化中》，《科学日报》，2005年9月9日，http://www.sciencedaily.com/releases/ 2005/ 09/050909221043.htm［2013年10月检索］）其他科学家对相关的研究发现提出质疑，部分原因在于用作研究的样本过于小了些，不具备统计学上的验证意义。但是关于进化的速度这一话题成了当代历史的一部分，人们对此的讨论从未停止过。

在另一项研究进展中，在这一事实即大猩猩和人的大脑的基因有97%是相同的基础上，来自澳大利亚的彼得·辛格（Peter Singer）和意大利的保罗·卡瓦列雷（Paolo Cavaliere）两位哲学家于1993年开始了"大猩猩项目"的研究：

其想法是以无可辩驳的科学证据为基础的，即非人类的大猩猩与他们的人类同伴相比，拥有的不仅仅是基因上相同的脱氧核糖核酸。他们身上还体现出一种丰富的情感和文化现象,它们会显示出诸如恐惧、焦虑和幸福等的情绪感觉。它们也拥有创造和使用工具的智能,以及学习和教授其他语言的智力水平。它们也会对过去留下记忆,也会对未来作出筹划……大猩猩项目旨在结束我们对待人类最近的近亲的极不公正道德的处理方式,对非人类的大猩猩的生存权给予基本的道德及法律上的保护,禁止肆意剥夺其自由的做法,并保护它们免受虐待。(http://www.greatapeproject.org/)

在2007年,这一项目赢得了标志性胜利,西班牙国会授权对大猩猩进行三方面的法律保护。自2011年起,美国国家健康研究中心已经大幅减少了实验用途的大猩猩的数量,并开始让有关实验室中的500只大猩猩"荣休"。

克隆和基因工程 因破解脱氧核糖核酸基因密码而产生的其他新的副产品包括克隆动物以及转基因食品的生产。这些发明创造过程也是当代历史的一部分,尽管赞扬和批评的声音不断,但是在科学界内内外外一直在开展着这样的实验生产活动。科学家采用基因工程培育出克隆生物,与被克隆的生物基因上保持完全一致。成功克隆的第一头哺乳动物即一只羊出生于1996年。科学家将羊的脑垂体腺取出进行克隆,出生的羊取名为多利,以纪念歌手多利·巴顿(Dolly Parton),这只羊在基因上与被克隆的羊完全一致。多利羊是只母羊,后采用自然分娩的方式又生育了6头羊羔。但自五岁起,多利就患上了关节炎症,并于次年死于肺部感染,寿命约为普通羊的一半。基因学家推测,她的生物寿命是否可能与那头被克隆的羊相近,而不是与一般的新生羊相同。此外值得一提的是,多利是当时277次动物克隆实验中唯一存活下来的羊。嗣后,其他几种哺乳动物也纷纷接受了克隆实验,包括马和公牛,可是都遭遇了同样的失败率,公众于是对该项技术的价值提出怀疑。

能否对人进行克隆的话题一直处于舆论的风口浪尖。在绝大多数国家,克隆人都被视为非法行为,一方面是因为克隆大型的、极为复杂的动物成功率极低,另一方面也因为由此牵涉的伦理道德因素大受质疑。能否允许悲恸不已的父母克隆丧身于无情车轮下的孩子?抑或每个个体都是独一无二的,且享有唯一的基因身份?你愿意自己数百年以后被反复克隆吗?也请考虑一下:没人知道何种生物变化(假设真有的话)会通过克隆技术进入遗传链条;而且任何这样的变化都将是不可逆转的。

克隆羊多利,1997年。遗传基因工程为延长人类的寿命、提高人的健康和食物供应水平带来了希望。但是它也进入了一个无法逆转的、新的、未知的生物转化世界。

　　转基因食品的长期安全效果尚不为人知,这个问题一直困扰着人们,因此在是否接受转基因食品的问题上存在争议。现在,科学家把取自各个有机体的基因物质即脱氧核糖核酸组合成以前从未存在过的全新有机体。其中一个最流行的例子就是:培育对某些作物疾病会产生免疫作用的种子。在美国,这种转基因种子和植物已被广为接受,可是在欧洲的大多数地区却受到了抵制。围绕这一问题的贸易战使得这

历史一览表: 进化、定居点、政治、宗教				
年　代	**进　化**	**定居点(城市)**	**政　　治**	**宗　　教**
1968—1970年			■ 1978年邓小平在中国上台执政	■ 1968年拉丁美洲主教会议支持"解放神学" ■ 1979年伊朗革命爆发
1980年	■ 1981年艾滋病被医学界确认	■ 1980年中国深圳被定为经济特区(SEZ) ■ 20世纪80年代贫民区改造和服务项目	■ 中国1989年政治风波 ■ 1989—1991年俄罗斯从阿富汗撤军;苏联解体 ■ 1983、1993、1995、1996、1998、2000年对美国海外军事外交基地的炸弹袭击	■ 1989年伊斯兰教教令(Fatwa)反对作家萨曼·拉什迪(Salman Rushdie)
1990年	■ 1993年大猩猩项目 ■ 1996年克隆羊(多利)	■ 20世纪90年代实施中的贫民区改善提升项目	■ 1993年欧盟(EU)建立 ■ 1994年车臣宣布脱离俄罗斯独立 ■ 1997年香港回归中国 ■ 1999、2004、2007—2009年前苏联卫星国加入北约和欧盟	■ 20世纪90年代教皇约翰·保罗二世批评"解放神学" ■ 1990年拉丁美洲福音会五旬节派协会(CEPLA)建立;拥有7 500万名五旬节派教徒(2005) ■ 1992年印度教武装力量铲平巴布里(Babri)清真寺 ■ 1992—1995年南斯拉夫内战爆发 ■ 1992—1998年阿尔及利亚内战;10万人丧生 ■ 1999年中国政府禁止法轮功
2000年	■ 2002年发现图迈(Toumai)头骨和(2005)牙齿及下颌骨碎片	■ 2005年巴黎郊区移民暴乱 ■ 2006年世界人口的50%居住在城市	■ 2001年中国被接收成为世界贸易组织成员。恐怖分子袭击美国("9·11"事件) ■ 2003年美国对伊拉克宣战 ■ 2005年北爱尔兰签署协议,共享和平权利 ■ 2008年中国举办奥林匹克运动会 ■ 2008年巴拉克·奥巴马首次当选非裔美国总统	■ 21世纪前10年尼日利亚的基督教徒—穆斯林冲突 ■ 2002年印度的古吉拉特邦发生印度教徒—穆斯林残杀,导致2 000人死亡 ■ 2009年极端主义圣战派系"博科圣地"在尼日利亚实力大增
2010年	■ 2011年美国国家健康研究院开始大幅减少用做研究的大猩猩数量	■ 2012年全世界有10亿人生活在贫民区	■ 2011年"阿拉伯之春"在突尼斯爆发。埃及的胡斯尼·穆巴拉克(Hosni Mubarak)被推翻 ■ 2011年美国特种部队追捕并杀死本·拉登 ■ 2012年中国成为世界上仅次于美国的第二大石油进口国 ■ 2012年中国完成三峡大坝工程建设,为世界上最大的水电工程 ■ 2013年中国和美国总统举行峰会	■ 2013年首位拉美裔的教皇弗兰西斯一世当选

一争议持续不断，即在什么程度上，由人工制造、用人为方式产生（在自然界中不可能形成）新的有机体这样的进化应该被接受？一旦转基因有机物进入自然世界的繁殖模式，则我们再也无法将其清除。它们会被证明是安全的吗？一些科学家则提出相反的问题：转基因植物使得食物产量大大增加，如果没有它们的话，在今后的半个世纪里，我们的地球能养活未来预期增长50%的人口，即105亿人吗？

疾病的进化演变

进化不仅发生在人类、动物和植物世界，也发生在我们所患的疾病领域。有些疾病的细菌对今天的药物产生了抗药性；其基因会在新的一代代细菌中继续生存延续下去。正因如此，今天还有效的药物迟早会证明对具有抗药性的疾病菌株不再有效。医生提出警告说，抗生素类药物的过度使用会加快感染细菌的新菌株的变化，导致药物无法产生抑制作用。因此，药理学成了一场介于疾病细菌的不断演变和新的治疗手段的发明推出之间的一场竞赛。

新的疾病也开始在人群中传播蔓延开来。动物身上所携带的病毒，如腺鼠疫，在感染了一个人之后，就会在人群中发生互相传染（但是，疟疾则相反，在蚊子传染给某个人之后，人与人之间并不发生互相感染）。近年来，这些疾病中最为致命的是艾滋病（获得性免疫缺乏综合征），这种病最初是在动物身上发现的，但很快在人群中传播了开来。据认为，这一疾病最初在20世纪中叶发生在西非的大猩猩身上，后或许是因为咬伤、划伤，或是因为进食了大猩猩的肉，从而传播到了人类。之后，通过性接触及共用未经消毒的注射针头，由此而在人类中蔓延开来，但是，一直到1981年艾滋病才被正式确诊为流行疾病。

在20世纪70年代后期，当引起艾滋病的HIV（人类免疫缺陷病毒）第一次被确认会对人类健康造成威胁时，还没有可以治愈该疾病的药物，且被认为是致命的。不过，到了1996年，科学家开发出了一种组合药物，这一药物能有效抑制HIV病毒发展成艾滋病，可是其价格极为高昂。95%的人类免疫缺陷病毒感染是在发展中国家发现的——其中的60%出现在非洲撒哈拉沙漠以南地区——因此，一些药品制造商已将价格适度作了调低。截至2009年年末，全球大约有3 000万人死于艾滋病，仅2010一年，据报道或预计，就有250万新增艾滋病例。2011年，全球投入用于艾滋病研究、预防和治疗的费用就高达117亿美元，约为1997年费用的40倍。

定居点

在过去的12 000年里，人群一直在固定的定居点聚集起来一起生活，先是在农业村庄，后来则来到了城市。后来，在工业革命（约250年前）开始的这个历史转折点，越来越多的人们告别了农业文化，纷纷来到城市的工厂寻找工作，城市开始吸收规模越来越大的劳动力。到了20世纪，这一进程更是不断加速。服务类工作开始取代

814

工业劳动岗位,成为城市就业岗位的首位,与此同时,城市的人口开始大大增加。在1900年,每6人中就约有1人居住在城市,当时全球的城市人口为约2.6亿。到2000年时,全世界居住在城市的人口则已超过47%,约为30亿人。根据联合国的估计,2006年全世界的城市人口已达50%。

城市的兴起

城市开始发展到越来越大的规模。到了20世纪末叶,有19个城市已成为"巨型大都市(megacity)",其人口在1 000万或1 000万以上。这些城市仍在不断扩张,地理范围之大已达到令人惊叹的地步。比如,洛杉矶大都会地区就拥有1 200万人口,横跨120英里,涵盖5个县,132个大小城市,年经济总量接近2 500亿美元。

20世纪时,各个城市的地理分布以难以预料的方式发生着巨大的转变。曾经看来是合理而自然的经济增长与城市化之间的联系被割裂了开来。之前,城市多半在较为富庶的地区兴起,其勃兴折射出城市经济增长和工作机会的"拉动力"。而到了20世纪晚期,城市则更体现为世界较为贫困的地区的一个特征,城市的兴起增长似乎反映的是缺乏就业机会、且人口过于膨胀的农村地区的一种"推力"。在1900年,"经济发达世界"的城市拥有1.63亿人口,而"欠发达世界"的城市则为9 700万人口。到2012年时,发达世界拥有约10亿城市人口,而欠发达世界拥有的城市人口则为约25亿。

815

城市的主要经济功能同样发生了巨大的转变。商品的大规模工业化生产制造,诸如匹兹堡的钢铁业、底特律的汽车业、孟买的纺织业,让位于蓬勃兴起的服务产业,如加州硅谷和印度班加罗尔的信息技术;好莱坞和宝莱坞的电影业;拉斯维加斯的

上海的摩天大楼。中国经济上取得的成功使得千百万人摆脱了贫困,这一成功主要是建立在城市发展的基础上的。1960年,仅有1亿多的中国人居住在城市;截至2013年,居住在城市的人口已达到了7亿。不少城市成了发展和展示的重要窗口。例如,与原来租界上海城市中心一江之隔的浦东,现在是摩天大楼鳞次栉比,不仅成为重点建设的增长中心(经济开发特区),也向世界宣告,中国被列强殖民控制的历史早已一去不复返了。

娱乐业，以及更带色情色彩的曼谷和马尼拉；位于佛罗里达、巴黎、东京和香港的迪士尼帝国的主题公园；以及坎昆、里约热内卢和好望角等度假胜地的旅游业。

中国的情况则是一个很大的例外，显示出了城市制造业的连续增长。中国已经启动了四个"经济特区"（SEZ）以推动经济的进一步发展。四个特区中最大的、毗邻香港的深圳市，1980年时几乎没有常住居民人口，而到2010年时则人口已达1 000万。制造业、贸易和服务业蓬勃发展，同时成为一个大型的集装箱装卸港口。另一个经济特区是浦东，就在上海黄浦江的正对面开发兴建；到21世纪初，这一地区已经矗立起100多座摩天建筑，来自60多个国家的1万多家金融、商业和贸易机构在这些大厦里办公，其中部分大楼的高度在全世界堪称首屈一指。中国的城市人口从1960年占总人口的16%（约1.08亿）升至1980年的19.6%，继而飙升至2000年的35.8%，到2012年则已占总人口的51%（约7亿人）。

在认识到城市化和经济发展的历史联系之后，中国政府于2013年宣布，到2025年时，将把2.5亿农村居民迁移到城市（大部分为新建的）居住。这个浩大的工程完全颠覆了毛泽东时代的以农村为中心的格局，在世界历史上这一规模也是史无前例的（Ian Johnson，《中国的大动迁：把2.5亿人迁往城市》，《纽约时报》，2013年6月15日，http:// www.nytimes.com/2013/06/16/world/asia/chinas-great-uprooting-moving-250-million-into-cities. Html［2013年10月检索］）。同年，中国宣布，在上海的市郊创立特别自由贸易区。

其他共产党执政国家的城市在与全球经济隔绝数十年后，也采用了城市资本主义的生产和消费模式。在俄罗斯的城市里，过去仅提供最低限度的商业设施和服务，现在，新的商店一家家开出来了，私营的销售供应商家到处可见，城市变得丰富多彩，大大增添了活力。大型的广告牌随处可见。商业服务行业在社会主义制度下原本几乎不存在，而到2000年时从业人员也占到了莫斯科劳动力总量的10%。这一新阶层的从业人员有许多是年轻人，并且刚开始熟悉新的工作所需的语言、计算机和商务技能。他们往往从前苏联共产党的官员阶层转业而来，对行政管理部门及其运作了如指掌，且拥有相当的人脉关系，从而以低廉的价格从政府部门把那些经营不善的企业买下。这批人的发财致富引起了人们的嫉妒——同时那些新冒出来的奢侈品商店则千方百计吸取这些人拥有的可支配收入。到2013年时，莫斯科已经拥有84个亿万富翁，这个数字超过了世界上任何一个城市（Ricardo Geromel，《福布斯十大亿万富翁城市——莫斯科再次完胜纽约》，在线福布斯，2013年3月14版，http:// www. Forbes. com/ sites. ricardogeromel/2013/03/14/forbes-top-10-billionaire-cities-moscow-beats-new-york-again［2013年10月检索］）。在一些大城市里，尤其是莫斯科，随着车臣人和来自前苏联各个地区的人，以及还有来自土耳其、阿拉伯、中国以及越南的外国人的涌入，民族多样性在不断增长。他们来到这里主要是为了找寻工作机会。族群之间的竞争有时则发展为暴力行动。

然而，在资本主义世界，城市中心在世界经济中依然处于主导地位，而且其主导地位还在进一步加强。社会学家萨斯吉雅·萨森（Saskia Sassen）指出：纽约、伦敦和东京对世界经济的影响将会持续下去，他把这几个城市称为——而且只有这几个城市才有资格——"全球城市"。

21世纪之初的城市规模，技术转化速度，以及全球一体化的程度达到了前所未有的水平，许多观察家将这种结合称为历史上人类聚居模式的第四个转折点，前三个转折点依次为：农业村庄的形成，早期规模和功能完备的城市的建立，以及城市的工业化。

城市系统

全球的超大型城市经济的高速增长，尤其是与农村地区相比较，吸引了众多的背景不同的移民。第三世界国家的超大型城市吸引了来自其境内各地的人们，甚至包括外国人。象牙海岸的阿比让吸引了西非撒赫勒（Sahel）地区的居民，墨西哥城吸引了来自中美洲各地的人们，上海则吸引了来自长江流域的人们。波斯（阿拉伯）湾的富含石油资源的城市吸引了周围的阿拉伯海域的非洲和亚洲人，也包括孟加拉和菲律宾人。欧洲城市也吸收了之前殖民统治地区的数百万移民，比如巴黎吸收了来自北非和西非的很多移民，伦敦的移民有很多来自印度、巴基斯坦和西印度群岛。有些移民则并没有宗主国的联系，尤其是那些来自南斯拉夫、土耳其和意大利南部的人们。数百万移民来自于伊斯兰国家，给欧洲的许多城市带来了新的宗教群体。到2000年时，巴黎约15%的人口，法兰克福、斯图加特和慕尼黑的15%—25%的人口，以及阿姆斯特丹50%的人口均为来自其他国家的移民。

这些移民并不总是能找到他们向往的工作，他们遭遇的挫折往往导致社会的和经济的紧张状态："巴黎和阿姆斯特丹的大型的公共住房项目住满了越来越多的长期失业人员和他们的子女——这一点跟纽约和伦敦的情形相差无几——暴力行为常常处于一种一触即发的状态。"（Hall，第459页）

当然，移民的多样性背景并不构成各种暴力行为的基础。在很多国家，选民的对立争执和体育比赛的竞争也时而引发暴力。20世纪90年代印度的城市暴乱，以及21世纪初期的城市暴乱使得印度教徒和穆斯林激烈对峙，由此造成了社会动荡、宗教对立和政治舞台哗众取宠的局面，并引发了社会上的暴乱和有组织的骚乱破坏（高级军官）。那些势不两立的犯罪团伙之间的暴力冲突不时也会在很多城市发生。

对世界各地的大城市的一组研究表明：在全球化进程中，城市里的各个阶层、民族、种族和生活方式群体的空间距离会增加，因此会"固化，有时甚至就会像一堵堵墙体那样隔开，从而起到保护富人远离穷人的作用"（Marcuse 和 van Kempen，第250页）。社会隔离的模式在各个城市和国家中都相差无几。在所有的城市里，人们几乎都可以在地理上与其他阶层完全隔绝的情况下生活，他们的住所、工作、娱乐和社交活动可以完全局限于城市中他们所生活的某一区域内。根据他们的政治观点和自身利益的不同，这些生活区域也由此而互相分隔开来。

那些保守的政党，如法国的让-马里·勒庞（Jean-Marie Le Pen）的"国民阵线"

（Front National 或 National Front）强烈疾呼禁止移民，并且驱逐那些已经到来的外国移民。在城市街头，移民和当地的青年常常发生争斗，有时甚至互掷燃烧弹。在很多欧洲城市，本地的年轻人把自己的头发剃掉，成为"光头仔"四处搜寻"外来者"进行挑衅，甚至包括那些已经定居了一代或两代的居民。在英国这种现象有了一种专门的叫法："痛击巴基（斯坦）佬（Paki［stani］-bashing）。"2005年，巴黎郊区主要是贫穷的移民聚居的社区发生骚乱，随后波及蔓延到法国的其他城市，甚至也蔓延到了荷兰和比利时。除了想尽快恢复法治和社会秩序以外，当地的和国家的政治领导人对经济上、文化上和政治上究竟应该采取什么措施，也是众说纷纭，进退两难，莫衷一是。

城市贫民区 在亚洲、非洲和南美洲的经济较为贫困的国家，城市贫民区在继续扩大，人口也在不断增多。到2012年时，全世界约有10亿人居住在贫民窟，其中许多人是**擅自占地者**。因为他们的聚居区常常是非法的，因此贫民区的组织者不得不经常和警察、政治家协商，讨价还价。擅自占地者只得依靠所在的群体组织，并通过向有关当局贿赂才得以保住他们在城市的弹丸大小的立足之地。

各个国家和城市试验了多种策略。直到20世纪60年代，发展中世界的多数政府计划倡导建设公共住房，以满足新的城市移民的居住需要。然而，建筑的成本却是相当高昂的。到20世纪80年代之前，"选址和服务"项目受到青睐。政府向贫民窟的居住者提供空间—— 一块地皮，划分清晰的底基或楼层，通常为200—300平方英尺——并提供诸如自来水、排污和电力设施等的基础服务，这些服务居住者个人是难为自己提供的。这些地块的获得者动用自己手头的资源来建造自己的房屋。即便这种方式代价很高，也很难决定哪些贫民区的居住者应该获得这些地块。此外，在房子建造好之后，屋主兼建造者常常会把自己新造的房子出售给中产阶级买家，自己则重新返回到贫民区生活。他们想得到的是房款而并非房屋。

尽管迈克·戴维在他的《贫民区星球》一书描绘了很多悲惨的场景，但并非所有的场景都是那么令人悲伤的。在1976年，联合国主办了第一届人类定居点大会——人类宜居地会议（Habitat I），会议在加拿大的温哥华举行。1996年在伊斯坦布尔又举行了人类宜居地第二次会议（Habitat II），人类宜居地第三次会议（Habitat III）则计划将于2016年举行。城市研究中心在世界各地纷纷建立起来，有的与政府的规划办公室相联系，有的则与大学或非政府机构联手。这些研究中心的课题涵盖了社会关注的许多方面，包括整体规划、交通、生态、群体关系、妇女问题、青年组织、贫民区的改造问题、社区规划和重点历史建筑保护等。然而，对于贫民区福利最重要的乃是总体的经济发展进步和针对贫民区改造的具体政策。东亚和东南亚国家总体经济取得发展的城市，以及那些针对改善贫民区居民的生活执行了具体实际政策的城市，如拉丁美洲的许多城市，都显示取得了巨大的进展。而那些经济普遍滞后的地区，如非洲撒哈拉沙漠以南地区，在减少贫民区的数量和改善贫民区生活条件方面也大多较为落后——但是不管怎样，还是取得了一些进步。

擅自占地（屋）者（squatter）
一个人居住于某块土地或某个居所，而未缴纳相应的费用，并且从法律角度而言，并不拥有对该块土地的任何权利。

817

一代代的擅自占地者居住在罗辛哈贫民区（Rocinha favela），这里为巴西里约热内卢规模最大的贫民居住区，居民人数超过7万（非官方的估计远远超过此数）。擅自占地者纷纷来到城市寻找工作，往往暂时寄居在简陋不堪的棚屋里。如果他们能找到工作，便会对居住条件作出改善，将棚户改造成条件好一些的房子居住。在图中里约的这个山坡上，几代的擅自占地者同心协力，一步一步缓慢地改善着他们的居住条件——大多用砖块和混凝土为材料，建造得也很牢固，并配备有排水管道和电线——而且周边的商业也颇为繁荣。有的住房已经获得法律证书批准，但还有很多依然是非法建筑。

818

政治和帝国

21世纪早期，国际力量得到了快速而迅猛的重新调整和组合。不久前前苏联的解体，迫使俄罗斯去寻找一种全新的、不那么咄咄逼人的角色形象，以与自己有所减小的影响力相吻合，当然同时也考虑到自己的巨大的石油资源和强大的军备，以及希望得到认可的期待。美国尽管依然保持着"超级大国"的地位，但是很快陷入了两场战争，随后其经济开始陷入了在将近百年的时间里最大的一次衰退。尽管冷战已经结束，但是新形式的游击战——包括自杀式炸弹恐怖袭击，为消灭敌人而不惜自己送命的狂热分子——释放出一种新的变幻无常和恐惧信号。作为回应，美国采用了新形式的空中打击来反击这些游击分子。欧盟也成功扩展了自己的成员国，尽管其中的部分国家正经历着严重的经济困难。中国取得了现代历史上最为迅猛的经济发展，迅速崛起，取得了新的威望和地位。

前苏联

米哈伊尔·戈尔巴乔夫（Mikhail Gorbachev）曾经一手主导了前苏联的解体，他在西方世界享有智慧和勇敢的美名，但是在苏联国内，有很多人认为他只不过是个可怜虫。继任者鲍利斯·叶利钦（Boris Yeltsin，1991—1999年任总统）借助外国的贷款使得国家经济得以继续。同时，共产主义向资本主义的转变使得一些圈内者以抛售价格买下原来的国营企业从而牟取巨额财富。腐败横行，社会不公正到处可见，普通工人失去了原来由共产主义体制提供的福利保护。除了这些国内问题以外，人口中以穆斯林占多数的车臣共和国于1994年宣布脱离俄罗斯。叶利钦用了将近两年的时间镇压了数次反抗暴乱，可是车臣的游击队继续其反抗行动，在与俄罗斯的多次冲突中杀害了数百人，包括攻击剧院、学校、地铁和机场。直至今天，游击战仍在继续。

叶利钦的继任者为弗拉基米尔·普京（Vladimir Putin）——他曾在俄罗斯的秘密警察机构担任高官，于2000—2008年任俄罗斯总统，2008—2012年担任总理，2012年再次当选总统——他对几位前任领导人的软弱颇为不满，力图重建俄罗斯的国家实力。普京毫不掩饰他对强权的追求，由此

疏远了不少人，导致2012年俄罗斯大选前后莫斯科街头暴乱频频发生。不少反对普京的记者和富商被投入监狱，有的逃离了俄罗斯，有的则惨遭谋杀。

普京凭借俄罗斯丰富的油气储备（有的储量在世界排名居首）以及相关的油气贸易所带来的财富在国际上咄咄逼人。在2012年，石油和天然气的出口占了俄罗斯外贸总额的58%。2008年的世界经济衰退也对俄罗斯经济带来了影响，但是和许多国家相比，俄罗斯的经济很快回到了经济增长的轨道，再次成为经济增长最快的国家之一。在本书写作期间，普京进一步通过对叙利亚内战的干涉而凸显俄罗斯的国力。然而，美国依旧维持其超级强国的地位，具备在全球各地显示其军事、经济和文化实力的能力。至少，这是流行的普遍看法。可是，作为唯一的超级强国又意味着什么呢？

剧场围攻行动，莫斯科，2002年。1991年，随着前苏联的解体，车臣宣布独立。俄罗斯立即采用武装镇压，战争就此爆发。这场战争打打停停，一直持续到2013年。俄罗斯最后重新控制了车臣，但是双方都付出了死亡上万人的代价。大多数战斗发生在车臣境内，可是车臣反对派也袭击了俄罗斯的剧院、学校、地铁和机场。2002年，车臣的游击队员——大多数是妇女——攻占了莫斯科的一座剧院，并扣押里面的800观众长达整整三天作为人质，直至俄罗斯派军队重新攻占这家剧院。

819

美国独立于世界

在1992年，政治科学家弗兰西斯·福山（Francis Fukuyama）在他的《历史的终结》一书中声称：苏联共产主义的失败使得世界上只剩下一种可行的政治经济制度——即由美国主导的资本主义—民主制度。即便是后共产主义的俄罗斯今天也在向接受这一模式迈进。美国从20世纪80年代的经济困难中得到了恢复。通讯科技和市场化所带来的创新技术给美国带来了巨大活力，美国进入了一个新的发展期，这是美国历史上最为漫长，也是最为大起大落的一个时期。

由于苏联起不了这样的作用，于是很多国家转向美国寻求帮助或参考模式。几乎所有的前苏联的卫星国都转向采纳自由市场经济政策，捷克共和国、匈牙利以及波兰于1999年加入了北约，并完全得到了俄罗斯的同意。六个其他的前卫星国也都于2004年加入了北约，而且也都得到了俄罗斯的同意。中东各国不再有俄罗斯的模式可供选择，这时外交政策上也转而亲美，依赖美国来调停阿拉伯与以色列的争端。至于印度，政治上已接受了民主制度，在政策上进行一系列的调整，以削弱国家在国民

经济中的作用,并加速向自由市场经济转型。在加勒比地区,因为苏联已不再购买它的糖或是提供援助,共产主义国家古巴的经济已经相当虚弱,几乎处于崩溃的边缘。这个加勒比岛国已不再有能力派送游击队到拉丁美洲其他地区或非洲的某些国家去,他们曾深陷这些国家而难以脱身:包括安哥拉、莫桑比克和埃塞俄比亚。

以上例子似乎有力地支撑了福山的论点,但是也有人从其他的观察视角看问题。美国将自己视为唯一的超级大国,有时就会选择采取单边行动,摆出一副狂妄的姿态,因此既疏远了敌人也疏远了自己的朋友。美国对伊朗和古巴实施制裁,并强迫其他许多国家俯首听命。美国削减了外援开支,拖延应付给联合国和其他国际机构的款项,减少国务院的拨款,并且撤销了美国新闻署。它拒绝签署《京都议定书》,该条约是178个国家联合签署的减少温室气体排放的协定,并且美国也没有提出替代的解决方案。美国支持以色列对**巴勒斯坦**领导人采取刺杀袭击的做法,这一类行动多次导致无辜平民的伤亡;美国对以色列违反国际法在被占领的西岸地区建立定居点的做法未提出反对和阻止,从而站到了世界绝大多数国家的对立面。批评家认为,美国的单边主义政策会使得许多重要的国际问题雪上加霜。

恐怖主义　恐怖主义对美国发动了一连串袭击,包括美国位于本土的及海外的机构设施等。这消除了认为历史已经终结的任何幻想。其中的一个袭击是来自国内,如1995年提摩西·麦克维(Timothy Macveigh)用炸弹炸毁奥克拉荷马城的联邦大楼,由此造成168人蒙难,其目的是报复政府在1993年对位于得克萨斯州韦科(Waco)的小型宗教组织大卫教派(Branch Davidians)发动的武装袭击。然而,这被视为是一个孤立的偶发事件。

更为典型的是,恐怖袭击也在美国国外发生,也是与伊斯兰武装力量暴力对话的一个组成部分。1983年,在黎巴嫩的贝鲁特,一个自杀式汽车炸弹炸毁了美国的大使馆,造成63人丧生。同年晚些时候,自杀式炸弹袭击者在美国位于贝鲁特的海军总部引爆了一枚卡车炸弹,导致241名海军陆战队员和水手丧生。(数分钟后,另一枚炸弹又在位于贝鲁特的军营炸死了59名法国空降兵。)在1993年,由穆斯林极端分子运送的一颗炸弹在纽约世贸中心的停车场爆炸,6人丧生。1995年在沙特阿拉伯,7名美国人在军事训练基地丧生,另一枚炸弹于1996年在美国的空军营地爆炸,19人丧生。在1998年,驻肯尼亚和坦桑尼亚的美领馆几乎同时发生爆炸,导致220人丧生。2000年在位于也门的亚丁湾(Aden),一艘小型船只与美国的海军驱逐舰"科尔号"(cole)并排航行,炸毁了该艘军舰,造成17名水手丧生。

恐怖主义是一种弱者使用的反抗强者的策略,它针对的是手无寸铁的平民,多发生在平民聚集的地区,目的是为了造成民众的恐惧心理从而逼迫对方在政治上作出让步。恐怖主义并非是一种新的战斗方式。根据美国国务院的统计,从1981年到1991年,世界范围内的恐怖主义袭击平均每年发生500多起。从1991年到2001年间,发生的恐怖袭击从未低于1998年的274起。2011年发生的1万多起恐怖袭击中,每次至少有一人遇难;其中半数的袭击发生在伊拉克和阿富汗,在这两个国家,与此

巴勒斯坦人(Palestinians) 居住在约旦河西岸和地中海沿岸的加沙地带的阿拉伯人,该地区在1967年的战争中被以色列人占领。这些阿拉伯人在以色列没有合法的公民权,也没有任何被正式承认的国家的公民权。另一个群体,即居住在1948年划定的以色列国领土之内的居民,有时也被称作巴勒斯坦人,更多情况下称之为阿拉伯以色列人或以色列阿拉伯人。

820

同时,常规战争一直没有停息。

很多国家都饱尝了恐怖主义活动带来的灾难。在2005年以前,爱尔兰共和军不断对平民发动武装袭击,直到共同统治北爱尔兰的正式协议签订后才放下武器。阿尔及利亚在1954—1962年争取独立的战争中,在法国和阿尔及利亚发生的恐怖袭击几乎将法国逼到了内战的边缘。发动埃塔运动(ETA,西班牙巴斯克民族分裂组织)的武装革命分子自1959年成立起,他们代表部分巴斯克人,要求对西班牙北部拥有更大的自治权,他们在多次武装袭击中杀害了约800名西班牙裔人,其中350多人是无辜平民。

在20世纪80年代,泰米尔叛军起初以恐怖主义者身份出现,寻求他们在斯里兰卡地区的自治权,频频发动恐怖袭击,最后演变成一场内战,这一战争一直持续到2009年。俄罗斯的车臣人也曾采用过恐怖行动以寻求自治。

相反地,在美国本土上,此前一直未受到恐怖袭击的灾难,直到2001年9月11日,恐怖分子针对纽约世界贸易中心、华盛顿特区五角大楼发动了袭击,同时针对国会大楼或白宫的袭击受挫未遂。"9·11"的恐怖袭击使得3 000余人丧生。

美国决定对"9·11"恐怖袭击的幕后策划者奥萨马·本·拉登进行反击,并打击给本·拉登提供庇护地的阿富汗塔利班政权,这让国外的观察家,特别是在自己国家也遭受过恐怖袭击的人觉得是合情合理的。可是,美国在2003年3月对伊拉克发动战争的决定却引起国际社会的普遍谴责,因为美国政府无法展示出任何伊拉克和奥萨马·本·拉登之间的确凿可靠的联系。美国缺乏耐心,没等联合国公布对伊拉克是否拥有"大规模杀伤性武器"作出的调查结果就发动战争,这一点也招致了广泛批评。后来,美国决定将数百位羁押的战俘——被俘的"敌方参战人员"关押在古巴的关塔那摩湾的监狱。这些战俘未经指控和审判,也没有得到合法的辩护律师的协助,甚至未通知羁押所之外的任何人便予以关押——将实行数百年的**人身保护令**搁置一边——此外采用严刑拷打囚犯更是遭到广泛的舆论批评。

美国2009年的总统大选在很大程度上可以视作对这一外交政策的全民公决。美国的新任总统巴拉克·奥巴马(Barack Obama)开始逐渐削减在伊拉克的驻军,最终在2010年年中期彻底终结该行动。他先是派遣更多的军队到阿富汗,然后开始逐渐减少军队的人数,并提出要求在2014年从阿富汗完全退出。由于国会的反对,奥巴马未能关闭位于关塔那摩湾的军事基地。

2008年的经济衰退迫使美国进一步限制了其帝国力量。很多国家要求在2011年采取

人身保护令(habeas corpus)该词源自拉丁语,意为"你有权拥有你的身体"。这是数百年通行的一个原则,要求一个国家的政府及其相应的机构对受羁押的嫌疑人公开展示及陈述对他或她提起的指控。这一权利禁止采取对嫌疑人不经指控而长期羁押的做法。

伊拉克阿布格莱布监狱(Abu Ghraib prison)。随着媒体调查报告的披露,自2004年起,关于扣押在伊拉克阿布格莱布监狱里的犯人遭受酷刑的报道开始出现。美国士兵对关押犯采取了身心双重折磨,包括酷刑、性虐待和谋杀等手段,相关的有力图片证据已经见诸媒体。这是一张令人发指的虐囚照片:照片中的人被蒙上面罩,强迫站在一块极为狭小的平台上接受电击,这不过是其中的一个例子罢了。美国使用酷刑的做法不仅震惊了美国人自己,也令美国的国际声望大为降低。

821

奥巴马在白宫会议室听取击毙本·拉登行动的最新汇报,2011年。与他一起听取汇报的有副总统拜登、国务卿希拉里·克林顿及其他高级官员。希拉里面前的一份材料因涉及机密内容被打上马赛克。

军事行动,以罢黜利比亚的独裁者穆阿迈尔·卡扎菲;奥巴马鼓动北约和法国充当先驱。同样的,在2013年当很多国家呼吁美国对叙利亚总统巴沙尔·阿萨德(Bashar al-Assad)的反对派给予支持时,奥巴马不愿卷入战争,甚至对向反对派提供武器装备也极为谨慎。在另一方面,奥巴马批准了2011年的行动,最终将本·拉登这个策划"9·11"袭击的枭雄击毙。当奥巴马了解到一些国家由于有游击队活动,美国军队无法从地面追踪恐怖分子时,他便动用战机从空中发动攻击并把他们消灭。尽管这些国家对游击队提供了栖息地并对美国抱有敌意,尽管美国国内的很多自由主义者持反对意见,认为这是超越司法权的行为,但是奥巴马依旧采取了行动。面对伊朗坚持核武器制造一事,奥巴马则采取了严厉的经济制裁措施,不过他并没有在军事上做出回应。

在奥巴马担任总统期间,美国看来成了一个学着在一定的经济、政治和军事限制范围内活下去的超级大国。奥巴马愿意和俄罗斯合作来解除叙利亚的化学武器,或许愿意通过谈判结束叙利亚的内战,这也显示出了一种审慎克制的态度。奥巴马还邀请中国新当选的国家主席习近平出席2013年的峰会讨论,这一行动具有象征性意义,显示出世界上目前的唯一超级大国正在欢迎和接触了解正在崛起的另一个超级大国。

中国:一个新兴超级大国?

1980年之后中国在经济上取得的巨大成就使得这个大国转变为与美国并驾齐驱的另一个超级强国。中国经济增长的速度和范围在世界历史上是史无前例的。这种经济上的腾飞是在毛泽东1976年逝世后才出现的。

1978年年末时,邓小平(1904—1997年)和他的政治同僚登上了中国共产党的领导地位,开始执掌中国大权。他们在之后的20年里一直掌控着这个国家。邓小平倡导**经济自由主义**,在共产党牢牢控制着国家大权的情况下,采取的是有限的政府干预政策。在邓逝世之前,邓小平和他的政治同僚将约50%的国有资产出售了,政府体制内的工作人员从1978年占劳动力的90%降至约18%。邓还欢迎来自国外的直接投资,1997年时这一数字达到420亿美元,到2012年则增至3倍,达到约1 200亿美元。邓还将更多的资金投到农业生产方面,终结了失败的集体化政策,并引入了"私营责任制",将土地分配给个体农民耕种,以满足市场生产的需要。在从1978—2008年的30年里,年均经济增长率达到了约9.7%。人均收入所得增至4倍。贫困率从原来占

经济自由主义(economic liberalism) 该词语在不同时期具有不同的含义。今天通常指一种资本主义经济下的自由市场,政府干预最少。常用于指新自由主义。

822

我们是怎样知道的?

中国的经济增长背后的推动力:资本主义还是社会主义?

随着中国的生产力在20世纪80年代以创纪录的速度迅速增长,在90年代甚至发展得更快,几乎所有的评论家都把这一经济增长归功于邓小平倡导的市场经济改革。他们通常把他的成功和他丢弃的、失败的计划经济政策进行对比。比如,以下便是一本优秀的、崭新的20世纪史著作中提出的很具代表性的观点:

通过工业和对外贸易的国有化、指令性价格和农业集体化的方式,中国在20世纪50年代建立了苏联式的指令性经济,但结果却是低效率和增长缓慢……生活水平低下,大多数人都生活在狭窄陈旧的、没有现代设施的房子里……

1976年毛泽东逝世后,改革者获得了更大的权力,经济改革也开始渐趋活跃。高明的政治家邓小平成为中央顾问委员会的领导,慢慢地让党转向经济改革。一旦允许不受农业公社的约束,大批农民都脱离了公社,而以家庭为单位进行耕作,并在私营市场上出售多余的粮食。作物产量和农业收入都得到了提高,同时也刺激了乡村工业。随着地方管理的贸易公司数量的迅速增长,与国外的联系也越来越频繁,外国资本涌入了中国,海外华人也回国投资……

南部沿海地区,新的私人经济繁荣起来……人们的工资提高了,对于商品消费的需求也加大了。(Crossley等,第476页)

诺贝尔经济学奖获得者阿马蒂亚·森(Amartya Sen)可能不会不同意这些关于邓小平改革的分析,但他对于毛泽东的共产党政府在创造条件铺平道路方面取得的成就给予了更高的评价。他对中国取得的成功的分析部分是在对印度从1991年开始采取的以市场为基础的经济政策的讨论中提出来的。森以中国的例子来奉劝各国,对于在社会政策没有适当调整好之前就转变为资本主义要十分谨慎:

尽管改革前的中国深深怀疑市场,却并没有质疑基础教育和大众广泛共享的卫生保健。当1979年中国开始转向市场化的时候,已经拥有了一群受过高等教育者,尤其是年轻人,他们拥有良好的学校教育设施。在这方面,中国与韩国或中国台湾的基础教育情况相差不远,那里受过教育者也起到了十分重要的作用,能把握住市场体系所提供的经济机遇。相反,1991年印度市场化的时候,成年人口中有一半是文盲,而这一情况到现在(1999年)都仍未得到明显的改善。

由于改革前在卫生保健和教育上有相当的社会投入,因此中国的卫生条件也比印度好得多。但奇怪的是,一方面这一投入与其在市场经济增长中的促进作用完全无关,另一方面却创造出国家市场化后可积极利用的社会机遇……中国和印度对于广泛的市场发展做出了截然不同的社会准备,但其关联性甚至在分析的最初阶段仍是值得注意的。(Sen,第42—43页)

森也肯定了印度的民主制以及其他一些发展优势,这些优势是中国共产党政府所缺乏的。然而,总的来说,他似乎颠覆了马克思的观点,马克思认为共产主义的胜利是在资本主义的基础上产生的,但在中国,他看到了资本主义是在共产主义的基础上产生的。

- 森对中国共产主义成就的描述是不准确的吗?抑或他仅仅是在赞扬其他人忽略的人类福利的成就?为什么他要如此强调?他强调经济发展中人类福利措施的重要性是正确的吗?
- 根据森的观点,对中国来说,其自由市场的政策似乎很有效,但为什么印度领导人在自己国家采取这一政策时须十分谨慎呢?
- 在评价经济体系是否成功的时候应怎样考虑到人的福利?如果大众的教育、卫生和福利水平都没有提高,那么其经济体系是否可以被认为是成功的呢?

823

总人口数的约65%降低到约13%。成人总扫盲率达到了90%。女青少年的入学率与男青少年相当。15—24岁年龄段的年轻女性的扫盲率达到了99%。

在邓小平逝世之后，国家政权在中国共产党内平稳移交，江泽民继邓小平成了中国最高政治领袖，之后是2002年胡锦涛当选，以及习近平在2013年当选为国家主席。每一届新领袖都继续执行同样的政策。中国在国际贸易舞台上充分展示了其风采，从而在2001年11月被吸收成为世界贸易组织的成员。

中国的大量社会财富来自制造业和全球贸易方面取得的非凡成就，这与毛时代相比是一个重大的转变，当时受到重视的主要是农业生产，而对外贸易则是不鼓励的。2011年，中国的出口额达到1.9万亿美元，进口额达到1.7万亿美元，造成2 000亿美元的贸易顺差。在2012年，这个曾一度是一穷二白的国家持有的外汇储备达到了3.2万亿美元，其中的6 880亿美元参与国际投资，而投资最多的领域是在能源方面（参见美国传统基金会地图：http://www.heritage.org/research/projects/china-global-investment-tracker-interactive-map）。中国已成为位列美国之后的第二大石油进口国，中国的石油企业与一些国家共同兴办合资企业，其中包括沙特阿拉伯、安哥拉、苏丹、哈萨克斯坦、俄罗斯、伊朗、加拿大、印度尼西亚和委内瑞拉等。

贫困　中国的经济成就举世瞩目，超过6亿人口脱离了贫困线，世界银行目前界定的贫困线收入为每天1.25美元。2011年的统计数字表明，这个贫困线标准之下生活的人口为1.7亿或占世界人口的13%。中国的人均年收入为约4 940美元，世界排名为114位，因此按照世界标准，普通中国人还称不上富裕。但是其中有些人却已跻身富翁行列，《福布斯》杂志报道，2013年中国的亿万富翁人数为122名。

尽管穷人的生活有所改善，但是贫富之间的鸿沟却日益拉大了。这些差距是带地区性的，主要出现在较为富庶的沿海地区和较为贫穷的内陆地区之间，以及横亘在较为富裕的城市与较为贫困的乡村之间的差别；这样的差距又与性别关联，妇女较难获得待遇较好的工作机会。对来到城市碰碰运气的农村打工者来说处境更为艰难。这些农民工给中国不断增长的经济提供了低廉的劳动力——在他们找到工作的情况下——但是他们的生活条件相当恶劣。尽管对这些初来城市者而言他们面临着失业问题，但是如上所言，政府正在积极计划通过大规模的城市化扩张来解决贫困问题。

腐败　在中国经济的高层领域，白领犯罪和贪污腐败成了一个主要问题。随着政府在经济政策上的日趋放宽，国有资产有时以极低的价格出售给那些"忠诚的"共产党干部，就像在俄罗斯发生的那样（见前文介绍）。新的巨大利润的诱惑，法律执行的放松，以及贿赂的增多，这一切合起来促成了一个新的私有富裕阶层的产生。游走于法律边缘的夜总会、黑帮犯罪、毒品交易、秘密社团、嫖娼和赌博等现象快速发展。2011年，中国的中央银行宣称，贪官在20世纪90年代中期到2008年从中国卷走了1 200亿美元的财富。中国政府意识到贪污行为对国民经济的危害，以及对本国公民和世界人民心目中的中国形象造成破坏，开始采取措施严厉打击腐败犯罪。其中最著名的审判包括薄熙来即重庆原市委书记的贪污问题，薄熙来被开除出党并在2013

824

年被指控犯有受贿、腐败以及滥用权力罪。他的妻子也因谋杀一名共事约10年的英国商人而被判处无期徒刑,其犯罪动机尚未查明。然而,美国以及其他一些国家也声称,中国的黑客侵入了美国的安全领域,并窃取商业机密信息,窃取了超过几十份武器系统的设计图纸,以及价值上千亿的知识产权信息。中国政府向美国提出抗议,特别是在美国安全分析师爱德华·斯诺登逃离美国,并透露美国政府监视本国公民以及针对他国的间谍行动后,中国便反唇相讥抨击美国。

环境问题 环境恶化,包括空气和水源污染,随着中国的工业化发展而日益加剧。工厂和汽车数量的急剧增加,以及人造化肥的使用,使得土地、空气和水的污染更为严重。最为浩大的某个工程既造成了环境的污染,同时也带来了福祉。长江上游的三峡大坝,也是世界上最大的水力发电工程,于2012年完工,耗资300亿美元,曾将130万三峡居民重新安置。常年倾倒入河流的工业废水也通过该工程汇入三峡水库,而整个华中地区的人民是以此水库的水作为饮用水的。另一方面,三峡大坝发的电减少了中国的空气污染,否则采用传统的煤电方式将会造成更大的空气污染。

中国采用高硫汽油作为能源,以满足数量日益增长的汽车发动机的需要,但这一来又产生了另外的污染源。汽油中的硫因其毒性太高,在美国和欧洲都是受到严格限制的。中国人认为这有点小题大做。高硫汽油价格低廉,而且生产量大。截至2012年,中国已成为造成温室效应的罪魁祸首二氧化碳排放量最大的国家。定期发布的大城市的空气质量报告因污染超标,无法达到人民的健康标准。而另一方面,中国也是世界上最大的太阳能电池板生产国,在追求洁净能源方面遥遥领先。

人口控制 中国的人口已超过10亿,政府采取了积极措施以限制人口的增长。中国政府的"小家庭幸福"(small family happiness)项目始于1974年,在1980年达到

三峡大坝,湖北省,2012年。在大坝区,每天上午10点,长江水面高出海平面114米。尽管对建设大坝造成的生态环境影响人们有不同意见,但是中国政府依然认为大坝的建设是有利于国民经济发展的,是科学技术上取得的最伟大成就之一。

825

高峰,推出了一对夫妻只生育一个孩子的政策。党为每个城市和县设定了最高的准生人口限额,而且建立了全国范围的避孕器具分配制度,强化相关规定来反对早婚,鼓励已婚夫妇只生育一个孩子,遏制生多胎现象。各地的政府管理机构紧密监督怀孕和婴儿出生的情况,一再出现强制堕胎的情况(Rosenberg,第70页)。生育率在20世纪80年代降到每百名妇女仅生育2.3个婴儿,2011年时每百人仅为1.58个婴儿。这一政策引发了大范围的骚动不安和逃避计划生育的行为——这在农村地区更容易做到——有些时候还会发生杀害女婴的情况,因为做父母的更倾向于生育男孩。在本书撰写期间,因为抗议的呼声日益高涨,政府开始采用新的手段放宽"独生子女"

826

政策。然而,人口数相对较少的小家庭也为妇女提供了更多的家庭自由,以及在工作岗位和公共生活中更多的平等机会和参与度。

　　透明度　中国政府一直不愿意明确承认生态和社会问题的严重程度。例如,2002年流行病非典在中国大地肆虐,导致350多人死亡,政府并未及时向外界报道这种未明疾病。政府担忧如实报道会造成商业和旅游业的下滑。世界卫生组织以及其他机构对这种做法予以谴责,随后中国政府开始及时全面地报导疾病的流行情况。

　　在2008年,四川省遭遇了大规模的地震灾害,地震造成约70 000人丧生,并导致500万—1 000万人无家可归。中国政府对相关新闻的报道做到了透明公开,但是,后来传出消息,约有7 000多间教室在地震中坍塌,很多学生伤亡。政府曾试图掩盖这一消息,但并未奏效。

　　全球对中国的认可接受　2008年8月在北京举行的奥运会成了检验中国开放程度的最好机会。授权中国举办这一盛会标志着国际社会承认中国为成熟国家。中国承诺允许奥运会记者和参观者无须经过审查进行有关报道,但这些承诺并未全部兑现。然而,2008奥运会与之前相比,提供了更多便捷的交流沟通渠道。

　　全球有超过20亿的观众收看了气势恢弘的北京奥运会开幕式,中国的运动员表现杰出,比任何国家赢得的金牌都多,显现了集权体制的伟大成就。2013年由华盛顿皮尤研究中心发起的调查表明:39个国家的约38 000人认为"中国的经济实力在增强,很多人认为中国最终会取代美国,成为世界上据统治地位的强国"(James T. Areddy,《美国输给中国世界领导者地位》,《华尔街日报》,2013年7月19日,http://online.wsj.com/article/SB10001424127887324263404578611623402415576.html〔2013

827

年10月检索〕)。

欧洲的统一

　　在经历两次世界大战之后,一场令人惊叹的和解展开了,西欧致力于地区性的合作,直至最后走向了统一。1993年在荷兰的马斯特里赫(Maastricht),从制度上迈出了重要的一步,所有的12个成员国携手将欧洲经济共同体转变成欧盟(EU)。成员国同意,努力制定一个共同的外交政策、国防政策,趋于相近的社会政策的纲领,以及较为富裕国家为相对贫困国家提供援助的政策。成员国还制定了共同的农业、渔业以及核能研究项目。他们还努力打造一种统一的货币。1998年,欧盟成员国成立了欧洲中央银行以监督和协调金融活动,到2002年时,当单一的货币欧元被绝大多数的成员国采用时,欧盟已成为世界上最大的一体化市场。

欧盟的成立促进了经济的迅速增长、文化创造力的大幅增强,对大多数成员国而言,在国际事务上获得了更有分量的发言权。在1991年苏联解体之后,中欧多个国家都申请加入欧盟。2004年,中欧的7个国家被批准成为成员国,它们是立陶宛、拉托维亚、爱沙尼亚、捷克共和国、斯洛伐克、匈牙利和波兰,此外还有两个岛国塞浦路斯和马耳他,以及从南斯拉夫独立出来的斯洛文尼亚。2007年,罗马尼亚和保加利亚也加入了进来,克罗地亚则于2013年加入,至此,欧盟成员国数达到28个之多。欧洲各国拥有了一个共同市场,不设内部关税,成员国之间的商品、服务、资本、劳动者和旅游者可以不受限制,自由流通和往来。绝大多数成员国的公民只需携带基本身份证件就可以在欧盟成员国之间自由通行往来,在大多数国家无须履行繁琐的海关程序,甚至可以在欧盟各国自由选择居住。

然而,欧盟并非是一个传统意义上的统一国家。欧盟没有共同的军事力量。对其居民而言,欧盟并不提供福利也不提供基本的教育功能。不过,欧盟做到了对在整个欧盟范围内开展的科技、文化和环境项目提供资金支持,并为较为贫困的成员国提供援助以提高其经济地位。欧盟设立了健康和安全规范、社会安全和劳动条件以及农业等方面的标准。欧盟承认23种官方语言;然而,在实际上,英语对整个欧盟的商业、政治和文化交流而言,仍是最为普遍的语言,这与英语在世界上的地位是相当的。

关于欧盟进一步的扩权方面还存在着许多问题。欧洲议会选举中相对较低的选民投票数,一些国家反对进一步的一体化进程等,这一切使欧盟的一体化能达到何种程度尚存疑问。

困扰欧盟的另外一系列问题牵涉到是否接纳新的成员。土耳其能否被接纳成为成员国,这是最为紧迫而棘手的问题。自从1987年以来,土耳其的申请就一直在等待批准。从官方角度来看,欧盟主要担心的是,土耳其能否遵守欧盟关于司法、经济规则的标准以及妥善解决在塞浦路斯岛问题上与希腊的争端。然而除了官方的担忧之外,还有更深层次的考虑:欧盟可以允许一个国土大部分在亚洲,而且尽管是世俗体制,但宗教和文化上都信奉伊斯兰教的这样一个国家加入吗?欧盟到底决定将"欧洲"身份在地理上和文化上开拓多远呢?

欧盟面临的第二个问题就是对移民问题应采取的立场。因为只要进入欧盟任一国家就可以自由进入欧盟任何其他国家,欧盟成员国要求,初次进入欧盟境内必须接受严格的检查,具体执行措施必须极为严格。在卢森堡的申根镇(大多数协议均在这里签署)签署的一系列协议都明确提出了这些共同要求。在移民从欧盟一国来到欧盟另一国这方面,激烈冲突不断发生,尤其是移民从较为贫困的东欧和南欧国家来到较为富庶的北欧和西欧国家时。从贫困地区迁往富裕地区的移民是一个世界性问题,我们将会在"贸易、革命、技术和身份特征"一章详加讨论。我们将会看到,2008

原始资料

欧洲一体化的持续的理论依据

在1995年，法国前总统弗朗索瓦·密特朗（François Mitterrand，1916—1996年），既是法国的也是欧盟的老一辈政治家，在欧盟议会上发表热情演讲，他概括了欧盟在二战后取得的巨大成就，已经治愈了饱经摧残的欧洲在躯体上、精神上和经济上留下的创伤。他期望在进一步形成、加强欧洲的集体文化身份特性上取得更大成就。密特朗提出：正像欧盟在经济政策上的集体性成就推动了各成员国的经济发展进步，欧盟作为一个整体取得的成功大大增强了各成员国的文化身份和创造力。

我们欧洲必须向世界展现的不仅仅是资产负债表的盈利状况和货物的吞吐量。我要谈谈一些更为深远的东西……那就是它需要一个灵魂，这样它就能够表达出……我们的文化、我们的思维方式、其人民的智力构造，以及数个世纪来发展形成的文明取得的成就，我们是这一切的继承者。欧洲的种种形式的天才的表现是丰富多彩、多种多样的；如同以往一样，我们应该与全世界共享这一切——但是，并不是把这一切强加给他们，多少和过去的做法不一样——包括我们的思想，我们的梦想，而且这一切应该是合宜恰当的，我们的热情……

欧洲的一体化进程增强了各国的文化身份。女士们、先生们，文化的欧洲，是一个由各国组成的欧洲，而不是一个充满民族主义的欧洲……

我是在第一次世界大战期间出生的，并参加了第二次世界大战。因此我的童年时光是在家庭分崩离析的环境下度过的。所有的人都在痛悼他们的挚爱者的离去，经受的是无比的悲伤痛苦，如果不算是对现在的敌人或是传统的敌人的仇恨的话。

我们这一代已经基本完成了我们的使命；这一代人仍在执行的是其最后一项公共使命，这也将是我的最后一项使命。因此，对我们而言，把我们的经验传递下去尤为重要。你们中很多人将永远铭记你们的父辈的教诲……将会感受到你们的国家曾遭受的苦难，将会体会到那种悲伤，那种生离死别的苦痛，那种面临死亡的体验——这一切都是由于欧洲各民族之间相互的敌意和仇恨所造成的。重要的不是传递这一仇恨，相反地，是传递我们拥有的和解妥协这一机会，我们感谢——我们必须这样说——感谢那些1944—1945年之后浴血奋战、英勇捐躯的英雄们，才使我们有勇气展望一个更为光明的未来，这一切都是建立在和平与和解的基础上的。这就是我们所能完成的。

（Official Journal of The European Communities: Debates of the European Parliament, 1994—1995 Session, no. 4—456，第45—51页，摘自Hunt，第343页）

年的全球性经济衰退给那些较为贫困和管理效率较低的欧盟成员国带来经济上的压力。因此，总的来说，欧盟代表的是一个较为富庶的地区，拥有政治上的高度统一，但是面临暂时的财政困难，也缺乏一个共同的、可靠的军事力量。

宗教

20世纪晚期最令人震惊的事件之一就是宗教群体重新作为强大的政治力量的崛起。科学革命的怀疑论、法国革命的世俗主义、俄罗斯革命的无神论以及把教会和国家分离的理想——所有这些思想文化和政治上的转变对有组织宗教的权力发起了挑战。然而，在过去的35年里，我们却看到了这么多的现象明证，它们显示了宗教信仰的力量是怎样挑动了公众的和个人的行动。人们提出了很多理论来解释这一现象。由全球化带来的变化的速度之快对人们的安全意识带来了威胁，宗教领袖于是承诺用信仰和信念的保障来填补这种心理上的空缺。宗教团体常常主办各种社会福利项目,提供政府顾及不到的社群支持。宗教信徒们得到了实实在在的帮助,由此而去主动接受宗教的和政治方面的有关信息。这种具体实在的帮助、社群成员的身份,以及适宜安慰和无条件接纳三方面信息的结合,成为自古以来有组织宗教的重要标志性特征。

在20世纪晚期,这种结合在伊斯兰教中尤其明显,近些年来,伊斯兰教成为世界上发展速度最快的宗教。尽管不少西方人将伊斯兰教视为带攻击性的、带军事色彩的宗教,这种看法在美国遭受"9·11"恐怖袭击之后变得更为普遍了,但而穆斯林对此并不认同,他们认为自己并非侵略者,而是受攻击者,是伊斯兰教帮助他们挺过了艰难的时刻。他们声称,中东地区的殖民主义结束之后,只留下欠发达的经济、个人遭受侮辱的历史和对当地文化的蔑视。在巴勒斯坦,他们声称是以色列的迫害造成了经济的停滞和社会秩序的混乱。在印度,穆斯林声称,占人口多数的印度教徒限制了他们的发展机会和民权。在车臣,穆斯林指责俄罗斯的长期侵占和军事干预。饱受压迫、力图恢复其尊严的穆斯林宗教群体的自我形象,和把穆斯林视作潜在的恐怖分子的部分外界人士的观点,这两者形成了一道鲜明的鸿沟。

伊朗的神权政体

1979年,由**阿亚图拉**·霍梅尼领导的一场伊斯兰革命推翻了伊朗国王的统治,取而代之的是穆斯林的**神权政体**。新成立的伊朗政府也对美国的权威发出了成功的挑战,因为美国曾经支持伊朗国王的统治。新政府决意对曾在1951年推翻了伊朗政府的美国(和英国)实施报复。当时,伊朗的石油资源得到开发,产量大大提高,开始给王国带来了源源不断的财富,但是首相穆罕默德·莫萨泰(Muhammad Mussadeq,1880—1967年)实施把石油产业国有化政策,这是与国王的意志相对立的。因而,英国、美国与伊朗军队策划了一场推翻莫萨泰的政变。

对西方怀抱着感恩心理,伊朗国王加入了美国针对苏联的冷战军事联盟。他另外引入了西方的石油投资,进一步利用伊朗的石油财富对规模全面巨大的——但是扭曲变形的、奇特怪诞的、失去均衡的——国家的西方化提供资金。到20世纪70年代中期,大约有15万外国人来到伊朗,管理着高新科技产业,居住在与外界隔绝的社区,过着奢华的生活。而在另一端,当地的农村人口也在源源不断地涌入城市,给城市市政和基础设施带来了极大的压力。食物和其他生活必需品短缺,王室宫廷、政府部门、官僚机构以及商业群体中腐败盛行。对国王强制推进现代化极为不满的反对者——包括很多学生——受到跟踪,被投入监狱,且常常受到酷刑。

这些反对者中包括宗教学者乌理玛(ulama),他们对传统宗教遭受的压制深感痛惜,以及很多市民,他们对自己在经济上受到的剥削压榨极为不满,对他们认为的社会道德基础不断被削弱松动深怀痛恨。1963年,什叶派穆斯林领袖阿亚图拉·鲁霍拉·霍梅尼(Ayatollah Ruhollah. Khomeini,1902—1989)发动了一场反对国王的起义,但是遭到镇压。政府军队杀害了15 000名反叛者,并将霍梅尼流放海外。可是霍

阿亚图拉(ayatollah) 对伊朗显赫而拥有权威的穆斯林宗教领袖的尊称。

神权政体(theocracy) 建立于宗教信念和教义之上,并由宗教领袖领导的政府体制。

829

阿亚图拉·霍梅尼（Ayatollah Khomeini）回到伊朗，1979年。在1963年被流放国外，他在巴黎住了下来，但是依然与在伊朗国内的他的支持者、国王沙阿的反对者保持着联系。公众对国王沙阿的经济发展政策的不满反抗削弱了后者的统治，霍梅尼重返伊朗，受到数百万民众的热烈欢迎。在推翻国王沙阿的过程中，霍梅尼的革命以伊斯兰教义和他自己对《古兰经》的阐释为基础，显示了在国家事务中，至少是在伊朗，宗教原则可以作为引导民众的持久的号召力量。

梅尼从巴黎通过磁带录音和电话与国内的反对者保持联系，并于1979年回到国内领导了大规模的示威游行，参加者多达500万人。他迫使国王流亡海外。伊斯兰政府由此而诞生，伊斯兰教教法成为伊朗的法律。霍梅尼宣布：

> 任何人，无论他是谁，都没有制定法律的权利，没有在真主授予的权威之外进行统治的权利，……除了宗教专家之外，没有任何人有权担负起政府的事务管理的责任。（Francis Robinson, Atlas of the Islamic World Since 1500，第171页）

这一革命显现的宗教狂热令许多西方观察家深感惊讶，他们错误地认为，伊朗人是支持国王的现代化政策的，还认为这位统治者和他领导的政权是颇得民心的。

伊朗地处战略要地，石油资源丰富，宗教和军事融为一体，国家内部是安全的，霍梅尼的革命政府震慑了邻近各国，即便是距离较远的国家也深受震动。在新政权刚刚建立的头两年，就有800人被处极刑，数千人遭驱逐。美国因给予已罹患癌症的流亡国王避难权，伊朗学生于1979年11月包围了美国驻德黑兰的大使馆，并扣押了52名使馆工作人员作为人质。美国总统吉米·卡特未能通过谈判解救使馆人员，随后他下令进行了一场秘密的空中营救行动，但是以失败告终。1980年卡特参加总统选举失败，这与他和伊朗革命政权的斡旋谈判失败有很大关系。（美国使馆的人质最终于1981年1月20日得到释放，这正是卡特任期的最后一天，此时人质已遭扣押整整444天。）

霍梅尼政权的激进给中东地区增添了极大的不稳定因素，激起了宗教方面的不同政见者在1979年麦加朝圣期间袭击大清真寺，企图以此激起反对沙特阿拉伯政府的暴动。300人在此袭击中丧命。1981年，在埃及，宗教极端主义分子与总统安瓦·萨达特（Anwar Sadat）遭刺杀有关。1989年，小说《撒旦诗篇》（The Satanic Verses）刚出版，伊朗神职人员便宣布这位英国的印裔穆斯林作者萨曼·拉什迪（Salman Rushdie）为异教徒，并发布圣令，将他判为死刑，予以追杀。拉什迪被迫在英国政府的保护下隐匿了多年。因为担心伊朗的什叶派宗教革命越过边境蔓延到伊拉克，萨达姆·侯赛因总统在美国的默许之下，发动了对伊朗的战争，从而拉开了8年战争的序幕，造成成千上万人的死亡。

根据对宗教原则的阐释，妇女在法律上受到各种限制，这一现象在革命以后的伊朗依然如此，要求妇女着伊斯兰服装，伊斯兰的法律机构对结婚、离婚、儿童监护以及劳动权实施严格的限制管理。大多数的伊朗妇女主动接受了这样的限制规定，显示出对西方文化和帝国主义的反对立场。到2008年时，妇女扫盲率达到了80%，有99%的达到入学年龄的女孩都有机会接受教育。出生率从王国时期的49‰降至2012年的18‰。采用避孕措施的家庭从23%升至2011年的73%（据data.un.org的联合国数据）。在2012年中，伊朗的最高领袖阿亚图拉·赛义德·阿里·哈梅尼（Ayatollah Sayyid Ali Khameinei）宣布，伊朗家庭迎来更多子女的时机已经到来；在本书撰写期间，该政策所带来的影响还不明朗。女性主义、民族主义，以及伊朗的伊斯兰宗教互相交织在一起，形成了一种独特的结构，这种情形不同于世界上的其他各种模式。

在霍梅尼1989年去世约十年后，较为温和的政治领袖登上了伊朗政坛。2005年，马哈穆德·艾哈迈迪·内贾德（Mahmoud Ahmadinejad）当选为总统。在伊朗，尽管总统的权力次于国家的宗教领袖，但是艾哈迈迪·内贾德公开否认大屠杀，呼吁将以色列从地图上抹去，并宣称伊朗将会继续发展自己的核武器，这使得伊朗与西方国家，尤其是美国之间的关系更趋紧张。作为回应，美国和以色列都威胁称可能实行先发制人的轰炸行动以摧毁伊朗的核研究设施，许多国家纷纷同意从经济上对伊朗给予制裁。2013年的伊朗大选之后，新当选的总统哈桑·鲁哈尼（Hassan Rowhani）的政策较为稳和，呼吁采取较为平稳、冷静的外交政策，并且同意销毁储备的化学武器。伊朗开始国际对话讨论对其核能力的限制。

831

阿富汗的伊斯兰教激进分子

与1979年伊朗革命爆发的同一年，一个开始复兴的伊斯兰世界面临着前苏联对阿富汗的入侵。阿富汗政府曾经与苏联这个官方信奉无神论的国家结盟。许许多多激进的穆斯林游击队员，他们被称为圣战者（mujahideen），反对这一联盟。为了支持阿富汗政府，苏联派遣了超过10万人的军队，并配备了坦克和飞机。这场战争成为冷战的一部分，圣战者游击队得到了多个国家的援助——包括美国、巴基斯坦、沙特阿拉伯以及一些伊斯兰国家。（美国抵制1980年莫斯科奥运会，以表达对苏联入侵阿富汗的强烈抗议。）很多雇佣军游击队也来到阿富汗反对苏联的侵略。经基地组织袭击纽约世界贸易中心，2001年9月11日。同时，该组织还发动了对五角大楼的袭击，并明显对位于华盛顿的政府大楼进行袭击，但是以失败告终。这些袭击行动向世界宣告：一个不由任何政府资助的，并具有惊人破坏能力的恐怖组织存在着。这个组织在全球招募成员，并具有在世界范围内发动打击的能力。之后美国向恐怖主义宣战，成立了国土安全部，并向阿富汗宣战。阿富汗明显是基地组织领导人，尤其是奥萨马·本·拉登的藏匿之处；美国还向伊拉克宣战，指控该国参与袭击图谋，并藏有大量杀伤性武器，尽管这些指控事后证明是错误不实的。

瓦哈比教派（Wahabi） 伊斯兰瓦哈比教派遵循18世纪的学者穆罕默德·伊本·阿卜杜勒·瓦哈比的极端保守的教义，瓦哈比教派是沙特阿拉伯伊斯兰教的主导形式。

基地组织（al-Qaeda） "基地"，由奥萨马·本·拉登在阿富汗组织的激进的伊斯兰游击队组织，最初与俄罗斯入侵者作战，后对美国及其盟国发动袭击。到后来，世界上多个地方的激进的伊斯兰游击组织都采用基地组织的名称，有的与本·拉登的组织有联系，有些则没有联系。

过10年的战争，并损失了14 000士兵之后，俄国人于1989年从阿富汗撤退。伊斯兰激进分子与两个超级大国对抗，并把他们驱逐了出去：在伊朗打败了美国，在阿富汗赶走了苏联。

苏联撤军以后阿富汗陷入了内战，最终圣战者在1992年取得了胜利。四年后，另一支伊斯兰激进组织塔利班掌握政权，很多秘密民兵组织在塔利班控制的地区之外继续行动。

其中的一支秘密军事组织由奥萨马·本·拉登领导。本·拉登于1957年出生于沙特阿拉伯，是一个虔诚的逊尼穆斯林家庭的第17个孩子以及第7个儿子，他的家族从建筑生意中取得了巨额财富。1981年，本·拉登在沙特阿拉伯的吉达（Jeddah）获得公共管理学位。本·拉登在逊尼派穆斯林的激进的**瓦哈比教派**的环境下成长，他成长的时候正是伊斯兰民族主义急剧发展的时期，于是他来到阿富汗加入反对苏联占领的斗争。他创立了**基地组织**（al-Qaeda，意为"基地"），获取武器并组织战备，带领部队在前线冲锋陷阵。当苏联从阿富汗撤退后，本·拉登则返回沙特阿拉伯，投身于伊斯兰教激进的政治化活动。

沙特与美国联手反对伊拉克，尤其是允许美国把军队驻扎在与麦加近在咫尺的阿拉伯土地上，这一切大大激怒了本·拉登。本·拉登几次迁移他领导的基地组织，最终于1996年把地点定在阿富汗，在这里他建立了"反对犹太人和十字军的伊斯兰圣战国际阵线"，这是一个极端穆斯林运动的司令部。他发布了一个圣令（fatwa），声称穆斯林的职责就是杀死美国公民及其结盟者。在他的营地里,"圣战战士"接受军事操练(jihadis)以完成这些目标任务。在 2001 年 9 月 11 日发动的举世震惊的空中袭击中,基地组织成员劫持了四架飞机。自杀式飞行员驾驶其中的两架直接撞击位于纽约华尔街中心地区的世界贸易中心双子大厦,将两座大楼撞毁,造成近 3 000 人丧生。另外一架飞机撞向美国军事力量象征中心的五角大楼,将大楼的一翼撞毁。最后一架在宾夕法尼亚的中心地带坠毁,显然是打算撞击白宫未遂。本·拉登的恐怖袭击使得伊斯兰世界分化成两大阵营。尽管有些人为本·拉登叫好,但是许许多多的穆斯林,以及多个穆斯林国家,包括沙特阿拉伯在内,都谴责这是屠杀无辜平民的恐怖谋杀行为,而这是违背伊斯兰教教义的。

在本·拉登袭击美国之后,美国重新回到阿富汗的战场,与阿富汗土地上的多支武装队伍展开激战。在多年的战争之后,美国提出将于 2014 年从阿富汗撤出军队;撤退的条件在与阿富汗总统的谈判协商之中。

伊斯兰教、世俗主义和基督教

几个穆斯林占人口多数的国家面临着这样的冲突:有的群体希望建立一个以政教合一为主的政府,由宗教机构领导;而其他人则倾向于建立一个世俗的政府,希望在清真寺与国家体制之间有一种明确的分界。在土耳其和阿尔及利亚,由非宗教力量控制的军队在 20 世纪 90 年代期间介入选举,以阻止伊斯兰的政治派别掌权。在阿尔及利亚,非宗教势力最后胜出。但结果是整个国家卷入了 1992—2002 年的全面内战,至少有 10 万人付出了生命代价,直至今天,动荡尚难以平息下来。

在非洲撒哈拉沙漠以南地区的某些国家,穆斯林、基督教徒与当地的非洲宗教信徒之间发生了一些武装冲突,而此前的一段时间里,几方曾长期和平相处。引发冲突的原因常常是在非穆斯林教徒中强制推行穆斯林的法律体系。1966 年乍得爆发了内战,双方主要为约占人口半数的北方的穆斯林,以及各占人口 1/4 的南方基督教徒和本土宗教信徒。此后战斗时有发生。

在邻国苏丹,北方的人口 70% 为逊尼派穆斯林,主要为阿拉伯人,他们不断向南方推行伊斯兰教义,而南部主要是黑人和当地宗教的信奉者。其结果就是长期持续不断的内战,国家长久处于赤贫状态,饥荒严重。多达 200 万人——其中绝大多数是南方人——在内战和饥荒中丧生,更有多达数百万的百姓流离失所,无家可归。在 2004 年,北方和南方的军队达成协议,看来有可能给南方带来和平和安定。

然而,从那时起,位于该国西部达尔富尔(Darfur)地区的当地人声称受到压制,与中央政府及其地方武装力量的代表贾贾威德(the Janjaweed)发生激烈战争。然而,在达尔富尔,两个对立的宗教群体都是穆斯林。因此问题似乎出在种族而不是宗教上,是北方的阿拉伯人与西部的非洲黑人之间产生的冲突。联合国和几个国家都提供了救助,并考虑提供军事介入以保护达尔富尔人民。中国声明支持苏丹政府,而世界上很多国家是支持达尔富尔难民的,整个形势顿时变得极为复杂。

在尼日利亚,政府试图推行伊斯兰教教法的做法也激起了暴力对抗。尼日利亚目前是非洲人口最多的国家,人口达1.7亿,其中约45%为穆斯林,另外45%的人口为基督教徒,10%为本土宗教的信仰者。在2000年初,当尼日利亚北方的政府强制推行伊斯兰教教法时,造成2 000多人在当地的暴乱中丧生。在东部和南部有数百名穆斯林遭到报复,惨遭杀戮,更多的人则逃到了信仰他们的宗教的群体占多数的地区。2004年5月,基督教徒袭击了位于尼日利亚中部的一个穆斯林市镇,造成多人死亡。穆斯林与基督教徒纷纷逃离信仰他们的宗教人数不占优势的地区。在北部,穆斯林迫使20 000基督教徒离开家园,总统奥卢塞贡·奥巴桑乔(Olusegun Obasanjo)下令将该地区设为军事管制区。尽管在非穆斯林中引起了敌意,但是尼日利亚的北部各省依然把伊斯兰教法作为当地官方正式法律的基础。

伊斯兰教中妇女的地位问题使得尼日利亚意外得到了国际的格外关注。2002年,一名年轻妇女被指控为犯有通奸罪,根据伊斯兰教教法,她将被判处用石块砸死。可是她坚持上诉,最终于2003年判决无罪释放。同样在2002年,"世界小姐"选美比赛原来预定在尼日利亚举行,但是穆斯林领袖公开谴责女性穿着暴露的泳装的做法与伊斯兰教格格不入。暴乱随即爆发,有100多人在暴乱中遇难,选美比赛随后不得不转到伦敦举行。

2007年和2011年的总统选举引发了穆斯林和基督教徒之间的混战。2001年成立的一支伊斯兰教组织在2009年演变成更为极端的圣战组织,通常被称为"博科圣地"(Boko Haram,意为"西方教育是有罪的"),并致力于将尼日利亚改造成一个由伊斯兰教教法统治的伊斯兰国家。该组织开始袭击基督教教堂和教会,并与在尼日利亚和邻国的黑社会组织结成联盟。很多穆斯林都谴责"博科圣地"的恐怖主义行径和袭击平民的行为,尼日利亚政府派遣军队对该组织予以镇压。然而,"博科圣地"对至少1 000起死亡案件负责,其实很可能远远超过这一数字,在本书写作期间,该组织一直是一支强有力的恐怖主义势力。

南斯拉夫的宗教冲突

这是在东欧的巴尔干地区发生的最严重的宗教冲突之一。这里,内战的战火从1992年一直持续到1995年,此后依然断断续续,纷争不息。这是自第二次世界大战以来欧洲爆发的最为惨烈的战争,几十万人失去了生命,更多的人无家可归,被迫离乡背井。在这里,基督教东正教、罗马天主教和穆斯林都卷入了战争的漩涡,其中穆斯林伤亡的人数最多。

巴尔干地区很久以来就是一个带分裂倾向的民族主义肆虐的地方,而宗教则起到了推波助澜的作用。第一次世界大战之后,多民族的国家南斯拉夫诞生了。在第二次世界大战之后,南斯拉夫境内的种族敌视被国家领袖铁托(Josip Broz)压制,甚至在他去世后,共产党政府仍继续执行他定下的政策。然而,在苏联1989年解体之后,南斯拉夫紧随其后分裂成好几个地区。其中的三个地区——塞尔维亚、克罗地亚以及波斯尼亚-黑塞哥维那——旋即都卷入了战争。尽管南斯拉夫并没有像上述诸国一样在要求居民恪守宗教法令方面那么狂热，尤其是在经历了半个世纪的共产党统治之后，但宗教依然是一个分隔人群的重要依据，在这里基督教为咄咄逼人的攻击者一方。

塞尔维亚人基本上是东正教基督徒（65%），而大多数的克罗地亚人则为罗马天主教信徒（77%）。波斯尼亚人则是最为混杂的，其中40%是穆斯林，31%为东正教基督徒，15%为罗马天主教徒。直至1989年，跨越宗教和民族的婚姻并不少见，可是随着南斯拉夫的分裂，宗教身份显然激发了可怖的暴力行为。

塞尔维亚的领袖企图将克罗地亚和波斯尼亚-黑塞哥维那置于自己的统治之下。从1992年至1995年，内战的战火燃烧了整整3年，塞尔维亚政府采取了一种"**种族清洗**"的政策，实为种族大屠杀的一个委婉说法，计划杀死或驱逐所有的穆斯林以及克罗地亚人，尤其是来自波斯尼亚的克罗地亚人。塞尔维亚采取了强奸和酷刑作为政策实施的手段。在此期间数十万人丧生，更多的人则被迫离开家园。联合国多次出面协商签定和平协议，可是每次都遭到拒绝或违背协议。许多观察家批评欧盟、美国和联合国不愿派出军队来强制实现和平。不过，1995年12月，一份由美国起草调停的和平协议在巴黎由波斯尼亚-黑塞哥维那、克罗地亚以及塞尔维亚的总统联合签署。联合国派遣了6万人的维和部队来监督该和平协议的执行。

可是，从这三个新成立的国家的内部情况来看，其民族成分并不是单一的。在新成立的塞尔维亚国内的一个省即科索沃省，人口占多数的群体在民族上属阿尔巴尼亚人，宗教信仰上则为穆斯林。1998年，科索沃的阿尔巴尼亚穆斯林宣称要退出塞尔维亚，并发动了游击战，对此，塞尔维亚总统斯洛博丹·米洛舍维奇（Slobodan Milosevic）愤怒地做出回应，并将科索沃的约70万名阿尔巴尼亚人驱逐，并重新恢复了种族清洗政策。在连续几个月的无行动反应后，1999年北约开始了为期72天的轰炸行动。塞尔维亚宣布投降并放弃对科索沃的主权。联合国派遣了约5万名维和部队。然而，在联合国的士兵到达之前，没有离开的科索沃阿尔巴尼亚穆斯林和返回了的难民又把塞尔维亚人驱逐了出去，他们反过来对对方实施了种族清洗。只是等到国内和平局势恢复稳定后，才把塞尔维亚人重新请了回来。

第二年即2000年，在塞尔维亚的大选中米洛舍维奇落选，新政府将他移交给设在荷兰海牙的国际战犯法庭，审判他在科索沃所犯下的战争罪行。（联合国安理会于1993年设立该法庭。）这是欧洲自"二战"以来首次发起这一类型的审判。米洛舍维奇在2006年判决下达前夕，因心脏病发作死亡。

种族清洗（ethnic cleansing）
种族大屠杀的一个委婉说法。将少数族群从某一块领土上驱逐或屠杀的行为。

根据1991年的人口调查数据绘制的南斯拉夫民族地图。1980年铁托元帅去世后，1989—1991年苏联解体，削弱了自1918年以来将不同背景的民族和区域维系在一起的力量。在1991年之后，南斯拉夫分裂为几个新的国家，每个国家都有自己占主导地位的族群，一些族群很快与其他族群卷入战争。形势日趋紧张，在2008年科索沃宣布脱离塞尔维亚时，局势恶化。因为科索沃人属于阿尔巴尼亚民族，而宗教上则主要是穆斯林。

阿尔巴尼亚人	蒙特尼罗人
保加利亚人	穆斯林人
克罗地亚人	塞尔维亚人
匈牙利人	斯洛文尼亚人
马其顿人	无多数族裔群体聚居的

835

该法庭也起诉了8名犯性侵罪行的男性,这是首次对有组织强奸行为作出的指控和判决,将其认定为一种战争武器和"反人类的罪行",而并没有把这一行为当作战争中"偶然发生的事件"而予以忽略。

印度的印度教和伊斯兰教

印度在独立之初,便分隔成印度和巴基斯坦两个国家。圣雄甘地以及贾瓦哈拉尔·尼赫鲁(Jawaharlal Nehru)以及他们领导的国大党宣布坚持印度的世俗即非宗教立场。但是,有相当人数的印度教徒将穆斯林视为二等公民,或者走到一个极端,把他们称为外国入侵者的异族后裔。这些好战的印度教徒组成了印度人民党(Bharatiya Janata Party, BJP)的中坚,强调"**印度特性(Hindutva)**"或"**印度特点(Hinduness)**"。印度人民党的目标就是使得印度教徒身份成为国民身份的基础,将那些非印度教徒彻底从印度民族中驱逐出去。

在20世纪80年代,人民党开始赢得更多的选票,印度人民党的主要领袖L. K.阿德万尼(L. K. Advani)于1990年在印度北部组织了一场宗教朝圣/政治运动。阿德万尼驾驶着一辆装饰成"罗摩"战车的丰田牌大货车,并带领着游行队伍前进。这场朝圣运动将在印度北部城镇阿尤迪亚上演高潮一幕,这里是首位莫卧儿皇帝所建清真寺的原址。人民党宣称,该清真寺建在一座印度教神殿的废墟之上,而这座神殿被认为是标志着印度教罗摩神在凡世间的诞生地,但是该神殿却尽毁于穆斯林之手。阿德万尼最终的目的就是要摧毁清真寺,并重建印度教神庙。这次朝圣的整个过程在印度教徒和穆斯林之间挑起了一场骚乱,数以百计的印度教徒和穆斯林在骚乱中丧命。后阿德万尼遭到逮捕,朝圣活动远远没有达到目的。

但是,两年后,阿德万尼违背了自己的誓言,公然起而反对印度政府,在他的煽动下阿尤迪亚清真寺遭到摧毁,其结果是,整个印度陷入更为严重的动乱中。在孟买,

印度特性(Hindutva) 一个政治-宗教口号,呼吁印度教与印度国家政权的结合。这是几个印度教激进组织的战斗口号。

艾哈迈达巴德发生暴乱,古吉拉特邦,2002年。印度独立前后,印度教徒和穆斯林的矛盾不断激起暴力行动,并于1947年分裂为印度和巴基斯坦。尽管在措辞上基本为宗教表述,但是暴力行为通常围绕政治事件展开。在印度,一个主要政治党派赞同印度教徒的优势地位,可印度穆斯林也占人口的13%;巴基斯坦的印度教徒则较少。2002年古吉拉特邦发生的袭击尤其严重,导致2 000多人丧命,多数为穆斯林。一些分析家谴责一起明显由穆斯林实施的对运送印度教朝圣者的火车的袭击;另一些分析家认为:为了在未来大选赢得印度教徒的选票,印度教的野蛮报复是一种策略。

有2 000人惨遭杀害,该市的股票交易所发生炸弹爆炸。印度人民党的当选人数却在一次次的选举中连连不断上升。宗教暴力似乎帮助选举赢得了胜利。2002年,在古吉拉特邦穆斯林遭袭击最为猛烈的地区,人民党的得票最多,以绝对优势获胜。在接近2010年的时候,人民党赢得了足够的选票来参与国家统治联合体的选举。当选后,人民党的领导层在任期内继续强调"印度特性"。在人民党掌权的地方,学校的课本便会经过改写以突出有关印度权力的内容,并将穆斯林刻画成无爱国心的异族外邦人。

836

而另一方面,在2004年和2009年的全国大选中,印度人民党遭到惨败。此外,获胜的印度国大党领袖是索尼娅·甘地(Sonia Gandhi),她是意大利裔,被刺的印度前总理拉吉夫·甘地的遗孀,她信奉基督教;曼莫汉·辛格(Manmohan Singh)成为印度的首位锡克教总理;而2002—2007年的印度总统则是一个穆斯林。看来对大多数印度人而言,具备复合身份的多样化更受青睐。随着2014年大选的到来,人民党强调倡导商业的经济政策,而不是其印度教出身。

犹太教

1948年,犹太人建立了以色列国,这是正式意义上的犹太人国家,在近2 000年的历史中,犹太人第一次获得了统治权。犹太人受压迫的历史可以追溯到罗马帝国时期,朱迪亚(Judea)被罗马征服,犹太民族受到了驱逐。然而,这个新的国家四周强敌环伺,以色列人的政治哲学似乎随之发生了改变。以前,作为势力薄弱、四散各地和仰人鼻息的群体,他们强调圣经中提倡的精神,他们"不是依靠势力,不是依靠才能",乃是依靠上帝的灵方能成事。而现在,在充满敌意的包围中,很多人转而相信,唯有依靠军事实力才能生存。他们在中东建立了最强大的军事力量,当然也包括核武器,以色列人挥舞起武器和权杖,在以色列政府看来这是克制而必要的行为,但对其他许多国家来说则是极端野蛮和咄咄逼人的。

尽管在以色列所处的环境中战争的威胁一直存在,包括来自伊朗的核攻击的威胁,但在21世纪的头10年里,以色列仍处于一种和平的状态。在这种情况下,约80%的犹太人认为自己是生活在世俗社会,而其余20%则自称忠于宗教的戒律,这便使得冲突日趋明显。更多的世俗政党呼吁停止对宗教学校的补贴,废除普遍存在的免除宗教信徒子女兵役的惯例。在世界上的其他地方,遵守犹太教习俗或遵守法律是个人的选择,而在以色列,犹太教是国家的官方正式宗教,这样的差异成了立法的难题。

基督教

基督教是目前世界上最大的宗教,共有20亿信徒,分布在欧洲、拉丁美洲、非洲、亚洲、北美洲和大洋洲。多年来,在欧洲广大的殖民地上传教士的传教获得了极大的成效。

837

罗马天主教　基督教徒的半数为罗马天主教徒,最近三次教皇的选举反映了其地理分布的变化。1978年,波兰红衣主教卡罗尔·约瑟夫·沃伊蒂瓦(Karol Jozef Wojtyla, 1920—2005年)由枢密院选举后当选为教皇约翰·保罗二世,是自1523年以来首位非意大利裔的教皇。从"铁幕"之后拔擢了一位红衣主教,罗马教会给予了在苏联控制下的人民以激励和道义的支持。

约翰·保罗二世环游世界的非凡纪录展示了他对全世界的开放态度——他到过墨西哥、美国、土耳其、印度、中国、古巴、菲律宾、海地、埃及、以色列和非洲约30个国家——海外出访约100次。他的旅行路程之长,是历届教皇加起来都及不上的。2000年3月,他前往圣地,接见了非天主教徒和非基督教徒,特别是犹太人和穆斯林,他在开罗会见了逊尼派大教士谢赫·阿兹哈尔(Sheikh al-Azhar)。约翰·保罗二世认为反犹太主义是一种罪,并将犹太人称为"我们信仰上的兄长"。他访问了英国的坎特伯雷大教堂,这是英国圣公会最重要的教堂,他还访问了德国和瑞典的路德派教会。

然而,教皇的立场是颇为复杂的。他反对堕胎,反对计划生育,反对授予妇女神职,反对同性恋行为,同时在神职人员的禁欲问题上动摇不定,态度保守。(尽管如此,全世界的天主教徒与非天主教徒实施节育的人数大致相同。)与此同时,许多其他基督教组织却采取越来越开放的态度。例如,1994年,英国国教通过投票决定授予妇女神职。1988年,美国新教圣公会首次把神职授给一位女性主教,并于2003年任命公开身份的首位同性恋男子为主教。2006年,一名妇女被委任为美国新教圣公会首席主教。

解放神学(liberation theology)
指的是天主教会内的一个运动,主要发生在20世纪60和70年代拉丁美洲的教会中。该运动将马克思主义的社会关切与基督教福音书相结合,以服务贫困人群为主要目标,并在必要时组织穷人对抗政府。

在解决贫困的手段上,约翰·保罗二世同样秉持保守立场。20世纪60年代后期和70年代,一种名为"**解放神学**"的新思潮在拉丁美洲形成。他们将基督教士与穷人的利益视为一体,在城市的贫困街区和农村的贫穷地带,该思潮的提倡者组建了一些基层组织。这些基层组织将基督教的学习和祈祷与积极解决当地问题结合起来,着重解决贫困问题。一些观察家估计,1970年代末,单是在巴西就有80 000个这样的基层组织。

解放神学遭遇了强烈的反对。1980年3月,萨尔瓦多的大主教奥斯卡·罗麦罗(Oscar Romero)在圣萨尔瓦多的一个礼拜堂主持弥撒时遭暗杀。自哥伦比亚神父和社会学家卡米洛·托雷斯(Camilo Torres)遇袭身亡以来,罗麦罗不过是遭到暗杀的850位教会领袖中的一个。作为一位杰出的学者和教师,托雷斯放弃了和平改革而加入了哥伦比亚共产党领导的游击队。他于1966年2月在与政府军的一次战斗中被杀害。1980年12月,在萨尔瓦多与贫困难民一起工作的三名美国修女和一名世俗传教士也遭到该国安全官员的杀害。

解放神学的拥护者宣称将基督教伦理与马克思主义政治结合起来,而出生于波兰共产党政权下的教皇约翰·保罗二世则反对带马克思主义倾向的做法。当有新的神职空缺时,他任命的大多数是保守的神职人员,结果导致了拉丁美洲神职人员的分裂。其中有20%左右接受解放神学思潮,但绝大多数,特别是在巴西,则追随了教皇倡导的方向。

接替约翰·保罗的教皇本笃十六世（Pope Benedict XVI, 2005—2013年在位）对神学事务和欧洲问题兴趣更为强烈，超过了对发展中国家贫困问题的关注。他并非意大利人而是德国人，在当选教皇时已78岁高龄。他看到了伊斯兰教正逐步侵入传统上为基督教势力的欧洲，他的回应就是强调坚守信仰和宗教仪式。他认识到他的保守行为可能造成一些人离开教会，尤其是那些欧洲的教徒，可是他认为留下来的人会对基督教更为笃信，而且能够更有力反击伊斯兰教的侵入。在2013年本笃成为600年来首位荣休的教皇。

教皇弗兰西斯一世（Francis I）来自阿根廷，是首位来自拉丁美洲的教皇，他重新调整了教会在地理和服务方面需关注的重点。首先，弗兰西斯将为期一周的巴西之行确定在他的全球之旅日程中，他低调的做派赢得了万众景仰。在他的最后一次演讲中，他面对着300万聚集在科帕卡瓦纳（Copacabana）海滩的天主教徒，大力倡导教会需要紧靠人民，密切关注穷苦人的需求。

福音派基督教 福音派基督教给这一世界最大的宗教赋予了新面貌，尤其是在美洲。1940年，整个拉丁美洲的新教教徒的人数仅为100万；到2010年时则达到约6 000万，占人口总数的12%。绝大多数是五旬节派教会的教徒，该教派一般来说对社会中最为贫困的群体更具吸引力，而且往往是那些被迫离开农村的人们。**五旬节派教会教徒**强调直接的、亲身经历神的启示，而不拘于《圣经》的权威或教会的等级制度，从而与主流的新教徒有所不同。许多五旬节派组织都与北美的教会结盟。五旬节派这一宗教对拉丁美洲的妇女最具吸引力。它往往把基督称作"神圣的丈夫"和"父亲"，强调男子的责任和忠贞，并在家庭关系中呼吁"对大男子主义进行改革"。

同样，在过去一代人中，美国信仰福音派基督教的人数不断增加。很多信奉基督教的人对20世纪60—70年代反战抗议、吸毒、民间音乐和抗议音乐、具有性挑逗风格的服饰和自我展现，以及更为自由的性表达等"反文化"潮流愤愤不平。他们诉诸圣经经文以重新发掘出信仰的基本教旨，认为美国人走上了一条歧路。这些原教旨主义者开始创建他们自己的组织和机构。1979年举行的一次盖洛普民意测验显示，有1/3的成年人会讲述一次"重生"的体验，即一种个人亲自遭遇耶稣且因而发生转变的经历。有50%的人相信，《圣经》准确记录了历史。约1.3亿人说经常收听和收看1 300个基督教福音电台和电视台的节目。福音会教徒是总统选举中的重要选民，在挑战妇女是否拥有合法堕胎权利中具有重要发言权。

教皇弗兰西斯一世出席在里约热内卢举行的"世界青年日"活动，巴西，2013年。弗兰西斯一世于2013年当选教皇后，罗马教廷出现新的气象。他的前任本笃十六世是600年来首位荣休的教皇，退休时85岁。新教皇打算和贫穷和受压迫人群走近，以增进他们的福祉。他建议教会不应过多干涉信徒的私事，比如教士或信徒赞同的性行为，显示出梵蒂冈教廷对20世纪60年代教皇约翰二十三世关注的重点和政策进行的调整。

福音派基督教（evangelical Christianity） 指这些形式的基督教新教：强调圣经的字面真理和权威，以及通过个人接受基督而得救。

五旬节派教会教徒（Pentecostals） 基督教徒的一种，强调对上帝、耶稣和启示的直接的个人体验，而不是依靠经文或各级教会的权威。

我们是怎样知道的?

美国的宗教身份面面观

不久前对美国的宗教身份的两个研究提供的是互相矛盾的情况。黛安娜·埃克(Diana Eck)对美国新的不同的宗教社区的不断涌现表示欢迎。在注意到她所在的剑桥社区教徒和教会服务呈现的日渐增长的多样性之后,埃克派她的学生去进行更为系统的调查,先是在波士顿地区,然后请他们到各自的家乡进行调查。在她的《一个新的宗教美国》一书中,她报告了这一名为"多元主义研究项目"的成果,探索了在美国涌现的"新"的宗教的范围广度——尤其是印度教、佛教和伊斯兰教。她把自己的研究发现和现在每年给美国带来100万新移民的世界移民潮联系了起来:

过去三十年来涌入的移民……以指数级数大大扩大了我们的宗教生活的多样性。他们中有来自泰国、越南、柬埔寨、中国和韩国的佛教徒,有来自印度、东非和特立尼达的印度教徒,有来自印度尼西亚、孟加拉国、巴基斯坦、中东和尼日利亚的穆斯林,有来自印度的锡克教徒和耆那教徒,以及来自印度和伊朗的琐罗亚斯德教教徒。来自海地和古巴的移民带来了非洲-加勒比的传统,他们体现了非洲的和天主教的宗教符号和形象的结合。来自俄国和乌克兰的犹太新移民,以及美国犹太教内部的多样性比原来扩大了许多。美国基督教的形象随着大批拉丁美洲人、菲律宾人、越南人的天主教团体,中国人、海地人、巴西人的五旬节派群体,韩国的长老会、印度的玛托马斯教会和埃及的科普特教会教徒的大量涌入也发生了变化。在这片土地上的每一个城市,教堂的指示牌上写的是那些位于旧城里的新教和天主教堂围墙内的韩国或拉丁美洲教徒举行宗教活动的时间。(Eck,第3—4页)

而卡伦·阿姆斯特朗(Karen Armstrong)对埃及和伊朗的伊斯兰教、以色列的犹太教、美国的基督教中的激进的原教旨主义所做的跨文化研究却显示了一幅极不相同的画面。阿姆斯特朗曾做过七年修女,后成为大学教授,在过去的20多年里已成为最受人尊敬的宗教史专家之一,她的研究重点主要是基督教、伊斯兰教和犹太教,以及它们之间的相互关系。她对美国基督教原教旨主义者的研究表明,原教旨主义者对新的宗教群体几乎很少采取灵活变通的立场,也不愿采取妥协或开放的做法:

原教旨主义不会消失。在美国,宗教长期以来一直是站在政府的对立面的。宗教的兴衰是有周期性的,过去几年来发生的事件表明,在保守派和自由派之间仍然有一种战争的火苗在出现,而且时而变得令人恐怖地突凸显出来。1992年,依然持旧式的原教旨主义信念的杰里·福尔韦尔宣称,随着比尔·克林顿当选美国总统,撒旦被放到美国来了。福尔韦尔厉声喝道,克林顿将要摧毁美国的军队和国家,因为他竟让"同性恋分子"来掌握权力。在联邦政府提供资金的诊所实行堕胎手术,对胎儿组织进行研究,官方正式批准同性恋者的权利,这一切都是美国向"上帝宣战"的标志。(Armstrong,第362页)

我们面对关于当代美国这些宗教身份的不同观点该采取怎样的态度呢?菲利普·詹金斯(Philip Jenkins)在他对基督教在全球范围扩展的研究中提出,我们应该考虑人口问题这一因素:

在美国,基督教以外的宗教的信仰者人数是相当少的。如果我们把美国的犹太教徒、佛教徒、穆斯林和印度教徒的人数按乐观的预测数字估计,可以说他们合起来也只占全部人口的4%或5%。(Jenkins,第132页)

这一比例和西欧的差距并不很大,在那里,法国人口的10%、英国的4%、德国和荷兰人口的5%为非基督教徒。在非洲和亚洲的许多国家,宗教少数群体约为10%到20%,在某些国家可能稍多些。在其他许多国家体现的宗教多样性的问题在美国也同样存在。

因此,埃克的带着欢呼语调的报告反映的只是美国人口中一个很小的或许是不那么突出的一部分。另一方面,阿姆斯特朗提出的原教旨主义者也没有构成美国人口的多数。在1984年的一次民意测验中,只有9%的美国人承认自己是"原教旨主义者",尽管有"44%的人认为灵魂的得救只能来自耶稣基督"。

宗教身份对美国的大多数人来说是重要的。新移民和"旧时的宗教"都在对宗教身份的形成起着作用。这一混合变化的结果尚不清晰。如埃克指出的,"多样性本身并不构成多元化主义……我们是否能够跨越宗教差异的界线共同协作来创造一个我们实际上能互相理解的社会,这还有待分晓。"

- 你能举出历史上的其他例子来说明在新的移民群体影响下发生的国家宗教身份的变化吗?
- 你能举出历史上的其他例子来说明新的宗教身份和旧的宗教身份相冲突的情况吗?
- 你认为关于美国的宗教生活中的差异(如埃克和阿姆斯特朗所提出的)的主要原因是在人口方面么?你还能给出其他原因么?

原教旨主义势力不断增强,世俗主义和不隶属于宗教的力量也在增加。在1990—2012年间,自称具有宗教身份如基督教徒的成年人从86%下降到76%。无宗教信仰的人数也在增加,从总人口的8%增长到15%。宗教态度呈现两极化状态,有评论家将其称作"文化战争。"

新移民为美国的宗教身份带来了另外一种国际视角,增加了其多样性和世界性。随着印度的印度教徒和锡克教徒,中东和巴基斯坦的穆斯林,东南亚的佛教徒,以及来自其他各地的各种宗教团体向美国移民,美国的宗教身份变得越来越多样化。新的移民及其在美国出生的孩子有时会遭遇仇外主义的侵害,可是他们却使得美国的宗教和民族身份变得丰富起来。这些人约占整体人口的4%—5%,伴随着清真教、庙宇、神社和教堂宣传板上非欧洲的语言的出现,美国的宗教身份增添了清晰可辨的新维度。

主题研究方法及其意义

生物上的和文化上的进化演变,城市化的不断扩张,帝国实施推进的项目,以及宗教上的忠诚和冲突——这些是我们从人类历史早期开始就一直在本书中探讨的主题——将继续成为理解当代历史的试金石。通过了解历史状况,我们就能更好地了解我们曾经是谁,以及未来将会走向何方。

在本书的最后一章,我们将继续讨论我们最后的三个主题——贸易、革命和技术。然后,我们会探讨个人和集体身份特征的形成,以此结束我们的世界历史研究。

纽约的伊斯兰文化中心。世界各地的宗教都在美国寻找新的家园,这些新家园通常由移民新团体"移植"过来,并由美国当地的皈依者扩建。

841

推荐阅读

在本章,我们开始探讨当代历史,甚至包括当下发生的事件。除了报纸、电视和广播新闻节目之外,有两份出版物对了解和追踪新闻事件尤为有用。下面这两份刊物提供的是并非专业的、但都是颇具深度和广度的阅读指引。

The Economist, a weekly review published in London and providing extensive coverage of the United States and the entire world. Edited from a traditional liberal perspective — that is, favoring free markets and human rights as developed over the past centuries in Europe and the United States — *The Economist* covers the globe each week. The comprehensiveness and accessibility of its coverage is not matched in the English-speaking world.

The New York Review of Books, published bi-weekly, takes the form of a tabloid of book reviews, but its reviews are lengthy and extensive explorations of subject areas. The particular book under assessment serves as a springboard for wide-ranging, thoughtful, and careful discussions of the subject matter. The authors are leading scholars in their fields.

PRINCIPAL SOURCES

Ayres, Alyssa, and Philip Oldenburg, eds. *India Briefing: Takeoff at Last?* (Armonk, NY: M. E. Sharpe, 2005). The most recent of a series published every year or two, of outstanding summary articles on developments in contemporary India. Various articles on politics, economics, social life, the arts, and culture.

Campanella, Thomas. *The Concrete Dragon: China's Urban Revolution and What It Means for the World* (Princeton: Princeton Architectural Press,

2008). Excellent introduction to the overall philosophy, process, and building, Highlights specific cases of individual cities.

Crossley, Pamela Kyle, Lynn Hollen Lees, and John W. Servos. *Global Society: The World Since 1900* (Boston, MA: Houghton Mifflin, 3rd ed., 2012). A fine, well-written history of the twentieth century, organized thematically rather than by nation or region. Special emphasis on technology and useful references to websites for further research.

Gilbert, Mark. *Surpassing Realism: The Politics of European Integration Since 1945* (Lanham, MD: Rowman and Littlefield, 2003). Step-by-step account of the building of the European Union with fascinating contemporary commentaries along the way.

Glenny, Misha. *The Balkans: Nationalism, War, and the Great Powers, 1804–1999* (New York: Viking, 2000). Comprehensive account of the Balkans and their somewhat unfortunate fate in the hands of the Great Powers, sometimes because of intervention, sometimes because of lack of intervention.

Human Development Report (New York: United Nations Development Program, annual). A survey of the nations of the world with an abundance of statistical tables and numerous, brief, specific topical discussions. Each year has a special focus on one broad issue.

Hunt, Michael H. *The World Transformed: 1945 to the Present: A Documentary Reader* (Boston, MA: Bedford/St. Martin's, 2004). An outstanding selection of primary documents with global scope and thematic breadth.

Jaffrelot, Christophe. *Hindu Nationalism: A Reader* (Princeton, NJ: Princeton University Press, 2007). Superb selections on the merger of religion and politics, covering almost 100 years.

——. *India's Silent Revolution: The Rise of the Lower Castes in North India* (London: Hurst and Company, 2003). Amazing, peaceful transformations in a hierarchical society.

——, ed. *A History of Pakistan and Its Origins* (New York: Anthem Press, 2004). Excellent selection of scholarly articles on the complexities of Pakistan.

Kishwar, Madhu. *Off the Beaten Track: Rethinking Gender Justice for Indian Women* (New Delhi: Oxford University Press, 1999). The editor of one of India's leading feminist journals, *Manushi*, discusses the evolution of her thought in light of the possible and the ideal.

Meredith, Robyn. *The Elephant and the Dragon: The Rise of India and China and What It Means for All of Us* (New York: W.W. Norton, 2007). Chapter-by-chapter, point-by-point comparisons of the recent developments in these two giant nations.

Nafisi, Azar. *Reading* Lolita *in Tehran: A Memoir in Books* (New York: Random House, 2003). How an English professor and her students bucked the regime and studied literature as they chose.

Nugent, Neill. *The Government and Politics of the European Union* (Durham, NC: Duke University Press, 7th ed., 2010). Detailed exposition of the institutional workings of the EU, with very useful historical prelude and concluding perspectives on the future.

Rogel, Carole. *The Breakup of Yugoslavia and the War in Bosnia* (Westport, CN: Greenwood Press, 1998). Basic narrative supported by detailed chronology and primary documents to 1997. Critical of almost all participants, and of NATO and the United States for years of appeasement.

Sassen, Saskia. *The Global City: New York, London, Tokyo* (Princeton, NJ: Princeton University Press, 2001). Sassen demonstrates the significance of leading cities to global economic growth, and finds New York, London, and Tokyo the most significant of them.

Sen, Amartya. *Development as Freedom* (New York: Random House, 1999). Nobel Prize-winning economist stresses the significance of human development — health, education, and welfare — as the key issue in economic development, both as its cause and its result. Clearly and persuasively argued.

Tully, Mark. *Non-Stop India* (New Delhi: Penguin Books, 2011). Tully was the BBC's revered and respected correspondent from New Delhi for 25 years. He is perceptive and direct in his observations, especially as India enters uncharted territory.

Ullman, Richard H., ed. *The World and Yugoslavia's Wars* (New York: Council on Foreign Relations, 1996). Explores not only the wars but also the (lack of) response by the European Community, the United States, and the UN.

United Nations. *State of the World's Cities* (New York: Routledge, annual). Available online at http://www.unhabitat.org/pmss.

ADDITIONAL SOURCES

Armstrong, Karen. *The Battle for God* (New York: Knopf, 2000). Armstrong analyzes fundamentalist tendencies and groups within the world's major religions, historically and today.

Boo, Katherine. *Behind the Beautiful Forevers* (New York; Random House, 2012). Journalistic, realistic, heartrending account of life in a Mumbai slum in the shadow of a five-star hotel.

Brass, Paul. *The Production of Hindu-Muslim Violence in Contemporary India* (Seattle, WA: University of Washington Press, 2003). Sees violence between the groups as a result of cynical political manipulation.

Cavalieri, Paola, and Peter Singer, eds. *The Great Ape Project: Equality Beyond Humanity* (New York: St. Martin's Press, 1994). The book that underlies the campaign.

China Development Brief. *250 Chinese NGOs: Civil Society in the Making* (unpublished report, 2001).

Underlines the importance of NGOs to China's progress — economic as well as political — and outlines the mission and accomplishments of 250 of them.

Davis, Mike. *Planet of Slums* (New York: Verso, 2006). A pessimistic account of slums and their development, status today, and future.

Eck, Diana. *A New Religious America: How a"Christian Country" Has Become the World's Most Religiously Diverse Nation* (San Francisco: HarperSanFrancisco, 2001). Eck charts the rise in numbers and influence of non-Christians in America, mostly relatively new migrants.

Hall, Peter. *Cities of Tomorrow: An Intellectual History of Urban Planning and Design in the Twentieth Century* (Malden, MA: Blackwell, 3rd ed., 2002). Key developments in the history of urban planning in the twentieth century, with most, but not all, examples taken from Europe and the United States.

Hollinger, David. *After Cloven Tongues of Fire: Protestant Liberalism in Modern American History* (Princeton, NJ: Princeton University Press, 2013). Presents the accomplishments of liberal, mainstream Protestantism. A reply to those who argue that evangelicalism has been more central.

Huang, Shu-Min. *The Spiral Road* (Boulder, CO: Westview Press, 2nd ed., 1998). Changes in a Chinese village through the eyes of a Communist Party leader.

Jenkins, Philip. *The Next Christendom: The Coming of Global Christianity* (New York: Oxford University Press, 3rd ed., 2011). With quantitative and qualitative data, Jenkins highlights the growth of the Church especially in Latin America, Africa, and Asia.

Marcuse, Peter, and Ronald van Kempen, eds. *Globalizing Cities: A New Spatial Order* (Malden, MA: Blackwell, 2000). A set of coordinated research papers seeking — and finding — commonalities in the development of contemporary cities around the world.

Mistry, Rohinton. *A Fine Balance* (New York: Random House, 1995). Brilliant novelistic exposition of the fine balance between hope and despair that enables India's poor to endure.

Mohanty, Chandra Talpade, Ann Russo, and Lourdes Torres, eds. *Third World Women and the Politics of Feminism* (Bloomington, IN: Indiana University Press, 1991). The issues of feminism are different in different parts of the world, as this academic selection makes clear.

Nye, Joseph F. Jr.. "The Decline of America's Soft Power," *Foreign Affairs*, May/June 2004, vol. 83, no. 3, pp. 16–21. Brief, to-the-point exposition of the importance of soft power — that is — cultural power, in international relations.

Rosenberg, Rosalind. "The 'Woman Question,'" in Richard W. Bulliet, ed. *The Columbia History of the 20th Century* (New York: Columbia University Press, 1998). Discusses the changing goals of women's movements around the world.

Satrapi, Marjane. *Persepolis* (New York: Pantheon, 2004). Autobiography in graphic-novel form of a young woman, from age 10 to 14, living through the Islamic revolution under Khomeini in Iran. The simplicity of the form makes the terror clearer and more striking.

Wickham, Kerry Rosefsky. *The Muslim Brotherhood: Evolution of an Islamist Movement* (Princeton, NJ: Princeton University Press, 2013). Traces the history of the Brotherhood since its inception in 1928, mostly in Egypt, but with some comparisons. Emphasizes the conflicting variety of philosophies in the Brotherhood.

Wu, Weiping, and Piper Gaubatz. *The Chinese City* (New York: Routledge, 2012). Comprehensive introduction to the history of Chinese urbanization, its modern forms and functions, including the impact of new philosophies and new interaction with the rest of the world.

FILMS

在我们进入当代历史这一阶段后,有数量庞大的记录影片和新闻故事可供参考,其内容涵盖了历史变化的方方面面。有许多在YouTube网上就可查索到。

The Act of Killing (2012; 1 hour 55 minutes). During the revolution in Indonesia in 1965–66, half a million people, mostly Chinese, were murdered. Here, two of the murderers, half a century later, revel in the way they carried out the slaughter, enacting it as a movie in which they are the stars. Horrifying and thought-provoking.

Ai Weiwei: Never Sorry (2012; 1 hour 31 minutes). Documentary on the subversive art and filmmaking of the Chinese dissident Ai Weiwei, exposing the high-handedness of the Chinese government.

City of God (2002; 2 hours 10 minutes). Heart-wrenching story of children and youth trapped in the crime and violence of the slums of Rio de Janeiro. Beautiful and dismaying. The film influenced legislation for slum improvement in Brazil.

Persepolis (2007; 1 hour 36 minutes). Animated film based on the graphic-style autobiography of a young girl, from age 9 to 14, living through the Iranian revolution. Sent away for escape and schooling, she tries coming back, but ultimately cannot endure the dictatorship.

Slumdog Millionaire (2009; 2 hours). A boy from the Mumbai slums makes good on a quiz show and pays the price in a police beating. We get to watch the principal events in his young life. Feel-good ending, but lots of realistic images of the hardship of big-city slums.

Zero Dark Thirty (2012; 2 hours 37 minutes). Semi-fictionalized account of the ten-year search for and final apprehension of Osama bin Laden.

当 代 史

贸易、革命、技术和身份特征

第24章

主题
- 贸易
- 社会变革
- 技术进步
- 身份特征及其意义

这最后一章对本书的最后三个主题——贸易、社会革命和技术——作了回顾，并就这三方面对我们理解当今世界的意义作了评估。作为总结，我们介绍的最终一个主题是身份特征。这一主题探讨了不同的民族、群体和组织机构在不断变化、不断更替的时代——如我们自己所处的这一时代——定义自己的方式。身份特征这一主题为我们提供了一个视角，帮助我们把过去和现在紧密联系起来，甚至对未来作出预测。至此，我们的研究接近尾声。

贸易

长距离的国际贸易并不是什么新事物。苏美尔人把贸易向西扩展至埃及和尼罗河流域，向东则延伸至印度和印度河流域。后来，丝绸之路推动促进了汉代的中国、古罗马帝国和印度帝国之间的贸易。从12世纪起，贸易成为国际关系的一个驱动力。随着航海技术的日益改进提高，贸易网络开始变得具有全球性了；海洋不再是障碍，而是成了沟通贸易的一座桥梁。私人经营的商业社群开始与政府机构分离，在各自的国家和国际社会上逐渐产生影响，当然，另一方面，前者与政府在关系上还是缠结交错的。从事贸易的商人已成为一股强有力的势力，代表他们的利益群体，与政治领袖和政府部门争夺参与关系到国家命运决策的权力。

近年来，世界贸易已经达到了前所未有的水平。1990年，全球贸易的总额就达到22.8万亿美元；2007年达到了53.3万亿美元；截至2011年，尽管受到2008年经济衰退的影响，贸易总额仍增长到了72万亿美元（或考虑到货币的实际**购买力**在不同国家的差异，则为82.5万亿美元）。全球贸易多年来一直以年均10%的速度在增长。商业贸易方面的相互往来——以及其他各种形式的国际交流——往往被称之为**全球化**。全球化这一词语通常也意味着通信技术的日益增长、资本主义自由市场的强化和政府监管的降低。全球化的蓬勃发展得益于20世纪后期和21世纪早期涌现的新的、价格低廉的交通和通信工具设施。

全球化带来的不仅是经济领域的变化。在政治上，它要求商品、服务、资本、知识等各要素的自由流通，不同地区人们的自由往来。全球化促使新的组织机构的成立，为跨越边界的国际社会事务的谈判和监管制定新的规则。同时，全球化还带来了与以往不同的全新的社会和文化形态。全球化促进了旅游业的大发展、世界音乐和文

购买力平价（purchasing power parity） 一种基于不同货币实际购买力水平的统计公式。例如，100印度卢比根据官方汇率可能相当于2美元，然而，在印度，100卢比能够购买的商品和服务远远超过2美元在美国所能购买的商品和服务。购买力平价旨在衡量货币的实际购买力水平。

全球化（globalization） 将各国的人们、机构、民族纳入到一个统一的互动网络的全球进程。通常，这一词语指的是经济的网络互连和一体化，但也伴随着文化、政治和技术领域的全球化。

前页 西岸的以色列—巴勒斯坦关系，2000年。两个巴勒斯坦妇女在和一个以色列士兵争论。

学的交流,并拓展了国际经济投资的新领域。

尽管全球化的许多倡导者声称,全球化的目标对象是整个世界,它将惠及地球上的每一个人,然而一些敏锐的观察家认为,今天的全球化起源于美国,不仅通过美国企业的传播,同时也是美国企业对全球的金融机构实施有效控制的结果。他们认为,全球化是美国力图保持其超级大国地位的又一个措施。然而,自2000年前后起,美国在全球经济中的地位已开始有所下降,而中国和欧盟的地位作用则开始上升。发展中世界的几个领头的国家,有时被简称为"金砖五国"(BRICS)——巴西,俄罗斯,印度,中国和南非——也做得相当好。全球化的进程开始变得越来越具有全球性了。

全球化的组织机构

在推动全球化不断拓展的进程中起到重要作用的主要金融机构——国际货币基金组织(IMF)、世界银行、关税及贸易总协定(GATT)——都成立于第二次世界大战结束之后。1995年,作为国际贸易的增长的反映,关税及贸易总协定演变为世界贸易组织(WTO)。到2013年时,世界贸易组织已拥有了159个成员国。各成员国政府相互协商和签署构成国际贸易法律基本规则的协议,并予以实施。这些制定的规则针对生产商、进口商和出口商—— 一般多为私营企业——使得他们能更有效地从事经营活动。如果各方对协议的理解阐释产生分歧,则由世界贸易组织作出裁决,并对违反协议方采取制裁措施。

因特网、万维网和集装箱化 世界贸易组织为全球贸易的发展提供了组织形式。因特网、万维网以及不断改进的集装箱等先进的运输设施为全球化的实现提供了技术支持。

1994年时,全世界的因特网用户约300多万;到2013年时,因特网用户已达24亿。用户数最多的国家是中国,网民人数达5.68亿(约占中国总人口的42%);第二大国家是美国,网民人数达2.54亿(约占美国总人口的81%)。与此同时,其他电子通信媒介同样以几乎令人难以置信的速度迅速发展。1990年时全世界的手机用户仅为1 100万;到2011年年底,手机用户达到了60亿,其中中国的用户数最多,达到了4.81亿。电子邮件及电子文本技术使得用户能以低廉的成本即时获取全球信息。社交媒介——包括脸书(Facebook)、推特(Twitter)、汤博乐(Tumblr)、领英(LinkedIn)等——大大增强了现有的社交群体的沟通强度和密度,并且推动了新的网上社交群体的形成,他们拥有采取集体行动的革命潜能。

交通和通信一样起着至关重要的作用。马克·莱文森(Marc Levinson)在其颇具影响力的著作《箱子:集装箱如何使世界变得越来越小,又使世界经济变得越来越大》(*The Box: How the Shipping Container Made the World Smaller and the World Economy Bigger*)中叙述了集装箱发明的故事。1956年,标准化的集装箱由运输者密封好后通过诸如卡车、铁路和船舶等各种交通工具运输至收货者。标准化集装箱的

货运集装箱。几个世纪以来，标准化的集装箱的应用一直是很有限的。然而，从19世纪50年代末起，集装箱实现了很大程度的标准化，首先是应用于交通运输行业，其次是通过国际标准化组织的规定得以推广开来。因其容积和尺寸大小的标准化，货物得以通过如铁路、公路、水运等各种运输方式，以更为便捷和廉价的方式最终送达消费者手上，同时防止了货物的盗窃缺损。集装箱化的举措大大促进了贸易的全球化。

使用大大减少了货物在整个运输过程中各个中转站的卸载和装载对人力的需求。大型起重机替代了人力。同时，密封的集装箱也大大降低了盗窃率和商品的损坏率。2012年，超过15亿吨的货物是通过标准化的集装箱运输实现的，所需成本变得几乎可忽略不计。这一运输成本的降低作为一项重要创新，使得与欧洲和美洲市场距离遥远的中国成为世界贸易网络的中心："1956年时中国还不是世界的工厂。你很难在美国的堪萨斯州中部购买到巴西制造的鞋子和墨西哥生产的吸尘器。日本家庭不会食用来自美国怀俄明州的牛肉，法国的时装设计师同样也不会在土耳其或是越南生产制作他们的标牌服装。"（Levinson，第1页）

846

全球化及其批评者

新技术的不断进步以及新机构的建立使得全球化成为不可阻挡的必然趋势，汹涌澎湃滚滚向前。或许正因为此，这一过程也遭到了强烈的抵制反抗。1999年，反对者聚集在世界贸易组织于华盛顿西雅图举行的一场会议上，表达了他们对世界贸易不断加速发展的担忧。他们担忧的是，对利润的追求会大大压过对人道的关注。他们要求各国的政府和联合国实施更多的监管措施，从而保护我们的环境、人权、劳动力，以及儿童的福利。很多反对者还对全球化有可能把全世界各民族的文化同质化为"麦当劳"快餐文化，甚至将单一的占主导地位的全球语言英语替代各种语言表示担忧。他们反对全球化支持者对新型通讯网络提出的辩解，即后者会促使小规模的"壁龛"文化、语言和组织等得到繁荣发展。

全球化的通信技术同样也加剧了政府和私人通过互联网从事监视和间谍活动。在2010年，一位名叫布拉德利·曼宁的美国士兵，在经过相当高级别的安全甄别检朱利安·阿桑奇，2011年。随着数字化通信技术的发展，更为全面和密集的信息网建立起来了，对政府无端的监控和不恰当的保密的担忧也成倍增长。朱利安·阿桑奇是一名澳大利亚的编辑和出版商，创立了"维基解密"（WikiLeaks），作为一家解密网站，"维基解密"发布一些秘密信息以及他认为有利于公众的绝密信息。诸如布拉德利（切尔西）·曼宁和爱德华·斯诺登等告密者已通过该网站曝光了数万份美国政府公文，相关的主流报纸也紧随其后对泄露详情做了相应报道。本书写作时，正值曼宁服刑期（因间谍罪被判监禁35年），斯诺登正为躲避美国政府的起诉而流亡于俄罗斯，阿桑奇因被指控在瑞典性侵而在伦敦的厄瓜多尔大使馆寻求避难。

查后，依然泄露了美国在伊拉克军事打击和阿富汗战争中造成平民死亡的25万封外交电报和50万则相关报道。曼宁将信息泄露给了"维基解密"网站（WikiLeaks）的创始者、澳大利亚的朱利安·阿桑奇，声称致力于敦促各国政府保持其行动的透明度。曼宁被控违反间谍法（the Espionage Act）和盗窃政府财产，被判处35年监禁。阿桑奇不得不在伦敦的厄瓜多尔大使馆（the Ecuadorian embassy）寻求避难。2013年，一名研究美国监视行动的计算机专家爱德华·斯诺登透露，美国国家安全局（the US National Security Agency）收集了每一次在美国甚至是海外通话的原始数据。斯诺登担心遭到迫害，因而匆匆逃离美国。俄罗斯政府同意接受斯诺登，至少保证其能暂时在俄罗斯境内逗留。像曼宁和阿桑奇一样，斯诺登被一些人认为是国家的叛徒，但同时也被其他人奉为促使政府承担责任、保持公开透明并且保护使用网络私密性的英雄。

2001年，一个保护抗议者的组织，即世界社会论坛（the World Social Forum），在巴西的阿雷格里港（Porto Alegre）举行了第一次年会。根据该组织的口号，"另一个世界是可能的"，该论坛积极寻找能替代今日主宰世界政治和经济模式的新模式。它提出的问题并不是一个全新的议题，但在全球范围内具有相当的代表性，包括联合国教科文组织（UNESCO）的参与，这一点却是新的。2004年，在印度孟买召开的第四次会议上，参加者人数达到了10万人。2007年，在肯尼亚内罗毕召开的第七次会议上，参会者已扩大到110个国家。2008年以来，会议举行的模式变为分主题举行的、更易于管理操作的区域性论坛。

全球化加剧了经济的混乱错位。全球化进程给赢家带来了巨大的利益，但是却让失败者付出了高昂的代价。由于资本主义制度的竞争性本质——全球化遵循的秩序即基于此——那些有备而来者利用全球化带来的巨大新机会夺取了巨额的利润，相反地，那些没有做好准备者则远远落在了后面。竞争大大加快了技术变革的速度，为一些人带来了新的就业机会，但同时消灭了很多传统落后的职位。这种经济的创新带来了生产率的总体增长，但也至少暂时地——以失业和工人收入的降低为代价。

从20世纪90年代至21世纪头十年这段期间，投资者通常都把裁员作为公司提高效率的重要方法，公司的股价随着一批批员工的被解雇而上涨。经济学家约瑟夫·熊彼特（1883—1950年）早就提出这一著名的论断，即资本主义是一种"创造性破坏"的制度。但是那些受益于创造的人和受害于破坏的人通常是不同的人群。2011年，苹果公司的总裁蒂姆·库克为公司裁员支付了世界上最高的赔偿金，高达3.78亿美元。《福布斯》杂志（Forbes）预计，到2013年9月，全世界的亿万富翁将达到1 426位；墨西哥的卡洛斯·斯利姆·埃卢及其家族以730亿美元的财富成为世界首

富。2012年，全世界有1 380万位百万富翁，共计仅占全球家庭数的0.9%，却占有这个星球上39%的金融财富（数据来源于www.bcgperspective.com）。

虽然那些落后地区在尽最大的努力发展经济，但对他们来说依然还有漫长的道路要走。例如，非洲的一些国家，自2000年到2012年，因特网的用户数增长了36倍。但即便如此，占世界总人口14%的非洲居民中，网民仅占全世界因特网用户数的7%。与此同时，特别是在美国，技术研究实验室继续吸引着有才能、有技术的科技人员，把他们从那些欠发达的国家吸引走。

一些较为贫穷的国家已经从全球化带来的新的就业机会中获得了实惠。发达国家通常将使用新型通信技术的客服类**工作业务外包**给劳动力成本较低的第三世界。菲律宾将近10%的国民生产总值（GNP）来源于这一类外包服务——菲律宾是全球最大的外包服务国。印度的班加罗尔和海得拉巴拥有更先进的技术和更高的创新力，在美国商用机器（IBM）、德州仪器（Texas Instruments）、微软（Microsoft）等跨国公司的投资下，并在本土信息技术专家所创立的Insosys、Wipro和塔塔咨询服务公司（Tata Consultancies）的引领下，这些城市成为一个个微型的"硅谷"。在印度的这些城市里，拥有专业技能的人员获得的收入远远高于本地大部分工作所能

印度迈索尔信息系统园区（Infosys Campus）。到2000年左右，印度已成为软件行业的世界领导者，为总部位于美国和欧洲的公司提供后台支持。诸如Infosys、Wipro、Tata咨询（Tata Consultancies）等印度公司都已建立了集研发和新员工培训为一体的园区。在迈索尔340英亩的园区内，Infosys公司共有200个教室，聘请了500名教师。此外，该园区能每次培训12 000名员工，分成三批，每批4 000人，每次培训期四个月。

业务外包（outsourcing） 购买商品和服务，包括人员，通常是采购距离较远、来自海外的资源或聘用海外人员。一个较为突出的案例是一些跨国企业的呼叫中心通常建立在海外，原因是这些地区的人力成本较低，而本国的人力成本较高。

提供的工资,尽管他们的收入水平比起美国、欧盟和日本同行的水平来还低不少。其结果是,举个例子,在印度,一名接受过良好教育并从事着较为体面的工作的人,在经济地位上与他在西欧或美国的同事更相近,而不是像他的没接受过多少教育、工作岗位低下的印度同胞。

我们是怎样知道的?

对全球化的评价

全球化——亦即经济、政治和文化交流的全球网络化——并不是什么新生事物。从本书中我们就可以看到,这样的例子几千年来一直在发生,比比皆是。不断成熟和先进的运输和通信手段,特别是随着电脑、因特网和万维网等的应用,使得最近二十多年来全球化的范围比以往要大得多。过去十五年来,随着全球化力量的不断增强,对其评价也变得越来越谨慎,越来越具体。

《纽约时报》的外国政治首席记者托马斯·弗里德曼(Thomas Friedman)在其颇具影响的《雷克萨斯和橄榄树》(*The Lexus and the Olive Tree*)(1999)一书中提到了全球化的必然性:

我对全球化的感觉非常像我对黎明的感觉。一般来说,我觉得太阳每天升起是件好事。它带来的贡献远远大于危害。但是,即便我不怎么喜欢黎明,我也没有能力去阻止它。我没有发起全球化。我也不能阻止它——除非以人类发展这一巨大代价为交换——而且我也不打算浪费时间去尝试。我所想的只是我怎样能让大多数人更好地从这一新的系统中获得好处,并尽量减少其伤害。(第xviii页)

诺贝尔经济奖获得者约瑟夫·斯蒂格里茨(Joseph Stiglitz)曾经在世界银行担任过几年的副总裁和首席经济学家。他目睹过全球化失败带来的骇人后果,以及它经常,特别是给穷人带来的艰难困苦。他在《全球化和对全球化的不满》(*Globalization and its Discontents*)(2002)一书中提出的强有力的批评与弗里德曼对这个系统的整体接受态度是截然不同的:

我写这本书是因为当我在世界银行工作时,我能在第一时间看到全球化对发展中国家,尤其是对这些国家的穷人带来的破坏性影响。我确实相信全球化——也就是去除自由贸易的屏障和各国经济的更密切的融合——可以成为一件好事,并有让这个世界上所有人,特别是穷人,变得富裕的潜力。但是我同时也相信,如果要让这样的事情发生,那么今天的全球化运作的方式,包括那些对消除在全球化过程中强加给发展中国家的贸易壁垒和政策起到重要作用的各种国际贸易协定,都有必要作出一些根本的改变。(第ix—x页)

今天,很少人——除了那些从防止穷国生产的产品入境中获利的既得利益者——还会去为假装帮助发展中国家的伪善而狡辩,强迫发展中国家打开他们的市场以接受先进工业国家的产品,而同时保护自己的市场,这样的政策使得富有者更富有,使贫困者更贫困,引起人们越来越强烈的愤怒。(第xv页)

2008年联合国国际劳工组织(ILO)就收入平等和不平等问题发布了《2008年世界工作报告:金融全球化时代的收入不平等》。斯蒂格里茨批评日益加剧的不平等,而弗里德曼认为从长远来看全球化是有价值的:

由于缺乏适当的监管,或是没有有效的监管体系,金融全球化致使发达国家和经济新兴体的金融危机频发。20世纪90年代经济活动波动较为频繁,因此,全球范围内的系统性银行风险危机相比70年代后期要高10倍以上。经济活动波动的增多加剧了收入的不平等,因为收入水平较低的居民家庭受经济周期的影响更大。另外,有证据表明……金融全球化也和更高的失业率有很大关系。然而,从更长远的角度来看,至少从经济增长的方面考虑,金融自由化带来的益处要大于危机造成的影响。(第39页)

令人费解的是,联合国国际劳工组织并没有解释金融全球化带来的长期利益何时及如何才能够消除短期带来的损失。这很大程度上还要依赖全世界的决策者们在未来充分利用其智慧,并更为慎重地做决策。

2009年初,全球范围内的经济衰退再次引发了对全球化的批判。

- 各位作者对定义、评估全球化和全球化的实行方面都拥有什么样的经历?
- 各位作者在评价全球化时对其信念的坚持程度如何?他们想要同意或反对的是怎样的观点?
- 在这些作者的意见的基础上,你能提出自己对全球化的看法么?根据上面的介绍,这三种评价中你觉得哪一种最有吸引力?哪一种最有用?

事实上，各国之间的不平等现象在逐渐缩小，世界范围内的平均生活水平也一直在提高，生活在绝对贫困线以下的人数比率正在下降。中国就是个很好的例子。至2011年，中国已有6亿人口摆脱了贫困。发展中地区的那些营养状况不良的人口从1990—1992年的23.2%降低到了2010—2012年的14.9%。尽管2008年的全球经济衰退减缓了经济增长的速度，其间甚至出现了倒转的情形，但是到了2010年，全世界发展中国家的经济还是增长了7.4%，到2011年达到6.1%，2012年预计会有5.3%的增长。

设定全球化的目标

到21世纪初期，全球经济发展的重点已从争取平等甚至是**公平**的权益转移到减少以及最终消灭贫困。2000年9月由联合国召开的"千禧年高峰会议"（Millennium Summit）提出的八大"千禧年发展目标"，并共同努力在2015年实现这些发展目标，这八大目标得到了189个国家的认同，具体为：

- 根除（分阶段）极端贫困和饥饿；
- 实现初等教育的普及；
- 促进性别平等并赋予妇女平等的权利；
- 降低青少年死亡率；
- 改善产妇的保健护理；
- 防治艾滋病毒/艾滋病、疟疾和其他疾病；
- 确保环境的可持续性；
- 建立全球发展的伙伴关系网。

到2013年，比预定的时间表提前了两年，已超出预期完成第一阶段计划的第一个目标；极度贫困的人口比率减少了一半。（实践证明，其它目标更难以实现。如需获取更多的新信息，请参考http://www.un.org/millenniumgoals。）在发展中地区，生活水平一天低于1.25美元的人口比率从1990年的47%降低到2010年22%。与1990年相比，2010年全世界生活极度贫困的人口减少了7亿。尽管取得的成绩卓有成效，但是2013年世界仍有12亿人口生活在极度贫困中。根据联合国的统计，这其中有超过1/3的人口生活在非洲的撒哈拉以南地区。

联合国曾发布过一份关于极端贫困的报告（http://www.un.org/en/development/desa/policy/mdg_gap/mdg_gap2013/mdg_report_2013_en.pdf），指责较为发达的国家应对此承担较大的责任，因为他们没有践行向最贫困国家提供援助的诺言，并且他们也没有向这些国家全面开放市场，帮助其产品出口。2012年，发达国家给予发展中国家的净援助额共计1 260亿美元，与2010年相比，援助额降低了6%。援助额的减少给经济最不发达的国家造成的影响最大。美国仅仅贡献了其国民收入的0.2%，约为300亿美元，这其中有29亿美元被用于阿富汗，13亿美元被用于伊拉克，而正是在这两个国家，美国卷入了战争；其余的13亿美元用于巴基斯坦，也正是在巴基斯坦，美

公平（equity） 指的是在一个系统中，参与者都相信该系统的不偏不倚和公正性。公平不一定意味着平等，所有参与者都平等地拥有商品和权利，但却要求参与者在某一个系统中都要具有公正性和正义性。

国同样卷入了军事行动。

市场准入问题一直是饱受争议的。欧洲的富裕国家和美国经常会制定推出**保护主义**政策,限制贫穷的第三世界国家将原材料和制成品出口。不过,近年来这种情况有所好转;到2011年,发达国家已对较贫穷国家80%的出口商品免收关税。

保护主义(protectionism) 为保护本国的生产免受来自国外的竞争而采取的限制和禁止贸易进口的措施。

850

贸易体系的危害风险

自20世纪90年代末起,世界贸易体系就面临两大严重机能失常的风险。第一个风险源于东亚以及东南亚地区,这几个国家还没有来得及共同采取有效的措施以遏制危机的恶化,风险就很快遍及世界其他地区。第二个风险则是源于2008年美国爆发的次贷危机。

从1965年到1996年期间,东亚和东南亚国家的经济经历了超常的发展。在这30年里,世界各国的国民生产总值年均增长率是3.1%,而东亚和东南亚地区各国的年均增长率则达到了6.8%。然后泰国的货币泰铢急剧下跌贬值,因为投资者开始意识到,泰国的经济发展速度已低于外国投资和贷款源源不断涌入的速度。作为贷款和投资基础的泰国的土地和产业的价格被人为炒高,形成一个大"泡沫",随着这些资产的价格急剧下跌,泡沫迅速破灭,泰铢随之大幅度贬值。投资骤然停了下来,贷款被要求立即偿还,这样的局面先是发生在泰国,随后迅速波及遭遇同样金融问题的周围邻国。在仅仅几个月的时间里,一个个国家的国民经济都遭遇破产崩溃,而其他国家则陷入了衰退。而作为当时的世界第二大经济体的日本,则遭遇了金融业的破产,股票和债券也大幅度贬值。

究竟发生了什么?亚洲各经济体接受的贷款,尤其是短期贷款,远远超出了他们的实际生产力所能支撑接受的极限,而作为抵押担保品,它们提供的房地产的价格则大大超出了其实际价值。除此之外,这些国家的内部金融体系并不**透明**。贪污腐败的政客、作风拖沓的官僚、银行财团,以及有组织犯罪集团的头目为谋取私利拼命吸纳了投资资本,同时竭力掩盖他们的肮脏行为。在海外投资的资金大量涌入后,资金被滥用、私吞,或是滥用于金融投机等,直到最后导致经济的破产崩盘。

透明度(transparency) 政府或私营机构(金融)运作信息公开、透明的程度。透明度越来越重要,成为成功发展的必要条件。

在之前的经济增长过程中,各国政府曾起过重要的推动作用,而此时却未能有力地帮助银行和产业摆脱困境。政府所主导的发展方向曾经创造了经济繁荣的奇迹,而此时却陷入了一片衰退和萧条。国际货币基金组织为这些国家提供了大量的贷款援助,这一举措却吓跑了投资者,他们把这一援助行为认为恰恰是这些国家经济破产的一个信号。此外,国际货币基金组织更多关注的是其贷款和投资的收回,而不是帮助违约国家恢复经济。国际货币基金组织参与制订了名为"**华盛顿共识**"的一系列具体举措,包括开放对外国投资的限制(尽管这一做法已在实施,并且已经造成了一些问题),降低或取消进口关税,对国有企业实施**私有化**,减少政府的福利计划,裁剪政府雇员,对本国货币实施贬值。所有这些措施都是传统保守的、经典经济理论的应用实施,尽管很多经济学家提出质疑,指出这些措施在发达富裕

"华盛顿共识"(Washington consensus) 国际货币基金组织(IMF)(总部位于华盛顿)对各国政府有关申请贷款的一揽子经济政策举措。具体措施包括:放松对外资的限制,降低或取消进口关税,对国有企业实施私有化,减少政府福利计划,削减政府雇员,对本国货币进行贬值。这些举措的实施使得政府职能变弱,私营企业的地位更为重要。

私有化(privatization) 将国有资产出售给民营企业的做法。

国家的经济中从未严格实施过。事实上,国际货币基金组织接过了对这些违约国家的经济控制,例如,对这些国家强制实施经济紧缩方案,这也使得这些国家居民的健康和福利受到损害。

资本市场变得越来越全球化,而负责确保资本市场诚信和透明的国家以及国际监管机构却并没有做到全球化。在国际层面上,需要有某种监管措施。在经过了几年的经济衰退和经济重组后,这些国家的经济大多已恢复到了原来的水平,其中几个国家,如韩国和新加坡,都有了较大的发展。但是,这些国家的经历给我们的教训是,全球资本的运作如不受监管,一厢情愿,就会带来危害。

851

第二个风险危害始于2008年的美国,随后迅速波及全球。新成立不久的金融机构获准发行抵押贷款,但原来传统的储蓄和贷款协会的监管却缺失不见了。购房者被诱导去申请超出他们偿还能力的抵押贷款来购买房屋,而他们对那些购房条款并不总是很了解熟悉的,这些房屋的价格被大大高估了,不久将会猛跌下来。2008年年底时,美国的许多购房者开始无力偿还贷款。虚高的房价开始下跌,那些发行抵押贷款的金融机构遭遇重大损失。因违约而被银行收回的房屋的价格远远低于需偿还的抵押贷款数额。

美国以及海外各国的许多金融机构都购买了高达数千亿美元的抵押贷款公司的债券作为其证券资产,因此损失迅速波及世界各地。世界各地的一些实力较弱的小银行和金融机构纷纷破产倒闭。在美国,甚至是最大的抵押贷款证券公司"房利美"(Federal National Mortgage Association,联邦国民抵押贷款协会)和"房地美"(Federal Home Loan Mortgage Corporation,联邦住房贷款抵押公司),两家公司因背负高达5.5万亿美元的抵押贷款也面临破产。但是,这些机构因其规模"太大而不允许破产",因此美国政府予以力挺,先是给予它们贷款担保,继而是提供了千百亿美元的实际贷款,及至最后干脆直接接过了这两家濒临破产的公司的管理。美国政府也向濒临破产的保险业巨头美国国际集团(the American International Group)提供了价值850亿美元的贷款。

几天之后,美国政府同意拨出高达7 000亿的美元以吃进受到巨大冲击的几家主要金融机构的坏账。否则,可以这么说,用于商业和私营用途的贷款很快就会枯竭。如果真的发生这种情形,那么,美国的经济,以至于全球的经济都将面临停滞。归根结底,这个国家的政府,原先曾是全球领先的私营企业资本主义的倡导鼓吹者,此时不得不对几家巨无霸型的大公司采取"保释"措施,并接过其他公司的债务以阻止它们崩溃破产。

政府的这些干预措施对稳定美国的海外投资者的信心也是必要的,因为,如果中国和盛产石油的中东国家停止购买美国国债,甚或更糟糕的,如果开始赎回他们已经购买的数万亿美元的美国国债的话,那么,美国的经济就将面临崩盘。美国这一次面临的金融问题的规模是世界经济史上前所未有的,而即便是头脑清醒的观察家也无法确定接下来究竟将会发生什么状况。

20世纪90年代，美国从全球化中获得了巨大的收益。尽管工会发出失业率在上升的抱怨，但是大多数美国人认为全球化是对他们相当有利的。然而就在短短几年之后，他们对全球化的看法就不那么确定了。自从2000年之后，这些年对他们来说相当艰难。实际工资在下降，工作变得不是那么有保障了，这在很大程度上是源于海外市场的竞争和美国公司离岸外包业务的拓展，这些公司把业务转移到了其他国家。美国继续从海外市场购买数以千百亿美元的商品，进口额远远超出了出口额，由此而导致了巨额的贸易逆差，尤其是和中国的贸易。2006年，美国对世界各国的贸易逆差达到了8 170亿美元，而这当中，有2 330亿美元是和中国的贸易逆差，880亿美元是和日本的贸易逆差。美国之所以能承受如此大的贸易逆差，完全是因为中国和日本把从贸易顺差中获得的利润又投资到了美国的金融债券和经营企业。就像日本在20世纪80年代和90年代早期的做法一样，中国正在慢慢加大对这些金融债券和企业的控制权。美国对全球经济的影响开始一步步减弱，而其他一些国家的影响则在逐步增大。2000年时，美国证券交易的总额占全球股票市场价值的一半；而到了2008年初，这一数字就下降到了仅占33%。美国人的储蓄率在世界上属最低的一档，美国的企业也越来越多地依赖海外的投资。当世界上其他国家在欢呼全球化带来的红利时，美国人则开始对全球化有了不同的想法。

截至2013年，美国经济和全球经济已从2008年的全球经济衰退中有了很大的复苏，但尚未完全恢复。纽约证券交易所（The New York Stock Exchange）在这次衰退中市值跌去了50%，到2013年时不但市值得到了恢复，而且创出了历史新高。持有大量资金的投资者们投资表现不错。经济开始以年均2%的速度增长，房地产市场也开始有所回升，中产阶级也在开始渐渐恢复实力。但是失业率仍高达7.5%，这对于年轻人、少数群体，以及受教育程度较低者的打击最为严重。从2007年到2012年的经济危机期间，美国人家庭收入的中位数减少了约10%（《经济学人》，2013年9月21日，第12页）。此外，高等教育的成本在不断上涨攀升，远远超出了总的通货膨胀率，阻挡了很多人走上生活改善提高的重要道路。

欧元区的以欧元作为主要货币的17个成员国也在2008年的金融危机中陷入深深的衰退，部分是因为欧洲的金融机构也从美国的银行和金融债券机构购买了金融产品，而这些金融产品的实际价值远远没有其表面显示的价值那么高。这些金融证券产品的价格基于远超过其实际抵押物价值的一系列抵押贷款产品。美国的金融危机横扫了整个大西洋。

此外，欧洲的银行和各国政府，尤其是希腊、葡萄牙、西班牙、爱尔兰，以及塞浦路斯，都欠下了远远超出其支付能力的债务。他们需要得到来自欧元区经济表现较好的国家，主要是来自德国的援助——经济保释。一些人表示担忧，认为欧洲经济较弱的国家会退出欧元区。这也引发了如何寻求解决此问题的策略的主要争论。一些经济学家建议，增加货币的供给以刺激消费，带动经济发展；美国就是较为谨慎地采取了这样的政策。但是德国总理安格拉·默克尔采取了更为紧缩的财政措施,迫使深陷困境的银行和国家偿还他们的债务,减少政府雇员,并削减对穷人的补助。执掌欧洲经济最强大的经济体,默克尔有自己的方式,她采取的是"华盛顿共识"措施。然而她不得不放缓对该政策的实施,因为欧洲中央银行选择了增加货币供给的方案,同时放缓了财政紧缩政策的实施。

上述措施带来了多重结果。到2013年年中,欧洲最大的经济体,主要是德国和法国,经济已开始增长,虽然增幅很小,而其他主要欧洲国家的经济仍在衰退,并且失业率达到极高水平:西班牙和希腊的失业率达到了27%,葡萄牙失业率达16%,欧洲的平均失业率为约12%。一些国家的选举也继续围绕经济的扩张和收缩问题。但各种迹象表明,欧元区依然会保持团结,继续其世界最大经济体的地位。

避税场所 全球化带来了建立国际联系新形式的机会,而一些规模较小的国家——包括开曼群岛、百慕大和爱尔兰——凭借其相当低的税率,吸引了世界各地的工商企业纷纷在这些国家注册公司。这些**避税场所**不用为这些企业提供大量的服务就可获取利润。而这一做法的受损者是这些公司的实际总部所在的国家,他们失去了大量的税收收入。他们有理由抱怨,他们在这些公司业务所在地为公司提供了实实在在的服务,而由于这些公司将税收缴给了其注册地的避税地区,因而没有获得应有的税收收入。

> **避税场所(tax havens)** 通过抵税率吸引国际企业注册的法律管辖区。大部分企业的实际运营在其他地区,避税场所为企业缴纳低税提供合法保障。利益受损者则是这些公司实际运营的国家,他们仅获得很少税收收入。

社会变革

20世纪晚期和21世纪早期,民族主义、区域主义、跨国主义纷纷涌现出来,但同时也经常朝着相悖的方向发展。新一波的大规模移民热潮考验着全球各国的政府能否制定出有效的移民政策。女权运动随着在全世界各地传播开来而越来越表现出多元化的特点。男女同性恋者日益获得公众社会的认可,很多国家已经允许同性恋者结婚。各国反抗种族歧视的斗争不断向前推进,例如,南非的反对种族歧视的斗争获得了国际社会的支持。从较为保守的角度来看,一个颇为广泛的担忧是,本土文化在更有影响力、更为强大的全球文化的冲击下,有可能会失去其完整性。这种担忧经常引发文化抵制行为。

民族主义

1990年,民族主义似乎开始渐渐淡出了。通信、交通、商业公司机构,以及非政府组织都在以跨国的形式蓬勃发展。民族国家的观念似乎变得一年比一年淡漠了,但是,正如后来的发展所呈现的,民族主义正酝酿着卷土重来。

早在1990年,爱沙尼亚和立陶宛即已宣布了国家独立,由此加速了苏联的解体。拉脱维亚、俄罗斯、乌克兰和白俄罗斯随后不久也纷纷宣布独立。余下的15个苏联加盟共和国也都于1991年底宣布独立,苏联正式解体。在俄罗斯境内,以穆斯林为反战者在皮卡迪利大街上举行示威大游行,伦敦市中心,2004年。来自英国各地的100 000人参加了游行示威,呼吁从伊拉克撤军。"核裁军运动""停战联盟"以及"英国穆斯林协会"等组织了这一示威游行。在罗马、纽约和世界各地的其他大城市都有成千上万的人参加了示威游行。

854

主的车臣地区的一些公民开始发动游击战,希望成为一个独立的共和国。中欧地区的一些国家,包括波兰、匈牙利、保加利亚和罗马尼亚,也纷纷对这些从苏联获得独立的国家表示羡欣。捷克斯洛伐克于1993年以和平方式分裂为捷克和斯洛伐克两个共和国,结束了继续作为一个有多个民族组成的单一国家的状态。这些新获得独立的国家使得联合国成员从1991年的166个增加至2011年的193个。而与这些国家的独立相反,东德和西德则在1990年重新获得统一,结束了冷战以来长达整整45年的分离。

特别是在乔治·W. 布什总统执政期间,单边主义的民族主义在美国萌发并渐趋活跃。不顾世界各地(包括美国国内)的反战者的大规模反战游行抗议,美国在2003年对伊拉克发动了战争,同时美国也没有加入一些广为接受的国际协定,如反对全球变暖的京都议定书,以及在海牙设立国际刑事法院。在世界其他地区,有三个国家在进行核实验,证明其国力的强大——印度和巴基斯坦在1998年进行了核试验,朝鲜在2006年进行了基础水平的核试验。2013年,伊朗不顾国际社会的反对和制裁,似乎也准备加入这一核俱乐部。

当一些国家为他们已获得的独立主权而欢呼时,其他一些群体则表示反抗,要求从现有统治者的手中获得解放,建立自己的新独立的国家。在"当代史:演变进化、定居点、政治及宗教"一章中,我们已讨论过南斯拉夫的血腥暴力和解体过程,以及车臣继续为脱离俄罗斯、寻求独立而不断斗争。其他分离主义运动包括西班牙北部的巴斯克人；伊拉克北部的库尔德人，有时对面的邻国土耳其、伊朗和叙利亚的其他库尔德人也加入进来；斯里兰卡的泰米尔人；讲法语的加拿大人；以及比利时的讲法语的瓦隆人和讲荷兰语的佛兰芒人。这些"东道主"国家担心这些地区可能的分离，因此在大多数情况下，都至少给予他们在本国国内一定的自主权。

有时要求民族独立的愿望也会带来形式特别的妥协，即如北爱尔兰所发生的情形。数十年以来，这一地区一直陷于武装冲突之中，大多数的新教徒希望继续留在大不列颠，而大多数的罗马天主教徒则盼望建立一个独立的爱尔兰国。但是到了2005年，曾经采取武装方式抵抗英国统治的爱尔兰共和军最终放下武器，并同意在2007年的选举中共同执政。北爱尔兰开始以相对来说较为平和的方式接受这一法律条款，即"北爱尔兰的所有人民生来拥有把自己认同为，并被接受为爱尔兰人或英国人，抑或同时为爱尔兰人和英国人的生存权利，只要他们愿意作出这样的选择"。苏格兰的民族主义者以更为和平的方式要求从英国获得更多的自治权。苏格兰议会于1999年成立，对于苏格兰的财政预算拥有更多的控制权，并承诺未来拥有争取独立的选举权利。

非洲地区爆发了多个分离主义运动，因为在当年欧洲殖民统治时期，边界多由欧洲人划分，但他们并没有考虑到各个地区的文化现实差异。1960年，加丹加地区脱离了刚果获得独立，尽管1963年刚果政府通过武力迫使加丹加放弃独立。东尼日利亚的伊博人在1967年到1970年间一直在为获得独立而斗争，但最终失败。近年来，为反对达尔富尔的分离，苏丹发起了一场带来巨大破坏的战争。2006年签署的和平协议到了2010年即被撕毁，战争旷日持久。继两次内战之后，南苏丹要求获得独立，新政府于2011年成立，成为联合国的第193名成员国。政治权力的斗争往往牵扯到不同宗教群体之间的竞争。这种政治和宗教交织的斗争在尼日利亚、乍得（在上一章中有描述）、马里和毛里塔尼亚都有体现。

巴勒斯坦—以色列冲突 2013年，生活在以色列占领的约旦河西岸和以色列统治的加沙地带的巴勒斯坦人为建立自己的独立国家而一直争执不已，并且一次次爆发战争。他们的悲惨历史可以追溯到1948年，当时联合国将巴勒斯坦地区分成两块，一块分给了犹太人——由此建立了以色列国——另一块则划分给阿拉伯人，而阿拉伯人则不同意联合国的这一划分。

试图解决双方之间有关土地、主权的矛盾冲突的一次次努力——往往由外部政治集团出面调停——迄今为止都以失败告终。极端分子，尽管在争执的双方中均属少数派，但迄今他们一直都占着上风。以色列方面，来自以色列的"定居者"在政府的支持下迁往约旦河西岸和加沙地带，尽管联合国已裁决以色列对被征服地区的占领为非法。截止2013年，已有约200 000名以色列定居者强占了原本是阿拉伯人聚居地的部分耶路撒冷地区，另外有350 000以色列人在约旦河西岸的其他区域建造房屋。这些入侵者经常以非人道的残忍手段对待阿拉伯人，从而强

855

巴以隔离墙。巴以隔离墙修建于2002年。以色列方称建造此墙的目的是阻止恐怖分子进入以色列，并称之为安全围栏；而巴勒斯坦人则认为，以色列人建造此墙是在掠夺并分离巴勒斯坦的领土，并称之为隔离墙。这一水泥屏障高近20英尺，明确了以色列和巴勒斯坦领土的分界线，但是这堵墙多处建在1967年战前巴勒斯坦一方的领土上。因此，关于该墙的修建是否合适，不仅关系到其建造的原因，也关系到其地理位置问题。

巴勒斯坦人暴动（intifada） 阿拉伯语口语，意为"运动，起义，反抗"。

占这些土地。在1987年，继而在2000年，巴勒斯坦人发起了称为"**intifadas（巴勒斯坦人暴动）**"的抵抗运动，反抗以色列人的占领。他们中有的采用和平方式抗议，有的则从加沙地带和黎巴嫩向以色列境内发射火箭炮，其中一些人甚至通过引爆自杀式炸弹袭击以色列人。这一系列行为引起了国际社会对巴勒斯坦人的呼求的关注，但是他们的做法也常常疏远了潜在的同盟者，而且激化了以色列人的对抗。

政治科学家塞缪尔·亨廷顿（Samuel Huntington）在1996年就提出，全世界的几大宗教—文化群体正在经历着他所谓的"文明的冲突"，其中包括基督教徒、穆斯林、中国人、日本人和印度人。玛莎·努斯鲍姆（Martha Nussbaum）在其著作《内部冲突：民主，宗教暴力和印度的未来》（*The Clash Within: Democracy, Religious Violence, and India's Future*）中提出，相反地，当今一些最艰难的政治斗争不是发生在对立的文明之间，而是发生在双方阵营中的极端分子和温和派之间。温和派，如单由其来处理的话，是有可能找到和平的妥协办法的，但是极端分子要的是胜利，因而蓄意破坏妥协和解的努力。这一分析就以色列-巴勒斯坦问题的僵局而言尤为在理，在这一争端中，一方面，双方的温和派基本上同意成立两个国家的解决方案，即以色列和巴勒斯坦相互为邻和平共处，而另一方面，双方的极端分子则坚决反对这一妥协方案。倡导和平的以色列和阿拉伯的领袖纷纷遭到暗杀：1981年，埃及总统安瓦尔·萨达特遭暗杀；1995年，则是以色列总理伊扎克·拉宾遇刺身亡。

856

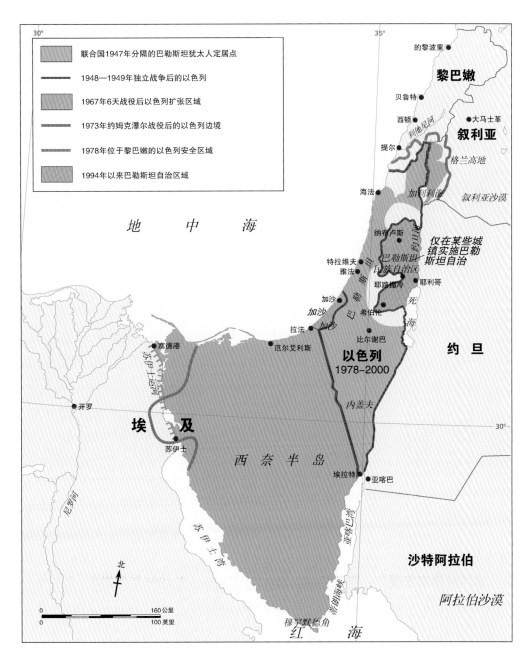

以色列及其邻国。在西方国家的支持下，1947年犹太人家园在巴勒斯坦建立了，而此时正逢阿拉伯民族主义日益高涨。1948年，伴随着一场战争，以色列诞生，随之而来的是1956年、1967年、1973年和1982年的一系列战争。以色列仅与埃及（埃及重获西奈半岛）、约旦（1994年）签订了和平条约。自1987年开始，巴勒斯坦起义迫使更多人关注以色列和巴勒斯坦的关系，这也是个极其棘手的问题。1993年，巴勒斯坦解放组织和以色列开始谈判把土地归还给巴勒斯坦人，并在承认以色列有权存在的基础上，可能建立巴勒斯坦国。但迄今为止，这些谈判仍未取得成效，第二次起义在2000年爆发。同时，约550 000名犹太定居者在东耶路撒冷和以色列占领的约旦河西岸地区建立居民点，使得以土地交换和平的任何努力更趋复杂化。

地图图例：
- 联合国1947年分隔的巴勒斯坦犹太人定居点
- 1948—1949年独立战争后的以色列
- 1967年6天战役后以色列扩张区域
- 1973年约姆克瀑尔战役后的以色列边境
- 1978年位于黎巴嫩的以色列安全区域
- 1994年以来巴勒斯坦自治区域

地中海　黎巴嫩　叙利亚　约旦　埃及　沙特阿拉伯　红海

的黎波里　贝鲁特　西顿　提尔　格兰高地　加利利海　叙利亚沙漠　海法　纳布卢斯　大马士革　特拉维夫　雅法　巴勒斯坦民族自治区　耶路撒冷　耶利哥　加沙　死海　希伯伦　比尔谢巴　以色列 1978—2000　内盖夫　开罗　塞德港　厄尔艾里斯　苏伊士运河　拉法　苏伊士　西奈半岛　埃拉特　亚喀巴　阿拉伯沙漠　穆罕默德角

仅在某些城镇实施巴勒斯坦自治

阿拉伯之春

2010年12月17日，在突尼斯南部，一名叫穆罕默德·布瓦吉吉的地摊小贩受到一名当地官员的侮辱，他采取自焚的方式以表示对政府独裁、经济发展停滞不前，以及对像他那样的普通百姓羞辱折磨的反抗。他的这一反抗行为点燃了几乎整个阿拉伯世界的火种，这里由极少数家族掌握着政权和财富，社会没有真正的民主；对30岁以下的年轻人来说失业率高达60%。在这些国家里，宗教—文化冲突一直暗流涌动，一部分人希望多少由更世俗化的政府来统治，另一部分人则要求伊斯兰教在公共生活和政府中发挥更大的作用。

"阿拉伯之春"，开罗的解放广场，2011年。2010年12月，爆发了抗议突尼斯独裁政府的大规模游行示威。一个月之后，突尼斯总统辞职。抗议活动迅速蔓延至其他强权政府的阿拉伯国家，包括北非，波斯湾地区，以及西亚地区。埃及的抗议运动规模最大，以开罗中心的解放广场为中心。埃及的总统辞职，随后开始总统选举，然而，穆斯林兄弟会似乎排除了其他选举代表，获得了选举的胜利，后军队把他们赶了下去，承诺举行新的选举。在叙利亚，政府不愿下台，和平抗议演变为暴力斗争。叙利亚由此陷入内战，导致了100 000人丧生。原本以推进民主和经济发展为宗旨的"阿拉伯之春"最终发展到失去控制。

大规模的抗议活动迅速遍及突尼斯，至2011年1月中旬，突尼斯总统宰因·阿比丁·本·阿里（Zine El Abidine Ban Ali）统治23年后，逃离了突尼斯。抗议活动迅速蔓延至阿拉伯世界的人口和文化中心埃及（拥有8 500万人口）。到2月12日，埃及总统胡斯尼·穆巴拉克不得不同意在执政30年后下台。乐观而富有想象力的新闻媒体将这些反抗活动称为"阿拉伯之春"，尤其是当这样的抗议活动传到了巴林、利比亚、叙利亚和也门之后。

受到这些民众抗议活动的激励鼓动，美国和西欧国家的人们盼望着统治阿拉伯世界19个国家大部的那些独裁政府被推翻，这些国家的人口总数达3.5亿。实际上，这些反抗并没有取得彻底的胜利。其中最为暴力的、发生在叙利亚的反抗直接导致了内战，直至2013年内战仍在继续，其结果是造成100 000多叙利亚人丧生，有约100万至200万难民逃到邻近各国。在埃及，穆巴拉克政府的倒台导致了此前被禁止的以宗教为基础的组织穆斯林兄弟会通过选举获取了政权。穆斯林兄弟会强调宗教在政府中的地位，这一做法激怒了许多人，尤其是军方，因此，在不到一年的时间里，军队就推翻了当选上台的政府，由此而导致了新的抗议活动和军事报复。军方和穆斯林兄弟会抗议者之间的战斗致使1 000多人丧生，穆斯林兄弟会的领袖也被投入了监狱。一些新闻媒体开始用"阿拉伯之冬"来描绘局势的剧变。

原始资料

"阿拉伯之春"：最初的新闻报道

新闻有时被称为"记载历史的初稿"。在此，我们选取了四则关于"阿拉伯之春"的报道，研究他们对此事件的不同阐释。不同之处一部分来自作者所持的观点，另一部分则来自事件本身所呈现的差别。

1. 马克·林奇，《奥巴马的阿拉伯之春？》，《外交政策：中东频道》(*Foreign Policy: The Middle East Channel*)，2011年1月6日

我不期望这些抗议活动能够推翻任何政权，但到底有谁知道呢？这一时刻是无法预测的。这些政权很多是由已经年迈昏庸的领导人所统治，如胡斯尼·穆巴拉克和宰因·阿比丁·本·阿里，而他们已该退出历史舞台——准确地说。我也不知道给奥巴马政府什么建议……我们现在所看到的是过去推动有意义的改革的失败，但这并不意味着现在去这样做就会遇到挑战……

随着卫星电视和现有的网络技术发展（而不是替代），日益发达的大众媒体为我们传送着各国境内和边界地区发生的新闻，几乎所有人都在眼睛直直地盯着别人看，想知道即将发生什么。尽管这些机构当局拥有着权力及其一定的灵活适应能力的记录，但我并不非常乐观地认为我们能看到真正的变革。不过这依然……是非常有意思的时代。

2. 斯科特·彼得森，《埃及革命重新定义在阿拉伯世界的可能性》，《基督教科学箴言报》(*Christian Science Monitor*)，2011年2月11日，http://www.csmonitor.com/World/Middle-East/2011/0211/Egypt-s-revolution-redefines-what-s-possible-in-the-Arab-world（2013年10月检索）

受几周前突尼斯推翻在位很久的顽固统治者的鼓励，埃及仅用了18天的大胆抗议示威，其政府就垮台了。对于之前一直受铁腕统治，并感到希望渺茫的阿拉伯人来说，他们目睹了埃及的革命，这重新定义了可能性……

"从心理层面和象征意义上来说，这是一个惊天动地的时刻"，伦敦经济学院中东研究中心主任法瓦兹·吉尔吉斯说道，"需要记住的是穆巴拉克是阿拉伯世界政治独裁的公共形象。他建立了一个极为令人恐怖的安全机构，雇佣500万人员……问题是数百万年轻的阿拉伯人渴望开放的社会，渴望自由和透明的选举，以及言论自由……他们真正实现了阿拉伯式的民主，因为这才出现了这一重大的事件。"

3. 苏珊·克尔博，《不会停止：不顾镇压，叙利亚继续起义》，《明镜》(*Der Spiegel*)，2011年3月28日，由约什·沃德译

自德文，http://www.spiegel.de/international/world/it-will-not-stop-syrian-uprising-continues-despite-crackdown-a-753517-druck.html（2013年10月检索）

现在受严格管控的叙利亚已经成为遍及北非和中东地区的倡导民主抗议的最新聚焦点。叙利亚作为以色列的实行独裁统治的邻国，是一个潜在的和平盟友。叙利亚是伊朗的盟友和黎巴嫩真主党武装的资金提供者。此外，叙利亚受联合国原子能检查人员的谴责，谴责其试图在朝鲜协助下组装核武器的计划。依旧是叙利亚，至少在西方眼中，在该地区占据举足轻重的地位，因此，是政治领袖想劝诱其脱离该地区坚持强硬路线各国的核心轴的一个关键成员。

……恰如几个月前在突尼斯所发生的那样，叙利亚发生的起义就这么自发地爆发了。起义是由与约旦接壤地区的逊尼派部落领导人发起的，他们在之前是政治上的少数派，被认为是忠于政府的。

4. 约瑟夫·马萨德，哥伦比亚大学现代阿拉伯政治和思想史系的副教授，《"阿拉伯之春"和其他美国重要事件》，半岛电视台网站(*Al Jazeera* website)，2012年8月29日，http://www.aljazeera.com/indepth/opinion/2012/08/201282972539153865.html（2013年10月检索）

当美国和西方的媒体在竭力支持拥有专业技能、担任管理职务的上层中产阶级时（他们是支持新自由经济的……，他们很少关注遍及这五个国家的由工人、教师、农民和失业的贫民参与的大规模罢工、怠工、停工、游行、集会，以及他们与警察和军队之间的冲突。

在埃及以及在整个阿拉伯世界爆发的起义包括了广泛的不同阶层之间的联合，他们有不同的甚至是相互矛盾的需求，这些要求来自不同的阶层：有专业技能或担任高管的上层中产阶级希望获得西方式的权利以争取他们的阶级权益，而工人、教师、农民、贫穷的城市和农村底层阶级则既希望获得苏联式的又希望获得西方式的（经济和政治）权利。

- 参考以上介绍的四篇文章和本书的其他资料对"阿拉伯之春"发生后20个月内的事件进行综合报道。
- 这些文章对不同时间和地区抗议活动的不同领袖进行了阐释。请比较其中的不同。
- 一些学者认为大众媒介对抗议活动有着重要的作用，另外一些学者认为现有的一些组织作用更大。请比较、对比并进行评论。
- 继这里报道的相关事件，"阿拉伯之春"发生了什么变化？

性别问题

家庭中的性别关系在21世纪下半叶发生了很大变化。随着更多的年轻情侣选择同居而非正式登记结婚,以及另外一些人干脆选择单身生活,结婚率开始下降了。做父母的倾向于晚些再生育孩子,而且生育的子女数也比过去减少了。除了"二战"结束后出现的婴儿潮时期,全世界的生育率总体上开始下降,包括在天主教徒占多数的拉丁美洲,印度教徒占多数的印度,以及伊斯兰教信徒占多数的阿拉伯国家。在全世界范围内,性别的定义——对男人和女人应该承担的社会角色的期望——发生了巨大的变化,尽管不同群体的男女的具体变化有很大的差别。女权运动并非是整体划一的,而是分化出前所未有的多个不同群体。在西方世界,一些女性希望继续保持,或希望重新找回母亲和家庭主妇的角色,而另一些女性则希望有权利从事创造性的事业。有很多妇女离家外出打工,因为她们自己,以及她们的家庭都需要打工获得的工资收入。政府和企业雇主是否提供产假和保育服务的决策影响到女性的就业机会,这些问题成为女权运动维权的重要目标。

性别平等的一项颇为有用的指标是女性进入政府的比例。根据各国议会联盟的统计数据,2013年全世界女性进入政府工作的平均占比约为21%。各国所占的比例差别很大:从卢旺达的56%,安道尔的50%,古巴的49%,到伊朗的3%,埃及的2%,而卡塔尔的占比则为0。从积极的一面来说,沙特阿拉伯政府原来没有女性雇员,后来在2011年王室政府颁布了敕令,因此到2013年时,妇女在协商议会中占有的席位上升至将近20%。美国女性就职于美国政府的比例在全世界位居第77位,所占比例仅为18%。(http://www.ipu.org/wmn-e/world.htm〔2013年10月检索〕)

由联合国主办的一系列有关妇女问题的会议为从一种国际视角探索性别问题提供了一个平台。第一次会议于1975年在墨西哥城举行,由此启动了"联合国妇女十年"(the UN Decade for Women)。5年后在哥本哈根召开了中期会议,1985年在内罗毕举行了终期会议。继此之后的妇女大会是1995年在北京召开的。这几次会议的召开使得绝大多数的成员国承诺积极搜集有关妇女问题的数据,帮助终结妇女在政治和经济上的"无形地位",并进一步努力保障妇女在教育、健康和就业等问题上拥有和男性平等的权利。

除了政府代表以外,数千名来自世界各地的民间组织的代表也参加了会议。这些代表开始通过相互之间的联络寻求团结一致,共同面对她们认识到的问题,其中有的问题是她们第一次提出来的。例如,她们很多人提出抗议的是这一现象,即在新兴领域的一些最好的就业机会几乎总是提供给了男性。非洲的代表指出,在农业生产以种植粮食作物为主,以养活一个个家庭为主的时期,妇女在社会中的地位较高,然而当农业渐渐商业化,成为一个以赚钱为目标的行业时,妇女的地位就被大大削弱了。

有时候会设立或推出新的项目。有好几个不同的妇女组织开始向妇女提供**微金融**服务,通过向她们提供小额贷款以帮助她们创立自己的小企业,引导妇女接受互助合作的观念。**小额信贷**运动,现已在世界各地推广开来,这一计划对于妇女最

微金融或**小额信贷**(**micro-finance**或**micro-credit**)　小额贷款金额大约在100美元左右,甚至更少,通常提供给小型企业主和妇女。由于传统商业银行一般不提供如此小额的贷款业务,同时他们认为小型企业主和妇女的经济条件较差,没有偿还能力而不会给他们提供贷款。小额贷款利率通常低于市场利率,借贷人之间联合互相担保。

具吸引力，普及面最广。或许因为妇女很难通过正常的商业银行渠道获得贷款，还因为她们又是极富创造性和责任心的，能够联合起来互相担保，因此得以享受相对较低的贷款利率。孟加拉国的穆罕默德·尤努斯（Muhammad Yunus）在 2006 年因其在 1976 年建立的格莱珉银行（Grameen Bank）而荣获诺贝尔和平奖。这一银行是世界小微贷款领域的领导者，拥有 830 万借贷人（2011 年），而其中 96% 的借贷人都是妇女。世界妇女银行（Women's World Banking）的总部位于纽约，来自 28 个国家的 39 个微金融机构的专家，根据妇女的特殊需求为她们设计新的信贷、储蓄和保险产品。到目前为止，世界妇女银行已经为全世界的 1 400 万妇女提供了专业的金融服务。

非洲的小额借贷。小额借贷，为较贫穷的人们提供小额商业贷款，在帮助借款人启动小型企业，从而摆脱贫困方面非常有成效。小额借款对于贫困妇女作用尤为明显，由于无法获得常规的银行借款渠道，妇女更能联合起来进行相互担保，因此她们能获得较低的利率。照片中，国际机遇组织（Opportunity International）的"有福玛丽"信托集团的成员在加纳首都阿克拉每周召开会议，一起讨论贷款偿还问题并相互给予扶持。

妇女的生育权利，以及妇女和儿童的健康标准也成为另一个值得关注的焦点问题。印度和中国发起了抵制运动，反对堕胎女婴或是对不想要的女婴采取溺死等做法，这对根深蒂固的重男不重女的社会习俗来说是一项很艰巨的斗争。在伊斯兰世界，很多妇女群体组织敦促重新解读《古兰经》，以期从这神圣的经文中找出支持妇女权益的观点。然而，另外一些穆斯林妇女则声称，经典的伊斯兰经文毫无疑问一定是反女权主义和反民主的。他们认为，女权主义者应该反其道而行之，而不是去寻求获得《古兰经》教义的支持。在美国，越来越多的来自州政府和联邦政府的政治家在积极致力于减少妇女堕胎、计划生育和其他保健问题。福音派基督徒通常对这些限制采取支持态度。

对于哪些妇女问题应立为优先目标也存在很大的差异。在经济较富裕的发达国家，妇女更重视的是她们获得同等新工作的机会、同工同酬、儿童照料护理，以及生育的选择自由。而在经济不发达的国家，妇女更关注的是她们拥有财产的权利，不受家庭男性成员的控制，并且同样享有食物、教育和医疗条件的权利。很多第三世界国家的女性认为，第一世界的女性所关注的并不是重点问题。常见的是，当谈及妇女蒙面纱和妇女阉割（阴蒂，用手术切除阴蒂）这些行径时，第一世界的女性认为这些妇女应该从她们所在社会的罪恶中被拯救出来。而来自更为贫穷国家的妇女则认为，最重要的问题是全球经济和政治的结构问题，是后者导致了她们的贫穷。

同性恋权利　同样地，对同性恋的看法在不同地区的差别也是很大的。在世界很多地区，反对同性恋的法律已被废除。军队接受"出柜"的男同性恋者和女同性恋者，之前有一些国家的情报机构担忧，男女同性恋者容易成为被敲诈勒索的对象。北美和欧洲的一些国家的政府已经将同性婚姻合法化：2001 年，荷兰首先批准同性恋婚姻合法，随后比利时、加拿大、挪威、南非和西班牙纷纷批准同性恋婚姻合法。2013 年，美国有十多个州宣布同性婚姻合法。其他很多国家,如英国、克罗地亚和墨西哥等,也都宣布同性配偶合法。而另一方面,一些国家依旧谴责同性恋是耻辱的、即便不是罪恶的性取向。2013年,俄罗斯总统签署了一款法律,授权警察可以拘押那些他们怀疑是同性恋或"赞成同性恋(pro-gay)"的游客或是外国人,拘留时间最长可达14天。

种族平等和种姓平等

种族歧视,和性别歧视一样,总体上看是在减退之中。南非通过和平的手段废除了种族隔离政策,标志着反抗种族歧视斗争取得的巨大成绩。而印度社会的底层种姓阶层和前不可接触者的无声的革命很少受到关注,但却影响了更多的人们。在美国,巴拉克·奥巴马在2008年当选为总统,成为美国的第一任非裔美国总统,标志着美国在种族关系上取得的巨大进步,虽然这并不意味着美国已走上了后种族歧视时代。

南非的种族隔离　种族隔离(不同种族的分离)最初是1948年在南非通过法律规定的。当时南非的人口中大约有20%是白人,他们大多是荷兰和英国移民的后裔,而这小部分人口却控制着南非的政府、大部分富饶的农田、整个工业以及经济的上游。非洲的黑人没有政治自由,并且他们的生活、工作和学习场所均受到严格的限制。

非洲黑人遭受的挫败、仇恨和愤怒最初主要通过独立的埃塞俄比亚教会抒发,时间最早可追溯到19世纪的70和80年代。南非非洲人国民大会(ANC,简称非国大)作为一个抗议的宪政党成立于1912年,经历了几十年的稳步发展。1960年,在沙佩维尔镇,政府派兵镇压了徒手无武器的政治抗议者,杀害了69名非洲黑人并致使很多反抗者受伤。非国大转向罢工和武装反抗,不过该组织拒绝袭击平民,只对财物等实施破坏。南非政府继续对他们实施镇压。作为一位有智慧和领袖魅力的律师,非国大领袖纳尔逊·曼德拉(1918—2013年)被指控蓄意推翻政府,遭到逮捕,最终被判处终身监禁。在1964年的审判中,曼德拉表达了他对祖国的忠诚以及对未来的希冀:

> 我一直在为抵制白人统治而斗争。我非常期望建立一个民主和自由的社会,在这一社会中所有人都能和谐共处并享有平等的机会。这也是我希望为之终身奋斗的理想。但是如果必要的话,这也正是我随时准备为之献身的理想。
> (Edelstein,第73页)

随着赞比亚、津巴布韦、安哥拉和莫桑比克在20世纪60年代和70年代相继获得独立并实现多数人(黑人)统治,世界的目光都聚集到了最后一个白人统治的堡垒,一个由少数人统治的南非。此外,与南非为邻的几个刚刚获得独立的国家接受了非国大成员以及其他倡导由多数人统治的运动的成员,其中包括一些致力于游击战的成员。很多国家逐渐对南非采取制裁措施,限制或阻止其贸易;"反投资"或是撤销对南非的经济投资;终止与其在外交、文化和体育运动方面的交流。实施这些制裁被证明是有难度的,然而,渐渐地,这些制裁带来了危害。南非成了一个被世界遗弃的国家。

1976年,反对政府教育政策的抗议在比勒陀利亚外的一个黑人聚居小镇索韦托爆发,由此而引发了全国范围的暴乱,致使600人丧生。在某些方面放宽了自由化的范围:黑人工会被批准合法化,禁止不同种族通婚的法律被废除,公共交通上的种族隔离被取消。最终在1990年,F. W.德克勒克(F. W. de Klerk出生于1936年)总统代表新政府废除了对南非国民大会的制裁,并释放了曼德拉。他在监狱中渡过了整整27年。德克勒克代表的国民党废除了种族隔离法律,并开始和非国大进行艰苦的谈判,使南非过渡到由多数人统治的社会。1993年,曼德拉被授予诺贝尔和平奖,并在1994年的南非总统选举中实行所有种族均享有选举权的政策,每人都有一票选举权,非国大获得了62%的选票。曼德拉当选南非总统。

真相与和解委员会(The Truth and Reconciliation Commission) 在推行种族隔离的政府垮台之后,南非面临着建立一个全新的政治和文化身份的问题。历史上第一次,南非的黑人被视作在政治上与白人享有平等的权利。在许多其他殖民地区,大多数的白人殖民者选择离开新获得独立的殖民地。但与此不同的是,南非的白人已经在这个国家居住了几百年。这里早已成了他们的家,大多数人并没有要离开的打算,而且即使他们想离开,他们也没有其他家园可去。因此,3 200万黑人和800万白人就不得不去寻找新的方式来共同相处,前者大多数都相当贫困,直到不久前还依然在受着迫害,而后者大多很富有,并拥有相当的特权地位。一个极具想象力的解决方案是成立一个"真相与和解委员会",在1996年到1998年间,它努力为未来各个种族

南非崭新的民主黎明 1994年5月10日就职典礼之后,南非总统纳尔逊·曼德拉和第二副总统德克勒克在比勒陀利亚总统府前向一大群人发表演讲。仅仅是在几年前,遭囚禁的纳尔逊·曼德拉能够在一个如此执着于种族隔离政策的国家担任高官,还是不可想象的。

863

864

间的进一步合作扫清雾霾。

　　该委员会由纳尔逊·曼德拉倡导建立,德斯蒙德·图图主教(Desmond Tutu,出生于1931年)主持。图图主教是不久前刚退休的开普敦大主教,也是南非圣公会的领袖。该委员会的目的是通过揭露黑人在过去遭受痛苦和暴力的真相而把南非的各个民族团结起来,让大家视自己为这个国家的一员。委员会听取了20 000多人的投诉,这些人曾遭受过赤裸裸的人权侵犯,从1960年的沙佩维尔大屠杀直到1994年第一次举行的民主选举。

我们是怎样知道的?

南非的真相与和解委员会

　　对委员会的诉讼程序,许多观察家提出了严肃的批评。有些人认为,在非刑事诉讼程序中,对被告的赦免太轻而易举了。被告可能提出借口,说自己只是遵循政府的命令,同时也未实施虐待行为,于是他们就可以得到赦免。反暴小组第一任长官德克·库切(Dirk Coetzee)和其队员因为民权律师格里菲思·麦克森奇谋杀案而在刑事法庭上被判有罪,但由于他们只是在政府的对抗解放运动中履行警察的职责,因此委员会最后赦免了他们。格里菲思的弟弟对这一赦免决定十分不满:"我主要反对的是,赦免有利于罪犯,因为他们一旦得到赦免,就没有刑事责任了,民事诉讼也不能处罚他们。这是完全不利于受害者的,也是完全不公平的。"(转引自Edelstein,第113页)另一方面,约瑟芬·姆斯威里(Josephine Msweli)却对杀害她儿子的人抱较为宽恕的态度:

　　我希望杀害我儿子的人能站出来,因为这是一次和解的机会。我想宽恕他们,也想告诉他们我的一点想法。如果他们能够来到我的面前,我会很高兴,因为现在我已经没有(我的)儿子了……在我宽恕他们之前,我想和他们说说话。我希望他们告诉我,是谁派他们来杀害我儿子的。也许他们是我的敌人,但也许不是,所以我想弄明白他

们是谁,以及他们为什么做了那样的事。(转引自Edelstein,第154页)

　　委员会成员之一普姆拉·高泊迪-马德克斯拉(Pumla Gobodo-Madikizela)是一名临床心理学家,他重申了公开揭示对受害者与犯罪者具有的同样的治愈力量:"如果保存记忆是为了超越憎恨的情感,是为了使自己或社会摆脱憎恨的重担,那么回忆也有着治愈的力量。"(转引自Edelstein,第30页)然而,除了委员会之外,她悲叹大部分白人不承认他们曾从种族隔离政策所强加的不平等制度引起的普遍暴力中得到过利益。

　　尽管委员会有一些缺点,但它把真相暴露在了光天化日之下,因此大多数时事评论家相信,这能净化主体政治,暴露旧国家的真实身份从而形成新的国家身份。哈佛大学肯尼迪政府学院卡尔人权政策中心主任迈克尔·伊格纳泰夫(Michael Ignatieff)这样写道:"任何允许拷问者戴着勋章并获得退休金退休的社会都不可避免地要付出代价。谎言的代价是固化了对专制的怀恋……除非拆穿特定的一系列不能被允许的谎言,才能创造出自由的文化……真相委员会拆穿了关于过去的一些谎言,这些谎言不可能再重复。"(转引自Edelstein,第20—21页)伊格纳泰夫总结说,真相与调解委员会使南非白人无法否认社会的暴力行为。他们

不能以问题是由几个烂苹果引起的为借口逃脱谴责,也不能以这些只是例外而不是规律为借口逃脱谴责。真相与调解委员会所揭露的确实是一些极为不同的事情:"不是几个烂苹果,也不是几个坏警察……而是一种体系、一种文化以及一种以对其他人的轻视和暴力为基础而组织起来的生活方式。种族隔离制度的真相和无情核心是在伊丽莎白港的桑莱姆大楼,在那里人们把你扔到取暖器上,用湿毛巾揍你。每一个南非的公民都被堕落、死亡以及反神灵罪行所毒害"(转引自Edelstein,第21页)。

　　然而,知道了这些令人痛苦的真相,最终会让社会得到解脱。

● 曼德拉总统提议成立了真相与和解委员会,图图主教为主席。基于委员会的想法和运作,你怎样描述这两个人的政治策略和道德标准?

● 你怎么解释该委员会的主要目的?它们是切合实际的吗?你认为它们和你所了解的人性是相一致的吗?

● 伊格纳泰夫认为,对公民的折磨和暴力不是因为"几个烂苹果"而产生的脱轨行为,而是因为"一种体系,一种文化以及一种以对其他人的轻视和暴力为基础而组织起来的生活方式"。在何种程度上你认为他的言辞和描述反映了2004年美国在伊拉克阿布·格莱布监狱的丑闻所引起的争论?

第一次参加选举的选民，南非，1994年。西部德兰士瓦省的居民第一次排队参加南非的多民族选举投票。经过多年的种族隔离和压迫，南非黑人尊重并热爱新的民主国家，这也鼓舞了全世界其他民主国家的人民，他们始终认为自己有权参加投票和管理。

成千上万人从南非各地赶来作证。数千人获得了国家给予的各种形式的赔偿。大多数的白人未能公开声明自己曾从种族隔离政策中获益，他们不主动公开承认自己曾经犯过的罪行。不过，确实有一些人站了出来，为和解进程提供了帮助。其他许多人则是在受到对他们所犯罪行的指控后才露面。委员会的诉讼程序与刑事审判有所不同，对那些可以证明他们是在实施国家的政治决策而非个人报复行为的，以及未实施过虐待行为者会给予赦免。图图主教在他的报告中最后宣布，该委员会在治愈南非的种族创伤、促进国家的情感统一和建立新的国家身份方面取得了堪称典范的成功：

> 为治愈一个受伤的民族提供帮助，我们感到荣幸……当我们环顾全世界，看看那些充满冲突的地区，越来越明显的是，如果没有宽恕，没有和解，那么它们就没有真正的未来。上帝保佑我们，因此我们也祝福他人。我们南非人如果永远陷于难以摆脱的冲突之中，那就很难成为其他人的希望灯塔，即和平和公正的解决是有可能获得的。如果它能够在南非实现，那么它在其他任何地方就都有可能成功。这是极为神圣的幽默意识。（http://www.info.gov.za/otherdocs/2003/trc/foreword.pdf［2013年10月检索］）

印度的社会大变革：曼达尔委员会　一场类似的反抗种姓歧视的运动在印度掀起了一场社会大变革，改变了数以千万计处于社会最底层的，以及阶层略高些的很多百姓的社会地位。曼达尔委员会（The Mandal Commission）是以其主席 B. P. 曼达尔的名字命名的，成立于1979年，旨在解决困扰印度政治数十年的一个经济和社会问题：种姓歧视。很多观察家将种姓歧视和种族歧视相比较,认为一个人的种姓身份出生时已确定,已经确立好他/她在社会等级中和其他种姓的关系。种姓不是种族,整个印度有几千个种姓,因此种姓身份的区分没有美国社会对种族身份划分得这样清晰。

那些处于种姓阶层最底层的人通常被称为"贱民",因为他们被禁止和上层种姓阶层的人发生接触,现在他们也通常被称作达利特人(dalits,"受压迫的人"),几乎被广泛地认为处于劣势地位。在政府的正式规定中被列为"贱民"的不可接触者阶层也被给予特殊的"居留地",或者最低限额的公共资源。这一规定涉及政府部门的公职、政党选举、教育等领域,覆盖面达人口的15%。部落,现在通常称为adivasis,或称原住民,经常居住在较偏远的山区,远离印度教的中心地区和印度教。他们占印度总人口的7%,也接受政府的优惠条件,受印度宪法保护。

稍高一些的阶层,通常被称为的"其他落后阶层"(Other Backward Classes),这些阶层的人也深受种姓歧视之害,虽然尚未达到那种极端的地步。1980年,曼达尔委员会发表报告,指出"其他落后阶层"大约已占到全国总人口的52%,建议中央政府和公共部门应该为他们保留27%的职位。虽然"其他落后阶层"(Other Backward Classes)中的"C"这一字母正式指的并不是种姓而是阶层,但曼达尔委员会提出,种姓是社会阶层的最重要的指示物。曼达尔委员会确认了"其他落后阶层"中的3 743多个种姓,并建议给予他们优惠待遇。

然而具体实施的道路常常受到阻碍,因为上层种姓多次发动大规模的抗议和暴动。围绕着居留地问题,新的政党开始形成,有时由"其他落后阶层"成员自己领导,尤其是在邦政府的层面上;有时则由上层种姓阶层的成员领导,致力于树立平等的观念或是赢得更多的选票,抑或是两者兼而有之。

1990年,印度总理V. P.辛格通过实施曼达尔委员会提出的建议,把这一问题作为全国的首要问题提出来。他的这一举措和其他改革计划疏远了很多来自上层阶层和上层种姓的人群,因此在1991年的选举中,他被赶下了台。然而,一场变革正在酝酿之中。在印度北部的几个大邦中,从1984年到1999年,上层种姓的成员在国会中所占的比例下降了三分之一,从47%减少到31%,而来自"其他落后阶层"成员的比例则翻了一番,从11%上升至22%。在印度最大的两个邦即北方邦和比哈尔邦,执政的是"其他落后阶层"领袖领导的"其他落后阶层"政党。辛格这样解释:"一场静悄悄的权力转移过程正在发生。"(Jaffrelot,第139页)

与此同时,一场抗议运动,常常以暴力的形式,在印度东部偏远山区的原住民部落中爆发。类似的反抗运动也在纳萨尔村发生,**纳萨尔派**即以纳萨尔村的名称命名,抗议将原住民部落迁移出他们的家园,特别是仅仅为了商业利益而急着开发他们赖以生存的原材料资源——木材、金属、煤炭——这一切就埋藏在他们生活居住的山上。不同于种姓抗议运动的全国性,纳萨尔派的抗议更限于一定范围的地区内,并且基本不涉及大都市区域的问题,尽管如此,他们的抗议还是对当地政府以及邦政府造

纳萨尔派(naxalites) 该术语在印度是指对政府或商业开发自然资源的反抗。该词源于发生在纳萨尔村的抗议事件,最初由共产党组织,而后更多地演变为偏远地区部落反抗在他们的家园开采资源。

梅哈·帕卡抗议纳尔马达大坝修建项目，印度，2007年。经济"发展"给印度一些最为贫困的社区带来了很严重的影响。私有商业对于自然资源的开发，以及政府为水力发电和灌溉而建设的大坝项目，迫使他们搬离他们位于偏远山区的家园。他们失去了家园、土地，以及他们的传统行业，而他们获得的赔偿微乎其微。自20世纪60年代，他们就开始通过"纳萨尔派"组织抗议在东部山区的开发和西部的大坝建设项目。梅哈·帕卡成为抗议水坝建设的代表人物，而后来不得不搬迁，只能获得部分的补偿。

成了很大的威胁，政府不得不考虑究竟是根据他们的抗议采取改进措施，还是对他们加以镇压。与此同时，辛格总理不得不几次发表声明强调："纳萨尔派是我们国家面临的最大的国内安全隐患。"

美国的第一位非洲裔总统　2008年，巴拉克·奥巴马被选举为美国第一任非洲裔总统，受到了美国和全世界对美国民主胜利的欢呼。奥巴马的父亲是肯尼亚人，在奥巴马很小的时候就离开了他，母亲是来自堪萨斯州的白人，后改嫁给了一个印尼人，奥巴马在印度尼西亚度过了他的童年时光，青少年时期是和外祖父一起在夏威夷度过的。奥巴马具有国际和跨种族的背景，他在参加美国总统选举时介绍自己的"故事"极具美国的典型性，这在世界其他任何一个国家都是不可能的。不像前非洲裔候选人杰西·杰克逊（Jesse Jackson）是代表黑人参加总统竞选，奥巴马是代表全体美国人民在竞选。民主党的选民衡量了奥巴马的资质，并在初选中推选其为候选人，最终打败了竞争对手希拉里·克林顿。全世界以极大的兴趣关注着初选，见证着历史上最为强劲的非洲裔美国总统候选人和最为强劲的女性候选人。选举结果很接近，最终希拉里仅获得1 800万张选票，败下阵来。一块玻璃天花板产生了裂痕，但尚未破碎。

在大选中，奥巴马获得了超出对手近800万张的选票，大获全胜。尽管他只赢得了白人43%的选票，但同时获得了2倍于对手的西班牙裔选民的选票，9倍于对手的黑人选票，帮助其获得了绝对的优势。白人选民仅占总选民数的75%。就其人口而言，美国正在成为一个更为多种族的社会，这些种族的态度、观点和看法也各不相同。奥巴马在2012年的第二次连任选举中获得了超过对手500万张的选票，其中93%来自黑人，71%来自西班牙裔美国人，73%的选票来自亚洲裔美国人。

移民

从直立人离开非洲向各地迁徙开始,移民已经成为人类生活的一项重要内容。在最近几十年里,移民活动继续影响着地球上的每一个地区。最为常见的一种移民形式是人们从经济较贫困的地区来到经济较发达地区寻求工作机会。移民潮经常会造成本地居民和外来移民之间的矛盾冲突。他们之间的关系相当复杂,因为双方都需要彼此的存在,但双方又各有戒备提防之心。穷人需要工作机会;富人需要廉价劳动力;穷人害怕受到合法或非法的制裁攻击;富人则经常因移民的贫困和文化差异而心生反感。关于移民问题的一个视角是从农村涌向城市。每一年都有大量的移民从农村涌入城市。到2006年,全世界的城市人口已达50%(33亿),而1900年时的城市人口仅占13%(2.2亿),1950年城市人口为29%(7.36亿)。移民问题的另一个视角是移民范围越来越趋向于国际化。

美国　比起世界上任何一个国家来,美国每年接受的合法移民数都要多得多。美国人需要来自墨西哥和拉丁美洲其他国家的移民到美国来从事耕种、建筑和其他各种体力劳动,这些劳动岗位由于工资收入低,已经无法吸引已在这里定居的美国人。但是,他们可能不希望这些劳动技能低下的新移民在结束工作后继续在美国定居下来。他们可能并不希望这些移民享受和美国工人同等的福利,或是昂贵的医疗保障和子女接受义务教育的权利。因此,美国人制定了专门的法律,这些规定使得收入较低的外国人很难进入美国,而且几乎是不可能合法地定居在美国。而那些来自外国的移民则急切盼望能有机会过上更好的生活,数百万的移民通过各种方式偷偷进入美国寻找就业机会,但是他们也时时担心被抓住后遣送回国。2012年,根据美国政府的估计,约有4 100万出生于其他国家的人在美国获得了合法居住权,占美国人口总数的12%,而另有1 160万外国人为非法居民。在这些非法居民中,墨西哥人就占了60%。考虑到数量庞大的移民带来的极为严重的政治问题,美国国会开始认真考虑移民政策的改革。

欧洲　在第二次世界大战以后经济开始变得繁荣之前,欧洲国家是不适宜接受大规模涌入的外国移民的。战争造成的破坏损失、出生率的低下和经济的发展扩大等几大因素使得欧洲开始欢迎来自外国的劳动力,但是欧洲欢迎的是他们的勤奋劳动,却并不欢迎后者带来的文化。欧洲各国政府不希望给予他们本国公民的身份。新的移民中有很多是来自原殖民地的,这一情况有时给了他们移民的机会和权利。到1990年,英国有200万来自南亚和加勒比地区的有色人种移民。到2010年,英国的人口中有12.9%都是出生在外国的。

在法国,来自原殖民地的移民情况也差不多。刚开始时这样的移民是受到欢迎的,但是到后来他们开始受到种种限制。截至1990年,来自阿尔及利亚的移民达615 000名,来自摩洛哥的移民为573 000名,来自突尼斯的移民206 000名,来自塞内加尔和马里的移民约100 000人。这些移民绝大多数都是穆斯林。本土法国人和新移民之间的冲突来自三方面:阶级冲突、种族冲突和宗教/文化冲突。这些新移民定居在法国的城市里,大多居住在生活条件最差的城市住宅区。双方之间的争斗很常见,袭击来自双方,有法国人袭击移民的,也有移民袭击法国人的。然而,移民在继续源源不断地涌入法国。到2010年,在外国出生、居住在法国的移民人口总数已达到了700万。

尽管德国在过去没有面积很大的殖民地,但因其经济增长速度在所有的欧洲大国中是最快的,需要大量的劳动力,所以,德国政府同意接受来自各个国家的移民,但仅仅在一确定的时间段内。要获取合法的公民身份是不可能的。到2010年,德国已接受了将近1 000万的移民。其中的1/3来自土耳其,他们都是亚洲人和穆斯林人,与来自其他地区的移民相比,他们需要克服的困难要多得多。一直到1999年以后,没有德国血统的外来移民才有可能申请合法的公民身份,尽管如此,申请的条件要求仍是相当严苛的。

历史上,意大利曾经是一个移民输出的国家,在1876年到1965年年间,大约总共有2 500多万意大利人移民至国外。第二次世界大战后,移民现象主要发生在本国内,由意大利较贫困的南部地区迁徙至较为富裕的北部地区。但是,由于意大利是世界人口出生率最低的国家之一,并且经济开始快速增长,因此,20世纪80年代为数百万移民提供了新的就业机会。到2010年,意大利的人口中大约有8.8%是外国人,他们中很多人是从北非横渡地中海而来的。

随着反对移民的呼声越来越高涨,很多欧洲国家在1990年开始实行**申根协定**,该协议是在卢森堡的一个小镇制定的,因该镇而得名。申根协定对付的就是欧盟内的人员自由往来和商品货物流通带来的问题。申根协定旨在保证所有欧盟成员国对移民和商品进口都采取同样严格的限制措施。在申根协定框架下未被接受的潜在的移民把这项政策斥为"**欧洲堡垒**"。

2007年,罗马尼亚和保加利亚加入了欧盟。这两国的公民现在可以在27个成员国的范围内自由旅行而不受限制,但是,由于新加入的成员国的收入水平远低于其他原有的欧盟成员国,因此,他们在欧盟很多国家的工作还是受到相当的限制。这些国家的政党经常通过律法手段限制外来移民的工作和福利。

移民不仅从贫穷的国家迁徙到富裕的国家,他们还从极度贫困的国家迁徙到那些不是特别贫困的国家。例如,在印度就有报道称,有千百万的非法移民就来自邻近的孟加拉国,并且有越来越多的移民来自非洲,虽然总的人数规模要小些。孟加拉国

美国—墨西哥边界围墙。由于墨西哥非法移民到美国的人数每年大约增加500 000人,美国为抵御非法移民的长约2 000英里的边界围墙也需要进一步加固。围栏、围墙以及警察巡逻得到进一步加强,入境更为困难也更为危险。墨西哥—加利福利亚边境上竖立的几座棺材式样的纪念碑正是为了纪念四名试图非法进入美国而遇难的墨西哥人。

申根协定(Schengen Agreement)
签约国针对移民和进口商品设定共同的限制条款。

欧洲堡垒(Fortress Europe)
根据申根协定,那些被拒绝进入欧盟的潜在移民对1990年起实施的该协定的负面称谓。

869

人和印度人中的孟加拉人是一样的,因此很容易潜入边境而不会被人发现。许多印度人也乐意接受他们,但是也有一些人希望把他们驱逐出境,尤其是因为他们是穆斯林,而印度是印度教徒占人口多数的国家。

难民

870

难民是指那些为了寻求安全而逃离本国,而且常常是为了生计而出逃的移民。他们通常从战乱地区和实行政治强权的国家逃离。在21世纪初期,全世界的难民数量在1 500万到2 000万之间,其中大约有80%为妇女和儿童。20世纪90年代,在卢旺达和刚果的胡图族和图西族之间的战争中,有200万难民跨越边境逃亡到刚果。21世纪初,津巴布韦的数百万居民逃离本国罗伯特·穆加贝的残暴统治。根据联合国的估计,有超过200万人的津巴布韦人生活在南非,200万人在英国生活,还有多达45 000人逃亡到了美国。2007年和2008年,逃到南非的津巴布韦难民太多,导致南非的本地人和这些移民之间爆发了冲突。南非政府因此不接受新移民,甚至将已经抵达南非的数千名移民驱逐出境。21世纪初的头十年间,苏丹西部的达尔富尔地区有数百万难民逃亡到乍得以躲避政府武装的攻击。

超过200万的难民在2003年美国发动的战争中逃离伊拉克,另有200万的伊拉克居民因战争而颠沛流离,尽管他们只是在国内四处逃难。叙利亚的内战直至2013年依然在持续之中,战争导致了200万难民逃亡,400万人不得不搬离居所,但仍旧在叙利亚境内。1948年,有大约700 000名难民逃离巴勒斯坦。到2010年,这些难民的后代已将近500万人。2012年,有1 500多万难民离开本国;另有2 900万人在本国境内颠沛流离,仍有将近100万的人口在寻求永久性**政治庇护**——他们担心因自己所坚持的政治立场而受到迫害。

政治庇护(political asylum)
避难所通常是针对那些因政治见解不同而害怕回到本国后被迫害甚至是杀害的人们,对他们提供庇护或是拒绝庇护。而难民的身份不同于此,通常只是指一个群体而不涉及任何具体的原因。

尼亚拉的难民营,南达尔富尔,2007年。达尔富尔地区在1916年英国殖民统治时期加入苏丹,尽管该地区历史上一直是独立的,其人口主要是其原著民族群。1956年达尔富尔独立后,达尔富尔人民抗议没有公平获得国家财富资源,2003年,他们开始武装反抗政府的压迫行为。结果导致了成千上万的人丧生,有200万人搬离家园,大部分难民逃离到邻国的乍得,还有很多国内流离失所者(IDP)被收容在达尔富尔的难民营里。尽管签署了和平协议,但是暴力仍在继续,政局仍不稳定。

文化表达

　　全球化改变了艺术，影响着几十亿人的日常生活。看看创作歌手夏奇拉（Shakira）吧。她的专辑在全球销量超过了7 000万张，两次荣获格莱美奖，10次荣获拉丁格莱美奖。夏奇拉是哥伦比亚人，她母亲是西班牙人和意大利人的后裔，父亲是黎巴嫩后裔。夏奇拉的名声遍及全球。让我们看看雷鬼音乐，这一音乐起源于加勒比地区，植根于非洲音乐，在全世界都很流行，它既作为一种音乐形式，也体现了一种形式的反叛，特别是由于牙买加的传奇人物鲍勃·马利（Bob Marley）所演唱的政治歌曲。让我们看看在全球具有影响力的几位艺术家：印度的扎基尔·侯赛因（Zakir Hussein）弹奏塔布拉；已故的巴基斯坦的努斯拉特·法帖·阿里·汗（Nusrat Fateh Ali khan）朗诵苏菲派神秘主义的卡瓦利诗歌，有时还糅合进了西方的形式，在世界各地的演讲大厅坐满了听众；塞内加尔歌手兼打击乐手尤索·恩多（Youssou N'Dour）将非洲—古巴风格的节奏运用到西非的叙事性歌曲《griot》中，同时马里的图马尼·迪亚巴特（Toumani Diabaté）弹奏戈拉乐器——一种有21根弦的竖琴/琵琶，是西非的传统经典乐器。迪亚巴特和泰吉·马哈尔、彼得·盖布瑞尔、西班牙的弗拉门戈融合乐队Ketama，由52个声部组成的日本/马里交响乐团，以及和他一起从故乡巴马科而来的爵士乐演奏家一起演奏。基兰·阿卢瓦利亚（Kiran Ahluwalia）出生于印度，在加拿大成长，现定居纽约，演奏她自己的现代版波斯风格和旁遮普风格的经典曲目。2012年，她因年度"世界音乐"专辑而荣获加拿大的格莱美奖朱诺奖。一些网站，如非洲流行音乐网（afropop.org/wp）会及时更新世界各地的有关非洲的各种流行音乐的最新消息，大多都提供最新的唱片和表演的歌曲和视频。

> **融合（fusion）**　在文化领域中，融合是指不同的形式结合而形成新的形式。融合经常被应用于食谱和演示，也被应用于各种音乐和艺术形式。"杂糅"的应用类似"融合"，区别在于"融合"更多地是指运用了想象力以创造出更好的形式。

　　沙漠音乐节（Festival au Desert）是在马里举行的一场世界音乐年度盛会，特别展示北非图阿雷格民族的传统音乐。图阿雷格的提那里温乐队最初是在2001年的音乐盛会中开始受到世界关注的。2011年，该乐队获得了格莱美年度世界音乐专辑奖。随后的一年，该乐队受到马里北部伊斯兰原教旨主义者的骚扰和监禁。2013年，马里爆发的战争，如上文已提及的，迫使当年的音乐节不得不搬到邻国的布基纳法索举行。布基纳法索的首都瓦加杜古已是非洲电影的展映地。自1969年起，每隔一年举行一次"泛非电影和电视节"，这也是非洲大陆上最大规模的艺术节，参加的人数多达上百万人。2013年，有多达170部非洲出品的影片在瓦加杜古上映。文化旅游已成为该地区的一项主要的商业活动。很多国家和城市通过吸引游客了解其历史、音乐、艺术和戏剧来彰显自己的文化，因此旅游业成为他们发展规模最大、也是发展最迅速的产业之一。

　　诺贝尔文学奖于1901年创立，也同时记述着文化的全球化过程。1913年，第一位既非欧洲裔也非美国裔的诺贝尔文学奖获得者是印度的泰戈尔。第二位非欧洲裔、非美国裔获得者是1945年智利的米斯特拉尔。之后的45年里，仅有6名非欧洲裔、非美国裔作家获得了该奖项，但到了20世纪90年代，就有4位获奖者（分别来自墨西哥、南非、西印度群岛和日本），自2000年以后，获奖的人数更多，达到了7位，包

872

糅合（hybridization） 最初运用于文化人类学，现今使用更为广泛，是指混合不同的文化以创造出新的文化形式。通常也被称为文化融合。

中国作家莫言在荣获2012年诺贝尔文学奖后接受记者的采访。诺贝尔文学奖协会这样评价莫言的作品："融合了民间故事、历史与当代发展的幻觉现实主义。"莫言是第二位荣获该项殊荣的华人；第一位是高行健，华裔法国作家，在法国定居十年后的2000年获得该奖项。莫言的获奖颇具争议。很多人批判他没有对中国艺术家和知识分子予以支持，而他的拥护者则提出反击，认为他的作品就是他要传递的信息。

括第一次获奖的中国作家和土耳其作家。在跟踪研究了这些世界性的艺术节日、文化交流和各大奖项后，人类学家提出了"**糅合**"这一说法，或称之为文化融合，即通过文化的混合交叉从而形成新的形式。

很多国际艺术家也都开始"回报社会"，加入到对穷人、饥饿者、受压迫者和遭受自然灾害的人们的国际救援工作，他们也开始关注地球的生态平衡问题。第一场这一类的慈善音乐会是1971年在纽约举行的孟加拉音乐会，为孟加拉国遭受飓风的难民筹集善款。甲壳虫乐队的乔治·哈里森和印度西塔尔琴演奏者拉韦·桑卡尔（Ravi Shankar）均在此活动上献艺。2005年，举行了"活力8（Live 8）"演唱会，这是一个前后共举办十场的全球合作的系列演唱会，旨在为敦促各国政府增加对贫困国家的援助。1 000多名音乐家在这些演唱会上献艺，182家电视网络、2 000家电台网络进行了直播。2007年，由诺贝尔奖获得者、美国前任副总统艾伯特·戈尔组织的第一届"活力地球（Live Earth）"音乐会致力于引发对全球变暖的认识，在多个地方举行，如悉尼、约翰内斯堡、东拉瑟福德（新泽西）、里约热内卢、南极、东京、京都、上海、伦敦、汉堡、华盛顿和罗马。

很多艺术家凭借他们关于消除贫穷和人类苦难的作品内容，作品和艺术家本身都获得了广泛的声誉。例如，夏奇拉在"活力8（Live 8）"和"活力地球（Live Earth）"演唱会上都出演过。2008年，她和其他的拉丁美洲艺术家代表拉丁美洲声援行动（Latin America in Solidarity Action）在布宜诺斯艾利斯和墨西哥城演出。其中最为引人注目的艺术家要数爱尔兰乐队U2的成员波诺。波诺参加过多场慈善音乐会，包括1985年的"活力援助（Live Aid）"演唱会。2002年，波诺加入了组建"达塔（DATA，债务、艾滋病、贸易、非洲）"的团队，致力于消除非洲的贫困和艾滋病。波诺在免除非洲一些最贫困国家债务的2000年世界大庆活动（Jubilee 2000）中也有很大的影响力。2005年，波诺和其他人一起创立EDUN服装品牌，旨在促进各国与非洲的贸易。

《时代周刊》杂志将波诺和比尔·盖茨夫妇评选为2005年的年度风云人物。2008年，联合国宣布了一项30亿美元的消除疟疾的项目，疟疾在非洲是一个主要的致命病源。波诺和比尔·盖茨再次和各国政府首脑及联合国官员一起向世界公开宣布这一项目。

有时音乐本身就是一种馈赠。新的音乐标签，如普图马约（Putumayo）和简明音乐指南（Rough Guide Music）纷纷冒出来，旨在推出欧洲以外世界的音乐（也包含欧洲和美洲的音乐）。电视频道的音乐电视（MTV）节目最初

原始资料

波诺的 TED 演讲

TED（技术、娱乐、设计）演讲始于 1990 年举行的一次会议，通过演讲传播带创造性思维的新思想和新观点，时长不超过 18 分钟。到 2013 年 5 月，有超过 1 500 场的 TED 演讲通过 YouTube 在网络上免费传播。

2013 年，U2 乐队的主唱波诺，做了一个很有启迪的 TED 演讲，号召人们发表对政治的见解，并给需要帮助的人提供慈善捐助，从而创造一个更美好的世界。波诺同时还强调了健康问题和非洲大陆问题。他通过描述我们取得的成功开始自己的演说：

> 自 2000 年起……有 800 多万的艾滋病患者可以得到抗逆转录病毒药物治疗，生命得以维系。疟疾：非洲撒哈拉地区以南的 8 个国家的死亡率降低了 75%。5 岁以下的孩童，死亡率……每年减少了 265 万。就是说每天有 7 256 名儿童的生命得到了挽救。哇［鼓掌］……你们有谁上周读到比这个数字更为重要的新闻吗？哇，真是非常好的消息。而让我感到快要发疯的是，很多人并不知道这个消息……全球基金资助的抗逆转病毒药物能够阻止母亲将 HIV 病毒传给她们的婴儿。而这样令人兴奋的消息并不是自然而然发生的，而是通过不懈的努力、不懈的运动、不懈的创新研究而取得的。这则好消息带来了更多的好新闻，因为历史的发展潮流即是如此。生活在使人累弯腰背、精神绝望的极度贫困之中的人口数从 1990 年全世界总人口的 43% 降低到了 2000 年的 33%，2010 年则又降到了 21%。

波诺指出，来自外部的援助"释放"了非洲进步的潜力：

> 让我们来看看撒哈拉以南的非洲。其中的 10 个国家，有人把这些国家称为狮国，他们在过去十年里得到了 100% 的债务免除，三倍的援助，十倍的外商直接投资（FDI）增长，这使得他们的国内资源得到了四倍的利用——这是当地的资金财富——在使用得当的情况下——即有很好的管理治理——把儿童死亡率降低了 1/3，接受的完整教育率增加了一倍，而且，还将极度贫困率降低了一半，按照这一比率，这 10 个国家的数字降低到了

> 0。这些正是这些狮子国家的骄傲。

波诺敦促民众参与：

> 就在今天，奥斯陆的石油公司在发展中国家开采石油，他们正竭力将所获得的收益对政府保密。你们也可以对此采取一些措施。可以加入"一运动（One Campaign）"，像电信企业家易卜拉欣（Mo Ibrahim）一样。我们正在推动相关法律的制定，以至少确保从地下资源获得的部分财富最终能返回到生活在这些土地上的百姓手中。
>
> 而就是现在，我们知道，最最厉害的疾病并不是哪一种疾病，而是腐败。当然，对付腐败也有一种疫苗，这种疫苗就叫"透明"，公布数据，这就是 TED 团队实实在在在做的［原文如此］。"光天化日"，你可以称呼它就是"透明"。而技术就在真正推动这一进程。今天你要是做了坏事，要把它再隐藏起来已经变得越来越难了。
>
> 让我来告诉你们关于 U-报告（U-report）的一些内容，对此我感到非常激动。在整个乌干达的"千禧一代"中，有 150 000 人拥有了 2G 手机，这一 SMS 社交网络可以用来曝光政府官员的腐败行为，并要求政府公开预算，公布他们的钱是怎么花掉的。这是令人振奋的。
>
> 瞧吧，一旦你拥有了这些新工具，你就不可能不使用它们。一旦你掌握了这一知识，你就不可能不了解它们。你不可能把这些数据从你的大脑中删除，但是你可以将那些穷人们不能掌握自己命运的陈旧的印象删除。你可以将其抹去，你真的可以这么做，因为这一切从此不再是真实的了。［掌声］

（http://www.ted.com/talks/bono_the_good_news_on_poverty_yes_there_s_good_news.html）

- 波诺和其他很多音乐家以及艺术家们通过自己的名人声誉来推动有关的政治运动和慈善活动。他们是如何有效地推动了这些活动？
- 波诺谈到了"债务免除"。"债务免除"指的是什么？
- 请举例说明大众媒体在组织大规模政治运动方面的重要性，请首先选取本书中的例子。

致力于推广流行音乐，于 1981 年开始在美国播出。随后其他国家纷纷仿效，使用各国当地的语言播出，包括英国、迪拜（主要针对从开罗到沙特阿拉伯和巴林的市场）、印度、菲律宾、土耳其、巴基斯坦、澳大利亚和新西兰的音乐电视频道。

爱尔兰摇滚歌手波诺,U2乐队成员,探望卢旺达基加利大学医院的疟疾患者。波诺和沙基拉一样,因其音乐以及政治和人道主义行动而赢得了国际赞誉。U2乐队荣获22项格莱美奖,并售出1.5亿张唱片。U2乐队在2009年至2011年期间的360巡回演出是历史上参加人数最多,也是收入最多的演唱会。同时,波诺参加了全球各地多场慈善演唱会,号召减免非洲国家的债务,并与比尔·盖茨夫妇共同为消除非洲的疟疾而努力。

873

874

其他定位为新闻和故事影片的电视频道也获得了全世界范围的观众。到2013年,英国广播公司(BBC)已覆盖到了几乎遍及世界各国的3.3亿个家庭。美国有线新闻网(CNN),以及其国际频道(CNNI)也几乎在为世界各国服务,覆盖的总人数约为BBC观众人数的一半。亚洲卫视(STAR TV)总部设在中国香港,在澳大利亚、印度和南亚其他国家均设有分部,共拥有遍及54个国家的3亿观众。半岛电视台(Al Jazeera,"the[Arabian]Peninsula")是首个总部设在阿拉伯世界的电视台(位于卡塔尔的多哈),最初是1996年在卡塔尔埃米尔的1.5亿美元的资助下建立的。2013年,半岛电视台建立了自己的美国有线电视台,"半岛电视台美国频道"正式开播。

因为网络众多,所以广播可以实时传输给全世界数以亿计的人口。而其中最为普遍的国际直播是体育赛事,如世界杯足球赛,以及新闻节目。根据尼尔森媒体研究机构(Nielsen Media Research),全世界共有47亿人至少观看了2008年北京奥运会的部分直播内容,这占了世界总人口的75%。到2012年,电视只是人们的收看选择之一。脸书在2008年的用户数超过1亿,到2012年时用户数已超过10亿;推特在2008年拥有300万的用户,而今天已拥有5亿的用户;YouTube每天会更新1亿条视频内容,在2012年播出了40亿条视频内容。

技术进步

我们已讨论了通信、交通、电脑、因特网、集装箱化、基因工程和克隆技术。我们现在再来讨论一下另外两项技术。一个是纳米技术（基于分子大小甚至更小的有机体的技术），这一技术正在刚刚开始发展成熟。另一个是生态技术（保持地球生态系统的完整以维系人类生命的技术），这一技术或许已经成为今日世界最受争议的技术了。

纳米技术

纳米技术是以分子层面的物质，甚至是原子、亚原子层面的物质为研究基础。"纳米"是指长度仅为一米的十亿分之一大小的物质。一纳米与一米相比相当于一块大理石对于地球的大小。纳米物质存在于自然界中，比如，存在于使肌肉收缩的酶的生物过程，存在于DNA分子的运作中，也存在于将矿物质和水转化成活细胞的过程中。使用和检测纳米物质的实验始于20世纪初，1959年诺贝尔物理学奖获得者理查德·费曼（Richard Feynman）让世人甚至是科学界以外的外行和普通人了解到纳米技术。费曼指出，原子层面的物质会展现出和我们通常所认识到的同一物质不一样的属性。例如，不透明的物质会变成透明的（铜），稳定的材料会变成易燃物质（铝），固态物质在室温下变为液态物质（黄金），绝缘体变成导体（硅）。最后这一种转变，即硅的这一属性即被用作电脑中的导体。"纳米技术"这一术语的首次使用是在1974年。

制造能够产生并运行如此小的物质的设备带来一些难题，但到了20世纪80年代和90年代，科学家开始发明一些工具将物质分解为这么小的单元。有些纳米技术已被运用于实践中。纳米材料被植入尺寸稍大一些的材料中，从而使得这些材料拥有新的属性。例如，纳米水平的碳被运用于电脑硬盘驱动上，从而提高电脑的运行速度，并扩大其内存。更多的令人激动的应用正在探索中；有些应用现在就可以实现，而另一些应用技术还有待进一步发展。纳米材料有可能被植入癌细胞中，从而跟踪甚至摧毁癌细胞。碳纳米材料可以用来生产出纤维、线，或是分子涂料。纳米物质还可以应用于海水淡化和水的净化，而成本将非常低，同样也可运用于燃料电池，控制污染，以及食品的生物处理等方面。科学家还将在大量生产廉价的清洁能源方面充分发挥纳米科技的潜能。

研究的过程必须要小心谨慎，因为纳米物质是极为微小的，如果应用不当，有可能对人类和动物的生命造成危害。如果纳米材料进入我们的肺部或呼吸系统，它们有可能对器官组织造成伤害。同时，也由于纳米材料极其微小，它们有可能会进入我们的皮肤，最终则可能会伤害身体的内部器官。纳米技术的实验既是新领域，同时也受到种种限制。纳米技术要求，同时也迫使我们对其投入更多的关注。

生态技术

2004年的诺贝尔和平奖授予了肯尼亚的旺加里·马塔伊（1940—2011年），是她发起了绿带运动，鼓励生活在贫困中的肯尼亚妇女在30年间种植了3 000多万棵树木，这也表明了对抗"全球变暖"的斗争已经成为全世界的首要任务之一。另一件标志性事件是，随后在2007年颁发的诺贝尔和平奖授予了戈尔（1948年出生），戈尔为控制气候变化一直在作出不懈的努力。他在接受这一荣誉时做了一场有关全球碳排放问题的演讲：

在过去的几个月中，越来越不难以解释我们的世界正在进入越来越失常的状态。南北美洲、亚洲、澳大利亚的大城市由于大范围的干旱和冰川融化而濒临缺水。绝望的农民正在失去他们赖以生存的自然资源。生活在冰冻的北极和地势低平的太平洋岛屿的人们正计划撤离他们一直称之为家园的地方。前所未有的大面积森林火灾迫使一个国家的50万人被迫离开他们的家园，这造成了一种全国紧急状态，并几乎导致另一个国家的政府垮台。气候恶化造成的难民不得不迁徙到拥有不同文化、宗教和传统的地区，因此增加了潜在的民族冲突。太平洋和大西洋的强活动风暴威胁到这些地区的所有城市。南亚、墨西哥和非洲的18个国家的数百万人正因大范围的洪水而不得不离开家园。同时，由于极端天气的增多，成千上万人失去了他们的生命。人类仍在肆无忌惮地烧毁和毁灭森林，越来越多的物种濒临灭绝。我们人类赖以生存的生命网络正在被撕裂焚毁。

戈尔发出呼吁，希望各国领导人共同解决气候变暖的问题。他指出，需要限制全球二氧化碳的排放，并指出美国和中国是造成全世界碳排放危机的两个主要国家。1980年，美国的石油燃烧排放了47.54亿公吨的二氧化碳；到2011年，这一数字增长了14%，上升到54.2亿公吨。同期，中国的二氧化碳排放量从14.54亿公吨增加到约97亿公吨，增长了五倍多。而这两个国家没有哪一个愿意带头解决全球的气候问题。

建议通过提高燃料价格从而控制消费的倡导者们受到了来自生产商、汽车制造商、消费者，尤其是车主们的抵制。而政府决策者也不愿意采取受到如此激烈的反对意见的解决方案。在世界很多地区，那些控制着石油资源的统治者多是独裁者，为所欲为，因为他们手中的"石油美元"给他们撑了腰。巨量的石油消耗使得他们稳稳握着手中大权。

戈尔和他的全球同仁们深信，科技创新、经济规划和政治行动的共同作用能够解决气候变化的难题，这一过程也同时会带来商业方面的收益。很多公司通过创新设计、创新设施和创新应用来寻找能源问题的绿色解决方案，并获取了相当可观的收益。石油供应的压力导致了石油价格的上升，因此，风能和太阳能生产开始成为经济上越来越具竞争力的能源。

很多技术革新都是有缺陷的：天然气是一种化石燃料，比起煤炭来，燃烧要更为清洁一些，似乎是可替代煤炭的一种新能源。然而，从地下获取天然气的方法——水

历史一览表：贸易、社会变革、技术

年 代	贸 易	社 会 变 革	技 术
1970年		■ 1975年召开第一届联合国妇女大会	■ 1973年可携式手机发明 ■ 1974年"纳米技术"术语首次使用
1980年		■ 1980年曼达尔委员会关于"其他落后阶层"的报告（印度） ■ 1981年音乐电视（MTV）开播 ■ 1985年申根协议的制定；1997年、1999年申根协议进一步扩大 ■ 1985年现场援助音乐会（Live Aid concert） ■ 1987年巴勒斯坦起义爆发	■ 1989年万维网正式推出
1990年	■ 1994年签署北美自由贸易协定（NAFTA） ■ 1995年关税及贸易总协定演变为世界贸易组织；2008年成员国总数达153个 ■ 1999年抵制世界贸易组织运动	■ 1994年南非实施一人一票民主选举 ■ 1996—1998年南非成立真相与和解委员会 ■ 1996年半岛电视台开播	■ 1991年首个数码手机电话网络推出；最早的短信发送
2000年	■ 2000年制定联合国千年发展目标 ■ 2001年世界社会论坛举行第一次会议 ■ 2002年欧元在欧盟大多数国家被采用 ■ 2008年全球经济衰退	■ 2000年爆发第二次巴勒斯坦起义 ■ 2001年荷兰宣布同性婚姻合法 ■ 2004年全球约有1 700万难民 ■ 2008年巴拉克·奥巴马当选为美国总统	■ 2004年旺加里·马塔伊凭借绿带运动荣获诺贝尔和平奖 ■ 2005年1 800万集装箱运输航行2亿次 ■ 2006年手机订单达26亿台 ■ 2007年戈尔因生态保护倡议荣获诺贝尔和平奖 ■ 2008年15亿人口使用互联网
2010年	■ 2011年全球贸易的年增长率达到10%；价值达72万亿美元	■ 2012年巴拉克·奥巴马再次当选美国总统 ■ 2013年美国有超过12个州宣布同性婚姻合法	■ 2010年维基解密公布了美国外交电报和其他绝密信息 ■ 2013年26亿人口连接上互联网

力压裂，或是"液压破碎法"，通过在地上钻孔并高压注入液体以使页岩岩石断裂并释放出气体——会带来污染地区饮用水供应的危险，同时也会造成甲烷气体的泄露。美国允许使用这样的页岩气开发技术；法国则不允许这样的开发技术应用，而欧盟其他国家也在考虑页岩气的开发，并推动进一步的研究。另一项能够代替石油的是核能，然而也有潜在的危险，尤其是日本福岛核反应堆在2011年的海啸和地震中毁坏，发生核辐射泄漏，迫使附近的65 000居民撤离。尽管两年过去了，但受到核反应堆核辐射的污水在继续汇入大海，这一灾难引发了这样的问题：核废料能被控制住吗？最后，人们努力减少对石油资源的依赖，特别是在美国和巴西，大面积的农作物被用于乙醇的生产，乙醇是一种以玉米为原料的燃料，由此减少了用于食物生产的土地：其结果是食物价格成本上升，这将大大加重穷人的生活负担。

在一些国家，尤其是欧洲，绿色政党开始涌现，他们致力于推出有利于生态健康发展的政策。联合国继续将生态问题作为主要议题之一，在2012年举行的里约+20峰会（Rio+20）上，来自192个国家的代表——其中有许多是国家元首——在里约热内卢继续探讨环保议题，这样的讨论始于1992年在同城举行的会议，2002

年在约翰内斯堡继续讨论了这一议题。乐观主义者希望继续通过对话解决问题；悲观主义者则指出在诸多国家和利益集团之间寻求可行性的方案和妥协存在不少困难。

身份特征及其意义

2013年的世界与1988年的世界相比大为不同了。请考虑一下本书所讨论的几大主题吧。

谈到进化以及进化对于成为一个人来说意味着什么，完整的人类基因组图已经被绘制出来了。科学家们通过对脱氧核糖核酸的测定已经了解了我们和整个动物世界的确切联系，尤其是我们与巨猿的密切联系，我们和巨猿相比，拥有的脱氧核糖核酸有97%是相同的。在此期间，世界的城市人口增长了50%，从1990年（22亿）到2012年（35亿）间人口增加了10亿多。世界总人口的一半以上都已居住在城市。曾经的帝国，如苏联，已经解体了，使得美国成为世界上的一个孤独的超级大国。然而，到了2013年，美国面临着众多严重问题，失业率居高不下，军队过度扩张，对世界的影响力日趋减弱。尤其是自1979年伊朗革命以来，宗教再次成为一个主要因素，不仅影响着世界文化，而且影响世界政治。一些曾经与世界贸易体系相脱离的国家，如中国和印度，开始在国际金融和贸易领域发挥重要作用。宗教、性别、种族、种姓、民族和阶层等方面的歧视正在受到文明思想的抵制，并且明显在逐渐消亡，移民使得更多的不同群体聚集到一起，学校也为适应各民族的多样性而设置相应的教育课程。然而毋庸置疑，一些民族仍然选择坚定地抵制社会变化。一直以来，新技术像以前一样总是给人类既带来了希望也带来了挑战，而且其力度是大大增强了。

世界的变化是如此迅速，以至于身份问题成为了21世纪初的一个关键问题。作为一个男人或一个女人，黑人或白人，农村人或城市人或郊区人，移民或本地居民，美国人或肯尼亚人或巴西人或中国人，基督教徒或穆斯林或佛教徒，经济保守派或自由派，文化传统主义者或世界主义者，精通技术者或对技术一窍不通者，富人或穷人，这一切都意味着什么？一个人赞成的是什么，反对的是什么？哪些事情是有意义的，值得去完成的，哪些是不那么关键和重要的？

学术研究者用正式的和规范的方式提出这些问题。例如，历史学家追溯个人和群体在历史上是如何用不同的方式改变他们的身份意识的。但是普通人也在这样做，只是以更为口语化的方式，通过和朋友交谈或是通过与自己的内心对话去作出探索。我们希望本书可以为读者提供关于这些身份问题的一些参考性意见，向他们显示，身份问题是一直与我们相联系的，尽管在不同的时间有着不同程度的区别。我们希望，读者能够认识到，研究历史实际上是在研究我们自己的生命和身份特征问题，既是针对个人也是针对群体的。通过了解我们过去是来自何处，我们是怎样走到今天的，我们将会更好地理解我们的选择、我们的局限，从而来决定我们在未来将走向何方。

推荐阅读

PRINCIPAL SOURCES

Carter, Jimmy. *We Can Have Peace in the Holy Land: A Plan that Will Work* (New York: Simon and Schuster, 2009). Carter advocates a two-state solution and calls for pressure to be exerted against Israelis and Palestinians to save them from themselves.

Chomsky, Noam. *Middle East Illusions* (Lanham, MD: Rowman and Littlefield, 2004). Chomsky takes to task everyone for failures in Middle East policy: He is especially critical of the United States for its uncritical support of Israel.

Crossley, Pamela Kyle, Lynn Hollen Lees, and John W. Servos. *Global Society: The World since 1900* (Boston, MA: Houghton Mifflin, 3rd ed., 2012). A fine, well-written history of the twentieth century, organized thematically rather than by nation or region. Special emphasis on technology and useful references to websites for further research.

Edelstein, Jillian. *Truth and Lies: Stories from the Truth and Reconciliation Commission in South Africa* (New York: The New Press, 2001). Portraits and testimony — often quite moving — from individuals who spoke to the commission.

French, Howard. *A Continent for the Taking: The Tragedy and Hope of Africa* (New York: Knopf, 2004). A senior writer for *The New York Times* places the blame for Africa's current difficulties on self-interested political leaders in both Africa and the West, showing that there is plenty of blame to go around.

Human Development (New York: United Nations Development Program, annual). A survey of the nations of the world with an abundance of statistical tables and numerous brief, specific topical discussions.

Jaffrelot, Christophe. *India's Silent Revolution: The Rise of the Lower Castes in North India* (London: Hurst and Company, 2003). Documents amazing, peaceful transformations in a hierarchical society.

Levinson, Marc. *The Box: How the Shipping Container Made the World Smaller and the World Economy Bigger* (Princeton, NJ: Princeton University Press, 2006). Describes the invention and application of containerized technology.

Nussbaum, Martha. *The Clash Within: Democracy, Religious Violence, and India's Future* (Cambridge, MA: Harvard University Press, 2007). Argues that peaceful centrists must work together to defeat violent, radical extremists. The case study is India, but the argument is widely applicable.

Obama, Barack. *Dreams from My Father. A Story of Race and Inheritance* (New York: Three Rivers Press, 2004). Memoirs of America's first multiracial president. A splendid and insightful autobiography.

Preston, Julia, and Samuel Dillon. *Opening Mexico: The Making of a Democracy* (New York: Farrar, Straus and Giroux, 2004). Two *New York Times* reporters narrate the events that marked the contemporary "Opening of Mexico" from about 1968 to 2004. Thoughtful and engaged.

Rosenberg, Rosalind. "The 'Woman Question,'" in Richard W. Bulliet, ed. *The Columbia History of the 20th Century* (New York: Columbia University Press, 1998). Discusses the changing goals of women's movements around the world.

Saadawi, Nawal El. *The Nawal El Saadawi Reader* (New York: Zed Books, 1997). Important spokeswoman for third-world feminists. Explains how their issues differ from those of women in first-world countries.

Sassen, Saskia. *The Global City: New York, London, Tokyo* (Princeton, NJ: Princeton University Press, 2001). An analysis of the most important cities in the world economy, and of what makes them so important.

Truth and Reconciliation Commission of South Africa Report, http://www.info.gov.za/otherdocs/2003/trc/rep.pdf. The amazing account of the South African government's attempt to heal the breach between black and white, seeking understanding rather than reprisal.

United Nations. *The Millennium Development Goals Report, 2013*. Also available online at http://www.un.org/millenniumgoals/pdf/report-2013/mdg-report-2013-english.pdf. Provides updates on progress toward meeting the eight millennium goals set in 2000.

YaleGlobal Online. A useful website with information on global poverty and inequality. http://yaleglobal.yale.edu.

Yunus, Muhammad. *Creating a world Without Poverty: Social Business and the Future of Capitalism* (New York: Public Affairs, reprint edition, 2009). An account of his work by the Nobel Prize-winning advocate of micro-finance.

Zakaria, Fareed. *The Post-American World* (New

York: W. W. Norton, 2008). Perceptive journalist analyzes current transformations in world economic and political power. America is still very important, but China and India are rising fast.

ADDITIONAL SOURCES

Acemoglu, Daron, and James Robinson. *Why Nations Fail: The Origins of Power, Prosperity, and Poverty* (New York: Crown Business, 2012). Praises democracy and free markets in reviewing the last several centuries of global development and underdevelopment.

Firebaugh, Glenn. *The New Geography of Global Income Inequality* (Cambridge, MA: Harvard University Press, 2003). Sociologist argues that while income inequality is increasing among people within countries, it is decreasing between nations,largely because of China's successful rise.

Foer, Franklin. *How Soccer Explains the World: An (Unlikely) Theory of Globalization* (New York: Harper Perennial, 2005). The subtitle is too grandiose, but this is a fun introduction to the craze of soccer around the world.

Friedman, Thomas L. *Hot, Flat, and Crowded: Why We Need a Green Revolution and How It Can Renew America* (New York: Farrar, Straus and Giroux, 2008). *New York Times* columnist urges America to attend to the problems of global warming, and sees economic benefits in new technology. Gilbert, Mark, and Jonathan T. Reynolds. *Afyica in World History: From Prehistory to the Present* (Upper Saddle River, NJ: Prentice Hall, 2nd ed., 2007). A useful survey.

Gourevitch,Philip. *We Wish to Inform You that Tomorrow We Will Be Killed with Our Families: Stories from Rwanda* (New York: Farrar, Straus and Giroux, 1998). Brilliant journalistic reporting from the killing fields of Rwanda. Attempts to understand and explain the differences between Tutsis and Hutus.

Hunt, Michael H. *The World Transformed: 1945 to the Present: A Documentary Reader* (Boston, MA: Bedford/St. Martin's, 2004). An outstanding selection of primary documents with global scope and thematic breadth.

Kishwar, Madhu. *Off the Beaten Track: Rethznking Gender Justice for Indian Women* (New Delhi: Oxford University Press, 1999). The editor of one of India's leading feminist journals, *Manushi*, discusses the evolution of her thought in light of the possible and the ideal.

Meade, Teresa. *A Brief History of Brazil* (New York: Checkmark Books, 2nd ed., 2009). Brief, incisive account, with many insights presented in sidebars. Especially interesting on culture, music, and sports. Well-chosen illustrations.

Milanovic, Branko. *Worlds Apart: Measuring International and Global Inequality* (Princeton, NJ: Princeton University Press, 2005). World Bank economist shows methods of evaluating inequality among nations and individuals, and sees little chance of greater equality in the near future.

Shavit, Ari. *My Promised Land: The Triumph and Tragedy of Israel* (New York: Spiegel and Grau, 2013). Widely acclaimed reassessment of the meaning and status of Zionism and Israel today.

Shulman, David. *Dark Hope: Working for Peace in Israel and Palestine* (Chicago, IL: University of Chicago Press, 2007). Personal, moving account of the actions of individual Israelis to bring humanitarian aid and justice for Palestinian Arabs.

Smick, David. *The World is Curved: Hidden Dangers in the Global Economy* (London and New York: Portfolio, 2008). Economist and businessman points out the hazards of globalization.

Stiglitz, Joseph, and Andrew Charlton. *Fair Trade for All: How Trade Can Promote Development* (New York: Oxford University Press, 2005). Argument for a level playmg field among the participants in international trade; until now terms have favored the-rich and powerful.

Wright, Donald. *The World and a Very Small Place in Africa: A History of Globalization in Niumi, The Gambia* (Armonk, NY: M. E. Sharpe, 2nd ed., 2004). Covers the period from the fifteenth century to the present. Fascinating conclusion on globalization and its dangers.

Zinsser, Judith P. "The United Nations Decade for Women: A Quiet Revolution," *The History Teacher*, vol.24, no.1 (November 1990), pp.19–29. International organizations are helping women to organize globally to dream new dreams and work to achieve otherwise unattainable goals.

FILMS

Bamako (2006; 1 hour 57 minutes). A legal attack on the policies of the World Bank and the International Monetary Fund, unfolding in the courtyard of a family living its daily life in Bamako. Provocative juxtaposition.

Dadi and Her Family (1981; 58 minutes). Brilliant documentary of family life in rural northern India seen especially through the eyes of the grandmother/mother-in-law and her commitment to keeping the family together.

Waltz with Bashir (2008; 1 hour 31 minutes). Animated film in which a former Israeli soldier comes to grips with repressed memories of battle and killing during the occupation of Lebanon in 1982.

Hotel Rwanda (2005; 2 hours 2 minutes). A gripping account of the break-up of Rwanda, the slaughter of Tutsis, and the people who tried to save them.

Inside Job (2010; 2 hours). Academy Award-winning

documentary view of the financial crisis of 2008. Through multiple interviews, gets at the stories behind the story.

Invictus (2009; 2 hours 14 minutes). An inspiring portrayal of Nelson Mandela's efforts to bring blacks and whites together, especially by promoting South Africa's sports teams as treasures of the entire nation.

The Last King of Scotland (2006; 2 hours 3 minutes). The story of the Scottish doctor who goes to work with Idi Amin of Uganda is fictional; Amin's dictatorial savagery is mostly fact.

Moolaadé (2005; 2 hours 4 minutes). "Sanctuary." Four girls facing ritual female genital mutilation (clitoridectomy) flee for sanctuary to a neighbor's home, evoking the fierce opposition to the practice. Ousmane Sembene's final film — an award-winner.

Too Big to Fail (2011; 1 hour 38 minutes). Made for HBO, an only lightly fictionalized presentation of the imminent collapse of Wall Street in 2008.

An Inconvenient Truth (2010; 1 hour 50 minutes). Al Gore's convincing, engaging, persuasive lecture-demonstration put to film, of all the consequences already evident in climate change, includes policy recommendations.

术语表

Abhidhamma 阿毗达摩　即论藏，为佛教经典或称《三藏》的三个部分之一，其他两部分为"经藏"和"律藏"。它包括对佛陀的教义的逻辑分析，安排系统合理，比"经藏"更为抽象，个人化的色彩要少些。其目的是以沉思为主，在对意识状态的检验中是一个重要的因素。

agora 市集广场　希腊城镇布局的一个重要特征。和古罗马城镇的广场相似，它的主要功能是作为城镇的市场，但它也是举行重大的社会和政治集会的场所。市集广场通常和卫城一起，拥有城镇里最重要的建筑。

al-Qaeda 基地组织　"基地"。由奥萨马·本·拉登在阿富汗组织的激进的伊斯兰游击队组织，最初与俄罗斯入侵者作战，后对美国及其盟国发动袭击。到后来，世界上多个地方的激进的伊斯兰游击组织都采用基地组织的名称，有的与本·拉登的组织有联系，有些则没有联系。

anthropology 人类学　对人在社会和体质进化方面进行的科学研究。体质人类学研究化石遗存以对人的起源和人在生物上的进化，以及不同种族之间的鲜明差异作出解释。文化人类学研究的重点则主要是通过对语言的研究来探索人类社会和文化的演变。社会人类学者把他们的研究方向主要放在对"原始"社会的探索上，他们主要分析的方面包括社会规范、风俗习惯、信仰和仪式等。

***asiento* 西班牙王室与某个人或君主国签订的协议**　以某块封地作为交换，给予后者进口规定数量的奴隶前往西属美洲殖民地的专有权。英国南海公司在1713年签订的乌得勒支条约中被授予一项垄断权，这一特权在1750年以一次总付的方式被取消。

assimilation 同化　不同的种族群体通过与一个社会的主流文化的接触而失去自己的鲜明文化身份，并逐渐被后者吸收和融入的过程。

ayatollah 阿亚图拉　对伊朗显赫而拥有权威的穆斯林宗教领袖的尊称。

balance of power 均势　在国际关系中，一种为了维持和平而防止任何一个国家或国家联盟变得过于居于支配地位的一种政策。为了建立一支和潜在的敌人势力相当或高于后者的军事力量，常常会结成联盟。在古代世界曾采用这一政策，如希腊的城邦国家。

bas relief 浅浮雕　在雕刻中，浮雕代表任何形态突出于背景之上的艺术作品。在浅浮雕中，图案从背景上稍稍有些突出，轮廓并不是从底部雕出的。

Berlin Blockade 柏林隔离带　1948年，为了获得对柏林的控制权，苏联封锁了这座城市的人员和物资的出入口。

Bible 圣经　源自希腊语biblia，原意为"书"。用希伯来语写成的犹太圣经，由39卷旧约组成，该书的教义大约在公元100年前后形成。据称这些经文是在神的启示下写成的，共包括三个部分，包括托拉（律法书），即最前面的五卷书——从创世记到申命记——其作者被认为是摩西；先知书；以及圣录（包括赞美诗等）。基督教会把这些经卷和次经（用希腊语写成的作为补充的经文）以及《新约》放在一起组成《圣经》，这样的形式自公元四世纪末确定以后一直延续至今。

bourgeoisie 中产阶级　源自法语，原意指生活在城镇中的居民，他们所处的社会和经济地位介于乡村的农民和封建贵族之间；随着工业的发展，被越来越多地用来指代雇工者，以及其他的属于"中产阶级"的成员，包括专业人员、手工业匠和商店店主。（在马克思主义的理论中，该词指那些拥有生产工具、但不是通过出售自己的劳动而生存者，意思与"无产阶级"相对。）

bourse 证券交易所。

caliph 哈里发　穆斯林的精神领袖和世俗社会的统治者。作为先知穆罕默德的继承者，哈里发拥有绝对的统治权和宗教权威，其前提是他须按照《古兰经》的教义和《圣训》进行统治。

capitalism 资本主义　一种经济制度，其特点是生产资料为私人或公司所有，在自由的、竞争的供求市场中，商品的价格、生产和销售都由私人自行控制。

cartel 卡特尔　独立制造商或经销商组成的一种联盟，他们的目的是控制某一种或某一类特定货物的供给，以此来操控或抬高价格。

caste 种姓　在实行等级制的社会体系中的一个重要成分，在该体系中，各个等级均有严格规定，一般根据出身、婚姻和职业而定。在诸如印度的印度教更为严密的种姓体系中，不允许从一个种姓转入另一种姓，在教

国家。

centuries 百夫队　罗马军队的最小单位，每个单位约由100名步兵组成，一名百夫队长指挥。60个百夫队组成一个军团，罗马公民的政治组织也以百人团为形式。他们参加公民大会以选举主执政官并拥有一定的司法权力。

Cheka 契卡　1917年十月革命后布尔什维克政府建立的苏联早期的秘密警察组织，目的在于打击持不同政见者以保护政权。被批评为其手段过于残暴，该机构于1922年被重组。

***chonin* 町人**　日本的城市商人以及由这些商人组成的阶级。在德川幕府时期，商人的财富、力量和地位都得到了增强提高。

Christmas 圣诞节　基督教庆祝耶稣基督诞生的节日。基督确切的生日未能肯定，但是早期教会选择这一天作为生日的原因可能是，这一天正好和异教徒在冬至日崇拜太阳的节庆日重叠。异教徒的祭祀日看来是与圣诞节相连的某些流行的习俗节庆的来源。

client state 附庸国　是指在经济、政治或军事上依附另一个国家的国家。在冷战期间，诸如古巴和危地马拉等国家就分别支持苏联和美国的政策，同时从后者得到广泛的援助。

collectivization 集体化　一种旨在把土地从私人拥有改变为国家或公社拥有的政策。由苏联政府在1920年代采纳并以残忍的方式实施，到1936年时几乎所有的农民都加入了集体农庄，尽管有许多人以暴力方式加以抵制。把农业结合到国家控制的经济中去的做法帮助提供了为工业化所需要的资本。

comprador 买办　（源自葡萄牙语，意为"购买者"）受雇于西方贸易者的中国商人用以帮助他们在中国的生意。这样的买办负责提供译员、工人、保安以及帮助提供外汇交换服务。

concordat 政教协约　一个由任罗马天主教会首领的教皇和当时的统治者之间签订的、受国际法制约的公共协约，它规定了教会在相关国家内拥有的地位、权利和自由。

consul 执政官　罗马共和国掌有最高民事权力和军事权力的两名长官之一。由元老院提名和百人议会（民众集会）的公民选举出，执政官任期时间为一年，并且各自享有

922

对对方的否决权。他们的权力在罗马共和国于公元前27年崩溃后受到很大限制,此后国家的权力落到了皇帝的控制之下。

contract labor 合同劳工　在有强制约束力的法律合同下劳动者提供的劳动,一般有一个较长的期限,有时长达数年,有时在有组织的劳工群体中,而且劳动的场所往往地处遥远。比较"契约劳工"。

conurbation 城镇群　指规模庞大的城市综合体,由相对独立的多个小城镇或小城市组成,是一种特大型城市。

creole 克里奥尔人　十六到十八世纪时,在西班牙美洲殖民地出生的、父母为西班牙人的白人。在西班牙的殖民统治中,克里奥尔人被排除出最高政府机构,他们因此成为革命的领袖,而且成为后来新独立的国家的统治阶级。"克里奥尔人"一词的使用也有更为宽泛的意义,可用于表达多种概念。

cuneiform 楔形文字　这是从大约公元前4000年末到公元前100年,古代近东地区使用的一种书写文字体系。在该地区的多个语言中使用,但最早的先例见于泥板形式保存下来的苏美尔语。这种文字的名称来源于把一根尖笔的斜面压入柔软的黏土形成的楔形记号。(拉丁语cuncus意为"楔子")楔形符号为更早的象形文字的抽象形式,代表整个词语或音节。

daimyo 大名　日本的封建君主,在16世纪之前几乎控制着整个国家。他们之间持续不断的战争在1603年德川幕府的统治下终告结束;此后他们成为地方的统治者,宣誓效忠幕府将军。1868年,他们管辖的领地归属天皇,1871年,他们在得到头衔名号后辞官隐退。

dalit "被压迫者"　由以前的不可接触者用来描述他们的悲惨状况境遇的词语。

Daoism 道教　古代中国的一种宗教-哲学思想体系,形成于公元前6世纪。道家思想拒绝中国另一传统哲学思想即儒教的激进主张。它强调的是自然、个人的自由、对生命和政府统治的放任自然的态度、简朴和神秘体验的重要性。真正的幸福快乐来自对自然的道或原则的顺服遵从。道教的主要经典是《老子》或《道德经》,一般认为其为哲学家老子所作,以及庄周的《庄子》。

Dar al-Islam 达尔-伊斯兰　这个阿拉伯词语的字面意思是"和平的家园"。该词指的

是伊斯兰的土地,或伊斯兰教可自由信仰及其宗教法律(沙里亚)可自由实施的领土。

deme 地亩区　指古希腊的一个乡村地区或村镇,或指该地区的组成人员或住民。地亩区是大城市的组成部分,不过拥有一定的自治权和自己的警备力量,并有它们自己的宗教信仰、官员和财产。地亩区的成员资格仅限于成年男性,而且是可继承的,它也对大城市的成员资格作出担保。

developed world 发达国家　这些国家拥有相当的财富,财富的取得大多经由先进的工业化实现,其特征为相当高的生活水平、医疗保健制度和文化水平,先进的技术发展,民主制度,世界性影响,以及较高的劳动成本和能源消耗。发达国家包括欧洲的大多数国家、美国、加拿大、日本、澳大利亚和新西兰,工业化在这些国家最早实现。

developing world 发展中国家　这些国家缺乏先进的工业基础,缺少投资资金,人均收入低。这些国家的经济大多以农业为主,往往以某一种作物为主,而且产量不高。在这些国家,劳动力供应充足,但他们缺少技术,劳动力成本低;文化水平低;贫困、疾病和灾荒未得到根除。发展中国家包括大多数的亚洲国家以及非洲和拉丁美洲地区的国家。(参见"第三世界")

dhimmi 希姆米　指在伊斯兰国家中属于"被保护者"阶层的个人,他们不可被强制皈依伊斯兰教。他们最初包括在《古兰经》中提到的一神论宗教的追随者,神的经文曾向他们昭示,其教义在某些情况下延伸至其他宗教的追随者。

diaspora 犹太人流散世界各地　一般指的是一个民族的人员流散各地。大多数情况下用来特指犹太人分散于世界各地的非犹太人社会中。这个过程开始于公元前6世纪巴比伦占领时期。希伯来语中表示"diaspora"一词意思的是"Galut"一词,意为"流放"。由于犹太人和以色列土地之间的特殊关系,该词指的不仅是他们的被迫远走他乡,而且还含有宗教、哲学思想和政治上的意义。非洲人的"diaspora"指的是出身于非洲的人们被迫流散到世界各地生存。"trade diaspora"则用于指来自许多不同国家的贸易商生活和工作的贸易中心。

diffusion 扩散　从一种文化传播到另一种文化的思想观点、人工制品和相关特征等。diffusionism(传流论)是人类学中的理论之

一,指不同民族之间的文化上的相似性可以被解释为是通过扩散,而不是通过创造发明形成的,更为激进的观点则认为它们来自同一起源。

divine right of kings 君权神授　16和17世纪时拥有很大影响力的政治信条。主张君主的权力是上帝赋予的,因此是尘世间的任何权威都无法比拟的。英国国王詹姆士一世(1603—1625年在位)是该思想的竭力鼓吹者。

dominance 独裁主义　用武力方式强制推行外邦政府的统治,与霸权主义相对。

Duma 杜马　尼古拉二世为了应对1905年的革命而建立的俄国议会,杜马的权力主要被限制在司法和行政领域;沙皇重新控制了特权。最初的两个杜马(1906,1907)颇为激进,不久即被解散;第三个杜马(1907—1912年)转向保守;第四个杜马(1912—1917年)成为反对沙皇统治的核心,尤其是对政府在第一次世界大战中的表现上,最后迫使尼古拉于1917年退位。

Easter 复活节　基督教中庆祝基督复活的一个主要节日。在此节之前的是长达40天的大斋节,其高潮为复活节前的一周和星期五的受难节,以纪念耶稣的受难。该日期不固定,可为3月22日至4月25日之间的任何一个星期日。早期的基督徒把这一节日与犹太的逾越节联系在一起,在某些教会,在圣星期六晚上还举行祈祷守夜。

econometrics 计量经济学　使用统计技术和数学模型来分析经济关系的方法。可被政府或私营商业机构用于测试一个经济原理的有效性或预测未来的趋势。

economic liberalism 经济自由主义　该词语在不同时期具有不同的含义。今天通常指一种资本主义经济下的自由市场,政府干预最少。常用于指新自由主义。

ecumene 文化圈　源自希腊语,指在人类定居的世界里具有鲜明的历史和文化特征的社会。

empiricism 经验主义　一种认为所有的知识都来自经验的理论;依赖对事物的直接观察和经验来确定事实的方法。往往一方面与理性主义相连,另一方面与神秘主义相联系。

enclosure acts 圈地法案　英国在1700年代后期至1800年代通过的法案,把原来为社会

拥有的公共土地出售给私人拥有者所有。

encomienda 赐封 西班牙王室给予殖民地的一种特权,允许殖民者从居住在某一地区的、一定人数的印第安人那里索取进贡——包括用黄金、以实物贡献或以劳动代偿的方式等。作为回报,后者得到的是在生活福利方面的照顾和天主教信仰的指引。该制度的目的是为矿区开采提供劳动力,但后来被过度滥用,最后遭致废除。

enlightened despotism 开明的君主专制 一种仁慈的专制主义政治体系,统治者拥有国家的至高权力。开明专政的君主为了人民的利益而推行各种措施,并非出于个人自身的兴趣。

epigraphy 铭文/铭文学 一般指刻在石碑或金属板上的铭文,也指对这类铭文的解读阐释的研究。

equity 公平 指的是在一个系统中,参与者都相信该系统的不偏不倚和公正性。公平不一定意味着平等,所有参与者都平等地拥有商品和权利,但却要求参与者在某一个系统中都要具有公正性和正义性。

ethnic cleansing 种族清洗 种族大屠杀的一个委婉说法。将少数族群从某一块领土上驱逐或屠杀的行为。

Eucharist 圣餐 源自希腊语eucharistia,意即感恩。这是基督教教会的一个中心圣事和行为,其高潮是圣餐礼。以纪念基督和使徒的最后的晚餐、他被钉在十字架上的受难、以及对人类的拯救,在圣餐仪式上,上帝的身体和血以水和葡萄酒为形式分发给信仰者领食。

evangelical Christianity 福音派基督教 指这些新形式的基督教新教,强调圣经的字面真理和权威,以及通过个人接受耶稣基督而获得救赎。

exogamy 族外婚 一个人在自己的部落或克兰以外寻找婚姻对象的做法,与此相反的是endogamy(族内婚),即从自己的部落内寻找婚姻对象。一般对选择婚姻对象的外族部落是有所限制的。

extraterritoriality 治外法权 在国际法中,指一个主权独立国家的或国际组织的官方代表享有免受其驻在国的司法管辖的豁免权。他们实际上是在"外国的岛屿"上,由此而免受起诉、干涉和强制限制。

fascism 法西斯主义 自由民主制度的对立面,一种视国家利益高于个人的政治思想、运动或政府形式。它主张建立一个中央集权的、专制的政府,由一个纪律森严的政党领导,并以一个独裁的、极具号召力和鼓惑力的领袖为首。"fascism"一词最早由意大利的贝内托·墨索里尼使用,源自拉丁语的"fasces"一词,作为古代国家权威的象征,其形状为围绕一把斧头捆起来的枝条。

feudal 封建 指在土地占有和生产的采邑制基础上组织建立的社会、军事和政治体系。财产(采邑)由庄园主赠予佃农(臣属),其条件是宣誓效忠并承诺完成某些义务,包括服役、出谋划策和提供服务;而庄园主则提供保护和主持正义。最初是以封地方式赠予的,采邑后变为继承制。在这一体系下,每个个人都通过一张互相承担责任的网络与其他人连接在一起,包括上自国王、皇帝,下至农奴。封建主义主要体现在中世纪的欧洲,以及中国和日本。(参见庄园经济)

first world 第一世界 指属于发达世界的先进资本主义国家,与第二世界(实行社会主义国家制度的国家,尤指属于原来的苏联阵营的各国)和第三世界相对。

Fortress Europe 欧洲堡垒 根据申根协定,那些被拒绝进入欧盟的潜在移民对1990年起实施的该协定的负面称谓。

free market economy 自由市场经济 在这种经济体制下,生产资料主要归私人所有,政府几乎很少对市场进行调控。市场的运作以供应和需求为基础。其首要的目的是使利润最大化,这样的利润由在企业中投入资本的个人分享。这一体系也被称为自由企业经济或资本主义。

***Führer* 元首** 德语"领袖"的意思,希特勒自封的、以显示他对德国的绝对控制的头衔。

fundamentalist 原教旨主义者 相信圣经里的字面意义即是来自上帝的启示的人。有时,广义上指任何对自己的宗教信仰表示强烈信奉的人。

fusion 融合 在文化领域中,融合是指不同的形式结合而形成成新的形式。融合经常被应用于食谱和演示,也被应用于各种音乐和艺术形式。"杂糅"的应用类似"融合",区别在于"融合"更多地是指运用了想象力以创造出更好的形式。

garden city 田园城市 经过规划的、综合了工作、居住、农业和娱乐设施的城市,周围环绕着乡村带。这一颇具影响的理念是由英国的规划师埃比尼泽·霍华德为解决工业时代农村的人口减少和城市人口过度拥挤而提出的方案。英国东南部的莱奇沃思(1903)是这方面最早的例子。

***gazi* 加齐** 伊斯兰教的士兵或军事头领,有时也用于土耳其军队中的军衔。

Girondins 吉伦特派 法国大革命期间的一个革命组织,成员大多数来自中产阶级,其中许多人来自吉伦特地区。他们在立法议会(1791)的表现极为突出,提出对奥地利发动战争(1792),反对更为激进的山岳派,后在1793年被推翻。

glasnost 公开性 俄语中"开放"之意。1986年被苏联领袖米哈伊尔·戈尔巴乔夫用作政治标语。它鼓励更多的言论自由与对社会、政治和文化等问题展开切实的辩论。与perestroika(改革)一词一起,它们预示着更为广泛的民主和与西方关系的改善。

globalization 全球化 将各国的人们、机构、民族纳入一个全球统一的互动网络的全球化进程。通常,这一词语指的是经济的网络互连和一体化,但也伴随着文化、政治和技术领域的全球化。

guild 行会 为了某些共同的目标、通常是经济目标而结盟的组织。在中世纪欧洲的城镇,为了保护及提高成员所在行业的利益和成员之间的互助,出现了手工业者或商人的行会。商人组织的商会组织当地的贸易活动,而且对地方的政府有很重要的影响。行业商会限于专门的手工艺行当或行业;他们制定并维持行业的质量标准,对生产进行调节,通过徒工制度对从业者的招收进行控制;他们也发挥重要的社会和宗教作用。在印度,行会是商人和生产者的组织,他们确定度量衡方面的标准、负责价格制定并实行质量控制。

Gulag 古拉格 (苏联内务部劳改局)Gulag为俄语 Glavnoye Upravleniye Ispravitelno Trudovykh Lgerey 的首字母缩写,意为"劳动改造营管理局"。古拉格是在斯大林指示下于1934年建立的一个苏联秘密警察部门。该局负责管辖一个庞大的遍及整个苏联的强制劳改营网络。千百万被控"反国家罪"的民众被押送到古拉格接受惩罚。对这一制度亚历山大·索尔仁尼琴在他的小说《古拉格群岛》中作了揭露。

habeas corpus 人身保护令　该词源自拉丁语，意为"你有权拥有你的身体"。这是数百年通行的一个原则，要求一个国家的政府及其相应的机构对受羁押的嫌疑人公开展示及陈述对他或她提起的指控。这一权利禁止对嫌疑人不提起指控而长期羁押的做法。

hacienda 种植园　西班牙美洲的一种面积广阔的农村庄园，源于16世纪西班牙在这里的殖民。这里的劳动者在理论上是身份自由的靠劳动挣工资者，但实际上他们通过对土地所有者负债方式被与土地绑在了一起。这些种植园主控制了当地的、有时甚至是国家的政府。

hadith 圣训　传统上对先知穆罕默德的言行的记录，是《古兰经》以外伊斯兰教理论和法律的基础。圣训对《古兰经》提供解释评论，对社会和宗教生活以及日常的行为给予指引。

han 藩　在日本，指在德川幕府（1603—1868年）统治下由大名控制的土地或封地。尽管在法律上属于中央政府所有，但是每个藩形成一个自治的、自给自足的经济单位，而且拥有自己的军事武装。这一制度于1871年被废除。

harijan 神的子民　印度语中的一个名称，由圣雄甘地首创使用，指印度社会中最贫困的阶级，包括"不可接触者"。

hegemony 霸权主义　在一个群体组织中一个单位对其他单位的支配统治，例如，联盟中的某个国家。也可用于指帝国对其下面的从属国实行的统治，其中外国政府的权力行使均须得到帝国的允准。霸权一般来说含有剥削的意思，但是在某种积极的意义上，它可能包含着"领导"的意义（参见"统治"）。

heliocentric 日心说　该体系认为，太阳位于是太阳系——或者宇宙的中心，地球和其他行星则围绕太阳运转。亚历山大的托勒密的地心说、即地球中心理论自公元2世纪起主宰着西方世界的科学思想，直到1543年哥白尼发表《天体运行论》以后才发生变化。在他的观点被证明是基本上正确之前，宗教界和科学界对此颇具争议。

hieroglyphs 象形文字　一种使用图画或表意符号的文字体系。在古埃及，象形文字被广泛应用于碑铭雕刻。这些符号表示的是单词、音节和声音，用于描绘人、动物和各种物体等。

hijra 希吉拉　指穆罕默德在622年从他生命处于危险的麦加"迁徙"或逃往麦地那（当时被称为雅兹里布）的经过。伊斯兰时代（A.H.即指"希吉拉之后"）即从该日期起算，该日恰为第一个伊斯兰国家的立国之日。

Hindutva 印度特性　一个政治—宗教口号，呼吁印度教与印度国家政权的结合。这是几个印度教激进组织的战斗口号。

historiography 史学研究　关于历史的研究，或是关于历史研究的理论和历史的研究。

Homo eretus 直立人　分布最为广泛，而且与人类最为接近的史前人科动物。约在200万年前开始进化，在100000年前开始灭绝。

hoplite 重装步兵　古希腊身披坚实厚重装甲的步兵，这类兵种在战斗中排成紧密的阵形，通常是一队八人。重装士兵由拥有一定财产的公民担任，他们自己负担置办全副武装，包括饰有护鼻和保护脸部的盔甲、胸铠和铜制的胫甲。每个士兵都携有一面铜盾，一柄铁制短剑和一把用来戳刺的长矛。

Huguenots 胡格诺派　指16和17世纪法国的新教徒。他们的合法地位随着当时在位的君主的意愿而改变。

humanism 人文主义　此说法可应用于14世纪最早出现在西欧的由彼特拉克及薄伽丘发起的一场文化运动。这场运动来源于人们对古典文学，特别是拉丁文以及文学的重新审视和研究。人文的研究包括修辞、语法、历史、诗歌，和道德哲学（人文科学）；人文学者的目标是仿效并赶上古典的文学成就。对古典文明的审视成为文艺复兴的激励源泉。尽管人文主义对人的特质和价值观给予特别的重视，但是和20世纪的人文主义不同，当时的人文主义并没有对基督教采取拒绝的态度。

hybridization 糅合　最初运用于文化人类学，现今使用更为广泛，是指混合不同的文化以创造出新的文化形式。通常也被称为文化融合。

icon 圣像　体现基督、圣母马利亚或其他圣者或圣徒的形象，一般为木板上的绘画图像，也有以马赛克、象牙或其他材料制作成的形象。该词语一般用于东正派基督教会，尤其是拜占庭和东正教会的圣者形象，这样的形象被视为是上帝恩典的显示。（参见iconoclast）

iconoclast 破坏圣像运动　圣像破坏者，或坚持行动第一，反对圣像神化的人。在拜占庭帝国对圣像崇拜的不同意见导致对圣像本身的攻击，在圣像破坏之争（726—842年）中圣像的使用遭到禁止，其间有许多圣像被毁。

ideogram 表意文字　（又称象形文字）书写系统中的一个字符或图形，其意义不仅表达了名称，还能表达事物的概念。诸如汉语等语言使用表意符号，但是它们无法简单方便地用来表示新词或外来词语，往往需要相当数量的符号才能传递甚至是很基本的信息。

imam 伊玛目　伊斯兰教里对领袖或者榜样的称呼，并含有好几层意义。在一般意义上，它可以用来指清真寺里的领祷者，或是一个社区或群体的领袖。在十叶派穆斯林中，该名称有特别的意义，用于指穆罕默德的继承者，而且被视为永远正确，在精神领域和世俗生活中拥有绝对的权威。（参见caliph）

indentured labor 契约劳工　契约劳工根据签署的契约，或称合同，为某一雇主工作一定的时间，一般长达数年，大多在遥远的异国他乡，以此获得路费及生活费用。契约劳工一般有极大的限制性，而且条件极为苛刻。在19世纪奴隶制废除以后，在许多地区如加勒比海等，（从亚洲）招来的契约劳工数量很大。比较"合同劳工"。

Indo-Aryan 印度-雅利安语　是使用印-欧语言群体的印度-伊朗人的一个分支，也被称为印度人，在印度、斯里兰卡、孟加拉和巴基斯坦使用。印度-雅利安语系由印度教的圣语梵语发展而来。包括作为文学语言的印地语，更具口语特色的兴都斯坦语，使用面很广的信德语、孟加拉语、古吉拉特语和僧伽罗语。

Indo-European 印欧语系　地球上最大的语系，被认为是从5000多年前由在黑海附近的大平原地区使用的未有文字记载的一种语言发展而来，后分化为多种方言。这些语言由迁徙的人们传至欧洲和亚洲，这些迁徙者同时也传播了他们的文化遗产。这一语系包括以下各分支：安纳托利亚语（最早的有文字记载的语言，现已失传），印度-伊朗语，亚美尼亚语，希腊语，阿尔巴尼亚语，吐火罗语，凯尔特语，意大利语，日耳曼语，波罗的语和斯拉夫语。

indulgences 免罪券　在罗马天主教会，人们可通过做义工和专门的祷告来获得特赦，免除自己的罪孽。免罪券是通过教会和圣徒来发放的。到了中世纪后期，教会开始兜售免罪券，导致了对免罪券大规模的滥用。

infitah 对外开放　源自阿拉伯语，指心胸开阔和对新思想、新观点的接受态度。在商业方面，它用于指摆脱束缚性的规则条例，谋求商业的拓展。

Infosys Campus 印度迈索尔信息系统园区　到2000年左右，印度已成为软件行业的世界领导者，为总部位于美国和欧洲的公司提供后台支持。诸如Infosys、Wipro、Tata咨询（Tata Consultancies）等印度公司都已建立了集研发和新员工培训为一体的园区。在迈索尔340英亩的园区内，Infosys公司共有200个教室，聘请了500名教师。此外，该园区能每次培训12 000名员工，分成三批每批4 000人，每次培训期四个月。

innovation 创新　在不同的人类群体中发现的、经独立发明和创造出来的、而不是从一个群体传播到另外一个群体的相似的文化特征、技术或制品等。

interregnum 空位期　指在两个朝代之间的间隔期（拉丁语，意为"在两个朝代之间"），该词语可能指一个君主去世后和他的继承者登基之间的一段时间，一个政府暂停统治的一段间隔期，或是一个篡权者掌权统治期间。

intifada 巴勒斯坦人暴动　阿拉伯语口语，意为"运动，起义，反抗"。

irredentist 领土收复主义者　支持国家收回被侵占的领土的个人或组织。

Jacobins 雅各宾派　1789年成立的一个法国革命政党。该名称取自位于巴黎原来的多明我会女修道院，该党派的会议即在那里举行。后发展成法国大革命中最激进的一个党派，在罗伯斯比尔的领导下，执行恐怖统治并把国王处死（1793年）。

janapada 大邦　源自梵语，在古典的文本中指印度的面积较大的政治区域，始于约公元前700年。

janissary 苏丹亲兵　奥斯曼帝国的精英步兵。最初在14世纪后期，他们是来自被征服的巴尔干人的基督教应征士兵，巴尔干人被迫皈依伊斯兰教，并在他们的严密统治下，包括禁欲。他们受过严密训练，后来逐渐变得极为强大，并多次发动宫廷政变；在他们于1826年发动叛乱后遭屠杀。

jizya 吉兹亚税　对非穆斯林征收的人头税，包括犹太人、基督徒以及后来的琐罗亚斯德教教徒和印度教教徒。穆斯林称这些非穆斯林为坚持一神论的"圣经的子民"，因而需要得到保护。

keiretsu 系列公司、联营公司　日本独立的公司之间的联盟，可以是不同的行业之间的大公司的联合，或是一个大公司和它的承包商之间的联合。它们是战前的zaibatsu形式的发展。

kulak 富农　沙皇时代晚期和苏联早期的富裕农民。作为当地农业社会的领袖，富农拥有面积可观的农场并雇佣一定数量的劳动力。他们强烈反抗斯大林的集体化政策，因而被视为阶级敌人；众多的富农或遭放逐或被枪毙，他们拥有的财产被没收。

laissez-faire 放任和不干涉政策　一种国家不干涉市场的运作和个人经济事务的经济政策。这一理论是在18世纪被提出来的，提倡者认为，一个不受调节控制的经济会"自然地"以最佳效率运行，对自我利益的追求归根结底会有益于整个社会。

lateen 三角帆船　三角形帆的一角与桅杆形成约45度角，固定在一个长棍或横木上，其他角则固定在船尾附近。这种帆船能够借两边的风航行。由阿拉伯人发明的帆装使得海上航行发生了革命性的变化，因为它使得船只能够充分利用风力，几乎可以朝任何方向航行；而原来使用的方帆，船只能被风吹着前行。

Legalism 法家思想　中国古代的哲学思想之一。在战国时（公元前481—422年）受到广泛的关注。法家思想对秦朝的施政产生了巨大的影响。法家学者对人性持悲观的态度，他们认为社会的和谐只能通过强权政府、严厉的酷刑和严格的执法才能实现。秦朝时这一政治理论的赤裸裸的推行最终导致秦朝的灭亡，法家的思想在儒家的思想中一直被否定。

liberation theology 解放神学　指的是天主教会内的一个运动，主要发生在20世纪60和70年代拉丁美洲的教会中。该运动将马克思主义的社会关切与基督教福音书相结合，以服务贫困人群为主要目标，并在必要时组织穷人对抗政府。

libido, id 力比多，本我　在弗罗伊德的心理学中，用于指人身上的代表性欲和权力驱力的攻击性力量。

madrasa 马德拉沙　传统的伊斯兰教高等学府，设置的课程以神学、法学为主，其伊斯兰语的字面意思为"求学之地"。马德拉沙一般都有一个中央庭院，四周是学生们住宿的房间以及一间祈祷室或是清真寺，即学校的教学场所。学费、饮食和住宿是免费的。学习时间可长达数年，主要以记诵教材和讲课内容为主。

mahdi 马赫迪　原为阿拉伯语，意为"被引上正道的人"。根据伊斯兰教的传统，在世界末日之前的一段时间，有一位救世主将临世，重建正义、真理和信仰。部分十叶派的穆斯林相信，第12个伊玛目（公元9世纪）会作为马赫迪再现。有好几个冒牌者自称拥有此称号。

mandala 曼荼罗　一套循环图案组成的几何图案，印度教和佛教用来指导禅坐或执行神圣的仪式。

manorial economy 庄园经济　基于庄园、或地主的采邑制的经济制度，在中世纪欧洲为最常见的农业组织单位。庄园包括地主自己拥有的农庄（领地）和由佃农或农奴耕种的土地，后者附属于庄园主，而且须为庄园主的领地提供劳作。在14世纪之前，庄园主并不是完全独立自主的，但是其目标是尽可能做到自给自足，而不是依赖市场，它支撑了一个稳步增长的人口。

mantra 咒语　一套印度教和佛教使用的口头表达的话语和发出的声音的惯用形式，据说拥有某种精神力量。咒语的作用主要依靠在正确发出咒语过程中准确的精神状态。对某一咒语的默念或沉思可以引发一种出神入定的状态，由此达到一种更高的精神境界。

maroonage 马龙／黑奴逃亡　18世纪早期逃亡到西印度群岛的奴隶的境况。成功逃亡之后，他们有时会在人迹罕至的山区和森林中建立社区。

mazombo 葡萄牙后裔　葡萄牙移民者在美洲的直系后代。

medieval 中世纪　一个自15世纪的意大利开始使用的词语，意为在远古和当时的文艺复兴之间的"中间的时代"。该词语原含有贬义，把中世纪认为与失去的古罗马的辉煌相比，是一个在艺术和文化方面趋于衰落的时期，而文艺复兴则旨在赶上和超越古罗马取得的辉煌成就。

Meiji restoration 明治维新　以睦仁天皇（1867—1912年）也称明治天皇之名，革新的影响遍及日本。在他统治期间，通过宪法改革，天皇重新获得了所有的权力，罢免了本来军权在握的幕府将军。日本引进了许多西方创新技术使其成为了现代化工业化国家。

mercantilism 重商主义　一种很多欧洲国家在16至18世纪实行的经济政策。其目的在于积累黄金储备以提高国家的经济实力，包括国家对贸易的调节控制。采取的措施包括进口商品的关税，采纳禁止奢侈浪费的法令以降低对进口商品的需求，提倡节俭，寻求新的殖民地，即把殖民地作为原材料的供应地，又可将其作为制成品的出口市场。

mestizo 黑白混血儿　具有混合种族血统的人。在中美洲和南美洲，通常用于称拥有印第安和欧洲混血血统的人。

micro-finance 或 micro-credit 微金融或小额信贷　小额贷款金额大约在100美元左右，甚至更少，通常提供给小型企业主和妇女。由于传统商业银行一般不提供如此小额的贷款业务，同时他们认为小型企业主和妇女的经济条件较差，没有偿还能力而不会给他们提供贷款。小额贷款利率通常低于市场利率，借贷人之间联合互相担保。

mir 米尔　俄国革命前一种控制有当地森林、渔场、猎场的农民自治社团；土地根据每个家庭成员的数量分配给各个家庭，作为回报，每个家庭都要支付一笔固定的租金。

mita 米塔　一种在秘鲁实行的强制性劳役制度，这一制度在印加帝国时期就开始实行，在西班牙殖民者统治时期得以继续。印加帝国统治者要求印第安人提供一定数量的劳工以在一定时间内参加公共设施建设劳动。劳动条件极为骇人，在矿井中尤甚，许许多多印第安人由此而死去。该制度于1821年被废除。

Monophysites 基督一性论者　一种早期基督教教义的拥护者，他们认为，人形化的基督具有单一的完全神性的本性。他们反对传统观念中认为基督具有神性和人性的双重本性，并不惜降低其体验人的实际苦难的能力来强调其神性这一观念。这一教条在科普特基督教会和其他一些东正教会中仍有其市场。

monopoly 垄断　通过生产或提供某种别人无法替代的特定商品或服务，进行排他性控制。因为没有了竞争，供应者可以借此自定价格，并使利润达到最大化。

Montagnands 山岳派　法国的一个激进革命党派的成员，与雅各宾派联系紧密，并受到手工艺匠、商店店主和无裤党成员的支持。他们反对态度较为温和的吉伦特派，在1793—1794年的法国大革命的高潮中控制了立法议会和国民大会。

mulatto 黑白混血儿　在美洲，对指拥有混血种族者的称呼，常指父母双方一方为欧洲人一方为非洲人的混血儿。

myth 神话　一种对人类的过去的解释性故事，无法由历史予以证实，但具有深刻的精神道德寓意。

nabob 在印度发财的欧洲人　指18世纪时，东印度公司中那些在印度发财的英国人，他们往往通过腐败的手段来聚敛财富。

naxalites 纳萨尔派　该术语在印度是指对政府或商业开发自然资源的反抗。该词源于发生在纳萨尔村的抗议事件，最初由共产党组织，而后更多地演变为偏远地区部落反抗在他们的家园开采资源。

neo-colonialism 新殖民主义　由一个或几个发达国家对发展中世界的社会和经济的控制。尽管这些发展中国家在法律上可能享有独立，但是伴随投资和经济控制的往往是政治上的操控。

Neolithic 新石器时代　石器时代的最后一个时期，略早于冶金术的发展，大约出现在公元前9000年到公元前5000年。这一时期的特点是不断增多的驯养动物和农作物的栽培种植，定居下来的农业社会及陶器和编织工艺的出现。尽管工具和武器仍由石头制成，但是技术的进步使得这些工具的加工采取了磨和抛光的方式，而不是简单地削制成薄片。

Neoplatonic 新柏拉图主义　普罗提诺（公元205—270年）受柏拉图的理论或思想影响建立的一个哲学体系，他强调超越一切的、非个人的以及不可定义的"一"是所有存在的基础和一个永恒世界的来源，在这个世界中物质存在不过是一个无力的折射，而其本质则是善、美和秩序。通过培养人的心智和对物质世界的抵制，人类有可能以神秘的方式与宇宙之"一"联系在一起。新柏拉图主义是希腊哲学的最后一个学派，影响了基督教的神学思想和伊斯兰的哲学思想。

New Testament 新约　基督教圣经的第二部分，用希腊语写成，包括由耶稣的早期追随者撰写的文字。共有27卷，分为四个部分：四卷为福音书，记述的是基督的生平；使徒行传，内容为教会的早期活动；书信，作者为圣保罗；和启示录。正经是在公元四世纪末形成的；标题显示了基督教的信仰，即基督的生命、死亡和复活实现了用希伯来语写成的圣经旧约中的预言。

ninety-five theses 95条论纲　这是路德表明自己的信仰并与天主教决裂的宣言，并公开张贴以此作为对天主教神权的挑战。

non-aligned nation 不结盟国家　是指新近独立的国家，他们在冷战中既不与美国结盟、也不与苏联结盟。

outsourcing 业务外包　购买商品和服务，包括人员，通常是采购距离较远、来自海外的资源或聘用海外人员。一个较为突出的案例是一些跨国企业的呼叫中心通常建立在海外，原因是这些地区的人力成本较低，而本国的人力成本较高。

paleoanthropologist 古人类学家　对最早的人类及其生活环境进行研究的学者。

Paleolithic 旧石器时代　石器时代（19世纪时为了区分人类的技术发展而提出的一个系统中最早的一个阶段）的第一个阶段。旧石器时代（公元前约1500000年—公元前10000年）延伸至最后一个冰期的结束，并与人类的出现、经过削凿的石器或用动物尸骨制作的原始工具的使用，以及狩猎和采集行为的出现相连。绘画和雕刻等证据从后来的上旧石器时代遗留至今。

Palestinians 巴勒斯坦人　居住在约旦河西岸和地中海沿岸的加沙地带的阿拉伯人，该地区在1967年的战争中被以色列人占领。这些阿拉伯人在以色列没有合法的公民权，也没有任何被正式承认的国家的公民权。另一个群体，即居住在1948年划定的以色列国领土之内的居民，有时也被称作巴勒斯坦人，更多情况下称之为阿拉伯以色列人或以色列阿拉伯人。

paradigm 范式 代表某一种观点的现实模型。

paterfamilias 男性家长 罗马法中一个家庭或家族的首领——一直由男性担任——而且是唯一一个拥有完全的法律权的成员。该家长对整个家庭拥有绝对的权力，包括各个成员的生死大权。该家庭不仅包括通过男性一脉的家长的直系亲属，除非是在他的同意下得到解脱的成员，还包括收养的成员，以及在某些情况下，包括妻子在内。在家长去世后，每个儿子就自然成为其家庭的家长。

patrician 贵族 古代罗马公民中精英阶层的一分子。在罗马共和国的早期，贵族对国家和宗教的职位拥有一种垄断权，但是这一特权地位随着允许其他社会阶层成员进入政府的领导位置而逐渐削弱（参见"plebeian 庶民"条）。

patrilineal 父系继承制 家族祖先、亲属关系和遗产继承以男方为主的做法。

patrilocal 从夫居制 要求结婚的夫妇居住在男方家族的家里或附近地区的习俗。

Pax Americana 美国统治下的和平 字面意义为"美国和平。"这一短语仿拉丁语 Pax Romana（在罗马帝国的边境内由罗马统治推行的和平）而成。"美国和平"是指第二次世界大战以后，在美国的势力影响范围内保持的相对来说较为平和的局面。

Pax Romana 罗马统治下的和平 即，在从奥古斯都（公元前27—公元14年）到马可·奥勒利乌斯（公元161—180年）统治期间，在罗马的统治和军事控制下，在罗马帝国境内实现的较为安定的局面。

Pentecost 圣灵降临节 原为希腊语，意为逾越节后的第五天的一个犹太教节日。这个节日纪念圣灵向基督的使徒显现，以及他们在耶稣于复活节复活五天之后开始传教。

Pentecostals 五旬节派教会教徒 基督教徒的一种，强调对上帝、耶稣和启示的直接的个人体验，而不是依靠经文或各级教会的权威。

perestroika 改革 俄语中"重建"之意。同 glasnost 一样，用来描述前苏联领袖米哈伊尔·戈尔巴乔夫引导的改革。它标志着一个以向市场经济靠拢、提倡私人所有制和去中心化为特征的更为灵活的社会经济制度的发展。

philology 语文学 关于语言的研究，或是比较语言学。语文学家找出各种语言中的共同特征，研究它们之间的相互关系，并追踪其起源。

philosophes 启蒙思想家 指18世纪的一批法国作家和思想家，他们强调人类的理性至上，提倡言论自由和进行社会、经济及政治改革。其中包括伏尔泰、孟德斯鸠、卢梭和狄德罗。狄德罗担任《百科全书》（1751—1772年）的编辑，这一百科全书包含了他们的许多思想观点。

pictogram 象形文字 一种用来代表一个物体或概念的图画符号或标记。世界各地都发现过史前的象形文字证据。由于除了表示具体名词以外的词语的困难，采用象形文字的书写文字体系一般都发展成那些使用表意符号的文字。

plebeian 庶民 不属于特权贵族阶级的古罗马公民。庶民最初被排除在国家和宗教机构之外，而且禁止与贵族通婚，但是从公元前5世纪初起，他们逐渐获得了政治上的平等，并且允许进入罗马各级政府机构。在后来的共和国的时期，plebeian 一词暗指地位低下的社会等级。

polis 城邦 古希腊的城邦。它不仅包括通常由一个城堡（acropolis 古希腊城市的卫城）和一个市场（agora 市集广场）围起来的城镇，而且包括周围的乡村。从理论上讲，城邦既包括住在城镇中的市民，也包括住在乡村的居民。他们参加国家的政府活动和宗教活动，为国家的保卫和经济事务贡献力量并遵守其法律。

political asylum 政治庇护 避难所通常是针对那些因政治见解不同而害怕回到本国后被迫害甚至是杀害的人们，对他们提供庇护或是拒绝庇护。而难民的身份不同于此，通常只是指一个群体而不涉及任何具体的原因。

praetor 执政官 在古罗马，这一名称最初用于指作为罗马军队首领的执政官。公元前366年，另外特别推出一名执政官专门负责罗马的司法管理，并拥有军事指挥的权力。执政官后被指派负责越来越多的行省的政府管理。在公元前约242年时，又设立了另一个执政官以负责与外国人打交道的法律事务。此后任命的执政官负责管理数目不断增加的行省。在罗马帝国，这一职位后来演变为荣誉职位。

pre-history 史前 在有书面的文字记载之前的时间阶段，各地多有不同。在这一期间，对人类发展的研究有赖于遗留下来的物质资料等证据，如石器或陶器等。

primary source 第一手资料 关于某一事件或事实的原始直接证据，与经人报告的证据相对。（参见第二手资料）

privatization 私有化 将国有资产出售给民营企业的做法。

proletariat 无产阶级 根据马克思主义理论，指那些主要通过出售自己的劳动谋生者，与资产阶级相对。这一词语一般用于指从事工业生产劳动的、靠工资为生的劳动者。

protectionism 保护主义 为保护本国的生产免受来自国外的竞争而采取的限制和禁止贸易进口的措施。

proxy war 傀儡战争 是指那些依附更为强大国家的附属国之间展开的战争，而后者并不直接参加到战争中去。例如，在埃塞俄比亚，索马里和厄里特尼亚之间爆发的战争，在1970年代和1980年代不同时候分别得到美国和苏联的支持。在一个国家内不同派别之间暴发的内战，每一方都得到不同的外国列强的支持，如1960年代在刚果发生的内战，也被称为傀儡战争。

Puranas 往世书 用梵文写就的叙事诗歌集，主要内容为印度教的神话和传说。《往世书》涉及的主题包括世界的毁灭和创造，神祇和创始者的家谱世系，各个英雄出现的时代以及王室家族的历史。

purchasing power parity(PPP) 购买力平价 一种根据各国不同的货币计算出来的实际购买力水平。例如，100印度卢比根据官方汇率可能相当于2美元，然而，在印度，100卢比能够购买的商品和服务远远超过2美元在美国所能购买的商品和服务。购买力平价旨在衡量货币的实际购买力水平。

quaestor 刑事推事 古罗马的下级官员。最初每年选出两名，但是随着帝国的扩张，任命的刑事推事也增多。他们大多数是财政官员。

Quran《古兰经》 伊斯兰教的圣书，被认为包含通过天使加布利埃尔的一系列启示直接向先知穆罕默德昭示了上帝的真实的话语。根据传说，这一切是在穆罕默德去世后在哈里发奥斯曼统治下收集入《古兰经》。《古兰经》用经典的阿拉伯语写成，被认为是永远正确的，而且是伊斯兰教义和律法的主要源泉。

radiocarbon dating 放射性碳年代测定　也被称为碳14测定法，通过测定放射性碳以确定有机物质年代的方法。二氧化碳中含有少量的放射性同位素碳14，它是由大气层中的宇宙射线产生的。它被绿色植物吸收，然后通过食物链传到动物的体躯。在动物死亡后，其体躯组织中所含的碳14即以一已知的速率缓慢衰减。通过对放射活动水平的测定便可确定动物死亡的时间。这一方法主要被用来测定木质、泥炭、种子、毛发、纺织物、皮毛和皮革的年代。适用于在40000—70000年前形成或生存过的生命体及物质等。

realpolitik 现实政治　这是一个德语词语。指由实际考虑的，而不是出于道德或意识形态等角度考虑的一种政策形式。

Renaissance 文艺复兴　字面意思为"再生"，原文为法语，指从14世纪起传遍至整个欧洲的文化和艺术运动。其特点表现为对古典文明爆发的新的兴趣，这是在意大利诗人彼得拉克的推动下出现的，也是对挑战的响应，这一切导致对当代成就的自豪感和对艺术及科学重新爆发的强烈热情。在人文主义的理想中体现了对人的尊严的新概念。

repartimiento 分配　一种西班牙王室允许殖民者雇佣印第安人作为强迫劳工的制度，包括从事农业劳动或开矿。这一制度限于基本食物或商品的生产，而且限于一定的时间里，但往往被滥用。（参见"米塔"）

republic 共和国　一个不是通过世袭制（君主政体），而是由宪法任命的一个人或几个人执政的国家。

sacrament 圣事　在基督教神学中，一种作为由基督通过教会牧师传达给信仰者的精神优雅的外在象征的仪式。在东正教和罗马天主教会，共有七个圣事是被认可的：洗礼，坚信礼，补赎，圣餐，婚礼，圣职授任，和对病患者的涂油仪式。其中两个最重要的是洗礼和圣餐，是仅为大多数的新教会所接受。

sahel 萨赫勒地区　"荒漠草原"——撒哈拉沙漠北部及南部的边缘地带。该荒漠是非洲的半干旱地区，由塞内加尔向东一直延伸至苏丹。成为北方的撒哈拉沙漠和南方的大草原带之间的一个中间过渡区域。该地区一年的大多数时间里天气干旱，雨季短暂且不稳定，经常受长时间的干旱侵扰。生长在这里的低矮的草为骆驼、驮牛和牛羊提供了放牧条件。

samizdat 萨密兹达（自费出版）　该词源于俄语，意为地下出版物。sam- 意为"自己的，自我的"，izdatel'stvo 即"出版社"。samizdat 是指文学作品被偷偷印刷（通常是打字稿）和传阅以躲避政府的镇压和惩罚。该词也用于指非法的地下私人出版系统。

samurai（武士）　日本封建时期的士兵阶级，是大名的仆从。武士的特点是武艺高超，坚忍骄傲，他们认为一个人的忠诚、勇敢和荣誉比生命更重要。在德川幕府统治下的和平年代（1603—1867年），他们成为水手、官僚和商人。武士阶级于1871年被正式废除。

sansculottes 无套裤汉　（法语意为"不穿马裤"）在法国大革命中，无套裤汉是指巴黎较穷的、好战的阶级成员，之所以这样称呼是因为他们身穿长裤而不像上流社会成员那样穿着马裤。这一穿着后也被政治活动分子所接受。在1794年罗伯斯比尔倒台后，这一名称被禁止使用。

sati (suttee) **殉夫自焚**　古代印度人的一种风俗，要求寡妇在亡夫葬礼的柴堆上自焚，或是在葬礼不久以后自焚。这一自戕的做法在1829年在英国统治的印度被正式废除。

satrapy 总督辖地/藩　阿喀美尼王朝和波斯帝国内，由总督或省长统治的省份或者殖民地。大流士一世完成了对帝国的省份的划分，并建立了20多个每年进贡的总督辖地。这个词还可以用来指某个辖地的统治时间。

satygraha 不合作主义　印度语词语，意为"真理的力量"，用于表示甘地对英国在印度的统治的非暴力反抗政策。

savanna 热带大草原　在南北半球两边，靠近赤道雨林地区的热带和亚热带的草原地区，周围则是干旱的沙漠。热带大草原包括非洲、南美洲和澳大利亚北部的广阔地区。这里的自然植被主要为草，夹杂着灌木和树木，这些灌木和树木大多很低矮，而且顶部平缓。土地尤为适宜牛群的放牧。

Schengen Agreement 申根协定　签约国针对移民和进口商品设定共同的限制条款。

scorched earth 焦土战略　战争中用于防御的一种战略，守军在撤退时将一切可能被入侵者利用的东西尽数摧毁。俄国在面临拿破仑的军队进攻，撤退时曾采取此战略；后在面临纳粹德国进攻时再次采取这一战略。1930年代和1940年代，中国在面临日本的侵略时也采取过这一战略。

serf 农奴　被与土地绑起来的农业劳动者或农民，在法律上依属于地主，庄园经济和封建制度的特征之一。农奴拥有自己的房子、农田和牲畜，但是须向地主提供劳役、服务和交纳田赋。上述的服务劳役可以折算成租金交纳，但是农奴依然属于地主的财产，除非后者把他们解放，或是自己逃跑。农奴制在中世纪后期在欧洲逐渐衰落，但是在东欧的部分地区一直延续至19世纪。

shaman 萨满教　在亚洲和美洲的部分部落社会的宗教信仰中，萨满教僧被认为具有阴魂附身的能力，他们身上有一种超自然的力量，会给人治病，找到丢失的或被偷窃的财物，对未来作出预测，保护当地社会免受邪恶的侵扰。萨满教僧可能会充当法官或统治者，作为一个僧侣，主持献祭仪式，并护送死者的灵魂到阴府世界去。

shari'a 沙里亚　在《古兰经》和世传的穆罕默德教训的基础上，由伊斯兰的律法揭示的神圣"道路"。由于伊斯兰教并不把宗教的和世俗的生活截然分开，因此伊斯兰的教法适用于生活中的各个方面，包括婚姻、离婚、遗产继承、饮食以及民事和刑事法。

shogun（幕府）将军　日本的军事独裁者，是1192年到1867年间可继承的一种头衔。虽然他们在法律上隶属于日本天皇，但他们掌握的军事实力使他们实际上有效控制了国家。他们也插手司法和政府管理。德川幕府（1603—1867年）在江户（东京）建立强大的中央集权政府。天皇的统治在1868年得以恢复。

shogunate 幕府统治　幕府将军统治的政府。

signares 妾　专指法国商人在塞内冈比亚取非洲妇女为小妾。

Sikhs 锡克教教徒　锡克教是16世纪由宗

教领袖古鲁那纳克（Guru Nanak）创建于印度北部的旁遮普地区的一个教派，该教派是在印度教内虔诚派巴克提和伊斯兰教苏菲派的基础上而产生的。面对邻邦的武力对抗，锡克教教徒后继而发展成一支激进的武装力量。

sinicization 中国化/汉化　中国的/汉族的语言、风俗和文化被外国/族人采纳、吸收的过程。

social contract 社会契约　早期处于一种"自然状态"的人们为了建立某种形式的政府而达成的一种带神秘色彩的、不成文的公约。这一"契约"规定了个人和政府各自的权利和义务。公民接受国家的权威统治；而国家同意仅在被统治者的允准之下才采取行动。这一思想由柏拉图最早提出，在17和18世纪通过霍布斯、洛克和卢梭的著述在西欧产生巨大影响。

sophist 哲学家　指古希腊受过高等教育的、到处巡游的学者，他们通过授课收取学费。这些哲学家教授的科目包括演讲、语法、伦理、数学和文学，这些科目都具有实际的应用目的，帮助学生以后走上成功的事业道路。这些哲学家也遭到批评，他们会为了各种观点（无论是否是真理）而争执诡辩，而且大多强调物质上的成功。他们在公元前5至4世纪时尤为活跃。

soviet 苏维埃　一种委员会组织，全国性、区域性、地方性各级苏维埃联盟政府的主要单位，后来为许多共产主义政权所采用。

squatter 擅自占地（屋）者　一个人居住在某块土地或某个居所，而未缴纳相应的费用，并且从法律角度而言，并不拥有对该块土地的任何权利。

Sufi 苏菲派　伊斯兰教中信奉神秘主义的一个派别，首先出现在公元八世纪和九世纪。苏菲派不是在字面意义上，而是在精神层面对穆罕默德的话作出解释。他们的目标是个人直接的与上帝接触体验，这一体验通过狂热的崇拜实现。（参见tariqa条）

supply and demand 供给和需求　在经济学里，生产者能够并愿意出售（供给）某种商品的数量和消费者能够并愿意购买（需求）该商品的数量之间的关系。价格根据一个产品的供应数量和对该产品的需要量之间的变化上下波动。供给和需求由此而控制着自由市场的经济。在实际中这一关系一般会受到某种程度的调节。

Sutta 经藏　佛教经典三藏中的第二部分，其他两个部分为律藏和论藏。它包括佛教的基本教义，多为佛陀亲自口授的内容，而且是通过生动形象的方式，采用寓言和比喻等形式讲述。经藏还包括佛陀诞生的故事及其他有关材料。

swadeshi 国货运动　意为"属于自己国家的"，源自印地语，印度人把它作为抵制外国货的一个口号，这是1905年抗议英国人把孟加拉分裂出去的抗议行动的一部分。号召印度人民使用当地生产的产品，穿用国内纺织的布做的衣服。

swaraj 自治　源自印地语，意为"政府自治"或"地方自治"，印度的民族主义者在英国统治下争取独立的斗争中用它作为一个口号。

syllabary 片假名　日语的一套书写符号，每个假名代表一个音节（对比表意文字）。

syncretism 宗教融合主义　对不同的宗教传统的教派或教义的相互协调融合，或是把异邦的成分吸收到某一特定的宗教中。该术语也用于指代其他领域的融合，如艺术和文化等。

TaNaKh《塔纳克》　是希伯来语中一个指称犹太教《圣经》的名称。这个词是由希伯来圣经的三个组成部分《摩西五经》（Torah，《圣经》的前五卷，传统上被认为由摩西写就），《先知书》（Nevi'im，先知的经文），和《诗文写作》（Ketuvim，附加的历史、诗歌以及哲学作品）的首字母组合而成。

tariqa 道乘　伊斯兰教里的一个通用词语，意为"路"，指的是神秘主义和印度密教中的教条和方法，也指神秘派的教派或神秘会，通常位于清真寺或穆斯林圣人的陵墓。

tax havens 避税场所　通过低税率吸引国际企业注册的法律管辖区。大部分企业的实际运营在其他地区，避税场所为企业缴纳低税提供合法保障。利益受损者则是这些公司实际运营的国家，他们仅获得很少税收收入。

teleology 目的论　源自希腊语"telos"，对终极的原因或目的的哲学研究。一个"终极原因"即指未来发生的事件，为了它某一现象才显现发生。尤指把自然或宇宙解释为有专门的设计或目的的思想体系。被用于为上帝的存在提供证明。

themes 行省　行省本义是指驻扎在拜占庭帝国某一行省的军事组织，后来适用于大的军事基地，成为最易受穆斯林教入侵的地区的缓冲地带。到九世纪时，这一体系延伸至整个帝国。士兵在驻地的行省被分配给一定数量的农田，而他们则在帝国的军队中服役，但是后来他们用这一方式以换取免税，由此而导致该制度的衰败。

theocracy 神权政体　建立于宗教信念和教义之上，并由宗教领袖领导的政府体制。

thermoluminescence 致热发光　通过测定燃烧过的燧石中的电子数确定年代的方法，时间范围在50000—300000年前，或是在过去10000年中烧制的陶器的年代。用于鉴定陶器或其他烧制材料的年代测定方法。由放射产生的电子可以通过一个晶格的裂隙捕获，但是在加热时会以光的形式被释放。这一光发散以固定的速度产生，并在对该物质重新加热后进行测定，这与放射时间有确定的相关联系。因此对晶体自最后一次加热以后迄今的时间可以由此作出估计推测。

third world 第三世界　在第一和第二世界之外的国家（实行社会主义国家体制的国家）；更宽泛的意义上指第三世界，其拥有的人口占世界人口的70%。其中最不发达的25个国家有时被称为"第四世界"。

transhumance 季节性牲畜迁移　一种牲畜放牧的方式，根据季节变化迁徙牲畜，主要见于冬天放牧时天气太冷或太潮湿的地区。牲畜在温暖的季节被迁移到山区、在冬天则被迁移到低地，或是在纬度高或纬度低的地区，或是在潮湿和干燥的放牧区域之间轮换放牧。

transparency 透明度　政府或私营机构（金融）运作信息公开、透明的程度。透明度越来越重要，成为成功发展的必要条件。

trebuchet 投石机　根据跷跷板的原理，由平衡锤控制，投射出重型飞弹的军事武器。最早在中国发明，欧洲人最早使用见于12世纪。

tribals 部落　印度次大陆的土著居民，处于种姓体系之外，和社会的其他群体基本上分开居住，大多住在较为偏远的地方。他们被视为或许是在印度教形成之前在史前时期迁徙到印度的。

tribune 护民官　在古罗马由庶民选举出来的政府官员，负责庶民的生命和财产安全，享有对元老院立法提案的否决权。在公元前5世纪设立的官位，在罗马共和国时期曾有很大的政治影响，但是在奥古斯都大帝（公元前27—公元14年）时代失去其独立性和大多数的实际作用。军队护民官成为军团的高级官员，而且经民众选举当选。

triumvirate 三巨头政治　在古罗马，被任命担任特别的政府行政职责的三人统治结构。尤里乌斯·凯撒、庞培和克拉苏之间于公元前60年结成的非正式联盟。公元前44年凯撒被暗杀之后，由他的继承人屋大维（后来的奥古斯塔斯）、马克·安东尼以及马库斯·李必达构成的三巨头政治被指定负责维持公共秩序。这一三巨头几乎拥有绝对的权力，一直维持到公元前36年。

ulama 乌力马　伊斯兰教学者或法律的权威。乌力马由学者组成，他们负有决定宗教事务的能力和责任，包括来自主要的清真寺的教长，大学里宗教领域的教师和法官。

umma 乌玛　伊斯兰教中由信徒组成，超越种族和政治界线的社会群体。

untouchables 不可接触者　传统的印度社会中地位最低的种姓的成员，或是在种姓体系以外的人员；"不可接触者"群体是从事那些"肮脏"劳动的人员。

Vedas 吠陀　公元前1500—前1000年间用梵文写成的印度教的颂歌或韵文。在祭祀仪式中许多吠陀为人们背诵或吟唱；其中有许多内容为对代表自然或宇宙力量的神祇的献祭崇拜。吠陀诗集首推《梨俱吠陀》，其次为《娑摩吠陀》《耶柔吠陀》和《阿婆吠陀》；《梵书》《森林书》和《奥义书》成文时间稍后，但也被视为具有权威性。

Vinaya 律藏　佛教的经文或称《三藏》中的第一部分。主要内容是关于佛教的早期历史、教规和禁戒，尤其是对比丘、比丘尼在授圣职、圣日、服饰、食品和医药方面的行为提出戒律要求。

vodoun 伏都教　流行于海地和加勒比海其他地区的宗教崇拜。它结合了罗马天主教的仪式和起源于西非的神学和魔法元素。伏都教的祭祀仪式主要为动物献祭、击鼓和舞蹈，并通过魂灵附体的方式与神灵世界发生接触。

Wahabi 瓦哈比教派　伊斯兰瓦哈比教派遵循18世纪的学者穆罕默德·伊本·阿卜杜勒·瓦哈比的极端保守的教义，瓦哈比教派是沙特阿拉伯伊斯兰教的主导形式。

"Washington consensus" "华盛顿共识"　国际货币基金组织（IMF）（总部位于华盛顿）对各国政府有关申请贷款的一揽子经济政策举措。具体措施包括：放松对外资的限制，降低或取消进口关税，对国有企业实施私有化，减少政府福利计划，削减政府雇员，对本国货币进行贬值。这些举措的实施使得政府职能变弱，私营企业的地位更为重要。

yurts 蒙古包　中亚地区的游牧民族使用的可移动的住所，其结构类似帐篷，由兽皮、毡和手工织品覆盖的木杆组成，另外，还配有彩色地毯装饰。

zaibatsu 财阀　（日语）一种大型日本商业联合体，通常由一个单一的家族控制。一个财阀即为卡特尔的一种形式，从事所有各个重要领域的经济活动，而且由自己的银行提供融资。在日本走向现代化过程中的明治年间（1867—1912年）出现形成，在第二次世界大战以后被同盟国解散。

zemstvo 地方自治机构　俄罗斯帝国的一种乡村委员会，由沙皇亚历山大二世于1864年建立，1917年被废除。这一地方自治机构分为区的和省一级的两个基本点层次，由土地所有者的乡村公社的代表组成。其关注的主要方面是基础教育，道路建设，农业发展和公共卫生。

ziggurat 古亚述金字形神塔　古美索不达米亚的一种庙塔，建造在方形或长方形的土台上，向上逐层缩小，通常顶端有一个用天蓝色珐琅砖建成的神殿。大多用泥砖建造，表面用烘制的砖块覆盖，通过台阶或螺旋上升的斜坡到达顶部。斜面和阶地有时种植灌木和树木。在每个重要的苏美尔、巴比伦和亚述中心都有这样的金字形神塔。

zimbabwes 津巴布韦　非洲铁器时代在现代的津巴布韦和莫桑比克地区用石块建造的围墙或建筑。这些建筑为当时的统治者的宫廷。它们与外国的贸易、农业和畜牧业以及黄金的生产联系在一起。大津巴布韦为当时的莫诺马塔帕帝国都城的遗址，位于津巴布韦，时间为公元13世纪至16世纪。

索 引

黑体页码指词条出处为该页上的图片、照片和地图的文字说明。
（索引中页码指英文原版书页码，即本书边码）

译后记

由美国坦普尔大学教授霍华德·斯波德克主撰、劳伦斯·金出版公司出版的《全球通史》（*The World's History*），经过我们数年的努力，即将由上海社会科学院出版社出版。这本世界通史的第一版是在20世纪末出版的，在进入21世纪后先后推出了几个新世纪版本。中译本据英文版第3版译出。由于翻译工作历时数年，编辑工作又历时数年，其间，英文版又推出了第5版，中译本在付梓前比对了第3版与第5版，发现最后两章，即第23、第24章，为作者在第5版时重新撰写，而其他章节则无太大变化，因此中译本最后两章是据英文版第5版译出。

这是一本以普通读者和一般大学生为读者对象的，可以说是面目全新的世界通史。在本书的翻译和校对过程中，我们一再感受到，与传统的西方历史学家相比，今天美国的不少历史学家身上正在发生着巨大的变化。他们开始意识到，过去的历史研究多以西方，主要是以西欧为中心，而对世界其他地区的历史发展只是作附属部分稍带介绍的做法是不全面的、片面的，是不正确的。"西方中心论"的思想仅仅代表了过去几个世纪里一些西方史学家的一家之言，并没有对世界历史的发展作出客观、准确、全面的描述。他们开始认识到，世界历史研究的应该是世界各个地区之间的相互关系、相互作用和相互影响，而作为生活在同一地球上的各个种族和民族，其存在、生存和发展都是不言而喻的，无可否认的，都对这个世界的文明发展作出了而且还在继续作出各自的贡献，其中尤其值得注意的是，不同的民族对世界、对其他民族，包括对本民族，都会有自己的专门的、特别的视角和看法，这一切都是应该予以尊重和认真看待的。作者特别提出，对由多文化、多民族组成的国家来说，有必要了解各个种族的民族和文化起源，要尊重各个种族和民族的历史、文明及其演变发展过程，这也就是在说，对共处一个地球（我们唯一的、赖以生存的、位于太阳系的家园）的世界各个国家而言，都应该尊重和了解各国和各民族的历史文化传统，尊重各自的进化发展道路，从而增强各国、各民族人民之间的联系纽带，促进整个世界的文明发展，为全人类的共同进步作出我们的一份应尽的贡献。

作者的另一观点也值得我们特别的重视。作者认为，历史学堪称是人文科学研究之王，是包括了经济学、政治学、人类学、社会学、地理学等各门社会人文科学的一门综合性学科研究，一方面努力对人类的过去给出一种更全面、更带整体性的解释，另一方面对人类社会今日及未来的演变及其连续性给出一种更具科学性、更具广度和深度的分析及预测。作者强调指出，对历史的研究，甚至是对历史的记录，都是带着一定的价值观的，不同的时代、不同的地域，不同的民族和种族，对历史的叙述和解释、分析、研究等都会自觉或不自觉地带有某种不同的视角、不同的观点，即不同的价值观，即便是今天的我们，无论是作为历史研究者或历史爱好者，在研究学习的过程中，同样也会带着我们这一代人所特有的价值观。因此，在我们从事历史学习和研究时，应密切注意和了解不同时期、不同地域、不同种族和民族的人们的价值观的异同趋向，同时提醒自己，不能简单地把我们自己的价值观强加于人，换言之，我们也应该意识到，作为今天的我们，同样也会有我们这一代人的局限性或片面性，惟其如此，我们才有可能更为全面地、更为客观地对世界各地的各民族和种族的历史发展作出较为科学的分析和研究，更为深刻地理解历史曲折演变的过程，也就更有可能对历史的连续性及未来可能的发展趋势作出较为客观准确的预测推断。

对历史的学习研究传统上都采用按年代顺序展开的方法，这样做可以说是顺理成章的，无论是国别史、区域史，抑或是全球史的研究，都可以由此而对所研究的历史形成一个较为全面的、时间上有着明确的先后顺序的了解。在本书的编撰中，作者考虑到主要的读者对象是一般的具有大学水平的历史爱好者，且该书一般作为大学生的必修课教材使用，因而在历史叙述方面除了照顾到一般的年代顺序外，加上了另一条主线，即以世界历史发展进程中的一些重大主题为主线，从而对人类社会历史发展的脉络给出一个更为清晰、明确、深刻的概括性介绍。全书共分为八篇，八篇的主题分别为：1. 人类的起源和人类文化，2. 早期人类的定居，3. 帝国和帝国主义的形成，4. 世界各大宗教的形成发展，5. 商品贸易和人口的迁徙流动，6. 社会变革：政治革命和工业革命，7. 技术大爆炸：科技创新和世界大战，8. 新世纪世界各国身份特征的演变。读者可以看到，作者的这一概括性总结简明扼要地揭示了人类数百万年的演进过程中的几个最重大的方面，以提纲挈领的方式帮助读者把握长达数百万年的人类进化发展史中的几个重大节点和转折点，包括影响和决定人类发展进程的几个重大主题。而且作者在抓住这几个重大主题的过程中，并没有略过细节，通过对一些关键时间节点、事件、人物等典型细节的描写介绍，帮助我们对八大主题的意义及深远影响加深理解和领会，对这些主题的错综交织和互为因果的演变过程形成较为全面的认识。

斯波德克教授在本书的总体结构组织和版面编排上都作了许多重大的改进和修订。全书分为八篇二十四章，各篇之间专设"转折点"一节，用图片和照片配合文字帮助读者从一个大主题转向另一篇的新主题。每一章的编写都围绕"我们知道些什么？""我们是怎样知道的？""它的意义在哪里？"三大问题展开。为方便学生把握世界历史发展的主要进程，深入了解八大主题的发生、演变、深化过程，作者提供了内容广泛、清晰明了、丰富多彩的地图和图表；本书还另附有多种类型的彩色或黑白精美插图和照片，帮助读者加深对正文内容的理解。我们相信，在手捧这样一本阐述全面、主题突出、图文并茂、印制精美、富于时代气息的《全球通史》时，读者一定会产生这样一种意识，即我们是实实在在和这个世界融为一体的，是不可分离的，无可"逃逸"的，作为这个世界的成员之一，我们有必要进一步了解她、理解她，我们之能够有今天，有赖于我们的无数先人和祖先为这个世界的演进作出的种种贡献和牺牲，在我们有幸成为地球人类一员的一生中，自应为这个地球村的健康发展努力作出我们自己的哪怕是极为微薄的一份贡献。

本书的翻译历尽数年，有多位高校教师和学生参加了本书初稿的翻译，本人对所有参与者为之付出的辛勤劳动深表感激，同时也相信，作为英汉翻译课程的一个实践项目，本书的翻译对全体参与者而言不啻是一个相当的考验和挑战，通过这一实践获得的体验和经验对一般的课堂教学来说堪称是一个巨大的升华和提高。译者从一开始就意识到，要翻译一本长达百万字的新世纪版的全球通史，这一任务的艰巨繁复是可以意料得到的，不仅仅是英语理解上的能力水平，也不仅仅是英汉翻译的能力及技巧问题，更重要的是在于我们对世界历史的总体概况和具体细节的把握，可以这么说，人类历史前后数百万年，横跨七大洲五大洋，数百个国家和上千个民族种族，多少个社会人文学科都会有所涉及，同时必然会触及自然科学和科技发明创造，工农业生产和商业贸易的形成发展，以及各个文明社会历史进程的方方面面，因此每一篇每一章的翻译都是对我们的一个又一个挑战。在全书的总校过程中，我们尽了极大的努力，以确保内容的准确和文字的得体通顺流畅。倘若有疏漏之处，敬请读者指出，以便在下一次印刷时更正！

笔者也对华东师范大学历史系余志森教授为本书中译本撰写序言深表感谢！当年在他指导下我们参与了英国历史学家罗伯茨的《世界文明通史》的翻译，这一实践为本书的翻译打下了坚实的基础。笔者也感谢包秋和沈坚教授对本译著的肯定和热忱推荐。笔者1978年考入华东师范大学外语系英语专业后，包秋曾是我们的课任教师，在将近40年的时间里，她见证了我们的努力和成长！

参加本书初稿翻译的包括上海交通大学和其他高校的部分教师和同学，先后有陈德民、邹绍艳、贺裴、王美媚、朱士琦、虞芝瑛、夏廷芳、葛群燕、李翀、俞止达、李倩瑶、郑向咏、孟祥云、邹雨、安然、罗嫣嫣、陈静、王欣、周雪艳、廖静、李玉英、陆旻玥、胡春艳、方晶、曹蕾、罗谌持、黄辰伟、杜玲玲、李莎、蒋妮、毛炯玮和朱雷等，由陈德民教授负责统稿和校对。

图书在版编目(CIP)数据

全球通史 /（美）斯波德克著 ；陈德民等译 .— 上
海：上海社会科学院出版社，2017
书名原文：World's history
ISBN 978 - 7 - 5520 - 0816 - 6

Ⅰ.①全… Ⅱ.①斯… ②陈… Ⅲ.①世界史 Ⅳ.
①K10

中国版本图书馆CIP数据核字（2015）第061168号

Howard Spodek
The World's History, 3rd edition, combined volume
Copyright © 2006, 2001, 1991 Laurence King Publishing Ltd.
Translation © 2018 Shanghai Academy of Social Sciences Press

上海市版权局著作权合同登记号：图字 09-2006-621
审图号：GS（2018）2238号

全球通史

著　　者：［美］霍华德·斯波德克（Howard Spodek）
译　　者：陈德民等
策　　划：唐云松
责任编辑：曹艾达　唐云松
封面设计：周清华
出版发行：上海社会科学院出版社
　　　　　上海顺昌路622号　邮编200025
　　　　　电话总机021-63315947　销售热线021-53063735
　　　　　http://www.sassp.cn　E-mail: sassp@sassp.cn
排　　版：南京展望文化发展有限公司
印　　刷：江阴市机关印刷服务有限公司
开　　本：890毫米×1240毫米　1/16
印　　张：63.75
插　　页：4
字　　数：1460千
版　　次：2018年11月第1版　2022年9月第5次印刷

ISBN 978-7-5520-0816-6/K·274　　　　　定价：580.00元